Zfsl, Zeitschrift Für Französische Sprache Und Literatur, Volume 13...

Anonymous

Zeitschrift

für

französische Sprache und Litteratur

unter besonderer Mitwirkung ihrer Begründer

Dr. G. Kœrting und Dr. E. Koschwitz

Professor a. d. Akademie zu Münster i. W.   Professor a. d. Universität zu Greifswald

herausgegeben

von

Dr. D. Behrens,

Professor an der Universität zu Giessen.

Band XIII.

Oppeln und Leipzig.
Eugen Franck's Buchhandlung
(Georg Maske).
1891.

Philol. 457

1891, Aug 8 – 1892, Jan. 9.

Italian Insects.

Zeitschrift

für

französische Sprache und Litteratur

unter besonderer Mitwirkung ihrer Begründer

Dr. G. Kœrting und Dr. E. Koschwitz

Professor a. d. Akademie zu Münster i. W.   Professor a. d. Universität zu Greifswald

herausgegeben

von

Dr. D. Behrens,

Professor an der Universität zu Giessen.

Band XIII.
Erste Hälfte: Abhandlungen.

Oppeln und Leipzig.
Eugen Franck's Buchhandlung
(Georg Maske).
1891.

Vorläufige Erklärung.

Von dem geehrten Herausgeber dieser *Zeitschrift* wurde mir die Mitteilung, dass die nächsten Hefte derselben in rascher Folge erscheinen werden. Da ich nun für schriftstellerische Arbeit nur über sehr wenig Zeit verfügen kann, befinde ich mich in der Unmöglichkeit dem Pamphlet, welches Herr Professor Dr. Odermann dem dritten Heft der Abhandlungen, Bd. XIII Heft 5, hat beilegen lassen, jetzt schon eine erschöpfende Erwiderung entgegenzusetzen, die als Beilage in die Hände der Leser der *Zeitschrift* gelangen könnte. Ich beschränke mich also darauf heute zu erklären, dass ich meine in Bd. XII Heft 8, der Referate und Rezensionen viertes Heft, dieser *Zeitschrift* aufgestellten Behauptungen in ihrer ganzen Tragweite aufrecht erhalte. Dieselben lauteten kurzgefasst folgendermassen:

I. Page hat in den Briefen, welche er dem *Manuel de correspondance commerciale* von Schiebe und Odermann entlieh, schlechtes Französisch in gutes verwandelt, so zwar, dass die genannten Verfasser nichts Besseres hätten thun können, als die veränderten Briefe in ihr Lehrbuch zurückzunehmen, um sie an die Stelle der Originale zu setzen.

II. Die Schüler der Leipziger Handelsschule erhielten bis zum Jahre 1887 Unterricht in der französischen Korrespondenz mit Hilfe eines Lehrbuches, voll der gröbsten Verstösse gegen französische Ausdrucksweise (sprachliche sowohl wie sachliche), gegen französische Konstruktion u. s. w.

III. Auch an der neuesten Auflage sind Ausstellungen zu machen, da das germanische Metall in den Einleitungen zu den Briefen noch nicht vollständig in die französischen Formen gegossen erscheint.

2

Ad. I. Dieser Punkt ist durch die von mir angeführten Briefe für alle Kenner der französischen Sprache bewiesen.

Ad. II. Die Anklage ist schwerer Natur, allein sie ist absolut begründet. Alles Schimpfen und Schreien bringt die traurige Thatsache nicht aus der Welt, dass den Schülern einer der berühmtesten Handelsschulen fast zwei Menschenalter hindurch für ihr gutes Geld eine schlechte Waare verkauft worden ist. Es mag sonderbar erscheinen, dass ein Ignorant, wie ich es bin, diese Ungeheuerlichkeit zuerst aufgedeckt haben soll, aber es ist eben so:

„Was kein Verstand der Verständigen sieht,
Das findet[1]) in Einfalt ein kindlich Gemüt.“

Den philologischen Beweis für die Richtigkeit meiner Behauptung werde ich erbringen und dabei zeigen, welchen Wert die gerühmte Mitarbeiterschaft des Herrn Elie Cote, gewesenen Lehrers an der Handelslehranstalt zu Leipzig, hatte, von dem wir nur einstweilen sagen wollen, dass seiner kritischen Lupe Ausdrücke entgangen sind wie: die „Endung“ eines Briefes, die „Prämie“ die ein Bankier nimmt anstatt: die Kommission, und hundert andere mehr.

Eine langweilige Arbeit steht mir bevor, während welcher man sich in erschrecklichen Armseligkeiten herumbewegen muss. Aber ich halte es für meine Pflicht, jeden Zweifel zu beseitigen, nicht auf Seiten der Herren Charles, Fuerison und Merten, an deren Meinung mir wenig gelegen ist, sondern bei den Philologen und Schulmännern, welchen es Ernst ist um Herstellung tadelloser Schulbücher, und auch auf Seiten meiner Freunde, welche meine Bemühungen in diesem Sinne schätzen und ermutigen. Dabei tröste ich mich mit dem Gedanken, dass in dieser Weise ein Beitrag zur „Geschichte des französischen Unterrichts“ geliefert wird, der für später von Interesse sein kann.

Da die beiden ersten Behauptungen den Schwerpunkt meiner Kritik bilden, so war es eine schlaue Taktik, die schwersten Anklagen mit Schweigen zu übergehen und sich an Ausstellungen zu halten, die vollständig untergeordneter Natur sind. Implicite gesteht übrigens Herr Odermann ein, dass ich recht habe, indem er immer wieder hervorhebt, dass in der siebenten Auflage nichts mehr von den von mir gerügten Ausdrücken zu finden sei und meine Kritik folglich nur retrospektiven Wert besitze. — Nun, retrospektiv hin, retrospektiv her: — ich brauchte die Kritik, um den Beweis zu führen, dass die von Page dem *manuel* entnommenen Briefe verbesserungsbedürftig waren. Wenn dieselben

[1]) Man verzeihe diese Variante.

in den neueren Auflagen nicht mehr figurieren, so ist das ein Umstand, der mit der von mir angeregten Frage gar nichts zu thun hat.

Ad. III. Was endlich den dritten Punkt angeht, so werde ich meine Ausstellungen sorgfältig verzeichnen, um sie den Kennern der französischen Sprache zu unterbreiten. Sie sollen dann entscheiden, wo ich im Recht und wo ich im Unrecht bin; und wenn mich einer mit wissenschaftlichen Gründen eines Irrtums überführt, so werde ich keinen Augenblick anstehen, ihm dafür zu danken, denn meine Person gilt mir gar nichts, aber die wissenschaftliche Wahrheit und das Interesse eines guten Unterrichts gehen mir über alles. Allein nach Durchsicht meiner angefangenen Sammlung von Ausstellungen freut es mich doch ein wenig, den Herren Charles, Fuerison und Merten jetzt schon sagen zu können, dass ich sie nötigen werde, der ätzenden Lauge ihrer Kritik eine ziemliche Quantität Wasser beizumischen. — *Eh bien, oui, messieurs, il y a français et français, comme il y a fagots et fagots.*

La Châtelaine bei Genf, 29. November 1891.

KARL THUDICHUM.

INHALT.

ABHANDLUNGEN.

Zeitschrift

für

französische Sprache und Litteratur

unter besonderer Mitwirkung ihrer Begründer

Dr. G. Kœrting und Dr. E. Koschwitz
Professor a. d. Akademie zu Münster i. W.   Professor a. d. Universität zu Greifswald

herausgegeben von

Dr. D. Behrens,
Professor an der Universität zu Giessen.

Band XIII, Heft 1 u. 3.
Der Abhandlungen
erstes und zweites Heft.

Oppeln und Leipzig.
Eugen Franck's Buchhandlung
(Georg Maske).
1891.

Ausgegeben am 6. April 1891.

INHALT.

Beilagen:

1) **Prospekt** über Giegler's *Echos der neueren Sprachen*.
2) **Prospekt** über *Lehr- und Lernbücher* aus dem Verlage von Gerhard Kühtmann in Dresden.
3) **Prospekt** über *Traité complet de la Prononciation française* par Lesaint. Verlag von Herm. Gesenius in Halle.
4) **Verlags-Katalog** von Georg Maske (Eugen Franck's Buchhandlung) in Oppeln.

Der *Zeitschrift* werden künftig, häufiger als bisher der Fall, *Supplementhefte* beigegeben werden. Dieselben erscheinen in unbestimmten Zwischenräumen und sind bestimmt, umfangreichere Arbeiten aufzunehmen, welche in der *Zeitschrift* wegen Raummangels nicht zum Abdruck gelangen können. Jedes dieser Hefte ist einzeln käuflich. Zusammen mit der *Zeitschrift* bezogen, werden dieselben zu ermässigtem Preise abgegeben. Im Drucke befinden sich:

Supplement V. A. L. Stiefel, *Unbekannte italienische Quellen Jean de Rotrou's.*

Supplement VI. A. Andrae, *Sophonisbe in der französischen Tragödie.*

Supplement VII. D. Behrens, *Bibliographie raisonnée des patois gallo-romans.* Deuxième édition, révisée et considérablement augmentée par l'auteur. Trad. en franç. par M. E. Rabiet.

Supplement VIII. G. Steffens, *Jean de Rotrou als Nachahmer Lope de Vega's.*

Die Verlagshandlung.

⊙

Beiträge zur Namenforschung in den altfranzösischen Arthurepen.

Es gibt eine Reihe der bekanntesten Figuren in der matière de Bretagne, wie Artur, Yvain, Gauvain, Perceval, Erec etc., deren Namensform in den verschiedenen Texten sowohl wie in den verschiedenen Handschriften desselben Textes gar keine oder nur geringfügige Abweichungen aufweist. Um so schlimmer steht es mit einer grossen Zahl weniger oft vorkommender Namen von Personen und Dingen: die Varianten, welche hier oft die Handschriften eines Textes, sowie verschiedene Texte für offenkundig dieselbe Person bieten, sind so manigfaltig und widerspruchsvoll, dass mit alleiniger Hilfe der Überlieferung die richtige Form des Namens mit einiger Sicherheit nicht kann festgestellt werden. Meine Untersuchungen in *Gött. Gel. Anz.* 1890, S. 488—528, 785—832, sowie diese *Ztschr.* 12, 231—256 haben zu zeigen versucht, dass die matière de Bretagne ihrem Grundstocke nach aus der aremorikanischen Bretagne stammt und dass romanisierte Bretonen, vornehmlich aus dem doppelsprachigen Gebiet, ihre Träger zu Normannen und Franzosen bildeten. Hiermit ist für viele Namen ein Kriterium gewonnen, das neben die Überlieferung der Handschriften tritt und in vielen Fällen entscheiden muss. Im Folgenden soll der Versuch gemacht werden mit Hilfe dieses Kriteriums die ursprüngliche Form einiger Namen festzustellen. Die Abschweifungen, die in einzelnen Fällen nötig waren, werden hoffentlich dazu beitragen der von mir vertretenen Anschauung von Ursprung und Geschichte der matière de Bretagne neue Stützen zu liefern.

1. *Grahelent* oder *Graislemier?*

2. *Guigomar, Guigemar* oder *Guingamor?*

Erec 1952 ff. werden unter den lehenspflichtigen Königen, die von Arthur entboten an seinem Hofe zu den Festlichkeiten erscheinen, nach Foerster's Ausgabe genannt *Graislemiers de Fine Posterne-Et Guingomars ses frere i vint*. Bei dem Turnier, welches Arthur im Bel Desconëu ausschreibt, finden sich ein *Grahelens de Fineposterne-lès lui ses freres Guingamer* (5425 und 5427). Dass es sich in beiden Fällen um dasselbe Brüderpaar handelt, liegt so auf der Hand, dass wir an eine Kritik der verschiedenen Namensformen der Überlieferung denken können.

Was den beidemal zuerst genannten der Brüder anlangt, so weist die Angabe seiner Heimat, in der kein Schwanken herrscht, uns mit Sicherheit, wo die ursprüngliche Namensform zu suchen ist. *Fine Posterne* kommt, so viel ich weiss, nur an den beiden angeführten Stellen vor[1]) und ist bis jetzt noch nicht gedeutet. In den *Annales Colonienses maximi (Monumenta Germaniae, Scriptores* 17, 729—847) findet sich zum Jahre 1217 ein Bericht über einen Kreuzzug, den *Wilhelmus comes Hollandiae et Georgius comes de Wide cum aliis cruce signatis Teutonie ad terram sanctam navigis proficisci desiderantibus* am 29. Mai 1217 von *Vlerdinge* (d. i. Vlaardingen an der Maasmündung) aus antreten. Am 1. Juni landen sie *apud Dermudin in Anglia* (d. i. Darmouth in Devonshire). Von dort am 5. Juni weiter fahrend *perveniunt ad mare Brittanicum, ubi inter rupes mari latentes confracta est navis de Munheim; inde applicant in Britannia apud Sanctum Matheum in Finibus terrarum, quod vulgari nomine Fine posterne dicitur* (a. a. O. S. 829). Sie gerieten also bei der Umschiffung der Bretagne (*mare Britannicum*) zwischen die zahlreichen der Westküste vorgelagerten Inseln und Klippen, verloren ein Schiff und landeten bei dem Vorgebirge *Point de St.-Matthieu (apud Sanctum Mattheum) in Finistère (in Finibus terrarum)* in der *Bretagne (in Britannia)*.[2]) Point de

---

1) In Hartmann's Erec 1927—28 heisst es: *Gresmurs Fine Posterne, de sach man dâ gerne.*

2) Mit Bezug auf meine Ausführungen über *breton* und *Bretaigne Gött. Gel. Anz. 1890,* S. 794—801, und die Bemerkung in dieser *Ztschr.* 12, S. 242 mit Anmerkung beachte man den Sprachgebrauch: *Anglia* für „Britannien", aber *Britannia* schlechtweg die „Bretagne", *britannicus* „bretonisch". Es ist, wenn man die französische Litteratur in weitesten Grenzen, also etwa von dem im Ausgang des VI. Jahrh. schreibenden Gregor von Tours (*Historia Francorum*) bis auf Souvestre mit seinen *Derniers Bretons* auf den Sprachgebrauch von *Britones, Britannia, Britannicus, Breton, Bretaigne* unbefangen betrachtet, schwer verständlich, wie eine Anschauung zur Alleinherrschaft kommen konnte, dass im XII.—XIII. Jahrhundert *breton* in erster Linie ja fast ausschliesslich „kymrisch" bedeute. Man greife *Dudo* heraus: er stammte aus der Grafschaft Vermandois (Pikardie), vielleicht aus St. Quentin, schrieb im ersten Viertel des XI. Jahrhunderts in der völlig französi-

St.-Matthieu[1]) ist das westlichste Vorgebirge, um welches die Einfahrt nach dem Hafen von Brest führt. Das ganze Departement Finistère ist noch heutigen Tages rein bretonisches Sprachgebiet, und so erfahren wir denn durch einen einwandsfreien Zeugen[2]), dass *Fine posterne* im Jahre 1217 die — offenbar aus *Finibus terrae* entstandene — volkstümliche (*vulgari nomine*) bretonische Bezeichnung des westlichsten Teiles der Bretagne (*Britannia*) ist. Wir werden daher auch für Festellung der richtigen Gestalt des in verschiedenen Varianten vorliegenden und als *Graislemiers* resp. *Grahelens* (de Fine

---

schen Normandie sein Werk *De moribus et actis primorum Normanniae ducum* und starb als Doyen von St. Quentin im zweiten Viertel des XI. Jahrhunderts. Sein Sprachgebrauch ist: *Francia, Franciae regnum, Franci; Northmannia, Northmannica regio, Northmanni, Northmannici, Normanni; Angli* (Lair, Dudo S. 148. 158. 159), *rex Anglorum* (S. 147. 185. 193), *Anglica terra* (S. 145. 158. 159); *Britannia, Britones, Britanni, Britannicus* bedeutet nur (an zahlreichen Stellen) „Bretagne, Bretone, bretonisch". Soll der Sprachgebrauch des Pikardischen, Normannischen und Francischen im XI. Jahrhundert hiervon wesentlich verschieden gewesen sein? Horchen wir nun einen Schriftsteller mitten aus dem XII. Jahrhundert aus: Wace; er hat bekanntlich in seiner Normannenchronik eine Betrachtung über den Wechsel der Namen im Laufe der Zeiten: *Par lungs tens e par lungs eages - et par muement de languages - unt perdu lur premereins nuns viles citez e regiuns* (I, 77 ff.: II, 11 ff.). Was lehrt er nun? *Engleterre Bretainne out nun* (II, 15; I, 81), *Suth Guales fu Demetia, North Guales Uenedocia, Escoce out nun iadis Albaiue* (II, 21 ff.); *et Armoriche fu Bretainne* (II, 25; I, 85); *France Guale, Guales Cambrie* (II, 43 = *Gaulle France, Galles Cambrie.* I, 93). Wie also in anglonormannischer Zeit unterschieden wurde *Engleterre, Escoce, Gales*, so unterscheidet er für alte Zeit *Bretainne = Engleterre, Albaine = Escoce* und *Cambrie = Galles (Guales)*. *Bretainne* ist also zu seiner Zeit die Bretagne, in alter Zeit nach ihm *Engleterre* exklusiv Schottland und Wales *(Galles-Cambrie)*. Und da soll man glauben, dass man zu seiner Zeit, *breton, Bretainne* für „kymrisch, Wales" seiner Zeit überhaupt gebraucht habe? Mit diesem durch Wace für 1150 bezeugten Sprachgebrauch stimmt es, wenn Renauld de Beaujeu (also um 1200) im Bel Desconëu die blonde *Esmerée*, welche *roïne de Gales* ist (Vers 3431. 3818. 5124. 5129), aus ihrer Heimat *Gales* (Vers 4964) über den *Senaudon (Snowdon* Vers 3823) *le droit chemin vers Bretaigne* reisen (V. 5038. 3569. 3632) und den Artus in *Londres* (V. 5040) treffen lässt. *Bretaigne* ist also Halbgelehrtenjargon des XII. Jahrhunderts für „anglonormannisches England" *(Engleterre)* in alter Zeit mit Ausschluss von Wales und Schottland *(Gales* und *Escoce)* ganz wie *Gaule* in derselben Zeit für *France* aufkommt.

[1]) Die Überführung des *corpus B. Matthaei apostoli in minorem Britanniam* fand zur Zeit des Bretonenherrschers Salomon (a. 857 ff.) statt (s. Recueil des Historiens des Gaules et de la France VII, 273).
[2]) Die Schilderung des Zuges in den *Annales Colonienses* macht den Eindruck auf den Bericht eines Teilnehmers direkt zurück zu gehen.

posterne) von den Herausgebern recipierten Namens nach einem
bretonischen Namen zu suchen haben.

Überschaut man die Varianten Erec 1952 *Grailemus* H,
Graillemers V, *Garlemes* A, *Greslemues* C, *Graislemiers* B und
die Form *Grahelens* im Bel Desconëu 5425, so erinnert letztere
sofort an einen bretonischen Namen, aus dem auch die Formen
der Erechandschriften sich verstehen lassen. Konstatieren wir
zuerst, dass eine naheliegende Form für einen bretonischen
Helden anderweitig in der französischen Litteratur vorkommt, im
lai de Graelent (Roquefort, *Poésies de Marie de France I,*
486—540). Der Name des Helden ist stets dreisilbig und
geschrieben Nom. *Graelens* (11 mal) Kasus obliqui *Graelent*
(41 mal), *Graalent muer* (1 mal, V. 8), *Graalent mor* (1 mal,
V. 732); Gaston Paris gibt *Romania* VIII, 32 als Überschrift
im Ms. 1104 *lay de Graalant*. Dass *Graelent* Bretone ist,
ergibt sich nicht nur daraus, dass Vers 731 sagt *un lai en
firent li Bretun*, womit nach den Ausführungen, *Gött. Gel.
Anz.* 1890, S. 796 ff., nur Bretonen gemeint sein können,
sondern auch seinem Beinamen *mor* (V. 732), *muer* (V. 8):
„Gross" heisst alt- und mittelkymrisch *maur, mawr,* altbret. *mor,*
mittelbret. *muer,* sodass *Graelent muer* ein Bretone sein muss.[1])

Die altbretonische Form für *Graelent* ist *Gradlon:*
Gradlon machtiern zwischen 840 und 846 (Courson, *Cartulaire*
S. 139), *Gradlon* a. 868 (Courson, S. 188), a. 1050 (Courson,
S. 254), *Gratlon* a. 904 (Courson, 227); von 1062—1101 ist
8 mal *Gradelonus* belegt (Courson, S. 234. 236. 259. 283. 316.
317. 320. 380). Das Wort ist mit altbret. *lon* wie in *Catlon,*
Fidlon etc. gleich altwelsch *laun,* mittelwelsch *lawn* gebildet,
und so ist denn auch im *Liber Landavensis* S. 244 für 1021
der entsprechende welsche Name *Gratlaun* (*Lann Mihacgel
meibion Gratlaun*) belegt. Das altbretonische aus langem *ā*
entstandene und welschem *au* entsprechende *o* ist schon im
X.—XI. Jahrhundert in Endsilben in *e* übergegangene, in einzelnen Teilen des bretonischen Sprachgebietes (s. d. *Ztschr.* 12,
254 ff.), wenn auch noch länger *o* meistens geschrieben wird.
Schon früher hat die alte Media *d* zwischen tönenden Elementen
die Geltung einer tönenden Spirans, die im Mittelbretonischen
mit *z* ausgedrückt wird. Wir können also fürs X.—XI. Jahrhundert für altes *Gradlon* ein gesprochenes *Grazlen* an-
setzen (vgl. mittelbret. *Euzen* Loth, *Chrestomathie,* S. 204, gleich
altbret. *Eudon).* Diese tönende Spirans hat sich im Mittelbreto-

---

[1]) Ich werde die Figur weiter unten in bretonischen Quellen
nachweisen.

nischen zwischen Vokalen beständig, vor *r, l* lange erhalten:
noch das *Catholicon* (XV. Jahrhundert) schreibt *cazr* = altbret.
cadr = neubret. *caer* „beau, superbe, magnifique". Dagegen
weist mancherlei darauf hin, dass in der im X.—XII. Jahrh.
romanisierten Haute-Bretagne (siehe *Gött. Gel. Anz.* 1890,
S. 802 ff.) dieser Wandel des *z* sich in den Namen im Beginn
des XII. Jahrhunderts vollzogen hatte. In zahlreichen
Urkunden von Redon erscheint von 834 bis um 1100 der Manns-
name *Rodalt, Rodaldus,* wofür die mittelbretonische Form
Rozalt. Mit 1126 tritt in Redoner Urkunden auf der Name
Roaldus (Courson, *Cartul.* S. 307), 1140 *Roaldus, Roalt*
(Courson S. 346. 348), 1144 *Roaut* (Courson S. 287), 1148
Goreden filius Roaut (S. 345). Dass der nach 1126 auftretende
Name *Roalt (Roaut)* mit dem *Rodalt (Rodaldus)* vom IX. bis
XI. Jahrhundert identisch ist, lässt sich durch die Redoner
Urkunden direkt nachweisen: 1104 treten auf *Rodaldus de
Moya* und sein Sohn *Karadocus* (Courson, S. 304); wenn nun
1144 *Roaut filius Caradoci de Moya* vorkommt (Courson,
S. 287), so haben wir deutlich Grossvater und Enkel vor uns
(vgl. Loth, *Chrestomathie* S. 161 Note 8). Dasselbe Verhältnis
kehrt noch einmal wieder: 1101 ein *Waulterius Rodaldi
filius* (Courson, S. 320) und 1140 *Roaldus filius Gauterii* (Cours.,
S. 346). Ebenso findet sich häufig von 843—1104 der gut bret.
Name *Roderch*[1]) *(Rodercus, Rodarch,* Courson, *Cart.* S. 170.
231. 254. 264. 304. 308. 380); ein mittelbretonisches *Rozerch*
in *Coet Rozerch* belegt Loth, *Chrestomathie* S. 162 Note 1, 228
und bemerkt an ersterer Stelle weiter: *„on trouve Roerc dans
une Charte de 1124—1131 du prieuré de Saint-Martin de
Josselin; mais cette charte concerne un pays déjà de
langue française au XIe—XIIe siècle; de même, dans
des chartes du même prieuré, Roald 1128".* — Nach all dem
scheint es mir keinem Zweifel zu unterliegen, dass in den seit
dem zweiten Viertel des X. Jahrhunderts der Romanisierung
unterliegenden Bretonengebieten das aus altem *d* entstandene *z*
um 1120 in den bretonischen Namen jener Gegenden geschwunden
war, dass man also den im Altbretonischen *Gradlon* im XI. Jahrhundert *Gradelon* geschriebenen Namen bei den französisierten
Bretonen um 1120 *Graelen* resp. *Graalen* (vgl. *cadr: cazr: caer;
loznet: lôéned* Zeuss-Ebel 144) sprach.[2]) Was das auslautende *t*

---

[1]) Alt- und mittelirisch *rodarc* (aus *roderc*) „Gesicht, Sehkraft".
[2]) Eine vollständige Parallele zu der Entwickelung altbr. *Gradlon,*
mittelbret. *Grazlen,* französ. bret. *Graelen, Grahelen* liegt uns in einem
anderen Namen der matière de Bretagne vor: *Blieri, Bleheri.* Die alte
Form ist *Bleidri, Bledri,* jünger *Bleizri, Blezri,* wozu sich *Blieri, Bleheri*

in den belegten Formen *Graelent, Graalant, Grahelent* anlangt, so ist doppelte Möglichkeit der Erklärung: es kann hervorgerufen sein durch den Umstand, dass in Bretonischen Namen im zweiten Glied die etymologisch verwandten -*gen* (= Stamm *geno*-) und -*gent* (= Stamm *gento*- = ahd. *Kind*), jünger *ien* und *ient*, gleichbedeutend sind, wonach sich also das aus -*on* entstandene -*en* zu -*ent* erweiterte; es ist aber auch möglich, dass die Kasus obliqui *Graelent* einfach aus dem Nominativ *Graelens* von dem französisierten Bretonen analogisch gefolgert wurden.

Die somit für etwa 1120 nachgewiesene Möglichkeit der Entstehung des französisch-bretonischen *Graelent, Graalent* aus dem altbretonischen Namen *Gradlon* wird durch ein Zeugnis aus den Redonerurkunden als wirklich eingetreten nachgewiesen: in einer 1124 oder 1125 ausgestellten Schenkungsurkunde des *Alanus illustris vicecomes castri Noici, frater Gaufridi vicecomitis castri Joscelini*; es ist also romanisiertes Bretonengebiet *la Nouée, Josselin* in der alten Diöcese St. Malo. Unter den Donationen ist auch *terra Graalendi presbyteri* in der *villa que dicitur Sanctus Bilci* (heute Bieuzy in Morbihan) Courson, *Cartulaire* S. 350. Wir haben also für dieselbe Zeit und dasselbe Sprachgebiet *Graalent* urkundlich belegt, aus denen *Roalt, Roerc* für altes *Rodalt, Roderc* nachgewiesen sind. Die bretonische Herkunft des *Graalent muer* und des *Grahelent de Fine posterne* ist mithin nach allen Seiten sicher gestellt. Die Schreibung *Grahelent* im Bel Desconëu für *Graelent* ist wie Erec 1946 *Maheloas* für den bretonischen Namen *Maelwas*, *Bleheri* neben *Blieri* (s. S. 5 Anm.): Bezeichnung dessen dass die Laute *ae* als selbständige Vocale (*a-e*) gehört werden.

Fassen wir nun die Formen Erec 1952 ins Auge. Zuerst sind die Schreibungen von C (*Greslemues*[1]) und B (*Graislemiers*) als Schreiberentstellungen für *Grelemues, Grailemiers* (nach Analogie von *isle* etc.) auszuscheiden. Dann herrscht unter den Handschriften Übereinstimmung, insofern sie einen Nominativ zu einem Stamm *Grailemer* (*Graillemers* V, *Garlemmes* A, *Graislemiers* B) oder *Grailemor* (*Grailemus* H, *Greslemues* C) bieten. Wie dieses *Grailemer* resp. *Grailemor* für *Graelent* eingetreten, ist nicht schwer zu verstehen. Es lässt sich beobachten, dass grössere Entstellung der keltischen Namen in

---

verhält wie *Graelen, Grahelen* zu *Grazlen*. *Bliobleheri* oder *Bleobleheri* (siehe Seiffert *Namenbuch* S. 53; *Histoire littéraire* 30, 623 s. v.) würde sein mittelbret. *Bleobleizri*, d. h. „ein Wolf (*bleiz*)-könig (*ri*) an Haar (*bleo*)" ein *bleizri-bleheri* hinsichtlich des Haares.

[1] Eine ähnliche Lesart lag Hartmann von der Au vor, welcher 1927 *Gresmurs Fine Posterne* bietet.

der matière de Bretagne dadurch stattgefunden hat, dass die Namen von Figuren, welche durch irgend welche Umstände in den Erzählungen verknüpft waren, sich gegenseitig beeinflusst haben. So sind die rein welschen Namen zweier hervorragenden Helden der bretonisch-französischen Arthursage *Ouein* und *Gwalchmei*; die urkundlich belegten bretonischen Namensformen sind *Euuen (Evenus)* und *Uualcmoei* (d. h. *Gualchmoei*), s. *Gött. Gel. Anz.* 1890, S. 527 ff., 798 und diese *Ztshr.* 12,235. Wie ich schon am letztgenannten Orte bemerkt habe, ist die durch Malmesbury bezeugte (*Ztschr.* 12,250) Form der romanisierten Bretonen *Walwen* (für *Walmei* aus *Walchmei*) nur durch Anlehnung an *Ewen* verständlich, ebenso wie *Wal-wains* neben *Y-wains* bei Marie de France (lai Lanval 227 ff.) und *Gau-vains* neben *Y-vains*. [1] So ist es auch nicht zufällig wohl, dass der Bruder von *Perce-val* die Namensformen *Aglo-val* (*Glo-val*) trägt (s. Seiffert, *Namenbuch* S. 45, *Histoire littéraire* 30, S. 628 s. v.), dass *Agra-vain* oder *Engre-vain* der Bruder des *Gau-vain* (s. Seiffert, *Namenbuch* S. 45; *Hist. litt.* 30, S. 628 s. v.), dass *Grelogue-val* neben *Perce-val* aus dem Geschlecht des Joseph von Barimacie stammt (s. Seiffert, *Namenbuch* S. 89 s. v.) Wie heisst nun der Bruder des *Graelent de Fine posterne* mit dem er sowohl Erec 1951 ff. als Bel Desconëu 5425 ff. vereint auftritt? *Guing-amer* an letzter Stelle (Vers 5427) und Erec 1954 *Guing-amars* C, *Guig-amor* E, *Guil-emers* B! Ich denke, es ist klar, wie die Formen *Grail-emor*, *Grail-emer* in der Erecüberlieferung aus *Grael-ent* (Nom. *Graelens*) zu Stande gekommen sind. [2] Leider sind wir nur in wenigen Fällen in der Lage, mit gleicher Sicherheit aus der Verderbnis der Überlieferung das Richtige herstellen zu können.

Wenden wir uns nun zu dem zweiten der Brüder, der nach Erec 1954 *Guingomars* in Försters Ausgabe, nach Bel Des-

---

[1] Über die enge Zusammengehörigkeit von *Gauvain* und *Yvain* vergleiche Fergus Vers 9 ff.: *Mesire Gavains i estoit — Et ses compains que molt amoit — (Car ce estoit mesire Yvains — Qui ainc en nul lieu ne fu vains)* und Vers 24 ff.: *mesire Gavains par les dois — Avoit pris un suen compaignon — Qui mesire Yvains ot non — Celui amoit de telle amor — Que onques nus ne vit millor. Ainc Achilles ne Patroclus — Nul jor ne s'entramerent plus — Con cil doi compaignon faisoient.*

[2] Sollte Chrétien selbst ein *Graelemor* (H C) aus *Graelent* geschaffen haben, da keine Handschrift des Erec für *Graelent* eintritt? Oder ist bei der nach Foerster Erec S. XV offenkundigen Benutzung von Chrétien's Erec durch Renauld de Beaujeu im Bel Desconëu das *Grahelent de Fine posterne* 5425 ein genügender Beweis für *Graelent* bei Chrétien? sodass die Umgestaltung der Überlieferung zufiele (Hartmann von der Au hat um 1200 *Gresmurs*).

conëu 5426 *Guingamer* heisst. Dieser *Guingomar*, wie wir
ihn vorläufig nennen wollen, ist nach Erec 1955 ff. *sire de
l'isle d'Avalon* und *amis Morgain la fee. Romania* VIII, 51 ff.
ist ein lai veröffentlicht, dessen Helden *li Breton* nach Vers 678
Guingamor nennen: derselbe bringt 300 Jahre in einem
Wunderlande als *amis* einer Fee zu (Vers 549 ff.) In einem
bekannten lai der Marie de France wird ein aus *Bretaigne la
Menur* stammender Ritter, der Sohn des *Sire de Liiin*, mit
Namen *Guigemar* auf einem Wunderschiff zu einer feeenähn-
lichen Dame (Vers 704) entführt, mit der er als *ami* längere
Zeit (Vers 529 ff.) zusammenlebt. Bei einem der Fortsetzer des
Perceval endlich (Vers 21,855 ff.) lernen wir einen Helden
Guingamuer kennen, der mit einer *fee* einen Sohn zeugte, sterb-
lich von Vaters Seite und unsterblich von Mutter Seite; von
diesem Sohne des *Guingamuer* und der *fee* heisst es: *Rois fu
des illes de la mer — en une des illes estoit — ù nus mor-
tiez hom n'abitoit — de cele contrée estoit rois* (Vers
21 876 ff.), es war offenbar die Heimat der Mutter. In allen
vier Fällen treffen wir dieselben beiden Hauptpersonen des Abenteuers, den Helden *Guingamor (Guigemar,
Guingamuer)* und seine *amie* die *fee*, und dasselbe Sagenmotiv,
Aufenthalt eines Sterblichen bei einer Fee in einem Wunderland
(Wunderinsel).[1]) Wir haben daher ein Recht zur Feststellung der
richtigen Namensform Erec 1954 auch die übrigen Stellen mit
heranzuziehen. Die einzelnen Formen sind folgende. Erec 1954:
Guingamars C, *Guingas* H, *Guigamor* E, *Guilemers* B. — Im
lai de Guingamor (*Romania* VIII, 51 ff.) ist überall Nominativ
Guingamor, Casus obl. *Guingamor* mit Ausnahme von Vers 245,
wo *Guigamor*. — Im lai de Guigemar der Marie de France liest
die Haupthandschrift nach Warncke an 18 Stellen *Guigemar*, an
einer *Guigeimar*; in Handschrift P lautet der Name einmal
Gugemers, sonst abgekürzt *Gugem'* oder *Gug'*; in 8 *Guimar,
Guimaar, Guimor*; in der nordischen Bearbeitung *Gviamar,
Guiemar*. — Im Perceval treffen wir *Guiganmuer* (21,779),
Guingamuer (21,857), *Guinganmer* (21,859). — Von vornherein
ist das *Guilemers* der Handschrift B im Erec auszuscheiden:
vielleicht hat der Schreiber bei Insel Avalon an Irland gedacht
und dessen König *Guillamarius, Gillamor* bei Gottfried von
Monmouth (Brut). Suchen wir nun in dem reichen Schatze von

---

1) Wir haben hier mehrere bretonische Varianten (andere liegen
in den Lais von *Lanval* und *Graalent muer* vor) derselben keltischen
Sagenanschauung, von der mehrere irische Versionen *Zeitschrift für
Deutsches Altertum* 33, 258 ff., 281 besprochen sind.

bretonischen[1]) Namen, die uns in Urkunden des IX.—XIII. Jahrhunderts vorliegen, nach dem Namen, aus dem die mannigfachen, doch alle auf eine Ausgangsform hinweisenden Formen ihre Erklärung finden. Es kann meines Erachtens nur der im XII. Jahrhundert in der Form *Guihomar* auftretende Name sein. Als älteste altbretonische Form kommt in Redonerurkunden a. 854 und 860 ein *Wiuhomarch testis* vor (Courson, *Cart.* S. 126. 373); mit einem *Wihomarchus Britonum dux* hat Ludwig der Fromme von 822—825 Kämpfe zu bestehen, worüber die Annalen Eginhard's zu 822 und 825 berichten (*Monum. Germaniae* I, 209. 213. 358); 1021 erscheint in einer Redonerurkunde *Guihomarcus vicecomes Leonensis* (Courson, Cart. S. 308), 1086—1091 ein *Guihomarc* (Courson, *Cart.* S. 310), 1092 *Guihomardus* (Courson, *Cart.* S. 251, lies -marcus), 1103 *occisus est Guichomarus vicecomes Leonensium dolo* (Chron. Nannet in Recueil XII, 557), 1108 *Guihomarcus filius Gorloios* (Courson, *Cart.* S. 333), 1144 *Guihomar* (Courson, *Cart.* S. 348), 1145 *filius Guihomarci* (Courson, *Cart.* S. 331); in der Chronik Robert's von Torigni, der von 1110—1185 lebte und in Mont-Saint-Michel an der Grenze der Bretagne schrieb, heisst es: 1167 *Inde perrexit rex Henricus in Britanniam[2]) et subdidit sibi omnes Britannos, etiam Leonenses, nam Guihumarus filius Hervei vicecomitis Leonensis submisit se regi;* 1168 *mortuus est in Brittania Herveus de Lehun, cui successit Guihomar filius ejus;* 1170 *Conanus in Leone cum Guihomaro congreditur* (Bret. Chronik in Receuil XII, 560); 1177 *inde Dominus rex (Henricus) misit filium suum comitem Britanniae cum ceteris Brittonibus ad expugnandam superbiam Guihomari de Leons;* 1179 *Gaufredus filius regis Henrici, dux Brittaniae viriliter egit, nam Guihomarum vicecomitem Leonensem, qui nec Deum timebat nec hominem verebatur, et filios ejus ita subegit, quod omnia castella eorum et terram in manu sua cepit et duas tantummodo parochias Guihomaro seniori permisit, Guihomaro juniori undecim parochias de terra patris sui concessit* (Chronicles of the reigns of Stephan, Henry II and Richard I, Band IV S. 232. 238. 274. 281).

Diesem bretonischen *Guihomar* des XII. Jahrhunderts entspricht offenbar das französische *Guigomar* (woraus *Guigamor, Guingamor*), *Guigemar*. Dies lässt sich, abgesehen davon, dass kein anderer Name für die belegten französischen Formen in Frage

[1]) Ein irgend wie für die Deutung in Frage kommender kymrischer Name ist mir nicht bekannt.
[2]) Man brachte den Sprachgebrauch des Normanen Robert von Torigni in Bezug auf *Britannia, Britannicus.*

kommen kann,[1] mit verschiedenen Erwägungen stützen. Für den
Lai der Marie de France ist durch die vorzügliche Überlieferung
die Form des Namens ohne *n* in der ersten Silbe so nach allen
Seiten sicher gestellt, dass eine Änderung des. überlieferten
Guigemar in *Guingemar* oder ähnlich nur im allerzwingendsten
Fall angänglich ist. Nach zwei Seiten hin ist dieses *Guigemar*
in gleicher Weise verknüpft: sachliche Gründe (s. S. 8.) raten
ab, den Träger des Namens *Guigemar* von den Figuren, die in
den drei anderen Fällen als *Guingamar, Guingamor, Guigamor,
Guingamuer* auftreten, los zu reissen; sachliche Gründe raten
andererseits bei dem Helden des Lai, *Guigemar* dem Sohne
des *sire de Liun*, der also auch *sire de Liun* wurde, daran
zu denken, dass der Name *Guihomar* für die Familie der *vicecomes
Leonensis* (*sire de Liun*) im XI./XII. Jahrhundert charakteristisch ist, wie die beigebrachten Zeugnisse ausweisen. Die
bretonische Quelle der Marie de France (vgl. Vers 19—26) hat
offenbar das Abenteuer an einen *Guihomar*, Sohn eines *vicecomes
de Leons*, geknüpft; dies letztere war aber nur möglich, wenn
der Held überhaupt *Guihomar* hiess. Endlich erklären sich aus
der Form *Guigomar* alle Varianten leicht. Die Änderung der
Endsilben *-omar* in *-amor, -amuer* (*Graal*) ist offenbar dadurch
mit hervorgerufen worden, dass man in der Endsilbe das altbret.
mor, mittelbret. *muer, meur, mer* „gross" sah, das ja sowohl
bei Personennamen (*Gradlon mor, Graalent muer*) wie Ortsnamen
(z. B. *Treb mor, Enes mor, Ploemuer* = heut. *Plomeur*) vorkommt. Charakteristisch ist, dass die jüngste der 4 französischen
Quellen, die die ursprünglich bretonische Sage von *Guihomar* und
einer Fee kennen, der Fortsetzer Chrétien's zweimal reimt *Guiganmuer: de cuer* (21,779. 80 und 21,857. 58) wie in dem Lai
von *Graelent* V. 7. 8 *gent ot le cors è franc le cuer — Pour
çou ot nun Graalent muer*.[2] Was die erste Silbe des Wortes
anlangt, so lag die Entstellung des *Gui* zu *Guin* nahe durch die
vielen bretonischen Namen von Personen und Örtlichkeiten, in

---

[1] Wäre ein bretonisches *Guincomarch, Guingomarch* belegt (vgl.
Haelgomarch), so liesse sich daraus ein *Guingomar* erklären; es kommt
jedoch nirgends vor. An den belegten Namen *Jungomarch* lässt sich
wegen des Anlautes nicht denken: *Jungumarus* findet sich noch im
XII./XIII. Jahrhundert geschrieben (*Recueil* XI, 372. XII, 562). Das
kornische *Gydicael* (*Bodmin Gospels* fol. 8 a, *Rev. Celt.* I, 322) = breton.
Judicael, Jedechael kann nicht angeführt werden, da *Gyd-* einfach angel-
sächsische Lautgebung für *Jed-* ist; zum wenigsten müsste man
Gingomars erwarten, was nirgends in den Varianten geboten wird.

[2] Auch bei dem im XIII. Jahrhundert dichtenden Renauld de
Beaujeu (s. *Histoire littéraire* 30, 183) reimt *Guingamer* auf *de bon cuer*
(Bel Desconëu 5426/27).

denen *Guin, Guen* erstes Glied ist (s. Courson, *Cartulaire* S. 658.
659. 708. 709; Loth, *Chrestomathie* S. 175). Liegt somit für
Guin- in der ersten Silbe kein Grund vor, so kann man zweifeln,
ob wir im Erec und im anonymen Lai (*Romania* VIII, 51) noch
Guigomar (*Guigomars*) schreiben dürfen. Die durch den Reim
gesicherte Form von Chrétien's Fortsetzer (*Graal* 21 779. 21 857)
Guigamuer beweist die Umdeutung nach *muer* gross, die nahe-
gelegt war, wenn aus *Guigomar* ein *Guigamor* geworden. Letztere
Form bietet Handschrift E des Erec und die Handschrift des Lai
in Vers 245; sie liegt auch in der mittelhochdeutschen Form
Wigamur vor. Sehr zweifelhaft ist auch, ob man *-mars* in
Handschrift C des Erec (*Guingamars* C, *Guingas* H) für ein
Guigomars von Chrétien anführen darf, denn beide Handschriften
C und H haben 1952 *Greslemues, Grailemus*, was nach dem oben
S. 7 bemerkten nur unter Einfluss eines *Guigamurs* o. ä. ent-
standen sein kann. Ursprüngliche Form des Namens war ohne
Zweifel *Guigomar, Guigemar;* es ist heutiges *Guyomar.*

Wenden wir uns noch einmal zu dem Helden des *lay de
Graalant* (vgl. oben S. 4), zu *Graelent* oder *Graalent muer.*
Der erwähnte lai schliesst mit folgenden Worten:

> *L'aventure du bon destrier,*
> *L'aventure du chevalier,*
> *Cum il s'en ala od s'amie*
> *Fu par tute Bretaigne oïe;*
> *Un lai en firent li Bretun,*
> *Graalent mor l'apela un.*

Wenn ich auch nicht nachweisen kann, dass dieses Abenteuer des Helden im Mittelalter in der ganzen Bretagne bekannt
war, wie der Verfasser des lai uns versichert, so lässt sich doch
aus bretonischen Quellen zeigen, dass der Held desselben,
Graalent muer, in der bretonischen Sage des IX. bis XII.
Jahrhunderts eine hervorragende Figur war. Die altbretonische Form für *Graalent* (*Graelent*) *muer* des XII. Jahrhunderts muss sein, wie wir sahen, *Gradlon mor,* lateinisch
Gradlonus mor oder *Gradlonus magnus.*

In zwei Handschriften, einer Orleaner des X. und einer
Pariser des XII. Jahrhundert liegt uns eine *Vita sancti Pauli
Aureliani,* d. h. *s. Pol de Léon* in der Bretagne vor, die 884
von einem Mönch *Wrmonoc* aus dem Kloster Landévennec in
Finistère[1]) verfasst ist. Hier gibt *Wrmonoc* weiter an (s. *Revue*

---

[1]) Das heutige Departement Finistère umfasst zwei alte Landschaften der Basse Bretagne, die Landschaft Leon und Cornouaille,
fast ganz und von Tréguier einen Teil. Landévennec liegt in der
Cornouaille (*Cornugallia, Cornubia*) am südlichen inneren Golf von Brest.

Celt. V, 417 ff.[1]), dass er dazu durch seinen Abt *Wrdisten* angeregt worden sei, der selbst *acta s. Winwaloei* geschrieben
habe. *Wrdisten* erscheint in dem Katalog der Äbte von Landévennec, der sich in dem aus dem XI. Jahrhundert stammenden
Cartular vorfindet, als der 11. vor *Elisuc in MXLVII. anno*
und als der 3. nach *Matmonnoc*, unter dem 818 durch Ludwig
den Frommen die *regula Benedicti* eingeführt wurde: wozu die
Angabe Wrmonoc's (884) stimmen kann. Diese von *Wrdisten*
also vor 884 geschriebene Vita des im VI. Jahrhundert
lebenden Gründers von Landévennec, des Heiligen *Winwaloe*,
ist in zwei Handschriften auf uns gekommen: das aus dem XI.
Jahrhundert stammende *Cartular* von Landévennec beginnt mit
ihr; Handschrift ms. lat. 5610 A auf der *Bibliotheque nationale*,
XII. Jahrhundert.[2]) Wir haben also in dieser Vita ein
sicheres Zeugniss dafür, was man im letzten Viertel
des IX. Jahrhunderts in einem der äussersten Winkel
der Basse Bretagne glaubte.

    Liber II, Kap. IX—XII der Vita (De la Borderie, *Cart.*
S. 72 ff.) berichten von der einfachen Lebensweise (Enthaltung
des Weines) Winwaloe's, die er auch in seinem Kloster einführte, vor allem, dass jeder sich durch tägliche Handarbeit
den Lebensunterhalt erwerben musste. Dann heisst es (a. a. S. 75)
*Et haec quidem lex sive regula per tempora longa refulsit in
isto monasterio, id est, ab illo tempore quo Gradlonus, quem
appellant Magnum, Britanniae tenebat sceptrum usque ad
annum Hlodouuici piissimi Augusti imperii quintum, Domi-
nicae autem Incarnationis octingentesimum octavum decimum.*
818 führte Ludwig der Fromme unter dem dritten Vorgänger von
Wrdisten dem Abt *Matmonoc* die *regula Benedicti* in der Bretagne ein und Wrdisten gibt in Kap. XIII. das betreffende
Schriftstück Ludwig's. Dass mit den Worten *ab illo tempore*
bis *octavum decimum* gesagt sein soll „von Gründung des
Klosters bis 818" ergibt der Zusammenhang. *Wrdisten* betrachtete also den *Gradlonus magnus* als Zeitgenossen des *Winwaloe.*
Dieser Schluss wird denn auch durch die Fortsetzung der Vita
bestätigt. Kap. XV berichtet von dem Ruhm des *Winwaloe per
omnem Britanniae regionem,* woran sich „*VII capitula per*

---

    [1]) *Rev. Celt.* V, 415—458 ist die Vita nach den beiden Hand-
schriften ediert.
    [2]) Eine schlechte Ausgabe dieser Vita findet sich *Acta Sanctorum
M. Martii* I, 256—260; ein vortrefflicher Abdruck der ältesten Handschrift
mit den Varianten der jüngeren findet sich in Arthur de la Borderie,
Cartulaire de l'abbaye de Landévennec, Rennes 1888.

heroïcum metrum composita" schliessen, die von Winwaloe's Beziehungen zu *Gradlonus magnus* handeln. Kap. XV (De la Borderie, *Cart.* S. 78) lautet:

> *Interea ad regem volitabat fama Gradlonum,*
> *Celsi qui summa tenuisset culmina sceptri*
> *Occidue partis, moderator Cornubiorum:*
> *Magnum cui suberat potracto limite regnum,*
> 5. *Normannumque gazis, redimitus tempora mitra,*
> *Detractis fulget cunctisque potentior, ipsa*
> *Barbara prostrate gentis post bella inimicae.*
> *Jam tunc, quinque ducum truncato vertice, cyulis*
> *Cum totidem, claret centenis victor in armis,*
> 10. *Testis et ipse Liger fluvius est, cujus in albis*
> *Acta acriter fuerant tunc ripis proelia tanta.*
> *Ergo dehin cupidus, sanctum conductus amore*
> *Visendi, graditur pavidus, at pronus adorat*
> *Talia commemorans: „Quaenam te munera placant?*
> 15. *Copia nam superest mihi rerum et magna potestas,*
> *Terrarum spatia gazis auri atque argenti,*
> *Commoda et innumeris cum donis plurima vestis.*
> *Et tibi tradita quae fuerint intacta manebunt,*
> *Nullaque mutari potuerunt commertia, fixis*
> *In caelum positis ceu donis omne per aevum."*

In fulminanter Rede weist *Winwaloe* die irdischen Schätze von sich und fordert *Gradlon* auf, Christi Reich zu suchen. *Gradlon* verspricht künftig in Gerechtigkeit und Milde zu regieren und nun nimmt *Winwaloe* auf Bitten des Presbyter *Riocus* wenigstens als kleines Geschenk das dem Vater des *Rioc* ursprünglich gehörende Gütchen. — Nunmehr schweift der Autor der Vita ab: nachdem er im Kapitel XIX *altitudo et nobilitas Cornubiae* eben zu den Zeiten Gradlon's besungen (*Quam bene candelis splendebant culmina ternis — Cornubiae, proceres cum terni celsa tenebant! — Rura vel ima regens, Gradlonus jura teneret* etc.), wendet er sich, im Hinblick auf die traurige Lage der Bretagne durch die Normanneneinfälle zur Zeit Wrdisten's, zur Schilderung der *subjectio* (*At nunc pressa jacet, heroum orbata potentum-Cede, gemens, victa, externo sub fasce reflexu-Armorum nitidis modo spoliata triumphis quae fuerat laeta convivia non moderata* etc.) und spricht im Kap. XI die Hoffnung auf eine bessere Zukunft aus (*Haec est Cornubia, magnorum magna parentum-mater* etc.)

Hieraus ergibt sich, dass im letzten Viertel des IX. Jahrhunderts *Gradlonus magnus* als Herrscher von *Cornubia* (*moderator Cornubiae*) im VI. Jahrhundert galt; ihn macht *Wrdisten* in den Miseren des ausgehenden IX. Jahrhunderts zum glorreichen Besieger der Normannen im VI. Jahrhundert (II, 15, 5 ff.). — Wie alt die Quelle zu folgender Notiz ist

„*Dicitur in Breviario Ecclesiae Namnetensis, Grallon, qui toti provinciae Armoricae imperabat, Gildae sanctitatis et meritorum fama permotus, monasterium in insula Ruiensi ipsi et suis exstruxisse multisque redditibus ditasse*" AA.-SS. Janu. II, S. 954 kann ich nicht sagen. Die im XI. Jahrhundert von einem Mönch aus Rhuys geschriebene Vita Gildae (Mabillon, *Acta Sanctorum ordinis s. Benedicti* 1, 129—142) kennt den *Gradlon* nicht.[1]) — Die in der Vita des Heiligen *Winwaloe* von *Wrdisten* gemachte Angabe, dass *Gradlon* den *Winwaloe* mit den zum Teil von den Normannen erbeuteten Schätzen habe beschenken wollen, führte im XI. Jahrhundert in Landévennec zu Fälschungen. In dem im *Cartular* von Landévennec auf die Vita folgenden Urkunden findet sich im Anfang fol. 142 ff. (De la Borderie, *Cart.* S. 146) eine Reihe, in denen *Gradlon* wirklich grossartige Schenkungen macht; in deutlicher Anknüpfung an Vita s. Winwaloei II, 15 (s. S. 13) beginnt die Reihe dieser fabrizierten Urkunden mit: *Ego Gradlonus, gratia Dei rex Britonum nec non ex parte Francorum* [!], *cupiebam videre sanctum Dei, Uuingualoeum ex multis temporibus; idcirco obvius fui illi per viam in loco qui vocatur Pulcaruan. Et ideo do et concedo de mea propria hereditate sancto Vvinvvaloeo, in dicumbitione, et ut mercarer caelestia regna et ejus preces assiduas pro anima mea atque pro animabus parentum meorum sive vivorum atque defunctorum, nec non et eorum qui futuri erunt.* Zur weiteren Charakteristik dieser Fälschungen[2]) sei nur angeführt, dass nach einer Urkunde (fol. 146) die *nuntii regis Francorum nomine Karolus Magnus* (!) den Gradlon in dem Hause seines *pincerna* treffen und in Gegenwart des *Winwaloe* ihn bitten *propter Deum omnipotentem et Filium et Spiritum sanctum et christianitatem et baptismum, ut citius veniret adjuvare obprobrium Francorum et captivitatem et miseriam eorum, quia virtus illi erat a Deo data ut deleret genus paganorum per gladium Domini.*
  Diese in Landévennec vorgenommenen Fälschungen werden

---

[1]) In der *Notice sur Le Gonidec (Dictionaire Breton-Français par Le Gonidec,* herausgegeben von Villemarqué, St. Brieuc 1850, S. XIII) heisst es: „*Sous la Ligue* [d. h. im XVI. Jahrhundert] *on chantait encore le Graalen-mor et l'on chante toujours: Ar roué Graalen zô enn ñ bez.*"

[2]) Eine Anzahl derselben ist auch bei Courson, *Histoire des peuples bretons* I, 422 ff. abgedruckt. Sie sind nach Loth, *Chrestomathie* S. 104 vollständig gedruckt „*dans la collection Documents inédits sur l'histoire de France, mélanges historiques*, t. V, Paris 1886", ein Werk, welches ich weder von der Königl. Bibliothek in Berlin noch auf Buchhändlerweg mir beschaffen konnte.

kaum älter sein als die Handschrift, also XI. Jahrhundert. In demselben *Cartular* findet sich fol. 164 v. eine Liste der *comites Cornubiae* in einer Hand des XII. Jahrhunderts; sie beginnt *Riuelen Mor Marthou, Riuelen Marthou, Concar, Gradlon Mur, Daniel Drem Rud Alammanis rex fuit, Budic et Maxenri duo fratres, Jahan Recth* und nennt im Verlauf noch zwei *comites Cornubiae* Namens *Gradlon: Gradlon Flam, Gradlon Plueneuor.*[2])

Wenden wir uns nun wieder den französischen Texten des XII. Jahrhunderts zu. Dass der *Gradlonus magnus, Gradlon mur* der niederbretonischen Sage des IX. Jahrhunderts und der *Graelent muer* der romanisierten Bretonen des XII. Jahrhunderts dieselbe gemeinschaftliche Sagenfigur ist, liegt auf der Hand. So sehr die Mönche von Landévennec auch sich bemühen, den *Gradlon mur* heraus zu putzen, es leuchtet doch durch, dass er in der Sage nur ein bretonischer Häuptling war, sagen wir *sire de Cornouaille*. Ganz ähnlich erscheint *Graalent muer* im *lay de Graalent*, nur noch etwas mehr herabgedrückt: er ist im Geiste der bretonischen *sire* des XI. und XII. Jahrhunderts gehalten, die für Bezahlung den anglonormanischen Herrschern in ihren Kriegen beistehen und nach beendetem Feldzuge sich heim begeben. Fassen wir die engere Heimat des Bretonenhäuptlings

─────────

[2]) Dieser *Gradlon Plueneuor*, d. h. Gradlon von Plonéour im heutigen Arrondissement Quimper, war wahrscheinlich Häuptling in Cornouaille zur Zeit, als Wrdisten die Vita des Heiligen Winwaloe schrieb. Er ist in der Liste der 6. vor Houel, welcher 1066 *comes Britanniae* wurde. Rechnen wir 30 Jahre auf die Generation, so bekommen wir 1066—180 = 886: 884 schrieb Wrmonoc unter Abt Wrdisten die Vita des heiligen Paul von Leon. Noch auf anderem Wege kommt man zu demselben Resultat. In der Liste der Äbte von Landévennec folgt auf *Wrdisten* als Abt *Benedic* (s. De la Borderie, *Cart.* S. 143). Dieser (vgl. auch die Urkunde im *Cart.* fol. 162) kommt in einer bei Mabillon, *Acta Sanctorum ordinis S. Benedicti* I, 579—598 gedrukten *Vita S. Maximini Miciacensis* vor, die gegen Ende des X. Jahrhunderts geschrieben ist. Hier wird eine Geschichte von dem *avunculus nomine Gradilon* dieses Benedict erzählt, die sich zutrug, als *Gradilon, potentissimus Britonum, relictis seculi, pompis ad Monasterium cui Heri insula nomen est* sich zurückzog (a. a. O. S. 585). Wenn also *Gradlon* der Onkel des Abtes *Benedic* war, dann lebte er sicher zur Zeit des Vorgängers von *Benedic*, d. h. des *Wrdisten*. Dies erklärt, wie *Wrdisten* dazu kam, den sagenhaften *Gradlon mor* in die Vita des Heiligen *Winwaloe* zu bringen und ihn als Normanenbesieger zu feiern: hierin liegt ein Seitenhieb auf *Gradlon Plueneuor* und zwar, da *Wrdisten* das Elend seiner Zeit als Gegensatz anführt, ein tadelnder. — Da wir wenigstens eine Urkunde von dem genannten *Benedictus* im *Cartular* von Landévennec haben, so liegt die Vermutung nahe, dass ein Teil der im XI. Jahrhundert auf *Gradlon mor* ausgestellten Urkunden auf wirklichen Schenkungsurkunden des um 880 lebenden *Gradlon Plueneuor* beruhen.

Gradlonus magnus (Graelent mur) näher ins Auge, so ist dies
der äusserste Winkel der Bretagne, *Cornubia (Cornouaille):* er
ist *sire de Fine posterne* nach der S. 2 ff. nachgewiesenen
Bedeutung von *Fine posterne.* Es liegt also in *Gradlonus
magnus (Gradlon mur) moderator Cornubiae (rex occidue partis)*
der niederbretonischen Sage des IX. Jahrhunderts die
Verknüpfung des *Grahelent (Graislemiers) de Fine Posterne*
im Erec und Bel Desconëu mit dem *Graalent muer* im Lai.
Durch den Nachweis der ursprünglichen Einheit für die beiden
Figuren der romanisierten Bretonen des XII. Jahrhunderts wird
noch ein Punkt klarer. Über *Graalent muer* erfahren wir im
Lai, dass die Fee *En sa terre l'en ad mené — Encor dient cil
du païs — Que Graelent i est tous vis* (V. 708 ff). *Graalent
muer* lebt also nach dem Glauben der Bretonen (*cil du païs*
Vers 709 = *li Britun* Vers 731) als *amis* der Fee im Lande der
Feen, ganz wie *Guigomar* nach Erec 1954 als *amis Morgain la
fee* im Lande der Feen, der *isle d'Avalon*, lebt. Ist es wunderbar,
dass *Grahelent de Fine posterne* und *Guigomar* im Erec und Bel
Desconëu als *frères* (Erec 1954. Bel Desconëu 5426) auftreten?

Die Landschaften Leon und Cornouaille bilden die beiden
Hälften des westlichsten in den Ocean hineinragenden Teiles der
Basse-Bretagne: jene (Leon) nördlich vom Meerbusen von Brest
gelegen, diese (Cornouaille) südlich davon. An einen *sire de
Liun (Guigomar, Guigemar)* ist die eine bretonische Variante
des Sagenmotivs von der Entführung eines Sterblichen durch eine
Fee geknüpft (s. S. 10) in der französischen Litteratur; an einen
Häuptling von *Cornouaille (Graelent muer)* eine andere Variante,
wie wir eben sahen. Es liegt der Schluss an der Hand, dass in
diesen beiden Varianten die landschaftlich verschiedene
Herkunft zum Ausdruck kommt: die *Guigomar*-Version stammt
aus Leon, die *Graelent*-Version aus Cornouaille im letzten Grunde,
und romanisierte Bretonen der Haute-Bretagne haben beide Versionen den Franzosen übermittelt, wie die Ausführungen S. 4—6
über die Form *Graelent* zeigen.[1])

---

1) Die dritte bretonische Variante desselben Sagemotivs, die im
Lai von Lanval vorliegt, stammt dann wahrscheinlich aus *Vannes* (Departement Morbihan). Die Herrschaft von Lanval bildete im Mittelalter einen Teil der bretonischen Grafschaft Vannes, ein *Alan de
Lanval* gründete 1138 ein Cistercienserkloster bei seinem Schloss (s. Dom
Morice, *Histoire de Bretagne* I, 996 ff.) Schloss und Herrschaft *Lanval*
kann, ebenso gut wie Schloss, Stadt und Herrschaft *Josselin* in Morbihan von dem Gründer *Joscelin, Goscelin, Gauslin* (s. Courson, *Cartulaire
de Redon*, S. 655) des XI. Jahrhunderts seinen Namen hat, nach einer
Persönlichkeit *Lanval* benannt sein. Auf kymrischen Boden ist mir
der Name *Lanval* nicht begegnet.

3. *Guinglain?*

Nach Hippeau's Ausgabe des Bel Desconëu müsste man schliessen, dass der eigentliche Name (*droit non* Vers 5100) des Helden *Giglain* sei; thatsächlich liest jedoch die einzige Handschrift nach Foerster's Angaben (*Ztschr. für rom. Philol.* II, 79), an allen Stellen *Guinglain*. Diese Form hat G. Paris, *Histoire littéraire* 30, 171—190 rezipiert und sie *a. a. O.* S. 176 Anm. 1 gestützt mit den Worten: *elle répond au nom gallois Winwaloen*. Eine in jeder Beziehung unhaltbare Behauptung. Das Verhältnis von *Maheloas*: bret. *Maelwas, Cadoalens* (Bel Desc. 5657), *Cadoalanz* (Erec 315): bret. *Catwallon* legt von lautlicher Seite Widerspruch ein. Ein kymrischer (*gallois*) Name *Winwaloen* ist mir absolut unbekannt; ich kenne überhaupt einen solchen Namen nicht. Ich vermute, dass G. Paris der bretonische Name *Winwaloe* dunkel vorgeschwebt hat. *Winwaloeus* ist bretonischer Heiliger des VI. Jahrhunderts, Gründer von Landévennec, dessen vor 884 durch *Wrdisten* geschriebene Vita uns oben S. 12 ff. wichtige Zeugnisse für die bretonische Sage des IX. Jahrhunderts lieferte. Heutigen Tages *Saint Guénolé*. Eine andere Person, die diesen Namen trüge, ist mir nicht bekannt.

Der Form *Guinglain* am nächsten liegt unter bekannten bretonischen Namen altbret. *Uuincalon*, der im Redoner *Cartular* im IX. Jahrhundert in 14 Urkunden vorkommt; als mittelbretonische Form ist *Guingalon* anzusetzen. Es spricht jedoch manches dafür, in die Ursprünglichkeit der Form *Guinglain* Zweifel zu setzen. In der Fortsetzung von Chrétien's *Perceval* lautet die von Potvin gebotene Form der Handschrift von Mons *Guiglain* (Vers 33 402. 33 435. 33 592); *Guiglain* hat auch der Prosaroman von Tristan (s. *Histoire littéraire* 30, 194). Endlich ist auch die deutsche Form *Wigalois* (um 1210) in Betracht zu ziehen, die doch der ursprünglichen Namensform näher stehen kann als *Guinglain* in der Handschrift des Bel Desconëu (vgl. *Wigamur: Guingamer* im Bel Desconëu). *Loies, loes* kommt in zahlreichen bretonischen Namen vor (s. d. *Ztschr.* 12, 227) und ein *Guiganlois (vgl. *Gorloys*) — woraus *Guigallois wie mittelbret. *Guellozoe* aus *Guennlodoe* Loth, *Chrestomathie* S. 208 — wäre gebildet wie der bekannte Name *Guigambresil* (aus *Guigan-bresil*[1]). Dürfen wir für eine Form *Guigalois (aus *Guigallois, *Guiganlois) = mhd. *Wigalois* die in der

[1] Altbret. Name ist sowohl *Uuicon* als *Uuicant; Bresel* (*bellum*) kommt ebenso oft in Namen vor wie *Loies* (cf. *Loiescar* und *Preselgar*).

römischen Handschrift des Parzival von Philipp Colin von Strassburg vorliegende Form *Gingeleus (Hie vindet Gawin sinen sun
Gingeleus* Keller, *Romvart* S. 672) für den Namen des Bel Desconëu heranziehen? so, dass *Gingeleus* als ein Missverständnis
des deutschen Bearbeiters von *Guigeleus* aufzufassen wäre.[1]) Die
Entstellung des *Guigalois* zu *Guiglain* (*Guinglain*) könnte eingetreten sein unter Einfluss (vgl. oben 6 ff.) des Namens *Gauvain*,
mit dem der Name ja oft (auch im Reim) verbunden wird, da
Gauvain der Vater des Bel Desconëu ist. Doch sind dies Alles
nur Vermutungen; sicher ist blos, dass G. Paris' Deutung der
Form *Guinglain* unhaltbar ist und Grund zum Zweifel vorliegt,
dass *Guinglain* die ursprüngliche Namensform ist.

4. *Gringalet* oder *Guingalet?*

In einer ganzen Anzahl von Texten der matière de Bretagne
wird das Pferd des Gauvain mit Namen genannt. Die von den
Herausgebern rezipierte Form ist *Gringalet* (s. Seiffert, *Namenbuch* S. 89. 90. *Histoire littéraire* 30, S. 36 ff., 627). Auch
Foerster hat im Erec Vers 3955. 3965. 4085 diese Form aufgenommen, obwohl die handschriftlichen Lesarten nach seinem
Handschriftenstemma auf eine andere Form hinweisen. *Gringalez*
liest B 3955, während an allen drei Stellen H *Gingalet* und
V *Guingalet* bieten. Ich glaube diese Lesarten kommen
der ursprünglichen Namensform näher.

In der ältesten Handschrift der sogenannten altwelschen
Gedichte, dem aus Ende des XII. Jahrhunderts stammenden
Llyvyr Du Caervyrddin, finden sich fol. 14 a. b. vier Triaden
berühmter Pferde. Davon lautet die dritte (Evans, *Black Book
of Carmarthen* fol. 14 b, 6 ff.): *Tri gohoev etystir inis pridein.
Guynev godvff. hir. march Kei. Ruthir ehon tuthbleit m. Gil-
berd mab Kadgyffro. A. Keincaled m. Gualchmei* „die drei
lebhaften (munteren) Rosse Britanniens. Guineu Goddwfhir

---

[1]) Es bedürfte der Feststellung, ob auch die Handschrift im
Texte selbst, wo der Name öfters vorkommen muss (fol. 127 ff.), *Gingeleus* hat; ferner wie die Donaueschinger Handschrift, über die Uhland
in Schreiber's *Taschenbuch für Geschichte und Altertum in Süddeutsch-
land 1840,* S. 259—263 kurz berichtet, liest. Potvin gibt *Conte du Graal* V,
S. 97 *Gauvain trouve son fils Gringaleus* für römische Handschrift und
*Gauvain trouve son fils Gringaleus qu'il avait eu de la soeur de Bran-
delin* für Donaueschinger Handschrift. Da aber seine Kenntnis der
römischen Handschrift nach Band VI, S. LXXXI auf Keller's Romvart
beruht, wo *Gingeleus* steht, so hat man allen Grund zu zweifeln, ob
die andere Angabe richtig ist. [Die Donaueschinger Handschrift liest
Gingelens an allen Stellen nach Schorbach's Ausgabe, Strassburg 1888,
S. 867 s. v. Korrekturzusatz.]

(Braun Langhals) das Pferd des Kei; Ruthrehon Tuthbleidd
(Im-Ansturm-furchtlos Wolfstrab) das Pferd des Gilbert Sohn
von Kadgyffro (Schlachterregung). Und Keincaled (schön-aus-
dauernd) Pferd des Gwalchmei". Noch in zwei jüngeren
welschen Handschriften finden sich Triaden über berühmte Pferde,
im bekannten *Llyfr coch o Hergest* (Rhys-Evans, *Red Book* I,
S. 306 ff.) und in der aus XIII.—XIV. Jahrhundert stammenden
Handschrift Hengwrt Ms. No. 202 (*Y Cymmrodor* VII, S. 130 ff.);
hier kehren die beiden Namen der Rosse von Kei und *Gilbert
map Kadgyffro* wieder[1]), aber in verschiedenen Triaden, während
der berühmte Gwalchmei und sein Ross unter den 6 × 3 Ross
und Reiter sich auffallenderweise nicht finden. Gwalchmei's
Ross wird meines Wissens überhaupt sonst nirgends
in der welschen Litteratur erwähnt. Es ist doch gewiss auch
auffallend, dass der Bearbeiter von Chrétiens Erec an der Erec
3940 ff. entsprechenden Stelle (Rhys-Evans, *Red Book* I, S. 284,
3 ff.), wo im französischen Text der Name des Pferdes mehrere
Male vorkommt (3955. 3965. 4085), ihn nicht hat. Besonders
charakteristisch ist dies bei Vers 4085 *Gauvains monte an son
Gingalet: Gwalchmei . . . a esgynnawd ar y uarch* (Rhys-Evans,
Red Book I, 285, 1), d. h. *Gauvains monte an son cheval*.
Wenn man bedenkt, dass der welsche Bearbeiter des Erec, um
seine Vorlage Einheimischen anzugleichen, z. B. den *Amhar uab
Arthur* aus welscher Sage gegen seine Vorlage einführt (siehe
Gött. Gel. Anz. 1890, S. 522, Anm. 3), so bekommt man den
Eindruck, dass er dem ihm unbekannten Namen von Gauvains
Pferd aus dem Wege geht[2]), wie z. B. der Fee Morgan in
Jarlles y Ffynnawn (Yvain). Die Triade des *Black Book
of Carmarthen*, in der *Keincaled* Pferd des *Gwalchmei* vor-
kommt, muss jünger sein als die Berührung von Südwales mit
den Anglonormannen, wie der mit Kei und Gwalchmei genannte
Gilbert mab Kadgyffro ausweist. Die Figur erscheint auch noch
sonst in der mittelwelschen Litteratur. So wird in einer Triade
(Hengwrt Ms. No. 202 in *Y Cymmodor* VII, 129, 37; *Llyfr
coch o Hergest* Rhys-Evans, *Red Book* I, 326) unter den drei

---

[1]) Der Name des Rosses von *Gilbert ap Katgyffro* ist in beiden
Handschriften etwas entstellt: *Rud dreon* (für *Ruddr con* = *Ruthr ehon*)
in Hengwrt 202 und weiter verderbt *Rud breon* im *Llyfr coch*; beide
Handschriften gehen in diesen Triaden auf eine gemeinsame vom *Black
Book of Caermarthen* unabhängige Quelle zurück. — Die in Rede stehen-
den Triaden sind übersetzt bei Loth, *Les Mabinogion* II, 205 ff. 245 ff.

[2]) In der oben angeführten Stelle (Rhys-Evans, *Red Book* I, 285
Zeile 1 = Erec 4085) ganz wie der Schreiber der Handschrift P des
Fergus für *Del Gringalet descent a pie* von A einsetzt: *De son cheval
descent a pie* (Martin, *Fergus* S. 184, Z. 26).

2*

„Bänken der Schlachten" genannt *Gilbert Katgyffro*. Hier ist
Katgyffro (Schlachterreger) in beiden Handschriften einfach
epitheton ornans von *Gilbert;* dies scheint mir das Ursprüngliche, da sich öfters die Beobachtung machen lässt, dass im
Welschen durch Einschiebung eines *mab (ap)* aus einem Epitheton
ornans missverständlich der Name des Vaters wird. — In dem
sicher unter Einfluss der französisch-bretonischen Arthurerzählungen
entstandenen Text Rhonabwy's Traum im *Llyfr coch o Hergest*
Col. 555 ff. (Rhys-Evans, *Red Book* I, 144—161) wird unter den
„Ratgebern" (*cyghorwyr*) Arthur's auch genannt *Gilbert mab
Katgyffro* (Rhys-Evans, *Red Book* I, S. 161, 3); er ist also
hier direkt in die welsche Arthursage versetzt. Dass dieser
Gilbert, dem die Welschen den Beinamen *Katgyffro* „Schlachterreger" gaben, demnach eine im XII. Jahrhundert, und zwar
höchst wahrscheinlich im frühen XII. Jahrhundert[1]), in Südwales
hervortretende Persönlichkeit muss gewesen sein, liegt auf der
Hand. Wer damit gemeint ist, lässt sich ziemlich wahrscheinlich
machen. Ein *Gilbert filius Riccardi* (*Gilbert uab Rickert*)
spielt nach den *Annales Cambriae* und dem *Brut y Tywysogion*
im Anfang des XII. Jahrhunderts, 1111—1117, eine hervorragende Rolle in südwelschen Angelegenheiten: Heinrich I. gab ihm 1111 (*Annales Cambriae*) den Besitz des ent-
thronten Cadugaun, nämlich Keredigeaun; Gilbert sammelte ein
Heer, eroberte Keredigeaun, legte zwei Kastelle dort an, eins
„am Ausfluss des Flusses Ystwyth" (*ynymyl Aber yr anuon
aelwir Ystwyth*) und eins bei Aberteivi (Mündung des Teivi) „am
Platz genannt Dingeraint" (*ynlle aelwir Dingeraint*) siehe Brut
y Tywysogion in Rhys-Evans, *Red Book* II, 289. *Gött. Gel.
Anz. 1890*, S. 826 ff., habe ich nachgewiesen, wie Wilhelm's
des Eroberers Bundesgenosse, der Bretonenführer Alan Fergant,
und ein mit ihm verbundenes Ereignis aus der Schlacht bei
Hastings in den welschen Triaden erscheint und zwar verknüpft
mit dem hervorragenden Ereignis der welschen Arthursage, der
Schlacht von Kamlan. Dieser Anglonormanne *Gilbert filius
Riccardi*, der von 1111—1117 in *Kereticiaun* eine anglonormannische Herrschaft behauptete, trat den Südwelschen ebenso
nahe wie *Alan Fergant*, so dass es sehr wahrscheinlich ist,
dass er in der Triadenfigur steckt und er von einer jüngeren
Zeit unter die Ratgeber Arthur's versetzt wurde. Hierfür lässt
sich noch ein Moment anführen. In dem welschen Text von
Rhonabwy's Traum, der die Versetzung von *Gilbert Katgyffro*

---

[1]) Aus dem Ende des XII. Jahrhunderts stammt schon der Teil
des *Black Book of Carmarthen* (fol. 14), welcher die Triade enthält.

in die Arthursage kennt, wird unter den Ratgebern *(cyghorwyr)*
Arthur's direkt hinter Hoel aus der Bretagne genannt *Guilim
uab rwyf freinc* (Rhŷs-Evans, *Red Book* I, 159). Dies wird
nun von Loth *(Les Mabinogion* I, 311) übersetzt: „Gwilim fils
du roi de France“, als ob *rwyf freinc* für *rwy ffr.* stünde
und ein welsches *rwy* = franz. *roi* existierte; so deute ich mir
wenigstens die Entstehung seiner ohne Bemerkung gegebenen
Übersetzung. Ich halte dieselbe für unmöglich: *brenhin freinc
(roi de France)* ist im Welschen so gewöhnlich, dass mir die
Annahme, in diesem einen Falle sei missverständlicherweise *roi
de France* zu *rwy Freinc* geworden, unwahrscheinlich ist. Zumal eine befriedigende Deutung naheliegt. Man entferne das hier
wie bei *Gilbert Katgyffro* eingedrungene *mab* und hat *Guilim
rwyf freinc* „Wilhelm Rufus von Frankreich“. Wilhelm Rufus
unternahm zwei Züge nach Südwales 1093 und 1097 (s. *Annales
Cambriae s. a.),* um die Bewohner von „Demetia et Keredigean“
dafür zu züchtigen, dass sie die 1091 dort angelegten anglonormannischen Kastelle 1092 zerstört und die Besatzungen vertrieben hatten. Was Wilhelm Rufus in den Jahren 1093 und
1097 nach dem ausdrücklichen Zeugnis der *Annales Cambriae*
missglückte *(rex vacuus ad sua rediit* 1093; *rege vacuo rede-
unte* 1097), das vollführte 1111 auf einige Zeit (bis 1117) ein
Vasall Heinrich's I. *Gilbert filius Riccardi.* Gewiss ein neues
Moment, in dem neben *Gwilim (uab) Rwyf Freinc*[1]) unter den
Ratgebern Arthur's erscheinenden *Gilbert Katgyffro* den *Gilbert
filius Riccardi* von 1111—1117 zu sehen.[2])

In derselben Triade nun mit der sicher anglonormannischen
Figur erscheint *Keincaled* als Name von Gwalchmei's Ross. Ist

---

[1]) Wilhelm Rufus kommt neben Hoel von der Bretagne noch
einmal in einem welschen Text vor, in der welschen Bearbeitung des
Erec (Rhys-Evans, *Red Book* I, 265). Der Bearbeiter hat, um die Erzählung Einheimischem anzupassen, die Aufzählungen der welscher
Sage fast alle unbekannten Persönlichkeiten Erec Vers 1691—1750 und
1935—2011 weggelassen; dafür gibt er unter demselben Gesichtspunkt,
der die Auslassung veranlasste, an der Stelle entsprechend Erec Vers
2293 ff. gegen seine Vorlage dem *Geraint (Erec)* eine Begleitung von
Helden mit, die der welschen Sage seiner Zeit entstammen. Hier
erscheint *(a. a. O.* S. 265, 10—21) unter den bekannten Figuren welscher
Heldensage auch *Gwilim uab rwyf ffreinc.* Seine Aufnahme in die welsche
Sage ist also sicher. Bemerkenswert ist an dieser Stellung auch die
Schreibung *rwyf ffreinc.* Die Normannen heissen in den *Annales
Cambriae* immer *Franci,* im Brut y Tywysogion *Freinc.*
[2]) Hierdurch erhält die von mir *Gött. Gel. Anz.* 1890, S. 824 ff.
gemachte Annahme, dass Gottfried von Monmouth die Anähnlung Arthurs an Wilhelm den Eroberer in südwelscher Sage vorgefunden habe,
neue Stütze.

es bei der, wie wir sahen, in geradezu auffallender Weise
sich dokumentierenden sonstigen Unbekanntschaft der welschen
Litteratur mit diesem Namen nicht nahe gelegt anzunehmen, dass
neben dem Anglonormannen *Gilbert* auch *Keincaled* fremder
Eindringling ist? Wohin nach 1067 Normannen in England
dringen, finden wir Spuren ihrer Bundesgenossen, der Bretonen
(s. *Gött. Gel. Anz.* 1890, S. 789 ff). Dass die bretonischen Arthurerzählungen im ersten Viertel des XII. Jahrhunderts im anglonormannischen England bekannt waren und dass Gottfried von
Monmouth in seiner *Historia regum Britanniae* (1132—1135)
bei ihnen Anleihen macht, habe ich diese *Zeitschrift* 12, 231—256
zu zeigen versucht.[1]) Mag man nun den Namen *Keincaled* auf
bretonischen Einfluss zurückführen oder ihn für autochthon auf
welschem Boden halten — ein Zusammenhang mit der Bezeichnung des Rosses Gauvains in der matière de Bretagne
besteht aber so sicher wie zwischen den Namen für
den Herren des Rosses *Gwalchmei-Gauvain.*

    Welches musste die von Südwelschen im XI.—XII. Jahr-
hunderte von Bretonen gehörte Form sein, die sie mit *keincaled*
wiedergaben? Es kann nur *kengalet* gewesen sein. Alt-
bretonisch *ken* „schön" = kymrisch *cein* liegt vor in den Frauen-
namen *Aourken, Ourken* „schön wie Gold" (a. 872, s. Courson,
Cart. S. 208), *Arganken* „schön wie Silber" (Courson, *Cart.* 395);
mittelbretonisch *quen* (wo *qu* = *k* vor hellen Vokalen) „beau",
quenet „charmes, beauté", *quenedus* „beau, charmant" (Ernault,
Mystère de Sainte Barbe s. v. *quen* 4); neubret. *kéned* „beauté",
kénéduz „beau, joli". Diesem mittelbretonischen *kengalet* mit einem
aus *a* umgelauteten *e* in *ken* (kymr. *cein*) kann entsprechen französisch-breton. *kengalet* oder *kingalet* (vgl. *Bleheri* und *Blieri*).
Ich denke mit dieser Form sind wir den von den Handschriften
H und V des Erec gebotenen Lesarten sehr nahe gekommen. Ein
Schwanken von *C* und *G* im Anlaut in den fremden Namen herrscht
vielfach; ein Blick in Seifferts *Namenbuch* liefert *Galogrinans:
Calogrenant, Gamaloot: Camaloot, Garahes: Karahes, Clamorgan: Glamorgan* u. a. Nimmt man dazu, dass die zweite Silbe

---

    [1]) Ein weiteres Zeugnis für Gottfried's Benutzung bretonischer
Quellen liegt in dem *Hiderus* X, 4. 5. Es ist die Latinisierung der Form
Jder, Yder in der matière de Bretagne; die welsche Form ist *Edern,
Edyrn.* Die reinbretonische Form ist ebenfalls *Edern* in einer Urkunde
von Landévennec *vicarium Edern nomine* (De la Borderie, *Cartulaire*
S. 168) = heutigem *Edern* im Canton de Châteaulin (Finistère) Loth,
Chrestomathie S. 128. Aus diesem reinbretonischen *Edern* entstand im
Munde der romanisierten Bretonen *Jder, Yder.* — Ein ferneres Zeugnis
dafür, dass Gottfried bretonische Quellen benutzte, werden wir S. 41
kennen lernen.

des fremden Wortes mit einem *g* anlautete, so ist die Annahme
einer Entstellung eines ursprünglichen *Kingalet (Kengalet)* in
Gingalet — worin das *g* in erster Silbe wirklicher Ver-
schlusslaut ist — nicht weit abliegend. Dies war wohl die
Form der Überlieferung des Erec, wie sie durch die an allen
Stellen vorkommenden Lesarten *Gingalet* — *Guingalet* von H V
repräsentiert wird. Auch Hartmann von der Aue lag eine
solche Lesart vor: *doch er uf Wintwaliten — dem besten
rosse wære geriten — daz ie ritter gewan* Vers 4714 ff.[1]); hier
gibt *Wintwalite* doch augenscheinlich ein *le Guingalet* wieder.[2])

------

[1]) Da Wolfram im Parzival (s. die Stellen bei Haupt, *Erec* 2. Aufl.
S. 387 Anmerkung zu 4714) nach Übereinstimmung der Handschriften
Gringuljete liest — hatte also ein *le Gringolet* in der Vorlage — so
setzen Haupt und Bechstein bei Hartmann *Gringuljeten* ein, wodurch
sie weiter gezwungen werden, das tadellose *geriten* des Reimes wegen
in *gewelen* zu schlimmbessern: das Resultat ein höchst verzwickter Sinn
statt der klaren Überlieferung. Hartmann ist gegenüber Wolfram der
ältere Dichter, auch das Werk, welches er bearbeitet (Chrétien's *Erec*),
wird wohl 30 Jahre älter sein. als der von Wolfram bearbeitete *Perceval* (s. Foerster, *Erec* S. VI—XVI); nimmt man noch hinzu, dass die
deutschen Bearbeiter hinsichtlich der fremden Namen und besonders
der weniger oft vorkommenden — sofern sie einen solchen zuerst in die Litteratur einführen, was von Hartmann hinsichtlich
des Namens von Gauvain's Ross gelten muss — einfach von der Lesart
ihrer Handschrift abhängig sind, so liegt doch auf der Hand, dass es
thöricht ist, in einem Falle wie der vorliegende, Hartmann nach
Wolfram korrigieren zu wollen. *Exempla ad hominem* werden noch
deutlicher reden. Wolfram hat immer die Form *Gâwân* im Parzival,
bei Hartmann ist im Erec (Vers 2560) *Gâwein* durch den Reim gesichert
(schein), infolge dessen die Herausgeber die Form *Gâwein* in Hartmann's
Erec mit Recht beibehalten. Ferner: Wolfram verwendet nur die Form
Parzivâl; Hartmann hat im Erec 1512/13 die Verse *Gâwein und Persevâus — und ein herre genant alsus:* so wenig es den Herausgebern von
Hartmann's Erec einfällt, wegen des häufigen *Parzivâl* bei Wolfram
das einmal vorkommende, aber durch den Reim gesicherte *Persevâus*
Hartmann's zu ändern und den entsprechenden Vers *(alsus)* zu schlimm-
bessern, ebensowenig darf an der Überlieferung 4714/15 *(Wintwaliten:
geriten)* geändert werden. Hartmann hatte die durch die französische
Erechandschrift V an allen Stellen gebotene Lesart *(le Guingalet, son
Guingalet)* vor sich, die er, ebenso wie er in *Persevaus* blos das *c* seiner
Vorlage durch *s* ersetzt, durch Einsetzung des *w* für *gui* vor hellen
Vokalen und für *g* vor *a* (wie in *wâleis* = *galois*) mit *Win[t]walite*
wiedergibt, wobei das *i (lit-en)* statt *e* in vorletzter Silbe wohl durch
Reimnot hervorgerufen ist.

[2]) Godefroy IV, 359 führt unter *gringalet* noch einen handschrift-
lichen Beleg für *Guingalet* und für *Gingalet* an, deren Wert ich nicht
beurteilen kann. — Für die in Redonerurkunden oft vorkommenden
Namen *Maenki (Maenchi), Tanki (Tanchi)* ist die mittelbretonische
Form *Maengi, Tangi,* wo *g* wirkliche gutturale Media ist. Während in
Redonerurkunden a. 1086 *Tangi* geschrieben ist, findet sich a. 1092—1105

Ich glaube also, dass ein ursprüngliches französisch-breton. *le Kingalet* zu *le Gingalet* entstellt die älteste Form des Namens für Gauvains Ross ist in den französischen Texten der matière de Bretagne. Freilich, wenn Foerster in der Anmerkung zu Erec 3955 Recht hätte, verhielte sich die Sache ganz anders. Er geht von der Form *gringalet* aus und gibt, nachdem er bemerkt, „nirgends wird das Wort erklärt", folgende Deutung: „es heisst bekanntlich „klein, schmächtig, schwächlich" s. Littré und Mistral, wird also ein hageres, sehr ausdauerndes Pferd bezeichnen sollen." Auf den an zweiter Stelle genannten Mistral komme ich im Verlauf; der an erster Stelle als Eideshelfer angerufene Littré bietet wenig Veranlassung zu solch sicherer Behauptung. Ausser bekannten Stellen des XII.—XIV. Jahrhunderts, wo von Gauvains Ross die Rede ist, bringt er zwei junge Belege — einen aus Beaumarchais Mar. de Figaro, also a. 1784, und einen aus Reybauds Jérôme Paturot, also a. 1843 — für *gringalet* in der Bedeutung „Schwächling" physisch und moralisch. Wenn ein solch familiärer Ausdruck *gringalet* thatsächlich im Mittelalter in der Bedeutung „*homme faible de corps et grêle*" bestand und nicht erst durch Irrtum entstand — dann kann er meines Erachtens höchstens dazu beigetragen haben, das unverständliche *Gingalet* zu *Gringalet* umzugestalten. Denn es bleibt bei der Annahme, dass ein bekanntes franzözisches Adjektiv *gringalet* ursprünglich zu Grunde liege, — abgesehen davon, dass die aus dem Substantiv zu erschliessende Bedeutung wenig passt — einmal unerklärt, wie die Überlieferung für den *Erec*, das älteste erhaltene Werk der matière de Bretagne, in der der Name vorkommt, die Form *Gingalet (Guingalet)* durch die Handschriften H V und die Vorlage Hartmanns von der Au sicherstellen kann; sodann bleibt unerklärt der offenkundige Zusammenhang zwischen dem Namen des Rosses Gauvains in der matière de Bretagne und dem Namen, den das Ross des Gwalchmei in der welschen Triade trägt (*Keincaled*), welche handschriftlich aus dem XII. Jahrhundert überliefert ist und sonst noch eine Erinnerung an die anglonormannische Herrschaft von 1111—1117 in Kereticiaun enthält. Alles wird verständlich, wenn *Gringalet* der Endpunkt einer Entwicklung (allmählichen Verderbnis) ist, deren Ausgangspunkt *Kingaled (Kengaled)* durch welsch *Keincaled* gewiesen ist. Die von Chrétien in seinem ältesten uns erhaltenen Werk aus der matière de Bretagne gebrauchte Form war *le Gingalet*

Tangui, und in den Urkunden der Abtei von Beauport findet sich nur *Maingui, Mengui, Taingui, Tangui, Tengui* (a. 1220—1245) s. *Rev. Celt.* III, 416, also *gu* für Bezeichnung der Media vor hellen Vokalen.

(mit wirklicher Media im Anlaut, daher Schreibung *le Guingalet).*
Ob er in seinem wohl 30 Jahre jüngern *Perceval* schon die aus
Gingalet (Guingalet) entstellte Form *Gringalet* gebrauchte, wird
sich vielleicht bestimmen lassen, wenn uns durch Foerster die
handschriftliche Überlieferung des Perceval vorliegt. Unmöglich
wäre bei dem langen Abstand zwischen Entstehung des Erec und
Perceval nicht, dass Chrétien in dem letzteren eine unterdessen
(bei den Trägern der matière de Bretegne den französisch redenden
conteurs Bretons durch volksetymologischen Einfluss?) entstandene
Form *Gringalet* verwendet habe; hat doch Hartmann im Erec
sowohl *Gâwein (Êrec und Gâwein — und swaz dâ ritterschefte
schein* 2560. 61) als *Walwân (daz er möhte zuo in gân —
hie was Êrec und Walwân* 9914. 15). Wolfram fand jedenfalls in seiner 1205—1215 benutzten Quelle die Form *Gringulet*
vor, da bei ihm in den zahlreichen Handschriften beider Gruppen
neben dem gewöhnlichen *Gringuliet* nur die Variante *Kringuliet*
in Betracht kommt (s. Lachmann, *Parzival* 339, 29. 340, 29.
540, 17. 595, 25. 678, 10), die offenkundige Anlehnung der
Schreiber an deutsche Wörter wie *kringe* etc. ist. Man halte
sich im Zusammenhang damit, dass Wolframs Vorlage sicher
Gringalet oder vielmehr *Gringulet* bot, folgende Momente
gegenwärtig: 1) Wolfram benutzte nach weit verbreiteter und
auf positiven Angaben Wolframs fussender Anschauung eine auf
den Provenzalen Kyot zurückgehende Bearbeitung des von
Chrétien unvollendet hinterlassenen Perceval. 2) Litré bemerkt
s. v. *gringalet* zum Schluss „*à Genève on l'emploie adjective-
ment cheval gringalet, homme gringalet*". 3) Der von
Foerster (*Erec* S. 322) für ein Adjektiv *gringalet* noch angerufene Mistral ist das „*Dictionaire Provencal-français em-
brassant les divers dialectes de la langue d'oc moderne,*"
woselbst II, 98 *Gringalet, gringoulet* vier Bedeutungen hat:
„*homme chétif; cheval maigre et alerte; petit pain dont quatre
font la livre; imbécille, dans les Alpes*". 4) Reybaud, welcher
Littré einen Beleg liefert für *gringalet*, ist in Marseille geboren. 5) Die Erechandschrift B, welche die Lesart *Gringalez*
bietet, ist burgundisch nach Foerster (*Erec* S. III), während
H und V mit *Gingalet (Guingalet)* pikardisch sind. — Fordern
diese Thatsachen, in Verbindung mit den S. 18—24 entwickelten Anschauungen über die ursprüngliche Form des Namens
für das Ross des Gauvain in der matière de Bretagne, nicht
zu folgendem alle Thatsachen erklärenden Schluss: Der aus
französisch-bretonisch *le Kingalet* (= kymr. *Keincaled)*
entstandene französische Name für Gauvain's Ross war
le Gingalet — Guingalet, wie er in den Erechandschriften H V

vorliegt und durch Hartmanns *Win*[t]*walite* fürs XII. Jahrhundert sichergestellt ist; im Gebiete der langue d'oc[1]) wurde unter Einfluss eines diesem Gebiete eigenen Adjektivs[2]) *gringalet, gringoulet* das *Guingalet (Gingalet)* der matière de Bretagne volksetymologisch zu *Gringalet, Gringoulet* umgestaltet. Dieses ausschliesslich dem Gebiet der langue d'oc eigentümliche Adjektiv *gringalet* und *gringoulet* ist sehr wahrscheinlich aus einem germanischen Lehnwort entstanden: mhd. *geringe* (*gringe*) hat noch die beiden Bedeutungen 1) leicht und schnell, behende, 2) klein, gering (s. *Lexer* I, 882), aus denen sich die von Mistral angeführten Gebrauchsverwendungen von südfranzösisch *gringalet, gringoulet* ebenso ungezwungen erklären wie die volksetymologische südfranzösische Umdeutung des fremden *Guingalet (Gingalet)*. Dass Wolfram eine provenzalische Bearbeitung von Chrétien's Perceval benutzte, wird durch seine Form *Gringuliete* sichergestellt, die nicht nur in erster, sondern auch in zweiter Silbe zu der von Mistral angeführten Form *gringoulet* stimmt. Dass die südfranzösische Umbildung des alten *Guingalet* im XIII. Jahrhunderte nach Nordfrankreich vorgedrungen sei, ist bei dem Umstand, dass die nordfranzösischen Erechandschriften des XIII. Jahrhunderts noch *Gingalet, Guingalet* bieten, sehr wenig wahrscheinlich. Chrétien kannte demnach auf alle Fälle nur die Form *Gingalet — Guingalet*.[3])

5. 6. *Erec* und *Destregales*.

Für die Herkunft der matière de Bretagne und den Weg, welchen die Stoffe eingeschlagen haben, ehe sie die uns vorliegende poetische Gestaltung gewonnen, sind nicht blos die keltischen Namen lehrreich, es können auch unter Umständen die nichtkeltischen richtige Fingerzeige abgeben. Ein solcher

---

[1]) Provenzalische Zeugnisse für das Bekanntsein von Chrétien's Erec siehe bei Foerster, *Erec* S. XIV ff.

[2]) Breton. *Kengalet* ist auch Adjektiv „schön und ausdauernd", dessen Substantivierung die französisch redenden Bretonen durch den vorgesetzten Artikel zum Ausdruck brachten *le Kingalet, le Gingalet.* Ich darf wohl daran erinnern, dass, weil die französisierenden Bretonen ihr *aostik* mit dem französischen Artikel versahen (*l'austic*), Marie de France ein Substantiv *laustic* annimmt (s. *Gött. Gel. Anz.* 1890, S. 801). So redeten die bretonischen *conteurs* von *le Gingalet.*

[3]) *Romania* 19, 120 sagt G. Paris in Besprechung der Abhandlung seines Schülers Eurèn *Exemples de l'r adventice dans des mots fraìnçais* folgendes: „*Supprimons gringalet, mot probablement celtique et non allemand et dont quelque variante galloise peut avoir r* (voy. *Hist. litt. de la France*, t. XXX, S. 36). An der zitierten Stelle steht nichts, was eine solche grundlose Behauptung rechtfertigen könne.

Name scheint mir *Erec* zu sein. Bei der von G. Paris in *Histoire littéraire* 30, S. 2—19 und *La littérature française* § 53—64 vertretenen Ansicht über Ursprung und Geschichte der matière de Bretagne ist der Name *Erec* in den *Romans bretons* ein Rätsel: Welsche Lieder kleineren Umfangs aus dem Arthursagenkreis kommen zu den Anglonormannen; bei diesen entsteht durch Zusammenstellung mehrerer einen und denselben Helden behandelnden Stücke eine Art poetischer Biographie einzelner Helden; diese anglonormannischen poetischen Arthurromane sind die Quelle für Chrétien und andere nordfranzösische Dichter. Auf welcher der drei Stufen ist oder könnte *Erec* in die matière de Bretagne gekommen sein? In den welschen Liedern kam der Name *Erec* sicher nicht vor, denn er ist der welschen Litteratur unbekannt, die für *Erec li fiz lac* (*Erec* 667) den *Geraint ab Erbin* (Rhys-Evans, *Red Book* I, 256) in der dem französischen Erec entsprechenden welschen Erzählung des roten Buches nennt. Wie sollten Anglonormannen oder Franzosen für *Geraint*, Sohn des *Erbin*, eingesetzt haben *Erec*, Sohn des *Lac?* Einmal liegt in den französischen Dichtungen aus der matière de Bretagne nirgends ein Bestreben vor, den Rohstoff zu nationalisieren durch Einsetzung einheimischer Namen von Sagenfiguren, wie das Onomastikon der Arthursagentexte ausweist; dann ist auch gar nicht ersichtlich, welche Figur bei Anglonormannen oder Nordfranzosen die Umtaufe des *Geraint*, Sohn des *Erbin*, in *Erec*, Sohn des *Lac*, soll hervorgerufen haben.

Alle diese Schwierigkeiten sind nicht vorhanden, wenn man die alte und von mir *Gött. Gel. Anz.* 1890, S. 522 ff, 785 bis 832, d. *Ztschr.* 12, 231—256 mit wissenschaftlichen Gründen neugestützte Ansicht annimmt, dass der Grundstock der matière de Bretagne aus der aremorikanischen Bretagne stammt und dass französisch redende Bretonen ihre Träger und Verbreiter sind. Ehe man in Wales mit den romantischen Erzählungen der Bretonen von Arthur und seiner Tafelrunde anfing bekannt zu werden — was vermutlich bald nach der Normanneneroberung Englands eintrat (s. *Gött. Gel. Anz.* 1890, S. 793. 826 ff., oben S. 20 ff.) —, hatte man, nach Nennius und altwelschen Gedichten zu schliessen, eine nationale Heldensage, welche die Erinnerung an die hervorragendsten Figuren in den nationalen Kämpfen des V.—VII. Jahrhunderts bewahrte. Die hauptsächlichsten Figuren waren: *Arthur, Kei,*[1] *Bedwyr, Urien, Ouein, Peredur, Gwalch-*

---

[1] Da mir eine irrtümliche Auffassung meiner Worte über *Kei* in *Gött. Gel. Anz.* 1890, S. 830, Zeile 11 ff. entgegengetreten ist, benutze ich die Gelegenheit meine Ansicht hier noch einmal zu präzisieren.

mei, Geraint. Dieselben waren noch keineswegs alle um Arthur gruppiert (s. d. *Ztschr.* 12, 231—234), und Urien lebte in dieser Sage als a k t i v e Persönlichkeit, berühmter als sein Sohn *Ouein.* Wie verschieden auch die romantischen Erzählungen der normannischen Bundesgenossen über Arthur und seine Tafelrunde inhaltlich sein mochten, eine ganze Reihe der hervorragendsten Figuren der heimischen Sage fanden die Welschen in den Erzählungen der bretonischen Stammesbrüder wieder. Sie müssten keine mittelalterlichen Menschen gewesen sein, wenn sie nicht das Neue und Abweichende als willkommene Bereicherung ihrer Kenntnisse von Persönlichkeiten wie *Arthur, Gwalchmei, Ouein* etc. hätten willkommen geheissen. Wenn daher ein Welscher daranging, die ältesten hervorragenden Texte der bretonischen Sage — *Yvain, Erec* und *Perceval* — in heimischer Sprache wieder zu geben, dann lag es in der Natur der Sache, dass er soviel als möglich das nach seiner Ansicht Fremdartige abstreifte. So finden wir denn auch: dass die welschem Begriff fremden Städtenamen *Karduel* und *Caradigan* durch *Kaer Lleon ar wysc* ersetzt werden; dass z. B. die Aufzählung der welscher Sage meistens fremden Persönlichkeiten im Erec 1691—1750, 1934—2024 wegfällt; dass hinwieder g e g e n die Vorlage (Erec) an zwei Stellen Gruppen von Persönlichkeiten eingeführt werden (Rhys-Evans, *Red Book* I, 246, 18 ff. und 265, 10—20), die entweder ursprünglich welscher Sage angehören (s. zu *Amhar uab Arthur* a. a. O. S. 246, 20 *Gött. Gel. Anz.* 1890 S. 522 Anm. 3)[1]) oder durch Gottfried von

---

Die *Gött. Gel. Anz.* 1890, S. 517 ff., 525 (vgl. d. *Ztschr.* 12, 232) hervorgehobene Verschiedenheit des *Kei* der welschen Heldensage von der Figur gleichen Namens in den französischen Arthurepen ist so bedeutend, dass sie sich aus der einfachen Umgestaltung der britannischen Heldensage zu den romantischen Arthurerzählungen der Bretonen nicht genügend erklärt. Ist nun Arthur's Tafelrunde eine Nachahmung des Charlemagne und seiner Pairs, dann liegt die Vermutung nahe, dass das Vorhandensein einer Figur wie *Ganelon* Veranlassung geworden ist die Gestalt des *Kei* in pejus umzubilden, um eine Art Seitenstück zu schaffen. Die Annahme, dass *Kei* auch nur einzelne Züge von *Ganelon* habe, lag mir vollkommen fremd.

[1]) Seitdem habe ich Zeugnisse gefunden, die auf die Entstehung dieser Figur der welschen Arthursage Licht werfen. Das Material ist folgendes. Der welsche Bearbeiter von Chrétien's Erec führt den Erec 69—80 kurz geschilderten Aufbruch zur Jagd weiter aus und erwähnt dabei vier Knappen, die Arthur ankleiden müssen: der eine ist *Amhar uab Arthur,* A m a r, Sohn des Arthur (Rhys-Evans, *Red Book* I, 246). *A. a. O.* wies ich zuerst hin, dass in dem Abschnitt *De mirabilibus Britanniae* (Nennius, *San Marte* § 73) uns ein älteres welsches Zeugnis für diese sonst unbekannte Figur vorliegt: *Est aliud mira-*

Monmouth und Ereignisse des XI./XII. Jahrhunderts hinein gekommen waren (s. z. B. zu *Gwilim uab rwyf Freinc a. a. O.*
265, 13 oben S. 21). Nun findet sich unter den hervorragenden Figuren der welschen Heldensage eine, die in ihr
mit Arthur verknüpft ist und deren Name in der Matière de
Bretagne nicht vorkommt: *Geraint mab Erbin.*[1]) Andererseits

---

*culum in regione quae vocatur Ercing. Habetur ibi sepulchrum juxta
fontem qui cognominetur Licat Amir et viri nomen, qui sepultus est in
tumulo, sic vocabatur. Amir filius Arthuri militis erat, et ipse
occidit eum ibidem, et sepelivit. Et veniunt homines ad mensurandum
tumulum: in longitudine aliquando sex pedes, aliquando novem, aliquando
quindecim; in qua mensura metieris eum ista vice, iterum non invenies
eum in una mensura, et ego ipse probavi.* Hierzu treten nun interessante
Zeugnisse des Liber Landavensis. In einer zur Zeit des Bischofs Trichan
von Landaff (Anfang des VII. Jahrh.) ausgestellten Schenkungsurkunde
über *Hen Lenhic in Ercicg* heisst es: *immolavit Deo ecclesiam Hennlennic
super ripam Amyr,* und zum Schluss in der Grenzbeschreibung:
Finis illius, inter Amyr et viam jacinthinam, latitudo ejus (Liber Landavensis S. 191). In einer etwa 100 Jahre jüngeren Urkunde (Anfang
des VIII. Jahrh.) heisst es: *Mainerch filius Milfrit et Gumer filius Jacuan
dederunt agrum trium modiorum ... super ripam Ambyr fluminis...
Finis illius est, Vadum Pallan ad fossam, fossa ducente ad cumulum Glas
et a cumulo e regione usque ad Amyr flumen* (Liber Landavensis
S. 165). Dass wir diese urkundlichen Nachrichten mit der Mitteilung
in den Mirabilia kombinieren müssen, ist daraus klar, weil der Fluss
Amyr und *Licat Amir* in *Ercing, Ercicg* (d. h. Erchenfield) liegen. Ich
denke die Entstehung der Figur des *Amar-Amir* ist klar. Ein Flüsschen
oder Bach in der Grafschaft Herford führte im VII./VIII. Jahrh. den
Namen *Ambyr, Amyr* (vgl. Liber Landavensis S. 422 Anm., wo Rees
ihn mit einem bei Llangaran in den Garan mündenden Bach in Herefordshire identifiziert). Die Quelle dieses Baches befand sich an einem
grossen Hügel und führte den begreiflichen Namen *Licat Amir,* was
sowohl „Auge als Ursprung des Amir" (vgl. *llygad y fynon „the
issue of a spring"* Owen, *Welsh Dictionary* s. v.) heissen kann. Indem
man in jüngerer Zeit auf den *tumulus juxta fontem* den Namen *Licat
Amir* übertrug und ihn für ein Hünengrab hielt, erfand die Sage die
Figur eines Helden *Amir,* der darin begraben liegt. Es handelt sich,
wie natürlich, zuerst um eine Localsage von Erchenfield in Herefordshire. Liber Landavensis hat uns auch noch ein Zeugnis für die Sagenfigur bewahrt: in einem zwischen 1108 und 1132 verfertigten zusammenfassenden Bericht über die Thätigkeit Bischofs Herwalt von Landaff
(† 1104) heisst es *In Lannsuluc ordinavit Jacob filium Amhyr* (Liber
Landav. S. 265). *Lannsuluc* ist nach Liber Landavensis S. 263 in *terra
Ercyncg* (Erchenfield) gelegen, nach Rees *a. a. O.,* S. 546 Anm. 6 heutiges
Sellack in Herefordshire. Im XI. Jahrh. war also *Amyr* in Erchenfield
schon eine so berühmte Figur der Lokalsage, dass nach ihm wie nach
Arthur, Ouein Personen genannt wurden.
   [1]) In dem welschen *Geraint mab Erbin* sind zwei Figuren britannischer Geschichte zusammengeflossen: der Britte *Gerontios,* der *Constantin,*
dem Mitregenten des Honorius, britannische Hilfsvölker zuführte und
411 in Arles in Gallien fiel (s. Rhŷs-Celtic Britain S. 95); sodann der

kennt die französisch-bretonische Arthursage eine hervorragende Figur, *Erec*, deren Namen im Welschen nichts
entspricht. Diese Figur liess sich bei Bearbeitung der französischen Texte nicht eliminieren; bei dem offenkundigen Bestreben des welschen Bearbeiters, seinen Erzählungen soviel als
möglich nationales Gewand zu geben, lag es nach dem eben
bemerkten Thatbestand nahe, dass er *Geraint ab Erbin* für
Erec substituierte. Man halte nicht entgegen, dass dieser Figur
die an *Erec* geknüpften Erzählungen sämtlich fremd sein mussten;
dem welschen *Ouein* war sicher auch alles fremd, was in
Jarlles y Ffynnawn von ihm erzählt wird. Es mag bei der
Substituierung des *Geraint* für *Erec* noch eins mitgewirkt haben:
nach der welschen Satzphonetik muss für *Geraint* im Satz schon
seit X. Jahrhundert, wenn nicht früher, ganz gewöhnlich *Eraint*
erscheinen und diese Namensform liegt doch *Erec* nicht ferner
als z. B. *Gwalchmei* dem französisch-bretonischen *Galvain (Gal-
wen)* oder *Peredur* dem *Perceval*.

Ist also, wie wir sahen, bei Gaston Paris Annahme von
Ursprung und Geschichte der matière de Bretagne das Einsetzen
von „*Erec* Sohn des *Lac*" für „*Geraint* Sohn des *Erbin*" bei
Anglonormannen oder Nordfranzosen unerklärlich, so ist es wohl
verständlich, wie umgekehrt ein welscher Bearbeiter der französisch-bretonischen Arthurtexte „*Geraint* Sohn des *Erbin*" für
den der französisch-bretonischen Arthursage ursprünglich angehörenden „*Erec* Sohn des *Lac*" substituieren konnte. Es wird
nun gewiss als eine neue Stütze für die Ansicht von der bretonischen Herkunft der matière de Bretagne zu betrachten sein,
wenn es gelingen sollte, deu Nachweis zu führen, dass eine
Figur Namens *Erec* trotz ihres nicht bretonischen Namens dem
bretonischen Sagenschatz kann angehört haben.

Wer mit dem Normannen-Zeitalter auch nur oberflächlich
bekannt ist, der weiss, dass selbige — von ihren Einfällen und

jüngere kornische Häuptling *Gerennius*, der in dem Liber Landavensis
(geschrieben vor 1133) in der Vita des Heiligen Teliau mehrfach vorkommt (Rees, Liber Landavensis S. 102, 107 ff.) und auf dessen helden-
haften Tod in der Schlacht von Longporth uns im Black Book of Caermarthen fol. 36 a, 12—37 a, 10 ein schönes Lied erhalten ist. *Erbin*, der
Häuptling von Cornwales, der Vater des *Geraint*, heisst nämlich in der
Bearbeitung des Erec *Erbin nab Custentin* (Rhŷs-Evans, Red Book I, 263.
266, 267, 270), worin offenbar eine Erinnerung an den *Gerontius*, General
des *Constantin*, entstellt vorliegt. In den alten Genealogien in Jes.
College ms. 20 fol. 36 a ist auch von einem Vater *Custentin* nichts
bekannt: *Gereint m. Erbin m. Kynwawr m. Tudwawl m. Gwrwawr m.
Cynan m. Eudaf hen* (Y Cymmrodor VIII, 86). Der letzteren, *Cynan
m. Eudaf hen*, Genealogie ist Fol. 34 a: *Kynan m. Eudaf m. Custentin
m. Maxen m. Maximianus m. Constantinus m. Custeint etc.* (a. a. O. S. 84.)

Staatengründungen in Irland und England ganz abgesehen — im IX. Jahrhundert nicht blos an der Seinemündung festen Fuss fassten, wo im Verlauf ein fester Normannenstaat entstand, sondern dass sie ebenso im Westen an der Loire, Garonne, ja in Spanien landeten, die Flüsse hinaufzogen und Versuche zu festen Niederlassungen machten. Ganz analog müssen wir uns die Auswanderung der Britannier nach dem Kontinent im V. Jahrhundert denken. Die Anschauung, als ob die ihre Heimat verlassenden Britannier einfach zu den stamm- und sprachverwandten Aremoricanern hinüber gesegelt und, freundlich aufgenommen, sich unter ihnen niedergelassen, entbehrt jeder Wahrscheinlichkeit (s. Loth, *l'émigration bretonne* S. 174). Aremorica war nachweislich am Ende des IV. Jahrhunderts ebenso romanisiert wie das übrige Gallien: historische, sprachwissenschaftliche oder ethnologische Studien werden die auswandernden Britannier schwerlich angestellt haben. Dass schliesslich hier in Aremorica es zu einem bretonischen Staat kam, der dann im VI. und VII. Jahrhundert die weiteren Auswanderer aus Britannien an sich zog, beruht darauf, dass dieser an sich dünner bevölkerte Strich Galliens am leichtesten erobert und besetzt werden konnte und ihnen hier nicht Franken und Gothen — jene von Nordosten, diese von Südwesten über das römische Gallien herfallend — hindernd in den Weg traten. Von Niederlassungen ausziehender Britannier an andern Orten als in der eigentlichen Bretagne haben wir über zwei sichere Kunde: die eine, die uns hier nicht weiter berührt, war an der nordspanischen Küste in Galicien, wo 569 auf dem Konzil von Lugo ein bretonisches Bistum erwähnt wird; auf dem Konzil von Braga 572 findet sich unter den signierenden Bischöfen auch *Mailoc*[1] *Britoniensis ecclesiae episcopus* und *episcopi Britonienses* finden sich noch bis 696 (s. Loth, *Émigration* S. 176).

Die andere Niederlassung befand sich der Bretagne näher und stand vielleicht mit der Eroberung der Bretagne von der Südwestküste aus in Beziehung: an der Loire.[2] Bei dem Sidonius Apollinaris, der von 469—479 Bischof von Clermont war (s. Mommsen in *Mon. Germ. Histor., Scriptores Antiquissimi* VIII, S. XLVIII ff.) haben wir in *Epistol. lib.* I, 7 einen Brief des Sidonius, in dem er dem Empfänger Vincentius mitteilt, dass aus aufgefangenen Briefen des Präfekten Arvandus ersichtlich sei, dass dieser *regem Gothorum* beraten habe, *Britannos supra*

---

[1] *Mailoc* echtbretonischer Name in Redonerurkunden des IX. Jahrhunderts vorkommend.
[2] Vgl. Courson, *Hist. des peuples Bretons* I, 218 ff.

Ligerim sitos impugnare oportere (a. a. O. S. 11, 2 ff.); ein anderer Brief des Sidonius ist direkt an den König dieser Bretonen mit Namen *Riotamus*[1]) gerichtet, in dem er den Überbringer des Briefes mit seiner Klage, dass ihm von den Bretonen heimlich seine Sklaven weggeführt seien, dem König empfiehlt[2]) (a. a. O. S. 46, 1 ff.). Klarheit bringen zwei Historiker des VI. Jahrhunderts, der Geschichtsschreiber der Gothen Jordanes und der Geschichtsschreiber der Franken Gregor von Tours. Nachdem ersterer die durch fortwährenden Herrscherwechsel hervorgerufene Schwäche des weströmischen Reiches im dritten Viertel des V. Jahrhunderts geschildert und gemeldet hat, dass der im Osten herrschende Leo den Anthemius (a. 467—472) für den Westen eingesetzt habe, fährt er fort *Euricus ergo, Vesegotharum rex, crebram mutationem Romanorum principum cernens Gallias suo jure nisus est occupare. Quod comperiens Anthemius imperator Brittonum solacia postulavit. Quorum rex Riotimus cum duodecim milia veniens in Beturigas civitate Oceano e navibus egresso susceptus est. Ad quos rex Vesegotharum Euricus innumerum ductans advenit exercitum diuque pugnans Riotimum Brittonum rege, antequam Romani in ejus societate conjungerentur, effugavit* (Mommsen, *Jordanes* S. 118, 16 ff.). Durch Gregor von Tours erfahren wir den Ort der Bretonenniederlage: *Britanni de Bituricas a Gothis expulsi sunt, multis apud Dolensim vicum peremtis* (Gregor von Tours, *Hist. Franc.* II, Kap. 18).

Bretonen sind also ums Jahr 468 an der mittleren Loire im alten Biturigergebiet (Berry, Departements Cher und Indre) angesiedelt. Wie im X. Jahrhundert Normannen von der Loiremündung bis hierher vordrangen, so werden Scharen auswandernder Britannier im dritten Viertel des V. Jahrhunderts ebenfalls

---

[1]) *Sidonius Riothamo suo salutem* ist a. a. O. S. 46 gedruckt, obwohl alle Handschriften *Riotamo* lesen. Dies ist vollkommen korrekt. Das Wort ist gebildet wie britannisch *Cunotamus* (Orelli No. 2779; Hübner, *Inscriptiones Britanniae christianae* Nr. 106). Im *Liber Landavensis* S. 176. 177 haben wir fürs VII. Jahrhundert in Urkunden mehrfach den *Riotamus* entsprechenden welschen Namen *Riatam (Riataf)* und im Bretonischen ist er ebenfalls belegt (s. Zeuss-Ebel, *Gramm. Celt.* S. 77).

[2]) *Gerulus epistularum humilis obscurus despicabilisque etiam usque ad damnum innocentis ignaviae mancipia sua Britannis clam sollicitantibus abducta deplorat. Incertum mihi est an sit certa causatio: sed si inter coram positos aequanimiter objecta discingitis, arbitror hunc laboriosum posse probare, quod obicit, si tamen inter argutos armatos tumultuosos, virtute numero contubernio contumaces, poterit ex aequo et bono solus inermis, abiectus, rusticus peregrinus pauper audiri.*

diesen Strom hinaufziehend die erwähnten Sitze eingenommen haben. Gerade die Gegend nördlich der Loiremündung, die zwischen Loire und Vilaine gelegene Halbinsel Guérande ist sicher seit VI. Jahrhundert Bretonengebiet (s. Loth, *Émigration* S. 185) und noch heute befindet sich in dem äussersten südwestlichen Winkel der Guérande eine bretonische Sprachinsel *(Batz)*. Der Dialekt dieser Sprachinsel steht dem Dialekt von Vannes näher als den anderen bretonischen Dialekten.[1]) Es ist auch durch die geographische Lage wahrscheinlich, dass die Bretonenbevölkerung des Gebietes von Vannes vom Süden aus, von der Mündung der Loire und Vilaine kam, wie die sich sprachlich näher stehenden Landschaften von Tréguier, Leon, Cornouaille von der Nordküste aus nachweislich besiedelt wurden. Jordanes vertritt freilich die Ansicht, dass die von *Eoricus* geschlagenen Bretonen aus Britannien von Anthemius geholte Hilfstruppen seien. Dies liegt für die Zeit des Anthemius (467—472) ausser dem Bereich jeder Wahrscheinlichkeit. Jordanes der fern lebende konnte sich *Britones* an der oberen Loire nicht anders erklären. Aber er kann gegen das Zeugnis des Zeitgenossen Sidonius, dass die *Britanni* an der Loire angesiedelt waren unter einem König *Riotamus*, und gegen das Zeugnis des den Dingen näher stehenden Gregor, der zudem für Kap. 18. 19 des zweiten Buches die jetzt verlorenen *Annales Andegavenses* ausschreibt und die *Britanni* einfach *Britanni de Biturigas* nennt, nicht entscheidend in die Wagschale fallen. Es ist leicht möglich, ja wahrscheinlich, dass die Bretonen des Berry von Anthemius um Hilfe gebeten von ihren nördlich der Loiremündung sitzenden Stammesgenossen Hilfstruppen herbeizogen, aber dass die *Britanni supra Ligerim siti*, mit deren König der Bischof von Clermont in Briefwechsel steht, und die *Britanni*, welche *de Biturigas expulsi sunt* nur ein ad hoc herbeigezogene Hilfstruppe aus Grossbritannien sei, ist ganz unwahrscheinlich. Unter dem Gesichtspunkt, dass Jordanes mit diesen *Britanni* an der Loire, die er in seinen Quellen vorfand, nichts anzufangen wusste, erklärt sich auch die weitere Bemerkung bei ihm (a. a. O. S. 119, 3 ff.). *Qui (sc.-Riotimus) amplam partem exercitus amissam cum quibus potuit fugiens ad Burgundzonum gentem vicinam Romanisque in eo tempore foederatam advenit.* Aus dem Briefe des Sidonius (*Epist.* I, 7) erfahren wir geradezu, dass Arvandus desshalb dem Westgothenkönig rieth, die *Britannos supra Ligerim sitos* zu bekriegen, damit er dann mit den Burgundern das römische

---

[1]) Ernault, *Étude sur le Dialect de la presqu'île de Batz*, St. Brieuc 1883, S. 2.

Gallien *jure gentium* teilen könne. Die *Britanni supra Ligerim
siti* waren kein blosser Kriegshaufe, sondern eine Kolonie aus-
gewanderter Britannier, die von der Loiremündung hierher gezogen waren, und *de Beturigas expulsi,* wie Gregor sagt, werden
sie sich auf ihren Stützpunkt nach der Loiremündung zurückgezogen haben. Der Ort, wo ihnen die entscheidende Niederlage
beigebracht wurde *(apud Dolensim vicum),* ist Déols in Berry
(Depart. Indre, Arrond. Châteauroux).

Wenden wir uns nun zu dem Bretonenbesieger. *Eoricus*
wurde 466 König der Westgothen. Die Zerfahrenheit und Bedrängnis des weströmischen Reiches benutzend ging er darauf
aus, das römische Gallien sich zu unterwerfen von seinem Stütz-
punkte Spanien aus. Die im Berry bis zur Loire sitzenden Bretonen
vertrieb er (a. 469), eroberte nach langem Widerstande das von
Sidonius und seinem Schwager Ecdicius hart verteidigte Clermont-
Ferrand (a. 475) und machte sich nach den Zeugnissen des Sidonius, Jordanes und Gregor von Tours zum faktischen Herrn von
ganz Süd-Gallien bis Rhone und Loire. Er starb 485. Sidonius
nennt ihn *(Epistol. lib. VII, 6) ob virium merita terribilis,
armis potens acer animis alacer annis.* Sollte diese Figur
nicht in der Erinnerung der nördlich der Loiremündung und dem
Gebiet von Vannes sitzenden Bretonen fortgelebt haben? Dürfen
wir in dem *Erec* der matière de Bretagne ebenso eine Erinnerung
an diesen *Eoricus* sehen wie in dem *Graelent de Fine posterne*
die Erinnerung an einen Häuptling von Cornouaille *Gradlon mor*
im V.--VI. Jahrhundert?

Ich möchte noch ein Moment zu Gunsten dessen anführen:
die Heimat Erec's. In Foerster's Ausgabe des Erec Vers
1874 heisst es: *An son reaume d'Outre-Gales* und Vers
3880 ff. erwidert Erec dem Guivret:

> *Erec, fiz le roi Lac, ai non.*
> *Rois est mes pere d'Outre-Gales.*
> *Riches citez et beles sales*
> *Et forz chastiaus a mout mes pere:*
> *Plus n'an a rois ne anperere*
> *Fors le rois Artu solement.*
> *Celui an ost je voiremant,*
> *Car a lui nus ne s'aparoille.*

Hier ist zu bemerken, dass die mit H beste Erechandschrift,
C bei Foerster, an beiden Stellen *Destregales* liest; so auch B
an zweiter Stelle, wo E *Dentregales* hat. Ferner heisst es auch
Bel Desconëu 5489 *Erec d'Estregales.* Endlich hat Hartmann
von der Au nur *Destregales: ze varne in sînes vater land —
daz was Destregales gnant* 1818; ebenso 2865; *über Destrigales lant* 8374; *ûz Destrigales lant* 10 032. Mir scheint, dass

man auf grund dieses Thatbestandes schon in Chrétiens Erec
mit C *Destregales* oder *d'Estregales* schreiben muss. Hinzu
tritt der Gesichtspunkt der lectio difficilior. Dass für das ver-
ständliche *d'Outre-Gales* (vergl. z. B. *Louis d'Outremer*) schon
am Ende des XII. Jahrhunderts (Hartmann von der Au, Renauld
de Beaujeu) Schreiber sollten *d'Estre-Gales* eingesetzt haben, ist
doch wenig wahrscheinlich; dagegen ist es verständlich, wie
Schreiber für *Destre-Gales* ihrer Vorlage, das sie für *d'Estre-
Gales* fassten, das nach ihrem Begriff geläufigere *d'Outre-Gales*
einsetzten.

Was wollte nun *reaume Destregales*, *rois Destregales*
sagen? *Eoricus* war, wie wir sahen, König von ganz Süd-
Gallien (*Dextra Gallia*) bis zur Loire und Rhone. Ich
denke das *reaume Destregales*, welches dem *Erec* gehörte, ist
ursprünglich in den Erzählungen der romanisierten Bretonen das
Königreich *Dextra Gallia*, das dem *Eoricus* gehörte. Dafür
spricht mehreres. Die oben angeführte Schilderung Erec's von
dem *reaume Destregales* lässt doch durchblicken, dass man noch
fühlte, dass es sich nicht um ein lehnspflichtiges Königlein des
Arthur handelt, sondern um einen Herrscher und ein Reich,
welches unabhängig und ebenbürtig neben dem Arthurs bestand.
— Ferner sagt Erec zu seinem künftigen Schwiegervater: *mener
vos ferai an la terre — Qui mon pere est et moie aprés;
Loing est de ci, n'est mie pres* (Vers 1330 ff.); dies spricht
doch auch für die vorgeschlagene Deutung von *Destregales*. —
Weiterhin: als den Erec am Hofe Arthurs in *Tintaguel* an der
Südküste von Cornwall die Nachricht von dem Tode seines Vaters
erreichte, bat er den Arthur, ihn zu krönen; dies geschieht
zu Nantes an der Loire, wohin sie aufbrechen (Erec 6546 ff.);
Arthur bestellt hierher seine Barone und auch Erec ladet seine
Lehnsträger nach Nantes ein (Vers 6564 ff.) nebst seinen Schwieger-
eltern: hier erscheinen neben Normannen, Bretonen, Schotten,
Iren, den Lehnsträgern aus England und Cornwall, die man als
Arthurs Lehnsträger fassen kann, auch Lehnsträger aus Anjou,
Maine, Poitou, die doch nur als Erec's Mannen ge-
dacht werden können. Ich denke, wenn man alles das in
Abzug bringt, was durch die Versetzung Erec's in die Arthur-
sage sich ergibt (z. B. Erec's Krönung durch Arthur), so bleibt
immer ein Rest, der sich am besten erklärt, wenn in Erec die
Erinnerung an jenen mächtigen südgallischen Herrscher
Eoricus steckt, der Südgallien bis zur Loire (also auch das
spätere Poitou und Anjou) beherrschte und den die bretonische
Sage sehr wohl in Nantes an der Loire residierend denken
konnte. Da sich Erec in Nantes krönen lässt, war dies Haupt-

stadt des Reiches, also auch der Ort, wo sein Vater residierte
und wohin Erec seine junge Frau führt, um sie dem Vater vor-
zustellen (Erec, Vers 2293 ff.). An letzterer Stelle heisst nun
der Ort, *ou li rois Lac iert a sejor an un chastel de grant
delit* (Vers 2315 ff.), *C a r n a n t* d. h. Stadt (*kaer, ker*) N a n t e s.
In diesem *Car-Nant*[1]) steckt noch die bretonische Bezeichnung von *Nantes* und ein neuer Beweis, dass auf
bretonische Erzählungen der Stoff des Erec zurückgeht.[2])

Aus bretonischen Arthurerzählungen stammt also die Kunde
von Erec. Er, sowie sein Vater, war *rois Destre-Galle* und hatte
seine Hauptstadt in *Kar-Nant*, in *Nantes*. Dieses Land *Destre-
Galle* war Franzosen und Normannen sicher ebenso unbekannt
wie *Fine posterne*, die Heimat Graelent's (s. oben S. 2 ff.), da
der alte Name *Gallia* in der Sprache der romanisierten Franken,
der Franzosen, verschwunden war. Gegen die Annahme, dass
Gaule direkte Fortsetzung der lebenden Sprache von *Gallia*
sei, dagegen legt bekanntlich fast jeder Laut und jeder Buchstabe von *Gaule* Zeugnis ab. Es muss mittelalterliche gelehrte
Bildung aus *Gallia* sein. Lehrreich ist Wace. Wie er im Brut
auf Historia Regum Britanniae IX, 11 kommt, Arthurs Kämpfe
in Gallien, bietet er die Verse: *Gaulle avoit nom France, cel
jor, si n'i avoit roi ne signor* (Brut 10158 ff.) und gebraucht
dann im Verlauf *France* (Vers 10169, 10265, 10389, 10401 etc.)
für *Gallia* der Vorlage und *François* (Vers 10205, 10235 etc.)

---

[1]) Die bretonische Form für das kymrische *Caer* ist in den Redonerurkunden *Kaer (Chaer)* und *Ker*. In den Urkunden der Abtei Beauport (Dep. Côtes-du-Nord) überwiegt im XIII. Jahrh. weitaus die
Schreibung *Car, Kar, Quar* vor *Caer, Kaer, Kaier, Quaer* (siehe Revue
Celtique III, 404; VII, 56—58; VIII, 65—66). Wenn man bedenkt, wie
spät meistens in der Orthographie der Ortsnamen die wirkliche Aussprache zum Ausdruck kommt, dann wird man wohl mit der Annahme
nicht fehl gehen, dass im romanisierten Bretonengebiet schon im
XI./XII. Jahrh. die Aussprache *Kar* war.

[2]) Bei Hartmann von der Aue ist K a r n a n t *houbetstat* (2882 ff.,
2918 ff.) von Lac's Land und an den Stellen in Chrétien's Erec 6553 ff.,
wo Nantes steht, hat Hartmann auch Karnant (Vers 10000 und 10030:
*sus enphiengen die von Karnant ûz Destrigales lant ir herren der wider
kam*). Es ist ja möglich, dass Hartmann das *Karnant* an den beiden
letzten Stellen aus dem *Karnant* an erster Stelle eingeschleppt hat.
Es ist aber auch möglich, dass Hartmann seine Quelle genau wiedergibt.
Sprachlich und metrisch liegt doch wohl kein Hindernis vor anzunehmen,
dass bei Chrétien im Erec 6553 stand *De ci qu'a Carnant an Bretaigne*
und 6584 *Vindrent a Carnant la cité* und dass später für *Carnant* eingesetzt wurde *Nantes*. An den beiden letzten Stellen weist der Zusammenhang deutlich auf *Nantes*, während an erster Stelle (vgl. 2315)
nichts im Zusammenhang darauf hinweist.

für *Galli*. Im Roman de Rou handelt er (vgl. oben S. 2 Anm.)
über die älteren und die jüngeren Bezeichnungen der verschiedenen
Länder und meldet, dass *Gaulle* der alte Name für *France* ist,
wie *Armorica* für *Bretainne*, *Germaine* für *Alemaine*, *Albaine*
für *Escoce* etc. (Andresen, Rou I, 93). *Gaulle* ist also ebenso
gelehrte Bildung aus *Gallia* wie *Germaine*, *Albaine* aus *Germania*, *Albania* und wohl bis ins XII. Jahrhundert der gesprochenen Sprache unbekannt. Ganz anders steht es im
Bretonischen. Hier ist noch heutigen Tages *Gall* einfach „le
Français", *Brô-C'hall* „Land der Franzosen" ist der einzige
Name für „la France" wie *Brô-Zaoz* „Land der Sachsen" für
„Angleterre"; parler Français ist bretonisch, *komza gallek* oder
gallega. *Gall* „Franzose" ist nicht nur heute ein gewöhnlicher
bretonischer Name, sondern kommt in mittelalterlichen bretonischen
Urkunden besonders des gemischtsprachigen Gebietes sowie in
dem an der Grenze des letzteren gelegenen reinbretonischen Gebiet als Name und Beiname vor (s. *Cartulaire* von Beauport in
Revue Celtique III, 411) wie z. B. *Normant*. Es ist klar, dass
Gall ein in bretonischer Sprache heimisches Wort ist, seit dem
Aufenthalt der Bretonen im alten Aremorica: es war zuerst wohl
die Bezeichnung der romanisierten Gallier, die sie vorfanden,
und wurde beim Vorrücken der bretonischen Sprachgrenze auf
die Franken angewandt. Zu der also bei romanisierten Bretonen natürlichen Form *Galle* möchte ich noch eine Stütze beibringen. In der französisierten Bretagne (und demnach im Französischen) heisst der südwestliche Teil der Basse-Bretagne einfach „la Cornouaille". Dies ist aus *Cornu-Galliae* entstanden.
In den Schriftstellern des IX.—XI. Jahrhunderts findet sich
Cornu-Galliae in doppelter Verwendung: 1. bezeichnet es die
ganze Bretagne 2. nur den südwestlichen Teil der Basse-Bretagne,
heute *la Cornouaille*. Zeugnis für 1 bieten der von 893—966
lebende Flodoard und der vor 1044 schreibende Radulphus
Glaber. In Flodoardi Annales heisst es zum Jahre 919: *Nort-
manni omnem Britanniam in Cornu-Galliae, in ore
scilicet maritima, sitam depopulantur, proterunt atque delent,
abductis venditis ceterisque cunctis ejectis Brittonibus* (Monum.
Germ. III, S. 368); 931: *Interea Brittones qui remanserant
Nortmannis in Cornu-Galliae subditi, consurgentes adversus
eos, qui se obtinuerant* (Monum. Germ. III, S. 380). Glaber
beginnt die Schilderung der Streitigkeiten des Bretonengrafen
Conan mit Fulco von Anjou (a. 992) mit folgender allgemeiner
Einleitung (Histor. lib. II, Cap. 3): *Narrant siquidem plerique
disputantes de mundani Orbis positione, quod situs regionis
Galliae quadra dimetiatur locatione. Licet ergo a Rifeis mon-*

tibus usque Hispaniarum terminos, in laevo habens Oceanum mare, in dextro vero passim juga Alpium, propria excedat longitudine mensuram rationis quadriformae. Cujus etiam inferius finitimum ac perinde vilissimum Cornu-Galliae nuncupatur. Est enim illius metropolis civitas Redonum: in-habitatur ditius a gente Brittonum (Recueil des historiens des Gaules et de la France X, S. 15). Dem gegenüber steht die Beschränkung des Ausdrucks *Cornugalliae* und des dazu ge-hörigen Adjektivs *Cornugalliensis* auf den westlichen Teil der südlichen Hälfte der Basse-Bretagne, die alte Diözese, deren Hauptstadt Quimper war. In einer zwischen 851 und 857 aus-gestellten Urkunde von Redon zeichnen *Courantgen episcopus Venetensis* (von Vannes), *Anaweten Cornugallensis, Rethwalatr Aletensis* (S. Malo) etc. (Courson, Cartulaire de Redon S. 366); es ist also *Cornugallensis* nur Bezeichnung der Diözese Cornou-aille. In einer Urkunde von 1021 tritt neben *Alanus comes totius Britanniae et frater ejus Eudonus* auf *Alanus Cornu-gallensis comes* (Courson, Cart. S. 308). Es ist der bekannte 1058 gestorbene *Alan Canhiarh* aus der Niederbretagne (Cornouaille). In der vor 884 in Landévennec einem Kloster in Cornouaille geschriebenen Vita des heiligen Winwaloe heisst es in der Schilderung der Wanderungen, die Winwaloe durch den nördlichen Teil der Basse-Bretagne macht, lib. II, Cap. 3: *Hic igitur per pagos ad occidentem versus Domnonicos transiens circaque Cornugillensium confinium perlustrans, tandem in insula quae Thopepigia nuncupatur hospitatus est* (De la Borderie, Cartulaire de Landévennec, S. 60. 187). Die *insula Thopepigia* lag also im Gebiet von *Cornugalliae; Thopepigia* ist heutigen Tages *île Tibidy* im südlichen Teile des inneren Meerbusens von Brest und liegt in *Cornouaille*. Endlich heisst es in den 1005 geschriebenen Miracula S. P. Benedicti lib. II, 27: *Osa Oceani maris quaedam est insula, quae a continenti Ar-moricanae regionis terra, quam Cornugalliae nominant, pelago sexdecim passuum in transversum porrecto sejungitur* (Acta Sanct. ordinis S. Benedicti tom VI, S. 392). *Osa* ist die *Ile d'Ouessant* westlich von Finistère und *Cornugalliae* ist hier deutlich in dem auf einen Teil von Finistère beschränkten Sinn gemeint; ebenso in Cap. 27 (*a. a. O.* S. 394).

Dass von diesen beiden Verwendungen des Wortes *Cornu-Galliae* die erstere auf die aremorikanische Halbinsel in weiterem Sinne die ursprüngliche ist, liegt auf der Hand. Es ist auch noch ersichtlich, woher die Bretonen dazu kamen, diese dichterische Bezeichnung auf einen bestimmten Distrikt der Niederbretagne mit festen Grenzen einzuschränken. Drei bretonische Stämme sitzen

im VI. Jahrhundert in der aremorikanischen Bretagne: die *Domnonii* an der Nordküste; die *Cornovii* und die Bretonen von
Vannes (Broweroc) an der Südküste. Wie zu *Domnonii* ein
Ländername *Domnonia* gebildet ist, so zu *Cornovii* ein *Cornovia*,
auch geschrieben *Cornubia*. Durch eine Art Volksetymologie
verführt, hat man *Cornu-Galliae* auf dieses *Cornubia*, *Cor-
novia* bezogen: man betrachtete *Cornugalliae* als der Land der
Cornovii. Wie so im Mittelalter *Cornovia* und *Cornugalliae*
identisch sind,[1]) so entsprechen sich heute reinbreton. *Kerneô*
(= *Cornovia*) und französisch-breton. *Cornouaille* für denselben
Strich der Niederbretagne. Es war also *Cornugallia* in die
Sprache der romanisierten Bretonen übergegangen. Wir haben
demnach allen Grund bei den romanisierten Bretonen ein *Destre
Galle* anzunehmen.

Dies *Destre Galle* in den Arthurerzählungen der romanisierten Bretonen war den Nordfranzosen ebenso unverständlich
wie *Carnant*. Man konnte bei *-Galle* offenbar nur an *Gales*,
den — wohl durch die Normanneneroberung Englands in Frankreich aufgekommenen — Namen für *Cambria*,[2]) also an *Wales*,
denken. Damit war eine Quelle zu Missverständnissen und Umdeutungen angebohrt. Offenbar mit durch den Umstand, dass
Destre Galle ein von Arthur's Reich weit abliegendes Land
ist (vgl. Chretien's *Erec* V. 1332), wurde man verführt, in *Destre-
galles* nicht „Süd-Gales, Süd-Wales" zu sehen, sondern es als
d'Estre-Galles aufzufassen. Diese Auffassung liegt bei Renauld
de Beaujeu im *Bel Desconëu* 5479 vor; denn wenn es daselbst
heisst in der Aufzählung der Turnierritter: *Et li riches dus de
Norgales — I fu et Erec d'Estregales; — Et Beduer de
Normendie*, so stehen doch *de Norgales, d'Estregales, de Normandie* parallel. Diese Umdeutung ist Hartmann von der Au
unbekannt, wie wir eben S. 34 sahen. Auch Wolfram von Eschen-
bach kennt sie nicht: *Parzival* 382, 15 ff. heisst es: *Was dâ
manc ellender Brituneis — und die soldier von Destrigleis —
ûz Ereckes lande;* da im *Parzival* unter *Brituneis (Britaneys,
Berteneis), Britun (Bertun)* immer „Bretonen" gemeint sind, und
da im *Parzival* für französisch *Galois* immer *Wâleis* etc. steht,
so ist klar, dass „Bretonen und Söldner aus *Destrigleis*" darauf

---

[1]) In der oben zitierten Stelle der Vita des Heiligen Winwaloe
liest die eine Handschrift *Cornubie confinium*, wo die andere *Cornugillensium* (lies *Cornugallensium*)*confinium* hat.
[2]) Wace bezeugt uns im *Rou*, wo er die historischen Namen und
die zu seiner Zeit wirklichen Namen von Ländern und Städten zu-
sammenstellt, dass *Galles, Guales* ein Wort ist lebendig in der Sprache
seiner Zeit: *Galles Cambrie* (II, 93), *Guales Cambrie* (I, 43).

hinweist, dass *Destrigleis* als der Bretagne benachbart gedacht ist: Bretonen und Söldner aus Süd-Gallien, dem Reich Erecs (des *Eoricus.*)

Die Anlehnung des *Destre Galle* der bretonischen Conteurs an *Gales* ist natürlich in Chrétien's Erec vorhanden: darauf weisst schon Hartmann's Form *Destregales* (s. oben S. 34). Ob aber die Umdeutung in *d'Estregales*? In den beiden Stellen des Erec: 1874 *an son reaume destregales*, 3881 *rois est mes pere destregales* erfordert an beiden Stellen der korrekte französische Sprachgebrauch, wie mich Foerster belehrt, unter allen Umständen die Auffassung *rois est mes pere d'Estregales*. Dürfen wir aber korrekten französischen Sprachgebrauch von bretonischen Conteurs unter allen Umständen erwarten? Kann nicht Chrétien, wie er *Car nant* aus der Erzählung des breton. Conteur herübernahm (s. S. 36), die Verbindungen *reaume Destre Galle*, *rois Destre Galle* dort gefunden haben? sodass *rois d'Estregales* nur eine Ausdeutung von *rois Destre Galle* unter Anlehnung an *Gales* wäre. So wurde der Text jedenfalls von den Schreibern des XIII. Jahrhunderts gefasst, die *d'Outre-Gales* einführten. Woran man bei diesem in *Outre-Gales* umgewandelten *Estre-Gales* dachte, erfahren wir durch eine Umdeutung, die das Wort *Destregalle* in Verbindung mit einer anderen Figur der matière de Bretagne erfahren hat.

Die Figur des *Ris* in dem Abenteuerroman aus der Mitte des XIII. Jahrhunderts *Li chevaliers as deus espees* kann ich als bekannt voraussetzen. Dem Kerne nach dasselbe, was von *Ris* hier erzählt wird, findet sich bei Gottfried von Monmouth *Histor. regum Britanniae* X, 3, wo Arthur die Geschichte seinen Gefährten Beduerus und Cajus, als ihm mit dem Riesen *Rithon* passiert, erzählt. Auch die Namen (*Ris* und *Rithon*) sind vom Standpunkt der bretonischen Sprachgeschichte und der Geschichte der Orthographie identisch. Das mittelbretonische *s* (*z*) ist doppelten Ursprungs: einmal entspricht es einem altbretonischen (kymr. korn.) *s*; sodann einem altbretonischen *th*, d. h. einer aus *t* unter gewissen Bedingungen entstandenen Spirans wie englisch tonloses *th*, einem Laut, der noch heutigen Tages im Kymrischen vorhanden ist und *th* geschrieben wird. Schon im Anfang des IX. Jahrhunderts war im Bretonischen *th* mit *s* in der Aussprache wesentlich zusammengefallen, da schon um diese Zeit in Namen *t*, *th* und *s* wechseln, d. h. *t* ist der etymologische Laut, aus dem *th* entstand, das im IX. Jahrhundert zu *s* geworden. So ist der Name derselben Persönlichkeit in drei verschiedenen Redonerurkunden geschrieben *Bothlenus* (a. 816; Courson, *Cart.* S. 176), *Boslenus*

(a. 819; Courson, *Cart.* S. 177), *Botlenus* (a. 833; Courson, S. 180). Das Normale ist, dass die Orthographie des IX. bis XII. Jahrhunderts sich bei dem einen Wort (Kompositionsglied eines Namens) für *th* entschieden hat (also die historische Schreibung beibehält), bei einem anderen Wort aber für *s* (also phonetische Schreibung). So ist im *Cartular* von Redon konstant geschrieben: *Breselan, Breseloc, Breselconan, Breselcoucant, Breselmarchoc, Breseluen, Breseluuobri, Presel, Preselan, Preselgar, Preselguoret* (s. Courson, *Cart.* S. 637. 688 ff.); in allen diesen Namen ist das erste Glied *Bresel* — auch in dem Namen *Guigambresil* s. oben S. 17 — das heutige bretonische *brézel* „guerre" gleich kymrisch *breithell* „conflict, battle, war" (s. Evans, *Dictionary* S. 535). Andererseits ist ebenso konstant geschrieben im *Cartular* von Redon *Ueth, Uueith, Uuet, Uuethen, Ueten* in zahlreichen Namen (s. Loth, *Chrestom.* S. 173. 174) = kymr. *gueith.* Zu denjenigen in Namen des *Cartular* von Redon (Ende des VIII.—XII. Jahrhunderts) oft vorkommenden Kompositionsgliedern, bei denen ein Schwanken zwischen *th* und *s* herrscht, ist das dem irischen *recht*, kymr. *rheith* „rectus" entsprechende bretonische Wort: *reth (reith)* und *res* (neubret. *reiz* und *rez)*: neben *Rethuualart (Reituualart), Rethuuobri (Rethuuocon)* liegt *Resmunuc, Restanet, Resuoret.* In diesen Kompositis trägt das zweite Glied den Accent und so ward aus dem fürs IX. Jahrhundert öfter belegten *Res- (Reth)* ein *Ris-* im ersten Glied: neben *Resuuoret* (a. 814—821) tritt *Risuuoret* (a. 892), *Rethuuocon, Resuuocon: Risuuocon.* Zu diesen zahlreichen Namen mit *reth-, res-, ris-* im ersten Glied gehören die belegten Kurzformen (Koseformen) *Ris, Risan, Risoc* (vgl. oben *Presel, Breselan, Breseloc),* für welche historisch auch *Rith, Rithan, Rithoc* geschrieben werden kann. Neben *Rithan (Risan)* ist nach den Regeln der Kurznamenbildung im Bretonischen auch *Rithon (Rison)* möglich: vgl. *Sulan, Sulon, Suloc; Maelan, Mailon, Maeloc; Maban, Mabon; Haelan, Haelon, Haeloc* im *Cartular* von Redon neben den Vollnamen. Diese Form *Rison (Rithon)* = *Ris (Rith)* liegt in dem *Rithon* bei Gottfried von Monmouth offenbar vor. Daraus folgt, wie ich glaube, mit ziemlicher Sicherheit, dass dem Gottfried von Monmouth für die Erzählung in Buch X, 3 eine geschriebene bretonische Quelle vorlag.[1]) Für ihn ist im

---

[1]) Über bretonische Elemente in Gottfried's Arthursage habe ich *Ztschr.* 12, 231—256 gehandelt. Dass *Rithon* bei Gottfried aus bretonischer Quelle stammt, dafür lassen sich noch zwei Momente anführen: dem welschen Bearbeiter der *Historia regum Britanniae,* der in welscher Sage sich gut auskennt, ist offenbar eine Figur dieses Namens unbekannt, denn er übersetzt *Ricka Gaur* (Rhŷs-Evans, *Red Book* II, 213);

Lateinischen *th* phonetisch gleich *t* und er würde für ein gehörtes *Rison* schwerlich *Rithon* geschrieben haben; in einer geschriebenen bretonischen Quelle, auch einer Lateinischen, ist aber ein historisches *Rithon* = phonetisch *Rison* etwas ganz natürliches.

Wenden wir uns nun wieder zu *Ris* in den Texten der matière de Bretagne. *Perceval* 13,725 ff. heisst es *D'autre part li rois Ris de Gales — Ot avec soi le Destregales.* Wie man diese schwierige Stelle auch auffassen oder bessern mag: die Verbindung von *Ris* mit *Destregales* (*Destre Galle*) wird man nicht lösen dürfen; denn es ist viel wahrscheinlicher, dass eine in bretonischen Erzählungen vorliegende, dem Fortsetzer Chrétien's unverstandene Verbindung von *Ris* mit *Destre Galle* der Grund der Schwierigkeit ist, als dass eine blosse Verderbnis vorliege. Bei Gottfried ist über die Heimat des *Rithon* nichts gesagt, aber der *Gigas*, bei dessen Tötung Arthur sich seines Sieges über *Rithon* vor Beduerus und Cajus rühmte, stammte *ex partibus Hispaniarum*, also aus der Richtung von *Destregalle;* hierbei muss man sich erinnern, dass der historische *Eoricus* nicht bloss Herrscher von *dextra Gallia*, sondern auch von Nord-Spanien war. In dem Abenteurer-Roman *Li Chevaliers as deus espees*, der wohl erst gegen die Mitte des XIII. Jahrhunderts verfasst ist (s. Foerster's Ausgabe S. LXII), heisst *Ris* nun: *rois Ris d'Outre-Ombre* (Vers 207. 2094). Wie vereinigen sich der *Ris Destregalle* und der *Ris d'Outre-Ombre?* Ich glaube folgendes ist die Stufenleiter der Entstellungen und Umdeutungen: *Ris Destre-Galle, Ris d'Estre-Gales, Ris d'Outre-Gales, Ris d'Outre-Ombre.* Es kann hier *Ris d'Estre-Gales* (*Ris d'Outre-Gales*) aufgefasst werden Ris von „Jenseits von Wales" (vgl. *Louis d'Outremer*) und dafür setzt der gelehrte Verfasser des *Chevaliers as deus espees*, um seine geographischen Kenntnisse zu zeigen, *Ris d'Outre-Ombre*, d. h. Ris von „Jenseits des Humber". Bei dieser Ausdeutung von *d'Outre-Gales* durch

---

in anderen jungen Quellen kommt dieser *gigas Rithon* als *Rhitta Gaur* vor (Myvyrian Archaiology, Denbigh 1870, S. 406, 54. 55; *Jolo mss.* S. 193 ff.): alles offenbare Entstellungen aus Gottfried von Monmouth. Andererseits ist die Figur und die Geschichte, welche Gottfried nach bretonischer Quelle von ihr berichtet, der welschen Sage bekannt: sie findet sich in Kulhwch und Olwen (Rhys-Evans, *Red Book* I, 132 unten bis 133 unten) und der Riese heisst in welscher Sage *Dillus Varvawc.* Wie Gottfried durch Namensform *Modredus* seine nicht-welsche Quelle (breton. oder kornisch *Modred*, matière de Bretagne *Modred*) verrät, da die welsche Form *Medraut* ist (s. d. Zischr. 12, 254), so verrät er durch die zu *Ris* der matière de Bretagne stimmende Form *Rithon* (d. h. *Rison*) ebenfalls seine nicht-welsche Quelle (breton.), da die Figur in welscher Sage *Dillus Varvawc* heisst.

d'Outre-Omber [1]) kann auch mitgewirkt haben die Kenntnis, dass von *Gales* der ältere Name *Cambria* ist[2]) und dass jenseits des Humber ein *Cumbria* liegt.[3])

Schliesslich will ich noch darauf hinweisen, dass die Erinnerung der Bretonen im XI./XII. Jahrhundert an den mächtigen Gothenherrscher *Eoricus* und sein Reich in Süd-Gallien nicht auffallender ist, wie die Erinnerung der rhein-fränkischen Sage derselben Zeit an den mächtigen Hunnenherrscher *Attila*. Die erschütternden Ereignisse, welche offenbar die Erinnerungen an jene Gestalten bei Bretonen und Rhein-Franken wachhielten bis ins XI./XII. Jahrhundert, sind fast gleichzeitig: die Vernichtung des Burgunderherrschers *Gundaricus* fand bekanntlich 437 statt, und die an Vernichtung grenzende Niederlage der Loirebretonen unter *Riotamus* ereignete sich 469. Die Verknüpfung *Erec's* mit der nationalen Arthursage bei den Bretonen hat ihre Parallele in der Verknüpfung *Etzel's* mit der rhein-fränkischen Sigfridsage.[4])

7. *Lancelot.*

Der Name des nach Gauvain und Erec tüchtigsten Artus-ritters (s. Erec V. 1691—1694) kann uns einen weiteren Fingerzeig geben für den Ursprung und die Geschichte der Matière de Bretagne. Die eigentümlichen Ansichten de La Villemarqués

---

[1]) Dass „Ris von Jenseits des Humber" die Auffassung des Verfassers des Chevaliers as deus espees ist für *Ris d'Outre-Ombre* ergibt sich deutlich aus Vers 253, wo der Bote droht, *Ris* werde die Königin an den *roi de Noronbellande* d. h. *Northumberland* ausliefern.

[2]) Vergleiche Wace, Normannenchronik ed. Andresen I, 43. II, 93 (oben S. 39, Anm. 2).

[3]) Ich möchte noch einmal auf die Momente aufmerksam machen, welche für den ursprünglichen Sinn von *reaume Destregales* (Erec 1874) in Betracht kommen: 1) das Reich von Erec's Vater liegt fern von Cornwales auf dem Kontinent und ist ursprünglich sicher als ein mächtiges von Arthur unabhängiges gedacht; 2) Hauptstadt desselben ist nach den bretonischen Erzählungen *Carnant* d. h. *Nantes* an der Loire; 3) die Lehensträger Erec's werden in Anjou, Maine, Poitou gedacht (s. oben S. 35 ff.). Es ist daher vollständig ausgeschlossen, dass ursprünglich in den Erzählungen der bretonischen Conteurs irgend eine Beziehung zu *Wales* vorgelegen habe und *gales* in Chrétien's Erec — mag man *Destregales* oder *d'Estregales* schreiben — muss auf alle Fälle eine Ausdeutung eines Wortes sein, welches den Franzosen in den bretonischen Erzählungen unverständlich war.

[4]) In den Urkunden der Abtei Beauport (Departement Côtes-du-Nord) findet sich a. 1245. 1247. 1272 mehrmals *Coit-Erec* „Wald des Erec" (*insula de Coit-Erec* und *de Coit-Erec* Beiname eines Mannes) Revue Celtique III, 406. Interessant ist selbst für diese Zeit das Auftreten des Namens in Urkunden, die z. T. schon aus reinbretonischem Gebiet stammen.

über den Namen *Lancelot* hat G. Paris, *Romania* 10,488 ff.,
endgültig beseitigt; positiv äussert er sich zu dem Namen folgendermassen a. a. O. S. 492 Anm. 2: „*Le nom de Lancelot est
peut-être un nom celtique altéré, comme il s'en trouve plus d'un
dans nos poèmes, bien qu'en général ils aient conservé avec une
remarquable fidélité la forme galloise,*[1]) *souvent bien étrange pour
des oreilles françaises, des noms que leur fournissaient les récits
bretons.*[2]) *Peut-être aussi à un nom breton*[3]) *que nous ne pou-
vons plus retrouver a-t-on substitué un nom d'origine germanique:
c'est ainsi que dans le Tristan de Béroul, poème anglonormand
encore très voisin*[3]) *des sources celtiques, figure un personnage
appelé Guenelon, d'un nom germanique (Wenilo) qui ressem-
blait sans doute au nom gallois original.*[3]) *On trouve dans les
Loherains un évêque du nom Lancelin (voy. aussi Foerstemann):
Lancelin, Lancelet, Lancelot peuvent être des diminutifs de
Lanzo, qui existe comme forme hypocoristique de Lantwulf,
Lantfrid, Lantberht etc. C'est par un substitution analogue
qu'au XIV*[e] *siècle le nome de Lancelot servit à rendre en
français le nom slave de Ladislaw.*
      Bei G. Paris' Ansicht vom Ursprung der matière de Bre-
tagne müsste man, wenn der Name *Lancelot* auf eine der
beiden Weisen aus einem kymrischen entstanden wäre, auf
alle Fälle den kymrischen Namen finden, da wir eine
reiche Fülle kymrischer Namen in Urkunden und der mittelalterlichen Litteratur haben. Mir ist aus den kymrischen Personennamen nichts bekannt, was auch nur im Entferntesten den
daraus geänderten oder substituierten *Lancelot* erklären könnte.
Wenn man ferner bedenkt, wie feinfühlig die welschen Bearbeiter
der Chrétien'schen Texte die oft ziemlich abliegenden kymrischen
Äquivalente einsetzen, wie der Bearbeiter von Gottfried's *Historia
regum Britanniae* für *Walgainus* sein *Gwalchmei* für *Caliburnus*
sein *Caletvwlch* einsetzt, dann wird man doch erwarten dürfen,
dass die ursprüngliche kymrische Form uns entgegentritt, wo
französische Texte bearbeitet werden, die den Lancelot kennen.
Dies ist nicht der Fall. In der vor 1368 vorhandenen welschen Übersetzung der *Queste du St. Graal* findet sich immer

------

      [1]) *La forme galloise;* dies ist eine Behauptung, deren Haltlosig-
keit für Jeden, der mit kymrischer und bretonischer Lautlehre vertraut
ist, auf der Hand liegt.
      [2]) Man beachte, wie in demselben Satz *celtique, gallois, breton*
gleichbedeutend in dem Sinne von „kymrisch, welsch" verwendet
werden.
      [3]) Das ist eine Behauptung, für welche kein Anhalt in der wel-
schen Litteratur vorliegt: unter *sources celtiques* kann nach G. Paris
Sprachgebrauch nur an welsche (kymrische) Litteratur gedacht werden.

die französische Form beibehalten *Lawnslot, Lawnselot* (Williams, *Y seint Greal*, S. 1—170); dasselbe gilt von der wohl gleichaltrigen welschen Übersetzung des bei Potvin, *Perceval le Galois* I, 1—327 abgedruckten Prosaromans (Williams, *Y seint Greal*, S. 171 bis 433); auch in einer auf die Übersetzung der *Queste du Graal* gegründeten welschen Triade kommt der Name vor: *Tri marchawg llys Arthur a gawsant y Greal. Galath uab Lawnselot dy Lak a Pheredur mab Efrawc Jarll, a Bort mab brenin Bort* (*Myvyrian Archaiology of Wales*, Denbigh 1870, S. 392, 61) „drei Ritter des Hofes von Arthur bekamen (hatten) den Graal: Galath Sohn des Lawnselot dy Lak und Peredur Sohn des Earl Efrawc und Bort Sohn des Königs Bort". Figur und Name Lancelot ist der welschen Sage vor der Übersetzung der französischen Texte absolut unbekannt; sie kennt auch keine Figur und keinen Namen, welche Anglonormannen oder Franzosen die Grundlage für Lancelot abgeben konnten. G. Paris' Ansicht von der Herkunft der matière de Bretagne ist hier wie in allen Punkten, wo man näher zusieht, unhaltbar (vgl. *Gött. Gel. Anz.* 1890, S. 816 Anm.)

Ehe ich mich dem Nachweis zuwende, dass Name und Figur *Lancelot* dort sehr wohl in die matière de Bretagne gekommen sein kann, von woher der Stoff nach allen Zeugnissen zu Franzosen und Normannen gebracht sein muss, nämlich in der Bretagne, — möchte ich noch darauf hinweisen, dass die Voraussetzung, von der G. Paris' beide Möglichkeiten der Erklärung des Namens *Lancelot* ausgehen, wenig begründet ist. Es wird als selbstverständlich angenommen, dass dem *Lancelot* auf die eine oder andere Weise ein keltischer (bei G. Paris' Theorie also speziell kymrischer) Name zu Grunde liegen muss. Ist dies denn selbstverständlich? An 500 Jahre waren die Britannier mit den im Lande herrschenden Römern in enger Berührung, und die Folge dieser Berührung ist, dass zahlreiche britannische Namen aus Geschichte und Sage des V. und VI. Jahrhunderts in Wirklichkeit römische Namen (s. *Gött. Gel. Anz.* 1890, S. 818 Anm.) sind. Die Nachkommen der alten Britannier, die Kymren in Wales und Bretonen in Aremorica, sassen von Mitte des V. Jahrhunderts bis zum XI./XII. Jahrhundert auch nicht auf Isolierschemeln. Jene, die Kymren, hatten fortwährende Berührung mit Angelsachsen, Iren, nordgermanischen Vikingern und endlich romanisierten Normannen; diese, die Bretonen, mit Westgothen, Franken und Normannen. Bei den Kymren kamen so in die mittelalterliche Sage z. B. *Abloyc* (*Gött. Gel. Anz.* 1890, S. 822) *Alan Fergant* (a. a. O. S. 826), *Gilbert Katgyffro, Gwilim Rwyf* (s. oben S. 20 ff.): die Berührung der Bretonen mit den West-

gothen hat bei den Bretonen den *Erec* von *Destre Gaille* in der
Sage zurückgelassen, wie ich S. 26—43 zu zeigen versuchte;
dass der fränkische Name *Warin* bei den Bretonen im XI./XII.
Jahrhundert gewöhnlich ist, habe ich diese *Ztschr.* 12 243 ff. nachgewiesen. Haben wir nach dem Allen ein Recht in den Erzählungen der matière de Bretagne im XII. Jahrhundert, mag
sie aus Wales oder der Bretagne stammen, nur keltische (welsche
oder bretonische) Namen vorauszusetzen? Ich glaube kaum und
bin der Ansicht, dass wir bei dem Namen *Lancelot, Lancelet*
von der Voraussetzung G. Paris' absehen müssen.

Da, wie wir sahen, kymrische Sprache und Litteratur in
keiner Hinsicht eine Handhabe zum Verständnis des Namens
Lancelot bietet, wenden wir uns nach der Bretagne. Hier fragen
wir nicht vergebens an. Man muss nur die von mir *Gött. Gel.
Anz.* 1890, S. 788 ff. und 802—804 hervorgehobenen eigenartigen sprachlichen Verhältnisse der Bretagne vom IX.
bis XII. Jahrhundert im Auge behalten. Im IX. Jahrhundert bestand die politische Bretagne sprachlich aus drei Zonen:
1. im Westen die Basse-Bretagne umfassend im Wesentlichen
das heutige Departement Finistère und die westlichen Hälften
der Departements Morbihan und Côtes du Nord; diese Zone ist
reinbretonisches Sprachgebiet; 2. hieran grenzend und
östlich von den Diözesen Rennes und Nantes begrenzt eine Zone,
in der bis zum X. Jahrhundert das Bretonische überwiegend
herrscht; 3. Diözesen Rennes und Nantes — mit Ausnahme
der Halbinsel Guérande, die bretonisches Sprachgebiet ist —,
in denen das Romanische herrscht, wenn auch Bretonisch
gesprochen wurde. Mit dem X. Jahrhundert beginnt unter dem
Einfluss der Normanneninvasion, welche die bretonischen Edlen
vielfach vertrieb, eine Verschiebung in sprachlicher Hinsicht
derart einzutreten, dass in der zweiten Zone die romanische
Sprache immer mehr überwiegt und schliesslich das Bretonische
bis zum XII. Jahrhundert als gesprochene Sprache ganz verdrängt wurde. In·dieser gemischtsprachigen Zone, die bis zum
XII. Jahrhundert immer mehr eine romanische wird und die wir
aus allgemeinen (s. *Gött. Gel. Anz.* 801 ff.) und besonderen
Gründen (s. diese *Ztschr.* 12, 234 ff. und oben S. 5 ff.) in erster
Linie als die Vermittlerin der bretonischen Sagenstoffe an die
Nordfranzosen betrachten müssen, — in dieser Zone liegt die
Abtei Redon, mit ihren Besitzungen sowohl in die reinbretonische (1)
wie in die reinromanische Zone hinübergreifend. Die zahlreichen
aus dem IX.—XII. Jahrhundert stammenden Urkunden dieser
Abtei geben uns ein Bild dieser eigenartigen sprachlichen Ver-
hältnisse: bald Urkunden mit Zeugen, die reinbretonische Namen

tragen; bald eine Mischung bretonischer und germanischer (fränkischer und normannischer) Namen mit Überwiegen der einen oder andern Kategorie; bald, wenn auch seltener, Urkunden mit ausschliesslich germanischen Namen. Unter den in diesen Grenzgebieten auftretenden fränkischen Namen sind besonders diejenigen häufig deren erstes Glied *Lant—* ist: *Lanbert, Lambert, Landebertus* a. 819 (Courson, Cart. S. 174), a. 845—850 (S. 167), a. 854 (S. 46), a. 875 (S. 213), a. 1008—1031 (S. 259), a. 1051 (S. 380), a. 1060 (S. 316. 317), a. 1105 (S. 322), a. 1127 (S. 300. 392), a. 1141 (S. 338); *Lanfred* a. 845—850 (S. 167), a. 860 (S. 127), a. 864 (S. 46); *Landonus* a. 819 (S. 174); *Landiuin* a. 845 (S. 33); *Landram* a. 1108 (S. 333), *Landran* a. 1104 (S. 304); *Lanthildis, Lantildis* a. 833. 842 (S. 35. 164). Es liegt in der Natur der Sache und ist auch schon von Loth, *l'Émigration bretonne* S. 195 mit Recht betont worden, dass selbst für die gemischtsprachliche Periode (IX.—XI. Jahrhundert) in dieser Zone ein fränkischer Name nicht immer auf fränkischen Ursprung und Sprache weist, ebenso wenig wie ein bretonischer Name auf alle Fälle für bretonische Nationalität und Sprache des Trägers bürgt. Die romanisierten Franken des IX. bis XI. Jahrhunderts werden bretonische Namen gelegentlich angenommen haben und Bretonen umgekehrt fränkische Namen. Für einen Träger des Names *Guarin* in Redoner Urkunden habe ich nachgewiesen, (d. *Ztschr.* 12, 243), dass sein Vater den rein-bretonischen Namen *Gleuden* und sein Bruder den rein-bretonischen Namen *Iudicael* trägt. Der *Lanbert*, welcher in einer Urkunde von 1060 vorkommt (Courson, *Cart.* S. 316. 317), hat einen Bruder mit dem wohlbekannten bretonischen Namen *Gradelonus*. Wir dürfen daher annehmen, dass *Lanbert, Lambert* als bretonischer Name schon im X.—XI. Jahrhundert vorkam; die mittelbretonische Form *Lamberz* (aus *Lamberth*) findet sich in einem Cartular von Quimper in dem Ortsnamen *Ker Lamberz* a. 1348. Zu den mit *Lant—* beginnenden Vollnamen finden sich als Kurznamen (Koseformen) *Lando, Landolin, Lanzo, Lancelin*[1]) (s. Foerstermann I, 830—831). Aus den Re-

---

[1]) Gegenüber der Annahme von G. Paris *a. a. O.*, dass *Lancelin* ein Deminutiv sei von *Lanzo*, ist zu bemerken, dass dies vom Standpunkt der deutschen Namenbildung unrichtig ist. Bei dem natürlichen engen Zusammenhang zwischen Bildung der Kosennamen und der Diminutivbildung wird Niemand die ahd. Koseformen *Wolfilo, Wolfin, Wolfelin* als Diminutive zu der Form *Wolfo* betrachten; es sind unabhängige Formen zu den Vollnamen *Wolfbald, Wolfbert*, nur dass in ihnen der den Koseformen inhärierende Diminutivbegriff durch Häufung der Suffixe zum Ausdruck kommt. Es sind daher gleichberechtigt *Lanzo* und *Lan-*

donerurkunden kann ich keinen Beleg[1]) anführen, wohl aber aus
reinbretonischem Sprachgebiet. In der Aufzählung der Äbte
des Klosters Landévennec findet sich als 21. in der Reihe ein
Lancelinus (De la Borderie, *Cartulaire de Landévenec* S. 144),
er ist der zweite Vorgänger von *Elmarius* MC^{mo} XL^{mo} II anno
und der vierte Nachfolger von *Elisuc* in MXL° VII° anno, wird
also um 1110—1125 Abt gewesen sein. Landévennec liegt, wie
wir S. 11 sahen, in einem der äussersten Winkel der Basse-
Bretagne, woselbst man im IX. Jahrhundert die Sage von dem
Gradlon mor moderator Cornubiae kannte, der als *Graelent de
Fine posterne* in der bretonischen Sage des XII. Jahrhunderts
vorkommt.

Die gewöhnlichsten Endungen, mit denen im Altbretonischen
die Kurznamen (Kosenamen) aus Vollnamen gebildet werden,
sind *an, on, in, oc, ic.* Im Cartular von Redon finden sich
z. B. neben den Vollnamen *Hael-bidoe, -cant, -car, -cobrant,
-comarch, -hobrit, -hocar, -hoiarn, -homeit, -monoc, -rit, -tiern,
-uualart, -uuallon, -uuicon, -uuobri* und anderen (s. Loth, *Chrestomathie* S. 134 ff.) die Kurznamen *Haelan, Haelon, Haelin, Haeloc,
Haelican.* So liegen neben zahlreichen Vollnamen mit *Bud-, Cat-,
Con-, Mael-, Ri-, Ris-, Sul-, Uuethen-, Uuoret-* im ersten Glied die
Kurzformen *Budan, Budoc, Budic; Catin, Catoc, Catic; Conan,
Conin, Conoch; Maelan, Maeloc, Maelocan; Rian, Rioc, Riocan;
Risan, Risoc, Risican; Sulan, Sulon, Suloc; Uuethenan, Uuethenoc,
Uuethenic; Uuoretin, Uuoretoc, Uuoretic.* Unter diesen Formen
sind die auf *oc* die gebräuchlichsten. Da nun die fränkische
Kurzform *Lancelin* als bretonischer Name Aufnahme fand, wie
wir sahen: ist die Annahme soweit abliegend, dass man, nach
dem Muster von *Catin : Catoc, Conin : Conoc, Uuoretin : Uuoretoc*
und anderer, zu *Lancelin* eine reinbretonische Nebenform
Lanceloc bildete? Aus dieser Form *Lanceloc* erklären sich
die Formen der matière de Bretagne *Lancelot* und *Lancelet*[2])
unter Berücksichtigung zweier Thatsachen der bretonischen
Sprachgeschichte.

Mit Beginn des XI. Jahrhunderts fängt das altbretonische

___

celin; auch ein *Lancilo* (vgl. *Wölfilo*) wäre möglich, ist aber nicht belegt. *Lancelot* und *Lancelet* sind in der Form nicht germanisch
(fränkisch).

1) Besonders oft tritt in den Redonerurkunden der fränkische
Kurzname *Gauzilin* (Foerstemann I, 497 ff.) auf: *Gauslinus, Goscelinus,
Goislinus, Joscelinus* (s. Courson, Cartulaire S. 655. 669), heute *Josselin.*
Auch der zwischen a. 816 und 833 bald als *Bosslenus, Bothlenus, Botlenus*
geschriebene Name (s. oben S. 40) ist ein fränk. *Bossolenus, Bauslenus*
(Anfang des VIII. Jahrhunderts, Foerstemann I, S. 278).

2) *Lancelet* ist als seltenere Form gesichert (s. *Romania* X, 471).

für altes *ā* stehende *o* an, einem Lautwandel zu unterliegen: in
der Tonsilbe wird es *œ*, geschrieben *ue eu*, und in unbetonter
Silbe *e*; man vergleiche die Reime *franc le c uer: Graalent m uer*
(Lai von Graelent, Vers 7, 8). Der mittelbretonische *Graelent
m uer* aus dem romanisierten Bretonengebiet (s. S. 4 ff.) für alt-
bretonisches *Gradlon m or* bietet einen Beleg für den Wandel
des *o* in der Tonsilbe (*muer*) und unbetonten Endsilbe (*-lent* =
-lon). So ging in den zahlreichen Kurznamen auf *-oc* dieses *-oc*
in *-ec* über: Cart. von Redon S. 284 ist zweimal *Brouuerec* für
älteres *Brouueroc* (ibed. S. 47. 133 etc.) belegt; ebenso a. 1075
Guerec (Courson, *Cart.* S. 331) für älteres *Uueroc*. Demgemäss
musste im XI. Jahrhundert allmählich neben *Lanceloc* ein
Lancelec treten.

Dass in der mittleren Sprachzone der Bretagne (s. S. 46),
die vom X.—XII. Jahrhundert einer fortschreitenden Romanisierung
unterliegt, die in dem Munde der mehr und mehr romanisierten
Bretonen lebenden bretonischen Namen von Personen und Örtlichkeiten im XI. und XII. Jahrhundert schon Lautwandel unterliegen, welcher der bretonischen Sprache in dem reinbretonischen
Sprachgebiet fremd ist in jener Zeit, hatte ich mehrfach Gelegenheit zu konstatieren (vgl. z. B. S. 4 ff). Hierher gehört auch,
dass das auslautende *c* und das unter gewissen Bedingungen
daraus entstandene *ch* im französisch-breton. Sprachgebiet schon im XI.—XII. Jahrhundert verhauchen, während sie im reinbretonischen Sprachgebiet noch heutigen Tages
gesprochen werden: französisch-breton. *Guigomar, Guigemar* für
reinbreton. *Guihomarch*, französisch-breton. *Gwalwen* aus *Gwalch-
moe* nach *Euuen* gebildet, französisch-breton. *Calebor* aus *Cale-
borch* = ir. *Caladbolg* erklären sich so (s. *Gött. Gel. Anz.* 1890
S. 797; diese *Ztchr.* 12, 235); *Locmine* ist a. 1273 für *Loch
menech* a. 1008 (*Locus monachorum*) in einer Urkunde geschrieben=
heutigem *Locminé* in Morbihan (Loth, *Chrestomathie* S. 219 s. v.
manach). In der französisierten Bretagne spricht man
heutigen Tages alle Namen auf *ac* und *ec* (= altbreton. *-oc*,
altkelt. *ācum*) mit *a* und *ö* (*eu*) (s. Loth, *Chrestomathie* S. 193
Anm. 9; 194 Anm. 5), infolgedessen manche seltsame Orthographie-
analoga in Namen eingetreten sind. Das alte *Loutinoc* (a. 834 u. ö.
im *Cartular* von Redon S. 12), Dorf in der Commune von Ruffiac
(Morbihan), ist heutigen Tages *Leudineu* nach Courson, *Cart.* S. 744,
Lodineux nach Loth, *Chrestomathie* S. 146 Anm. 5: das aus
Loutinoc entstandene *Lodinec* gesprochen *Lodine*. Dem alten
Haeloc entspricht in reinbretonischem Gebiet heutigen Tages *Helec*,
Hellec aber „*Heleuc, Heleux* en pays non bretonnant depuis
le XIe siècle (Loth, *Chrestom.* S. 135, Anm. 6). Die heutigen

Cateneuf (Morbihan), *Rotheneuf* (Jlle - et - Vilaine) sind mittelbret.
Cateneuc, Roteneuc, d. h. gesprochene *Catenö, Rotenö.*

Belege für die Verhauchung des *ch* sind nicht nur die oben
erwähnten Namen der matière de Bretagne, sie treten schon im
XI. Jahrhundert in Redonerurkunden auf: *Escomar* a. 1051. 1060
neben *Escomarcus* (s. d. *Ztschr.* 12, 236). Ebenso alt ist auch
das Verhauchen des *c* in dem Suffix *-oc, -ec* nach denselben Ur-
kunden im romanisierten Bretonengebiet. Für den Kurznamen
Rioc (Riocus) neben Vollnamen wie *Ri-anau, Ri-aual, Ri-canam,
Ri-keneu, Ri-mahel, Ri-uualart* etc. erscheint *Rio* (a. 1066, zwei-
mal, Courson, *Cart.* S. 312), *Rio* a. 1092. 1120. 1145. 1148
(Courson, *Cart.* S. 251. 293. 333. 334). So *Risio* a. 1120 (Courson,
Cart. S. 293) = *Risioc, Goro* a. 1145 (Courson, *Cart.* S. 331) =
Goroc.

Die Aussprache des Namens *Lanceloc, Lancelec* war also
schon in zweiter Hälfte des XI. Jahrhunderts in dem Munde der
französisierten Bretonen *Lancelo, Lancele,* eventuell *Lanceloh,
Lanceleh.* Dass hier vornehmlich dieser Name vorkam, liegt in
der fränkischen Herkunft des Namens *Lancelin* begründet, und
dass die Bewohner der französisierten Bretagne vornehmlich Träger
der Arthurerzählungen zu Normannen und Franzosen waren, haben
wir des öftern gesehen. Aus dem *Lancelo, Lancele* im Munde der
französisierten Bretonen sind die französischen Formen *Lancelot,
Lancelet* entstanden: die Schreibung mit *t* verdankt einer Orthographieanalogie (diminutiva auf *-ot, -et*) seine Entstehung wie die
Schreibung mancher Ortsnamen auf *ec,* gesprochene *ě,* durch *-eux,
euf* (s. S. 49). Für das Eintreten der Formen *Lancelot, Lancelet*
an Stelle der gesprochenen *Lancelo, Lancele* liegt eine Parallele
vor bei einem anderen Namen der matière de Bretagne. Der
Name des Vaters von *Ider (Yder)* ist gewöhnlich *Nu (fu: Nu*
Graal 13 728. 13 912. 16 310. 20 846; *bien l'a connu: Nu* Graal
32 364); durch den Reim ist gesichert *Nut (connut: Nut* Graal
31 938 und Foerster, *Erec* S. 302 Anm.) und *Nuc* (G. Paris, *Hist.
litt.* 30, 204 Anm. 1). G. Paris erklärt *a. a. O.* ebenso kategorisch
wie grundlos: „*le nom ancien du père d'Ider était Nut.*" Dem
Ider le fil Nu der matière de Bretagne entspricht in der welschen
Heldensage *Edyrn uab Nudd (dd =* tönendes engl. *th,* aus *d*
entstanden). Dieses mittelwelsche *Nudd* ist reguläre Vertretung
des altbritannischen *Nödent- (deo Nödenti* auf Inschriften aus
römisch-britannischer Zeit, s. Rhys, *Celtic Heathendom* S. 126 ff.)
= ir. *Nuadu.* Wie aus dem Stamme *carant-* kymr. *car* (Plur.
kereynt), bret. *car* (Plur. *querent),* geworden, so muss aus dem
Stamme *Nödent-* altkymr. *Nud,* altbret. *Nud* werden. Diese Media
wird in der weiteren Entwicklung zu einer tönenden Dentalspirans,

kymr. *dd*, also *Nudd*. Im Bretonischen, wo dieser Laut im
IX. Jahrhundert nachweislich vorhanden ist, herrscht grosse Verlegenheit hinsichtlich der Schreibung, da das lat. Alphabet keine
Handhabe bot: man schreibt gewöhnlich historisch *d*, aber auch *s*,
und endlich die für die tonlose Spirans *th* gebräuchlichen Zeichen *th*
und *t* (vgl. Loth, *Chrestom.* S. 68). So ist z. B. im *Cartular* von
Redon *Butgual* a. 1038, *Butuuoreth* a. 871 geschrieben, wo die
zahlreichen Formen mit *Bud-*, altgallisch *Bōdio-*, ir. *buaid* und das
mittelbret. *Buz-* ausweisen, dass hier mit *t* (d. h. *th*) nur ein
Versuch gemacht ist, durch das Zeichen für den tonlosen Spirant
den tönenden, für den man kein Zeichen hatte, auszudrücken.
Ganz wie *but-* in den beiden Wörtern ist *Nut* aufzufassen, Name
eines Zeugen in einer Urkunde Landévennec's ausgestellt von
dem 936 nach der Bretagne zurückgekehrten Alan. Dass diese
Auffassung von *Nut* als *Nuþ* für *Nud* (= kymr. *Nudd*, altbrit.
Nōdent-) richtig ist, beweist der in jenen Gegenden später vorkommende Ortsname *Ker Nuz* (Stadt des *Nuz*) a. 1459 (s. Loth,
Chrestom. S. 223).[1] Diese tönende Dentalspirans wird im Mittelbretonischen *z* geschrieben und ist in dem Mittelbretonischen in
sämtlichen Dialekten (Tréguier, Léon, Cornouaille, Vannes) bis
ins XVI. Jahrhundert erhalten sowohl im Inlaut zwischen tönenden
Elementen als in dem (sekundären) Auslaut. Im Neubretonischen
ist der Laut mit Ausnahme des Dialekts von Léon in den beiden
Stellungen geschwunden, sodass z. B. dem *bleiz*, *bouzar* von Léon
in den anderen Dialekten *blei*, *bouar*, *boar* entspricht. Nun habe
ich oben S. 4 ff. nachgewiesen, dass dieser in den Dialekten
von Vannes, Cornouaille und Tréguier erst nach dem XVI. Jahrhundert eintretende Schwund der tönenden Spirans *z* in
den französischen Namen im Gebiet der französisierten
Bretagne schon im Beginn des XII. Jahrhunderts eingetreten war. Es lautete also das *Nud (Nuz)* des Dialektes von
Cornouaille im Beginn des XII. Jahrhunderts im Munde der französisierten Bretonen, der Träger der matière de Bretagne zu
Franzosen, einfach *Nu:* dies ist die älteste Form des
Namens für den Vater von *Ider* bei den Franzosen.
Das daneben vorkommende *Nut* steht also auf der-
selben Stufe wie *Lancelot*, *Lancelet* für *Lancelo*, *Lancele* der
französisierten Bretonen.

Es liegt nach dem Ergebnis unserer Untersuchung über

---

[1] Wir haben also in dem bretonischsten Teil der Bretagne, wenn
ich so sagen darf, in der westlichen Cornouaille nachgewiesen: *Gradlon
mor* IX. Jahrhundert = *Graelent muer*, *Grahelent de Fine posterne* (s.
S. 11 ff.); *Edern* um a. 1000 = *Ider* (s. S. 22); *Lancelinus* um a. 1110
(S. 47); *Nud* Vater des *Ider* für erste Hälfte des X. Jahrhunderts.

Erec gewiss nahe, die Frage aufzuwerfen, welche Persönlichkeit in dem *Lanceloc, Lancelec (Lancelo, Lancele)* der Arthursage der französisierten Bretonen fortleben kann. Es lässt sich zwischen zwei Männern des IX. Jahrhunderts schwanken, die beide den Bretonen und ihren Angelegenheiten sehr nahe stehen und beide den Namen *Lantbert* führen.[1]

Beim Beginn der Regierungszeit Ludwig's des Frommen war ein *Lantbert* Markgraf des Frankenreichs an der Grenze der Bretagne *(comes Britannicae markae)*. Die Bretonen, die von Karl dem Grossen zweimal durch blutige Züge bis in' die letzten Winkel der Basse-Bretagne gezüchtigt und unterworfen worden waren (784 und 811), fassten unter ihrem Herrscher *Morman* neue Hoffnungen auf Unabhängigkeit. Auf einer Versammlung zu Aachen (818) wurde auch die bretonische Angelegenheit behandelt. Ermoldus Nigellus führt uns in seinem 826 verfassten Lobgedicht *liber* III, 9 ff. *(Monum. Germ.* II, 491 ff.) Ludwig den Frommen und Lantbert in Rede und Gegenrede über die bretonische Angelegenheit vor. Es wurde zuerst ein fränkischer Priester aus der Nachbarschaft der Bretagne *Witchar*[2] zu *Murman* geschickt, um ihn zur Unterwerfung aufzufordern. Murman hält den Boten zuerst hin und entlässt ihn dann auf Anstachlung seines Weibes mit höhnenden Worten. Nunmehr zieht Ludwig ein mächtiges Heer zusammen bei Vannes und dringt mit Feuer und Schwert in der Bretagne vor. Murman stellt sich zur Schlacht und fällt. Die Bretagne ist unterworfen. Bald jedoch beginnt Murman's Nachfolger *Wihomarch* aufs Neue die fränkische Grenze zu beunruhigen a. 822. Die Strafe folgte alsbald, so dass *Wihomarch* und andere *primores Britannorum* sich 825 zu Aachen stellten. Kaum heimgekehrt, begannen sie das alte Spiel von Neuem. Da riss *Lantbert* die Geduld. Er drang in die Bretagne vor: es gelang ihm, des *Wihomarch* sich zu bemächtigen, wobei derselbe von Lantbert's Leuten getötet wurde (825). Nunmehr erscheinen die bretonischen Häuptlinge aufs Neue, zu Ingelheim 826, und geloben Unterwerfung.[3] *Lantbert* blieb *comes Namnetensis (comes Britannicae markae)* bis zu seinem Tode 837.[4] In den Streitig-

---

[1] Siehe Ausführlicheres bei Courson, *Histoire des peuples bretons* I, 308—351.

[2] *Witchar* spielt sich in der Unterredung mit Murman als Franke auf (s. lib. III, 217 ff.), sein Name ist sicher bretonisch: in Redonerurkunden findet sich *Guidgual*, im Cartular von Landévennec *Uuitcant;* der altbretonischen Form *Widcar* entspricht der kymrische Name *Guidgar* (Annales Cambriae a. 630).

[3] Siehe Einhardi *annales* ad a. 825 *(Monum. Germ.* I, 213, 358).

[4] Siehe *Annales Bertiniani* ad a. 837 *(Monum. Germ.* I, 431).

keiten, in welche Ludwig der Fromme nach 833 mit seinen Söhnen verwickelt wurde, stand *Lantbert* auf Seiten Lothar's.

Der andere *Lantbert* tritt uns in den Jahren 841—852 entgegen. Die wesentlich bretonischen Angelegenheiten gewidmete Chronik von Nantes handelt über ihn mit einer geradezu auffallenden Ausführlichkeit (*Recueil des historiens des Gaules* VII, 217—219). Ich gebe wenigstens den Bericht dieser Quelle zum Jahre 841, um im Anschluss daran und mit Berücksichtigung der übrigen Quellen Lantbert's Anteil an den Ereignissen von 841—852 darzustellen: A. 841 *Ex utraque parte multi nobiles milites et fortes ex pluribus regionibus occurrerunt, inter quos Lambertus ex territorio Namnetensi ortus et bene callidus, et Rainaldus Pictaviensis, nobilis miles et magnae potentiae homo, ad adjuvandum Karolum venerunt, requirentes ab illo honores et praemia, si bella a fratribus sibi illata vincere posset. . . . . . Congregaverunt autem immensum exercitum apud Fontaneum Pictavii territorii vicum, victorque existens Karolus, se adjuvantibus donaria destribuit. Lambertus vero valde ex longo tempore in Comitatum Namneticum inhians, petiit a Rege ut illum sibi concederet (Richowinus enim, qui eum antea regebat, ceciderat in praelio): sed rex timens ne non fidelis sibi existeret propter Britannorum vicinitatem, ac ne illis associaretur (cum etiam secundum mores eorum nutritus eſset) omnino illi dare prohibuit. Rainaldo vero Pictaviensi dedit comitatum Namneticum et Pictaviensem. Ob quam causam Lambertus alia donaria minime curans accipere, a Rege exceſsit et ad Nomenoeum Britanniae principem acceſsit.*

Lantbert war ein Franke von Geburt,[1] im Nanter Gebiet geboren, also einem Landstrich, in dem romanisierte Gallier den Grundstock der Bevölkerung bildeten und um dessen Besitz vom VI.—VIII. Jahrhundert Bretonen und Franken mit wechselndem Glück stritten, bis schliesslich in zweiter Hälfte des IX. Jahrhunderts es politisch zur Bretagne kam. Nicht ganz gewöhnliche Verhältnisse in diesem dreisprachigen und aus drei Nationen bestehenden Gebiet dürfen uns nicht Wunder nehmen. Der aus jener Gegend stammende Abgesandte Ludwig's des Frommen an *Morman* von der Bretagne im Jahre 818 fühlt sich als Franke von Nation und trägt den gutbretonischen Namen *Witchar* (s. S. 52 Anm. 2); der Sohn von Lantbert's glücklichem Nebenbuhler *Rainaldus Pictavensis*, welchen Lantbert nach dem Chro-

---

[1] *Lantbertus popriam gentem in qua natus est, Brittones cohortans, insecutus est,* klagt das Chron. Fontanell. a. 851 (*Monum. Germ.* l, 303).

nicon Aquitanicum a. 844 ermordete, führt den reinbretonischen Namen *Herveus* (*Monum. Germ.* I, 253). So ist *Lantbert*, **von Geburt Franke, als Bretone auferzogen worden** (*secundum mores eorum nutritus*): etwa als Bastard eines vornehmen Franken von einer Bretonin, wie Wilhelm I. von der Normandie von einer solchen seinen Nachfolger Richard I. hatte (Flodoard ad a. 943). Die bretonischen Sympathien Lantbert's waren so ruchbar, dass Karl der Kahle trotz der ihm von Lantbert in der Schlacht von Fontenaille (841) geleisteten Dienste, dem Lantbert die bretonische Mark nicht anvertraute, sondern dem Rainaldus Pictavensis den comitatus Namnetensis zu dem comitatus Pictavensis gab. Nunmehr wendet sich Lantbert offen zu den Bretonen, deren Herrscher seit 837 *Nominoe* war (s. *Reginonis Chronicon* ad a. 837 in *Monum. Germ.* I, 567). Derselbe hatte schon während der Kämpfe der Söhne Ludwig's ums Erbe im Trüben zu fischen versucht; denn das *Chronic. Namnetense* meldet a. 841: *Nomenoius pro tunc Britonum Princeps territorium Namneticum et Redonicum devastare coepit, nulli Regum* [d. h. Lothar, *Karl der Kahle und Ludwig der Deutsche*] *in hoc bello dignans facere auxilium* (*Recueil des histor.* VII, 217). Ein Jahrzent wüten Nominoe und Lantbert an der Spitze der Bretonen im Frankengebiet bis Anjou und Maine. Zuerst überfallen sie den glücklichen Nebenbuhler Lantbert's: *Nomenogius Britto et Lantbertus Rainaldum, Namnetorum ducem, interficiunt, complures capiunt*[1] (*Prudentii Trecensis Annales* a. 843 in *Mon. Germ.* I, 439); im folgenden Jahre sind sie in Maine und Anjou: *Lambertus cum Britonibus quosdam Caroli markionum Meduanae* [Mayenne] *ponte interceptos perimit* melden dieselben Annalen 844 (*Mon. Germ.* I, 440), womit die Nachricht des *Chronic. Aquitanicum* ad a. 844 stimmt: *Bernardus et Herveus a Lanberto occiduntur, quorum Herveus Rainaldi filius* (*Mon. Germ.* I, 253). Damit nicht zufrieden, lockt Lantbert *Normannos et Danos* um die Bretagne herum an die Loiremündung: dieselben verwüsten Nantes und ziehen die Loire hinauf bis in die Gegend, wo wir im V. Jahrhundert den *Riotamus* mit seinen Bretonen trafen (s. oben S. 32); siehe *Chron. Namnetense* in *Recueil des historiens des Gaules* VII, 218. Karl der Kahle unternimmt 850 nach dem *Chron. Fontanell.* (*Mon. Germ.* I, 303) einen Entsatzzug und lässt in Rennes eine

---

[1] Von diesen Kämpfen zwischen *Rainald* und *Lantbert* ist auch die Rede in den zur Zeit Karls des Kahlen geschriebenen *Miracula S. Benedicti* Cap. XXX (s. *Acta SS. Ord. Sancti Benedicti*, saec. II, p. 371). Ferner berichten ausführlich über die Thaten der Bretonen 843 unter Lantberts Führung die *Acta Guihardi* (*Acta Sanctorum mens. Junii* VI, 246).

Besatzung; kaum ist er fort, *Nomenoius et Lambertus cum fidelium copia eandem urbem oppugnare moliti sunt; quo metu territi custodes nostri* [sagt das *Chronic.* vom fränkischen Standpunkt] *in deditionem venerunt, in Brittaniamque exiliati sunt.* 851 stirbt *Nominoe* auf einen Kriegszug im Frankengebiet (s. *Chron. Fontanell.* a. 851 in *Monum. Germ.* I, 303), *Lantbert* setzt an der Spitze der Bretonen den Zug fort, wird aber — offenbar auf Anstiften Karl's des Kahlen, vgl. *Prudentii Trecensis Annales* a. 852 in *Monum. Germ.* I, 447 — hinterlistig *a Gausberto iuvenculo* ermordet. Nach dem *Chron. Namnet.* (*Recueil* VII, 219) wurde er bei Savonieres in Anjou begraben (*in territorio Andegavensi apud Saponarias sepultus fuit*).

Sollte in dem *Lanceloc, Lancelec* der romanisierten Bretonen des XII. Jahrhunderts die Erinnerung an diesen bretonisierten Franken *Lantbert* stecken, der die Bretonen durch ein Jahrzehnt zu unerhörten Siegen über die verhassten Franken führte? Wie er nach Gesinnung und Wesen bretonisiert war, so mag man seinen fränkischen Rufnamen *Lancelin* durch Übertragung der gewöhnlichen bretonischen Endung der Rufnamen zu *Lanceloc* bretonisiert haben.

Wenn man den Quellen für das Vorbild des *Lancelot, Lancelet* der matière de Bretagne nachgeht, wird man unwillkürlich an einen anderen Helden der bretonischen Arthursage, den oben S. 26—43 betrachteten *Erec* erinnert. Nithard, der Verfasser der *Historiarum libri quattuor*, war bekanntlich durch seine Mutter Bertha ebenso ein Enkel Karl's des Grossen wie Ludwig's des Frommen Sohn Karl der Kahle, auf dessen Seite er im Kampfe der Brüder stritt. Sein Werk geht nur bis 19. März 843, da er am 15. Mai 843 fiel. Wir haben somit in bezug auf Ereignisse und Persönlichkeiten der Jahre 840. 841 in Nithard's Werk eine Quelle ersten Ranges vor uns. Aus ihr erfahren wir nun: Bei der Nachricht vom Tode Ludwig's des Frommen eilt Lothar (a. 840) aus Italien herbei, um das Imperium zu übernehmen. Während Karl der Kahle in Aquitanien beschäftigt ist, rückt Lothar, von Frankfurt abziehend, an die Seine vor und dieselbe hinab allenthalben Leute vorausschickend *qui ad defectionem* [von Karl dem Kahlen] *inter Sequanam et Ligerim degentes partim minis partim blanditiis subducerent Ipse* [d. h. Lothar] *quoque, uti consueverat, lento itinere subsecutus, Carnutenam civitatem tendebat. Cumque Teodericum, Ericum et hos, qui illum sequi deliberauerant, ad se venturos didicisset, spe multitudinis suae fretus, Ligerim usque ut procederet deliberauit* (lib. II, 3). Nunmehr rückt Karl der Kahle aus Aquitanien heran: beide Brüder liegen sich bei Orléans mit den Heeren gegenüber; da aber Jeder vor dem Ausgang einer entscheidenden Schlacht zurückschreckt, schliessen sie einen vorläufigen Vertrag. Lothar gesteht *Aquitania, Septimania, Prouincia et decem comitatus inter Ligerim et Sequanam* seinem Bruder Karl vorläufig zu und am bevorstehenden 8. Mai (841) wollten sie das Weitere in Attiguy ordnen (lib. II, 4). Karl wendet sich unterdessen dem Bernard nach Nivers entgegen, der eine zweifelhafte Haltung beobachtete, schlägt dessen Heer bei Bourges und nimmt ihn nach gegebenem Treuversprechen in Gnaden an. *His ita compositis Cenomannicam urbem adiit, Lantbertum Ericumque una cum ceteris recepturus. Cumque ille illos inibi perhumane reciperet, protinus ad Nomenoium ducem Brittaniorum mittit, scire cupiens, si suae se ditioni subdere uellet. Qui adquiescens consiliis plurimorum, Karalo munera mittit, ac sacramento fidem deinceps seruandam illi firmauit* (lib. II, 5). Nachdem Karl der Kahle so Anfang 841 Herr im eigenen Hause geworden war, entwickeln sich die Ereignisse weiter, die zu dem bekannten Bündnis Karl's und Ludwig's bei Strassburg und zu der Schlacht von Fontenaille führen.

Hieraus ergiebt sich mancherlei: 1. Unter den vornehmen Franken zwischen Seine und Loire, die a. 840 nach Chartres kamen und Anschluss an Lothar suchten, war auch ein *Eric* mit seinen Anhängern (lib. II, 3). 2. Als im folgenden Frühjahr Karls des Kahlen Verhältnisse sich besserten, gehörte dieser *Eric* zu denjenigen, die in Le Mans sich Karl unterwarfen und Verzeihung erhielten (lib. II, 5). 3. Mit diesem *Eric* wird eng verbunden genannt der uns bekannte *Lantbert*; der letztere gehörte also auch zu den 840 in ihrer Treue gegen Karl Schwankenden, wenn er auch nicht unter den zu Chartres erschienen genannt wird. Es ist daher doppelt begreiflich, dass Karl Bedenken trug, ihm nach der Schlacht von Fontenaille die bretonische Mark (Komitat von Nantes) zu übertragen (s. oben S. 53 ff). 4. Bei dem Charakter von Nithards Historien als einem mit den Ereignissen jener Jahre fast gleichzeitig geschriebenen Werk müssen wir annehmen, da nur *Lantbert* und *Eric* genannt werden, dass sie die Hauptträdelsführer der unsicheren Elemente in den *decem comitatus inter Sequanam et Ligerim* 840—841 bildeten. Halten wir noch dazu, dass *Nominæ* der Bretonenherrscher in derselben Zeit in das *Territorium Namneticum et Redonicum* eingefallen war, nach der Chronik von Nantes (s. S. 54), dass Nithard alsbald nach Unterwerfung von *Lantbert* und *Eric* von der Sendung an *Nominæ* redet, so liegt der Schluss nahe, dass *Lantbert* und *Eric* bei dem Einfall des Bretonenherrschers 840—841 in das Gebiet von Nantes und Rennes eine zweifelhafte Rolle spielten. Dies er-

klärt noch mehr das spätere Misstrauen Karls und ferner *Lantberts* sofortiger Übergang zu Nominoe (s. S. 54). 5. Dass Lantbert nicht vereinzelt zu Nominoe überging, sondern Genossen
hatte, ist natürlich und bezeugt: *Prudentii Trecensis* Ann. ad.
anno 852 und *Chronic. Fontanellense* ad. anno 850 wird sein
Bruder *Warnarius* genannt; *Chron. Fontan.* a. 851 werden ausdrücklich „seine Leute und Bretonen" (*non tamen sine suorum
hominum ac Brittonum detrimento*) genannt. *Eric* freilich kehrt
meines Wissens in keiner Quelle wieder; aber wenn man bedenkt, dass wir für die Jahre 843—852, da Nithards Historien
wegen des Autors Tod Frühjahr 843 abbrechen, nur dürftige
annalistische Aufzeichnungen haben, so ist dies kein Grund
gegen die Annahme, d a s s *Eric* s i c h m i t *Lantbert*, mit dem
er 840—841 auftritt in verdächtiger Beziehung zu dem Bretonengraf, nach 842 zu Nominoe gewendet und an den Kämpfen
Lantberts und der Bretonen gegen den Frankenkönig
teil nahm.[1]

Die Versuchung bei den Worten Nithards *Lantbertum
Ericumque una cum ceteris recepturus* an *Lancelot* und *Erec*
der Matière de Bretagne zu denken, wird noch durch eine That-
sache vergrössert. *Erec* heisst *li fiz Lac* und *Lancelot* hat den
Beinamen *del Lac* (Erec 1693, 1694. *Bel Desconĕu* 39, 40. u. s.)
Es ist doch denkbar, dass in den Erzählungen der romanisierten
Bretonen des XII. Jahrhunderts zusammengeflossen sind die Erinnerung an den *Erec roi Destre-Galle* (Westgothenherrscher
Eoricus des V. Jahrhunderts) und einen *Erec roi Lac* (den
Franken *Ericus* des IX. Jahrhunderts), woraus die Figur *Erec
li fiz roi Lac, Erec li fiz Lac roi Destre-Galle* wurde. Etwas Ana-
loges haben wir S. 29 Anm. aus welscher Sage kennen gelernt:
weil in dem *Geraint ab Erbin* die Erinnerung an den *Gerontius*,
den Feldherrn *Konstantins*, mit der Erinnerung an den kornischen
Häuptling *Gerennius* zusammenfloss, heisst *Erbin* vermutlich *uab
Custentin*.

Ich habe schon *Gött. Gel. Anz.* 1890 S. 817 dahin meine
Überzeugung ausgesprochen, dass in der Fülle der bei der
matière de Bretagne in Betracht kommenden Fragen, „vieles nicht
über einen gewissen Grad von Wahrscheinlichkeit gebracht werden
kann." Ich bin mir auch wohl bewusst, dass in den Erörterungen S. 27 bis hierher (*Erec* und *Lancelot*) manche gewagte
Vermutung mit unterläuft: aber immerhin habe ich nur Fäden
gesponnen zur Verknüpfung von Thatsachen, was auf einem

---

[1] Wenn Nithard's Werk für 840/41 nicht da wäre, wüssten wir
auch für diese Zeit nichts von *Eric*.

Gebiet am ehesten gestattet ist, wo eine Theorie die Herrschaft
zu erlangen drohte, welche so ziemlich allen Thatsachen
widerspricht.

8. 9. 10. *Tristan, Isolt, Marc.*

Es liegt nicht in meiner Absicht, im folgenden die Tristan-
frage aufzurollen; ich möchte nur einige Thatsachen beibringen,
um meine schroffen Bemerkungen S. 44 Anm. zu rechtfertigen und
zugleich eine ganz neuerdings aufgestellte Ansicht ins rechte Licht
zu setzen. *Romania* 19, 456 lässt sich Loth in einer Polemik
gegen Golther, der kymrisch *Drystan* aus gäl. *Drostân* erklärt,
also aus: „*Le gallois Drystan n'est pas le moins du monde
emprunté au gaëlique Drostan. Drystan a l'a bref et non pas
long comme le gaëlique. Les formes gaëlique et galloise remontent
à la même forme vieille-celtique Drustagnos. Cette forme se
trouve dans une inscription chrétienne du VIᵉ siècle, en Cornouaille: „Drustagni hic jacit Cunomori filius“* (Rhys, *Lectures
on welsh philology*, 2ᵉ éd. p. 403). *Partant de la même forme,
le gaëlique et le gallois ont suivi deux voies différentes. Le gaëlique allonge l'a; le gallois le laisse bref: gallois Drystăn,
gaëlique Drostăn; cf. Curcagni, gallois moyens Cyrchăn,
gaëlique Corcăn; Brocagni, gallois Brychăn, gaëlique Broc-
căn etc.* (v. Rhys, *Lectures*, pp. 388, 393, 389, 393). *Le gallois
ayant, vers le IXᵉ siècle, reporté l'accent sur la dernière, l'u de
Drustagnus s'est régulièrement affaibli en un son représenté en
moyen-gallois par y et assez voisin de notre e feminin française.
La forme Trystan au lieu de Drystan n'a rien de surprennant
en gallois. Elle trahit l'indécision de la prononciation du d initial
devant r. Cependant les Mabinogion et les Triades donnent Drystan. Dans les Triades historiques, je ne relève qu'une fois la
forme Trystan, et encore est-ce dans la version la plus récente
de ces Triades. Quant à l'i de la forme française Tristan
remplaçant le son sourd représenté par y gallois, c'est l'effet sans
doute d'un rapprochement avec le français triste. Un fait analogue s'est passé en Bretagne armoricaine: l'île de la baie de
Douarnenez, qualifiée d'Insula Trestanni en 1368 (Cartulaire
de Quimper, Bibl. nat. ms. lat. 9890, fol. 51ʳ), est connue aujour-
d'hui sous le nom d'Ile-Tristan.“*
Mit diesen Worten wiederholt Loth nur, was er *Annales de
Bretagne* II, S. 569 Anm. 1 (Juli 1887) und *Chrestomathie Bretonne* I,
235 Anm. 1 schon kürzer versichert hat. Hier heisst es nämlich
bei Gelegenheit der *insula Trestanni* a. 1368: „*Paraît devoir
être identifié avec le nom du héros gallois Drystan (Mabin., édition
Rhys-Evans*, pp. 159, 180, 221—123, 231, 240—242). *Une*

inscription chrétienne de Grand-Bretagne nous donne une forme du VIe siècle de ce nom = Drustagni (Voir J. Rhys, Lectures, p. 403) — C'est ce Drystan, Trystan = Trestan qui est devenu le Tristan des romans de la Table-Ronde. Le français triste a sans doute contribué à le fixer sous cette forme.[1]) Sieht man sich die hier gegebenen Citate aus „*Mabin., édition Rhys-Evans*“ an, so macht man die auffallende Entdeckung, dass sich der Name *Drystan* nur p. 159 findet; alle anderen Citate (p. 180, 221—223, 231, 240—242) bleiben unverständlich, da nirgends in den Texten *Jarlles y Ffynnawn* und *Peredur*, wohinein die angeführten Seiten fallen, *Drystan* vorkommt. Das Rätsel löst sich, wenn man den Index zu *Rhys-Evans* ansieht; Seite 323 Kolumne 2 steht hier folgendes:

> *Drystan ab Tallwch*, 159, 27;
> 303, 5; 304, 24; 307, 13.
> *Drytwen, ederyn y*, 34.
> *Dryw, Y*, 71, 1; 112, 14.
> *Du, Gwr*, 126, 3; 166—169; 171;
> 180; 221—223; 231; 240—242.
> *Du Hir Tynedic*, 306, 24.

Es ist klar, Loth hat höchst flüchtig seine Citate aus dem Index von *Rhys-Evans* abgeschrieben, wobei sein Auge nach 159, 27 statt in die nächstfolgende in die fünfte Zeile abirrte; er hat aber auch seine Citate nicht nachgeprüft und noch 1890, als er den Artikel der Annales de Bretagne vom Juli 1887 in seiner *Chrestomathie* in die Welt schickte, dies unterlassen, da die *Addenda* und *Corrigenda* S. 523 ff. nichts enthalten. Ich bin auf diesen, für den Kern der Frage ja nebensächlichen Punkt hier nur deshalb eingegangen, weil dieselben charakteristischen Erscheinungen auch in den Ausführungen Loth's in *Romania* 19, 456 ff. vorliegen, sich aber dem nicht mit keltischen Dingen vertrauten Leser schwerer nachweisen lassen.

Gleich die Grundlage ist haltlos für eine Theorie. Der den Dingen ferner stehende Romanist muss nach Loth's Worten an den angeführten Stellen annehmen, dass es mit der christlichen Inschrift des VI. Jahrhunderts in Cornwall „*Drustagni hic jacit Cunomori filius*“ seine Richtigkeit hat. Diese Inschrift findet sich veröffentlicht in *Inscriptiones Britanniae christianae* ed. E. Hübner Berlin 1876, S. 7. Die Nachbildung beruht, wie dort angegeben, auf der auf zweimaliger Prüfung des Steines von W. Haslam ge-

---

[1]) Auch in *Les Mabinogion* I, S. 311 Anm. (1889) bietet Loth in Kürze dasselbe: *On trouve le nom de Drystan sous une forme du sixième siècle latinisée, au génitif Drustagni*, mit einem Verweis auf die Stelle der *Annales de Bretagne*.

gebenen (*Archaeol. journal* 2, 1846, p. 388 und 4, 1847, p. 307 mir nicht zugänglich). Nach dieser Nachbildung kann man nur schwanken zwischen *Cirusius h-c iacet Cunowor filius* oder *Drusius h-c iacet Cunomor filius*, je nachdem man das erste Zeichen für *Ci* oder umgekehrtes *D* nimmt und in dem zweitletzten Wort das scheinbare *w* für umgekehrtes *m*. Ganz klar ist in der Nachbildung beim zweiten Wort der Anfang des *h* (ⱶ), worauf eine Lücke für die zweite Hälfte des *h* und *i* folgt und dann *c*. Hübner gibt als Lesung *Drustagni ? hic iacit Cunomor(i) filius* und bemerkt: „*Cirusius reliqui praeter J. Rhys, qui quae dedi supra probabilia esse affirmat, non certa. Scilicet* D *initio inverse posita* ꓷ, *ut v.* 2. W *pro* M.“ So hat denn auch die Inschrift oder das Wort *Drustagni* im genannten Werk überall den ominösen Stern * S. XI. 95. Und was sagt Rhys selbst an der von Loth citierten Stelle (*Lectures on Welsh philology* S. 403)? „*Drustagni Hic Jacit Cunomori Filius. The first name has been read Cirusius, but what has been taken to be* C I *is an inverted* D; *moreover, the ius of Cirusius does not account for all the traces of letters on that part of the stone, but my -agni is rather a guess than a reading. Drustagni would be the early form of our Drystan: compare also the Pictish Drostan, Drosten, Drust and other related forms.*“ Hiernach ist also klar: der ältere Moyle und Haslam 1846 haben über zwei Dinge nicht gezweifelt 1) dass der erste Buchstabe *C* sei und 2) dass nach dem *R* folge *usius*; Rhys kann nach eigenem Geständnis nur mehr „*traces of letters on that part of the stone*“ erkennen, wo die älteren Forscher *usius* lesen;[1] er glaubt, dass die „*traces of letters*“ auf mehr Buchstaben weisen und konjiziert *-rustagni*. Dass durch diese Konjektur seine Annahme, im Beginn stünde nicht *Ci* sondern umgekehrtes *D*, beeinflusst ist oder gar hervorgerufen, liegt auf der Hand. Jedenfalls ist der *guess* von Rhys, ein heutigen Tages unleserliches Wort einer Inschrift, welches ältere Forscher *Cirusius* oder *Cerusius* (Moyle) lasen und nachbildeten, *Drustagni* zu lesen, keine geeignete Grundlage für einen Bau, wie ihn Loth aufführt.

Also mit der „*forme vieux-celtique Drustagnos*“ ist es nichts. Es lässt sich aber auch der Beweis erbringen, dass *Drystan*, wenn es ein ursprünglich kymrischer Name wäre, nie und nimmer aus einer „*forme vieux-celtique Drustagnos*“ entstehen könnte. Es ist eine bekannte Thatsache, dass in der urkeltischen

---

[1] Auf dieser Unleserlichkeit der beiden ersten Worte heutigen Tages beruht es wohl auch, dass Lyson und Blight (darnach in Haddan-Stubbs, *Councils etc.* I, p. 163) die beiden ersten Wörter überhaupt nicht haben (s. Hübner *a. a. O.*).

(indogermanischen) Lautverbindung Vokal $+ g + n$ *(m, r, l)* im irisch-gälischen Ast des keltischen Stammes das *g* mit Dehnung des vorangehenden kurzen Vokals geschwunden ist, während im britannischen Ast (kymrisch, kornisch, bretonisch) es sich in diesen Verbindungen wie überall im Inlaut (vgl. kymr.-breton. *Urien, ariant* = *argentum* etc.) in *i, e* auflöste. So ist aus altkeltisch *maglos* „Fürst" entstanden irisch *māl* = kymr.-bret. *mael, mail;* altkeltisch *agro-* („Schlachtfeld, Schlacht" in *Veragri*): ir. *ār* = kymr. *aer,* altbr. *aer.* Ferner ist aus urkeltisch *vegnon* geworden ir. *fén* „Wagen" = kymr. *gwein,* neukymr. *gwain* Plur. *gweiniau,* „carriage"; so aus urkeltisch *ognos* (= lat. *agnus,* vgl. keltisch *mori-:* lat. *mari-*) ir. *ōn, uan* = kymr. *oen* (Plur. *wyn*).[1] Es muss demnach aus einer „*forme vieux-celtique Drustagnos*" im Irischen **Drustān, Drostān* im Kymrischen **Drostaen, Drystaen* oder *Drystain* werden. Und diese Form muss im Kymrischen bleiben und kann nie und nimmer *Drystăn* werden. Man vergleiche z. B. die Namen *Brochuail Liber Landavensis* S. 133. 136. 141 (bis) 142. 149. 150. 151. 190. 191. 195. 196. 206. 216. 221. 222. 223 (oft) 224. 225. 260; *Briavail Lib. Landav.* S. 135. 137. 140. 141. 142. 207; *Fernuail Lib. Landav.* S. 150. 171. 177. 178. 182. 186. 189. 190. 191. 192. 193. 194. 197. 198. 200. 216; *Arthuail Lib. Landav.* S. 190. 213. 214. 226. 227. 233. 234; in ihnen steckt in *-ail (uail, vail* = *mail*) ein *-aglos (maglos),* wofür nirgends *āl.* Kurz ein echtkymrischer *Drystan* und eine „*forme vieux-celtique Drustagnos*" sind sprachlich unvereinbar.

Hier wird mir nun Loth entgegenhalten: Das ist richtig, aber wir haben thatsächlich in jenen *inscriptions Chrétiens du sixième siècle* Namen wie *Brocagni, Curcagni,* denen ir. *Brocān, Corcān,* mittelkymr. *Brychăn, Cyrchăn* entspricht. Dies läugne ich nicht; ich halte es nur für eine grosse Gedankenlosigkeit, jene inschriftlichen Formen auf *-agn-* für die altkeltischen Formen, also die Ausgangsformen für ir. *ān,* kymr. *an* zu erklären. Die Gründe sind kurz folgende: 1) die Annahme, die kymr. Endung *an* in den Kurznamen wie *Brychan, Marchan* etc. (s. Zeus-Ebel S. 297) sei aus *-agn-* entstanden, widerspricht Allem, was wir von kymrischen und bretonischen Lautgesetzen wissen. 2) Die Formen auf *-agn-* kommen nur in christlichen Inschriften vor, die man teils für irisch, teils für welsch erklärt und ins VI. Jahrhundert setzt, die aber ebenso gut dem V. oder

---

[1] Fürs Irische sei noch erinnert an *ām*-Schaar = lat. *agmen;* ferner an die Lehnwörter *sēn* aus **segnum* = *signum, Benēn* aus **Benegnus* = *Benignus.*

dem VII./VIII. Jahrhundert angehören können. Nun bedenke man,
wie viele irische und britannische (kymr., bretonische) Namen
wir bis zum VII. Jahrhundert bei den verschiedenartigsten latein-
schreibenden Schriftstellern überliefert haben und nirgends eine
Spur von -*agn*-! Sollen alle die irischen Namen auf -*ān, ānus*
(*Aedān, Columbān* etc.) aus -*agn, -agnus* entstanden sein? Sollen
kymr.-breton. Namen des VI. Jahrhunderts wie *Fracan* aus *Fracagn
entstanden sein? Soll Adamnān der Biograph Columba's des älteren
(VII. Jahrhundert) von diesen zu Zeiten Columba's (VI. Jahrhundert)
vorhandenen Namen auf -*agn*- nichts gewusst haben? sollte er in
seinen Quellen nicht *Findagnus, Brendagnus* etc. vorgefunden haben,
wenn solche Formen wirklich noch im VI. Jahrhundert, ja im
V. Jahrhundert existiert hätten für *Findān, Brendān* des VII. Jahrhunderts? Kurz, die Annahme, dass die irischen Formen auf *ān*,
kymr.-bret. *ăn* aus -*agn*- entstanden seien und dass diese Formen
auf -*agn*- noch im VI. Jahrhundert vorhanden waren, führt, selbst
ohne Rücksicht auf die Möglichkeit oder Unmöglichkeit der Annahme, vom historischen Standpunkt aus in ein Labyrinth von
Absurditäten.   3) Dasselbe Verhältnis wie irisch *Brocān*: kymr.
Brychăn besteht noch in anderen Wortkategorien, wo ein -*agn*-
als Ausgangspunkt ausgeschlossen ist. Wie das Irische die Kurznamen auf -*ān* bildet gegenüber dem Kymrischen mit seinem -*an*,
so bildet das Irische die Diminutiva auf -*ān* und das Kymr.
auf *an*: also ir. *trōgān* „misellus" zu *trōg* „miser" und kymr.
truan „miserable" zu *tru* „wretched" etc. Kosenamen-(Kurznamen)
bildung und Diminutivbildung gehen in den indogerm. Sprachen
Hand in Hand: sollen wir *trōgan, truan* aus einem *trōgagnus
erklären? Daran denkt doch Niemand. Beide Bildungen, die
der Kosenamen und der Diminutive, sind sprachlich sekundäre
Adjektivbildungen, deren Bedeutungen in bestimmter Richtung
fixiert wurden, woher denn solche Kategorien der Bildung entstanden. Dies wird in vorliegendem Falle dadurch bewiesen,
dass auch ein ir. Suffix -*ān* gegenüber kymr. Suffix -*an* vorliegt,
wo weder an Diminutiv- noch Kosenamenbildung zu denken ist,
sondern einfache sekundäre Adjektivbildung: ir. *slān* „ganz, heil":
kymrisch *llanw* „fulness"; wie ir. *scēl* = kymr. *chwedl* aus
*sequétlon mit Schwund der unbetonten Wurzelsilben, so ir. *slān*
= kymr. *llan* aus *saláno resp. *saláno*-, die sich zu dem Stamm
*salo- verhalten wie sanskrit *dakshiná: daksha*. — Wie ist nun
dieses durchgehende sekundäre ir. -*ān* zu kymr. *an* zu erklären?
Im Lateinischen haben wir ein weitverbreitetes sekundäres Suffix
-*āno*- (s. *Archiv für lat. Lexicogr.* I, 177 ff.) und im Griechischen
ein -*avo*- mit kurzem *ă*. Beide sind nach allgemeiner Annahme
von Stämmen auf *ā* ausgegangen (Femininen), zum Teil vom

verkürzten Stammauslaut, zum Teil vom langen, und dann produktiv geworden; im Lateinischen erhielt die Bildung auf -*ānus* die Oberhand. Soll nicht dasselbe Verhältnis zwischen ir. -*ān* und kymr. -*an* bestehen? Es verdient auch noch hingewiesen zu werden, dass kymr. -*aun*, bret. -*on* neben -*an* vorkommt, d. h. ins urbritannische übersetzt -*ānus* und -*anus* (bret. *Haelon* und *Haelan; Judon; Sulon, Sulan*).

Wenn nun die Formen auf -*agn*- nicht die urkeltischen Formen sein können, aus denen sowohl die irischen Namen auf -*ān* wie kymrisch auf -*an* entstanden sind, wie erklären sie sich? Zuerst ist die Herkunft festzustellen. Die Namen auf -*agni*, -*agnus* finden sich auf christlichen Inschriften, die vorkommen 1. in Süd-Irland, 2. in Süd-Wales (Caermarthenshire) und Cornwall. Man setzt allgemein diese Inschriften ins VI. Jahrhundert mit Offenlassung der Möglichkeit fürs V. oder VII. Jahrhundert. Auf den irischen Inschriften sind die Formen -*agn*- für -*ān* der irischen Sprache klar. In Irland konnte man im V.—VI. Jahrhundert noch gut wissen, dass irisch *sēn* altes *segnum* ist, dass der Name des irischen Heiligen *Benēn* latein. *Benegnus* (*Benignus*) lautet, dass für *Māl* die alte Form *Maglos* ist. Lag es nicht nahe, wenn man im VI. Jahrhundert im archaisierenden Inschriftenstil für *Senmāl* schrieb *Senemaglus, Senomaglos*, wenn man daran dachte, dass für *Benēn* die lateinische Form *Benegnus* war — lag es nicht nahe, dass man *Corcān* mit *Corcagnus*, *Brocān* mit *Brocagnus* gab in lateinischen Inschriften? Die Namensformen mit -*agni*, -*agnus* erklären sich also auf irischen Inschriften des V.—VII. Jahrhunderts sehr gut als eine Orthographieanalogie für -*ān* der Sprache, das nie und nimmer aus -*agn*- entstanden sein kann.[1]) Diese Erklärung ist nicht zulässig für die Inschriften von Südwales und Cornwales, wenn dieselben wirklich welsche resp. kornische Inschriften sind; denn da im Kymrischen und Kornischen altes -*agn*, -*egn* nur *aen, ein* ergab, so kann man für Endung -*an* (in *Brychan*) nicht -*agn*- geschrieben haben. Aber die Voraussetzung, dass in den in Frage stehenden an der Küste von Wales und Cornwales gefundenen Denkmälern, Inschriften in

---

[1]) Auf einer bei Lismore gefundenen südirischen Inschrift steht der lat. Gen. *Colomagni* (Ferguson, *Ogham Inscriptions* S. 86 ff.). Das ist doch der bekannte irische Name *Colmān* der aus *Columbān* nach regulären irischen Lautgesetzen entstanden ist wie *ápstal* aus *apostólus*, *cáthlach* aus *cathólicus*, *ádrad* aus *adóratio* etc. (s. *Kelt. Stud.* II, S. 9). Die Entwicklungsstufen sind *Cólumbān, Cóloman, Colman*. Will nun Jemand daraus, dass man im VI. Jahrhundert in Süd-Irland *Coloman* glaubte *Colomagnus* (vgl. *Benēn* = *Benegnus*) auf Inschriften latinisieren zu müssen, die ältere Form *Columbān* aus *Columbagnus* erklären?

welscher oder kornischer Sprache vorliegen, ist irrig. Eine
ganze Reihe der Inschriften hat neben der lateinischen Aufschrift
eine solche in Ogam, einer Art Runenalphabet, welches nur
bei Iren vorkommt. Dazu stimmt, dass die Bezeichnung für
„*filius*" in Ogam „*maqui*" lautet, welches deutlich das irische
macc „Sohn" mit lateinischer Endung ist, während Sohn im
Kymrischen und Kornischen schon lange vor dem VI. Jahrhundert *map* heisst. Endlich kann man bei einer Reihe von
Namen an dem irischen Charakter nicht im geringsten zweifeln.
Diese und andere Gründe haben Rhys, den unermüdlichen
Sammler und Erforscher dieser Denkmäler schon vor acht Jahren
(*Celtic Britain*, London 1882, S. 213) im Gegensatz zu seiner
älteren Ansicht in den *Lectures on welsh philology* S. 353 ff. zu
der Annahme geführt, dass diese christlichen Inschriften
in Cornwales und Wales der irisch-gälischen Sprache
angehören. Der irische Charakter dieser Denkmäler ist so
evident, dass Rhys *a. a. O.* lieber zu einer unwahrscheinlichen
Theorie griff, als ihn ferner leugnete. Er nahm an, dass in
Cornwales und an den Küsten von Nord- und Südwales, wo
diese Inschriften vorkommen, bis ins VI. Jahrhundert eine irisch-
gälische Grundbevölkerung gesessen habe — ein Rest des in
alten Zeiten über Britannien nach Irland gezogenen gälischen
Stammes —, die von der infolge des Vordringens der Angelsachsen stärker eindringenden britannischen Bevölkerung allmählich
sprachlich absorbiert wurde. Dieser Theorie stehen unüberwindliche sprachliche und geschichtliche Thatsachen im Wege und
sie ist denn auch von Rhys zu gunsten der aus den historischen Beziehungen jener Striche zu Irland sich er-
gebenden Erklärung aufgegeben worden. Auf Grund irischer und
britannischer Zeugnisse (vgl. *Zeitschrift für Deutsches Altertum*
35, S. 6 Anm.) steht fest: ebenso wie die Nordiren am Ende
der Römerherrschaft in Britannien an die gegenüberliegende nord-
britannische Küste (Schottland) übersetzten und mit Pikten vereint über die Britannier herfielen, um dauernd einen irischen
Staat dort zu gründen, aus dem das schottische Reich hervorging — ebenso trieb es Südiren aus Leinster und Munster an
die gegenüberliegende Küste von Wales und Cornwales im
V. Jahrhundert. Hier bestand eine Zeitlang irische Herrschaft
und wenn auch diese durch die vor den Angelsachsen nach
Wales und Cornwales weichenden Britannier noch im V. Jahrhundert gebrochen wurde, so blieben hier Iren gewiss unter britannischer Herrschaft sitzen. Dazu kommt, dass im VI. Jahrhundert der engste Verkehr zwischen der südirischen Kirche und
der von Wales und Cornwales bestand; fast alle hervorragenden

südirischen Heiligen haben nach Angabe der Viten eine Zeitlang in S. David oder sonstwo in Wales und Cornwales zugebracht. Nimmt man hinzu, dass die christian Inscriptions von Wales mit lateinischer Flexion der Namen sich in den Küstendistrikten von Nord- und Südwales befinden und dass das eigentliche Innre von Wales und „*the Welsh counties bordering on England are all but entirely devoid of ancient inscriptions*" (s. Rhys in Hübner, *Inscriptiones* p. VI Anm.), so ist alles hinreichend klar: diese älteren christlichen Inschriften des V.—VI. Jahrhunderts in den Küstenstrichen von Nord- und Südwales und Cornwales sind irisch und ihr Auftreten auf britannischem Boden ergibt sich aus den historischen Berührungen Süd-Irlands mit diesen Strichen. Die Namen *Ulcagnus* auf einer Inschrift in Caermarthenshire (Hübner 92) *Ulcagni* auf einer Inschrift in Cornwall (Hübner 14), *Corbagni* auf einer Inschrift in Caermarthenshire erklären sich also ebenso wie *Ulcagni, Corbagni* in Inschriften gefunden bei Cork in Irland (Ferguson, *Ogham Inscriptions* S. 95 ff., Brash, *Ogam inscribed Monuments*, S. 143); sie sind irische Versuche, den Namen *Ulcān (Olcān)*, *Corbān* nach Analogie von *Benēn* zu *Benegnus*, *Māl* zu älterem **Maglus* eine Art lateinischer Form zu geben.[1])

Ich fasse meine Erörterungen von S. 59 an zusammen, ehe ich weitergehe: 1) Die Form *Drustagnos* des VI. Jahrhunderts ist eine reine Konjektur. 2) Eine Form *Drustagnos* kann nie und nimmer die Grundform für ein kymr. *Drystan* sein. 3) Die Inschriften, zu denen die mit dem zweifelhaften *Drustagni* gehört, sind nicht kymrisch oder kornisch, sondern irisch. 4) Wenn Rhys' Konjektur *Drustagni* richtig wäre, was sich nicht beweisen lässt, so ist *Drustagni* auf der in Frage kommenden Inschrift einfach ein Beleg für ein irisches *Drustān* des VI. Jahrhunderts. — Es ist damit Loth's vermeintliche Stütze für die kymrische Herkunft des Namens *Drystan* beseitigt. Dieselbe erscheint noch von einem anderen Gesichtspunkt aus wenig wahrscheinlich. Es existiert keine kymrische Quelle, die auch nur von Ferne Anspruch erheben kann über XII. Jahrhundert hinauszugehen, in welcher der *Drystan* der Tristansage vorkommt; im Gegenteil, es sind alle Quellen, die ihn kennen, deutlich jünger als die Berührung von Wales mit den französisch-bretonischen Sagen. Die sogenannten alt-welschen Gedichte, in denen wir *Arthur, Kei, Bedwyr, Ouein,*

---

[1]) Es sind daher die Schreibungen -*agn*- für *ān* ein mindestens ebenso starker Beweis für den *irischen* Ursprung solcher Inschriften, wie in andern *maqui*, da eben -*agn*- nur vom Standpunkt des Irischen sich als Orthographieanalogie erklärt, wie S 63. bemerkt ist.

Urien, Gwalchmei, Geraint etc. treffen, kennen *Drystan* nicht, vor allem Black Book of Caermarthen kennt ihn nicht. In Rhona-bwy's Traum, wo er vorkommt, wird er unter den Ratgebern Arthur's *(cyghorwyr)* genannt (Rhys-Evans, *Red Book* I, 159, 27) mit Wilhelm Rufus *(Gwilim uab Rwyf Freinc)* und dem Gilbert von 1111—1117 *(Gilbert Katgyffro)!* s. oben S. 19 ff. Bleddyn Vardd, bei dem er in zwei Gedichten erwähnt wird *(Myvyr. Archaiol. Denbigh* 1870, S. 251, Col. 1 und 255, Col. 1), ist von Stephens, *Litterature of the Kymri* S. 106 zwischen a. 1250 und 1290 gesetzt. Bei den Triaden beweisen doch die Handschriften Hengwrt 202 und 536, in denen er je dreimal übereinstimmend mit Llyfr coch (Rhys-Evans, *Red Book* I, 303, 5; 304, 24; 307, 13) vorkommt, frühestens für zweite Hälfte des XIII. Jahrhunderts. Zu diesem Fehlen jeglichen älteren Zeug-nisses für die Tristansage bei den Kymren kommt erschwerend das Fehlen jeglichen Zeugnisses für den Namen *Drystan* überhaupt bei ihnen vor dem XII. Jahrhundert; und nicht blos bei ihnen fehlt er, auch in der erdrückenden Fülle der bretonischen Namen und in den kornischen Namen des XI. Jahrhunderts findet sich keine Spur. Ich denke, wenn man sich gegenwärtig hält, dass die hervorragenden Namen der gemeinbritannischen Helden-sage (Arthursage) als Personennamen bei Kymren und Bretonen uns im IX., X., XI. Jahrhundert eben als Zeugnisse für die vor-handene Sage entgegentreten (vgl. *Arthur; Ouein — Euuen; Gwalch-mei — Uualcmoe;* welsch *Medraut,* korn. *Modred,* bret. *Modrot; Gratlaun — Gradlon — Graalend; Urien* etc.), wird man auf das Fehlen jeglicher Spur für einen Namen *Drystan* bei allen An-gehörigen des britannischen Stammes (Kymren, Bretonen und Bewohnern von Cornwall) bis zum XII. Jahrhundert Gewicht legen müssen.

Ganz anders liegt die Sache hinsichtlich der Zeugnisse bei den Iren-Gaelen für einen Namen *Drust, Drostān,* aus dem Golther, *Ztschr. für rom. Philol.* 12, 352 ff. 524 ff. das welsche *Drystan* deutet.

Ulsterannalen: 671 *expulsio Drosto de regno;* — 677 *mors Drosto filii Domnaill;* — 712 *Tolarrg filius Drostain ligatur apud fratrem suum Nectan regem;* — 718 *Drostan dairtaighe quievit in Ardbrecain;* — 725 *Nectan mac Deirile constringitur apud Druist regem;* — 728 *bellum Monith Carna juxta stagnum Loogdae, inter hostem Nechtain et exercitum Oengussa, et exactatores Nechtain ceciderunt, hoc est Biceot mac Moneit et filius ejus, Finguine mac Drostain, Feroth mac Finguinne et quidam multi;* — 733 *Talorggan filius Drostani comprehensus alligatur juxta arcem Ollaig;* — 738 *Talorggan mac Drostain rex Ath Foithle dimersus la Oengus.* — Zu diesen Zeugnissen kommen die übrigen irischen Annalen. Entsprechend Ulsterannalen 677 meldet *Chronicon Scotorum* 674: *Mors Drosto mic Domnaill,* und entsprechend 718 haben die vier Meister zu 717 *Drostan dairtighe decc in Ardbrecain.* Neues Zeugnis findet sich bei Tigernach: 724 *Clericatum Nechtain regis Pictorum, Druxst post eum regnat;* 725 *Simal filius Druist constringitur;* 726 *Nechtain mac Derili constringitur apud Druist regem. Dungal de regno ejectus est et Druist de regno Pictorum ejectus est.*

Hieraus ergibt sich: 1. Die Namen *Drust*[1]) (Gen. *Drosto*) und *Drostān (Drostan)*[2]) liegen nebeneinander wie im Irischen z. B. *Aed* (Gen. *Aedo*) und *Aedān (Aedan)*, d. h. das erste Glied des Vollnamens wird sowohl allein wie mit einem Suffix verbunden als Kurznamenform verwendet. 2. Die Namen *Drust* und *Drostan* gehören dem piktisch-gaelischen und nicht dem irisch-gaelischen an. Sämtliche in obigen Citaten angeführten *Drust, Drostan* sind — mit Ausnahme des *Drostan* der Ulsterannalen zu 718 = Vier Meister 717 — sind Piktenkönige. Der *Drostan,* welcher 718 resp. 717 in Ardbrecain stirbt, kann nicht als vollgültiger Beweis für das ursprüngliche Vorkommen der Namen *Drust* und *Drostan* in Irland angeführt werden. Einmal liegt nicht der geringste Beweis vor, dass Ardbrecain das heutige Ardbraccan in County Meath ist, es kann ebenso gut ein gleichlautender Name in Hochschottland sein. Erwiese sich letzteres als unmöglich, so erklärt sich ein piktischer *Drostan* in Meath anderweitig: Columba hat im VI. Jahrhundert die nördlichen Pikten von Jona aus bekehrt; einer seiner Piktenschüler war der Gründer der Abtei Deir (nördlich von Aberdeen) mit Namen *Drostān,* wie wir aus gälischen Urkunden der Abtei ersehen, die von 1029—1132 geschrieben sind (s. Stokes, *Goidelica* S. 108 bis 111). Von da an bestanden enge, bald feindliche, bald friedliche Beziehungen zwischen dem Piktenstaat östlich des Dorsum Britanniae und dem Schottenstaat westlich davon, die ja im IX. Jahrhundert zu einer Vereinigung beider zu einem Königreich Schottland führten. So gut wie in jenen Zeiten Iren aus Meath und sonstwo nach Jona und den schottischen Inseln auf

---

[1]) Die kürzere Form ist nicht *Drost* sondern *Drust,* was nicht unwichtig.

[2]) Da im X. Jahrhundert schon im Irischen der lange Vokal der Endung -*ān* nicht nur gekürzt, sondern sogar zu einem irrationalen geworden ist — woher sich ir. *Brénann* = *Brendānus* aus *Brénn*ᵉ*n* erklärt, s. *Zeitschrift für Deutsches Altertum* 33, S. 143 —, so ist fürs X. Jahrhundert und später die Form der gesprochenen Sprache im Irischen *Drostan.*

die Pilgerschaft gingen, ebenso gut konnte ein Pikte *Drostan*
zu gleichen Zwecken nach Irland gehen, wohin ja Sachsen und
Britannier, ja auch Franken im VII. und VIII. Jahrhundert
Studiums halber strömten. Auch sprachliche Gründe sprachen
dagegen, dass *Drust, Drostan* irische Namen sind. Im Irischen
ist inlautend jedes ursprüngliche *st* resp. aus *d* oder *t + t* entstandene *st* zu *ss* geworden, so dass irisch nur *Drus* (Gen. *Droso*),
Drosan zu erwarten wäre. Nun weisen aber andere Namen von
Piktenherrschern aus, die uns überliefert sind, dass in dem kel-
tischen Dialekt der Pikten *st* für irisches *s* (aus *ss*) steht. Ein
in der Piktenchronik genannter König des VIII. Jahrhunderts ist
Onust; er heisst in irischen Quellen *Oengus*; der *Uurgust* der
Piktenchronik ist in irischen Quellen *Fergus* aus **vergustus*. Es
haben also die Namen *Drust* und *Drostan* ihre Heimat
bei den Pikten und ihre Form ist die Sprachform der im
VII.—VIII. Jahrhundert irisierten (gaelisierten) Pikten. In der
Form *Drosten* findet sich der Name auf einem Grabstein von
S. Vigeans nördlich von Arbroath an der Ostküste Schottlands
(s. Hübner, *Inscriptiones Brit. christ.* No. 212.). Wo der Name
Drostan meines Wissens sonst in der irischen Litteratur
vorkommt, wird er von Pikten geführt. Sämtliche uns
vollständig erhaltenen Kopien der irischen Ausgabe des Nennius
Historia Britonum, die handschriftlich aus dem XIV. und Beginn
des XV. Jahrhunderts stammen (s. Todd, *Nennius Dublin* 1848,
S. V ff.), enthalten gegenüber dem lateinischen Text Interpolationen
über die Vorgeschichte der Pikten bis zu der Vereinigung des
Piktenstaates mit dem Schottenstaat im IX. Jahrhundert. Die
irische Bearbeitung des Nennius stammt aus zweiter Hälfte des
XI. Jahrhunderts; ein Fragment derselben (Schluss) ist in einer
Handschrift aus dem Ende des XI. Jahrhunderts erhalten. Ob
der im Book of Ballymote und Book of Lecan erhaltene Abschnitt über die Pikten (Todd, *Nennius,* S. 121—153) der
ursprünglichen Bearbeitung des Nennius angehörte oder erst in
einer zweiten Redaktion hineinkam, wird sich schwerlich ausmachen lassen: sicher ist, dass das gebotene Material nicht
jünger ist als die irische Bearbeitung. Das Material besteht aus einer Prosaerzählung (Todd, S. 121—126) und einem
Gedicht: der Inhalt deckt sich. Dies Gedicht nun muss nach
der Schlussstrophe zur Zeit Macbeth's (also vor 1056) verfasst
sein. Nach dem fabelhaften Bericht des XI. Jahrhunderts kamen
die Pikten aus Thracien unter Führung von sechs Brüdern *Solen,
Ulfa, Nechtan, Drostan, Aengus, Lethend* (Todd, S. 120. 130);
Drostan war der Druide unter ihnen (Todd, S. 124. 130).
Sie landen zuerst in Leinster, wo auch *Solen, Ulfa, Nechtan,*

Drostan starben;[1]) dann werden sie vertrieben und ziehen nach Alban.

Viel wichtiger noch für unsere Namenforschung über *Drystan, Drostan* ist ein zweites Denkmal, welches in sämtlichen irischen Nenniushandschriften hinter jenem um 1050 entstandenen Gedicht eingeschoben ist: die irische Piktenchronik (Todd, *Nennius* S. 154—164; LXXV—LXXVII; XCI—XCV). Von dieser irischen Piktenchronik, die in 5 Exemplaren in Handschriften des XIV. und XV. Jahrhunderts vorliegt, ist uns eine lateinische Übersetzung in einer um 1334 in York geschriebenen Handschrift erhalten (gedruckt bei Skene, *Chronicles of the Picts and Scots* S. 4—10). Abgefasst wurde das Denkmal zur Regierungszeit des Kenneth, Sohn des Malcolm (977—995). Nach einer schier endlosen Reihe fabelhafter Piktenkönige, worunter 30 *Brude* hintereinander, erscheint als erste Persönlichkeit, die Anspruch machen kann, halbwegs historisch zu sein in dieser Chronik *Drust filius Erp, C annis regnavit et C bella peregit; IX anno regni ejus Patricius episcopus sanctus ad Hiberniam pervenit insulam.* Nach zwei weiteren Namen folgt *Drest Gurthinmoch XXX annis regnavit;* als übernächste Könige *Da (2) Drest, id est, Drest filius Gyrom, id est, Drest filius Wrdost V. annis conregnaverunt, Drest filius Girom solus V annis.* Dann 3 Herrscher, denen folgt *Drest filius Munait uno anno regnavit:* er ist der zweite Vorgänger des *Bridei filius Mailcon,* den Columba zum Christentum bekehrte. Nach 8 Herrschern mit Regierungsdauer von 81 Jahren folgt auf *Gartnait filius Donnel* ein *Drest frater ejus (VII annis regnavit);* nach weiteren 4 Herrschern heisst es *Drest et Elpin congregaverunt V annis:* wir sind a. 725 (s. Skene, *Celtic Scotland* I, 286). Als fünfter Herrscher folgt *Drest filius Talorgen IV vel V*

---

[1]) Wenn man in der Erzählung liest *Adbert Drostan, drui Cruithnech, bleagon VII. XX. bo find do dortug imbaille etc.* (Todd, S. 124), bedenkt, dass *Drostan* in Irland soll gestorben sein, so kann man sich des Eindrucks nicht entschlagen, dass die Piktenlandung in Leinster, die dabei vorgefallene Geschichte und Drostan's Sterben in Leinster eine Fabelei sind, die auf der Notiz der Annalen 718 *Drostan dairtighe quievit in Ardbrecain* durch eine bei den Iren nicht ungewöhnliche etymologische Spielerei *(Drostan dairtighe = Drostan dodortug)* aufgebaut ist. Sie beweist, wie fest bei den Iren das Gefühl sass, dass *Drostan* ein Piktenname ist. — Als nicht uninteressant mag erwähnt werden, dass der auf der schottischen Inschrift von S. Vigeans (Hübner, No. 212), wo *Drosten* sich findet (s. oben S. 68), zum Schluss vorkommende unerklärte Name *Forcus* seine Deutung aus dem Gedicht des XI. Jahrh. erhält: es heisst daselbst, dass die Pikten Albanien besetzten *o crich Chat co Foircu* „von Caithness bis Forcu" (Todd, S. 148); Forcu muss also einen Ort oder Gegend an der Südgrenze Piktenlands bezeichnen.

annis regnavit (780—785); auf ihn folgt als fünfter und letzter *Drest filius Constantini et Talorgen filius Wthoil III annis conregnaverunt* (832—835). Fünf bis sieben Jahre später wurde dem Piktenreich ein Ende gemacht, indem der Schottenkönig Kenneth mac Alpin es eroberte und so ganz Nordbritannien nördlich einer Linie Glasgow-Edinburgh zu einem Pikten-Schottenreich, Albanien vereinigte.

Dass in einem dieser zahlreichen piktischen *Drest* und *Drostan* das Vorbild zu dem *Drystan, Trestan, Tristan* der Sage zu suchen ist, liegt auf der Hand, lässt sich aber durch ein weiteres Argument stützen. *Drystan* führt im Kymrischen immer die nähere Bezeichnung *mab (ab) Tallwch* „Sohn des Tallwch". Als kymrischer Name kommt *Tallwch* nirgends vor und seiner Bildung nach ist es wenig verständlich. Wenden wir uns nach Piktenland: hier ist *Talorc* und *Talorcan* ein ebenso häufiger Name wie *Drest (Drust)* und *Drostan*. In den wichtigen Ulsterannalen finden wir: 652 *mors Ferith mic Totholain et Tolairg mic Fooith regis Pictorum;* 656 *mors Tolargain mic Anfrith regis Pictorum;* 686 wird der Tod eines *Talorgg mac Acithaen* erwähnt; 712 *Tolarg filius Drostain;* 725 *Tolarggan maphan mortuus est;* 730 *bellum inter filium Oengussa et filium Congussa sed Bruideus uicit Talorcum fugientem;* 733 *Talorgg mac Congusso a fratre suo uinctus est traditur in manus Pictorum, Talorggan filius Drostani comprehensus alligatur juxta arcem Ollaigh.* 735 *Talorggan mac Fergusso filium Ainfceallaich fugientem cum exercitu persequitur;* 738 *Talorggan mac Drostain rex Ath Foithle dimersus;* 749 *Bellum Cato hic inter Pictones et Brittones, in quo cecidit Talorggan mac Fergussa, frater Oengussa;* 782 *Dubtolargg rex Pictorum citra Monoth.* In der Vita des heiligen Columba, des Piktenapostels († 597), geschrieben von seinem Nachfolger in der Abtswürde von Jona (679—704) Adamnan, wird dem Columba eine Prophezeiung über einen gewissen *Baitan gente Nepos Niath Taloirc* zugeschrieben (lib. I, Kap. XIV; Reeves, *Adamnan* S. 126 in dem Edinburger Neudruck von 1874): der Baitan war O'*Niath Taloirc* und sein Ahne war ein gälisierter Pikte „Held (nia) *Talorc*". Die *Annales Cambriae*, die ja in der älteren Zeit auf die Geschicke der nördlichen Stammesgenossen Bezug nehmen, melden a. 750 *Bellum inter Pictos et Brittones, id est gueith Mocetauc et rex eorum Talargan a Brittonibus occiditur.* Endlich die schon erwähnte Piktenchronik. Dem ersten *Drust filius Erp* geht ein *Talorc* voran und ein *Talorc* folgt. Dem *Drest filius Munait* geht vorher ein *Talorg filius*

Muircholaig (XI annis regnavit). Den beiden Brüdern *Garnard filius Wid* und *Breidei filius Wid* folgt *Talorc frater
eorum* (Anfang des VII. Jahrhunderts); dem letzteren ein *Tallorcen filius Enfret.* Auf den *Drest filius Talorgen IV vel V
annis regnavit* (780—785) kommt *Talorgen filius Onnist
(II annis et dimidium regnavit).* Endlich von 832—835 *Drest
filius Constantin et Talorgen filius Wthoil III annis conregnaverunt* (s. Skene, *Celtic Scotland* I, S. 306).

Talarc, Talorc, Talorgg ist derselbe Name, der uns in
einer gallischen Inschrift mit Umstellung der Kompositionsglieder
als *Argiotalus* entgegentritt (s. Glück, *Kelt. Namen* S. 73 Anm.,
Rhys, *Lectures* S. 375). Im Irischen kommt es öfters vor, dass
eine Kosenamenendung auch an den Vollnamen, nicht blos das
erste Glied desselben (wie *Aed, Aedän*), angefügt wird wie
Fergussan Ulsterannalen 702 neben *Fergus.* So ist *Talargan,
Talorgan* Koseform zu *Talarg, Talorg.* Nunmehr ist kymrisch
Drystan mab Tallwch klar. Wir haben unter den piktischen
Königsnamen *Drest* und *Drostan* nebeneinander, ebenso *Talorc*
und *Talorggan,* wir haben auch *Talorcan filius Drostan* und
Drest filius Talorcan: Drystan (d. h. *Drestan*) *mab Tallwch*
ist kymrischer Versuch der Wiedergabe eines fremden
Drestan fil. Talorc.[1] Damit ist noch ein weiteres wichtiges
Ergebnis gewonnen. Golther, *Ztschr. für rom. Phil.* 12,524 ff.
sah sich genötigt, für die Erklärung von *Trestan, Tristan* aus
dem irischen *Drostan* die Vermittelung der Kymren in
Anspruch zu nehmen, wegen des *e* für *o.* Diese Vermittelung
ist, da gar nichts sonst für sie spricht, vollständig überflüssig. In der Piktenchronik haben wir *Drest,* und dass bei
den irisierten Pikten im VIII./IX. Jahrhundert die Formen wirklich
Drest und *Drostan,* entsprechend reinirisch *Drust* und *Drostan,*
waren, geht noch aus zwei Momenten hervor: die Schreibungen
Druist Ulsterannalen 725, Tigernach's Annalen 725. 726 weisen
auf einen Laut der irisierten Pikten, der nicht reines *u* war und
dem Irenohr einem durch *i* infizierten *u* nahe klang; sodann ist
in der Piktenchronik *Onist, Unuist, Unest* neben *Onust* = ir.

---

[1] Als Wiedergabe eines fremden *Talorc,* wofür bei genauer
Aufnahme *Talorch, Talwrch* hätte eintreten müssen im Kymrischen, ist
Tallwch verständlich. Es liegt noch eine andere Möglichkeit vor, die
Differenz zwischen *Talorc* und *Tallwch* zu erklären. Eine im *Irischen*
beliebte Endung für Kosenamen ist *-oc, -uc* und gehäuft *-ucan: Cuchuc*
ist in den Sagentexten Koseform für *Cuchulinn* (s. *Book of Leinster*
72 a, 10. 71 a, 50. 70 b, 20 etc.); *Aeducan, Dubucan, Flanducan* aus *Aedoc*
und *Aedan* etc. (Zeuss-Ebel, S. 274). So ist bei den irisierten Pikten
auch die Kurznamenform *Taloc, Talucan* neben *Talorc, Talorgan* möglich.
Ein *Taloc* kann aber kymr. nur mit *Tallwch* gegeben werden.

Oengus geschrieben und für den *Bruide mac Mailcon* der irischen Quellen *Bridei filius Mailcon,* für den *Bruide mac Bili* und *Bruide mac Fergusa* ein *Bredei filius Bili* und *Bredei filius Wirguist:* also auch hier ein Laut wie *ü, e* für reinirisches *u* belegt. Bei dem Nebeneinanderliegen von *Drest fil. Talorcan* und *Drostan fil. Talorcan* bei den Pikten erklärt sich *Drestan fil. Talorc* als eine einfache Kontamination von *Drest* und *Drostan.* Zu den Kymren kam mit der Sage ein *Drestan fil. Talorc* oder *Trestan fil. Talorc.* Ich bin nämlich der Ansicht, dass ebenso unnötig und überflüssig, wie sich die vermeintliche Vermittlerthätigkeit der Kymren für den Wandel *o : e* erwiesen hat, dieselbe unwahrscheinlich ist für den Wandel *d : t.* Loth sagt *a. a. O.: „La forme' Trystan au lieu de Drystan n'a rien de surprenant en gallois. Elle trahit l'indécision de la prononciation du d initial devant r. Cependant les Mabinogion et les Triades donnent Drystan. Dans les Triades historiques, je ne relève qu'une fois la forme Trystan, et encore est-ce dans la version la plus récente des Triades.* Ich muss gestehen, dass ich beim Lesen dieser Worte meinen Augen nicht traute, und bin bis auf weitere **thatsächliche** Belehrung Loth's der Überzeugung, dass die Annahme, eine rein lautliche Entstehung der Form *Trystan* aus *Drystan* lasse sich aus bekannten kymrischen Lautgesetzen als natürlich erweisen —, dass diese Annahme ungefähr ebenso stichhaltig ist, wie die andere Behauptung Loth's, dass die Form *Trystan* nur „une fois" vorkomme und zwar in der jüngsten Rezension der Triaden. Man urteile selbst. *Trystan* ist geschrieben: Hengwrt 536 einer Handschrift, die älter ist als *Red Book of Hergest* und auch eine ältere Fassung der Triaden zu bieten scheint (s. *Phillimore in Y Cymmrodor* VII, S. 97 Anm. 2), zweimal (Skene, *Four ancient Books of Wales* II, 458 No. 19 und 23); ferner in den Triaden der *Myvyrian Archaiol.* (Denbigh 1870) S. 392, 53. 404, 32. 407, 69. 408, 78. 410, 101. 410, 113; ferner in einem Gedicht des Grufudd ab Maredudd (*Myvyrian Archaiol.* S. 306, Kol. 1, Zeile 15) und zweimal in einem Gedicht von Davydd y Coed (*Myvyr. Archaiol.* S. 329, Kol. 2, Z. 10 u. 11 v. u.). Zu diesen mir an der Hand befindlichen elf Belegen für die Schreibung *Trystan* kommt last not least als zwölfter eine Urkunde aus den Jahren 1108—1132: *Auel mab Tristan (Liber Landavensis* S. 267). Die Handschrift wurde 1132 geschrieben; das Dokument gehört zu dem Material, welches in Llandaff unter Urban (1108—1133) zusammengestellt wurde, um vor dem heiligen Stuhl die bestrittenen Rechte Llandaff's zu beweisen. Wir werden also gut thun, vorsichtigerweise den

Beleg nur für die Zeit gelten zu lassen, in der das Dokument entstanden ist (1108—1132): gelebt haben müsste die Persönlichkeit, die den Namen *Auel mab Tristan* führt, zur Zeit des Bischofs Hergualt von Llandaff (1056—1104).

Mir scheint demnach aus einer unbefangenen Betrachtung der Thatsachen zu folgern, dass die Schreibung *Trystan (Tristan)* mit *T* fürs Kymrische mindestens ebenso alt und wohl verbürgt ist wie *Drystan*. Ja, ich würde die Folgerung, dass die Form *Drystan* auf welschem Boden nur zufällig mit dem ursprünglichen Anlaut in piktisch-irischem *Drest, Drostan* stimmt und sein *d* verdankt einer volksetymologischen Anlehnung des Wortes an Wörter wie kymr. *drysaur* (door-ward, Name eines der 16 Inhaber der höchsten Hofämter in den Gesetzen des Hywel Dda), noch für wahrscheinlicher halten als Loth's Behauptung von einer natürlichen Entstehung des *t* aus *d* wegen des folgenden *r*: ich denke *r* wird eher zum Wandel eines vorangehenden *t* in *d* beitragen als zu einem umgekehrten.[1] Mir scheint jedoch eine andere Erklärung des Schwankens zwischen *Trystan* und *Drystan* im Kymrischen den Thatsachen besser Rechnung zu tragen. Hierauf komme ich gleich in anderem Zusammenhang. Vorerst möchte ich — nachdem die vorangegangenen Erörterungen gezeigt haben, dass wir die Herkunft des Namens *Tristan-Drystan* weit ab von Wales im Piktenland suchen müssen und dass Wales auch keine Vermittlerthätigkeit zukommt — kurz die zweite vermeintliche Stütze Loth's für den kymrischen Ursprung der Tristansage beseitigen. Indem ich auf *Romania* 29,457. 458 verweise, fasse ich Loth's Ansicht dahin zusammen: 1) *Iselt, Iseut* ist der kymrische Name *Essyllt*; 2) *Essylt* ist ein ursprünglicher kymrischer Name. Beides bestreite ich. Beginnen wir mit Punkt 2. Die ältesten Formen, in denen uns der Name begegnet, sind nach Loth's eigener Angabe *Etthil* und *Ethellt*. Erstere findet sich in der aus dem XI. Jahrhundert stammenden Handschrift Harleian 3859, die eine genaue Abschrift ist eines Ms. aus zweiter Hälfte des X. Jahrhunderts. Als Ururgrossvater wird in der Genealogie des 987 gestorbenen Owen ab Higuel genannt *Mermin map Etthil merch Cinan*

---

[1] Ich schäme mich fast Loth daran zu erinnern, dass dem altkymr. *trus, tros* (trans) im *Liber Landavensis* und den welschen Gesetzen im Mittelkymr. des Llyfr coch *drus, dros* entspricht, wie korn. *dres, dris,* mittelbr. *dreist* (*Grammatica celtica*, S. 681). Ebenso dem altkymr. *troi, trui* (aus *tre* = irisch *tre, tri*) im *Liber Landavensis* im mittelkymr. Llyfr coch *drwy,* altbretonischem *tre* (in *Poutrecoet*) das mittelbreton. *dre* (*Gramm. Celt.,* S. 665 ff.).

(Y Cymmrodor IX, S. 169) „Mermin († 844) Sohn der *Etthil*
Tochter des Cynan“. In den Genealogien der Handschrift Jesus
College No. 20 (Oxford) beginnt der Stammbaum des Rodri mawr
(† 807): *Rodri m. Merwyn m. Ethellt merch Cynan tintaethwy*
(*Y Cymmodor* VIII, S. 87 No. XXII) „Rodri Sohn des Mermin,
Sohn der *Ethellt* Tochter des Cynan von Tindaethwy“. Die
Handschrift stammt erst aus dem XIV. Jahrhundert, doch sind
aus inneren Gründen die Genealogien aus einer viel älteren
Handschrift abgeschrieben, die auch unabhängig von der Vorlage
von Harleian 3859 gewesen sein muss. Wir haben also zwei
unabhängige Quellen des X. Jahrhunderts, in denen der
spätere Name *Essylt* geschrieben ist *Etthil* resp. *Ethelt.*
Hiervon müssen wir auf alle Fälle ausgehen. Nun ist angel-
sächsisch *Ethylda* Kurzform für *Ethelhild.* Ist es denn so unwahrscheinlich, dass die Mutter des 844 gestorbenen *Mermin,*
die eine Tochter des von Anglesey stammenden *Cynan* ist, den
angelsächsischen Namen *Ethylda* trug? Sie kann ja eine Angel-
sachsin gewesen sein. Aus diesem *Ethelt, Etthil* = *Ethylda*
des IX. Jahrhunderts wurde im X./XI. Jahrhundert *Essylt* wie
im *Liber Landavensis* geschrieben ist in Namen *Combresel*
(S. 191), *Conbresel* (S. 202), *Cilbresel* (S. 213), *Cenbresel* neben
dem gewöhnlichen mittelkymr. *breithell* (s. Evans, *Dictionary*
S. 535. 537). Was macht nun Loth? Er sucht vergebens
nach einer Deutung von *Essylt* aus dem Kymrischen, nimmt
aber nichtsdestoweniger an *Essylt* sei die ursprüngliche Form
und „*le scribe a dû confondre le nom anglosaxon Ethylda
avec le nom gallois, Essylt ou Essylt*“ (*Rom.* 19,458). Man
überlege: Wenn *Essylt* ein alter kymrischer Name ist, wie
sollen zwei unabhängige Quellen des X. Jahrhunderts dazu
kommen, dafür *Etthil* resp. *Ethelt* zu schreiben? Und welche
Quellen: in Genealogien, wo nachweislich ältere Namensformen
stehen bleiben. Wie der Verfasser der Genealogien von Harleian
3859 an Stelle der zu seiner Zeit (2. Hälfte des X. Jahrhunderts)
üblichen Namensform *Ouein* in älteren Zeiten die ältere Form
Eugein bietet (s. *Gött. Gel. Anz.* 1890, S. 798 Anm. 1), offenbar
weil er sie in seinen Quellen vorfand, so werden wir *Etthil,*
Ethelt als die in den Genealogien bewahrten Formen des IX.
Jahrhunderts betrachten müssen, aus denen im XI./XII. Jahrhundert *Essylt* geworden war mit dem in verständlichen Übergang von engl. *th* in *s*, der zudem in den Namen mit *-bresel*
als zweitem Glied bezeugt ist. — Ebenso unhaltbar ist die erste
These von Loth, die Annahme, dass *Iselt, Iseut* der kymrische
Name *Essylt* sei. Er sagt zu ihrer Stütze blos: „*Essylt a pu
donner régulièrement en français Iselt, Iseut. Une forme*

*Eselt serait cependant plus régulière; il n'est pas im-
possible que la forme germanique Ishild, qui, elle, a dû
donner Iseut (cf. Richeut = Richild), ait influencé la
forme d'origine galloise*". Wenn Loth es sich nicht zur Aufgabe gesetzt hätte, eine unhaltbare Hypothese von G. Paris zu
stützen, so würde er einfach zugestanden haben, dass aus kymr.
Essylt nicht *Iselt*, *Iseut* werden kann, sondern nur *Eselt*. Wäre
nun der Ursprung der Tristansage in Wales erwiesen, dann
müsste man faut de mieux zu der Annahme greifen, dass die
regulär zu erwartende Form *Eselt* durch Einfluss eines anderen
Namens zu *Iselt* geworden sei. Da aber die Voraussetzung hinfällig ist, fehlt jeder Anlass, *Iselt* aus *Essylt* zu erklären. Es
ist viel mehr wahrscheinlich, dass, als die Erzählung von dem
Liebespaar *Trestan (Drestan)* und *Isolt-Iselt* zu den Kymren
kam, man den im XI. Jahrhundert in Wales längst heimisch
gewordenen Namen *Essylt* für den fremden *Isolt* oder *Iselt* substituierte. Den Namen der Heldin, *Isolt* und *Iselt*, halte ich
mit Golther, *Die Sage von Tristan und Isolde*, S. 3 Anm. (vgl.
Ztschr. für rom. Philol. 12,351 ff.) für germanischen Ursprungs.

Golther fasst seine Betrachtungen über Stoff und Inhalt der
Tristansage (die Sage von Tristan und Isolde, S. 1—28) zusammen
in die Worte (a. a. O. S. 29): „Die Erzählung von Tristan und
Isolde ist nach Stoff, Inhalt und Form, so geartet, dass sie sich
zum grössten Teil als ein mehr oder weniger geschickt verfertigter
Roman erweist, dessen Ausbildung wir einem Volke zuzuschreiben haben, bei welchem eine sehr rege und ausgedehnte litterarische Thätigkeit herrschte. Aus dem
Inhalte an und für sich darf man auf Alles eher als auf
eine national keltische Sage schliessen und zwar sind
diejenigen Verhältnisse, aus denen wir eine solche Ansicht schöpften,
nicht etwa nur äusserlicher Art, ein Gewand, das über einen alten
Stoff hingeworfen wurde, der aber durch dasselbe hindurch sich
noch deutlich dem Beobachter zu erkennen gibt, sondern sie sind
im Gegenteil gerade das Wesen der Sage. Die Tristansage auf
eine uralte Form zurückführen zu wollen, wäre ein Versuch, der
notwendig missglücken müsste, da die einzelnen Teile, aus denen
sie besteht, abfallen und auf eine alte Zeit nicht zurück geführt
werden können, wenigstens nicht in ihrem Zusammenhang mit der
Tristansage; und dasjenige, was bleibt, ist zu dürftig und unsicher,
um als eine wirklich lebende Sage gelten zu können." Wenn
wir unter Rücksichtnahme auf die Thatsache, dass die Ausbildung
der Tristansagen im letzten Viertel des XI. Jahrhunderts im anglonormanischen England muss begonnen haben, die Frage aufwerfen:
welchem Volke haben wir die Ausbildung zuzuschreiben? Bei

welchem Volke können wir in jener Zeit einige Kenntnis mit
den verschiedenartigen Quellen, aus denen die Mosaikstück-
chen zur Tristansage entstammen, voraussetzen, also Kenntnis mit
keltischen, germanischen Sagen und der allgemeinen Novellen-
litteratur des Mittelalters? wenn wir diese Frage aufwerfen, dann
kann man, nach dem was ich *Gött. Gel. Anz.* 1890, S. 785—832
und diese *Ztschr.* 12, 231—256 über die Thätigkeit der Bretonen
im Anglonormannenreich des XI/XII. Jahrhunderts beigebracht
habe, nur an diese Bundesgenossen der Normannen, die Bretonen
denken. Ich möchte für die Annahme, dass wir den doppelsprachigen[1]) Bretonen, die ja von 1067 ab an den entgegengesetzten Enden des anglonormannischen Englands zu treffen sind
(schottische Grenze und Cornwall), die Ausbildung der Tristansage
zuzuschreiben haben aus Material, welches sie erst im Anglonormannenreich kennen lernten, noch folgende Punkte anführen.

1. Nach Übereinstimmung der sogenannten Berolversion
und der Thomasversion ist die Heimat von Tristans Vater und
daher auch seine Heimat in der Nähe der aremorikanischen
Bretagne, das von Cornwall zu Schiff in kurzer Zeit zu er-
reichende und südlich gelegene Land der Bretonen. Die Berolversion lokalisiert die bretonische Heimat Tristans und macht ihn
zu einem Sohn des Fürsten *Rival* von der Landschaft *Léon*, wohin
die Erzählungen der Bretonen ja auch die Heimat des *Guigomar,*
Guigemar verlegen. Hält man sich gegenwärtig, wo nach den
vorausgegangenen Nachweisen (s. S. 66—72) die Hauptfigur
Tristan seine Heimat hat, so ist doch die Versetzung und Um-
stempelung des piktischen *Drest-Drostan* zu einem bretonischen *Drestan-Trestan* ein nicht zu unterschätzendes Moment
für die Thätigkeit bretonischer Sagenerzähler bei der Ausbildung
der Tristansage.

2. Der Name *Trestan* für *Drestan.* Wir sahen oben S. 67,
dass die Form *Drestan* sich als eine Contamination der beiden
piktisch-gälischen Namen *Drest* und *Drostan* erklärt, die ebenso
wie *Aed* und *Aedan* etc. gleichberechtigt als Kurzformen desselben Vollnamens im Piktisch-Gälischen nebeneinander liegen.
Nun ist aber als französisch-bretonische Form *Trestan (insula*
Trestanni) anzusetzen, aus der, wie man annimmt, anglonormannisch und französisch unter Anlehnung an *triste* die Form *Tristan*
wurde. Ebenso weist die welsche Überlieferung darauf hin, dass
mindestens gleichzeitig mit der Form *Drestan* die Formen *Trestan,*

---

[1]) Doppelsprechig mussten auch solche Bretonen, die nicht aus
der Haute-Bretagne stammten, sondern der Bretagne bretonnante des
Westens, bald werden bei einem längeren Aufenthalt unter den Anglonormannen.

Tristan müssen in Wales bekannt geworden sein, da eine Entwickelung von *Drestan* zu *Trestan* sich nach kymrischen
Lautgesetzen nicht erklärt und überdies die Form *Trestan* vom
Standpunkt der Überlieferung allein aus betrachtet als die ältere
in Wales gelten muss (s. S. 72 ff.). Diese Schwierigkeiten
lösen sich leicht und natürlich bei der Annahme, dass
durch bretonische Erzähler die Tristansage den Kymren
sowohl wie Anglonormannen und Franzosen übermittelt wurde. Das Cartular von Redon mit seiner Fülle bretonischer Namen aus dem IX.—XII. Jahrhundert liefert uns folgende
Fakta: Neben dem Namen *Treanton* a. 859—865 (Courson, *Cart.*
S. 58), *Trehanton* XI. Jahrhundert (*Cart.* S. 285) steht *Dreanton*
a. 867 (S. 73), *Drehanton* a. 895 (S. 217 [1]); ebenso *Trehlouuen*
a. 833 (S. 6, 7), *Trelowen* a. 841 (S. 360): *Drelouuen* a. 859,
858, 832—868 (S. 17, 20, 24, 158), *Drilouuen* a. 868, 859,
840, 860, 855 (S. 19, 57, 151, 166, 370), *Drihlouuen* a. 833,
888, 897 (S. 93, 378, 221); [2] *Triglur* a. 834 (S. 4): *Drihglur*
a. 854 oder 865 (S. 37), *Drihglur* a. 869 (S. 194); *Tribodu*
a. 833, 859, 862, 866, u. o. (S. 10, 58, 59, 70, 76, 142, 149):
Drebodu 839—844 (S. 358); *Treuuoret* a. 875 (S. 195), *Trehoret*
a. 1075 (S. 272), *Trehored* 1062—1080 (S. 234): *Dreuuoret*
a. 863, 866, 843 (S. 61, 75, 85), *Drichguoret* a. 904 (S. 227);
Trehoiarn a. 861 (S. 64), a. 849 (S. 202), *Trihoiarn* a. 834
(S. 88) [3]): *Drehoiarn* a. 827, 869 (S. 203, 192), *Dreuhoiarn*
(S. 202); *Trihuueten* a. 856 (S. 149): *Driuueten* a. 867, 868
(S. 73, 174), *Dreuueten* a. 844, 868—870 (S. 85, 173, 172);
Tridboud a. 848 (S. 88): *Driduuoret* a. 844 (S. 86), *Driduualt*
a. 856 (S. 150), *Driduuallon* a. 832—850 (S. 66).

In all diesen Fällen sind die Anlaute *tre-, tri-* etymologisch
berechtigt und die Formen *dre-, dri-* daraus phonetisch entstanden
(vgl. S. 73 Anm.). In den Urkunden von Redon wiegt bald die
Schreibung mit *t* über, bald *d;* in einzelnen Fällen ist nur die
eine belegt, so in *Dreuuobri, Drehuuobri, Driuuobri, Drihuobri*
(S. 7, 10, 11, 13, 36, 37, 50, 105, 106, 107, 108, 122, 170),
Dreuualoe, Drehuualoe, Driuualoe, Drihuualoe (S. 136, 138,
139, 145, 186, 218), *Dreuuallon, Driuuallon* (S. 42, 46, 81,
82, 92, 94, 130, 143, 155, 357, 359, 360, 368). Wenn nun
den Bretonen der piktisch-gälische Name *Drestan* (*Drest* und
Drostan) kekannt wurde, lag es nicht nahe, dass, wie in den
reinbretonischen Namen die Formen *Dreanton* und *Treanton*,

---

[1]) *Trehanton* Cart. von Quimperlé (Loth, *Chrestom.* S. 234).
[2]) *Trehlouuen* a. 833 (S. 6. 7) ist dieselbe Person mit *Drihlouuen*
a. 833 (S. 93).
[3]) *Trehuarn* im Cart. von Quimperlé (Loth, *Chrestom.* S. 234).

Drelouuen und *Trelouuen*, *Drebodu* und *Tribodu*, *Dreuoret* und *Treuuoret*, *Drehoiarn* und *Trehoiarn-Trihoiarn*, *Dreueten* und *Triuueten* nebeneinander lagen, zu *Drestan* als Nebenformen *Trestan* und *Tristan* traten? Zumal man die Heimat des Helden nach der Bretagne verlegte (s. S. 76). Ich glaube hiermit sind alle Schwierigkeiten hinsichtlich der verschiedenen Formen des Namens erledigt. Süd-Wales, wohin die Tristansage schon im letzten Viertel des XII. Jahrhunderts durch die Bretonen kam, hat uns die Formen *Drestan*, *Trestan*, *Tristan* bewahrt (s. S. 72) und es erklärt sich nun vortrefflich, wieso *Tristan* für Wales die älteste Überlieferung bietet: die 3 Formen sind fürs Kymrische gleich alt und gleich berechtigt. Bei Normannen und Franzosen wurde unter Anlehnung an *triste* die Form *Tristan* die allein übliche. In dieser einfachen und natürlichen Lösung der Schwierigkeiten, die die verschiedenen Namensformen des Helden scheinbar bieten, liegt der durchschlagende Beweis dafür, dass die Bretonen die Träger der Tristansage gewesen sind.[1]

3. *Marc* der Gemahl der *Isolt-Iselt* ist König in Cornwales. Es ist schon von Anderen (s. Fr. Michel, *Tristan* I, S. LII, Golther, *Die Sage von Tristan*, S. 6) darauf hingewiesen worden, dass im Leben des heiligen Paul von Leon (*AA. SS. mens. mart.* tom. II, p. 114 a) ein König *Marcus* in Cornwall vorkommt; den Wert dieses Zeugnisses hat man aber nicht zu schätzen gewusst. Die *Vita s. Pauli Aureliani* ist von einem Mönche des Klosters Landévennec in der Basse-Bretagne (Departement Finistère, s. S. 11) im Jahre 884 geschrieben und schon aus einer Handschrift des X. Jahrhunderts erhalten (s. *Revue Celtique* V, 416 ff.). *Wrmonoc*, der Schreiber lebte in diesem in einem der äussersten Winkel der Bretagne bretonnante gelegenen Kloster zur Zeit als *Wrdisten* Abt war, also derselbe *Wrdisten*, der die Vita des heiligen Winwaloe mit den Nachrichten über den sagenhaften *Gradlonus magnus* bietet (s. oben S. 11 ff.), und *Wrmonoc* gibt ausdrücklich an (*Rev. Celt.* V, 417 ff.), dass ihn das *studium Wrdisteni praeceptoris, qui in Winwaloei sui sanctique mei describendis actibus mirabile librorum construxit opus*, zu seiner Arbeit angeregt habe (*animavit*). Nachdem der bretonische Mönch des IX. Jahrhunderts uns die Jugendzeit des in Süd-

---

[1] Es ist vielleicht nicht überflüssig, hervorzuheben, dass ein derartiges Schwanken des Anlautes in den Namen, wie es oben aus dem Cartular von Redon vom IX.—XI. Jahrhundert nachgewiesen wurde, nur bei den Personennamen beginnend mit *tre*, *tri* sich zeigt, der Wandel des *d* in *t* (*Drestan: Trestan Tristan*) also durch diese besondere Eigentümlichkeit bedingt ist.

Britannien geborenen Paulus Aurelianus, seinen Unterricht beim heiligen Iltut in Süd-Wales *(in finibus Demetarum)* und den Ruf der Heiligkeit, welchen sich der 16 jährige Paulus nach der Trennung von Iltut in der Einsamkeit *(cujusdam loci deserti qui paternis finibus adhaerebat secessum petit)* erwarb, geschildert hat, fährt er fort *(Rev. Celt.* V, 431): *Interea cum haec et alia multa bona opera Dei gratia cooperante in illo agebantur, fama ejus regis Marci pervolat ad aures quem alio nomine Quonomorium vocant. Qui eo tempore amplissime producto sub limite regendo moenia sceptri, vir magnus imperali potentiae atque potentissimus habebatur, ita ut quattuor linguae diversarum gentium uno ejus subjacerent imperio. Praefatus ergo rex fidei fundamen jam adhuc eo tempore prae novitate huc illuc nutans perfecte ac solide ad unam perpetuae firmitatis cameram volens aedificare, misit ad omnes primarios regni sui et eos fecit in unum locum convocari et eis suis propositum consilii aperuit dixitque cogitationem suam in eo esse, ut quia se ipsum, Deo disponente, ducem ac principem terrenae habebant potestatis, illum acciri facerent praesbiterum nomine Paulum, quem bonae vitae atque lectionis studio noveret probatissimum; qui eis una cum suo rege dux et signifer cœlestis esset militiae et de cujus manu rex et universus populus post celebranda missarum sollempnia communionem corporis et sanguinis domini solemniter degustaret.* Paulus aufgefordert begibt sich mit seinen 12 Genossen *ad locum qui lingua eorum Villa Bannhedos nuncupatur, ubi nunc ejusdem regis ossa die resurrectionis expectantia pausant,* und richtet das Christentum ein. Als aber nach einiger Zeit Marcus, *tam per se tam per qui sibi assistebant principes,* in Paulus drang *pontificatum regionis* anzunehmen, da wurde dessen Entschluss auszuwandern gestärkt. Der erzürnte König schlug dem Paulus die Bitte, *quia ei septem tintinnabula (id. cimbala) prae ceteris meliora superant, ad quorum signum hi qui ex more regio ad mensam discumbere soliti erant, omnes invitati secundum ordinem conveniebant,* ihm eine Glocke zu überlassen, ab. Paulus und seine Genossen segeln nach Aremorica: zuerst kommen sie nach der *insula Ossa,* d. h. der heutigen *Ile d'Ouessant* westlich von Finistère; von dort setzen sie nach einiger Zeit nach dem bretonischen Festland über und lassen sich im *plebs Telmedovia* im *pagus Achmensis* nieder, d. h. im heutigen *Ploudalmézeau* in der archidiaconé *d'Ach* in der Diözese von *Léon;* von hier aus ziehen sie an einen Ort in *extrema parte pagi Leonensis,* von wo sie nach der *insula Battha,* d. h. heute *Ile de Batz* nördlich von

Léon, zum Herrscher dieses Landes gehen. Auf der abgetretenen Insel wird ein Kloster gegründet. Schliesslich wird Paulus erster Bischof der neugegründeten Diözese Léon (*Rovue Celt.* V, 451 ff.) Die von König Marc verweigerte Glocke wird nebst einem riesigen Lachs bei der Insel Batz gefangen: *haec est autem illa eadem quem cloca quae per cunctos lativorum* [lies: *Litavorum, Letavorum?*] *populos longifulva nomine noto vocitatur, id est hirglas*[1]) (*Revue Celt.* V, 446).

Dieselben Kreise also, in denen man im IX. Jahrhundert in der westlichen Bretagne von einem bretonischen Häuptling *Gradlon mor* zu erzählen wusste, kennen einen mächtigen König *Marcus* des VI. Jahrhunderts im südwestlichen Britannien. Hält man sich gegenwärtig, dass das einzige Zeugnis ausserhalb der Tristansage über einen König *Marc* von Cornwales ein bretonisches Zeugnis des IX. Jahrhunderts ist, dann wird bei der Frage, wem wir diese Figur der Tristansage verdanken, diese Thatsache neben Punkt 1 und 2 schwer für die Bretonen ins Gewicht fallen. Mit Rücksicht auf die spezielle Lokalisierung der Heimat Tristan's in der sogenannten Berolversion möchte ich noch eins bemerken: Tristan stammt nach dieser Version aus der Landschaft von Léon; soll es reiner Zufall sein, dass die Nachrichten des IX. Jahrhunderts über König *Marc* im südwestlichen Britannien sich in einer Vita des Heiligen Paul von Léon vorfinden, die niedergeschrieben ist nicht fern von *pagus Leonensis* und der im XIV. Jahrhundert auftretenden *insula Trestanni?* Liegt die Annahme nicht nahe, dass in der Vita des heiligen Paul Tradition von Léon vorliegt und dass gerade die Bretonen aus der Landschaft Léon bei der Ausbildung der sogenannten Berolversion thätig gewesen sind? Spezifische Tradition von Léon liegt vor in Texten der matière de Bretagne in der aus zwei Lais und dem Erec bekannten Version von dem Abenteuer eines Sterblichen *Guigomar, Guigemar* mit einer Fee (s. oben S. 16). Dass in der ersten Hälfte des XII. Jahrhunderts Bretonen aus der Landschaft Léon im anglonormannischen England waren, ist sicher: Hervei Graf von Léon ist Schwiegersohn Stephan's I. (1135—1154); er zog sich 1141 aus England nach Léon mit den Seinen zurück, als die Angelegenheiten seines Schwiegervaters in England schlecht standen (s. *Gött. Gel. Anz.* 1890, S. 790 ff.). Dass unter den bretonischen Hilfstruppen im Gefolge Wilhelm's des Eroberers sich Bretonen aus Léon befanden, kann ich nicht speziell nachweisen, ist aber bei der grossen Zahl der Hilfstruppen und da es sich um offizielle Unter-

---

[1]) *Longifulva* ist Übersetzung des bret. *hirglas*, heutigentags *hirlas*.

stützung des normannischen Lehnsherrn durch die Bretonen handelt, ganz selbstverständlich.[1])

4. Der Vater Tristan's heisst *Riwalîn*; er ist nach der
älteren Version der Sage Herr von Léon in der Bretagne. Wie
Hawelîn bei Eilhart das bretonische *Howel* ist, so *Riwalîn* ein
bretonisches *Riwal*. In der vor 884 von Wrdisten in Landévennec geschriebenen Vita des heiligen Winwaloe (s. S. 11 ff.)
wird Buch I, Kap. 18 ein *Riualus Domnonicae partis dux*
erwähnt: Der Vater Winwaloe's mit Namen *Fracan* — *Plou-
fracan* bei St. Brieuc in der Bretagne erinnert an ihn — liess
seine Pferde mit denen des *Riual* wett laufen. Fracan ritt sein
Pferd nicht selbst, sondern hatte einen Jockey Namens *Maglus
Conomagli filius (Mael* Sohn des *Conmael)*; das Pferd Fracan's
kam zuerst an's Ziel, aber ohne den Jockey der, *cum ferre im-
petum currentis equi non valuit, inter acutissimas petras con-
cidit.* Winwaloe erscheint auf der Bildfläche, weckt den mit
zerschmetterten Gliedern daliegenden Jockey wieder auf, so dass
er *cum suis domum remeantibus sanus atque incolumis equi-
tavit* (De la Borderie, *Cartulaire de Landévennec* S. 43 ff.).
Dieselbe Geschichte mit Nennung des *Riual* wird auch kurz
erwähnt in dem 3. Buch der Vita, welches den Inhalt von Buch I
und II poetisch behandelt (De la Borderie, a. a. O. S. 108).
Sie erschien wichtig genug, sie in der *omilia die natali sancti
Guingualoei ad lectiones pertinens nocturnas et habita ad
populum* zu erzählen (a. a. O. S. 132): *Riualus Domnoniae dux* ist auch hier der Konkurrent Fracan's. — Im IX. Jahr-

---

[1]) Es verdient hervorgehoben zu werden, dass mit *Hoel*, der 1066
zur Regierung kam, eine neue Linie die bretonische Herzogswürde übernahm. *Hoel* war Sohn des 1058 gestorbenen *Alan Canhiarh (Cainard)*,
des Grafen von Cornugallia (Cornouaille) und selbst Comes dieser
Landschaft seit 1058, also gerade desjenigen Teiles der Basse-Bretagne,
in dem Kloster Landévennec liegt. Er hatte die Schwester des 1066
gestorbenen Bretonenherzogs *Alan* zur Frau und erbte, da *Alan* kinderlos
war, die Herzogswürde. Er war aber auch schon seit 1054 Graf von
Nantes, als Erbe seiner Mutter (s. *Chronicon Briocense in Recueil des
historiens des Gaules et de la France* XII, S. 565 ff.) Ich denke der
Umstand, dass in dem Momente, wo Wilhelm der Eroberer sich an-
schickte von England Besitz zu ergreifen mit bretonischer Hilfe, gerade die Bretonengrafen aus dem bretonischsten Teil der Bretagne (aus
Cornugallia) die Herzogswürde erhielten und zugleich Grafen von Nantes
waren — ich denke dieser Umstand trug nicht wenig dazu bei, zahlreiche Elemente aus dem reinbretonischen Strich, der
Basse-Bretagne, bald nach 1066 in Verbindung mit den doppelsprachigen Bretonen und damit der romanischen Welt zu bringen.
Nantes mit dem Hof wurde Anziehungspunkt für allerlei Leute aus
der Basse-Bretagne.

hundert bezeichnete *Domnonia* die ganze nördliche Bretagne
von der Normandie (Grenzfluss der Cuesnon) bis zum Point de
Saint Matthieu in Finistère, also das Gebiet der alten Diözesen
Dol, St. Malo, St. Brieuc, Tréguier und Léon.   Zu derselben
Zeit (zweite Hälfte des IX. Jahrhunderts) also und in denselben
Kreisen der Basse-Bretagne, die für die erste Hälfte des VI. Jahr-
hunderts einen mächtigen König Südbritanniens Namens *Marcus*
kennen, treffen wir auf Kenntnis von einem bretonischen dux
Riual in dem Strich der Bretagne, welcher die Landschaft *Léon*
angehört.   Dass hier das Vorbild zu dem *Riwal* der Tristansage
vorliegt, der als Herr von *Léon* mit der Schwester des Königs
Marc von *Cornwall* den *Tristan* zeugt, scheint mir klar.

Auch noch in jüngeren bretonischen Quellen wird des *Riual*
gedacht.   In den *Acta Sanctorum ordinis S. Benedicti* III,
291—314 ist eine Vita des bretonischen Heiligen *Winnoc* († 717)
gedruckt, die im Anfang des XI. Jahrhunderts verfasst wurde
und zwar nach dem *prologus auctoris* (a. a. O. S. 292) auf
Grund älterer Acta *(a fratribus caenobii S. Winnoci suggestum
accepi ut actus et Vitam memorabilis quem praefatus sum
Patris novo stilo ex veteri sumto cuderem, Ciceronis linguam
in ore rustico quaerentibus)*.   In einigen wenigen Handschriften
ist der Vita vorgesetzt eine *Genealogia s. Winnoci abbatis*.
Darnach stammt Winnocus im 6. Glied von *Riwalus Britanniae
dux.   Hic autem Riwalus a transmarinis Britannis veniens
cum multitudine navium possedit totam minorem Britanniam
tempore Chlotarii regis Francorum qui Chlodovei regis filius
exstitit.*   Also *Riwal* zwischen 511 und 561. — In der auf
älteren Akten fussenden Vita des Heiligen Brioc, des Stifters von
St. Brieuc in der Bretagne, heisst es beim Erzählen der Wanderung
Brioc's: *ad eam soli Armorici partem, quae postea de ejus
nomine Briocensis dicta est, cum octoginta quattuor viris
appellit. Ibi comitis Rigualis liberalitate primum oratorium
in valle nemorosa juxta fontem amoenissimum, non procul
a flumine quod in portum Cefsonium influit, deinde monasterium
in aedibus ipsius Comitis ab eodem sibi tum sanguinis tum
redditae sanitatis gratia concessis aedificavit (Acta Sanct. Mens.
Maii I, S. 93)*.   St. Brioc muss in zweiter Hälfte des VI. Jahrhunderts gelebt haben. — In einer schon in einer Handschrift
des XI. Jahrhunderts (Biblioth. nat., ms. lat. 5279) vorliegenden
Vita des Heiligen *Tutwal*, des ersten Bischofs von Tréguier in
der Bretagne, erfahren wir, dass des *Tutwal* Mutter *Pompaea*
die Schwester eines *dux Domnoniae Riwal* ist (siehe Loth,
l'émigration bretonne S. 162. 167. 175. 255).   Wir haben also
in bretonischen Denkmälern des IX.—XI. Jahrhunderts zahlreiche

Zeugnisse für einen bretonischen Fürsten Riwal des VI. Jahrh. in den Teilen der Bretagne, welche die Diözesen St. Brieuc, Tréguier und Léon bildeten. Es zeugt gewiss von intensiver Aneignung der Tristansage in der Bretagne, wenn man dem Helden *Drestan-Trestan* die aus vier Viten hervorragender bretonischer Heiligen (*Winwaloe, Winnoc, Brioc, Tutwal*) uns bekannte Sagenfigur des VI. Jahrhunderts zum Vater gab.

Die französische Form der Tristansage ist also von Bretonen geschaffen; sie war in irgend einer Fassung schon im letzten Viertel des XI. Jahrhunderts vorhanden, denn in dieser Zeit drang sie nach Südwales. Dafür sprechen zwei Momente: als sie nach Südwales kam, hatte die Namensform *Tristan* noch nicht die Oberhand gewonnen, sondern die drei für bretonische Begriffe (aber auch nur für Bretonen!) gleichberechtigten Formen *Drestan, Trestan, Tristan* standen noch nebeneinander. Sodann ist *Tristan* schon als welscher Name sicher zwischen 1108 und 1132 belegt, wahrscheinlich jedoch für die Zeit vor 1104 (s. S. 73). Nimmt man hinzu, dass im Kymrischen *Trystan, Drystan* Sohn des *Tallwch* (d. h. des *Talorc*) ist, worin ein ursprünglicher Sagenzug liegt nach den Ausführungen S. 70 ff., so ist klar, dass die Erzählung von *Trestan* (*Tristan, Drestan*), *Iselt* und *Marc* muss zu den Kymren gekommen sein, ehe der Sagenheld *Trestan* an *Riwal* von *Léon* festgeknüpft war. Nachdem schon 1071/72 Südwales von den Normannen verwüstet worden, unternahm Wilhelm der Eroberer 1081 einen Zug bis zum äussersten Punkt von Dyfed, bis St. Davids (s. Freeman, *Norman Conquest* IV, 679 ff.); 1091/92 war vorübergehend Südwales (Caermarthenshire und Cardiganshire) in Botmässigkeit der Normannen, woher der *Gwilim Rwyf* in welscher Sage (s. oben S. 21 und *Gött. Gel. Anz.* 1890, S. 793); von 1111—1117 hielt *Gilbert filius Ricardi* eine mächtige Herrschaft in Südwales, woher *Gilbert Kadgyffro* in welscher Sage (s. oben S. 20 ff.). Also Gelegenheit, von den Bretonen die Erzählungen von *Trestan* (*Tristan, Drestan*), *Iselt* und *Marc* zu erfahren, hatte man in Südwales im letzten Viertel des XI. Jahrhunderts. Da die Kymren zu dem Grundstock der Tristansage nichts beigesteuert haben, dieselbe vielmehr wie die Franzosen und Anglonormannen von den Bretonen müssen empfangen haben — schon nach Ausweis der nebeneinander liegenden Namensformen *Tristan, Trestan, Drestan* —, so sind wohl folgende Hauptstufen der Entwickelung anzusetzen.

I. Form der Tristansage, in welcher der Held noch die Namen *Drestan, Trestan, Tristan* nebeneinanderführte und noch nicht Sohn des *Riwal* von *Léon*, sondern Sohn des *Talorc* ist.

Mit der Bretagne, wenn auch nicht lokalisiert, ist er nach Übereinstimmung von Stufe II und III schon verknüpft. Diese älteste
Version gehört dem letzten Viertel des XI. Jahrhunderts an und
drang in dieser Zeit nach Süd-Wales.

II. Durch Bretonen wird *Trestan, Tristan* zum Sohne des
Riwal gemacht und des Weiteren in Léon in der Bretagne lokalisiert. Welche anderweitigen Veränderungen damit verbunden
sind, entzieht sich unserer Beurteilung. Dieser Stufe gehört die
sogenannte Berolversion an, die — wie mich Fœrster belehrt —
nach den Reimen kontinental normannisch und nicht anglonormannisch ist. Als Zeit für die Ausbildung und Weiterbildung
durch die bretonischen Erzähler ist wohl die erste Hälfte des
XII. Jahrhunderts anzusetzen.

III. Thomasversion. Thomas nennt als seine Quelle Bréri
und zwar so, dass man annehmen muss, derselbe sei eine bekannte Persönlichkeit gewesen. Gaston Paris hat *Romania* VIII,
425—428 diesen Bréri mit dem von Giraldus Cambrensis (*Opera*
VI, 202) gelegentlich erwähnten kymrischen *famosus ille fabulator Bledhericus qui tempora nostra* [des Giraldus Cam-
brensis] *paulo praevenit* identifiziert. Golther (*Die Sage von
Tristan und Isolde*, S. 106 ff., *Ztschr. f. rom. Phil.* 12, 354)
und Fœrster (*Erec und Enide*, S. 24 Anm.) widersprechen. Es
ist ja richtig, der Name beweist nicht, dass *Bréri* ein Kymre
muss gewesen sein, da *Bledri* sowohl kymrischer wie bretonischer
Name ist. Aber wenn man bedenkt, dass Thomas um oder nach
1170 (G. Paris, *Hist. litt.* 30, 10; 1170—1180 Golther in
Ztschr. f. rom. Phil. 12, 363) sich auf *Bréri* als eine bekannte Persönlichkeit beruft und dass Giraldus Cambrensis
um 1190 in der angegebenen Weise den *famosus fabulator*
erwähnt, so tritt doch nun der blossen Namensübereinstimmung
manches hinzu, was entschieden rät, so lange an der Gleichsetzung festzuhalten als es nur geht. Freilich müssen wir uns
den Anteil des Bréri an der Tristansage auf Grund der vorausgehenden Erörterungen wesentlich anders denken als G. Paris
annimmt. Nach Süd-Wales war im letzten Viertel des XI. Jahrhunderts von Bretonen — Beweis die gleichberechtigten kymr.
Namensformen *Tristan, Trystan, Drystan* — die Tristansage
gelangt. Im zweiten Jahrzehnt des XII. Jahrhunderts stehen die
am Bristolkanal entlang liegenden südwelschen Landschaften
Glamorgan, Caermarthen, Pembroke, teilweise Cardigan unter
normannischer Oberhoheit und von dieser Zeit an beginnen häufige
Verheiratungen zwischen vornehmen anglonormannischen und südwelschen Familien (s. Freeman, *Norman Conquest.* V, 210 ff.,
Stephens, *Litterature of the Kymry* S. 430). Warum sollte nicht

30—50 Jahre später (1150—1170) ein südwelscher Sagenerzähler
(*storiawr*), der anglonormannisch gelernt habe, seinen Stammes-
brüdern von jenseits des Kanals bei den Anglonormannen Konkurrenz gemacht haben? Freilich, ein kymrischer Barde kann
Bréri nicht gewesen sein: einmal weil diese nicht Träger der
Sagenerzählungen waren (s. *Gött. Gel. Anz.* 1890, S. 806—814),
sodann weil uns von einem Barden um 1150 oder später, den
Giraldus *famosus* nennt, in der kymrischen Litteratur sicher
Kunde erhalten wäre, da von circa zwanzig kymrischen Barden
des XII. Jahrhunderts grössere oder kleinere Dichtungen auf uns
gekommen sind (s. Stephens, *Litterature of the Kymry*, S. 105).
Giraldus nennt den *Bledhericus* auch nur *famosus ille fabulator*, gebraucht also den ihm wohlbekannten Namen *bardus*
(s. *De jure et statu Menevensis ecclesiae*, Opera III, S. 209)
nicht; er meint einen *storiawr*, der sich mit Geschichten (*ystori*,
chwedel) abgibt, kurz den keltischen Sagenerzähler, dem die Nachwelt ebenso wenig Kränze flocht wie anderswo den fahrenden
Sängern. Für die Frage über Herkunft und Entstehung
der Tristansage ist es nach den hier vorausgegangenen Ausführungen herzlich gleichgültig, ob der Bréri, dem Thomas
(um 1170) angibt zu folgen, ein aus der Bretagne oder aus Wales
stammender Sagenerzähler war, und damit wird wohl auch für
Fœrster und Golther der Hauptgrund des Widerspruchs gegen
die Identifizierung Bréri-Bledhericus wegfallen. Zwei Punkte
könnten bei näherer Untersuchung die Frage nach der Heimat
Bréri's definitiv entscheiden. Prinzipielle Unterschiede sind
zwischen der Thomasversion und Stufe II der Tristansage bekanntlich nicht vorhanden, sondern nur Differenzen ganz äusserlicher Natur (s. Golther, *Tristansage*, S. 107 ff.). War nun Bréri
ein kymrischer Sagenerzähler, der um 1170 etwa seinen bretonischen Stammesgenossen bei den Anglonormannen Konkurrenz
machte, so ist es wenig wahrscheinlich, dass die äusserlichen
Differenzen seiner Erzählung, die er natürlich in begreiflichem
Interesse riesig aufbauschte, sämtlich ganz insignificant
sind, wie sie jeder beliebige Sagenerzähler jener Zeit mit einem
bekannten Stoff vornehmen konnte. Ich meine, dann muss sich
in den äusserlichen Abweichungen der Thomasversion von der
Tristansage der 2. Stufe hier oder dort ein Anhalt für die kymrische Heimat Bréri's finden. Nach zwei Richtungen wird man
untersuchen müssen: einmal, ob es wahrscheinlich ist, dass in
den Abweichungen dies oder jenes steckt, das man als Nachklang der ältesten bretonischen Tristanversion betrachten kann
oder muss, die ja im letzten Viertel des XI. Jahrhunderts nach
Wales gekommen war. Sodann, ob in den Abweichungen in

Bezug auf Namen von Personen und Örtlichkeiten sich ein speziell kymrischer Einfluss geltend macht.[1]

Jedenfalls ist die *Bréri*-Frage für die Frage nach dem Ursprung der Tristansage und noch mehr für die Frage nach der Herkunft der matière de Bretagne von ganz untergeordneter und nebensächlicher Bedeutung. Ob der *Bréri*, der frühestens 1150 wahrscheinlich aber noch etwas später wirkte, ein welscher oder bretonischer Sagenerzähler *(fabulator, conteur)* war, berührt diese Hauptfragen gar nicht; dieselben werden und sind durch ganz andere Momente entschieden.

11. *Schlussbetrachtung.*

Grahelent de Fine Posterne und *Guigemar*, von denen die Untersuchung ausging, sind zwei in der matière de Bretagne wenig hervortretende Figuren, und wie sind sie nach allen Seiten, sprachlich und sachlich, aufs Engste mit der Bretagne verknüpft! Ich hoffe die Ausführungen über sie (S. 2—16) und die übrigen Erörterungen dieser Studien werden neue Stützen geliefert haben der von mir *Gött. Gel. Anz.* 1890, S. 785—832 und diese *Ztschr.* 12, 231—256 verteidigten These, dass der Grundstock der matière de Bretagne auch wirklich aus der Bretagne stammt und dass sprachlich französierte Bretonen ihre Träger und Vermittler waren für die romanische Welt. An diesen Grundstock, der weit entfernt ist reines urkeltisches Sagengut zu bieten, hat sich zwischen den Jahren 1067 und 1150 etwa manches angesetzt. Im Gefolge Wilhelms des Eroberers zogen die *fabulosi Britones* nach England. Bretonen sind von 1067 an in allen Teilen Englands, wohin die normannische Herrschaft sich erstreckt, zu finden: hoch oben im Norden an der Grenze von Yorkshire und im Südwesten in Devon und Cornwales (s. *Gött. Gel. Anz.* 1890, S. 789 ff.). In den Kämpfen, welche Wilhelm der Eroberer und seine Nachfolger von 1070 an zu verschiedenen Zeiten (1071—72, 1081, 1091—92, 1111—1117) zur Unterwerfung von Süd-Wales führen (s. *Gött. Gel. Anz.* 1890, S. 793. 825; oben S. 20 ff. 83), werden Bretonen ihre Dienste geleistet haben. Wenn wir nun beobachten, wie Bretonen infolge der Anregungen, die sie im anglonormannischen England empfingen, im ausgehenden XI. Jahrhundert und erster Hälfte des XII. Jahrhunderts die Tristansage wenn nicht schufen so doch aus- und umbildeten (oben S. 76 ff.), so müssen wir uns sagen, dass die romantischen Arthurerzählungen der

---

[1] Die Frage wird im Verlauf in anderem Zusammenhang noch einmal aufgenommen.

Bretonen sich dem Einfluss des erweiterten Gesichtskreises der Träger der Stoffe schwerlich werden entzogen haben. Eins verdient meines Erachtens besonders hervorgehoben zu werden: an verschiedenen Stellen des anglonormannischen Englands treffen die Bretonen auf Erinnerungen an *Arthur;* sie treffen nichts ihren romantischen Erzählungen entsprechendes, aber sie stossen auf die Namen von Helden wie *Arthur, Urien, Ouein, Kei* u. a., die in ihren Erzählungen vorkamen. Solche Punkte sind der Südwesten Englands (Cornwall, Devon und die an Monmouth und Herford grenzenden südwelschen Landschaften) und der Norden (Cumberland), und sie treffen an diesen Punkten nicht blos Erinnerungen (z. T. Heldensage) an *Arthur* sondern auch Unterthanen der Anglonormannen, welche ein den Bretonen noch halbwegs verständliches britannisches Ideom redeten. Denn ebensowenig wie in Cornwall und den angrenzenden Landschaften Devon und Sommerset das Britannische im XI. Jahrhundert ausgestorben, ist dies der Fall im alten Cumbria, welches ja nicht blos das von Wilhelm Rufus (1087—1100) begründete Earldom Cumberland, das heutige Cumberland, umfasste, sondern auch die nördlich davon an der Westküste bis zur Clydemündung (*Dumbarton* aus gälisch *Dūn Breton*) liegenden Grafschaften Niederschottlands: in diesem alten Cumbria, welches 946 den letzten Rest politischer Selbständigkeit verlor und in seinem nördlichen Teil vom Derwent bis zum Clyde an Malcolm von Schottland und in seinem südlichen Teil mit Carlisle an England fiel, war im XI. und XII. Jahrhundert das Britannische auch noch nicht ausgestorben (s. Rhys, *Celtic Britain,* S. 145 ff.). Die Erinnerungen an Arthur, welche die Bretonen an verschiedenen Punkten Englands fanden, spiegeln sich meines Erachtens z. B. in den Namen *Caradigan* und *Carduel* wieder.

Gött. Gel. Anz. 1890, S. 526 ff. habe ich aus sachlichen und lautlichen Gründen die herkömmliche Identifizierung von *Karadigan* in der Matière de Bretagne mit dem Ort *Cardigan* in Süd-Wales beanstandet. Die sachlichen Gründe: 1) ein Ort *Caradigan* oder *Cardigan* ist im Kymrischen bis heutigen Tag absolut unbekannt; die Kymren nennen den Ort *Aberteivi* und die Landschaft, in der er liegt, heisst alt *Kereticiaun,* später *Keredigion;* 2. der Gedanke, dass *Karadigan* eine welsche Stadt sein soll, lag dem welschen Bearbeiter von Chrétien's Erec so fern, dass er einfach *Caer Llion ar Wysc* dafür einsetzt. — Diese sachlichen Gründe bleiben vollauf bestehen unter dem Gesichtspunkt, unter welchem sie a. a. O. vorgebracht wurden; sie sprechen gegen die Ansicht von G. Paris, dass die conteurs und chanteurs, welche die matière de Bretagne Normannen und Fran-

zosen übermittelten, aus Wales stammten. Anders steht jedoch
die Sache, wenn man diese Ansicht vom welschen Ursprung der
matière de Bretagne aufgibt und die von mir verteidigte Ansicht
acceptiert. Dass die verschiedenen Versuche der Normannen
zwischen 1070 und 1120, Südwales zu unterwerfen, ihre Eindrücke in welscher Sage zurückgelassen haben (Umgestaltung des
Arthur nach Wilhelm dem Eroberer, *Gwilim Rwyf, Gilbert Kat-
guffro*), hatte ich verschiedentlich Gelegenheit auszuführen (s.
oben S. 20 ff., 83). Die Nachricht des Wilhelm von Malmesbury, *Gesta Regum anglorum* III, § 287, dass zur Zeit Wilhelm's
des Eroberers *in provincia Wallarum quae Ros vocatur sepulchrum Walwen qui fuit haud degener Arturis ex sorore
nepos* aufgefunden wurde, beweist, dass Bretonen an dem Zuge
Wilhelms des Eroberers im Jahre 1081 durch Südwales bis zum
äussersten Punkte von Dyfed, S. Davids Teil nahmen. *Walwen* ist unter Anlehnung an den Namen *Ewen* bei den franzö-
sierten Bretonen aus dem lautlich bei ihnen zu erwartenden
Walmei (= bret. *Uualchmoei*, kymr. *Gwalchmei*) entstanden
und die Ausgangsform für franz. *Walwains-Gauvains* (*Ywains-
Yvains*, s. d. Ztschr. 12, 235. 250 ff., oben S. 7). Mit *provincia
Walliarum quae Ros vocatur* ist Cantref (Hundertschaft) *Ros*
in Südwales gemeint: in 7 Cantref wurde gegen Ende der welschen
Selbständigkeit Dyfed, d. h. heutiges Pembrokeshire die westlichste
Landschaft von Südwales eingeteilt, und es folgten sich Cantref
von *Penvro* (mit Stadt Pembroke), Cantref von *Ros* (mit Haver-
ford West) und Cantref von *Pebidiog* (mit S. Davids). Wilhelm
der Eroberer musste also 1081 auf seinem Zug nach S. Davids
der Küste entlang durch die Hundertschaft von *Ros* kommen.
Nun melden auch noch sämtliche Handschriften, welche uns die
Einteilung von Dyfed nach Cantrefs aufbewahrt haben, dass eins
der 3 Cwmmwd (Unterabtheilung einer Hundertschaft) von *Ros* im
XIII. Jahrhundert den Namen *Castell Gwalchmei* führte (s.
Myvyr. Archaiol. S. 737—739, Y *Cymmrodor* IX, S. 331; Rhys-
Evans, *Red-Book* II, 411; Loth, *Mabinogion* II, S. 341). *Castell*
ist ein in Folge der Berührung mit den Normannen im Welschen
aufgekommenes und vielfach für reinkymrisches *din* eingetretenes
Wort. Wenn nun noch im *Brut y Tywysogion* erzählt wird,
dass der Normanne Gilbert 1111 sein Castell an der Mündung
des Teivi auf *Dingeraint* also dem Hügel, welcher „Castell des
Geraint" hiess, anlegte (s. Rhys-Evans, *Red Book* II, S. 289),
so dürfen wir annehmen, dass der südlich von *Din-Geraint* an
derselben Küste in Dyfed gelegene Ort *Castell Gwalchmei* des
XIII. Jahrhunderts im XI. Jahrhundert *Din Gwalchmei* hiess.
Nur Bretonen, die am Zuge durch *Ros* Teil genommen hatten,

konnten nach Ausweis der Namensform *Walwen* die Kunde von dem *Din Gwalchmei* „Castell des Gwalchmei" und dem daselbst gefundenen Grab des *Gwalchmei (Walwen)*[1]) mitgebracht haben.

Der erste Versuch, die neben Pembrokeshire an der irischen See liegende südwelsche Landschaft Cardiganshire *(Keredigiaun)* zu unterwerfen, wurde von den Normannen 1091 gemacht. Hier melden die *Annales Cambriae: Circiter Kalendas Julii Franci primitus Demetiam et Keredigean* (Pembroke und Cardiganshire) *tenuerunt et castella in eis locaverunt;* im folgenden Jahre melden jedoch schon die Annalen: *Britanni jugum Francorum respuerunt, Wenedociam, Cereticam et Demetiam ab iis et eorum castellis emundaverunt exceptis duobus, id est in Pembroc et aliud in Ricors.* Die Versuche des Wilhelm Rufus in den Jahren 1095 und 1097, die verlorenen Positionen wieder zu gewinnen, schlugen fehl. — Weil Owein der Sohn des Cadugaun vou Keredigiaun 1111 einen Einfall in das Gebiet der flandrischen Kolonisten in Südwales gemacht hatte, sprach Heinrich I. dem Cadugaun die Herrschaft ab und schenkte sie dem Normannen *Gilbert filius Rickert* mit dem Auftrage, sich in Besitz zu setzen. *Ac yna gan gynullaw llu gyt ae gedymdeithon y deuth hyt yg Keredigiawn ac y goreskynnawd. Ac yd adeilawd deu gastell yndi, nyt amgen vn gyferbyn a Llan Badarn ynymyl aber yr auon aelwir Ystwyth. Ar lall geir law aber Teivi yny lle aelwir Din-Geraint, y lle y grwndwalassei Roger iarll kyn no hyny gastell* „Und nachdem er ein Heer gesammelt hatte mit Hilfe seiner Freunde (Genossen), brach er nach Keredigiaun auf und eroberte es. Und er erbaute zwei Kastelle darin, nämlich eins gegenüber von Llanbadarn an dem Ausfluss *(aber)* des Flusses, welcher *Ystwyth* genannt wird. Und das andere ganz am Ausfluss des Teivi [oder bei Aberteivi] an dem Ort, welcher *Din-Geraint* (Kastell des Geraint) genannt wird, wo Earl Robert vor ihnen (1091) zu einem Kastell den Grund gelegt hatte" (Rhŷs - Evans, Red Book II, S. 289). Diese Normannenherrschaft in Keredigiaun dauerte einige Jahre. Sollten nicht Bretonen — *Est enim illud genus hominum egens in patria, aliasque externo aere laboriosae vitae mercatur stipendia : si dederis, nec civilia, sino respectu juris et cognationis, detrectans praelia; sed pro quantitate munerum ad quascunque voles partes obnoxium. Hujus con-*

---

[1]) Ich möchte noch einmal betonen, dass die Umbildung von *Walmei* (aus *Walchmei*) zu *Walwen* in Anlehnung an *Ewen (Euuen)* aus rein sachlichen Gründen in Erzählungen, die auf welsche Heldensage gegründet wären, rein unmöglich ist, da in welscher Sage eben *Ouein* nicht der Arthursage angehörte, also nicht in Verbindung mit *Gwalchmei* kam (vgl. d. *Ztschr.* 12, 235. 250 ff. und oben S. 7).

suetudinis ille [scil. Heinrich I. von a. 1100—1135] *non inscius,
siquando opus habuisset stipendiariis militibus, multa
perdebat in Britones, fidem perfidae nationis nummis suis
mutuatus* schreibt Wilhelm von Malmesbury von den Bretonen
im Jahre 1125 in den *Gesta Regum Anglorum* III § 402 im
Beginn seiner Schilderung der Regierungszug Heinrich's I., also
a. 1100 ff. — sich unter den Scharen befunden haben, welche
Gilbert und seine Freunde zur Eroberung von Keredigiaun warben?
Sollte nicht ein Bretone, der am Zuge Teil nahm und bei den
Kymren hier Erinnerungen an Arthur traf, auf den Einfall gekommen sein, in seinen Erzählungen — vielleicht um Gilbert zu
schmeicheln — den Arthur in dem *chastel de Keredigean*, das
ja an Stelle von *Din-Geraint* lag (!), Hof halten zu lassen?
Wenn *chastel de Keredigean* infolge der Okkupation von Kere-
digian durch Gilbert a. 1111 ff. in bretonische Arthurerzählungen
gekommen war, dann erklärt sich der Städtename *Karadigan*
in den uns erhaltenen Texten der matière de Bretagne. Dies
chastel de Keredigean gab bretonischen Sagenerzählern, die von
Keredigiaun nicht wussten, ganz natürlichen Anlass zu Missverständnis. Die Verbindung allein genügte, um einen Stadtnamen
Keredigean zu folgern, wie ja so im XIII./XIV. Jahrhundert der
englische Name *Cardigan* für *Aberteivi* entstand (s. *Gött. Gel.
Anz.* 1890, S. 526 ff.). Für Bretonen lag noch ein weiterer Grund
vor: die erste Silbe des Wortes. Das dem Kymr. *kaer* entsprechende korn. *kaer* liegt in zahlreichen Ortsnamen der Bretagne vor. Da nun der Haupton in diesen Namen immer auf
der näheren Bestimmung zu *kaer* liegt, so ist natürlich, dass
aus *kaer* in vortoniger Silbe ein *Ker* oder *kar* wird. So bietet
denn auch das *Cartulaire* der Abtei von Beauport (Departement
Côtes du Nord) neben dem gewöhnlichen *Kar* (*Car, Quar*) häufig
Ker (*Quer*), für welches *Caer, Kaer* nur archaisierende Schreibung
ist (*Revue Celtique* III, 404; VII, 56 ff.; VIII, 66 ff.). Dazu kommt
ein zweites: das auf *Kar, Ker* folgende Substantiv hat häufig den
bestimmten Artikel *an, en* bei sich, der die Formen *an, ar, a, en,
er, e* aufweist. Es ist im *Cartulaire* von Beauport der Name
desselben Ortes geschrieben: *Ker-am-Buron* (a. 1266, S. 173),
Kar-a-Buron, Kar-a-Burun (a. 1239. 1241. 1242. 1271), *Kaier-
en-Buron* (a. 1202), *Quar-en-Buron*, d. h. „Burg, Stadt des *Buron*
oder *Burun*".[1]) Wurde nun ein *Keredigean* aufgefasst als *Ker-*

---

[1]) In dem *lai de Fraisne* bei Marie de France führt der Geliebte
der Fraisne nach der Londoner Handschrift den Namen *Gurun* (Vers 256),
nach der Pariser *Bruron*. Warncke setzt ersteres in den Text (S. 64),
Roquefort 1, 156 liest *Burun*. Der Name ist *Burun* oder *Buron* (vgl.

e-digan (vgl. *Quar-e-men* im *Cartul.* von Beauport), dann lag
ein *Kar-a-digan* ganz natürlich daneben; vergleiche z. B. den
Ortsnamen *Karadeguisen, Karadeguison* im *Cartul.* von Beauport
(*Revue Celtique* VII, 57). — Ich denke so erklärt sich die Entstehung des Städtenamens *Caradigan* aus dem Namen der südwelschen Landschaft *Keredigiaun*[1]) ganz unbedenklich bei der
Annahme, dass Bretonen ihn als Erinnerung an den Zug dorthin
a. 1111 in ihre Erzählungen aufgenommen und später andere ihn
volksetymologisch gedeutet haben.

Als Residenz Arthur's erscheint schon in den älteren Texten
der matière de Bretagne *Carduel*. Zwei Punkte glaube ich
Gött. Gel. Anz. 1890, S. 525 sicher gestellt zu haben: einmal,
dass es nicht kymrische Tradition sein kann (vgl. auch diese
Ztschr. 12, 237 ff.); sodann, dass es *Carlisle* in Cumberland
bezeichnet. Den dort gezogenen Schluss, dass hier eine uralte
Erinnerung der Bretonen vorliege, lasse ich fallen. Zuvörderst
bestimmt mich dazu eine sprachliche Erwägung. Die Sachsenchronik mit ihrem *Cardeol* zum Jahre 1092; Ordericus Vitalis
mit seinem (917 B) *Carduilum validissimum oppidum;* die aus
älteren Quellen schöpfende Chronik Robert's von Gloucester mit
Cardoil; das um 1270 verfasste *Chronicon elegiacum* mit dem
schon von Martin (Fergus S. XIX) angeführten Vers *Rex* (sc. David)
Carduille fertur obiise (a. 1153) *senex* (Skene, *Chronicles of
the Picts and Scots*, S. 181); die anglonormannische Chronik,
deren lateinische Vorlage auf 1280 zurückgeht, mit *David soun
freir regna XXXIX aunz et III moys et morust a Cardoil*
(Skene, *a. a. O.* S. 207): alle diese Quellen beweisen, dass *Carduil,
Cardoel* für älteres *Carluel* (Beda in Vita s. Cuthbert, siehe die
Ztschr. 12,238 Anm.) eine thatsächliche Aussprache des
XI./XII. Jahrhunderts in der Gegend von Carlisle repräsentiert. Dass aber für altes *Castra Luguvallia* (= Nennius
Caer Ligualid = nkymr. *Caer Liwelydd*) unabhängig an der
schottischen Grenze und in der Bretagne dieselbe Entstellung
eingetreten sei, ist wenig wahrscheinlich. Mir scheint daher eine
andere mit den Thatsachen sich vereinigende Deutung wahrscheinlicher. Der Umstand, dass Wilhelm der Eroberer seinem bretonischen Bundesgenossen und Lehnsmann *Alan Fergant* um Weih-
nachten 1069 das Earldom Richemond an der Nordgrenze von

Rev. Celt. III, 403) und liegt in dem Städtenamen vor. Er stammt ja
nach dem Lai (Vers 253) aus *Dol* in der Bretagne und *el pais l'apelent
Burun* (: *nun*).

[2]) In den Diphthongen *au* liegt der Accent auf *a*, daher in den
Annales Cambriae oft *Keredigean* etc. geschrieben ist.

Yorkshire verlieh und diesen Bretonengrafen zum mächtigsten
anglonormannischen Pair des Nordens machte (s. Freeman, *Norman
Conquest* IV, 296 ff.), spricht sehr dafür, dass in dem kritischen
Jahr 1069 *Alan Fergant* mit seinen Bretonen Wilhelm im
Norden ähnliche Dienste geleistet hatte wie *Alan Fergant's*
Bruder *Briennus* im Sommer desselben Jahres in Devonshire
(Freeman, *Norman Conquest* IV, 243 ff.). Nimmt man hinzu,
dass Wilhelm durch Verleihung des englischen Earldoms an einen
Bretonengrafen einen *sinus Aremoricus* (f. d. *Ztschr.* 12,250
Anm.) fürs XI. und XII. Jahrhundert an der Nordgrenze von
Yorkshire schuf, so könnte dies hinreichen zu verstehen, wie
Bretonen schon im letzten Viertel des XI. Jahrhunderts die offenbar
nur im Norden selbst vorkommende Aussprache *Carduel* hören
konnten. Es liegen aber noch festere Anhaltspunkte vor. Ein
von furchtbaren Verheerungen begleiteter Einfall Malcolm's von
Schottland in Nordengland bis Durham (s. Freeman, *Norman
Conquest* IV, 505 ff.) nötigte Wilhelm den Eroberer im Sommer
1072 zu einem neuen Feldzug nach dem Norden: es war ein
Siegeszug durch Lothian, über den Forth und das eigentliche
Schottland bis zum Tay (s. Freeman *Norman Conquest* IV, 515 ff.).
In Abernethy südlich vom Tay, der alten Königsstadt
der südlichen Pikten, wo vom VI.—IX. Jahrhundert zahlreiche *Drest, Drostan, Talorc* und *Nechtan* residiert hatten,
erschien Malcolm von Schottland und unterwarf sich. Dass an
diesem Zug der mächtigste anglonormannische Pair des Nordens
der Bretonengraf *Alan Fergant* mit Bretonen Teil genommen hat, ist
eigentlich selbstverständlich. — Zur Zeit Wilhelm's des Eroberers
treffen wir als Scheriff (*vicecomes*) von Yorkshire einen *Ernissius
de Burum* (s. Freeman, *Norman Conquest* IV, 796); derselbe,
Ernissius de Burun, übernimmt 1088 für Wilhelm Rufus das
Kastell des Bischofs von *Durham: Burun* ist der Name des
Geliebten der Fraisne, er ist Herr von *Dol* in der Bretagne;
Ker-a-Buron, Kar-a-Burun, Car-a-Burum ist ein Ortsname in
den Urkunden der Abtei von Beauport, weist also nach der
Diözese S. Brieuc in der Bretagne (s. S. 90). Auch hier werden
bretonische Landsleute nicht gefehlt haben. — Nicht minder
mächtig als *Alan Fergant* war sein Bruder *Alan* der Schwarze,
der nach ihm das Earldom von Richemond übernahm. In den
Kämpfen, die Wilhelm Rufus bald nach seiner Thronbesteigung
gegen Aufständische zu bestehen hatte (1088), bleibt Alan treu
und erhält zu seinem grossen Besitz im Norden noch Ländereien
des Bischofs von Durham (s. Freeman, *Reign of William Rufus*
I, 90). Sein Wort galt bei Wilhelm Rufus viel (s. Freeman, *l. l.* I,
109. 114. 117. 120), und er trachtete sogar darnach, die Tochter

des Schottenkönigs Malcolm zu heiraten, *sed morte praeventus non obtinuit* (Freeman, *l. l.* II, 602 ff.). Alan starb 1093.[1]) Angeknüpft wurden die Verhandlungen mit Malcolm wohl infolge der schottischen Expedition des Wilhelm Rufus. Während letzterer 1090 bis 1091 in Kämpfen verwickelt in der Normandie weilte, hatte der alte Malcolm von Schottland die Gelegenheit benutzt, um in Northumberland einzufallen und dasselbe bis Durham greulich zu verwüsten. Wilhelm Rufus kam von der Eroberung von Mount St. Michael direkt an der Grenze der Bretagne mit seinem Heer und, nachdem er den Bischof von Durham unter grossen Feierlichkeiten (3. September 1091) wieder eingesetzt hatte, marschierte er gegen Schottland: durch Lothian zum Firth of Forth. Malcolm kommt entgegen und unterwirft sich. Sein Werk zur Sicherung der Nordgrenze schloss Wilhelm Rufus im folgenden Jahre ab: 1092 bricht er mit einem starken Heere auf, vertreibt den noch halb unabhängigen Dolfin von Carlisle, erbaut das Kastell und die Mauern von Carlisle wieder, erhebt es zu einem anglonormannischen Earldom und macht es zu einem Bollwerk Englands gegen Schottland (s. Freeman, *Reign of Wilhelm Rufus* I, S. 295—318). Für Teilnahme von Bretonen an diesen Ereignissen 1091—1092 im Norden spricht vieles: der mächtigste anglonormannische Pair des Nordens, der Bretonengraf Alan der Schwarze, der eben (1088) für treue Dienste belohnt worden, wird sicher bei den Expeditionen 1091—92 gewesen sein, zumal seine Teilnahme die Unterhandlungen mit Malcolm wegen dessen Tochter erklärt; da Wilhelm Rufus von den Grenzen der Bretagne nach dem Norden gerufen wurde (Sommer 1091), wird er es nicht versäumt haben von dort Söldner mitzubringen.

Es scheint mir nun verschiedenes darauf hinzuweisen, dass *Carduel* als Residenz Arthur's in den bretonischen Erzählungen eine Erinnerung ist an jene Züge 1091—92, bei denen Bretonen beteiligt waren. Der bekannte Lai der Marie de France von *Lanval*, der ja aus zahlreichen Gründen (s. *Gött. Gel. Anz.* 1890, S. 798 ff.; d. *Ztschr.* 12, 239; oben S. 16 Anm.) auf bretonische Quellen zurückgehen muss, beginnt folgendermassen:

> *A Kardoil surjurnot li reis,*
> *Artur li pruz e li curteis,*
> *pur les Escoz e pur les Pis*
> *qui destruieient le pais;*
> *en la terre de Loengre entroent*
> *e mult suvent le damajoent.*
> *A la pentecuste en esté*
> *i aveit li reis surjurné.*

---

[1]) *Alan* der Schwarze, der als Earl von Richemond Oberbefehlshaber und Führer bretonischer Hilfstruppen bei Lincoln (1141) war

Hier haben wir offenkundig die Situation von 1092 vor uns:
wie 1072 waren 1091 Schotten und Pikten — aus beiden setzte
sich ja das schottische Reich des XI. Jahrhunderts zusammen —
in England eingefallen und hatten grosse Verheerungen angerichtet.
Zwischen Mai und September 1092 hielt sich Wilhelm Rufus in
Carlisle auf, um aus ihm ein Bollwerk gegen Schottland zu machen.
Oder sollte jemand bei obigen Versen es vorziehen anzunehmen,
dass die Bretonen des XII. Jahrhunderts eine Erinnerung an die
Scotti und *Picti* vom Jahre 360 bei Ammianus Marcellinus (XX, I)
bewahrten? Auch das verdient hervorgehoben zu werden, dass
die Form *Cardeol* in dem Laud Ms. der Sachsenchronik sich
gerade in der Erzählung der Ereignisse von 1092 findet (Earle,
Saxon Chron. S. 228). — Ferner in dem altfranzösischen Berolfragment der Tristansage — das ja auf Sagengestalt von Bretonen
aus Landschaft Leon hinweist (s. oben S. 80 ff.) — hat Arthur
zwei Residenzen, die nahe bei König Marc's Residenz gedacht
sind: *Carduel* Vers 614. 647 (Michel, *Tristan* I, 33, 18; 35, 10)
und *Durelme* Vers 4224 (Michel, *Tristan* I, 202, 15). Nun
Durelme (vgl. Vers 2200 *Dureaume* in einem Vergleich) ist, wie
schon Fr. Michel II, S. 192 sah, *Durham*, älter *Dunolm, Dunelm*.
In den Ereignissen von 1091—1092 sind *Durham* und *Carlisle*
enge verbunden: an ersterem Orte hielt Wilhelm Rufus im August
und September 1091 Hof, ehe er nach Schottland zog, letzteren
baute er zwischen Mai und September 1092, umgeben von grossem
Heer, zu einem Bollwerk gegen Schottland aus. Diese Verbindung von *Carduel* mit *Durelme* in dem Fragment der Tristansage weist deutlich auf die Ereignisse von 1091—92 und gibt
ein neues Moment dafür ab, dass *Carduel* als Residenz in
der matière de Bretagne eine Erinnerung der Bretonen
an die Ereignisse der Jahre 1091—92 an der schottischen
Grenze ist.

Hier aus dem Norden, von wo *Carduel* in die Arthurerzählungen kam, brachten die Bretonen auch den Helden der
Tristansage mit. Am nächsten liegt die Annahme, dass sie im
Sommer 1072 in Abernethy, dem Königssitz der südlichen Pikten,
mit der Figur des *Drestan* (*Drest-Drostan*) bekannt wurden
(s. S. 67 ff. 92). Ich glaube nun, dass die Bretonen nicht nur
die Figur des Helden, sondern auch den Kern der Sage von
dort mitbrachten. Der historische Hintergrund, den die Sage
in der auf uns gekommenen bretonisierten Gestalt voraussetzt, also die Beziehungen zwischen Irland und Cornwall, findet

---

und 1146 starb, war nicht Enkel *Alan Fergant's*, wie ich *Gött. Gel.
Anz.* S. 790 angebe, sondern Neffe desselben (s. *Recueil des historiens
des Gaules* XII, 568).

sich im Norden Britanniens im IX. Jahrhundert. Um die Wende
des VIII. und IX. Jahrhunderts, als die Vikingerdrangsal begann,
waren die politischen Verhältnisse im Norden Britanniens folgende.
Nördlich der Glasgow-Edinburglinie (Firth of Clyde und Firth of
Forth) bestanden zwei Reiche, geschieden durch den *dorsum
Albaniae (Druim Alban)* genannten Gebirgszug: das kleinere
an der Westküste das Schottenreich und das grössere an der
Ostküste das Piktenreich; letzteres war sprachlich im Norden
wesentlich gälisiert, im Süden teilweise britannisiert und ang-
lisiert. Im Süden der Glasgow-Edinburglinie bis zu einer Linie,
die sich etwa vom Südpunkt des Solway Firth zur Tynemündung
an der Ostküste erstreckte, lagen ebenfalls zwei Reiche: an der
Westküste als Fortsetzung des Schottenstaates nach Süden ein
britannisches Reich, das Reich der nördlichen Kymri *(Cumbria)*,
umfassend heutiges Cumberland, Westmoreland und die schottischen
Grafschaften Dumfries, Ayr, Lannark; parallel dem lief an der
Ostküste als Fortsetzung des Piktenstaates nach Süden das
Anglenreich von Bernicia (s. *Skene, Celtic Scotland* I, 226 ff.).
Der südliche Teil des Brittenstaates Cumbria — das heutige
Cumberland und Westmoreland mit Carlisle — war im VII. Jahr-
hundert unter fester nordhumbrischer Herrschaft lange gewesen,
infolgedessen die Hauptstadt dieser nördlichen Kymry *Alcluith
(Dûn-Breton,* heute *Dumbarton)* geworden war; wenn auch seit
Ende des VII. Jahrhunderts in dem südlichen Teil (dem heutigen
Cumberland und Westmoreland) mit Carlisle eine feste nordhumbrische Herrschaft nicht bestand, so wurde es ebensowenig
festes Brittengebiet: teils unabhängig, teils streitiges Gebiet
zwischen den Britten von Alcluith (Dumbarton) und den Angeln
von Bernicia war Bevölkerung und Sprache stark anglisch gemischt. Über die ewigen Streitigkeiten dieser vier Staaten kam
nun Ende des VIII. Jahrhunderts die Vikingerzeit. Begünstigt
durch die Bedrängnis, in welche das Piktenreich durch mehrfache Vikingereinfälle geriet, gelang es dem Schottenkönig Kenneth
mac Alpin, sich um 844 des Piktenthrones zu bemächtigen und
so ein grosses Schotten-Piktenreich (Albanien) nördlich der Linie
Glasgow-Edinburg zu begründen. Die in erster Hälfte des
IX. Jahrhunderts meist planlosen Plünderungszüge der norwegischen Vikinger bekamen um 850 eine andere Gestalt, als
dänische Vikinger sich in Dublin festsetzten und hier mit dem
Stützpunkt Dublin ein mächtiges Vikingerreich gründeten (s. *Ztschr.
f. Deutsches Altertum* 35 S. 130 ff.). Von hier aus gehen in
zweiter Hälfte des IX. und im X. Jahrhundert die meisten Plünderungszüge nach der Westküste Britanniens: nach Schotten-
Piktenreich, dem Brittenstaat von Alcluith, nach Northumberland,

nach Wales, und die in Geschichte und Sage Gross-
britanniens aus jener Zeit lebenden mächtigen Iren-
herrscher von Dublin sind keine Iren, sondern Germanen, die Herrscher des mächtigen Vikingerstaates, denen im
IX. und X. Jahrhundert der irische Oberkönig in Meath Tribut
zahlte. Über die Beziehungen dieser dänischen Irenkönige von
Dublin zu Nordbritannien melden uns die Ulsterannalen folgendes:
a. 865 *Amlaib 7 Auisle dodul i Fortrenn co Gallaib Erenn
7 Alban, corinnriset Cruithentuaith n-uile 7 cotucsat angiallo*
„Amlaib (Anláf, Ćlaf, Abloyc) und Auisle zogen gegen Fortrenn
(Süd-Piktenland) mit den Vikingern von Irland und Schottland
und sie verheerten ganz Piktenland und nahmen Geiseln von ihnen
mit sich"; a. 869 *Obsessio Ailech Cluathe a Normannis .i. Amlaib
et Imar, duo reges Nordmannorum obsederunt arcem illum et
destruxerunt in fine IV mensium arcem et predaverunt;* Ail-
Cluathe ist Alcluith, die Hauptstadt der nödlichen Britten. Dass
Amlaib und Imar es nicht bei der Plünderung von Alcluith bewenden liessen und woher sie kamen, erfahren wir aus denselben Annalen zum folgenden Jahr: 870 *Amlaiph et Imar do
thuidecht afrithisi du Athcliath a Albain, dib cetaib long*
(Amlaib und Imar kehren aus Albania nach Dublin zurück mit
200 Schiffen) *et preda maxima hominum Anglorum et Britonum
et Pictorum deducta est secum ad Hiberniam in captivitate.*
874 *Congressio Pictorum fri Dubgallu* (d. h. dänische Vikinger)
et strages magna Pictorum facta est. Die Macht des mächtigen
Vikingerreiches mit dem Stützpunkt in Dublin und kleineren
Reichen in Northumberland, Deira wurde durch den 925 auf den
englischen Thron gelangenden Aethelstan gebrochen in der Schlacht
von Brunanburh 937. Der Versuch des Amlaib Cuaran, der in
der Schlacht mitgefochten hatte und nach Dublin zurückfloh, 941
die Dänenherrschaft in Northumberland zu erneuern war nur kurze
Zeit vom Glück begünstigt. Aethelstan's Nachfolger Eadmund
verjagte ihn 943. Da die Herrscher der nördlichen Britten von
Alcluith in diesen Kämpfen immer auf Seiten der Dubliner Dänen-
könige gestanden hatten, bemächtigte sich Eadmund ihres Staates
und teilte ihn (946) mit Malcolm, dem König der vereinten Schotten-
Pikten, in der S. 87 angegebenen Weise.

Ich denke die thatsächlichen Beziehungen der Pikten-Schotten
zu dem mächtigen Dänenherrscher von Dublin in den letzten
Dezennien des IX. Jahrhunderts liefern klar den von der Tristansage geforderten historischen Hintergrund, während von Cornwall
nichts derartiges aus der Vikingerzeit[1]) nachweisbar ist. Als

---

[1]) Die Figuren der Iren müssen aber, wie die Namen *Gurmun,
Moroll, Iselt-Isolt* ausweisen, Vikinger-Iren sein, Germanen. Die

einen Nachklang, wenn auch unverstandenen, an die noch nicht bre-
tonisierte Tristansage darf man es nun auch auffassen, wenn im Berolfragment *Carduel* und *Durelme* (*Carlisle* und *Durham*) Arthur's
Residenzstädte nicht fern von der Hauptstadt des Marc von Cornwall
gedacht sind! (S. oben S. 94.) Das passt, wenn die Geschichte
im Norden, in der Heimat des *Drestan* (*Drest-Drostan*) also im
Süd-Piktenlande oder dem benachbarten Gebiete spielt. Vielleicht
lässt sich noch ein viel interessanteres Zeugnis für die vorbretonische Fassung der Sage nachweisen. In der durch Eilhart's
von Oberge Tristan repräsentierten Berolversion ist der Vater
Tristans *Riwalin* von *Leon* in der Bretagne; dass *Riwalin*
ein *Riual* repräsentiert wie *Hawelin* ein *Howel* ist schon S. 81
bemerkt. Schauen wir nun die Thomasversion in Bezug auf diesen
Punkt näher an. In Tristrams Saga heisst der Vater *Kanelangres*
(*ok hét þessi riddari Kanelangres at nafni*); in Sir Tristrem
heisst er *Rouland*; bei Gottfried von Strassburg heisst er *Riwalin* und hat den Zunamen (*âname*) *Kanêlengres* (Vers 320 ff.).
Da nun *Rouland* wohl aus *Riualin* entstellt ist, wie auch Kölbing
Tristansage I, S. XXI annimmt, so müssen wir schliessen, dass
in dem Gedicht des Thomas der Vater Tristans den Namen *Ri-
valin* führte mit dem Beinamen *Kanelengres*. Der nordische
Bearbeiter liess den einen, der englische den andern fallen. Was
bedeutet nun *Kanelangres — Kanêlengres?* Gottfried macht Vers
1641 ff. bestimmte Angaben, die er nicht kann aus den Fingern
gesogen haben:

> *der fuorte sî ze Kanoel*
> *ûf daz selbe Kastel,*
> *nach dem sîn hêrre, als ich ez las,*
> *Kanêlengres genennet was*
> *Kanel nach Kanoele.*

Kanêlengres ist also ein Beiname nach dem Ort, wo der
Vater Tristans sein Kastell hat. Derselbe soll *Kanoel* geheissen
haben. Hier springt in die Augen, dass *Kanelengres* (*Kanelangres*) eine höchst sonderbare Bildung von einem *Kanoel* ist,
die nach meinen Kenntnissen aus dem Romanischen keine Erklärung erhält. Nimmt man an, dass *Kanêlengres* für *Kanellengres*
mit doppeltem *l* steht, was wohl unbedenklich ist, so ist das Bei-
wort klar: Tristans Vater ist „der Engländer aus Carlisle",
ein „Carlisler Engländer". Bei den südlichen Kymri, den
Welschen ist dichterische Bezeichnung für „Engländer" *Lloegrwys*

Lokalisierung des Schauplatzes im Südwesten Britanniens, in Cornwales,
wurde allerdings mit hervorgerufen durch die Erinnerung an die Beziehungen der wirklichen Iren zu Cornwales im V.—VI. Jahrhundert
(s. S. 64). Ich komme darauf noch im Verlauf.

(vergl. *Loegria* bei Gottfried von Monmouth und die Fabel in Buch II, 1). Nun sagt Marie de France im Lai Lanval von den Schotten und Pikten *en la terre de Loengre entroënt* (Vers 9) d. h. England; ebenso heisst es im Lai von Milun bei ihr: *Mult fu coneüz en Irlande- en Norweïë e en Guhtlande; — en Loengrë e en Albanie — ourent plusur de lui envie* (Vers 15 ff.); im Lai von Eliduc endlich heisst es Vers 69: *al reialme de Loengre ira*, womit nach dem was folgt nur England gemeint sein kann. Marie de France zeichnet sich aus durch die Gewissenhaftigkeit, mit der sie bretonische Namen (vgl. *Guigemar*, oben S. 8 ff.) und Wörter wieder gibt; wir dürfen getrost schliessen, da ihr Bretonen zu den drei in Frage stehenden Lais den Stoff geliefert haben, dass eine bretonische Bezeichnung für England *Loengre* war. Ob Bretonen nun das Wort aus dem *Lloegyr, Lloegrwys* der Welschen entstellt haben, oder ob sie damit die in Cumberland getroffene Aussprache wiedergeben, ist gleich: *Loengre* bedeutete „England" und *Loengres* wohl „Engländer". Dass in Cumberland, auch in der Gegend von Carlisle, das Britanische im XI. Jahrhundert noch nicht ausgestorben war, habe ich schon S. 87 bemerkt; es hatte im VII. Jahrhundert durch die Anglenherrschaft einen starken Stoss bekommen, von dem es im VIII. und IX. Jahrhundert kaum vollständig aufatmete, da ja auch in jener Zeit ein starker Prozentsatz der Bevölkerung anglisch war. Als nun Cumberland und Westmoreland 946 von Eadmund zu England geschlagen wurde, wird das Aussterben des brittischen Idioms beschleunigt worden sein. In diesem im XI. Jahrhundert im Aussterben begriffenen stark korrumpierten nordbrittischen Idiom des alten Cumbria hörten die Bretonen in den letzten Dezennien des XI. Jahrhunderts (1070—1093) die Formen *Cardoel, Carduel (Cardeol)* für das kymrische *Kaer Liwelydd* und *Loengre* „England", *Loengres* „Engländer" für kymr. *Lloegyr, Lloegrwys.* Gerade diese Auffassung der Namensform *Cardoel, Carduel* als volkstümliche Aussprache lässt es unbedenklich erscheinen, daneben — in anderen Strichen — eine Aussprache *Caroel* mit Assimilierung des *l* (*Carloel : Cardoel* und *Caroel*) anzunehmen. Um so unbedenklicher wird diese Annahme, da es höchst wahrscheinlich ist, dass *Cardoel, Carduel* als Residenz Arthurs in der bretonischen Sage ebenso wie *Durelme* eine Erinnerung der Bretonen an den Zug des Wilhelm Rufus 1091/92 nach *Durham* und *Carlisle* repräsentiert (s. S. 93 ff.), während der Grundstock der Tristansage 1072 von dem Zuge Wilhelms des Eroberers aus dem Süd-Piktenlande mitgebracht wurde (s. S. 94). *Caroel* und *Cardoel* sind also wohl von verschiedenen Bretonen, zu verschiedenen Zeiten und aus verschiedenen Gegen-

den des Nordens mitgebracht worden. Dass man, nachdem sie
in die Sage gekommen, in Südengland und der Bretagne sich der
Identität des *Karoel*, dissimiliert *Kanoel*, woher Tristan's Vater
stammte und des *Kardoel, Karduel*, wo Arthur residierte, bewusst gewesen sei, ist kaum anzunehmen. Ob die Dissimilierung
des *Karoel* in *Kanoel* bei den Bretonen stattfand oder ob sie
schon in den Erzählungen 1072 im Süd-Piktenland *Kanoel,
Kanelloengres* hörten, lässt sich nicht ausmachen, ist auch gleichgültig. Hinweisen will ich nur auf einen analogen Vorgang in
dem Namen einer Stadt an der Nordgrenze Englands. [1]) Die älteste
Form für heutiges *Durham* ist *Dunholm* Dat. *Dunholme* (*Sachsen-
chron.* 1072—1080), woher die Latinisierung *Dunelmensis;* im
Berolfragment der Tristansage haben wir *Durelme, Dureaume*
(Michel, *Tristan* I, 4224. 2200).

Dies Ergebnis, das schon ein kleiner Beitrag ist zu der
S. 85 geforderten Untersuchung — das Ergebnis also, dass der
Vater des piktischen *Drestan* nach seinem Namen (Beinamen?)
Kanelengres ein „Engländer (*Loengres*) aus Carlisle (*Canoel,
Caroel*)" ist, fordert geradezu auf, zu prüfen, ob in dem Bericht
der Thomasversion über die Heimat von Tristan's Vater nicht
noch ein Nachklang an die vorbretonische Stufe der Tristansage
steckt. Nach der nicht blos bretonisierten sondern speziell léoni-
sierten Version der Tristansage, die die Berolversion genannt
wird, ist *Riwalin*, Tristan's Vater, Herr von *Léon* in der Bretagne.
Unter den Repräsentanten der Thomasversion ist Gottfried von
Strassburg derjenige, welcher der Quelle am getreuesten folgt
und in ihrem Sinne auch der Abweichungen gedenkt. Er sagt
Vers 243—44 *Ein hêrre in Parmenîe was, der jâre ein kint
als ich ez las*, und besonders Vers 326 ff., nachdem er die Ansicht der Berolversion, dass Tristan's Vater Herr von Léon sei,
abgewiesen hat:

> *Nu tuot uns aber Thômas gewis,
> der ez ân den âventiuren las,
> daz er von Parmenîe was
> and hæte ein sunderz lant
> von eines Britûnes hant
> und solte dem sîn undertân:
> derselbe hiez liduc Morgân.*

---

[1]) Man muss sich nur gegenwärtig halten, welche Abwechslung
von Sprachen und Völkern in wenigen Jahrhunderten in manchen
Strichen Nieder-Schottlands und den angrenzenden Grafschaften Nord-
Englands eintrat: über Brittenstämme, die auf dem Boden von unter-
worfenen und vielleicht noch nicht völlig assimilierten Pikten sassen,
wälzten sich von Ende des IV. Jahrhunderts Pikten und Schotten
(Iren). Angeln machten ihnen dann den Boden streitig. Über solche
vielfach aus Pikten, keltischen Britanniern, Pikten-Schotten, Angeln

Nach der nordischen Tristramsage war *Kanelangres* aus
Bretland „Brittenland" (Kap. I) und die Burg (das Kastell) des
Kanelangres in *Bretland* hiess *Ermenia* (Kap. XXIV). Nach
dem englischen Sir Tristrem ist das Land *Ermonie, Hermonie*
des *Rouland* (Riualin) Heimat und des Tristan Erbe (Vers 74,
532, 762, 807, 849, 906). Nach Gottfried von Strassburg also
stammte Tristans Vater *Riwâlin* aus *Parmenîe* und trug von
dem Brittenherzog *Morgân* ein Lehen, welches nicht *Parmenîe*
war, sondern *ein sunderz lant:* es war *Kanoel,* wie uns Gott-
fried-Thomas an anderer Stelle verrät, woher ja *Riwalîn* den
Beinamen *Kanelengres (Kanelangres)* hat. Aus diesen Angaben
des Thomas erklären sich die der nordischen Tristramsage und
des englischen Sir Tristrem ganz gut. Sie erklären sich ihrerseits selbst sehr gut als Nachklang der vorbretonischen Version
der Tristansage. Ich muss noch einmal kurz auf die schon
mehrfach berührten historischen Verhältnisse hinweisen. Von
dem Reich der nördlichen Britten, das sich um 600 an der
irischen See entlang vom Südpunkt des Solway Firth bis zur
Linie Firth of Clyde-Firth of Forth erstreckte und *Castra Lugu-
valia (Carlisle)* zur Hauptstadt hatte, war im Beginn des
VII. Jahrhunderts der südliche Teil, die heutigen englischen
Grafschaften Westmoreland und Cumberland, mit Carlisle von
den Angeln Nordhumberlands besetzt worden; infolge dessen
wurde das an der Nordgrenze gelegene *Alcluith* (irisch *Dūn
Breton,* heute *Dumbarton*) Hauptstadt (s. Freemann, *Reign of
William Rufus* I, S. 314). Mit Ecgfrith's von Northumberland
Tode (685) war die nordhumbrische Macht gebrochen und wenn
auch Eadberht von Northumberland in Verbindung mit dem
Piktenkönig Unust (Aengus) 756 den Herrscher des nördlichen
Brittenstaates in seiner Hauptstadt Alcluith belagerte, so war
dies nur ein vorübergehendes Aufflackern der nordhumbrischen
Macht: vom Ende des VII. Jahrhunderts standen die genannten
südlichen Striche des alten Cumbria, also Cumberland und Westmoreland, wieder unter Einfluss und Oberhoheit der Brittenkönige
von Alcluith (Dumbarton). Auf diesem geschichtlichen Hintergrund, verlegt in die Vikingerzeit, spiegelt sich nun die vorbretonische Version der Tristansage: Der Vater Tristans hatte
von dem Brittenkönig (*Morgan*) von Alcluith die Stadt *Kanoel*
(d. h. *Karoel, Carlisle*) als Lehen; er war ein Angle unter
brittischer Oberhoheit, hiess daher *Kanelengres* „Angle
(Engländer) aus Carlisle." Sein Heimatland, das Thomas von

_____
gemischte Bevölkerung kam vom IX. Jahrhundert Norweger- und Dänenherrschaft, vom XI. Jahrhundert Herrschaft der romanisirten Normanen.
Als das zäheste Element erwies sich das englische.

dem Lehen *Kanoel* sondert, hiess *Parmenîe (Ermenia, Ermonie, Harmonie)*: was kann damit gemeint sein? Wenn man Gottfried von Strassburg mit seinem anlautenden *P* die reinere Wiedergabe der Quelle zutraut, wozu wir auf grund der anderen Namen alle Veranlassung haben, dann kann meines Erachtens in dem *Permenie* des Thomas nur eine unverstandene und entstellte Erinnerung an *Bernicia* stecken. *Bernicia* hiess im IX.—X. Jahrhundert der anglisch-nordhumbrische Staat, der im Westen an brittisches Cumbria, im Norden an das Piktenreich grenzte. Der Vater Tristans war ein Angle *(loengres)* aus Bernicia *(Parmenie)* und hatte *Canoel (Carlisle)* als Lehen von eines *Britûnes hant liduc Morgân* d. h. von dem König der nördlichen Britten in Alcluith. Nachdem das Verhältnis zu seinem Lehnsherrn geordnet war, zog er an den Hof des Herrschers von Süd-Piktenland. Von hier wurde er heimgerufen, weil der Brittenherrscher den Vertrag gebrochen. Er nimmt die Schwester des Piktenkönigs als Frau mit sich. Er fällt im Kampfe gegen den Brittenkönig, und seine Frau gibt sterbend einem Knaben das Leben, welcher den piktischen Königsnamen *Drestan (Drest- Drostan)* erhielt.[1]

---

[1] Bei den Pikten, den Überresten der nicht-indogermanischen Urbevölkerung Britanniens, bestand bekanntlich das Mutterrecht (s. Beda, *Histor. eccl. gentis Anglorum* I, 1). Wir finden daher, dass nie der Sohn eines Königs den Thron erbt, sondern die Brüder (Söhne einer Mutter) hintereinander und dann geht die Herrschaft auf den Sohn (resp. die Söhne) der Schwester über und so fort nach Mutterrecht (s. Skene, *Chronicles of the Picts and Scots* S. CI ff.; *Celtic Scotland* I, S. 232). Die Könige tragen gewöhnlich die piktischen Namen *Brude, Drest, Drostan, Talorc, Nechtan,* während die Vaternamen in historischer Zeit häufig irisch, britannisch oder englisch sind (s. Skene a. a. O.); es wurden also die Söhne von piktischen Prinzessinen, selbst wenn letztere an benachbarte brittanische, anglische, schottische Häuptlinge verheiratet waren, nach Mutterrecht in den Clan aufgenommen. So ist es begreiflich, wie der Sohn des „Engländers aus Carlisle“ den piktischen Königsnamen erhält: er ist nach feststehendem Piktenrecht der einzig rechtmässige Nachfolger seines Onkels, selbst wenn der sich verheiratet und Söhne hat. So folgte den drei Brüdern *Garnard filius Wid* (4 Jahre), *Breidei (Bruide) filius Wid* (5 Jahre), *Talorc frater eorum* (12 Jahre) nach der *Piktenchronik* und anderen Quellen ein *Tallorcen filius Enfret* (Skene, *Piktenchronik* S. 7). Letzterer heisst in irischen Quellen *Tarlorc mac Ainfrit;* er ist Sohn des *Eanfrith (Enfrith)* von Northumberland: derselbe war Sohn des *Aethilfrith* († 617) von Northumberland und hatte einige Zeit in Piktenland zugebracht. Die Mutter des *Tallorc mac Ainfrit* war offenbar eine Schwester der drei Vorgänger des 657 gestorbenen *Tallorc mac Ainfrit.* Ganz so wie der Sohn des Anglenhäuptlings *Eanfrith* nach Mutterrecht den Piktenthron erbt und den Piktennamen *Tallorc (Taloreen)* führt, so der Sohn des „Anglen von Carlisle“ den Namen *Drestan (Drest — Drostan).* Wenn nun *Drestan (Trestan)* in der ältesten Version, die uns das Kymrische zum Teil bewahrt hat (s. S. 80), Sohn des *Talorc (Trestan mab Tallwch)* heisst,

Von norwegischen Seeräubern entführt gelangt er nach Piktenland
zu seinem Oheim und wird später erst seiner wahren Herkunft
nach entdeckt. Um seinen Vater an dem Brittenkönig zu rächen,
kehrt er nach *Kanvel* zurück, schenkt aber nach Besiegung des
Brittenkönigs sein väterliches Erbe an seinen Erzieher und kehrt
nach Piktenland zurück, wo ihm ja nach piktischem Erbrecht
(s. vorige Seite Anm.) die Nachfolge in der Herrschaft sicher
stand.[1]) Er kommt an, als der Abgesandte des mächtigen
Dubliner Vikingerkönigs *Gurmun* den Tribut abholen kommt
(vgl. S. 96 die geschichtlichen Thatsachen), besiegt den Vikinger.
Doppelte Fahrt nach Dublin, Werbung[2]) um *Iselt* oder *Isolt* für
den Onkel u. s. w.

War von dem Zuge 1072 von den Bretonen eine derartige
Erzählung von *Drestan* aus dem südlichen Piktenlande mitgebracht
worden, dann trug sie den Keim zur Bretonisierung in
sich. Der Vater des *Drestan* hielt nach der Sage *Kanoel* als
Lehen von einem Brittenkönig; im Kampfe mit seinem Lehnsherrn, dem Britten, fiel er, und *Drestan* rächt den Tod seines
Vaters an eben diesem Brittenkönig. Was konnte man sich
dabei nach 1072 in der aremorikanischen Bretagne denken? Man
kannte Britten nur in der Bretagne, und damit war die Bretonisierung gegeben. Der feste Punkt in der Verschiebung ist die
Gleichsetzung des Brittenherrschers der nordbritannischen
Britten von *Alcluith (Dūn Breton)* mit dem Bretonenherrscher
in der Bretagne. Damit war die Lage der übrigen Länder ge-

---

sein Vater andererseits nach der Thomasversion *Kanelengres* „Engländer
aus Carlisle" als Beinamen führt — was ebenfalls alt sein muss —, so
steckt in *Talorc* mit Beinamen *Kanelengres* eigentlich ein Widerspruch,
da *Talorc* ein piktischer Name ist. Dieser Widerspruch, den man
200 Jahre nach Untergang des Piktenreiches auch in den Gegenden
des alten, im XI. Jahrh. anglisierten Süd-Piktenlandes nicht mehr fühlte,
wo die Bretonen 1072 die Sage erfuhren, war wohl aus dem Bestreben
entstanden, die piktische Herkunft des Helden deutlich zu bezeichnen.

[1]) In den auf uns gekommenen Versionen der Tristansage ist
der wirkliche Grund dafür, dass Tristan, der Sohn des *Kanelengres*, sein
Vatererbe als selbstverständlich aufgibt und als selbstverständlicher
Erbe von seines Oheims Reich erscheint — wie der historische *Tallorcen
filius Enfret* —, der wirkliche Grund dafür, das piktische Mutterrecht, ist unbekannt; daher die mannigfaltigen Versuche, aus anderweitigen Verhältnissen und Gründen die unverstandenen Sagenzüge zu
motivieren.

[2]) *Constantin*, der sechste oder siebente Herrscher (900—942) des
vereinigten Schotten-Piktenreiches, verheiratet seine Tochter an den
dänischen Irenkönig *Amlaib* (s. Skene, *Celtic Scotland* 1, 352). Dass im
IX. Jh. das Umgekehrte eintreten konnte, Verheiratung eines Mädchens aus
der Familie der mächtigen Dubliner Vikingerkönige an einen der Schotten-
Piktenkönige, liegt vollkommen im Bereich der Wahrscheinlichkeit.

geben. Das nördlich gelegene Piktenland, woher Drestans Mutter stammte, wurde Cornwales, und die Heimat von Drestans Vater (*Permenie*) dachte man sich etwa südlich oder östlich von der Bretagne. Sekundär mag als Stütze hinzugetreten sein, dass Erinnerungen an eine Abhängigkeit des südwestlichen England (Cornwall, Cardiganshire, Pembrokeshire, Caermarthenshire) von wirklichen Iren im V.—VI. Jahrhundert vorhanden waren (s. oben S. 64, ff.), womit die Verlegung aus der Vikingerzeit in jene Zeit (König *Marc*) zusammenhängt. Diese Bretonisierung der Sage im Groben, wenn ich so sagen darf, war schon vor sich gegangen, als die Tristansage nach Süd-Wales gebracht wurde. Mancherlei spricht dafür, das Wilhelm's des Eroberers Zug nach S. Davids 1081 den Zeitpunkt bezeichnet (s. oben S. 83, 88 ff.). *Talorc* (welsch entstellt *Tallwch*) aus dem an die Bretagne grenzenden Lande *Permenie* hat *Kanoel* als Lehen von dem Bretonenherzog, woher er den Namen *Kanelengres* führte. Er gewinnt bei einem Aufenthalt in Cornwall die Schwester des Königs *Marc* von Cornwall, die nach dem Tode Talorc's im Kampfe mit seinem Lehnsherren den *Trestan* (Nebenformen *Drestan* und *Tristan* s. S. 72 ff.) gebiert. Diese Form der Tristansage wird im Verlauf weiter bretonisiert, dass Trestan's Vater mit einem bretonischen Häuptling *Riual* des VI. Jahrhunderts identifiziert wird, also nun *Riualin Kanelengres* ist (Thomasversion). Durch Sagenerzähler aus Léon erfolgt die spezielle Lokalisierung in der Bretagne. Das ausserhalb der Bretagne gelegene Lehen *Kanoel* wird fallen gelassen — womit auch der Beiname *Kanelengres* wegfällt —, ebenso *Permenie*. *Riualin* ist Herr von *Léon* und trägt dies von dem Bretonengrafen *Morgant* als Lehen. Kämpfe der Häuptlinge einzelner Landschaften wie Léon mit dem Herzog von der Bretagne sind ja in der bretonischen Geschichte an der Tagesordnung. Das ist die Berolversion, die zur Zeit des Thomas bekannt war.

Die Pflichten, welche das hereingebrochene Semester mit sich bringt und die meine Gedanken an die Ufer des Ganges und in die luftigen Höhen indogermanischer Sprachschöpfung entführen, zwingen mich jetzt, die Untersuchung nach denjenigen Elementen, welche sich nach 1067 an den Grundstock der matiére de Bretagne angesetzt haben, hier abzubrechen. Einige Bemerkungen seien noch gestattet. Ich halte es nicht für unwahrscheinlich, dass die ganze Verlegung der Szenerie nach Britannien, England, soweit sie in den älteren Texten schon eingetreten ist, zu den nach 1067 eingetretenen Ansätzen gehört. Mit Wort und Begriff *Gales* sind die Bretonen doch zweifellos wohl erst im anglonormannischen England bekannt geworden.

Das Unverstandenwerden und die Umdeutung von *Destre Galle*
können wir noch halb und halb beobachten. Der Umstand, dass
die Bretonen an verschiedenen Punkten des anglonormannischen
Englands Erinnerungen an den historischen Arthur vorfanden,
verbunden mit den im XI./XII. Jahrhundert wieder durch gelehrte
Beschäftigung stärker werdenden Bewusstsein der Herkunft der
Bretonen aus Britannien, musste die Fixierung der Szenerie in England befestigen. Durch diese allmähliche Einführung einer neuen
Szenerie erklärt sich am besten das geographische Halbdunkel,
welches in Yvain und Erec vorherrscht, wie es Foerster, *Yvain*
S. 278 nachweist. — Es wird ferner der Untersuchung bedürfen,
wie weit einerseits der ja um und bald nach 1150 durch mehrere
französische Bearbeitungen allgemein zugänglich gewordene Roman
des Gottfried von Monmouth *(Brut)* Quelle wurde und wie weit
andererseits sonstige im anglonormannischen England entstandene,
auf den romantischen Erzählungen der Bretonen beruhende Ge-
schichtszuschneidungen verbunden mit bekannt werdenden Zügen
wirklicher kymrischer und kornischer Heldensage ihren Niederschlag in der in den Händen der höfischen Dichter befindlichen
matière de Bretagne fanden. Für letzteres glaube ich diese
Ztschr. 12,253 Anm. unzweifelhafte Belege beigebracht zu haben.
Die auf Kenntnis der Thatsachen fussende, von vorgefassten
Meinungen freie wissenschaftliche Forschung über die matière
de Bretagne steht erst in ihren Anfängen, wie ich schon in
meinen ersten Bemerkungen *Gött. Gel. Anz.* 1890, S. 528 betonte. Ein sicherer Grund ist seitdem gefunden. Legt der Grundstock der matière de Bretagne Zeugnis ab für ihren Ursprung
in der aremorikanischen Bretagne, so haben hoffentlich diese
Schlussbemerkungen (S. 86—103) über dasjenige, was sich zwischen
1067 und 1150 an diesen Grundstock angesetzt hat, gezeigt, dass
aremorikanische Bretonen während dieser Zeit die Pfleger und
Träger der Erzählungen aus diesem Stoffgebiet waren. Durch
Gottfried's von Monmouth Aufsehen erregenden Roman wurde
das Interesse der gebildeten und höheren Kreise den Arthurerzählungen zugewendet,[1] und die höfischen Dichter griffen nun
nach diesen ihnen schon länger an der Hand liegenden Stoffen.[2]

---

[1] Alfred von Beverley, dem wir ein Exzerpt aus dem Werke
des Gottfried von Monmouth verdanken, bezeugt, dass um 1149/50 sich
auf den Lippen aller gewisse Erzählungen befanden, *narrationes de
hystoria Britonum: notamque rusticitatis incurrebat, qui talium
narracionum scienciam non habebat* (s. Ward, *Catalogue of
Romances* S. 211 ff).
[2] Der Anhang (S. 106 ff.) bringt ein Zeugnis dafür bei, dass
spätestens 1146, wahrscheinlich aber schon 1113 bretonische Erzählungen über Arthur in Francia speziell in Laon wohlbekannt waren.

In diesem Sinne hat also Foerster (Yvain S. XXX) Recht, wenn er Gottfried's *Historia regum Britanniae* zum Ausgangspunkt für die französischen Arthurepen macht. Auch G. Paris kann sich trösten, dass er in gewissem Sinne wenigstens mit seiner anglonormannischen Vorstufe Recht hat: die Bretagne bildete im XI. und XII. Jahrhundert einen, wenn auch eigenartigen Teil des anglonormannischen Reiches; ihre Bewohner redeten zu einem nicht unbedeutenden Bruchteil schon in jener Zeit die Sprache der Anglonormannen oder verstanden sie. In dem Sinne sind also die Quellen der nordfranzösischen Arthurdichtungen, die Erzählungen der bretonischen conteurs, anglonormannische. Zur Annahme solcher anglonormannischen Dichtungen jedoch, wie sie G. Paris *Histoire littéraire* XXX, 13 ansetzt, scheint mir — besonders nach den Ausführungen Foerster's im *Litteraturblatt für germ. und romanische Philologie* 1890, Sp. 265 ff. und *Erec* S. XXXI ff. — keine Veranlassung vorzuliegen, wie ich dies auch schon *Gött. Gel. Anz.* 1890, S. 787, Z. 7—12 hervorgehoben habe. Wenngleich diese Frage mehr ein häuslicher Zwist der Romanisten ist, der mich nichts angeht, möchte ich doch auf einige Momente hinweisen, welche weiter zu Gunsten Foerster's sprechen: 1. Alfred von Beverley kennt 1150 im anglonormannischen England offenbar noch keine weiteren litterarischen Werke über die Arthursage als des Gottfried von Monmouth *Historia regum Britanniae* (s. S. 104 Anm. 1). 2. Um 1146, wenn nicht schon 1113, sind bretonische Erzählungen über König Arthur in Laon wohlbekannt, wie das S. 106 ff. beigebrachte Zeugnis ausweist. 3. Schon vor 1164 schrieb Chrétien seinen Erec nach G. Paris' eigener Annahme (s. *Histoire littéraire* XXX, S. 23). In wie kurzer Zeit müssten die *poèmes anglo-normands* entstanden sein, welche Chrétien in *Erec*, *Yvain*, *Perceval* plagiierte nach G. Paris (*Littérature Française* § 57)! Da hatte Chrétien den Stoff doch näher an der Hand. Auch das verdient noch hervorgehoben zu werden, dass das spurlose Verschwinden dieser fingierten anglonormannischen Arthurdichtungen nicht wahrscheinlicher wird durch den Umstand, dass sie im XIII. und XIV. Jahrhundert noch müssen vorhanden und verbreitet gewesen sein, wenn auf ihnen — und nicht auf den Werken Chrétiens — neben den *imitations françaises* des Chrétien auch die *imitations galloises* und *un certain nombre de poèmes anglais écrits au XIII᷎ et au XIV᷎ siècles* (Hist. littéraire 30, S. 13; *Littérature Française* § 51) beruhen.

Anhang.

Ein Laoner Zeugnis für die Arthursage aus dem Jahre 1113.

Ein interessantes Zeugnis aus dem Anfang des XII.
Jahrhunderts (1113) für die Arthursage ist von mir *Ztschr.* XII,
239 ff.[1]) übersehen, auf welches eine Notiz von Ward, *Catalogue
of Romances* I, 217 aufmerksam macht.[2]) Um Geld für den
Wiederaufbau der in der Osterwoche abgebrannten Kathedrale
von Laon zu sammeln, unternahmen sieben angesehene Kleriker
(*canonici*) und 6 Laien von Laon im Sommer 1112 mit dem
feretrum Dominae S. Mariae eine Bettelfahrt durch Frankreich.
Die Fahrt war reich an Wundern und Geldspenden. Nichtsdestoweniger stellte sich im Frühjahr 1113 heraus, dass die
gesammelten Gelder zum Aufbau nicht ausreichten, und man
beschloss einige *ex canonicis* auszuwählen, *qui tam litterarum
scientia quam modulatione canendi et peritia Laudunensi Ecclesiae
forent honori, et cum feretro Dominae nostrae sanctorumque
reliquiis in Angliam transmitterentur, quae tunc temporis magna
divitiarum florebat opulentia, pro pace et justitia, quam rex ejus
Henricus filius Guillelmi regis in ea faciebat* (Migne, *Patrol. cursus*
Band 156, Kol. 973). *Feria secunda ante Dominicam palmarum*
1113 brechen neun Kleriker von Laon auf nach England. Von
Dover (*Dobras*) wenden sie sich nach Canterbury (*Cantuaria*),
wo sie gut aufgenommen werden; von hier ziehen sie nach
Winchester (*Wintonia*), dann Christechurch (*Christi kerca*)
am Kanal (westlich von Wight); von hier (wohl zu Schiff) nach
Exeter (*Essecestra*) in Devon und dann auf Bitten eines Mannes
aus der Diözese[3]) Salisbury zurück nach Salisbury (*Sales-

---

1) Folgende bei der Korrektur jenes Aufsatzes übersehene Schreib-
versehen bitte ich zu berichtigen: S. 242 Z. 24 lies „1132 bis 1135“;
S. 243 Z. 36 lies „fränkischen“ statt „normannischen“; S. 246 Z. 7 lies
„*Erec*“ statt „*Yvain*“.
2) Den Hinweis auf Ward verdanke ich meinem Kollegen Konrath.
3) Es wird ausdrücklich angegeben, dass die Reliquien nur an
Angehörigen der Diözese, in der sie sich befanden, Wunder thaten.

berias) und Wilton *(Wiltonia).* Über Exeter *(Essecestra),* wo
sie sich nun aber nicht aufhalten, kommen sie nach Bodmin
(Bomin) der alten Hauptstadt von Cornwall. Von hier ziehen
sie nach Barnstaple *(Bannistaplum)* in Devon am Bristol-Canal,
weiter auf Einladung des *Joellus de Totenes,* den sie in Barnstaple getroffen hatten, nach Totness *(Totenes)* in Devon am
Ausfluss des Dart in den Canal (la Manche), und von hier nach
Bristol *(Bristolth)* und Bath *(Begea).* Überall ereignen sich
Wunder und mit 120 Mark *exceptis cortinis et aliis ecclesiasticis
ornamentis* kehren die neun Kleriker am 7. September *(duobus
diebus ante nativitatem Dominae)* 1113 nach Laon zurück.

Eine Beschreibung beider Reisen, sowohl der *per Franciam*
1112 als der *per Angliam* 1113, liefert *Guibert abbas S. Mariae
de Novigento* in seiner Selbstbiographie und Geschichte seiner
Zeit: *Guiberti De vita sua sive monodiarum libri tres* (Migne,
Patrologia Band 156, Kol. 837—962). Guibert war Mönch und
dann von 1104—1124 Abt des Klosters S. Mariae de Novigento
in der Laoner Gegend (Migne *a. a. O.* Kol. 17. 18); seine
Schilderung *lib.* III, Kap. 12 u. 13 (Migne *a. a. O.* Kol. 937—942)
beruht auf Erzählung von Teilnehmern. Hinsichtlich der Erlebnisse der Laoner Kleriker im Süden des anglonormannischen
Englands sagt Guibert: *Taceamus consuetudinarias aegritudinum
medicinas, insolita attingamus. Non enim ode puricum eorum
scribimus, ipsi conscribant, nec facta viritim sed quaeque
praedicatoria decerpimus (a. a. O.* Kol. 940). Er hebt also *(a. a. O.*
Kol. 940—942) nur hervorragende Wunder hervor. Die vollständige Reisebeschreibung *(odeporikum),*[1] die er von sich ab-
und den Laoner Klerikern zuweist, liegt uns vor in dem zweiten
Buche eines Werkchens, welches unter dem Titel *Hermanni
monachi, De miraculis S. Mariae Laudunensis et de gestis venerabilis
Bartholomaei episcopi et S. Norberti libri tres* von Migne *a. a. O.*
Kol. 961—1018 aus D'Achery wieder abgedruckt ist. In Buch I,
Kap. 3—13 werden die *miracula S. Mariae per Franciam* erzählt und in Buch II ist ausführlich berichtet *De his quae per
Angliam gesta sunt* (Migne *a. a. O.* Kol. 973—988). Die beiden
Bücher sind, wie aus der Dedikationsepistel erhellt, im Auftrag
des Bischofs Bartholomaeus von Laon geschrieben, der von
Winter 1112/13 bis 1151 Bischof war (Migne *a. a. O.* Kol. 987.
1194 ff.; Gams, *Series episcoporum* S. 559) und seine Thätigkeit
mit der energischen Förderung des Wiederaufbaues der im April

---

[1] So oder *hodoeporicum* ist für das d'Achery und Migne unverständliche *ode puricum* zu schreiben. „*Hodoeporicum est itinerarium
sive itineris descriptio*" (*Du Cange* ed., Favre IV, S. 213). Es ist natürlich
griechisch ὁδοιπορικόν (s. βιβλίον) „Reisebeschreibung".

1112 abgebrannten Kathedrale begann. Verfasser ist nach der gründlichen Beweisführung von Waitz, *Forschungen zur deutschen Geschichte* Band 21, S. 429—448 der um 1092 geborene Hermann von Tournai, der sich 1147 dem Kreuzzug Ludwigs VII. anschloss und nicht mehr zurückkehrte. Verfasst wurde das Werk, wie aus Buch III, Kap. 21 hervorgeht, nach 1045, also 1046: aus dem Schluss der Dedikationsepistel (Migne *a. a. O.* C. 962 ff.) geht hervor, dass Hermann noch nicht an den Kreuzzug dachte.

Obgleich der ausführliche Bericht über die Erlebnisse der Laoner Canoniker im Jahre 1113 erst aus dem Jahre 1146 stammt, so dürfen wir ihn doch als eine gewissenhafte Schilderung jener Erlebnisse betrachten. Die genauen Daten über Zahl, Name und Stellung der teilnehmenden Kleriker, über Tag der Abreise und Rückkehr, die einzelnen Stationen, Dauer des Aufenthaltes an den einzelnen Orten und vieles Andere weisen darauf hin, dass dem im Auftrage des Bischofs, der jene Reise veranlasste, schreibenden Hermann entweder eine Art Reisejournal muss vorgelegen haben oder Aufzeichnungen, die bald nach der Rückkehr gemacht worden waren. Er lässt in dem ganzen Bericht über die englische Reise (Buch 2) die Teilnehmer selbst erzählen und leitet dies ein mit den Worten: *Redeuntes autem eodem mense Septembri, circa Nativitatem Sanctae Mariae, sic nobis ea quae sibi contigerant retulerunt* (II, Kap. 1 bei Migne *a. a. O.*, Col. 974). So etwas hätte er bei Lebzeiten des Bartholomaeus und mancher Teilnehmer der Reise nicht schreiben können, wenn er nicht einen Bericht der Teilnehmer seiner Erzählung zu Grunde gelegt hätte.

Die mit Namen genannten neun Kleriker von Laon kamen nun auf der S. 106 skizzierten Fahrt auch in die Striche des südwestlichen Englands, in denen bei der anglonormannischen Eroberung noch sprachlich unassimilierte Keltenbevölkerung unter der seit dem IX. Jahrhundert herrschenden angelsächsischen sass. Hier traten durch die Schenkungen Wilhelm's des Eroberers an seine bretonischen Bundesgenossen nach 1067 an Stelle der bisherigen englischen Herren mehrfach Bretonen (s. Freeman, *Norman Conquest* IV, 172 ff.), also Herren,[1] die einen von der

---

[1] Einen Beleg liefert uns gleich der Reisebericht. Auf der Reise von Bodmin in Cornwall am Bristolkanal entlang kamen die Laoner Kleriker nach Barnstaple in Devon. Dort trafen sie auf einen *princeps nomine Joellus de Totenes;* dessen Frau war aus der Gegend von Amiens, *germana Guermundi de Pinkeni* (heutiges Picquigny bei Amiens, an der Bahn zwischen Amiens und Longpré; vgl. *desur Sume a Pinquegni vendreit* Wace, *Rou* I, 1915). Sie wurden drei Tage ehrenvoll bewirtet, erhielten viele Geschenke und liessen sich zu dem gewaltigen Umweg nach Totenes an der Südküste von Devon verführen, von wo sie nach Bristol zogen *(lib.* II, Cap. 17—19 bei Migne *a. a. O.*

Sprache der kornischen Bevölkerung nur leicht verschiedenen Dialekt redeten.[1]) Gewiss ein Moment geeignet, die noch nicht anglisierten keltischen (kornischen) Elemente zu stärken. Über die Erlebnisse in Cornwall finden nun die Kleriker von Laon Folgendes der Erzählung allein wert.

Cap. XV. *Exinde* [d. h. von Exeter in Devon] *venimus in provinciam quae vocatur Danavexeria, ubi ostenderunt nobis cathedram et furnum illius famosi secundum fabulas Britannorum regis Arturi ipsamque terram ejusdem Arturi esse dicebant. Ibi nos plurimum honoravit quidam clericus nomine Agardus, qui jam diu Lauduni manserat, quique postmodum[2]) in Northmannia factus est episcopus urbis Constantiniensis. Dum ergo ibi essemus, puella quaedam fere decennis,*

Col. 983 ff.) Dieser *Joellus de Totenes,* der an der Nordküste von Devonshire wie an der Südküste sein Castell hatte, musste ein reichbegüteter Herr sein, wie auch die grossartigen Geschenke ausweisen. Dass seine Frau aus der Gegend von Amiens stammte, weisst darauf hin, dass er oder sein Vater mit den Normannen gekommen war. Nun lernen wir aus *Domesdaybook,* dass einer der Abenteurer, die mit Wilhelm dem Eroberer gekommen waren, *Judhel* hiess und grosse Besitzungen in Devonshire *(Domesdaybook* fol. 108 b, 1—110 a, 2) und Cornwall *(l. l.* fol. 125 a) erhalten hatte, woher sein Name *Judhel de Totenais.* Dass der im *Domesdaybook,* also 1086, auftretende mächtige Landlord *Judhel de Totenais* identisch ist mit dem *Joellus de Totenes* von 1113, liegt auf der Hand. *Judhael* (aus *Jud + hael*) ist ein bekannter, in den Redonerurkunden seit 820 öfters vorkommender bretonischer Name, dessen mittelbretonische Form *Juzel* ist (Loth, *Chréstomathie* S. 215). Nach dem, was ich S. 4 ff. ausgeführt habe, muss die gesprochene Form des gemischtsprachigen Gebietes im XI. Jahrhundert gewesen sein **Juel;* hierzu stimmt, dass der zur Zeit des Normannenherzogs Wilhelm Langschwert (927—943) lebende Bretonengraf *Judhael Berengar* in einer Redonerurkunde (circa 931) als *Juhel Berengar consul (comes)* erscheint (Courson, *Cart.* von Redon S. 257). Die Laoner Kleriker geben also mit ihrem *Joellus* die wirkliche Aussprache von *Judhel* latinisiert genau wieder.

[1]) Kornisch und bretonisch stehen im XI.—XII. Jahrhundert einander sehr nahe und haben gemeinsame charakteristische Unterschiede gegenüber kymrisch. Giraldus Cambrensis ist dies nicht entgangen; denn er sagt in der *Descriptio Kambriae lib.* I, cap. VI (opera VI, S. 177): *Cornubia et Armorica Britannia lingua utuntur fere persimili, Kambris tamen propter originalem convenientiam in multis adhuc intelligibili.* Die Thatsache ist leicht begreiflich, da von den drei Hauptstöcken der armorikanischen Bretonen zwei aus Devon und Cornwall stammen: die *Domnonii* an der Nordküste der Bretagne von den britannischen *Domnonii,* die Devon den Namen gaben, und die *Cornovii* in der südwestlichen Bretagne (la Cornouaille) von den *Cornovii* im heutigen Cornwall.

[2]) Nach Gams, *Series Episcoporum* S. 542 ist Algarus Bischof von Coutances von 1132—1150.

*nomine Kenehellis, caeca a nativitate, in villa quae Bomine vocatur,
ad feretrum venit et lota oculos ex aqua reliquiarum lumen recepit.*

 Cap. XVI. *Sed et juvenis quidam in eadem villa surdus a
nativitate ad feretrum venit et lotus aures aqua reliquiarum protinus
audivit. Quidam etiam vir ibidem manum aridam habens coram
feretro pro sanctitate recipienda vigilabat. Sed sicut Britones
solent jurgari cum Francis pro rege Arturo, idem vir
coepit rixari cum uno ex famulis nostris, nomine Haga-
nello, qui erat ex familia domni Guidonis Laudunensis archidiaconi, dicens adhuc Arturum vivere. Unde non parvo
tumultu exorto cum armis ecclesiam irruunt plurimi, et nisi praefatus Algardus clericus obstitisset, paene usque ad sanguinis
effusionem ventum fuisset. Quam rixam coram feretro suo factam
credimus Dominae nostrae displicuisse, nam idem vir manum
habens aridam, qui pro Arturo tumultum fecerat, sanitatem non
recepit* (Migne, *Patrologia*, Band 156, Col. 983).

 Hierzu ist zu bemerken: 1. *Danavexeria* ist ein offen-
kundiger Fehler für *Davenaxeria* (Umstellung der Silben *na*
und *ve*), d. h. *Devonshire*, dessen Name bei Layamon *Defena
scyre* und bei Huntingdon *Davenascyre* lautet. Wenn die Laoner
Kleriker von Exeter der Hauptstadt von Devonshire erst *in provinciam quae vocatur Danavexeria* gelangen und als Stadt darin
Bomin (Bodmin) nennen, so gebrauchen sie offenbar den Namen
Davenascyre für *Cornwall*. Dies ist ein Klerikern aus Laon
leicht verzeihlicher Irrtum. 2. Wir lernen, dass 1113 in Cornwall Felsen oder Klüfte die Namen „Sitz des Arthur, Ofen
des Arthur" führten, und dass schon 1113 in Bodmin die
in Wales noch länger als ein Jahrhundert unbekannte Anschauung, dass Arthur noch lebe, festen Fuss gefasst
hatte. Letzteres offenbar unter dem Einfluss der bretonischen
Erzählungen, da wir keinen Grund zu der Annahme haben, dass
in Cornwall, wo Arthur als historische Figur lebte wie in Wales,
in diesem Punkte vor der Bretoneninvasion um 1067 andere
Anschauungen herrschten wie in Südwales. 3. Wir haben in
dem Werke Hermanns ein Zeugnis, dass spätestens 1146
bretonische Arthurerzählungen in Nordfrankreich wohlbekannt waren. Hermann hat in seinem Werk einen festen
Sprachgebrauch: er unterscheidet *Anglia, Northmannia, Francia,
Burgundia, Lotharingia* und gebraucht *Franci* in dem Sinne, den
es in *Philippus rex Francorum* (lib. I, cap. 2), *rex Francorum
Ludovicus* (lib. III, cap. 2) hat. Wenn er also lib. II, Cap. 16
die Laoner Kanoniker erzählen lässt *sicut Britones solent* (!)
jurgari cum Francis pro rege Arturo, idem vir etc., so ist klar,
dass er sagen will: wie hier in *Francia* Streit und Disput mit

den Bretonen oft vorkommt wegen ihres fabelhaften Königs Arthur, so erhob sich dort in Bodmin ein gleicher Streit. Dass bei einem nordfranzösischen Schriftsteller 1146 *Britones* von Zeitgenossen gebraucht nur aremorikanische Bretonen bezeichnen kann, brauche ich nach allem, was ich über diese Frage schon ausgeführt habe (s. oben S. 2 Anm.), nicht besonders zu betonen. Ich glaube aber, dass wir noch weiter gehen dürfen und Hermanns Worte nicht blos als ein Zeugnis für 1146 sondern als ein Zeugnis dafür betrachten können, dass schon vor 1113 bretonische Erzählungen von Arthur in Laon wohlbekannt waren. Wenn den Laoner Klerikern vor dem nur kurzen Besuch von Cornwall Sommer 1113 Arthur vollständig unbekannt gewesen wäre, dann sind in ihrem Reisebericht die ausführlichen Mitteilungen über Arthur schwer verständlich, zumal in dem Bericht nirgends sonst eine Nachricht über Volkstraditionen in Süd-England vorkommt; zum mindesten müsste dann irgendwie in der Darstellung hervortreten, dass sie ein Novum berichten, dass sie von einem unbekannten gewissen König Arthur etwas gehört. Ich denke, gerade der Umstand, dass den Klerikern von Laon der ihnen aus der Heimat aus bretonischen Erzählungen (*secundum fabulas Britannorum*) wohlbekannte fabelhafte Arthur hier in Cornwall gewissermassen als lebensvolle Figur entgegen trat, dass man hier seinen „Thron" seinen „Ofen" zeigte und erklärte, hier habe er geherrscht — gerade dieser Umstand erklärt uns, wie die Kleriker dazu kommen, die Dinge im Kap. 15 und 16 ausführlich zu erzählen, da sie doch nur *de pluribus pauca* (nach Kap. 22) berichten. Dass ihnen hier der aus Bretonenfabeleien bekannte romantische Arthur als lebensvolle Figur entgegen trat, ist gewissermassen auch ein *miraculum* für sie, wenn auch kein durch die Jungfrau bewirktes. Gewiss hat man schon vor 1113 in Laon die Fahrenden aus der Bretagne mit ihrem Glauben an Arthur gehänselt und sie zum Schimpfen gebracht.[1]) Wie sollte sonst Haganellus (*unus ex famulis qui*

----

[1]) Zank- und streitsüchtig erscheinen die Bretonen auch sonst. Als Stephan im Juni 1139 einen *conventus magnatum* abhält, zu dem auch die hinsichtlich ihrer Treue verdächtigen Bischöfe von Salisbury, Ely und Lincoln erscheinen, *concitatus est tumultus inter homines episcoporum et Alani comitis Britanniae pro vindicandis hospitiis: eventu miserabili ut homines episcopi Salesberiensis ecclessiae, mensae assidentes, semesis epulis ad pugnam prosilirent. Primo maledictis mox gladiis res acta.* Die *satellites Alani* ziehen den kürzeren, sein Neffe wurde beinahe getötet (Malmesbury, *Historia Novella* lib. II, § 469 in *Gesta Anglorum ed. Stubbs* II, S. 548 ff). Dass die den Streit offenbar beginnenden *homines (satellites) Alani comitis Britanniae* wesentlich Bretonen waren, kann man füglich nicht anzweifeln.

erat ex familia domini Guidonis Laudunensis archidiaconi) mit
dem Krüppel und Bettler vor dem *feretrum* in Streit geraten
sein, wenn er ihn nicht durch eine höhnische Bemerkung über
Arthur gereizt hätte? Hält man es für wahrscheinlich, dass Haganellus, der offenbar Dienst hatte beim *feretrum*, mit einem Krüppel
und Bettler wegen eines Königs Arthur, von dem er nie gehört
hatte, in Streit geraten wäre?

   Dies Zeugnis von dem allgemeinen Bekanntsein der bretonischen Arthurerzählungen um 1146, ja schon 1113, in Nordfrankreich (speziell Laon), also vor dem Bekanntwerden von
Gottfrieds Werk, erklärt auch, wie Heinrich von Huntingdon
schon 1139 zugleich mit dem Exzerpt aus Gottfrieds *Historia
regum Britanniae* von Bec Helwin in der Normandie aus die
Bretonen als die Urheber der Anschauung von Arthurs Fortleben bezeichnen konnte: die Belehrung wird er von seinem Freund
Robert und den Klerikern von Bec erhalten haben, wie ich schon
Ztschr. 12, 243[1]) vermutete; wir verstehen auch, wie der wahrscheinlich 1114 in Lille geborene Alanus ab Insulis die Zweifler
einfach *in Armoricum regnum id est in minorem Britanniam*
schickt (s. *Ztschr.* XII, 240).

Nachtrag zu Seite 103/104.

   Zur Stütze und weiterer Erklärung der S. 103/104 geäusserten Vermutung, dass die Verlegung der Szenerie in der
bretonischen Arthursage nach England zu den nach 1067 eingetretenen Ansätzen gehört, möchte ich ein Moment nachtragen.

   Der bretonischste Teil der Bretagne ist noch heutigen Tages
der Westen, das Departement *Finistère*, wo bretonisch die alleinige
Sprache des Volkes ist. Aus diesem Teile stammen wichtige
Zeugnisse des IX./X. Jahrhunderts für die bretonische Arthursage:
hier kannte man in zweiter Hälfte des IX. Jahrhunderts als Sagenfigur einen *Gradlon mor (Gradlonus magnus) dux occiduae partis*,
der in den französischen Texten des XII. Jahrhunderts als *Grahelent de Fine posterne* und *Graelent muer* auftritt (s. oben S. 1
bis 16); hier kannte man von Ende des IX. Jahrhunderts an die
Figuren, die als *Marc* und *Riwal* in der Tristansage vorkommen
(s. S. 78—83); hier erscheint in einer Urkunde aus zweitem
Viertel des X. Jahrhunderts der Name *Nut* (= *Nup, Nud*) als
Zeuge für den *Nu* der matière de Bretagne (s. oben S. 50 ff.),

---

[1]) Ein *Garinus Britto* ist von 1140—1170 *abbas S. Martini
Laudunensis* (s. Migne, *Patrologia* Band 156, Col. 1184).

und in einer ums Jahr 1000 ausgestellten *Edern*, die reinbretonische Form für die französisch-bretonische *Yder, Ider* der matière
de Bretagne (s. S. 22 Anm.); von hier muss die in verschiedenen
Lais, sowie Erec und Bel Desconëu auftretende Figur des *Guigomar, Guigemar* sein (s. S. 7 ff.). Aus diesem Teile stammte
ferner das bretonische Geschlecht, welches 1066 mit *Hoel* die
bretonische Herzogswürde übernahm, also beim Beginn der Bretoneninvasion ins anglonormannische England (s. S. 81 Anm.).
Aus diesem Teile der Bretagne mussten die Bretonen her sein,
denen wir die Bretonisirung der Tristansage verdanken (s. S. 78
bis 83). Heutigen Tages zerfällt dieser Teil der Basse-Bretagne
sprachlich in zwei Landschaften: die kleinere, nördlich einer
Linie Brest-Morlaix am Kanal (La Manche) sich hinziehende umfasst Landschaft und Dialekt von Léon; der weitaus grössere
südlich der genannten Linie liegende Teil von Finistère, in dem
sich auch das Kloster Landévennec befindet, auf welches so
wertvolle Zeugnisse des IX.—XI. Jahrhunderts zurückgehen, heisst
im Bretonischen *Kernéô, Kerné*, in der Sprache der östlichen
romanisierten Bretonen (im Französischen) *la Cornuaille*. Es ist
das Gebiet der *Cornovii*, von denen die Landschaft den Namen
Cornovia, Cornubia hat: dem alten *Cornovia* entspricht das heutige
bret. *Kerné, Kernéô*. Dagegen ist die Bezeichnung, welche die
romanisierten Bretonen und Franzosen dieser Landschaft geben,
la Cornouaille, aus *Cornugalliae* entstanden. *Cornu-Galliae* „Horn
von Gallien“ war eine poetische Bezeichnung der ganzen aremorikanischen Halbinsel und wird von nicht-bretonischen Schriftstellern
des IX.—XI. Jahrhunderts auch von der ganzen Bretagne gebraucht (s. S. 37 ff.). Bretonische Schriftsteller derselben Zeit[1])
schränken es auf die in Rede stehende Landschaft ein, indem
sie, offenbar durch eine Art Volksetymologie verführt, *Cornugalliae* auf *Cornubia* (d. h. *Cornovia*) beziehen. Zu den Hilfstruppen,
die Hoel seinem normannischen Lehnsherrn beim Zug nach England stellte, gehörten ohne Zweifel Leute aus seiner altange-
stammten Erblandschaft, aus *la Cornouaille*. Leute aus *la Cornouaille* werden aber nicht nur in der Zeit der eigentlichen
Normanneneroberung Englands (a. 1066—1069) an der Seite
ihrer romanisierten oder halbromanisierten Stammesgenossen aus
der Haute Bretagne gekämpft haben; auch unter den Söldnern,
die Wilhelm der Eroberer für seine weiteren Kämpfe gegen
Wales und Schottland, die Wilhelm Rufus (1087—1100), Heinrich I.

---

[1]) Zu den oben S. 38 gegebenen Belegen füge man: *Incipit Prae-
fatio Vitae sancti Uuinvualoei Cornugillensis* Handschrift B (De la Borderie, *Cartulaire de Landévennec* S. 181). Vergleiche zu der Frage noch
Courson, *Cartulaire de Redon*, S. CLV ff.

(1100—1135), Stephan (1135—1154) nachweislich (Malmesbury, *Gesta regum Anglorum* V, § 402, und *Historia Novella*,
I, § 463; s. *Gött. Gel. Anz.* 1890, S. 791 und oben S. 89) in
der Bretagne warben, werden *Kernéviz* (Leute aus *Kernéô*, aus
la Cornouaille) nicht gefehlt haben. Sie werden durch den Verkehr mit den romanisierten Stammesgenossen und den Normannen
bis zu einem gewissen Grade doppelsprachig geworden sein.

Zu denjenigen Teilen des eroberten Englands, in welchen
die Anwesenheit und Niederlassung von Bretonen am sichersten
nachgewiesen ist, gehört neben Yorkshire im Norden der südwestliche Teil des Landes, *Cornwall* und *Devonshire*. Den ver-
nichtenden Schlag gegen die hier gelandeten Söhne Harold's führt
1069 *Briennus, Eudonis comitis Britanniae Minoris filius*, ein
Bruder Alan Fergant's (Freeman, *Norman Conquest* IV, 243 ff.):
seine Streitmacht wird wohl zu einem beträchtlichen, wenn nicht
Hauptteil aus Bretonen bestanden haben. In Cornwall und Devonshire werden Bretonen durch Landschenkungen für ihre Dienste
belohnt (Freeman, *a. a. O.* IV, 172): einen reichen Landlord in
Devon und Cornwall mit bretonischen Namen *(Judhel de Totenais,
Joellus de Totenes)* habe ich oben S. 108. 109 Anm. für a. 1086
und 1113 nachgewiesen. Hier im Südwesten Englands, wo noch
eine unassimilierte Keltenbevölkerung unter den herrschenden
Sachsen sass, traten also noch 1067 vielfach Bretonen an die
Stelle der bisherigen englischen Herren. Die keltischen Urbe-
wohner des Landes hatten im äussersten Südwesten dem Stamm
der britannischen *Cornovii* angehört, woher die mittelalterliche
Bezeichnung des Landstriches *Cornubia* (s. z. B. immer in Gottfried's *Historia regum Britanniae*), identisch mit der Benennung
der bretonischen Landschaft, wohin im V./VI. Jahrhundert ein
Teil der *Cornovii* geflüchtet war. Dementsprechend nannten die
Sachsen nach vollständiger Unterwerfung des Südwestens diese
keltische Bevölkerung *Cornwealas: on Cornwealum ge on Nord-
wealum* (Sachsenchronik zum Jahre 997). Man sagte also *Cornwealas* „Cornwelsche" wie *Nordwealas* „Nordwelsche" und *Strae-
cledwealas* (*Sachsenchronik* a. 924) „Strathclydewelsche". Der
Völkername diente in bekannter Weise zur Umschreibung des
Ländernamens.

Welche Laute mussten nun die Normannen und ihre bretonischen Bundesgenossen um und nach 1067 in diesen Wörtern
aus englischem Munde hören? Nach den sonstigen Zeugnissen
englischer Sprachgeschichte: Nom. *Cornwāles* wie *Wāles*, Genitiv
Cornwāle (Cornwāle land) wie *Wāle*, Dativ *Cornwālan (Cornwālen)*
wie *Wālen*, Akkusativ *Cornwāle* (resp. *Cornwālen*) wie *Wāle
(Wālen, Wālan)*. Zur Bildung des Ländernamens stand eine

doppelte Möglichkeit offen: entweder konnte man den Nominativ
Plur. des Völkernamens als erstarrte Form für das Land verwenden wie in *Gales* = mitteleng. *Wāles*, bekam also ein *Corno-*
āles (Cornouāles),[1]) oder man konnte den Ländernamen aus Verbindungen wie *Cornwāle land* folgern, bekam also ein *terre de*
Cornoāle (Cornouāle). Das Englische entschied sich nach Ausweis von *Wales : Cornwall* bei beiden Wörtern verschieden[2]),
und so hätten wir denn im Französischen zu erwarten *Gāles* aber
Cornwāle (Cornouāle). Was finden wir thatsächlich vor. Bei
dem Namen für das alte *Cambria* die zu erwartende Form:
Gales. Es reimt im Tristan 2066 (Michel I, S. 102) *vers Gales:*
tot devient pales. Dagegen lautet die Form für das alte
britannische *Cornubia* immer *Cornualle, Cornuaille.* Die Reime
heben jeden Zweifel. In demselben Tristanfragment, welches
den Reim *Gāles : pāles* bietet, finden wir *Cornoualle : roi sanz*
falle 1336 (I, S. 67), *Cornualle : batalle* 819 (I, 43). 2589
(I, 126), *terre de Cornoualle : qui Tristan valle* 1435 (I, 72),
Cornoalle : il la li balle 2619 (I, 128), *rois de Cornoualle : jà*
n'en prendrai une maalle 2888 (I, 140), *Cornoualle : poi travalle*
4225 (I, 202), *Cornoualle : consentez moi que cest ne falle* 4425
(I, 212). Oder nehmen wir Wace, der im Brut ja oft Gelegenheit hatte, das Wort zu verwenden, *Cornuaille : bataille* (Brut
1459. 7771. 8007. 13 660. 14 396), *Cornuaille : contrevaille* (Brut
1218. 5614), *Cornuaille : sans faille* (Brut 8937), *Cornoaille : baille*
(Brut 15 195).

Wie sollen wir den hier zu Tage tretenden Unterschied von
Gāles (: pāles) = mittel. *Wāles* aber *terre de Cornoualle (: batalle,*
falle) = mittelengl. *Cornwāle land* verstehen? Rein lautlich ist
er, soviel ich sehe, unerklärlich. Mir scheint *terre de Cornou-*
alle (Cornouaille) : batalle trat für das nach *Gales (: pales)* zu
erwartende *terre de *Cornouale* ein, weil man an jene bretonische Landschaft *Cornoualle (Cornouaille)* dachte, deren
Namen aus *Cornugalliae* regulär entstanden ist. Der Umstand, dass man sowohl für jene englische Landschaft *terre de*
*Cornouāle (= Cornwāle land) als für die bretonische Landschaft
la Cornualle (= Cornugalliae (lateinisch *Cornubia* sagte, mag
die Konfusion beschleunigt haben. Möglich, dass wir noch ein
bisher unbeachtetes Zeugnis für das Vorhandensein einer älteren

---

[1]) Vergleiche *Maheloas* = reinbret. *Maelvas, Cadoalens* (Bel Des-
coneu 5657), *Cadoalanz* (Erec 315) = altbret. *Catwallon*, mittelbret.
Cadwallen.

[2]) Heutiges *Cornwall* geht auf *Cornwale land* zurück; nach weiterem
Abfall der Flexion trat derselbe Laut ein wie z. B. in neuengl. *small*
= angels. *smäl, smal, smeal.*

französischen Form als *Cornouaille* für die südwestenglische Grafschaft haben. Im Brut von Wace haben wir (4078. 3888. 8689. 12 574. 14 757) entsprechend *Cornuallois* (viersilbig). In dem schon mehrfach herangezogenen Tristanfragment dagegen finden wir die Bewohner bezeichnet als *Cornevaleis* 841 (I, S. 44), *Cornevalois* 2511 (I, 123), 4083 (I, 196), *Cornevalan* (: *Tristran*) 917 (I, 48), *Cornevalans* (*Tristrans*) 432 (I, 25). Hier ist zweierlei bemerkenswert: die Form *Cornevaleis*, *Cornevalois* entspricht der französischen Bildung *Galeis*, *Galois* und steht ebenso von der Form des Ländernamens *Cornualle* in demselben Fragment ab, wie sie sich der englischen Form *Cornwāles* nähert; sodann die Formen *Cornewalan*, *Cornewalans* wegen der Flexion: im mittelenglischen jener Zeit gehen starke und schwache Flexion durcheinander, so dass wir auch in anderen Kasus als Dativ und Akkusativ *Cornewālan* (*Cornewālen*) erwarten dürfen. Diese Form *Cornevalan* (*Cornevalans*) „die Cornishmen" ist Wiedergabe einer gehörten mittelenglischen Pluralform *Cornewālan* (Dativ-Akkusativ?), wie *Cornevaleis* nur ein in der Endung etwas umgeformtes gehörtes mittelengl. *Cornwāles* „die Cornishmen" ist. Ich denke daraus dürfen wir schliessen, dass die älteste anglonormannische Form für jene südenglische Grafschaft *Cornevāle oder *Cornouāle war, woraus erst durch Anlehnung an den Namen der bretonischen Landschaft *la Cornoualle* die Form *Cornouaille* entstand; diese zog dann in noch jüngerer Zeit (Wace) die Form *Cornuallois* für den Bewohner jener Grafschaft nach sich, wofür in dem Fragment der Berolversion der Tristansage noch *Cornevaleis*, *Cornevalois* erhalten ist.

Für die anglonormannische Form der südenglischen Grafschaft, *Cornouaille*, haben wir auch in der englischen Litteratur Belege. Haveloc 178 heisst es *Godrigh of Cornwayle;* bei Robert von Gloucester 65 *Deueshire and Cornewayle;* einen dritten Beleg aus Layamon 2246 führt Stratmann, S. 134 an. Diese mittelenglische Form *Cornwayle* steht zwischen altem *Cornwāles*, *Cornwāle land* und jüngerem *Cornwall* unverstanden da, wenn sie nicht anglonormannisches *Cornouaille* ist, das unter der Herrschaft der anglonormannischen Sprache Eingang gefunden hatte, aber durch das genuine *Cornwall* wieder verdrängt wurde.

Oben S. 35—48 habe ich es wahrscheinlich zu machen gesucht, dass *d'Estregales*, *Destregales* in der matière de Bretagne eine Umdeutung französischer Dichter ist für das ihnen unverständliche *Destre-Galle* bretonischer Erzählungen. Den umgekehrten lautlichen Vorgang, die Umwandlung eines *Cornouale in *Cornoualle* (*Cornouaille*) unter Anlehnung an den bekannteren Namen *la Cornouaille* habe ich eben erwiesen. Nun diese bretonische Landschaft *la Cornouaille* (*Cornugalliae* = reinbret. *Kernéô*), nach welcher der ursprüngliche Name der englischen Grafschaft *Cornouale oder *Cornevale umgedeutet wurde, ist, wie ich S. 112 ff. kurz ausführte, der Teil der Bretagne, aus welcher vom IX.—XI. Jahrhundert die Zeugnisse für die bretonische Arthursage fliessen. Sollte es nun reiner Zufall sein, dass in den Texten der matière de Bretagne zwar *Nantes*, der Wald von *Brecheliant* (an der Grenze der Departements Morbihan und Côtes-du-Nord) mit der Quelle *Berenton* erwähnt werden, aber keine Örtlichkeit aus dem bretonischsten Teil der Bretagne, aus *la Cornouaille* (bret. *Kernéô*)? Sollte dies nicht mit darauf beruhen, dass um die Wende des XI./XII. Jahrhunderts wohl schon die Namen für die südwestenglische Grafschaft *Cornwall* und diese bretonische Landschaft *Cornouaille* in dem Namen *Cornouaille* in der Sprache der romanisierten Bretonen (dem Normannischen) zusammengeflossen waren? Hier in Cornwall trafen die Bretonen Arthur als eine lebensvolle Figur der Heldensage, wie das Laoner Zeugnis aus dem Jahre 1113 ausweist (oben S. 106—112). Wenn *la Cornouaille* in dem Grundstock der matière de Bretagne bis 1067 einen Teil der Szenerie für die Arthurerzählungen abgab, wie in der vorderen Bretagne z. B. *Nantes*, *Brecheliant*, dann war bei dem Zusammenfallen des Namens dieser Landschaft mit dem Namen der englischen Grafschaft, wo man nach 1067 so lebhafte Erinnerungen an Arthur traf, das Verschwinden der bretonischen Grafschaft *la Cornouaille* aus den Arthurerzählungen der romanisierten Bretonen und die Verlegung der Szenerie nach Cornwall ein ganz natürlicher Vorgang. Nur *Fine posterne* ist dann, vielleicht weil unverstanden, aus dieser älteren Stufe in die auf uns gekommene Form aus der Mitte des XII. Jahrhunderts hinübergerettet.

Beide Vorgänge also, die Ausdeutung des den Normannen und Franzosen im zweiten Gliede unverständlichen Ländernamens *Destre Galle* auf *Gales* in Britannien und die thatsächlich vollzogene Umbildung des Namens *Cornevale*, *Cornouale* in *Cornouaille* unter Einfluss des Namens der bretonischen Landschaft, — beide Vorgänge trugen an ihrem Teil dazu bei, die Verschiebung des Schauplatzes nach England für die Erzählungen aus der matière de Bretagne zu befördern.

H. Zimmer.

Zum tonlosen ę im Neufranzösischen.

I.

Unsere „Lautiker" des Neufranzösischen zerfallen in zwei Kategorien. Die eine bilden die Phonetiker, die sich bemühen, die französischen Laute in Bezug auf ihre Artikulation, ihre akustische Wirkung etc. mit möglichster Gründlichkeit zu prüfen (Vietor, Trautmann, Beyer etc.), die andre die Orthoepiker, die sich nur darum kümmern, festzustellen, wann diese und jene Laute sprachlich zur Geltung kommen und die insbesondere zu warnen suchen, wann die traditionelle Orthographie zu irrtümlicher Aussprache zu verleiten geeignet ist (Plœtz, Benecke, Lesaint). Wenn unsere Phonetiker sich einmal zur Aufgabe stellen, auch die Verteilung der von ihnen geschilderten Laute anzugeben, dann werfen sie sich gewöhnlich den Orthoepikern vertrauensvoll in die Arme und verzichten auf eigene Untersuchung; die Orthoepiker hingegen kümmern sich der Regel nach um die Phonetiker überhaupt nicht und beharren in ihren Lautbeschreibungen auf vor-Brückeschem Standpunkte. Beiden (Orthoepikern und Phonetikern) gemeinsam ist, dass sie in der französischen Lautgeschichte meist nur wenig oder auch gar nicht beschlagen sind: es wird ihnen dadurch unmöglich, das Gesetzmässige in ihren lautlichen Beobachtungen festzustellen oder den festgestellten gegenwärtigen Lautstand in seinen Ursachen zu erklären.

Herr Mende in seiner, *hier* III, 585 ff., von Kräuter besprochenen *Étude sur la Prononciation de l'E muet à Paris*, auf die ich auch in Lubarsch's Deklamation etc., S. 47 Anm., verwies, war noch reiner Orthoepiker von der eben beschriebenen Art. Für die nunmehr deutsche Bearbeitung seines früheren Werkchens[1]) hat er, wie er selbst angibt und wie aus ihrem

---

[1]) Ad. Mende. Die Aussprache des französischen unbetonten *e* im Wortauslaut. Zürich. J. Meyer. 1889. 8⁰. 126 S.

Inhalte leicht zu ersehen ist, auch sprachhistorische Studien gemacht. Leider sind dieselben noch unzureichend geblieben. So hat Mende zwar in seiner Arbeit die dankenswerten Versuche gemacht, die altfranzösischen Fälle der Enklise in einsilbigen Worten wie *me, te, se* etc. mit den entsprechenden neufranzösischen Erscheinungen in Zusammenhang zu bringen (womit er den ersten Teil seiner Abhandlung füllt) und die gegenwärtige Behandlung des nachtonischen e nach und vor Konsonant zu ihrer früheren in Beziehung zu setzen (Hauptteil II, S. 83—123), er ist aber leider daran gescheitert, dass ihm der altfranzösische und mittelfranzösische Sprachstand nicht ausreichend oder nicht in richtiger Weise bekannt war, und dass er sich durch Thurot's Werk *La Prononciation française depuis le XVIe siècle* (Paris 1881) nicht hinlänglich hindurch zu finden verstanden hat. Es ist freilich nicht leicht, aus der Fülle des von Thurot gebotenen Materials die Spreu vom Weizen zu sondern, herauszufinden, was in dem Chaos der dort zitierten Grammatikeraussprüche als dialektisch, als ungenügend beobachtet oder als mangelhaft dargestellt zu erachten und von dem zuverlässigen abzuscheiden ist. Für die Darstellung des gegenwärtigen Zustandes hat es Herrn M. wiederum geschadet, dass er nach wie vor der phonetischen Wissenschaft fern geblieben ist. Er hat darum auch hier nicht die Vollendung erreicht, die ihm sonst seine fleissige Sammlung eines reichen und zuverlässigen Materials verstattet hätte.

Trotz der angegebenen Mängel befindet sich M. auf dem richtigen Wege. Der Schreiber dieser Zeilen muss dies umsomehr annehmen, als er selbst in seiner *Neufranz. Grammatik* sich mit Herrn M. auf das innigste berührt. Wer die §§ 13 (dumpfes und stummes *e*), § 33, 5 (Silbenteilung), § 35 (Wortaccent), § 40, Bem. (Quantität) und § 48 (Bindung) der *Grammatik* mit dem von Herrn M. gebotenen vergleicht, wird mit mir das Gefühl haben, dass Herr Mende eigentlich nur weiter ausführt und ergänzt, was in der *Grammatik* in Kürze gesagt oder angedeutet wurde. Bedauerlicherweise hat es Herr M. in den meisten Fällen unterlassen, sich da, wo unsere Ansichten auseinandergehen oder zusammentreffen, mit mir auseinanderzusetzen und mir dadurch gewiss manche Belehrung entzogen. Es sei mir darum verstattet, nun meinerseits die auf die gegenwärtige Sprache bezüglichen Teile in M.'s Arbeit herauszuheben und mit dem zu vergleichen, was ich lehren zu können glaubte.

S. 63 ff. geht M. auf eine Frage ein, die zu beantworten ich mich in der *Grammatik* S. 98 wohl zuerst bemüht habe. Wenigstens ist mir kein Vorgänger darin bekannt geworden und auch M. kennt keinen. Es handelt sich darum zu wissen, welche

Verbindungen die Konsonanten eingehen, die durch Ausstossung von ę aufgehört haben, eine eigene Silbe einzuleiten,
und die sich also notwendig zu der vorausgehenden oder folgenden
Sprechsilbe schlagen müssen. Ich hatte diese Frage allgemein
gestellt, M. behandelt sie nur in Bezug auf die einsilbigen Wörtchen *je, te, de, se, ce, le, ne, me* (die von ihm gegebene Reihenfolge ist absichtlich geändert) und fragt, wann der von ihnen
übrig bleibende konsonantische Laut sich an die vorausgehende
Silbe, wann an die folgende konsonantisch beginnende[1]) anlehne,
oder, um es in seiner Weise auszudrücken, wann die genannten
Wörtchen sich enklitisch oder proklitisch verhalten. Von mir war
angegeben worden, dass *(r), l, n, m* sich mit den folgenden Konsonanten nicht zu einem mehrfachen Silbenlaut verbinden, sondern
als Auslaute zu der vorhergehenden (vokalisch endenden) Silbe
gezogen werden, also: *žęl di (je le dis), al vyar (à le voir),
žęn di pa (je ne dis pas), žęm tę (je me tais)* u. dgl. Nach der
Ausdrucksweise M.'s würde dies heissen, dass *le, ne, me* nur
enklitisch gebraucht werden, und thatsächlich wird auch von ihm
für diese Wörtchen Enklise als das Regelmässige gelehrt (S. 64,
74, 75 und 72). Doch wird von ihm zugleich die von mir aufgestellte Regel erweitert. Er bringt nämlich S. 74 auch Belege,
aus denen hervorgeht, dass der Anschluss des *l* (des Artikels *le*)
nicht nur auch an vorausgehenden Nasalvokal *(dăl mŏd = dans
le monde, dăl sięl = dans le ciel, dăl vătr = dans le ventre)*,
sondern selbst an vorausgehendes *r* stattfindet. *Sŭrl bă = sur
le banc* ist allerdings dafür sein einziges Beispiel. Mit diesen
Erweiterungen zu unserer Regel gerät aber M. mit sich selbst in
Widerspruch. Denn nach S. 107 (Belege S. 118) muss bei den
auf *rlę* auslautenden Worten das ę vor anlautenden Konsonanten
als dumpfer ę-Laut erhalten bleiben: *ne parlę pas; il parlę de,
un merlę noir* u. dgl. Die Worte *parle, merle* etc. stehen aber
mit *sur le, par le, pour le* etc. genau auf derselben Stufe. In
beiden Fällen kann sich *l* nicht mit dem folgenden Konsonantenanlaut verbinden; der französischen Sprache widerstrebt auch ein
auslautendes *rl* vor Konsonant, so bleibt denn in beiden Fällen
nichts übrig, als das tonlose ę schwach ertönen zu lassen. Nur
nachlässige Aussprache wird die Ausstossung von ę nach *rl* vor
Konsonanten gestatten.[2]) Geläufiger scheint der Anschluss des *l*
an vorausgehenden Nasalvokal zu sein. Freilich steht auch er
zu des Verfassers Gesetz (S. 107) im Widerspruch, wonach nach

---

[1]) Bei folgendem Vokalanlaut besteht über die Silbenangehörig-
keit kein Zweifel.

[2]) Zu beachten ist auch, dass in *sur le banc* die zweite Silbe
völlig tonlos ist.

Nasalvokal (+ Konsonant) die Sprache das ę zu erhalten liebt.
Bei *n(e)* (Beispiele S. 75) kennt M. nur Anschliessung (Enklise)
an den vorausgehenden oralen Vokal, bei *m(e)* (Beispiele S. 72 f.)
belegt er wiederum auch einen Fall von Anlehnung an vorausgehenden Nasalvokal: *săm fęr = sans me faire.* — Wo das
Pronomen *il = i* gesprochen wird, hindert natürlich nichts, *l(e)*,
n(e), *m(e)* daran anzulehnen.

Soweit sind wir also einverstanden. Für phonetisches *s*,
d. i. die stimmlose dentale Spirans, die nach Ausstossung eines
folgenden ę sich mit ihrer Lautnachbarschaft verbinden muss,
hatte ich *a. a. O.* S. 99 angegeben, sie verbinde sich mit folgender Muta c. Liquida und folgender einfacher Konsonanz zu anlautender Aussprache. Dieser Regel wären die Fälle unterzuordnen,
wo die Pronomina *ce* und *se* ihr ę verlieren, die wegen ihres
lautlichen Gleichklangs von M. zusammenzustellen waren. Für sie
gelingt es M. nicht, ein befriedigendes Gesetz in Bezug auf ihre
Enklise und Proklise zu gewinnen. Für *c(e)* findet M. meiner
Aufstellung entsprechend Proklise am Anfang des Satzes vor den
Anlauten *k (qu'. que, qui), t, n, p* und in einem der Umgangssprache angehörigen Beispiele (S. 76) auch vor *b (ç' bon homme).*
Enklitisch soll *c(e)* sein: „nach vorausgehendem Tonvokal nicht
mehr als zweisilbiger Wörter, nach einsilbigen Wörtern mit
dumpfem ę und wenn das vorausgehende Wort auf *r* endigt“,
wobei man nicht erfährt, ob der Laut oder nur der (verstummte)
Buchstabe *r* gemeint ist. Für *s(e)* kennt M. (S. 73) nur Fälle
enklitischer Verwendung nach vorausgehendem oralen und seltener
nasalen Vokal in Wörtchen wie *à, cela, de, i(ls), qui* und *en.* Hier
steht M. also zum Teil in Widerspruch mit meiner Annahme. Aber
nur scheinbar. In einem Falle ist Anlehnung an das vorausgehende
vokalisch endende Wort (also Aussprache im Silbenauslaut)
selbstverständlich: nämlich da, wo *ce* in Fragesätzen nach einem
solchen Worte allein steht, wie in *qu'est-ce.* Da nichts folgt, muss
eben *c(e)* d. i. *s* als Auslaut gesprochen werden. Es ist ferner
natürlich, dass *s* (von *s(e)* und *c(e)*) auch überall da als Auslaut
der vorausgehenden Silbe gesprochen wird, wo der folgende Konsonant weniger geeignet ist, sich mit (stimmlosem) *s* zu einer
Anlautgruppe zu verbinden; z. B. *sont-ce là (sŏs la);* auch
cela spricht man lieber *cęla* oder *sa [ça]* als *sla.* Im allgemeinen
endlich ist es bei *s*, wie bei jedem Dauerlaute, schwer zu bestimmen, ob es als Auslaut zur vorausgehenden Silbe oder als Anlaut
zur folgenden Silbe gehört. In den meisten Fällen dürfte die Silben-
grenze in die Artikulation von *s* selbst hineinfallen, und dann ist
es ein müssiges Unternehmen, feststellen zu wollen, ob *s* von *c(e)*
und *s(e)* etc. silbenauslautend oder -anlautend gesprochen werde.

Für die Wörtchen *te*, *de*, *que* muss sich nach meinen Ausführungen die Regel ergeben, dass ihr Konsonant sich, wenn
irgend möglich, mit dem folgenden konsonantischen Anlaut zu
einer Anlautgruppe verbindet. Bei *te* und *de* wird auch das
syntaktische Gefühl dahin führen. Wo eine Anlehnung der
Konsonanten *t*, *d*, *k* an das folgende Wort der französischen
Sprachgewohnheit widerstrebt, müssen dieselben sich entweder
an das ihnen vorausgehende Wort anlehnen, oder durch Tönend-
werden von *ę* (Aussprache mit dumpfem *ę*) mit diesem eine
eigene Silbe bilden. Diese Folgerungen werden von Mende
durchaus bestätigt. *Te*, *de* und *que* werden von ihm S. 77 ff.
als Proklitiken behandelt. Seine Beispiele von *te* zeigen, dass *t(e)*,
wie es bei der Verschiedenheit der Artikulation dieser Laute in
der Natur der Sache liegt, der Verbindung mit folgendem *k* und *g*
die Anlehnung an vorausgehenden Vokal durchaus vorzieht, also:
tü ködýi mal (tu te conduis mal) nicht: *tü tködýi; žęt gard
(je te garde)*, nicht: *žę tgard* u. dgl. Auch wenn ein Nasalvokal
vorausgeht, wie in: *öt kǫnę (on te connait)* und *ät gardä (en te
gardant)*. Dagegen erfolgt vor *r* und *s* (natürlich lieber vor *r*
als vor *s*, wo *t* besser auslautend wird) Anlehnung an den folgenden Anlaut: *tü trä (tu te rends) žę tsęzi (je t'saisis)* neben
žęt salü (je te salue). *Tr* ist eine dem Französischen gewohnte
Anlautgruppe, *ts* dem Einzelworte im Anlaut so gut wie unbekannt. — Auch Mende's Beispiele zu *d(e)* (S. 78 ff.) bestätigen
und ergänzen zugleich das oben aus den Angaben meiner *Grammatik* gefolgerte. Aus Mende's Beispielen geht hervor, dass *d* sich
mit folgendem *š (ch)*, *ž (j, ge, gi)*, *s (ç, s)*, — wobei aber, was
M. entgeht, *d* sich vor *š* und *s* (ebenso vor *f*) ganz oder teilweise in *t* verwandeln muss — *l*, *r*, (*f*), *v*, *n*, *m* zu einer Anlautgruppe verbindet, wenn nicht etwa diese Laute schon ursprünglich
oder durch Ausfall von *ę* mit anderen Konsonanten kompliziert sind
(z. B. *lv*, *mn*, *šv*, s. die einschlägigen, auf ihre Ursachen nicht erkannten Ausnahmen bei M., S. 78 No. 3),[1] dass dagegen *d* die
Verbindung mit anlautendem *t*, *d* (also dem gleichen oder nächst-
verwandten Laute), *k* (*c*, *x*, *q*), *g* (*g* und *gu*), *p*, *b* und natürlich
auch mit dem sog. aspiriertem *h* vollständig vermeidet, d. h.
dieselben Verbindungen, denen auch *t(e)* nach den Beispielen
M.'s im Anlaut ausweicht. Die physiologischen Gründe für diese
Erscheinung bedürfen keiner Erläuterung. Bei all den oben
aufgezählten widerstrebenden Anlauten der folgenden Worte (so-

---

[1] Als regelmässig kann indess nur die Anlehnung von *d* an
l, *r* gelten. In *dš*, *ds*, *df* widerstrebt schon die Stimmlosigkeit des
folgenden Lautes der Verbindung; auch sind *dš*, *ds* (*tš ts*), *dž*, *df* (*tf*),
dv, *dn*, *dm* keine dem französischen Organe geläufigen Anlautgruppen.

wie gewöhnlich wohl auch bei den unten angeführten) muss sich
d(e) wie t(e), wenn diese Möglichkeit vorliegt, mit der vorausgehenden Silbe verbinden, als dessen Auslaut es dann fungiert.
(Vgl. die Beispiele M.'s S. 78 f.) Wo eine solche Möglichkeit
nicht vorhanden ist, bleibt nur die Aussprache des ę von dę
übrig. — Bei *que* ist die Verbindungsfähigkeit seines *k*-Lautes
mit folgendem konsonantischen Anlaut natürlich noch seltener,
weil ausser in den häufigen *cl, cr* und seltenen *ct, x (ks)* und *kn*
(in einigen wenigen Lehnworten) sich *k* + Kons. im Wort- oder
Silbenanlaut im Französischen kaum findet. M. findet Verbindung mit folgendem konsonantischen Anlaut bei *š (ch), ž (j), t,*
s, l, f, v, n (bis auf *t* durchweg Dauerlaute), seltener bei folgendem *k, g* (beide sind in Wirklichkeit ebenso ausgeschlossen
wie *t, d* nach *t(e), d(e)*) und wie *p, b* (ebenso unzulässig nach
k [que] wie nach *t, d,* s. o.). Diese selten gefundenen Anlautverbindungen wird man gut thun, zu verleugnen oder als
Nachlässigkeiten hinzustellen. Auch die Anlautverbindungen
kš, kž, kt, kf, kv, kn (und *ks*) sind allgemein unbequem (*kž,
kv, kn*) oder mindestens dem französischen Organe zuwider und
werden darum gewiss lieber vermieden werden. M. scheint
hier ungenügend beobachtet zu haben. Die Anlehnung an Vor-
hergehendes, der die syntaktische Verwendung des satzeinleiten-
den *que* widerstrebt, dürfte ebenfalls ziemlich selten sein, und
im allgemeinen die Aussprache *kę* vorgezogen werden. Die Verbindung mit folgendem *r* (also Anlaut *kr*), gegen die theoretisch
nichts einzuwenden ist, scheint in der Praxis sich nur selten dar-
zubieten.

Bleibt *je* (phonetisch *žę, ž*), das Mende als vorzugsweise
proklitisch gebraucht anführt. Die Sache liegt ähnlich wie bei *c(e)*.
Auch hier liegt eine Spirans vor und handelt es sich überdies
um ein (in der Frage) häufig ohne ein folgendes Wort gebrauchtes
Pronomen, wo Anlehnung an das Vorausgehende allein möglich
ist. Die Anlehnung von *j(e)* an den folgenden Konsonantenanlaut (zu gemeinsamen Silbenanlaut) erfolgt überall, wo die
Beschaffenheit der folgenden Konsonanten eine solche gestattet.
Dieselbe ist ausgeschlossen bei folgendem *š (ch), ž (j, ge, gi),*
s, z, also bei den verwandten Zischlauten (und bei folgendem
aspirierten *h*), in welchen Fällen *ę* von *je* immer lauten muss,
um den verpönten Zusammenstoss gleicher oder gleichartiger
Laute zu vermeiden. Gestattet ist die Anlehnung nach M. an *t*
(natürlich geht *ž* vor *t* in *š* über, was M. nicht bemerkt) *l, n, m;*
bei anderen Konsonanten wird, wenn möglich, *j(e)* d. i. *ž* als
Auslaut zu dem vorausgehenden Worte gezogen (Beispiele S. 72);
geht dies nicht an, so muss *e* von *je* lauten.

Obgleich von M. abgetrennt, hängt doch die Behandlung des ę im Auslaut mehrsilbiger Worte mit der des ę in einsilbigen Worten auf das engste zusammen. Auch bei ihr ist für Aussprache oder Verstummen von ę, soweit es sich um **innerhalb eines Satzgliedes vor und nach Konsonanten** befindliches ę handelt, die Verträglichkeit oder Verbindungsfähigkeit des vor ę stehenden, durch seinen Verlust in den Auslaut tretenden Konsonanten mit dem folgenden konsonantischen Anlaut für Beibehaltung und Ausstossung von ę massgebend.

Es ist zunächst selbstverständlich, dass eine auslautende Muta c. Liqu. nicht mit noch einem weiteren Konsonanten zu einer Anlautgruppe verbunden werden kann; deshalb muss bei einigermassen sorgfältiger Aussprache, in der man die Liqu. nicht ebenfalls verstummen lässt, nach Muta c. Liqu. vor Konsonant überall ę lautbar sein. Ob Muta c. Liqu. noch ein weiterer Konsonant voraus geht oder nicht, ist gleichgiltig.

Anders bei **sonstiger auslautender mehrfacher Konsonanz**. M. hat sich bemüht, auch diese auslautenden Konsonantenverbindungen zu sammeln, die mehr oder minder dem Zusammenstoss mit folgendem Konsonantenanlaut widerstehen, dabei aber immer nur Rücksicht auf die vor ę stehende (auslautende), nicht auf die folgende (anlautende) Konsonanz genommen, so dass seine Angaben unzureichend sind. Die auslautenden Gruppen *rk* (*rque*), *rg* (*rgue*, von M. nicht genannt), *rš* (*rche*), *rž* (*rge*), *rt* (*rte*), *rd* (*rde*), *rs* (*rse, rce*), *rp* (*rpe*), *rb* (*rbe*), *rv* (*rve*), *lt* (*lte*, nur in Fremdworten), *rl* (*rle*), *rn* (*rne*), *rm* (*rme*) und *kt* (*cte*), *kst* (*xte*), *st* (*ste*), *sk* (*sque*) (also die Gruppen M.'s IV, 2—4) werden, wie M. richtig angibt, ohne folgenden Vokal oder Konsonant, also im Satzgliedschluss (vor Pause) sämtlich ohne Stütz-ę ausgesprochen. Folgt ihnen aber ein Konsonant, so müssen bei den angegebenen auf *r* + Konsonant und *l* + Konsonant ausgehenden Gruppen *r, l* auslautend bleiben, die *r, l* folgenden Konsonanten aber (*k, g, š, ž, t, d, s, p, b, v, l, n, m*) sich mit dem folgenden Konsonanten zu gemeinsamem Anlaut zu verbinden suchen. Wo dies nicht angeht, muss entweder auch der *r, l* folgende Konsonant auslautend gesprochen oder ę nach ihm lautbar werden. Es ist also für jeden der genannten Laute (*k, g, ž* etc.) zu bestimmen, mit welchen folgenden Konsonanten oder Konsonantenverbindungen er sich zu einer Anlautgruppe vereinigt, oder wo er ohne Einschiebung eines ę als Auslaut zum Anlaut treten kann.

Für auslautendes allein stehendes *k* (*que*) war bereits oben (S. 123 zu Konjunktion *que*) festgestellt, dass es sich ungezwungen nur an *l, (r)* anzulehnen pflegt, bei folgenden š,

ž, t, s, f, v, n lieber auslautend bleiben, vor *k, g, p, b* aber
ein *ę* verlangen dürfte. Mende's Beispiele S. 117, in denen
auf *rk (rque)* folgende *d* und *p ę* verlangen, stimmen damit
überein; doch bringt er auch zwei Belege für *rkę* vor *l*.
Lque von *quelque*, S. 120, erfordert ein *ę* vor *z, d, p, b*, aber
auch vor *š, f, l, r*, wo bei alleinstehendem *k (qu(e))* kein *ę*
eintritt. — Auslautendes *ž* sollte nach *r* (in *rge*) wie in *j(e)*
sich nach dem oben (S. 35) gefundenen mit folgendem *t, l, n, m*
vertragen, dagegen den Zusammmenstoss mit *š, ž, s, z* vermeiden.
Aus M.'s Beispielen S. 117 geht die Abneigung der Sprache
auch gegen die Gruppen *ržk (largę cadre), ržd (Georgę
Dandin), ržp (largę poitrine), ržf (largę forêt)* hervor. —
Auslautendes *t* nach *r* und *l* (*rte* und *lte*) muss wie *t* von *te*
der Vereinigung mit folgendem Anlaut *k* und *g* und (wie *d*,
s. o. S. 134) auch der mit *t, d, p, b* widerstreben, mit *r* und
allenfalls auch mit *s* sich aber vertragen. Prüfen wir darnach
M.'s Beispiele für *rt(e)* und *lt(e)*, so werden durch Aussprache
von *ę* beseitigt die Lautgruppen: *r + tk, tt, td, tz, tp, tb, tl,*
auch *ts.* (vgl. o. uusere Bem. S. 134). Das Ergebnis entspricht
also durchaus der Erwartung.[1]) — Auslautendes *d* nach *r* muss
wie *d* von *d(ę)* die Verbindung mit *t, d, k, g, p, b (h)* vermeiden, mit folgendem anlautenden *š, ž, s, l, r, f, v, n, m* sich
aber vertragen. M.'s Beispiele belegen in der That die Abneigung gegen *d + t, d, p*: nach ihnen sind aber nach *r* auch
d + ž, s und *m* ausgeschlossen. (Vgl. die Bem. o. zu S. 134.)
— Stimmloses *s* widersteht nach M.'s Beispielen S. 117 in den
Ausgängen *rce* und *rse* dem Zusammenstoss mit *s* und den stimmhaften Anlauten *d, b, l, m*, der durch Behalten von *ę* behoben
wird. (Über *s* von *s(e)* und *c(e)* s. o. S. 133). — Auslautendes *l* nach *r* lehnt sich, wie wir bei *l(e)* gesehen (v. S. 132)
an keinen folgenden Konsonanten an; es muss also vor Konsonant stehend entweder auslautend gesprochen werden oder
sein *ę* (in *rle*) behalten. M. S. 118 belegt die Erhaltung von *ę*
zur Vermeidung des Zusammenstosses von *r + ll, lt, ln, ld, lp.*
— Wie mit *l* muss es sich mit *m, n* nach *r* verhalten, die, in
allen Beispielen M.'s vor Konsonant ein *ę* erfordern. M. belegt
S. 118 die Vermeidung des Zusammenstosses von *r + nt, ns,
nl, nm*, und von *r + mt, md, mp, mf, mv, mr, ml, mm.*
    Bisher wurden diejenigen Wortauslaute besprochen, deren
Ausgängen *rk, rž, rt, lt, rd, rs, rl, rn, rm* einsilbige Wörtchen

---

[1]) Lubarsch, *Deklamation*, S. 45 belegt die Abneigung von *t*, nach
Nasalvokal mit folgendem anlautenden *k, t, d, l, p, m* zusammenzu-
treffen. Vgl. ebd. meine Anm. zu S. 44.

mit den gleichen Konsonanten *ž, t, d, s, l, n, m* zur Seite
standen. In letzteren lehnten sich *k, t, d* an den folgenden anlautenden Konsonanten an und bildeten mit ihm einen gemeinsamen (mehrfachen) Anlaut, wo die Natur des (oder der) folgenden Konsonanten einer solchen Verbindung nicht widersprach.
Andernfalls lehnten sich bei ihnen *k, t, d, (s, ž)* an den vorausgehenden Vokal an, wurden silbenauslautend. In den mehrsilbigen Wörtern auf *r, l* + Konsonant behielt der Konsonant
zwischen *r, l* und dem ihn nicht in den Anlaut mit aufnehmenden
folgenden Konsonanten zu seiner Stütze das dumpfe *ę* und bildete
so eine eigene Silbe. Da *l, m, n* sich nie mit einem folgenden
Konsonantenanlaut verbinden, musste bei ihnen nach *r ę* ausnahmslos ertönen.[1]) Die Sprache wahrte sich aber auch in den
anderen Fällen von *r, l* + Konsonant gegen die ihr nur in bestimmten Fällen geläufige Dreikonsonanz und suchte (wie in meiner
Grammatik § 33, 5 angegeben) durch Erhaltung von *ę* es durchzusetzen, im Silbenauslaut nur einfaches *r* und *l* zu dulden.

Was für die behandelten Auslautgruppen gilt, wird man von
vornherein auch für diejenigen annehmen können, deren Schlusslaut kein einsilbiges Wörtchen auf *ę* mit demselben Laute zur Seite
hat. Es kommen mit auslautendem *r* + Konsonant in Frage
die Ausgänge: *rž (rche), rp(e), rb(e), rv(e), rñ (rgne)*, bei denen
Mende immer Erhaltung von *ę* vor Konsonant annimmt, aber
nur belegt: bei *rž* vor *t, d, p, l*, bei *rp* vor *d*, bei *rb* vor *p, v,
m, n*, bei *rv* vor *t, l, p(l)*, bei *rñ* vor *s* und *m*. Es bleibt un-
gewiss, ob nicht unter gewissen Verhältnissen auch *ž, p, b, v*
sich mit dem folgenden Konsonantenanlaut verbinden (bei *ñ* ist
dies sicher nicht möglich) oder wenigstens als Auslaute ohne *ę*
mit ihm zusammentreffen.

Es bleiben nur noch die Fälle, in denen bei mehrfachem
konsonantischem Auslaut nicht ein *l* oder *r* einem zweiten Konsonanten vorausgehen. In mehreren Verbindungen findet sich an
erster Stelle *s*: vor der Liquida *m*, vor *k (sque)* und *t*, wo
k und *t* entweder zum folgenden Anlaut gezogen oder mit *ę*
(also *kę, tę*) oder (wie auch *m*) auslautend gesprochen werden
könnten. Für *sk* belegt M. *ę* vor *t, s, v, l*[2]), für *st* vor *k(l),
g(r), ž, t, d, s, z, l, r, p(l), b, f(l), n, m*, also vor denselben
Anlauten wie bei *rt;* nur kommen hier anlautendes *g, ž, f, n, m*

<hr>

[1]) Dies bestätigen u. a. auch Lubarsch's Beispiele in seiner
Deklamation, S. 44. Vgl. meine Anmerkung daselbst.

[2]) Lubarsch, *Deklamation*, S. 44 f. belegt *ę* nach auslautendem
sk vor *t, d, v*, s. m. Anm. ebd. Bei auslautendem *rsk* vor Konsonant
in *lorsque, parceque* ist *ę* natürlich überall notwendig. S. M.'s Beispiele
S. 120.

hinzu, für die es dort vielleicht nur zufällig an Beispielen fehlt; ausserdem auch vor *r*, was auffällig ist, da *str* eine erträgliche Anlautgruppe zu bilden scheint. Mende hat dafür nur ein Beispiel *(funeste rapport)*. Die Gruppe *sts* (gegen *rts*) musste doppelt unangenehm empfunden und umsomehr durch ę auseinander gebracht werden.[1] — Von sonstigen mehrfachen Auslauten bietet M. noch *kt* (*cte*, S. 118), *kst* (*xte*) und *pt* (*pte*, S. 119). Für diese nur in gelehrten Worten vorkommenden Verbindungen (s. *Grammatik a. a. O.*) darf man vor Konsonant, ausser vor *r*, mit dem sich *t* gern verbindet, überall ein Stütz-ę erwarten, was M. auch (ohne *r* auszunehmen) als Regel hinstellt und für *kt* vor *g, d, l, p* (*pl, pr*); für *kst* vor *k, d, s, l, p(r), m* und für *pt* vor *d* und *l* belegt, durchweg vor Anlauten, die überhaupt eine Verbindung mit *t* ablehnen (s. o. S. 134 u. 137.).[2]

Wie verhält sich nun einfacher Konsonantenauslaut[3] (+ ę) vor anlautender Konsonanz? Nach meiner *Grammatik* wie nach den obigen Ausführungen wird man folgern müssen, dass, wie bei folgendem Vokal jeder auslautende Konsonant als Anlaut in die folgende Silbe gezogen wird, so derselbe sich auch mit folgendem Konsonant zu einem mehrfachen Anlaut zu verbinden suchen wird. Die von mir darauf hin angestellten Beobachtungen bestätigen dies durchaus. Wo Verbindungen mit dem folgenden Konsonantenanlaut ausgeschlossen sind (die verschiedenen Möglichkeiten müssen festgestellt werden), wird sich wie bei ž, *t, d* etc. von *je, te, de* der Konsonant für gewöhnlich an den vorausgehenden Vokal anlehnen. Ein ę kann nur da ertönen (oder auch eine Pause zu seinem Ersatz eintreten), wo auch dann noch eine Aussprachsunbequemlichkeit entsteht, was z. B. der Fall ist, wenn das folgende Wort mit gleicher oder nahe verwandter Konsonanz oder schon mit mehrfacher Konsonanz beginnt. (Vgl. M. S. 108 Anm. 2 und 4 und S. 111 f., meine *Grammatik* S. 32, Z. 11 ff., wo nach dem hier Gegebenen zu ergänzen ist, und S. 98.)

Aus dem Vorstehenden ergeben sich eine Anzahl Folgerungen.

Die Bestimmung, wann im gegenwärtigen Französisch[4] tonloses ę in *je, me, te, le, se, ce, ne, de* und im Wortauslaut nach

---

[1] Vgl. Lubarsch, *Deklamation* S. 44 Anm.

[2] M. sieht S. 116 mehrfachen Auslaut auch in *gn(e), nd(e)*, *nt(e), mp(e)*, (*gn* = ñ; *n, m* bilden mit vorausgehendem Vokal Nasalvokal), durch die Schrift zu seiner Aufstellung verführt.

[3] Dahin gehört selbstverständlich auch der doppelt geschriebene, aber einfach gesprochene Konsonantenauslaut.

[4] Natürlich sprechen wir nur von dem Französisch des Nordens. In einem grossen Teile des Südens Frankreichs wird jedes ę nach Konsonant gesprochen.

und vor Konsonant innerhalb desselben Satzgliedes, sowie auch
wann tonloses ǝ innerhalb eines Wortes in konsonantischer Umgebung zu erklingen hat oder nicht, gehört im Wesentlichen in
das Kapitel der französischen Silbenteilung, an welcher Stelle
es auch in der *Grammatik* behandelt wurde. Nur muss man
unter Silbe nicht die Silbe des geschriebenen Wortes,
sondern die Lautsilbe, die kleinste Einheit des Sprachtaktes
(Satzgliedes) verstehen.

Die französische Silbenteilung im Satzgliede hängt von
der Kombinationsfähigkeit der Konsonanten ab. Diese
Kombinationsfähigkeit ist mit steter Berücksichtigung des Ver-
haltens der Sprache dem tonlosen ǝ gegenüber festzustellen. Sobald man genau weiss, welche Konsonantengruppen im Silben-
anlaute geduldet werden und welche nicht, welche Konsonantengruppen auslautend vor konsonantischem Anlaut ertragen
werden und welche nicht, ist auch die Lautung von tonlosem ǝ,
die ganz davon abhängig ist, gegeben. Die französische Lautlehre wird darum namentlich nach dieser Seite zu ergänzen
sein. Bisher ist man bei ihrer Untersuchung gewöhnlich rein em-
pirisch verfahren; für unser Kapitel insbesondere wird auch
der experimentelle Weg einzuschlagen sein. Es müssen alle
denkbaren Kombinationen zunächst theoretisch festgestellt werden;
nachher ist mit Hilfe geeigneter Individuen, denen dieselben zur
Aussprache vorgelegt werden, das Verhalten der Sprache ihnen
gegenüber festzustellen. Auch auf diesem Wege lassen sich
allerdings nur Normen für die gegenwärtige Silbenteilung und
Aussprache von ǝ gewinnen; aber eben diese kann der Grammatiker nicht entbehren. Mit den vorhandenen wenigen phonetischen Transscriptionen moderner hochfranzösischer Texte ist
für unsere Frage nichts anzufangen, weil sie sich samt und
sonders (auch die Passy's) wenigstens für unsern Zweck als
völlig ungenügend erweisen.

Zugleich sei darauf hingewiesen, dass man in Zukunft, wie
auch M. richtig bemerkt, nicht nur von Bindung von Konsonantenauslaut an Vokalanlaut, sondern auch von Konsonantenauslaut
an konsonantischen Anlaut sprechen müssen wird. —

Die Verbindungsfähigkeit aufeinander folgender Konsonanten
ist nicht der einzige Faktor, der für die Aussprache von tonlosem ǝ in Frage kommt. Auch der (Wort- und Satz-) Accent
wirken dabei mit und geben namentlich dann den Ausschlag,
wenn mehrere tonlose ǝ aufeinander folgen. Darauf wurde bereits
in der *Grammatik* S. 101 und 103 (Wort- und Satzaccent) hingewiesen; S. 32 Abschnitt 2 wurde daselbst ausführlicher gesagt: (bei der Häufung von tonlosen ǝ) „wird für gewöhnlich von

der Hauptaccentsilbe rückwärts gehend je ein ę ausgestossen und eines gesprochen: *recevoir* = *ręsvụar, je ne sais* = *žęnse* u. s. w. In anderen Fällen entscheidet die Verbindungsfähigkeit der zusammenstossenden Konsonanten über den Ausfall resp. das Beibehalten mehrerer aufeinander folgender ę oder die Gewohnheit wie bei *ce que* = *skę, que ce* = *ksę* (in *qui que ce soit*)." — Sehen wir nun, wie sich Mende's Angaben zu dieser Erläuterung verhalten!

Von seinen Beispielen zeigen folgende, dass bei mehreren vorhandenen ę dasjenige, welches unmittelbar vor der Tonsilbe steht, als das schwächste ausgestossen wird: *je t' rends* (phon. *žę-trã*), *je n' suis* (*žęn-sụi*), *que j' parle* (*kęšparl*), *je m' lasse* (*žęm-las*), *quoique j' sois* (*kụakęš-sụa*), *je n' veux* (*žęn-vœ*), *moi j' vends* (*mụažvã*), *que ce n' soit* (*sęn-sụa*), *de c' pas* (*dęspa*), *de ç' monde* (*dęsmõd*), *c' que j' veux* (*skęžvœ*), *que j' t'aime* (*kęštęm*), *que j' vois* (*kęžvụa*), *je m' fais* (*žęm-fę*), *je m' vois* (*žęm-vụa*), *je m' dis* (*žęm-di*), *de m' plaire* (*dęm-plęr*) *de s' calmer* (*dęskạlme*), *je l' crois* (*žęl-krua*), *va l' voir* (*val-vụar*), *de s' taire* (*dęstęr*), *ce n' fut* (*sęn-fü*), *de l'ver* (*dęl-ve*), *de m' ner* (*dęm-ne*), *de ch' val' rie* (*dęšval-ri*)[1], *de l' dire* (*dęl-dir*; Verf. sagt: eher als *d' le dire*), *de m' dire* (*dęm-dir*, „weniger oft *d' me dire*"). An diese Beispiele kann man diejenigen anschliessen, wo unter rhetorischem Einfluss eine Zurückziehung des Accentes stattfand (vgl. *Grammatik* S. 106) oder wo zwei Tonsilben zusammenstossen und der Satzton den Wortton nicht ganz unterjocht. Da ist von der Accentsilbe rückwärts zu rechnen, die unmittelbar einem tonlosen ę folgt: *je l' veùx bién, je n' sàis pás, de c' que j' te r' còmmánde, je n' le f'rai pás, je n' le r' troùve pás, lorsque c' màtin, tu m' fàis mál, tu m' troùves bién* (in den beiden letzten Beispielen kann auch das Gewöhntsein an *tu m' fais, tu m' trouves* den Ausschlag gegeben haben), *ne m' fàis plus rougír, je n' dis pás, je t' sàlue, je l' saisis.* In den Beispielen M.'s, die gegen die Regel verstossen, ist es fast immer leicht, die Ursache der Ausnahme zu erkennen. In *j' te prie, à c' degré* konnten sich *t* nicht mit *pr* und *d* nicht mit *gr* verbinden, musste also ę nach *t* und *d* gewahrt bleiben, dafür fiel das vorhergehende ę aus.[1] In *j' f'rai, tu n' f' ras point* ist die Lautsprache ein einsilbiges *frai, fras* derart gewöhnt, dass *fr* ausschliesslich als Anlaut gefühlt wird. Da so *f' rai, f' ras* (*fre, fra*) einsilbige haupttonische Worte sind, fällt nach der allgemeinen Regel das unmittelbar

---

[1] Dieses Beispiel, wie *c' que j' veux*, bestätigt zugleich den Wechsel von verstummtem und gesprochenem ę vom Hauptaccent rückwärts gerechnet.

[1] Allerdings ist immer noch eine Aussprache *žęt-pri* und *asęd-gré* möglich.

vor sie tretende *ę*.[2]) Anders liegt es in dem Beispiel *je t' reconnais*. In alleinstehendem *reconnais* ist Ausstossung von *ę* unbequem, weil *rk* keine Anlautgruppe geben; darum wird das *rę*
vorausgehende einsilbige Wörtchen mit *ę* vor diesem Wort sein *ę*
gewöhnlich verlieren. An und für sich wäre gegen eine Aussprache
j' te r' connais (*štęr-kǫnę*) kein Bedenken zu erheben. Doch tritt
bei diesem Beispiel wie bei *je n' d' meure, je n' vous connais
pas*, in einigen der oben angeführten Beispiele und in *tu n' te
prosterneras pas* (wo *te* vom Hauptaccent sehr entfernt ist), *et n'
me sens* (f. *et ne m' sens*), *ou j' le vois* (f. *ou je l' vois*), sowie
bei *c' que* (immer so, bis auf M.'s Beispiel *ce qu' vous dites*, das
ungewöhnlich klingt) die Gewohnheit in ihre Rechte, *je n', tu n',
et n', ou j'* etc. auszusprechen, die sehr häufig in Verbindungen
auftreten, wo keine andere Aussprache denkbar ist. Wirklich
auffällig und gewiss nicht normal sind von M.'s Beispielen nur
die wenigen: *j' le dois, j' me dis, d' me voler, nous n'avons
qu' le vôtre* für *je l' dois, je m' dis, de m' voler, que l' vôtre*,
die nach den Regeln der *Grammatik* und nach der Mehrzahl der
Beispiele M.'s zu erwarten wären.

M.'s Beispiele vertragen sich demnach durchaus mit dem in
der *Grammatik a. a. O.* gelehrten. Nicht minder auch M.'s S. 69 ff.
gegebene Regeln. Regel I derselben lautet: „Nie können (mit
der o. Anm. angegebenen Ausnahme) zwei aufeinander folgende,
ein *ę* enthaltende Silben das *ę* in der Aussprache verlieren."
M. nimmt also, wie ich, regelmässigen Wechsel von *ę* und verstummtem *ę* an. Doch führt er diese Regel nicht wie ich auf das
französische (binäre) Betonungssystem zurück. Eine weitere Regel
M.'s lautet: „Wenn ein Satz mit zwei dieser einsilbigen Wörter
anfängt, so ist das *ę* des ersteren dumpf, während das zweite
lautlos ist." Hier finden wir eine Ergänzung zu dem in der
Grammatik Vorgetragenen. Diese Regel M.'s muss überall da
in Kraft treten, wo es nicht angängig ist, bei einer längeren
Kette von *ę* von einer Haupttonsilbe aus rückwärts zu rechnen,
wenn also das letzte *ę* vor einer tonlosen oder nebentonischen
Silbe ohne *ę* steht. (Unter diese Regel kann man eine Anzahl
der o. aus M. zitierten Beispiele unterordnen.) Aber auch ohne
die eben angegebene Notwendigkeit scheint eine Aufeinanderfolge
von Beibehaltung und Verstummung von *ę* vom Anfang des Satzes
an gerechnet zulässig zu sein und das von mir gegebene Gesetz

---

[2]) M.'s Regel S. 69: „das *ę* eines proklitischen Wortes (kann)
lautlos werden, vor einem mehrsilbigen Worte, das ein lautloses *ę* in
der ersten Silbe enthält" dürfte auf die oben gegebene Beobachtung,
die sich noch auf andere Verben und Substantive ausdehnen lässt,
zurückzuführen sein.

zu bekämpfen. Ausnahmslos ist M.'s Gesetz nach seiner eigenen
Darstellung nicht. So können auch *c'* vor *que* und selbst *ne*
(ç'ne sont pas), j' vor *le, me, te* u. a. den Satz beginnen. —
Die übrigen Regeln M.'s *l. c.* sind nur Ergänzungen zu dem
wiedergegebenen und stehen in keiner Weise mit der *Grammatik*
in Widerspruch.

Die Lehre vom stummen (tonlosen) e steht endlich noch im
Zusammenhange mit der von der französischen Silbenquantität.
Darauf wurde hingewiesen in der *Grammatik*, S. 111, Bem.,
S. 115, § 46, 1. Abs. Auch M. kommt auf diesen Zusammen-
hang zu sprechen, doch gelangt er zu keinen neuen Ergebnissen.
Seine Beobachtung: „Das ungemein häufige Vorkommen von langen
Vokalen in der Paenultima bei Apokope des ę dürfte zu der
Annahme berechtigen, dass gerade diese die Dehnung des Vokals
bewirkt habe", ist nur eine Abschwächung des von mir *a. a. O.*
S. 111 Angegebenen. M. konnte in Bezug hierauf zu keinen
neuen, fördernden Aufschlüssen kommen, da ihm, wie seine Zusammenstellung S. 112 f. beweist, die Quantitätsgesetze des Französischen in ihren Ursachen unklar sind. Seine Bemerkungen:
„Die Dehnung fällt beim Recitieren von Versen mehr auf als
in Prosa, wegen der sorgfältigeren und mehr markierten Aussprache" und „Viele ę werden da (im Vers) thatsächlich ebenso
wenig ausgesprochen als in Prosa, aber dafür durch die stärker
hervortretende Dehnung der Vokale die gleiche Zeit in Anspruch
genommen, die zur Aussprache des weniger ausdrücklich ge-
dehnten Vokals mitsamt dem ę nötig wäre, und dadurch das Ohr
getäuscht", entbehren ebenfalls wenigstens für die Leser von
Lubarsch der Neuheit.

Damit wollen wir den Vergleich von M.'s Ergebnissen mit
den Angaben meiner *Grammatik* beenden.[1]) Aus ihm hat sich
ergeben, dass wir immer noch weit entfernt sind, genügend über
die Aussprache des stummen oder dumpfen ę und die damit
zusammenhängenden Fragen unterrichtet zu sein. Doch wurden
die Punkte aufgedeckt, an denen die weitere Forschung einzu-
setzen hat. Die Wichtigkeit der Weiterführung der Untersuchung
liegt auf der Hand: das ganze Lautsystem des Hochfranzösischen
gelangt erst mit Erledigung derselben zur richtigen Erkenntnis.

---

[1]) Eine ausführliche Besprechung von M.'s Arbeit liegt nicht in
unserer Absicht; wir müssten für Richtigstellung seiner Irrtümer, namentlich in den historischen Teilen, seiner Verwechselungen von Wirkung
und Ursache, von Laut und Schrift und für Korrektur der allzu zahlreichen Druckfehler den doppelten Raum der obigen Ausführungen verwenden. Trotz alledem bleibt Mende's Arbeit eine lesens- und beachtenswerte.

Erst nach Feststellung der für ҫ giltigen Aussprachsnormen kann insbesondere eine zufriedenstellende phonetische Grammatik zustandekommen. Ebenso kann ein gutes phonetisches Wörterbuch erst geliefert werden, wenn man bei jedem Worte mit ҫ die normale Aussprache mit Sicherheit festzustellen vermag. Von unschätzbarer Bedeutung ist die Frage endlich auch für die französische Verslehre, und zwar für die Theorie und Praxis derselben. Man muss endlich erkennen, dass in Wirklichkeit die alte Silbenzählung der thatsächlichen nordfranzösischen Aussprache gegenüber regelmässig in die Brüche gegangen ist, und nach den Regeln der gegenwärtigen Aussprache werden die französischen Verstheoretiker ihre Forderungen aufzustellen, die französischen Dichter ihre Verstechnik einzurichten haben.

II.

Derselben Richtung, wie Mende, gehört der von ihm in 2. Auflage benutzte Lesaint an, dessen *Traité complet de la prononciation française dans la seconde moitié du XIX. siècle* eben in 3. Auflage (Halle, 1890) erschienen ist. Der neue Herausgeber, Chr. Vogel, ein Schuldirektor in Genf, hat an dem Inhalte, sowie an dem Charakter des Werkes nichts geändert und sich als Hauptaufgabe nur gestellt, die Orthographie der französischen Akademie in demselben einzuführen. Einer neuen Beurteilung bedarf es darum nicht. Jedermann weiss, dass Lesaint der wissenschaftlichen Phonetik ebenso fern steht wie Mende, und dass er auch keinen Versuch gemacht hat, die von ihm angeführten Aussprache-Erscheinungen historisch zu erläutern. Lesaint (und Vogel) sind noch mehr als M. blosse Empiriker. Aber so sehr man dies für die Wissenschaft bedauern mag, so ist auch dies nicht ohne Nutzen: man hat wenigstens die Gewissheit, dass L. ohne phonetische oder historische Voreingenommenheit bei seinen Beobachtungen zu Werke gegangen ist, und man wird darum sein an Angaben reiches Hilfsbuch mit Recht immer als unparteiischen Zeugen anrufen dürfen. Es ist kein Zufall, wenn die deutschen Phonetiker des Französischen den Stoff zu ihren orthographischen Angaben mit Vorliebe L.'s Werke entlehnten. — So sollen denn auch hier die durchaus glaubwürdigen und zuverlässigen Angaben L.'s über das stumme (tonlose) ҫ (S. 32—52) als Grundlage zu einigen weiteren Betrachtungen über diesen Gegenstand genommen werden.

Von den bei Beurteilung der ҫ-Aussprache zu beachtenden Gesichtspunkten ist L. nur einer zum Bewusstsein gekommen: die Kombinationsfähigkeit der um ҫ befindlichen Konsonanten. Für die Beziehungen des ҫ zur Silbenquantität findet sich bei L. nicht

eine Andeutung; die Einwirkung des Wort- und Satzaccentes auf
die Aussprache von ę kommt — ihm unbewusst — nur in seinen
reichhaltigen Beispielsammlungen zur Geltung.

L. beginnt — mit uns in Uebereinstimmung — mit der
richtigen Beobachtung:

Das ę ist stumm nur *„quand on peut, dans la prononciation,
le supprimer en passant sans peine d'une consonne à une autre."*
Aber er versäumt es, anzugeben, wann dieser mühelose Übergang
zwischen Konsonanten möglich ist und wann nicht, und lässt
hiefür nur die Aufzählung von Beispielen für die Aussprache in
ę namentlich im Wortinnern (und Satzgliedinnern) eintreten.
Das auslautende ę vor Konsonanten, auf welches M. mit besonderer Genauigkeit einging, wird von L. nur sehr kurz behandelt. Wir erhalten dadurch Gelegenheit, die Kombinationsfähigkeit der Konsonanten im Wortinnern etwas eingehender
zu betrachten und ziehen hier für diese Stellung die Ergebnisse
aus L., wie wir sie aus M.'s Arbeit für die Wortgrenze zu
finden unternommen haben.

Zunächst ergeben sich aus L.'s Beispielen eine Anzahl
Verbindungen, die ohne Aussprache von ę im Wortanlaut
(und darum auch, was L. nicht bemerkt, im Wortinlaut nach
gesprochenen Konsonanten) nicht geduldet werden. Es sind:
*g-n; š-n, š-v, š-vr; ž-t, ž-l, ž-n; t-n; d-s, d-n, d-m: s-k, s-kr, s-g,
s-s, s-t, s-r, s-vr, s-m; l-p, l-vr; r-g, r-gr, r-s, r-l, r-p, r-b, r-f,
r-fr, r-v, r-n, r-m; p-z, (p-l); b-d, b-z, b-n; f-l, f-n, f-m; n-v;
m-l, m-r, m-n; br-b; sk-l;* also die Liquiden *l, m, n, r,* vor allen
ihnen (in den Beispielen) begegnenden Konsonanten, die Spiranten
š vor *v(r); ž* vor *t, l, n; s* vor *k(r), g, s, l, r, vr, m, p;
f* vor *l, n, m;* ferner die Anlautgruppen *tn, ds, dn, dm, pz, pl,
bd, bz, dn, brb, skl,* bis auf *fl* und *pl* durchweg im französischen
Wortanlaut ungewöhnliche und dem französischen Organe wider-
strebende Anlautverbindungen. Die Anlautverbindungen *fl* und
pl werden auch nur in einigen Worten vermieden: *fl* nur in
felouque, einem Fremdworte, und *pl* nur in *peler, pelu* mit ę neben
pelisse, pelote, peloter, peloton, peluche etc. mit stummem ę, offenbar um *peler* von *plais* etc., *pelu* von *plu* und *plus* zu unterscheiden. Sie ausgeschlossen, muss bei den übrigen aufgezählten
Anlautverbindungen die Erhaltung von ę selbstverständlich erscheinen. Es sei nur darauf hingewiesen, dass in *ds* und *pz*
ein stimmhafter und ein stimmloser Laut zusammen treffen würden
(ebenso in *sg*). Physiologische Gründe kommen hier und sonst
der französischen Sprachgewohnheit zu Hilfe.

Als im Wortanlaut gestattet erscheinen: einmal *žm*
(*ǰ m'endors*) im Widerspruch zu *žl, žn,* und gewiss nicht normal;

sr (in *serin, sereing, seringue, seringal*) im Widerspruch zu *serai,
-as, -a* etc. mit dumpfem *ę*, und endlich *pl* in den bereits angeführten Beispielen. *žm* und *sr* dürften nicht als mustergiltig angesehen werden; in Sachs' *Wörterbuch* findet sich für *sr* in einem Teile
der von L. angegebenen Worte auch anlautend *sęr* verzeichnet.

Von den im Wortanlaut nicht geduldeten Gruppen muss
man annehmen, dass sie auch im Wortinnern nicht silbenanlautend auftreten dürfen. Wenn sie sich demnach (durch
ę-Ausfall) inlautend finden, so muss der erste (oder die ersteren)
Laute den Auslaut der vorhergehenden Silbe bilden. Wir
erfahren so, welche Auslaute das Französische im Wortinnern
vor Konsonant duldet und wir werden von hier aus Schlüsse auf
die Konsonantenbindung zwischen Wortauslaut und konsonantischen
Wortanlaut machen können.

Zunächst ergibt sich aus L.'s Beispielen, dass, wie voraus-
zusehen, alle die im Anlaut vor Konsonant nicht geduldeten
Liquiden (*l, m, n, ñ, r*) im Inlaut sich häufig vor Konsonant
finden, wobei, wie wir auch in der *Grammatik* (s. o. S. 132)
angeben, die Liquida natürlich den Silbenauslaut bildet. Durch
L. sind folgende Inlautverbindungen (durch Ausfall von *ę*) belegt:
*l + kr, t, tr, d, r. p, v, m; m + t, d, l, p, v; n + d, r, m;
ñ + r; r + gr, t, tr, s, l, p, b, br, fr, n.* Von den im Anlaut
verpönten Spiranten + Konsonant finden sich im Wortinnern (also
mit als Auslaut der vorhergehenden Silbe gesprochenen Spiranten):
šn, šv; žt(r), žl, žn; sk, sl, sr, sm; fn; ausserdem die im Anlaut
nicht vorgefundenen Gruppen: *χt, χtr, χr; št, štr, šfr, šr; žr, žp,
žv; ft, fr; vn, vr, vl,* als normale Aussprache. Von den im Wortanlaut nicht geduldeten Plosiven + Konsonant finden sich im
Wortinnern die durch *ę*-Ausfall eingetretenen Verbindungen: *gn;
tn; ds* (gesprochen *ts) dn, dm, bz;* ausserdem *kt, ktr, kn, kr;
gd; tl, tr, tv, tm; dž; pt, pl, pr, pm; bl, bv,* in denen (bis auf
die gewohnten Anlautverbindungen *kr, tr, pr, pl, bl,* Muta + Liquida)
ebenfalls die Plosiven *k, g, t, d, p, b* als silbenauslautend anzusehen sind. Als geduldete oder übliche Silbenauslaute ergeben
sich demnach: *l, m, n, ñ, r; χ, i, š, ž, s; f, v; k, g, t, d, p, b;*
bis auf *z,* das nur zufällig nicht belegt ist, sämtliche Konsonanten
der französischen Sprache.[1]

---

[1] Ob nicht manche der oben als silbenauslautend angesetzten
Konsonanten auch, abgesehen von den schon oben ausgenommenen, in
den angeführten Gruppen silbenanlautend vorkommen, mag z. Z. dahin-
gestellt bleiben. Man vergleiche damit das S. 133 und zu den Spiranten
Gesagte und die zum Teil widersprechenden Angaben in der *Grammatik*
S. 98, No. 5, die, andern Quellen entnommen, einer Nachprüfung be-
dürftig erscheinen.

Für im Wortinnern und darum auch an der Wortgrenze im Innern eines Satzgliedes nicht gestattete Verbindungen finden sich bei L. folgende Belege. Muta und Liquida (*cr, cl, gr, gl, tr, dr, pr, pl, br, bl, fr, fl* (s. S. 46), *vr* ebenso *sr* (+ *s*),[1]) *str* (+ *s*), *zr* (+ *l*)) müssen vor Konsonant stets ę nach sich ertönen lassen. S. o. S. 126, und M. S. 107, der noch *sm* hinzufügt. Ebenso Liqu. (*r, l*) c. Liqu. vor Kons.: *rl* (+ *r, pm*), *lr* (+ *m*), *lm* (+ *p*) (vgl. o. S. 132); Liqu. c. Muta (auch Spirans) vor Kons.: *rk* (+ *l*), *rž* (+ *r*), *rt* (+ *m*), *rd* (+ *s, m*), *rv* (+ *l*), *lt* (+ *f*), *nd* (+ *m*)[2]), *nt* (+ *n*), (vgl. o. S. 136 ff.); Spirans c. Plosiva vor Kons.: *sk* (+ *m, t*) (s. o. S. 136); Muta c. Plosiva oder Spirans vor Kons.: *gd* (+ *b*), *gs* (+ *m*) (bei M. nicht belegte Verbindungen), einfache Liqu. + Kons.: *l* (+ *z*, nur im Beispiel *alezan*, das Sachs *alzā* spricht, also als unsicher auszuscheiden), und *r* + aspiriertem *h* (s. o. S. 132), *m* (+ *m*, identische Laute); einfache Spirans + Kons.: nur *s* (+ *s*, identische Laute); einfache Plosiva + Kons.: *t* (+ *k*), *t* (+ *t*), *d* (+ *d*), also bei Verbindungen identischer Laute, *p* (+ *s*); endlich Liquida, Spirans und Muta (einfache oder komplizierte) vor *rį* und *lį*. So *į* + *rį* (*cueillęrions* gegen *cueill'rai*), *s* + *rį* (*effaçęrions* gegen *effaç'rai*), *f* + *rį* (*nous fęrions* gegen *je f'rai*), ebenso bei *kt, χt* (*feuill'tęrions* gegen *feuill't'rai*), *št, st, rt, lt,* + *rį,* und bei *t* (*atelįer*), *n* (*tonnelįer*), *s* (*chancelįer*) und *p* (*chapelįer*) vor *lį*.[3]) Aus diesem Gesetz, wonach *rį* überhaupt unmittelbar vor sich keinen Konsonanten duldet, folgen die von L. S. 37 ff. und S. 40 gegebenen wichtigen Aussprachegesetze für eine Anzahl Konjugationsformen, die wie die Bemerkung desselben zu *becqueter* etc. S. 39 weder in meiner *Formenlehre* noch in Clédat's *Précis* hätten fehlen dürfen.

Soviel ergibt sich aus Lesaint (von seinen Bemerkungen über ę in der Dichtung und im Gesange sehen wir ab) für die Verbindungsfähigkeit der durch ę zusammentretenden Konsonanten. Für unser Accentgesetz erhalten wir ebenfalls einige Bestätigungen. So verstummt bei mehreren aufeinanderfolgenden ę das in unbetonter Stellung (unmittelbar vor Hauptaccent, nicht in der ersten Silbe des Wortes befindliche) ę in *dev'rai, Gen'viève, ressem'ler, mousquet'rie* etc., oder in entsprechenden Satzverbin-

---

[1]) Die in Parenthese befindlichen Laute deuten auf die vorgefundenen Belege hin.

[2]) Mit *nd, nt* meinen wir natürlich nicht Nasalvokal + *d, t*, sondern dentales *n* + *d, t*.

[3]) Neben *atelįe (atelier)*, *šapelįe* etc. besteht allerdings auch eine Aussprache *atlįe, šaplįe* etc., in denen auf andere Weise eine Erleichterung der Aussprache herbeigeführt wird.

dungen, in: *ne s' fâche, je l' dis, je l' crois* u. dgl. Vom Hauptaccent rückwärts schreitend finden wir abwechselnd Ausfall und
Erhaltung von ę in Beispielen wie *veuillez r'sem'ler (ressemeler),
des r'sem'lages, et j' le r'grette* etc. (s. o. S. 141 und *Grammatik
a. a. O.).* In anderen Fällen, wo unmittelbar vor dem Hauptaccent ein ę fehlt, geht der Wechsel von gesprochenem ę und
Ausfall vom Anfang des Satzes aus: *de c' que j' désire* (s. o.
S. 142 f. und M. S. 70, III, Anhang)[1]) oder tritt Störung des Accent-
gesetzes durch das Widerstreben der entstehenden Konsonantenverbindungen ein: *vil'brequin (vilebr'quin* ist unmöglich), *pal'
frenier* (für unmögliches *palefr'njer* u. dgl.

III.

Vergleichen wir die Ergebnisse der beiden vorstehenden
Untersuchungen über das französische ę vor und nach Konsonant
und ergänzen wir dieselben unter Benutzung der sonstigen Litteratur und auf Grund eigener Beobachtung in der Weise, dass
wir die unvollständig belegten Erscheinungen durch Analogieschluss
zu Gesetzen vervollständigen, so lassen sich für die normale
Aussprache resp. Nichtaussprache des tonlosen ę provisorisch die
folgenden Gesetze aufstellen:

Tonloses ę nach einfacher oder mehrfacher Konsonanz am
Ende eines Satzes oder eines Satzgliedes ist stumm und
kommt nur durch Dehnung des vorausgehenden Tonvokals,
durch explosive Artikulation des voraus gehenden Ver-
schlusslautes oder durch einen Stimm- resp. Stimmgleit-
Laut für das Gehör zur Geltung.

Tonloses ę nach einfacher oder mehrfacher Konsonanz
innerhalb eines Satzgliedes vor anlautendem Vokal
wird elidiert.

Dem elidierten Auslaut-ę vorausgehende einfache Konsonanz oder Muta c. Liquida wird dabei unter gleich-
zeitiger Verkürzung des vorausgehenden Tonvokals als Anlaut der nächsten, ursprünglich vokalisch anlautenden Silbe
gesprochen.

Geht dem elidierten Auslaut-ę mehrfache Konsonanz
voraus (Liqu. c. Liqu., Liqu. c. Muta oder Muta c. Muta), so
bildet (mit wenigen allgemein bekannten Ausnahmen) der erste
Laut den Auslaut der vorhergehenden Silbe, während

1) Die von M. *a. a. O.* konstatierte Abneigung dagegen, einen
Satz (oder Satzglied) mit stummem *e* zu beginnen, beruht wohl auch
darauf, dass mit Verstummung von ę gewöhnlich im Wort- (Sprachwort-)
Anlaut unstatthafte Konsonantenverbindungen eintreten würden.

der zweite als Anlaut der folgenden ursprünglich vokalisch anlautenden Silbe gesprochen wird. Auch hierbei, wie bei jeder Bindung (also auch in den folgenden Fällen konsonantischer Bindung) erfolgt Verkürzung der dem stummen ę vorausgehenden Silbe.

Für ę im Wortinnern vor und nach Konsananz und für ę im Wortschluss nach Konsonanz und vor konsonantischem Anlaut des nächsten Wortes gelten die folgenden Gesetze.

Das tonlose ę wird in konsonantischer Umgebung gesprochen (resp. durch eine Pause ersetzt):

1. Zwischen zwei homorganen Lauten: zwei gleichen Liquidä (*l : l, m : m, n : n, r : r*), den stimmlosen und stimmhaften Plosiven (*k : k, k : g, g : k, t : t, t : d, d : t; p : p, p : b, b : p*) und Spiranten (*š : š, š : ž, ž : š; s : s, s : z, z : s; f : f, f : v, v : f*).
2. Nach Plosiva oder Spirans (Muta) cum Liquida vor beliebiger einfacher oder mehrfacher Konsonanz.
3. Nach Liquida cum Liquida (*rl, rm, rn, rñ*) vor beliebiger einfacher oder mehrfacher Konsonanz.[1])
4. Nach Liquida (*l, r*) oder Muta (Plosiva oder Spirans) + Plosiva vor beliebiger anlautender Konsonanz ausser vor *r*.[1])
5. Nach einfacher Muta (Plosiva oder Spirans) vor Muta c. Liquida.[1])
6. Nach beliebiger Konsonanz vor *rį, lį*.
7. Nach beliebiger Konsonanz vor aspiriertem *h* (ebenso *onze* etc.).
8. Im Satz- oder Satzglied-Beginn (also auch im einzeln gesprochenen Worte) zwischen Liquida und Muta (Plosiva oder Spirans), Plosiva und *m, n, ñ*, Spirans und *l, r, m, n* (vielleicht ausser *fl, fr, vr*), Muta und Muta (Plosivä und Spiranten) ausser in *s + k, p, (n)* also: in allen Verbindungen ausser Plosiva + *l, r* (*f + l, r, v + r*) und *s + k, t, p, (n)*.

e vor und nach Konsonanz verstummt:

1. nach Liqu. vor beliebiger einfacher und mehrfacher Konsonanz. Die Liquida wird als Auslaut (*l, r*) gesprochen (also keine Bindung).
2. nach Liqu. (*l, r*) c. Plosiva vor *r*. Hierbei wird die auslautende Plosiva vor stummem ę mit folgendem *r* als An-

---

[1]) In 3., 4., 5. wird ę am schwächsten artikuliert, wenn nicht eine Kombination dieses Gesetzes mit 1. stattfindet.

laut (die vorausgehende Liquida also als Auslaut) gesprochen (gebunden).

3. nach einfacher Plosiva *(k, g, t, d, p, b)* vor *l, r,* wobei die Plosiva als Anlaut der folgenden Silbe gesprochen (gebunden) wird.

4. nach einfacher Plosiva auch vor *m, n,* wobei aber die Plosiva auslautend bleibt, also nicht gebunden wird, und nach einfacher Spirans vor sämtlichen Liquiden *(l, m, n, r).*

5. nach einfacher Plosiva oder Spirans vor anlautender nicht homorganer einfacher Muta (Plosiva und Spirans), wobei der vor stummem ę befindliche Konsonant als Auslaut gesprochen (nicht gebunden) wird.

6) nach Muta c. Plosiva vor anlautendem *r,* wobei die auslautende Plosiva mit dem folgenden *r* als Anlaut gesprochen (gebunden) wird.

Über die Bindung der Spiranten, ad 4) vgl. das o. S. 133 u. Gesagte.

Die Accentwirkungen bei Häufungen von tonlosem ę brauchen wir nicht zu wiederholen. Nur der Erwähnung bedarf es, dass jedes tonlose ę vor und nach Vokal dem Untergange geweiht ist, und dass bei verklungenem ę nach Vokal die Ersatzdehnung nicht in dem Masse eintritt, wie man nach Lesaint S. 39 annehmen müsste.

E. KOSCHWITZ.

Vauvenargues.

In der Provence, dort, wo einst Marius mit seinen tapferen Scharen die Teutonen besiegte, erhebt sich, in geringer Entfernung von der Stadt Aix, auf steilem Felsen ein Schloss, das in der Zeit der französischen Revolution von den Jakobinern zerstört, von den Freunden und Verwandten der hochadligen Familie von Vauvenargues aber später wieder aufgebaut wurde. In jenem früheren Stammschlosse verlebte Luc de Clapiers, Marquis de Vauvenargues, seine Jugendjahre; er hatte das Licht der Welt im Jahre 1715 in einem zu dem Edelsitze gehörenden Herrenhause zu Aix erblickt. Sein Vater, ein wenig bemittelter Adliger, hatte sich durch Selbstaufopferung, durch umsichtige, unermüdliche Thätigkeit bei einer langandauernden, pestartigen Seuche aufrichtige Hochachtung und Liebe in den weitesten Kreisen erworben; auch in der Erziehung seiner Kinder zeigte er eine rühmliche Gewissenhaftigkeit und Treue. Sein oben erwähnter Sohn erregte anfänglich durch scheinbar geringe, geistige Befähigung die Sorgen des Vaters; nach seinem 20. Lebensjahre aber entfaltete sich sein Talent zur Bewunderung aller, die mit ihm näher verkehrten.

Wir besitzen von ihm keine Selbstbiographie, etwa nach Art der *Confessions* von Jean Jacques Rousseau, die uns über seine äusseren Lebensverhältnisse, über seine Erlebnisse oder über die Motive seiner Handlungen Aufschluss geben könnte; das, was wir über ihn wissen, erfahren wir nur durch sporadische Mitteilungen in den Briefen an seine Freunde. Auf diese Weise ist es uns bekannt geworden, dass er die militärische Laufbahn wählte, obschon seine Eltern mit Rücksicht auf ihre beschränkten Vermögensverhältnisse ihm erst nach langem Zögern ihre Zustimmung zur Wahl dieses Berufes gegeben haben. Er beteiligte sich als Lieutenant im Regimente des Königs an den Feldzügen in Italien, Bayern und Böhmen, in denen er sich durch Tapferkeit zwar auszeichnete, aber keine Beförderung erhielt.

Verwundet, elend und schwach kehrte er nach Hause
zurück. Missmutig hierüber nahm er gegen den Willen seiner
Eltern den Abschied aus der Armee, ging nach Paris und bewarb
sich von dort aus bei mehreren einflussreichen Persönlichkeiten
um eine Beschäftigung im diplomatischen Dienste; allein auch dies
glückte ihm nicht, da Amelot, der damalige Minister der auswärtigen Angelegenheiten, ihm seiner Jugend halber nicht die
erforderliche Umsicht und die nötige Diskretion zutraute.

Nach diesen Misserfolgen glaubte er, von der Vorsehung
nicht zur Ausführung grosser Thaten im Staatsdienste berufen
zu sein und wandte sich litterarischer Thätigkeit zu, die ihm
einst ein angenehmer Zeitvertreib gewesen, jetzt aber eine Er-
werbsquelle, und ausserdem eine Quelle des Ruhmes werden
sollte.

Die Glanzperiode der französischen Litteratur ging gerade
der Zeit voraus, in welcher sein Talent hervortrat. Viele Anregung zum Schaffen boten dem jungen Marquis daher die Werke
der grossen Meister seiner Nation dar, viel konnte er aus ihnen
lernen, was Reinheit und Eleganz der Sprache, was Gedanken-
reichtum anbetraf; gross waren aber auch andererseits die Anforderungen der Kritiker an jeden, der es wagte, mit seinen
Geistesproduktionen an die Öffentlichkeit zu treten, besonders
aber setzte sich jeder einer herben Kritik aus, der nicht den
rationalistischen Ideen des Jahrhunderts huldigte, und sich
weigerte, den Kultus der Vernunft zu verherrlichen.

Vauvenargues war zwar nicht frei von einer Neigung zum
Skeptizismus, in seinem Herzen war aber die fromme Scheu vor
dem Heiligen, die Liebe zur Religion nicht erstickt. —

Wenn wir seine Werke, auch die *Oeuvres Posthumes et
Inédites*, welche Dr. L. Gilles im Jahre 1857 in Paris veröffentlichte und mit erklärenden Noten versehen hat, einer genauen
Prüfung unterwerfen, so erscheinen uns eigentlich nur die *Réflexions et Maximes* vollständig und abgeschlossen, seine übrigen
Schriften sind nur Teile eines grösseren Ganzen, das er zu
schreiben beabsichtigte, aber an dessen Ausführung ihn Krankheit und Tod hinderten.

Aus dem Vorworte „*Discours préliminaire*" geht deutlich
hervor, dass er diese Absicht gehabt hat.

In der Sammlung seiner Werke begegnen wir zuerst der *In-
troduction à la connaissance de l'esprit humain*, einer geistreichen
Arbeit, die indessen an Ungenauigkeit in der Definition einiger
Begriffe leidet, wie es bereits La Harpe in seinem *Lycée* oder
Cours de Littérature, Band II, Seite 817 nachgewiesen hat. Wir
verweisen den geneigten Leser auf den Irrtum, den Vauvenargues

begeht, wenn er behauptet „*il y a trois principes remarquables dans l'esprit: l'imagination, la réflexion et l'esprit*". Das, was er Prinzipien nennt, sind in der That nur drei Seiten, drei Kräfte, in denen sich das menschliche Denken äussert. Wenn er ferner betont, *C'est l'intelligence qui remue le sentiment,* so widerspricht er der sonst so oft von ihm ausgesprochenen Ansicht, *c'est le sentiment qui prévient l'intelligence, et les grandes pensées viennent du cœur.*

Auch der Unterschied zwischen *l'amour-propre,* d. i. die Eigenliebe, ein übertriebenes und unbegründetes Wohlgefallen an der vermeintlichen eigenen Vollkommenheit, und *l'amour de soi,* d. i. die Selbstliebe und Selbstachtung, ist von ihm nicht logisch scharf auseinander gehalten. Wenn die *amour-propre* als ein Übermass, als ein Missbrauch der *amour-soi* anzusehen ist, und die Tugend in der Aufopferung der *amour-propre* besteht, so durfte er auch nicht den Satz aufstellen, dass *l'amour paternel ne diffère pas de l'amour propre,* denn die selbstlose Hingabe, die freudige Aufopferung der Eltern für das leibliche Gedeihen und geistige Wohl ihrer Kinder ist doch sicherlich ein Akt der *amour de soi,* etwas sittlich Gutes, etwas Tugendhaftes. Gerade hier hätte der Verfasser die beste Gelegenheit gehabt, zu zeigen, dass seine Weltanschauung, wie es ja in der That der Fall ist, in einem diametralen Gegensatze zu der Ansicht des Helvetius steht, jenes Philosophen, der ein Haschen nach Vergnügen preist, und nur diejenigen Handlungen für tugendhaft ansieht, die der Selbstliebe, d. i. der *amour-propre* dienen, da sein Ausspruch: „*Quel autre motif que l'intérêt personnel pourrait déterminer un homme à des actions généreuses?*" seine nicht moralischen Grundsätze hinlänglich bezeichnet. Solcher Schwächen gibt es indessen mehrere bei Vauvenargues.

An die oben erwähnte Abhandlung schliessen sich nach Form und Inhalt genau seine *Réflexions sur divers sujets* an; manches dort nicht Erörtertes, aber dahin Gehöriges findet hier seine Vervollständigung. Er beginnt mit einem kleinen *Essai* über den Pyrrhonismus und geht dann zur Betrachtung und Prüfung mehrerer philosophischen Grundsätze über. Am interessantesten in dieser Sektion ist seine Abhandlung über *l'homme vertueux, dépeint par son génie;* in den uns dargestellten Charakterzügen finden sich Andeutungen über des Verfassers eigenen Seelenzustand, Stellen, die später in der Charakterschilderung des *Clazomenes* oder *la vertu malheureuse* weiter ausgeführt werden. Von grösserer Bedeutung für die Beurteilung der sittlichen Grundsätze des Autors sind seine *Conseils à un jeune homme.* Dieser junge Mann, für welchen die wohlgemeinten Ratschläge zunächst

bestimmt waren, ist Hippolyte de Seytres, ein Kriegskamerad
von ihm. Mit väterlicher Fürsorge nahm er sich desselben an
und warnte ihn in eindringlicher, aber milder Weise vor all' den
sittlichen Gefahren, denen er selbst durch ein freundliches Geschick entgangen war. In einer Trauerrede, die zwar poetischen
Schwung besitzt, in der Form aber zu gekünstelt ist, beklagt er
später den frühen Heimgang dieses Freundes, der den Kriegs-
strapazen in Böhmen im Jahre 1742 erlag.

In seinem *Discours sur la Gloire* billigt er das Streben
nach Ruhm als einen Ausfluss hoher, sittlicher Kraft mit den
Worten: *„Ne croyez pas qu'on puisse obtenir la vraie gloire sans
la vraie vertu, ni qu'on puisse se maintenir dans la vertu sans
l'aide de la gloire"*, aber leider ist es ihm hauptsächlich nur um
den äusseren Ruhm, um die Unsterblichkeit hienieden zu thun,
die Frage nach dem wahren Ruhme, der zum ewigen Heile führt,
lässt er unberührt.

Unbedeutender dem Inhalte und dem Umfange nach ist sein
Discours sur les plaisirs, viel wertvoller dagegen sein *Discours
sur le caractère des différents siècles*; welch' grosses Gewicht er
selbst auf diese Arbeit gelegt hat, dürften die vielfachen Umarbeitungen beweisen, denen er dieselbe unterzogen. Die darin
entwickelten Ansichten über Heidentum und Christentum und ihr
Verhältnis zu einander sind aber nicht tief, so dass die Annahme,
diese Arbeit mit ihren Umarbeitungen gehöre zu den Erstlings-
arbeiten des Verfassers, gerechtfertigt zu sein scheint. Seine
Worte darin *„Le bonheur d'être né chrétien et catholique ne
peut être comparé à aucun bien"* klingen aus seinem Munde seltsam, wenn man sie mit einigen seiner Lebensansichten späterer
Zeit vergleicht. Mit diesem philosophischen Essai steht in Verbindung sein *Discours sur les Moeurs du siècle*, in welchem er
gegen die Leichtfertigkeit mancher Schriftsteller eifert, die in
gewissenloser Weise ihr Talent zum Lobe der Untugend und des
Lasters verwenden, nur um der Welt zu gefallen oder sich hohe
Gönner zu erwerben.

Jean Jacques Rousseau, sein Zeitgenosse, huldigt, wie wir
wissen, als Verkündiger des Naturevangeliums der sonderbaren
Ansicht, dass die Künste die Laster hervorgerufen und der Menschheit zum Unheil gereicht hätten; er forderte deshalb zur Rückkehr zum einfachen Naturleben, zur Gleichheit, zum Stande der
Unschuld und der Freiheit auf; zur Widerlegung dieser Ansichten
schrieb Vauvenargues seinen *Discours sur l'Inégalité des richesses*.
Es ist diese Arbeit, in welcher er eine Lösung der socialen Frage
mit Hinweis auf die christliche Lehre herbeizuführen sucht, eine
seiner besten; er wurde zur Abfassung derselben durch die

im Jahre 1745 von der französischen Akademie gestellte Preis-
aufgabe veranlasst: „*La sagesse de Dieu dans la distribution
inégale des richesses, suivant ces paroles: „Dives et pauper se
obviarunt sibi, utriusque operator est Dominus*“ (Sprüche Salo-
monis XXII, 2). In der von ihm hierüber geschriebenen
Abhandlung herrscht ein tiefer Ernst vor, fast möchte man
sagen, ein Ausdruck der Trauer über das oft grosse und
unverschuldete Elend im Menschenleben, so dass man dadurch
unwillkürlich an die eigene, nicht selten bedrängte Lage des
Verfassers erinnert wird. Er lässt uns erkennen, dass eine
Gleichheit der Stände und des Vermögens ein Unding sei, dass
vielmehr die Hilfsbedürftigkeit einerseits und die Fähigkeit, die
Not zu lindern, andererseits, die Menschen sittlich hebe, und sie
in das rechte Verhältnis zu einander bringe; er vermeidet es aber
praktische Winke zu geben, wie das soziale Elend beseitigt und
seiner Entstehung wirksam vorgebeugt werden könne, und tröstet
die Armen damit, dass sie bedenken möchten, wie auch das
Glück der Reichen nicht ungetrübt, nicht vollkommen sei, wie
bei Ungleichheit des Besitzes dennoch Gleichheit des Leidens,
des Kummers und der Sorgen für die Sterblichen bestehe. Seine
Arbeit, so reich sie auch an gediegenen Gedanken war, erhielt
den Ehrenpreis nicht, aber die Nachwelt weiss den hohen Wert
derselben zu würdigen und die edlen Gesinnungen des Verfassers
zu schätzen. Viel schwächer erscheint uns dagegen seine Lob-
rede auf Louis XV.; sie ist, wie auch Voltaire's Éloge, nichts
weiter, als eine Apotheose eines aufgehenden Gestirns, dessen
Glanz die Augen auf einige Zeit blendet, um bald genug durch
Wolken verdunkelt zu werden. — Die hohe Begabung zum Moralisten zeigt Vauvenargues in seinem *Traité sur le libre arbitre*
und in seinen damit direkt zusammenhängenden *Réponses uax
conséquences de la Nécessité.* Einige Irrtümer, die sich in diesen
Arbeiten vorfinden, kann man bei dem sonstigen Werte derselben gern entschuldigen. Auffallend ist die Verwechselung
der Begriffe von *volonté* und *action*, denn *action* ist einfach die
Art und Weise, in welcher sich unser Wille äussert; dieser freie
Wille muss und soll beherrscht, und durch die Vernunft geleitet
werden, damit nicht *actions* entstehen, die wir zu bereuen haben,
daher sind *action* und *volonté* durchaus nicht identisch. In seiner
äusserst schwunghaft gehaltenen *Imitation de Pascal* zeigt sich,
ebenso wie in den *Illusions des Impies* und in der *Vanité des philo-
sophes* eine gewisse Neigung zum Skeptizismus; er will in einer
etwas ironisch ausgedrückten Weise die Lösung der Probleme,
welche die Philosophie mit all' ihrem Scharfsinne nicht bewirken
kann, der Entscheidung der Kirche überlassen. Im Gegensatze zu

diesen Ideen steht seine *Méditation sur la Foi* und seine damit
in Verbindung stehende Herzensergiessung „*la Prière*". Von
manchen Kritikern ist seine Autorschaft bezüglich derselben in
Zweifel gezogen worden; wenn man aber den Stil, und selbst
einige darin vorkommende Unrichtigkeiten mit seinen übrigen Arbeiten vergleicht, so dürften diese Bedenken schwinden. Voltaire
wünschte als Feind des Offenbarungsglaubens diese Abhandlung
durch Vauvenargues gestrichen zu sehen, jedoch derselbe erfüllte
diesen Wunsch nicht. Gerade hier spricht der Verfasser trotz
mancher Zweifel, die seine Seele beunruhigt haben, wiederum
sein Sehnen nach der höchsten Wahrheit offen aus; bald versenkt
er sich dabei in die geheimnisvollen Tiefen seines eigenen Innern,
bald schwingt er sich auf in die hehre Welt des Glaubens und
feiert den Triumph der barmherzigen, christlichen Liebe.

Dass Vauvenargues aber auch ein sehr scharfer Kritiker
sein kann, sehen wir in seinen *Réflexions critiques sur quelques
poètes*, in denen er die grossen Schriftsteller seiner Nation in
unbefangener und oft herber Weise beurteilt.

Er beginnt mit *Lafontaine*, dessen Talent er bereitwillig
anerkennt, jedoch auch dessen Schwächen nicht verschweigt;
sein Urteil über ihn dürfte wohl die Zustimmung der meisten
Kritiker finden, es lautet: „*Ses écrits ont plus de style que
d'invention, et plus de négligence que d'exactitude. Le noeud et le
fond de ses contes ont plus d'intérêt, mais les sujets en sont bas.
On y remarque quelquefois bien des longueurs, et un air de crapule
qui ne saurait plaire. Ni cet auteur n'est parfait en ce genre, ni
ce genre n'est assez noble*".

Boileau und der *Abbé de Chaulieu*, auf die er dann zu
sprechen kommt, erfreuen sich ebenfalls von ihm keines unbedingten
Lobes; in den Werken des ersteren findet er Mangel an Anmut
der Bilder und Mangel an Wärme des Gefühls, den letzteren
tadelt er wegen Nachlässigkeit im Versbau und gezierten Ausdrucks in der Prosa.

Vauvenargues gehörte nicht zu den *rieurs*, er mag seiner
ganzen geistigen Richtung nach kein Freund der Komödien-
dichtung gewesen sein, und nicht ohne ein gewisses Vorurteil die
geistreichen Schöpfungen *Molière's* gelesen haben; die ernste,
kontemplative Seite, die neben dem Scherze, neben der Ironie,
in ihnen liegt, hat er nicht erfasst; erst später durch Voltaire
eines Bessern belehrt, modifizierte er seine ungünstige Meinung
über den genialen Dichter. Sein Urteil über *Racine* und über
Corneille entspricht der allgemeinen bekannten Kritik; auch er
rühmt die Anmut der Racine'schen Muse und die Energie und
Kraft der von Corneille gezeichneten Karaktere, tadelt aber den

letzteren als einen Phrasenhelden. Obschon er sich sehr zu Racine's sentimaler Richtung, als einer ihm verwandten, hingezogen fühlte, so missbilligte er doch das in den Dramen jenes Dichters vorherrschende Pathos; er wünscht mehr Handlung, und diese soll in den Herzen der Leser auch Furcht und Schrecken, nicht bloss Mitleiden, hervorrufen; andererseits suchte er den gegen Racine erhobenen Vorwurf, dass die Karaktere seiner Helden der französischen Nation und dem Jahrhundert fremd, und darum uninteressant wären, mit den Worten: *„Les grands hommes sont de tous les âges et de tous les pays"* gründlich zurückzuweisen.

Von *Jean Baptiste Rousseau*, dem Odendichter, hält er nicht viel; er findet, dass es demselben an Tiefe der Gedanken und auch an Passion fehle, und kommt schliesslich zu dem Urteile: *„Rousseau paraît donc bien petit";* wie ein in dem Louvre zu Paris befindliches Manuskript von der Hand Vauvenargues' es zeigt.

Mit besonderem Eifer preist er dagegen seinen Freund und Gönner Voltaire als den Dichterhelden des Jahrhunderts, dessen Vorzüge und Verdienste selbst der blasse Neid nicht schmälern könne; sich selbst erachtet er für inkompetent, um richtig und treffend die Werke desselben kritisieren zu können.

Auch die zarte und sinnige, an musikalischem Wohllaute so reiche Ausdruckweise des Dichters *Quinault* findet seinen ganzen Beifall, und die Stoffe, die derselbe der Mythologie und der mittelalterlichen Ritterpoesie entlehnt hat, hält er für geistig gut verarbeitet.

Der erste Gegenstand, den Vauvenargues in seinen *Fragments littéraires* behandelt, ist das Kapitel über die Orateurs; er fordert darin, dass ein Redner bei der reichen Fülle der Anschauungen und der Gefühle in seiner Rede immer die Klarheit der ordnenden Ideen walten lassen muss, denn bei all' der Pracht der Bilder, bei all' dem kühnen Schwunge der Phantasie darf das, was den ästhetischen Sinn des Zuhörers oder Lesers wirklich ansprechen soll, dem Erkenntnisvermögen, dem Denken, kein Ärgernis geben.

Er rühmt deshalb Pascal's Tiefe, Erhabenheit und seine hinreissende, mit logischer Klarheit verbundene Eloquenz, rühmt die allgewaltige Rednergabe Bossuet's und verweilt mit Vorliebe bei Fénelon, dessen Bescheidenheit, Milde und wahrhaft christliche Toleranz ihm als ein Ideal erscheint; er fasst dann seine Urteile in dem Satze zusammen: es müsse das Streben eines Redners sein, zu denken, wie Pascal, zu schreiben, wie Bossuet, und zu sprechen, wie Fénelon.

Montaigne, den er dann einer Kritik unterzieht, ist ihm seiner Naivetät halber lieb und wert; doch hat er vielen seiner Ansichten über Erziehung und Gesetzgebung nicht völlig zugestimmt, und seine kraftvolle, einfache Sprache gerühmt. Noch günstiger spricht er sich über Fontenelle aus, welchen er, entgegengesetzt der Meinung vieler Kritiker, den grössten Philosophen nennt, der eingehend und mit Schärfe des Geistes die menschliche Schwachheit und Eitelkeit gemalt habe.

In seinem *Essai sur quelques caractères* hat Vauvenargues uns nach Art des Theophrast und des La Bruyère Karakterschilderungen vorgeführt, die im ganzen auf richtiger Beurteilung der Lebensverhältnisse beruhen; manche derselben erscheinen als Portraits, die uns in ihren Zügen des Verfassers eigene trübe Seelenstimmung zeigen, wie sie durch Krankheit, Armut und getäuschte Hoffnungen in ihm hervorgerufen worden war.

Seine *Réflexions* und *Maximes* bilden den Schluss des ersten Teiles seiner Arbeiten. Wir besitzen im ganzen 945 Maximes von ihm, wovon die nach No. 331 folgenden sich erst in seinen *Oeuvres Posthumes* vorfinden; er stellt sie selbst als Aussprüche der Erfahrung hin, die, wenn sie auch keine absoluten Wahrheiten, wie die Maxime 111: *„Peu de maximes sont vraies à tous égards"* ausspricht, enthalten, immerhin der Beachtung und Beherzigung wert sind. Sie beziehen sich auf Religion, Philosophie, Litteratur und andere Dinge. Zur Begründung unserer Behauptung zitieren wir hier einige seiner Kernsprüche, und zwar:

1. um seine religiöse Stimmung und sein Gefühlsleben erkennen zu lassen:

Maxime 323: *La Foi (c'est-à-dire la religion) est la consolation des misérables, et la terreur des heureux.*

„   916: *S'il est vrai que nos joies sont courtes, la plupart de nos afflictions ne sont pas longues.*

„   252: *Le désespoir comble non seulement notre misère, mais notre faiblesse.*

„   491: *La générosité donne moins de conseils que de secours.*

2. seine Urteile über den menschlichen Geist:

Maxime 149: *L'esprit est l'oeil de l'âme, non sa force, sa force est dans le coeur, c'est-à-dire dans les passions.*

„   474: *L'esprit ne tient pas lieu de savoir.*

„   633: *On peut rendre l'esprit plus vif et plus souple, de même que le corps; il n'y a pour cela qu'à exercer l'un, comme on exerce l'autre.*

3. ferner seine Ansichten über den Ruhm:

Maxime 494: *La gloire serait la plus vive de nos passions, sans son incertitude.*

„   496: *La gloire embellit les héros.*

„   497: *Il n'y a pas de gloire achevée sans celle des armes.*

4. endlich seine Urteile über Schriftstellerei:

Maxime 246: *Il est aisé de critiquer un auteur, mais il est difficile de l'apprécier.*

     „   510: *Sur quelque sujet qu'on écrive, on ne parle jamais assez pour le grand nombre, et l'on dit toujours trop peu pour les habiles.*

     „   872: *Il ne faut pas jeter du ridicule sur les opinions respectées, car on blesse par là leurs partisans, sans les confondre.*

Übrigens sind nicht alle Maximes seine eigenen Grundsätze; es sind Mitteilungen über Beobachtungen, die er im Laufe seines Lebens im Thun der Menschen gemacht hat.

Wenn wir sie mit den *Maximes von Pascal* und mit denen des *Rochefoucauld* vergleichen, so dürfte sich folgendes Resultat ergeben: Pascal sieht im Menschenherzen lauter Widersprüche und Schwächen, der Wert des Menschen tritt bei ihm gänzlich zurück; er will uns durch die traurigen Gemälde unserer sittlichen Unvollkommenheit und Unwürdigkeit unsere Erlösungsbedürftigkeit zum lebendigen Bewusstsein bringen, und uns dadurch auf den Weg zum Heile führen. Rochefoucauld dagegen, dessen Maximes sich teilweise in den *Oeuvres Posthumes* von Vauvenargues vorfinden, behauptet als Misanthrop, dass auch das scheinbar edelste Thun der Menschen aus unlauteren Motiven, aus Eigennutz und Eigenliebe hervorgehe, dass niemand das Gute thue um des Guten willen; er hält das menschliche Herz für ebenso schlecht, wie Pascal es thut, aber er eröffnet uns nicht die tröstliche Aussicht auf ein ewiges Heil, wie jener.

Vauvenargues denkt vom Menschen besser, als diese; er glaubt, dass die Liebe zur Tugend, das Gefühl für Recht und Unrecht nicht im Menschenherzen erstorben sei, und bezeichnet, von diesem Grundsatze aus, in seiner Kritik ungefähr dreissig Maximen des Duc de Rochefoucauld als unrichtig. Einige derselben wollen wir des Beispiels halber hier anführen.

Rochefoucauld stellt in seiner vierundzwanzigsten Maxime die Behauptung auf: „*A une grande vanité près, les héros sont faits comme les autres hommes*"; Vauvenargues, der selbst von Ruhmbegierde erfüllt ist, sucht dieselbe mit den Worten zu widerlegen: „*L'amour de la gloire n'est pas une grande vanité.*"

Ebenso findet die sechsundachtzigste Maxime: „*Notre défiance justifie la tromperie d'autrui*" eine gründliche Widerlegung durch Vauvenargues mit den Worten: „*L'expérience justifie notre défiance, mais rien ne peut justifier la tromperie*". Seltsamerweise lobt Rochefoucauld die Gleichgültigkeit, die Indifferenz des Karakters gegen Lob und Tadel in seiner zweihundertunddritten Maxime: „*Le vrai honnête homme est celui qui ne se pique de rien*", worauf

Vauvenargues mit vollem Rechte erwidert: „*Ce mérite, si c'en est un, peut se rencontrer aussi dans un imbécile.*"

Die zweihundertvierundvierzigste Maxime: „*La souveraine habileté consiste à bien connaître le prix des choses*" erhält durch den Zusatz von Vauvenargues: „*On n'est pas habile pour connaître le prix des choses, si l'on n'y joint l'art de les acquérir*" eine richtigere und bessere Fassung.

Rochefoucauld's Maximes sind nie recht populär geworden; er bewegte sich selbst nur in den höchsten Kreisen, so dass ihm das Leben in den bürgerlichen Verhältnissen unbekannt blieb; seinen Aussprüchen muss man daher oft die Wörtchen *presque toujours* beifügen.

Übrigens muss man trotz mancher Ungenauigkeit und Einseitigkeit des Urteils doch den feinen Geist und die scharfe Beobachtungsgabe, die sich in vielen seiner Maximes bemerkbar macht, anerkennen, und auch Vauvenargues thut dies.

Wir haben nun den zweiten Teil des berühmten Moralisten Vauvenargues, die *Œuvres Posthumes et Inédites*, zu besprechen und werden, da dieselben weniger bekannt sind, auf den Inhalt derselben hier näher eingehen.

Sie beginnen mit den *Dialogues*, Mitteilungen, welche teilweise an seine *Réflexions critiques* erinnern und Ansichten und Urteile des Verfassers über geschichtlich merkwürdige Personen und Schriftstellern enthalten; die mit Geschick gewählte Form des Dialogs gibt ihnen besondere Frische und Lebhaftigkeit. Seine *Dialogues* dürften sich in drei Gruppen scheiden lassen, von denen die erste die Gespräche 1—7 inkl., die zweite diejenige von 8—14 inkl. und die dritte die übrigen umfasst. Im ersten Dialoge wird uns eine wenig zutreffende Kritik Boileau's gegeben; im zweiten nimmt der Verfasser Gelegenheit, aus der Besprechung *Bossuet's* und *Fénelon's* eine Parallele zwischen den Ansichten beider zu ziehen. Er lässt den letzteren, als Prediger der Bescheidenheit, zu Bossuet sagen: „*Vous étiez ambitieux, je ne pourrais approuver vos maximes en ce point.*" Auch die Strenge, welche Boileau zur Hebung der Sittlichkeit angewandt zu sehen wünscht, findet nicht Fénelon's Billigung, doch gibt derselbe zu, dass der Inhumane durch Handhabung strenger Gesetze die Humanität fördern kann. Bossuet dagegen hält die *piété scrupuleuse*, wie Fénelon verlangt, für nicht geeignet, das eigene Herz zur Ruhe kommen zu lassen, oder dem Mitmenschen den inneren Frieden zu bringen. Interessant ist das dritte und vierte Gespräch zwischen *Isocrates* und *Demosthenes* über die Rednerkunst als einer schweren und seltenen Kunst, denn ein Redner muss die Fähigkeit besitzen, in geordneter, klarer Weise seine Gedanken darlegen und seinen Worten durch zweckmässige Anwendung einer bilderreichen und schwunghaften Sprache Nachdruck geben zu können, wenn er auf die Bestimmung des Willens sittlich freier Wesen einwirken will.

Beide hochberühmte Redner erkennen in ihren Gesprächen dies als absolut notwendig an; nur zeigt sich Isocrates dem künstlichen Schmucke der Rede abgeneigt und ist namentlich sophistischen Spitzfindigkeiten abhold. An diese Betrachtung rhetorischer Erfordernisse schliesst sich im fünften Gespräche eine Vergleichung der grossen französischen Kanzelredner des XVII. Jahrhunderts, *Pascal's* und *Fénelon's* an. In ihrer Unterredung sprechen sie sich, jeder in der ihm eigentümlichen Weise, über die moralischen Forderungen des Christentums aus; die Ansichten Pascal's weiss Vauvenargues, als ihm besonders sympathisch, als besonders zutreffend hinzustellen. Der sechste Dialog zwischen *Montaigne* und *Charron* bewegt sich auf einem ganz anderen, auf politischem Gebiete; es werden darin Gedanken über die Verwaltung des Staates zum Ausdruck gebracht, die in dem Satze gipfeln: Länder, die ihrer Natur nach verschieden sind, verlangen, ein jedes für sich, verschiedene Regierungsformen. Höchst originell ist das siebente Gespräch, in welchem ein alter *Yankee* mit einem *Portugiesen* über den Inhalt der hundertunddreiundzwanzigsten Maxime: „*La raison nous trompe plus souvent que la nature*" philosophiert und dabei die Ideen Rousseau's vielfach berührt; sie kommen beide zu dem Resultat, dass die Gewohnheit eine grosse Macht auf die Entschliessungen und Handlungen der Menschen ausübe, und die andauernde Anleitung und Nötigung zum Guten, zur guten Gewohnheit die sittliche Wohlfahrt des Individuums im Gefolge habe. — Die zweite Gruppe begreift Gespräche, die nicht nur litterarisch, sondern auch historisch berühmte Personen betreffen.

Das achte Gespräch wird zwischen *Philipp II. und Commines*, dem Geschichtsschreiber des Königs Louis XI., geführt; der misstrauische Charakter des spanischen Königs, sowie das despotische Wesen Louis XI. wird in den Dialogen hinlänglich beleuchtet; trotz des schlechten Karakters lobt Vauvenargues diesen französischen König als den Begründer der französischen Kriegsmacht, doch tadelt er ihn, weil er sich nach Peronne begeben, und die eheliche Verbindung Maximilian's I. mit Maria von Burgund nicht gehindert habe.

Das nächste Gespräch versetzt uns in die alten Zeiten Roms; *Caesar und Brutus* lassen uns erkennen, welchen Wert Freundschaft habe, und wie weit man auf ihre Treue rechnen könne. Im zehnten und elften Dialoge treten Dichter redend

auf; zuerst versucht *Molière* einen Jüngling über die Erbärmlich-
keit der mit dem Neide so oft verbundenen Talentlosigkeit aufzu-
klären, sodann besprechen *Racine* und *Bossuet* den Unterschied
zwischen einer wohlwollenden Kritik und einer plumpen
Schmeichelei.

Im zwölften, dreizehnten und vierzehnten Dialoge sehen
wir *Richelieu* in einer Diskussion mit *Corneille* begriffen, aus
welcher diesem der Grund seiner Zurücksetzung klar wird. Interessant ist der Dialog zwischen Richelieu und Mazarin. Die Urteile der Welt über beide Staatsminister sind, wie es meist der
Fall bei solch' hochgestellten Personen ist, sehr verschieden
und neigen sich zu Extremen hin. Beide sind Heuchler, die
ihre Leidenschaften geschickt den Blicken der Aussenwelt zu
entziehen verstanden, beide vergessen oft die Moral, wenn es
galt, einen Zweck zu erreichen, doch lässt Vauvenargues in
ihrem Gespräche den Karakter *Mazarin's* höher erscheinen, da
er in der Wahl seiner Mittel rücksichtsvoller war, als sein Vorgänger *Richelieu.* Im neunzehnten Dialoge zwischen Richelieu
und Fénelon zeigt sich der grenzenlose Ehrgeiz des Ersteren
dem bescheidenen Fénelon gegenüber im grellsten Lichte.

In der dritten und letzten Gruppe ist der Dialog zwischen
Brutus und einem jungen Römer für die Kenntnis der Lebensverhältnisse des Verfassers von Wichtigkeit; wir erfahren darin, dass
Vauvenargues nicht servil und ränkevoll genug war, um im
diplomatischen Dienste sein Glück zu machen, dass er, der
junge Römer, zwar den Ehrgeiz besass, Tugendhaftes zu leisten,
sich aber bei seiner Offenherzigkeit und Wahrheitsliebe schlecht
qualifiziert haben würde, anders zu sprechen, als er dachte, wie
es doch so oft die diplomatische Weisheit im Interesse des
Staates verlangt.

Der sechszehnte Dialog zwischen *Catilina* und *Sénécion*
d. i. Tullius ist nicht frei von historischen Unrichtigkeiten.; auch
der siebzehnte Dialog zwischen *Renaud* und *Jaffier*, sowie der
achtzehnte zwischen *Platon* und *Denys le Tyran* erregen nur im
minderen Grade das Interesse der Leser. Überhaupt begeht
Vauvenargues in seinen *Dialogues* den Fehler, dass er allzu sehr
seine subjektive Ansicht ausspricht, anstatt die Betreffenden mehr
objektiv den in Rede stehenden Gegenstand behandeln zu lassen.

Es folgen nun die *Fragments*, vier kleine Abhandlungen
verschiedenen Inhalts. In der ersten über *Éloquence*, einem Auszuge aus einer Arbeit, die vermutlich verloren gegangen ist, tadelt
der Verfasser diejenigen Redner, welche bei ihrem Haschen nach
Neuheiten, nach Subtilitäten oft absolut moralische, hochwichtige
Wahrheiten in ihren Reden absichtlich unerwähnt lassen, bloss

um dem Vorwurfe zu entgehen, Bekanntes wiederholt zu haben. In ganz ähnlichem Sinne spricht er sich auch in der zweiten Abhandlung *„Sur les conversations du monde"* aus und missbilligt vorzüglich das Streben, im gesellschaftlichen Verkehre geistreich erscheinen zu wollen, obschon man es doch nicht ist; ja, er erklärt es geradezu für verwerflich, wenn man von frivolen Dingen spricht, bloss um als interessanter Gesellschafter zu gelten. Er empfiehlt dagegen eine einfache und natürliche Unterhaltung, frei von übelberechtigtem Misstrauen, wodurch dieselbe steif und kalt werden würde. — In seiner dritten Arbeit *„Sur le luxe"* bewegt er sich auf dem Gebiete der National-Ökonomie; sie enthält manche Gedanken, die er schon in seinem *Discours sur l'Inégalité des richesses* entwickelt hat. Bei einer Prüfung der sozialen Zustände seiner Zeit erkennt er die Notwendigkeit des Luxus im bedingten Grade an, indem dadurch Geldmittel dem fleissigen Arbeiter zufliessen; alle von den verschiedensten Seiten gemachten Vorschläge zur Linderung des Elends und zur Beseitigung der sozialen Schäden scheinen ihm schwer ausführbar und von nicht durchgreifendem Erfolge. Er schliesst seine *Fragments* mit der Aufstellung eines *Plan d'un livre de Philosophie* ab, in welchem wir Reminiscenzen an seinen *Discours préliminaire* finden. Den letzten und umfangreichsten Abschnitt seiner *Oeuvres Posthumes et Inédites* bildet seine *Correspondance* mit seinen Freunden und Zeitgenossen, ein Briefwechsel, der ungefähr einhundertundvierzig Briefe zählt.

Diese Freunde waren der *Marquis de Mirabeau*, Vater des in der Revolutionszeit auftretenden grossen Redners, ferner *Saint-Vincent*, ein Geschichtsschreiber und Altertumsforscher in Aix, und endlich *Voltaire*, der Philosoph und Dichter.

Mirabeau war gleichen Alters und Standes mit Vauvenargues; beide glichen sich in ihrem Streben nach Ruhm, beide besassen eine feine Beobachtungsgabe; der Erstere war heiter und lebendig, der Letztere ernst und sinnig.

Mit Saint-Vincent stand Vauvenargues in noch herzlicherem Einvernehmen; ihm teilte er, wie später Schiller seinem Freunde Körner, all' die kleinen Sorgen des Lebens mit; ihm verschwieg er selbst seine pekuniäre Bedrängnis nicht. In dem Briefwechsel, den er mit Mirabeau und mit Voltaire unterhielt, herrschte hingegen das litterarische Interesse vor, so dass man diese Briefe fast als Essais betrachten kann.

Ausserdem sind von ihm noch einige Briefe an den König Louis XV., an den Marquis v. Villevieille, seinen früheren Kriegskameraden, an den Minister Amelot und an den Obersten Biron vorhanden, aus denen wir einiges über die äussere Lage

Vauvenargues' ersehen; sie sind geeignet, unser Interesse und unsere Hochachtung für ihn dauernd zu begründen.

Es empfiehlt sich daher, im Nachfolgenden auf die für die Beurteilung seines Karakters wichtigsten Briefe näher einzugehen.

Wenn wir zunächst hier seinen Briefwechsel mit Mirabeau betrachten, so dürften wir wohl sicher zu dem Urteile berechtigt sein, dass Mirabeau seinen Freund an extensivem Wissen, dieser ihn an intensiver Bildung übertraf.

Mirabeau, dem die düstere Stimmung desselben Sorge macht, richtet von Bordeaux unter dem 7. Februar 1739 einen Brief an ihn, in welchem er ihn über das Unangenehme im Menschenleben zu trösten und ihn zu erheitern versucht; er ruft ihm deshalb aus der Ferne zu: „*Imaginez toujours que la gaîté est le fondement du bonheur.*" Vauvenargues soll Vertrauen zu sich selbst gewinnen, und die pessimistische Richtung, die sich seiner Seele bemächtigt, bekämpfen, dann werde er einer besseren Zukunft entgegen gehen.

Sein Antwortschreiben vom 1. März 1739 von Aix aus übergeht fast ganz den Inhalt des an ihn gerichteten Briefes und hebt hervor, dass sich seine philosophischen Grundanschauungen nicht auf *la raison*, oder was hier *la réflexion* heisst, stützen, sondern dass sein Denken und Wollen vom Gefühl, *le sentiment*, beeinflusst und geleitet werde.

Seine unter dem 4. Mai 1739 und dem 30. Juni e. a. von Arras aus an Mirabeau geschriebenen Briefe sind Beweise für seinen bescheidenen Sinn, der jedes ihm gespendete Lob als unverdient zurückweist. In dem Briefe Mirabeau's vom 16. Mai 1739 will dieser seinen Freund, dessen *activité toute spéculative* ihm Bedenken macht, zu einer Thätigkeit, die ein praktisches Ziel im Auge hat, ermuntern; er kennt die Talente desselben und wünscht sehnlichst, sie für die Welt nutzbar zu machen, und ihn der Abgeschlossenheit, der Einsamkeit, in die er sich zurückgezogen, zu entreissen.

Erst am 16. Januar 1740 beantwortete Vauvenargues diesen Brief von Verdun aus; er weist dankend die ihm wohlmeinend erteilten Ratschläge zurück mit dem Hinweise auf seine angegriffene Gesundheit und wiederholt dabei mehrere Gedanken, die sich bereits in seiner *Introduction à la Connaissance de l'Esprit humain* vorfinden. Die Antwort hierauf, welche ihm Mirabeau von Paris aus im Monate Februar 1740 zukommen lässt, enthält viele abfällige Urteile über Voltaire, der seinerseits Mirabeau einen *fou avec de bons sentiments* nannte; zugleich macht Mirabeau seinem Freunde ein feines Kompliment über seine Philosophie. Der von Vauvenargues am 22. März 1740 an Mirabeau gerichtete Brief ist reich an Lebensregeln für den Verkehr mit unserm Nächsten, und ein wertvolles Schriftstück in ethischer Beziehung. Obschon sich die Korrespondenz zwischen beiden noch geraume Zeit fortgesetzt hat, so besitzen wir ihre Briefe nur bis zum 21. August 1740; es ist höchst bedauerlich, dass die übrigen fehlen, sie würden uns sicherlich weiteren Aufschluss über die Denkweise des grossen Moralisten gegeben haben.

Zum besseren Verständnisse dieser Briefe möchten wir hier an einen Ausspruch erinnern, den Mirabeau über sich selbst und seine Familienangehörigen gethan, er sagt: „*Les passions très vives furent toujours calcinées dans notre sang*"; ein ähnliches Urteil fällt er mit den Worten: „*L'audace et l'appétit de l'impossible est un des caractères destructifs de notre race*" (überhaupt s. *les Mémoires de Mirabeau*, Band I, Seite 57, 77 ff.).

Die grosse Zurückhaltung, welche Vauvenargues in seinen Briefen an Mirabeau beobachtet, ist in seiner Korrespondenz mit Saint-Vincent nirgends zu finden.

In dem ersten Briefe, den Vauvenargues ihm von Paris aus am 19. März 1739 schreibt, bittet er, ihm aus einer Geldverlegenheit zu helfen, da er von harten Gläubigern bedrängt werde; eben dieselbe Bitte äussert er in seinem Briefe vom 25. März 1739 von Arras aus; sein Geldmangel veranlasst ihn, am 27. März von Verdun und am 18. Januar 1741 wiederum seinen Freund um ein Darlehen zu ersuchen, dem er als Grund seiner Bedrängnis seine Kränklichkeit bezeichnet; in der That aber mochten ihm die vielen, von ihm unternommenen Reisen Ausgaben verursacht haben, die seine bescheidenen Mittel überstiegen, und Wucherer, denen er in die Hände gefallen, trugen ihrerseits viel dazu bei, seine äussere Lage zu verschlimmern.

Einer seiner interessantesten Briefe an Saint-Vincent ist sein Schreiben von Rheims aus, datiert vom 8. August 1739, worin er den Wert des Glaubens christlicher Religion mit klaren Worten rühmt, denn „*la vie ne paraît qu'un instant auprès de l'Éternité, et la félicité humaine, un songe; et s'il faut parler franchement, ce n'est pas seulement contre la mort qu'on peut tirer des forces de la Foi, elle nous est d'un grand secours dans toutes les misères humaines.*"

Viele andere Briefe an seinen vertrauten Freund geben uns Aufschluss über seine Erlebnisse im Kriege, über seine Wünsche und Hoffnungen, und endlich über seine letzten Lebensschicksale.

In wissenschaftlicher Beziehung ist der Briefwechsel, den er von seiner Garnison in Nancy aus am 4. April 1743 mit Voltaire anknüpfte, nicht ohne hohe Bedeutung.

Vauvenargues überschickte dem scharfen Kritiker mit seinem

Schreiben zugleich eine von ihm bearbeitete Parallele zwischen
Corneille und Racine zur geneigten Begutachtung. Es war ein
anerkennenswerter Zug im Karakter Voltaire's, dass er sich
junger, emporstrebender Talente mit Wärme annahm und sie
mit Rat und That unterstützte. In der ihm übersandten Arbeit
hatte er sofort die hohe Begabung des Verfassers erkannt, aber
doch mancherlei Abänderungen dieser Arbeit gewünscht; obschon Vauvenargues, die höchste Hochachtung vor dem genialen
Geiste des Philosophen von Ferney hatte, befolgte er die ihm gegebenen Ratschläge nicht, da seine Grundanschauungen über die
menschlichen Verhältnisse und damit seine erziehlichen Bestrebungen von Voltaire's Lebensansichten in vielen Punkten abwichen;
er wollte als Spiritualist durch das Gemüt auf den Geist ver-
edelnd einwirken, während Voltaire als Realist nur den Verstand
zu bilden suchte. Die weitere Korrespondenz zwischen beiden
bestätigt diese Behauptung hinlänglich.

Viele Briefe Voltaire's geben Vauvenargues Veranlassung,
sich über die kriegerischen Verhältnisse in der Provence auszusprechen, andere betreffen Louis XIV. und Louis XV., einzelne
hohe Beamte, wie z. B. den Minister Amelot, den Kardinal Fleury,
den Archidiakonus der Kathedrale von Listeron u. m. a.

Von den Briefen litterarischen Inhalts, die Voltaire an ihn
geschrieben, zeichnet sich der vom 7. Januar 1745 datierte durch
eine gewisse derbe Originalität aus. Vauvenargues hatte in einem
seiner Briefe über Lafontaine erklärt, er finde an ihm, dem
Fabeldichter, einen gewissen Instinkt, der in der Natürlichkeit und
der ansprechenden Einfachheit seiner Fabeln zur Geltung komme;
Voltaire bestreitet das zwar nicht, fügt aber in hämischer Weise
hinzu: „*Ce bon homme était si simple que dans la conversation
il n'était guère au-dessus des animaux qu'il faisait parler.*"

Ein einzelner Brief vom 10. März 1747 an Saint-Vincent
beweist uns, dass der Briefwechsel zwischen den Freunden nicht
abgebrochen war; derselbe ist von besonderer Wichtigkeit, indem
er ein eingelegtes Schreiben enthielt, das Vauvenargues seinem
Bruder eingehändigt zu sehen wünschte. Es war sein letzter
Brief überhaupt. —

Als Moralist gehört Vauvenargues zu den besten Schriftstellern seiner Nation. Seine Seele fühlte das Bedürfnis des
Glaubens und der Unterwerfung unter eine höhere, ewige Macht;
nur selten zeigt sich sein Geist von pantheistischen Ideen beeinflusst. In einer seinem religiösen Gefühle entsprechenden
Weise bemühte er sich, Liebe und Begeisterung für das wahrhaft Sittliche, für das Göttliche zu wecken.

Reinheit des Ausdrucks, Klarheit in der Auseinandersetzung

und Darlegung seiner Gedanken zeichnen seine Schriften rühmlichst aus und liessen ihn Anerkennung seines Talents auch von seinen anders gesinnten Zeitgenossen finden; seine Grundsätze hat er, was ihm zur hohen Ehre gereicht, in seinem eigenen, an barmherziger Liebe so reichen Leben bethätigt.

In einem armseligen Zimmer des Hôtel de Tours, rue du Paon in Paris, verschied, fern von seinen Lieben, am 6. August 1747 der edle Mann, noch in der Blüte seiner Jahre stehend, nachdem er lange mit Sorgen und mit Not hienieden gekämpft hatte. Selbst seine Freunde in Paris hatten nichts von seiner Krankheit und seinen traurigen Verhältnissen erfahren, mit seltenem Mute und inniger Ergebung in Gott hat er still und geduldig alle Leiden ertragen, bis ihn der Tod davon erlöste. Mit Rücksicht hierauf hat Voltaire, der die Kunde vom Heimgange seines Freundes alsbald erhielt, die wenigen, aber viel bedeutenden Worte an Monseigneur Leclerc de Montmerci geschrieben: „*Vauvenargues est mort en héros, sans que personne en ait rien su.*"

Noten zur vorstehenden Abhandlung.

In dem Verlage von Hachette & Cie. in Paris ist in diesem Jahre (1890) ein Buch *Vauvenargues von Maurice Paléologue* erschienen. Es dürfte dem Leser nicht uninteressant sein, einige Ansichten des Verfassers — mögen sie ergänzender oder von den in vorstehender Abhandlung ausgesprochenen Urteilen abweichender Art sein — durch Zusatznoten zu erfahren.

[1]) Paléologue glaubt nicht, dass Vauvenargues die zur feineren Diplomatie nötigen Eigenschaften besessen habe, und begründet seine Ansicht, S. 53, mit den Worten: „*Les considérations politiques que lui ont suggérées ses lectures ne portent pas le caractère précis et positif qui est la qualité essentielle de ces sortes de réflexions; l'idée morale y tient trop de place.*"

[2]) Wir erfahren durch P. Seite 67, dass Voltaire später seinen Einfluss am Hofe zu Gunsten Vauvenargues' geltend gemacht; es wurde seinem litterarischen Freunde in der That eine Stelle im diplomatischen Dienste in Aussicht gestellt; Vauvenargues lehnte die Annahme derselben aber mit Rücksicht auf seine zerrüttete Gesundheit dankend ab.

[3]) Es wurde Vauvenargues schwer, sich der schriftstellerischen Laufbahn zu widmen; P. sagt S. 70 hierüber: „*L'adoption de la carrière des lettres entraînait pour V. un sacrifice qui dut paraître pénible à sa nature fière, sensible à l'excès, toute pénétrée des traditions et des préjugés de sa race. C'était, en effet, son parti délicat pour un gentilhomme de faire profession de la littérature.*"

[4]) Wir lesen P. Seite 79, dass die 2. Auflage des *Discours préliminaires* im Jahre 1747 erschienen sei und zwar mit mancherlei auf Voltaire's Veranlassung hin gemachten Verbesserungen.

5) Merkwürdig ist der Ausspruch Voltaire's über die *l'Éloge funèbre* zum Andenken an Seytres, den frühverstorbenen jungen Freund Vauvenargues': „*Voilà la première oraison funèbre que le coeur ait dictée*" siehe S. 47, Paléologue.

6) P. fällt S. 88 ein Urteil über den Glauben Vauvenargues': „*Il n'était pas croyant*"; wir können uns demselben nicht anschliessen nach dem Lebensbilde, welches wir von V. vor uns haben; auch stehen die Worte P.'s: „*Sa foi dans l'immortalité demeura entière jusqu'en ses derniers jours*" im Widerspruch hiermit.

7) Neu ist die Mitteilung von P. Seite 38, dass V. in einem im November 1740 an seinen Herzensfreund Saint-Vincent geschriebenen Briefe den Gedanken, wenn auch nur vorübergehend, geäussert habe, sich mit einer der Töchter des reichen d'Oraison zu verheiraten, um dadurch seiner materiellen Not ein Ende zu machen.

8) P. bestätigt, dass V. den Philosophen Montaigne seines Skeptizismus halber nicht allzu hoch achtet; er fügt S. 110 zur Karakterisierung Vauvenargues' in philosophischer Beziehung hinzu: „*Nul système ne condense les pensées ni les enchaîne.*"

9) Auch wird S. 132 die Stellung V. zu Fontenelle treffend mit folgenden Worten von P. beurteilt: „*V. a réagi avec une vivacité extrême contre Fontenelle*, denn *l'amour du vrai était sacrifié à la recherche du fin et du galant.*" — V. selbst sagt in Bezug hierauf: „*Je ne puis ni estimer, ni haïr ceux qui n'ont que de l'esprit.*"

10) Interessant ist die Parallele, welche P. zwischen V. und Mirabeau S. 22 und 26 zieht; sie lautet: *La nature de Mirabeau, égoïste, tumultueuse, exubérante, „un vrai brûlot*" (wie Mirabeau von sich selbst sagt), *et l'autre sc. de Vauvenargues, délicate, réservée, toute en dedans. — Pour les amours faciles Vauvenargues voulait qu'on y gardât toujours quelque délicatesse et qu'on ne l'y départît jamais d'une certaine pudeur morale.*"

11) Zur Beurteilung des Stils in den Schriften Vauvenargues' erklärt P. S. 124, dass V. *réunit toutes les qualités qui font l'écrivain: l'ordonnance, la clarté, la délicatesse, le goût, la propriété des termes, l'excellence de l'acception.*

12) Auch P. hebt S. 152 und 153 rühmend hervor, dass V. *à une epoque égoïste et vaine a été le représentant de la vie sérieuse et desintéressée — et qu'il a laissé le souvenir fortifiant de sa mort si calme, si digne et si courageuse.*"

Dr. Wilh. Ulrich.

Zeitschrift

für

französische Sprache und Litteratur

unter besonderer Mitwirkung ihrer Begründer

Dr. G. Kœrting und Dr. E. Koschwitz

Professor a. d. Akademie zu Münster i. W. Professor a. d. Universität zu Greifswald

herausgegeben von

Dr. D. Behrens,

Professor an der Universität zu Giessen.

Band XIII, Heft 5,

Der Abhandlungen

drittes Heft.

Oppeln und Leipzig.

Eugen Franck's Buchhandlung

(Georg Maske).

1891.

Ausgegeben am 23. Oktober 1891.

INHALT.

Verlag von Eugen Franck's Buchhandlung (Georg Maske) in Oppeln.

Neufranzösische Formenlehre
nach ihrem Lautstande dargestellt
von
Dr. E. Koschwitz.
Preis 1 Mk. 60 Pf.

Grammatik
der
neufranzösischen Schriftsprache (XVI.—XIX. Jahrh.)
von
Dr. E. Koschwitz.
Erster Teil. Lautlehre. Preis 5 Mk.

Correspondance de Sainte-Beuve avec Hermann Reuchlin.

En décembre 1839, Sainte-Beuve présentait aux lecteurs de la *Revue des deux Mondes* M. Hermann Reuchlin, „un Allemand de beaucoup de savoir et d'esprit, disait-il, qui fait en ce moment, là-bas, une Histoire de Port-Royal, comme moi ici, et qui me devancera, je le crains bien."

L'illustre critique français préparait alors la publication du premier volume de son Port-Royal, qui sortit de presse au mois d'avril 1840. On sait que la publication des volumes suivants (1842, 1848, 1859) marcha lentement; les derniers surtout se firent longtemps attendre, en sorte qu'en effet M. Reuchlin devança Sainte-Beuve, les deux tomes de sa *Geschichte von Port-Royal* ayant été mis au jour en 1839 et 1844.

Hermann Reuchlin,[1]) né en Souabe le 9 janvier 1810, — et qui était, non pas le descendant direct, mais l'arrière-neveu du célèbre humaniste de la Renaissance, Jean Reuchlin, — avait pour père un pasteur, et fut voué par ses parents à la carrière ecclésiastique. A l'Université de Tubingue, il suivit les cours de Baur. Après ses études terminées, il fut précepteur pendant quelques années: à Paris, dans la famille de l'architecte Visconti; à Hambourg, chez le premier syndic de la ville. Il revint ensuite à Paris, où il passa l'hiver de 1838 à 1839: c'est alors qu'il fit la connaissance de Sainte-Beuve; tous deux étaient encore jeunes. Un ami commun les avait rapprochés: c'était Edouard Verny, pasteur de l'Eglise luthérienne de Paris, penseur distingué, qui fut aussi l'ami d'Edmond Scherer et son collaborateur à la *Revue de théologie*. Dans les lettres de Verny à Reuchlin, on remarque quelques passages où il parle de Sainte-Beuve.

---

[1]) Une notice intéressante et bien faite a été écrite sur Reuchlin par M. Wilhelm Lang: *Von und aus Schwaben, Geschichte, Biographie, Litteratur*, zweites Heft, Stuttgart, 1886, pages 90—109.

3 juillet 1837. Sainte-Beuve, un critique fort goûté, s'occupe beaucoup de Port-Royal, et publiera bientôt un ouvrage en deux volumes sur ce sujet: c'est une étude qui a été pour moi-même un de mes rêves de jeunesse, dans le temps où mes fonctions pastorales ne m'absorbaient pas tout entier.

26 septembre 1840. Sainte-Beuve voulait saisir l'occasion du départ de M. Steinbein, pour vous envoyer son premier volume .... Quant au livre de la duchesse de Broglie,[1]) il est impossible de vous en procurer un exemplaire. Le duc en est extraordinairement avare, et il n'en a donné qu' à ceux qui avaient été dans le cercle intime de sa femme: même le bon Monod n'en a point eu; il en est tout scandalisé. On m'a emprunté le mien, et j'en ai encore promis la communication à deux personnes, l'une desquelles est Sainte-Beuve.

31 octobre 1846. Je vois rarement Sainte-Beuve; quand je le rencontre, il est amical avec moi. Je ne sais pas où il en est de son Port-Royal. On m'a raconté qu'il disait qu'on lui avait gâté son sujet; sans doute il veut parler de Cousin.

Reuchlin avait publié en 1837 une étude sur les questions religieuses en France: *Das Christenthum in Frankreich innerhalb und ausserhalb der Kirche*: ce fut le point de départ de ses recherches sur Port-Royal. En venant de Hambourg, il avait passé par Utrecht, pour y visiter l'église janséniste qui y est toujours établie. A Paris, il vit Sainte-Beuve, quelques mois après la fin du cours que celui-ci avait fait à l'Académie de Lausanne sur l'histoire de Port-Royal: on sait que les cahiers de ce cours ont été le canevas sur lequel Sainte-Beuve a fait son livre. „En apprenant, disait Reuchlin dans l'avant-propos du sien, daté de Paris, 28 novembre 1838, qu'un des plus célèbres écrivains français se proposait de donner au public une Histoire de Port-Royal, je me suis confirmé dans le dessein de ne point effacer dans mon livre les traits caractéristiques de la science allemande: l'amour de la profondeur et l'étendue des recherches."

Reuchlin revint dans sa Souabe en passant par la Suisse, et bientôt il entra en correspondance avec Sainte-Beuve. Quelques-unes de leurs lettres se sont perdues. Celles de Sainte-Beuve sont aujourd'hui en la possesion de M. Wilhelm Lang, Dr. phil., à Stuttgart. Quant aux lettres de Reuchlin, comme tous les papiers de Sainte-Beuve, elles ont été cédées par M. Jules Troubat à M. le vicomte de Spoelbach de Lovenjoul, à Bruxelles. M. M. Lang et de Lovenjoul m'ont obligeamment envoyé la copie de ces précieux manuscrits; j'y ai joint les notes indispensables. Le français de Reuchlin n'est pas irréprochable, mais je me suis gardé de le corriger.

---

1) *Fragments sur divers sujets de religion et de morale.* Paris, 1840. 370 pages 8⁰.

I.

Reuchlin à Sainte-Beuve.

Reutlingen (Württemberg) 2 mars 1840.

Mon très cher ami,

Il y a bien longtemps que j'ai eu le plaisir d'avoir de vos nouvelles; je sais bien que c'est ma faute et celle de mon silence. Ce que j'ai fait depuis mon retour au mois de Septembre, se réduit à une biographie de Pascal que je viens de finir. C'était surtout l'examen de la théologie morale des Jésuites qui m'a coûté beaucoup de peine; mais je crois maintenant y avoir trouvé un résultat assez net. Cette biographie doit former un fort détaché de mon Port-Royal, pour le flanquer. J'avais attendu encore la dernière livraison de la *Revue des deux mondes*, espérant y trouver un portrait de votre main.[1]) En attendant, votre *Christel* m'a fait beaucoup de plaisir. Votre raisonnement sur l'amour m'a rappelé vivement ce que vous dites dans votre second cours sur la régénération.[2]) Mais ce qui m'y a le plus réjoui, c'est un certain trait de tendresse que vous y prouvez pour ma patrie,[3]) qui me fait espérer l'accomplissement du désir dont je n'ai jamais cessé de me bercer. Bref: depuis quelques mois je me flattais d'avoir une place de ministre dans notre Forêt-Noire; je rêvais déjà de passer avec vous, dans l'humble presbytère et dans l'ombre vaporeuse de nos sapins, quelques mois d'été, et d'y établir un petit Port-Royal, ou quelque chose comme les h a m e a u x.[4]) La mortification et l'ascétique n'y auraient pas manqué. Mais le coup est manqué; un autre est nommé, qui est plus âgé, et qui avait plus de titres que moi; ainsi je ne dois pas me plaindre. Je n'ai cette nouvelle que depuis deux jours. Et voyons si je ne suis pas prompt à produire et à lancer des plans qui seraient parfaits s'ils se réalisent! Mais cela dépend de vous.

Depuis longtemps vous aimez nos poètes, nos Uhland, Gœthe, Kerner et Schwab.[5]) Vous voudriez bien les savoir lire et réciter dans

---

[1]) Sainte-Beuve avait publié dans la *Revue des deux mondes*, le 15 février 1840, un article sur Jean-Jacques Ampère, et le 1er mars un article intitulé: *Dix ans après en littérature.*

[2]) C'est à la fin du 4e chapitre du premier livre de Port-Royal (c'est à dire dans la q u a t r i è m e leçon du cours) que se trouvent des „Considérations sur l'oeuvre de Grâce", auxquelles Reuchlin semble faire allusion.

[3]) La *Revue des deux mondes* avait publié, le 15 novembre 1839, une nouvelle de Sainte-Beuve, *Christel*, dont l'héroïne, fille d'une Allemande, „était née en Suisse, dans le frais Appenzel". Reuchlin y avait remarqué ce passage:

„La famille d'Hervé avait des alliances en Allemagne; lui-même en savait parfaitement la langue. Quelle joie pour Christel, quel attendrissement pour la mère, de s'y rencontrer avec lui comme en un coin libre et vaste de la forêt des cieux! La petite bibliothèque de Christel possédait quelques livres favoris, venus de là-bas par sa mère; il leur en lisait parfois, une ode de Klopstock, quelque poème de Matthison, une littérature allemande déjà un peu vieillie, mais élevée et cordiale toujours."

[4]) Les hameaux où demeuraient les solitaires de Port-Royal, dans le voisinage du monastère.

[5]) Dans les *Notes et sonnets* de Sainte-Beuve, qui font suite aux *Pensées d'août*, on rencontre: *le Brigand*, imité d'Uhland, un sonnet imité de Rückert, et un sonnet imité de Justin Kerner.

leur langue, entendre leur langage; vous pensiez venir voir notre pays.
Eh bien! je suis à votre disposition jusqu' à l'automne prochain;
venez vous fixer dans une de nos villes; par exemple, à Stuttgart,
à Tubingue. Comme je suis tout-à-fait libre, je passerai tous les jours
avec vous quelques heures, pour vous faire comprendre et lire surtout
nos poëtes. Vous m'aiderez de votre conseil dans mes études sur le
temps de Louis XIV; si vous voulez travailler à votre Port-Royal, ma
bibliothèque est à votre disposition. Vous trouverez à Stuttgart les
œuvres du grand docteur [Arnauld]. Monsieur Uhland, surtout monsieur Schwab, dans son ancien presbytère entouré de fossés, ont
beaucoup d'amitié pour vous. Monsieur Kerner prépare à Weinsberg
une grande fête en mémoire de la fidélité des femmes — d'il y a
sept siècles!1) Vous concevez bien que la jeune France n'y doit pas
manquer, et qu'elle doit être représentée en votre personne. Nous
vivrons, nous travaillerons en face de nos Alpes, qui ne se comparent
pas à celles d'Aigle,2) mais qui cultivent peut-être une plus grande
richesse d'une certaine plante qu'on appelle poésie, légende ou roman;
je ne trouve pas le juste mot dans mon suisse.

Apparemment vous n'aurez jamais assez de loisir de Paris, pour
apprendre bien notre langue; c'est, malgré l'esprit prosaïque du temps,
dont on se plaint aussi chez nous, que quelques beaux noms, quelques
poëtes assez distingués se sont élevés depuis les trois ans que j'étais
étranger à mon pays. Ainsi il vous fera encore plus de plaisir de
prendre part au développement d'une puissance encore neuve.

Je pense que vous pourriez assez avancer dans quatre ou cinq
mois, et que vous ne vous repentirez jamais de votre vie de l'emploi
de votre temps, ni de votre argent. Vous m'avez déjà demandé
combien vous devriez y mettre; je crois que vous devez compter par
mois, en tout, cent vingt à cent quarante francs, les petits voyages
y compris. La manière de vivre est bien simple chez nous, mais
convenable à la santé; j'espère que vous vous y habituerez assez facilement, excepté à l'heure du dîner, qui est celle de nos ancêtres; à midi
et demie. Voilà déjà une grande aventure à raconter à votre retour.
Peut-être, si vous êtes venu une fois, vous reviendrez plus tard chez
nous. J'avoue qu'il y a un peu d'égoïsme patriotique; mais ce qu'il
nous faut auprès de la France, c'est un médiateur tel que vous seriez.

Je vous prie de prendre la chose au sérieux, et de ne pas remettre
à une autre année ce beau plan, s'il n'y a pas force majeure contre.
J'y ai grande confiance. Vous seriez bien bon de me faire part bientôt
de votre résolution; jusque là, je laisserai en suspens le parti que je
dois prendre pour moi-même, et pour la ville où je me fixerai le printemps prochain.

Pour cette fois, je ne vous dirai rien de plus, je suis trop préoc-
cupé de mon but principal et je me berce de l'espérance de vous voir
tantôt; si vous voyez M. Verny ou M. Marmier, je vous prie de leur
faire mes compliments; ainsi à tantôt, n'est-ce pas? je vous dis mille
amitiés.

Votre très dévoué,

HERMANN REUCHLIN.

---

1) On connaît le bel exemple d'amour conjugal que donnèrent
en 1140 les femmes de Weinsberg.

2) Petite ville du canton de Vaud, au pied des Alpes Vaudoises.
Sainte-Beuve y avait fait un séjour dans l'été de 1837.

Dans le second volume de *Port-Royal*, qui parut en 1842, Sainte-Beuve dédia à Reuchlin le livre III, intitulé: *Pascal.*

A mon excellent ami
et confrère
en Port-Royal et en Pascal,
le docteur Hermann Reuchlin,
ce livre est particulièrement dédié.

Nous n'avons pas les lettres qui durent être échangées à cette occasion.

II.

Reuchlin à Sainte-Beuve.

Pfrondorf près Tubingue, 5 février 1845.

Mon très cher Monsieur et ami,

Vous savez sans doute une si grande nouvelle que celle que j'ai mis fin à mon „Port-Royal", et j'espère que vous avez reçu le volume ridiculement gros. J'ai pensé bien des fois à ce que vous avez dit qu'on ne pouvait écrire cette histoire en deux volumes. Je m'y suis de beaucoup moins exercé sur la théologie, excepté la discussion de Nicole sur la grâce générale. Les personnes, leurs caractères et les relations avec Rome m'ont le plus occupé. Vous trouverez quelques morceaux tirés de la correspondance du pape avec son nonce, de l'année 1663 et 1664, que j'ai eue à Rome, dans le livre huitième, sous le titre: P a p e. C'est peu, mais sûr. Je pourrais vous citer encore quelques morceaux moins curieux sur les traductions en langue vulgaire, une plainte du Cardinal-neveu de 1664 sur les habitudes des Français, si je n'avais pas donné mon exemplaire à ma mère. Vous connaissez tous les manuscrits qui m'ont servi à Paris; dans les notes à la fin sont quelques actes tirés des archives. Je m'impatiente à lire votre continuation; vous avez un début bien difficile pour le troisième volume, par Pascal, la question du jour. Connaissez-vous le discours de M. Vinet sur le naturel de Pascal[1]), nouvellement publié dans la *Revue Suisse*? Quand vous aurez donné votre vote décisif, je lirai tout ce que je pourrai avoir de curieux sur Pascal.

Quelquefois, dans les longues et sèches lectures, un repentir m'a voulu prendre d'avoir abordé un objet tel que l'histoire de ce couvent. Mais une de mes meilleures consolations était que sans cela je ne vous aurais pas connu. Je me suis aussi par là tant habitué à travailler, que j'étais à peine tiré de ce joug que j'en cherchais un nouveau, et j'ai manqué de me charger d'une partie de l'histoire de France, en bonne partie pour avoir une raison de vous revoir, et M. Verny. Mais l'assistance incertaine de mes alliés m'a fait prendre un autre parti. C'est l'histoire des mœurs des Allemands depuis le Concile de Constance. Mon ancien professeur, que j'ai consulté, m'a demandé si j'avais le sens pour les choses qui paraissaient d'abord petites? je crois l'avoir exercé, même un peu trop, dans Port-Royal. Ou m'a voulu engager en vain à me mêler des affaires des Jésuites, comme j'y serais assez préparé; mais je craindrais de m'y souiller. Aussi je les ai laissés de côté dans mon second volume autant que possible.

---

[1]) *Pascal, non l'écrivain, mais l'homme:* article publié dans la *Revue suisse* de janvier 1845, et recueilli dans les *Etudes sur Pascal*, 1848.

Je n'ose pas vous inviter à venir respirer quelques semaines de repos dans mon presbytère; je sais malheureusement que vous prendrez d'abord le chemin de Lausanne, et je ne saurais vous en gronder. Je vois assez régulièrement un homme que vous respectez et aimez avec raison, M. Uhland; il n'y a pas d'homme d'un caractère plus ferme et plus simple que lui. Il y a huit jours qu'il était sous mon toit, témoin des fiançailles de ma belle-sœur avec le fils ou frère d'un de ses amis intimes. Connaissez-vous sa belle poésie: L'Aubépine du Comte Eberhard? Cet arbre est dans la cour d'un ancien châtelet à vingt-quatre minutes de chez moi. Je voudrais pouvoir vous dire bien de ces choses qui pourraient vous tenter.

Il me paraît que vous voyez rarement M. Verny, ce n'est pas le cas sans doute de M. Marmier, auquel je vous prie de faire mes compliments. Et pour vous, je voudrais vous tendre la main pour vous dire adieu; je n'oublierai jamais de ma vie combien d'amitié vous avez voulu me faire, et serai toujours votre très dévoué,

HERMANN REUCHLIN.

III.

Sainte-Beuve à Reuchlin.

Paris, le lundi 8 Mars 1845.

Cher confrère et ami,

J'ai reçu, quelques jours après votre aimable lettre, votre volume dont je vais tâcher de me faire extraire le suc et la moelle pour en profiter. Merci de vos bons souvenirs et votre affectueuse pensée. Je suis de plus en plus enchaîné ici, d'une manière flatteuse à ce qu'il semble, mais pourtant pénible eu égard à ma nature: j'aimais tant ma liberté! mais pour jouir d'une liberté jointe à la pauvreté, il faut avoir la jeunesse: or celle-ci s'en est allée, et il m'a fallu capituler avec les aises et même avec les honneurs de la société. J'aurais plus tôt répondu à votre bonne lettre, si je n'avais été envahi par les apprêts de ma réception à l'Académie française. Vous qui m'avez vu dans mon petit galetas que je regrette, vous m'auriez à peine reconnu ce jour-là dans l'habit de cérémonie auquel s'ajoutait l'épée, et tout un air de cour que j'ai vite tâché de me rendre familier. Qu'aurait dit M. Singlin d'un pareil déguisement! M. Royer-Collard pourtant assistait à cette cérémonie et n'a point paru mécontent; mais les Jansénistes de notre temps, même les plus directs et les plus purs de race, sont tellement sécularisés! M. Victor Hugo, à mon sujet, a parlé de Port-Royal[1]), très bien et très merveilleusement, pour un homme qui avait appris tout cela de la veille: Je crois seulement que nos *messieurs*, qui lisaient la Bible, ne faisaient pas autant d'attention que

---

[1]) Dans la réponse au discours de réception de Sainte-Beuve, Victor Hugo avait dit, en parlant de Port-Royal: „. . . Ces rêveurs, ces solitaires, promis à l'exil, à la captivité, à la mort obscure et lointaine, enfermés dans un cloître dévoué à la ruine, et dont la charrue devait effacer les derniers vestiges, cultivant la terre, étudiant les textes, cherchant dans l'Ecriture-Sainte les preuves de la divinité de Jésus, cherchant dans la création la glorification du Créateur, l'oeil fixé uniquement sur Dieu, méditaient les livres sacrés et la nature éternelle, la Bible ouverte dans l'Eglise, et le soleil épanoui dans les cieux!"

M. Hugo le dit, au soleil et à la nature. Mais c'est là un Port-Royal à l'usage de l'académie, *ad usum saeculi*, et cela a fort bien réussi. — Que dites-vous de la triste révolution qui vient de bouleverser notre cher petit canton de Vaud[1]); je ne pourrai plus dire désormais: *Angulus ridet*; mon Atlantide en miniature est à jamais submergée. Nos pauvres amis Olivier sont à la fois blessés et dans leur situation matérielle, et dans leur culte moral pour la patrie.

— Vous, cher ami, soyez heureux autant que vous êtes sage; goûtez le calme des jours bien remplis; jouissez de ce noble voisinage du poète, de cet Uhland dont je suis fier de savoir mon nom connu, reposez-vous sous vos vieux chênes, et, si jamais il m'est donné, en quelque jour que je n'ose prévoir ni espérer, de m'y asseoir à côté de vous, croyez que ce sera un des heureux jours de ma vie. —

à vous,

SAINTE-BEUVE.

IV.

Sainte-Beuve à Reuchlin.

Le 3 février 1858.

Cher Monsieur,

J'ai été heureux de votre souvenir: je me reprochais quelquefois de n'avoir pas cultivé notre commerce. Je suis très fidèle au passé et aux absents, par la pensée, mais très paresseux et très inactif aux lettres, aux visites, aux voyages. La fatigue m'est venue depuis long-temps, et le travail le plus prochain accapare toute ma somme de force et de mouvement.

J'ai vu avec plaisir votre jeune parent; je le reverrai mieux. Nous causerons avec détail de vous et de ce qui vous entoure.

Après des retards qui n'ont jamais été un abandon, je suis près de terminer enfin le *Port-Royal* sempiternel. Je donnerai deux volumes très gros qui seront finis cette année même.

En revoyant mes notes sur les relations de Leibniz et d'Arnauld, j'y trouve l'indication d'une anecdote que vous m'avez contée. Seriez-vous assez bon pour me la redire en toute exactitude? Elle est sans doute dans la vie de Leibniz par M. Guhrauer, mais je suis un ignorant en matière d'outre-Rhin. Il s'agit de cette conversation de Leibniz et d'Arnauld dans laquelle, à propos de certaine prière où le nom de Jésus-Christ n'était pas, Arnauld en fit la remarque à Leibniz, — et la réponse de celui-ci. Si vous avez la chose présente en toute pré-cision, soyez assez bon pour me le dire.

Vous avez choisi pour votre étude actuelle un beau sujet, et vivant, et d'avenir. Vous faites un livre qui intéresse une notable

---

[1]) Quelques jours auparavant (14 février 1845) avait eu lieu à Lausanne une révolution que Sainte-Beuve a sévèrement jugée: „Le canton de Vaud, heureux et florissant, qui était un modèle d'ordre, de bien-être, de culture intellectuelle et morale, a été brusquement boule-versé. Ç'a été le triomphe brutal de la force et des cupidités grossières mises en lieu et place de l'esprit, du droit et de la liberté. Quelques hommes plus éclairés, et d'autant plus infidèles, je ne dirai pas à leur conscience, mais à leur intelligence, menaient à l'assaut la plèbe aveugle."

portion de vos semblables, et vous avez, me dit-on, une jeune enfant charmante. Voilà la double vie complète: soyez longtemps heureux du côté de l'esprit et de celui du coeur.

Tout à vous,

SAINTE-BEUVE.

Paris, rue Mont-Parnasse, No. 11.

Le jeune parent dont Sainte-Beuve parle dans cette lettre est M. Paul Weisser, qui en 1858 était étudiant en droit, et passa quelques semaines à Paris. Il est aujourd'hui Landsgerichts-rath à Stuttgart. Il se rappelle encore, nous écrit son fils, l'accueil aimable qu'il trouva chez Sainte-Beuve. Il n'a pas noté les détails de leur conversation; mais un trait lui en est resté dans la mémoire: Sainte-Beuve lui raconta qu'en 1829, il avait l'intention d'accompagner le sculpteur David (d'Angers) qui alla à Weimar faire le buste de Goethe.[1] „Mais, dit-il, j'étais amoureux alors, et cela m'a retenu à Paris. Maintenant l'amour a passé, et je n'ai pas vu Goethe.“

On nous permettra de citer à cette occasion une page de Marc-Monnier, où l'amusant écrivain raconte gaiement et en s'inspirant de ses propres souvenirs, la visite d'un jeune homme à Sainte-Beuve: c'est Gaston Renaud, le héros d'un de ses derniers romans,[2] qui en fait le récit dans le chapitre intitulé: *Mes visites aux illustres.*

M. Victor Hugo était à Guernesey, fort heureusement pour lui: il ne reçut pas ma visite. En revanche, M. Sainte-Beuve m'ouvrit sa porte, daigna me retenir assez longtemps. Je dus lui dire tout ce que j'avais appris en Allemagne.

L'Allemagne épuisée, M. Sainte-Beuve me fit dire tout ce que je savais sur les écrivains suisses, qu'il connaissait tous; pendant que je parlais, un jeune homme était là, qui prenait des notes. Le critique ne m'invita pas (ce qui me déplut) à lui réciter quelque chose: C'était ma manie alors de colporter ma poésie. En revanche, M. Sainte-Beuve me dit un couplet de Juste Olivier, poète vaudois que je trouvais médiocre:

La Liberté, depuis les anciens âges
Jusques à ceux où flottent nos destins,
Aime à poser ses pieds nus et sauvages,
Sur les gazons qu'ombragent tes sapins.
Là, sa voix forte éclate et s'associe
Avec la foudre et ses roulements sourds.
A cette voix, Helvétie! Helvétie!
Nous répondrons, nous qui t'aimons toujours.

---

[1] C'est lors du 80e anniversaire de la naissance de Goethe (28 août 1829) que David d'Angers vint à Weimar, et fit en quinze jour le buste de l'illustre vieillard. Rollet, *Die Goethe-Bildnisse*, 1883, page 262.

[2] *Le roman de Gaston Renaud*, par Marc-Monnier, Paris, Lévy, 1884.

La strophe dite, le poète des *Consolations*, qui s'était levé, jeta sa calotte en l'air et s'écria plein d'enthousiasme: „C'est beau, c'est vraiment beau!"

Puis, comme je n'avais plus rien à lui apprendre, il me pria de revenir. — en d'autres termes: de m'en aller, et je pris la porte.

Nous n'avons pas la réponse que Reuchlin écrivit à Sainte-Beuve et où il lui donna les renseignements demandés sur l'entretien de Leibniz et d'Arnauld. (Voir *Port-Royal*, livre VI, chapitre sixième.)

Reuchlin, qui avait quitté la charge pastorale pour se vouer tout entier à ses occupations littéraires, préparait alors une *Histoire de la renaissance politique de l'Italie* (Geschichte Italiens von der Gründung der regierenden Dynastien bis zur Gegenwart) qui parut en quatre volumes: le premier fut publié au printemps de 1859; et le dernier, quelques mois après la mort de Reuchlin, arrivée le 14 mai 1873.

V.

Sainte-Beuve à Reuchlin.

Paris, le 22 avril 1858.

Mon cher docteur,

Je suis moi-même bien en retard pour vous remercier. Je ne sais comment cela se fait, mais j'ai logé en moi le démon de la Procrastination. En même temps que je fais certaines choses très vite, il en est, par compensation, desquelles je ne puis me décider à finir. — Vous dites bien vrai, cher et malin docteur: quand j'en aurai fini avec mes nonnes, si révérentes et distinguées qu'elles soient, je me tiendrai bien allégé. On ne m'y reprendra plus à me fourrer dans les cloîtres et sous les grilles. — L'anecdote d'Arnauld contée par Leibniz est bien jolie: Le bonhomme, excellent logicien et bon esprit dans un cercle tracé, n'était nullement un Philosophe. Vous me fournissez là une pièce de plus à l'appui.

Votre jeune parent est fort aimable et spirituel; il s'améliore dans son français à vue d'oeil. J'aurais voulu être plus libre pour le voir plus souvent, mais je suis déjà vieux et ne sais plus que dire à ces jeunes gens quand la conversation se prolonge. — Je n'ai pas comme vous le grain de gaieté que vous savez mêler aux études sérieuses.

L'Italie est faite pour vous sourire. C'est un beau et grand sujet, et quoique je sois un sceptique en politique, c'est à dire me sentant aussi ignorant que possible de ce qui arrivera l'année prochaine et même dans dix et vingt ans, je sais que certains esprits ont le goût et le don de ces considérations qui prennent parfois un air de prophétie.

Vous verrai-je jamais dans votre Stuttgart? Si je pouvais y être tout porté, je l'aimerais assez. Mais vous, que ne revenez-vous à Paris passer un mois, en famille? Paris est une merveille dont vous n'avez pas l'idée, il est tout rebâti à neuf avec des voies et des perspectives admirables.

Gardez-moi, cher docteur, un amical souvenir, et croyez à tous mes voeux pour votre bonheur et à mon désir de vous revoir.

SAINTE-BEUVE.

VI.

Reuchlin à Sainte-Beuve.

Stuttgart, 18 février 1865.

Monsieur,

Une biographie de votre ami Vinet que je viens de lire m'a si fortement rappelé mon temps de Port-Royal, et toutes les bontés que vous avez eues pour moi, que la pensée de vous écrire un petit mot, que je portais longtemps, l'emporte enfin. C'était pourtant aussi un petit Port-Royal que votre retraite, impasse de Médecine, que vous vouliez m'ouvrir en me donnant le mot d'ordre, et où vous m'ouvriez vos trésors de manuscrits.

J'avoue que je suis devenu, depuis, bien infidèle à cette vie claustrale. Après mon voyage d'Italie en 1840 et 1841, je suis rentré dans mon état de ministre protestant, fixé d'abord un an sur le lac de Constance, même dans toute la force du mot, en passant comme saint Pierre une partie de la journée sur une nacelle. Après, j'ai passé seize ans dans un village à une lieue de notre université de Tubingue, en me rompant bien aux devoirs différents de mon état, dans l'école communale, avec les malades, et l'industrie à introduire. Dans mes loisirs, Uhland, Baur, le frère de votre orientaliste Mohl, botaniste non moins renommé, m'étaient de bons voisins. L'éducation de ma seule enfant, et l'histoire de l'Italie moderne m'ont engagé, l'automne 1857, à me retirer, et à me fixer dans un faubourg de notre petite capitale. En continuant mes études sur l'Italie, j'ai été entraîné à faire des discours dans les associations de notre jeunesse sur différents hommes depuis Socrate jusqu'à Garibaldi, à animer les jeunes malades à gagner des connaissances utiles pendant leur séjour à l'hôpital. Je fais grand cas de votre Jules Martin,[1]) et je vais mettre ma fille dans une pension dirigée par M. Macé, ancien journaliste parisien, maintenant en Alsace. En même temps, je défends la cause de l'Italie dans les journaux, je seconde mes amis de l'opposition parlementaire dans leurs combats contre la bureaucratie et les faux dévots. Je me suis même prêté à des engagements qui vous feraient rire. Et tout cela ne m'a pas empêché de devenir assez rond.

Mais je sens que je me suis laissé aller à raconter, comme une bonne vieille, de ma petite personne, en supposant que vous y prenez quelque intérêt, ce qui trahit plus d'amour-propre, „d'enflure de cœur" qu'il ne va à un ancien homme de Port-Royal; aussi je n'en ai gardé qu'une certaine simplicité de vie qui me paraît du caractère d'un homme qui veut être indépendant. Je me console que vous n'avez pas seulement un œil, mais aussi un cœur, ouvert aux petits traits de la vie. Mais je vous avoue que malgré les sociétés animées et gaies, et quoique je n'aie pas jamais eu entrée dans les salons de madame Récamier, je sens quelquefois des regrets d'être tout à fait hors de l'atmosphère de l'urbanité parisienne. J'y serais pourtant bien étranger, en ayant perdu, comme vous voyez, par trop l'habitude de la langue, et je ne voyage plus que forcé par un devoir. Mais si je savais jamais que vous feriez un séjour dans un endroit à ma portée, par exemple en Suisse, rien ne pourrait m'empêcher de m'y rendre auprès de vous.

---

[1]) Je ne sais s'il s'agit de M. Nicolas Martin, à qui Sainte-Beuve a adressé quelques lettres (*Nouvelle Correspondance*, pages 106 et 139) que j'ai citées ici même (XI, 198 et 199).

En attendant, j'ai un grand avantage sur vous, j'entends, je lis de vos nouvelles, de vos ouvrages. Agréez que je me félicite d'être toujours Votre très humble et devoué serviteur,

H. REUCHLIN.

VII.

Sainte-Beuve à Reuchlin.

Paris, le 12 mars 1865.

Cher monsieur,

Je vous remercie de votre bon souvenir et des détails que vous me donnez de votre diversité d'études. Il m'arrive souvent de penser à vous, car nous avons été compagnons et frères d'armes, et cela ne s'oublie pas. J'ai eu moi-même bien des vicissitudes de pensées depuis que nous ne nous sommes vus. Cependant, en somme, je suis resté attaché comme la chèvre à son piquet, et je n'ai guère tourné que dans mon cercle. La chambre dans laquelle je vis n'est guère plus grande que celle où vous m'avez vu; elle est seulement un peu plus riante, et je vois de ma fenêtre quatre arbres dans un tout petit jardin. Rien de changé d'ailleurs; même assujétissement, même indépendance, je l'espère: je suis resté de ceux qui sont esclaves de leur liberté. Je vois que vous êtes de même et qu'en somme nous n'avons pas trop dérogé, ni l'un ni l'autre, à notre qualité d'anciens amis de MM. de Port-Royal. Seulement vous êtes bien plus actif que moi, et vous avez été un vaillant soldat de plume, dans la belle armée d'Italie. Qu'il me serait donc agréable d'avoir deux ou trois semaines de liberté et de vous entendre causer de tant de choses, de vous interroger sur les hommes de poésie et de science, sur Baur, sur Uhland...! Je n'ose même en former le voeu. J'ai une saturation intérieure qui est bien voisine du dégoût, et je remue le moins possible afin de m'émouvoir le moins possible le cœur et l'estomac. Mais même immobile et enrayé, je vous reste de loin bien attaché, et heureux toutes les fois qu'il m'arrivera de vous un bon souvenir que je vous rends fidèlement.

SAINTE-BEUVE.

(No. 11, rue Mont-Parnasse.)

Les lettres qu'on vient de lire offrent un sérieux et piquant intérêt. Elles sont un témoignage de la concorde qui régnait entre de bons esprits, dans un temps moins chargé d'électricité que le nôtre; elles méritent de prendre place dans l'histoire de cette collaboration intellectuelle de la France et de l'Allemagne, dont M. Renan disait un jour qu'elle avait été la plus vieille illusion de sa jeunesse, et qu'elle redevenait la conviction de son âge mûr.

EUGÈNE RITTER.

———

Die Reformen des höheren Unterrichtswesens in Frankreich nach 1871 und ihre Litteratur.

Eine Durchsicht der zahlreichen Schriften, welche in den Jahren 1872—90 von namhaften Pariser Gelehrten über französische Unterrichtsverhältnisse veröffentlicht sind, muss jeden deutschen Leser mit nationalem Stolze, wie mit rückhaltloser Bewunderung der sachlichen Unparteilichkeit jener Autoren erfüllen. Denn die Bahnbrecher der neueren Unterrichtsreform, Jul. Simon und M. Bréal, weisen ganz offen auf das deutsche Gymnasialwesen, als ein nachzustrebendes Vorbild, hin und in der That schliessen sich die wirklich gemachten oder angestrebten Reformen an die entsprechenden Vorgänge in unserem Vaterlande an.

Diese *attraction allemande*, um Albert Duruy's Ausdruck zu gebrauchen, war schon eine Eigenheit der Zeit Kaiser Napoleon's III. Im Jahre 1864 wies E. Renan in seiner schneidigen Schrift: *l'Instruction supér. en France, son histoire et son avenir* auf die deutschen Universitäten als Träger wahrer Wissenschaft hin, bekämpfte die für Jedermann zugänglichen Vorlesungen in der Sorbonne als rhetorische Schaugepränge, nannte die beredten und effecthaschenden Professoren jener Hochschule Schauspieler und Seiltänzer und betonte sehr nachdrücklich den Wert der in Deutschland herrschenden Privatvorlesungen und Seminarübungen. Seine Auslassungen gaben den Anstoss zu einer „Enquête" des Schulwesens der Nachbarstaaten Frankreichs, insbesondere Deutschlands und Englands, und viele Entschlüsse, wie Beschlüsse des Besseren wurden gefasst, um am Geldmangel und an der inneren Zerrüttung des Napoleonischen Regimentes zu scheitern. Der Krieg von 1870 machte diesen Bestrebungen vorläufig ein Ende. Einiges war indessen zur Reorganisation des französischen Unterrichtswesens schon unter Napoleon III. geschehen. Die

Fakultäten hatten für ihre naturwissenschaftlichen Studien neu-eingerichtete Laboratorien erhalten, ferner waren in den Provinzen zur Abhülfe des Mangels an wissenschaftlich gebildeten Lehrern sogenannte „Sekundär-Normalschulen" eingerichtet worden.

Wichtiger erscheint noch das, was unabhängig von Renan's Anregung die kaiserlichen Minister Fourtoul und Duruy für die zeitgemässe Umgestaltung des Gymnasialwesens gethan hatten. Der Aufschwung, welchen in Deutschland das Realschulwesen nahm, entging diesen beiden sachkundigen Männern nicht, doch waren sie zu verständig, um sich den Angriffen, welche von Abbé Gaume und dem Nationalökonomen Bastiat gegen die Stellung der alten Sprachen im Gymnasialunterrichte gemacht waren, an-zuschliessen. Sie liessen daher den Grundbau des Gymnasium, wie er war, und suchten nur einen realistisch ausgeführten Neben-bau ihm zur Seite zu stellen. Fourtoul richtete 1852 eine mathematisch-naturwissenschaftliche Sektion neben der altsprach-lich-litterarischen in den drei oberen Gymnasialklassen ein, Duruy wurde (1865) der eigentliche Schöpfer des französischen Real-schulwesens, des *Enseignement spécial*, das, von der Tertia an beginnend, drei Jahreskurse umfasste. Doch der Mangel an Be-rechtigungen und geeigneten Lehrkräften, die geringe Schätzung des *Enseignement spécial* in der öffentlichen Meinung, der vor-zeitige Abgang vieler Zöglinge liessen diese Neuschöpfung nie zu rechtem Leben kommen. Einen sehr kräftigen Anstoss gaben die Enttäuschungen in dem Jahre 1870 und 1871 der nationalen Selbsterkenntnis auch auf dem Gebiete des Schulwesens. Michel Bréal, ein als Gelehrter und Verwaltungsbeamter gleich verdienst-voller Mann, und als geborener Elsässer mit den deutschen Eigen-heiten vertraut, sagt in dem Vorworte seines Werkes: *l'Instruction publique en France*, 1872, 3. Aufl. 1881, ausdrücklich, dass der Ausgang des Krieges ihn zur Veröffentlichung der schon vordem beabsichtigten Schrift getrieben habe. Die deutsche Schultüchtig-keit, schon früher von einsichtigen Franzosen hoch geschätzt, wurde jetzt um so mehr anerkannt, als der oft angeführte Aus-spruch, dass der deutsche Schulmeister bei Königgrätz gesiegt habe, durch die Erfahrungen der Tage von Sedan eine nur allzu schlagende Bestätigung erhielt. Vergegenwärtigen wir uns die Grundzüge der Reformgedanken Bréals. Die von Napoleon I. geschaffenen Lyceen und die diesen nachgeahmten Colléges (Kommunalgymnasien) waren in der Hauptsache dem Unterrichte in den alten Sprachen und in der Mathematik, vor Allem der Abrichtung zum Latein- und Französisch-Schreiben oder Reden, gewidmet. Latein und Mathematik waren ja nach des Kaisers Meinung die Ausgangs- und Endpunkte alles notwendigen Wissens.

Latein trieb der Knabe sobald er im siebenten Lebensjahre die
kasernenartigen Schul- und Internatsräume betrat, Griechisch begann von Sexta an, blieb aber stets in zweiter Linie, der ganze
Unterricht arbeitete auf die Vollendung des lateinischen und später
auch des französischen *Discours*, auf die Schaugepränge der
öffentlichen Examina und der Schlussprüfung, des sogenannten
Baccalaureats, hin. Eine unwahre Rhetorik, eine oberflächliche
oder gar erheuchelte Gewöhnung an schönklingende Gemeinplätze
der Vaterlandsverherrlichung und der Kriegsbegeisterung, daneben
eine absichtliche Entfremdung von den Zuständen und Interessen der
unmittelbaren Gegenwart wurden die Folgen dieser Gymnasial-
Dressur. Ein unlauterer Ehrgeiz ward schon in dem Kinde durch
Preisverteilungen, öffentliche Belobungen und ehrenvolle Erwähnungen in den Klassenbüchern und den *Tableaux d'honneur* geweckt; die klosterartig abgeschlossenen, streng überwachten Internate gewöhnten frühzeitig an die militärische Disziplin und die
Entfremdung von dem Familien- und Heimatsgefühle, die für den
zukünftigen Soldaten wenig passten. Die klingenden Vorteile,
welche der kaiserliche Dienst neben den Ehren und Auszeichnungen
bot, kamen in den Stipendien, den sogenannten *Bourses*, zum Ausdrucke, welche hauptsächlich an die Söhne von Militärs und Civil-
beamten verliehen wurden. Die drei Hauptübel der Staatsgymnasien
Frankreichs waren somit: die Examen-Dressur, das Internat und
die Stipendien, und sie waren, trotz einzelner Änderungen in den
Bestimmungen über die Form des Baccalaureats und der Stipendienverteilung, noch im Jahre 1872 ebenso schlimm, wie in den
letzten Jahren der Zeit Napoleons I. Bréal schlug zur Heilung
und Milderung des ersten Übelstandes eine sprachliche Unterrichts-
methode vor, die der an deutschen Gymnasien üblichen ziemlich
nahe kam. Die oft mechanischen Schreibarbeiten, deren Durchnahme und Emendirung einen beträchtlichen Teil der Lehrstunden
hinwegnahm, sollten eingeschränkt, insbesondere die *Discours* zu
Gunsten von Aufsätzen schildernden und erzählenden Inhalts zurücktreten. Die lateinischen Versübungen sollten beseitigt, dagegen
die Autorenlektüre und Autorenerklärung mit besonderer Rücksichtnahme auf den Inhalt, auf die geschichtlichen und kulturellen Verhältnisse des Altertums bevorzugt werden. Neben der sogenannten
statarischen Lektüre solle es auch eine kursorische geben und
der Schüler nicht bloss auf die ungenügenden Auszüge der
Conciones (Chrestomatien) beschränkt bleiben, sondern die Originale
in die Hand bekommen. Das Auswendiglernen von Versen und
prosaischen Musterstellen will Br. eingeschränkt sehen. Insbesondere aber strebt er danach, der französischen Sprache und
Litteratur, die nach dem alten Herkommen fast ganz in die

„rhetorische Klasse" (Ib) verwiesen waren und die in den anderen
Klassen, mit Ausnahme der untersten, nur vermittelst der Übersetzung klassischer Autoren geübt wurden, die gebührende Stellung
zu verschaffen. Von der Entwicklung der heimischen Sprache
und Litteratur erfuhr der Zögling nach dem alten Lehrsysteme
so wenig, wie von der Entwicklung der griechischen und römischen,
das ältere Französisch blieb ihm so fremd wie das Vulgärlatein,
ohne dessen Kenntnis die Entstehung der Muttersprache doch nicht
zu begreifen war. Bréal will daher die Bekanntschaft mit dem
vorklassischen Französisch wenigstens durch entsprechend ein-
gerichtete Chrestomatien vermittelt und von der neufranzösischen
Litteratur nicht bloss die Höhepunkte, sondern die gesamte Ent-
faltung von dem ersten Aufblühen in der Renaissancezeit bis zum
Abblühen in der Periode des Epigonentums vorgeführt sehen.
Der künstlich grossgezogenen Überschätzung der Dichter und
Rhetoren des *Siècle de Louis XIV* sucht er ebenso entgegenzuwirken, wie dem unselbständigen Autoritätsgefühle den Alten
gegenüber. Sein Ausspruch *Admirons un peu moins les anciens
et étudions les d'avantage*, gilt ihm auch von den Grössen des
XVII. Jahrhunderts. Für die Übung im französischen Style
empfiehlt er Themata, die den Schüler auch nach der Seite des
Inhaltes hin anmuten können, wie Erzählungen, Briefe, Erfindungen
kleiner Fabeln und Parabeln, Dinge, die dem Elementarunterricht
bisher überlassen und zu Gunsten der erlogenen, schönklingenden
Phrasen der *Discours* vernachlässigt blieben. Diese Arbeiten
sollen nicht in den Studierstunden unter Aufsicht der mittelmässig
vorgebildeten, durch schlechte Bezahlung und harten Dienst un-
lustig gewordenen *Maîtres d'étude* zusammengestoppelt, sondern
von den Klassenlehrern in der Unterrichtszeit selbst vorbereitet
und zum geistigen Eigentum des Schülers gemacht werden. Die
Methode des Sprachunterrichtes, für welche noch die nach
L'homond bearbeiteten Beispielsammlungen massgebend waren,
will Br. nach deutschem Muster umgestalten sehen, feste Regeln
sollen an die Stelle der Latinisierungen französischer Sätze und
Phrasen treten. Er geht offenbar in manchen Forderungen zu
weit, wie das auch das Schicksal der deutschen Methodiker jener
Zeit war, welche ausschliesslich auf das logisch-sprachliche Ver-
ständnis des Schülers, nicht auf die praktische Einübung und
Festigung des richtig Erfassten hinzielten. Auch eine Reform
des Geschichts- und geographischen Unterrichtes strebt er durch
Beschränkung der einseitig bevorzugten griechisch-römischen
Geschichte, durch enge Verbindung der Lektüre älterer und
neuerer Historiker mit der Darstellung des Geschichtslehrers, durch
Ausscheidung des überflüssigen Details und durch die Verbesserung,

sowie Erweiterung des vor 1870 arg vernachlässigten geographischen und naturkundlichen Unterrichts an.

Um den Schwerpunkt in die Schulunterweisung legen zu können, soll das bisherige Übergewicht der Arbeitsstunden über die Klassenstunden (= 7 zu 4) erleichtert, die Zahl der Klassenlektionen dagegen vermehrt werden. Strenge Jahres- und Versetzungsprüfungen haben der Kontrole der Schülerleistungen zu dienen, das Klassenlehrer-System soll zu Gunsten des Fachlehrersystem eingeschränkt werden. Zur Reform des Internatswesens, das er sogar thunlichst beseitigt wissen will, schlägt Bréal vor, keinen Schüler unter 12 Jahren als Internen aufzunehmen. Den Studienlehrern soll ihr mühevolles, gehässiges Amt durch die Mitwirkung der älteren Zöglinge, wie in unseren deutschen Alumnaten, erleichtert werden.

Ganz der französischen Anschauung huldigend, will aber Br. von Oben nach Unten hin reformieren und beschäftigt sich daher am eingehendsten mit dem *Enseignement supérieur*, dem Universitätsunterricht, am wenigsten mit dem *Enseignement primaire*, der Elementar-Unterweisung.

Bekanntlich lässt sich von einer Universität im deutschen Sinne in Frankreich auch jetzt, wo manches nach deutschem Muster geändert ist, nicht sprechen. Die Vorbereitung für den Beruf der Ärzte und Rechtslehrer, der Gymnasialprofessoren, der höheren Militär- und Zivilbeamten, der Techniker u. s. w. ist besonderen Schulen anvertraut, zu denen bestimmte Examina und zum Teil auch eine bestimmte Altersgrenze den Zugang erschweren. Die eigentliche Universität nach deutscher Sprachbezeichnung besteht nur aus den sogenannten *Facultés des lettres et des sciences*, deren Vorlesungen teilweise noch jetzt jedem zugänglich und auf die Anforderungen aller Gebildeten berechnet sind. Die Theologen empfangen ihre Vorbildung in den geistlichen Seminarien, zumal seitdem in Folge des Antrages von Paul Bert (1882) die *Faculté de théologie* aufgehoben wurde. Die Hauptaufgabe der Dozenten jener *Fac. des lettres et des sciences* besteht nun keineswegs im Vorlesungshalten oder in der Wissenschaftsförderung, sondern in der Abnahme der Examina und der Verleihung von Graden, denn nur die *Université* hat, mit wenigen Ausnahmen, diese beiden Befugnisse. Von der zeitraubenden Examinatorenthätigkeit wollte M. Bréal seine Kollegen entlasten, indem er, wieder nach deutschem Vorbilde, die Errichtung von Prüfungskommissionen, welche von Stadt zu Stadt wandern und nur teilweise aus Fakultäts-Professoren bestehen sollten, in Vorschlag brachte. Nur das Lizentiaten- und Doktorexamen, somit die Erteilung der eigentlichen akademischen Grade, wollte Br. den bisherigen Bevorrechteten nicht entziehen. Um ferner den Besuch der *15 Facultés des Lettres*, die damals kaum 200 Zuhörer hatten, zu heben und den Lehrkräften frisches Blut zuzuführen, schlägt er die Bestimmung vor, dass alle Zöglinge der Spezialschulen zum Hören von Fakultätsvorlesungen verpflichtet und dass neben den ordentlichen Fakultäts-Professoren auch Privatdozenten nach deutschem Muster anzustellen seien.

Aber auch die wissenschaftliche Vorbildung der aus der Pariser Normalschule hervorgehenden Gymnasiallehrer fasst Bréal ins Auge. Nach seiner Ansicht soll diese Schule nicht Baccalaurei, sondern nur Lizenziaten, die ein oder zwei Jahr bereits studiert haben, aufnehmen, überdies ein strenges Ausschlussrecht üben. Die wissenschaftlichen Anforderungen des Lizentiatenexamens, als der ersten Vorstufe zu der schwierigsten aller Prüfungen, dem Doktorate, seien zu steigern, ebenso sei auch die Agregationsprüfung der späteren Gymnasialprofessoren ihres rein schulmässigen Charakters zu entkleiden und die Trennung derselben in eine litterarische und grammatische Sektion aufzuheben.

Wie in diesen Vorschlägen, so hat Br. auch bei dem, was er über die Stellung der Privatdozenten, die Einrichtung der Fakultäts-Bibliotheken und sonstigen Hilfsmittel, der Privatvorlesungen und Seminarübungen empfehlend bemerkt, stets deutsche Verhältnisse vor Augen.

Dem sachkundigen Schulmanne fehlte leider die Macht, seine Vorschläge auch durchzusetzen; dagegen fanden die Machtmittel und die gute Absicht sich in der Person Jules Simon's zusammen. Als Unterrichtsminister erliess er im Jahre 1872 eine Reihe von Verfügungen, die sich mit den Grundgedanken Bréal's eng berühren. Aber der schnelle Wechsel in den höchsten politischen Stellungen, der eine Eigentümlichkeit der dritten französischen Republik zu sein pflegt, war auch den Reformplänen des hochverdienten Mannes hinderlich. Nur die Verbesserung des neusprachlichen und geographischen Unterrichts und andere weniger bedeutende Änderungen, dankt Frankreich diesem einsichtsvollen, unermüdlich für die heranwachsende Jugend sorgenden Staatsmanne. Was Jul. Simon erstrebt hat, davon gibt uns sein im Oktober 1873 abgeschlossenes Werk: *La Réforme de l'Enseignement secondaire*, Paris 1874, ein treffliches Zeugnis. Er bekämpfte die Hauptschäden des französischen Gymnasialwesens: das Baccalaureat und das Internat. Damit nicht die ganze Schulzeit zur Examendressur ausarte, wollte er durch strenge Jahres- und Klassenprüfungen ungeeignete Elemente von der Bewerbung um die Bachelier-Würde zurückhalten, auch nach dem Abschlusse der rhetorischen Klasse eine solche Scheidewand aufrichten. Die

dreiundzwanzig Schulstunden sollten etwas vermehrt, aber durch
Pausen von einander getrennt werden (bisher wurden je zwei
Lehrstunden ohne Unterbrechung gegeben); die bedeutende Verminderung der übermässigen Arbeitsstunden sollte der Erholung
und freien Beschäftigung der Zöglinge Raum geben. Die Internate, welche den Familiensinn erstickten, einen blinden Gehorsam
grosszogen, frühzeitigen Hass gegen die Schuldisziplin und damit
gegen die Disziplin überhaupt erweckten, die Rücksichten der
Gesundheit ausser Acht liessen und durch den engen Verkehr
mit unlauteren Mitschülern auch die besseren Elemente verdarben,
wollte er durch Lehrerpensionate ersetzen, daneben die gedrückte
Stellung der Studienlehrer und der in den Vorbereitungsklassen
Unterrichtenden materiell und sozial heben. Die letzteren sollten
von den wenig ehrenvollen Drill- und Spion-Geschäften der *Maîtres
d'étude* ganz befreit, mit besserem Gehalte, mit dem Professoren-
titel und, falls sie das Agregations-Examen bestanden hatten,
mit dem gleichen Range, wie die eigentlichen Professoren, bedacht, die ersteren sollten an dem Unterrichte beteiligt werden.
Nur zum Teil sind auch diese ruhmvollen Bestrebungen sofort
verwirklicht worden; Jules Simon's Absicht, den griechischen
Unterricht mit Quarta, den lateinischen mit Sexta nach deutscher
Weise beginnen zu lassen, erfüllte sich erst acht Jahre später.
Die schweren Schäden des Baccalaureats und der ihm dienenden
Unterrichtsdressur, des Internats, der Stipendienverteiluug nach
politischen Rücksichten, nicht nach Würdigkeit und Bedürftigkeit,
die Vernachlässigung alles dessen, was ausserhalb des griechischen
und lateinischen Unterrichtes lag, blieben trotz Bréal und Simon
in wenig vermindertem Masse bestehen.

Einen neuen Aufschwung nahm die Reformbewegung unter
dem Ministerium Ferry im Jahre 1880. Nach einem von Zévort,
dem Direktor des *Enseign. sec.*, ausgearbeiteten Plane wurde der
Anfang des Latein auf Sexta, der des Griechischen auf Quarta
festgesetzt, letzteres bis zum Schlusse der rhetorischen Klasse
ausgedehnt. Die Versübungen kamen für das Latein in Wegfall,
die schriftlichen Arbeiten wurden vermindert und zweckmässiger
eingerichtet, die lateinische Prosaarbeit aus dem Bachelier-Examen
beseitigt. Der Schwerpunkt fiel in die mündlichen Leistungen,
besonders in die Autorenlektüre, die Selbstthätigkeit der Schüler
kam zur Geltung. Insbesondere wurden die französischen Unter-
richtsstunden auf Kosten der altsprachlichen vermehrt, die lebenden Sprachen, vor Allem das Deutsche, stärker gepflegt. Dass
diese Neuerungen, in denen man wieder das deutsche Muster
unschwer erkennen wird, zuweilen mehr in der Theorie, als in
der Praxis bestanden, auch ihre Durchführung an dem Übel-

wollen und Ungeschicke älterer, am Herkommen hängender Lehrer
scheiterte und die Leistungen der Schüler, wie stets nach plötzlichen, wenig vorbereiteten Reformen, eher zurückgingen, als
vorrückten, kann man den zahlreichen Gegnern des hochverdienten
Jul. Ferry vielleicht zugeben. Was aber diese Feinde besonders
in Harnisch brachte, war nicht die ziemlich massvolle Umgestaltung des Gymnasialwesens, sondern der erfolgreiche Versuch,
die Elementarschulen durch die sogenannte Laicisierung dem Einflusse der Geistlichkeit zu entreissen und namentlich die höhere
Mädchenerziehung, bisher die Hauptdomäne der Ordensschwestern,
unter strenge Staatsaufsicht und Staatsleitung zu stellen. Alle
am kirchlichen Herkommen hängenden Schichten der Bevölkerung
wurden damals gegen Ferry und seine Bundesgenossen, die
Deputierten Camille Sée und Paul Bert, aufgehetzt, in der Ab-
geordnetenkammer gab es heftige Debatten, der Senat versagte
die Genehmigung der meisten dort gefassten Beschlüsse, endlich
erreichte die freigeistige Reformrichtung doch ihr Ziel. Auf dem
Gebiete der Litteratur haben diese Bestrebungen, neben vielen
Zeitungsartikeln und Schmähschriften, besonders zwei Angriffe
hervorgerufen von Albert Duruy: *l'Instruction publique et la démo-
cratie*, Paris 1886 ursprünglich eine Reihe von Zeitungsartikeln,
die gleichzeitig mit den Reformbeschlüssen veröffentlicht waren
und von Cucheval-Clarigny, ehemaligem Zögling der Normalschule
und Geschichtsprofessor in Paris, *l'Instruct. publ. en France*, Paris
1883. Wir können beide Schriften nur soweit berücksichtigen,
als sie sich mit dem höheren Schulwesen beschäftigen, denn der
französische Elementarunterricht liegt ausserhalb unserer Darstellung und das weibliche Bildungswesen in Frankreich ist bereits 1885 von Wychgram zum Gegenstande einer vorzüglichen
Darstellung gemacht worden, die auch durch die Neugestaltungen
dieses Unterrichtszweiges n a c h 1885 nichts an ihrer Bedeutung
verliert.

Duruy ist als Anhänger des gestürzten Bonapartismus
natürlich kein Freund der Republik und ein entschiedener Gegner
alles dessen, was aus Deutschland kommt. Die deutschen Unter-
richtsmethoden, bemerkt er, hätten die Niederlage Frankreichs
erst vollendet. Doch ist er einsichtig genug, sich manchen
Forderungen der Jetztzeit anzubequemen. So verlangt er die
Verwandlung der kleinen, wenig lebensfähigen Kommunalgymnasien
in Realschulen, deren Schöpfung noch der Kaiserzeit angehörte,
will, dass bei Neubauten höherer Schulen auf freie Lage und ge-
sundheitliche Vorsichtsmassregeln Rücksicht genommen werde, ja
er billigt Jules Simon's Unterrichtsreformen wenigstens im Prinzip.
An der Umgestaltung des Lehrplanes im Jahre 1880, dem Werke

seines geschworenen Feindes Ferry, hat er desto mehr auszusetzen. Er berechnet, dass in dem neuen Unterrichtsplane das
Französische einundfünfzig Gesamtstunden, das Griechische nur
zwanzig habe. Das scheint ihm, der die hellenische Sprache im
Gymnasium noch weniger missen will, als die römische, wenn
beide nicht zu halten seien, ein entschiedener Missgriff. Die
Methode des altsprachlichen Unterrichtes ist nach seiner Meinung
zu gelehrt, die schriftlichen Arbeiten der Fassungskraft der
Schüler nicht angemessen. Darum seien die Leistungen im
lateinischen Style nach dem Gutachten der Fakultäten von Paris
und Poitiers zurückgegangen. Duruy wünscht desshalb eine
Rückkehr zu der alten Tretmühle der *Discours.* Im Einzelnen
tadelt er an dem altsprachlichen Unterrichte, dass man in Sexta
schon Prosodie lehre, obwohl die lateinische Deklination noch
unbekannt sei, dass die Quintaner mit Ovid, die Quartaner mit
Vergil geplagt würden, dass man, der litterarhistorischen Methode
zu Liebe, auch die vorklassische Litteratur Roms berücksichtige.
Die Aufbesserung des neusprachlichen Unterrichtes muss Duruy,
welcher in das neu geschaffene *Enseignement professionnel* auch
die lebenden Fremdsprachen einführen will, billigen, dagegen
hat er an den Unterricht in den Realfächern manches zu tadeln.
Die Bevorzugung der Kulturgeschichte vor der politischen scheint
ihm übertrieben, in der Geographie werde zuviel Wert auf das
naturwissenschaftliche Element gelegt, überhaupt billigt er die
ausschlaggebende Stellung der Naturwissenschaften im Gymnasial-
Unterrichte nicht, da denselben eine „kosmopolitische" Tendenz
innewohne. An der alten Normalschule soll nach seinem Dafürhalten nichts geändert werden, besonders dürften die zwei Jahreskurse allgemein-wissenschaftlicher Unterweisung nicht hinwegge-
nommen werden, um dadurch den Fakultäten mehr Zuhörer zu
schaffen. Überhaupt ist er Allem Gram, was einer Verbesserung
des *Enseignement supérieur* dient, denn in den Professoren der
Hochschulen hatte ja sein Gegner Ferry die eifrigsten Anhänger
gefunden. Darum will er den *Conseil supérieur* wieder so umgestaltet sehen, dass in ihm nicht mehr die Professoren aus-
schlaggebend sind und möchte ihm die Aufsicht über die meist
geistlichen Privatschulen entziehen. Auch die Prüfungskommissionen
sollen nicht aus Angehörigen des höheren Schulwesens bestehen.
Einen ganz besonderen Hass hat Duruy auf alle die Gesetzes-
massregeln geworfen, welche die Selbstständigkeit des *Enseignement libre* und somit den Einfluss der Geistlichkeit beschränkten.
Das Befähigungszeugnis, welches der Staat naturgemäss von jedem
Leiter einer Privatschule fordern musste, hält er für eine Fessel
der Unterrichtsfreiheit, auch das Lizentiatendiplom sei für diese

Scholarchen nicht nötig, trotzdem es doch von den Proviseurs
der Staatsgymnasien, die in der Hauptsache nur Verwaltungs-
beamte sind, nach altem Herkommen verlangt wurde. Die Hemm-
nisse, welche der Unterrichtsthätigkeit der Ordensbrüder und
Ordensschwestern seit 1880 in den Weg gelegt wurden, weil
sie im Dienste Roms gegen die Republik wirkten, will er beseitigt wissen, beweist aber durch seine genauen Angaben über
die Verbreitung der geistlichen Schulen (im Jahre 1880 bereits
641, darunter 560 weibliche, in denen über 41 000 Mädchen
und mehr als 20 000 Knaben unterrichtet wurden) nur wie nötig
die Massregeln eines Ferry und Bert gewesen sind. Im besonderen möchte Duruy die Jesuitenschulen, deren moral- und
staatsfeindliche Lehren er zu beschönigen sucht, erhalten und
gepflegt wissen, in dem alten Streite zwischen der Universität
und dem in Frankreich mehr als einmal ausgewiesenen Orden
nimmt er entschieden die Partei des letzteren. Ein massvollerer
Gegner aller Neuerungen ist Cucheval-Clarigny. Er will vor
Allem wieder den Elementarunterricht von der Staatsaufsicht und
der Leitung durch die Universitätsvertreter möglichst unabhängig
machen, den Eltern und Kommunalbehörden die Bestimmungen
über Erziehung und Bildung der Jugend überlassen, die durch
einen Moralunterricht ersetzte Religionslehre zurückführen, den
Schullehrer zwar von der Willkür der Präfekten befreien, aber
zum Diener der Geistlichkeit erniedrigen. Aber auch der Gymnasialunterricht soll nach ihm mannigfach umgestaltet werden
und in dieser Hinsicht schliesst er sich den Reformprinzipien an.
Er wünscht die Gründung neuer Realschulen nach deutschem
Muster, will dieselben von dem Gymnasium insoweit getrennt
wissen, dass nur bis Quarta ein gemeinsamer Unterbau bleibt.
Das vielangefeindete Internat will auch er durch Familienpensionate verdrängt sehen, die Stipendien sollen nach der
Würdigkeit der Schüler, nicht nach den Verdiensten der Eltern
verteilt werden. Auch eine Verstärkung der Gewerbe- und
Handelsschulen sehnt er herbei, damit selbst auf diesem Gebiete
Frankreich es mit dem Nachbar jenseits der Vogesen aufnehmen
könne.

Das Jahr 1881 brachte eine wichtige Neuerung. Um
Duruy's Schöpfung, das *Enseignement spécial*, vor dem Untergange
zu retten, verfügte der Unterrichtsrat auf Corel's Antrag, dass
der bisher dreijährige Kursus zu einem fünfjährigen ausgedehnt
und in zwei Stufen geschieden werden solle. Nach Abschluss
des gesamten Kursus erhielt der Zögling das Diplom des *baccalauréat spécial*, ohne damit zunächst besondere Rechte zu erlangen. Infolge dieser Ungerechtigkeit musste der obere, zwei-

jährige Kursus dieses *Enseignement* ebenso veröden, wie jetzt
bei uns die höheren Klassen der in ihren Berechtigungen arg
geschädigten Oberrealschulen, und die ganze Neuschöpfung zweck-
los werden.   Daher strebten die entschiedenen Reformer eine
möglichste Gleichstellung des *Bacc. spécial* mit dem Gymnasial-
Abgangszeugnis an, obwohl in dem Realunterrichte nur lebende,
nicht die alten Sprachen getrieben wurden.   Raoul Frary's Schrift:
La Question du Latin, 1886, welche die klassische Gymnasial-
bildung für einen Krebsschaden der Nationalerziehung erklärte
und auch den künftigen Juristen oder Arzt von der Kenntnis
des Latein freimachen wollte, erregte trotz ihrer Übertreibungen
damals in Frankreich grosses Aufsehen und wurde auch ins
Deutsche (von Rhode) übertragen.   Der politische Radikalismus
verband sich mit dem pädagogischen gegen das altehrwürdige,
doch in seiner Grundveste schon etwas morsche Gymnasium des
XVII. und XVIII. Jahrhunderts.   Desto vorsichtiger war der
Conseil supérieur.   Er verwarf die Gleichstellung beider Zeugnisse und begnügte sich mit einer Verlängerung des Realkursus
um ein Jahr.   Die Ministerkonferenz beschloss aber, auf Antrag
des zeitigen Unterrichtsministers Goblet, den Inhabern des realistischen Bachelier-Zeugnisses den Zugang zu allen Studien und
Berufen, mit Ausnahme der Jura und Medizin, zu eröffnen (1886.)
So haben seit fünf Jahren die Realschulen Frankreichs alle Berechtigungen der deutschen Realgymnasien, trotzdem sie kein
obligatorisches Latein treiben.   Der Widerstand der Gymnasialprofessoren gegen dieses Vorrecht war natürlich ein heftiger und
dauert in abgeschwächter Form noch fort, nicht minder energisch
ist aber auch die Verteidigung der Reformpartei.   Wir kommen
darauf später zurück.

Wie viel auch für die Reform des höheren und niederen
Unterrichtswesens von der französischen Regierung geschehen,
wie unendliche Summen für die Schulen flüssig gemacht waren
und wie sehr das Unterrichtsbudget gesteigert wurde,[1]) dennoch kam
die Bewegung nicht zum Stillstande.   Die Hauptschäden (Internat,
Stipendien, Baccalaureat) waren in der Hauptsache geblieben.
Die Universitäts-Fakultäten waren zwar, infolge des epochemachenden Buches des Père Didon über Deutschlands Universitäten,

---

[1]) 1870 betrug es 46 Millionen, 1880 bereits 150 Millionen. Die
Staatsleistungen hatten sich namentlich nach der Einrichtung der Ge-
werbe-, Ackerbau- und Industrieschulen (1879) und nach den Gesetzen
über die Unentgeltlichkeit, Allgemeinheit und Konfessionslosigkeit des
Volksschulunterrichts (16. Juni 1881 und 18. Mai 1882) für das *Ens.
supér.* verdoppelt für das *Ens. second.* verfünffacht, für das *Ens.
primaire* gar verzehnfacht.

zum Teil von ihren mittelalterlichen Formen befreit worden, hatten reichere wissenschaftliche Hilfsmittel und Stipendien, einen festeren Zuhörerkreis, Privatkurse, Seminarübungen und frische Lehrkräfte in den *Agrégés libres* erhalten, aber die in unverändertem Zustande fortbestehenden Spezialschulen, besonders die *Ecole normale*, nahm ihnen die beste Lebenskraft. Die zeitraubenden Prüfungs- und Gradverleihungsgeschäfte entzogen den Professoren einen grossen Teil ihrer Zeit und erschwerten ihnen den wissenschaftlichen Wetteifer mit den weniger belasteten Fachgenossen in Deutschland. Daher darf es nicht Wunder nehmen, wenn Jahr für Jahr bedeutende Gelehrte und Pädagogen mit neuen Wünschen und Forderungen hervortreten, zumal die unablässig fortschreitende Reformbewegung in dem eifersüchtig bewachten Lande jenseits der Vogesen die Sorge des Überflügeltwerdens nahe legte. Im Jahre 1888 erschienen zwei sehr beachtenswerte Reformschriften: die eine von Emile Raunié, dem früheren Direktor des *Journal général de l'Instruction publique*, unter dem Titel *La réforme de l'Instruction nationale*, die andere hatte Edouard Manoeuvrier zum Verfasser und betitelte sich: *l'Education de la bourgeoisie sous la République.* Raunié schrieb unter dem Eindrucke des bekannten Erlasses Kaiser Friedrichs III., den er anführt, aber in sehr demokratischem Sinne auslegt. Er will eine Gleichmachung des höheren Schulunterrichtes, in der Weise unseres Einheitsschulvereins, anstreben. So soll die Kluft zwischen Gymnasial- und Realschulbildung durch eine enge Verbindung beider Unterrichtsformen beseitigt werden, die meisten Fächer gemeinsam bleiben und lediglich die neueren Sprachen (d. h. Deutsch und Englisch) im *Ens. spécial* an Stelle der alten treten. Wie Raoul Frary will auch Raunié die Zulassung zu allen gelehrten Berufen, mit Ausnahme der philologisch-historischen Fächer, nicht von der Kenntnis des Latein und Griechisch abhängig machen. Auch der Unterschied zwischen den Spezialschulen und den *Facultés des Lettres et des Sciences* soll dadurch ausgeglichen werden, dass dem Besuche der ersteren ein zwei- oder dreijähriger Besuch der letzteren vorausgehe. Endlich soll auch die Scheidung in *lettres* und *sciences* schwinden, indem unter der Bezeichnung: *Faculté des arts* eine philosophische Universitätsabteilung nach deutschem Vorbilde eingerichtet werde. Die oberste Stufe des Gymnasiums, die „philosophische Klasse", will R. ganz beseitigen, und so der Hochschule zurückgeben, was ihr von Rechtswegen gebührt. Das alte Baccalaureat, dieses Schmerzenskind so vieler Generationen, wünscht er aus der Welt zu schaffen und durch ein Abgangsexamen nach der „rhetorischen Klasse", auch etwa in deutscher Art, zu ersetzen. Das Examen-

wesen soll den Gymnasialprofessoren überlassen bleiben; nach
Absolvierung der Vorschulklassen und dann alljährlich soll eine
Versetzungsprüfung stattfinden. Im *Ens. spécial* wünscht er dagegen nur zwei Stufen-Examina. Die Umgestaltung des Prüfungs-
wesens und die Abschaffung des alten Baccalaureats will er als
echter Demokrat weder dem *Conseil supérieur*, noch den Univer-
sitätskollegien und ihrem Aufsichtsrate (*Cons. consultatif*), sondern
— der Deputiertenkammer überlassen.

Um, ausser dem Baccalaureate, auch das Internat an der
Wurzel zu treffen, kommt er auf den Vorschlag der Familienpensionate mit staatlicher Unterstützung, wie sie versuchsweise
schon für die Zöglinge der „höheren Elementarschulen" (Mittelschulen) eingerichtet waren, zurück. Lehrerpensionate hält er
wegen der Kosten und aus Rücksicht auf die freie Zeit der
Professoren für unzweckmässig. Der Gymnasialunterricht soll nach
seinem Dafürhalten ebenso unentgeltlich sein wie der Volksunterricht, die Stipendienverteilung nur nach der Würdigkeit der
Empfänger, doch mit Ausschluss der Söhne reicher Eltern, geleitet werden. Besonderes Augenmerk richtet der mit deutschen
Bestrebungen wohlbekannte Verfasser auf die körperliche Ausbildung und freie Selbstthätigkeit der Schüler. Tritt uns in
Reaunié ein massvoller, nur dem Erreichbaren nachstrebender
Mann entgegen, der, trotz seiner Überschätzung der realen Bildung, doch den Wert klassischer Studien für die Nationen nicht
verkennt, so zeigt sich Manoeuvrier als ein sich heissblütig über-
stürzender, mit dem Bestehenden völlig unzufriedener und aus
Neuerungssucht auch zu dem überlebten Alten zurückstrebender
Geist. Trotz aller Reformen und Geldkosten, so predigt er gleich
in den ersten Seiten seines mit hinreissender Beredsamkeit geschriebenen Buches, sei alles geblieben, wie es war. Die Erziehung
sei trotz der Schlagwörter Freiheit und Gleichheit nur auf die
aristokratischen Sonderbestrebungen eingerichtet. Die intellektuelle,
nicht die ethische Seite der Erziehung werde gepflegt, nicht der
gute Republikaner, sondern der Beamte und Politiker werde heran-
gebildet. Nicht das Verdienst, sondern das Strebertum erfreue
sich der Wertschätzung. Die Schüler, meint er, arbeiteten entweder zu viel, oder zu wenig, stets aber schlecht, die Leistungen
seien überwiegend mangelhaft, denn auf 30 Zöglinge kämen 5
gute, 5 mittelmässige und 20 Hemmschuhe (*trainards*). Eine
Klasse wiederhole immer das Pensum der anderen. Die Ferien,
welche M. mit Einrechnung der Festtage und der Beurlaubungen
auf die Hälfte des Jahres abschätzt, zögen die Liederlichkeit
und Nichtsthuerei gross; nur 4 oder 5 kurze Ferienzeiten von
höchstens 14 Tagen Ausdehnung, während der Schulzeit aber

reiche Erholungspausen und körperliche Übungen, sowie An-
leitungen zum Botanisieren, Zeichnen und zur Musik, seien im
Interesse der Erziehung. Die ganze Einrichtung des Schulwesens
verwirft M., weil die drei Stufen desselben sich nicht aneinander
schlössen und unter verschiedenen Ressorts ständen. Auch ist
ihm die bureaukratische Bevormundung des Lehrerstandes, besonders die der Elementarlehrer, zuwider; er will daher den
Kommunal- und Kantonalbehörden mehr Einfluss zugestanden
wissen. Die Beförderung der Lehrer soll ganz von politischen
Rücksichtnahmen frei sein und sich lediglich nach dem Dienst-
alter und dem Ausfall der öffentlichen Wettbewerbungen richten.
Statt der bisherigen Gliederung schlägt M. zwei Abstufungen,
die eine bis zum 14., die andere bis zum 18. Lebensjahre vor.
Die Klassen seien durch Jahreskurse zu ersetzen; nach jedem
Jahreskurse solle eine Prüfung stattfinden, deren Ausfall darüber
zu entscheiden habe, ob ein Zögling in einem oder dem anderen
Fache zurückgehalten werde. Eine Wiederholung des gesamten
Jahreskursus hält M. für unzweckmässig, wünscht sogar eine
Dispensation des Schülers von Lehrgegenständen, für die er ohne
jede Anlage sei.

Mit den Klassen fällt auch das Klassenlehrersystem und
ist durch ein Fachlehrersystem zu ersetzen. Um der Überfüllung
mit Lehrstoffen entgegenzuwirken, will der Verfasser namentlich
den Sprachunterricht einschränken. Da er Goethe's Ansicht,
der Mensch könne neben seiner Muttersprache höchstens noch
eine fremde völlig beherrschen, zu huldigen scheint, so lässt
er den Schülern der zweiten Abteilung die Wahl zwischen
einer lebenden und einer toten Fremdsprache, während er von
denen der ersten Abstufung nur die Kenntnis einer lebenden
Sprache fordert. Ausser der einen Fremdsprache sollen noch
zwei Wissenschaften gelehrt werden, deren Umfang und Ab-
zweigungen sich von Stufe zu Stufe erweiterten. Die empirische
Methode verwirft er für die Sprachen, wie für die Realien, er
empfiehlt die Einprägung fester Regeln und warnt vor zusammen-
hanglosen Einzelheiten. Das Französische solle nicht im Mittel-
punkte des ganzen Unterrichtes stehen, vielmehr nur in den letzten
zwei Jahren als selbständiges Fach auftreten, vorher aber durch
Übersetzungen aus fremden Sprachen und durch den Unterricht
selbst geübt werden.

Wie vor ihm Raoul Frary, spricht sich auch M. gegen den zu
frühen Beginn der Mathematik aus. Er will diese schwierige und
trockene Verstandesdisziplin der oberen (zweiten) Stufe vorbehalten,
dagegen im Elementarkursus besonders die beschreibenden Naturwissenschaften geübt sehen. Seine Anweisungen für den geschicht-

lich-geographischen Unterricht laufen darauf hinaus, dass das
eigene Vaterland Ausgangs- und Schlusspunkt dieser Lehrstunden
sei, daneben aber die gesamte Kulturgeschichte und die bleibenden
Resultate der Geschichtsentwickelung betont und ein falscher
Patriotismus oder eine unwahre Rhetorik ebenso vermieden werden
wie eine trockene, leblose Aufzählung der Namen, Zahlen und
anderen Einzelheiten. In der Geographie soll nicht bloss der
Einfluss der Natur auf den Menschen, sondern auch die Rück-
wirkung des Menschengeistes auf die Naturgestaltung hervorgehoben werden. Die Geschichte nach 1815 soll, um die Gefahr
des Politisierens zu vermeiden, ganz unberücksichtigt bleiben,
ebenso die Staats- und Wirtschaftskunde, welche 1880 versuchsweise in den Gymnasialunterricht aufgenommen, 1884 aber wieder
beseitigt wurde. In der Litteraturgeschichte soll nur das wirklich Bedeutende vorgeführt, absprechende Kritik völlig gemieden
werden. Die alten Sprachen will M. mehr nach der früheren,
als nach der Reformmethode gelehrt wissen; er hält daher die
Verstübungen, die Diskurse und das Bruchstückwerk der Chrestomatien für unentbehrlich, da die Lektüre der Autoren selbst für
die letzten Schuljahre aufgespart werden müsse. Die Grammatik
soll sogar für den Unterricht in den lebenden Sprachen im Mittel-
punkte bleiben, von den Sprechübungen hofft er sehr wenig, so
lange nicht die Lehrer längere Zeit im Auslande geweilt hätten.
Trotz der fremdsprachlichen Sektion der Normalschule und des
Agregationsexamens in den lebenden Sprachen, mögen allerdings
die Kenntnisse und Erfolge der Lehrer dieser Disziplinen in Frankreich noch zur Zeit nicht besser sein, als M. sie schildert. Dem
Baccalaureate und Internate geht er nicht unmittelbar an die
Existenz, er sucht nur die Zulassung zur Schlussprüfung von
dem günstigen Ausfalle zweier vorgehender Interimsexamina abhängig zu machen und die Prüfungsgeschäfte zum Teil den
Agrégés des *Ens. secondaire* zuzuweisen. Eine Dreiteilung des
Baccalaureats in eine geschichtlich-sprachliche, mathematisch-
physikalische und naturwissenschaftliche Sektion soll den besonderen Neigungen und Fähigkeiten sich anpassen. Die Schlussprüfung habe nicht vor dem 20. Lebensjahre stattzufinden, da
nach Absolvierung der zweiten Unterrichtsstufe noch Studien in
französischer Litteratur und der Philosophie erforderlich seien, ehe
der Eintritt in eine Spezialschule erfolgen könne. Das Bachelier-
Diplom solle für alle Spezialstudien, ausser der Zulassung zur
höheren Normalschule und zur polytechnischen Schule, ausreichen
dagegen für die höheren Verwaltungsfächer nicht zu fordern sein.
Die besonderen Aufnahmeprüfungen, welche, ausser der *Ecole de
droit* und *Ec. de médicine*, bisher alle Spezialschulen neben dem

Bachelierzeugnis forderten, würden somit sehr verringert werden; auch verlangt M., dass die Zulassungsexamina zu der höheren Normal- und der polytechnischen Schule sich eng an den Gang des Gymnasialunterrichtes anschlössen.

Die Internate sollen nach unserem Autor künftig in freier, gesunder Lage, ausserhalb der grossen Städte und nicht in fest ummauerten und vergitterten Kasernen eingerichtet werden. Unterrichts- und Arbeitsstunden seien so einzuschränken, dass sie täglich nur sechs Stunden umfassten, die übrige Zeit solle der körperlichen und geistigen Erholung der Zöglinge gewidmet bleiben. In den Arbeitsstunden, welche durch Übernahme der Korrekturen schriftlicher Aufgaben den Klassenunterricht zu entlasten hätten, sollen sich die älteren Schüler mit den Studienlehrern in die Aufsicht teilen. In der Zukunftsgestaltung des Internatswesens sucht M. die englischen Einrichtungen soweit nachzuahmen, wie sie für französische Verhältnisse passen, behält aber den alten Schematismus der Proviseurs, Censeurs, Studienlehrer, Stipendien u. s. w. bei. Familienpensionate sollen nur eine Ausnahme bilden, die Professoren seien die zweckdienlichsten Pensionsgeber. Die Gründung von Handels- und Industrieschulen unter Leitung der Staatsbehörden, doch mit Rücksichtnahme auf die Wünsche der Kommunen, liegt dem eifrigen Vaterlandsfreunde umsomehr am Herzen, als, wie er zugibt, Deutschland auf diesem Gebiete Frankreich bei weitem überflügelt hat.[1]) Der Realschulunterricht soll nach M. teils mit dem gymnasialen verschmolzen werden, teils in dem professionellen aufgehen, die Lehrer des letzteren aus den praktischen Berufen oder den Verwaltungsfächern genommen werden.

Unentgeltlichkeit des *Ens. spécial* und aller Examina, Vermehrung der Stipendien für Spezialstudien, doch nur auf Grund des Bachelierzeugnisses oder öffentlicher Wettbewerbungen, nicht nach politischen Rücksichtnahmen, sollen auch den Ärmeren es möglich machen, zu einflussreichen Stellungen zu gelangen und durch Ausgleichung der Vermögens- und Rangunterschiede die wahre demokratische Gleichheit anbahnen. Damit sich jeder gewöhne, die Waffen für sein Vaterland zu führen, sollen in Frankreich etwa 20 Anstalten gegründet werden, deren Zöglinge zugleich in den Studien und im Soldatenhandwerk sich üben, militärischen Rang und Uniform haben, auch einen Monat lang mit den aktiven Soldaten dienen. Für den Unterhalt hat jeder dieser Kasernierten

---

[1]) Im Jahre 1888 hatte Frankreich nur 8 Handels- und 12 Industrieschulen, Deutschland dagegen 200 Schulen der ersteren, über 100 der letzteren Gattung.

1500 Francs überdies zu entrichten. Was für die Studien und den Beruf dabei herauskäme, darüber würden die deutschen Studenten, welche zugleich inmatrikuliert sind und ihr Jahr abdienen, Herrn M. belehren können.

Wie schon letzterer Vorschlag zeigt, sind M.'s Ansichten über Erziehungs- und Unterrichtsreform bisweilen chimärisch, aber das Gute, welches er anstrebt und so warm verficht, rechtfertigt die längere Besprechung seines Buches.

Über das Ziel gehen auch zwei Äusserungen über die Reformfrage hinaus, welche von entgegengesetztem Standpunkte neuerdings in Paris veröffentlicht sind: M. Guérin: *La Question du Latin et la Réforme profonde de l'Ens. secondaire* und Alfrède Fouillées Aufsatz über das *Ens. secondaire* und das *Baccalauréat spécial* in der *Revue des deux Mondes* (15. Sept. 1890). G. will zwar die alten Sprachen nicht vom Gymnasium verbannen, aber sie nach der bekannten Bonnen-Methode gelehrt wissen. Alle schriftlichen Arbeiten, mit einziger Ausnahme der Versionen aus antiken Schriftstellern, sind verboten, ebenso wird alles Auswendiglernen beseitigt. So sollen die Zöglinge bis zum 16. Jahre spielend sechs lebende und eine tote Sprache erlernen, hierauf gehen sie zu Spezialstudien über, die bis zum 21. Lebensjahre dauern. Auf der Schule soll auch eine Einführung in tiefe und zum Teil vielumstrittene Probleme der Naturwissenschaft stattfinden, damit der kirchliche Glaube durch klare Erkenntnis des wirklichen Zusammenhanges der Dinge überwunden werde. G. hat ein richtiges Bewusstsein von dem, was unserer Zeit vor allem not thut, aber als unbedingter Optimist möchte er die Jugend, deren Charakter er nur im sonnigsten Lichte ansieht, von allen Arbeitsmühen und Schulstrafen erlösen. Nur tadelnde Bemerkungen und Noten in dem Klassenbuche scheinen ihm zur Aufrechterhaltung der Disziplin erforderlich.

Mit grosser Schärfe wendet sich dagegen Fouillée gegen alle Reformen, welche die alten Sprachen aus ihrer Alleinherrschaft getrieben haben, nicht, ohne den Anforderungen der Realisten Zugeständnisse auf Kosten des Griechischen zu machen. Insbesondere greift er die Bestimmung über das *Baccalauréat spécial* vom Jahre 1886 an, weil, wie er meint, hierdurch das klassische Gymnasium auf den Aussterbeetat gestellt werde. Den Bildungswert der neueren Sprachen, besonders der englischen und deutschen, unterschätzt er durchaus, und fürchtet von ihrem Studium sogar nachteiligen Einfluss für die Klarheit und Durchsichtigkeit des französischen Stiles. Als obligatorische Fächer für alle Zöglinge und alle Klassen sollen Latein und Französisch bleiben, sonst will Fouillée für die verschiedenen Zwecke des Unterrichtes mancherlei Kombinierungen gestatten. Für das Baccalaureat will er drei Abteilungen: eine klassische, eine realistische und eine professionelle, doch sollen der ersteren wichtige Vorrechte zurückgegeben werden. Der Gedanke, die Realschulen durch bessere Ausbildung der Gewerbe- und Handelsschulen überflüssig zu machen und das Gymnasium von einer bei dem Nützlichkeitsstreben unserer Zeit gefährlichen Konkurrenz zu erlösen, liegt den Vorschlägen F.'s zu Grunde.

Die vielfachen und zum Teil erfolgreichen Reformversuche haben die Vertreter des Alten doch gezwungen, dem Neuen mancherlei Konzessionen zu machen. Das Gymnasium des XVII. und XVIII. Jahrhunderts, in welchem die jesuitische Dressur, trotz aller Abneigung der „Universität" gegen den Orden, herrschend war, ist unwiderbringlich verloren. Dagegen behauptet sich der militärische Geist, in den Napoleon I. das reorganisierte Staatsgymnasium zwängte und hat in dem Internats- und Beaufsichtigungswesen seinen treffendsten Ausdruck gefunden. Ebenso sind manche Traditionen des Mittelalters, z. B. das Baccalaureat, das Doktorat als höchste Stufenleiter der Universitätsgrade, das Lizentiat als Vorstufe desselben, das alte Agregationsexamen, die neben den anderen Fakultäten bestehenden Spezialschulen für Mediziner und Juristen u. s. w. noch lebendig. Aber auch von den Vertretern des Klassicismus an der Hochschule wagen die Einsichtsvolleren nicht alle Zugeständnisse an den modernen Zeitgeist zu verweigern. Egger z. B., der bekannte Hellenist und Geschichtskritiker, gibt schon 1883 (in seinem Buche *Traditions et Réformes*) die lateinischen Versübungen auf, will zwar das alte Schema der *thèmes*, *discours* und *Conciones* für den altsprachlichen Unterricht beibehalten, aber den letzteren wenigstens zweckmässiger, kritischer und wissenschaftlicher gestalten. Latein ist ihm freilich die Grundvoraussetzung aller wirklichen Bildung, eine Anschauung, die bei einem Franzosen nichts Überraschendes hat. Auch für den Realschüler fordert er daher Latein als obligatorischen Gegenstand und selbst höhere Töchter sollen lateinische Autoren in Übersetzungen lesen.

Was die Reform der *Facultés des lettres et des sciences* angeht, so entschliesst sich E., die Privatvorlesungen (*cours fermés*) neben den öffentlichen zu dulden. Von den letzteren weiss er viele amüsante Geschichtchen zu erzählen, wie sie zu Wahlmanövern, zu Anbettelleien des Dozenten, ja zu Ruhestörungen und anderen Ungehörigkeiten missbraucht worden sind. Trotzdem will er die neugierigen Passanten nicht von den Hörsälen ausschliessen, aber den Studenten feste Plätze auch in den öffentlichen Vorlesungen angewiesen sehen. Ebenso ist er geneigt, die Stipendien für Lizentiaten und Agrégés zu billigen und dem Universitätskörper frisches Blut zuzuführen. Selbst die romanische Philologie, welche sich namentlich in den *Ecoles des Chartes* und *des hautes études* und im *Collége de France* zur ebenbürtigen Schwester der altklassischen erhoben hat, findet in ihm einen warmen Verteidiger.

Wie man nun auch im einzelnen über manche der neuen Einrichtungen und Anschauungen, besonders über die Entkirchlichung der Volksschule und den rationalistischen Geist in dem Universitätskörper, denken mag, unbedingt anzuerkennen sind die grossen Opfer, welche die französische Republik nach den Leiden des Krieges für das Schulwesen brachte[1]) und die vorurteilsfreie Nacheiferung der Vorzüge fremder Staaten, besonders des zugleich gefürchteten und gehassten Deutschland. Auch die nationale Richtung, welche sich in dem Kampfe gegen die Schulbrüder und Schulschwestern, sowie gegen die „freien" Schulen und Universitäten kundgibt, verdient, trotz mancher Übertreibungen, die Zustimmung des objectiv Urteilenden.

R. MAHRENHOLTZ.

---

[1]) Im Jahre 1876 gab sie für das *Ens. second.* über 6 Mill. aus, im Jahre 1886 für Unterrichtszwecke 8 Mill. Auch die Gehälter der Professoren sind wenigstens in Paris ausreichend, wogegen sie in der Provinz noch eine Verbesserung nötig machen würden. Ein Universitäts-Professor erhielt schon 1886 ca. 15 000 fr., ein Gymnasial-Professor 7500 fr. Schlecht gestellt sind noch die Elementarlehrer, deren Klassen nebenbei an grosser Überfüllung leiden, und die sogenannten Studienlehrer, deren Gehälter zwischen 1800 und 700 fr. schwanken. Doch sind das Leute, die meist nur das Bachelier-Examen gemacht haben (1886 gab es unter ca. 1700—1800 nur ca. 120 Lizentiaten) und sich einen Nebenerwerb zur Fortsetzung ihrer Fachstudien erwerben wollen, oder später an kommunale Winkelgymnasien übergehen. Ich fürchte, alles in allem kann Deutschland in der Fürsorge für seine Lehrer von dem Nachbar manches lernen.

Textprobe

einer neuen Ausgabe der *Chanson des Loherains.*

Zugrundegelegt ist Hs. B. Wegen der Siegelbezeichnung verweise ich auf W. Vietor: *Die Hss. der Geste des Loherains.* Halle 1876. S. 5 ff., für t speziell noch auf *Romania* VI, 481 und *Zs. f. rom. Phil.* II, 347 ff. Ausser R und V ist das gesamte bekannte Handschriftenmaterial herangezogen, W allerdings nur bis Zeile 50 und b nur bis Zeile 36. Von b sind auch nur die Stellen, welche für das Verwandtschaftsverhältnis dieser breitspurigen Prosaversion charakteristisch sind, angeführt und v, dessen Text mir erst nachträglich zugänglich wurde, habe ich anhangsweise im Zusammenhange mitgeteilt. Worte und Buchstaben des Haupttextes, welche von B abweichen, sind cursiv gedruckt.

B 4b = *ed.* P. Paris I 71, A 10d, C 144b (verbunden), D 115c, E 98b, F 8b, G 9a, J 10b, M 11b, N 49f, O 3a, P 10b, Q 5a, S 4a, T 190a, W 3c, a 2c, b 89a, t 13, v 72a.

---

1 Ce fu a feste del baron saint Martin,
Li rois apele le Loherenc Garin:

C 144b, D [115c, F 8b, [W 3c 14.

1—12 *fehlen* T. — 1—31 *weichen völlig ab in:* O 5a 4—27 = S 4a 41—b 18 = t 13—36 = a 2c 34—d 7.*)
1 = ACEGJMNOPW | la f. D | au b. F *ed.* | *folgen:* AO: Li rois tint cort (Que li rois fu) a Monloon la cit, Grant et pleniere des barons dou païs. Après mengier en .I. vergier en vint.
2 = CDEFGJMNPW *ed.* | Illuec A II en O | *folgen:* N: Lui et Begon le conte palacin; Car de lor terre out novelles o¹ Que molt grevoit li fors rois Anseys.

---

*) 1 Ce dist Garins: „Or me vel reclamer De Anseys qui me tolt m'erité,   a 2 d

1. Adont parolle G. le gentieus ber: „Sire", fait il, „a vous me veul clamer S „Sire", ço dist G., „Or me vieng jo clamer t Lors pria le Loherens G. au roy a. — 2. *cf. Text* 6; Roys A. me veut deshireter S Del fort roi A., moi velt desireter t, *wegen* a s. 3.

3 „Sire vasaus, *ferez le vous ensi?*

Aquité m'as *Mansiaus et Angevins,*

La vostre terre avés mise en oublit

6 Qu'ensi vos *tost* li fors rois Anseïs,

Senescaus estes de trestot *mon* païs.

Mandés les homes qui me *doivent* servir!

S 9b, b 89b.

N 11a.

3. = ACDEGJMPW. | Seignour vassal N | le ferez v. e. F *ed.* | ce dist li rois Pepin BN fet il, vostre merci D.

4. = CEFJMOPW *ed.* | ma terre et mon païs BDG. | Qui conquis m'as Normanz et Poitevins A. En pais me faites ma grant terre tenir N.

5. = ACDEFGJMOPW *ed.* | Et vos la vostre N.

6. = DFGJOPW *ed.* | tot BCEM | Que tient a force A. Qu'ai oï dire que vos toust Anseïs N.

7. = AEFGJMNPW *ed.* | cest BCDO. | *folgt* A: Et vos et Begues avez tout a tenir.

8. = CEFGMW *ed.* genz A | qui vos D | doient BJP | M. mes h. FNO et contes et marchis N.

---

3 La terre tient que deüsse garder.

Nel deüssiés soufrir ne endurer;

Car a vos doit tos li fiés retorner,

6 Si deüssiés bien vo fief delivrer."

„Faisons le bien, sire!" ce dist Hasdrés.

„Por coi feriens cest grant ost retorner?

9 A Mès alons dont j'oi Garin clamer!

Quant ens serons, faisons le roi mander,

Que laist vo fief, n'a droit en l'erité?

12 S'ensi nel fait, ne vos en tornerés,

Desque la tor aurons fait craventer."

3. Ma S Ki me tolt ma contree t que il luy pleust aider a recouvrer la ville de Mes que a tort detenoit le roy Anseïs. a. — 4.—13. *fehlen* a. — 4. = S Certes nel t. — 5. A. v. en d. li drois f. S Que li fiés doit a vos venir et r. t. — 6. En toutes cours garandir le devés S Si deüssiés par tot vostre droit delivrer t. — 7. Faites S 4b Faisons le b. beau sire, ço dist li viés H. t. — 8. feriés vo gent arier tourner S feriés vous gens arriere retorner t. — 9. Alons a M . . . parler S Alons nos en a Mex t. — 10. Q. i s. faites S Q. nous s. devant faisons t. — 11. Qu'il l. vo terre n'i ait soing d'arester S Que nos l. vostre terre, n'a droit en l'arester t. — 12. Et s'il n. f., mais n'en volras tourner S Que s'il n. f. ensi, ne vos en tornerés t. — 13. Si aras fait tout jus la tour verser S De ci que vos arés les tors fait craventer t.

Texiprobe einer neuen Ausgabe der Chanson des Loherains.189

9 A Mès iront que vostre peres tint.“   𝔍 10c.

  Respont Hardrés: „Mesires a bien dit.   𝔟 90a, 𝔳 72b.

  Itel baron doit on de cuer *servir*,

12 Mes cors meïsmes ira *ensemble* o li   (I, 72).

  Et *tuit* mi frere et anbedui mi fil   𝔛 190a.

---

9. = 𝔉𝔍𝔚 *ed.* | irons 𝔄𝔇𝔈𝔊𝔐𝔒𝔓 iroiz ℭ | alez vostre fiez garentir 𝔑.

10. = ℭ𝔍𝔒𝔓𝔚 | Hardrez a dit 𝔄 Hardrez respont 𝔇𝔊. Et dit H. 𝔉𝔑 *ed.* | or avés vos 𝔈𝔐𝔓𝔑.

11. = ℭ𝔉𝔍𝔒 | Un tel *ed.* | segnor d. o. molt bien 𝔄𝔈𝔐𝔑𝔓 | d. l'en 𝔇𝔚 | en gré 𝔇𝔊 | cierir 𝔟.

12. = ℭ𝔉𝔍𝔒𝔚 *ed.* | meïsme 𝔟ℭ𝔐 | irai 𝔄𝔓 | en ira avoec li 𝔊 | ensamble li 𝔟 avoques ti 𝔇ℭ𝔑.

13. = 𝔇𝔈𝔉𝔊𝔍𝔐𝔒𝔓𝔚 *ed.* | tot 𝔟 tout 𝔄ℭ𝔑𝔗 | ambedoi 𝔟𝔗 embedui et mi f. 𝔑.

  Et dist li rois: „Je l'otroi e non dé.“

15 Dont font les os guenchir et trestorner

  Et Fromondin font l'ensegne porter.

  Forment s'amoient li jovene bacheler

18 Et vont ensamble, qui qu'en doie peser.

  Devant Mes su[n]t venu | droit a .I. ajorner,

  Pavillons font et aucubes lever,

21 Lors mes fisent dedens | la vile entrer

  Por parler au baron | s'il fust trovés.

E ns sunt entré li messaige Pepin.

24   Et ont trové le fort roi Anseïs

14. si com vous commandés ℭ Je l'otroi, dist li rois, foi que vos doi porter t le roy lui greanta a 2d 4. — 15. A itant f. l. grans os arouter ℭ Atant fisent les os guencir et retorner t. Et torna son ost vers Mes a 2d 5. — 16. A ℭ Fromondin f. l'e. bailler et delivrer t et lors bailla son enseigne a Fromondin a 2d 6. — 17. 18. *fehlen* a. — 17. Moult en sont lié chil legier b. ℭ Forment s'en entremetent cil riche b. t. — 18. Ensamble en vont ℭ Et chevalcent ensamble t. — 19. A. M. en vinrent ℭ Devant M. sont venu t. Et quant il fut a Mes a 2d 7. — 20.—24. *fehlen* a. — 20. Dont fissent trés et pavillons l. ℭ Fisent tres et alcubes et pavellons l. t. — 21. Lor mesaigiers font en la ℭ Les messages ont fait dedans la t. — 22. Parler au roy k'il le cuident trouver ℭ Por parler al baron, qu'il le cuident trover t. — 23. En la vile entrent ℭ La [de]dens est entré t. — 24. Parler au roy, se le peuent veïr ℭ En la sale ont t. le f. r. A t.

Et mes parages et tos mes riches lins.“

15 *Li rois s'esmout, par anple le païs*

      A Chaalons vinrent a .I. mardi,

      D'iluec s'en vont droit a Verdun la cit,

14. = 𝕮𝕰𝕵𝕸𝕺𝕻𝕿𝖂 | Et m. lignages 𝕱ℜ | et mes mer-villex l. ℜ et tuit mi home cax que (Et mi parent canqu'en) porrè choisir 𝕯𝕲. | *ersetzt durch* 𝕬: [1]Et dist Garins: „sire molt grans mercis.“ [2]Li rois fait faire ses briez et ses escris, [3]Mande ses homes de partout son païs; [4]Bien sunt c. mile, cant sont ensemble mis. | *folgen* 𝕺: Lor omes mandent (s. 𝕬 3) s'asemblent lor amis; Granz fu li oz qui a Monloon vint. | *Vgl. hierzu* b 90 a 14: De ces offres Guerin et Beguon [15]Remerchierent assez le noble empereur et le conte [16]Hardrés. Atant Guerin par l'ottroy et commandement[17] de son naturel seigneur fist escripre lettres et envoyer [18]chevaucheurs et messagiers a tous costez aux princes [19]barons vassaulz chevaliers et autres et que a tout [20]le plus de gens bien en point qu'ilz pourroient ilz se [21]retrouvaissent a Laon assamblez a vng certain jour. [22]Mais pourquoy faire ne ou aler les lettres ne firent [23]quelque mention ne les messagiers aussi, doubtans que ceulx d'Allemaigne n'en feussent advertis.

15. Semont 𝕯𝕰𝕱𝕲𝕵𝕸𝕹𝕻𝕿𝖂 *ed.* s'esmut 𝕺 s'en va 𝕬𝕮 | par trestot 𝕯𝕱𝕲ℜ𝕿𝖂 *ed.* | son païs 𝕯𝕰𝕱𝕲𝕸𝕹𝕻𝖂 *ed.* | parmi l'anple païs 𝕮 a la voie se mist 𝕺 D'iluec se murent, n'i ot plus terme quis 𝕭 *folgt* 𝕬: O ses granz os qu'il a ensamble mis.

16. = 𝕬𝕮𝕯𝕲𝕵𝕺𝖂 | Qu'a Ch. soient 𝕰𝕸𝕹𝕻𝕿 *ed.* | jus-qu'a (au 𝕿) m. 𝕰𝕸𝕻𝕿 *ed.* au mescredi ℜ | lundi 𝕱 | *folgen* ℜ: [1]Et il si firent, que il n'i ot detri. [2]La nuit sejornent que il vinrent iqui [3]Dusqu'au demain que il fu esclarci [4]Que il cheminent, a la voie sont mis. *Vgl.* b 90b 2: et vindrent a Chaalon la ou estoit le noble conte [3]et evesque Auquentin, oncle des deux jeunes che[4]valliers Guerin et Beguon. — [5]Vouz devez scavoir, que grande fut la chiere [6]que fist l'evesque Auquentin a l'empereur Pe[7]pin et aux nobles barons de celle compaignie. Et gran[8]dement festoia ses deux nepveuz. Mais l'empereur ne [9]voult pas illec faire grant sejour; car il n'y sejourna que deux nuits (s. ℜ 2).

17. = 𝕮𝕺 | D'ilec 𝕭 D'iqui 𝕯 D'anqui 𝕲𝕵𝕰𝕸𝕻𝕿𝖂 | s'es-muevent 𝕬 s'en tornent 𝕯𝕵𝕰𝕸𝕿𝖂 s'en torne 𝕱𝕭 *ed.* | jusqu'a 𝕰𝕸𝕻𝕿 | V. en vint 𝕱 *ed.* | a V. la fort cit 𝕬𝕮. A Verdun vinrent tot droit le venredi ℜ.

18 Desci a Mès ne prisent onques fin,

   A la roonde ont *la cité* asis;

   Esmaié furent molt la gent del païs.

21 Or escoutés, que li quens Hardrés fist:

ℬ 3d.

18—20 *weichen ab in:* 𝔗 190 a 6—b 29 = ℜ 49 f 26—50a 46. *)

18. = **ACEFMOPW** | D'iqui **D** D'anqui **G** D. qu'a Mes ne prenent **F** *ed.* M. onques ne pristrent **G**.

19. = **ADFGJMOW** *ed.* | A la roine **EP** | le castel **BC**.

20. = **CEFGJMOPW** *ed.* — Merveillié **D** | sont **G** | les genz **A**.

21. = **ACDGO** | entendez **FJW** *ed.* | li dus **EMPRT** *ed.*

---

*)   Garins et Begues se sont al chemin mis,

     N'ont pas erré deux lieues, ce m'est vis,

3 Quant .I. mesages a l'encontre lor vint

     Qui s'escria durement a haus cris:

     „En nom dieu, sire, vos estes malbellis:

6 Thieris est mors que vos par amés si

     Qui pere estoit le vaillant duc Hervi,

     Et sa moulliers la bienfaite Aelis.

9 Ens ou moustiers S. Ernoul, ce m'est vis,

     Fist on l'ofrande, si furent enfoui.“

     Li enfant l'öent pleurent des iex del vis,

12 Dist l'uns a l'autre: „Vrais rois de paradis,

     Comment le font li bourgois du païs?“

     „En nom dieu, sire, si sont molt entrepris.

15 Grevé les a li fors rois Anseïs

     Et demanda les bourgois du païs

     Une proumesse que vous peres li fist:

18 L'an .II. mangier, par vreté le vos di,

     Quant Sarrasins et Wandres maleïs

     Orent le val de Mès tout entrepris.

21 Celui servage lor a li rois requis,

     Onques nel vorent otroijer, ne soufrir

     Dusqu'a celle eure, que seriés reverti.

24 Trives on[t] prisses .I. an et .I. demi,

Varianten ℜ: 3. lor raconta et dist. — 4. Et e. d. a haut cri. — 5. molt e. m. bailli. — 6. q. v. amïés si. — 7. 8. Il et sa fame la courtoise **A**. | Qui mere e. le Loherenc **H**. — 10. Fu li servisses. — 16. Il d. an b. signoris. — 17. vostre p. fit. — 20. molt e. — 21. *folgt:* Et li borgois li signor, ce m'est vis.

Il a mandé les barons del païs,

Que par conduit vegnent parler a li.

24 Et il si firent, com les mos ont oïz;

22. = *Hss. u. ed.*

23. = 𝕬𝕮𝕯𝕱𝕵𝕲𝕺𝖂 *ed.* | Que (Et 𝕰𝕸) per e duc 𝕰𝕵𝕸𝕽𝕼𝕻𝕿.

24. le 𝖂 *ed.* | font 𝕲𝖂 | quant 𝕬𝕮𝕯𝕰𝕱𝕲𝕵𝕸𝕹𝕺𝕿𝖂 *ed.*

| li mes fu 𝕬 le (les 𝕲) mes o. 𝕲𝕵𝕸𝕽𝕼𝕻𝕿 ont le mes 𝕲 | oï 𝕬𝕭𝕺.

Tant que li drois en sera esclarcis.

Et li rois a et juré et plevi,   ℜ 50 a

27 Se li servages ne li est remeris

Dedens le terme que li jours est assis,

A Miès venra, ensi l'a il proumis,

30 A tout son ost c'aura ensamble mis."

„Dex", dist Garins „par la toie merchi

Pour itel chose ne serons mal de li."

33 Dont s'en tournerent, a la voie sont mis,

De si a Gorse ne se sont alenti.

Grant joie en fist li bons abbes Henris —

36 .I. Mes s'entourne, ne s'i est alentis,

Dusques a Miès en la ville s'est mis.

Li mesagiers est en la ville entrés,

39 Voit les bourgois, si lor a escrïés,

„Signour," dist il, „a moi en entendés!

Garins et Begues, fil Hervi le menbré   𝕿 190 b

42 Qui a son ost est alés outre mer. (!)

Vienent de France, jou ai a iaus parlé.

On lor a dit et pour voir aconté:

45 Rois Anseïs de Coulongne sur mer

Avoit asise la mirable cité,

Et je lor dis toute la verité.

48 Jes ai a Gorse laisiét delés l'abeit,

Qui molt les a durement hounourés

Et fait grant feste, si les tient en chierté.

51 Allés encontre, qu'il le vous ont mandé!"

Varianten ℜ: 28. que il i ont a. — 30. A toute s'ost et a tout
ses noris *folgt:* Destruira tot, se il ne l'a ainsi. — 34. Dusques a. G. ne
sont mie a. — 36. (si) s'est a la voie mis. — 37. *Vgl. im Text* 18
ne prist il onques fin | *folgt:* En la porte entre de la mirable cit. —
41. l'alosé. — 46. vos mirable. — 47. li. — 48. Je l'ai lessié a Gores
lez l'abé. — 51. A. a lui qu'il le v. a m.

Voit les Hardrés, ses a a raison mis: B 4c.

    „Franc chevalier, entendés envers mi!   R 50b.

27 Vos fustes home le riche duc Hervi,

    Vos ne devés mie vos fois mentir   b 91a.

    Contre Begon ne encontre Garin.

30 Rendés la terre et trestot le païs!“   D 3b.

25. = CDGJ | Voi le BO | Cant il les voit AN Hardrés les (le P) voit EMPT si l'a O | a raison les a mis M *ed.* ses a raison mis J.

26. = ACFJO *ed.* Seignor baron DEMNT | ca a mi G en a mi W li dus Hardrez a dit N.

27. = NOTW | au r. d. DEFJM *ed.* dou r. d. G al Loherenc AP le bon vasal C.

28. = DEFGJMO *ed.* | Si ne W | Ne d. mie enci PTs | Ne d. m. la vostre foi N | vo foi ACPT.

29. = CDFGJMNOTW *ed.* | Al conte Beg. A ne le (au A) conte G. ACP.

30. = ACDFGJOB *ed.* | *fehlt* EMP | Alez a iaus (lui) ne lor (li) devez fallir NT | *folgen* NT: Si lor (li) aidiez leur droit a soustenir (sa terre a maintenir) *und* N: Ne les lessiés de rien nulle asservir.

    Grans fu la joie dedens Mès la cité,

    Tout li bourgois se ceurent acesmer

54 Et la bancloque de la ville sonner,

    Et li communs s'est tost courus armer.

    Encontre vont mescin et baceler,

57 Si les encontrent molt près de la cité.

    Garins et Begues les ont molt merchïés,

    Li enfant sont en la cité entré.

60 Behourdant vont li legier baceler,

    Chascuns se paine des contes hounerer.

    Endementiers „qu'il orent sejourné

63 Grans. XV. jours en la boune cité,

    Li rois Pepins nes a pas oublïés,

    Ains a ses houmes par ses marces mandé,

66 Quant qu'il em pot (et) soumonre et asembler,

    Ses envoia a Miès la fort cité.

    Ore escoutés que fist li dus Hardrés,

69 Peres Froimont que vous oï avés!

Varianten R: 55. se corust tost. — 60. cil. — 62. que il ont. — 65. et semons et mandez *cf.* 66. — 66. en p. s. — 69. dont.

Et *cil* respondent: „Volentiers non envis,
Nos en prendron consel a nos amis."

33 Quant li communs a la parole oï,

Trestuit se tienent al Loherenc Garin.

31. = 𝔄𝔇ℭ𝔉𝔊𝔍𝔑𝔓𝔗 *ed.* | *fehlt* 𝔐 Et il 𝔅ℭ𝔇 ont dit 𝔚.
32—38 *weichen ab* 1) *in* 𝔑 50b 9—18*). 2) *in* 𝔒 5a
28—b5 = ℭ 4b 19—37 = 𝔑 50b 19—39 = t 37—54 =
a 2 d 7—14**).
32. = ℭ𝔇𝔈𝔉𝔊𝔍𝔐𝔒𝔓𝔗𝔚 *ed.* | Si en 𝔄.
33. = ℭ𝔇𝔈𝔉𝔍𝔐𝔒𝔓𝔗𝔚 *ed.* | ont la ℭ cele 𝔄.
34. = 𝔇𝔈𝔉𝔊𝔍𝔐𝔓𝔗𝔚 *ed.* | Trestot 𝔄𝔅ℭ | se tinrent 𝔄𝔗
se randent ℭ s'en viennent 𝔇 | *folgt* 𝔉: Le Loherenc firent la
porte ovrir.

---

*) 𝔑: Ferons biaus sire trestot le lor plaisir; Mais molt nos a
grevé [rois] Anseys. Ne fust la trive que nos i avons pris, Mors nos
eüst et destruit le païs". Et dist Hardrez: „Je le cuis bien ainsi, Au
roi irai et je et Alori". Adonc monterent, si sont au chemin mis,
Dusqu'a Coloigne ne prirent onques fin. Le roi troverrent entre les
siens noris, Si le saltient de dieu de paradis.

**) 𝔒: Premiers parla Hardrés c'on ot tramis:
„Li rois Pepins sire m'envoie ci,
3 Que de son fief estes a tort saisis.
Par moi vos mande, et je bien le vos di:
Sa terre delivrés | et son païs!"
6 „J'en prenderai consel", dist Anseïs.
„Vos ferés bien", li quens Hardrés a dit,
„Car bien sachiés: bien porroit estre pis".
9 Anseïs fait sa gent a lui venir,
„Consilliés moi, franc chevalier"! dist il.

Varianten ℭ𝔑ta: 1—3 *fehlen* a. — 1. Parla premiers ℭ H. au
poil flori ℭ𝔑 *cf.* +Z. 4 𝔗 *zu* 36; P. p. H. cui on i ot t. t | *folgt* 𝔑:
Sire dist [il]: „Entendez envers mi (*vgl. Text* 26). — 2. Nostre empereres
fait il m'e. ℭ L'emperere de France s. m'e. t Ici m'envoie li riches
rois Pepins 𝔑. — 3. Des fiés le roy ℭ Del fief l'empereor t Que a grant
tort a[s] son fié envaï 𝔑. — 4. ke vous veés ychi ℭ Il vous mande
par moi, par verté le vos di t manda par Hardrés au roy Anseys a 2d
7—8 *fehlt* 𝔑. — 5. Que li rendés sa terre ℭ Que tost li delivrés sa
terre t Fetes li droit si l'en lessiez joïr 𝔑 que il luy rendist son frere
(*st.* sa terre) a 2d 8—9. — 6.—11. *f.* a. — 6. J'en parlerai sire d. A. ℭ𝔑
J'en p. c. dist li rois A. t. — 7. bien sire H. ℭ𝔑. Sire, vous ferés bien q. H. t.
— 8. s. qu'en p. ℭ s. de voir, qu'il p. t C. s. b., c'il pooit e. ainsi 𝔑 *folgt* 𝔑:
Maus en poroit molt tres granz avenir. — 9. = ℭ fit 𝔑 par devant L.
v. t. — 10. signor baron dist (fait) il 𝔑ℭ. Segnor conselliés moi, f. ch.
gentil t.

A grant mervelle fist li dus que gentis:

36 Quant il ot prise la maisnie Anseïs,

35. = 𝔄𝔠𝔉𝔊𝔍𝔒𝔚 *ed.* | A mervoilles 𝔇 | fist li rois 𝔇𝔈𝔐𝔓𝔗.

36. = 𝔠𝔒𝔓 | *fehlt* 𝔈𝔊𝔗 | Que il 𝔇 Com il 𝔍𝔚 | a 𝔇𝔉𝔚 *ed.* | pris 𝔄𝔉𝔍𝔐𝔚 *ed.* | *folgen* 𝔅: Ne lor toli vaillant .I. paresis; 𝔄: Il les mist fors c'onques mal ne lor fist; 𝔇: Quite les claime s'en vont en lor païs; 𝔉 *ed.*: Trestoz les fet de novel revestir, 8es en (Et les) envoie arriere en lor païs. Grant joie en fet li forz rois Anseïs; 𝔗 190 c 1—11: Il les a tous adoubés et vestis [2]Et lor douna et argent et or fin, [3]Chevaus et armes trestout a leur devis [4]Par le conseil Hardré au poil flori (*cf. Ersatzzeile*

„Jou tieng a tor[t] le roiaulne Pepin,

12 Si nel puis pas contre lui garantir.

[Qu'en loёz vos, franc chevalier gentil?]"

Respondent cil: „Nos loons: rendés li!

15 Dont s'iert en pais *la* terre et *li* païs".

A icès mos ont fait Garin venir,

Rent li sa terre et quanqu'il doit tenir.

18 Ne sejornerent gaires, ains sont partit,

Congiet prendent, s'en vont en lor païs.

11. Bien sai ke (je) tieng a t. le fief P. 𝔖𝔑 Jo sai que t. a. t. la terre al roi P. t. — 12. Et si nel puis 𝔖 Et si ne le p. mie t Et nel porrai c. l. detenir 𝔑 Et le roy Anseïs voians, que il n'avoit caё (?) de le detenir a 2d 9—11. — 13. = 𝔑𝔖 | *fehlt* 𝔇 a | Que me loés, baron, par le cors saint Martin t. — 14.—16. *f. a.* — 14. Rendez li sire por amor dieu font il (p. dieu ki ne menti) 𝔑𝔖 Se li rendés, font il, frans chevaliers gentis t. — 15. Si iert an (a) p. 𝔑𝔖. Por tant si iert a p. t vo t. et vos p. 𝔇. — 16. A ces paroles 𝔑𝔖 A iceste parolle t. — 17. Si li rendi quank'il y dut t. (et li quita iqui) 𝔖𝔑 lui rendit Mes a 2d 11 *fehlt* t. — 18. Quant cou ot (orent) fait ne demoura enki (si se sont departi) 𝔖𝔑 Ne s. g. ains se tornent d'iqui t. — 19. Ancois s'en va arier en son p. 𝔖 Si s'en revont arriere, ce m'est vis, Tout droit a Mes celle mirable cit 𝔑 Cascuns a pris congié si vai[t] en son p. t [Die Varianten ergeben, dass 𝔑 hier aus einer 𝔖 sehr ähnlichen, aber doch auch hier und da mit 𝔇 (vgl. 2,10) oder der Vorlage von t (vgl. 14) übereinstimmenden Hs. geschöpft hat. Aus 12 und 15 scheint hervorzugehen, dass die gemeinsame Quelle von 𝔑𝔖t hier und da einen besseren Text als 𝔇 bot. t steht 𝔖 sehr nahe, hat aber, wie 14 ergibt, nicht 𝔖 selbst benutzt. Überdies hat es offenbar 2 Vorlagen verwertet: eine, welche 𝔖, und eine zweite, welche 𝔇 sehr nahe stand. Durch Kombinierung der beiden Lesarten erhielt t so oft ohne weiteres die gewünschten Zwölf-Silbler. Vgl. 5, 7, 10, 16. a *bietet Anklänge an* 𝔖 (5) *und* 𝔑 (12) *und fügt abschliessend hinzu:* et [12]le roy [Pepin] la bailla a lierens Garin [13]et en fut son homme comme davant [14]et atant s'en retorna.]

La feauté a li Loherens pris
De tos les homes qui sont de son païs.

ℜ 1 *zu* 32—38) [5]Qui fu li peres Fromont le posteïs. [6]Or entendés, pour dieu de paradis! [7]A Mès estoit li Loherens Garins [8]Il et quens Begues dou chastel de Belin, [9]La ville font et la cité garnir, [10]Maitent maieur par trestout le païs, [11]Les eschevins ont il avoec assis; *Vgl.* b 91 b 12 ff.: il saisy les officiers du [13]roy Ansseïs ausquels il ne fist nul grief (*cf.* + Z. *in* A) ne ne souffry [14]faire en nulle maniere; car il leur donna congié bien [15]amiablement et les renvoia sans riens perdre du leur [16]devers leur seigneur, dont il acquist depuis la grace [17]du roy Ansseïs (*cf.* + Z. *in* F).

    87. = CDEFGIPW *ed.* | Sa fiance a M Ses heritez D | La f. de tous les homes pris T, Et de ses homes a les fiances p. A.

    38. = CDFIW *ed.* | *fehlt* D | De t. ces h. q. s. en CGMP. Des hauz barons q. s. par le p. A | *ersetzt durch* T 190c. 13—16: Dedens le terme, signour, que je vos di Vinrent les os l'empereour Pepin. Es .I. mesage qui dedens Mès s'en vint, Si le conta au Loherent Garin. *folgen* T 190c 17—d 29 = ℜ 50b 40—c 47.*)

---

   *)   Grant joie en font par trestout le païs
          De tel secours que li rois a tramis.
  3 Garins a fait bien la ville garnir,
          Soldoïiers mande des estranges païs
          Pour demorer en la mirable cit.
  6 En France voelt aler au roi Pepin,
          Il est armés et Begues autresi,
          Commandée a la ville a ses amis.
  9 El repairier se sont en France mis,
          Et la grans os qui venoit de Paris.
          De lor journees ne sai conte tenir,
 12 Droit a Loon vinrent .I. samedi,   ℜ 50 c
          Ens en la ville furent li ostel pris
          Et ens ou val pardesous autresi.
 15 La nuit i gurent, si s'en vont au matin,
          Dusqu'a Paris ne prisent onques fin.
          Grant joie en fait l'empereres Pepins,
 18 Molt les houneure et molt les conjoï.

   Varianten ℜ: 1. trestuit cil du p. | *folgt*: De ce qu'ont pais vers le roi Anseys — 2. Et del s. le riche roi Pepin — 4. par estrange — 6. raler le roi servir — 9. vers France se sont m. — 10. Et les g. o. q. vinrent — 13. Parmi.

Li dus Garins, quens Begues de Belin
Li ont rendu plus de v. c. mercis.
21 Li rois les ainme, a grant chierté les tint,
Ausi font tout li baron du païs.
Hardrés les ainme et bel samblant lor fist;
24 Mais traïtour sont plain de mal avis.

Grans fu la joie a Paris la cité,
Li rois a molt les enfans hounourés,
27 A Begon a le Valdoine douné,
Dedens Bourdiaus grant part de l'herité,
Et de Belin fist le chastel fremer,
30 Si en douna Begon le duceé.   𝔗 190 d.
Molt en pesa al traïtour Hardré,
Errant l'en a par ranprosne apellé,
33 „Sire“, dist il, „bien m'avés oublié
Qui tant vos ai servi en loiauté,
Qui bien vos fait, sel tenés en vieuté.“
36 Et dist li rois: „Amis, or m'entendés!
O moi avés molt lonc tans demoré,
Douné vos ai le vin et le claré,
39 S'avés dou mien tout a vo volenté.
Chist sont estrange et d'autre terre né,
Hervis lor peres servi le mien a gré.
42 Moi fourjugierent trestout li .XII. per;
Ja la couronne n'eüsse jour porté,
Ne fust Hervis li gentis et li bers.
45 Par vo conseil et par vo parenté
Li failli jou, c'o lui ne voc aler
A toute m'ost a Miès la fort cité.
48 Or voel l'amende as .II. enfans moustrer.
S'il eschiet terre par dedens mon regné,
D'ore en avant je voel que le prendés.“
51 Hardrés se taist, que n'a .I. mot souné
Dusqu'a .I. jour que vous m'orés conter.

Molt font grant joie tout contreval Paris,
54 Les enfans a li rois molt conjoïs.
Quant li rois va en sa chambre jesir,
Begues li quens le sert devant son lit.
57 Grans .XV. jours ont sejourné ensi,
C'onques entr'iaus n'ot noise ne estrit.

21. en g. — 22. Et ausi font li — 29. a le ch. fremé. — 31. le
t. H. — 37. sejorné. — 41. ot le mien molt amé. — 48. a ses II filz.
— 49. m'ireté. — 50. bien v. q. la p. — 51. qui. — 57. demoré,

10d.　39 Huimais commencent noveles a venir,

　　　　　Que li paien qui s'en furent fuï

　　　　　Del siege a Troies, quant furent desconfi,

　　42 A molt grant gent sont arrier resorti.

　　·　Prise ont Auvergne et destruit Caorsin,

　　　　　En Moriane se sont li gloton mis,

　　45 Brisent chapeles, mostiers et crucefis,

39—60 *ersetzt durch* 𝔗 190d 30—2 = 𝔑 50c 48—50 (*ohne Varianten*)*).

39—42 *ersetzt durch* 𝔇 5b 6—9 = 𝔖 4b 38—41 = t 55—58 **).

39 = 𝔄𝔉𝔍𝔐𝔚 | commence 𝔆𝔇𝔈𝔇𝔓 | mervelles 𝔄𝔆𝔇𝔈 𝔉𝔊𝔍𝔐𝔚 *ed.* la (grant) merveille 𝔇𝔓 | a oïr 𝔊𝔓 *fehlt* a.

40—42 *fehlen* 𝔆𝔊 a, *ersetzt durch* 𝔄: Des sarracins que dex puist maleïr; 𝔇𝔉𝔚 *ed.*: Li rois de France est venus a Paris 𝔇𝔉𝔚: Huimès porroiz (porrons 𝔚) des .IIII. rois oïr; *ed.*: Li quatre roi sunt en Provence mis; 𝔍: Et grans batailles et molt tres grans hustins Des .IIII. rois, si com porrez oïr; 𝔇: Et la chancons onques nul tel n'oï. Or vos dirai des cuiverz sarrazins; 𝔈𝔐𝔓: Li Hongre sont dedens Provance mis.

43. = 𝔄𝔆𝔇𝔚 *ed.* | *fehlt* 𝔇 | Qu'ont pris 𝔉 | et trestot 𝔐𝔓 | le païs 𝔆𝔍𝔐𝔓 | trestot le C. 𝔊 | Qui (Toute 𝔖 Il t) li gastent sa terre et (sa t. son regne et t) son païs 𝔇𝔖t | *folgen* 𝔊: Li sarrassin li gloton de put lin Ont le païs tot environ porpris.

44—47 *fehlen* 𝔇𝔖t.

44. = 𝔆𝔇𝔈𝔉𝔊𝔍𝔐𝔒𝔓𝔚 *ed.* | li Hongre 𝔄.

45 = 𝔓 | *fehlt* 𝔊 | Brisent mostiers 𝔉 *ed.* | autés et c. 𝔐 destruient c. 𝔄𝔆𝔇𝔈𝔉𝔍𝔚 *ed.* abatent c. 𝔇 | *folgt* 𝔈: Ardent auteis et maint sautier ausi.

---

　*) 59 Quant .II. mesages sont en la ville mis,

　　　　　De Moriane venoient, che m'est vis;

　　62 Car envoiiet les i ot rois Thieris.

　**)　Lairons du roi qui France dut tenir

　　　　　Et si dirons du riche roi Thierri

　　3 Qui Moriene et Valparfonde tint

　　　　　Li .IIII. roi se sunt ensamble mis.

Varianten 𝔖 t: 1. Chi vous lairons .I. poi del roy Pepin 𝔖 Or lairomes del r. q. F. dut t. t. — 2. Si vous dirons 𝔖 Et dirons annit mais t — 3. M. ot et V. ausi 𝔖 Cel qui tint M. et V. aussi t — 4. r. sont en sa terre m. 𝔖 r. felon se s. e. m. t.

Ens es mostiers font les cevaus gesir,
A Valparfonde nos ont Tieri asis.
48 Mais li bons rois en a bon consel pris,
En douce France en a al roi tramis.
Joifrois i va, cil qui fu niés Gaudin,
51 Passe Lions, s'est venus a Clugni
Et demanda noveles de Pepin.

(l 74.)

𝕸 11d.

𝕭 4a.

46. = 𝕬𝕲 | Et 𝕰𝕸 ains m. 𝕰𝕻 E. o mostier 𝕯 En ces chapeles 𝕱 *ed.* | f. lor ch. 𝕮𝕯𝕱𝕵𝕸𝕺𝖂 | *folgen* 𝕬: O damedeus deïst estre servis Et les prevoires escorchent il toz vis; 𝕸: Dex les confonde qui en la crois fu mis.

47. = 𝕮𝕮𝕱𝕵𝕸𝕺𝕻 *ed.* | En 𝕬𝕯𝕲𝖂 | Moriane 𝖂.

48. = 𝕬𝕮𝕲𝕵𝖂 | li preuz r. 𝕱 en *fehlt* 𝕰𝕸𝕻 *ed.* avoit c. 𝕯 a un c. 𝕯 | a molt b. 𝕰𝕻 *ed.* | Li rois a pris consel (Il prent consel 𝕾), com puist (comment pora 𝕾t) garir 𝕼𝕾t 60.

49. = 𝕬𝕮𝕮𝕲𝕵𝕸𝕻 *ed.* | en a un mes t. 𝕱 avoit li rois t. 𝕯 | Ses messagiers (messages t) 𝕼𝕾t envoie (e. en France t) au roi Pepin 𝕼𝕼t en envoie (envoia) a Pepin 𝖂𝕾 | Vgl. a 2d 15—9: Or dit li contez, [16]que tout après le [17]duc Terris duc de Moriene et [18]de Valparfunda envoia un messagier au roy Pepin. | *folgen* 𝕼: Qu'il le secoure por diu et por merci Por crestiiens qu'il a a maintenir. Ses messagiers apele et a ellis; t 62—4: Qu'il li viegne secorre par Deu et par merci Et por crestienté que il doit maintenir. Ses messages atorne et si les a eslis.

50. = 𝕬𝕮𝕯𝕱𝕵𝕺𝖂 *ed.* | qui fu freres 𝕰𝕸𝕻 cil qui fu fils 𝕾 (cf. 62 𝕾) Joyfroy le fieulx Gaudin Gauter et le conte Hardoin a 2d 19—20; Joffroy Gautier et conte Bauduin 𝕾; Joifroit et Berengier | et (et li cuens) Harduin 𝕼t | *folgen* 𝕯: Ensemble o lui .II. chevaliers de pris Isneilement sont a la voie mis Ja de lor giste ne quier conte tenir; 𝕬: Parenz estoit al Loheren Garin De par sa mere la cortoise Aelis; 𝕼𝕾t 66: De Valparfonde se sunt en France (De V. vers F. se sont t) mis.

51. = 𝕬𝕮𝕱𝕵 Passai 𝕰𝕸𝕻 *ed.* Passent 𝕯 Ainc ne finerent 𝕼𝕾 Onques ne trestornerent t 67 si vindrent a 𝕼𝕼𝕾t Cligni 𝕭𝕰𝖂 P. Loon s'est venuz a Laigni 𝕯 P. Leon venus est a Legni 𝕾 P. Cligni en Louon ce vertit 𝕻.

52. = 𝕮𝕯𝕰𝕱𝕲𝕵𝕸𝕻 La 𝕼t *ed.* Iluec 𝕬𝕾 demande 𝕬 Et demanderent 𝕯 demandent 𝕼𝕾t du riche roi P. 𝕼 nov. de nostre roi P. t 68.

On li ensegne: en la cit *de* Paris.

54 Et il i va a force et a estrif;

Com il i vint, s'en fu alés Pepins

A Monloon por faire son delit.

57 Cil s'en depart corecos et maris,

Tant l'a cerkié, que il l'a consuï.

Il herberga ciés son oste Henri;

60 Ains que mangaist li riches rois Pepins,

Par devant lui el palais s'est cil mis.

(I 75) 𝕬 11c.

53 = 𝕰𝕸𝕻 *ed.* L'en 𝕬𝕮𝕱𝕲𝕵𝕺 lor 𝕺𝕹𝕾 a la 𝕬𝕮𝕲𝕺 qu'il est droit a P. 𝕯 cit a P. 𝕭𝕮. a Langres la fort cit (pres d'enqui) 𝕾𝕷 A Lengres lor enseignent qui n'est pas loing d'iqui † 69.

54. = 𝕬𝕯𝕰𝕱𝕲𝕵𝕸𝕻 *ed.* i vont 𝕮 s'entornent 𝕺 volentiers non anvis 𝕾 *folgt* 𝕬𝕮: Soi quart estoit de chevaliers de pris 𝕺: Par lor jornees sont venu a Paris.

55—60 *ersetzt durch* 𝕺𝕾 †70—72.*)

55. = 𝕵 Cant 𝕬𝕯𝕰𝕱𝕸𝕺𝕻 *ed.* | il vint la 𝕱 | i vindrent 𝕮𝕺 i fu 𝕬𝕯 i furent 𝕾 | alés en fu 𝕰𝕸𝕻 *ed.* s'en fu partis 𝕬.

56 *nach* 57 𝕬.

56. = 𝕮𝕯𝕰𝕱𝕵𝕸𝕺𝕻 *ed.* A Meleun 𝕾 en la nobile cit 𝕬.

57. Et il après 𝕯𝕱𝕲 Et il en 𝕰𝕵𝕸𝕻 *ed.* | fu 𝕸𝕻 *ed.* furent 𝕰𝕵 C. s'en partirent 𝕬𝕮𝕺 correciez 𝕯𝕰𝕸𝕻 *ed.* correcié et marri 𝕬𝕮𝕲𝕵.

58. T. le 𝕬𝕮𝕱𝕲𝕵𝕺 sivirent la (porsivent qu'il 𝕬) l'ont aconsuï 𝕬𝕮𝕺 | cercha 𝕱 cerchierent 𝕾 chacierent 𝕵 | T. chevauchierent 𝕰𝕸 chevauchai 𝕻 *ed.* | T. l'ont c. 𝕯 | qu'il le trovent (trova 𝕱 *ed.*) iqui 𝕯𝕰𝕱𝕸 *ed.* que il le trueve enqui 𝕻 qu'il l'ont trouvé anqui 𝕾𝕵.

59. descendi 𝕱 descendirent 𝕬𝕮𝕯𝕰𝕲𝕵𝕸𝕺𝕻 *ed.* chiez lor o. 𝕬𝕮𝕯𝕰𝕲𝕵𝕸𝕻 *ed.* chiés un borgois 𝕺 Landri 𝕯𝕰𝕱𝕲𝕵𝕸𝕻 *ed.*

60. = 𝕮𝕯𝕰𝕲𝕵𝕸𝕺𝕻 *ed.* | l(i)'enperere P. 𝕬 Ains qu'il menjast s'en est el palès mis 𝕱.

61. *bricht* 𝕯 *ab* — *fehlt* 𝕱 Ens el palais devant lui 𝕾 se sont

---

*)   Ou il tient cort ainc plus riche ne vi.

        Beges i est et ses freres Garins,

        Hardrés, Fromons, Guillaumes de Monclin.

Varianten 𝕾t: 1. La t. sa c. a. hons si grant 𝕾 Et li rois tint sa c. [ainc] si r. ne vit t. — 2. = 𝕾 Que ja i fu dus B. t. — 3. Et H. et F. ‡ G. le marcis 𝕾 t.

m. 𝕬𝕮𝕰𝕲𝕵𝕸𝕺𝕻 *ed.* Vienent li mes (Venu sont li message) devant le roi Pepin ℮t 73, Es les mesaiges ki vinrent a Pepin 𝕾 Dusqu'au palais ne sont mie alenti 𝕹 50 c 51 𝕿 190 d 33.

Text v*) 72a zu vorstehender Stelle:

[1] Vng peu de tamps après, le roy estant a Monlaon (𝕬𝕺) a son plaisir et seiour, [2] cy appellait son senechault Begon et auec luy le jantilz Guerin son frere (𝕹 +), [3] „Mes anffans“, ce dit le roy (𝕭) „le voullés vous tousiour ainsy faire? Je n'entans point vostre fait,]5] Que aincy aués mis vostre terre en oblis [6] laquelle vous thient (𝕬) a tort et sans cause Anceïs, roy de Collongne. [7] Or estes vous senechault de France et powés pranre de mes gens a vostre plaisir et voulluntés (𝕬 +). [8] Pource mandez mez homme et tous ceulx quj thiengne de moy terre ou seigneurie, [9] et allés (𝕹) reconquester Mets laquelle jaidit thint vostre perre!“ [10] „Sire, por dieu“ ait respondu le conte Herdré [v 72b] „moult aués honnourablement parlés, [11] et vng telle roy doit on seruir et obeïr del cuer anthier.“ [12] „Or ce parte“ ce dit Herdré „les anffans, quant il weulle; car mon corps meisme y veult ailler. [13] Et auec moy tout mes anffans [14] et mon lignaige (𝕵𝕹), Et lour ayderés (!) a reconquester Mets et toutte la terre“. Aucy de ce les ait remerciet Begon (𝕬). [15] Alors ait semouns le roy par toute sa terre et son païs et fist de tout pairt assambler grant gent. [16] Et quant tout fut assamblés, ce partirent de Monlaon (14 𝕺) par vng lundi (𝕵) en maye, que le tampts estoit biaulx et serains et estoient lez prez verdoiant, lez roisignollet chantoie par ces buissons pour le doulx tampts, les yawee estoient retiree en leur canalle et estoit pleisir que d'estre a champs. Adonques ce prindrent a mairchier lez anffanz a duc Heruy et les airmee pairellement et tant ont cheuaulchiés, que a Chaillon sont ariués [17] et puis dela droit a Verdun, [18] ne jamais ne laichirent le trecaisser jusques il vindrent tout deuent Mets. [19] La cité ont assegiés de tout coustés [20] de quoy ceulx de la ville et du païs furent grandement esmerueilliet. [21] Or escoustés que fist le conte Herdré! [22] Il ait mandés tout les bouriois et gouuerneur de la cité et leur fit dire, [23] que tout seurement et en saubconduict viengne a luy parler. [24] Et il cy firent, jncontinent qu'il oyrent le messagier et ce vinrent pre-

---

*) Textproben aus v finden sich: Ausg. u. Abh. III S. XVIII f., 129 f., 145; XXXI S. 41 ff. Die Textstellen in der Dissertation: „Philipp de Vigneulle's Bearbeitung des Hervis de Mes“ v. O. Böckel, Marburg 1883, sind leider durch Druckfehler oft bis zur Unverständlichkeit entstellt. Ich habe 1890 die Hs. in Marburg mit Musse studieren können.

santer en tout humilité deuent le conte. [25] Lors qu'il les vit,
fut bien joieulx et ait dit: [26] „Franc cheualier“, dit il „or
escoutés cy mon parler! [27] Jay scaués, que fustes homme a
noble duc Heruy, [28] parquoy ne deués pas mantir vous foy
[29] en l'encontre de Baigue ne de Guerin cez deux anffans et
n'aués aiourduj aultre seigneur. [30] Pource, mes amis, randés
la terre a deux anffans laquelle leur aparthient de droit! Et en
ce faisant vous ayrés paix et vous moustrerés estre leaul.“ [33]
Lez gouuerneur et regenteur de la cité auec les bouriois estant
illec a brief parrolle, [34] furent comptans et dirent: „Sire, nous
leur randons et voullons estre leur homme et viure et morir auec
eulx.“ Et firent jncontinant owrir les pourte (F), et antrairent
les deux anffans dedens auec leur gens en grant honneur. [35]
Mais il firent illec grant cortoisie [36] au homme du roy Anceïs,
qu'il ne les ont prins ne retenus, ains les en laisserent ailler
leur vie et bai[gai]g(u)e salue. [37] Adoncque print le Lourain
Guerin feaulté [38] de ceulx de Mets, et luy firent foy et homaige
tant ceulx de la ville comme du païs. Et fut fait aleur duc de
Mets le dit Guerin et fut plussieurs jour en la cité luy et cez
gens, en mestant pollice et ordre tant a la ville comme dehors
a plain païs, puis sont retournés tretous en France deuers le
roy qui pour leur estoit dedens Paris (38 MX +). — En celluy
tamps a païs de Morienne y auoit vng roy nommés Thierry lequelle fut assegiés en sa cité de Vaulxparfonde de quaitre roy
paiens auec grant et jnfinie puissance [42] et ont tant pourquis
d'amis, [43] qu'il ont prins tout le païs d'Auerne et Cachorsin,
[44] puis partie d'eulx antrerent en Normandie auquelle lieu firent
dez maulx sans compte et cen messure; [46] car des moustier
font estable au cheuaulx [45] et desbrise chaipelle et crucifis
et mectoie a mort homme et femme cen espargnier grant ne petit.
[48] Le roy Thierry de Morienne voiant les jnhumains maulx que
ces mauldis chiens sarrasins faisoie contre lesquelle ne powoit
resister; jl print conseil a ces plus priués amis [49] d'enuoier
demender ayde et secourt a roy Pepin. [50] Et aprez plussieur
langaige y enuoiait Joffroy qui fut filz a Gadin lequelle jncontin-
nant ce mist en voye [51] et tirait droit a Lion, puis c'en est
venus a Dugny (!). [52] Illec ait demendez nowelle du roy,
[53] et on luy dit, qu'il estoit a Paris. [54]. Cy cheuaulchait
tant le dit Joffroy par ces journee, que a Paris est arriués, [55]
mais a l'eur qu'il y vint luy fut dit, que le roy estoit partis le
jour, deuent [56] et c'en estoit aillés a Monlaon pour son plaisir
[57] de quoy le dit Joffroy en olt le cuer marris et dollans.
[58] Touteffois l'ait tant sairchiez, qu'il le trowait a Monlaon ou
il estoit. [59] Lors ait dessandus et ce lougeait chiez son hoste

Landry [60] et tout jncontinant ce partit du lieu et c'en aillait en court pour parler a roy Pepin. Il montait hault lez degré et le trowait illec ce deuisant entre cez gentilz homme.

Nachschrift.

Vorstehende Textprobe von 61 Zeilen soll zeigen, welch gewaltigen Umfang eine das gesamte Variantenmaterial wiedergebende Ausgabe des zirka 30 000 Zeilen zählenden eigentlichen Lothringer-Liedes haben würde. Ich werde daher wohl zunächst auf eine Wiedergabe der Nebentexte verzichten und die Prosaauflösungen unberücksichtigt lassen müssen. Die Varianten vom Texte zu trennen, etwa wie Martin im Roman de Renart kann ich mich noch nicht entschliessen. Ob im Haupttext noch grössere Abweichungen von 𝔅 ratsam sein werden, lässt sich natürlich erst später entscheiden. Im grossen und ganzen werden aber nur dann Änderungen vorzunehmen sein, wenn Sprache oder Sinn oder die erdrückende Mehrheit der Hss. es gebieterisch verlangen.

Für freundliche Ratschläge namentlich mit Hinblick auf etwa wünschenswerte Änderungen in der Gruppierung des Variantenapparates wäre ich sehr dankbar, doch möchte ich bitten, sie bald an mich gelangen zu lassen, da ich in Kürze an die Bearbeitung des bereits nahezu vollständig gesammelten Handschriftenmaterials zu gehen beabsichtige, dann aber Umänderungen nicht mehr vorgenommen werden können.

E. Stengel.

Miszellen.

Le théâtre d'Alexandre Hardy.
Corrections à la réimpression Stengel et au texte original.

Il y a déjà six ans qu'ont paru les derniers volumes du *Théâtre d'Alexandre Hardy* réimprimé par M. Stengel,[1]) et nous serions évidemment bien en retard si nous nous proposions de rendre compte aujourd'hui de cette utile et méritoire publication. Mais tout autre est notre dessein. Au cours d'un long travail sur la vie, les œuvres, la langue de Hardy, si nous avons eu constamment sous les yeux les éditions originales de ce dramaturge, nous n'avons pas laissé de consulter aussi les volumes donnés par M. Stengel: le numérotage des vers, qui n'existe pas dans le texte primitif et que M. Stengel a ajouté, suffit en effet à les rendre plus commodes pour le travailleur. Ainsi, nous avons pu constater quels soins avaient été prodigués à cette délicate et fatigante reproduction d'un texte difficile; et, en même temps, nous avons noté des fautes, — car il ne se pouvait guère, en un pareil travail, que des fautes assez nombreuses n'echappassent pas à l'éditeur comme aux imprimeurs. N'était-ce pas faire œuvre utile, l'édition Stengel étant maintenant très répandue et les exemplaires originaux de Hardy étant rares, que de signaler les erreurs par lesquelles l'édition Stengel est déparée? N'était-il pas bon aussi, même pour ceux qui ont la bonne fortune de pouvoir consulter les originaux, de corriger le plus grand nombre des *coquilles*, des fautes de lecture, des absurdités qui rendent souvent inintelligible le texte, déjà si malaisé à entendre, de Hardy?

Nous lisons dans la Préface de M. Stengel: „Mit Ausnahme der hinzugefügten Zeilenzählung der einzelnen Stücke und der *s*, an Stelle der ursprünglichen ʃ, ist alles bis zu den offenbaren Fehlern der alten Drucke getreu reproduziert. Wo Korrekturen vorgenommen sind, sind dieselben durch [ ] oder ( ) kenntlich gemacht." C'est là le seul point sur lequel nous aurions envie de chicaner le savant et consciencieux éditeur. Pourquoi reproduire jusqu'aux fautes mêmes du texte de Hardy? Ce texte est-il si précieux? Et croit-on Hardy si agréable à lire qu'on puisse impunément soumettre à d'inutiles épreuves les curieux qui en entreprennent la lecture? M. Stengel s'adressait surtout à des étudiants: il devait donc épurer, éclaircir le texte autant que faire se pouvait —

---

1) *Le Théâtre d'Alexandre Hardy. Erster Neudruck der Dramen von Pierre Corneille's unmittelbarem Vorläufer nach den Exemplaren der Dresdener und der Wolfenbütteler Bibliothek* von E. Stengel. Marburg, Elwert et Paris, Le Soudier; 1883-84; 5 vol. in-12

et cela, il est vrai, n'était point facile —, sauf à mettre en note les leçons incorrectes qu'il rejetait.[1]) M. Stengel, d'ailleurs, n'a pas osé aller jusqu'au bout de son principe, et il a assez souvent hasardé des conjectures, comme il a mis quelques points d'interrogation ou d'exclamation à côté de leçons inadmissibles. Mais dois-je dire toute ma pensée? Ces conjectures, comme ces avertissements au lecteur, sont encore trop rares; en corrigeant des erreurs facilement visibles *(des[es]perez* au lieu de *desperez, cra[i]ntif* au lieu de *crantif),* elles peuvent inspirer à l'étudiant une fausse sécurité et l'empêcher de remarquer des fautes autrement importantes; enfin les signes [ ] et ( ) ne suffisent pas partout à faire nettement distinguer les conjectures du texte primitif, et en maints endroits des corrections ont été faites sans que le lecteur en soit prévenu ni dans le texte ni dans l'introduction *(Alceste,* 579, *la palais* etc. etc.).

Nous abuserions singulièrement de l'hospitalité de cette Revue, si nous énumérions toutes les corrections qui peuvent être apportées à l'édition nouvelle et surtout au texte original. Nous ne signalerons ici que les principales, après avoir engagé le lecteur à consulter l'*errata* qui suit la préface de M. Stengel et par lequel l'édition se trouve singulièrement améliorée. Nous supposerons connu cet *errata*.

Tome I.

M. Stengel a reproduit le texte de la 2e édition (1626), qu'il déclare préférable à celui de la 1ère (1624). Nous avons discuté ailleurs cette assertion (voy. notre ouvrage, *Alexandre Hardy et le théâtre français à la fin du XVIe et au commencement du XVIIe siècle,* p. 68, n. 2).

L'édition de Francfort (1625) est jusqu'ici restée inconnue de tous ceux qui ont étudié Hardy; aussi croyons-nous intéressant de noter les corrections qui s'y trouvent.

Corrections au texte de M. Stengel.

Didon. v. 222, „ma constance". 239, „Soit". 533, il n'y avait pas lieu de mettre un point d'exclamation après „ne t'informe"; „ne t'in-

---

[1]) Pour la ponctuation, elle était à changer toute entière. On lit dans *Elmire*, v. 673:

O l'heureuse nouuelle! ô quel dous refrigere!
Le Ciel pour alleger mes douleurs vous suggere.

Quel sens bizarre va-t-on donner au verbe *suggérer,* si l'on maintient ce |texte? En réalité, il faut supprimer le point d'exclamation à la fin du premier vers et l'ajouter à la fin du second.

Dans *Mariamne,* v. 1067, Hérode vient d'accuser Mariamne de s'être livrée à Soème; celle-ci, outrée de l'accusation, répond d'après le texte:

Qui se pourroit du bien qu'on a fait repentir?
Ce naufrage d'honneur ie deuois consentir.

Cela a-t-il un sens? Il faut évidemment remplacer le point d'interrogation par une virgule; alors *qui = si l'on,* emploi fréquent au XVIe siècle, et le deuxième vers commence par une sorte d'ellipse, l'ellipse étant, hélas! trop ordinaire dans le style de Hardy. Mariamne dit: „Si l'on pouvait se repentir d'avoir bien fait, je dirais que jaurais dû consentir à ce naufrage d'honneur."

Nous avons pris ces exemples au hasard; mais le nombre des passages qui sout ainsi inintelligibles, si l'on n'en change la ponctuation, est incalculable. Dans ce qui suit, nous laisserons complètement de côté les fautes de ponctuation, et, sauf en quelques endroits, où une discussion sera nécessaire, nous ponctuerons à notre guise les textes cités.

forme d'un secret" signifie: ne t'interroge pas sur un secret, ne cherche pas à le pénétrer; cf. *Ariadne*, 393, "Ores elle viendra m'informer du corsage, Tantost quels sont ses yeux". 536, „le trauaille". 594, „au moindre petit bruit Qu'apres . . .". 1351, „Et du pere, & du fils".

Scedase. 79, „que gaigne le poison". 426, „plaines". 861, „dez l'heure". 949, „le labyrinthe". 1106, „a l'âme roturiere". 1186, „iouuenceaux". 1356, „penetrent".

Panthee. 71, „fait". 558, „En vne iuste cause". 724, „Mes membres".

Meleagre. 120, „rancoeur". 145, „Telle emulation". 231, „endurcit". 237, „Que ne dispute". 629, „aux marests". 998, „Que nous consentirons". 1082, „la passion".

Procris. 458, „Troupeau". 603, „Sur mes pas". 642, „Mes sanglots". 832, „si l'âme d'autre part".

Alceste. 57, „qui me décend legere", c. à d. qui me fait descendre". 165, „auec".

Ariadne. 65, „dessur". 107, „étancher ses sanglots". 471, „de nous remettre". 607, „a porté". 654, „excés"; *couple* est remplacé dans l'errata par *coulpe*, mais c'est bien *couple* qui figure dans la 2ᵉ édition. 674, „embrassemens". 803, *en ayant*, par lequel l'errata remplace *en auroit*, ne se trouve que dans la 1ᵉʳᵉ édition. 836, „Vne autre". 840, „ambition". 867, „Mon pere, ne sois plus". 905, „témoin". 915, „Te rendent". 948, „leurs pars". 974. „Dieu benin".

Alphee. 17, „au retour". 54, „épreuuée". 86, „Voler". 89, „l'amour". 257, „sur ce fleurage". 378, „l'âme suspense". 388, „autre incommodité". 500, „la primauté". 600, „ne me donne loisir". 617, liberera". 1032, „le dire". 1054, „Qui te sçauoit". 1160, „Tu". 1407, „afrontée"; l'*a* est légèrement séparé de l'*f* dans le texte. 1533, „ce carquois". 1551, „O beau Soleil! claire lampe du iour".

Corrections au texte original.

Didon.
　　439.　　　　　　　　Leur demander congé . . .
Il faut écrire avec la 1ᵉʳᵉ édition „Luy", c. à d. à Didon. Mettre des points d'interrogation à la fin des vers 439 et 444.
　　479.　　　　　　　Retourne sur le(s) port le[s] tenir endeuoir?
Lire „en deuoir" (1ᵉʳᵉ éd.), et remplacer le point d'interrogation par un point.
　　617. Ajouter à la liste des personnages de la scène I Barce et Achate. Voy. plus haut la liste des personnages de l'acte, et plus bas aux vers 882 et 895.
　　672.　　　　　　　　Si iamais à tes yeux
　　　　　　Chose de moy prouint desirable & douce.
L. „& desirable" (1ᵉʳᵉ éd.).
　　737, 743. Ces vers appartiennent à „Ænee" (1ᵉʳᵉ éd.), non à Anne.
　　1019. Le Choeur des Troyens forme une nouvelle scène, la „Scene III": il y a changement de lieu.
　　1309. L. „resolue au pis" (1ᵉʳᵉ éd.), et non „resolus". Didon parle d'elle même.
　　1312. L. „la vague perse" au lieu de „Perse".
　　1390.　　　　　　Le surplus de ses voeux reseruant au bûcher.
Didon parlerait ainsi des voeux de sa soeur, ce qui n'a pas de sens; il s'agit de ceux qu'elle formulait elle-même. Lire „ces".
　　1430.　　　　　　　i'vuse (!) de la Magie!
L'édition de Francfort avait déjà corrigé: „l'use".

1523. Le prétendu **Choeur des Troyens** est en réalité un „**Choeur des Phoeniciennes**".

1731. L'indication **Scene I** est à supprimer, l'acte V ne comprenant qu'une seule scène.

1809.   Que cet ingrat, ce traitre . . . . .

    — — — — — — — — —

     Tombé deuant le iour.

L. „Tombe" (1ère éd.).

1858.   La cruelle luy a expres commis le soin
De sacrifice.

L. "Du" (1ère éd.). Scedase.

93.   Et sur le pas de ceux . . .

L. „les pas" (1ère édit.).

360.   Volontaire forçat, la chaisme me retient.

L. „la chaisne" (1ère éd.).

506.   Et ce sexe inconstant, que gouuerne la Lune,
N'a pas de ces desirs la face long-temps vne.

L'éd. de Francfort corrige: „de ses desirs".

588.   Oculaire témoin, d'y n'estre en ma puissance . . .

1ère éd., „dy".

1141. L. „ce couple d'homicides" (1ère éd.), non „d'homicide".

1253. Écrire „Scene II" en tête du **Choeur de Leuctriens**: il y a changement de lieu (Voy. *Alex. Hardy et le th. fr.*, p. 285); écrire „Scene I" en tête de l'acte.

1366. L. „sans macule choisie" (1ère éd.), et non „chosie". Panthee.

62.   Car toute nation de luxe dominée.

1ère éd., „du".

431. Ajouter l'indication „Scene I" avant la liste des personnages; la scène II commence au v. 551.

891.   Faut-il (voicy ces mots) demeurer dauantage . . .

L'éd. de Francfort corrige: „ses".

1070.   i'atteste les Cieux
En auoir épanché des larmes de ses yeux!

L. „ces".

1092.   Ton coeur masle sera vaincoeur de ma tristesse.

Ainsi parle Cirus à Panthée, ce qui n'a pas de sens. L'éd. de Francfort corrige: „la tristesse"; il faut plutôt lire „ta" ou „sa".

1166.   la vertu qui sa trame filla
Tous ces gestes passez couronne en cestuy-là.

L. „ses gestes".

1185.   Moy, qui vous ai perdus en l'auril de vos âges,
Enueloppé parmy les martiaux orages.
L'airain de mon regret des monuments si grands . . .

L. „l'auray", ou plutôt „Lairray", avec ellipse de *je*.

1191.   que l'oseque on prepare.

1ère éd., „obseque". Meleagre.

972.   Contre vn autre Cypris.

L'éd. de Francfort corrige: „vne autre".

1171.   tu ne m'éparnes pas

1ère éd., „épargnes". Procris.

38.   Prosternée aux genous des trois Vierges fatales,

Leur serment i'engagay des ondes stygiales ...
Qu'elles me trancheroient le fil de ma moitié.

L. „ne trancheroient"; l'Aurore avait en effet obtenu que son époux Thiton serait immortel. Lire aussi „engageay".

69.   Le laboureur t'atent à fendre tes guerets.

L'éd. de Francfort corrige: „les"; il faut plutôt lire: „ses".

98.   Iaçoit que l'Orient fertile de tresors
Sur toutes Deitez me reuere en ces bors.

L'éd. de Francfort corrige: „ses bors".

128.   Me conseillerez-vous qu'inconstant & pariure
A ma chaste Procris il face telle iniure?

L. „ie face"; c'est Céphale qui parle.

150.   Sans doute ie serois de la suiure tenté

L. „le", c. à d. „le party presenté" à Céphale par l'Aurore.

208.   L. „en langueur" (1ère éd.), et non „en langeur".

255.   S'afliger neantmoins dessur l'incertitude,
Attacher au soupçon tant de sollicitude,
Blesser nostre prudence, il est bon de sçauoir ...

L. „Blesse vostre prudence". Pritanne parle à Thiton.

430.   Qui ne pouuoient iamais repaistre qu'vn plaisir.

L. „Que ne pouuoit".

472.   Et la mienne à present tu reiettes en arriere.

Ed. de Francfort: „tu reiette en arriere"; peut-être aussi: „tu reiettes arriere".

499.   L. „ça", au lieu de „Ca".

572.   Puis que vostre faueur la lience me donne

1ère éd., „la licence".

578.   Iupiter, que le sort du peuple des humains
Est inegalement dispersé de tes mains!

L. „dispensé".

618.   Le chasseur Orion qu'en ces baisers reçoit
Diane

L. „ses".

691.   Ie vous inuoque tous de mes forfaits arbitres.

L. „nos forfaits". Procris ne se plaint pas aux Dieux de ses propres crimes, mais de ceux des hommes en général, et de celui de Céphale en particulier.

789.   Derechef ie vous prie que le nom soit celé

1ère éd.: „pri".

951. Inscrire ici l'indication „scene II" (il y a changement de lieu), et mettre „scene I" en tête de l'acte.

    Alceste.
1. Ajouter l'indication „scene I".

115.   Les Scytes deuiendront nauigables plutost
Que d'adoucir ce fiel ...

L. „Les Syrtes".

765.   Ajouter l'indication „scene I".

851.   Vn Geant descendu te denonce la guerre, ...
Cerbere l'enleuant de pareille façon ...

L. „t'enleuant"; Atrope parle d'Hercule à Pluton.

891.   Toy qui tranche le fil de ce qui vit au monde,
Qui peuples d'habitans notre voute profonde,
Qui ta frayeur emprainte à tous les animaux,
Ne pouuois-tu ...

L. „emprains"; Pluton parle à Atrope.

1043.   Permets, toy spectateur, que ie venge mos los

Ed. de Francfort: „mon los".

1077.   Tu ne le prineras de son grade ordinaire

L. „garde"; il s'agit de Cerbère, „garde ordinaire" de Pluton.

1178.   Pardonne à l'amitié qui sa langue manie,

Que l'entière creance à tes propres dénie,

Ne se voulant qu'à moy laisser persuader.

Alceste excuse Admète auprès d'Hercule. La 1ère éd. porte „Qui", et celle de Francfort achève de corriger le vers: „Qui l'entiere creance à tes propos dénie".

1245.   D'eux t'ont veu démentir . . .

L. „Deux"; voir l'énumération qui précède.

1289.   A dieu gloire de Cieux, ferme appuy de la terre

Il n'est pas bien sûr que la 2ᵉ éd. ne porte pas „Adieu"; en tous cas, la 1ère donne correctement: „Adieu gloire des Cieux".

Ariadne.

119.   Abuses-tu, grand Roy, du celeste respect

Qui, semence des Dieux, emporte ton aspect,

Iusques à l'exposer, iusques à se soumettre

Aux prophanes discours d'vn coüard, ou d'vn traitre?

Vn Soleil de prudence, à tes gestes luisant,

Se veut-il obscurcy dementir à présent?

Que tienne ton oreille à loüir occupee,

Capable du fuseau plus qu'il n'est de l'espee . . .

Au v. 120, il faut lire „Que", c. à d. le respect qu'emporte ton aspect, toi qui es la semence des Dieux. Au v. 125, la 1ère éd. et l'errata de M. Stengel donnent „l'oüir"; mais il faut lire aussi „Qu'il" et remplacer le point d'interrogation du vers précédent par une Virgule. La prudence de Minos semble s'obscurcir, puisque Phronime, un efféminé, peut se faire entendre de lui.

215.   D'vne âme qui le vice à son patron moula

1ère éd.: „Que".

453 à 460. Ces vers, par lesquels Thésée charge Phalare de séduire Phèdre, sont intervertis et inintelligibles dans toutes les éditions. Il les faut lire dans l'ordre suivant.

453.   Propose-luy, Phalare, à quel desauantage

454.   Luy tourne en l'Hymenee vu iniuste partage,

458.   Que son supreme honneur, que son souuerain bien

457.   Sont, auant le noüer, de rompre ce lien,

455.   Que tu y vois quasi mon humeur disposee,

456.   Prest de m'en supplier, personne interposee,

460.   Heureux de t'aquerir sa grace pour loyer,

459.   Si son commandement daigne là t'employer.

552.   Cela me donne au moins

De tes libres desirs de fidelles témoins.

L. „ses"; Phèdre constate contre Phalare qu'Hyppolyte, s'il ne s'intéresse qu'à la chasse, n'a éprouvé pour personne d'amoureux désirs.

1018.   Celle qui d'vn voleur l'accointance diffame

1ère éd.: „Celle que".

1122.   Bref de qui le secours ma serui de Nepente.

Ed. de Francfort: „m'a".

Alphee.

126.   Vne discorde étrange, partiale,

Qu'amortira la torche nuptiale.

Amortira forme un contre-sens, puisque c'est précisément le mariage de sa fille qui doit être pour Isandre une source de malheurs. Il faut lire „auortera“, c. à d. produira, fera naître; cf. *Didon*, 187: „un spectre auorté de la peur“.

366. Dieux! le voicy! — Pasteurs, accourez aux armes.

Les deux éditions Parisiennes ont: „acourez“; celle de Francfort corrige: „courez aux armes“.

392. Le vieil prouerbe icy te reglera
„Tel different, ayme qui t'aymera.

L. „te reglera Tel different: ‹ayme qui t'aymera›.“

614. Adieu, plus de demeure,
Restrein les ceps qu'à ton suiet ie pleure.

1ère éd.: „Restreint“; la virgule qui termine le premier vers et qui sépare le sujet de son verbe est supprimée dans l'éd. de Francfort. Le sens est: en restant davantage, je resserre les fers…

1168. M'aymes-tu pas? par le sincerement.

1ère éd.: „parle“.

1346. La cruauté d'vne sorciere infame,
Que long tems a deu expier la flâme.

Non-sens. Il faut lire „deut“ ou „deust“, c. à d. que depuis longtemps la flamme aurait dû purifier, qu'on aurait dû brûler depuis longtemps.

1351. Du mal d'autrui plus sage deuenus

Ed. de Francfort: „plus sages“.

Tome II.

L'édition reproduite par M. Stengel est la première édition (1625), et c'est justement celle que j'ai eue sans cesse sous les yeux. J'ai consulté aussi la seconde (1632), mais, comme elle n'a pas été constamment à ma disposition, il peut se faire qu'un certain nombre de corrections données sous ma responsabilité puissent être confirmées ou infirmées par une étude plus complète de cette seconde édition.

Corrections au texte de M. Stengel.

Achille. 239, „de la raison“. 853, „Mille petits amours“. 1291, „grace aux Dieux“. 1596, „se sont“.

Coriolan. 152, „Licinie“. 325, „on dit“. 369, „De s'entre-deffier“. 496, „interdit“. 631, „le passé“. 1254, „donne à son auantage“. 1349, „appaiser“.

Cornelie. 92, „de l'imploré secours“. 407, „où es-tu?“ 447, „A peine de le voir“. 464, „le frein“. 837, „pareille“. 858, „Courciers“. 972, „m'estre gueres mépris“. 1308, „Ma Carite“.

Arsacome. 172, „Es quartiers“. 616, „ce que tu as appris“. 782, „tu desserres“. 926, O cruel sacrilege!“. 1472, „coüard ie le suruy“.

Mariamne. 11, „credule“. 126, „Au courant“. 394, „vn assaut“. 417, „ce tan“. 998, „tantost“. 1014, „son fatal Hercule“. 1235, „Bourrelé“. 1263, „Obseruons“. 1581, „O Arrest deloyal“.

Alcee. 502, „expressement“. 706, „qui le tien … seconde“. 1398, „Comme poissons“. 1517, „Peuple hospitable. 1999, „à dix lustres d'icy“.

Corrections au texte original.

Achille.
298. Sa resolution se seiche toute entière.

L. „se seache“.

574. Pourueu que la faueur d'entendre sa parole,
(Ce peu que de mon ame elle a laissé me vole)
Despesche.

Supprimer les parenthèses et mettre à la fin du second vers la virgule qui termine le premier. Achille dit, avec la phraséologie amoureuse du temps: pourvu qu'en m'accordant le plaisir de l'entendre, Polyxène me ravisse ce qu'elle n'a pas encore ravi de mon âme.

581.   L'importance y est grande, las! Nestor s'achemine

2ᵉ éd.: „ha! Nestor . . .“

593.   Que Phoebus n'alluma la sinistre journée,
            Du profond de l'Erebe elle fut amenée,
            — — — — — — — — — — — — — — — alors
            Qu'Aulide m'apperceut couronner sur ses bords.

L. „Onc Phoebus“. Agamemnon maudit le jour où il fut mis à la tête de l'expédition contre Troie.

606.   Sujette à ces rancueurs, de reproches, & d'enuie.

L. „Sujette à ces rancueurs de reproche & d'enuie“.

649.   Si cette passion — — — — — — —
            Ne nous captiue épris d'vne fille ennemie?

2ᵉ éd.: „Ne vous captiue“. C'est Agamemnon qui interroge Achille.

714.   Nous n'auons seureté hormis la deffiance,
            Luy obstacle de mal hormis la conscience.

L. „Ny obstacle“.

781.   Pour le plaisir de voir, en sa teste abbatus,
            La Grece regagner ses nauires batus.

L. „abbatue“ et „batue“. La Grèce sera battue si l'on abat la tête d'Achille.

827.   Cessez de redoubler mes ennuis, ou cesser
            De vouloir mes ennuis dedans l'ame presser.

L. „cessez“ et „pressez“. Cessez de vouloir que mes ennuis restent pressés, cachés dans mon âme.

837.   Ah! Cieux. Ah! Cieux, Benine, croiray-ie qu'elle
                                              daigne . . .

L. „Ah! Cieux, ah! Cieux benins“.

840.   Paris & Deiphobe à cela deputez,
            Deux de ces freres . . .

L. „de ses freres“, des frères de Polyxène.

1062.   Tost ou tard nous suiurons ces pas tant que nous sommes.

L. „ses“, les pas d'Hector.

1273.   Quoique, plus que mortel, ce soit te poluer
            De surnom desormais de frere secourable.

L. „Du surnom“.

1347.   Tu mourras, tu mourras, s'en est fait.

L. „c'en est fait“.

1358.   Va conter à Pluton l'honneur de tes combats;
            Mais qu'vn plus fin que tul (!) despoüille leur couronne.

1ᵉʳᵉ éd.: „tul“; 2ᵉ éd.: „nul“; il faut lire: „toy“. Paris, se vantant de sa trahison, dit à Achille: Va conter à Pluton qu'un plus fin que toi t'a dépouillé de la couronne de gloire que tes combats t'avaient acquise.

1462.   — — — — — — — le plus parfait qui viue,
            Terrestre, vient toûjours de sa prison massiue;
            L'homme se sent de l'homme.

L. „Terrestre, tient toûjours“.

1544.   Nous allotier seulement pour battre des assassins (!)

Même texte dans la 2ᵉ éd. Lire „Nous allons seulement battre“.

1577.   Animez de ta voix, nous soustiendrons la cheute
            Du Ciel, si de nos Chefs il proposoit sa bute.

Comme ce sont des soldats qui parlent, l'imprimeur a compris et le lecteur pourrait comprendre qu'il s'agit ici de leurs chefs. Il faut lire

„chefs" avec une minuscule, et entendre: nous soutiendrons la chute du Ciel, s'il se propose nos têtes comme but, c. à d. s'il veut tomber sur nos têtes.

1702. Outre que ie conçois les Mirmidons à peine
Se vouloir commander d'vn autre Capitaine.

L. „commandez".
Coriolan.
18. Lire „aux murs de Corioles", et non „de Carioles".
69. Que comme ie le voy franc de la Colonnie.

2ᵉ éd.: „Calomnie".
114. Vne orageuse nuĕ,
Donc tu luy fais de loin decouurir la venuĕ

L. „vne orageuse nuĕ Dont . .".
126. Repense que l'orgueil demeure solitaire,
Qui loin de toy qui vis parmy ce peuple franc,
(Aucunesfois un Roy démarche de son rang;)
Ploye à la volonté de celuy qui domine,
Les forfaits dicimante, & prudent ne s'obstine.

V. 127, la 2ᵉ éd. corrige: „Que", et il serait bon de mettre une virgule après cette conjonction; V. 128, il faut supprimer les parenthèses et remplacer le point et virgule par une virgule; V. 130, la 2ᵉ éd. corrige: „dissimule".
185. Qui du peuple (ennemy) affoiblit sa puissance

L. „Qui, du peuple ennemy, affoiblit sa puissance".
212. Qu'on brûle, qu'on tenaille, qu'on démembre mon corps.

2ᵉ éd.: „& démembre".
222. Ceux qui estoient restez gardiens de la ville,
Qui pendant cet exploit vaquoit au plus vtile

L. „vaquoient": ce sont ceux qui vaquaient au plus utile que Coriolan a précisément frustrés de leur butin.
346. Doncques élisez-moy l'instrument de vostre ire,
Qui comme il fut éclos i'estouffe leur Empire.

L. „Que, comme il fut éclos, i'estouffe . . .".
366. Celuy qui tient le frein de leur grand' Republique
Et celuy qui conuient que premier ie pratique.

2ᵉ éd.: „qu'il conuient que . . . ie pratique".
374. Vsant de la plus saincte & presente maniere

2ᵉ éd.: „& pressente".
375. Ie me veux d'vne robe incognuĕ déguiser

2ᵉ éd.: „inconnuĕ". Il faut lire „inconnu", c. à d. de façon à rester inconnu.
430. Qui es-tu? qui t'ameine? à quelle intention
As-tu de m'aborder trouué l'inuention
Par une voye oblique, vne audace craintiue,
Ainsi qu'vne ame triste, suppliante & chetiue?

2ᵉ éd.: „Ainsi qu'vne ame triste en suppliant ariue".
516. Et dans vn rets nouueau de guerre embroüiller

2ᵉ éd.: „de guerres".
561. Celuy qui mesprisé nous bannismes n'aguere

Le texte porte en réalité „mesprise". L. „Celuy que, mesprisé, nous bannismes".
566. Le sort combat pour luy, ses armes fauorise,
Menace de ses freres nostre antique franchise.

2ᵉ éd.: „de ses fors", c. à d. les forts que Coriolan a construits contre Rome? Il est plus naturel d'écrire „de ses fers", le mot s'opposant très bien à franchise.

625.   Vous souuienne aueuglé quel est le personnage,
          Qu'il guerroye de ruse autant que de courage

Il faut lire „aueuglés“, ce mot caractérisant les Romains, et non Coriolan. Quant au mot „ruse“, ou il a été mis ici par inadvertance, ou c'est une correction que M. Stengel a oublié de signaler comme telle: la 1ère éd. porte „de guerre“, et la 2e, plus intelligible, „d'astuce“.

857.   Amorcé du rappel de son banc . . .

L. „ban“: si les Romains gagnent Coriolan en le rappelant de son bannissement.

861.   Ie luy peindroy plus grands encore les malheurs,
          Plus grande il ne se peut, Rome desesperée
          Vne telle secousse onc n'auoit endurée.

„Grande“ ne peut se rapporter à „Rome“; il faut lire „grands“ et mettre des points de suspension après le 1er vers.

912.   Le Volsque qui dispute auecque nous de l'Empire

Vers faux; l. „auec nous“.

918.   Qu'en excuses ainsi, sans excuses amusées

Vers faux; „sans excuse“.

987.   Vous qui sur tous i'honore & à qui tout ie dois,
          Qui vous amene icy maintenant, dites moy?

L. „que . . . i'honore“, et, à cause de la rime, „à qui . . . ie doy“.

1088.   Pour neant reclamer la peine de Charon,
          Luy offrir le passage & passer l'Acheron,
          Sur ce bord negliger errante & forcené

La fin du 2e vers est en contradiction avec tout ce qui l'entoure. Il est probable que l'un des deux mots *passage* et *passer* a influé sur son voisin pour le transformer légèrement; il pouvait y avoir, par exemple: „Luy offrir le peage à passer l'Acheron“. Au vers suivant, l. „sur ce bord negligee, errante . . .“.

1119.   Ie prens les Cieux témoins de la lampe du iour.

L. „& la lampe du iour“.

1161.   Comme de gué de tous i'ay la charge acceptée

2e éd.: „du gré de tous“.

1168.   Inuenteur de ruines, & refractaire aux loix

2e éd.: „de ruine“.

1256.   Sera (ie le crains bien si elle ne l'a esté)

L. „s'elle“.

Cornelie.

184.   Ta peine ailleurs en vain prodiguer tu me veux

2e éd.: „tu ne veux“. Mais cette correction ne suffit pas à éclaircir un passage très obscur.

267.   Où le charmeur Amant qu'elle cache en ses yeux
          Cloüoit à mon auis les vostres curieux.

L. „aimant“.

357.   Oncques ces Paladins — — — — — — —
          Ne reconnut hazards — — — — — — —

L. „ce Paladin“.

518.   Ie l'apporte en mes bras, m'informant dauantage

L. „n'informant“, c. à d. sans m'informer davantage.

591.   Nos yeux continuez produisent leur effect

L. „Nos ieux“; ces *jeux* sont des jeux d'amour, et leur *effet* est un enfant.

664.   La Gent de Bentiuole & celle d'Est ne sont
          Que l'egalité mesme, & dauantage n'ont.

L. „& d'auantage“, et n'ont aucun avantage l'une sur l'autre.

757.   L'ire que la raison maistrise furieuse

2° éd.: „qui la raison maistrise“.

    1089.   Se peut faire qu'aussi l'affection presente
                         Sur les forfaits passez a cause suffisante.

L. „afliction“. A Cornélie, qui gémit de ses maux en proclamant son innocence, l'ermite répond que son affliction présente a peut-être sa cause dans des fautes anciennes.

    1149.   Dieux! que le courroux lent a de sel & de grace!

2° éd.: „que ce courroux lend“; l. „que ce courroux feint“.

    1449.   La volonté suffit, qui de fallace nuĕ,
                    Que vous & chacun peut auoir trop reconnuĕ.

2° éd.: „que de fallace nuĕ“; mais la répétition *que de fallace nuĕ, que…* est bien difficile à admettre; il faut lire plutôt „qui de fallace est nuĕ“: ma volonté suffit, dépourvue de fausseté.

  Arsacome.

    39.   … ces feux apparus de ma feinte amitié
                    Penetrent sa belle ame atteinte de pitié.

L. „sainte“, et, avec l'*f* ancienne, „fainte“; Arsacome est sincèrement amoureux.

    78.   Retourne de ma part luy promettre la foy,…
                    Ma richesse pourtant veritable alleguee,…
                    Qui ne sçauroit mentir de bouche ny d'effet.

L. „Qui ne sçaurois“; *qui* se rapporte à *moi*, implicitement compris dans l'adjectif possessif: *ma richesse.*

    84—87. Ces quatre vers doivent être attribués à Arsacome, non à Néphélie. L'indication Arsacome a été omise parce qu'elle devait se trouver en tête d'une page, au-dessous du titre courant **Arsacome.**

    440.   Ores que commettroit vn impudique erreur
                    Qui ne se sentoit moins d'amour que de fureur.

2° éd.: „Qui se sentiroit“. Masée commettrait une impudique erreur, si elle se sentait moins d'amour pour son époux de demain, Adimache, que de fureur contre ceux qui l'ont séparée d'Arsacome.

    483.   L'aueugle que conduit le frein de l'vniuers
                    Produit en moins d'vn rien des effets plus diuers

2° éd.: „L'aueugle qui conduit“.

    624.   On void autour de luy d'escadrons espaissis
                    En armes s'amasser.

2° éd.: „d'escadrons espessis“; il faut lire „des scadrons espaissis“.

    728.   Examinons le fait de ce Prince allié,
                    Qui ne fera tant, ie m'asseure, oublié,
                    Qu'outrager sans suiet…

L. „Qui ne se fera tant … oublié, Qu'outrager „qui ne se sera pas oublié jusqu'à outrager.

    771.   Zephire auparauant chez vous iroit leuer.

L. „chez vous s'iroit leuer“.

    949.   … (Le Traitre) a sceu l'occasion choisir,
                    Iusques à nous rauie en signe de conqueste
                    Le sacré-sainct depost de sa Royale teste.

L. „Iusques à nous rauir“.

    1083.   Plustost que de seruir infortuné Corbeau,
                    Plustost que d'annoncer ce lugubre tombeau.

L. „seruir d'infortuné“.

    1146.   Du desceu paternel par ma bouche informée

L. „Du deces paternel“: Macente se charge d'apprendre à Masée la mort de son père.

    1194.   Dieux! faites qu'vn bon-heur l'autre effet luy responde

L. „en bon-heur“: faites que l'entreprise de Macente aboutisse aussi heureusement que celle de Loncate.

1242.　　　... il faut de ce gouffre (de la mort) appaiser la furie
　　　　　Aux dépens, cestui-cy de ta race cherie,
　　　　　Toy de ton Geniteur.

L. „cestui-cy de sa race“; aux dépens, l'un de son fils, l'autre de son père.
Mariamne.

97.　　　N'attende que celuy auquel ores il pardonne
Vers faux; l. „ore il pardonne“.

226.　　　Neutre, j'égalleray au defaut la balance,
　　　　　Sans qu'aucun des parties endure violence.
L. „parties“.

239. Ce vers et le suivant doivent être attribués à „Salome“, non
　　　　　　　　　　　　　　　à Hérode.

361. L. „gueres“, et non „guieres“.

366. La Nourrice n'admet pas que Mariamne, après tant d'années,
　　　　　Releue des projets forcenez de vengeance,
　　　　　Impossible d'effet & de nulle allegeance,
　　　　　Au contraire suiuie d'vn mortel repentir.
L. „impossibles“ et „suiuis“; ces mots se rapportent à *projets* et ne rappel-
lent nullement Mariamne; d'ailleurs le dernier vers est faux.

414. L. „De cuider“, et non, en un seul mot, „Decuider“.

449.　　　O faueur odieuse! — — — —
　　　　　Trouue mes ennemis à leur jour, je te prie.
2e éd.: „à leur tour“. Mariamne ne veut pas de la faveur d'Hérode et
souffre volontiers qu'elle échoie à ses ennemis.

801.　　　L'impetueux torrent de mon affliction
　　　　　Ne se lache non plus que celuy d'Ixion,
　　　　　Ne demeure non plus à ce tiltre ma peine
　　　　　Que l'Euripe ses flots meine, agite & remeine.
2e éd.: „Ne demeure ... à retitre ma peine“, ne cesse pas plus de retisser
ma peine, de me la renouveler, que l'Euripe ne cesse ...

986.　　　A se plaindre ocieux aux maux ne remedie.
2e éd.: „Mais se plaindre“; peut-être le manuscrit de Hardy portait-il
„Ains“.

1041. L. Sire, la qualité ne m'a permis, infirme,
　　　　　D'entrer en leurs secrets d'importance sublime.
L. „ne m'a permis, infime“.

1110. L. „D'vne adultere flâme“, et non „D'vn“.

1149.　　　Sur la fausse rumeur d'vne derniere perte
　　　　　Par vostre Majesté chez le Romain soufferte,
　　　　　L'Estat se conseruant à son Espoux entier,
　　　　　J'allay (fresle projet) sa faueur mendier.
Même texte dans la 2e édition. Lire „à son Espouse“; c'est parce que le
pouvoir devait revenir à l'épouse d'Hérode, que Soesme a mendié la
faveur de Mariamne.

1283.　　　Doncques vous Delateurs presentement j'adjure.
L. „Delateur“; il s'agit du seul Echanson; cf. 1274: „suiuis du Delateur“.

1352.　　　D'vn Monarque la foy ie te donne le pleige.
L. „de pleige“, comme garantie.

1428.　　　(De crainte) Que les allechemens de sa beauté sorciere
　　　　　Regaignassent sur vous leur naissance premiere.
2e éd.: „leur puissance“.

1694.　　　Les armes aux yeux, le front tout enceint de Cyprés.
Le texte porte en réalité „Les larmes“; 2e éd.: „Les larmes sur les yeux,

le front ceint de Cyprès". Je serais tenté de croire que Hardy avait d'abord écrit: „Larmes aux yeux, le front tout enceint ...".

　　Alcée.

　　Argument. „Certain pauure homme..., viuant du hazard de sa pesche ordinaire, trouue fortuitement sur la base vn petit enfant". — L. „sur la vase".

　　283.　　　　　I'ay ton remede, & vn autre a le mien.

L. „vne autre". Dorilas peut guérir d'amour Cydippe, mais Alcée seule peut guérir Dorilas.

　　343.　　　　　Si tu daignois luy accorder vn point
　　　　　　　　　De son facile, où tu ne pense[s] point.

2e éd.: „De soy facile".

　　782.　　　　　N'importe pas que ce mâtin nous gronde,
　　　　　　　　　Ne pouuant mordre, c'est en quoy ie me fonde.

Vers faux; 2e éd.: „& en quoy ie me fonde", ce qui n'offre pas un texte bien satisfaisant non plus.

　　1162.　　　　Par les secrets de ce Diuin mestier
　　　　　　　　　Que Loroastre enseigna le premier.

2e éd.: „Zoroaste"; l. „Zoroastre".

　　1196.　　　　Phedime, Adieu, traite selon l'vrgence
　　　　　　　　　Vn tel affaire auec diligence.　[!]

L. „auecque diligence".

　　1252.　　　　Le Ciel réjouît nostre amitié premiere

2e éd.: „réjoint"; l. „rejoint": le Ciel nous réunit dans notre premier amour.

　　1353.　　　　Au mandement de Dydime receu

L. „de Phedime".

　　1437.　　　　Vn bon cheual n'attend qu'on le talonne ...
　　　　　　　　　Toûjours à l'erte, ie voudrois courageux ...

2e éd.: „il voudroit"; il s'agit encore du bon cheual.

　　1859.　　　　Sa forme estoit d'vne Arcade jolie

L. „arcade"; il s'agit d'un berceau. L'imprimeur, habitué à composer les mots *Arcades* et *Arcadie* dans la pastorale, a ajouté une majuscule.

　　1891.　　　　Et dure encore, trop heureux d'vn rencontre

Vers faux; l. „Et dure encor".

　　1911.　　　　Me voila prest, que mon vnique Alcée
　　　　　　　　　Seelle vn oubly à la faute passée.

L. „scelle", mette le sceau de l'oubli sur ma faute.

Tome III.

Le tome III n'a eu qu'une seule édition (1626).

Qu'on nous permette de reproduire la note suivante, déjà publiée dans notre *Alexandre Hardy et le Théâtre français*, p. 691—2: „Dans la réimpression du *Théâtre* donnée par M. Stengel, les premières pages du t. III comprennent successivement les matières suivantes: Dédicace, Préface „au lecteur", — deux pièces liminaires signées Tristan et De S. Iacques, — l'*Argument* du *Ravissement de Proserpine*, — la liste des acteurs, — une nouvelle „préface" où il est question du poème pastoral et de *Corine*, — enfin une nouvelle pièce liminaire: une épigramme signée Civart. Cet ordre est bizarre; aussi n'est-il pas le vrai. L'épigramme devrait figurer après l'ode de De S. Iacques et avant l'argument, tandis que la préface sur le poème pastoral a sa place marquée à la p. 471 (227 de l'édition Stengel) entre le titre et l'argument de *Corine*. Mais, l'épigramme ayant été imprimée après coup sur un feuillet isolé, la plupart des brocheurs ou relieurs l'ont collée après la 1ère feuille in

8⁰; la préface de *Corine* formant aussi un quart de feuille à part, il leur a été facile de la déplacer. Il suffit pour rétablir l'ordre rationnel d'observer que l'épigramme porte la signature *à* et peut être insérée n'importe où dans la 1ère feuille; que la deuxième préface porte la signature *Cgiij* comme l'argument de Corine et ne peut être mise qu'à côté de lui [1]).“

Corrections au texte de M. Stengel.

Le Ravissement de Proserpine. 62, „Du surplus“. 444, „en cham[p] de bataille“. 575, „Sortir“. 607, „Tes Sœurs, vois-tu pas?“. 847, „Tes beautez“. 1043, „Qui de vœux“. 1212, „l'accident“.

La force du sang. 9, „Depuis que“. 278, „Discerner le logis“. 1017, „Qui seule m'abandonne“. 1224, „sa volonté“.

La Gigantomachie. 84, „Son sceptre“. 735, l'errata propose la correction suivante: „Le fleau punisseur de [ce]s fiers terre-nez“; mais le vers n'avait nul besoin de correction, fier étant à volonté monosyllabique ou disyllabique; voy. *passim*, et notamment même pièce, v. 1082: „la tonrbe punie Des fiers Terre-nez a sa crainte finie“. 1057, „des Titans“. 1181, „le plaisir“.

Felismene. 892, „qu'à la suite“.

Dorise. 3, „excessif“. 886, „N'ayant peu“.

Corine. 210, „Iusqu'en son sein“.

Corrections au texte primitif.

Le Ravissement de Proserpine.

217.　　　　　Doute-tu qu'il retinst, & sa promesse enfraigne?
L. „qu'il retiue“. Crains-tu, dit Mercure à Pluton, que Jupiter ne fasse des difficultés pour tenir sa promesse?

303. La liste des personnages indiquée pour la scène I est en réalité celle de l'acte II tout entier: il faut la déplacer, et, au-dessous des mots Scene I, lire „IVPITER, VENVS, MERCVRE“.

357.　　　　　N'obeïras-tu pas, ma Diane cherie?
A en croire ce vers, Diane assisterait à la scène où Jupiter prépare avec Vénus le rapt de Proserpine. Mais, outre que le nom de Diane ne figure pas dans la liste des personnages de cet acte, on voit nettement à la scène III de l'acte II que Diane et Pallas ignorent le piège tendu à Proserpine. Il faut donc lire: „N'obeïras-tu pas, ma Deesse cherie?“; *ma Deesse*, c'est Vénus.

364.　　　　　O doux commandement, mon suprême bon-heur! . . .
　　　　　Ingrate mille fois, mille fois criminelle,
　　　　　Ie ne t'embrasseroy du plus pur de mon zele!
Vénus n'a pas à *embrasser* Jupiter, mais à *embrasser* son commandement, c. à d. à l'exécuter; l. „Ie ne l'embrasseroy“.

522.　　　　　Ouy, puis qu'il plait ainsi aux langues medisantes
　　　　　Qui dechirent mon nom de leurs pointes cuisantes,
　　　　　Iaçoit que l'innocence ait son ferme rempart,
　　　　　Malgré les vains aguets demeurent de ma part.
L. „Iaçoit que l'innocence & son ferme rempart . . . demeurent de ma

---

[1]) La réimpression Stengel étant faite d'après des exemplaires originaux qui appartiennent aux bibliothèques de Dresde et de Wolfenbüttel, on voit que ces deux exemplaires renferment les mêmes erreurs. Celui dont je me suis servi, et qui appartient à la *Bibliothèque Méjanes* d'Aix, donne l'épigramme après la liste des acteurs du *Ravissement*, et la préface après l'argument de *Corine*.

part", bien que j'aie pour moi mon innocence et l'assurance qu'elle me
donne. — „Malgré les vains aguets" se peut expliquer: on guette Vénus
pour la trouver en faute; mais „vains caquets" serait plus naturel. En tous
cas, cette partie de la phrase doit être mise entre deux virgules.

1126.   Fust-il ou fils ou fille dans ma couche tissu
Il n'y a pas de césure *épique* dans Hardy; l. „Fust-il ou fille ou fils".

1384.   O racines d'erreur, aueuglement profondes!
L. „d'aueuglement", ou plutôt comprendre: *aveuglément*, adverbe.

1474.   Plutôt que releuer de plus grand que de moy,
             Qui cité deuant luy il me face la loy.
L. „Que, cité deuant luy, il me face".

1759.   Mais des embrassements d'vne infame poluë.
L. „d'vn infame", c. à d. de Pluton.

1805. Ce vers et les suivants ne sauraient appartenir a Mome,
mais à „Iupiter".

1878.   Par le Stix ie t'adiure à nous dire sans feinte
             Si ta faim c'est là bas de quelque viure esteinte.
L. „si ta faim s'est . . . esteinte".

La force du sang.

Argument. „Il luy bande puis aprez les yeux lors qu'elle
s'est reconnuë & l'epose de la sorte au milieu de la ruë". — L. „l'expose".

1. Inscrire „Scene I" avant la liste des personnages.

149. Le couplet attribué par le texte à Roderic appartient évidemment à „Fernande".

310.   Veux tu pas derechef que ma flamme iappaise?
L. „i'appaise".

378.   Ou que du tout puissant la haute préscience
            S'en veut seruir de preuue à nostre patience,
            Espreuue salutaire . . .
L. „S'en veut seruir d'espreuue."

448.   . . . du preux Alcide enfant
            Deux serpents au berceau de ces mains estouffant.
L. „de ses mains".

506.   N'estimant rien heureux au pris de voyager,
            D'apprendre çà & là ce qui se passe au monde,
            Qn'elle plaige en esprits, quelle en armes feconde.
M. Stengel a mis à tort un point au lieu d'une virgule à la fin du 2°
vers et *qu'elle* au lieu de *quelle* au milieu du 3°. Mais il faut aussi
corriger dans le texte original: „Quelle plaige". Rien n'est heureux, dit
Alphonse, comme d'apprendre quelle plage, quel pays abonde en intelli-
gences . . . — L'ellipse du verbe substantif est extrêmement fréquente
chez Hardy.

673.   De ces yeux martiaux frequents à la noblesse,
            Yeux qui font à l'enui paroistre son addresse.
Remplacer deux fois „yeux" par „ieux", c. à d. jeux.

850.   Ma mere qu'ores absent ie pourrois mettre en peine
Vers faux. Lire „qu'ore absent".

916.   Ains quel monstre infernal ne ta peu rendre franc,
            Des fureurs de sa rage?
L. „ne t'a peu rendre franc Des fureurs . . .".

1057.   Tel heur qu'espere me fermeroit la bouche
L. „qu'espereroy". Certain bonheur me fermerait la bouche, si je pouvais l'espérer.

1108.   Vn somme doucereux,
             Doucement la surpris.

L. „Vn somme doucereux Doucement l'a surpris".

    1111. L'exclamation „Helas! que dites vous?" doit être attribuée à „Leonore", non au Chirurgien.

    1145. Après la liste des personnages inscrire „Scene I".

    1249—1256. Les trois répliques attribuées à Pizare appartiennent évidemment à „don Inigue"; celle qui est attribuée à don Inigue appartient au contraire à „Leonore".

    1335.   Pareil accord passé sous ton consentement,
    Reuocable, se peut rompre tacitement.

Peut-être faudrait-il lire „facilement" au 2e vers; en tous cas, c'est „sans ton consentement", et non „sous", qu'il faut lire au 1er.

    1359.   Inseparable ioints à mon fils d'amitié

L. „inseparables" et comprendre: joints d'une manière inséparable; cet emploi de l'adjectif pour l'adverbe est très fréquent dans Hardy comme dans la Pléiade, laquelle l'avait emprunté au latin.

  La Gigantomachie.

    1. Effacer l'indication scene I: il n'y a qu'une scène dans l'acte.

    59.   Capable desbranler quelques foibles cerueaux.

L. „Capable d'esbranler".

    133.   Du plutost qu'absolous en la voute Celeste

L. „absolus": dès que nous serons maîtres absolus du ciel.

    455.   L'Olimpe en ce dernier les tumulte esteint.

L. „tumultes". L'Olympe met fin à tous les tumultes dans ce dernier; autrement dit: que l'Olympe triomphe, et il n'aura plus de révoltes à réprimer.

    457. L. „L'excessiue indulgence", non „L'execessiue".

    477.   Qu'entre les Cytoiens de l'Olimpe on l'enrole.

L. „entre les Citoyens".

    778.   Ton frere preferant l'amitié fraternelle
    A sa propre asseurance & Parques eternelle,
    Te le preste secours.

L. „ès Parques . . ., T'en preste le secours". Pluton, préférant l'amitié de Jupiter à sa propre sûreté, éternellement garantie par les Parques, prête le secours des Parques au roi des Dieux.

    1019. Ce n'est pas Alcionee qui est „aussi atteint", puisqu'il est mort depuis le v. 1000; c'est „Tiphoee".

    1049. Effacer l'indication Scene I, l'acte n'ayant qu'une seule scène.

  Felismene.

    Argument. „Vn Seigneur Alleman corriual de dom Felix . . . luy impute la mort de ceste ieune Princesse . . ., le court . . ., & le rattient". — L. „& le ratteint".

    211.   Me foudroie le Ciel d'vn éclat de son ire,
    Plustost que d'oser onc rebelle vous dédire;
    Quoi? que mon desir souffre vn indicible effort.'
    Le vostre preferé triomphera, plus fort.

L. „Quoique mon desir".

    400.   Le Comite impiteux ne renforce les fers
    Qu'aux forçats dont ils sont malaisement souffert.

L. „soufferts".

    423.   . . . ma liberté faict le ioug amoureux,
    Et se veut maintenir en son estat heureux.

L. „fuit le ioug".

    465.   Vn hypocrite face cache sa perfidie

L. „Vn hypocrite front".

    610.   . . . L'as tu entre ces mains renduë?

L. „entre ses mains".   As-tu remis ma lettre entre les mains de Célie?

    646.   L'infame Scelerat ne te croit plus au monde,
                    N'a crainte que son chef de ton crime réponde.

L. „de son crime". Félismène, qui se parle ici à elle-même, n'a pas commis de crime; c'est dom Félix qui est coupable d'infidélité.

    708.   La terre ne soustient de Dame plus galante,
                 Tu luy ressembles fort au visage, aux façons,
                 Quiconque vous a veuë vous iugera bessons.

L. „Quiconque vous a veus". Veus est au masculin, parce que D. Félix prend Félismène pour un homme.

    738.   Et, s'il faut que mon cœur demeure à vne estrange,
               Ces merites diuins sont pour gagner au change.

L. „ses", les mérites de Félismène.

    933.   Ce passeport contient que sur la nuit sereine
              Sirille autre que toy en ce lieu ne l'ameine.

Ne faudrait-il pas lire „Sibille"? Cette allusion à l'Enéide est bizarre, mais l'indiscrète érudition de Hardy en a commis bien d'autres! D. Félix demandant à pénétrer chez Célie est tout aussi audacieux qu'Enée demandant à pénétrer dans les enfers, et il ne lui faut pas moins qu'une Sibylle pour l'introduire.

    1249.   Sa rigueur n'a voulu de replique entendre

Vers faux; l. „de repliques".

    1358.   Ce tygre deguisé dessous l'humaine forme,
             Qui ma Celie esteinte (ò sacrilege enorme!)
             Rauy l'ame, l'espoir, & le desir aussi
             De plus traisner mes iours miserables icy.

L. „Qui m'a (Celie esteinte, ò sacrilege enorme!) Rauy l'ame".

    1456.   Le superbe iadis mon ame captiuoit,
             Mais quoi! la sienne alors chés vn autre viuoit.

L. „vne autre", une autre femme que moi.

    Dorise.

    43.   — — — — — l'ombrageuse folie
             Qu'engendrent les vapeurs d'vne melancolie,
             L'impossible suspet (!)

L. „suspect". L'impossible suspect est une construction équivalant à l'ablatif absolu latin: cette ombrageuse folie où l'on soupçonne, où l'on craint même l'impossible.

    224.   Quelque charme inconnu me possede reduite
             A me pouuoir esclaue, ou plus prendre la fuite.

L. „me possede, reduite a ne pouuoir, esclaue ou plus (?), prendre la fuite". Esclave et plus qu'esclave de son amour, Sidère se sent incapable de fuir son joug.

    235.   Effacer l'indication Scene I.
    510.   He! ma missiue donc quelle reception?

L. „A ma missiue".

    542.   ce terrestre Vniuers
             Ne foissonne infecté que de traistres diuers.

L. „Ne foisonne".

    608.   Voila capituler trop tost, pour le salaire
             Qu'vne Dame au labeur disperse volontaire

L. „dispense"; volontaire se rapporte à Dame et équivaut à volontairement.

    804.   Ores ce qui se trouue ez minier ez relantes.

L. „ez minieres", dans les mines de métaux.

    Corine.

    Argument. „Cupidon . . . le marie (Caliste) avec Melite, ainsi qu'Arcas auec sa Corine". — L. „le marie avec Corine, ainsi qu'Arcas auec sa Melite"; voy. v. 1027—1029. L'erreur commise ici par l'argument a été répétée par M. Lombard *(Zeitschrift für neufr. Sprache u. Litteratur*, I, 389), et relevée par M. Nagel *(Hardy's Einfluss auf Pierre Corneille*, p. 11).

24.
    Ores actif à surprendre vn oiseau
    Par ses gluaus ou dedans le rheseau

L. „le reseau".

73.
    Ie ne crain rien que le perdre. — Encore

Vers faux; l. „que de le perdre".

168.
    Quelque charmeur l'aura pris en ses lacs

L. „prise"; il s'agit de Mélite.

190.
    As-tu (dy moy) retrouué ta cruelle?

Il ne s'agit pas de „cruelle", mais de „ceruelle". Mérope se moque du satire, qui répond en effet:

    La retrouuer, folastre, à quel propos?
    D'esprit, de corps egallement dispos.

201. L. „cela se fait", et non „cela ce fait".

241. Ecrire en tête de la liste des personnages: „Scene I".

248.
    O beau bouquet, si ta vertu sacrée...
    Fait que ie viue en cette élection,
    Trouue parfaict de la perfection, ...
    Sy tu m'obtiens l'amoureuse victoire.

L. „trouué parfaict de la perfection", c. à. d. par Caliste, qui est la perfection même.

347.
    N'espere point que ta flame s'allege,
    Si tu ne tends à ta rebelle un piege.
    — Quel piege, encor? — Baflant de la plier,
    Eust elle un coeur insensible d'acier.

L. „Baftant", c. à d. capable „de la plier".

481.
    Belle Bergere ... — O Dieux! — N'ais point peur.

Vers faux. L. „N'ais point de peur", auquel cas *n'ais* serait une forme syncopée pour le subjonctif *n'ayes*; ou, plus simplement, „N'aie point peur".

526.
    Ouy, mais, Berger, tel bien-fait se morfond,
    Perde son lustre

L. „Perd de son lustre".

540.
    l'heure si fortunée
    Que ie sauué ta pudeur butinée

L. „sauuay".

568.
    D'vn tel supçon ie n'ay l'ame alleigée

L. „soupçon".

856.
    Du plus beau des Bergers que sçache l'Arcadie
    N'agueres fut ietté se sort malicieux

L. „ce sort", et mettre entre guillemets ces vers et les deux suivants, puisqu'ils constituent l'oracle prononcé par Mérope.

930.
    il faut
    Prendre un Azile, où se soit ne m'en chaut.

L. „où ce soit", c. à. d. où que ce soit, peu m'importe!

1010.
    Vn faux soupcon l'opprime iniustement.

Ce vers ne peut être placé dans la bouche de Moelibee, dont le rôle est d'accuser, non de défendre Mopse et son fils. Il le faut donc attribuer à „Mopse", et c'est Caliste qui est opprimé par un injuste soupçon.

Tome IV.

Edition unique: 1626.

Corrections au texte de M. Stengel.

Pièces liminaires, dernier vers: „siecle".

La mort de Daire. 271, „arrêtez". 317, „captiue". 354, „Trouuer". 379, „Tranquille". 831, „subiuguée". 1418, „douloureuse".

La mort d'Alexandre. 184, „Predisent". 294, „de rage forcenée". 1019, „si tost que i'auray sçeu". 1342, „de Nestor".

Aristoclee. 153, „enuieuse". 163, „L'asseurance". 192, „ce corps". 1190, „En chose qui".

Fregonde. 36, „ce lien". 852, „belles fleurs".

Gesippe. 64, „en tel acte". 149, „Voulez-vous aller". 243, „Objet qui". 282, „vous presse". 366, „Au lieu de l'appaiser". 460, „souffrissent". 470, „préuaille".

Phraarte. *Argument*, „auec intelligence". 64, „leurs gestes". 379, „au pris". 449, „qui le promet". 450, „ne permet". 574, „m'abandonne". 810, „vous semble". 1739, „desauouer".

Le Triomfe d'Amour. 544, „SATYRE", et non CLITIE. 647, „Sois diligente". 780, „d'vne mer enragée". 905, „Te donner". 1015, „au meurtre". 1943, „Aux affligez". 2003, „Courons". 2041, „au choix". 2204, „Ne leur voulus".

Corrections au texte primitif.

La mort de Daire.

585. Retrancher Daire de la liste des personnages de la scène I; l'imprimeur s'est laissé aller à répéter toute entière la 1ère ligne de la liste qui figure en tête de l'acte.

657.
        Sans plus demy prudent quiconque te veux faire
        Dans le thrône vn chemin malgré le populaire,
        Quiconque vois le sort à tes pieds se coucher,
        Et des occasions si belles t'aprocher.

On peut lire: „Sans plus beny... quiconque te veut..., Quiconque voit". Mais un verbe qui aurait le sens de *suivre* me satisferait plus que *bénir*.

693.
        Le plaisir de regner seule est vraye ambrosie
        Qui repaît Iupiter entre les immortels,
        Rend ces effets icy, chez les Monarques, tels:
        L'ardente affection voüée au diadême
        N'abandonne les Roys dans le sepulcre même.

L. „Le plaisir de regner, seule et vraye ambrosie Qui..., Rend ses effets", c. à d. produit ses effets.

La mort d'Alexandre.

265, 417, 453 et suivants. Dans la scène II de l'acte II, tous les couplets attribués à Perdice appartiennent en réalité au Mage; il faut donc effacer Perdice et écrire „Mage" dans les listes qui précèdent la scène II et l'acte lui-même. Toutefois on pourrait supposer que Perdice assistait à la scène en personnage muet, Hardy aurait mis son nom dans les listes en oubliant celui du Mage, et l'imprimeur, abusé, aurait alors commis la substitution qui obscurcit ce passage et qui se remarque 9 fois dans les p. 99—102 de l'édition originale.

276.   Ce Geant qui s'eleue & qui tose irriter

L. „qui t'ose".

456.
        Ma profession sainte, un mensonge abhorrant,
        Tira ce qu'elle sçait, sans force, declarant.

L. „T'ira... declarant".

469.   De nulle qualité de mauuaise ne bonne

L. „ne mauuaise ne bonne".

857.   O festin mille fois & mille fois funeste

                 Que celuy qui repût de sa race Thieste

Ce texte forme un contre-sens, car le Page n'a pas à déplorer le festin
de Thyeste, mais celui qu'Alexandre a pris chez Médie. L. „O festin
mille fois & mille plus funeste Que celuy".

1228.   Peu à peu deuoré de ce tourment maudit

                 Qui le coeur (prouenu d'Antipatre) me dit,

                 Ouy, le traître Antipatre ou sa race maline.

L. „Que le coeur prouenu d'Antipatre me dit". Alexandre devine que
son empoisonnement est l'oeuvre l'Antipatre ou de ses fils.

   Aristoclee.

71.   Mon malheur ne permit, auec tel auantage,

                 De pouuoir ses beautez decouurir dauantage,

                 Tant l'honneurs (!) monstre horrible, impitoyable & fier,

                 A sa honte sembloit mon heur sacrifier,

                 Tant un secret instinct . . .

Bien que M. Stengel ait mis un point d'exclamation, la correction est
facile: il suffit d'effacer l's d'*honneurs.* Il est vrai que Hardy aurait pu
s'exprimer plus clairement. — Straton a vu Aristoclée toute nue au bain,
mais il n'a pu *découvrir ses beautés* aussi complètement qu'il l'aurait voulu,
parce qu'*un secret instinct* a, pour ainsi dire, fait sentir à la jeune fille
qu'elle était regardée. Le sentiment de *l'honneur* a donc éveillé *sa honte,*
elle s'est cachée et, du coup, a *sacrifié l'heur* de Straton. (La malédiction
contre *l'honneur* était classique au théâtre depuis *l'Aminte* du Tasse; on
la trouve dans Garnier, dans Montchrétien, dans Racan et dans vingt
autres.)

1041. Effacer Straton de la liste des personnages; il ne paraît
qu'à la scène suivante.

1139.   La celebre action du mariage saint

L. „La celebration".

1407.   Vn monde conspire ton aise,

                 Vn monde blâme le sejour,

                 Qui pirauste parmy sa braise,

                 Nourrit vn vertueux amour.

L. „Que, pirauste parmy sa braise, Nourrit". Le pyrauste, animal fabu-
leux, est ainsi défini par Du Bartas (sixiesme iour de la sepmaine, v. 1048,
éd. de 1603):

                 Ainsi l'ailé Pyrauste en l'ardante fournaise

                 S'engendre de Vulcan, s'egaye sur la *braise,*

                 Se perd perdant la flamme, & le viste element

                 Qui, goulu, mange tout seul luy sert d'aliment.

Hardy semble s'être souvenu de ce passage; aussi a-t-il fait chanter par
le choeur qui attend Aristoclée et Calistène: Un monde blâme ton séjour,
ô couple qu'un vertueux amour nourrit, comme la braise nourrit le
pyrauste qui vit dans son sein.

   Fregonde.

485.   Elle marche par tout seure, la tête haute,

                 Et des fausses rumeurs d'vn commun ne luy chaut.

L. „la tête haut"; *haut* est adverbe.

776.   Seuls les voicy; tu peux leur nuire, confrontée,

                 Assoir dessur l'indice vn dernier iugement.

                 Le plus aueugle peut lire ce changement.

La Nourrice ne songe aucunement à *nuire* à Frégonde et au Marquis;

elle est seulement curieuse d'observer leurs sentiments. L. „tu peux, leur mine confrontée, Assoir".

1210.   Veillez donc ce destin, patiente, endurer.

L. „Veuillez".

Gesippe.

1277. Lire „Scene V", et non Scene IV.

Phraarte.

506.   . . . vn gouffre hideux d'irreparables pertes,
                 Qui, ses sujets meurtris, ces Prouinces desertes,
                 Puisse auec son Empire vn barbare engloutir.

L. „ses Prouinces"; il s'agit des sujets, des provinces, de l'empire d'un barbare, c. à d. de Cotys.

605.   Certain bruit, au surplus, iusques à moy passé
                 Et l'esprit soucieux forma la coniecture,
                 Soit veritable ou non, d'vne guerre future.

L. „En l'esprit".

739.   Sans tréue de labeur, que, la Thrace gangnée, . . .
                 Tu ne rendes ce couple à la chaste beauté
                 Qui void, le receuant, un trait de loyauté.

L. „Tu me rendes". Phraarte charge Calistène de ramener à Philagnie ses dames d'honneur, prisonnières en Macédoine; *me* est fort naturel à côté de *Tu rendes*, puisque Phraarte, par cet acte de générosité, espère gagner définitivement les bonnes grâces de Philagnie.

868.   L'infame sçelerat, auec elle fuitif,
                 Trompe seul d'apparence en ce tour deceptif.

L. „Trompe seul".

899.   Mon âge vigoureux auec même allegresse
                 Qu'en son printemps se porte aux actes de proüesse,
                 Coursier qui, genereux, des premiers veux courir.

L. „veut courir".

1193.   Vôtre oracle m'apprit que la clemence apporte
                 L'oracle des vertus à quiconque la porte.

L. „Le comble des vertus". La répétition du mot *oracle* a été favorisée par l'identité des lettres finales dans ce mot et dans le mot *comble*.

1521. Avant les mots Paysan, Philagnie, écrire „Scene VI".

1662.   . . . forçeans le dessein d'vne contraire enuie.

L. „forçans".

Le Triomfe d'Amour.

Argument. „Cupidon . . . mariant Cephée auec sa Clitie, & Atys à la belle Melice". — L. „à la belle Ægine"; voyez v. 2395 et suivants, 2417 et suivants. Cette erreur de l'argument a été répétée par M. Lombard (*Zeitschrift für neufranzösische Sprache und Litteratur*, I, 391; M. Lombard écrit *Melite*) et par M. G. Weinberg (*Das französische Schäferspiel*, p. 51).

50.   Qui la mouueroit? quelle forçenerie?

Vers faux; l. „qui la mouuroit?"

178.   Cruel Atys, barbare qui méprises
                 La sainte ardeur de tes flames éprises

L. „de mes flames"; c'est la bergère Ægine qui parle.

530.   Pour bassement qu'elle aille chuchetter

L. „chuchotter".

595.   Trouue Cephée, & si son feu mocqueur
                 Ne ma deceuë . . .

L. „Ne m'a deceuë".

638.   A vn besoin, ie guideray ces pas

L. „ses pas", ceux de Céphée.

848.   Notre amitié qui dure mutuelle,...
          Que nous auons succé auec le lait.
L. „Que nous auons sucée“.
   1239.   Nais à l'amour, nôtre propre élement.
L. „Nés“; ce sont les satyres qui, d'après l'un d'eux, ont ainsi la vocation
de l'amour.
   1402.   Et pleût, ô Dieux, que l'on me l'eût rauie.
L. „Et pleût aux Dieux que...“.
   2305.   Arrêt qui deût, memoire de sa main
              Grauer au front de son temple d'airain.
L. „Arrêt que deût Memoire... Grauer“.
   2336.   Qu'aura seruy ton Oracle, Philire,
              Sinon, menteur, d'aleger mon martire?
Ce texte forme contre-sens. Philire a empêché Ægine de se tuer en lui
prédisant la réalisation de ses désirs; maintenant que ses espérances
sont déçues, Ægine doit reprocher à Philire, non d'avoir „alégé“, mais
d'avoir „alongé“ son martyre.
   2352.   Las promets-tu qu'on traite de la sorte,
              O Paphien, tes fidelles sujets?
L. „Las! permets-tu“.

Tome V.

Edition unique: 1628.

Corrections au texte de M. Stengel.

Timoclee. 191, „n'ont plus“. 1191, „librement“. 1390, „En
combler nos fossez“. 1432, „Du pouuoir“. 2022, „mes iours trop longs“.
2213, „cruellement“.
   Elmire. 87, „s'accommodant“. 170, „d'auantage“. 275, „auise
d'oublier“. 1003, „Vne heure“. 1153, „Revoicy mon soleil“. 1192,
„merueillense“. 1271, „arriuee“. 1381 et 1383, „Telles sumissions“.
   La Belle Egyptienne. *Argument*, „la profession“. 4, „me
retenoit“. 452, „contrainte“. 1403, „Hola“. 1423, „Ha! mon heur“.
   Lucrece. 322, „tonnerre“. 325, „abandonne“. 708, „ne manquera
de rien“. 885, „que ie le croye“. 1283, „quelque foible pouuoir“.
   Alcmeon. 456, „D'ensuiure mon conseil“. 760, „Ren du droit“.
935, „du desir“. 1397, „Eleu neutre“.
   L'Amour Victorieux, ou Vengé. 768, „renfermee“. 1141,
pourquoi M. Stengel a-t-il fait suivre ce vers d'un point d'interrogation?
„Vous vaincre toutes deus“, dit le Satyre, battu par Ruffie et Adamante,
„M'êt beaucoup plus vilain que hazardeus“; c. à d. il serait beaucoup
plus honteux que difficile pour moi de vous vaincre toutes deux. Le
texte est parfaitement correct. 1330, „desenflamer“.

Corrections au texte primitif.

Timoclee.
   1. Insérer dans la liste des personnages le nom de „Perdice“
entre celui de Cratere et celui de Parmenion; Perdice parle en effet
aux vers 101, 169, 193, 217.
   75.   Et presume que l'âge emporte à ma valeur
            Qu'à ne rien deferer il ira trop du leur.
L. „importe à ma valeur,“ et „Qu'à ne rien differer“. La *commune* des
cités grecques (Hardy prend ici pour sujet le singulier, bien qu'il ait écrit,
v. 71, *Ces communes)* présume que la valeur d'Alexandre sera moindre
pendant son jeune âge, et que les Grecs ont grandement intérêt à ne pas
différer leurs entreprises.

15

204.   Auoir trop retenu le foudre de mon bras
                  N'accroît que le mépris de ses peuples ingrats.

L. „de ces peuples".
273.   — — — Voicy les espions couuerts
                  De nos Atheniens, peuple caut & peruers,
                  Qui ne flattera point ma réponse absoluë.

L. „Que ne flattera point".
480.   . . . ceux qui n'ont iamais vécu que sous leurs loix,
                  Qui toûjours d'amitié rechercherent les Rois, . . .

Démosthène célèbre la gloire des Athéniens; l. „Que . . . rechercherent les
Rois".
750.   Quiconque sous vn faix tant honorable suë,
                  Bien que ces bons desseins ayent mauuaise issuë,
                  N'encourt aucun reproche.

Il s'agit de l'orateur qui cherche le bien de sa cité. L. „Bien que ses
bons desseins".
1281. Remplacer, dans la liste des personnages, choeur d'Atheniens
par „choeur de Thebains"; voy. au v. 1357.
1578.   l'ardeur
                  Qui ne fait qu'aiguiser la prise d'une ville
                  Pour rendre l'Vniuers tributaire & seruile

L. „Que". La défaite de Thèbes ne fera qu'aiguiser l'ardeur des soldats
Macédoniens et la préparer à soumettre l'univers.
2103.   Quelques biens reseruez, s'appelle des meilleurs,
                  Attende qui voudroit . . .

L. „Attendent".
2204.   Toy qui se proposa ma valeur de modelle

L. „Que"; toi que ma valeur se proposa comme modèle.
Elmire.
416.   La plus desesperee en ma place craindroit
                  Et pour sa chasteté des hôtages prendroit.

L. „des otages".
523. La liste des personnages est à supprimer. Le marquis de
Bade, qui entre, était déjà indiqué dans la liste qui précède le v. 473.
815.   Tout au contraire, loin de ce desesperer,
                  Sa preuoyance sçait sa perte reparer.

L. „se desesperer; on définit ici la conduite du sage.
1112.   Que son retour, payant l'interest du passé,
                  Dissipe des ennemis le nuage amassé

L. „des ennuis".
La Belle Egyptienne.
126.   Referer l'infiny du long tourment souffert
                  Depuis le iour fatal de ta premiere veuë,
                  Qui le coeur asséné d'vne fleche impourueuë,
                  Excede mon pouuoir.

L. „Que"; il y a dans ce vers, comme dans mille autres de Hardy, une
forte ellipse: depuis le jour fatal que (où) j'eus le coeur asséné".
387.   Voir que de loin sa flame à la tienne réponde,
                  Ioüyr de ces discours

L. „de ses".
455.   Sur moy qui ne peut plus . . .

L. „qui ne peus".
761.   Mocqueur, attendu moins que Precieuse absente
                  Le subtil aiguillon de ta langue ne sente.

L. „atten du moins".

800.   Or, prise de sommeil, adieu, separons-nous,
          Et te souuient qu'il faut heurler auec les loups.
L. „Et te souuien", et souviens-roi.
837.   Va donc sonder accord où bute son desir, ...
          Bref ces pretentions.
L. „ses",
840.   Nôtre troupean depart & dans peu se resoult.
L. „Nôtre troupe au depart, & dans peu, se resoult".
896.   Marche droit hardiment; vn Argus, à tes pas,
          De ruser tant soit peu ne te permette pas.
L. „ne te permettroit pas".
981.   Vous reconnaissant donc à ce dessein reduit,
          Mon credit s'emplira vers nos gens, & ie gage
          Leur faire consentir la route du voyage.
L. „Mon credit s'emploiera".
1240.   L'homme, quoy qu'animal celeste d'origine,
          D'où deriuent ces maus aueugle n'imagine.
L „ses maus".
1378.   I'iray premiere aux yeux de la mere paroître
          A qui déja l'instinct enflame l'amitié,
          Vn ouurage à soy tout parfait en la moitié.
D'instinct, Guiomar aime Précieuse sans savoir qu'elle est sa fille; la
vieille Egyptienne va révéler le secret qui achèvera de les unir et par-
faire ainsi un ouvrage qui, de lui-même, s'est fait à moitié. Je propose
donc, sans en être absolument satisfait, la correction suivante: „Vn ou-
urage de soy tout parfait à moitié".
1473.   Desastre infortuné!
„Fortuné", au contraire, puisqu'il amène la reconnaissance de Precieuse
et le bonheur des principaux personnages de la pièce.
  Lucrece.
108.   Encor ne puis-ie pas le sujet discerner
          Qui forme cette plainte y donne à soupçonner.
L. „& donne".
1261.   En fin l'ignoble peur qui ces raisons suggere
          Me veut persuader ton offense legere,
          Myrhene assassiné te condamne à la mort ...
          Defen-toy.
L. „En vain".
  Alcmeon.
17.   Au lieu de transpercer ta poitrine de coups
          Et venir de là bas chez la troupe dolente
          De ton meurtre subir la peine violente.
L. „Et de venir là bas".
107.   Vn courage, l'effroy des perils plus à craindre,
          Pourroit-il maintenant vous permettre de plaindre?
          Abbatu de constance, épancher ses regrets?
L. „ces regrets"; votre courage vous permet-il de les épancher?
587.   Conioints plus fermement qu'à son crime un lierre.
L. „qu'à son orme".
869.   Ruant sur moy des yeus de rage étincelants.
L. „Rouant".
1048.   ... apprêter à ce roc endurcy
          Vn repas de leur corps, faire leurs funerailles,
          Pour le mieux tortuer, dans ses gloutes entrailles.
L. „Pour le mieux torturer".

1134.
Du iour, helas! est-il croyable qu'il me luise,
Paricide vne fois vers qui me le donna,
L'autre vers qui d'honneur ma rage le borna?

L. „Vers qui l'horreur de ma rage borna". Alcméon, ayant tué sa mère, a vu ses remords et sa *rage* calmés par l'amour d'Alphésibée; et c'est Alphésibée qu'il vient de trahir, envers qui il vient de commettre une sorte de parricide!

1150.
Si, criminel, on n'a sa grace de si loin,
De vous propicier plus prest il est besoin.

L. „plus pres".

1214.
Callirhoé vous voit franc des inegales loix.

L. „des iugales loix".

1331.
Ah freres! vous fuyez ainsi que de coûtume
Mon miserable corps qui flotte d'amertume,
Contentes du butin de ces vaillans esprits;
Barbare, vous auez ce chetif à mépris.

Eudème vient d'invoquer les *filandières sœurs* pour obtenir la mort; „ah fieres!", reprend-il, c'est à dire: ah! cruelles! mais l'imprimeur, qui venait de voir mourir les frères d'Alphésibée, a changé *fières* en *frères*. — Au dernier vers, L. „Barbares".

L'Amour victorieux, ou vengé.

12.
Si, que Cythere, Amathe & ces beaux prez
De l'Arcadie en tout temps diaprez . . .
Nous méprisions pour un peuple rustique.

Faut-il lire „l'Achaïe"? je ne sais; mais *l'Arcadie* n'est certainement ici que par suite d'une erreur, puisque Vénus se plaint d'avoir méprisé pour ce pays rustique quantité d'autres qui valaient davantage.

897.
Acheminé au celeste sejour
Qui proche tient le soleil de mon jour,
Je te suplie, ô reyne de Cythere.

L. „Acheminée"; Lycine parle d'elle-même.

EUGÈNE RIGAL.

Rektor Volkmann von Schulpforta
und der französische Unterricht auf den Gymnasien.

———

Am dritten Sitzungstage der Berliner Schulkonferenz hat sich Rektor Volkmann über das Französische folgendermassen ausgelassen:

„Ist es notwendig, eine Beschränkung der gesamten Stundenzahl in den untersten Klassen vorzunehmen, — meine Erfahrungen sind auf diesem Gebiete beschränkter Art, — so geht meine Meinung dahin, es ist eine Erleichterung zu schaffen, wenigstens in Quinta und Quarta, durch Verminderung des Französischen. Wir haben seit 1882 in Quinta vier und in Quarta fünf französische Stunden. Ich glaube über die Erfolge dieser Neuerung zu einem Urteile befugt zu sein. Man müsste doch glauben, dass diese erhebliche Vermehrung wenigstens nach Verlauf einiger Jahre sich in ihrem günstigen Erfolge hätte zeigen müssen. Ich bin in der Lage, meine Herren, in Pforta — unsere Landesschule beginnt ja erst mit Untertertia und der Eintritt in diese Klasse wie die Aufnahme in unsere Anstalt überhaupt ist nur auf Grund einer eingehenden Prüfung möglich und zulässig, — schlecht gerechnet, alljährlich 60 Schüler wie in den andern Hauptfächern so auch im Französischen, denn das ist nunmehr in diesen Klassen ein Hauptfach, schriftlich und mündlich prüfen zu müssen. Ich muss ehrlich gestehen, die Leistungen in diesen Prüfungsarbeiten sind ziemlich bedauerlicher Natur und entsprechen keineswegs den Erwartungen, zu welchen der umfängliche Betrieb des Französischen in Quinta und Quarta berechtigte. Ich muss darauf insofern noch ein grösseres Gewicht legen, als wir ja unsere Schüler für die unteren Klassen aus den verschiedenartigsten Lehranstalten und aus allen Provinzen der Monarchie erhalten. Es hat sich auch ferner herausgestellt, dass nun der französische Unterricht in Untertertia keineswegs einen erheblich höheren Flug nehmen kann, als das früher möglich war, dass vielmehr dem Verständnis der Litteratur hauptsächlich eben wegen der grammatischen Unsicherheit und Unkenntnis doch mancherlei Schwierigkeiten sich in den Weg stellen. Ich glaube also, eine wesentliche Verbesserung ist durch diese Neuerung des Jahres 1882 nicht erreicht worden, und ich bin entschieden der Ansicht: was wir in unseren Schulen auf neusprachlichem Gebiete überhaupt nur erzielen können, die jungen Leute heranzubilden, dass sie ein französisches, ein neusprachliches Buch lesen und verstehen, das haben wir früher annähernd ebenso gut erreicht, wie wir es nach dem neueren Lehrplane erreichen können." (Verhandlungen S. 195—196.)

Soweit die Äusserungen Volkmanns, des einzigen Teilnehmers an der Berliner Konferenz, der sich über die 1882 erfolgte Verstärkung des französischen Elementarunterrichts etwas eingehender ausgesprochen hat. Denn Schiller hat nur beiläufig davon geredet und mit der ausdrücklichen Hinzufügung, die seiner Loyalität Ehre macht, dass er über diesen Punkt nicht mit voller Sicherheit reden könne (S. 98). Da nun die Frage der Verlegung des französischen Elementarunterrichts aus Quinta nach Quarta in mehreren deutschen Staaten jetzt zur Diskussion gestellt beziehentlich in Erwägung genommen ist, und da andrerseits die obigen Auslassungen Volkmanns von Berlin aus leider unwidersprochen in das Land herausgegangen sind, um da Stimmung zu machen für die, namentlich vielen Altphilologen sehr willkommene Heraufschiebung des französischen Unterrichts, so dürfte es wohl am Platze sein, diese Auslassungen einer kritischen Beleuchtung zu unterziehen und auf Grund deren die Frage zu beantworten, ob denn gerade Volkmann, der Rektor von Schulpforta, berufen war, nach den an seiner Schule gemachten Beobachtungen ein Urteil von allgemeiner Giltigkeit abzugeben.

Schon aus dem oben angeführten Texte ist ersichtlich, dass die Landesschule von Pforta kein Untergymnasium hat. Somit hat also Volkmann zur Beobachtung des französischen Elementarunterrichts dort gar keine Gelegenheit, und sein abfälliges Urteil beruht daher in erster Linie auf den Leistungen der Schüler, die für die Aufnahme nach Untertertia geprüft werden. Dass diese Leistungen bedauerlicher Natur sind, wird niemand anzweifeln wollen, zu ihrer vollen Würdigung ist aber doch Mehreres zu berücksichtigen, was der Rektor von Schulpforta unausgesprochen gelassen hat.

Einmal gehört hierher der Umstand, dass die für die Untertertia der Landesschule angemeldeten Schüler zum Teil nur privatim vorbereitet sind, nur zu häufig von Pastoren, die selbst nach alter Weise französischen Unterricht genossen haben, und daher fast nie in der Lage sein können, einen auf der Höhe der Zeit stehenden Elementarunterricht in dieser Sprache zu erteilen. Es ist bekannt, dass man sich bei der Privatvorbereitung der für die Untertertia der Landesschule bestimmten Schüler mit dem Französischen mehr oder weniger äusserlich abzufinden pflegt, da man wohl weiss, dass die massgebenden Persönlichkeiten der Landesschule nur zu sehr geneigt sind, Schwächen der Schüler im Französischen mit Nachsicht zu beurteilen. So ist es ja schon an den meisten freien Gymnasien, deren Leiter in einer Zeit auf der Schulbank gesessen haben, wo der französische Unterricht noch sehr mangelhaft eingerichtet war, in ganz besonderem Masse aber gilt das von der Landesschule, die ihren Stolz darein setzt, die altklassischen Bildungselemente in besonderer Weise hochzuhalten. Von diesem Standpunkte aus kann es dort ja gar nicht als sehr erwünscht betrachtet werden, dass die Schüler im Französischen etwas Ordentliches leisten, und im Grunde genommen fühlt man sich darüber wohl auch nicht besonders unglücklich.

Dem Volkmannschen Urteile gegenüber sind aber auch noch andere Momente zu berücksichtigen. Ein billiger Beurteiler darf vor allem nicht übersehen, dass auch an vollständigen Gymnasien der französische Elementarunterricht leider nur zu oft nicht in den Händen von Fachmännern liegt. Hier wird ein Naturwissenschafter damit betraut, dort ein Theolog, dort ein Altphilolog, dort ein Mathematiker. So ist es nur zu oft in Preussen, und ähnlich auch in Sachsen. Wiederholt schon haben Versammlungen von Neuphilologen einmütig darauf gedrungen, dass der französische Elementarunterricht nur von Fachmännern erteilt werde; auch die ost- und west-preussische Direktorenkonferenz von 1889 hat die These angenommen: „Es empfiehlt sich den französischen Unterricht auf der untersten Stufe nur bewährten Fachmännern zu übertragen." Es fehlt aber zur Zeit noch viel daran, dass diese Forderung verwirklicht sei. Vielfach noch haben die ersten Vertreter des Faches die auch sonst weit verbreitete Anschauung, dass der Unterricht in den unteren Klassen weniger vornehm sei als der in den oberen Klassen; vielfach auch, namentlich, wenn sie älter sind, erscheint ihnen die auf der unteren Stufe etwas schwierigere disciplinelle Aufgabe und die daselbst vorhandene Korrekturlast unwillkommen und so kommt es, dass der Elementarunterricht nur zu oft in die Hände eines jüngeren Lehrers gerät, der nicht Fachmann ist. Kann man sich aber unter solchen Verhältnissen noch darüber wundern, dass die 1882 erfolgte Vermehrung der Stundenzahl des Französischen noch nicht überall die rechten Früchte getragen hat? Ein ungenügend vorgebildeter Vertreter des Faches würde selbst bei einem Ansatz von zehn französischen Wochenstunden nicht in der Lage sein, den Elementarunterricht didaktisch so auszubeuten, wie es notwendig ist.

Ferner ist zu berücksichtigen, dass die in die unterste Klasse der Landesschule aufgenommenen Schüler, die aus allen Teilen der Monarchie stammen, wegen ihrer ganz verschiedenartigen Vorbildung in allen Fächern, aber namentlich auch im Französischen erst sozusagen zusammengearbeitet werden müssen. Anstalten, die von Sexta auf bauen, haben hier einen unleugbaren Vorzug vor der Landesschule, indem sie gleichmässig vorbereitete Schüler haben und daher auch in Tertia gleichmässiger und sicherer vorwärts gehen können.

Weiter hat eine gerechte Würdigung der Verhältnisse die in Schulpforta bestehende Einrichtung der sogenannten Studiertage ins Auge zu fassen. In jeder Woche fallen die Lektionen an einem Tage aus, der für die Privatlektüre der Schüler, im wesentlichen natürlich lateinischer und griechischer Schriftsteller, vorbehalten bleibt. Während die Tertianer freier Gymnasien in drei Wochen sechs französische Stunden haben, erhalten die Portenser in dieser Zeit durchschnittlich etwa nur vier, und oft ist das Verhältnis sogar noch ungünstiger. Die Einrichtung der „Studiertage" mag ja in gewisser Hinsicht sehr zweckmässig sein, dass sie aber zur besonderen Förderung des Französischen dienen, wird wohl auch Volkmann nicht behaupten wollen.

Nimmt man zu alledem noch den Umstand hinzu, dass der französische Unterricht in Schulpforta seit 1882, wie wohl auch früher, nie von wirklichen Fachmännern erteilt worden ist, dass nach Ausweis der Programme von Ostern 1887 bis Ostern 1890 der französische Unterricht in den sechs Klassen der Anstalt die Zahl von drei verschiedenen Lehrern verteilt war, Philologen bez. Mathematiker, dass man an der Untertertia dort, wenn man überhaupt zusammenhängende Lektüre treibt, höchstens zu einem so veralteten und für Gymnasiasten wenig interessanten Schriftsteller wie Rollin greift, so wird man die Äusserung Volkmanns wohl begreiflich finden, dass der französische Unterricht in Pforta seit 1882 keinen erheblich höheren Flug genommen hat, auf das Nachdrücklichste aber wird man sich dagegen zu verwahren haben, dass die Auslassungen des Portenser Rektors, die sich zum Teil aus den eigenartigen Verhältnissen jener Schule und der wenig glücklichen Organisation des französischen Unterrichts dort erklären, dass diese Auslassungen etwa zur Grundlage einer Forderung allgemeiner Natur gemacht werden.

Alle Fachvertreter, die das Französische als wirklich lebende Sprache zu lehren verstehen, stimmen darin überein, dass die Verstärkung, die der französische Elementarunterricht 1882 erfahren hat, in hohem Grade wertvoll ist, und überhaupt erst die unumgängliche Voraussetzung dafür getroffen hat, dass auch auf dem Gymnasium etwas Ordentliches in der modernen Sprache geleistet werden kann. Bei jeder Sprache ist es von der grössten Bedeutung, dass ein fester Grund gelegt werde. Es war unnatürlich, dass man dem französischen Anfangsunterrichte früher 2—3 Stunden wöchentlich zuwies, und auch nicht einmal in Quarta, wo das Griechische einsetzte, über die Ziffer 2 hinausging. Nicht pädagogische Rücksichten waren bei dieser Verteilung massgebend gewesen, sondern philologische. Wer jene Zeit selbst noch als Lehrer durchlebt hat, weiss, wie freudlos man damals im Laufschritt durch die Grammatik eilen musste und gar keine Möglichkeit hatte, bei schwierigeren Partien etwas eingehend zu verweilen, geschweige denn gar Sprechübungen anzustellen. Die unvermeidliche Folge dieses Zustandes war eine bis in die obersten Klassen heraufreichende hochgradige Unsicherheit in den einfachsten Dingen der Grammatik, gegen die man ganz vergeblich ankämpfte. Das ist jetzt doch nicht unerheblich besser geworden. Die Elemente können jetzt mit grösserer Sicherheit fundiert werden, in der Aussprache lässt sich eine gute Grundlage gewinnen und durch zahlreiche Sprechübungen kann man dem Schüler jetzt von vornherein das wertvolle, bis in die obersten Klassen nachwirkende Bewusstsein geben, dass er es im Französischen mit einer lebenden Sprache zu thun hat. Es könnte daher nur als ein beklagenswerter Rückschritt bezeichnet werden, wenn man die 1882 geschaffene zweckmässige Grundlage jetzt wieder aufgeben wollte. Man würde damit etwas thun, was den Schülern selbst kaum verständlich wäre. Von vielen gewichtigen Seiten wird in neuerer Zeit die Frage erhoben — aus dem Lager der Altphilologen selbst hört man sie ertönen —, ob denn die tote Sprache, die Sprache einer von der unsrigen so gänzlich verschiedenen Zeit, ein angemessener, ein psychologisch berechtigter Lehrgegenstand für zehnjährige Knaben sei, und manche Anzeichen, die sich von Jahr zu Jahr zu mehren scheinen, weisen darauf hin, dass diese Frage, trotz aller Bemühungen, in nicht ferner Zukunft laut an die Thore der Gymnasien klopfen wird: Der Beweis aber wird Niemandem gelingen, dass eine lebende Sprache, die dem Schüler kein abstraktes Denken zumutet, deren Inhalt dem Anschauungs- und Fassungsvermögen der Knaben entspricht, die an das anknüpfen kann, was ihnen naheliegt, was sie interessiert, dass eine solche Sprache der Altersstufe der Quintaner unangemessen wäre.

K. A. MARTIN HARTMANN.

Über unsere Schulausgaben französischer und englischer Schriftsteller.

———

Die Frage, wie unsere Schulausgaben der französischen und englischen Schriftsteller beschaffen sind, und ob sie nach dieser Beschaffenheit ihrem Zweck entsprechen, ist wichtig genug um sie etwas genauer zu erwägen. Es kommen dabei eine Menge Kleinigkeiten in Betracht, die zum Teil im ganzen, zum Teil schon für sich allein die Zulässigkeit der betreffenden Ausgaben in unseren Schulen entscheiden. Die Besprechung muss in erster Linie die grossen jetzt am meisten verbreiteten Sammlungen berücksichtigen, nämlich Velhagen & Klasing in Bielefeld, Renger in Leipzig, Friedberg & Mode in Berlin, Weidmann in Berlin, die Göbelsche Sammlung in Münster, daneben auch kleinere Sammlungen, und solche, die eben erst begonnen werden, wie Seemann in Leipzig, Schlutter in Gera, die Students' Tauchnitz Edition.

Naturgemäss zerfallen die hier in Betracht kommenden Gesichtspunkte in solche der äusseren und inneren Ausstattung. Zu der äusseren Ausstattung gehört vor allem die Güte des Papieres, die Farbe desselben und das geringe Durchscheinen der Buchstaben. In diesem Punkte dürften die grossen Sammlungen sämtlich auf ziemlich gleicher Stufe stehen: das Papier ist hinreichend kräftig und hat eine etwas gelbliche Färbung, sodass es auf das Auge wohlthuend wirkt. Die neue Sammlung des Schlutterschen Verlags zeichnet sich ausserdem durch einen breiten Rand aus; Rand und Format der Göbelschen Sammlung sind etwas klein.

Was den Druck selbst angeht, so ist die Grösse der Buchstaben nicht so wichtig als es auf den ersten Blick scheint. Zu den grossen Buchstaben gehören auch entsprechender Zeilendurchschuss (d. h. freier Raum zwischen den Zeilen) und Spatium (d. h. Raum zwischen den einzelnen Buchstaben und Wörtern). Ferner ist die Länge der Zeilen von Wichtigkeit, ebenso die Deutlichkeit mit welcher die Buchstaben ausgeprägt sind. Die Ausgaben der grossen Pariser Verlagshandlungen sind in diesem Punkt noch keineswegs erreicht. Je grösser die Buchstaben sind, desto grösser muss der Durchschuss sein. Bei der üblichen Höhe von $1\frac{1}{2}$ Millimeter derjenigen Buchstaben, welche nicht über und unter die Reihe hinausragen, dürfte 2,5—2,7 Millimeter Spatium ausreichend sein. Dieses Mass wird erreicht von Velhagen & Klasing und der *Students' Tauchnitz Edition*, ebenso von Schlutter, während Göbel, Renger, Weidmann und Friedberg & Mode dahinter zurückbleiben. Die letztgenannte Sammlung hat zu hohe Buchstaben. Was das Spatium

angeht, so braucht dasselbe nicht so gross zu sein zwischen den einzelnen
Buchstaben. Dagegen ist hinreichend grosses Spatium nötig zwischen
den Wörtern. Die geringe Zahl Buchstaben in einer Reihe ist also
nicht ohne weiteres entscheidend. Daher ist es schwer zu beurteilen,
ob in den verschiedenen Ausgaben genügendes Spatium vorhanden ist
und man ist im ganzen auf den allgemeinen Eindruck angewiesen; darnach ist das Spatium meistens ausreichend. Von grosser Wichtigkeit
ist noch das richtige Verhältnis zwischen Zeilenlänge und Durchschuss.
Je länger die Reihen sind, desto mehr muss dem Auge der Übergang
aus einer Reihe in die andere durch entsprechenden Durchschuss erleichtert werden. Allerdings darf auch die Reihe nicht zu kurz sein, weil
sonst der Übergang in die neue Reihe zu oft nötig wird. Es mag hier
erwähnt werden, dass die französischen und englischen Zeitungen, deren
grosses Format uns so ungewohnt ist, durch ihre kurzen Reihen sich
leichter lesen und das Auge weniger ermüden als die meisten deutschen
Zeitungen. Die Göbel'sche Reihe mit 6,7 cm ist deswegen etwas kurz,
weil dadurch das Format überhaupt klein wird und auf der einzelnen
Seite wenig Text steht; die Renger'sche Reihe und diejenige von Friedberg & Mode grosses Format mit 9 cm, Weidmann mit 9,1 cm sind im
Verhältnis zum Durchschuss etwas lang. Die Ausgaben Velhagen &
Klasing mit 8 cm dürften wohl hinsichtlich der Zeilenlänge das richtigste
treffen. Niemeyer in Halle mit 8,6 und *Students' Tauchnitz Edition* mit
8,5 cm sind bei dem reichlich bemessenen Durchschuss ebenfalls bequem
zu lesen. Die Göbel'sche Sammlung mit ihrem kompressen Satz wirkt
trotz der kurzen Reihe auf das Auge ermüdend.

    Zu den äusseren Eigenschaften, welche die Brauchbarkeit eines
Schulbuchs erhöhen, gehört weiter die Übersichtlichkeit. Dieser wichtige
Gesichtspunkt ist bis jetzt bei den Ausgaben noch sehr vernachlässigt
worden. Wie das Auge Ruhepunkte braucht zwischen den Wörtern
und Zeilen durch Spatium und Durchschuss, ferner am Schluss von
einzelnen Abschnitten einer Erzählung oder Beschreibung durch Absätze,
so braucht es auch Ruhepunkte, wenn grössere Teile der Erzählung
oder Beschreibung zu Ende sind; mit anderen Worten: in Schulausgaben muss der Text in Kapitel von 2—3 Seiten eingeteilt sein, deren
Inhalt durch entsprechende Kapitel-Überschriften angedeutet wird.
Lässt sich die Einteilung so treffen, dass die Länge jedes Kapitels ungefähr mit dem Quantum, welches in einer Stunde bewältigt werden
kann, zusammenfällt, dann ist es noch besser. Diese Einteilung in
kleinere Kapitel ist von der grössten Wichtigkeit; denn sie ist dem
Schüler eine bedeutende Hilfe für die Aufnahme des Inhaltes des Gelesenen. Reiht sich Seite an Seite, 20—30—40 Seiten lang (und das
ist das Gewöhnliche), so wird sich selbst der erwachsene Leser und
natürlich noch vielmehr der Schüler des Inhalts nur schwer bewusst.
Ich habe den Unterschied recht deutlich bei der Lektüre Macaulays im
Schulunterricht gemerkt. Nach der neuen *Students' Tauchnitz Edition*
ist es dem Schüler überhaupt erst möglich den Inhalt des Gelesenen
geistig zu verdauen; bei den gewöhnlichen Ausgaben der Tauchnitz
Edition war das unmöglich. Diese Einteilung in kürzere Kapitel findet
sich, soviel ich weiss, erst in wenigen Ausgaben von Renger, Velhagen
& Klasing und Friedberg & Mode. Eine notwendige Ergänzung der
Einteilung in kürzere Kapitel bilden entsprechende Seitenüberschriften
und Inhaltsverzeichnisse, mit denen es in vielen Ausgaben überhaupt
mangelhaft bestellt ist. — Recht angenehm ist beim Schulgebrauch die
Zeilenzählung auf dem Rand.

    Zur äusseren Ausstattung der Schulausgaben gehört ferner der

Einband. Am besten sind in dieser Beziehung die Ausgaben von Renger sowie Friedberg & Mode ausgestattet: die Einbände beider Sammlungen sind dunkelbraun und biegsam, sie schmutzen also wenig und sind bequem für den Gebrauch. Am ungeeignetsten sind die Ausgaben von Velhagen & Klasing, die ja neu recht schmuck aussehen, aber schon nach kurzem Gebrauch ein hässliches Äussere annehmen. Um dem vorzubeugen veranlasse ich stets die Schüler, sofort bei Beginn der Lektüre das betreffende Bändchen mit einem Umschlag zu versehen.

Auch der Preis der Schulbücher ist von Bedeutung. Bei den einzelnen Ausgaben der verschiedenen Sammlungen ist der Preis auf den Bogen ausgerechnet nicht immer derselbe; also sind folgende Angaben nur ungefähr richtig. Bei den Berechnungen, welche ich angestellt habe, wurde nur die Bogenzahl des Textes samt Titel, Vorwort und Einleitung zu Grund gelegt, die Anmerkungen wurden bei allen ausser Friedberg & Mode ausser Acht gelassen; bei der Sammlung Velhagen & Klasing sind die B.-Ausgaben (Anmerkungen in einem besonderen Heft) für die Preisberechnung zu Grund gelegt. Die Ausgaben Klein-Oktav enthalten auf der Seite etwa ⅘ des Textes der Ausgaben Gross-Oktav. Die Renger'schen Ausgaben (Gross-Oktav) kosten pro Bogen 19—20, Schlutter, Daudet (Gr.-Oktav) 12 Pf., Friedberg & Mode Gross-Oktav 15 Pf., (Duruy, Louis XIV. nur 12 Pf.); dieselbe Sammlung Klein-Oktav 12 Pf. (dabei sind jedoch auf jeder Seite mehrere Reihen Anmerkungen), Velhagen & Klasing (Klein-Oktav) 11 Pf. Danach sind am billigsten die Ausgaben Velhagen & Klasing sowie die Gr.-Oktav-Ausgaben Friedberg & Mode, während die Renger'schen Ausgaben ziemlich teuer sind. Billig ist auch das eine Bändchen Schlutter, dessen Preis ich berechnet habe, doch gibt Schlutter fast keine Anmerkungen, hat also dadurch gegenüber den anderen Verlegern eine ziemlich beträchtliche Ersparnis. Die Ausgaben der Weidmann'schen Sammlung haben seit einigen Jahren nur noch drei Preise (50 Pf., 1 Mk. und 1,50 Mk.). Einzelne Ausgaben sind dadurch recht billig geworden, z. B. Shakspere, King Lear (incl. Anmerkungen 15 Bogen kosten 1 Mk.). Auffällig teuer sind Dickens, Christmas Carol und Cricket on the Hearth (je 1 Mk.), Lanfrey, Campagne de 1806 kostet etwa 14 Pf. pro Bogen. Bei den Ausgaben der Weidmann'schen Sammlung ist noch der Umstand als verteuernd zu berücksichtigen, dass sie ungebunden geliefert werden. Recht billig sind endlich die Ausgaben der Göbel'schen Sammlung (kleines Format etwa 7 Pf. pro Bogen).

Für die innere Ausstattung jeden Buches und ganz besonders jedes Schulbuches ist ein korrekter fehlerfreier Text wesentlich. Es ist nun gewiss nicht leicht in Deutschland einen ganz fehlerfreien fremdsprachlichen Text herzustellen; aber fast alle unsere Schulausgaben müssen sich auf diesem Gebiet noch vervollkommnen. Es macht z. B. einen schechten Eindruck, wenn in der Ankündigung der Renger'schen Ausgaben steht, der Text würde nach der Orthographie der 7. Auflage des Dictionnaire de l'Académie gegeben und wenn auf der ersten Seite von Taine, les Origines de la France contemporaine zweimal kurz hintereinander privilège mit Akut steht; auf S. 1—15 dieser Ausgabe habe ich 14 Druckfehler entdeckt, eine Zahl, die für ein Schulbuch entschieden zu gross ist. Es dient auch nicht zur Empfehlung eines Buches, wenn schon auf dem Titelblatt ein Druckfehler vorkommt, wie ihn ein bei Velhagen & Klasing erschienenes Bändchen Macaulays' hat, das nach dem Titelblatt The Siege of Londonderry and Enniskillen in 1679 statt 1689 heisst. Dieser Druckfehler ist denn auch in den Katalog der Verlagshandlung übergegangen. Sonst ist der Druck der Sammlung Velhagen & Klasing ziemlich korrekt; Druckfehler sind selten.

Einen der streitigsten Punkte bildet die Frage nach der Art und dem Umfang der Anmerkungen, ferner ob dieselben als Fussnoten unter den Text oder in einen besonderen Anhang gehören. Damit dem Schüler nicht jede Gelegenheit zu eigener geistiger Thätigkeit genommen wird, sollte man jedenfalls die sprachlichen Anmerkungen auf das geringste Mass beschränken, etwa in dem Umfang wie es bei Renger geschieht. Sachliche Anmerkungen, welche am besten in einem besonderen Heftchen stehen, sollen so kurz und bündig wie möglich sein. Vor allem müssen sie sachlich richtig sein und an die Stelle passen. Das ist nicht immer der Fall, wie aus folgenden beiden Beispielen hervorgeht.

In der schon erwähnten Renger'schen Ausgabe von Taine, *les Origines de la France contemporaine* steht zu der Stelle 5,33, wo ein Herzog von Penthièvre erwähnt wird, wohl, wo Penthièvre liegt, nicht aber, dass der Herzog von Penthièvre ein illegitimer Sohn Ludwigs XIV. war; das letztere ist indessen hier der wichtigste Punkt, denn es werden die Edelleute aufgezählt, die beim Lever des Königs zugegen waren bezw. einen hervorragenden Platz hatten. — Mignet erzählt in seiner Geschichte der französischen Revolution, dass am Tage vor der Eröffnung der Reichstände der König, seine Minister und die Abgeordneten der drei Stände sich in feierlichem Zug aus der Kirche Notre-Dame in die Kirche Saint-Louis begaben um dort dem Eröffnungsgottesdienst beizuwohnen. Dazu gibt der Erklärer der Velhagen & Klasing'schen Ausgabe die merkwürdige Erklärung: Eglise Notre-Dame, Hauptkathedrale in Paris, während doch an der Stelle von Versailles die Rede ist. Eine Bemerkung des Inhalts, dass in Frankreich viele Kirchen diesen Namen tragen, oft mit Zusätzen, und was der Name bedeutet, wäre eher am Platze.

Als Unfug muss geradezu das Mass und die Art der Anmerkungen bezeichnet werden, welche sich in manchen Ausgaben finden. In der erwähnten Mignet-Ausgabe herrscht eine Weitschweifigkeit und Erklärungswut, die über alle Massen geht. Im ersten Bändchen nimmt der Text $^3/_5$ und die Anmerkungen $^2/_5$ des Raumes ein; dabei sind die letzteren noch kompresser gedruckt. Die gewöhnlichsten grammatischen Dinge werden erklärt, während das Buch doch nach seinem Inhalt nur in II¹ oder I gelesen werden kann. Die Gelegenheit zu Verweisen auf die französische Grammatik des Leiters der Sammlung wird an den Haaren herangezogen. Durch die B.-Ausgaben, welche sämtliche Anmerkungen in einem besonderen Heft bringen, wird der Übelstand zwar etwas gemildert, aber er ist immer noch gross genug. Es ist schade, dass die handlichen und schönen Ausgaben dieses Verlags zum Teil durch die übermässigen Anmerkungen so sehr verdorben werden. Zu wünschen ist aber, dass von Seiten der Lehrer gegen einen solchen Unfug Protest erhoben wird. — Dass auch manche Erklärer noch den Beruf fühlen, das Französisch der Franzosen zu kritisieren, beweist die Ausgabe Friedberg & Mode von Thiers, *Campagne d'Italie;* dort wird S. 39 in Anmerkung 2 eine Satzstellung als gezwungen erklärt; S. 56 steht zu *voyager:* man erwartet *partir.* S. 59 steht bei *pour recommencer à la descente de plus grands et de plus périlleux efforts* zu *à:* man erwartet *par;* offenbar ist die letztere Stelle vom Erklärer ganz falsch aufgefasst.

Wenn man alle sprachlichen Anmerkungen verwirft, geht man nach meiner Ansicht zu weit. Ganz ungewöhnliche Wörter kann der Herausgeber recht wohl am Fuss der Seite verdeutschen; denn dadurch wird allzu häufiges Aufschlagen des Wörterbuchs vermieden. Freilich weisen einzelne Werke, die auch in Schulen Eingang gefunden haben, eine sehr grosse Zahl seltener Wörter auf, so z. B. Dickens, *Christmas Carol* und manche Werke von Daudet. Vielleicht wäre es bei solchen Werken möglich, durch Änderungen und Kürzungen des Textes die Zahl der seltnen Ausdrücke herabzumindern; aber dabei muss die Gefahr vermieden werden, dass der französische oder englische Text das idiomatische Gepräge verliert. — Die grammatischen Anmerkungen halte ich fast alle für überflüssig und geradezu schädlich. Überflüssig sind sie in Schulausgaben deswegen, weil doch der Lehrer dazu da ist, den Text nach der formalen Seite klarzustellen. Schädlich sind sie deswegen, weil sie dem Schüler die Gelegenheit zu eigenem Nachdenken nehmen. Selbst nachdenken und Schwierigkeiten lösen kann er entweder zu Hause bei der Vorbereitung oder in der Schule bei der Durchnahme des Textes; denn selbstverständlich fragt der Lehrer erst, wer die formal unklare oder schwierige Stelle versteht. Die Art der Fragestellung gibt schon einen Fingerzeig und für die Schüler bleibt noch geistige Arbeit genug übrig, indem sie unter Leitung des Lehrers das Verständnis des Textes selbst erarbeiten. Sagt aber der Erklärer plump heraus, wie die Stelle zu übersetzen ist, dann fällt natürlich für die Schüler die Gelegenheit ihre Geisteskräfte zu üben weg. Auch der entsprechendste deutsche Ausdruck soll durch die gemeinsame Arbeit der ganzen Klasse gefunden werden; nicht aber soll durch zudringliche Anmerkungen diese Arbeit den Schülern erspart werden. Die etymologischen Anmerkungen sind überflüssig, wenn sie auch abgesehen von der Unterbrechung beim Lesen keinen grossen Schaden stiften. Eine weitgehende Etymologie gehört nicht in die Schule. Das schliesst selbstverständlich nicht eine kurze Wortbildungslehre aus, die ohne gelehrten Apparat leicht zu verstehen ist. Synonymische Anmerkungen endlich halte ich in der jetzt üblichen Form auch für nutzlos, weil sie sich unter den übrigen Anmerkungen verlieren. Dagegen würde es sich empfehlen die häufiger gelesenen französischen und englischen Werke am Schluss mit Zusammenstellungen der wichtigsten Synonyma zu versehen, soweit Belegstellen dafür in den Werken vorkommen, und bei jedem Synonymon die Belegstellen anzugeben. Auf diese Weise wird es Lehrern und Schülern leichter, aus der Sprache heraus die notwendigsten Synonyma zu gewinnen, und die üblichen oft recht unverständlichen Erklärungen der Synonyma werden überflüssig.

Was nun die sachlichen Anmerkungen betrifft, so dürfen auch diese nicht des Guten zu viel bieten und den Lehrer überflüssig machen. Entschieden des Guten zu viel geschieht z. B. in der sonst höchst gediegenen Ausgabe von *Mademoiselle de la Seiglière*, welche Martin Hartmann bei Seemann in Leipzig herausgegeben hat. Ein derartiger Kommentar ist wohl für den Lehrer geeignet, aber nicht für den Schüler; denn er lässt ihn nicht zum Genuss des französischen Textes kommen. Überhaupt wäre es zweckmässig zu allen Schulausgaben einen doppelten Kommentar zu liefern, einen solchen für Schüler, in welchem nur das Notwendigste geboten wird, und einen solchen für Lehrer, der ausführlicher auf die im betreffenden Werk berührten kulturhistorischen und sonstigen Verhältnisse eingeht. Wird der sachliche Kommentar in einem besonderen Heft herausgegeben, so macht diese Trennung gar keine Schwierigkeit. Sehr wünschenswert ist der besondere Kommentar für den Lehrer auch um deswillen, weil ihm in den meisten Fällen ausser einem Konversationslexikon und einem grösseren Geschichtswerke keine Nachschlagewerke und Hülfsmittel zur Verfügung stehen

Einen doppelten Kommentar bietet schon Immanuel Schmidt in seinen beiden sehr guten Ausgaben von Macaulay, Warren Hastings. Eine wesentliche Unterstützung des sachlichen Kommentars bilden die Spezialkarten, welche den neueren Ausgaben historischer Werke beigegeben werden.

Dass der in den Spezialausgaben gebotene Text ein Ganzes für sich bildet, ist eine selbstverständliche Forderung, die hier nicht besonders betont zu werden braucht; im allgemeinen entsprechen die Spezialausgaben auch dieser Forderung. Freilich könnten manche Ausgaben noch durch bedeutende Kürzungen ihre Brauchbarkeit erhöhen. Nicht alles, was die französischen und englischen Autoren in ihren Werken bieten, hat Interesse für die Schüler; und wenn die Ausgaben viel für die Schule unnützen Stoff also Ballast bieten, so wird es dem Lehrer nicht immer leicht, das Überflüssige auszuscheiden. Eine selbstverständliche Forderung ist auch die, dass der gebotene Text nach der moralischen Seite einwandfrei ist. Unter diesem Gesichtspunkt erscheint es höchst merkwürdig, dass in die Sammlung von Velhagen & Klasing *Le Gendre de Monsieur Poirier* von Augier und Sandeau Aufnahme gefunden hat und noch dazu in einer Doppelausgabe. Das sonst recht gute französische Stück passt jedenfalls nicht in die Schule. Die in der Strassburger Verlagsanstalt (Schultz & Cie.) begonnene Sammlung *Auteurs français*, welche auch für Schüler der oberen Klassen bestimmt ist, enthält im ersten Bändchen *Margot* von A. de Musset; die stellenweise recht lüsterne Erzählung passt sicher nicht für die Jugend.

Hier seien noch einige Wünsche angeführt, die zum Teil eine Erweiterung der bisherigen Aufgaben der fremdsprachlichen Lektüre in sich schliessen. Oben ist schon der Wunsch nach einer synonymischen Tafel am Schluss viel gelesener französischer und englischer Werke ausgesprochen worden. Ähnlich könnten Zusammenstellungen grammatischer Belegstellen (über die Tempora, Modi, Gebrauch des Artikels, Wortbildungslehre etc.) gegeben werden. Dadurch würde es dem Lehrer erleichtert, die grammatischen Gesetze aus der Lektüre zu gewinnen und manches grammatische Gesetz würde dem Schüler besser verständlich. Vielleicht liesse sich das auch auf die Phraseologie ausdehnen, wobei sich dann sprachliche Eigenheiten des jeweiligen Schriftstellers leicht ergeben. Derartige Tabellen würden nur wenige Seiten beanspruchen, also den Preis der Bücher ganz unerheblich oder gar nicht verteuern. Freilich hätte der Herausgeber bedeutend mehr Arbeit mit dem Text als bei den jetzt üblichen Ausgaben.

Das folgende Desideratum gehört eigentlich nicht in den Rahmen des Themas, ich will es aber als naheliegend hier vorbringen. Verschiedene Gebiete aus der französischen und englischen Geschichte sind noch zu wenig durch Schulausgaben vertreten. So fehlt ein geeignetes Buch über die Zeit Ludwigs XIV., denn Voltaire ist veraltet und Duruy ist zu schwer. Die Kreuzzüge müssten eine kürzere Darstellung finden als die von Michaud ist; vielleicht ist die von Michelet geeignet. In der englischen Geschichte fehlt ein Seitenstück zu Macaulay, um wechseln zu können. Die französische und englische Kulturgeschichte der letzten drei Jahrhunderte müsste noch besser vertreten sein. Der Schatz, welcher in der modernen Litteratur der beiden Völker liegt, ist für unsere Schulen bei weitem noch nicht genug verwertet. Dagegen werden Werke wie *Charles XII.*, aus welchem wir über Frankreich selbst fast nichts erfahren und Montesquieu, *Considérations*, die veraltet sind und auch durch ihre fortwährenden Reflexionen ermüden, stets von neuem herausgegeben.

Zum Schluss noch einen Wunsch: Die Rengersche Verlagshandlung gibt in ihrem Katalog eine Übersicht der französischen und englischen Werke auf die einzelnen Klassen unserer Schulen verteilt, die im ganzen als zutreffend bezeichnet werden kann. Alle grösseren Sammlungen sollten einen solchen Wegweiser enthalten. Noch besser wäre es, wenn der Wegweiser von einem erfahrenen Lehrer, jedes Jahr neu aufgelegt, gesondert herausgegeben würde und dabei kurze Angaben über Inhalt und Art der Werke, sowie über die in Deutschland vorhandenen Schulausgaben enthielte unter Angabe des Preises und der besonderen Vorzüge oder Mängel jeder Ausgabe. Bei der grossen Menge von Werken und Ausgaben ist es dem einzelnen Lehrer unmöglich, in dieser Beziehung auf dem Laufenden zu bleiben. Gar oft greift er am Anfang des Schuljahres zu einem Werke oder einer Ausgabe, die ihm später nicht mehr gefallen. Ein jährlich erscheinender Wegweiser auf dem Gebiet der neusprachlichen Lektüre ist um so mehr zu wünschen, als jeder Kanon, der etwa aufgestellt wird, Wandlungen erleidet, und die zugänglich gemachten neueren Werke später hinzunehmen muss. Der *Führer durch die französische und englische Schullektüre*. Zusammengestellt von einem Schulmann. Wolfenbüttel 1890 gibt ein Verzeichnis der Ausgaben nicht nach Klassen und Stoffen, sondern alphabetisch nach den Namen der Autoren geordnet; es fehlt ihm daher an der nötigen Übersicht. Die Angaben über die Ausgaben selbst werden zu allgemein gehalten.

Das Gesagte lässt sich kurz in folgende Sätze zusammenfassen:

1. Zur Schonung der Augen ist noch weitere Vervollkommnung der Schulausgaben französischer und englischer Schriftsteller wünschenswert. Insbesondere sind oft Länge der Druckreihe und Durchschuss nicht im rechten Verhältnis. Manche Ausgaben haben auch einen zu kompressen Satz (neben geringem Durchschuss zu wenig Spatium).

2. Sehr wünschenswert ist die Einteilung des Textes in kleinere Kapitel von zwei bis drei Seiten, damit dem Schüler das Erfassen des Inhalts erleichtert wird; ausserdem ist Zählung der Zeilen auf dem Rande zu empfehlen.

3. Der Text muss noch mehr als bisher von Druckfehlern frei gehalten werden.

4. Lexikalische Anmerkungen sollen auf ein möglichst geringes Mass beschränkt werden; grammatische, etymologische und synonymische Erklärungen sind, abgesehen von ganz ungewöhnlichen Schwierigkeiten, überhaupt zu verwerfen; dagegen empfiehlt es sich, die häufigsten Synonyma mit Angabe der Belegstellen am Schluss der Ausgaben zusammenzustellen.

5. Der sachliche Kommentar soll möglichst kurz und zutreffend sein; für die Hand des Lehrers empfiehlt sich die Ausgabe von ausführlichen Kommentaren.

6. Der gebotene Text soll unter Ausscheidung aller für den Schüler uninteressanten Stellen ein Ganzes bilden; er muss in moralischer Beziehung einwandfrei sein.

7. Ausser synonymischen Tabellen sind grammatische und vielleicht auch phraseologische wünschenswert.

8. Einzelne Gebiete der französischen und englischen Geschichte und Kulturgeschichte sind noch schlecht vertreten.

9. Sehr wünschenswert sind Wegweiser durch die französischen und englischen Schulausgaben mit übersichtlicher Verteilung auf die Klassen, für welche die einzelnen Werke geeignet sind, und kurzen Angaben über Vorzüge und Mängel der verschiedenen Ausgaben.

Vorstehendes war schon niedergeschrieben, als mir der Prospectus der Sammlung von *Textausgaben französischer und englischer Schriftsteller für den Schulgebrauch*, die bisher in Schlutters Verlag erschienen und nach dem Tode des Verlegers in den Verlag von Gerhard Kühtmann in Dresden übergegangen ist, zuging. Das bisherige Programm ist dahin erweitert worden, dass zu einzelnen Bändchen ein Anhang mit Anmerkungen für Lehrer erscheinen soll. „Also für den Schüler reine Textausgaben, für den Lehrer ein kurzer Anhang mit sprachlichen oder sachlichen Anmerkungen, das sind die beiden wesentlichsten Grundzüge der neuen Sammlung." Damit wird ein entschiedener Fortschritt in unseren Schulausgaben bezeichnet.

K. KÜHN.

Zeitschrift

für

französische Sprache und Litteratur

unter besonderer Mitwirkung ihrer Begründer

Dr. G. Kœrting und Dr. E. Koschwitz

Professor a. d. Akademie zu Münster i. W.   Professor a. d. Universität zu Greifswald

herausgegeben von

Dr. D. Behrens,

Professor an der Universität zu Giessen.

Band XIII, Heft 7.

Der Abhandlungen

viertes Heft.

Oppeln und Leipzig.

Eugen Franck's Buchhandlung

(Georg Maske).

1891.

INHALT.

ABHANDLUNGEN.

Die schöngeistige Litteratur des Jahres 1890,
mit Rückblicken auf 1888 und 1889.

Die epische Poesie ist längst beinahe gänzlich von dem Roman und der Novelle verdrängt. Auf dem Felde der prosaischen Erzählung hat sich die Fruchtbarkeit der französischen Schriftsteller im Jahre 1890 gegen die beiden vorhergehenden Jahre stark vermehrt. Ganz abgesehen von den in Zeitungen und Zeitschriften veröffentlichten Romanen, deren Zahl sich, für mich wenigstens, der Berechnung entzieht, weisen die Listen der Buchhändler etwa 300 Bände auf, ungefähr ein halbes Hundert mehr als in jedem der beiden vorigen Jahre. Die alten Namen, der um die Weihnachtszeit (29. Dezember) 1890 gestorbene Feuillet, Cherbuliez, Theuriet, Malot, der am 19. Dezember 1890 verstorbene Belot, Zola, Huysmans, Maupassant, Maizeroy (Baron Toussaint), Daudet, Ohnet, Delpit, Bourget, Rabusson, Mérouvel, Loti (Julien Viand), Coppée, Jules Verne, Bentzon, (Mme Blanc), Gyp (Gräfin Martel), Henry Gréville (Mme Durand) etc. sind hier wieder vertreten; mehrere neue Namen Maël, Charnay, Grimblot, de Noly, Ficy, de Very, Barracand, Jeanne Mairet sind entweder erst aufgetaucht oder doch jetzt erst zu grösserer Bekanntschaft durchgedrungen. Es ist selbstverständlich unmöglich, auch für denjenigen, der daraus allein ein Geschäft machen wollte, alle diese Romane zu lesen: der Berichterstatter muss sich natürlich auf das, was am meisten eigentümlich oder hervorragend, entweder ihm selbst oder zuverlässigen Kritikern des In- oder Auslandes erschienen ist, beschränken; es ist auch so schon für die Besprechung eine sehr bedeutende Fülle an Stoff vorhanden.

In der Behandlung der Sprache gehen die Romandichter jetzt recht weit auseinander. Die Akademiker, wie Feuillet, Cherbuliez, neben ihnen auch Maupassant, Ohnet und Andere, enthalten sich der Neubildungen oder der eben erst aufgekommenen Wörter. Viele dagegen führen hier und da neue Formen und

Ausdrücke ein; so findet man bei Loti, *Pêcheur d'Islande*, statt *violon*, Violinspieler, *violonaire*, nach der Analogie des süd- französischen *tambourinaire* gebildet; eben da und bei Bourget, *Un Cœur de femme, d'affilée* im Sinne von hintereinander, und bei dem Letzteren *fêtard* für *viveur*, *roi de la fête* für *grand viveur*; bei Mérouvel, *La Vierge de la Madeleine, main courante* für Treppengeländer, bei Delpit *cheffesse* als Femininum von *chef*, *pétoffe* für *potin*, *cartonnier* Kartenspieler, *se gondoler* für *se réjouir* und, im Munde einer Halbweltdame, *rasta* für *rastaquouère*. Während wir Deutsche jetzt Fremdwörter auszumerzen oder doch zu vermeiden suchen, finden sie in Frankreich, nicht etwa bloss in der wissenschaftlichen Darstellung, sondern auch in den für das grosse Publikum bestimmten Werken schöngeistiger Art, mehr und mehr Aufnahme. Das Englische spielt dabei die Hauptrolle: Alphonse Daudet hat längst *boghey* statt *cabriolet* und *struggle-for- lifeurs*, oder gar *strugforlifeurs* aufgebracht; wenn Andere ihm in diesem Vorgehen gefolgt sind, so hat entweder ein längerer Aufenthalt in England, wie bei Bourget, oder Berührung mit Sportkreisen dazu Veranlassung gegeben. Ausser den ganz all- gemein in die gewöhnliche Sprache übergegangenen Wörtern wie *sport, sportif, sandwiches, humour, clan* für Anhängerschaft, *flirt, flirter, flirtation, fashion, hall, gentleman, groom, turf, yacht, yole, schooner* für *goélette*, sowie den Namen der echt englischen Spiele *lawn-tennis etc.* und Speisen, findet man bei Bourget *leader* für *chef de parti, tub, yachtman, snob* (und bei Maupassant daraus gebildet *snobisme*), *tompin* für *niais*, *s'indigérer des cocktails et des brandys*, solche Getränke bis zum Übermass zu sich nehmen, bei Delpit *tea-gown, gainsborough*, eine Art Damenhut, *paddock, lad, poker* für neugieriger Herumstöberer, bei Mérouvel *pointer*, Hühnerhund, bei Malot *gentlemen riders, le betting* statt *le pari, the five o'clock, le high life, le plus select*, bei Ohnet *yearlings, steeple-chaser, stepper, squatters, shake-hands*, bei Rabusson *han- dicap, handicaper* als Infinitiv, *handicapeur, maid, quakeresse, luncher* als Infinitiv, *le home*, bei Cherbuliez *une garden-party, le mail-coach*, bei Sauton *pick-pocket-esquire, teacup, cob* statt *étalon, banknotes, private-rooms* statt *cabinets particuliers*, bei Verne *corn- beef etc.* Dies Alles ist neu. Früher gebrauchten die französischen Schriftsteller solche Fremdwörter nicht. Aus dem Griechischen gehen in alle Sprachen technische Ausdrücke über, in die fran- zösische Sprache auch Ausdrücke des gewöhnlichen Lebens, und es ist auffallend, wie leicht sich die griechischen Wörter und Endungen dem romanischen Idiom einfügen. Man schreibt und spricht seit langer Zeit schon *hippique* und *hippien*, ohne sich allzu sehr des fremden Ursprunges zu erinnern, nicht anders wie bei uns Geographie und Ähnliches sich in die Umgangssprache eingebürgert hat. Neuaufnahmen griechischer Wörter in die Büchersprache rein litterarischer Werke findet man auch jetzt hier und da, aber nicht häufig; einiges der Art, z. B. *diasurme* für *moquerie*, *agapemone* für *rendez-vous d'amants*, habe ich bei dem Übersetzer einiger Schriften der sehr internationalen *Ouida* angetroffen. Das Seltsamste aber hat in dieser Beziehung gerade in der neuesten Zeit Lombard in seinem *Byzance* geleistet. Den Spuren der Naturalisten, namentlich Zola's, nachgehend, welche sich bemühen, die Sprache der von ihnen geschilderten Menschenklassen nicht bloss in den Gesprächen derselben untereinander, sondern auch in ihrer eigenen Schilderung der Umgebung, des *milieu*, nachzubilden, und welche dadurch der Büchersprache viele sonst nur im Volksmunde übliche Wörter einverleibt haben, hat der genannte Verfasser in seiner dem VIII. Jahrhundert entnommenen Erzählung, um das rechte Kolorit hervorzubringen, seine Darstellung mit einer Unmasse griechischer Wörter überladen. Wer nicht Homer und verschiedene andere griechische Schriftsteller bis in die byzantinische Zeit hinein, gelesen hat, kann diese Ausdrücke gar nicht verstehen, welche noch dazu für den Laien nicht immer aus dem Zusammenhang zu deuten sind: *vainqueur*, *hénioque*, aus ἡνίοχος gebildet, statt *vainqueur dans la course des chevaux*; *hyalin* (ὑάλινος), gläsern, durchsichtig, *l'hyalinité du crépuscule*; *les camptérès*, die Krümmungen der Rennbahn, unmittelbar aus καμπτήρ aufgenommen; *Basileus Autocratôr*, *le cathisma*, der Thron, *héliacon*, das sonnige Flachdach, *les Eikônes*, nach εἰκών, *le copronyme*, der Kothige, als Beiname des Kaisers Constantin V., *narthex*, eigentlich Kästchen, hier der Vorhof einer Kirche, *exonarthex*, der äussere Vorhof, *l'Hégoumène*, der Vorsteher einer Priesterschaft, *le naos*, das Hauptschiff der Kirche, *clibanion* (κλίβανος), Kochgeschirr, *un sarikion d'or*, nur verständlich durch die beigefügte Erklärung *plane couronne gemmée*, *le sagion*, griechisch σάγιον, σάγος, lateinisch *sagum*, der Kriegsmantel, *des escabeaux tripodes*, *les Spathaires*; von σπάθη das breite Schwert, *les Buccelaires*, von βυκάνη, Trompete, lateinisch *bucina* oder *buccina*, und dergleichen viel mehr noch. Diese Wörter sind dem Verfasser bei seinen Vorstudien zu seinem Werk aufgefallen, und er hat sie beibehalten, um seiner Erzählung die Färbung zu geben. Demselben Bestreben ist auch die Bemühung zuzuschreiben, durch ungewöhnliche Wortstellungen und Konstruktionen, sogar auch durch Neubildungen, der Sprache, wenn auch nicht gerade durchweg ein altertümliches, doch von dem Modernen sich etwas entfernendes Gepräge zu verschaffen. So wird oft *pas* weggelassen: *je n'en avais envie*; *quoiqu'il n'en témoignât*;

16*

le pouvoir qui ne s'en émouvait. Die Stellung der Wörter wird
häufig gegen die jetzt in Prosa übliche oder in einer sonst nur
noch in Versen gestatteten Weise umgewandelt: *l'exonarthex
de portiques entouré; la transmutation du sang de Jézous par
l'odieux patriarche opérée;* das Prädikat findet sich dem Subjekt
vorangestellt: *toujours silencieux ils restèrent;* oder das Subjekt
hinter das Verbum gebracht: *génuflexèrent beaucoup* statt *beaucoup
de personnes génuflexèrent;* die Eigenschaftswörter werden gegen die
Gewohnheit dem Substantiv vorausgeschickt: *quelconque épiscope*
statt *un évêque quelconque; un bord de bleu et soleilleux fleuve;* die
Präposition wird in recht ungewöhnlicher Weise von dem Substantiv
getrennt, z. B. *cette salle avec, à ses six côtés, six absides; emmi*
statt *au milieu de* wird nicht etwa in familiärem Gespräch, sondern als veraltete Ausdrucksweise gebraucht. Die Neubildungen
selbst, die der Verfasser vornimmt, sollen der Sprache einen
altertümlichen oder doch aussergewöhnlichen Anstrich geben, so
un globe mondial; l'envol vers l'orient de Justinien à cheval in
der Beschreibung eines Bildwerkes; das Zeitwort *obombrer* ist
wenigstens in einer solchen Verbindung, wie *les portiques obom-
braient des statues,* unüblich; das Adverb *impavidement* mir sonst
noch nicht vorgekommen; desgleichen *viroter* sich drehen, hin
und her schwanken, *la couronne doucement virotait,* aus *virer*
gebildet; neu ist auch die Anwendung von *virguler* in Sätzen
wie *les dorures des coupoles virgulant dans le zénith.* Selbst die
Orthographie mancher Eigennamen und Wörter, wie *Jézous*
statt *Jésus, projecter* für *projeter* ist demselben Bestreben entsprungen; *Panaghia* statt des griechischen *panagia* und des
französischen *Panagie,* wo das *h* des griechischen ἅγιος, lediglich
um die harte Aussprache des *g* hervorzubringen, hinter demselben
seine Stellung erhalten hat. Nicht gerade der alten Sprache
angemessen ist die häufige Verwendung des abstrakten Substan-
tivs statt des entsprechenden Eigenschaftsworts; so liest man:
*une moustache soulignant l'aquilinité du profil; Polibas frémit
dans la robustesse de son ostéologie; le halo blanc de la couronne
d'argent virotant sur la bleuité du ciel; Sépéôs la troublait de la
sonorité de sa voix; un Spathaire, comme sorti de la massivité
de la muraille,* und vieles Andere dieser Art. Wenn demnach
auch nicht Alles in der Sprache den Eindruck des Mittelalterlichen macht, so erhält man doch sofort die Vorstellung, dass
man sich auf einem ganz fremden, auf einem exotischen Boden
bewegt. Für die grosse Lesewelt kann deshalb, und völlig abgesehen von dem Inhalt, das Buch nicht bestimmt sein. Und
ob der Verfasser, trotz des Bemühens, das er an den Tag legt
res verbis adaequare, durch die Darstellung, nach Vorschrift der

Naturalisten, die Umgebung, das *milieu* seiner Personen recht deutlich und stimmungsvoll für den Leser hinzustellen, selbst bei der Schilderung fremdländischer und alter Begebenheiten, in der Handhabung der Sprache Nacheiferer finden wird, scheint mir sehr fraglich zu sein.

Nach dem Programm, welches Guy de Maupassant in der Vorrede zu *Pierre et Jean* 1888 für den Naturalismus aufstellt, hat derselbe sich auf die Zustände der jetzigen Zeit, auf die Personen der eigenen Nation, *l'homme contemporain*, zu beschränken. Und in der That haben die französischen Naturalisten *pur sang*, wie auch die ihnen nahestehenden Realisten, stets das Leben der verschiedenen französischen Volksklassen, so weit es ihrer eigenen Vorliebe Ausbeute versprach, zum Gegenstand ihrer Beobachtung und zum Vorwurf ihrer Darstellung genommen. Auch werden die Apostel der neuen Lehre Lombard, trotz vieler Berührungspunkte, die er mit ihnen hat, schwerlich zu ihren Jüngern rechnen.

Der historische Roman mit dem Hintergrund weit entlegener Zeiten und Gegenden ist bei den Franzosen unseres Jahrhunderts früher wenig oder gar nicht gepflegt worden; Victor Hugo's *Han d'Islande* und *Notre-Dame-de-Paris* und Flaubert's *Salammbo*, aus der Geschichte Karthagos während der punischen Kriege, machen fast allein eine Ausnahme. Lombard kultiviert diese Gattung, welche bei uns ausser Dahn, Ebers, Eckstein, noch viele andere Vertreter hat. Schon in einem 1888 erschienenen Roman *L'Agonie* schildert er die Laster des unter Heliogabal verkommenen Roms, und das in so unverhüllter ganz dem derbsten Naturalismus entsprechender Weise, dass eine und die andere Zeitung die Besorgnis aussprach, das Buch könnte dem Staatsanwalt verfallen. In dem gleichfalls bei Savine 1890 herausgekommenen *Byzance* behandelt der Verfasser eine Verschwörung, welche zu Gunsten Oupravda's und seiner älteren Schwester Viglinitza, zweier Nachkommen Justinian's von einer slavischen Frau, mit Hilfe seiner Landsleute, sowie der Grünen und der orthodoxen Bilderverehrer gegen den Isaurier, Constantin V., den die Blauen und die Bilderstürmer stützen, ins Werk gesetzt werden soll. Die Wettrennenkämpfe im Zirkus zwischen den beiden Parteien der Grünen und der Blauen, und die Strassenkämpfe der Bilderverehrer und der Bilderstürmer spielen eine Hauptrolle in dem Buche. Oupravda soll, um auch die hellenische Bevölkerung zu gewinnen, Eudokkia, die Tochter eines der fünf alten geblendeten Brüder aus der früheren Kaiserfamilie heiraten; aber Viglinitza, die ihrem Bruder, weil er eher fromm als ehrgeizig ist, nur wenig zutraut, wünscht, um ihrer Familie die Nachfolge zu sichern, sich selbst einen Leibeserben und gibt

sich zu diesem Zweck nach und nach verschiedenen ihrer zum
Teil arg verstümmelten Anhänger preis: es ist dies der Abschnitt
des Werkes, der am meisten an die naturalistischen Eigentümlichkeiten anknüpft. Die Verschwörung misslingt, und Oupravda,
Eudokkia und Viglinitza werden mit mehreren ihrer Genossen
unter dem mit Sturmblöcken zerstörten Vorbau der Kirche der
Heiligen Reinheit verschüttet und zerschmettert. Die vielen sich
oft und meist mit denselben Worten wiederholenden Beschreibungen
des *milieu*, der Lage und der Gebäude der Stadt, sowie der Personen, zeigen gleichfalls die Befolgung der naturalistischen Grundsätze, die Farben sind, für den Effekt, darin sehr stark aufgetragen,
wie in den Ölgemälden der Impressionisten; ich möchte deswegen
den Verfasser des Buches selbst als Impressionisten bezeichnen.

Man hat es an Zola bemerkt, dass er auf einen sehr
drastischen Roman stets einen harmloseren folgen lässt: so auf
den sehr verfänglichen *La Terre* den idyllischen sogar ins Über-
natürliche hineingreifenden *Le Rêve*, den wiederum der an grausigen
Vorfällen nichts zu wünschen übrig lassende *La Bête humaine*,
Charpentier 1890, abgelöst hat. Die Naturalisten, und namentlich
Zola selbst, haben sich in ihren Erzählungen bisher fast nur mit
den Lastern beschäftigt; etwa nur das zu ihrer Gefolgschaft gehörige Schriftstellerpaar Vast-Ricouard hat in *La Haute Pègre*
das Gebiet des Kriminalromans betreten. In dem neuesten Werke
Zola's nimmt das Verbrechen, der Mord oder doch der Mord-
versuch, die Stelle der in den früheren behandelten Laster ein,
und zwar in sehr verschiedenen Arten; die eigentümlichste darunter
ist die Sucht Jacques Lantier's, des dritten Sohnes der aus dem
Assommoir bekannten Gervaise, jungen Frauenzimmern, die sich
vor ihm entblösst haben, statt seine Wollust zu befriedigen, ein
Messer oder eine Scheere in die Brust zu stossen, eine krank-
hafte Neigung, von welcher er nur einer einzigen Person gegenüber, und das auch nur auf eine Zeitlang, eine Ausnahme eintreten lässt. Heisse Sinnlichkeit und wilde Grausamkeit sind
zwar oft gepaart, ob in dieser von Zola angenommenen Weise,
ist doch wenig glaublich; und wenn ein so aussernatürlicher
Fall der seelischen Veranlagung, wie man ihn bei Jack dem
Aufschlitzer voraussetzt, vorkommen sollte, dürfte er noch weniger
als eine körperliche Missgeburt zum Vorwurf künstlerischer Darstellung gemacht werden. Gleichwohl finden sich auch in diesem
Buche einzelne Schilderungen der packendsten Art, wie sie jetzt
wenigstens nur Zola zu schreiben versteht: so eine durch Schnee-
verwehung unterbrochene Eisenbahnfahrt, namentlich aber das
durch Flore, eine Cousine Lantier's, welche einen Eisenbahn-
übergang zu überwachen hat, absichtlich herbeigeführte Eisen-

bahnunglück, durch welches sie Jacques, der ihre Liebe verschmäht, und Séverine, seine Geliebte, zu tödten sucht, ohne ihren Zweck zu erreichen; ferner die Ermordung Séverine's durch Jacques bei einer Wiederkehr seiner alten Raserei und die Folgen derselben; endlich das von dem Heizer Pecqueaux aus Eifersucht gegen seinen Lokomotivführer Lantier ausgeführte Hinabstürzen desselben von der Maschine während der Fahrt, wobei er selbst mit hinuntergerissen wird, und das Weiterrollen des mit Soldaten gefüllten führerlos gebliebenen Zuges. Wer sich über die Einrichtungen der Eisenbahnen und die dabei gebräuchlichen Ausdrücke zu unterrichten wünscht, findet in diesem Buche ausreichende Belehrung; Zola selbst hat, um darüber mit Sachkenntnis zu schreiben, viele Reisen unternommen und überall, wo er es nur konnte, Erkundigungen eingezogen; und man bemerkt an seiner Darstellung, dass er die geschilderte Lokomotive mit derselben Teilnahme ansieht, wie der Führer die ihm anvertraute Maschine. — Auf die Justizverwaltung des zweiten Kaiserreichs wirft das Buch einen Schatten: es lässt einen Gerichtspräsidenten die noch jugendliche Séverine verführen und ihn auch nach ihrer Verheiratung das einmal angeknüpfte Verhältnis fortsetzen, wofür er denn auch von dem Manne während einer Eisenbahnfahrt im Koupee ermordet wird; es lässt ferner, nach der Ermordung Séverine's, deswegen nicht Lantier, sondern zwei daran ganz Unschuldige zu lebenslänglichem Zuchthaus verurteilt werden, Dinge für welche die kaiserliche Regierung doch wohl einigermassen mit verantwortlich gemacht wird.

René Maizeroy (der Baron Toussaint), obgleich nicht zur *société de Médan* gehörig, hat sich doch auch dem Naturalismus angeschlossen. In *La Peau*, unter dem Haupttitel *Les Parisiennes*, Havard 1890, erzählt er, wie eine Schauspielerin in der Voraussicht, dass ihr erwachsener Sohn, wegen der Umgebung, in der er sich befindet, sich bald in eine Liebschaft einlassen würde und aus Besorgnis, dass er dabei in schlimme Hände geraten könnte, selbst ihm eine Geliebte aussucht, was ihr derselbe mit schlechtem Dank lohnt. Die ziemlich anstössige Erzählungsrichtung des Verfassers macht sich durch diese kurze Inhaltsangabe leicht kenntlich. — Ganz anderer Art sind die *Sensations*, Plon, Nourrit et Cie 1889, welche die Eindrücke, die der Schriftsteller aus Reisen in Savoyen, in Spanien und in der Provence mitgebracht hat, wiedergeben, aber auch Schilderungen aus Paris bringen, so eine Herbstmorgenfahrt durch das Bois de Boulogne. — Ausserdem noch: *Les Passionnées*, Librairie Mondaine 1889; *La Belle*, Ollendorff 1889. *P'tit Mi* in *Les Parisiennes*, Havard 1889, *Coups de coeur (nouvelles)*, Havard.

Seit der Veröffentlichung des Romans *La Terre* 1888 haben sich die schriftstellernden Anhänger Zola's grösstenteils, und namentlich sein Biograph und früherer Lobredner Alexis und Guy de Maupassant, von ihm getrennt; dem Letzteren sind die Derbheiten des Meisters denn doch zuletzt zu gröblich vorgekommen. In der Vorrede zu *Pierre et Jean* 1888 sagt er sich, ohne ihn zu nennen, aber mit aller Deutlichkeit von ihm los; er warnt namentlich auch davor, triviale Vorgänge des gewöhnlichen Lebens gar zu sehr zu häufen, wie es deren nicht nur in *La Terre*, sondern auch in *La Bête humaine* recht viele gibt; und was er da über den Stil sagt, ist auch hauptsächlich auf Zola gemünzt, z. B. der Vorwurf eines *dictionnaire bizarre et chinois*, würde aber noch mehr auf Lombard's oben besprochenes Buch passen (s. *Zeitschrift für neufranzösische Sprache und Litteratur* X² S. 122, 123). Wenn schon sorgfältig bei der Wahl seiner Ausdrücke in seinen früheren Skizzen, Novellen und Erzählungen, ist er es daher in seinem letzten Roman *Fort comme la mort*, Ollendorf 1890, noch mehr geworden; er ist in dieser Hinsicht geradezu mustergültig. Jedoch ist Maupassant keineswegs ein Purist, wie der Graf Pontmartin; er scheut sich nicht *plus* ohne ein folgendes *que*, wo man *davantage* erwartet, und *davantage* mit folgendem *que* zu gebrauchen, Dinge, welche der gräfliche Kritiker in seinen *Souvenirs* Zola als Nachlässigkeiten vorrückt. Während einige der früheren kleinen Erzählungen, wie *La Maison Tellier*, *Les Soeurs Rondoli* recht anstössig waren, auch *La Vie* manches Bedenkliche enthielt, lenkt *Pierre et Jean* schon in eine anständigere Sphäre ein; dieser Roman behandelt den Zwist der beiden Söhne eines aus Vorliebe für kleine Meerfahrten von Paris nach le Havre gezogenen Rentners; ein Zwist, der sehr verschärft wird durch eine reiche Erbschaft, die ein Pariser, der eigentliche Vater Jeans, diesem vermacht, wodurch der Fehltritt der Mutter zu Tage kommt und ein unleidliches Verhältnis zwischen ihr und Pierre entsteht, das in ihr Selbstmordsgedanken auftauchen lässt, bis dieser als Schiffsarzt eines transatlantischen Dampfers das väterliche Haus verlässt. Und wenn auch in Skizzen der 1889 bei Ollendorff erschienenen Novellensammlung *La Main gauche* nicht Alles streng moralisch ist, so befindet sich darin doch auch nichts Verletzendes, und das letzte oben genannte Werk Maupassant's, wenn man von dem darin behandelten, in französischen Romanen der Neuzeit nun einmal beinahe unausbleiblichen Ehebruchsverhältnis absieht, hat einen ganz gesitteten Charakter. In der ganzen Führung der Erzählung ist Maupassant auch von der naturalistischen Richtung abgewichen; hier reiht er sich mehr, und zwar in höchst hervorragender Weise, den Analytikern, wie Paul Bourget, an. Die

Gräfin Gailleroy, Tochter eines reichen Pariser Industriellen und .
Frau eines normännischen Deputirten, lernt den ausgezeichneten
Maler Bertin kennen, und seine Kunst, wie auch sein vorteil-
haftes Äussere, trotzdem dass er nicht mehr jung ist, nimmt sie
gleich so sehr für ihn ein, dass sie ihr Portrait von ihm machen
lässt, wozu sie sich, anfangs in Begleitung ihrer kleinen Tochter
Annette, später auch allein, in sein Atelier begibt. Auch er
verliebt sich bald in die noch immer sehr jugendlich aussehende
Dame, und es entwickelt sich schnell zwischen ihnen ein enges
und inniges Verhältnis, das ungestört Jahre lang fortdauert.
Annette, welche seitdem den grössten Teil ihrer Jugend in der
Normandie bei der Grossmutter von mütterlicher Seite zugebracht
hat, kommt eben erwachsen nach Paris zurück; ihre Ähnlichkeit
mit der Mutter erregt die allgemeine Verwunderung, auch die des
Malers; und als der Graf, den Geschäfte nach Paris zurück-
gerufen haben, ihn auffordert, seine Frau und seine Tochter von
dem Schloss in der Normandie, wohin der Tod der Mutter Gabrielle's
sie geführt hatte, zurückzuholen, und er Wochen lang mit ihnen,
und besonders mit Annette, zusammen verkehrt, glaubt er in dieser
die Gräfin in ihren jugendlichen Jahren wiederzusehen; seine
Liebe zu der Mutter wird dadurch aufgefrischt, aber zugleich eine
Neigung zu der Tochter hervorgerufen. Die Gräfin merkt an
der Stellung, die Annette einzunehmen anfängt, und jetzt erst,
dass sie selbst alt geworden ist, sie wird eifersüchtig auf ihre
Tochter und gibt es dem Maler zu verstehen; dieser beginnt nun
erst seine Liebe für Annette zu merken, besonders als er seine
Eifersucht auf den Marquis Farandal, der sie heiraten soll, wahr-
nimmt. Die Gräfin leidet, weil sie wegen seiner Leidenschaft für
ihre Tochter, fürchtet, seine Liebe sich nicht länger erhalten zu
können; er leidet, weil er als Greis, wenn auch noch jugendlich
frisch empfindend, nicht hoffen darf, die Liebe des jungen Mädchens zu gewinnen. Es quält ihn, als bei einer Aufführung der
Gounodschen *Margarethe* die empfängliche Annette dem Darsteller
des Faust eine warme Teilnahme zuwendet. Unglücklich darüber,
wird er auch noch gekränkt, als im *Figaro* seine Malerei als ganz
veraltet geschildert wird; er nimmt bei einem Besuche das Blatt,
welches er im Bereiche Annette's sieht, heimlich fort, um sie dies
höchst ungünstige Urteil nicht erblicken zu lassen. Die Gräfin
behält ihn nicht zum Diner, weil sie voraussetzt, dass die Anwesenheit des Marquis ihm nicht angenehm sein könne, und das
um so mehr, als er ihr endlich seine Liebe zu Annette ein-
gestanden hat; er irrt ruhelos umher, schickt aber Bouquets für
Beide. Während der Nacht wird die Gräfin aus dem Schlaf geweckt: es ist ein Kutscher gekommen, der einen schleunig zu

bestellenden Brief an den Grafen bringt; ein ihnen bekannter
Arzt teilt diesem mit, dass dem Maler ein schwerer Unfall zu-
gestossen ist, und fordert sie beide in seinem Auftrage auf, un-
gesäumt zu ihm zu kommen. Er ist unter die Räder eines Omnibus
gerathen; sie finden ihn todtbleich und schwer verletzt im Bett.
Die Gräfin bleibt allein mit ihm, weil ihr Mann mit dem Doktor
zusammen, um eine Krankenwärterin zu holen, fortfährt; sie muss
auf sein Geheiss ihre Briefe an ihn verbrennen und ihm versprechen, ihn Annette noch einmal sehen zu lassen; er stirbt
jedoch schon vorher, nachdem er ihr noch zugeflüstert hatte,
dass er glücklich gewesen wäre, wenn sie keine Tochter gehabt
hätte. Die Vermutung der Gräfin, dass er sich freiwillig unter
den Omnibus geworfen habe, bestreitet er zwar, aber sie bleibt
gleichwohl bestehen; jedoch auch ohne diese Voraussetzung erweist sich hier die Liebe stark wie der Tod. Der an Ereignissen
leere, an Schilderungen der Gemütsstimmungen desto reichere
Roman entspricht wohl weniger der Empfindungsweise der Deutschen,
sicherlich aber der romanischen Charaktereigenttümlichkeit und hat
daher in Frankreich ungemeines Interesse erregt. Die gewählte
und reine Sprache zeichnet sich durch eine ausserordentliche Fülle
der Ausdrucksweisen, durch Häufung der Synonymen aus, mehr
noch als die auch in dieser Beziehung bemerkenswerten kleinen
Erzählungen des Dichters. Der höchst fruchtbare Schriftsteller
hat ausserdem im Jahre 1890 zwei andere Bände, die der erzählenden Gattung angehören, veröffentlicht: *L'Inutile Beauté*, bei
Havard, und *Notre Coeur*, zuerst in der *Revue des deux Mondes*
und nachher bei Ollendorff. In dem ersteren, einer Sammlung
von 11 Novellen, schwört, in der Erzählung, die den Titel des
ganzen Buches geliefert hat, eine sehr schöne Frau, welche bereits
siebenmal Mutter geworden ist, um einem weiteren Kindersegen
zu entgehen, ihrem Manne, dass eines der sieben Kinder ihm
nicht gehöre; dies Geständnis entfremdet den Grafen seiner Frau
und seinem Hause; er sucht ausserhalb desselben Zerstreuung;
deshalb widerruft die Gräfin später ihre eidliche Versicherung
und auf seine Frage nach dem Grunde dieser sonderbaren Lüge
gesteht sie offen ein, auf diese Ausflucht verfallen zu sein, um
nicht mehr Kinder zu bekommen, „um nicht das Dutzend voll
werden zu lassen." — *Notre Coeur* lässt uns die Bekanntschaft
mit einer jungen Witwe, Michèle de Burne, machen, die, ihres
brutalen Mannes ledig und einer zweiten Ehe deshalb abgeneigt,
obgleich von vielen hervorragenden Männern und berühmten
Künstlern umworben und ihre Huldigungen gern ermunternd, einer
Herzensneigung unzugänglich bleibt, nur in sich selbst und in die
Bewunderung, die sie ihnen einflösst, verliebt. André Mariolle

jedoch, ohne hervorstechende Talente oder Eigenschaften zu besitzen, gewinnt nach und nach ihre Aufmerksamkeit und durch Briefe, in denen er seine Liebe in bescheidener Weise ausspricht, ihre Gunst. Ein Ausflug nach Avranches, zu dem sie ihn bei ihrem kurzen Aufenthalt dort veranlasst, bestärkt ihn in seinen Hoffnungen. Der Verfasser nimmt diese Gelegenheit wahr, eine Beschreibung des Mont Saint-Michel einzuflechten. Ein Gang, den Beide allein auf dem gefährlichen *chemin des Fous* machen, und auf welchem André Michèle stützen und beinahe tragen muss, überwältigt endlich ihr Zögern: in der Nacht sucht sie ihn in seinem Gasthofszimmer auf zu kurzer Begrüssung, ohne sich ihm noch ganz hinzugeben. Für ihre Rückkehr nach Paris miethet er eine abgelegene Wohnung in Auteuil zu heimlichen Zusammenkünften. Schnell merkt er, dass sie ihn nicht mit derselben sinnlichen Glut, wie er sie, liebt; Putz, Eitelkeit, gesellschaftliche Zerstreuung nehmen sie zu sehr in Anspruch, sie lebt nicht für ihn allein, wie er für sie. Diesen quälenden Zustand, noch dazu durch Eifersucht verschlimmert, kann er nach drei Vierteljahren nicht mehr ertragen; er nimmt in einem Briefe, in welchem er ihr dies eingesteht, von ihr Abschied und entflieht nach einem Dorfe bei Fontainebleau, von dessen Walde einzelne Stellen ausführlich beschrieben werden. Hier lernt er bald eine junge Pariserin, Aufwärterin eines Gasthauses in Marlotte, kennen: diese erfüllt alle seine Ansprüche; nach einer vergeblichen Unterredung mit Mme de Burne, die auf eine telegraphische Anfrage nach dem Dorfe kommt, nimmt er die in ihn ganz verliebte ehemalige Aufwärterin nach Paris mit, unter dem Versprechen, sie dort ebenso zu lieben wie in ihrem Dorfe. Man sieht voraus, dass sein Herz zwischen der Anmut der einen und der Sinnlichkeit der anderen geteilt bleiben wird. Gegenüber dem einfachen naiven Mädchen kommen die Damen der jetzigen feinen Gesellschaft schlecht weg; Maupassant sagt, dass „*leur corps n'était qu'un prétexte à parures, un objet à orner, ce n'était plus un objet à aimer ... la coquetterie était tout, l'artifice était devenu le grand moyen et aussi le but ... elles s'en servaient plutôt même afin d'irriter les yeux des rivales que pour la conquête des hommes*". Man wird weiterhin sehen, dass Gallier ganz im Gegenteil von den Modeherren etwa dasselbe sagt, was Maupassant von den Modedamen behauptet; der Widerspruch erklärt sich daraus, dass Beide, was in einzelnen oder auch in vielen Fällen vorkommt, zur allgemeinen Regel gemacht haben. Von dem Naturalismus ist bei Maupassant ungefähr nur noch die Forderung einer vollen Berechtigung der Naturtriebe übrig geblieben. Von den Analytikern unterscheidet er sich hier nur noch durch die Ausführlichkeit der Beschreibungen des *milieu*.

Ein Vergleich dieses Buches mit Bourget's *Un Coeur de femme*
ist unabweisbar. — Dem Jahre 1890 gehört endlich auch *La
Vie errante*, Ollendorff, an. Um den unaufhörlichen Besuchen des
Eiffelturmes und der Weltausstellung von 1889 zu entgehen,
machte Maupassant eine Reise nach Italien, Sicilien, Algier, Tunis
bis nach Kairouan, der heiligen Stadt der nordafrikanischen Muha-
medaner; in dem oben angegebenen Buche legt er seine Eindrücke vor. Als *sentimental traveller* begnügt er sich nicht damit,
Land und Leute zu schildern; er kommt auch auf die Orte zu
sprechen, welche bedeutsame Erinnerungen in ihm wachgerufen
haben; so hat er sich in Palermo eingehend das Gasthofszimmer
angesehen, in welchem Richard Wagner, „der grosse deutsche
Meister", den *Parsifal* vollendet hat; in seiner Bewunderung für
die altgriechische Architektur nennt er die Tempelreste Siciliens,
mit einem sehr glücklichen Ausdruck, *puissants et beaux monuments que le peuple divin élevait à ses dieux humains*. Gebildete
werden dies Buch des Verfassers mit eben so grossem Vergnügen
lesen wie nur irgend einen seiner Romane.

Auch Huysmans hat sich von Zola abgewendet. In seinem
neuesten Buch *En Rade*, Tresse et Stock 1890, hält er sich
denn auch von seinen früheren naturalistischen Wagnissen fern.

Im naturalistischen Fahrwasser sind geblieben C. Lemonnier,
von dem *Le Possédé, étude passionnelle*, bei Charpentier 1890 erschienen ist, und Jean Richepin, der, in demselben Jahre und
gleichfalls bei Charpentier, *Le Cadet* veröffentlicht hat, und von
dem das Textbuch zu *Le Mage*, eines von Massenet komponierten
und im März 1891 in der grossen Oper aufgeführten Musik-
dramas herrührt, ein Text, der, wie wenigstens der Engländer
Crawford behauptet, aus dessen Roman *Zoroaster* entnommen sein
soll. — 1889 *Le Chien de garde, drame*. — Von L. Stapelaux hat
man *Scandales mondains*, Librairie Mondaine 1889, und *Les
Vicieuses*, Dentu 1890.

Dem Naturalismus gehört auch Jean Reibrach an, der in
La Gamelle, Charpentier 1890, das wüste Treiben der Offiziere
in einer für das französische Heer wenig schmeichelhaften Weise
darstellt.

Der naturalistischen Darstellungsart hat sich Hugues Le Roux
in *Chez les filles*, Havard 1888, angeschlossen, wie schon die Überschrift der ersten der Erzählungen, welche für das ganze Buch
den Titel abgegeben hat, zeigt; sie enthält die Erlebnisse eines
jungen Seemanns mit einer Dirne. Nach dem Abfall der Hauptvertreter dieser Richtung von Zola ist ein solches Vorkommnis
erwähnenswert. Von demselben Verfasser noch *Les Ames en peine*,

Charpentier 1889, *Les Larrons*, Charpentier 1890, und *Le Chemin du crime*, Havard 1890, zuletzt *Entre.hommes*, Havard.

H. Rosny hat unter dem Titel *Le Termite, roman de moeurs littéraires*, Savine 1890, gelegentlich der Bewerbung Zola's um einen Sitz in der Académie française, einen *roman à clé* veröffentlicht, in welchem verschiedene neuere Schriftsteller unter ihnen anders beigelegten Namen, Zola als Rolla, vorkommen. Das *Ote-toi de là que je m'y mette!* oder *Place aux jeunes!* welches Zola an die Romantiker richtete, fängt, wie es nach dieser Probe scheint, bereits an, von den jüngern Mitgliedern der Schule auf die älteren Genossen in Anwendung gebracht zu werden: „*Le Songe*" (man verstehe *Le Rêve*) des grossen Naturalisten wird als ein „*effondrement de l'être*" betrachtet.

Von Léon Hennique ist bei Tresse 1889 *Un Caractère* herausgekommen, von dem gleichfalls abtrünnigen Paul Alexis *L'Éducation amoureuse*, Charpentier 1890.

Trotz der fast keinerseits in Abrede gestellten Genialität Zola's ist seine Richtung, weil zu ausschliesslich den fehlerhaften Seiten der menschlichen Natur zugewendet, allmählich mehr und mehr isoliert geblieben; dagegen hat der Realismus, eigentlich nichts als ein gesunder Naturalismus, welcher alle Seiten und Eigenheiten des Menschenwesens in gleicher Weise zum Gegenstand der Beobachtung und der Darstellung nimmt, überwiegend Platz gegriffen. Neben vielen andern Schriftstellern arbeitet auf diesem Felde und zugleich auf dem Gebiete des nach einer Äusserung des holländischen Kritikers ten Brinck seit *Paul et Virginie* in Frankreich ganz vernachlässigten kolonialen Romans Loti, ein ehemaliger Lieutenant zur See namens Julien Viand. Er hat sich durch diese seine Erzählungen, von denen eine der neuesten, *Pêcheur d'Islande*, 1886 bei Calmann Lévy erschienen, 1890 mir in der 77. Auflage vorliegt, so viel Anerkennung erworben, dass er sich neuerdings mit Aussicht auf Erfolg um einen erledigten Sitz in der Académie française hat bewerben können. Der Verfasser führt uns in dem erwähnten Buche unter die „Isländer"; es sind dies die Bewohner einiger Ortschaften der Bretagne, welche sich mit dem Fischfang um Island herum beschäftigen. In einer ihrer Barken befinden sich Yann (Jean) und Sylvestre; der letztere, mit der Schwester Yann's verlobt, wird zum Matrosendienst ausgehoben und in Tonkin bei einem Kampf gegen die Aufständigen tötlich verwundet; Yann heiratet Maud, nach langem Zögern trotz ihrer gegenseitigen Liebe; er geht bald nach der Hochzeit mit seinem Boot bei Island unter, sich so, wie er immer geahnt und vorausgesagt hatte, mit der See vermählend. Ergreifend ist die Schilderung der Gemüts-

stimmungen Maud's bei der langanhaltenden Befürchtung und bei
der schliesslichen Gewissheit ihres Unglücks. Besonders anziehend aber sind die trefflichen Beschreibungen, welche der
kundige Verfasser von den Stürmen auf dem nördlichen Meere,
von den hellen Nächten in den hohen Breiten, von dem Leben
der Fischer auf der See und in der Bretagne, sowie von den
Vorfällen in dem Kriege gegen die Piraten in Tonkin zu geben
versteht. — Von demselben Schriftsteller ist Anfang 1890 eine
Reisebeschreibung *Au Maroc* bei Calmann Lévy erschienen, und
ebenda *Japoneries d'automne*, endlich *Le Roman d'un enfant*, Erinnerungen aus der eigenen Jugend.

Anmutende Seemannsgeschichten und treffende Meeresbilder
gibt auch Henri Matapo, wahrscheinlich auch ein Pseudonym
für einen Schiffslieutenant, in *Quarts de nuits*, Librairie des
Bibliophiles 1890.

Gustave Toudouze schildert in dem seine Leser in die
Bretagne führenden *Péri en mer*, Havard 1890, die Schicksale
eines Schiffsjungen, den man mit seinem Schiff für untergegangen
hält, und der, nach neunzehn Jahren in die Heimat zurückkehrend,
seine Schwester in Wahnsinn verfallen und eine Cousine Mari-
annik erwachsen findet; in diese verliebt er sich, aber sie hat
schon einen andern Bewerber; so geht denn der Seemann wieder
aufs Meer, und bald darauf wird seine Barke leer an den Strand
geworfen. — Sonst noch: *La Fleur bleue*, Havard 1889.

Dem Seemannsleben gehört auch *Sauveteur* par Pierre Maël,
Dentu 1890, an: das Buch erzählt in spannender Weise eine
Rettung Schiffbrüchiger und zollt gelegentlich dem Andenken des
vor kurzem verstorbenen Admirals Courbet, des grossen Wohl-
thäters und Beförderers der *Société centrale de sauvetage des nau-
fragés*, die gerechtesten Lobeserhebungen. — Ferner hat derselbe
Schriftsteller *Flot et jusant, moeurs maritimes*, Dentu 1890, veröffentlicht, sowie *Gaietés de Bord. Une Campagne sur l'Armo-
rique*, Kolb 1890, und *L'Ondine de Rhuis*, Dentu 1890, eine
frische und reine Idylle; endlich *Mer bleue*, F. Didot 1890, eine
Erzählung, die den Leser an das sonnige Gestade der Riviera
und in die Gesellschaft zweier junger liebenswürdiger Damen in
Beaulieu führt.

Wenn auch nicht in einer französischen Kolonie vor sich
gehend, kann *A travers les forêts vierges* von Désiré Charnay,
Hachette 1890, doch zu den Kolonialromanen gerechnet werden:
es ist die Beschreibung einer Reise des Holzhändlers Frémont
mit seiner Tochter Éléonore und seinem viel jüngeren Knaben
nebst dem Hauslehrer desselben von Guatemala bis Mexiko; der
Hauptsache nach Schilderung des Tier- und Pflanzenlebens jener

Gegenden und der Ruinen ihrer Bauwerke, und am Schluss die romantische Befreiung Éléonore's aus den Händen einer aufrührerischen Räuberbande durch ihren Verlobten Taylor und die tötliche Verwundung der Juana, der Geliebten des in Tehuantépec kommandierenden Obersten, welche anfangs aus Eifersucht Éléonore durch einen ihr bekannten in die Berge geflüchteten Missvergnügten hat entführen lassen, nachher aber, aufgeklärt, bei der Aufsuchung des fortgeführten jungen Mädchens sich eifrig bethätigt.

Ferdinand Fabre ist, in der *Petite bibliothèque littéraire* bei Lemerre 1890, mit *Barnabé* hervorgetreten; es ist dies die Schilderung eines Eremiten der Sevennen, wie es ihrer noch vor vierzig Jahren gegeben hat. Von demselben Verfasser ist noch *Xavière* bei Bussod et Valadon, gleichfalls 1890, erschienen, die Geschichte eines Bauernmädchens der Sevennen, „ebenso keusch und rührend wie die *Virginie* von Saint-Pierre“.

Der durch seine Dorfgeschichten berühmt gewordene Jules de Glouvet, unter welchem Pseudonym sich der im Prozess Boulanger's vielgenannte procureur général Quesnoy de Beaurepaire verborgen gehalten hat, ist in letzter Zeit nur mit *Histoires du vieux temps*, Calmann Lévy 1889, in die litterarische Öffentlichkeit herausgekommen.

Die Zustände der Arbeiterkreise werden von H. Mainguené, *Les Drames de la vie ouvrière, grand roman d'actualités politiques et sociales*, Marpon et Flammarion 1890, vorgeführt.

Vorgänge in militärischen Kreisen behandeln L. Descaves in *Nos Sous-offs*, Fischbacher 1890 — einer Schilderung, welche in *Les Vrais sous-offs* von G. Darien und E. Dubus bei Savine eine Entgegnung gefunden hat — und Ch. Leroy in *Les Farces du Lieutenant Bernard* und in *Le Mystificateur du Colonel Ramollot*, bei Decaux 1889.

Ph. Tonelli nimmt Korsika zum Schauplatz seiner Erzählungen. Unter dem Gesamttitel *Scènes de la vie corse* sind bisher *La Vierge des Makis* und *Seppa*, beide Bändchen bei J. Ducher 1890, erschienen.

Im allgemeinen schweifen die Realisten nicht so weit in die Ferne, sondern halten sich an das ihnen zunächst Liegende, d. h. an Paris und an die dort eingetretenen oder doch möglichen Vorgänge. Ch. Mérouvel ist bei uns, trotzdem er schon gegen 20 Romane veröffentlicht hat, wenig bekannt geworden. Aus 1889 stammt *Les Drames de l'amour, La Comtesse Hélène*, Dentu. — In *Chaste et flétrie*, Dentu 1890, wird die Heldin von einem Marquis entehrt und dann verlassen; der demokratische Sinn des Verfassers zeigt sich deutlich darin, dass die Mitglieder der

Aristokratie sämtlich als schlecht, die Leute aus dem Volk als gut und edel hingestellt werden. Bedeutender ist nach meiner Ansicht *La Vierge de la Madeleine*, Dentu 1890. Der Verfasser lässt sich keiner der hauptsächlichen Gattungen der Romanschreiber, weder den Idealisten, noch den Naturalisten, noch den Symbolikern zuzählen; seine Art nimmt, besonders in diesem Roman, etwa eine Mittelstellung zwischen dem Realismus und der Charakteranalyse ein. Kernoël, ein reicher Lebemann und eigentlich entschlossen Junggeselle zu bleiben, lernt bei einer Messe in der Madeleine eine bildschöne junge Dame kennen, weiss sie in ihrer Wohnung aufzufinden und macht ihr einen Heiratsantrag, der wie die von seiner kränklichen aus der Bretagne dazu herbeigerufenen Mutter gemachte förmliche Bewerbung von ihr durch die Erklärung, dass sie sich niemals verheiraten werde, schroff zurückgewiesen wird. Vier Monate später erneuert Kernoël, der ohne sie nicht leben zu können glaubt, dringend seine Bemühungen; zwar beabsichtigend, ihm offen zu gestehen, dass ihr Vorleben die eheliche Verbindung mit einem Ehrenmanne ausschliesse, gibt Louise Francin, weil sie ihn so sehr leiden sieht, endlich seinen Bitten nach, aber unter der Bedingung, mit ihm fern von Paris zu leben. Beim Notar erkennt einer der beiden Zeugen, der Baron Claude, der zu spät gekommen ist, nach dem Abschluss der Verhandlung, in ihr ein Mädchen, das in einem Hause, welches reichen Fremden angenehme Bekanntschaften vermittelt, ihm selbst vorübergehenden Genuss gewährt hat: er bestellt sie heimlich in seine Wohnung und verlangt hier, dass sie von der Verbindung mit seinem Freunde zurücktreten solle; in der Überzeugung, dass sie zu dem Glück Kernoël's notwendig geworden sei, weist sie dies Ansinnen zurück. Gleich nach der Trauung in der Bretagne, und während sie sich noch auf dem Wege aus der Kirche nach ihrer neuen Wohnung befindet, langt der ihr bekannt gewordene Kammerdiener des Barons Claude an und übergibt Kernoël einen Brief: Louise ahnt, was er enthält. Am Abend säumt Kernoël in ihr Schlafzimmer zu kommen; in ihrer Angst belauscht sie ihn in seinem Kabinet, sieht, dass er drei Briefe geschrieben hat und einen Revolver hervornimmt: sie stürzt herbei, und er muss ihr versprechen, wenn nicht ihretwegen, doch für seine schwerkranke Mutter leben bleiben zu wollen; erklärt ihm auch, wie sie, die Tochter eines verstorbenen Obersten, in Saint-Denis erzogen, aus Not und um für eine alte Dienerin des Hauses sorgen zu können, ins Verderben gelockt worden sei. In der Nacht schleicht sie sich aus dem Schloss nach einem Teich, um sich zu ertränken; schon mit den Füssen im Wasser, hört sie zwei Schüsse: sie kehrt

zurück: Kernoël, dessen Mutter eben gestorben ist, hat sich in
die Brust geschossen. Aber er lebt; durch ihre sorgsame und
aufopfernde Pflege wird er wieder hergestellt. Eines Abends
will er ihr gestehen, dass er sie trotz allem liebt, aber er findet
sie nicht in ihrem Zimmer, wohl aber einen Brief, in welchem
sie ihm mitteilt, dass sie in einen Orden der barmherzigen
Schwestern eintreten wird, dass sie ihn geliebt habe und immer
noch liebt, dass aber alle seine Versuche, sie aufzufinden, vergeblich sein würden. *„Ah“, s'écria-t-il, „ange d'amour, en quelque
lieu que tu sois, je te retrouverai!“* Dies die letzten Worte des
besonders in seinem Schluss recht packenden Romans, der auch
wieder zeigt, wie schwer, wenn nicht unmöglich es einem ge-
fallenen Mädchen wird, in eine anständige Lebenssphäre zurück-
zugelangen. Neu in seiner Erscheinung ist der Klubmann Bessac,
*„qui juge en dernier ressort toutes les questions où l'honneur des
autres est en jeu;“* er hat den Baron Claude, auf seine Anfrage,
veranlasst, Kernoël die verhängnisvolle Mitteilung zu machen. —
Zuletzt ist noch von demselben Verfasser *Mortes et vivantes*,
Dentu 1890, erschienen; und 1889 *Vices du jour*.

Derselben Gattung der Romanschriftsteller wird man auch
wohl den ungleich berühmter gewordenen Georges Ohnet zuzählen
müssen. Obwohl man ihn mit unserer Marlitt verglichen hat und
ihm Mangel an Folgerichtigkeit der Charakterentwickelung und
geringe psychologische Vertiefung vorwirft, fehlt es ihm doch,
besonders seitdem er sich den am Schluss seiner Erzählungen
üblich gewesenen Knalleffekt des Pistolenschusses abgewöhnt hat,
keineswegs an Mannigfaltigkeit in den behandelten Stoffen; und
vielleicht ist er gerade deshalb bei dem deutschen Lese-
publikum so beliebt. 1889 ist von ihm *Le docteur Rameau* bei
Ollendorff erschienen. — In *Dernier amour*, Ollendorff 1889, in
welchem nicht sowohl die Stimmungen und Empfindungen der
Hauptpersonen, um die es sich übrigens vorzugsweise handelt,
als vielmehr die ihnen zu grunde gelegten Vorgänge und Handlungen ziemlich unwahrscheinlich sind, verliebt der Graf Armand
de Fontenay-Cravant, Attaché der Gesandtschaft in Wien, sich
in die an den alten Fürsten Schwarzburg verheiratete junge
Dame und sie in ihn, und als bei einem Volksauflauf er die
Fürstin aus ihrem Wagen in sein Haus rettet, ergibt sie sich
ihm; von einem anderen ihrer Verehrer bei ihren Zusammenkünften ertappt, gesteht sie ihrem Mann ihren Fehltritt, der ihr
nicht nur verzeiht, sondern sich auch mit dem vorwitzigen Lauscher
schlägt; der Graf selbst wird, um den Folgen seines Verhältnisses
mit der Dame überhoben zu werden, durch den der Fürstin
sehr ergebenen französischen Gesandten, Marquis de Villenoisy,

schleunig versetzt. Ein Jahr darauf Witwe geworden, eilt Mina
de Schwarzbourg nach Paris und verheiratet sich, obgleich etwas
älter als dieser, mit dem Grafen, mit dem sie zehn Jahre in der
glücklichsten Ehe lebt. Eines abends soll in ihrem Hause ein
Lustspiel aufgeführt werden; der Graf, welchem eine Hauptrolle
zugefallen ist, wird im Augenblick, wo die Vorstellung beginnen
soll, vermisst; die Gräfin, die ihn sucht, findet in seinem Zimmer
ein Telegramm, durch welches eine „Lucie“ ihn schnell zu sich
ruft, wegen der Erkrankung ihrer Tante: ein Liebesverhältnis
ihres Mannes argwöhnend, um so mehr, als sie sich bewusst ist,
dass ihr Haar zu ergrauen anfängt, beauftragt sie einen Polizei-
beamten, der ihr durch den ehemaligen Gesandten in Wien verschafft wird, seine Schritte zu überwachen; durch ihn nur von
der Wohnung Lucie's, sowie von dem Tod der Tante derselben
in Kenntnis gesetzt, fährt sie selbst nach Neuilly, um diese Lucie
Andrimont auszuforschen. Sie erfährt, dass diese unlängst aus
Amerika gekommene junge Dame eine Kousine ihres Mannes, die
Tochter einer Schwester seiner Mutter ist, welche, weil sie einen
Industriellen geheiratet hatte, von der Familie ausgestossen worden
war, und dass ihr Mann sich ihrer wohlwollend angenommen
hatte; obgleich vorläufig von der Unschuld des jungen Mädchens
überzeugt, geht sie doch nicht ohne Beunruhigung für die Zukunft
fort. In einer Unterredung mit dem Grafen schlägt sie, unter
seiner Zustimmung, vor, Lucie aus ihrer Einsamkeit in ihr Haus
einzuführen, eigentlich nur um ihr Verhältnis zum Grafen besser
beobachten zu können. An der See, wohin sie zusammen gehen,
und wo die Gräfin das junge Mädchen mit dem Baron Cravant
zu verheiraten sucht, muss sie, sich bei Nacht heimlich ein-
schleichend und lauschend, eine durch Eifersucht herbeigeführte
leidenschaftliche Liebeserklärung ihres Mannes an Lucie anhören,
kann aber auch die Gewissheit mitnehmen, dass sie schuldlos
geblieben sind: sie verzeiht, wie einst der Fürst ihr verziehen
hatte. Lucie geht, nach einer Unterredung mit der Gräfin, nach
Schottland, mit dem Versprechen auf den ersten Ruf zurückzukommen. Ihre Abwesenheit vergrössert den Kummer und die
Niedergeschlagenheit Armand's: er will sich erschiessen, aber
seine Frau, rechtzeitig dazu kommend, entreisst ihm den Revolver
und nimmt ihm das Ehrenwort ab, leben zu bleiben. Dann beschliesst sie, um ihn glücklich zu machen, selbst in den Tod zu
gehen. Sie ruft Lucie herbei, spricht gegen den alten gleichfalls
nach ihrem Landsitz geholten Marquis die Befürchtung aus, bald
an einer Herzkrankheit zu sterben, um den Verdacht einer Selbst-
vergiftung abzulenken, sowie ihren Wunsch, dass Armand nach
ihrem Tode Lucie heiraten möchte. Durch ein Telegramm dieser

jungen Dame benachrichtigt, dass sie in Paris eingetroffen ist, nimmt sie Morphium; und so langt denn das Mädchen wenige Stunden nach ihrem Tode auf dem Schlosse an. Die Gräfin hat ihre letzte Liebe, so lange sie es für möglich hielt, verteidigt, als sie die Hoffnung darauf verloren, willig ihrer Nebenbuhlerin den Platz freigemacht. Als Theaterstück ist *Dernier Amour* am 13. November im Gymnase zur Aufführung gekommen. — Von allen Romanen Ohnet's ist der letzte *L'Ame de Pierre*, zuerst in *L'Illustration* 1890 abgedruckt, sodann bei Ollendorf erschienen, der seltsamste; er bedarf deshalb einer ausführlichen Inhaltsangabe; er macht sich nämlich mit der in jüngster Zeit hauptsächlich unter den Franzosen so stark verhandelten Frage der Suggestion zu schaffen, freilich in ganz anderem Sinne als es von Claretie in *Jean Mornas* geschehen ist. In der nach einer Villa bei Monte Carlo zusammengeladenen Gesellschaft, in welcher sich der durch ein ausschweifendes Leben brustkrank gewordene Jacques de Vignes und sein langjähriger Freund, der Maler Pierre Laurier, befinden, erzählt der russische Arzt Davidoff, scheinbar allen Ernstes, aber, wie sich nachher herausstellt, als Materialist selbst nicht daran glaubend, dass ein junger Mann, durch den von einer Hexe unter Gemurmel mystischer Worte ihm eingegebenen Trank berauscht, veranlasst wird, seiner leidenden Braut seine eigene gesunde Seele zu überlassen, und dass sie in der That bei seinem unmittelbar darauf erfolgten Tode ihre Kräfte und ihre Gesundheit wiedererlangt, von da an ihr Leben ganz dem Andenken an den Geliebten widmend. Pierre Laurier hat, die aufkeimende Liebe, welche Juliette für ihn hegt, die Schwester seines Freundes Jacques, die er seit ihrer Kindheit kennt und gern sieht, nicht beachtend, sich von einer Schauspielerin Clémence Villa fesseln lassen, der er ein Jahr lang den Ertrag seiner Kunst und, nach Vernachlässigung derselben, seines Spieles opfert, obgleich er weiss, dass sie ihm treulos ist, und von der er sich, trotz allen Kummers, den sie ihm bereitet, nicht losmachen kann. Noch am Abend, als er aus der Gesellschaft kommt, wird er hart von ihr zurückgewiesen, indem sie ihm nebenbei erklärt, dass sie nicht ihn, sondern Jacques liebe, der ihr übrigens bis dahin ganz fern geblieben war. Am Strand entlang gehend, an seinem Leben und an seiner Kunst verzweifelnd, fasst er den Entschluss, sich ins Wasser zu stürzen; auf die vermeintliche Ansicht des russischen Doktors eingehend, vermacht er aber, auf einer Karte, die er an seinen Hut befestigt, seine Seele an Jacques, in der Voraussetzung, dass er auch so wenigstens durch seine Seele an der Liebe Clémence's noch Anteil haben werde. In dem

Augenblick, wo er ins Meer springen will, gewahrt er einen
Schmuggler, der, bei einem Zusammenstoss seiner Genossen
mit Zollwächtern aus dem Boot gefallen, mit den Wellen kämpft:
er eilt ihm zu Hilfe, und es gelingt ihm, den schon Besinnungs-
losen, mit eigner grösster Lebensgefahr, an den Kutter seiner
Gefährten zu bringen. Er selbst, dabei verwundet, fährt mit den
Schmugglern nach Korsika, wo er viele Wochen in der Familie
des Geretteten verlebt. Unterdessen bringt der russische Arzt
die Nachricht von dem Tode Pierre's mit der am Hut vorgefundenen Karte zu Jacques. Wenngleich tief erschüttert von
dem Selbstmord seines Freundes, erlangt der junge Mann, sei es
durch die bestimmte Hoffnung auf Genesung, die ihm der Arzt
giebt, sei es durch den Glauben an die Übertragung der Seele
des Malers in die seinige, zusehends seine Gesundheit wieder,
zu grosser Freude seiner Mutter; aber zugleich verfällt seine
siebzehnjährige Schwester in eine den Ihrigen unerklärliche
Schwermut und Schwäche; der Bruder weiss ihr jedoch nach
längerer Zeit das Geheimnis ihrer Liebe zu dem verstorben ge-
glaubten Maler zu entreissen. Auf einem Maskenball trifft Jacques,
der nunmehr wieder alles mitmacht, mit der Schauspielerin zusammen und trotz seines anfänglichen Bedenkens, bei ihr der
Nachfolger seines Freundes zu werden, fällt er in ihre Netze.
Der russische Arzt, der mit einem vornehmen Landsmann eine
Reise nach dem Orient macht, sieht in Korsika, in der Kirche
des Dorfs, in dem Pierre lebt, eine Auferstehung, und von dem
Geistlichen erfährt er, trotzdem der Maler nur diesen seinen
Vornamen genannt hat, aus der Beschreibung seiner Persönlichkeit, dass dies Bild von seinem für tot gehaltenen Freunde herrührt; er hinterlässt für den augenblicklich auf einer Jagd Ab-
wesenden einen Brief, in dem er ihm den bedenklichen Zustand
Juliette's, die sich wegen seines vermeintlichen Todes abhärme,
mitteilt. Jacques setzt seine in Monaco wieder aufgenommene
stürmische Lebensweise in Paris und in Trouville fort und erleidet, um Clémence's Verschwendung zu unterhalten, beträchtliche Verluste im Spiel. In dem Badeort trifft ihn nach der
Rückkehr aus dem Orient Davidoff und sucht ihn von seiner
Leidenschaft für die Schauspielerin durch eine Schilderung ihres
Wesens abzubringen; vergebens: der junge Mann erklärt, dass
er sich nicht entfernen kann, „dass eine andere Seele in ihm
lebe, welche sich an ihm räche". Nun erst offenbart ihm der
Doktor, dass Pierre zwar verschwunden, aber nicht tot sei; er
habe mit dieser Eröffnung gewartet, um ihm zugleich zu zeigen,
dass sein Freund von seiner verhängnisvollen Leidenschaft ge-
heilt sei, und um ihm dadurch zu beweisen, dass er auch daraus

gerettet werden könne. Da er Jacques nicht helfen kann, will
er wenigstens Juliette von ihren Leiden befreien: er telegraphiert
an Pierre, dass seine sofortige Rückkehr notwendig geworden
sei. Von nun an errät man den Schluss: Das plötzliche Wieder-
erscheinen des Malers macht die Schwester gesund, den Bruder
elend; Pierre heiratet Juliette, Jacques wird, kränker als je und
in jeder Beziehung zu Grunde gerichtet, zu seiner Mutter zurück-
gebracht. Vor seinem Ende bittet er noch seine Schwester um
Verzeihung, seiner eigenen Genesung vor ihrem Wohlbefinden den
Vorzug eingeräumt zu haben; er sieht zugleich ein, dass der
russische Arzt nur die Einwirkung „des Moralischen auf das
Physische" habe erproben wollen; und als seine Schwester ihm
die Hoffnung ausspricht, dass er werde leben bleiben, erwidert
er mit bezug darauf lächelnd: „Nein, denn Du hast jetzt die
Seele Pierre's". Man erkennt erst aus dem Schluss, dass Ohnet
selbst, der überhaupt eher vernünftig als phantastisch ist, eine
andere Suggestion als den eignen festen Glauben nicht annimmt.
Sein Versuch, etwas wirklich Übernatürliches in sein Werk hinein-
zubringen, nämlich die Vision Juliette's, in welcher sie Pierre
die Auferstehung malen sieht, zugleich eine Anspielung auf sein
eigenes Wiedererstehen, muss als sehr verunglückt angesehen
werden.

Auch François Coppée ist unter die Romanschriftsteller gegangen: Ausser einigen Novellen *(Contes rapides)* hat er 1889
bei Lemerre die einfache aber rührende Erzählung *Henriette* veröffentlicht. Die Mutter Armand's sieht mit Unwillen, dass dieser
ihr Sohn eine blosse Arbeiterin Henriette, die bei ihr beschäftigt
ist, liebt, und entlässt sie aus ihrem Dienst; aber bald darauf
stirbt Armand am Typhus, und als die Mutter auf sein Grab
Blumen streut, bemerkt sie einen Veilchenstrauss, den niemand
anders als Henriette dahin gebracht haben kann, und das noch
vor ihr. Noch jung und ansehnlich, will sie sich wieder verheiraten, aber sie gedenkt es nicht eher zu thun, als bis die
verhasste Arbeiterin aufgehört haben wird, ihren Veilchenstrauss
nach dem Kirchhof zu bringen. An ihrem Hochzeitstage erhält
sie aus dem Krankenhause, in dem Henriette im Sterben liegt,
einen Brief, in welchem das junge Mädchen sie bittet, ihr zu
verzeihen und für sie den Veilchenstrauss, den sie selbst nicht
mehr hintragen kann, auf Armand's Grab niederzulegen. Dies
erschüttert die Mutter: „Sie hat ihn mehr geliebt als ich", gesteht sie unter Thränen ein. — *Toute une jeunesse* ist zuerst in
der Illustration abgedruckt, sodann bei Lemerre 1890 erschienen.
Die darin vorgetragene Lebensgeschichte des Dichters Amédée
Violette hat, da Coppée mit grosser Liebe auf sie eingeht, die

Vorstellung erweckt, dass der Verfasser in diesem Dichter sich selbst abgeschildert habe. In einer an seinen Freund Louis Dépret gerichteten Widmung, die als Vorrede dient, sucht Coppée diesen Annahmen entgegenzutreten. Gleichwohl wird man nicht irren, wenn man vermutet, dass in der Schilderung des Kindes- und des Jünglingslebens der Verfasser, wenn auch nicht eigene Erlebnisse, doch die ihm selbst gewordenen Eindrücke der ihn umgebenden Welt wiedergiebt. Sehr tröstlich ist der Schluss nicht, wenn er auch einzig und allein auf den geschilderten Dichter Bezug hat: *Tu as la preuve aujourd'hui qu'il est impossible, en ce monde, l'amour absolument partagé! Tu sais que le bonheur, ou ce qu'on appelle ainsi, n'existe que par à peu près, ne dure qu'une minute, et encore combien il est médiocre souvent, et comme le lendemain en est amer! Tu n'attends de consolation que de ton art. Accablé par le monotone ennui de vivre, tu ne demandes plus l'oubli qu'à l'ivresse de la poésie et du rêve . . . Les feuilles tombent.*

In *Les trois coeurs*, Perrin 1890, führt Edouard Rod einen jungen Mann, Richard Noral, ein, der auf der Suche nach einem grossen ihn ganz in Anspruch nehmenden Gefühl durch zu viele Selbstbeschauung, den „intuitivisme", dies sein Ziel verfehlt und sogar unfähig zu lieben wird. — Eine kurze Novelle desselben Verfassers in der Illustration 1890 zeigt ihn etwas weniger pessimistisch, als man es nach seinen früheren Büchern erwarten durfte; *La Femme à Bouscatey* behandelt die mit einigem Humor ausgesponnenen Erlebnisse eines Alpenbauers, der durchaus ein Fräulein aus der Stadt hatte heiraten wollen, und den der Spott seiner Landsleute zur Auswanderung nach Amerika treibt. — Früher: *Le Sens de la vie*, Perrin 1889, und *Scènes de la vie cosmopolite*, Perrin 1890.

Wenn nicht pessimistisch, doch düster ist *Ceux qui rêvent* von A. Touraine, Paris, Comptoir d'édition 1890: die Haupt-person des Romans sucht, nach dem Verlust der Geliebten, in Nizza durch den Morphiumrausch den Herzenskummer zu be-schwichtigen.

In *Chagrins d'amour*, Rongier et Cⁱᵉ 1890, gibt Paul Lacour zwanzig anziehende kleine Novellen.

Trahie von Moxime Paz, Kolb 1890: verraten von ihrer Schwester, die den von ihr geliebten Mann heiratet, und nachher von ihrem eignen Manne, weiss Hélène in ruhiger Ergebung ihre Pflichten als Gattin und Mutter zu erfüllen. Liebevolle Sorge für die Seinigen ist das Geheimnis des stillen Glücks eines edlen Herzens.

Léon de Tinseau, *Sur le seuil*, Calmann Lévy 1890: Thérèse, ein junges Mädchen, welches ins Kloster zu gehen im Begriff ist, begleitet ihren kranken Bruder zur Wiederherstellung seiner Gesundheit nach Ägypten, wohin ihm auch ein Freund Albert folgt, der nicht heiraten will, weil seine Verlobte ihm untreu geworden ist. Diese erscheint plötzlich in Louqsor, verheiratet, aber der Anknüpfung einer Liebschaft mit Albert nicht abgeneigt; ihre Eifersucht gegen Thérèse facht seine Liebe zu dieser nur noch mehr an, aber auch die Neigung des jungen Mädchens zu ihm, so dass sie, schon auf der Schwelle des Klosters, zurücktritt, um ihm die Hand zu reichen. — Von demselben: *Strass et Diamants*, Calmann Lévy 1890. Der Strass ist eine ehemalige Schauspielerin, für welche ein wackerer Notar eine Schwäche hat, und die ein junger Marquis fast im Begriff ist zu heiraten, die Diamanten eben dieser Marquis, Subalternbeamter im Finanzministerium, und Henriette Flamel, seine freiwillige Vorleserin und Geliebte. — Aus 1889 rührt her: *Alain de Kerisel*, und ausserdem: *Bouche close*.

Mme *d'Épone* von Brada, Plon, Nourrit et Cie: die Heldin des Romans rettet ihre Tochter, indem sie statt ihrer zu einem Rendez-vous geht, und sich obenein ihrem Schwiegersohn, der, von der mit seiner Frau verabredeten Zusammenkunft benachrichtigt, sie zuerst für diese hält, zu erkennen gibt und das Rendez-vous auf ihre eigene Rechnung nimmt; vor Scham darüber härmt sie sich ab, doch weiss ihre alte erfahrene Mutter sie wieder aufzurichten und der Familie die frühere Zufriedenheit zurückzugeben.

Le Flirt von Paul Hervieu, bei Lemerre erschienen, zeigt, dass sich mit der Liebe nicht spassen lässt: Clotilde Mésigny hat einen ungeliebten Mann heiraten müssen; sie lässt sich mit grossem Vergnügen, aber ohne allen bösen Vorbedacht, von zwei Herren umwerben; und während der eine ihr entgeht, dadurch, dass er sich verheiratet, fällt ihre Tugend dem andern zum Opfer.

Nach dem die Qualen des plötzlich erwachenden Gewissens trefflich schildernden Roman *Conscience*, Charpentier 1888, und *Justice*, Charpentier 1889, hat Hector Malot 1889 noch veröffentlicht *Mariage riche*, *Marpon et Flammarion*, sieben Novellen, deren erste den Titel hergegeben hat: die Tochter eines Ingenieurs, welche sich mit dem Sohne eines sehr begüterten Geschäftsmannes in ein Liebesverhältnis eingelassen hat, das nicht ohne Folgen zu bleiben verspricht, um eine reiche Heirat zu machen, die von jeher der Traum ihrer Jugend gewesen war, stürzt sich ins Meer, nachdem sie von ihrem Bräutigam erfahren hat, dass sein Vater gänzlich zu Grunde gerichtet ist, die Aussicht auf ein ärmliches Leben nicht ertragend; in der folgenden

Novelle *Vire de bord* handelt es sich um eine Gesandtin, welche wegen eines italienischen Tenors sich von ihrem Mann und ihrer Tochter trennt. Dass die übrigen, noch dazu mit Illustrationen, haben gedruckt werden können, möchte viele Leser in Erstaunen versetzen. — Dem Jahre 1880 gehört *Mondaine*, Charpentier, an. Der sich Geoffroy nennende Émailleur bemerkt, dass sein in einer entlegenen Vorstadt belegenes Atelier während der Nacht, wo es leer steht, von irgend einer Person aufgesucht wird, ohne dass eine Entwendung stattfindet; als er deshalb einmal auflauert, findet er einen Knaben, der sich an dem Feuer des brennenden Ofens wärmt und mit dem Futter der Katze sättigt; er erfährt, dass der Knabe obdachlos ist, und nimmt sich seiner an, um ihn in seiner Kunst anzulernen; eine abgesondert stehende Kammer wird vom Portier ihm zur Wohnung angewiesen. Als der Künstler ihn zugleich als Modell benutzen will, zeigt sich, dass er ein Mädchen vor sich hat: Es ist die Lotieu genannte Tochter eines in Dünkirchen von einem Fischfang nicht zurückgekommenen Seemanns, die, von einer Tante nach Paris gelockt, von dieser zu einem unlauteren Leben hat verleitet werden sollen, ihr entlaufen ist und von einem Karrenschieber, dem sie einmal behilflich gewesen ist und weiter dienen soll, aufgenommen, mit Aufopferung ihres Haares Knabentracht gekauft und angelegt und nach dem Tode des Kärrners sich wieder hilflos gesehen hat. Diese Umstände veranlassen den Émailleur erst recht, der Armen seine Unterstützung weiter zu gewähren und auch, nachdem sie wieder Mädchenkleidung angenommen hat, ihre Ausbildung zu fördern und ihre Büste als Modell zu verwenden. Ihre Kammer richtet sie sich bald so ein, dass sie dem Émailleur, dem Portier und der halbgelähmten Frau desselben darin ein Frühstück vorsetzen kann. Diese Metamorphose des Buchs ist nicht die einzige: der Émailleur ist ein Graf Canoël, seine Frau die Tochter eines aus den kleinsten Anfängen sehr reich gewordenen Finanzmanns, die *mondaine*, welche nur Sinn dafür hat, durch gesellschaftliche Stellung und Luxus Aufsehen zu erregen; sie und ihre Freundinnen halten es für ein Unglück, wenn eine hübsche Frau Kinder bekommt, weil das die Schönheit verdirbt; ganz besonders begierig in den Zeitungen genannt zu werden, lassen sie sich dies Vergnügen grosse Summen kosten; von der Gesellschaft solcher Damen gelangweilt, hat der Graf sich heimlich seinen künstlerischen Bestrebungen hingegeben, welche seine Frau nach der Verheiratung mit Geringschätzung behandelt. Im Gegensatz zu dem gemütlichen Frühstück der Dünkirchnerin steht das prunkende Einweihungsfest des Hôtels der Gräfin, zu prahlerisch schon vorher in den Zeitungen angekündigt, um viele wirk-

lich vornehme Leute zu dem Besuche zu veranlassen. Kurze
Zeit nachher bekommt Canoël Gewissheit, dass seine Frau Mittel
gebraucht, um ihre Schwangerschaft zu unterdrücken. Die Entfremdung der beiden Eheleute wird immer grösser, des Grafen
angebliche Reisen dauern immer länger. Bei der schliesslichen
Trennung von seiner Frau nimmt er aus dem ihr gehörigen von
ihrem Vater ihm vergeblich abgetretenen Hôtel, während eines
Platzregens, nichts als seinen Regenschirm mit. Einige Jahre
später trifft man ihn in einer einfachen Villa bei Paris mit Lotieu,
die eine ebenso stattliche jedoch einfache Dame und gute Mutter,
wie eine treffliche Künstlerin geworden ist. In den Umständen,
in der Charakteristik der *mondaine*, namentlich aber in der Tendenz bietet das Buch viele Vergleichungspunkte mit Guy de
Maupassant's *Notre Coeur*. — Noch ein anderer Roman Malot's,
Mère, ist 1890 bei Charpentier erschienen. Combarrieu, der Besitzer einer grossen Fabrik, merkt bei der Rückkehr von einer
Reise nach Amerika mehr als früher, dass seine Frau gegen ihn
kalt geworden ist und ihre ganze Liebe ihrem Sohne zugewandt
hat, nur noch Mutter, nicht mehr Gattin ist. Dieser Sohn ist
noch dazu ein Taugenichts, der zuletzt den Vater als unzurech-
nungsfähig in ein Irrenhaus einsperren lässt. Man glaubt, dass
hier der vielbesprochene Fall Hériot's dem Verfasser vorgeschwebt
hat; bei seiner Gewohnheit, in seinen Romanen auf Lücken oder
gar Fehler der Gesetzgebung aufmerksam zu machen, scheint er
in diesem Buche nebenbei zeigen zu wollen, wie leicht die „Se-
questration“ eines ganz Vernünftigen durch die bestehenden Vorschriften gemacht werden kann. Denn als bei einem Streit
zwischen dem Vater und dem Sohn, der ein Fabrikationsgeheimnis
nach England verkauft hat, ein Revolver, den Combarrieu drohend
gegen ihn erhebt, losgeht und den Sohn leicht verwundet, erkennen daraufhin einige dafür gewonnene Ärzte den Vater für
irrsinnig, und erst nach längerer Zeit wird er auf die Entscheidung
der solche Anstalten beaufsichtigenden Behörde aus der Gefangenschaft befreit. Der junge Combarrieu geht nach Amerika, und
die Mutter, trotz seiner Veruntreuungen noch immer auf seiner
Seite bleibend, folgt ihm dahin.

Albert Delpit, der dann und wann im *Figaro* gegen die
Sittenlosigkeit der Neuzeit eifert, liebt es in seinen Schriften der
Welt einen Spiegel zur Warnung vorzuhalten, ohne sich dabei
auf die Laster des gewöhnlichen Volks einzulassen. Diese Tendenz tritt auch in *Thérésine*, Ollendorff 1888, hervor: es sind
die Erlebnisse einer Tingeltangelsängerin, die, von einem reichen
in Frankreich aufgewachsenen Kreolen nach Amerika mitgenommen
und von dessen früherem in seinem Hause gebliebenen Lehrer

mit Bildung ausgestattet, nicht nur ihren Schützer, sondern nach dem Tode desselben auch noch einen ausgezeichneten Offizier heiratet, dem sie trotz ihrer nunmehrigen ganz aufrichtigen Frömmigkeit, noch vor der Hochzeit durch einen Bekannten ihres ersten Mannes verraten, ihr früheres Leben nicht verheimlichen kann, und der sie, in allem Genuss durch die Gedanken, die er sich über ihre Vergangenheit macht, gestört, nach kurzer Ehe verlässt und einsam in den Armen ihres ehemaligen Lehrers sterben lässt. — Dagegen ist eine solche Absicht in *Disporu*, Ollendorff 1888, nicht erkennbar, der Geschichte eines Marine- offiziers, der, sechs Jahre in chinesischer Gefangenschaft gehalten, nach seiner Rückkehr seine ihn noch immer liebende Frau mit einem Andern verheiratet findet, aber nach dem Tode des in zweiter Ehe geborenen Kindes sich wieder mit ihr verheiraten kann. — Desto stärker kehrt Delpit seinen Hintergedanken in einem der letzten Werke heraus. *Comme dans la vie*, einer der unter dem Gesamttitel *Un monde qui s'en va* 1890 bei Ollendorff erschienenen Romane und zuerst in der *Illustration* 1889—1890 veröffentlicht, zeigt schon durch diese seine Überschrift, dass, was im Buch vorgeführt wird, angeblich öfter im Leben vorkommen soll. Roland Montfranchet, der Sohn eines zu Grunde gerichteten Banquiers, ist nach dem Selbstmord seines Vaters zu seinem und seiner Schwester Unterhalt ganz auf seine Arbeit angewiesen; nachdem er lange mit Not gekämpft hat, wird er durch einen doppelten Raubmord, von dessen einem Opfer er noch dazu die Tochter heiratet, reich und angesehen, und obgleich durch die Vorhaltungen seiner Alles wissenden und trotz dankbarer Erinnerung Nichts vergebenden Schwester zerknirscht, geniesst er nach seinem durch Gewissensbisse qualvollen, nicht bloss durch Krankheit, sondern zuletzt noch durch Gift herbeigeführten Tode des liebe- vollsten Andenkens seiner Frau und des ehrenvollsten Nachrufs in der Welt und in den Zeitungen. *Comme dans la vie où tout n'est que vanités et mensonges*, lautet der Schluss. — *Toutes les deux* ist die Geschichte zweier Schwestern, Catherine und Huberte, welche von Jugend auf entzweit und später, die eine in Paris, die andere in Bordeaux verheiratet, von einander getrennt sind. Raymond de Fonde lernt zuerst auf einer Reise vorübergehend Catherine kennen, und von ihrem Liebreiz bezaubert, verliebt er sich, wegen der Ähnlichkeit mit ihr, in Huberte, in Arnay-le-Comte, wohin er sich, um seine Ausgaben einzuschränken, zurück- gezogen hat und wohin Huberte, wegen einer Untreue, von ihrem Manne verbannt worden ist. Nach einer Abwesenheit dieser seiner Geliebten, die zu ihrem schwer erkrankten Mann nach Bordeaux gerufen wird, findet er in Aix-en-Savoie die andere

Schwester, die dort einen kranken Knaben pflegt; seine An-
näherung an diese regt die Eifersucht Huberte's an; und als
Catherine, von ihrem Mann geschieden, Raymond heiraten will,
kennt ihre Erbitterung keine Grenzen; nach einer anscheinenden
Versöhnung, nimmt Catherine, um nicht allein zu leben, ihren
Aufenthalt bei ihrer Schwester in Arnay-le-Comte; und diese sucht
sie und mit ihr sich selbst durch Kohlendunst zu töten; aber
während sie selbst stirbt, kommt Catherine mit dem Leben davon
und kann Raymond nach seiner Rückkehr von Amerika, wo er
eine reiche Erbschaft erhoben hat, heiraten. — Ich wage nicht
zu versichern, dass die in beiden Romanen durchgeführte Charakter-
entwicklung der Hauptpersonen der Wahrheit entspricht. — Vorher: *Passionnément*, Ollendorff 1889. — Mit Albert Delpit darf
Éd. Delpit nicht verwechselt werden, von dem *Chaîne brisée* bei
Calmann Lévy und ebenda *Yvonne* zum Druck gekommen sind.

Dagegen wird das Bemühen Bourget's und Rabusson's, die
Charaktereigenttümlichkeit der Figuren ihrer Erzählungen eingehend
und folgerichtig zu entwickeln, allgemein als erfolgreich anerkannt.
Der neueste Roman von Paul Bourget, *Un Cœur de femme*, Lemerre 1890, steht nach meinem Dafürhalten hinter dem vorletzten,
Mensonges 1888, zurück; zwischen beiden waren noch 1889, bei
demselben Verleger Lemerre, *Études et portraits* und die *Pastels*,
einzelne Charakterskizzen, endlich *Le Disciple* erschienen. Juliette
de Tillières, frühzeitig Witwe geworden, unterhält seit zehn Jahren
ein heimliches, sogar ihrer Mutter und ihrer besten Freundin
Gabrielle de Candale verborgen gebliebenes Liebesverhältnis mit
dem Grafen Poyanne, einem an Geist hervorragenden Mitgliede
des Abgeordnetenhauses, das zur Ehe werden soll, sobald er
durch den jeden Augenblick zu erwartenden Tod seiner von ihm
getrennt lebenden Frau frei geworden sein wird. Während einer
Abwesenheit des Grafen von Paris lernt Juliette bei der Frau
von Candale den schönen wiewohl etwas stark leichtfertigen Herrn
von Casal kennen, mit dem ihre Freundin sie zu verheiraten
wünscht; auch macht er auf Juliette grossen Eindruck, und er
selbst findet an ihr so sehr Gefallen, dass er sie zu besuchen
anfängt. Dies erregt die Eifersucht des zurückgekehrten Grafen,
es erfolgt eine Herausforderung, welche Juliette nicht aufzuheben
vermag, obgleich sie Casal in seiner Wohnung aufsucht und sich
ihm hingibt; denn die Entschuldigung für die dem Grafen zu-
gefügte Beleidigung, die er demselben schriftlich zukommen lässt,
wird von diesem nicht angenommen. Das Duell findet statt: als
nach demselben der Graf bei Juliette erscheint, zeigt der Auf-
schrei, den sie wegen des vermuteten Todes Casal's ausstösst,
wie sehr sie diesen liebt; er gibt sie deshalb frei, sie will aber

auch nicht die Geliebte Casal's werden und geht in ein Kloster. Der Lord Herbert Bohun, mit dem Casal auf Reisen geht, löst ihm, gleichsam für den Dichter sprechend, das Rätsel der Doppelliebe Juliette's: *Poyanne était l'amant de son esprit ... et toi, tu étais l'amant de ce qu'il ne satisfaisait pas en elle ... il lui aurait fallu ... un Casal avec le coeur de Poyanne.* Mit den Worten: „Nichts ist unergründlicher als das Herz einer Frau" schliesst der Roman. — Unter dem Namen Claude Larcher's, seines verstorbenen Freundes, dessen Testamentsvollstrecker er geworden war, hat Bourget eine *Physiologie de l'amour moderne* bei Lemerre 1890 erscheinen lassen, von welcher Bruchstücke schon vorher in *La Vie parisienne* abgedruckt waren; sie ist, wie auch *Mensonges*, bereits in deutscher Übersetzung vorhanden.

Wegen der gründlichen und ausführlichen Charakteranalyse pflegt Henry Rabusson neben Paul Bourget gestellt zu werden. Dies Bestreben wird man auch wohl seinem neuesten Buche *L'Illusion de Florestan*, Calmann Lévy 1889, nicht absprechen können, aber man wird vielleicht finden, dass der Inhalt nur mässige Teilnahme einflösst. Florestan de La Gardière hat als junger Mensch in Poitiers die Marquise de Fossanges bei ihrem vorübergehenden Besuche im Hause seiner Mutter kennen gelernt: fortwährend an sie denkend und im Stillen in sie verliebt, nimmt er nach dem Tode seiner Mutter Wohnung in Paris; von seinem Onkel bei der Marquise eingeführt, wird er von ihr so gut aufgenommen, dass er die Verwirklichung seiner Träumereien erhofft. Aber bei diesem seinem ersten Besuch findet er bei ihr eine junge Witwe, Frau von Gueyrard, eine geborene Engländerin, die einen französischen Eisenbahnunternehmer geheiratet hatte, und fühlt sich gleichfalls von ihr angezogen; auch schwankt er anfangs in seinen Huldigungen zwischen beiden, die denn auch nicht verfehlen auf einander eifersüchtig zu werden. Die Erzählung seiner schon vor Jahren entstandenen Liebe zu ihr lässt endlich die zwar kokette, aber bisher noch nie über die Grenze des Erlaubten hinausgegangene Marquise auf einem Spaziergang im Park ihres Schlosses bei Dieppe unterliegen, ohne dass sie eigentlich Florestan liebt. Die Baronin Gueyrard, welche Neigung für den jungen Mann gefasst hat, macht den Marquis auf die Vertraulichkeit zwischen diesem und seiner Frau aufmerksam; und daraufhin zeigt er ihr denn an, fortan von ihr getrennt bleiben zu wollen. Der die Katastrophe bedauernden Baronin gesteht die Marquise ihren Fehltritt ein, von dem jene nicht einmal eine Ahnung hatte. Sie verlässt Paris, um mit dem vorangeschickten La Gardière in der Nähe von Nizza zusammen zu leben. Aber lange dauert die Freude nicht: ihre gesellschaftliche Stellung und ihre Unabhängigkeit im Zusammenleben mit ihm, wie schon früher mit ihrem Mann, beeinträchtigt findend, nimmt sie brieflich von ihm für immer Abschied, als ihre englische Freundin ihr eine Botschaft von ihrem Mann bringt, der sich mit ihr aussöhnen will. Sie wünscht ihre frühere Rolle in Paris weiter zu spielen, und Florestan erkennt nun seine Täuschung in Betreff dieser Frau, der die Liebe nicht, wie er geglaubt hatte, Alles zu ersetzen vermag. In dieser Beziehung kann man sie als Vorgängerin der Gesellschaftsdame in Malot's *Mondaine* und in Maupassant's *Notre Coeur* betrachten. — Früher: *Mon capitaine* und *L'Épousée*, beide bei Calmann Lévy 1889; nachher noch *Idylle et drame de salon*, bei demselben 1890.

Derselben Gattung des Romans möchten die bisher heraus-gekommenen Bücher Léon Barracand's zuzuzählen sein. In seinem Erstlingswerk, · *Un Monstre*, Havard 1888, schildert er das un-natürliche Verfahren einer Mutter, die ihren Liebhaber zwingt, ihre Tochter zu heiraten, zuletzt von ihm zurückgestossen, aus Hass gegen ihn den Ruin der ganzen Familie herbeiführt, selbst aber ganz allein im Genuss des dadurch erworbenen oder für sich vorbehaltenen Vermögens bleibt. — In sehr eingehender Weise und überall in den Grenzen des Anstands bleibend, führt derselbe Schriftsteller in *Vicomtesse*, zuerst in der *Illustration*, dann bei Havard 1890 gedruckt, die Empfindungsregungen seiner Personen aus. Es ist die Geschichte zweier Jugendfreunde, des Vicomte Pierre de Cobrol und des Gelehrten Gilbert Maujean, der durch jenen in die Kreise des Faubourg Saint-Germain ein-geführt wird, und dessen Herzlichkeit dadurch keine Abschwächung erleidet, dass der vornehme Freund Blanche de la Fonfreyde, die er selbst auch seit ihren Kindesjahren kennen und als junges Mädchen lieben gelernt hat, heiratet, weil er sie für sich als unerreichbar ansehen muss. Eine dreijährige Entfernung nach Rom, in Folge eines Duells, das er ihretwegen hat, lässt ihn seine Liebe, die er der Vicomtesse gegenüber, aus Rechtlich-keitsgefühl gegen seinen Freund, immer nur leise anzudeuten ge-wagt hat, nicht vergessen; sie erhält neue Nahrung, als er von dem Lieutenant, der den Dienst aufgegeben hat, wie auch in kurzer Zuschrift von seiner Frau, eingeladen wird, Aufenthalt auf ihrem Schloss Mareuil zu nehmen. Ein Versuch der Vicomtesse, ihn mit ihrer dem guten Adel angehörenden Gesellschafterin und Kinderpflegerin zu verheiraten, wird von ihm abgelehnt; er tritt aber mit der Dame seines Herzens in nähere Vertraulichkeit, als sie ihn bittet, ihren Mann, der durch Pferdehandel seinen zer-rütteten Vermögensverhältnissen aufzuhelfen sucht, von den damit verbundenen Zechereien zurückzuhalten; und als sie auf einem

Spaziergang Pierre ganz ruhig und vertraulich mit einem Bauer-
mädchen zusammen fahren sieht, öffnet sie ihrem Begleiter ihr
Herz, und er darf ihr seine Liebe eingestehen. Aber ohne zu
fallen, leiden beide nur. Nach dem Tode Pierre's erinnern sich
die vornehmen Damen, welche aus Eigennutz die engere Gesellschaft der Vicomtesse bilden, der Herkunft Maujean's und seines
bäuerlichen Grossvaters: ihren Einflüsterungen folgend, sich zu
Grunde gerichtet glaubend und um die Zukunft ihrer beiden
Kinder besorgt, nimmt Blanche den Heiratsantrag des millionen-
reichen Grafen Bagrassand an. Aber am Abend vor der Hochzeit flieht sie allein aus dem Schloss Mareuil zu Maujean, der
im benachbarten Châtillon Wohnung genommen hat, um mit ihm
und den Kindern, die sie nachkommen lassen will, in die weite
Welt zu gehen; die Kinder kommen jedoch nicht, und als sie nach
dem Schloss zurückkehrt, findet sie dort den Grafen, der von
der Gesellschafterin, welche geschwind die Stelle der Erzieherin
seiner Tochter angenommen hat, von der Flucht der Vicomtesse
benachrichtigt worden war; er verzichtet grossmütig zu Gunsten
Maujean's, legt sogar für ihn ein Wort bei der Grossmutter
Blanche's ein, und da diese Mareuil wieder schuldenfrei gemacht
und ausserdem grosse Ersparnisse zurückgelegt hat, kann
die Vicomtesse ohne Sorge für die Zukunft Maujean heiraten.
Die vornehmen Damen, welche sich schon für das Fest des
Grafen gerüstet hatten, wohnen mit eben so viel Vergnügen der
Hochzeit des Gelehrten bei. Sehr gelungen scheint mir das von
dem Verfasser dargelegte Wesen und Benehmen des edlen Fau-
bourg zu sein.

Ulbach hat *Mère et maîtresse* und *Bobinette* bei Calmann
Lévy 1889 erscheinen lassen. *Le Songe de l'amour* par Paul
Meurice, Calmann Lévy 1890, erzählt, wie eine vielgefeierte
Schauspielerin, der banalen Huldigungen ihrer Bewunderer überdrüssig, um die wirkliche Liebe kennen zu lernen, während der
Theaterferien als angebliche Spitzenklöpplerin eine Mansarde in
der rue des Grés mietet, wo sie bald Bekanntschaft mit einem
nahe dabei wohnenden Studenten macht. Nach mehreren Wochen
ungetrübten Genusses, als zuletzt die Wahrheit an den Tag kommt,
töten sich beide, sie in seinen Armen.

Un coup d'éventail von Louis Dépret, dem Freunde Coppée's,
bei Dentu 1890 zum Preise von einem Franc erschienen, ist eine
kleine Sammlung von Novellen, deren erste dem Buch den Titel
gegeben hat, und unter welchen *Contes de mon pays* Beschreibungen
aus Flandern, seiner Heimat, enthalten sind, die, wie man findet, die
Lokalfarbe getreu wiedergeben. — Sonst noch von ihm *De part
et d'autre.*

Von Ernest Daudet hat man: *Daniel de Kerfons, confession d'un homme du monde*, Plon 1890, und *Fils d'émigré*, Marpon et Flammarion 1890. *Contes du Centenaire* par Auguste Pilon, Hachette 1890, sind einzelne Erzählungen, teils heiteren, teils traurigen Inhalts, welche sich an die Revolution anknüpfen.

Von dem Aktuellen angezogen, hat der comte d'Hérisson *Un drame royal* verfasst und bei Ollendorf drucken lassen: es ist das traurige Ende des Kronprinzen Rudolph von Oesterreich, den der Verfasser gegen die gewöhnliche Annahme einem Morde zum Opfer fallen lässt.

Aïcha, Carré 1890, von Cat, augenscheinlich dem Pseudonym eines neuen Schriftstellers, ist die Geschichte eines kleinen Judenmädchens, welches bei einem Eisenbahnunglück gerettet wird, während die Mutter dabei umkommt; von dem Pfarrer des Ortes, bei welchem der Unfall stattgefunden hat, im Katholizismus erzogen, zeigt sich Aïcha, als zehn Jahre später ihr Vater sie ausfindig gemacht hat, ihrem neuen Glauben mit Aufrichtigkeit ergeben.

Auch E. Grimblot ist ein neuer Name; sein bei Calmann Lévy 1890 erschienenes Erstlingswerk heisst *Mademoiselle Henri.* Jeanne, die heruntergekommene Witwe eines Grafen von Glenne, den sie durch ihre Putzsucht ruiniert hat, stiehlt in einem Modewarengeschäft eine Kleinigkeit; der Besitzer desselben zwingt durch die Drohung, die Diebin sonst anzeigen zu wollen, ihre Schwester Noéli Henri, die mit einem Marinelieutenant verlobt ist, ihn selbst zu heiraten; als der Kaufmann bei einem Streit mit dem Offizier aus einem Fenster stürzt, wird der Letztere zwar von aller Schuld freigesprochen, aber Noéli kann ihn wegen dieses Vorfalles nicht heiraten, sondern sucht ihm dazu eine andere Dame aus; sie selbst erzieht sorgsam ein Kind, das sie von dem Kaufmann hat, während die mittellose Jeanne, Gräfin von Glenne, eine Stelle als Büffetdame in den Folies-Bergère annehmen muss: beinahe Alles nicht recht wahrscheinlich. Derselbe Band enthält noch *Trois cris* und *Malle d'amour*.

Fr. Oswald, *Mam'zelle Quinquina*, Ollendorf 1890: die Geschichte eines Landmädchens, welches nach Paris kommt, aus Not trotz alles Ehrgefühls nach und nach immer tiefer sinkt, zur Mörderin wird und mit Selbstmord endigt.

A côté du Devoir, Calmann Lévy 1890, das Erstlingswerk eines anonymen Schriftstellers, malt die Seelenkämpfe aus, die eine Dame zu erleiden hat, welche sich zu einem Liebeseinverständnis mit einem verheirateten Mann hat verleiten lassen.

E. Henzelin, *André Marsy*, Perrin 1890, gibt eine Anzahl Charakterskizzen.

G. Reynal, *Toujours*, Kolb 1890, erzählt, wie eine Grisette von ihrem Studenten verlassen wird, als sie im Begriff ist, Mutter zu werden; ein Arzt nimmt sich ihrer und ihres Sohnes an; ihr seitdem verheirateter Liebhaber war nach längerer Zeit Witwer geworden; er nähert sich ihr wieder, will sie sogar heiraten, und als sie ihn abweist, fordert er wenigstens seinen Knaben: schwankend, ob sie dem Vater sein Kind, dem Knaben seinen Vater vorenthalten darf, und ob sie sich von ihrem bisherigen Beschützer trennen soll, der ihnen beiden eine so herzliche Aufnahme gewährt hatte, wird sie durch den Rat eines Priesters bewogen, dem reuigen Verführer, der seinen Fehler wieder gut machen will, die Hand zu reichen und den Arzt sich einzig und allein der pflichtgetreuen Ausübung seiner Kunst widmen zu lassen.

Yves de Noly, *Raison d'Etat*, Calmann Lévy 1890. Eine Ehrendame der Königin liebt den Bruder des Königs und folgt ihm, als er wegen seiner Freisinnigkeit vom Hofe fortgeschickt wird, in die Verbannung; nach dem Tode des einzigen Sohnes des Königs wird der Bruder desselben als nunmehriger Thronerbe zurückberufen; ihm fortan in der Nachfolge nicht hinderlich zu sein, entsagt die Dame ihm unter dem Vorgeben, ihn nicht mehr zu lieben; als er sich vermählt, stirbt sie. — Bei demselben Verleger 1889: *Le Mari de Lucienne.*

P. Ficy, *Les Hautvillers*, Didot 1890. Aus Liebe zu ihrem Sohne hatte sich eine Mutter eine Erbschaft, die ihr nicht zugedacht war, angeeignet; durch die Heirat des Sohnes mit der Tochter des eigentlichen Erbberechtigten wird die Ungehörigkeit wieder ins Gleiche gebracht.

Wegen der flotten Erzählung wird *Le petit Margement* von Rob. de Bonnières gerühmt.

Adolphe Belot, *Chère Adorée*, Dentu 1890, erzählt, wie eine Frau, welche einen Schiffbruch durchgemacht hat, Jahre lang für tot gehalten wird; als sie zurückkehrt, findet sie ihren Mann zum zweiten Male verheiratet, und um ihren eigenen Kindern wieder nahe zu treten, entschliesst sie sich, als Erzieherin bei ihnen Dienst zu nehmen. Der Roman zeigt die Wandlungsfähigkeit dieses Schriftstellers, der zu Anfang seiner langen Laufbahn starksinnliche Schilderungen, im weiteren Verlaufe Verbrechergeschichten, vor seinem Ende eine, wenn auch nicht recht wahrscheinliche, doch in milderen Tönen sich ergehende Erzählung geliefert hat. — Ausserdem ist noch zuletzt von ihm erschienen: *Cinq cents francs pour un homme* und *Bon ami*, beide bei Dentu 1889.

Pardonnée? par Théodore Cahu, Ollendorff 1890. Ein Gerichtsrat entdeckt die Untreue seiner Frau, verzeiht ihr aber unter der Bedingung, dass sie ihren Liebhaber nie wiedersehen soll; dieser, ein junger Offizier, wird nach der Stadt, in welcher der Ehemann Gerichtspräsident geworden ist, versetzt und holt bei ihm erst die Erlaubnis dahin zu kommen ein, fest entschlossen, auch seinerseits das von ihm mitgegebene Versprechen zu halten. Gleichwohl sehen die Liebenden einander, aber ohne sich zu vergehen. Kurz darauf stirbt die Frau plötzlich: ob der Mann an diesem Todesfall beteiligt ist, weiss man nicht und wird es nicht herausbringen.

Ein Polizeiroman ist G. Grison, *L'Ami du commissaire*, Kolb 1889, die Geschichte eines Sträflings, der lange Zeit in Paris in vertrautem Umgang mit einem Polizeikommissarius lebt, bis sein Wesen zuletzt entdeckt wird; desgleichen *Le Crime de la rue Monge* par Pierre Zaccone, Dentu 1890. — Skizzen aus der Verbrecherwelt liefert Maurice Talmeyr in *Sur le Banc*.

Ähnlich wie A. Delpit, rückt H. de Gallier in *Fin de siècle*, Dentu 1889, der Lebewelt der Männer ihre Verkommenheit, ihre Blasiertheit vor, den besseren Teil den Frauen einräumend, die, sei es als Mätresse, sei es als anständige junge Dame und Ehefrau, doch wenigstens lieben können.

Gegen den priesterlichen Einfluss auf die Familie, namentlich auf die Frau, wendet sich ein nachgelassenes Werk E. Bonnet's der unter dem Pseudonym O'Bennt zu schreiben pflegte, *La Revanche d'Orgon*, Marpon et Flammarion 1889, in welchem die ernste Erzählung mit heiteren Zwischenfällen gewürzt ist.

Anatole France, *Thaïs*, Calmann Lévy 1890: die Geschichte eines Mönches, der die Kourtisane Thaïs bekehrt und nur durch ihren Tod davor bewahrt wird, sich ihr hinzugeben.

Unter dem Titel *La Clé d'argent*, Calmann Lévy 1890, ist von Philibert Audebrand ein Pariser Verhältnisse der neuesten Zeit schildernder Roman erschienen: der silberne Schlüssel ist von einer Dame auf dem Ball der österreichischen Gesandtschaft verloren und von einer rätselhaften Persönlichkeit aufgehoben und benutzt worden.

Cousine Laura, moeurs de théâtre von Marcel Prévost, Lemerre 1890: Eine Schauspielerin heiratet einen adligen Fremden, trotz ihrer Liebe zu ihrem Vetter Henri, der, im Andenken an seine alte Mutter, aus Pflichtgefühl sie aufgibt.

Ch. Joliet, *Violette, Misère et Splendeur d'une Comédienne*, Calmann Lévy 1890. Obgleich dies kein *roman à clé* ist, „gleicht unter durchsichtigem Schleier Violette doch einer berühmten Schauspielerin mit edlem Herzen, welche an Kunst Marie Dorval übertraf, und wie die Malibran starb". Illustration.

J. Claretie hat, trotz seiner anstrengenden Thätigkeit in

der Leitung des Théâtre-Français, Musse gefunden, zehn hübsche
Novellen, nach der einen von ihnen mit dem Gesamttitel *La
Cigarette* benannt, bei Dentu 1890 herauszugeben und ausserdem, gleichfalls bei Dentu, noch *Pierrille.*

Filou, Voleur et Cie par MM. Alfred Sirven et A. Siégel,
Terreyrol 1890, behandelt betrügerische Vorgänge, welche sich
an die Benutzung des Leihamts Mont-de-Piété anknüpfen.

André Theuriet, *L'Oncle Scipion,* Lemerre 1890. Der Verfasser ist der Provinz treu geblieben. Der Onkel ist ein Erfinder, dem seine Erfindungen jedoch nicht recht glücken wollen;
sein Neffe Jacques, elternlos, harrt, in der Hoffnung von ihm
einmal zu erben, eine Zeitlang bei ihm aus; schliesslich aber
tritt er als Gehilfe bei einem Papierhändler, seinem Vetter, ein,
wo er dazu gelangt, seine Kousine zu heiraten. — Von demselben: *Reine des Bois,* Boussod et Valadon 189. Und früher:
L'Amoureux de la préfète; Charpentier 1889, *Le Bracelet de turquoise,* in *La Nouvelle Collection de Charpentier,* die weiter unten
erwähnt wird.

Sous le manteau, Lemerre 1890, heisst eine Novellensammlung von Charles Monselet.

Aimé Giron, *Braconette,* in der *Petite Bibliothèque de famille,*
Hachette 1890.

Pontsevrez, *Criminelle,* Plon, Nourrit et Cie 1890, schildert
den verderblichen Einfluss, den ein gewissenloser Elegant auf
seine junge, wohlerzogene Frau bis zur Ausübung von Verbrechen,
bis zur Vergiftung ihres eigenen Vaters zu gewinnen im stande ist.

A. de Saint-Aulaire, *Un Naïf,* Calmann Lévy 1890. Hubert,
ein Beamter in den Pyrenäen, lernt dort eine junge von ihrer
Mutter begleitete Pariserin kennen, verliebt sich in sie und
heiratet sie, als er durch die Vermittelung der Mutter eine sehr
viel bessere Stellung in Paris erlangt, gegen den Willen seines
Vaters; als die Frau ihn betrügt, und er durch anonyme Briefe
die Gewissheit ihrer Untreue bekommt, verlässt er sie, um in
der Ferne den Tod zu suchen.

Paul Déroulède, *Histoire d'amour,* Calmann Lévy 1890.
Der bekannte Dichter der *Chants du soldat* und der *Refrains
militaires,* Calmann Lévy 1889, erzählt, zum Teil aus eigenen
Erlebnissen, eine einfache Liebesgeschichte, durchaus nicht *fin
de siècle:* ein junger Mann liebt eine verheiratete Dame, sucht
aber, da er sie nicht gewinnen kann, anderweitige Zerstreuung;
die geliebte Frau, obgleich frei geworden, verschmäht ihn deshalb, zu seinem grossen Kummer.

Faisons la chaîne, Contes, Récits, Nouvelles, Calmann Lévy
1890, zum Besten der Verunglückten in Fort de France und

Saint-Étienne, von verschiedenen Schriftstellern: Jules Simon (*Jugenderinnerungen*), Ludovic Halévy (*Besuche von Engländern und Engländerinnen in französischen Museen*), Juliette Adam (*Patria, eine patriotische Novelle*), du Boisgobey (*Quand j'étais sous-lieutenant*), Paul Bourget, Hector Malot und Andern.

Edmond Neukomm, *Voyage au pays du déficit* (Italien) und *Berlin tel qu'il est*, Kolb 1890.

Gilbert-Augustin Thierry, *La Savelli*, Colin 1890, ein auf historischen jedoch keineswegs genau festgehaltenen Grundlagen beruhender Roman, die Anfänge des zweiten Kaiserreiches 1854 berührend. Dem Stil nach gehört der Verfasser zu den *décadents*, wie eine einzige Probe leicht zeigen kann: *Des buées rodoyaient sur les gazons et les moiteurs des herbes scintillaient.*

Charles Canivet (Jean de Nivelles in den Zeitungen), *L'Amant de Rebecca*, Plon, Nourrit et Cⁱᵉ 1890: ein junger Dichter liebt hoffnungslos die gefeierte Sängerin der grossen Oper Rebecca Mosès; nicht erhört, wird er wahnsinnig, und seine Freunde wissen die Künstlerin wenigstens dahin zu bringen, ihm einen Besuch in der Krankenanstalt zu machen. — Eine Novelle *La Veuve du major* ist der grösseren Erzählung noch angehängt.

Jacques Normand, *Contes à Madame*, Calmann Lévy, 1890. Zwölf Novellen, bis auf zwei oder allenfalls drei auch für junge Mädchen lesbar.

Jean Carol, *L'honneur est sauf*, Ollendorf 1890. Der Verfasser führt einen jungen Dichter, Julien Seigneur, vor, der mit seiner Jugendfreundin Pauline, die Frau Desmutels geworden ist, ein Liebesverhältnis anknüpft, lediglich um daran seine psychologischen Beobachtungen zu machen: er fängt aber dabei an, sie wirklich zu lieben; in einem Duell mit ihrem Mann wird er schwer verwundet; Pauline gibt ihm, wie sie glaubt, einen letzten Abschiedskuss; er erholt sich jedoch, und als er zu Desmutels kommt, um sich zu entschuldigen, fällt er wieder in die Arme Pauline's.

Catulle Mendès, *La Princesse nue*, Ollendorf 1890; 25 Skizzen; in der ersten wird eine orientalische Prinzessin, welche einem jungen Magier nicht einmal die Spitze ihres kleinen Fingers ohne Handschuh hat sehen lassen wollen, in ganz nacktem Zustand versetzt, dem sie nirgends eine Hülle verschaffen kann, bis er auf ihre Bitte um Bekleidung sie in einen Felsen hineinzaubert. Sollten die französischen Damen einer Warnung vor zu grosser Verschämtheit bedürfen? In einer anderen dieser Skizzen will der Verfasser glaublich machen, dass die vornehmen Herren nicht ihres Vergnügens wegen, dem sie sich aus Hinfälligkeit vielmehr zu entziehen suchen, die emporgekommenen

Halbweltsdamen unterhalten, sondern nur zur Befriedigung ihrer eigenen Eitelkeit, nämlich um mit der glänzenden Einrichtung derselben zu prunken und um öffentlich als ihre Liebhaber zu gelten und dadurch Figur zu machen. Wer frühere Schriften des Verfassers gelesen hat, wird durch diese Inhaltsangabe, oder wenn er die übrigen ebenso frivolen Skizzen selbst durchblätterte, sich einigermassen befremdet finden. Ausserdem von ihm: *Histoires d'amour*, Librairie Mondaine 1889, *Mephistophéla*, *roman contemporain*, Dentu 1890; *Le Confessionnal*, *contes cuchotés*, Charpentier, *Bonheur des autres*, Marpon et Flammarion 1890, *La Vie sérieuse*, Librairie Mondaine 1890, *L'Infidèle*, Havard.

Armand Silvestre, dessen Verse Mendès rühmt, hat 1890 bei Kolb *Aventures Grassouillettes* erscheinen lassen, deren Benennung allein schon den Inhalt verrät, und ebenda *Contes audacieux.*

Alexis Bouvier, der sich durch eine wenig anziehende Skizzensammlung *Les Pauvres*, Rouff 1883 (Franco-Gallia 1884) eingeführt hatte, gibt in *Chochotte*, Marpon et Flammarion 1890, einen zweibändigen Roman. Carmasac, Substitut in einer kleinen Stadt, der in Paris Chochotte zur Geliebten gehabt hat, heiratet auf Wunsch seines Vaters Geneviève, die Tochter eines verstorbenen Gerichtsrats, weil er durch ihre Verbindungen Beförderung zu erhalten hofft; ihr Vetter Sylvain, der sie liebt und der zum Brautführer gewählt wird, erhängt sich am Hochzeitstage im Saal eines alten Turmes, aus dem der Vater Carmasac's eine Art Schloss hergestellt hat; das treibt die Gäste auseinander, auch den Bräutigam; im Park tritt zu seiner grossen Bestürzung Chochotte in weissem Seidenkleide ihm entgegen und verlangt unter Drohungen, dass er die Hochzeitsnacht mit ihr in einem Gasthof zu Pontoise zubringen soll; da Geneviève durch den vermeintlichen Tod ihres Vetters unwohl geworden ist und am Hochzeitsmahl nicht teilnehmen kann, geht Carmasac in der That dahin und trifft dort seinen Präsidenten, der gleichfalls vom Schlosse fortgefahren war, dem sich schon vorher in Gegenwart des Substituts Chochotte als dessen junge Frau vorgestellt, und den sie später in Pontoise abgefasst hat, um ihn zum Hochzeitsdiner im Gasthof einzuladen. Am Morgen ist Chochotte verschwunden, und Carmasac kehrt zu Geneviève zurück, mit der er, da sie sich wieder erholt hat, sofort seine Hochzeitsreise antritt, sehr peinlich überrascht jedoch, als er von ihr erfährt, dass der Präsident, ein Freund ihres verstorbenen Vaters, sie als Kind sehr gut gekannt hat. Die Verhältnisse noch mehr zu verwirren, lebt auch der erhängte Vetter wieder auf und auch anfangs seine Liebe zu Geneviève, an der er sich jedoch gleich nachher zu rächen gedenkt. Aber im Gasthof zu Pontoise wird er in demselben Bett, welches Carmasac und Cochotte oder, wie er glaubt, Geneviève eingenommen hatten, todtstarr aufgefunden. Diese Rolle der Frau weiter fortspielend, verhilft Chochotte dem Substitut zu seiner Versetzung nach Paris. Man wird aus diesem Anfang schon ersehen, welcher Art der Roman ist, der als Beispiel dienen mag, welche Leistungen der Kolportagelitteratur auch in Frankreich zum Vorschein kommen; die Ausführung zeigt es übrigens noch mehr als der, trotz der zum Teil traurigen Vorgänge, etwa für eine Verwechselungsposse des *Palais-Royal* geeignete Inhalt.

Die Kolportage-Erzählung darf man nicht ganz beseite lassen, wenn man eine Übersicht über die Entwickelung der Romanlitteratur gewinnen will. *Le Mal d'argent* von Georges Sauton, Dentu 1889, gehört auch zu dieser Gattung. Savine, die Frau des Malers Roblot, hat den Kroupier Drillon, der von einem vornehmen Bekannten in eine feine Wohlthätigkeitsversammlung mitgebracht war, durch Zurückweisung des von ihm angebotenen Beitrags tief verletzt; als sie von dem ihr anvertrauten Gelde etwas entnommen hat, wird sie von einer Freundin zu dem in sie verliebten Kroupier geführt, der auch die veruntreute Summe ersetzt; aber gleich, nachdem sie entehrt zurückgekommen ist, wird ihr Mann, der die Veruntreuung erfahren und in einem Tunnel der Ringbahn den Tod gesucht hat, ihr als Leiche ins Haus gebracht. Wer die Entartung der Sprache kennen lernen will, dem ist dies Buch zu empfehlen.

Von den Naturalisten und den Realisten scheidet Octave Feuillet der religiöse Sinn, der den ersteren allen und unter den letzteren wohl den meisten fehlt, und der in einigen seiner Werke, z. B. in *La Morte*, stark hervortritt; und wo dies nicht der Fall ist, doch die Annahme eines Grundsatzes, eines Prinzips, das nicht bloss aus physiologischer Anlage hervorgeht. In seinem letzten Roman, seinem Schwanengesang, *Honneur d'artiste*, Calmann Lévy 1890, vorher in der *Revue des deux Mondes* gedruckt, ist es die Standesehre, welche der Künstler, ganz eben so wie ein Edelmann, für sich beansprucht und auch durch die That aufrecht zu erhalten für nötig findet. Mme de Montauron möchte gern ihren Neffen, den Marquis Pierre de Pierrepont, reich verheiraten: zu diesem Zweck hat sie auf ihrem Landgut eine Anzahl von Familien mit jungen Damen zusammenkommen lassen. Dies gibt dem Schriftsteller Gelegenheit, die jungen Damen der Jetztzeit in ihrem Wesen und Denken vorzuführen. Frau von Montauron hat zur Gesellschafterin ein armes junges Mädchen aus guter Familie, Béatrice, zu sich genommen, die den

Marquis von ihrer frühen Jugend an kennt und liebt; er selbst
fühlt sich gleichfalls zu ihr hingezogen; das merkt die Tante
und nimmt daher Béatrice das Versprechen ab, sich den Gedanken an eine Verbindung mit ihrem Neffen aus dem Sinn zu
schlagen und über diese ihre Unterredung Schweigen zu beobachten.
Als der Marquis durch Mme d'Aymaret, die einzige Freundin
Béatrice's, um ihre Hand anhält, ist sie durch ihr Versprechen
gezwungen abzulehnen und erklärt in's Kloster gehen zu wollen.
Der Maler Fabrice, ein Freund des Marquis, ist auf dem Landsitz der Frau von Montauron beschäftigt, das Porträt dieser
Dame anzufertigen; Béatrice, welche früher daran gedacht hatte,
durch die seit ihren Kinderjahren geübte Aquarellmalerei sich ein
Auskommen zu verschaffen, nimmt bei ihm noch Unterweisung;
der Maler, der seit einigen Jahren seine Frau verloren hat, verliebt sich in sie, möchte sie heiraten und setzt den nach England
zu Jagden eingeladenen Marquis davon in Kenntnis; einigermassen
schwankend in seinem Entschluss wird er, als er bemerkt, dass
Béatrice seiner fünfjährigen Tochter, die er zu ihrer Erholung hat
herbeiholen dürfen, keine Beachtung schenkt. Aber als sie eines
Tages das Kind leidenschaftlich liebkost, macht er schriftlich
seinen Antrag; sie nimmt ihn an, um aus der Abhängigkeit von
der Frau von Montauron zu entkommen, die dem Maler nicht
vorenthält, dass seine Verbindung mit einer hochadligen Dame
ihm manche Ungelegenheit bereiten könnte. Dies verfehlt gleich
nach der Heirat auch nicht wenigstens in einigen Beziehungen
einzutreten; Béatrice empfindet starke Abneigung gegen den
Maler Calvat, den Bruder der ersten Frau Fabrice's, wegen seiner
Gewöhnlichkeit, und der Maler vergilt ihr Gleiches mit Gleichem;
es setzt sie auch nicht wenig in Verlegenheit, dass ihr Mann
den Marquis, den sie noch immer liebt, mehr als je in sein Haus
zieht. Frau von Montauron stirbt plötzlich, und nun sagt sich
Béatrice, dass sie jetzt Pierrepont hätte heiraten können, ohne
ihn um die Erbschaft seiner Tante zu bringen. Unterdessen ergiebt sich der Marquis einem ungezügelteren Leben, als er früher
geführt hatte, und seitdem lässt er sich auch nicht mehr bei
Fabrice und seiner Frau und bei der Frau von Aymaret sehen,
aber er wird von ihnen im *Théâtre Français* mit einer eben erst
verheirateten Dame gesehen, die er auf dem Landsitz seiner
Tante zuerst kennen gelernt hatte, und die noch mehr *fin de siècle*
ist als ihr Mann. Sein Besuch in ihrer Loge vertreibt Béatrice,
die sich verletzt fühlt, aber Frau von Aymaret klärt ihn endlich
über die Gefühle und die Aufopferung ihrer Freundin auf: von
nun an werden seine Besuche im Hause des Malers wieder regelmässig, und trotz der Kämpfe Beider werden der Marquis und

Béatrice zuletzt eine Beute ihrer Leidenschaft. Calvat verrät Fabrice ihren Umgang und überzeugt ihn davon durch einen aufgefangenen Brief. Ein Pistolenwettschiessen, *match* genannt, bei welchem Pierrepont absichtlich zu unterliegen sucht, woran ihn jedoch Béatrice, welche die Verabredung behorcht hat, durch ihre Blicke hindert, verpflichtet den Maler, nach vier Monaten sich selbst umzubringen; er hat sich diese Frist vorher ausbedungen, um seiner Tochter noch eine beträchtliche Summe, die ihm für ein nach Amerika bestelltes Bild gezahlt werden soll, hinterlassen zu können. Pierrepont heiratet eine Amerikanerin, die ihm seit längerer Zeit gewogen ist, und hinterlässt vor seiner Abreise einen Brief, in welchem er Fabrice von dem gegebenen Wort freimacht, dies Alles auf Eingebung der Frau von Aymaret, welche dadurch verhindern will, dass der Maler sich erschiesst. Alles ist vergebens: obgleich Béatrice ihm gesteht, dass sie ihn jetzt liebt und obgleich er es ihr glaubt, in der Besorgnis, dass sie den Bruch seines Worts auf seine bürgerlichen Anschauungen schieben würde, macht er seinem Leben ein Ende. Béatrice geht in ein Kloster in Auteuil, wohin sie die Tochter des Malers mitnimmt. Wenngleich dem Inhalt nach nicht ungewöhnlich, nicht gerade spannend, liest man doch gern einmal ein in so reinem und flüssigem Französisch geschriebenes Buch. — 1889 war von ihm *Le Divorce de Juliette* bei Calmann Lévy herausgekommen.

A. Gennevraye, *Andrée de Lozé*, Calmann Lévy 1889, erzählt, wie eine junge Frau, von ihrem Mann einer Mätresse wegen verlassen, einen Liebhaber findet, bei einer Krankheit Lozé's jedoch zu ihm eilt, ihn pflegt, von ihm seitdem besser geschätzt und sogar in ihrer Ehre gegen Missächter derselben verteidigt wird, so dass sie an seiner Seite in der Gesellschaft wieder die beste Aufnahme erfährt.

Max. Du Camp hat bei Conquet 1889 *Une histoire d'amour* herausgegeben.

Guillemot, *Amour et Deuil*, Dentu 1890. Maurice, von Blanche verschmäht, die seinen Freund, Künstler wie er, heiratet, stürzt sich ins Wasser, wird jedoch gerettet und findet seitdem Trost in der eifrigen Ausübung seiner Kunst. Was er gelitten hat, zeichnet er in einem Brief an den Mann Blanche's auf: diesen findet die Frau, und wenig befriedigt von ihrer kinderlosen und einförmigen Ehe, sucht sie Maurice auf, der die Ehre seines Freundes achtend, sie mit einem blossen Kuss auf die Stirn entlässt. Damit wird anerkannt, dass auch eine leidenschaftliche Natur Grundsätze haben und befolgen kann.

Von Victor Cherbuliez stammt aus dem Jahr 1890 *Une Gageure*, Hachette et Cie, zuerst in der *Revue des deux Mondes* gedruckt. Die fast dreissigjährige Mme Claire Vionnaz, Tochter eines alten Generals, hat der Herzogin von Armanches, welche in der Ehe und sonst im Umgang mit Männern trübe Erfahrungen gemacht hatte und in deren Hause sie fünf Jahre als Gesellschafterin und Stütze der Hausfrau und in engster und platonisch-transscendentaler Freundschaft mit ihr verbunden geblieben war, versprochen, ja geschworen, sich nicht verheiraten zu wollen. Während eines Aufenthaltes, den sie allein mit ihrem Vater, der sonst gesondert von ihr lebt, zu ihrer Erholung von einer Krankheit am Genfer See nimmt, weiss ein ehemaliger Offizier, der Graf von Louvaigue, der sich in Tonkin ausgezeichnet hat, ihre Aufmerksamkeit zu fesseln, besonders als er ihren durch eine Lokomotive getödteten Lieblingshund feierlich begraben hat. Ohne die Zustimmung der Herzogin, um deren Gunst er sich früher beworben hatte, werden sie ein Paar. Auf die einige Wochen später geäusserten Befürchtungen der Frau von Armanches, dass sie nicht einig und glücklich sein werden, geht der Graf mit ihr eine Wette ein, nach deren Verlust er von ihr mehr als ein blosses freundliches Lächeln, nämlich eine Tröstung, sollte fordern können, eine Tröstung, die ihm anfangs, jedoch nur beinahe, und das wegen seiner eigenen Weigerung, zu Teil wird. Schliesslich gewinnt Louvaigue noch die Wette, aber erst nach Monaten, während welcher Claire, obgleich mit ihm verheiratet, noch gar nicht seine Frau geworden ist, aus nonnenhafter Scheu, von der nur seine längere Abwesenheit und ihre eigene Entfernung aus seinem Hause, sowie die Eifersucht auf die Herzogin, sie zu heilen vermag. Die Darstellung dieses ihres Sinnenwandels, infolge dessen sie zuletzt noch allein zu Fuss bei nächtlicher Weile und unter Regenschauern meilenweit durch einen Wald zu ihrem Mann eilt, nimmt den grössten Teil des Buches ein. Sie hatte geglaubt, einem Mann sich nur hingeben zu dürfen, wenn er sie mit glühender Leidenschaft liebt. *Elle avait attaché trop de prix à sa personne, c'est de là que lui était venu tout son malheur,* so sagt sie sich selbst; *grand preneur de villes chinoises, il vous faut quatre mois pour prendre une femme,* sagt der alte General. Man könnte, ans Ende des Buches gelangt, eben so gut sagen: Und um diese einfache Geschichte zu erzählen, braucht Cherbuliez einen Band von 357 Seiten.

Auch die schriftstellernden Damen, darunter einige erst jetzt hervorgetreten, haben nicht verfehlt, den Büchermarkt mit ihren Erzeugnissen zu versehen. Eine der fleissigsten ist Henry Gréville (Mme Durand): 1889 hat sie die Leserwelt mit dem *Chant de noces* beschenkt, den Marpon et Flammarion gedruckt haben; es wird darin erzählt, dass Albine einen Komponisten

Félix Amor geheiratet hat, von dem ihr ein Liebeslied gewidmet ist; bei ihrem ersten Erwachen nach der Hochzeit hört sie es ihn im Nebenzimmer mit Begleitung des Pianos singen, und sie ist darüber, wie über ihr Glück überhaupt, ganz entzückt; er hat ihr versprochen, dies Lied nur für sie zu bewahren, aber bald darauf wird es nicht nur im Theater und in Gesellschaften, sondern auch im *café chantant* und auf dem Leierkasten gehört; und in nicht allzu langer Zeit wird die junge Frau von dem Künstler im Stiche gelassen, der an Selbstbewunderung leidet und nur Befriedigung seiner Eitelkeit sucht, wenngleich sie, wie tief auch gekränkt, trotz alledem ihm immer treu bleibt. — Auch aus 1889 ist *La Seconde Mère*, Plon. — In *Un Mystère*, Plon, Nourrit et Cie 1890, lässt die Verfasserin einen jungen Ehegatten am Heiratstage und gerade vor dem Antritt der Hochzeitsreise einen anonymen Brief empfangen, ihn öffnen, sofort verbrennen und sich gleich darauf erschiessen: der Brief entdeckt ihm nämlich, dass die ihm eben angetraute Frau seine natürliche Schwester ist; da aber durch Verbrennung des Briefes das Geheimnis unenträtselt bleibt, fällt der Verdacht einer Schuld auf die so schnell zur Witwe gewordene junge Dame. Zuletzt kommt jedoch die Wahrheit ans Tageslicht, und ein junger Mann, der zuerst ihre Tugend verdächtigt hat, wird endlich noch ihr bester Freund. Sonst noch *L'Avenir d'Aline*, Plon 1890; *Louk Lukitch*, Plon 1889.

Von Marie Kekler hat man *La Faute de Suzanne*, Dentu 1890, erhalten. Suzanne heiratet ohne Neigung; sie liebt einen jungen Mann und wird bei einer Abwesenheit ihres Gatten ein Opfer dieser Liebe, aus der eine Tochter entspringt; wenn schon durch den beständigen Verkehr mit ihrem Geliebten in der Gesellschaft geängstigt, wird sie es noch mehr, als ihre herangewachsene Tochter Neigung zu ihm fasst, und doch ist sie auch nicht sehr erfreut, als er eine junge mit ihr verwandte Dame heiratet.

Mme Staffe, *Entre mère et fille*, Havard 1889. Die Titelnovelle führt eine Mutter ein, die nach dem Verlust ihres ersten Mannes einen früheren Verehrer durchaus nicht ihrer Tochter gönnt, sondern ihn selbst heiraten möchte, wodurch jene dazu veranlasst wird, ins Kloster zu gehen.

Mme Jeanne Samary, die beliebte Schauspielerin des Théâtre-Français, hat, mit einer Vorrede von Edouard Pailleron, *Les Gourmandises de Charlotte*, 1890, herausgegeben, Geschichten für ihre junge Tochter und „für Kinder jeden Alters" bestimmt. Die Verfasserin ist seitdem im September 1890 gestorben.

Von Mme Adam (Juliette Lambert) ist ausser der in *Faisons la chaîne* enthaltenen Novelle *Patria*, schon 1889 *Jalousie de jeune fille* in der *Librairie de la Nouvelle Revue* veröffentlicht worden.

G. Peyrebrune (Mme de Judicis) ist in der letzten Zeit nur mit *Laquelle?* Dentu 1889, hervorgetreten.

Daniel Lesueur (Mlle Jeanne Loiseau) hat sich mit *Névrosée*, Lemerre 1890, wieder bemerkbar gemacht; und Claude Vignon (Mme Rouvier) durch *Soldat!* bei Calmann Lévy 1890 erschienen.

Mme Alphonse Daudet hat *Enfants et mères* bei Lemerre 1889 herausgegeben.

Th. Bentzon (Mme Blanc) hat 17 Erzählungen aus dem Englischen, Deutschen, Schwedischen, Norwegischen übersetzt und für die Lektüre der Jugend zurecht gemacht; sie sind unter dem Titel *Contes de tous les pays* bei Hetzel 1890 gedruckt worden. Sonst noch von ihr *Tentée*, Calmann Lévy 1890.

Obgleich nicht von einer Dame herrührend, doch auch lediglich für die Jugend berechnet, ist *L'Abbé Roitelet* von Ferdinand Fabre (s. o.), Charpentier 1890; dies Buch beginnt, unter dem Gesamttitel *La nouvelle collection*, eine Sammlung von Schriften, „die ohne Gefahr auch in die Hände junger Mädchen gegeben werden können"; es sollen Alphonse Daudet, André Theuriet, Hector Malot, Théodore de Banville folgen. — Einen ähnlichen Zweck verfolgt die *Bibliothèque des Petits et des Grands*, Librairie d'éducation de la jeunesse 1890, bis jetzt 3 Bände.

Recht eigentümlich, aber in gutem Sinne, und wahr in der Charakteristik der Personen ist *Artiste* von Jeanne Mairet (Mme Charles Bigot); der Roman ist, so viel ich weiss, nur in der *Illustration* 1890 gedruckt. Die Verfasserin erzählt, wie Diane Verryot, die Tochter eines alten und hinfälligen Malers, der durch die Leidenschaft des Sammelns alter Kupferstiche sein Vermögen durchbringt, mit ihrer Malerei ihn und sich erhält, aus diesem Grunde unverheiratet bleiben will und deshalb auch den Antrag Bernard Ozanne's, eines ehemaligen Schülers ihres Vaters, zurückweist; und wie der alte Verryot, auf das Talent seiner Tochter neidisch geworden, heimlich bei Nacht ein eben von ihr vollendetes Pastellporträt zerstört, selbst dabei niederstürzt und tot liegen bleibt. Nun kann Diane ihren Bernard heiraten und thut es um so lieber, da er ihr versichert, in ihr eben so die Künstlerin wie die Frau zu wählen und zu verehren. Aber ihre Erfolge erregen zuletzt auch seinen Künstlerneid: sie merkt es, und seit der Geburt eines Knaben entsagt sie der Malerei. Einige Jahre später jedoch folgt ihr Mann, der ihr nicht treu geblieben war, wegen ihrer häufigen Ausgänge ihr dasselbe zutrauend, aus Eifersucht einmal ihren Schritten; und da sieht er denn, dass sie in dem verfallenen Atelier ihres Vaters, für das sich noch kein Käufer gefunden hatte, aus Heimweh nach der Kunst und auch, um die vermehrten Kosten der Haushaltung zu bestreiten, wieder angefangen hat zu malen: es erfolgt eine Auseinandersetzung, in welcher sie ihm erklärt, der Liebe zu ihm entsagen und seine gute Freundin bleiben, aber nur noch ihrer Kunst leben zu wollen. So wohnen sie eine Zeitlang zwar zusammen, aber doch von einander getrennt, bis eine längere Entfernung des Malers und die Sehnsucht des Kindes nach seinem Vater sie in seine Arme zurückführt. — Von derselben Verfasserin *Peine perdue,* Ollendorff 1890.

Mme de Witt hat *Vieux contes de la veillée, traditions populaires,* bei Hachette 1890 erscheinen lassen.

Louise Michel, die bekannte Sozialistin, welche in *Les Microbes humains,* Dentu 1887, wenigstens nach meiner Meinung, nur geringes Geschick gezeigt hatte, macht es jetzt, selbst nach dem Urteil sehr konservativer Kreise, z. B. in *Le Claque-Dents,* Dentu 1890, eben so gut wie mancher andere Romanschriftsteller.

Mme Tola Dorian, *Ames slaves,* Lemerre 1890: fünfzehn Novellen, welche hauptsächlich russische Personen und Verhältnisse schildern.

Gyp (Gräfin Martel) fährt fort, die Schwächen der besseren Gesellschaftsklassen zu Zielscheiben ihrer satirischen Pfeile zu machen. In dieser ihrer Weise hat man neuerdings von ihr *Ohé, les psychologues, Bob au salon de 1889, Une Élection à Tigresur-Mer racontée par Bob, Mademoiselle Ève,* bei Calmann Lévy 1890, erhalten; das letztere Werkchen ist in Dialogform abgefasst, ohne dass dabei an eine Aufführung gedacht sein wird: Ève ist eine durchaus anständige junge Dame, welche einer Gräfin, die sich durch ihre Führung in üblen Ruf gebracht hat, einen wichtigen Dienst leistet und dadurch sich selbst ein schlimmes Geklätsch zuzieht; ein halberwachsenes Mädchen rettet sie durch ein unerwartetes Ausplaudern, so dass sie den von ihr geliebten Mann heiraten kann. — Bei einem noch späteren Buche der Verfasserin, *O Province!* Calmann Lévy 1890, erklären französische Kritiker, dass sie doch zuletzt lieber etwas Solideres zu lesen bekommen möchten. — Ihr letztes Werkchen ist *L'Education d'un prince,* Calmann Lévy 1890.

Die Satire ist den Franzosen überhaupt geläufiger als der Humor. E. Bergerat, *Le Rire de Caliban,* Charpentier 1890, mit einer Vorrede von Alph. Daudet, *éclatant d'irrévérence et de belle humeur,* wie ein französischer Kritiker es beurteilt, enthält satirische Plaudereien und scharfe Sticheleien über jetzige Zustände Frankreichs, unter anderen über die nicht vorwärts kommende Arbeit der Akademiker an der neuen Ausgabe ihres

Dictionnaire. — Die Erteilung eines Preises in der Académie verspottet — neben litterarischen Plaudereien und Kritiken — Antonin Bunan in *Petits Lundis*, Perrin 1890.

Ausser dem unten noch zu erwähnenden Drama *La Lutte pour la vie* hat Alph. Daudet die humoristische aber stark von Satire angehauchte Figur seines *Tartarin* weiter ausgeführt. Diese Figur ist ihm so ans Herz gewachsen, dass er den Versuch eines Berliner Schriftstellers Held, sie in dem deutschen Buch *Tartarin auf der Weltausstellung* in wohlgemeinter Weise sich anzueignen, und noch dazu trotz einer an ihn gerichteten Widmung, schroff zurückgewiesen hat; ausser seiner Kränklichkeit haben ihn auch wohl die Angriffe, welche Maurice Montégut im Gil Blas gegen ihn veröffentlicht hat, und in welchen er ihm vorwirft, Entlehnungen aus Dickens und Thackeray gemacht zu haben, so reizbar werden lassen. Das neueste Werk heisst *Port-Tarascon, dernières aventures de l'illustre Tartarin*, Dentu 1890, und behandelt eine verunglückte Auswanderung vieler Tarasconneser, nach Vertreibung ihrer hochgeschätzten Weissen Väter aus dem Kloster der Stadt, unter Führung Tartarin's nach Port-Tarascon, einer australischen Insel. Aber sei es, dass man die Person des Helden schon hinreichend in *Tartarin en Algérie* und in *Tartarin sur les Alpes* kennen gelernt hat, oder dass die Erzählung eines gänzlichen Misslingens den Humor nicht will aufkommen lassen, die Geschichte ist nicht heiter genug, um dem Leser auch nur stellenweise ein Lächeln abzunötigen, trotz aller Übertreibungen nicht gerade sehr witzig, auf schwindelhafte Kolonisationsprojekte, ungeachtet aller Schärfe, nicht recht zutreffend; das Eden bei Dickens in *Martin Chuzzlewit* ist in dieser Beziehung ansprechender. Zuletzt erklärt ein anlangender englischer Schiffskapitän die Insel für ein Eigentum seines Landes und führt die Auswanderer nach Tarascon zurück; hier wird Tartarin wegen Übertretung der Auswanderungsgesetze angeklagt, und vor Gericht stellt sich der Schwindel eines angeblichen belgischen Grafen de Mons heraus, der, um sich zu bereichern, ohne irgend einen Besitzanspruch zu haben, an Tartarin und seine ihm folgenden Landsleute die Äcker der Insel verkauft hatte. Tartarin muss, durch die Not gedrängt, nicht nur seine von ihm hochgeschätzten, seitdem von Käufern gering angeschlagenen Sammlungen aus Algier und der Schweiz, sondern auch sein Haus veräussern. Traurig wendet er nun seinen undankbaren Mitbürgern den Rücken und wankt über die Brücke nach dem verhassten Beaucaire; hier stirbt er bald, nachdem er seine Lebensluft, das Grossthun und die Aufschneiderei, eingebüsst hat, ähnlich wie Don Quixote, als er seinen vermeintlichen Ritterberuf als *redresseur des torts* hatte aufgeben müssen. — Wie in anderen seiner Bücher mischt der Verfasser in massvoller Weise südfranzösische Wörter in die nordfranzösische Sprache, so *nauf* für *vaisseau;* auch *rafataille* für *populace* ist mir neu gewesen; von deutschen Wörtern findet man *Alpenstock* und *Blockhaus.* Eine Vorrede gibt an, dass Daudet, mit Frédéric Mistral zusammen nach Tarascon reisend, wegen seiner Schilderung der Stadt und einiger ihrer Bewohner, wohl den Unwillen der Menge hätte erfahren müssen, wenn nicht gerade jene angebliche Auswanderung den Ort in unglaublicher Weise geleert hätte.

Popular, Savine 1890, von Jules de Vorys, von dem auch *Fleurs et Chardons, poésies*, in der Librairie des bibliophiles 1889 herausgekommen sind, ist eine nicht allzu boshafte Satire auf einen drei Millionen reichen Banquier, der, Bürgermeister seiner Stadt und Generalrat seines im südlichen Frankreich gelegenen Departements geworden, sich als einen Tartüffe der Demokratie herausstellt.

Aventure incroyable et véridique de Modeste Parambaz de Beaucaire, par Edouard Noël, Dentu 1890: das Aufsteigen eines würdigen Landmanns und Ebenbilds Tartarin's mit einem Luftballon.

H. Fèvre, *Monsieur Pophilat, grand homme.* Roman comique, Kolb 1890.

Ma Petite ville, par Eugène le Mouël, Kolb 1890, ist eine gemütliche mit Poesie untermischte Karikatur.

Der unermüdliche Erzähler phantastischer Reisen Jules Verne hat die wissensbegierige Jugend mit *Deux ans de vacances*, Hetzel et Cie, Bibliothèque d'éducation et de récréation, 1888, beschenkt; es ist dies Buch eine Vervollständigung des *Capitaine de quinze ans.* Eine Anzahl Knaben der Pension Chairman auf Neu-Seeland soll während der Ferien auf einem Schoner eine Fahrt um die Insel herum machen; die Knaben sind schon auf dem Schiff untergebracht; der Kapitän und zugleich Besitzer desselben, sowie seine Mannschaft sind, bis auf einen schwarzen Schiffsjungen, abends noch auf dem Lande, als, ehe sie einsteigen, das Tau, welches es festhält, entweder aus Nachlässigkeit oder aus Bosheit losgebunden und der Schoner mit den Knaben allein in die offene See getrieben wird. Nach langer Fahrt landen sie unter grossen Schwierigkeiten auf einer unbewohnten Insel, wo sie, jugendliche Robinsons, sich einzurichten lernen, und von wo sie erst nach zwei Jahren zurückgeholt werden. Wer sich über die auf Segelschiffen gebräuchlichen Benennungen unterrichten will, findet in den beiden Anfangskapiteln dazu reichliche Gelegenheit. — Sonst ist noch von Verne erschienen *Famille sans nom, Sens dessus dessous*, 1889, und, *César Cascabel*, 1890, alle drei gleichfalls bei Hetzel.

Für die des Sensationellen bedürftige Lesewelt sorgt, neben Montépin, jetzt noch du Boisgobey, z. B. mit *Le Fils du plongeur, scènes de la vie sportive*, Plon 1890; und Fontenay, *coup d'épée*, eben da; *Décapitée*, 1889: während eines Maskenfestes bei einem Maler wird in dem Ballsaal aus einem Sack ein abgeschnittener Kopf herausgeschüttet; es ist der Kopf einer Frau, die der Maler geliebt und die deswegen ihr Mann umgebracht hat.

Die Symboliker, oder *décadents*, auch *raffinés* genannt, sind gegen die früheren Jahre noch mehr als bisher in den Hintergrund getreten. Von den beiden Hauptvertretern dieser Richtung, dem unlängst verstorbenen Barbey d'Aurevilly wird, ausser *Pensées détachées*, *fragments sur les femmes*, Lemerre 1889, noch *Amaïdée*, *poème en prose*, Lemerre 1890, und von dem Grafen Villiers de l'Isle-Adam *Nouveaux contes cruels*, Decaux 1889, und *Axel*, Quantin 1890, angeführt; sowie endlich *Chez les passants (fantaisies, pamphlets et souvenirs)* Comptoir d'édition 1890.

Ungeachtet der grossen Menge der Bühnen in Paris, welche neuerdings durch das Théâtre-Libre und durch das ähnlichen Zwecken dienende Théâtre d'application noch einen Zuwachs erhalten hat, ist die Zahl der zur Aufführung gelangten dramatischen Werke nur ziemlich gering gegen die der Romane.

Einen der Haupterfolge — neben der Wiederaufnahme der *Jeanne d'Arc* von Barbier mit Sarah Bernardt in der Titelrolle auf der Porte-Saint-Martin — hat in der vorigen Saison 1889—1890 das fünfaktige Drama Alphonse Daudet's *La Lutte pour la vie*, am 30. Oktober 1889 im Gymnase und seit dem Herbst 1890 sehr oft in Berlin aufgeführt, davongetragen. Im Druck ist es bei Calmann Lévy 1890 erschienen. Paul Astier, der aus dem *Immortel*, als dessen Fortsetzung man das Theaterstück zu betrachten hat, schon bekannt gewordene Sohn des Akademikers, lässt seine fünfundzwanzig Jahre ältere Frau, die ehemalige Herzogin Maria-Antonia Padovani, deren er überdrüssig geworden ist, nachdem er ihr Vermögen grösstenteils durchgebracht hat, auf ihrem Schloss Mousseaux, das auch schon dem Verkauf anheim fallen soll, zurück und lebt, überdies zum Abgeordneten gewählt und bald zum Unterstaatssekretär ernannt, in Paris, wo er ein Verhältnis mit einer Erzieherin, Lydia Vaillant, anknüpft, deren Vater er schnell Beförderung zu verschaffen weiss, welche dieser jedoch seinen eigenen Verdiensten zuschreibt. Aber er lernt Esther von Seleny, eine ganz junge und reiche Österreicherin, kennen und, als echter *struggle-for-lifeur* ohne Grundsätze und ohne Gewissen, immer nur darauf bedacht, in diesem nur dem Naturtrieb Gehör gebenden Kampfe ums Dasein sich ein grosses und festes Einkommen zu erwerben, beschliesst er,

sie zu heiraten und zu diesem Zwecke die Scheidung von seiner
Frau herbeizuführen. Aber während Paul nach Mousseaux geht,
um Antonia dafür zu gewinnen, erklärt Esther ihrer Gesellschafterin
Lydia, was vorgeht, und diese, sich betrogen sehend, trinkt Gift;
bevor sie stirbt, schleudert sie dem Treulosen ihre Verachtung
ins Gesicht; er aber nimmt das Fläschchen mit, in dem sich noch
ein Rest des Giftes befindet. Diesen schüttet er heimlich in ein
Glas Wasser, welches Antonia von ihm verlangt, aber im Augenblick, wo sie es an die Lippen bringt, über die etwaigen Folgen
erschrocken, ruft er ihr zu: „Halt! trinke nicht!" Gleichwohl
verzeiht seine Frau ihm und, um seinem Glück nicht im Wege
zu stehen, willigt sie, obgleich als strenge Katholikin einem solchen
Vorgang abgeneigt, in die Scheidung. Esther von Seleny hat
Mousseaux angekauft. Während Paul dort im Gewächshaus mit
ihr plaudert, dringt Vaillant, von dem Grunde des Selbstmords
seiner Tochter und seiner eigenen Beförderung endlich aufgeklärt,
ein und erschiesst Paul Astier. Diese vielen theatralischen Effekte
haben bei dem Publikum Glück gemacht; vielleicht hat dazu auch
der dem Drama zu Grunde liegende Gedanke beigetragen, zu zeigen,
wohin die auf blossen physiologischen Antrieben beruhende Handlungsweise führen kann oder vielmehr führen muss. Noch ein
anderes Drama Daudet's ist im Gymnase, am 27. Dezember 1890,
zur Aufführung gelangt: *L'Obstacte, drame en quatre actes.* Der
Marquis Didier d'Alein ist mit Madeleine de Rémondy verlobt,
die, als Waise, unter der Vormundschaft des Gerichtsrats de
Castillan zu Montpellier steht. Als dieser hört, dass Didier's
Vater im Irrenhause gestorben ist, untersagt er die Ehe, besonders da er, Witwer geworden, die reiche Erbin gern selbst
heiraten möchte. Die Besorgnis, dass der Wahnsinn bei dem
jungen Mann, dem das Schicksal seines Vaters verheimlicht
worden war, angeerbt werden könnte, ist übrigens völlig unberechtigt, denn der alte Marquis ist erst nach der Geburt seines
Sohnes durch Sonnenstich am Senegal in seine traurige Lage
versetzt worden. Die Mutter, welche Didier, als er den Grund
des Abbruchs seiner Verlobung endlich erfahren hat, melancholisch
werden und Werke über den Wahnsinn studieren sieht, greift,
im Einverständnis mit dem alten Hauslehrer desselben, zu dem
verzweifelten Mittel, ihm vorzureden, dass er nicht der Sohn
des Marquis sei: *C'est impossible, ma mère,* ruft er, *tu es une
trop honnête femme ... je n'y crois pas.* Unterdessen ist Madeleine grossjährig geworden; sie eilt zu Didier und reicht ihm
die Hand für das Leben. Die Voraussetzungen des Stückes erinnern an Pradel's *La Faute de Mme de Bucières,* besonders aber an
Ibsen's *Gespenster,* die dem Dichter vielleicht vorgeschwebt haben.

Im Ambigu wurde am 8. November 1889 *La Fermière*, *pièce en cinq actes et sept tableaux*, par A. d'Artois et H. Pagat, zur ersten Aufführung gebracht. Catherine Mathey, eine gewöhnliche Dorfmagd, erbt von einem reichen Bauer, dessen natürliche Tochter sie ist, ein grosses Gut, augenblicklich ist sie von vielen Freiern umworben; sie zieht ihnen allen den Gerichtsschreiber Jean Parmentier vor, der jedoch ihre jüngere Schwester Brigitte liebt. Der Vater Jean's, der, obgleich schon siebzig Jahre alt, anfangs selbst um Catherine's Hand angehalten hatte, will seinen Sohn zwingen, sie zu heiraten, um ihr Vermögen in seine Familie zu bringen; als er ihn durch alle Mittel nicht dazu bewegen kann, vergiftet er Brigitte; diese wird jedoch gerettet, heiratet ihren Jean, und Catherine begnügt sich mit Hubert, einem Knecht, der sie schon lange heimlich verehrt hat.

Von Charles Edmond ist am 13. November 1889 *La Bûcheronne*, ein Drama, dessen Inhalt vorher schon durch den Roman gleichen Titels bekannt geworden war, im Théâtre-Français gegeben worden. Philippe, der Sohn der Herzogin von Saint-Croix-Luc liebt, gegen den Wunsch seiner Mutter, Angèle, die Tochter ihres Intendanten, mit welcher er zusammen aufgewachsen ist. Aber Sam, ein russischer Schütz, der dem Intendanten früher einmal das Leben gerettet hatte und deshalb von ihm in Dienst genommen war, ist sein Nebenbuhler; um das Feld zu behaupten, feuert dieser aus sicherem Versteck einen Schuss auf den jungen Edelmann ab. Die Kunst der Ärzte vermag anfangs nichts gegen die bösartige Wunde; die Heilung wird jedoch zuletzt durch eine Bluttransfusion, zu der sich Angèle hergibt, bewirkt. Der Heirat der beiden jungen Leute steht nunmehr nichts weiter im Wege. Sam, der sein Verbrechen eingesteht, wird einfach, noch dazu mit Geld versehen, aus dem Lande fortgeschickt. Das Stück hat sich keinen Beifall errungen.

La Policière, in 6 Akten, von Jules Dornay, am 14. Dezember 1889 zuerst im Ambigu aufgeführt, ist aus Montépin's Roman *Marie et Simone* gemacht. Die von Pierre Lartigue verführte und mit ihrem Sohne hilflos verlassene Aimée Joubert ist, um einen Lebensunterhalt zu gewinnen, in den Dienst der Polizei getreten. Lange Jahre nachher, beauftragt, den Mörder eines in einem Fiacre erdrosselten Mannes ausfindig zu machen, entdeckt sie, dass es kein anderer als ihr eigener Sohn gewesen ist, und legt sich Schweigen auf. Als sie jedoch in Erfahrung bringt, dass er mit Lartigue zusammen einer und derselben Einbrecherbande angehört, zwingt sie ihn, sich selbst umzubringen und schiesst ausserdem ihren ehemaligen Verführer nieder. Durch die Darstellung der Titelrolle durch Sarah Bernardt hat in den Variétés das Drama *Léna* von Berton und Mme Van de Velde Glück gemacht. Léna, eine verschmitzte Abenteurerin, weiss sich in eine angesehene Familie einzuschleichen, bringt sie dadurch in Schmach und Schande, gesteht dem von ihr geliebten Mann ihre Schuld und endet durch Selbstmord. Die Sterbeszene soll von der berühmten Schauspielerin mit eben so viel Wahrheit wie Wirksamkeit ausgeführt worden sein.

Die im Palais-Royal im Januar 1890 vorgeführte Posse *Le Moulinard, vaudeville en trois actes* par MM. Ordonneau, Valabrègue et Kéroul beruht in ihrer komischen Wirkung hauptsächlich auf der Verwechselung von Paul Bodard und Paul Godard.

Im Théâtre-Libre ist in demselben Monat *En détresse, pièce en un acte en prose* par Henry Fèvre zur Aufführung gelangt und wird als naturalistisch gekennzeichnet.

Pendant l'orage, ein Einakter von Carmon, hat im Odéon vielen Beifall gefunden.

Le Chien de garde, drame en cinq actes et en prose par Jean Richepin, ist seit dem 21. Mai in den Menus-Plaisirs wiederholt mit grossem Beifall aufgeführt worden. Dem Sergeanten Ferou hat der bei Leipzig gefallene General Renaud die Fürsorge für seinen unehelichen Sohn Paul anvertraut; aufopferungsvoll nimmt dieser eine Veruntreuung des jungen verschwenderischen Menschen auf sich und geht für ihn auf die Galeeren; von dort entkommen, erfährt er, dass die Geliebte Pauls verschiedene Briefe, welche viele Personen wegen einer Verschwörung gegen die Bourbons blossstellen, ausgeliefert hat, um dadurch ihren mitbeteiligten Liebhaber zu retten; aber um den Namen seines Generals unbefleckt zu erhalten, befiehlt er Paul, sich zu erschiessen, und als dieser zögert, tötet er ihn selbst.

Alex. Dumas fils, *Nouveaux Entr'actes*. Première série. Calmann Lévy 1890.

H. de Bornier, *Mahomet, drame en cinq actes en vers*, Dentu 1890.

F. Champsaur, *La Gomme, pièce en trois actes*, Dentu 1889.

Die *Œuvres inédites de Victor Hugo*, Quantin 1889, enthalten *Amy Robsard* und *Les Jumeaux*.

Le Pater, drame en un acte, en vers, par François Coppée, Lemerre 1890. Es hat in den Pariser litterarischen Kreisen grosses Aufsehen erregt, dass von Seiten der Aufsichtsbehörde durch Fallières die Aufführung dieses bereits in der Einstudierung begriffenen Dramas untersagt wurde. Der Dichter hat es infolge dessen in den Druck gegeben. Die Handlung geht in den dunkelsten Tagen des Kommuneaufstandes und zwar in Belleville vor sich. Die Schwester eines in der rue Haxo von den Aufständischen erschossenen Priesters hat einen derselben, der vielleicht gerade bei dem Mord beteiligt gewesen ist, in ihrer Gewalt, da er sich vor den heranrückenden Truppen in das von ihr mitbewohnte Haus des Vikars geflüchtet hat; sie schwankt, ob sie ihn ausliefern oder ihn davonkommen lassen soll. Von dem Verfolgten daran erinnert, dass ihr Bruder sterbend seinen Mördern verziehen habe, sagt sie ein Pater, wirft dem Flüchtling einen Talar ihres Bruders über, verleugnet ihn als solchen vor dem eintretenden Offizier einer Soldatenabteilung und rettet ihm so das Leben. Allgemein finden der edle Gedanke und die schönen Verse hohe Anerkennung. In Brüssel aufgeführt, hat das Stück sich nur einen Achtungserfolg erworben.

Im Théâtre-Français hat man im Januar 1890 Margot, *comédie en trois actes*, par Henri Meilhac gegeben. Margot, ein junges Mädchen, von ihrer Tante aus der Halbwelt in eine Herrengesellschaft mitgenommen, schläft da nach dem Diner in einem Seitenkabinet ein: der Hausherr Boisvillette, von seinem hübschen Neffen Georges begleitet, findet sie da und weckt sie auf; die ihr fast mit Gewissheit bevorstehende Zukunft bedauernd, lässt er sie erziehen; sodann will er, da er selbst über die erste Jugend längst hinaus ist, sie sogar heiraten; aber sie, ohnehin in Georges verliebt, schlägt ihn aus, allerdings mit den etwas kecken Worten: „*Avec qui vous tromperais-je?*" und heiratet den Forstwärter François, den sie auf dem Gut des Herrn von Boisvillette kennen gelernt hat, zu dem sie zwar wegen ihrer Herkunft, aber nicht nach der einmal erworbenen Bildung passt: ein Abschluss, der dem Publikum, das die beiden ersten Akte mit grossem Beifall aufgenommen hatte, eine Enttäuschung bereitet zu haben scheint.

Im Ambigu ist *Le Drapeau*, ein fünfaktiges Ausstattungsstück von Moreau und Depré, über die Bretter gegangen. Der Fourier Hasparreu, der in einem Gefecht die Fahne seines Regiments gerettet und dem der General sie seitdem anvertraut hat, verliert sie wieder, weil er aus Eifersucht seinen Vorgesetzten Mikel, der, wie er, die Marketenderin Denise liebt, geschlagen hat; später fällt Mikel, der neue Fahnenträger; Denise verbirgt die dreifarbige Fahne unter ihrem Mantel; Hasparreu, der dem feindlichen General als Führer gedient hat, und der das Mädchen verfolgt, sieht beim Aufschlagen ihres Mantels die drei Farben, und der Anblick derselben bekehrt den Verräter zu der alten patriotischen Gesinnung. Namentlich dieser Schluss hat den Erfolg des Stückes gesichert.

Paris Fin de siècle, pièce en quatre actes et cinq tableaux, de MM. Blum et Toché, im Gymnase zur Darstellung gebracht, ist eigentlich nur eine Revue, an der im Grunde nichts neu gewesen ist, als die augenblicklich in der Gesellschaft durch die Mode gebotenen Kostüme. Das zweite Tableau, ein Maskenball, mit Musik von Massenet, bei vornehmen Leuten, deren Ausgelassenheit in Gegensatz gebracht wird zu der Dezenz, welche im folgenden Akt bei der Mätresse des Grafen Mirandol, in Erscheinung tritt, hat, gerade durch diesen Kontrast, besonders gefallen. Wahrscheinlich wird aber diese äusserliche Dezenz der Halbweltsdame ganz vereinzelt dastehen.

Eine wirkliche Revue, und unter dem Titel *Les Miettes de l'année* im Gymnase aufgeführt, von denselben Verfassern Blum und Toché, hat am meisten dadurch die Heiterkeit des Publikums erregt, dass Mme Mathilde unter den Zügen und der ganzen Erscheinung der Mouquette aus *Germinal* sich für Zola um einen Sitz in der Académie française bewirbt.

Amour! drame en trois parties par Léon Hennique, ist im Odéon zur Aufführung gekommen. Man sieht in diesem Drama eine Rückkehr des ehemaligen Naturalisten zur Romantik der dreissiger Jahre; auch die mit einzelnen Archaïsmen durchsetzte Sprache hat nicht Anklang gefunden. Jean de Ligny ist Zeuge, wie in Brescia Maria Rona, die Tochter eines zur Hinrichtung geführten Grafen, der die Stadt den Venetianern hatte ausliefern helfen, von ihm den letzten Abschiedsgruss empfängt und darüber in Ohnmacht verfällt. Er bietet ihr seinen Schutz an und, da er Witwer ist, heiratet er sie; das geschieht aus Liebe. Aber während er am Kriege in Italien weiter teilnimmt, wird in Frankreich die Gräfin, auch aus Liebe, Mätresse des Bastards Philippe de Ligny; sie weigern sich, den in Gefangenschaft geratenen Grafen auszulösen; und als dieser in Lumpen gehüllt zurückkehrt, beschliessen sie, ihn und seinen unerwachsenen Knaben umzubringen, um sich seine Erbschaft zu sichern. Maria selbst führt gegen den Grafen den tötlichen Streich; gleichwohl verzeiht er ihr sterbend, wiederum aus Liebe, wie auch dem Verräter Philippe. Schon die Verblüfftheit des der première beiwohnenden tout Paris versprach dem Drama nicht viele Wiederholungen.

Camille, comédie en un acte par Philippe Gille, bat die Ehre der Aufführung im Théâtre-Français gehabt. Camille Prélard kann die Tochter des reichen Amerikaners Murphy, die er und die ihn liebt, nicht heiraten, weil er auf dem Standesamt irrtümlich als Mädchen eingetragen worden war; es hatte ihm auch Nichts geholfen, dass sein Vater sich in Bern als Bürger der Schweiz hatte aufnehmen lassen, um die Veränderung des Personenstandes seines Sohnes herbeizuführen; er ist durch dasselbe Ver-

sehen auch dort Fräulein geblieben. Daraufhin lässt sich Edith
Murphy, nach dem Rat des Mormonen, unter dessen Schutz sie in
Paris lebt, auf Grund der 27. Sektion seines Bekenntnisses, im
freien Amerika für einen Mann erklären, hält um Fräulein Camille
an und bringt so die Heirat zu Stande. Man hat es von einigen
Seiten, trotz des Lachens, welches die Posse hervorgerufen hat,
tadeln wollen, dass das Théâtre-Français sich auf Farcen einlasse.
Als wenn Molière in dem auch bloss urkomischen *Médecin malgré
lui* nicht ein Beispiel dazu gegeben hätte.

Die Variétés haben *Les Grandes Manœuvres* par MM. H.
Raymond et A. de Saint-Albin in Scene gehen lassen. Der Koch
Boucassin will plötzlich das Schloss des Platanes und den Dienst
der Gräfin verlassen, weil er fürchtet, dass die ganz in der Nähe
manöverirenden Soldaten ins Schloss kommen und seiner Frau den
Hof machen werden. Die zum Besuch dort anwesende Baronin
Savaron weiss dagegen guten Rat: sie legt Kammerjungferkleidung
an und steckt die Frau des Kochs in Damenkleider, ähnlich wie
es in *Le Jeu de l'amour et du hasard* von Marivaux geschieht.
Die Soldaten erscheinen. Der Vicomte de Croixfontaine, welcher
in Begleitung des Obersten der Truppen zum Diner geladen ist,
erkennt, trotz der Verkleidung, in der Baronin eine junge Witwe,
der er in Paris in Gesellschaft gern begegnet ist; der Oberst
ist aber gerade derjenige, den ihr Onkel ihr zum Mann bestimmt
hat, wenn sie seine 200 000 Franken Rente erben will. Sie selbst
wie auch der Oberst verzichten beide zu Gunsten des jungen
Vicomte auf die glänzende Aussicht. Der Koch, über die seiner
Frau drohende Gefahr beruhigt, bleibt in seinem Dienst.

Im Odéon hat man *La Vie à deux, comédie en trois actes*
par MM. H. Bocage et Charles de Courcy auf die Bühne gebracht.
Herr von Labronchère und seine Frau, obgleich erst seit einigen
Monaten verheiratet, vertragen sich schlecht: er weist die Klavier-
lehrerin seiner Frau, sie den Fechtmeister ihres Mannes zum
Hause hinaus. Es soll eine Scheidung erfolgen, und sie selbst
will ihm eine andere Lebensgefährtin aussuchen. Es sagt ihr
jedoch keine zu, und als es sich gar um eine Andalusierin handelt, die schon drei Männer begraben hat, fühlt sie Mitleid mit
dem ihm bevorstehenden Schicksal und versöhnt sich mit ihm.
Die Erinnerung an manches Ähnliche, was in *Divorçons* von
Sardou vorkommt, hat dem Erfolg des Stücks einigermassen
geschadet.

Im Ambigu ist *Le Roman d'une conspiration, drame en cinq
actes et huit tableaux* par MM. Henri Fouquier et Fabrice Carré,
nach dem gleichnamigen Roman Arthur Ranc's verfasst, heran-
gekommen. Napoléon soll nach der Schlacht bei Leipzig in

Erfurt ermordet werden; aber einer der Verschworenen, ein Kürassieroberst, vom Schlachtfeld tötlich verwundet fortgetragen, ruft seinen Genossen zu: „Rührt den grossen Mann nicht an! Er kann noch Alles retten; denkt an das Vaterland!" Diese Rückkehr des Verräters zu patriotischer Gesinnung hat am meisten Beifall gefunden. Ein anderer der Verschwörer, Pierre de Rocherenil, findet bei seiner Rückkehr aus Deutschland Juliette Lefrançois, die er früher, als sie hülflos den Tod im Wasser suchen wollte, davon abgebracht und unter den Schutz seiner Mutter gestellt hatte, mit seinem Bruder verheiratet; aus Gram hierüber fordert er, bei dem den „blauen Brüdern" gemachten Prozess, seine Richter zur Strenge heraus und lässt sich lieber verurteilen und erschiessen, als dass er seiner Familie nach England folgt.

Von den bei Hachette in Druck erschienenen *Saynettes et Comédies* von Eugène Vercousin (zwei Bände) ist der Einakter *Sortie de Saint-Cyr* im Théâtre-Français, *La Crise de M. Thomassin* in drei Akten und *Quête à domicile* im Gymnase zur Aufführung gelangt. Alle eignen sich vorzüglich zu Gesellschaftsaufführungen.

Das Théâtre-Libre hat *Jaques Bouchard* in einem Akt von Pierre Wolff, in welchem ein Maurer seine Geliebte mit *vache* und *salope* anredet, und mit besserem Glück *La Tante Léontine* in drei Akten von Boniface und Bodin gegeben, dem Inhalt nach auch etwas naturalistisch: die Heirat des Ingenieurobersten Paul Méry mit der Tochter Dumont's kann nicht zu Stande kommen, weil dieser mittellos geworden ist; da erscheint zu rechter Zeit die Tante Léontine, von der man sich wegen ihres anstössigen Lebenswandels bisher ganz fern gehalten hat; ihre 60 000 Franken Rente, mit denen sie den Ihrigen zu Hilfe kommt, lassen diese die Augen darüber zudrücken, wie sie erworben worden sind, und so kann die Heirat vor sich gehen.

Im Théâtre-Français ist *Une famille, comédie en quatre actes, en prose,* par Henri Lavedan, einem Neuling, gut aufgenommen worden. Der Kommandant Chalus hat von seiner ersten Frau eine Tochter Jeanne, die an einen *viveur* Le Brissard verheiratet wird; eine zweite Frau, die Witwe Féral, hat ihm eine Tochter Marie in die Ehe mitgebracht, die der Kommandant wie eine eigene Tochter liebt, ja bevorzugt; Jeanne lässt desshalb ihre Eifersucht recht laut werden. Le Brissard hat ein Liebesverhältnis mit Mme Jauzette, einer Freundin seiner Frau, angeknüpft, das er, die Veränderung liebend, aufgibt. Er sieht vor einem Ball seine Stiefschwiegermutter und findet sie so anreizend, dass er ihr einen Kuss auf die Schulter drückt und ein Rendez-vous mit ihr verabredet. Das hat Frau Jauzette belauscht; ein anonymer Brief, der den Kommandanten davon in Kenntnis setzen soll, wird

mit Einwilligung Jeanne's in seinen verschlossenen Briefkasten
geworfen, aber als es geschehen ist, ergreift die letztere Reue,
so dass sie der dazukommenden Marie Alles gesteht, sich mit
ihr aussöhnt und ihr verspricht, ihre Mutter zu retten. Der
Kommandant findet das Schreiben; er versteckt sich mit Jeanne
in ein Seitenkabinet des zum Rendez-vous bestimmten Zimmers
und hört da, wie seine Frau dem unklugen Le Brissard eine
ernste Strafpredigt für sein Unterfangen hält. Die Strafe, welche
der Kommandant ihm auferlegt, ist der zeitweilige Aufenthalt in
einer dem vielgereisten Chalus bei Tunis gehörenden Villa, wohin
seine Alles verzeihende Frau ihm folgt. — Von demselben: *Petites
fêtes*, Kolb. 1890.

Das Théâtre Déjazet ist einmal von seiner Gewohnheit ab-
gegangen, indem es statt der sonst üblichen Possen ausnahmsweise ein wirkliches Lustspiel *La Revanche du mari* von Cohen
und Grenet-Dancourt zur Aufführung hat gelangen lassen.

Paul Viteau hat unter dem Titel *Oh! famille!* in der Librairie
des Bibliopbiles 1890 ein Bändchen Lustspiele herausgegeben,
von denen *Les Exagérées* in der geschlossenen Gesellschaft des
Estourneauls grossen Erfolg gehabt hat.

*La Reine Jeanne, tragédie provençale en cinq actes et en vers
avec la traduction française* par Frédéric Mistral, Lemerre 1890,
eine hochpoetische und hochdramatische Rechtfertigung der Königin
Jeanne, welche 1315 ihren Gemahl André de Hongrie soll haben
erdrosseln lassen. Das Werk wird, wie man hofft, in den Ruinen
des antiken Theaters von Orange aufgeführt werden.

Am 27. September 1890 hat im Ambigu *L'Ogre, drame
nouveau en cinq actes et huit tableaux* von Jules de Marthold, seine
erste Aufführung gefunden. Dieser Oger ist ein Schiffskapitän
Clamorgan, der im Hause des Banquiers Leroyer aus und eingeht,
der in Abwesenheit des Kassierers Fabreuil, einen grossen Schatz,
den dieser eben fortgelegt hat, durch Einsteigen in ein Fenster
entwendet, dem durch Fabreuil aus Versehen im Kassenlokal ein-
geschlossenen kleinen André einen Dolchstich beibringt und mit
seinem Raube nach San Franzisco durchgeht; Fabreuil wird zwar
der Unterschlagung angeklagt, aber freigesprochen; und als der
kleine André, der Sohn des Hauses, nach monatelanger Krankheit durch die von Fabreuil ihm vorgetragene Erzählung vom
Oger plötzlich seine Besinnung wiedererlangt hat, wird der zurück-
gekehrte Clamorgan, der Geneviève, die Tochter des Banquiers,
gegen ihren eigenen Wunsch geheiratet hat, noch an demselben
Tage überführt und erschiesst sich; Geneviève heiratet später
Fabreuil, dem sie von jeher zugethan gewesen ist.

L'Art de tromper les femmes, comédie en trois actes par

MM. Paul Ferrier et Émile de Najac, Anfang Octobers im Gymnase gegeben. Der Rechtsanwalt Loriquois täuscht seine Frau durch das Vorgeben dringender Reisen in die Provinz in Mordangelegenheiten, um die Zeit ungestört mit Colinette, der Besitzerin eines Weisswarengeschäfts, zubringen zu können. Er lernt jedoch die reiche Brasilianerin Casilda kennen, mit der er nach dem *bal de l'Opéra* in einem Restaurant zu Abend zu essen verabredet; aber Colinette hält ihn fest; um sein Rendezvous nicht zu versäumen, lässt er sich vermittels der Vorhänge aus dem Fenster des Entresols Colinette's auf die Strasse hinab; in Folge des dadurch entstandenen Auflaufs führen ihn die Sicherheitsbeamten zum Polizeikommissarius, den er kennt und der ihn entlässt; dieser zweite Akt ist sehr beifällig aufgenommen worden. Als Casilda im dritten Akt von ihm ein förmliches Heiratsversprechen verlangt, wird er aus ihren Händen nur durch Colinette, aus den Händen Colinette's dagegen durch seine Frau gerettet. Der Schluss zeigt, dass *l'art de tromper les femmes n'est en résumé que l'art de se faire jouer par elles.*

Fleurs d'avril, comédie en un acte et en vers par MM. Gabriel Vicaire et Jules Truffier, October 1890 im Odéon aufgeführt.

In der Renaissance, October 1890: *En scène, mesdemoiselles, revue en trois actes et un prologue* par MM. Charles Clairville et Charles Boyer.

Im Château-d'Eau: *Marie Stuart* par MM. Samson et Cressonnois, hauptsächlich wegen der Durchführung der Rolle Bothwell's gut aufgenommen.

Le Député Leveau von Jules Lemaître, dem Kritiker, von welchem 1889 *La Révoltée* mit einigem Erfolg gegeben worden war, ist im Oktober 1890 im Vaudeville zur Aufführung gelangt. Leveau, welcher hofft, nach der Scheidung von seiner Frau die Marquise de Grèges, die sich ihm sehr entgegenkommend zeigt und ihn in die feine Welt einführt, zur Trennung von ihrem Mann bringen zu können, geht in die von der vornehmen Dame ihm gestellte Falle: er arbeitet für die Wahl des Marquis zum Abgeordneten, ohne seinen Zweck zu erreichen; er zerstört sein eigenes Familienleben und das Glück seiner Tochter, den Beweis liefernd, dass die politische Intrigue sich schwer an dem sich daran Beteiligenden rächen kann.

Cléopâtre von Victorien Sardou und Émile Moreau in der Porte-Saint-Martin am 25. Oktober 1890 aufgeführt, hat, trotz der Besetzung der Titelrolle mit Sarah Bernardt, geringen Anklang gefunden. Die Anlehnung an Shakespeare ist auch den französischen Kritikern aufgefallen, dennoch findet man, dass die Verfasser eher ein Schaustück als ein Drama geliefert haben;

zwei Auftritte nur und die Scene zwischen Kleopatra und dem Boten, die dem englischen Dichter gehört, heben sich vorteilhaft aus der Anreihung breit ausgesponnener Bilder hervor.

Ma Cousine, Lustspiel in drei Akten von Henri Meilhac, ging am 27. Oktober 1890 über die Bretter der Variétés. Raoul, der seine eigene Häuslichkeit wegen einer von ihm bevorzugten Dame vernachlässigt, wird auf Veranstaltung seiner Frau in Riquette, eine Schauspielerin, die der Abendgesellschaft Verse zu deklamieren eingeladen worden ist, verliebt gemacht; als er aber erfährt, dass Riquette eine natürliche Tochter seines Oheims, also seine Kousine ist, steht er wegen dieses Verwandtschafts- grades von weiterer Bewerbung ab, und, bei dieser Gelegenheit seiner bisherigen Geliebten entfremdet, wird er dem häuslichen Herde wiedergewonnen.

L'Honneur von Henry Fèvre, aus seinem bei Kolb erschienenen Roman gezogen, hat auf dem Téâtre-Libre seine Erscheinung ge- macht und wird auch wohl auf einer anderen Bühne nicht Auf- nahme finden: ein junges Mädchen, das einen Fehltritt begangen hat, soll durch die Anweisungen der Mutter von den Folgen des- selben befreit werden, wird aber nach dem Rat des Vaters schleunigst an einen Vetter verheiratet, dem man Gelegenheit gibt, mit der ihm zugedachten Braut vorher die genaueste Be- kanntschaft zu machen. Erwähnenswert ist das sogenannte Lust- spiel nur, weil es zeigt, wohin sich wenigstens stellenweise der Geschmack in Frankreich verirrt.

Dasselbe Théâtre-Libre des Herrn Antoine hat noch kurz vor Schluss des Jahres 1890 (27. Dezember) zwei andere Dramen zur Darstellung gelangen lassen, welche ebenfalls wohl schwerlich anderwärts auf die Bretter kommen werden. Das erste, *La Fille Élisa* von Jean Ajalbert, ist aus dem Roman gleichen Namens von Edmond und Jules de Goncourt gemacht: um der Misshand- lung von Seiten ihrer Mutter zu entgehen, hat Élisa sich dem Laster ergeben; sie ersticht einen Soldaten, der sie wirklich liebt, um ihn nicht durch ihre Berührung zu beflecken; zum lebenslänglichen Gefängnis verurteilt, verliert sie im Verlauf von acht Jahren in der Einzelhaft nach und nach die Sprache; zu ihrer Freude sucht ihre schändliche Mutter sie zuletzt auf, aber sie muss sehr bald erfahren, dass diese es nur thut, um ihre kleinen Ersparnisse von ihr zu erpressen. Ihr einziger Trost ist ein Brief ihres Soldaten, den sie aufbewahrt hat und immer wieder liest. — Schlimmer ist das zweite Stück, *Conte de Noël*, *mystère moderne en deux tableaux* von Auguste Linert: eine Bäuerin, welche vor ihrer Verheiratung einen Fehltritt begangen hat, bringt, während ihr kurz vorher mit ihr verehelichter und nichts ahnender

Mann seine Freude am Weihnachtsbaum hat, und während im Nachbarhause Weihnachtslieder ertönen, sich heimlich fortschleichend, ein Kind zur Welt, das sie sofort erdrosselt; eine alte Frau flösst ihr, in ihrer Beunruhigung über die Folgen, dadurch wieder Mut ein, dass sie ihr ankündigt, sie habe die Leiche den Schweinen vorgeworfen.

Miss Helyett, eine in den Bouffes-Parisiens am 13. November 1890 herausgekommene Operette von Maxime Boucheron, ist wohl gleichfalls in ihren Voraussetzungen ein klein wenig verfänglich, hat aber wegen ihrer Drolligkeit ihren Weg nach Deutschland, namentlich nach Berlin gemacht. Die junge Dame darf, statt des ihr vom Vater, einem Pastor, bestimmten James, den sie nicht mag, den französischen Maler Paul heiraten, weil es sich, nach längerem Suchen und Umhertappen, herausstellt, dass er es war, der das Mädchen, welches auf einer einsamen Bergpartie ausgeglitten und an einem Baum hangen geblieben war, in einer stark unverhüllten Lage erblickt und in sehr bescheidener Weise und ohne sich viel bemerkbar zu machen, aus derselben befreit hatte.

Le Régiment, pièce en cinq actes et en huit tableaux, aus dem Roman gleichen Titels von Jules Mary, für das Theater von dem Verfasser selbst und Gisier bearbeitet und am 21. November auf dem Ambigu in Scene gegangen, führt als Hauptperson Jacques vor, der, durch die an einem jungen Mädchen von einem Offizier de Cheverny begangene Gewaltthätigkeit geboren und gleich nach der Geburt von der Mutter getrennt, unerkannt als Unteroffizier in das Haus seines Vaters kommt, welcher übrigens, um seinen Fehler gut zu machen, später die Mutter geheiratet hatte. Ein Lieutenant, Namens Gironde, soll von einem Winkeladvokaten Patoche als der Sohn des inzwischen General gewordenen Offiziers eingeführt werden; Jacques tötet ihn im Duell und wird freigesprochen, da der getötete Offizier, als Italiener, gar nicht das Recht hatte, im französischen Heere zu dienen. Jacques wird als der wirkliche Sohn des Generals auch von Patoche anerkannt, und da de Cheverny nunmehr seiner Frau eingesteht, dass er es war, der sie zur Mutter gemacht hatte, werden alle Teile der Familie in Zufriedenheit versetzt.

La Petite Mionne, drame en cinq actes et en six tableaux, *tiré* par G. Marot du roman d'Émile Richebourg, ist am 23. November zum ersten Male im Théâtre-Historique aufgeführt worden. Mionne ist die Tochter einer gewöhnlichen Arbeiterin, während einer langen Abwesenheit des Mannes der letzteren, eines russischen Grafen Soleure, infolge ihres ehebrecherischen Umganges mit einem Beamten desselben entstammt und von

Soleure deshalb ausgestossen. Nach dem Tode des Grafen hat die Mutter einen sehr reichen Mann geheiratet; auf seltsame Weise trifft sie mit ihrer herangewachsenen Tochter zusammen: Beide lieben einen Maler Ramel; die verbrecherischen Pläne der Mutter, welche der Mionne die Ehe mit demselben missgönnt, werden enthüllt, sie verliert ihr Leben durch einen Flintenschuss, und so kann denn ihre Tochter den Maler heiraten.

L'Egyptienne par MM. Nuitter, Beaumont et Chivier, musique de Ch. Lecocq, eine Operette, die in den _Folies-Dramatiques_ viel Beifall gefunden hat: der Kapitän Hector und sein Diener Cassegrain müssen gleich nach ihrer Verheiratung den Zug Bonaparte's nach Ägypten mitmachen; sie knüpfen dort Bekanntschaft mit einer vornehmen Ägypterin und ihrer Sklavin an, aber die rechtmässigen Gattinnen, welche ihnen gefolgt sind, treten sofort wieder in ihre gesetzlichen Rechte ein.

Le Prix Monthyon par MM. Albin Valabrègue et Maurice Hennequin ist eine übermütige Posse, welche in der zweiten Dezemberwoche im Palais-Royal die Lacher für sich gewonnen hat.

Im Vaudeville hat _Madame Mongodin, comédie en trois actes_ par MM. E. Blum et R. Toché sehr gefallen. Die Frau Mongodin, ein Tugenddrache, verwahrt, unter grosser Bewunderung ihrer Familie, ein Messer, mit dem sie angeblich einen Angriff auf ihre Sittsamkeit gegen einen Zudringlichen blutig zurückgeschlagen hat; als ihr Mann, unter dem vorgeblichen Namen eines Anderen, ein Stelldichein mit einer Chansonnettensängerin, die seine Nachbarin geworden ist, veranstaltet, braucht diese, als sie ihn erkannt hat, nur ein Messer aufzuheben, um ihn schleunigst in die Flucht zu schlagen, und seine Frau, die dazu kommt, weiss seinen Fehler gehörig auszubeuten. Aber zuletzt erzählt ein ehemaliger Schulkamerad Mongodin's, wie ein galantes Abenteuer mit einer jungen Dame für ihn nur dadurch erfolglos abgelaufen war, dass er aus Versehen sich an einem Messer geritzt hatte; es stellt sich heraus, dass Mme Mongodin diese Dame gewesen ist, und diese Entdeckung befreit den Ehemann von der bis dahin durch seine Frau ausgeübten Tyrannei.

Les Douze femmes de Japhet par MM. A. Mars et Desvallières und _Ferdinand le nocœur_ par L. Gandillot sind, das erstere in der Renaissance, das andere im Théâtre Déjazet, gut aufgenommen.

Wenn auch erst im Januar 1891 aufgeführt, gehören doch ihrer Entstehung nach, das eine auch für den Abdruck, noch dem Jahre 1890 an: _Jeanne d'Arc, drame historique en cinq actes_, von Joseph Fabre, und _Thermidor_ von Victorien Sardou. Joseph Fabre selbst gibt in der Vorrede zu seinem Stück an, mit jenem

Trauerspiel seine Arbeiten über die Jungfrau von Orléans abgeschlossen zu haben; dies lehnt sich in verschiedenen Stellen an
das Werk Schiller's an; der fünfte Akt zeigt Jeanne im Gefängnis
zu Rouen, ihre Verurteilung und Hinrichtung; auf dem Scheiterhaufen ruft sie: „Meine Stimmen haben mich nicht getäuscht...
Jesus!" und damit fällt der Vorhang. Die patriotischen Anreden
und Aussprüche haben, überall wo *Jeanne d'Arc* auf der Bühne
steht, einen Sturm des Beifalls hervorgerufen. Die erste Aufführung fand am 29. Januar 1891 auf dem Châtelet-Theater statt.

    Thermidor von Sardou hat bei seiner zweiten Darstellung
im Théâtre-Français, teils im Schauspielsaal selbst, teils auf dem
Platze vor demselben, Vorgänge herbeigeführt, welche die Behörde zu einer vorläufigen Einstellung der Aufführungen veranlasst, ja, selbst den Rücktritt Charetie's von der Leitung der
Bühne in Aussicht gestellt haben. Der Unwille eines Bruchteils
des Publikums hat sich gegen die hier und da eingestreute Verurteilung des Verfahrens der Schreckensmänner gerichtet. Der
Schauspieler La Bussière vernichtet schon seit einiger Zeit ihm
zugängliche Schriftstücke, welche Angeklagte aufs Schaffot liefern
müssen, und entreisst ihm so verschiedene Personen, namentlich
Schauspieler des Théâtre-Français. Es gelingt ihm aber nicht,
Fabienne, die Verlobte seines Freundes, des Kapitäns Hugon
Martial, zu retten, die einmal, weil sie ein goldenes Kreuz am
Halse trägt, von wütenden Weibern verfolgt, später als ein Brief
von ihr bei verhafteten Nonnen gefunden worden war, festge-
nommen und verurteilt, und am 9. Thermidor, ungeachtet des
Sturzes Robespierre's, zur Hinrichtung abgeführt wird, wobei
Martial, der sich ihrer Abführung widersetzen will, von einem
Gendarmen durch einen Pistolenschuss niedergestreckt wird. Am
10. März 1891 in Berlin auf dem Lessingtheater aufgeführt.

    Die im Druck erschienenen dramatischen Werke sind stets
vorrätig bei Tresse, Palais-Royal, an der Ecke der galerie Valois
und der rue Saint-Honoré.

    Obgleich durch den Roman so gut wie verdrängt, findet
das epische Gedicht doch von Zeit zu Zeit noch einzelne Vertreter. So hat F. Fontenelle bei Sauvaître, 1888, ein solches,
La Reine Anne, erscheinen lassen, in welchem er die Verbindung
dieser Herzogin der Bretagne mit Charles VIII. und Louis XII.,
die Reisen derselben und die Sitten der Provinz in etwas
trockenen und einigermassen an den Chronikenstil erinnernden
Versen beschreibt.

    Marc Amanieux behandelt in *La Révolution*, Ollendorff 1890,
die Greuel der Umsturzzeit, während welcher ein Bretagner Carville
nicht einmal den Gatten seiner geliebten Pflegetochter Arachné

verschont, und nach welcher dieser Prophet des Blutes die Unzulänglichkeit eines so schrecklichen Opfers erkennt.

Wenn auch in Dialogform geschrieben, kann *Futura* von
A. Vacquerie, Calmann Lévy 1890, selbst abgesehen von der
Unausführbarkeit der Aufführung, nicht recht als ein dramatisches
Werk betrachtet werden; eher ist es dem Inhalt nach kontem-
plativ-episch, und in den Gefühlsergüssen lyrisch. Futura ist
die Tochter Faust's und der Helena, die trotz aller Vorzüge,
die das Leben nur bieten kann, sich unglücklich fühlt, deren
Herz erbebt von allen Leiden der Welt, und die ihren Geburtstag
nicht eher gefeiert haben will, als an dem Tage, wo die letzte
Thräne getrocknet sein wird. Sie handelt, kämpft, tröstet: allmählich werden die Mönche, die unumschränkte Monarchie, die
Todesstrafe abgeschafft; Altäre, Throne, Schaffote müssen nämlich, nach der hier vorgetragenen Ansicht verschwinden, um dem
Fortschritt, d. h. der Sozialdemokratie, Platz zu machen, unter
der Alle zu der Tafel des Lebens, die kein unteres Ende mehr
kennt, zu gleichem Genuss für Alle geladen werden sollen.

> *Je prends pour ma fête le jour*
> *Où la dernière larme enfin sera séchée!*
> *Et je ne mangerai de bon cœur ma bouchée*
> *Et je n'aurai de joie à dire aux quatre vents*
> *Qu'à la table où seront assis tous les vivants!*

Eine edelmütige Idee hat den Dichter begeistert und ihn
ein schönes Gedicht schaffen lassen; aber er hat wohl einen
Traum gehegt, der, wie Träume überhaupt, keine Erfüllung verheisst, und dessen Erfüllung sogar von vielen Andersdenkenden
nicht einmal als ein Glück begrüsst werden würde.

A. Vard, ein Eisenbahnschaffner, hat unter dem Titel *Le
Rêve de Muguette*, Librairie de la Grande Correspondance 1889,
eine einfache Liebesgeschichte in Versen erscheinen lassen. Der
„Wagenschmierer", wie er gewöhnlich bezeichnet wird, der jetzt
in Aubevoye von seinem Ruhegehalt lebt, ist kürzlich durch das
veilchenblaue Band des Unterrichtsordens ausgezeichnet worden.

Das Jahr 1890 hat unter dem Zeichen der *Jeanne d'Arc*
gestanden: Saint-Yves d'Alveydre, *Jeanne d'Arc victorieuse. Épopée
nationale dédiée à l'armée française*, Sauvaître. — J. Villecrose,
Le Poème de Jeanne d'Arc. vers, Sauvaître.

Reicher an Zahl, wenn auch nicht grösser an Umfang, sind
die Erzeugnisse der Lyrik im Jahre 1890 gewesen. Schon dem
Jahre vorher gehören die *Fleurs de Rêve* von E. Tavan, einem
Professor in Lausanne, an, Lausanne, Payot, Paris, Monnerat;
unter diesen Gedichten behandeln einige wenige griechische oder
römische Traditionen, wenige andere sind indischen oder ägyptischen Quellen entlehnt.

Im Selbstverlage hat einige zwanzig Lieder, unter dem Titel *Chansons*, Constantin Champon erscheinen lassen:

> . *à qui*, wie er selbst sagt, *Dieu donna l'étoffe*
> *Dont il habille un bon vivant,*
> *Passant sa vie en philosophe,*
> *Pleurant peu, riant plus souvent.*

Le Noël d'une petite pauvre par Mme Juliane Perry, Ollendorff, Mme Carnot gewidmet, enthält hübsche und wohlempfundene Verse, welche zur Deklamation in Gesellschaften zu empfehlen sind.

Einige eigene, mehr Gedichte Anderer gibt Charles Fuster, *Les Poètes du clocher*, Monnerat 1890. „*Ils sont nombreux, les poètes du clocher: non pas tous de valeur égale sans doute, mais tous sincères, et c'est ce qui donne du prix à cette poésie qui prend sa source où l'homme lui-même a pris naissance. De là quelque chose de réconfortant qui nous change des décadents, qui nous fait oublier les arrangeurs de mots . . . Il y a déjà quelque temps que ce mouvement de régénération de notre poésie se dessine et s'accentue*", Illustration 1890 nr. 2. — Von demselben: *L'Ame des choses*, Monnerat 1889.

Ähnlich sind *Les Chansons du village, poésies dans le style populaire*, par Ch. Grandmougie, Lemerre 1890; sie gehören hauptsächlich der Franche-Comté an.

Unter dem Titel *Chansons et chansonniers*, Marpon et Flammarion 1890, gibt Henri Avenel eine Geschichte des Liedes von seinen Anfängen bis auf die jetzige Zeit.

Edelweiss, poésies, par l'auteur des Horizons prochains, Calmann Lévy, 1890, Ergüsse eines Dichters, der in der Alpenluft des Genfer Sees, die Erinnerung an ihm Verlorengegangene wach rufend, das ihn drückende Leid abzustreifen sucht, und der sich in den Schlussversen einen tröstlichen Ausblick zu eröffnen weiss.

Les Cendres chaudes par Étienne Rouvray, Lemerre 1890, sind Gedichte, welche die entschwundenen Hoffnungen, Freuden, Träumereien der Jugend zurückrufen.

Fleurs et ruines. Oiseaux chanteurs par André Lemoyne, Lemerre 1890. Der Verfasser, von dem man schon *Charmeuses* und *Roses d'Antan* erhalten hat, gibt in schönen Versen edlen Gesinnungen Ausdruck oder liefert Beschreibungen anmutiger Landschaften.

E. Ducros, *Une Cigale à l'exposition universelle de 1889*, Lemerre 1889.

F. Huard, *L'Envolée. Fragments d'un journal en vers*, Arnould 1890.

La Carmélite, Le Volontaire, L'Invasion, Bazaine, L'Archi-

duc Rodolphe par Alex. Huré, kleine Gedichte einzeln von der Librairie des Bibliophiles 1890 ausgegeben.

La Chanson de l'hiver par Antony Valabrègue, Lemerre 1890, feiert die stillen Freuden des häuslichen Herdes und des Heims, die man am besten im Winter geniesst.

M. de Valandré, *Le Livre de la fiancée, poésies*, Lemerre 1890.

E. Pailleron, *Amours et Haines, poésies*, Calmann Lévy 18 90.

H. Rey, *Le Bréviaire d'amour, poésies*, Lemerre 1889.

E. Fleury, *Andantes, poésies. Préface* par Fr. Coppée. Lemerre 1889.

O. Beretta, *Aux jeunes*, Dentu 1889.

Em. Bergereat, *La Lyre comique*, Lemerre 1889.

G. Nadaud, *Nouvelles chansons à dire ou à chanter*, Tresse 1889.

Alexis Bouvier, *Les Chansons du peuple*, Marpon et Flammarion 1890.

François Coppée, *Les paroles sincères, poésies*, Lemerre 1890; arbeiterfreundlich, sogar etwas sozialistisch. Ein Gedicht auf Lamartine, zu dessen hundertjähriger Geburtstagsfeier am 19. October vorgetragen, macht den Schluss.

R. Gérard, *Les Pipeaux, poésies*, Lemerre 1889.

Jules de Vorys, *Fleurs et Chardons*, Librairie des bibliophiles 1889.

Cabaret, *Résurrection. Souvenons-nous*, Ollendorff 1890.

Le vicomte de Guerne, *Les Siècles morts*. I. *L'orient antique*, Lemerre 1890.

Pierre de Bouchaud, *Les Mélodies poétiques*, Georg 1890, zum Teil Liebesgedichte, zum Teil aus der Natur geschöpfte Betrachtungen in meist guten, aber nicht sehr pittoresken Versen.

Maxime Formont, *Les Refuges*, Lemerre 1890, teilweise formgewandte Reflexionen über die Vergänglichkeit der Dinge, zum Teil den Heroismus feiernde Erzählungen, mit einer Vorrede von Sully-Prudhomme.

Lucien Pâté, *Poèmes de Bourgogne*, Lemerre. Der Dichter feiert seine Provinz und besonders seinen Heimatsort Taizé und seinen Landsmann Lamartine, dem man 1890 in Mâcon ein Standbild errichtet hat.

Théodore de Banville, *Sonnailles et clochettes, poésies nouvelles*, Charpentier 1890. Der Dichter nennt sie in der Vorrede selbst *caprices légers*, glaubt aber mit Goethe, dass auch etwas, was nicht gleich eine Iliade ist, veröffentlicht werden dürfe. — Von demselben *Le Sang de la Coupe, 36 ballades joyeuses, Le Baiser*, Lemerre 1890, und *Petites études, L'Ame de Paris, Nouveaux souvenirs*, Charpentier 1890. Der Dichter ist am 11. März 1891 gestorben.

Ch. Bourgault-Ducoudray, *Soir d'enfance*, Lemerre 1890.

A. Campaux, *Le Rêve de Jacqueline, chanson d'avril*, Librairie des bibliophiles 1890.

V. Foulon, *Théo, poème*, Librairie des bibliophiles 1890.

O. de Gourcuff, *Le Rêve et la Vie, poésies*, Librairie des bibliophiles.

G. Houbron et J. Daniaux, *Études antiques, poésies*, Lemerre 1890.

O. Lesbordes, *Voix du souvenir*, Librairie des biblioph. 1890.

J. de Strada, *L'Épopée humaine. La Genèse universelle*, Dreyfous 1890.

R. Lafagette, *Les Cent Sonnets*, Fischbacher 1890. — Von demselben: *La Renaissance romane. Avec deux lettres de Frédéric Mistral et Jules Simon*, Fischbacher 1890.

L. Taverne, *Vercingétorix, drame lyrique en deux actes*, Librairies-Imprimeries réunies 1890.

G. Ropartz, *Modes mineurs, poésies*, Lemerre 1890.

E. Rostand, *Les Musardises (Les Songe-Creux, Poésies diverses, Le Lion de l'Aimée)*, Lemerre 1890.

B. Galeron de Calonne, *Dans ma nuit, poésies. Préface de Carmen Sylva.* Lemerre 1890.

A. F. Herold, *Les Paeans et les Thrènes, poésies.* Lemerre 1890.

J. Moulin, *Le Chant du fou, poème.* Rouquette 1890.

E. Pouvillon, *Chante-Pleure.* Lemerre 1890.

Le vicomte de Borrelli, *Arma, poésies*, Lemerre 1890.

G. Gillet, *Simples rimes, Çà et là*, Lemerre 1890.

G. Lacroix, *Lointains et retours*, Lemerre 1890.

L. Destor, *Rimes panachées*, Vanier 1890.

G. Vicaire, *L'Heure enchantée*, Lemerre 1890.

E. J. Catelain, *Rimes d'amour*, Lemerre 1890.

E. Chevé, *Les Gouffres, poésies (La Mer, Le Rêve, Les Ténèbres, La Mort)*, Lemerre 1890.

J. de Vaudère, *L'Éternelle chanson, poésies*, Ollendorff 1890.

Man sieht aus dieser Aufzählung, dass in Frankreich mehr Verse gemacht, oder wenigstens zum Abdruck gebracht werden, als bei uns, wo die Herausgabe lyrischer Gedichte sich von Jahr zu Jahr vermindert.

Um jeder der vielen litterarischen Parteien Gerechtigkeit widerfahren zu lassen, habe ich sie alle, so weit es in meinem Bereich stand, und demgemäss auch nicht alle ihre Vertreter, berücksichtigt; und um eine Vorstellung zu geben, auf welche Wege die verschiedenen Lebensauffassungen eingelenkt sind, habe ich, wo nicht schon der Titel allein für sich spricht, wenigstens von den auffallendsten Erscheinungen in der Roman- und Drama-

litteratur eine ausführliche Inhaltsangabe liefern müssen. Bei
den jetzt überall so weit auseinandergehenden Grundansichten, bei
den so verschiedenen Geschmacksrichtungen würde es für den
Franzosen nicht leicht, für den Ausländer wohl geradezu ver-
messen sein entscheiden zu wollen, welche von diesen vielen Neu-
erscheinungen dem vorübergehenden Tagesverbrauch verfallen,
welche wenigstens einen Platz in der Litteraturgeschichte einnehmen, welche ein dauerndes Gut der späteren Lesewelt bleiben
werden; der Fremde hat sich zu begnügen, die Thatsachen
zu verzeichnen. Den Haupterfolg haben, nach den französischen
Urteilen, einerseits Zola, andererseits Guy de Maupassant, Bourget
mit *Un coeur de femme*, und, was bei uns nicht durchweg zugegeben werden möchte, Delpit, mit *Toutes les deux*, davongetragen, und Loti hat sich wohl an ihre Seite gestellt. Als es
sich um einen Romancier als Nachfolger Feuillet's in der Akademie handelte, hat man dort, da man Zola nicht will, und Daudet
sich durch *L'immortel* unmöglich gemacht hat, an Maupassant
und Bourget gedacht, die jedoch beide erklärt haben, nur nach
Zola eintreten zu wollen; auch Ohnet ist von Einigen in Vorschlag gebracht worden, wiewohl nicht ohne lebhaften Widerspruch; gewählt ist von allen diesen vorläufig noch keiner, wohl
aber im Mai 1891 Pierre Loti.

H. J. HELLER.

Sind Lavallette's Memoiren die Hauptquelle von Thiers Darstellung des ägyptisch-syrischen Feldzuges?

In der Juni-Nummer der *Franco-Gallia* bespricht J. Sarrazin die Thiers-Ausgabe des Unterzeichneten. Er hebt hervor, dass darin zum ersten Male die zeitgenössischen Quellen zur Erklärung des Textes herangezogen worden, bedauert aber zugleich, dass die Hauptquelle Thiers', *Lavallette's Memoiren*, nicht genügend zur Geltung gekommen seien.

Ist es nun in Wirklichkeit begründet, dass man in dem Lavalette'schen Werke die Hauptquelle für Thiers' *Ägyptisch-syrischen Feldzug* zu sehen hat? Wenn sich das so verhielte, dann würde gegen die Herausgeberthätigkeit des Unterzeichneten allerdings ein sehr schlimmer Vorwurf zu erheben sein. Alles das, was er im Vorworte über die Vorarbeiten zu seiner Ausgabe sagt, wäre im Grunde genommen nicht viel mehr als leere Worte, wenn er bei der Durchforschung des Materials gerade die Hauptquelle nicht genügend berücksichtigt hätte. Die Behauptung Sarrazin's ist aber, soweit der Unterzeichnete zu übersehen vermag, so gut wie unhaltbar, und es mag dies hier festgestellt werden, damit der in der *Franco-Gallia* enthaltene Irrtum sich nicht etwa festsetzt und weitere Verbreitung findet.

Vor allem auf eine Thatsache sei hingewiesen, die J. Sarrazin vollständig entgangen zu sein scheint: Thiers' *Histoire de la Révolution française*, aus welcher der bekannte Abschnitt über den *Ägyptisch-syrischen Feldzug* entlehnt ist, war bereits im Jahre 1827 vollständig veröffentlicht, während Lavallette's *Mémoires et Souvenirs* erst 1831 erschienen, nach dem Tode des Verfassers, wie dieser ausdrücklich bestimmt hatte. Angesichts dieses Umstandes war dem Unterzeichneten der Gedanke einer Benutzung Lavallette's durch Thiers gar nicht in den Sinn gekommen, und er hatte die Aufzeichnungen des ehemaligen kaiser-

lichen Generalpostmeisters lediglich zur Vervollständigung des
Bildes jener Ereignisse benutzt, wie aus verschiedenen Stellen
des Kommentars zu ersehen.   Nun wäre ja allerdings der Fall
denkbar, dass Thiers Kenntnis von dem Manuskripte Lavallette's
genommen hätte, wie er thatsächlich auch anderes handschriftliche
Material benutzt hat.   Nur ist darüber bis jetzt noch gar nichts
bekannt, und an Sarrazin wäre es, den Beweis dafür zu erbringen.
Wahrscheinlich ist die Annahme von vornherein nicht, und es
unterliegt dem berechtigtsten Zweifel, dass eine Vergleichung der
zwei Texte Handhaben dafür liefern würde. Wie sagt Lavallette
am Schlusse seiner Vorrede? *Ma résolution et ma volonté sont
que cet écrit ne paraisse pas pendant ma vie. Je n'ai pas l'intention d'échapper à la critique: mais une pudeur que les gens de
bien seuls pourront sentir, m'impose la loi de ne plus occuper le
public de moi. J'ai payé chèrement ma triste célébrité et j'ai
besoin de repos plus encore que de consolation.* Diese Stelle spricht
nicht gerade dafür, dass Lavallette daran gedacht haben könne,
das Manuskript seiner Denkwürdigkeiten Thiers zur Benutzung zu
überlassen.

Aber nehmen wir einmal an, dass dies wirklich der Fall
gewesen sei. Trotzdem würde es doch noch eine sehr unbe-
gründete Behauptung sein, sagen zu wollen, dass Lavallette die
Hauptquelle von Thiers gewesen sei. Man braucht die Denkwürdigkeiten nur zu überfliegen, um in ihnen zwar einen sehr
schätzenswerten Beitrag zum ägyptisch-syrischen Feldzuge zu
erkennen, aber nimmermehr die Hauptquelle für den betreffenden
Abschnitt von Thiers.

Das verbietet sich schon aus dem Grunde, weil Lavallette
eine Reihe sehr wichtiger Ereignisse jenes Feldzuges gar nicht
als Augenzeuge mit erlebt hat. Zwar fuhr er mit der Expeditionsflotte von Toulon bis Malta, dort aber erhielt er von
Bonaparte um Mitte Juni 1798 Auftrag, sich nach Korfu zur Be-
sichtigung der dortigen Befestigungen und von da nach Janina zu
Ali Pascha zu begeben. Folgedem war Lavallette nicht mit bei
der Fahrt von Malta nach Ägypten, er war nicht mit bei der
Landung des Heeres, nicht bei der Einnahme Alexandrias, nicht
bei dem Kampfe von Chebreiss, nicht bei der Pyramidenschlacht,
nicht beim Einzuge des siegreichen Feldherren in Kairo. Er
war auch nicht bei der Seeschlacht von Abukir, die am 1. August
1798 stattfand. Denn am 21. Juli war er bei der Rückkehr von
Korfu mit dem Admiral Brueix in Abukir zusammengetroffen und
hatte von da aus alsbald seine Reise nach Kairo fortgesetzt, wo
er gegen Ende Juli eintraf. Geht nicht schon aus der Zusammenstellung dieser einfachen Thatsachen hervor, dass Lavallette

ganz unmöglich als die Hauptquelle für Thiers bezeichnet werden kann? Und ebensowenig natürlich für den Kommentator Thiers. Was er über die genannten Ereignisse zu berichten weiss, ist wenig genug, und beruht nur auf Hörensagen, kann also nicht ohne weiteres als glaubwürdig angesehen werden, sondern ist an der Hand von Augenzeugen zu prüfen und unter Umständen zu berichtigen. Es sei hier nur ein Fall derart erwähnt. Lavallette erzählt (S. 44 der Sarrazin'schen Ausgabe), dass die französische Expeditionsflotte nördlich von Kandia gefahren sei, während Nelson seinen Weg an der Südküste dieser Insel genommen habe. Hier hat man nun eine ganz offenbar irrtümliche Annahme Lavallette's, der an der Fahrt selbst nicht teilgenommen, und der sich auf diese Weise die geradezu wunderbare Thatsache des Nichtzusammentreffens der Engländer und Franzosen bei Kandia nachträglich zurechtgelegt hatte. Der Kommentar Sarrazin's hat es unterlassen, darauf hinzuweisen, dass Lavallette's Darstellung hier in Widerspruch steht mit dem, was wir sonst wissen. Aus einer grösseren Reihe von Belegstellen sei hier nur auf die *Memoiren des Herzogs von Ragusa* Bd. 1, S. 51 verwiesen, der als Teilnehmer und Augenzeuge ausdrücklich feststellt, dass man sich auf der Südseite Kandias hielt. Die zwei Flotten waren damals so nahe bei einander, dass die Franzosen sehr deutlich die englischen Kanonensignale hörten, und lediglich der mehrere Stunden anhaltende Nebel hinderte ein Zusammentreffen. Diese Thatsache ist auch noch englischerseits durch Vergleichung der englischen und französischen Schiffsjournale nach der Seeschlacht von Abukir sichergestellt worden.

Was nun die einzelnen Punkte anbelangt, in denen Sarrazin die *Memoiren Lavallette's* nicht genügend beachtet findet, so wären dies erstlich die Intriguen, die der Einnahme Maltas durch Bonaparte vorangingen, und über die Lavallette, wie er sagt, Auskunft gibt. Die betreffende Stelle war dem Unterzeichneten indes nicht entgangen, er war über jene Vorgänge sogar noch etwas genauer unterrichtet, u. a. durch die in Archenholz's *Minerva* 1798 und 1799 erfolgte Veröffentlichungen von Malteser-Rittern, durch A. v. Reumont's *Beiträge zur italienischen Geschichte*, Bd. 3, und durch Miège, *Histoire de Malte*, vol. 3, inzwischen hielt er es doch nicht für angezeigt, diese im Zusammenhange der ägyptischen Expedition immerhin nur episodischen Vorgänge weiter zu beleuchten als dies durch die Anmerkung zu S. 19 Z. 3 geschehen ist. Sarrazin findet ja selbst, dass der Thiers-Kommentar des Unterzeichneten für Schulen „vielleicht allzu reich" ist. Sollte er also gerade da, wo es sich um abseits liegende Fragen handelt, noch reicher gestaltet werden?

Des weiteren möchte Sarrazin die Angabe Lavallette's berücksichtigt wissen, nach welcher die Besatzung der im Februar
1799 eingenommenen syrischen Feste El-Arisch 2000 Mann be-
tragen hätte, nnd nicht 1300, wie Thiers sagt. Das ist nun
zwar eine Kleinigkeit, auf die an sich nicht viel ankommt, da
sich indessen hier ergibt, dass Sarrazin eine ganz ungerecht-
fertigt hohe Meinung von der historischen Bedeutung der *Lavallette'schen Memoiren* hat, so sei in Kürze darauf eingegangen.
Die Angabe Lavallette's hatte der Unterzeichnete seiner Zeit
sehr wohl bemerkt, die Vergleichung anderer Quellen hatte ihn
aber doch dazu geführt, die Angabe Thiers' als die wahrschein-
lichere unangefochten zu lassen, und kein Wort weiter darüber
zu verlieren. General Berthier (*Relation des campagnes du général
Bonaparte en Egypte et en Syrie*, Paris, an IX) gibt die Stärke
der Besatzung von El-Arisch auf 1600 an, Bonaparte selbst
spricht in seinem am 21. Februar 1799 von El-Arisch an General
Dugua in Kairo geschriebenen Berichte von 1500 Mann, in dem
am 22. Februar Abends geschriebenen Briefe an General Marmont
in Alexandria hat er die Ziffer 1200, in dem von Jaffa, 9. März
1799 datierten *Ordre du Jour* gibt er die Stärke der Besatzung
wieder auf 1500 an, und in dem Berichte an das Direktorium
(Jaffa, 13. März 1799) sagt er: „*Nous avous trouvé à El-Arisch
500 Albanais, 500 Moghrebins, 200 hommes de l'Anatolie et de la
Caramanie.*" Das ergäbe wiederum 1200 Mann. Das sind also
zwar verschiedene Angaben, sie alle aber stehen doch der von
Thiers gegebenen Ziffer näher als der, die man bei Lavallette
findet. Natürlich hat der letztere die Stärke der Besatzung nur
annäherungsweise mit einer runden Ziffer bezeichnen wollen, auf
Genauigkeit aber dabei sicher keinen Anspruch erhoben. Er
konnte das auch gar nicht thuen, denn er verfasste seine Denkwürdigkeiten erst mehr als 15 Jahre nach den ägyptischen Ereignissen, ohne alle litterarische Hilfsmittel, in der Einsamkeit,
in Bayern, wohin er sich nach seiner Verurteilung zum Tode
geflüchtet hatte. Er selbst sagt in seinem Vorworte (S. 3 der
Pariser Ausgabe) und diese für die Beurteilung der Memoiren
wichtige Stelle hätte der Herausgabe einer „geschichtlichen
Quellenschrift" in der Einleitung nicht unerwähnt lassen sollen:
„*J'ai besoin de beaucoup d'indulgence; j'écris loin de ma patrie,
dans une profonde solitude, n'ayant sous la main aucuns des
matériaux dont j'ai besoin pour retrouver les faits, les dates et
les noms. Mais les impressions sont restées vives dans ma mémoire
et dans mon cœur.*" Ganz recht, Lavallette's Eindrücke sind
lebhaft, das schliesst aber natürlich manchen Irrtum im Einzelnen
nicht aus. Jeder Leser kann hier die Probe machen, indem er

einmal versucht, Ereignisse zu rekonstruieren, die 15 Jahre und länger in der Vergangenheit zurückliegen. Wird da überhaupt von irgend Jemandem Genauigkeit erzielt werden?

Ferner meint Sarrazin, dass der Unterzeichnete über den jungen Mailly (S. 72,2 des Thiers) aus Lavallette näheres hätte erfahren können. Allerdings findet man ihn da bezeichnet als *Mailly du Château-Renaud, officier d'état-major.* Verlohnte es sich indessen wirklich, daraus eine besondere Anmerkung zu machen? Wird wohl der Herkunftsort dieses nur episodisch bei der Belagerung von Saint-Jean-d'Acre auftretenden Offiziers bei irgend einem Schüler haften bleiben, und ist das auch nur wünschenswert? Dass es sich um einen Offizier handelt, geht aus dem Zusammenhange bei Thiers deutlich genug hervor. Man könnte ja noch genauer sein als Lavallette, und auf Grund des *Etat nominatif des officiers morts à l'armée d'Egypte* (Corresp. inéd. de Napol. Ier, 2, 468) angeben, dass dieser Mailly *capitaine adjoint à l'état-major général* war. Doch hat der Unterzeichnete auch diesen Umstand unterdrücken zu dürfen geglaubt. Überhaupt möge hier ausdrücklich bemerkt sein, dass sein Thiers-Kommentar nur eine nicht ohne längere Überlegung getroffene und bearbeitete Auswahl dessen darstellt, was sich bei Durchforschung des sehr weitschichtigen Quellenmaterials als das lehrreichste und historisch wertvollste herausstellte.

Endlich die vielbesprochene Opiumvergiftung von Jaffa. In seinem Kommentare hatte sich der Unterzeichnete, gegen Thiers, dahin ausgesprochen, dass die Opiumvergiftung einer kleinen Anzahl von unheilbar an der Pest erkrankten Soldaten auf Bonapartes Geheiss allerdings stattgefunden habe. Sarrazin will das nicht zugeben, weil Lavallette, der sich damals in Bonapartes Umgebung befand, die Vergiftung als eine gehässige Erfindung bezeichnet. Ist nun aber Lavallette's Zeugnis hier so ohne weiteres als glaubwürdig anzunehmen? Das unterliegt doch sehr starken Bedenken. Von vornherein hat man zu berücksichtigen, dass Lavallette mit Bonaparte durch verwandtschaftliche Bande verknüpft, durch ihn zu Rang und Würden emporgestiegen war und das Vertrauen seines Beschützers durch treueste Anhänglichkeit lohnte. Schon das mahnt zur Vorsicht. Was er aber in seinen Memoiren zum vorliegenden Falle anführt, das schlägt keineswegs durch. Er erwähnt angebliche Äusserungen Larrey's, des Oberchirurgen (nicht Generalarztes, wie Sarrazin irrtümlich sagt) der ägyptisch-syrischen Armee, in denen die Vergiftung als eine abscheuliche Verleumdung bezeichnet worden sein soll. Nun kennt zwar der Unterzeichnete solche Äusserungen nicht, und Sarrazin würde sich ein Verdienst erwerben, wenn er

die hier vorhandene Lücke seines Lavallette'schen Kommentars
nachträglich beseitigen wollte, nur die eine sehr bemerkenswerte
Thatsache möge hier mitgeteilt werden, dass Larrey in seiner
1803, also unter dem Konsulate, erschienenen *Relation historique
et chirurgicale de l'armée d'Orient* die Anklage der Opiumvergiftung mit keinem Worte zurückweist, noch auch nur erwähnt,
obwohl sie nachweislich den Teilnehmern am ägyptischen Feldzuge wohl bekannt war, und obwohl er bei den Ereignissen von
Jaffa ziemlich eingehend verweilt. Die Bemühungen Bonapartes
um den Transport der Verwundeten und Kranken hebt er mit
rühmenden Worten hervor, über die Opiumvergiftung aber schweigt
er sich völlig aus. Ist dieses Schweigen nicht sehr beredt?
Wenn Sarrazin meint, dass der Unterzeichnete in dieser Frage
nur das Zeugnis des Generalarztes Desgenettes' berücksichtigt
habe, so ist er da in einem grossen Irrtum befangen. Zitiert
ist in dem Thiers-Kommentare allerdings nur Desgenettes, als
ein seiner Stellung nach hier ganz besonders klassischer Zeuge.
Daneben lag dem Herausgeber aber doch ein sehr umfängliches
Material über den Fall vor, auf Grund dessen er sich seine
Meinung bildete. Hier sei nur eine Stelle aus Bourrienne, 2,
261, angeführt, der damals auf ziemlich vertrautem Fusse mit
Bonaparte stand: „*Je n'ignore pas qu'il y a beaucoup de versions
sur ce fait que l'on aurait pu franchement avouer en prouvant
en même temps son indispensable nécessité. Je ne puis pas dire
que j'ai vu donner la potion, je mentirais. Je ne puis donc
nommer personne sans hasarder une chose inexacte. Mais je sais
bien positivement que la décision a été prise, et a dû être prise
après délibération, que l'ordre en a été donné, et que les pestiférés
sont morts, ce que je garantis pour servir à découvrir la vérité.*"
Die eingehendste und glaubwürdigste Darstellung des ganzen
Sachverhalts gibt Niello-Sargy, S. 319—327, auf den hiermit
ausdrücklich verwiesen sei. Aus ihm erfährt man auch näheres
über die hochinteressante Sitzung des ägyptischen Institutes, in
der Bonaparte und Desgenettes aus Anlass des in Rede stehenden Vorganges vor vielen Zeugen scharf aneinander gerieten.
Dass Desgenettes in seiner 1803 erschienenen *Histoire médicale
de l'armée d'Orient* über die Vergiftung ebenso wie Larrey schweigt,
kann nicht Wunder nehmen, inzwischen fällt doch ganz entscheidend in die Wagschale, dass er in einer Anmerkung der
1830 veröffentlichten zweiten Auflage seines Werkes die Vergiftung als Thatsache festgestellt hat. Angesichts dieser Zeugnisse lässt sich die Frage nicht mehr, wie Sarrazin es in seiner
Besprechung thut, im Sinne Lavallette's lösen. Ebensowenig aber
darf man mit Sarrazin in seiner Lavallatte-Ausgabe S. 108 sagen:

„Die Frage der Opiumvergiftung ist noch ungelöst. Desgenettes soll später die Vergiftung von 25—30 hoffnungslosen Pestkranken zugegeben haben. (Vgl. M. Hartmann, *Anm. zu seiner Ausgabe von Thiers. Campagne d'Egypte S. 70.)"*

Aus dem Gesagten ergibt sich, dass der von Sarrazin gegen den Unterzeichneten bez. *Lavalettes Memoiren* erhobene Vorwurf der Begründung durchaus entbehrt. Weder ist Lavallette die Hauptquelle für Thiers' Darstellung des *Ägyptisch-syrischen Feldzuges*, noch war in Bezug auf die einzelnen namhaft gemachten Punkte etwas entscheidendes nnd wesentlich neues aus Lavallette zu gewinnen. Zur Steuer der Wahrheit glaubte der Unterzeichnete dies feststellen zu müssen, so sehr er auch dem Rezensenten für seine sonstige Besprechung der Thiers-Ausgabe verbunden ist.

K. A. Martin Hartmann.

Druck von Erdmann Raabe in Oppeln.

Zeitschrift

für

französische Sprache und Litteratur

unter besonderer Mitwirkung ihrer Begründer

Dr. G. Kœrting und Dr. E. Koschwitz

Professor a. d. Akademie zu Münster i. W. Professor a. d. Universität zu Greifswald

herausgegeben

von

Dr. D. Behrens,

Professor an der Universität zu Giessen.

Band XIII.
Zweite Hälfte: Referate und Rezensionen.

Oppeln und Leipzig.
Eugen Franck's Buchhandlung
(Georg Maske).
1891.

INHALT.

MISZELLEN.

Zeitschrift

für

französische Sprache und Litteratur

unter besonderer Mitwirkung ihrer Begründer

Dr. G. Kœrting und Dr. E. Koschwitz
Professor a. d. Akademie zu Münster i. W.   Professor a. d. Universität zu Greifswald

herausgegeben von

Dr. D. Behrens,
Professor an der Universität zu Giessen.

Band XIII, Heft 2 u. 4.
Der Referate und Rezensionen
erstes und zweites Heft.

Oppeln und Leipzig.
Eugen Franck's Buchhandlung
(Georg Maske).
1891.

Ausgegeben am 31. Juli 1891.

INHALT.

Referate und Rezensionen.

Fœrster, W. *Christian von Troyes sämtliche Werke.* 3. Band.
Erec und Enide. Halle, 1890. M. Niemeyer. 8°. LV, 340 S.

Die Ausgabe der Werke Christian's ist wieder um ein
gutes Stück gefördert durch den dritten Band *Erec und Enide;*
und mit dem gesicherten, verlässigen Texte, den wir erhalten,
gewinnt auch unser Urteil über Christian an Festigkeit. Da der
Einfluss des französischen Dichters so weit sich erstreckt, haben
auch die Litteraturgeschichten anderer Völker, vornehmlich der
Deutschen mit freudigem Danke den Aufbau eines verlässigen,
sicheren Grundes zu begrüssen. Die sorgfältige Textherstellung
der Werke Christian's, die der Herausgeber bietet, erfreut sich
des ungeteilten Beifalles der berufensten Richter. Hierin liegt
der bleibende, falls nicht gerade unverhoffte neue Funde auftauchen sollten, auch unvergängliche Wert der Christianausgabe,
auf welche die deutsche Wissenschaft stolz sein darf. Aus sieben
Handschriften hat Fœrster den Erectext wiedergewonnen. Besonders kommt die Handschrift H, die einst K. Hofmann abschrieb
und dem Herausgeber überliess, in betracht gegenüber von B,
wonach Bekker (Zfd A 10, 1856 S. 373 ff.) den *Erec* seiner Zeit
herausgegeben hatte. Alle Handschriften führen übrigens nur auf
eine bereits stellenweise verderbte Kopie, nicht auf Christian's
Urtext zurück. Die Varianten sind vollständig zur stetigen Kontrole mitgeteilt; dankenswert ist die als Anhang S. 337 ff. beigefügte Collation des Bekker'schen Textes mit der ihm zu grunde
liegenden Handschrift, die Dr. Goldschmidt anfertigte. Auch eine
altfranzösische Prosa-Auflösung des Erectextes ist S. 251 ff. mitgeteilt. Die Anmerkungen S. 297—334 enthalten wertvolle Erklärungen schwieriger Textstellen und behandeln stilistische,
sprachliche und sachliche Gegenstände. Die Einrichtung des
Bandes ist wie die der vorausgehenden gehalten und verdient
dasselbe Lob. Einige Bemerkungen zu Text und Anmerkungen
gibt G. Paris, *Romania* 20, 148 ff.

Die Einleitung geht auf verschiedene hochwichtige litterargeschichtliche Fragen ein, bei denen ja freilich zu sicheren Ergebnissen nur sehr schwer zu gelangen ist, deren anregende
Erörterung jedoch, auch wo sie Widerspruch hervorruft, sehr
fruchtbar und allmählich klärend wirkt. Die verschiedenen Einleitungen zu den einzelnen Bänden werden vermutlich über manche
Punkte verschieden, vielleicht widersprechend urteilen, je nachdem die Streitfrage durch Beteiligung anderer, zumal auch der
Gegner in neue Stadien eintritt; doch kann der Schlussband
dann nach stets erneuter Durcharbeitung der Materialien und
auf Grund der gesammelten Erfahrungen die Gesammtresultate
zusammenfassen und die Einzelheiten berichtigen. Insofern scheint
es uns sehr nützlich, dass Fœrster's neue Ansichten in solch
gelegentlichen, keineswegs abschliessenden Studien hervortreten,
die gleichsam eine These vor das gelehrte Forum bringen, welche
ihre endgiltige, teilweise veränderte Fassung erst nach erfolgter
Diskussion bekommen soll. Durch die Teilnahme Zimmer's am
Streit um die Herkunft und Entstehung der Artusepen, die wir
mit grösster Freude begrüssen, weil dadurch doch endlich einmal
ein sachkundiger Forscher sein gewichtiges Wort in die Wagschale gelegt hat, durfte Fœrster im *Erec* schon manches anders formulieren, als im *Yvain* und *Cliges*, und seit Zimmer's
Veröffentlichungen[1]), die nach dem Erscheinen des *Erec* heraus-
kamen, fällt wiederum auf mehrere Punkte, welche in der Erec-
einleitung zur Sprache kamen, neues Licht.

Der *Erec* ist die älteste der erhaltenen Dichtungen Christian's;
schon zuvor hatte er *Ovidiana* und den *Tristan* behandelt, beide
Werke sind verloren. Falls der Satz S. XIII bezüglich des *Tristan*,
„von dem wir andere Bearbeitungen besitzen, die uns den Verlust
des Kristian'schen *Tristan* nur noch mehr bedauern lassen“ eine
Unterschätzung des Thomasgedichtes zu gunsten des verlorenen
Christian'schen enthalten sollte, muss sich Widerspruch regen.
Thomas ist entschieden der tiefste und grösste Tristandichter,
dem keiner der anderen und schwerlich Christian mit seinem
Jugendversuche gleichkam; wenigstens scheint er uns im *Erec*
noch keineswegs die poetischen Ausdrucksmittel zu besitzen, die
zu einer entsprechenden vertieften Darstellung der Tristansage
nötig sind und über die Thomas zweifellos gebietet. Im *Erec*
zeigt sich Christian noch nicht als der sorgfältige Sprach- und
Reimkünstler, wie in den späteren Gedichten. Vielmehr finden
sich stilistische Härten, ungenaue, volkstümliche, nachlässige oder

---

[1]) *Göttingische gelehrte Anzeigen* 1890, 785 ff.; *Zschr. für franz.
Sprache u. Litteratur* XII, 231 ff.; ib. XIII, 1 ff.

mundartliche oder geradezu schlechte Reime. Im *Erec* begegnen
ferner noch Wendungen aus den *chansons de geste*, was beweist,
dass der Dichter noch nicht völlige Selbständigkeit erlangt hat.
Aber der Erfolg des *Erec* war ein ungeheuerer; nicht bloss
häufige Erwähnungen und unmittelbare Anspielungen in der französischen und provenzalischen Dichtung zeugen dafür, sondern
auch mehrere Romane, die den Inhalt des *Erec* stark ausplündern.
Die einzelnen Szenen der Christian'schen Werke sind ja überhaupt
später oft wiederholte Gemeinplätze geworden.

S. XVII ff. bespricht Fœrster Hartmann von Aue. Im *Erec*
stellte sich Hartmann der französischen Vorlage freier gegenüber,
als in dem später verfassten *Iwein*. Hartmann ist also aus
einem freieren Bearbeiter ein sich strenger ans Original an-
schliessender Übersetzer geworden. S. XLIII verheisst Fœrster
eine genauere Untersuchung über diesen Unterschied der Behandlung Hartmann's im *Erec* und *Iwein*.

Was den kymrischen Prosatext von *Gereint* anlangt, so
betrachtet ihn Fœrster natürlich nicht anders als die norwegische
Erexsaga und Hartmann's *Erec*, d. h. als aus Christians Gedicht
abgeleitet (vgl. meine Besprechung der Dissertation Othmer's in
dieser *Zeitschrift* XII[2], S. 126 ff.). G. Paris hatte früher die
Ansicht vertreten, Christian's *Erec* und der kymrische *Gereint*
seien aus einer gemeinsamen Urquelle, einem anglonormännischen
Gedichte geflossen. Bei dieser Annahme müsste Christian „der
sklavischste Nachahmer sein, den je Frankreichs Mittelalter hervorgebracht hat. Der Urheber einer verjüngten Redaktion einer
chanson de geste ist gegen ihn ein kühner Himmelstürmer"
(Fœrster S. XXV). Anlässlich der Besprechung der Erecausgabe,
Romania 20, 148 ff. hat G. Paris seine Ansicht etwas modifiziert.
Ib. S. 166 *Il me paraît probable que le rédacteur gallois de Gereint, au XIII. siècle, a utilisé, outre le poème de Chrétien, une
autre forme française de ce même conte, meilleure en quelque endroits, moins bonne en d'autres; outre qu'il a sensiblement abrégé,
il a ajouté à ce qu'il puisait dans ses deux sources un certain
nombre de traits specialement gallois.* Zu dieser Hypothese, welche
dem kymrischen Romanschreiber ein etwas wunderliches philolo-
gisch-kritisches Verfahren zumutet, indem er Christian nach seiner
Vorlage auskorrigierte, kommt G. Paris infolge der Beobachtung,
dass im *Gereint* einige Märchenzüge, die natürlich ursprünglich
sein müssen, klarer hervortreten, als in der entsprechenden Szene
des *Erec*. Es handelt sich um den letzten Teil des *Erec*, das
Abenteuer der „Hoffreude" *(joie de la cour)* Vers 5366—6410.
Um einen Baumgarten ragt eine zauberhafte, undurchdringliche
Luft- oder Nebelmauer.

> *El vergier n'avoit anviron*   5739
> *Mur ne paliz se de l'er non;*
> *Mes de l'er iert de totes parz*
> *Par nigromance clos li jarz*
> *Si que riens antrer n'i pooit,*
> *Se par dessore n'i voloit,*
> *Ne que s'il fust toz clos de fer.*

Durch einen engen Eingang begeben sich Erec und Enide,
der König Evrain und das Volk in den Garten. Da stehen Pfähle,
auf denen Menschenhäupter sitzen. Nur einer ist leer, an dem
aber ein Horn hängt. Wer bei dem Abenteuer im Baumgarten
getödtet wird, dessen Kopf kommt auf den Pfahl.

> *Del cor ne vos dirai je plus;*   8515
> *Mes onques soner nel pot nus.*
> *Mes cil qui soner le porra,*
> *Ses pris et s'enors an croistra*
> *Devant toz ceus de la contree.*
> *S'avra tel enor ancontree*
> *Que tuit enorer le vandront*
> *Et au mellor d'aus le tandront.*

Erec reitet vorwärts, trifft eine schöne Jungfrau auf einem
Silberbett und kämpft siegreich mit einem riesigen Ritter, den
er aber dadurch auch von einem lästigen Versprechen, bis zu
seiner endlichen Besiegung im Garten auszuharren, frei macht.
Jetzt kann wieder Freude einkehren.

> *Mes a dire vos ai ancor*   6141
> *Qu'il a an cest vergier un cor,*
> *Que bien avez veü, ce croi.*
> *Fors de ceanz issir ne doi*
> *Tant que le cor aiiez soné.*
> *Au cor an vienent anbedui,*   6158
> *Erec le prant et si le sone,*
> *Tote sa force i abandone*
> *Si que mout loing an va l'oïe.*

Auf den Hornruf entsteht allgemeine Freude, alles läuft
froh zusammen. G. Paris hat mit Recht darauf hingewiesen, dass
diese ganze Szene bei Christian ungeschickt abgefasst ist und
vermutlich in seiner Quelle manches klarer und einfacher lag.
Wir erfahren bei Christian nicht, zu welchem Zwecke eigentlich
die Nebelmauer diente; offenbar, um Eindringlinge abzuhalten.
Und doch begibt sich die ganze Gesellschaft durch eine Pforte
hinein. Dass das Horn nur dazu dient, den Sieg zu künden,
ist auch etwas wunderlich. Diese Mängel haben die verschiedenen
Übersetzer auch bemerkt und zum Teil korrigiert. Schon bei
Hartmann (8758) bleibt das Volk vor der Pforte draussen; erst
nach dem Hornruf eilt es herein (9651). Die hier stark kürzende
Erexsaga Kap. XIII redet von einer Mauer (nicht Wolkenmauer),

deren Thor ein Zwerg bewacht „*um þenna stad var einn múrr ok eitt port med sterkri járnhurd, ok var hón eigi læst, því at hana geymdi einn dvergr ok lét upp fyrir þeim, er inn vildu*".
Auf dieser Mauer sind Pfähle mit Menschenhäuptern, nicht erst, wie bei Christian und Hartmann, hinter der Mauer. Vom Horn erwähnt die Saga gleich gar nichts, da es ihr belanglos schien. Anders der kymrische *Gereint*. Gereint allein durchdringt die Nebelmauer, die keinen Eingang hat. Wie er nach seinem Siege ins Horn stösst, verschwindet die Wolkenwand für immer, der Hornton löst den Zauber. Es ist unzweifelhaft diese Version besser und logischer, aber muss sie darum auch älter sein als Christian? Hat der kymrische Verfasser, dem wie den anderen Christians Bericht hier unvollkommen schien, dessen Quelle nachgeschlagen? G. Paris behauptet dies; aber ich meine, es liegt näher, dem hier stark kürzenden und vereinfachenden kymrischen Bearbeiter eigene Erfindung zuzuschreiben. Schwer war es doch wahrhaftig nicht, auf diesen Einfall zu kommen, zumal bei einem Manne wie der kymrische Erzähler, der sehr häufig auch im Peredur in den Märchenton verfällt und also in der poetischen Technik der Volkssage sich auskannte. Ist es denn gar so unerhört, dass ein in einen Prosaroman verwandeltes Gedicht in Nebendingen einige folkloristische Züge aufnimmt? Muss es da gleich älter sein als sein Original? Über diesen drei kymrischen Prosaromanen waltet ein wahrer Unstern, es scheint, sie sind nicht tot zu machen, da ihnen einmal ein im Laufe der Zeit festgewurzelter Aberglaube anhängt. Möchte sich doch einmal ein einsichtsvoller, sprachkundiger Philologe dieser Denkmäler erbarmen, ihre Technik, Sprache, litterarische Stellung innerhalb des Kymrischen beleuchten und das Resultat, das freilich eigentlich jetzt schon sonnenklar am Tage liegt, erhärten, dass wir die Arbeit eines Mannes vor uns haben, der Christians Gedichte im Auszug behandelte und die Erzählung keltisierte oder verwälschte, d. h. mit Zügen aus kymrischen Sagen und Märchen aufputzte, der zwar mitunter recht gedankenlos und ungeschickt sich anstellte, aber auch zuweilen den schlichten Märchenton zu treffen wusste. Die kymrischen Texte dürfen nun und nimmermehr zu Rückschlüssen auf Christians Quellen verwendet werden, so wenig wie die norwegischen Sögur. Sicherlich haben wir es nur dem Umstande zu danken, dass die norwegische Litteratur des XIII. Jahrhunderts gründlich erforscht ist, aber die kymrische im Argen liegt, wenn nicht auch diese Sögur in den Geruch der Heiligkeit kamen und zu unerlaubten Rückschlüssen über die Entstehung der Quelle, aus der sie flossen, benutzt wurden. Es finden sich einige Stellen, wo Hartmann von Aue, *die Erex-*

saga und der kymrische Gereint gegen den erhaltenen altfranzösischen Erectext zusammengehen. Ob ihnen etwa eine andere
Rezension vorlag, als die, zu welcher die altfranzösischen Texte
hinleiten, beantwortet Fœrster eher verneinend, verspricht aber
noch genauere Untersuchung dieses Punktes (S. XLIII).
    Christian gibt an, woher ihm sein Stoff kam:

> *Et tret d'un conte d'avanture*   13
> *Une mout bele conjointure.*
> *d'Erec le fil Lac, est li contes,*   19
> *Que devant rois et devant contes*
> *Depecier et corronpre suelent*
> *Cil qui de conter vivre vuelent.*

    Über die Deutung dieser Stelle verbreitet sich Fœrster S. X
und LXI. Es ist damit auf einen Conteur, einen berufsmässigen
Sagenerzähler, angespielt. Sagenerzählung, im Gegensatz zur
epischen Dichtung, pflegen die keltischen Stämme. *Conteurs
bretons*, Geschichtserzähler bretonischer Herkunft, besuchten im
XII. Jahrhundert die Höfe der französischen Grossen. Diese
Bretonen waren aber längst französisiert und bedienten sich
selbstverständlich der französischen Sprache. Es ist äusserst
wahrscheinlich, dass diese den Franzosen eine Reihe von bretonischen Sagen vermittelt haben, dass an ihre Berichte die französischen Artusdichter, die Verfasser der versifizierten Romane,
sich häufig anlehnten, und vermutlich auch Christian im *Erec.*
Falls Fœrster's Vermutung (S. XXXVII f.) richtig ist, dass einige
prosaische Artusromane in ihrem Kerne älter sind als die versifizierten, so dürften diese eben auf die *conteurs bretons* zurückzuführen sein (nicht auf armorikanische „Rhapsoden", wie Fœrster
schreibt, denn einen epischen Gesang kennen die Kelten überhaupt nicht, dafür dient ihnen die prosaische Erzählung). Die
Beliebtheit der französisch-bretonischen Sagenerzähler beim französischen Volke scheint mir noch mehr durch die Form als
durch den Inhalt bedingt gewesen zu sein. Denn die bretonische
Geschichte in Prosa war etwas Neues neben den althergebrachten
epischen Liedervorträgen der Jongleurs aus dem Kreise der
chansons de geste, und lieferte darum eine willkommene Erweiterung des Repertoires. Diese Leute trugen aber keineswegs
unverfälschte reine bretonische Geschichten vor, vielmehr waren
bereits bei ihnen mancherlei fremde Bestandteile eingedrungen.
Schon bei ihnen bildet das keltische Element nur ein besonderes,
wenn auch stark vorherrschendes neben andern fremdartigen;
schon ihre Geschichten sind nimmer reine Erzeugnisse des keltischen Geistes, sondern mit starker französischer Beimischung.
Noch vielmehr ist dies der Fall bei den französischen Roman-

verfassern. So etwa stellen sich diese Conteurs, diese französisch
redenden Erzähler nach bretonischer Manier (denn schwerlich
waren alle *conteurs bretons*, nachdem einmal die Sache Mode
geworden war, auch bretonischer Herkunft) nach Zimmer's Ausführungen (*Gött. Gel. Anz.* 1890 S. 806 ff.) heraus. Die Frage
nach der Selbständigkeit Christian's gegenüber seiner Quelle ist
natürlich sehr schwer zu entscheiden; jede Antwort bleibt sehr
hypothetisch. Aber dass Nachfolger Christian's seine Quelle
wiederum beizogen, dass ein Kymre in Wales sich Christian's *Erec*
und die Geschichte des Conteur aus Frankreich verschrieb, um
nun daraus eine neue Sage zusammenzubrauen, das scheint aus
mehreren Gründen völlig ausgeschlossen. Um festzustellen, welchen
Anteil die Bretonen, welchen die Franzosen an einem Artusroman
haben, kann man nur allenfalls einzelnen Motiven und Namen
nachspüren, ob sie in französischer oder bretonischer Tradition
haften, und danach das Urteil fällen. Freilich hält es oft recht
schwer, bei Bestandteilen, die nachweislich der reinbretonischen
Sage nicht angehören, sondern auf französischen oder normännischen Ursprung zurückweisen oder der internationalen Novellistik
des Mittelalters entstammen, auszumachen, ob sie noch unter den
französisch-bretonischen Conteurs oder erst unter den französischen
und normännischen Dichtern aufgekommen sind. Den Namen *Erec*
hält G. Paris, *Romania* 20, 157 Anm. 1, 166 Anm. 1, für das
bretonische *Weroc*; *Erec* ist aber sicher ein normannischer
Name und ist von dem bekannten altnorwegischen *Eirekr* abzuleiten (so auch Zimmer *a. a. O.* 830).

Fœrster betont mehrfach die grosse Freiheit, mit der
Christian seinen Quellen gegenüber stehe, so beim *Cliges*. Was
er aber im *Erec* S. X und LXI aus dem *Marque de Rome*
(herausg. von Alton S. 135) als die Quelle des *Cliges* anführt,
scheint vielmehr ein stark verkürzter Auszug aus Christian's Gedicht zu sein und kann darum schwerlich zur Beweisführung dienen.

Durch Zimmer ist der Nachweis erbracht, dass der Artusroman, soweit er keltische Bestandteile enthält, an die bretonische
Überlieferung anknüpft, nicht an die kymrische in Wales; die
Hypothese G. Paris' von kymrischem Ursprung und anglonormannischer Vermittlung der Artusromane ist zum mindesten in
ihren Grundfesten erschüttert. Die Artusromane in Versen kamen
unter den kontinentalen Franzosen auf, sie beruhen zum Teil auf
den Erzählungen der *conteurs bretons*. S. LIV formuliert Fœrster
seine Ansicht vorläufig so: „Die Volksepen haben ihre Blüte
überschritten, die feineren Kreise haben den Kaiser und seine
Paladine herzlich satt: die Kreuzzüge haben viele neuen Stoffe
gebracht, darunter den Alexander; derselbe wird nun im Stile

der *chançons de geste* besungen, so dass er als französischer
Eroberer auftritt, umgeben von dem orientalischen Zauberkram.
Der Erfolg war ein durchschlagender. Man sucht neue, aber
ähnliche Stoffe und fand sie im Eneas und Trojanerkrieg, während
gleichzeitig oder bald darauf orientalische Märchen in derselben
Weise bearbeitet wurden. Allein war der Alexander äusserlich,
der ganzen Technik nach, eine *chançon de geste*, die Altertums-
romane haben den 8 silbigen Vers angenommen, was notgedrungen
eine völlige Umwälzung in der Darstellungsart hervorrief. (Neben
diesen neuen poetischen Versuchen gewannen, wie ich glaube,
Fœrster hier ergänzen zu dürfen, die Prosaromane der *conteurs
bretons* grosse Verbreitung.) Knapp vor und mit dem Trojanerkrieg gleichzeitig zieht Kristian oder sonst wer vor ihm den
Tristan, bald darauf Kristian den Artus hervor und gab so den
Anstoss zu einer grossartigen Bewegung, die aber, was Form
und Inhalt betrifft, nach ihrem Gipfelpunkt in Kristian selbst sehr
bald verflacht. In diesem typisch gewordenen Rahmen werden
bald auch andere Stoffe, selbst gleichzeitige Begebenheiten geschildert, so dass wir sogar Romane beinahe in unserem heutigen
Sinne darunter stellenweise antreffen. Während nun die alten
chançons de geste im Volke weiterleben, sich nach und nach im
Sinne der Zeit ändern, so dass die letzten reine, meist im Orient
spielende Abenteuerromane geworden sind, und endlich in den
Volksbüchern noch heutzutage fortleben, ist die Artussage längst
tot: auf den Siegeszug, den sie gleich den *chançons de geste* zu
den Nachbarvölkern unternommen, folgt bald Gleichgiltigkeit und
Vergessen." Ich glaube, dass in diesen Sätzen zusammen mit
Zimmer's Nachweisungen über die *conteurs bretons* die Bahn vorgezeichnet ist, auf der sich die Untersuchung über Ursprung,
Entwicklung und litterarische Bedeutung der Romane der *matière
de Bretagne* zu bewegen hat, um zu erspriesslichen Ergebnissen
zu gelangen. Die litterarische That Christian's und anderer
Artusdichter liegt darin, dass sie auf Grund der Prosageschichten
Gedichte schufen, wobei aber ihre eigenen Zuthaten, ihre freien
schöpferischen Erfindungen gewiss auch nicht gering angeschlagen
werden dürfen. Mitunter haben sie ja nur einen selbst erfundenen
oder anderswoher geholten Stoff an des Artus' Namen äusserlich
angeknüpft und damit in den Rahmen der Artussage eingestellt.
So erscheinen uns die Artusritter vor allem als wirkliche Roman-
gestalten, welche dichterischer Phantasiethätigkeit entsprangen,
sie verdämmern nicht im Nebel altkeltischer Mythologie.

WOLFGANG GOLTHER.

Hue de Rotelande's *Ipomedon.* Ein französischer Abenteuer-Roman des XII. Jahrhunderts. Als Anhang zu der Ausgabe der drei englischen Versionen zum erstenmale herausgegeben von E. Kölbing und E. Koschwitz. Breslau, 1889. Wilh. Koebner. 8°. XII u. 189 S.

Über die *Ipomedon*-Ausgabe von Kölbing und Koschwitz hat bereits Mussafia eine ausführliche Besprechung in den *Sitzungs-berichten der Wiener Akademie* veröffentlicht und dabei auch eine Anzahl Besserungsvorschläge von G. Paris mitgeteilt. Koschwitz hat in dieser *Zeitschrift* Band XII² S. 135 ff. schon den hohen Wert dieser Beiträge zur Textkritik der anglonormannischen Dichtung anerkannt und nur einige allgemein gehaltene Vorbehalte gemacht. Im Folgenden will ich versuchen, auch meiner-seits die Ausgabe zu charakterisieren und den bisherigen Besserungs-vorschlägen weitere hinzuzufügen. Zu eingehender Beschäftigung mit dem Texte veranlasste mich namentlich die Absicht, das zweite Gedicht Hue's de Rotelande, den *Protheselaus*, in Bälde zu veröffentlichen. Das Material dazu hat mir ein strebsamer junger Forscher, welcher infolge Erkrankung wohl leider ausser Stand sein wird, die Ausgabe selbst zu besorgen, schon seit Jahren anvertraut.

Der altfranzösische *Ipomedon* ist uns in zwei nicht ganz vollständigen Handschriften *(AB)*, welche sich aber gegenseitig ergänzen und in einem seinerzeit von mir mitgeteilten Bruch-stück *(C)* überliefert. Hiezu kommt an weiterem Material der von Kölbing sorgfältig edierte englische *Ipomedon*. Indessen hat dieser für die Textkritik des französischen Originals kaum eine Bedeutung, da er es nur selten wörtlich wiedergibt und über-dies auf eine der Handschriften *B* nahestehende Vorlage zurück-weist, während Handschrift *A* im grossen und ganzen einen bei weitem besseren Text bietet. Allerdings sind die ersten 1142 Zeilen in *A* aus einer bedeutend minderwertigen Handschrift er-gänzt und zeigt sich danach eine Lücke von 300 Zeilen, welche nur durch *B* auszufüllen ist. *B* seinerseits entbehrt die ersten 149 Zeilen und geht im übrigen recht willkürlich mit dem Wort-laut von Hue's Gedicht um. (Es nennt den Dichter sogar Hue de Clivelande.) Daraus ergibt sich sofort, dass namentlich die Überlieferung der ersten 1442 Zeilen arg gelitten hat und eine besonders sorgfältige Behandlung erheischt. *C* bietet zwar leidlich gute Lesarten, kommt aber wegen seines geringen Umfanges und wegen seines schlechten Zustandes nur in ganz wenigen Fällen in Frage. Weit wertvoller ist das Bruchstück *C* des Protheselaus. Entstanden ist der Ipomedon im XII. Jahrhundert in freier An-

lehnung an den *Roman de Thèbes* (s. 10539 ff.). Sowohl wegen
seiner antikisierenden Geschmacksrichtung, welche sich in der
Namengebung der sonst ausgesprochen mittelalterlichen Abenteuer-
Romane, sowie in der Erwähnung des *temple Diane* (Ipom. 6075)
und des *temple Phebi* (Prothes. 11394) und in der Anrufung des
Neptunus, Eole und der *Thetis (ib.* 404 ff.) kundgibt, wie auch
wegen seiner grossen Darstellungsgabe, die namentlich in den
häufigen lebhaften Reden und Gegenreden und in der künstlerischen Verwendung der Añaphora und des Wortechos (z. B.
8573 ff., 9121 ff., Prothes. 6244 ff.) zu Tage tritt, verdient Hue
de Rotelande das spezielle Interesse des französischen Litterar-
historikers.   Eine Ausgabe seiner Gedichte ist also nicht nur
vom Standpunkte der vergleichenden Litterargeschichte aus erwünscht, und mancher Romanist wird es bedauern, dass ein so
bedeutsames und zugleich so anziehendes Litteraturdenkmal wie
der Ipomedon nur nebenbei, als Anhängsel zu den tief unter ihm
stehenden englischen Nachdichtungen, erscheinen musste.   Indessen dürfen wir mit dem Anglicisten, dessen Mühewaltung wir
diese *editio princeps* schulden, über diese Zurücksetzung nicht
rechten, schulden ihm vielmehr lebhaften Dank für seine Gabe.
Indem Kölbing für die Bearbeitung des französischen Textes sich
in Koschwitz auch noch einen Romanisten zugesellte, hat er
gethan, was füglich von ihm verlangt werden konnte. Koschwitz'
Mitarbeit ist freilich keine so durchgreifende gewesen, wie sie
im Interesse des Textes auch dann zu wünschen war, wenn, wie
hier, eine eigentlich kritische Ausgabe nicht beabsichtigt und nur
ein sogenannter lesbarer Text angestrebt wurde.   So wie die Ausgabe vorliegt, ist von der Überlieferung teils zu wenig, teils zu
viel abgewichen.   Von einer orthographischen Umgestaltung durfte
ja ohne Bedenken abgesehen werden. Eine solche ist bei einer
editio princeps besonders bedenklich. Warum aber dann die
Schreibweise der Reimworte für das Auge gleichmachen (z. B.
ga(b)s 5312, 6416: *pas, Thoas),* im Innern der Zeilen jedoch
unangetastet lassen (z. B. *gabs* 6524)? Sonstige Inkonsequenzen
konnten überdies nicht ausbleiben (z. B. *gabs* 8481: *pas;* 7805:
hanaps; coups 8484: *fous; regne* 1910: *femme; prame* 3973: *pasme;*
eschapat 7490: *furmast; estruz* 4985 : *gui[z] ; paeins* 7984: *terriens;*
chevaus 9942: *dols; dols* 1814: *eus; oilz* 2141: *veulz; nié* 10249:
cunversé) und evident falsche Schreibungen beider Reimworte
hätten dann doch auch geändert werden müssen (z. B. *-er* statt
-eir 55 oder statt *-ier* 8389, *voit: loit* 13013 etc.), zumal, noch
dazu ohne Not, wiederholt auch im Innern die Schreibart der
Handschrift *A* abgeändert ist (z. B. *Atre* 9201 in *Autre, I* 7306
in *Il, kil* 10238 in *kel, resve : desve* 4441 f. in *reve : deve,*

Daries in *Daires*, freit 7098 in *freint*). Bedenklicher ist, dass
bei Einführung von Lesarten aus *B* die von *A* abweichende
Schreibung öfter beibehalten wurde (z. B. *pois* 7271, richtig *peis*
6126, 6612) oder dass gar eine richtige Schreibung von *B* durch
eine gänzlich unzulässige ersetzt wurde (z. B. *mecine B* 4706,
5090, 5512 durch *medcine* wegen *medecine A*, das sich im ersten
Fall übrigens auch beibehalten liesse, umsomehr als im Protheselaüs
medecine die übliche Form ist z. B. 2144, 2335). Die Schwierigkeiten, welche einer Herstellung des Deklinations- und Konju-
gations-Systems des Dichters entgegenstehen, sind nicht zu unterschätzen. Offenbar ist namentlich das Zweikasussystem bei Hue
selbst schon arg ins Schwanken geraten und wird dem Reime
zu Liebe ohne Bedenken verletzt. Einzelne Worte zeigen gleichwohl trotz der handschriftlichen Entstellungen noch deutlich ihre
alte Flexion (z. B. *hom*). Einer genauen Beobachtung dieser
Verhältnisse, sowie auch der von der Überlieferung arg entstellten
Behandlung des Hiat's im Wortinnern und überhaupt des gesamten
Sprachgebrauchs des Dichters durften sich indessen die Herausgeber nicht entziehen, wenn sie sich einmal die Aufgabe stellten,
die häufig verletzte Silbenzählung der Verse richtig zu stellen.
Den eigentlichen Zweck der Ausgabe hätten sie allerdings noch
besser als jetzt erreicht, wenn sie auch von dieser prinzipiellen
Regelung abgesehen und sich lediglich auf die Beseitigung sinn-
entstellender Fehler beschränkt hätten; denn viele der in den Text
eingeführten Änderungen haben sich, wie schon Mussafia gezeigt
hat, als anfechtbar, viele andere als geradezu unrichtig und irreführend ergeben. Die Zahl der besserungsbedürftigen Verse ist
überdies eine weit grössere als die Herausgeber auf Grund der
entstellten Überlieferung annehmen zu müssen glaubten. Viel
wertvoller wäre es daher gewesen, wenn die Herausgeber sich
auch in Kleinigkeiten enger an die Überlieferung gehalten und
z. B. die Auflösung der handschriftlichen Abkürzungen durch
Kursivdruck kenntlich gemacht hätten (die durchaus unzulässige
Schreibung *virgoigne* statt des fehlerhaften *ungoigne* statt *u'goigne*
in *A* 9434 lässt den diesbezüglichen Wunsch als berechtigt erscheinen) oder von den arg verderbten Zeilen 150—1142 einen
Paralleldruck beider Handschriften geliefert hätten. Hinsichtlich
der typischen Einrichtung bedauere ich die recht unübersichtliche
Zeilenzählung inmitten beider Spalten, welche auch verschiedene
Fehler sowohl im Druck (z. B. 6870—80, 7344, 9920—40),
wie in Mussafia's Studio (z. B. S. 17, 24° l. 2650 st. 2648 und
ändere danach die Var. *B*) verschuldet hat. Im übrigen soll
aber nicht verkannt werden, dass das handschriftliche Material
erschöpfend und mit grosser Sorgfalt mitgeteilt ist und nur

wenige Lücken, Unrichtigkeiten und Unklarheiten aufweist. Für
den geübten Leser werden also die vorstehend erwähnten Mängel
der Ausgabe nicht sehr in die Wagschale fallen und wird er
dieselben um so williger in den Kauf nehmen, als bis zum Erscheinen einer wirklich kritischen Ipomedon-Ausgabe jedenfalls
noch geraume Zeit verstrichen wäre. Womöglich würden die
Herausgeber ganz von der Veröffentlichung des interessanten
Textes Abstand genommen haben, hätten sie denselben einer
streng philologischen Bearbeitung unterziehen müssen. Und das
wäre jedenfalls sehr zu bedauern gewesen. So und nicht mit
der völlig haltlosen Behauptung, das Gedicht biete nach seiner
sprachlichen Seite zu geringes Interesse, hätte Kölbing die Ver-
zichtleistung auf kritische Textbehandlung motivieren sollen; denn
dass auch der sprachliche Wert des Gedichtes ziemlich hoch
anzuschlagen ist, ergeben seltene Formen, wie *eimes* 6811, 10281,
das im Protheselaüs sogar ganz gewöhnlich; *feimes* 2013, 8476;
Schreibarten wie *hosz : noz* (= *nosz*) 6461; Worte wie *aor* 7611
(Mus.), *de sun eigne gré* 8209, 2599 *gens* 9160, *g[e]ui* (= *jehui*)
4427, *harpums* 8960, *hirdmans* 8942, *maleveiez* 8200 (Mus.), sowie
eine grosse Zahl sprichwörtliche und drastische Redewendungen
(z. B. *vendi veissie pur lanterne* 10368 oder *Il n'out pas le quer
en la chauce* 8526 vgl. auch 3256). Auch an syntaktisch interessanten Ausdrucksweisen und stilistischen Eigenheiten ist der
Text, wie sich aus Mussafia's Studio ergibt, durchaus nicht arm.
Ich erwähne nur das häufige Fehlen des bestimmten Artikels.

Es mögen nun noch eine Anzahl Bemerkungen, Ergänzungen
zu Mussafia's Zusammenstellungen und Besserungsvorschläge zu
einzelnen Stellen folgen und werde ich in die letzten auch Verweise auf die in Mussafia's Zusammenstellungen enthaltenen Emen-
dationen einreihen, was, wie ich hoffe, das künftige Studium des
Textes erleichtern wird.

Die Acht-Silbner Hue's kennen keine innere Gliederung
mehr, und seine Reime zeichnen sich sowohl durch Reinheit
(abgesehen von der laxen Behandlung des flexivischen *s*) wie
durch grosse Schlichtheit aus. Bewusste Reimspielereien oder
auch nur reiche Reime sind mir nicht aufgestossen. Fälle, wie
enuius, enui 8392—3 oder *someillé : apareillé; esveiller : cunseiller;
m'apareil : cunseil* 6597—6602 sind wohl nur dem Zufall zu verdanken. Nur in acht Fällen ist die Regel, dass dieselbe Reimsilbe nicht in zwei aufeinanderfolgenden Reimpaaren verwandt
werden soll, verletzt, nämlich 1923 ff., 2243 ff., 2639 ff., 3527 ff.,
4451 ff., 5759 ff., 7567 ff. und 8557 ff. Einige andere Fälle
sind mehr als zweifelhaft, nämlich *heé : loialté; s'en est alé : sount
levé* 1319 ff. (Es ist fraglich, ob man *alez : levez* herzustellen

hat); *amez : alosez; verté : honuré* n. s. 75 ff. (soll man hier
bessern: *Et li plusor l'ont honuré?*); *ert apelé : ad . . . esté; fut
amez : assez* 3071 ff.; *eust esté : fut né; asemblez* o. pl. : *alosez* o. pl.
6147 ff. Sie zeigen, wie zahlreiche andere Fälle, z. B. 9800,
dass der Dichter die Flexion beliebig missachtete, während
andere ebenso zahlreiche Fälle die richtige Verwendung des
flexivischen *s* darthun, z. B. 475 ff., 1625 ff., 5387 ff., 9217 ff.,
9399 ff., 9649 ff., 10145 ff. Wo sonst die gleiche Reimsilbe
in zwei aufeinanderfolgenden Reimpaaren der Schreibung nach
vorliegt, ergaben sich für die Sprache des Dichters zwei scharf
geschiedene Reimsilben, so *é* und *[i]é* 4833 ff., 6999, *ez* und
[i]ez 3523, 7199, *ee* und *[i]ee* 3473 ff., 4829 ff., *ent* und *[i]ent*
8289 ff., 8787 ff., (vgl. 1115 ff.), *er* und *[i]er*, 523 ff., 2189 ff.,
2889 ff., 4481 ff., 6289 ff., 7473 ff., 7591 ff., 8387 ff., *ere* und
[i]ere 4401 ff., 5993 ff. (durch diese zahlreichen Reimfolgen wird
Mussafia's Ansicht S. 22 f., dass die wenigen Reime, welche für
eine Bindung von *é : ié* sprechen, abzuändern seien, bestätigt);
er und *e[i]r* 55 ff., 937 ff. (vgl. 10229 ff., 8721 ff.); *us* und
ós 4893 ff., 5019 (daher wird der auch von Mus. unbeanstandet
gelassene Reim *mesun : commun* 8243 f. beseitigt werden müssen.
S. unten einen Vorschlag); *a[st]* und *a* 771 ff. Solche Reimfolgen können daher die in der Überlieferung vorliegende Scheidung
von Reimsilben als auch für den Dichter zutreffend erweisen.
Dahin zähle ich: *ant* und *ent* 6273 ff., 6855 ff., *ie* und *iee*
1295 ff., *i* und *ui* 6619 ff., 9001 ff. (wegen *vis : hu[i]s* 929
vgl. unten. Übrigens scheint auch *u* und *ui* sonst nicht mit-
einander zu reimen, obwohl *A ui* gern durch *u* ersetzt. Vgl.
9293 f.), *óre* und *òre* 8195. Dass auslautendes *s* und *z* verschieden lauteten, ergibt 2259 ff. (vgl. Mus. S. 24 Anm. gegen
Koschwitz S. 181), für lautendes *s* vor *t* sprechen 771 ff., 3627 ff.,
4085 ff. (Mus. S. 30 Anm. irrt also, wenn er dem Dichter ein
Perf. *seisist* zuerkennt, diese Form kann bei Hue nur Præs. sein,
vgl. 8743 f., 9728 f. Dagegen spricht für verstummtes *s* impurum
in *blasme* der Reim: *dame* 9427 f.). Die 3 s. prt. *-ut* lautet
verschieden vom part. prt. *-u* nach 3799 ff., 6055 ff. Dagegen
begegnet neben *fut : -ut* auch *fu : -u* nach 3775 ff. Koschwitz'
Angaben (S. 181) betreffs der Scheidung von *-u* und *-ut* treffen
also nicht zu; ebensowenig die über *-i* und *-it*. Auch sie lauteten
deutlich verschieden, wie die Reimfolge 6831 ff. ergibt, die
freilich weder ein Part. noch ein Præt. 3 s. enthält. Aus Koschwitz'
Reimzusammenstellungen ergibt sich aber, dass Hue neben Partizipien auf *-i* kaum solche auf *-it* kannte, während er neben
Præt. auf *-it* allerdings viele auf *-i* brauchte, z. B. 211, 2107,
3875, 5135, 5877, 6023, 6371, 6477, 7087 etc. Nur einige

dieser Fälle liessen sich durch leichte Änderungen beseitigen, während die beiden einzigen Reime, welche für eine Partizipialform auf *-it* sprechen würden, ohne jede Schwierigkeit umgewandelt werden können (1458 L.: *si se marit* st.: *s'il est marit*, 5226 L.: *Kar del tut de li se partit* st.: *Kar il s'en est del tut partit*). Für die Præt. auf *-a* und für *a* (= habet) ist, um das gleich hier mit zu bemerken, der Dental als völlig verstummt zu betrachten (vgl. 5983, 10091). Aus der Verwendung von *fu* und *fut*, wie von Præt. auf *-i* und *-it* gegenüber ausschliesslichen Part. auf *-i* und *-u*, wie Præt. auf *-ut* ergibt sich übrigens ein weiteres wertvolles Merkmal für den normannischen Charakter der Ipomedon-Sprache (vgl. Suchier *Reimpred.* S. 21 f. und meine darauf bezügliche Bemerkung im *Litteraturbl.* 1881 Sp. 329). Für eine Zugehörigkeit des Gedichtes zum Nordosten des kontinentalen Frankreich können die betreffenden Reime also nicht herangezogen werden, und wird darum auch auf das allerdings characteristische *el* statt *ele*, ebensowenig wie auf *place : sache* 2299, *hances : manches* 3171 entscheidender Wert gelegt werden dürfen, diese werden vielmehr als vereinzelte dialektische Eindringlinge in die Sprache Hue's anzusehen sein. — Von sonstigen beachtenswerten Reimen, welche weder Koschwitz noch Mussafia erwähnt haben, führe ich noch an: *dukeise : curteise* 215; *curteise : richeise* 5245; *turcheise : richeise* 2923, sowie die dreifache Form des Imperf. ind. 3. s.: *esteit : -eit* 1481, 1961 etc., *ere : -ére* 345, 1715, 3409, 3837 etc. und endlich *ert : -ert* 431, 5061 (die letzte Form begegnet sonst nur im Innern, wo umgekehrt *ere* streng gemieden wird) und die ebenfalls dreifache Form für die 3. s. des Fut.: *[i]ere* 6500 (sonst 1. s. 2015, 5198), *[i]ert* 6199, 7539, 8485 und *serra* 1708, 3152. Neben *vet* 9847 (*vait* 1335, 2386, 4261, *veil* 9158, *voit* 1301) begegnet gleichfalls im Reim *va* 1499, 1549, 6710, 8130; neben *esteit* 1481, 4093, *estait* 4633 und *aresteit* 457, *arestait* 4179, 8154, 8766, ebenso *esta* 5395, 10220; neben *aut* 3. s. prs. c. 353, 4583, 6156, 8089, ebenso *aille* 6583 (im Versinnern neben *aut* 2113, 2792 auch *voist* 3261).

Zu Mussafia's Zusammenstellungen die Silbenzahl betreffend bemerke ich S. 6: 1215 (s. unten). — S. 6, 3°: Die sekundäre Femininbildung zeigen die adjektivischen Part. præs.: *bienseauntes : avenauntes* 417 f., *reflambeantes* 2676, 4548, *pensante* 4189 (der Protheselaus hat 2304 f. den Reim: *ante : ternchante*). Aber das Adv. lautet *avenauntment* 423. — S. 7: Auch Mus. sagt bezüglich *ele* nur *che molto spesso ricorre nella forma el* und fügt den bereits von K. zugegebenen Fällen zwar viele neue hinzu, erwägt aber nicht, ob *ele* neben *el* bei Hue überhaupt zugelassen werden darf. Zu 8249 behauptet er im Gegenteil: „Meglio ... *ele*

enfatico in forma bissilaba." Die Prüfung aller noch stehenge-
bliebener Fälle (die vor vokalischem Anlaut bedurften einer solchen
natürlich nicht) hat mir ergeben, dass Hue nur *el* anwandte (s. die
erforderlichen Änderungsvorschläge bei den einzelnen Versen). —
S. 9: Für Anlehnung von *me* s. noch 8314. — S. 10: Hinsichtlich der Doppelformen von Indeklinabilien vgl. für *de ci qu'*
st. *deques* noch 488. — S. 11 Anm.: Neben *iloc* möchte ich
kein *ilokes* zulassen. Vgl. meine Besserungsvorschläge zu 10324,
10543, sowie 582, 656, 757, 1309. Ebenso glaube ich, dass
Hue nur *or*, *aor*, *uncor*, *desormès*, nur *unc*, *dunc*, *adunc* verwandte. Für *Unkes* lässt sich ohne weiteres *Unc mais*, welches
wiederholt begegnet, einsetzen, aber auch andere Änderungen
liegen nahe. Meine unten gegebenen Einzelvorschläge beanspruchen keine ausschliessliche Berechtigung. — S. 15: Zu *vez ci*,
vez la vgl. noch unten zu 466, 2339, 3282, 5927, 6624,
8909. — S. 16, 21°: Vgl. noch 8243, 9476. — S. 17, 24° *L.:*
2650 st. 2648 und tilge das in Klammer gesetzte, denn *B* liest
gras. — S. 18 Anm. 5 vgl. folgende Vorschläge, um das bei
tenir erforderliche *a* oder *pur* einführen zu können: zu 2242,
4454, 6669, 6722, 6786, 8721, 9881, 10260. — S. 19: *li* n. pl.
wird scheinbar auch 6163 elidiert (s. u.), *li* n. s. bei *l'en*, *l'um*,
766, 800, 4843, 10438 etc., nur scheinbar bei *l'un*, *l'autre*
2423 f., 4842 (s. u.), *l'oil* 799 (s. u.), *l'estur* 9667 (s. u.) und
l'acer 9746 (s. u.) — S. 19, 30°: Auch das Relativ *ki* wird
im Gegensatz zur Überlieferung nirgends elidiert (s. die Einzelfälle unten).

Den Schluss mögen folgende Einzelbemerkungen und Text-
besserungsvorschläge bilden:

7 *L.:* Or lessums la folie ester *st.:* Ore l. f. (la) e.
26 *s. Mus. 21.* — 45 *s. Mus. S. 13.*
56 *Besser:* Riches manant *als:* Riche(s) & m.
58 *Setze Punkt st. Komma* u. 59 *l.:* Si teneit cil sens *st.:* Si
[il] ten(ei)t [e] s.
65 *L.:* Environ lui aveit *st.:* De lui (*Mus.:* Des lius) environ ot.
Hs.: De lui e. aveit. *Vgl.:* 5833, 8034.
70 *Besser:* Ke unc *st. Mus. 16, 17°:* K'unkes.
72 *L.:* Ke unc n'ot ne file ne fiz *st.:* Ke unkes n'ot f. n. f.
Vgl. 99.
85 *L.:* Or vus lerroms *st.:* Ore l.
95 *s. Mus. S. 21* — 102 *s. Mus. S. 4, 1°.*
108 *L.:* Unc mes *st.:* Unkes.
116 *Hiernach ist wohl ein Verspaar ausgefallen.*
129 *Hs.:* chin = chiu *also l.:* chivaler *st.:* chevaler. *Vgl.:* 186.
135 *s. Mus S. 15.*

146 *L.:* Alverne *st.:* Naverne.   *Vgl.* 1780.

157 *s. Mus. S. 6, 3°.*

168 *L.:* len *st:* l'en; *denn* li *ist nicht elidirt, sondern mit* en *verschliffen. Vgl. meine Auseinandersetzung in Ausg. u. Abh.* XLVII S. 154 z. 150.

193 *L.:* Tute genz en diseient bienz *st.:* T. g. de luy disei(en)t b. *Vgl.* 161.

216 *L.:* enseignee *st.:* asseigne[z].

218 *L.:* Nul lu trovee ne veïe *st.:* En nul l. trove ne v.

219 *s. Mus. S. 10, 8°* — 227 f. *s. Mus. S. 16, 15°.*

246 f. *L.:* Mes ke jeo nuz piez [et] en langes J deive [tres] tuz suls aler *st.* K. *u. Mus.:* M. ke (jeo) voise n. p. en fanges (*Mus.:* langes) E. [ke] d. tut sul a.

262 *L.:* Mes kem deive *st.:* Mes k'en de(v)rai. *Vgl. Mus. zu* 246.

273 *L.:* plest *mit* B *st.:* plot. — 281 *L.:* Tut *mit* B = Tuit *st.:* Tost.

283 *L.:* Si ne vei ses affaitemenz *mit* B. *st.:* Si jeo n'e[n] vei(se) l'affaitement.

285 *L.:* Li mestres ot *st.:* Li mestre(s) oyt. *Einsilbiges* oit *begegnet noch öfter, z. B.* 339, 626 *und* mestres *ist vor vokalischem Anlaut zweisilbig, z. B.* 363, 1567 *ähnlich* sires 353.

290 *s. Mus. S. 11, 10°.*

293 f. *L. mit B.:* K[e] il prive[e]ment par sei Quierge en haste cungei du rei *st.:* K[e] il prenent conge du roi K'il ne [seit] coruce vers soi.

304 *L.:* El n'ot fors lui sul *st.:* Ele n'ot f. ly.

323 f. *s. Mus. S. 22.* — 360 *s. Mus. S. 13.*

364 *L.:* andui *st.* K.: ambdy *für* A.: amedy, *B.:* ambedeu.

369 *L.:* adunc un *st.:* adonqe.

401 f., *u.* 420 *s. Mus. S. 16, 17°.*

423 *Die Lesart* K = A *ist des Reimes halber beizubehalten, weil die Lesart* B, *welcher Mus. den Vorzug gibt, eine unserem Dichter fremde Bindung von* an: en *in den Text bringen würde.*

427 *L.:* que unc *st.:* q'unkes.

429 *s. Mus. S. 48 Anm.* — 431 f. *s. Mus. S. 21. Vgl.* 3056.

444-6 *L.:* K'unc tant de beauté n'ot en lui [Nus] fors la damaisele fiere; Unc ne li remua sa chere *st.:* . . n'ot nului Fors (soule) la d. la f. Unkes ne li r. ch.; *Mus. wollte nur* 445 *ändern:* Fors sul la d. f.

448 *s. Mus. S. 19 Aum. 1.* — 452 *s. Mus. S. 6, 3°.*

462 *s. Mus. S. 13.*

466 *L.:* Vez mei ci dame, trestut prest *st.:* Veiez moy cy, d., tut p. *Vgl. Mus. S. 15.*

484 seisist *nach Mus. S. 30 Anm.:* „è perfetto anglonormanno“. *Die Annahme ist ausgeschlossen, da das analogische* s^c*, welches danach in* seisist *vorliegen müsste, sonst nirgends mit etymol.* s^c *im Ip. gebunden ist und letzteres fast durchweg noch lautet.*

488 *L.:* De ci qu'a la botelorie *st.:* Deqes einz la b. *Vgl. Mus. S. 10.*

524 *s. Mus. S. 23, 2°.*

526 *L. mit B.:* U piere jeter u lancier.

568 *s. Mus. S. 11, 10°.*

582 *L.:* Et lur chiens iluec decouplerent *st.:* Lur ch. ilekes d.

591 *s. Mus. S. 11 Anm. 2.*

606 *L.:* A deu! tant ducement li crie *Vgl. 1173. Nach 605, welche ich mit Mus. ändere, setze Punkt und beziehe* crie *auf Ipomedon, wodurch die Konstruktion durchsichtiger wird. Mus. sagt,* crie *müsse auf den Hund bezogen werden wegen 636-8; doch sehe ich nicht ein, warum von dem Hunde, welcher dort den Hornruf des Jägers mit Gebell begleitet, auch hier schon dasselbe ausgesagt sein müsse.*

642 *s. Mus. S. 10, 8°.*

667 *L.:* A poi k'el n'est tote muee *st.:* A p. k'ele n'est tot mué.

673 *L.:* Deheiz et or sun trop granz sens! *st:* .. ore s. g. s.

694 *L. mit B:* Tel *st:* Cel. — 694 *setze Komma st. Semikolon.*

696 *s. Mus. S. 5.*

700 *L.:* anuier *st.* amuer. — 703 *s. Mus. S. 39 Anm. 1.*

714 *s. Mus. S. 16, 15°.* — 721 *s. Mus. S. 17, 26°.*

733 *s. Mus. Anm. z. 71.*

746 *L.:* El le regarda et li dist *st.:* Ele lui r. & dist.

757 *s. Mus. S. 7, 5°.*

759 *L.:* Unc mes [de tel] ne s'acointa *st.:* Unkes mes ne s'aquitera. *Beide Hss. haben:* acointa.

762 *s. Mus. S. 5.* — 767 *s. Mus. S. 12, 11°.*

771 *f. L.:* pensast: là regardast. *Der Konj. ist* 771 *erforderlich, vgl. Mus. zu 246.*

782 *s. Mus. S. 8.* — 799 *L.:* Tost est li oils la ou'st l'amur *st.:* T. e. l'oil la ou est l'a. — 811 *s. Mus. zu 775.*

813 *L.:* Come cele qui esteit sage *st.:* Com(e) cele qe mout e. s.

819 *s. Mus. S. 18 Anm. 2.* — 822 *s. Mus. S. 23, n° 4.*

841 *f. L.:* Si n'[en] sera pas tost delivre, El sanz lui ne porra plus vivre *st.:* Sil n[en] ert p. t. [a] d. Ele s. ly ne poeit v.

871 *L.:* Ismeine l'ot et s'en rovist *st.:* I. l'oi s'en roist.

887 *s. Mus. S. 16 Anm. 3.*

894 *L.:* Deus, com ert bien de son seignor, *vgl. Mus.*

924 *f. L.:* Ço que unc devant n'aveit fait. Vnc mes congé ne

demanda *st.*: Onqes d. nel fet aveit. Onqes m. c. d. *Vgl. Mus. S. 23 n° 5.*

929 *L.:* Unc ne beissa sa chiere jus *st.*: Onqe ne beisa le cler vis (: hu[i]s). *Auch im Protheselaüs 2744 reimt* us (= huis): Protheselaüs.

930 *s. Mus. S. 10, 8°.* — 933 *L.:* Et el l'ad mout gardé suëntre *st.*: Ele l'ad g. m. s. *Vgl. Mus. zu 376.*

936 *s. Mus. S. 11, 9° vgl. 1390.* — 943 *(nicht 942) s. Mus. S. 18 Anm. 5.*

964 *L. mit B:* Ke puet mes quers mes que desveie? *st.*: Ne puit m. q. . . .

1062 *s. Mus. S. 6, 3°.* — 1080 *s. Mus. S. 9.* — 1085 *s. Mus. S. 16, 15.*

1091 *L.:* Or sai jo *st.*: Ore sei.

1093 *s. Mus. S. 15.* — 1102 *s. Mus. S. 10, 8°.*

1104 *s. Mus. S. 8.*

1113 *L.:* Or vodrai jo *st.*: Ore vodrai.

1142 *Die Variante A ist irrtümlich zu 1444 notiert.*

1151 *L.:* K'unc n'eümes ne los ne pris *st.*: Kunqes n'e. los ne p.

1155 *L.:* Mes el tut ço fist *st.*: Mes ele [le] f.

1157 *L.:* C'est qu'el me garda *st.*: El'e me garda.

1161 *L.:* Ke el *st.*: K'ele.

1190 *L.:* Vauntise semblera a touz *st.*: V. l'entendra [a] touz, *was unverständlich bleibt.*

1204 *L.:* Jeo ne say a quel part tenir *st.*: Jeo ne say [pas], a quel t.

1208 *s. Mus. S. 15.*

1215 f. *L.:* Kar nus nel savra fors sul mei, Se jo sui pensis ne purquei *st.*: Kar nul ne savera (ne) purquei Jeo suy [si] pensifs, for soul mey. *Mus. S. 6, 2° ändert nur:* savra mes purquei.

1233 *L.:* sai je *(Hs.:* saue) *st.*: savrai.

1236 f. *L.:* Il n'out unc [mais ne] meins de bon, [Ne] mains de joye ne deduit *st.*: Il n'[aveit] unqes m. de b., Mains de j. ne de [de] duit. *Zur Unterdrückung von de vor deduit vgl. Mus. zu 153 ff.*

1241 *Paris' Vorschlag* ou cel ou cest *zu lesen st.*: ou celé c'est *scheint mir unnötig, namentlich wegen 1242.*

1267 *L.:* Et uncor *st.*: Uncore.

1294 *L.:* Ne remaint gueres trop en aise *st.*: [Ne] r. pas trop en [a]aise. *Vgl. 2187: a ese.*

1301 ff. *Ähnliche Spitzfindigkeiten s. Durmart 13235 Anm.*

1306 *L.:* Et sunt entr'els tels amitez *st.*: Et s. entre t. anutez.

1371 u. 1379 *L.:* Or sai jo *st.*: Ore say. — 1431 *s. Mus.*

S. 8. — 1439 *s. Mus. S. 16, 15°.* — 1458 *L.:* si se marit *st.:* s'il est marit.

1465 *L.:* feiz *st.:* foiz *B.*

1472 *L.:* moir *(cf. 1574) od.:* muer *B (cf. 1473).*

1499 ff. *Das Versteckspielen mit dem Namen kehrt ähnlich im Pro-theselaüs wieder. Melander rät dort 2366 f.:* Prothes vus nomez, neent plus Et si i relaissez l'claüs.

1521 *L.:* k'el vout „le vadlet" dire *st.:* k'ele v. vad. d.

1535 *s. Mus. S. 24.*

1555 *L.:* Et jo dunc *st.:* Jo dunc[ke]. — 1602 *s. Mus. S. 6 Anm. 2, doch würde ich lieber* E si vus desir [que] *bessern st.:* desire *zulassen.*

1628 *L.:* l'i *AK, st.:* li, les *B, Mus.*

1654 *L.:* Uncor(e) or(e) *mit A st.:* Uncore. — 1657 *s. Mus. S. 22.*

1696 *s. Mus. S. 19, 32°.* — 1697 *s. Mus. S. 12, 14°.*

1702 *L.:* Unc mes *st.:* Unkes.

1725 *L.:* Ne unc *st.:* Unkes. — 1733 *s. Mus. S. 21.*

1736 *L.:* qui unc *st.:* q'unkes. — 1762 *s. Mus. S. 16, 20°.*

1773 *s. Mus. S. 14.*

1780 *L.:* Alverne *mit A st.:* Naverne *Vgl. 146.* — 1859 *s. Mus. S. 12, 14°.* — 1888 *s. Mus. S. 7, 6°.*

1894 *s. Mus. S. 20 Anm. 3.* — 1926 *s. Mus. S. 17, 22°.*

1935 *s. Mus. S. 17 Anm.*

1960 *L.:* Qui cuveita *st.:* Il c. *B.* — 1983 *s. Mus. S. 7, 6°.*

1987 *L.:* Dunc *st.:* Dunt und setzte 1986 Punkt.

1991 *L.:* Ke el *st.:* K'ele. — 1992 *s. Mus. S. 5, 2°.*

2037 *L.:* Se fusse de vostre juvente *st.:* Se jeo f. de ta j.

2060 *L.:* Ke unc *od.:* K'unc mais *st.:* K'unkes. — 2063 *s. Mus. S. 14.*

2093 *s. Mus. S. 17, 22°.* — 2215 *L.:* Auketes *mit A st.:* Aukes fut *B. Vgl.* 796, 1559, 3556, 4017, 4071, 4121.

2224 *s. Mus. S. 17, 24°.* — 2242 *L.:* le tendreie a sage *st.:* le tendroie sage. *Vgl. Mus. S. 18 Anm. 5.*

2250 *s. Mus. S. 20.* — 2274 *L.:* Ke el *st.:* K'ele.

2277 *L.:* Ke unc *st.:* K'unkes.

2279 f. *L.:* De teus cent i out assemblee Ki einzcel jur l'urent amee *st.:* Teus treis cenz i out asemblé Ki .... amé.

2283 *s. Mus. S. 16, 21°.* — 2314 *Die interessante Darlegung Mus.'s über Hue's de Rotelande Gebrauch von* cel „con preposizioni di significato locale" *bedarf wohl einer Ein-schränkung:* cel *findet sich nur in Verbindungen, welche die Bewegung nach einer Richtung hin ausdrücken, so z. B. auch:* En travers cel chef l'ad ferru 8527 *oder:* Leens en cel chemin venir 2766; *ebenso wird auch 3668 zu lesen*

2*

sein: Il ad referu Antenor. En cel escu ... Dreit en cele penne devant *st. mit Mus.:* D. enz en la p. d. *In Wendungen, welche das Verweilen an einer Stelle schildern, dürfte* cel *dagegen nicht begegnen, und* enz en *oder* enz el *die übliche Wendung sein.* Man *vgl.* 2570: ount le liu devisé Desuz le dangun enz le (en cel *B*) pré; 4214: Mes enz el (en le *B*) quer grant dolur ai; 4312: Mult valt le juster enz el (en *B*) lit; 8500: Andui se tenent enz es (bien les *B*) seles; 8651: Enz en (En *B*) sun quer asez le prise; 10443: La joie est grant enz el (en le *B*) chastel. *Daneben begegnet natürlich auch einfaches* el *oder* en *sehr oft, z. B.* 2860.

2338 *s. Mus. S. 12, 14°.* — 2339 *L.:* Vez ci *st.:* Veez. *Vgl. Mus. S. 15.*

2356 *L.:* point A *st.:* pot B. (?) — 2365 *Anspielungen auf Sodomiterei sind häufig; vgl. ausser Kölbing zum engl. Ipomadon 2112 noch: Protheselaüs 2965 f.:* El mund n'ad si orible erite ... Qui par grant amur ne l'amast, *Quenes de Bethune 8,21 f. und 31 Anm. (Trouv. belges I, 21), sowie: F. Wolf, Kl. Schriften S. 12 Anm. 4.*

2406 *L.:* Quant est prise *st.:* Lau (s')est pris[e]; *vgl.* 3157: la u.

2417 *s. Mus. S. 8.* — 2421 *L.:* J'en ai ja, fet el *st.:* J'ai ja, fet ele. — 2423 ff.: *L.:* Li uns (*st.:* L'un est) fiz le rei de Russie, Li autre (*st.:* E l'autre est) dus de Normendie, Li tierz est.

2449 *s. Mus. S. 7, 6°.* — 2453 *s. Mus. S. 12 Anm.*

2455 *L.:* Or rest entree en sa grant peine *st.:* Ore r. entré en g. p. — 2457 *s. Mus. S. 8.*

2504 u. 2509 *s. Mus. S. 9.* — 2514 *s. Mus. S. 14.*

2535 *s. Mus. S. 7, 6°.*

2558 *L.:* Dunt chescuns en grant joie esteit *st.:* D. ch. g. j. en avait (*um den harten Reim* avait: aveit *zu vermeiden*). *Vgl.* 4178.

2624 *L.:* Ki s'i savreit amesurer *st.:* Ki si s. a m.

2630 *L.:* ahurte a sens *st.:* ah. s.

2649 *L.:* Que n'out si suëf seie el munt *st.:* N'out si sueve s. el m. *Vgl. Mus. S. 6 Anm.* — 2650 *s. Mus. S. 17, 24°.*

2674 *s. Mus. S. 19, 32°.*

2734 *L.:* Unc de blanc n'out plus qu'uns pouns *st.:* Unke si blancs n'out de pouns. — 2769 *L.:* Unc meis n'i oi *st.:* Unkes m. n'oï.

2807 *s. Mus. S. 19, 30°.*

2831 *L.:* Ne ja ne veïstes unc mes *st.:* Ne né v. unkes m.

2861 *L.:* Ne si haut home, si vaillant *st.:* Ne s. h. hom ne sí vaillanz.

2885 *s. Mus. S. 9.*

2948 *s. Mus. S. 12, 11°.* — 2970 *s. Mus. S. 16, 17°.*

2974 *s. Mus. S. 17, 27°.*

3065 *L.:* Unc pur itant *st.:* Unkes pur tant.

3067 *L.:* Ne ne set nus hum *st.:* Ne ne siet hume.

3083 u. 3084 *s. Mus. S. 14.*

3089 *L.:* ki'st s'amie *st.* k'ert s'a.

3183 *s. Mus. S. 14.* — 3219 *s. Mus. S. 20 Anm. 3.*

3243 *L.:* Or oi grant merveille e desrei *st.:* Ore oi m. . . . .

3269 *s. Mus. S. 16, 19°.* — 3282 *L.:* vez la le vostre dru *st.:* veez la v. d. *vgl. Mus. S. 15.*

3319 *s. Mus. S. 15.* — 3437 *s. Mus. S. 6, 5°.*

3445 *L.:* l'orgoillus *B st.:* orgeillus *A; vgl.* 3916.

3465 *L.:* ki unc *st.:* k'unke. — 3516 *s. Mus. S. 5, 2°.*

3578 *s. Mus. zu 4999.*

3639 *L.:* l'i veit venir *st.:* li v. v.

3668 *s. oben zu 2314. (Bei Mus. durch Versehen S. 50 unter 3621 besprochen.)*

3710 *s. Mus. S. 13, 15° u. S. 14.* — 3723 *s. Mus. S. 7, 6°.*

3745 *L.:* Mut out *st.:* Mut i out. — 3757 *s. Mus. S. 5, 2°.*

3789 *L.:* k'out reide e forte *st.:* k'ert r. e f.

3794 *L.:* Unc mais *st.:* Unkes. — 3805 *L.:* ki'st *st.:* k'ert.

3853 *s. Mus. S. 17, 23°.* — 3866 *s. Mus. S. 7, 6°.*

3871 *s. Mus. S. 19, 30°.*

3901 *s. Mus. S. 17, 23°.* — 3903 *L.:* Perdue i ad *st.:* Perdu i ad.

3984 *L.:* Unc jur ne fut il *st.:* Unke jur ne fut. — 3986 *s. Mus. S. 10 Anm. 1.*

4024 *L.:* rasembla (= resembla *A vgl.* repelé 4140, 4216) *st.:* asembla *B.*

4064 *s. Mus. S. 15.* — 4070 *L.:* Et a Daire en ad paié une *st.:* A Daires en . . . *vgl. Mus. S. 20.*

4076 *L.:* Mes ke il ne volsist pas dire *st.:* Mes ke il ne voleit p. d.; *vgl. Mus. zu 246 f.*

4089 f. *L.:* Ke k'el ait oï ne veü El ne l'ad *st.:* Ki ke l'ait . . . Ele n'ad.

4107 *L.:* estanchié *st.:* estranché; *vgl.:* 2685.

4178 *L.:* as tres se retreent *st.:* a [lur] trefs se treent, *welche Lesart wegen des Reims:* treent *anstössig ist. Vgl.* 2558.

4196 f. *L.:* Kar li plus beaus ki unc pot estre E tut li mieudres ki unc fu *st.:* . . . beaus hom k'unc . . . k'unkes fu.

4208 *s. Mus. S. 19, 30°.* — 4232 *s. Mus. S. 8.* — 4236 *L.:* l'a recumforté' *st.:* l'at recumforté.

4264 f. *L.:* Ki unc i furent . . . Ne dunt unc *st.:* Ki unkes f. . . . Dunc unk[e]; *vgl. auch Mus.*

4298 *s. Mus. S. 17, 23°.*

4321 *L.:* unc nul semblant *st.:* unkes s.

4381 *L.:* Unc mais *st.:* Unkes. — 4408 *L.:* K'el le prendreit mut bonement *st.:* K'ele le p. b.

4413 *s. Mus. S. 19, 30°.* — 4435 *s. Mus. S. 8.*

4454 *L.:* Sil tent pur escapé bricun *st.:* Mut le t. e. b. *vgl. Mus. S. 18 Anm.*

4502 *L.:* e si prient *st.:* e li p. (e. p. *B* e si li p. *A*).

4557 *s. Mus. S. 8.* — 4621 *s. Mus. zu 3847.* —

4719 *s. Mus. zu 4660.* — 4788 *s. Mus. S. 17, 23°.*

4789 *L.:* Unc un sul que il pout atendre *st.:* Unkes un s., k'il . . .

4798 *s. Mus. S. 14.* — 4842 *L.:* Li un mort, li autre nafré *st.:* L'un m. & li . . . — 4879 *L.:* Or del plat e or de l'agu *st.:* Ore d. p. or(e). — 4880 *s. Mus. S. 10, 7°.*

4893 *s. Mus. S. 10 Anm. 1.*

4920 *s. Mus. S. 16, 16°.*

4940 *L.:* d'iloc porta en bere *st.:* d'eloc porte en sun bere; *vgl. Mus.*

4962 *s. Mus. S. 8.* — 4970 *L.:* Unc mais *st.:* Unkes.

4974 *L.:* ki unc *st.:* k'unkes. — 4986 *ähnlich* 7174 *und* Huge de Hungrie 5518 *(fehlt B).*

4999 *L.:* Sur l'or de sun fossé *st.:* Sur l'or d'une fosse *Mus.; vgl.* 3555, 4533, 5204, 5548.

5013 *L.:* Unc des l'ure que il *st.:* Unke de l'ure k'il.

5061 f. ert: pert (*st.:* fert *BK*). *Mus. S. 22 Anm. fragt:* „ma può ammettersi qui il verbo paret?" *Das scheint unbedenklich. Man vgl.* 6028: Parmi l'eschine hors parut La lance . . .

5085 *s. Mus. S. 21.* — 5090 *L.:* mecine *st.:* medcine; *vgl.* 4706, 5512.

5111 f. *L.:* Meint bon cheval i chet e reste (*st.:* ceste), (E) Meint [est] feru.

5155 *L.:* [Li] chevaus saut sus, (e) li reis gist. — 5177 *s. Mus. S. 15.*

5188 *L.:* Or(e) sai jo ben, ke par [grant] ire. — 5194 *s. Mus. zu* 7587. — 5226 *L.:* Kar del tut de li se partit (: dit) *st.:* K. il s'en est del tut p.

5231 *s. Mus. S. 8 Anm. 2.* — 5249 *L.:* unc mais *st.:* unkes.

5308 *s. Mus. zu 7924 Anm.* — 5362 *L.:* Unc mais *st.:* Unkes.

5448 *s. Mus. 7, 6°.* — 5512 *L.:* mecine *st.:* medcine; *vgl.* 5090.

5562 *L.:* Mes il ne l'out unc aquointiee *st. Mus.:* „Mes li n'out unc a. *o.* Mes ne l'out unkes a."

5594 *L.:* Ses (= *A st.:* Les *B*) plus preisiez e ses (*st.:* les) plus fiers.

5622 *L.:* sun bon vadlet *st.:* un son v. — 5656 *s. Mus. S. 15.*

5719 *L.:* S'il *st.:* Cil. — 5744 *L.:* Le quer n'aveit unc tant
dolent *st.:* Le q. n'ot unkes.

5756 *L.:* Ki ensement siet sur l'areine *st.:* K'ensement en set s.
l'a. — 5767 *s. Mus. S. 17, 23°.*

5780 *s. Mus. S. 12, 13°.* — 5783 *s. Mus. S. 5, 2°.*

5794 *s. Mus. S. 7, 6°.* — 5798 *L.:* le tenisse *st.:* ly t.

5848 *s. Mus. S. 7, 6°.* — 5882 *f. L.:* Uncor(e) quit, k[e] il est
a nestre, Ki unk(es) pus [un] tel (*st.:* cel) coup veÿst.

5927 *L.:* Ve(e)z la le [pruz] neir chevalier; *vgl.* 5919 *u. Mus. S* 15.

5943 *L.:* Cume de cestui sel (= *A*) prenez *st.:* Cum de cestui
se le p.

5965 *L.:* ke el *st.:* k'ele. — 5998 *s. Mus. S. 16, 18°.*

6064 *L.:* N'estes pas hom(e), co me'st a[vis]. — 6089 *L.:* mes-
niee *st.:* medne.

6134 *L.:* k'el *st.:* k'il. — 6146 *L.:* Unc des l'hure ke il fut
né *st.:* Unkes . . . k'il *Mus.*

6163 *L.:* Morent li un, autre tribuchent *st.:* l'autre t.

6175 *Ein Wort* Rogres *findet sich bei* Godefroy *nicht. Ist es
verderbt aus* Gogues?

6203 *L.:* Unc mais *st.:* Unkes. — 6228 *s. Mus. zu 3660.*

6251 *s. Mus. zu 1359.*

6261 *L.:* feri a (*st.:* al) terre. — 6298 *L.:* Dirrai *st.:* Dirra.

6346 *s. Mus. S. 8.* — 6351 *L.:* Unk(es) mes dolur n'out [il]
si grant.

6361 *L.:* Or(e) [re]voil. — 6366 *s. Mus. S. 12, 11°.*

6376 *L.:* Desormes mut vus reheitez *st.:* Desoremes vus r.

6422 *L.:* Unc mes *st.:* Unkes. — 6432 *s. Mus. S. 14.*

6443 *L.:* unc tel *st.:* unkes. — 6444 *L.:* vencue *st.:* venque
(*A:* venqui, *B:* vencu).

6483 *L.:* Ki unc *st.:* K'unkes. — 6498 *L.:* ierent = *A*, *st.:*
erent. — 6501 *s. Mus. S. 5, 2°.*

6525 *L.:* Unc mes ne jur ne *st.:* Unkes mes jur ne.

6542 *s. Mus. zu 6048.* — 6574 *s. Mus. S. 21.*

6624 *L.:* De ces treis chevaus ke vez ci *st.:* Ce(rte)s t. ch. ke
veez ci.

6641 *L.:* Ke or *st.:* K'ore. — 6645 *s. Mus. S. 12, 13°.*

6669 *L.:* Sil tendreit (= *A*) mut a sauf en li *st.:* Sil tendrei[e]
m. s. en li.

6676 *s. Mus. S. 59 Anm.* — 6690 *s. Mus. S. 7, 6°.*

6712 *s. Mus. S. 9.* — 6722 *L.:* (E) par amer [a] musarz tenuz
cf. Mus. S. 18 Anm.

6761 *s. Mus. S. 13, 15°.*

6790 *s. Mus. zu 5431.* — 6810 *L.:* Ainz k'il partist de la le
seir *st.:* A. ke il s'en p. le s. *Mus.*

6817 *L.:* Ke hum *st.:* K'hume. — 6818 *L.:* Ne fut unc senz nul hardement *st.:* Ne f. unkes s. h.

6856 Ne li pus ore estre garant *A B.* *Mus.:* „*La proposizione deve esser affermativa*", *daher* je *oder* Ben *etc.* *Indessen wenn man* 6855: Capaneüs dist en riant *berücksichtigt, ist es nicht ratsam, von der Überlieferung beider Hss. abzuweichen. Ich übersetze:* „*Ich kann ihm (d. h. meinem Pferde) nicht helfen.*"

6860 *L.:* Ki unc mais *st.:* Ki unkes. — 6880 *s. Mus. S. 8 Anm.*

6886 *s. Mus. S. 5, 2°.* — 6904 *Setze Punkt st. Komma.*

6952 *L.:* Mes ke celui li remenast *st.:* M. ke cil a li returnast.

6958 *s. Mus. S. 12, 11°.* — 6969 *L.:* avreit *A st.:* avoit *B.*

7000 *s. Mus. S. 7, 6°.* — 7092 *s. Mus. S. 23, 3°.*

7099 *s. Mus. S. 22.*

7103 *L.:* Ne li valt pas *st.:* Ne li valut. — 7109 *L.:* Hum(e), ki tant[es] paroles a.

7128 *L.:* Or(e) vus conois pur [i]cestui. — 7144 *s. Mus. S. 6, 4°.* — 7169 *s. Mus. S. 7, 6°.*

7230 *s. Mus. S. 14.* — 7271 *L.:* peis *st.:* pois; *vgl.* 6126, 6612.

7281 *L.:* Granz pans *st.:* Grant part; *vgl.* 7380. — 7294 *L.:* l'i *A st.:* les *B.*

7362 *L.:* Ke unc *st.:* K'unkes. — 7383 *L.:* unt *A st.:* ad *B.*

7395 *L.:* si s'en sout plus *st.:* si'n sout de plus.

7443 *L.:* E cest desuz lui est chaü *st.:* E ceste e suz . . .

7453 *L.:* vus *A st.:* nul *BK.*

7481 *L.:* Uns suls ne l'osa arester *st.:* Un sul n'i o. a.

7511 *L.:* [Quant] choisi ad Daire(s) en la presse; *vgl. Mus. S. 20.*

7540 *s. Mus. S. 22 Anm.* — 7541 *s. Mus. S. 6 Anm. 3.*

7579 *tilge mit A* en, *das auch* 7580 *fehlt.* — 7649 *s. Mus. S. 65 Anm. 2.*

7650 *L.:* Nus truverum (= *A*) aillurs s'amur *st.:* N. turnerum a. l'a.

7686 *s. Mus. S. 21.* — 7712 *s. Mus. S. 5, 2°.* — 7723 *s. Mus. S. 14 Anm. 3.*

7734 *L.:* n'ierc *st.:* n'iert. — 7735 *L.:* fins *A st.:* fin.

7739 *L.:* Se j'ai unc coneü *st.:* Se jo unkes conui *Mus.*

7747 *s. Mus. S. 14.* — 7773 *s. Mus. S. 19, 29°.* — 7778 *s. Mus. zu 3979.* — 7780 *s. Mus. S. 17, 24°.* — 7802 *L.:* unc mais *st.:* unkes.

7812 *L.:* Mes il n'est (pas) pur ço esbaïs (= ebaïs *A,* baïs *BK*). — 7834 *s. Mus. S. 21.* — 7836, 7848 *s. Mus. S. 7, 6°.*

7849 *s. Mus. S. 12, 13°.* — 7887 *s. Mus. S. 14.* — 7906 *Tilge Komma.* — 7907 *L.:* Tel hure u vus vi en estur *st.:* T. h. ai veü . . .

7910 *L.*: Unc mais nus hom tel jur ne vit *st.*: Unkes hume cel . . . . *Wegen tel vgl. 7907.*

7927 *L.*: (Li) vadlet k[i] al manger servirent. — 7988 *s. Mus. S. 7, 6°.*

8029 *L.*: ki or *st.*: k'ore. — 8050 *s. Mus. S. 9.* — 8072 *wird doch wohl auf Ismeine st. mit Mus. auf den König zu beziehen sein.*

8078 *s. Mus. S. 9.* — 8094 *L.*: Ki avec lui vint en Sezile *st.*: K'od lui fut venuz en S.

8112 *L.*: unc mais *st.*: unkes. — 8114 *L.*: Or(e) *st.*: Or[e].

8153 *L.*: „Or oi" fet el „estrange plet" *st.*: Or(e) li fet ele e. p.

8158 *L.*: Cil *st.*: (E) il. *Vgl.* 6574, 8847, 9455 *und umgekehrt* 8207 *B,* 8845. — 8161 *L.*: Ke j'aim [mut] la fiere e el(e) mei.

8166 *L.*: S'el aime vus, u s'el vus het *st.*: S'ele vus aime, s'el(e) v. h. (*Hue setzt das konjunktive Pron. oft hinter das Verb.*)

8174 *s. Mus. S. 13.* — 8184 *L.*: Tant cum (= *A*) li granz chauz endurra (= *B*) *st.*: T. come (= *B*) l. g. ch. durra.

8198 *L.*: Mes [vus] nem(e) conuisez pas or. — 8202 *Wie liest A?*

8239 *s. Mus. S. 8, 7°.* — 8243 *L.*: Bele, il n'i ad tur neïs un *st.*: ne mesun. *Dadurch wird der anstössige Reim* (on : un) *beseitigt, vgl.* 2018. *Ähnlich wird in Handschrift A des Protheselaüs* 8378 onur *mit* seür *gereimt, doch muss* o. *nach* B *durch* eür *ersetzt verden.*

8248 *s. Mus. S. 9.* — 8249 *L. mit AK*: Li nains l'esgarda e el(e) lui *st. mit Mus.*: . . . l'esgarde e ele lui. *In emphatischer Verwendung wird ebensowenig wie sonst zweisilbiges* ele *gebraucht (vgl.* 8161) *und wenn Mus. gegen* esgarda *einwendet:* „*Meglio fra presenti il presente,*" *so ist zu beachten, dass unmittelbar* (8248) *ein Praeteritum* (tint) *voraufgeht.*

8257 *L.*: ke el *st.*: k'ele. — 8293 *s. Mus. S. 14.*

8312 *s. Mus. S. 8, 7.* — 8314 *L.*: E si nem (ne me *A* ne *BK)* finez.

8345 *s. Mus. S. 17 Anm.* — 8348 *s. Mus. S. 8, 7°.*

8355 f. *s. Mus. S. 22.*

8368 *s. Mus. zu 8620.* — 8377 *s. Mus. S. 8.* — 8407 *L.*: Or est merveille de riche hume *st.*: . . m. ke r. h.

8439 *s. Mus. S. 7, 6°.* — 8449 *L.*: cuveitiée *st. Anm.*: cuveite(e).

8450 *L.*: A Leonin l'out mut preiée *st.*: A. L. out m. pree.

8468 *L.*: ke unc *st.*: k'unkes. — 8509 *s. Mus. S. 10.*

8546 *L.*: cum li avint *st.*: c. il a.

8554 *L.*: dui (*A*: dut, *B*: dust, *K*: dei). — 8566 *s. Mus. zu* 8555: „*mi riesce alquanto oscuro*". *Ich übersetze:* „*Höchst wahrscheinlich würde er bei 3000 niemals das Glück haben*" [*wie bei den 2 genannten*].

8597 *s. Mus. S. 18, 28°.* — 8627 *s. Mus. S. 7, 6°.* — 8686 *L.*: El(e) ne sout unc d'amur [la] peine.

8702 *L.*: ki unc *st.*: k'unkes. — 8710 *s. Mus. S. 12 Anm. und zu 3934.* — 8719 *L.*: unc mais *st.*: unkes.

8721 *L.*: Ço tenc a lealment amer *st.*: Ço tenc jo l. a.

8724 *s. Mus. S. 14.*

8739 *s. Mus. S. 8.* — 8750 *L.*: unc mais *st.*: unkes.

8774 *s. Mus. S. 12, 14°.* — 8782 *s. Mus. S. 8.*

8796 *s. Mus. S. 12, 13°.* — 8804 *s. Mus. S. 8.* — 8845 *L.*: E el *st.*: Cele; *vgl. umgekehrt 8158. Auch die 3 folgenden Zeilen beginnen mit E il.* — 8847 *L. mit BK*: E il *st.*: Cil A (*vgl. 8158*), E si *Varia Lectio u. Mus. S. 19 Anm. 3.*

8870 *s. Mus. S. 22 Anm.* — 8886 *s. Mus. 8, 7°.*

8909 *L.*: Ismeine, vez ci *od.*: Vez ci, damoisele, une lande *st.*: Bele veez ci u. l.

8923 *L.*: Unc mais *st.*: Unkes. — 8927 f. *s. Mus. S. 20, Anm. 2* (8928 *l. eher*: esteit jomble *st.*: ert il j.).

8936 *L.*: l'i *st.*: li. — 8937 *s. Mus. S. 17, 22°.* — 8947 *L.*: K'il furent *st.*: Kar il fust.

8968 *L.*: Ke unc *st.*: K'unkes. — 8972 *L.*: joinst *A st.*: joinz *B.*

9014 *L.*: ne el n'avrez *st.*: n'ele n'a.

9020 *s. Mus. S. 8.* — 9097 ff. *L.*: valt a *st.*: valut. — 9119 *L.*: ainz k'el se liet (*3. s. conj. prs.*) *st.*: a. k'ele let.

9102 *s. Mus. S. 15.* — 9150 *s. Mus. S. 11, 10°.* — 9160 gens *A begegnet mehrfach auch im Protheselaüs 7640:* Volez vus giens parler a mei? *ib. 10592:* Kar si[jo] gens sui de lui ben Longes ne sufrëe ... *ib. 10830:* N(i)'out gens d'ire ne de moleste. *G. Paris, Godefroy und auch noch Mus. l. c. hielten* gens *für einen Archaismus. Vgl. dem gegenüber: Ausg. u. Abh. I, 41 Anm. u. LXXXII, 97, 157 u. 159.*

9192 *s. Mus. zu 2480.* — 9212 *s. Mus. 23, 5°.* — 9213 *s. Mus. S. 13.* — 9251 *L.*: Unc mais *st.*: Unkes.

9267 *s. Mus. S. 12 Anm.*

9273 *L.*: Or . . meins ke einz *st.*: Ore . . m. k'einz.

9309 *Warum soll* Veer *nach der Anm. in* Veez *geändert werden? Es hängt doch von* Alez *9306 ab.*

9310 *s. Mus. S. 5, 2°.* — 9337 *s. Mus. S. 16, 16°.*

9362 *L.*: Unc mais *st.*: Unkes.

9365 *L.*: Ki jëui seit el munt vivant *st.*: K'ul jur d'ui . . . . . *vgl. Mus. zu 4427.*

9371 *s. Mus. S. 19, 29°.* — 9377 *s. Mus. S. 12 Anm.*

9378 *L.*: ki'st *st.*: k'est. — 9384 *L.*: cume quarel *st.*: cum un q.

9388 *L.*: unc mais *st.*: unkes. — 9408 *s. Mus. S. 75 Anm.*

9424 *s. Mus. S. 14.*

9427 *L.*: coment ke [li] fut (de) blasme. — 9428 *s. Mus. zu* 71. — 9430 *behalte Semikolon bei,* 9431 *tilge dasselbe und setze es* 9432 *entgegen Mus. S.* 76. — 9443 f. *Warum sind die Reimworte mit B gegen A untereinander vertauscht?*

9455 *L.*: Cil li respunt *st.*: E cil r. *Vgl.* 8158.

9472 (*nicht* 9722) *s. Mus. S.* 21. — 9534 *s. Mus. S.* 19, 31°.

9614 *s. Mus. zu* 6048. — 9667 *L.*: Lors rocomence li esturs *st.*: Entre eus r. l'estur.

9672 *s. Mus. S.* 24. — 9679 *zu Mus. beachte, dass A allerdings* enreuers *zu bieten scheint, ebenso wie Protheselaüs* 1316 B reuers *st.*: enreure(f)s *A liest.* — 9686 *s. Mus. S.* 10, 8°. — 9704 *L.*: se tent (*st.*: sent) a reposé.

9722 *L.*: unc mais *st.*: unkes.

9742 *s. Mus. S.* 16 *Anm.* 1. — 9746 *L.*: Croisent fer, esgronent acer *st.*: Croist li fers, esgrone l'acer; *vgl.*: li ascers 9844.

9854 *L.*: unc mais *st.*: unkes.

9877 *L.*: unc mais *st.*: unkes. — 9881 *L.*: (E) la fiere ne tendra [a] pru.

9884 *L.*: s'est (*st.*: s'ad) pasmé. — 9900 *s. Mus. S.* 14 *Anm.* 2.

9963 f. *s. Mus. S.* 12 *Anm.* — 10032 *s. Mus. S.* 20.

10049 *L.*: Unc mais *st.*: Unkes.

10093 *L.*: „V(e)ez la" fet il „[vet] Leonin.

10109 *s. Mus. zu* 7293. — 10111 *L.*: unc mais *st.*: unkes.

10199 *L.*: [nus] hum(e). — 10254 *L.*: Ke d'iloq(e) m'estot [des]turner.

10260 *L.*: L'um me tint a ami e dru La reïne *st.*: . . tint chevaler e. d. . .

10278 *s. Mus. S.* 15. — 10324 *L.*: Es vus iloc cest Parceus *st.*: iloces P.; *vgl. Mus. S.* 11 *Anm.* 1.

10327 *L.*: Unc mais *st.*: Unkes. — 10348 *L.*: A lui lungement cumbatimes *st.*: Et lunges a lui c.

10408 *s. Mus. S.* 7, 6°. — 10418 *s. Mus. S.* 12, 11°.

10445 *L.*: (N')en la terre, (n') en la cité; K'or(e) quid[ent] estre a pes turné; *vgl. Mus. S.* 13, *dessen Erklärung gekünstelt erscheint.* — 10484 *L.*: ki unc *st.*: k'unkes.

10514 *s. Mus. zu* 8646. — 10543 *s. Mus. S.* 11. *Anm.* 1.

10545 *L.*: iloc *st.*: unc[ke]. — 10575 *L.*: turne[e] : enbreve[e].

E. Stengel.

Mushacke, W. *Altprovenzalische Marienklage des XIII. Jahr-
    hunderts.* Nach allen bekannten Handschriften heraus-
    gegeben: *Romanische Bibliothek III.* Halle a. S., 1890.
    Max Niemeyer. L und 65 S. Preis 3 Mk.

Der dritte Band der *Romanischen Bibliothek* enthält eine
Ausgabe des provenzalischen Gedichts, das das Leiden Christi
und die Klage der Maria schildert. Als Quelle wird im Beginn
der Dichtung ein Werk Augustin's bezeichnet. Diese Angabe
hatte schon P. Meyer dahin berichtigt, dass es sich um einen
lateinischen Prosatraktat handelt, der gewöhnlich dem heiligen
Bernhard zugeschrieben wird. In der vorliegenden Ausgabe ist
diese Quelle auf Grundlage von vier alten Drucken, die sich auf
der Bonner Universitätsbibliothek befinden, mitgeteilt worden.
Der Dichter ist seiner Vorlage getreulich gefolgt, so weit dies
irgend möglich war bei der Umsetzung lateinischer Prosa in kurze,
paarweis gereimte Zeilen der Vulgärsprache. Hinzugekommen
sind noch die 46 Zeilen der Einleitung und etwas über 100
Zeilen (787—908) am Schluss.

Die Dichtung, so weit sie der Vorlage entspricht, zerfällt
in 21 Abschnitte, die in einer der vier Handschriften durch besondere lateinische Überschriften kenntlich gemacht sind. Der
Herausgeber hat sich der Mühe unterzogen, diese 21 Abschnitte
mit dem Original der Reihe nach genau zu vergleichen und neben
den selbstverständlich sehr zahlreichen Übereinstimmungen alle
Auslassungen und Zusätze sorgfältig hervorzuheben.

Bei der Herstellung des Textes folgte der Herausgeber in
erster Linie der Handschrift in Tours, als der ältesten und
besten und derjenigen, die der Originalhandschrift am nächsten
zu stehen scheint, wenn schon ihr Schreiber ein Nordfranzose
oder mindestens ein Bewohner des Grenzgebietes gewesen sein
muss, weshalb denn auch die Schreibweise nach einer der anderen
Handschriften geregelt wurde.

Auf den letzten 9 Seiten endlich stehen Anmerkungen des
Herausgebers der ganzen Sammlung, in denen die Lesarten der
verschiedenen Handschriften vervollständigt und wertvolle Erklärungen zum Texte gegeben werden.

                                            E. WEBER.

————————

Armana prouvençau pèr lou bèl an de Diéu 1891. Avignoun, encò de Roumanille, libraire-editour.

Zum siebenunddreissigsten Male erscheint dieser kleine Almanach in neuprovenzalischer Sprache, der alljährlich seit 1855 den Freunden der litterarischen Bewegung in Süd-Frankreich die Grüsse der Feliber entbietet und mancherlei Kunde bringt von dem weiteren Gedeihen dieser eigentümlichen Wiedergeburt.

Freilich ist er schon längst nicht mehr das Hauptorgan der südfranzösischen Dialekt-Schriftsteller; Zeitschriften und andere Almanache vertreten die Sache der südfranzösischen Volkssprachen mit nicht geringerem Eifer und Geschick und haben häufig wertvollere Beiträge als unser Büchlein. Aber entstanden in demselben Jahre, in welchem zu Castel Fontségugne im Departement Vaucluse der Bund zur Erhaltung und Förderung der einheimischen Volkssprachen gebildet wurde, hat es sich immer der direkten Unterstützung der Häupter des Bundes erfreut und trägt die Bezeichnung *adouba e publica de la man di Felibre* auch heute noch mit Recht. Für die Provence und für die Schriftsteller in der neuprovenzalischen Sprache im engeren Sinne (der Sprache Mistral's und Roumanille's) bietet er auch fortgesetzt alles für die Entwickelung der Bewegung interessante Material in ausreichender Fülle, während man für die dialektische Behandlung der anderen südfranzösischen Idiome allerdings nur einige Notizen findet.

Man kann wohl heute, wo einerseits alle überschwenglichen Erwartungen, die man in Südfrankreich an diese Bewegung knüpfte, auf ihr richtiges Mass zurückgeführt sind, wo andrerseits es sich gezeigt hat, dass alle heftigen Angriffe und alle spöttischen Urteile, wie sie nicht nur in Nordfrankreich, sondern auch im Süden selbst sich Geltung zu verschaffen suchten, die Bewegung nicht aufzuhalten vermochten, sein Urteil dahin zusammenfassen: Die Bewegung hat erreicht, was sie berechtigter Weise erreichen konnte. Sie hat den Bewohnern Südfrankreichs das Bewusstsein von dem Werte ihrer Volkssprachen zurückgegeben und so bewirkt, dass auch weite Kreise der Gebildeten dieselben schätzen und pflegen; sie hat dadurch den heimischen Dialekten auch im Volke wieder Halt verliehen, das seit den grossen politischen Umwälzungen schon bedenklich geneigt war, 'das Patois der herrschenden Staatssprache zu opfern; sie hat endlich eine reiche dichterische Thätigkeit auf lyrischem und epischem Gebiete wach gerufen, die in einzelnen Erscheinungen sicherlich nicht unbedeutenden litterarischen Wert hat. So hat diese Bewegung unzweifelhaft etwas Dauerndes erreicht, und da das, was hier geschaffen, einen keineswegs bedeutungslosen Teil des litterarischen Lebens in

Frankreich bildet, so darf gewiss auch niemand, der das Geistesleben der Stämme romanischen Ursprungs, welche den Boden des französischen Staates bewohnen, nach allen Richtungen hin kennen lernen will, dies individuelle Geistesleben grosser Volksmassen in Südfrankreich ignorieren.

Dieser *Armana prouvençau* wird in mehr als 7000 Exemplaren verbreitet; er ist, wie E. Roussel aus Aix-en-Provence mitteilt, in fast allen einheimischen Familien der Provence zu finden, vorausgesetzt dass man in der Familie überhaupt zu lesen versteht. Man hat häufig von diesen Versuchen, der Litteratur in der provençalischen Sprache wieder reicheres Leben zu verleihen, gesagt, dass es nur enge Kreise der Gebildeten seien, in denen dafür lebendige Teilnahme vorhanden sei, dass aber die grosse Volksmasse demgegenüber Gleichgiltigkeit zeige. Verfasser hat in einem Ostern 1887 zu Berlin erschienenen Programme dies richtig zu stellen gesucht.[1]) Wer nur flüchtig die grossen Städte Südfrankreichs berührt, wird allerdings leicht zu der Ansicht kommen, dass nordfranzösische Sprache und Sitte auch im Süden das allein Massgebende sei; nur längerer Aufenthalt, und zwar nicht gerade in den Zentren des politischen und geschäftlichen Lebens, kann lehren, wie fest noch südfranzösische Sprache und Denkart im Volke wurzelt und wie die Bestrebungen der Genossen des Feliber-Bundes gerade in den eigentlichen Volkskreisen die lebhafteste Teilnahme finden. Hierfür sind auch diese direkt für das Volk bestimmten und auf dasselbe wirkenden Almanache nicht ohne Bedeutung, und neben ihnen eine Anzahl volkstümlicher periodischer Schriften in einheimischer Sprache. Auch ihre geographische Verteilung beweist, dass der Hauptsitz aller dieser Bestrebungen die eigentliche Provence und das Languedoc sind, nächst dem die anderen Landschaften östlich der Rhone, während die anderen westlich dieses Flusses gelegenen bis zum heutigen Tage nur teilweise für diese litterarische Wiedergeburt Interesse zeigen.

Neben dem *Armana prouvençau* ist es der zu Draguignan erscheinende *Lou franc-prouvençau*, der den meisten Anklang findet; er erscheint im 15. Jahrgange. Dann auch *Lou Cacho-fiò* (nach Mistral: *bûche de Noël, grosse bûche d'arbre fruitier qu'on met au feu en grande cérémonie, le soir de la veille de Noël*), zu Carpentras erscheinend, jetzt im 10. Jahrgange. Ausserdem sind noch in vielen anderen Städten solche dialektische Volksbücher

---

[1]) Bernhard Schneider, Bemerkungen zur litterarischen Bewegung auf neuprovenzalischem Sprachgebiete. Cf. ausser Böhmers Abhandlung, Halle 1870, besonders den Vortrag von Sachs auf der Züricher Philologen-Versammlung von 1887.

erschienen, von denen freilich einzelne sich nicht dauernd zu halten vermochten. So hat Marseille seinen *Armana marsihés*, das Limousin einen zu Brive erscheinenden *Armana lemousi*, der an die Stelle eines früher zu Tulle erschienenen *Annuàri lemousi* getreten.

Nizza hatte seinen *Almanach niçois* von Jules Bessi, der zahlreiche Gelegenheitsdichtungen in dem Patois der nizardischen Bevölkerung, wie es sich aus italienischen, französischen und einheimischen Elementen gestaltet hat, veröffentlichte; in diesem Jahre beteiligt es sich mit einer *gazeto umouristico: Lou Fica-nas* und einem *journau satiri ilustra: Lou Coucha-carema* an diesen dialektischen Bestrebungen. Als interessant erwähne ich noch einen *Armagna cevenòu* aus den Jahren 1874 und 1875, der in einem *Armana de Lengadò* eine Fortsetzung fand; einen *Armana dòufinen* zu Valence; dann aus Montpellier *La Lauseto* mit dem phantastischen Nebentitel: *Armanac dau patriota lati, per l'Espa-gna, la França (la dau Miejour ou Occitania e la dau Nord), l'Italia, lou Pourtugal, la Roumania, la Suissa, escrich dins toutas las parladuras d'aqueles païses* (er enthält in der That Beiträge in den verschiedenen romanischen Sprachen; später, wo er zu Castres erscheint, heisst es bescheidener: *libretou des felibres re-publicans*, seinen Eifer für die „lateinische Idee" hat er aber bei-behalten); ferner den zu Toulon erschienenen *Armana doou Var, lou Bouan Prouvençau*, der allerdings die orthographischen Regeln der Feliber nicht angenommen hat; von Bordeaux einen *Armanac bordelés abèque lous més, les festes etc. quouques countes coumi-ques e péces de bers patois*, im Jahre 1874 zu einem *Armanac gascoun* geworden; endlich für das Departement des Landes, zu Sant-Sever erscheinend: *Almanach dous paysans, recuei de vers gascoun.*[1] Für das Languedoc im besonderen ist mir für das Jahr 1891 ein Almanach nicht bekannt geworden. Als periodisches Organ für die Ideen der Feliber ist hier augenblicklich besonders *La cigalo d'or, journau dòu Gai-Sabé* zu nennen; ausserdem hält ja die *Revue des langues romanes* unter strengem Festhalten ihrer wissenschaftlichen Richtung der modernen Bewegung stets ihre Spalten offen.

Man wird nicht erwarten in diesen Volksbüchern litterarisch besonders hervorragende Erzeugnisse zu finden; immerhin ent-halten die meisten derselben wertvolle Beiträge zur Kenntnis der

---

[1] Des seltsamen Titels halber mag aus Moulins noch erwähnt werden der französisch und patois gemischt enthaltende: *Armana nou-viau das pésans et dô paure monde obligé de travaillà pa vivre du P. Barre;* auch noch 1879 zu Vichy erschienen; von einer weiteren Fort-setzung wird nichts berichtet.

französischen Volkslitteratur und verdienen so gut die Beachtung des französischen Litterar-Historikers wie etwa die Hebel'schen und Horn'schen Almanache für die deutsche Litteratur. Es ist gewiss kein Vorteil für die unbefangene Auffassung französischen Wesens, wenn wir immer nur die Erscheinungen in Betracht ziehen, die für das geistige und litterarische Leben der Hauptstadt von Bedeutung sind. Und dann ist jedenfalls die grosse Anzahl dieser Almanache in südfranzösischen Mundarten und ihre geographische Verbreitung auch ein Zeichen dafür, dass es sich hier nicht um künstlich wachgerufene Bestrebungen handelt, sondern dass ein grosser Teil der Südfranzosen ein dankbares Publikum für diesen volkstümlichen Zweig der Litteratur bildet.

Der für 1891 vorliegende Almanach — *an trento-seten dóu Felibrige* meldet der Titel — gibt nach hergebrachter Weise eine *Crounico Felibrenco*, gezeichnet Gui de Mount-Pavoun. Der einleitende Satz ist charakteristisch für die Auffassung der Feliberkreise: *La lengo de Prouvènço, se n'i a tant que la bouton e que la descounèisson, a proun, gràci à Diéu de que se counsoula, dins lis ounour, dins lis óumage que ió goumon de-longo, autant d'aut que de liuen. Es Cendrouleto Bouto-fió, que si sorre desdegnon, que si sorre escarnisson, e que, pèr la vertu de sa gènto naturo e pèr l'aflat de la fado Estello, finis toujour, coume dins lou conte, pèr espousa lou fiéu dóu rèi.*

Von den für den Feliber-Bund bemerkenswerten Ereignissen des Jahres 1890 hebe ich hervor: die Teilnahme seines Kanzlers P. Mariéton und einiger Abgeordneten (J. Astruc, M. Raimbault, F. Vidal u. s. w.) an der Gedenkfeier, welche die Stadt Florenz für Dante und Beatrice veranstaltete, eines dieser Verbrüderungsfeste der Völker lateinischer Zunge, wie sie neuerdings wiederholt veranstaltet wurden, bemerkenswert auch deshalb, weil hier wie immer, wo Italiener und die anderen Romanen am Mittelmeer die Hauptrolle spielen, jede feindliche Spitze gegen das Deutschtum wegfällt, welche die Nordfranzosen solchen Festen immer gern geben möchten; dann die grossen Feste zur Jubelfeier der Universität Montpellier, an der die Freunde der sprachlichen Bewegung in grosser Anzahl teilnahmen. Sie verbanden damit nach ihrer Weise *Jo Florau* und hielten einen Kongress *d'études languedociennes* ab, in dem auf Antrag von Maurice Faure beschlossen wurde: *Que la langue d'oc fût désormais inscrite dans la liste des langues vivantes admises aux examens des instituteurs; que le thème, ou tout au moins la version en langue d'oc figurât parmi les matières du certificat d'études primaires.*

Der Antrag schliesst sich an die Bestrebungen von Savinian und anderen an, den südfranzösischen Mundarten für den Volksunterricht wieder Geltung zu verschaffen, und da Faure Mitglied der französischen Deputiertenkammer ist, so wäre es möglich, dass diese Angelegenheit auch dort zur Sprache gebracht würde. Es ist zunächst aber bei den in Paris herrschenden Anschauungen wenig Aussicht, dass die Regierung auf solche Vorschläge, die allerdings der Sache sofort eine ganz andere Bedeutung geben würden und eine entschieden dezentralisierende Tendenz hätten, in irgend einer Weise eingehen wird.

Es wird dann die Anbringung der Gedenktafel für Jakob I., König von Aragon, den Catalanen und Provenzalen als einen ihrer nationalen Helden feiern, (*Jaumes lo Conquestaire, rèis d'Aragon etc.*) in Montpellier erwähnt, und weiterhin werden nicht weniger als zehn Paumarés (Preisbewerbungen für Gedichte, Erzählungen u. s. w. in südfranzösischen Mundarten) aufgeführt. Neben den Jo Florau von Avignon, Montpellier, Toulouse, Agen und Pau erscheint auch Sceaux, der freundliche Ort bei Paris, wo die Genossen des Bundes, welche in der Hauptstadt leben, ihre Feste zu feiern pflegen.

Ausserdem hat die Pariser Zeitschrift *La province*, die allem provinziellen geistigen Leben, vor allem aber, wie auch die *Revue félibréenne*, den litterarischen Bestrebungen in Südfrankreich ihre Aufmerksamkeit widmet, für ähnliche Zwecke einen Preis gestiftet, ebenso wie *la Soucietà dóu Lot* in Paris; gewiss auffallende Zeichen, dass diese litterarischen Bestrebungen auch in der Landeshauptstadt dauernd Boden finden und wie auch hier im vollen Getriebe des nordfranzösischen Lebens zahlreiche Südfranzosen die weitere Pflege ihrer Heimatssprache sich angelegen sein lassen.

Die Chronik spricht S. 23 noch von der Thatsache, dass Mistral für seinen *Tresor dóu Felibrige* von der *Académie des Inscriptions et Belles-Lettres* den Preis Reynaud von 10000 Fr. erhalten hat. In Verbindung mit der früheren, dass schon im Jahre 1884 auf Antrag von Legouvé die poetische Thätigkeit Mistrals von der *Académie française* in ähnlicher Weise anerkannt wurde, ist dies ein neuer Beweis, dass die kleinliche Missgunst gegen das litterarische Aufleben der provenzalischen Sprache bei einsichtigen Nordfranzosen gänzlich geschwunden ist, seit sie sich überzeugt haben, dass die Bewegung keinen politischen Hintergrund hat. In der That ist wohl mit Aubanel's Tode, der manchmal allerdings eine ausgesprochen oppositionelle Stellung gegen Nordfrankreich einnahm, der ausschliesslich litterarische Charakter der Bewegung allgemein anerkannt, und es wird das bescheidene und doch so wichtige Programm der Feliber das bleiben, was

Roumanille in seinem *discours de Santo-Estello* am 30. Mai 1889 ausgesprochen: *Canten pèr li pastre e pèr li gènt de mas, pèr lou pople que nous amo e nous escouto! e longo-mai noste canta l'assole, lou regale e lou desalasse!*

Aus der litterarischen Übersicht ist diesmal natürlich besonders Mistrals *tragèdi prouvençalo: La réino Jano* zu erwähnen, die eine besondere Besprechung nötig machen würde.

Zu dem litterarischen Inhalte des Almanachs haben auch diesmal alle Häupter des Bundes kleine Beiträge beigesteuert. Der greise Roumanille gibt, wie schon seit Jahrzehnten, unter der Bezeichnung Lou Cascarelet kleine scherzhafte Erzählungen, deren viele im Ausdruck und Wesen durchaus an die Hebel'schen erinnern; neben Mistral sind vertreten: Felix Gras, Alphonse Tavan, Marius Girard, de Gagnaud, Crousillat und andere. Ich erwähne zum Schluss noch eine Erinnerung Mistral's an sein Zusammensein mit Daudet, S. 33—44. Ein Brief Daudet's an Mistral, im Dezember 1870 mit Ballonpost von Paris abgesandt, beweist, dass auch dieser Dichter die Sprache, die er in der Kindheit so viel hörte, nicht ganz vergessen hat. Daudet klagt darin: [1]) *fai fre, fai negre; manjan de chivau, de cat, de camèu, d'ipoupoutame .... Lou bos se fai rare. Lis armado de la Lèiro vènon pas;* er fährt fort: *Mai fai rèn! Li barbaroto de Berlin s'enmascaran encaro quauque tèms davans li bàrri de Paris. E pièi, se Paris es perdu, counouisse quàuqui bon patrioto que faran vèire de camin à Moussu Bismark dins li pichòuni carriero de nosto pauro Capitalo!* Wenn er aber sagt; *me fai plasé de pousqué te la manda (sc. uno grosso poutounado) en lengo prouvençalo: coume acò sièu assegura que li Barbare, s'e'n cop lou baloun ié toumbo dins li man, pourran pas legi moun escrituro e publica ma letro dins lou „Mercùri di Souabo",* so hat er sich allerdings geirrt. Die schöne Sprache seiner provenzalischen Heimat ist auch in der modernen Gestalt bei den nordischen Barbaren nicht so unbekannt, wie er denkt, und wir wünschen ihr von Herzen fröhliches weiteres Gedeihen!

B. SCHNEIDER.

----

[1]) Ich gebe den Brief so, wie Mistral ihn hat drucken lassen. Die Abweichungen von dem, was neuprovenzalische Orthoepisten für korrekt halten, hat Mistral wohl absichtlich nicht geändert.

Bibliothèque Félibréenne. Oeuvres complètes ou choisies des principaux poètes en langue d'oc (anciens et modernes). Avec traduction française. Illustrations d'Edouard Marsal. Montpellier 1890, aux bureaux de l'Éclair. Livr. 1—5. Lou siège de Cadaroussa, pouème coumique en tres cants.

Eine Folge der Feliber-Bewegung, die vielen willkommen sein wird, welche für provenzalische Sprache und Litteratur Interesse haben, solchen selbst, die den litterarischen Bestrebungen der Neuprovenzalen keine besondere Beachtung widmen, ist die erneute Aufmerksamkeit auch für diejenigen litterarischen Erzeugnisse, welche nach der Vereinigung mit Frankreich zu Tage getreten sind. Man wird füglich alle diese litterarischen Erscheinungen, wie sie von diesem Zeitpunkt bis in die ersten Jahrzehnte dieses Jahrhunderts sich hinziehen, am besten unter der Bezeichnung Mittelprovenzalisch zusammenfassen und dieser Periode als Neuprovenzalisch die Zeit entgegenstellen, wo mit Bewusstsein eine Reihe feuriger Südfranzosen an die alte Blütezeit ihrer Litteratur anknüpfen und eine Wiedergeburt der provenzalischen Sprache und Litteratur herbeiführen wollte. Hierfür würde als Anfangspunkt nicht sowohl die Stiftung des provenzalischen Dichterbundes der Feliber, sondern nach der Meinung der meisten litterarisch thätigen Südfranzosen selbst die Zeit des ersten Erscheinens der *Margarideto* von Joseph Roumanille und der Gedichtsammlung *Li Prouvençalo* im Jahre 1847 anzunehmen sein. Denn diese beiden Bücher sind es, die mit einem Male so vielen geistig strebenden Bewohnern des Südens, die beklagten, dass ihre schöne Muttersprache immer mehr zum verachteten Patois werde, es deutlich vor Augen stellte, dass man dichterischen Empfindungen auch in diesen Lauten der Volkssprache in edler Weise Ausdruck verleihen könnte, und ohne sie würde jener Dichterbund nicht zustande gekommen sein.

Die gesamte mittelprovenzalische Litteratur hat über die Grenzen ihrer Heimat hinaus so gut wie keine Beachtung gefunden, und das fällt um so mehr auf, je universeller der Einfluss der altprovenzalischen Dichtung auf alle Kulturvölker Europas gewesen war. Die Publikation Paul Meyers, *Les derniers troubadours de la Provence*, Paris 1871, gediegen wie alles, was dieser Gelehrte veröffentlicht hat, bezeichnet so ziemlich die letzten provenzalischen Schriftsteller, welche die Wissenschaft noch der Beachtung für würdig hielt, und von gewissem Gesichtspunkt aus sicher mit Recht, wie Paul Meyer es in der Einleitung zu seinem Werke lichtvoll auseinander gesetzt hat. Wenn so

längst vor der Vereinigung mit Frankreich die provenzalische
Litteratur ihren alten Glanz verloren hatte, so musste sie noch
mehr dahinsiechen, seitdem die französischen Könige Herren im
Lande geworden waren. Eine Volkslitteratur war die altprovenzalische nicht gewesen. Sie hatte wesentlich nur in den vornehmen Kreisen ihre Stütze gehabt, und so fand sie nirgends
einen stärkeren Rückhalt, sobald die Franzosen im Lande geboten und grosse Kreise der Gebildeten mit französischem Geiste
und Denkungsweise auch der französischen Sprache sich immer
mehr anbequemten. Immerhin ist dies ein sehr langsamer Prozess,
und es ist gewiss auch sprachgeschichtlich nicht unwichtig zu
verfolgen, wie diese Sprache immer mehr von den Volksdialekten
und dem herrschenden Französisch beeinflusst wird und so von
der Sprache der klassischen Periode sich immer mehr entfernt.
Andrerseits hatte sich nach unten hin der Kreis derer, die an
der Litteratur Anteil nahmen, im XVII. und XVIII. Jahrhundert
nicht unwesentlich erweitert, und dies grössere Interesse für
litterarisches Leben im allgemeinen kam in Südfrankreich doch
zum grossen Teil auch der provenzalischen Litteratur zu Gute.
So ist die Zahl der Schriftsteller die im XVII. und XVIII. Jahrhundert an der einheimischen Sprache festhalten, immerhin nicht
gering. Wenn dieselben bis in die neueste Zeit hinein ausserhalb der Provence nur wenig bekannt geworden sind, so lag es
auch daran, dass wohl nur die südfranzösischen Bibliotheken und
ausser ihnen vielleicht die Pariser eine reichere Übersicht von
litterarischen Erzeugnissen dieser mittelprovenzalischen Periode
gewährten. Die Studien Noulets, jedenfalls des gründlichsten
Kenners dieser Litteratur, haben uns wertvolle Aufschlüsse gegeben;
ein eigenes Urteil sich zu bilden war aber bei der Schwierigkeit
sich das betreffende Material zu beschaffen selten möglich.

Dem wird jetzt abgeholfen, indem die zahlreichen Vereine
für die einheimische Sprache und Litteratur in Südfrankreich es
sich angelegen sein lassen, alle Werke dieser Zeit, deren Kenntnisnahme sich verlohnt, in neuen Abdrücken erscheinen zu lassen.

Man darf dem nicht entgegenhalten, dass vieles so von
neuem Vorgeführte keinen bedeutenden poetischen Wert hat. Man
bemüht sich in Deutschland mit Recht, uns die hauptsächlichsten
Werke etwa der Gottsched'schen und Schweizer Dichterschule
durch Neudrucke allgemein zugänglich zu machen, weil sie,
ganz abgesehen von ihrer besonderen litterargeschichtlichen Bedeutung, vom grössten Werte sind für die Kenntnis der Entwickelung des geistigen Lebens in Deutschland, und so wird auch
aus diesen provenzalischen Neudrucken die Sprachgeschichte
sowohl wie die Litteraturgeschichte, vor allem aber auch die

Kulturgeschichte reichen Gewinn haben, auch wenn manches
ästhetisch Minderwertige mit publiziert wird.

Der Verfasser der *siège de Cadaroussa*, der Abbé Favre,
gehört zu der grossen Zahl der provenzalisch schreibenden Geistlichen des vorigen Jahrhunderts. Sie, die auf ihren einsamen
Landpfarren mit ihren Pfarrkindern nur im heimischen Dialekte
verkehren konnten, wandten ihn auch selbstverständlich an, wenn
sie litterarische Neigungen hatten. Es handelt sich, was man
besonders in Nordfrankreich bei der Beurteilung dieser mittelprovenzalischen Litteratur häufig übersieht, durchaus nicht um gelehrtes und pedantisches Festhalten an einer dem Aussterben nahen
Sprache, sondern die südfranzösischen Volkssprachen waren noch
auf dem Lande durchaus die einzig lebendigen, und auch in den
Städten hatten nur die aus dem Norden eingewanderten Familien
und von den Südfranzosen diejenigen, welche Beamtenstellen inne
hatten oder zum Hofe in Beziehung standen, die Volkssprache
ganz aufgegeben. Diese Landpfarrer, aus dem eigentlichen Volke
hervorgegangen, beherrschten damals zum grössten Teile die
französische Sprache noch gar nicht so, dass sie von ihr bei
ihrer litterarischen Produktion hätten Gebrauch machen können;
denn auch in den Seminarien wurde mehr Gewicht auf Kenntnis
des Lateinischen und nur geringes auf weitere Ausbildung im
Französischen gelegt. So sind diese Werke so gut lebendige
Dichtung wie irgend welche, und in der That tragen die meisten
einen naiven und volkstümlichen, und keineswegs einen pedantischen Charakter.

Welch eigentümliche Gesellschaft diese provenzalischen
Abbés-poètes vor der grossen Revolution! Da ist kaum einer,
der nicht in der Opposition wäre, der nicht für die neuen Ideen
in seinen Gedichten einträte und seine Satire gegen die eigenen
Standesgenossen und die Grossen dieser Welt kehrte! Da ist
Cléric aus Béziers mit seiner Verspottung der Bettelorden, Peyrot
aus der Landschaft Rouergue, der überall sein inniges Mitleid
mit der bedrückten Landbevölkerung zeigt und für die Abschaffung
der Frondienste als einer der ersten auftritt, Bougié und Jean
Coste, die gegen die Üppigkeit und das anmassende Wesen ihrer
Amtsbrüder die Pfeile ihres Spottes abdrücken, der Abbé von
Puyoo, der in seinem *Rebe sous lous gentius de Bearn* die lächerliche Überhebung des Adels persifliert, und noch weitere, wie
sie uns die Mitteilungen Noulets und anderer, die die südfranzösischen Bibliotheken durchstöberten, wieder kennen gelehrt haben!
Man ist manchmal erstaunt, wie die französische Revolution ver-
mochte in so kurzer Zeit Frankreich bis in die entlegensten
Bergdörfer in Aufregung zu bringen. Liest man hier, wie in den

fernsten Teilen der Provence und des Béarnais so von Leuten,
die täglich mit dem Volke verkehrten, der Boden vorbereitet war,
so wird uns dies sofort begreiflich.

Was wir vom Abbé Favre wissen, ist nur wenig. Er wurde
im Jahre 1727 zu Sommières im heutigen Departement Gard
geboren, war auf verschiedenen Pfarrstellen im Languedoc thätig
und starb 1782 als Kurat zu Celleneuve, einem Dorfe im Departement de l'Hérault. Nach den Angaben Noulets hätte Favre nichts
von seinen Dichtungen selbst durch den Druck veröffentlicht; sie
seien in Freundeskreisen vorgetragen worden, hätten in Abschriften
zirkuliert und seien erst nach seinem Tode von Freunden dem
Drucke überliefert worden.   Indess kennt Reboul von *lou Siège
de Cadaroussa*, ausser einer ebenfalls alten, Montpellier, ohne
Datum, eine andere Ausgabe von 1777, auch zu Mounpéyé erschienen, die also schon bei Lebzeiten des Dichters veröffentlicht
sein müsste.   Nehmen wir dazu die beiden von Roumanille be-
sorgten: Avignon 1868 und 1877 und ausserdem die Sammlung
Récul d'obras patoizas dé M. Favre, Mounpéyé 1815/18 und 1837/39,
so sehen wir, dass Favre immer in leidlicher Gunst beim südfranzösischen Publikum geblieben, und so hat auch die neue
Volksausgabe vielseitige Anerkennung zu erwarten.

Das Gedicht scheint sich an einen wirklichen Vorgang aus
der Zeit anzulehnen, wo päpstliche Vizelegaten in Avignon re-
sidierten, wenngleich mir die Annalen der päpstlichen Herrschaft
keinen Anhalt bieten, um den Vorgang bestimmter zu fixieren.
Streitigkeiten der Art zwischen einzelnen Städten und Herren
des Comtat, wobei die Geistlichen in wenig würdiger Weise ein-
griffen, sind mehrfach vorgekommen.

In Avignon ist eine Hungersnot ausgebrochen,

> *e ié tenié lou cuou destrech*
> *As mouines meme de l'endrech.*[1]

wie der Kurat sehr wenig respektvoll von den Mönchen sagt.
Noch weniger respektvoll wird der hochwürdige Vize-Legat des
Papstes behandelt:

> *Tout-escàs lou Vice-Legat*
> *Jé digeravà après soupà:*
> *El que, davans, noun s'embraiava*
> *Que lou moumen que s'ataulava,*
> *È que, quand aco lou prenìè,*
> *Tout brafant anava e venìè.*
> *Atabé sa pansa benida*
> *S'èra quasimen avalida . . . .*[2]

---

[1] *et y tenait amaigri le râble même des moines de l'endroit.*
[2] *A peine le vice-légat y digérait-il après souper; lui qui, aupara-*
vant, ne se culottait qu'au moment de se mettre à table et qui, lorsque

Wenn so ein geistlicher Herr von seinen Amtsgenossen und Vorgesetzten redete, wer findet es da nicht natürlich, dass sich bei Eröffnung der Nationalversammlung sofort der gesamte niedere Klerus auf die Seite der Volkspartei schlug und bei den Angriffen gegen die vornehmen Pfründenbesitzer in erster Linie stand!

Die Bettelmönche durchwandern vergeblich das Land nach Almosen, da eben niemand etwas für sich selbst hat. Da bringt einer, der nach Caderousse gekommen war, die Nachricht, dass dort ein Lebensmitteltransport angekommen sei. Die Szene, wie die Mönche, den Prior an der Spitze, jetzt kommen, um dem Legaten diese Nachricht zu überbringen, ist köstlich, und nirgends geht es ohne spöttische Bemerkungen über den Klerus ab. Es wird nun weiter erzählt, wie die päpstlichen Soldaten, die abgesandt werden, um die Lebensmittel einzutreiben, auf Veranlassung eines kühnen Hufschmiedes La Feuillade schimpflich zurückgewiesen werden, wie dann der Legat den Heerbann von Avignon aufbietet, wie endlich nach einigen weiteren komischen Episoden des Kriegszuges Françon, die Tochter La Feuillade's, das Herz des Anführers der streitbaren Macht von Avignon gewinnt, und wie schliesslich die Bewohner von Caderousse sich bereit erklären, denen von Avignon von ihren Vorräten abzugeben. Man muss sich das Gedicht selbst ansehen, um zu erkennen, dass es wohl neben den komischen Heldengedichten der französischen und italienischen Poesie dieser Zeit genannt werden kann. Man wird sich dann auch von der noch immer nicht seltenen Vorstellung losmachen, dass Dichtungen aus mittelprovenzalischer Zeit wesentlich der Marotte von Stubengelehrten ihre Entstehung verdankten, die künstlich eine schon abgelebte Sprache der Litteratur erhalten wollten, und wird zugeben, dass in einem nicht geringen Teile derselben frisches Leben des Volksgeistes pulsiert.

Für fernere Publikationen wäre vom sprachlichen Standpunkte aus durchaus zu wünschen, dass die Orthographie der betreffenden Schriftsteller genau beibehalten würde, so seltsam sie auch manchmal sein mag. Selbst Inkonsequenzen, die sich vorfinden, würden für Feststellung der Aussprache u. s. w. nicht ohne Wert sein, und die zahlreichen Gallizismen der meisten, auch in der Schreibung, sind gerade für den Sprachzustand überaus charakteristisch. Freilich sind gerade die Genossen des Feliberbundes wenig geneigt auf diese Forderung einzugehen, da für sie der leitende Gesichtspunkt ist, die mittelprovenzalischen Gedichte den heutigen Südfranzosen bequem lesbar zu machen. So sind

---

cela le prenait, allait et venait tout en bâfrant. Aussi sa bedaine sacrée s'était-elle presque entièrement fondue.

auch hier die Herausgeber den orthographischen Gesetzen der Feliber des Languedoc gefolgt und scheinen auch hie und da einige Gallizismen getilgt zu haben. Ein Mittelweg, der beiden Zwecken gerecht würde, wäre der, in einem Nachtrage die Abweichungen von der ursprünglichen Ausgabe kurz zusammenzustellen.

Jedenfalls begrüssen wir die neue Ausgabe bestens und wünschen, dass bei Fortsetzung der Sammlung von Werken aus dieser Periode besonders solche in Betracht gezogen werden, die nicht, wie etwa die Goudelin's, schon leicht zugänglich gemacht sind.

BERNHARD SCHNEIDER.

Wahlund, Karl. *La Philologie française au temps jadis.* Deux discours sur la nation et la langue françaises faits par des Français et datant de la fin du 16e siècle et du commencement du 19e. Réimprimés d'après les éditions originales devenues rarissimes. Stockholm, 1889. Imprim. centrale.

Ein Auszug aus dem *Recueil de mémoires philologiques présenté à M. Gaston Paris le 9 août 1889.* Der erste Vortrag (*Oratio de gente et lingua francica*) wurde von Guill. Rabot bei seinem Antritt als Lehrer des Französischen an der Universität Wittenberg 1572 gehalten. Der Verfasser, über den Wahlund auf Grund sorgfältiger Vorstudien so weit als möglich Auskunft gibt, stammte aus einer Familie aus der Dauphiné, die der Heimat Jahrhunderte lang tüchtige Parlamentsräte und Advokaten lieferte, war um 1530 geboren, stand als Anführer einer Kompagnie von Chevauxlegers im Dienste des Pfalzgrafen, war mit einer reichen Erbin vermählt, trat zur protestantischen Kirche über und starb mit Hinterlassung einer Tochter vor dem 15. März 1584. Der Herausgeber teilt S. 13—15 einen Brief Rabot's an Calvin mit, worin er diesem von Avignon aus seinen Übertritt anzeigt und um Aufnahme in dessen Gemeinde bittet, sowie die im August 1550 erteilte Antwort Calvin's, die kirchliche Ermahnungen enthält. In der lateinischen Oratio (S. 19—42) stellt sich Rabot als ersten Lehrer des Französischen in Wittenberg vor (S.20), erwähnt seine Bestallung durch den Kurfürsten von Sachsen, begründet die Notwendigkeit des französischen Sprachstudiums und geht dann zu einer Beschreibung des Ursprungs der französischen Sprache über. Der Name „Kelten" ist aus dem Namen „Galater" entstanden; das Wort „Gallier" kommt vom deutschen „wallen", womit Fremde und Wanderer bezeichnet werden. Die Namen

Ostvalen und Westvalen (Ost- und Westfalen) sind desselben Ursprungs. Die alten Gallier waren Deutsche und sprachen deutsch. Vielleicht sind auch die italischen Thusker mit den Thuiskonen (Deutschen) gleichen Ursprungs. Der Name des gallischen Führers Brennus ist identisch mit deutschem „Brand" u. dgl. Die „Bataver" Cäsars sind gewissermassen „Battauer", Ariovist = Ernst, Amhiorix = Emerich, Vercingetorix = Erich oder Heinrich u. s. w. Auch normannische Dialektworte und die französischen Wörter *halte* und *marsouin* beweisen, dass die alten Gallier und Germanen, die von den Griechen zusammen als Kelten bezeichnet wurden, gleichsprachig gewesen sind. Gallien ist später von den Römern überflutet und die deutsche Sprache durch die lateinische verändert worden; die nun entstandene Mischsprache des Französischen hat sich zu einer durch *elegantia, concinnitate, dulcedine et argutiis* vor allen anderen Volkssprachen ausgezeichneten entwickelt. Allerdings wird das Französische nicht überall gleich gesprochen: anders sprechen die aus Britannien nach Armorika eingewanderten Bretonen; schauerlicher und rauher ist die Sprache der Normannen; *delitias linguae mollioris abhorret Vasconum feritas, Provinciae consuetudo.* Rabot schliesst seine Oratio mit dem Versprechen, seinem Unterrichte mit allem Fleisse obzuliegen. — Das S. 42—46 mitgeteilte *„Scriptum publice propositum"* desselben Verfassers kündigt an, dass er die *Grammatik* des Herrn Pillot seinem Unterrichte zu Grunde legen und daran eine Uebersetzung der Dialoge des Camerarius anschliessen wolle. Zur Lektüre bestimmt er ein vor kurzem erschienenes französisches Werk, das verschiedene, angenehm zu lesende, wahre Erzählungen aus der Gegenwart enthalte. G. Paris, *Romania* XIX, 129, vermutet darin J. de Marconville's *Recueil d'aucuns cas merveilleux advenus de notre temps*, 1563. Rabot sieht auch voraus, dass die *prudentiores*, die Vorsichtigeren, nicht gern an öffentlichen Übungen teil nehmen werden, was auch heute noch der Fall zu sein pflegt, und erklärt sich deshalb soweit als möglich zur Erteilung von Privatunterricht bereit.

Weniger interessant als diese Schrift, von der sich Exemplare in Dresden, Halle, Berlin und Hamburg befinden, ist das von Wahlund weiter mitgeteilte erste Kapitel der Schrift Edmond Cordier's: *Recherches historiques sur les obstacles qu'on eut à surmonter pour épurer la langue française* (S. 59—70). Der Verfasser, geb. zu Orléans um 1730, gest. zu Paris 1816, zuerst Geistlicher ohne Pfründe, dann Litterat ohne Ruf und Vermögen, lebte mühsam von seinen Kompilationen, schrieb für das Theater ohne sonderlichen Erfolg, und verfasste endlich auch das uns hier interessierende Werk, das 1806 erschien und nur noch in

dem vom Verfasser in Paris aufgestöberten, nunmehr der Nationalbibliothek daselbst geschenkten Exemplar erhalten zu sein scheint.
Nur Kapitel I und III sind von Cordier publiziert worden; sein
Buch war nach eigenem Geständnis nur eine Kompilation. Das
mitgeteilte Kapitel behandelt kurz das Thema: *études des Francs
depuis leur établissement dans les Gaules, jusqu'au douzième siècle,*
den Kenntnissen entsprechend, die man zu Anfang unseres Jahrhunderts darüber hatte.

Wahlund hat mit seinem Werkchen einen schätzenswerten
Beitrag zur Geschichte der französischen Grammatik geliefert.

E. KOSCHWITZ.

L'Ancienne France. 1. *Le Théâtre et la Musique jusqu'en 1789.*
2. *L'Armée Française jusqu'à la Révolution.* 3. *Sculp-
teurs et Architectes.* 4. *Le Livre et les Arts qui s'y
rattachent.* Paris, 1887—88. Firmin Didot & C^le. gr. 8^0.

Unter dem Titel *L'Ancienne France* veröffentlicht die bekannte Verlagsbuchhandlung Firmin Didot eine Reihe von Bänden,
welche uns über Sitten und Gebräuche, Kunst und Wissenschaft
in Frankreich bis zum Ende des XVIII. Jahrhunderts unterrichten.
Die Grundlage des Werkes bilden die bekannten Schriften von
Paul Lacroix, die hier in der Weise umgearbeitet sind, dass
nicht mehr wie z. B. in *le Dix-huitième Siècle; Institutions, Usages
et Costumes* ein kürzerer Zeitabschnitt in demselben Bande nach
seinen verschiedenen Beziehungen behandelt wird, sondern dass,
wie die oben angeführten Titel anzeigen, eine bestimmte Materie
durch das ganze Mittelalter hindurch meist bis zum Ausbruch
der Revolution verfolgt wird. Die ganze Sammlung umfasst
18 Bände, von denen die 9 oben nicht genannten behandeln:
*Les Arts et Métiers au Moyen-âge, La Chevalerie et les Croisades,
l'Ecole et la Science, Henri IV et Louis XIII, Jeanne d'Arc, la
Justice et les Tribunaux, la Marine et les Colonies, Peintres et
Graveurs, L'Industrie et l'Art Décoratif aux Deux Derniers Siècles.*
Die Umarbeitung des Lacroix'schen Werkes ist, wie die
Verleger in einem Bande mitteilen, Louisy übertragen worden;
ob Louisy die sämtlichen Bände allein bearbeitet hat, ist aus
den Angaben nicht recht ersichtlich, nach der Vorbemerkung
der Verleger in dem Bande über die französische Armee scheint
es so, auf dem Titel findet sich sein Name in den mir vorliegenden vier Bänden nur in *Le Livre* etc. Die Bücher sind
reich ausgestattet, jedes enthält etwa 300 Seiten in vorzüglichem
Druck und vorzüglichem Papier, dazu 160—230 sehr gut aus-

geführte Holzschnitte und eine Chromolithographie. Die Bilder sind aus dem Werke Lacroix's übernommen. Man muss anerkennen, dass ein solcher Band mit 4 Francs ganz ausserordentlich billig bezahlt ist.

Von den 13 Bänden bringe ich heute die vier oben genannten zur Besprechung, auf einige der übrigen behalte ich mir vor, später zurückzukommen.

Es ist naturgemäss, dass diese Bücher an sich nicht einen bedeutenden wissenschaftlichen Fortschritt vorstellen, es sind vielmehr bequeme und man kann wohl sagen elegante Zusammenstellungen der Resultate der Forschung. So finden wir wenig absolut Neues in denselben, aber kaum irgendwo ist das gesamte Material in so übersichtlicher, klarer Form geboten wie hier; und da nicht alle Einzelforschungen jedem zugänglich sind, so werden doch die meisten Leser manches finden, das ihnen nicht bekannt war.

1. *Le Théâtre et la Musique.*

Dieser Band führt uns in seinem ersten Teile die gesamte Geschichte des Schauspiels und der Schauspielkunst vor. Der Untergang der alten klassischen Dramas, die Entwickelung der kirchlichen Schauspiele, die Emanzipierung von der Kirche, welche mit der Erteilung eines königlichen Privilegs an die *Confrérie de la Passion* im Jahre 1402 einen gewissen Abschluss erreicht, die Entwickelung des modernen Dramas, und die Fortschritte der Bühnentechnik werden mit grossem Geschick geschildert.

Für das Schauspielwesen der Hauptstadt war das erwähnte Privileg der *Confrérie de la Passion* von grossem Einfluss, wenn auch fast nur im negativen Sinne, denn wo sie konnte, erhob diese Zunft bis zu ihrer Unterdrückung im Jahre 1675 Einspruch gegen das Auftreten anderer Truppen; ja selbst die fliegenden Gesellschaften, welche auf den Messen ihre Bühnen aufzuschlagen pflegten, hatten ihrem Neide zu trotzen oder sich mit einer verhältnismässig nicht unbedeutenden Entschädigungssumme die Erlaubnis zu erkaufen. Unabhängig von der *Confrérie*, bald mit ihr verfeindet, bald verbündet, gaben die *Enfants sans Souci* und die *Basoche* ihre Vorstellungen und am Ende des XVI. Jahrhunderts gab es in Paris bereits sechs stehende Theater, daneben wurde in den *Collèges* eifrig Komödie gespielt.

An Besuchern scheint es den Pariser Theatern kaum jemals gefehlt zu haben. Schon als die *Confrérie de la Passion* in der Vorstadt *St. Maur des Fossés* das erste stehende Theater begründete, liessen die Leute — es wurde nur an Sonn- und Feiertagen gespielt — die Messe im Stiche, um die Spiele der *Confrères* zu sehen, und aus dem Jahre 1599 hören wir, dass der

Zudrang zum Theater so stark war, dass man vor den Thüren
desselben Schlagbäume errichten musste wegen des übergrossen
Gedränges. Freilich in der letzten Zeit der Regierung Ludwigs XIV.,
als die Frömmigkeit Mode geworden war, als die Italiener wegen
der Aufführung der *Fausse Prude* aus Paris vertrieben wurden,
da mag es zuweilen leer gewesen sein im Theater, denn die Kirche
stand ja jetzt in strengem Gegensatz zu demselben, während in
früherer Zeit Niemand daran gedacht hatte, das Schauspiel als
etwas unkirchliches zu betrachten, oder die Schauspieler als
Wesen niedriger Art, denen die kirchlichen Heilsmittel nicht zu-
standen. Ob allerdings der Verfasser Recht hat, wenn er annimmt, dass die Infamierung der Schauspieler seitens der Kirche
erst eine Folge der *Tartuffe*-Aufführung gewesen sei, bleibe dahin-
gestellt. Die Schauspieler wurden jedenfalls dazumal von ihren
Mitmenschen nicht als sittlich verkommene Wesen angesehen,
sondern ihre Freundschaft war gesucht, und Ludwig XIV. ehrte
bekanntlich Molière verhältnismässig hoch, wenn auch die Sage,
dass der König Molière vor allen Höflingen einen Flügel eines
Huhnes gereicht habe, um ihn dadurch auszuzeichnen, dass er
ihn an seiner Tafel teilnehmen liess, eben nur Sage ist.

Auf die Stücke hat die Kirche schon in früher Zeit Einfluss ausgeübt. So wurde schon im Jahre 1541 die Aufführung
der *Actes des Apôtres* verboten und 1548 setzte ein Parlaments-
beschluss fest, dass fernerhin alle religiösen Dinge von der
Bühne verbannt sein sollten. Diese Verordnung veranlasste zum
Teil, dass die Bühnendichter sich Gegenständen aus der Zeit
der Griechen und Römer zuwendeten, wenn es auch mit der
Durchführung derselben nicht so genau genommen worden zu
sein scheint, denn noch bis zum Ende des Jahrhunderts bleiben
die alten Mysterien, Moralitäten, Sottien, Farcen auf dem Repertoir,
namentlich allerdings in der Provinz, die auch sonst in theatralischen Dingen der Hauptstadt nachzuhinken pflegte; es wird uns
z. B. berichtet, dass in Rouen erst im Jahre 1848 im Parterre
Bänke aufgestellt wurden, eine Einrichtung, die sich in Paris
schon seit 1782 findet.

Eine empfehlenswerte Einrichtung aus älterer Zeit sei hier
noch erwähnt. Eine *claque* gab es schon früh, sogar schon eine
bezahlte. Aber wir erfahren, dass *Le Kain*, einer der berühmtesten Schauspieler vom Ende des XVIII. Jahrhunderts trotz
rauschenden Beifalls niedergeschlagen die Bühne verliess, denn
der Beifall kam nicht aus dem *petit coin*. Dieser *petit coin* war
die Gegend des Parterres, wo die kunstverständigen Besucher
zusammen zu sitzen pflegten.

Doch genug, die obigen kurzen Andeutungen, in denen

ich mich bemühte, einzelne Punkte kurz hervorzuheben, geben, wie ich glaube, über den reichhaltigen Inhalt des ersten Teiles dieses Bandes hinreichenden Aufschluss, um zu eigenem Lesen anzuregen.

Bemerkt sei noch, dass leider das Schauspielwesen in der Provinz zu kurz kommt, wir hören darüber fast nur einiges aus dem *Roman Comique* bekannte.

Der zweite Teil des Buches behandelt die Musik vom vierten Jahrhundert ab. Die Art der Musik, die musikalischen Instrumente in ihrer ungeheueren Mannigfaltigkeit, die Männer, welche auf musikalischem Gebiete bahnbrechend gewirkt haben, die Stellung der Musiker, die Entwickelung des Ballets und der Oper, das sind die wesentlichen Punkte, welche hier zur Erörterung kommen. Bezüglich der Abbildungen verdienen die der musikalischen Instrumente hervorgehoben zu werden.

Von besonderem Interesse dürfte es sein, dass im Jahre 1321 die Zunft der *ménétriers, jongleurs et jongleresses* bestätigt wurde, an deren Spitze der *roi des ménétriers* und der *prévôt de saint Julien* standen. Diese Zunft allein hatte die Berechtigung, bei festlichen Gelegenheiten, Hochzeiten und dergleichen musikalische Aufführungen zu veranstalten; fremde Musiker durften nicht ohne ihre Genehmigung auftreten, wurden aber von ihr unentgeltlich verpflegt. Sie widersetzte sich vergeblich der Gründung der Opernhäuser und verschwand am Ende des XVIII. Jahrhunderts. Ludwig XIII., der wie Heinrich IV. ein grosser Freund der Musik war, und auch selbst wie sein Vorgänger in Ballets auftrat, ernannte im Jahre 1630 *Guillaume du Manoir* zum *roi des violons*, wie der Zunftvorsteher damals hiess, und erteilte ihm das Recht, Meisterpatente in seiner Kunst für 10 Livres auszustellen.

2. *L'Armée Française jusqu'à la Révolution.*

Eine Geschichte des französischen Heeres ist gleichzeitig fast eine Geschichte Frankreichs und namentlich der Monarchie. Die feudale Monarchie hat ihr naturgemässes Heer in dem Aufgebote der Lehnsträger in ihren verschiedenen Abstufungen, die Übergangszeit zur unumschränkten Monarchie stellt das eigentlich königliche Heer jenen Aufgeboten an die Seite und daneben tritt ferner die Miliz der aufblühenden und nach Freiheit strebenden Städte. Mit der Niederwerfung der feudalen Gegner des Königthums wird das Heer ein rein königliches, das dem Willen des Einen Mannes gehorcht, der die Befehlshaber ernennt ohne Rücksicht auf altangestammte Würde.

Stetige Entwickelung zeigt auch die Ausrüstung des Kämpfers. Schwert, Lanze und Bogen und zum Schutze Panzer, der immer mehr vervollkommnet wird, je mehr die Angriffswaffen verbessert

werden. Mit dem Aufkommen der Feuerwaffen, die lange Zeit
gebrauchten um einen vollen Sieg über die mittelalterlichen
Waffen davonzutragen, treten die Rüstungen des Mittelalters allmählich zurück, aber da erst 1708 die Bewaffnung mit dem
Feuergewehr durchgeführt war, so können wir uns nicht wundern,
dass noch Ludwig XIV. strenge Vorschriften über das Tragen
einer Rüstung seitens der Offiziere gibt; freilich wird die Rüstung,
welche Venedig 1668 Ludwig zum Geschenk machte, wohl eine
der letzten in Europa zum Gebrauch gefertigte sein.

Der wesentliche Inhalt des Buches ist hiermit angedeutet;
es unterrichtet uns über die Zusammensetzung der Heere, ihre
innere Organisation, Bewaffnung, Art der Kriegführung, Belagerungen
und ähnliche mit dem Heerwesen in Zusammenhang stehende Dinge.
Zu bedauern ist, dass nicht durch streng ausgeführte bunte
Kostümbilder und durch bildliche Darstellung aller erwähnten
Waffen die Unterschiede in der Kleidung und Bewaffnung mehr
als es geschieht, verdeutlicht werden, vor allen Dingen würde
es bei den Feuerwaffen auf eine genauere Abbildung des Mecha-
nismus ankommen, um die verschiedenen Arten derselben kenntlich
zu machen. Das Gebotene genügt in dieser Beziehung trotz seiner
Reichhaltigkeit noch nicht. Für die Kostüme ist das Titelbild
zwar an sich recht schön, doch nicht recht verständlich.

Der Festungsbau, in dem Vauban im XVII. Jahrhundert
grossartiges leistete, wird leider nicht behandelt, wir erfahren
nur weniges über die ältesten Befestigungen. Ferner vermisse
ich eine Erwähnung der Erfindung der eisernen Ladestöcke durch
Leopold von Dessau und eine Behandlung der gezogenen Ge-
schütze. Dieselben werden zwar an sich erwähnt, aber es wird
nicht gesagt, dass die Züge, welche gerade verliefen, nur den
Gasen Abzug geben sollten. Zu Irrtümern kann Veranlassung
geben die Erwähnung eines im Zeughaus zu Madrid aufbewahrten
Hinterladers aus dem Jahre 1503. Die ersten Feuerwaffen waren
sämtlich Hinterlader, die Erfindung der Vorderlader war ein bedeutender Fortschritt, da jene nach hinten nicht genügend ver-
schlossen waren, was Anlass zu häufigen Explosionen der Ge-
schütze gab.

Zum Schlusse noch eine einzelne Bemerkung. Es wird
vielleicht schon mancher bei der Lektüre der *Mademoiselle de
la Seiglière* sich nach einer Erklärung des Titels *mestre de camp*
umgesehen haben. Wir erfahren hier, dass der *mestre de camp*
ursprünglich ein dem *colonel* gleichstehender Offizier war, der
alles, was sich auf die Lagerung der Truppen bezog, zu ordnen
hatte. Später wurden die *mestres de camp* Regimentskomman-
deure und zwar zunächst bei der Infanterie, später auch bei der

Kavallerie. Dort wurde 1661 der Titel abgeschafft und der *colonel* wieder eingeführt. Im folgenden Jahrhundert trat der alte Titel zeitweilig wieder auf, und zwar von 1721—1730 und von 1780 bis zur Revolution.

3. *Sculpteurs et Architectes.*

Trotz dieser Fassung des Titels wird in dem ersten Teile dieses Bandes die Baukunst behandelt. Dieselbe wird in den verschiedenen Perioden: der Zeit der Gallier und Römer — soweit man bei den ersteren überhaupt von Baukunst reden kann —, dem Mittelalter, der Renaissance, dem XVII. und dem XVIII. Jahrhundert in gemeinverständlicher Weise charakterisiert und durch Vorführung der hervorragendsten Baudenkmäler erläutert. Diese Baudenkmäler ebenso wie die bedeutendsten Baumeister werden eingehend besprochen; der architektonische Geschmack der verschiedenen Perioden, der Einfluss der Bauhütten im Mittelalter, das allmähliche Fortschreiten der Baukunst, die fördernden und bindernden Einflüsse, die dasselbe erfuhr, werden in geschmackvoller Weise dargelegt. Für die späteren Perioden, wo der Staat sich im Könige, das Land in seiner Hauptstadt zusammenfasste, steht naturgemäss die Schilderung der Baukunst in Paris und die Erläuterung der dort entstandenen Bauwerke im Vordergrunde.

Im zweiten Teile wird uns zunächst das allmähliche Wiedererstehen der im Abendlande ganz zu Grunde gegangenen Bildhauerkunst, namentlich durch die aus Griechenland vom X. Jahrhundert ab einwandernden Bildhauer geschildert. Bemerkenswert ist die Entstehung verschiedener Schulen der Bildhauerkunst in ihrer Eigenart. Als die bedeutendste ist die von Fontainebleau zu betrachten. Nachdem sich unter byzantischem Einfluss eine nationale Bildhauerkunst in Frankreich entwickelt hat, die naturgemäss in der Renaissance italienischer Einwirkung unterliegt, kommt das Zeitalter der Bürgerkriege, das dem Gedeihen aller Kunst hemmend in den Weg trat. Sie lebte wieder auf unter Heinrich IV., dessen Denkmal auf dem *Pont Neuf* eines der berühmtesten Werke der Bildnerei der damaligen Zeit ist.

Lebhaftes Treiben muss in den Ateliers geherrscht haben, als der von Ludwig XIV. hochverehrte Puget aus Marseille sich in Paris aufhielt. Aber trotz der hohen Wertschätzung, die Ludwig veranlasste, nach der grossen Gruppe des Milon von Kroton auch die Andromeda desselben Künstlers zu erwerben, war die Bezahlung eine mangelhafte. 9000 Livres hatten der Marmor und der Transport gekostet, nur 15 000 erhielt der Künstler, der in stolzem Selbstbewusstsein, als Louvois sich darauf berief, dass kein General Frankreichs ein höheres Ein-

kommen habe, erwiderte, es gebe in Frankreich allerdings eine
Reihe von Offizieren, die zu dieser Würde taugten, aber eben
nur einen Puget. Grösserer allgemeiner Beliebtheit, als der
biedere, mit den Hofsitten unbekannte Südfranzose, erfreute sich
damals Coysevox, an den Ludwig die Leichtigkeit des Schaffens
und die Gewandtheit, mit der er auf die Wünsche des allmächtigen Gebieters einging, fesselte.

Erwähnen wir zum Schlusse noch, dass im September 1690
die erste Kunstausstellung im Louvre stattfand, und dass auf
dieser zwischen den kostbaren Marmorgruppen zum erstenmale
eine neue Kunstgattung sich zeigte: die Wachsfigur. Der König
selbst stand da so leibhaftig, dass er eiligst die Entfernung
dieser Figur anordnete.

4. *Le Livre et les Arts qui s'y rattachent.*

Nach einer Geschichte der Schreibmaterialien, namentlich
des Pergaments und des Papiers, wird die Entwickelung der
Schrift dargelegt und in ihren Hauptarten vorgeführt. Bei der
Besprechung der Handschriften wird die Bedeutung der Klöster
für die Überlieferung der alten Litteratur anerkannt, aber auf
ihr richtiges Mass zurückgeführt. Es wird der Bericht Benvenutos
von Imola aus dem XIV. Jahrhundert angeführt, der die Bibliothek
von Monte-Cassino damals im Zustande entsetzlichster Verwahr-
losung traf. Keine der Handschriften war vollständig, überall
waren Blätter herausgerissen oder die weissen Ränder des Pergaments abgeschnitten, um Psalmen und Gebete darauf zu
schreiben, die für schweres Geld an die Gläubigen verkauft
wurden. — Mit besonderer Vorliebe wird die Ausschmückung
der Handschriften, namentlich die Kunst der Miniaturenzeichnung
behandelt, welche naturgemäss mit der Erfindung der Buchdrucker-
kunst zu Grabe geht. Diese Erfindung wird nach eingehender
Betrachtung der für Gutenberg und für Lorenz Jansen, den Küster
von Harlem, sprechenden Punkte unbedenklich dem Deutschen
zugeschrieben. Für die Verbreitung dieser Kunst in Frankreich
ist eine Verordnung Franz I. aus dem Jahre 1534 charakteristisch,
wodurch auf Veranlassung der Theologen der Sorbonne, welche
die Ausbreitung ketzerischer Meinungen befürchteten, jede Druckerei
verboten und jeder Drucker mit dem Galgen bedroht wurde. Freilich musste Franz auf den Widerspruch des Parlaments schon
nach sechs Wochen seine Verordnung dahin abändern, dass zwölf
Buchdrucker in Paris zugelassen wurden.

Dieselbe Bedrückung durch die Sorbonne hatten schon im
ganzen Mittelalter die Buchhändler auszuhalten gehabt und dass
es in der Reformationszeit nicht besser wurde, ist selbstverständlich, aber auch weiterhin herrschte die grösste Strenge.

Noch das Reglement von 1724 setzte Pranger und Galeere auf Pressvergehen, und die Neuerungen, die Malesherbes 1777 einführte, beschränkten sich im wesentlichen auf die Aufhebung der alten Privilegien, sodass dieselbe nur eine schwere Schädigung des Gewerbes bedeutete. Man kann wohl sagen, wenn die Gesetze strenge zur Ausführung gebracht wären, würden wir die wertvollsten Werke der französischen Litteratur des XVIII. Jahrhunderts vermutlich nicht besitzen. Aber es war dafür gesorgt, dass die Bäume nicht in den Himmel wuchsen; auf alle mögliche Weise verstanden es Schriftsteller und Buchhändler, die gefahrdrohenden Gesetzesklippen zu umgehen, bis die Revolution auch hier Freiheit brachte.

F. TENDERING.

Comte de Puymaigre. *Jeanne D'Arc au théâtre (1439—1890).* Paris 1890. A. Savine. 115 + II S.

Der Verfasser dieses kleinen, anziehend geschriebenen Buches hatte bereits unter gleichem Titel im Jahre 1875 einen Zeitschriften-Aufsatz erscheinen lassen, der nun erweitert und vervollständigt vorliegt. Sein Grundsatz, die längst vergessenen Darstellungen des Lebens und Wirkens der Jungfrau möglichst eingehend, die bekannten thunlichst kurz vorzuführen, hat freilich dem allgemeinen Interesse, welches ein Thema, wie das in Rede stehende an sich haben muss, sehr geschadet und ist auch vom wissenschaftlichen Standpunkte unrichtig. Denn einmal sind selbst die besseren und öfter aufgeführten Bearbeitungen der Jeanne Darc-Legende keineswegs so bekannt, wie der Herr Graf vorauszusetzen scheint, dann bedürften auch diese noch einer genaueren Auseinanderlegung nach der allgemein historischen, ästhetischen und kritischen Seite. Die mit Recht vergessenen und eigentlich nie bekannt gewordenen Bühnenstücke und Buchdramen können aber sogar für den Spezialforscher nur relativen Wert haben.

Die geschichtliche Grundlage aller dieser Dichtungen ist die Tradition oder vielmehr die Legende, welche sich frühzeitig um Johannas Gestalt rankte, durch die Prozessaussagen der Jungfrau zum Teil zerstört wurde, aber desto üppiger durch die leichtgläubigen, urteilslosen Zeugnisse der im Rehabilitationsprozess verhörten Landsleute Jeanne's wieder aufblühte und in den nach diesem Prozesse verfassten Chroniken ihren litterarischen Niederschlag fand. Auf Grund dieser späteren Geschichtsdarstellungen hat sich eine traditionelle, aber in den Hauptzügen unwahre Auffassung der Persönlichkeit Johannas und der französischen Zu-

stände des Jahres 1429 gebildet, an deren Zerstörung übrigens
seit Jules Quicherats höchst beachtenswerter Schrift: *Aperçus
nouveaux sur l'hist. de Jeanne d'Arc* die Forschungen der nam-
haftesten Gelehrten Frankreichs arbeiten. Für den Herrn Grafen
existiert eine Kritik der Geschichte Johannas überhaupt nicht,
er verwechselt beständig die Tradition und Legende mit der Geschichte und kann daher zu einem sachlichen, objektiven Urteil
über die historische Seite der Jeanne Darc-Dramen nicht gelangen. Auch scheint er die ausgedehnte französische und fremde
Litteratur über Johanna sehr wenig zu kennen und von den Grundsätzen der elementarsten Kritik nur unklare Vorstellungen zu
haben. In letzterer Hinsicht erfüllt uns gleich die 1. Note seines
Schriftchens mit einem gewissen Grauen. Sie lautet nämlich:
*Nous avons continué à écrire avec un apostrophe ce nom d'Arc
que plusieurs des auteurs* (darunter V. de Viriville) *ont écrit en
un mot* (sc. Darc). *Au sujet d'une orthographe, à laquelle un
long usage aurait du empêcher de toucher, nous trouvons dans un
livre de M. David une observation qui a sa valeur: „D'Arc est
un sobriquet, devenu nom propre, peut-être la famille était elle
originaire d'Arc en Barrois? Défigurer un nom anobli tout ensemble par l'admiration du monde, les lettres patentes de Charles VII*[1])
et la rage (?) de Voltaire, la belle trouvaille". Ein anderes Beispiel von der kritischen Befähigung des Autors gibt folgende
Anmerkung (S. 16): *Est-il bien certain que Shakespeare ait écrit
cette première partie de Henri VI? M. F. V. Hugo ne le croit pas.*
Von der Shakspeare-Litteratur kennt also P. offenbar nur Hugo's
höchst willkürliche Verdollmetschung und Erklärung des englischen
Dichters.

Nach diesen Proben von der kritischen Richtung des Herrn
Grafen würde eine Auseinandersetzung mit ihm über die geschichtliche Stellung Johannas voraussichtlich erfolglos bleiben. Wir verweisen für unsere grundverschiedene Auffassung auf unsere Schrift:
*Jeanne Darc in Geschichte, Legende, Dichtung auf Grund neuerer
Forschung*, Leipzig 1890, in der wir stets den Ansichten der be-
währtesten Autoritäten Frankreichs Rechnung getragen haben,
und begnügen uns, die fleissig zusammengestellten positiven Angaben des Herrn Verfassers hier in übersichtlicher Ordnung
vorzuführen.

Im Jahre 1439 wurde in Orleans ein sogenanntes *Mistere
du siége d'Orleáns* aufgeführt, welches aus 20529 Versen bestand
und über Johanna ein wunderliches Gemisch von Geschichte, Le-

---

1) Natürlich steht in dem Adelspatente (Dez. 1429) nicht d'Arc,
sondern D'Ay.

gende und Dichtung enthielt.   Es schloss mit dem Siege von
Patay und der Rückkehr der gottbegnadeten Jungfrau in die von
ihr angeblich gerettete Loirestadt.   Herr P. meint, dass die geschichtlichen Angaben dieses *Mistere* durch die Dokumente bestätigt würden und zwar *à ce point que si ces documents eussent
fait défaut on aurait pu écrire tout le commencement de la vie
de Jeanne d'Arc, rien qu'en s'appuyant sur le vieux mystère.*   Auch
findet er, dass die Personen des Dramas die Sprache Johannas
redeten.   Leider bleibt er uns genügende Aufklärung über diese
Sprache schuldig, welche wir nur aus Briefen und Äusserungen,
die von Anderen stylistisch zurechtgemacht sind (Johanna konnte
bekanntlich weder schreiben, noch lesen) kennen.   Bedauerlicherweise widmet er auch diesem ältesten der Jeanne Darc-Dramen
nur ca. 5 Seiten.

Vorher, im Jahre 1430, trat übrigens die Jungfrau schon in
einem deutschen Stücke auf, welches den Hussitenkrieg zum
Gegenstande hatte und in Regensburg gespielt wurde.   Anlass
zu der Verbindung Johannas mit dem Hussitenkriege war das
bekannte Monitorium, welches ihr Beichtvater in ihrem Namen an
die grauenvollen böhmischen Ketzer gerichtet hatte.   Im Jahre 1580
verfasste der Jesuit Fronton le Duc aus Pont-à-Mousson ein
am 7. September d. J. aufgeführtes Drama: *Histoire tragique de
la Pucelle d'Orléans.*   Natürlich huldigt er der kirchlichen Legende
mit all ihren abergläubischen Vorstellungen und Auswüchsen, und
wenn er sich nicht an die bekannten 3 Einheiten (welche Herrn
P.'s litterarische Unkenntnis trotz Lessing von Aristoteles „erfunden"
sein lässt) hält, so ist das im XVI. Jahrhundert nicht eben etwas
Aussergewöhnliches.   Fr. le Duc lässt den grimmen Talbot in dem
Rouener Prozesse eine Rolle spielen, auch den englischen Offizier
Sommerset auf Johannas Verbrennung hinwirken, Ausschmückungen
der an die Rouener Tragödie sich knüpfenden Legende, welche
für den Spezialforscher einiges Interesse haben.   Dass Herr Graf
Puymaigre den Jesuiten von Pont-à-Mousson, welcher des Aristoteles angebliche Kunstgesetze missachtete oder nicht kannte, zu
einem Vorläufer der romantischen Schule und zum ersten Pfadfinder der nationalen Tragödie Frankreichs erhebt, bekundet
wenigstens — romantische Fantasie.

Über Heinrich VI, Teil I, geht P. mit kurzen missbilligenden
Bemerkungen hinweg und verrät dabei seine Unkenntnis der
französischen Jeanne Darc-Forschung, indem er das Märchen von
der *bonne Lorraine* wieder auftischt.

Mit der Wende des XVI. Jahrhunderts wurde erst in Rouen,
dann auf dem Pariser Marais-Theater eine im klassischen Style
und Geschmacke gedichtete *Tragédie de Jeanne Darc, dite la*

Pucelle d'Orléans aufgeführt, deren Verfasser ein gewisser Virey des Graviers war. Sie ist etwas durch die süssliche Galanterie der Ronsardschen Schule entstellt, hätte aber vielleicht eine genauere Besprechung verdient, aus der wir Wesen und Inhalt des Stückes deutlich zu erkennen vermöchten. In einer 1608 zu Rouen gedruckten Pastorale des Nicolas Chrétien erscheint Johanna nur beiläufig im 5. Akte. Einundzwanzig Jahre später machte Nic. Vernulz, Professor der Universität Löwen, sie zur Heldin einer lateinisch geschriebenen Tragödie, die mit philologischer Gelehrsamkeit und klassischen Reminiszenzen überfüllt ist.

Bekannter ist das auf Richelieu's Anlass verfasste Drama d'Aubignac's (1642), dessen Spitze sich gegen die englische Politik richtet. Dieser Autor erfindet eine alberne Liebschaft zwischen dem englischen Kommandanten von Rouen, Warwick, und Johanna, sowie eine Eifersucht von Warwick's Gattin. Die antienglische Richtung des kommandirten Stückes ist wohl der Anlass zu einer legendenhaften Ausschmückung des Endes Johannas geworden, durch welche der aufgeklärte d'Aubignac mit den wirrsten Gebilden der kirchlichen Sage wetteifert. Hören wir Puymaigre's Bericht (S. 38). *De terribles châtiments vengent la Pucelle: quand au V^{ieme} acte Talbot vient raconter à Warwick que l'exécution du jugement a eu lieu, la comtesse (de Warwick) perd soudain la raison, plusieurs juges sont frappés par la colère divine, l'un deux (!) est attaqué de la lèpre et Cauchon* (der Vorsitzende des Prozesses) *ne rentre sur la scène que pour y mourir.* P., als eifriger Romantiker, tadelt an dem Stücke natürlich nicht diese sinnlosen Übertreibungen, sondern das strenge Festhalten am Dreieinheits-Schema.

In Spanien hatte ein 1721 gedrucktes Stück von Antonio de Zamora, in welchem P. nur die Wiederaufnahme eines jetzt verlorenen Dramas *Lope de Vegas (Juana de Francia)* sehen will, grossen Erfolg. Zamora geht sehr willkürlich mit der Geschichte um, ohne dazu durch dichterische Rücksichten gezwungen zu sein, wie unser Schiller, dessen *Jungfrau von Orleans* Herr P. ganz besonders scharf aufs Korn nimmt. Nach seiner Ansicht ist Johanna in Schillers unübertroffener Zeichnung viel zu heroisch und kriegerisch, daneben zu sehr verliebt und *pleine d'égards et d'affection pour Agnes Sorel.* Die für den Ausgang entscheidende Liebe zu Lionel kann Herr P. unserem grossen Dichter nicht verzeihen, ebensowenig die Friedensstiftung zwischen Frankreich und Burgund, weil dieser ausschmückende und verschönernde Zug auf — Shakespeare zurückgeht. Im Grunde, meint er, habe Schiller den Charakter der Jungfrau nicht minder entstellt, als Shakespeare und Voltaire, das historische Kolorit nicht gewahrt und statt einer Tragödie nur ein Melodram geschrieben etc.

Die französische Revolution in ihrer Missachtung aller historischen Überlieferung suchte aus der Prophetin von Domremy eine Vorkämpferin jakobinischer Freiheitsideen zu machen. Dieser Auffassung gab Mercier, der bekannte Verfasser des *Tableau de Paris*, in der Vorrede zu seiner Übersetzung von Schiller's *Jungfrau* (1802) Ausdruck. *Si elle eût vécu de nos jours*, so ruft er von Johanna aus, *fidèle à la cause et au cri du peuple, elle aurait marché avec nous à la prise de la Bastille et à la destruction d'un trône terriblement entaché de trahisons et · de sanglants parjures.*

Das oftmals ins Französische übertragene Drama Schiller's fand nicht nur den Beifall der patriotischen Kreise Frankreichs, die natürlich das Verdammungsurteil des Herrn Grafen P. nicht vorausahnen konnten, sondern auch manche Nachahmer, die als solche natürlich dem Verdikte des hochgestellten Kritikers nicht entgehen. Sie verdienen übrigens dasselbe weit mehr, als der deutsche Dichter, wie einzelne Proben zeigen mögen. So wird in dem *Triomphe de Lis* (1814) Johanna auf mystische Weise in den Himmel gerückt, um neben Gott ihren Ehrenplatz einzunehmen, in einem Stücke Dumolards, das zur Feier des Befreiungstages der Stadt Orleans daselbst am 8. Mai 1807 aufgeführt wurde, versöhnt sich der Burgunderherzog bei Jeannes Scheiterhaufen mit Karl VII., Maurin in seiner 1809 gedruckten *Comédie héroïque* ändert den bereits etwas opernhaften Schluss der *Jungfrau* in eine spektakelartige Sensationsszene um. Auch verschiedene andere Stücke und Opern-Librettos, die wohl in ziemlich schnelle Vergessenheit gerieten, sind von Schiller mehr oder weniger beeinflusst, und der von Puymaigre selbst gemachte Versuch (s. S. 66 ff.), den unangenehmen germanischen Lehrmeister in Frankreich kalt zu stellen, dürfte wohl kaum den Beifall seiner urteilsfähigen Landsleute gehabt haben. Denn seine „*Tragödie*" ist nur eine Wiederaufwärmung des alten Legendenkrams ohne tieferen poetischen und dramatischen Wert. Sie wurde auch, wie Herr P. freimütig gesteht, auf keinem Theater aufgeführt, denn „damals wäre sie als ein zu kühnes Unternehmen, später als ein sehr furchtsamer Versuch erschienen".

Von den zahlreichen dramatischen Darstellungen, welche dieser dankbare Stoff bis in die jüngsten Tage erfahren hat, wollen wir nur die *Jeanne d'Arc* der bekannten Schriftstellerin Daniel Stern (1857) erwähnen, die Herr P. wohl mit Recht für nicht vollkommen hält, ohne dass er gerade Anlass gehabt hätte, seiner Kollegin kritisch-historische Belehrungen zu erteilen, ferner die romantisch-katholische Tragödie von Bousson de Mairet (1860), und endlich ein zweites deutsches Jeanne

Darc-Drama von Wilh. v. Issing (Cassel 1868), das uns den
Ritter Baudricourt als Liebhaber Johannas vorführt.

In dem für Frankreich verhängnisvollen Jahre 1870 veröffentlicht Viguer seine fast unbeachtet gebliebene: *Légende de
Jeanne d'Arc*, die nach P's. Besprechung zu urteilen, starke Entlehnungen aus Schiller enthält. Auch später noch ist die Jungfrau, teils in kirchlichem, teils in patriotischem Sinne, öfter auf
die französische Bühne gebracht worden, doch scheinen diese
Stücke weder Meisterwerke der Dramatik zu sein, noch den vorhergehenden Darstellungen gegenüber neue und originale Ideen zu
enthalten. Dass sie alle in der Legende, dem Nährboden der
Dichtung, wurzeln, ist selbstredend, denn eine streng geschichtliche
Johanna würde auf der Bühne nur sehr geringen Beifalles sich erfreuen können. Man lese über diese jüngsten Nachahmungen
und Umformungen älterer Vorbilder Herrn P's. Schrift (S. 90—115)
selbst nach, hier ausführlicher uns über diese Stücke zu ver-
breiten, liegt kein Grund vor. Anerkennenswert ist es immerhin,
dass kein patriotischer Dichter sich verleiten liess, Johanna in
die gehässigen Bestrebungen des deutschfeindlichen Chauvinismus
hineinzureissen, wie das mehr als ein katholischer oder demokra-
tischer Geschichtsschreiber gethan hat. Auch in Spanien und
Italien ist Jeanne Darc ab und zu als Heldin dramatischer Stücke
auf die Bühne gebracht worden.

Herr P. verdient offenbar für die Ermittelung und Kenntnisnahme so mancher verschollener Stücke den Dank aller
Litteratur- und Geschichtskenner, aber trotz seiner Detailstudien
klebt ihm der schöngeistige, völlig unwissenschaftliche Dilettan-
tismus zu sehr an, als dass er den Forscher befriedigen könnte.
Der Letztere muss die Stücke doch noch einmal nachlesen und
prüfen, auf Hrn. P.'s sehr subjektive Urteile, apodiktische Schluss-
folgerungen und abgerissene Zitate darf er sich nicht verlassen.
R. MAHRENHOLTZ.

Mahrenholtz, R. *Jeanne d'Arc in Geschichte, Legende und
Dichtung.* Auf Grund neuer Forschungen dargestellt.
Leipzig, 1890. Renger'sche Buchhandlung. IV und
176 S. Gr. 8°. — Preis 4,50 Mk.

Das Aufsehen erregende Buch von E. Lesigne, *La Fin
d'une Légende* hat im letzten Jahre das Interesse wieder in höherem
Grade der Jungfrau von Orléans zugewandt, weil fast alle deutschen
Blätter einen Aufsatz der „*Neuen Freien Presse*" nachdruckten,
worin die negativen Ergebnisse dieses Werkes zusammengefasst
waren. Sie gipfelten in der Angabe, dass Johanna nicht bloss nicht

auf dem Scheiterhaufen gestorben sei, sondern sogar mit einem Ritter Robert des Armoises, Herrn zu Ticharmont, sich verehlicht habe. Die *Revue critique* (Jahrg. 1890, S. 191 ff.) hat diese auf Verwechslung Johanna's mit einer 1436 aufgetretenen „falschen Jungfrau" gegründete Theorie gründlich abgethan.

Seit dem Aufkeimen des Revanchegedankens ist der Johanna-kult wieder in Blüte gekommen. Die kirchliche Partei wetteifert mit der chauvinistischen in der Verherrlichung der begeisterten Prophetin von Domremy. Im Hippodrom wurde letzten Sommer Tag für Tag eine Pantomime *Jeanne d'Arc* dargestellt, die viele Tausende fesselte, die Schriftsteller besingen immer wieder aufs neue den Ruhm der grossen Patriotin,[1] trotz der gründlichen Urkundenbearbeitung Quicherat's findet die Gelehrsamkeit immer noch Nachlese,[2] und die Kunst hat sich in Johannastandbildern noch nicht erschöpft.[3]

Mahrenholtz' neues Werk, welches wohl auf des Verfassers *Voltairestudien* zurückzuführen ist, wird also in Frankreich zahlreiche dankbare Leser finden. Aber auch in Deutschland, welchem dank Schiller die Jungfrau keine Fremde ist, dürfte das echt wissen-schaftliche und dabei spannend geschriebene Buch beim grösseren Publikum nicht unbemerkt vorübergehen. Denn ausser K. Hase haben nur G. F. Eysell (1864) und H. Semmig (1882, 2. Aufl. 1887) der Prophetin eigene Werke gewidmet. Die weitschichtige, einen besonderen Katalog der Pariser Nationalbibliothek einnehmende Johannalitteratur hat Mahrenholtz an Ort und Stelle durchmustert und die Örtlichkeiten, an denen Johanna's Thätigkeit sich abspielt, aufs neue besucht. Da nun namentlich J. Quicherat und Vallet de Viriville der Forschung aufs förderlichste vorgearbeitet haben, so hat Mahrenholtz die französischen Darstellungen weit überholt und in engem Rahmen ein nahezu abschliessendes Werk über Jeanne d'Arc hervorgebracht.

Der Frage nach der angeblichen göttlichen Einwirkung auf Johanna's Laufbahn geht Mahrenholtz mit Recht nicht auf

---

[1] Im Jahre 1890 erschienen z. B. Saint-Yves d'Alveydre, *Jeanne d'Arc victorieuse. Épopée nationale dédiée à l'armée française;* J. Villecrose, *Le Poème de Jeanne d'Arc.* Dazu kann man noch rechnen: A. Weill, *Julie Verrier, une arrière-petite-sœur de Jeanne d'Arc, roman vécu.*

[2] P. Lanéry d'Arc, *Mémoires et consultations en faveur de Jeanne d'Arc, par les juges du procès de réhabilitation, d'après les manu-scrits authentiques publiés pour la première fois.* J. B. Ayroles, *La vraie Jeanne d'Arc. La Pucelle devant l'Eglise de son temps, documents nouveaux, Paris, Gaume 1890.*

[3] Die Grenzstadt Nancy erhielt voriges Jahr durch die Frei-gebigkeit des Millionärs Osiris die Fremiet'sche Johannastatue.

den Grund, da sie ins Gebiet der Psychologie und Physiologie
einschlägt und nicht der objektiven Geschichtsdarstellung. Ihm
ist das begeisterte Mädchen eine *moult grant merveille,* wie dem
Verfasser des sogenannten *Journal d'un Bourgeois de Paris*
(herausg. von Tutey, P. 1883). Mit Vorsicht und Umsicht prüft
er auf Grund der politischen und gesellschaftlichen Zustände
jener Zeit alle Nachrichten über die Wunderkraft der Jungfrau,
wodurch das Bild Karls VII. in wesentlich anderer Beleuchtung
erscheint und das Eingreifen Johanna's in die Kriegsoperationen
an der Loire auf ein bescheidenes Mass zurückgeführt wird. Denn
in der Not des Jahres 1429 waren Frankreichs beste Bundesgenossen „die Uneinigkeit der englischen Heerführer, die Zwei-
deutigkeit des Herzogs Philipp, der Abfall der burgundischen
Festungskommandeure und das wieder erstarkende französische
Nationalbewusstsein." (S. 71.)

Am dankbarsten war die Aufgabe des Verfassers in der
Schilderung des Endes Johanna's, welches als berechnete Um-
dichtung der evangelischen Überlieferung von Christi letzten
Schicksalen sich darstellt. Denn die Prozessakten, sowie die
Arbeiten von Quicherat und Beaurepaire gestatten dem
heutigen Forscher, Dichtung und Wahrheit ziemlich klar zu
sondern, was allerdings durch die idealisierenden Zeugenaussagen
im Rehabilitationsprozess wieder erschwert wird. Die zwei letzten
Kapitel des Buches beschäftigen zunächst sich mit einer Kritik
der Quellen, der Chronisten sowohl, als der späteren Historiker
Johanna's (S. 117 ff.). Nächst der Darstellung des sogenannten
Bourgeois de Paris verdient der seit 1857 in einer guten Ausgabe zugängliche *Enguerrand de Monstrelet* die grösste Glaub-
würdigkeit. Am Schluss gibt Mahrenholtz einen geistvollen Überblick über die Entwickelung des Johannakults und eine fein
abwägende Würdigung der dichterischen Darstellungen der Jungfrau. Chapelain, welchen Semmig vergebens zu „retten" gesucht
hatte, bleibt der geistlose Dichterling, wie ihn Boileau brand-
markte. Bei Voltaire führt Mahrenholtz als mildernden Umstand die Tendenz und namentlich die sittliche Verderbtheit des
Leserkreises. Southey und Schiller haben die bespöttelte Jungfrau wieder zu Ehren gebracht. Die Stimmung, die nach 1871
Platz griff, hat das übrige gethan.

M.'s Buch ist für den Historiker, wie für den Litteratur
forscher gleich wertvoll und reiht sich den allgemein geschätzten
Leistungen des Verfassers würdig an. Druckfehler: Vermehrung
des Zeugen (S. 91) statt Vernehmung, *Anné* statt *année littéraire*
(S. 151), *Sirren* statt *Sirven* (S. 153).   J. Sarrazin.

Otto, R. Jean de Mairet: *Silvanire.* Mit Einleitung und Anmerkungen herausgegeben von Richard Otto. Bamberg,
1890, Buchner'sche Verlagsbuchhandlung. 159 und 117 S.
Einleitung. 8⁰.

Von den epochemachenden Stücken des zu Lebzeiten ge-
feierten Dichters J. de Mairet ist die *Sophonisbe* bereits früher
von Professor Vollmöller ediert worden, hier liegt uns das
litterarhistorisch wichtige Pastoraldrama: *Silvanire*, in sorgfältigster
Weise herausgegeben und mit einer ebenso gründlichen wie
formell abgerundeten Einleitung versehen, vor. Auch diese Ausgabe ist auf Veranlassung des Herrn Professor Vollmöller entstanden.

Entgegen der herrschenden Ansicht von dem Erfolge des
Stückes, weist Herr Dr. Otto überzeugend nach, dass gerade die
Silvanire von den dichterischen Zeitgenossen Mairet's nur sehr
lau gewürdigt und ziemlich schnell vergessen worden ist. Auch
die dramaturgische Vorrede zu dem Drama, in welcher M. sich
entschieden für die „drei Einheiten" ausspricht, hat nicht die
ausschlaggebende Bedeutung, welche man ihr oft nachrühmte,
weil schon einige Jahre vor dem Erscheinen derselben verschiedene andere französische Dichter und Kritiker sich für diese
Regeln ins Zeug geworfen hatten. Auch nach Mairet ward
dieser Regelzwang nicht allgemein anerkannt. Corneille unterwarf sich ihm erst nach den bitteren Erfahrungen, welche die
Angriffe auf seinen *Cid* ihm bereiteten, und auch sein gehässig-
ster Gegner im Cidstreite, G. d. Scudéry, spottete noch im
Jahre 1635, vier Jahre nach dem Erscheinen von Mairet's *Silvanire*, über diese Vorschriften.

Herr Dr. Otto erörtert in sehr eingehender Weise (S. XV ff.
seiner Einleitung), wie die italienischen Kommentatoren von Aristoteles' Poetik aus der etwa 12 stündigen Zeitdauer der Tragödie
die A. als herkömmlich ansieht, ein unverbrüchliches Gesetz
machten, wie sie auch die Ortseinheit, von welcher in der Poetik
nichts steht, hinzu erfanden. Doch blieben ihre Dogmen, die in
Frankreich von Scaliger, Jodelle, Ronsard u. A. mit grösseren oder
geringeren Abweichungen anerkannt wurden, die in Daniel Heinsius, dem berühmten niederländischen Philologen, einen Vertreter
fanden, gerade in Frankreich nicht ohne mannigfachen Widerspruch. Erst der Einfluss des regelrechten italienischen Pastoral-
dramas und ebenso die zunehmende Wertschätzung der antiken
Tragödie, welche im grossen und ganzen thatsächlich dem
Zwange der drei Einheiten sich unterwirft, verhalfen der eng-
herzigen Schuldoktrin zum Siege. Mairet's Vorrede zur *Silvanire*,

die nur früher vorgebrachte Argumente wiederholt und auch mit
angesehenen Theoretikern, wie Scaliger und Heinsius, sich zuweilen in Widerspruch setzt, hat aber für den Ausgang des
Kampfes keinen entschiedenen Einfluss gehabt. Selbst die Erweiterung des von Aristoteles als Zeitmass der dramatischen
Handlung angegebenen „Sonnenumlaufes" auf 24 Stunden ist
schon etwa 60 Jahre vorher von Ronsard gutgeheissen worden.

Für die Chronologie der Lebensumstände Mairet's schliesst
sich Herr Otto an Dannheisser's Untersuchung an, lässt demnach
den Beginn der Abfassung der *Silvanire* erst 1629 oder zwischen
1628/29, nicht 1625, eintreten. Das Stück selbst, welches eine
Episode der *Astrée* dramatisch behandelt und sich zugleich an
Honoré d'Urfés Drama *Sylvanire* (1627) anlehnt, ist von geringem
Wert, so stolz es auch seinen eitlen Verfasser machte.

Wir verweisen für die manchen Einzelheiten auf das Buch
selbst, dessen Lektüre wir nicht nur den Spezialisten der französischen Litteratur, sondern auch den Forschern der italienischen
Renaissanceperiode, wegen der S. CIII—CIX abgedruckten Auszüge aus italienischen Aristoteles-Erklärern, empfehlen.

R. MAHRENHOLTZ.

Friedwagner, Mathias, *Gœthe als Corneille-Übersetzer.* Ein
    Beitrag zur Geschichte des französischen Dramas in
    Deutschland. (Wissenschaftliche Beigabe zum Programm
    der Staats-Realschule in Währing.) Wien 1890. Verlag
    der Staats-Realschule in Währing. 48 S. 8°.

Das von A. Schöll in den „Briefen und Aufsätzen von Goethe
aus den Jahren 1766—86" mitgeteilte Bruchstück einer Corneille-
Übersetzung, abgedruckt bei *Hempel* X, 517—19, hat Bernays als
unwichtig nicht in den *jungen Gœthe* mit aufgenommen. Scherer
im Vorwort zu *Gœthe's Frühzeit* nennt es ebenfalls nicht unter
den Beiträgen, die für einen VI. Band des *jungen Gœthe* erwünscht wären. Auch Bartsch *Gœthe und der Alexandriner* im
G.-J. I, 119—39 übergeht es mit Stillschweigen. Die Besprechung
von Franz Lichtenstein im *G.-J.* III, 338—39 ist unzureichend,
weil sie sich, ohne Gœthe's Corneillestudien zu berücksichtigen,
nur mit der deutschen Übersetzung beschäftigt und deren dichterische Veranlassung und damit ihren dichterischen Wert zu
bestimmen versucht. Das Verhältnis des französischen Originals
zur deutschen Übersetzung, Gœthe's Beschäftigung mit Corneille,
konnte daher genauer untersucht werden, um eine richtige Beur-

teilung des Fragments zu ermöglichen. Diese Untersuchung hat Friedwagner in der vorliegenden Abhandlung angestellt.

Die Arbeit, die die Frucht eingehender Studien ist, bietet eine nahezu erschöpfende Behandlung des Gegenstandes, und zwar in vier Abschnitten, die vortrefflich geschrieben, mit kritischer Sorgfalt und selbständigem Urteil ausgeführt sind. Indem der Verfasser Corneille's Einfluss in Deutschland überhaupt und im Besondern auf Gœthe verfolgt, gewinnt er für die Zeit der Entstehung, den Zweck und den Wert der Gœthe'schen Übersetzung bestimmte Resultate. Die Untersuchung beschäftigt sich im ersten Abschnitt mit Corneille im XVII. und XVIII. Jahrhundert in Deutschland; als Lustspieldichter verschwindet er auf dem Theater ganz neben Molière und dessen Nachfolgern. Im zweiten Abschnitt erweist der Verfasser als wahrscheinlich, dass der junge Gœthe den *Menteur*, von den französischen Komödianten im Junghofe zu Frankfurt dargestellt, gesehen habe. Im dritten, dass er nicht aus dichterischem Bedürfnis, sondern zu seinem Studium und zwar wahrscheinlich im Sommer 1766, die Übersetzung von Corneille's Komödie begonnen habe; den *Menteur* gerade nahm er, weil dies Stück das erste klassische Lustspiel der Franzosen ist. Der vierte Abschnitt gibt das Nötige über die Entstehung des französischen Stückes und eine Vergleichung der Gœthe'schen Verdeutschung mit dem Originaltext, der ihm vorgelegen.

In der That ist also das Bruchstück nur eine Übung, wie sie Gœthe in dieser Zeit gewiss mehrfach angestellt hat, kein Gedicht, und man begreift, warum Bernays, Scherer und Bartsch diese Arbeit übergehen.

Zu S. 6, 1 bemerkt Referent, dass der *schlimme Roderich* nach Devrient *G. d. d. Sch.* I, 263 während des Karnevals in Torgau 1590 aufgeführt wurde; ibid. S. 262 verlautet nur, dass 1688 Veltheus Truppe ihre Thätigkeit in Dresden wiederbegonnen haben kann. Für die S. 120 seines Buches behauptete Aufführung von 1688 wird Mentzel daher der Beweis überlassen bleiben. GEORGE CAREL.

Worp, J. A., *Lettres du Sgr. de Zuylichem à Pierre Corneille,* Paris et Groningue 1890. 35 S.

Konstantin Huyghens, Herr von Zuylichem, gehört zu den vergessenen Grössen der Geschichte und Litteratur, obwohl er im XVII. Jahrhundert eine Rolle spielte. Geboren im Haag 1596, gestorben 1687, umfasste er mit seiner Lebenszeit fast ein Jahrhundert, ohne dem Jahrhundert seine Signatur zu geben. Er stand in engster Verbindung mit dem Hause Oranien, war Sekretär

zweier Prinzen desselben und unterhandelte von 1661—1665 mit
dem französischen Hofe wegen der Wiedergewinnung der Herrschaft Oranien, deren Ludwig XIV. sich bemächtigt hatte. Nachdem Wilhelm von Oranien Statthalter der Niederlande geworden
war, blieb er der Vertraute dieses Fürsten. Wie alle grossen
Herren jener Zeit, hatte er vielseitige schöngeistige Neigungen,
unterhielt einen Briefwechsel mit den Dichtern und Gelehrten
des In- und Auslandes, war ein Anhänger und persönlicher Bekannter von Descartes und feierte auch Pierre Corneille in zwei
Epigrammen, die beide in der holländischen Ausgabe des *Menteur*
(Leyden, Elzevier 1645) zuerst gedruckt sind. Bisher waren nur
zwei Briefe Corneille's an ihn bekannt (s. *Oeuvres de C. p. Marty-
Laveaux*, X, p. 448—457). Die fünf Schreiben Zuylichem's an
Corneille sind erst in der vorliegenden Broschüre nach den eigen-
händigen Konzepten Zuylichem's, die sich unter 2000 anderen
Niederschriften in der Bibliothek der Akademie von Amsterdam
vorgefunden haben, veröffentlicht worden.

Zuylichem hatte dem berühmten Dichter seine lateinischen
Poesien dediziert, wofür er am 6. März 1649 ein artiges Dank-
schreiben Corneille's erhielt (*Oeuvres de Corneille*, a. a. O. X,
448—452). Er beantwortete dasselbe mit einer längeren Epistel
vom 31. Mai d. J., worin er Corneille dafür dankte, dass dieser
in den letzten Ausgaben seiner Stücke durch ein vorausgeschicktes
„Argument" dem Verständnis der Leser zu Hilfe gekommen sei.
Im folgenden Jahre übersandte Corneille seinem Gönner ein
Exemplar des *Don Sanche d'Aragon* mit verbindlichem Widmungs-
schreiben (a. a. O. X, 453—57), wofür Zuylichem, durch diplomatische Reisen abgehalten, erst am 5. Oktober d. J. sich be-
danken konnte.

Die Nützlichkeit der „Argumente" und persönliche Angelegenheiten bilden den Hauptinhalt dieses Briefes, mit ihm erlosch
die Korrespondenz beider Männer für mehr als 11 Jahre. Am
28. Dezember 1661 kündigt der in Paris als Geschäftsträger
Oraniens weilende Zuylichem dem in Rouen wohnenden Dichter
seinen Besuch an, der jedoch erst 1663 stattfand.

Bei dieser Gelegenheit wurde der Keim eines Zwistes der
beiden Männer gelegt, denn Zuylichem fand an den französischen
Alexandrinern Corneille'scher Mache viel auszusetzen, da er der
Ansicht huldigte, dass *toute Poesie debvroit estre bien chantable.*
In einem langen Schreiben vom 30. Mai 1663 bemüht sich
Zuylichem, den grossen Tragödiendichter von der Richtigkeit
seiner metrischen Theorie zu überzeugen,[1]) aber er empfing trotz

---

[1]) Vgl. diese *Ztsch.* XII², S. 191—201.

eines mahnenden Briefes vom 22. Oktober d. J. nie eine Antwort. Ein Astronom und Mathematiker, Mathurin de Neuré, der auch in lateinischen Versübungen dilettierte, nahm die Verteidigung Corneille's in die Hand und wechselte mit Zuylichem mehrere Briefe, die kaum ein besonderes litterarisches Interesse haben (a. a. O. 23—34). Zuylichem suchte in den Streit noch andere französische Gelehrte hineinzuziehen, blieb aber, trotz Corneille's verletzendem Benehmen, stets ein Bewunderer des „Vaters der klassischen Tragödie Frankreichs". Noch im Februar 1665 hat er ihn in zwei lateinischen Gedichten gefeiert.

Zur Charakteristik des mit zunehmendem Alter und abnehmendem Ruhme verbitterter werdenden Corneille liefert auch das Verhalten gegen Zuylichem einen kleinen Beitrag. Der missgestimmte Dichter vertrug einmal keinen Widerspruch und war im gesellschaftlichen Verkehr von jener schroffen Unliebenswürdigkeit, die später noch Voltaire's Eltern zu spüren hatten. Dagegen sticht die urbane Schreibweise des Herrn v. Zuylichem sehr vorteilhaft ab und wir entschuldigen die Äusserlichkeit seiner ästhetischen und sprachlichen Auffassung, die in der Rococozeit nur allzu häufig uns entgegentritt. Auch seinem Charakter nach scheint Corneille's Freund und Gönner ein lauterer, trefflicher Mensch gewesen zu sein. Mit Abscheu wandte er sich von den Mördern Karls I. von England ab, an den Geschicken der Häuser Stuart und Oranien nahm er in ihrem Unglücke wie Glücke den eifrigsten Anteil. Wenn nur die klassische Aftergelehrsamkeit nicht die Schönheit und Reinheit seines Briefstyles beeinträchtigt hätte!

R. MAHRENHOLTZ.

Knörich, Dr. W., *Molière's Werke* Bd. II; *Les Précieuses Ridicules. Les Femmes savantes.* Leipzig. Osc. Leiner. 176 + LX S. 8⁰.

Die von Ad. Laun in dem Leiner'schen Verlage publizierte Ausgabe dieser beiden Stücke Molière's entsprach dem Standpunkte der heutigen Forschung nicht mehr. Knörich hat daher Recht gethan, wenn er, statt am Alten zu flicken und zu bessern, die frühere Bearbeitung „von Grund aus erneuerte". Besonders war gerade er zu einer völligen Neubearbeitung der *Précieuses Ridicules* geeignet, denn er hat über die preziöse Litteratur eingehende Studien gemacht, wie kaum ein zweiter Gelehrter in Deutschland, und ist auch mit der Veröffentlichung einer quellenmässigen Geschichte des Preziösentums beschäftigt. Seine Einleitung und sein Kommentar zu den *Précieuses Ridicules* lassen daher, soweit die gebotene Kürze es gestattet, überall die Spuren

einer ausgebreiteten Belesenheit und selbständiger Forschung er-
kennen, nur bedauern wir, dass Knörich sich öfter an den
neuerungssüchtigen Ch. Livet angeschlossen hat, als dies unbedingt notwendig war. So bestreitet er mit dem französischen
Gelehrten, dass Molière in seiner Satire auf die Marquise de
Rambouillet oder auf Madeleine Scudéry gezielt habe und scheint
Molière's Ausrede in der *Préface*, dass nur die lächerlichen
Nachäfferinnen des wahren Preziösentums getroffen werden sollten,
beizupflichten. Aber, wenn auch ein bestimmtes, zeitgenössisches
Zeugnis für die Kopierung bezw. Karrikierung der beiden Vor-
kämpferinnen des Preziösentums nicht beizubringen ist, so spricht
die Wahrscheinlichkeit doch gegen Livet's Ansicht. Wie liesse
sich denn die gewaltige Wirkung des Stückes, die Aufregung in
den Kreisen des Preziösentums, der Versuch, die Aufführungen
zu inhibieren, anders erklären, als dadurch, dass man in den
angegriffenen Kreisen recht wohl die Tragweite der Satire erkannte? Schon, dass die beiden Hauptpersonen *Cathos* und
Madelon heissen, also für jeden Zuschauer als satirische Ab-
bilder der Catherine de Rambouillet und Madeleine de
Scudéry gelten mussten, kann doch nicht etwas Zufälliges, vom
Autor Unbeabsichtigtes sein? Natürlich forderte die satirische
Wirkung, dass die beiden vornehmen Damen herabgewürdigt, in
ihren Fehlern und Schwächen übertrieben lächerlich gemacht
wurden, so dass „Alter, Stand, Herkunft, das ganze Gebahren
der beiden *pecques de province*" nicht immer zu den Wesens-
eigentümlichkeiten der Rambouillet und Scudéry stimmen.
Aber zu weit geht Knörich, wenn er behauptet, nicht die Romane
der Scudéry, sondern die verkehrte Nutzanwendung derselben
seien in den *Précieuses Ridicules* lächerlich gemacht. Der Spott
über den *Grand Cyrus* und die *Clélie* (Z. 95 ff.) ist doch ersichtlich genug und musste die Scudéry sehr empfindlich berühren, die Rambouillet hatte freilich keine Romane geschrieben
und war an den litterarischen Sünden des Preziösentums wenig
oder gar nicht beteiligt. Es wäre darum die Meinung Roederers,
dass nur die Scudéry, nicht die Rambouillet getroffen sei,
aufrecht zu erhalten, wenn nicht die enge Verbindung der beiden
schwesterlichen Namen *Cathos* und *Madelon* die ganze Tragweite
der Satire bekundete.

Wir stimmen ferner Knörich auch nicht in der geringschätzigen Beurteilung des Berichtes der Mlle Desjardins über
die erste Aufführung der *Précieuses Ridicules* bei und glauben mit
hervorragenden französischen Gelehrten, dass Molière das Stück
während der unfreiwilligen Pause der Aufführungen (18. November
bis 2. Dezember 1659) umgearbeitet hat.

Der Kommentar zu dem Stücke zeigt ein äusserst sorg-
fältiges Studium der preziösen Schriften, der zeitgenössischen
Litteratur und der neueren Forschungen über das Preziösentum,
bisweilen ist aber auch hier Livet wieder der Verführer gewesen. So deutet die Frage: *Comment est-ce qu'on peut souffrir
la pensée de coucher contre un homme vraiment nu*, doch darauf
hin, dass die Sitte des unbekleidet Schlafens damals eine allgemeine war, wofür auch in einem Aufsatze des *Moliériste* mancherlei
Gründe beigebracht sind. Dass Livet die gegenteilige Ansicht
in seiner Ausgabe der *Précieuses* unwiderleglich erwiesen habe,
können wir nicht zugeben.

Die Absicht Molière's, jenen üblichen Vorlesungen der noch
unaufgeführten Dramen unlautere Motive unterzuschieben, erhellt
Z. 479 ff. deutlich genug, und Livet's Meinung, diese Sitte sei
ohne tadelnde Nebenabsicht erwähnt, ist keine haltbare. Dass
der Dichter selbst sich dieser reklamehaften Unsitte, wie so
mancher anderen, anbequemen musste, spricht nicht gegen die
Annahme, dass er das Lächerliche dieser Kaptivations-Vorlesungen
vor flachen, halbgebildeten Schöngeistern habe verspotten wollen.
Ob die Deklamation im *Hôtel de Bourgogne* „eine sehr manierierte",
die im *Palais Royal* eine „natürliche" war (Anm. 501), lässt sich
nach den meist parteiischen Nachrichten über die damalige
Schauspielkunst kaum entscheiden. Die ältere Erklärung des
Ausdruckes *un brave à trois poils* in dem Sinne, dass er auf die
Gewohnheit der Krieger, sich durch den dreigespitzten Kinn- und
Schnurrbart ein martialisches Aussehen zu geben, hindeute, möchte
ich trotz Littré nicht für unrichtig halten, denn die Herleitung
von der Weber-Praxis, drei gelbe Linien in die besseren Waren
hineinzuweben, scheint mir viel gesuchter. Auch die von Littré
zitierte Wendung *un brave à quatre poils* führt eher auf die
Eigenheiten der Bartkultur als auf die Weber-Geschäftsreklame
zurück (vgl. Anm. 595). In Z. 611 deuten die Worte Jodelet's:
La cour récompense mal aujourd'hui les gens de service schwerlich
darauf hin, dass Jodelet „einen auf seine eigentliche Stellung
anspielenden Wortwitz" habe machen wollen. Der Bediente,
welcher den Herrn spielt, wird sich selbst nicht gerade an seine
„eigentliche Stellung" erinnern wollen und *gens de service* im Sinne
von „Kriegsleute" zu verstehen, liegt kein Hindernis vor, auch
wenn dieser Ausdruck sonst nicht üblich ist. Die Anspielung
auf die schlechte Behandlung verdienter Kriegsleute lag damals,
wo der Friedensschluss mit Spanien und die Bewältigung der
rebellischen Fronde-Partei viele Militärs auf den Aussterbeetat
stellte, recht nahe. Z. 620 kann Mascarille unter der *siége
d'Arras* nur die Befreiung der belgischen Stadt von den Spaniern

im Jahre 1654, nicht deren Eroberung im Jahre 1640 verstehen. Denn, da **Mascarille** sowohl, wie **Jodelet** für jugendliche Stutzer gelten wollen, so werden sie nicht ihre angeblichen Heldenthaten um 19 Jahre zurückdatieren, als Zeit der Handlung in den *Précieuses Ridicules* muss aber doch die unmittelbare Gegenwart angesehen werden. Gewiss weckte **Molière** durch die Erwähnung einer kriegerischen Operation, bei der Condé als Vaterlandsverräter eine spanische Armee kommandierte, „trübe Erinnerungen", aber zugleich gab er seinem patriotischen Hass gegen die Fronde-Bewegung Ausdruck. Hier hat wohl **Livet** Recht, wenn er an die Entsetzung Arras' im Jahre 1654 denkt.

Mit der Einleitung zu dem zweiten kommentierten Stücke, den *Femmes savantes*, sind wir durchaus einverstanden, nur möchten wir die Benutzung von Calderon's: *No hay burlas con el amor* und von Lopes: *Los Melindres de Belisa* bestimmter hervorgehoben sehen, da sie uns völlig zweifellos erscheint. Der Kommentar gibt wieder eine Fülle sprachlicher und kulturhistorischer Bemerkungen, darunter auch solche, die den bisherigen französischen und deutschen Erklärern entgegen waren.

Alles in allem können diese beiden Ausgaben als Musterleistungen des deutschen Gelehrtenfleisses betrachtet werden und schliessen sich den früheren Leistungen Knörich's würdig an. Hoffentlich werden sie dazu beitragen, dass *Molière* wieder eifriger auf deutschen Gymnasien und Realschulen gelesen wird und den leichten Tand der *Scribe & Co.* verdrängt. Vielleicht gibt dann der Bilderatlas zu *Molière*, mit dessen Herausgabe Prof. Scheffler bemüht ist, der Lektüre eine wünschenswerte und anschauliche Ergänzung.   R. MAHRENHOLTZ.

Stein, Ferdinand. *Lafontaines Einfluss auf die deutsche Fabeldichtung des achtzehnten Jahrhunderts.* (Jahresbericht über das Kaiser-Karls-Gymnasium zu Aachen 1889. 32 S. 4°. — Unter demselben Titel auch in etwas erweiterter Form erschienen bei Gustav Fock in Leipzig, 40 S. 4°, Ladenpreis 2 Mk.)

Eine reizende Abhandlung, die weit über den Charakter und durchschnittlichen Wert der Pflichtabhandlungen hinausragt! — Die Thatsache, dass Lafontaine (um mit dem Verfasser zu reden) seine deutschen Kunstgenossen ein ganzes Jahrhundert unter seinen Einfluss zwingt, ist zwar den grossen Litteraturgeschichten und den meisten Einzelschriften zur Geschichte der Fabel nicht unbekannt, doch hatte sie bis jetzt weder eine eingehende histori-

sche Darlegung noch eine angemessene ästhetische Würdigung
erfahren. Diese Lücke auszufüllen, unternimmt der Verfasser, und
er thut das mit so viel Geschmack, Sachkenntnis und feinem Verständnis für das Wesen der Fabel, dass man nur wünschen kann,
er möchte selber der Geschichtsschreiber dieser Gattung werden.

M. F. MANN.

Becker, Jos. *Die Entwickelung der Dienerrolle bei Molière.*
Programm des bischöflichen Gymnasiums zu St. Stephan
in Strassburg, 1890, 17 S.

Die kleine Abhandlung ist offenbar in erster Linie für die
Zöglinge des bischöflichen Gymnasiums bestimmt. Sie giebt kurze
Inhaltsangaben aller Stücke Molières, wobei sie die darin auftretenden Bedienten ebenso kurz charakterisiert. Des Verfassers
Grundansicht ist die, dass M. in seinen Charakterkomödien auch
die Bedientenrollen von der herkömmlichen Tradition der Komödie
befreit und in sie „möglichst viel Menschlichkeit hineingelegt
habe", dass aber seine späteren Intriguenstücke und Possen auch
in dieser Hinsicht einen Rückfall in das Schema der italienischen
und spanischen Überlieferungen zeigen. Die Rücksicht auf das
Parterre habe, trotzdem Molière's Dichterbewusstsein den verhältnismässig geringeren Wert der possenhaften Stücke, wie
Fourberies de Scapin, Bourgeois gentilhomme etc., wohl erkannte,
diese Rückkehr zu dem bereits Überwundenen verschuldet.

Der Verfasser kennt die neuere Molière-Litteratur, wie es
scheint, nicht; mit Moland schliesst seine Belesenheit ab. Ausserdem werden noch die *Sommaires* und biographischen Bemerkungen
Voltaires benutzt. Immerhin ist es erfreulich, dass man sich auch
an einem streng-katholischen Gymnasium eingehender mit dem
grossen Ketzer Molière beschäftigt.

R. MAHRENHOLTZ.

Blennerhassett, Lady Charlotte, geb. Gräfin Leyden. *Frau
von Staël, ihre Freunde und ihre Bedeutung in Politik
und Litteratur.* Dritter Band. Berlin 1889. Gebrüder
Pætel. XIV und 569 S. gr. 8⁰.[1]

Das grosse Werk der Lady Blennerhassett hat mit diesem
Bande seinen schönen Abschluss gefunden, zumal da dem letzten
für alle drei Bände ein Inhaltsverzeichnis vorausgeschickt und

---

[1] Vgl. *Ztschr.* X. S. 100 und XI. S. 218.

ein umfassendes alphabetisches Namenregister angehängt ist. Die einzelnen Daten aus dem Leben der Staël, ihre Beziehungen zu Anderen, ihre Reisen und ihre Schriften allein füllen in diesem fast fünf Seiten.

Der Band, welcher wieder in sieben Kapitel zerfällt, beginnt mit dem für uns Deutsche interessantesten Teil des Lebens der Heldin, mit ihrem ersten Aufenthalte in Deutschland.

Die Verfasserin geht in dem ersten Kapitel (S. 1—64) von der Frage aus, was Deutschland bereits von der Staël wusste, als sie 1803 über den Rhein kam, und bringt bei dieser Gelegenheit besonders aus den Briefwechseln interessante Äusserungen sympathischer und antipathischer Natur von Schiller, Gœthe, W. von Humboldt, der Rahel u. A. bei. Gœthe hatte schon 1796, wie wir erfahren, den *Essai sur les fictions* einer Übertragung in den 'Horen' gewürdigt. Sehr lebendig wird uns dann das Erscheinen der Staël in Weimar und der Eindruck, deh sie dort machte und empfing, samt dem ganzen Treiben an dem dortigen Musenhofe geschildert. „Der erste Eindruck, den die deutsche Musenstadt vom Besuch von Frau von Staël empfing, war unleugbar der eines in seinem gewohnten Treiben gestörten Ameisenhaufens" sagt die Verfasserin (S. 11). Die bezeichnendsten Urteile über die Person der Fremden stammen aus den Federn von Henriette Knebel und Charlotte von Schiller, während sich bei Gœthe und Schiller selbst die Meinung über die Staël erst allmählich abklärte. Daneben berührt Lady Bl. Gœthe's Verhältnis zur französischen Revolution und zu den Franzosen überhaupt und weist bei ihrer Heldin den ersten Gedanken an ein über Deutschland zu verfassendes Werk nach. Das zweite Kapitel (S. 65—158) ist auf seinen ersten Seiten dem Aufenthalt der Staël in Berlin und der Schilderung der dortigen Gesellschaft und des damaligen litterarischen Lebens in Preussens Hauptstadt gewidmet: wir finden die Staël in ihrem bekannten Zwiegespräch mit Fichte, in ihren Beziehungen zu den Romantikern, besonders den Gebrüdern Schlegel, während von bedeutsamen äusseren Ereignissen die Hinrichtung des Herzogs von Enghien blitzartig hereinleuchtet, und der Tod Necker's tiefer eingreift, indem er ihrem Aufenthalt in Deutschland ein Ziel setzt. Dem gewaltigen Eindruck, dem der Tod des geliebten Vaters auf sie machte, und der schmerzlichen Gemütsstimmung, in die er sie auf lange versenkte, folgt dann, nachdem sie dem teueren Todten das litterarische Denkmal *Du caractère de M. Necker et de sa vie privée* gesetzt hatte, ihre Reise nach Italien, womit sich die weiteren Seiten des Kapitels beschäftigen, und als Frucht derselben ihre *Corinne*, deren eingehende Betrachtung und Würdigung

diesen Abschnitt schliesst. Die Schilderung des Aufenthalts der
Staël in Italien mit seinen folgewichtigen Wirkungen und der
dort sie umgebenden Gesellschaft, die wenigstens durch ihre
bonapartistische Schwärmerei zu ihr in einem eigentümlichen
Gegensatze stand, ist wieder der Verfasserin trefflich gelungen.
Neu für Viele dürfte die S. 101 ff. und S. 122 beleuchtete
Neigung der Staël zu dem Dichter Vincenzo Monti sein.

Im dritten Kapitel (S. 159—221) begleiten wir Frau von
Staël in dem Zeitraum von Ende 1805 bis Mitte 1808 zurück
nach Coppet und Genf, in welcher Stadt sie im Winter 1805
auf 1806 eine Liebhaberbühne zu eigenem Auftreten vor engerem
Kreise schuf; ferner nach Frankreich, wo sie nach Aufenthalt
in verschiedenen Provinzialstädten (Auxerre, Blois, Rouen) und
Schloss Acosta sich ohne Erlaubnis sogar nach Paris wagte und
dann endlich ihre *Corinne* im Druck erscheinen liess. Wir folgen
ihr weiter an die Ufer des Genfer Sees zurück, wo Prinz August
von Preussen ihre Liebhaberbühne geniessen durfte, und Männer
wie der neue Präfekt Barante und der jugendliche Guizot in
ihren Kreis traten. Wir geleiten sie endlich bei ihrer zweiten
Reise nach Deutschland von Ende 1807 bis 1808, welche sie
nach München, Wien (wo ihr Begleiter Schlegel seine Vorlesungen
über dramatische Kunst und Litteratur hielt, und ihr Sohn Albert
in die Militärschule eintrat), Weimar (wo sie diesmal Gœthe nicht
antraf) und zuletzt nach Frankfurt a. M. führte, und bewundern
immer wieder die Kunst der Verfasserin, ihre Heldin im Wechsel
des Rahmens und der umgebenden Gestalten für uns neues Leben
und neu fesselnden Reiz gewinnen zu lassen.

Das vierte Kapitel (S. 222—284) beschäftigt sich zunächst eingehend mit den Beziehungen zwischen der Staël und
Benj. Constant, denen durch des Letzteren Vermählung ein für
Erstere unerwartetes Ziel gesetzt zu werden schien, wenn sie
auch kurz nach ihres Gatten Tode ihrerseits der ehelichen Verbindung mit ihm aus dem Wege gegangen war. Es bringt zu
diesem Zwecke Auszüge aus B. Constant's Tagebuche, der neu
erschlossenen, wichtigen, aber unerquicklichen Quelle, welche
das allmähliche Erkalten der Liebe auf der Seite des Mannes
gegenüber andauernder Leidenschaft auf Seiten des Weibes verfolgen lassen, während aus der Zeit nach Constant's Vermählung
Beweise für das umgekehrte Verhältnis zwischen ihm und der
Staël vorliegen. Es geht auf Constant's Roman *Adolphe* ein
(„ein trostlos trauriges Buch", sagt Lady Bl. S. 234), das Gemälde seiner Lebenserfahrung auf dem Gebiete der Liebe, das
Buch dessen Widerlegung *Corinne* sein sollte. Die folgenden
Seiten schildern zunächst den gesellschaftlichen Kreis in Coppet

seit Mitte 1808 (nicht im Jahre 1809, wie der Titelkopf und das
Inhaltsverzeichnis sagen) mit seinem kosmopolitischen Charakter
und verweilen bei Gestalten wie Öhlenschläger, Zach, Werner,
Baron Voght; besprechen dann der Staël letzte dramatische Versuche (*Die Sunamitin* und *Sappho*) und begleiten sie nach Lyon,
wo sie Talma sehen wollte, dann aber im Jahre 1810 nach
Schloss Chaumont und Schloss Fossé unfern Paris, wo es den
Druck von *de l'Allemagne* zu überwachen galt. In Chaumont
ward Adalbert von Chamisso ihrem Kreise zugeführt. Die früheren
und späteren vergeblichen Versuche, den Kaiser zur Zurücknahme
der Verbannung von Paris zu bewegen, und die Unterdrückung
des im September in der Presse vollendeten Werkes schliessen
den Abschnitt.

Im fünften Kapitel (S. 285—346) verweilt Lady Bl. anfangs
bei den religiösen Anschauungen ihrer Heldin, wobei die religiöse
Dichtung in Deutschland nebenher berührt wird, und zeigt, wie
sich allmählich in derselben die gläubige Christin entwickelt.
Dann gelangen wir zu ihrer heimlichen Vermählung mit Rocca
im Jahre 1811, die der gereiften Frau endlich die langersehnte
Fülle der „Liebe in der Ehe" brachte, vor der Welt aber —
trotz der Offenkundigkeit der Beziehungen zu jenem Manne —
bei ihren Lebzeiten verborgen gehalten blieb, teils aus Abneigung
gegen einen anderen Namen, teils aus Scheu vor spöttischem
Gerede. Es folgt in demselben Abschnitt die Schilderung der
letzten Quälereien, welche die napoleonische Polizei der Staël
samt ihren Freunden bereitete, wie der letzten Versuche derselben, ihre Feder zu gewinnen (aus den *Dix Années d'exil*
wohlbekannt), und ihrer heldenmütig zu nennenden Flucht nach
Russland im Frühsommer 1812, eine Schilderung, die zugleich
der politischen Lage, dem Land und den Menschen, mit denen
die Staël dort in Beziehung tritt, reichliche Beachtung schenkt.

Den Mittelpunkt des sechsten Kapitels (S. 347—416),
welches uns den Aufenthalt der Staël in Schweden und in England, ihre dortigen Beziehungen und Umgebung in farbenreicher
Darstellung vorführt, bildet natürlich das endlich im Oktober 1813
herausgegebene Werk *de l'Allemagne*, das nach allen Seiten in
seinen Vorzügen und seinen Mängeln gewürdigt und in seiner
Aufnahme und Wirkung verfolgt wird. An wichtigeren Einzel-
ereignissen aus der Lebensgeschichte der Heldin hat der Abschnitt den Tod ihres zweiten Sohnes (im Zweikampf) und den
ihres alten Freundes Narbonne zu verzeichnen.

In dem siebenten Kapitel endlich (S. 417—494), worin
die letzten Lebensjahre der Staël, ihre Rückkehr nach Paris,
ihre Flucht vor dem wiederkehrenden Napoleon nach Coppet

(dazwischen die Verlobung ihrer Tochter Albertine mit dem Herzog von Broglie), ihre letzte Reise nach Italien und ihr Tod in Paris (14. Juli 1817) erzählt werden, fällt übrigens das Hauptgewicht auf die Betrachtung der geschichtlichen Ereignisse und der damaligen politischen Stellung der Staël, womit sich schon der Schluss des vorangehenden Kapitels befasste. Ihr ganzes Verhältnis zu Napoleon findet dabei seine treffende Beleuchtung.

Ein Epilog von wenigen Seiten geht dann noch auf die nach der Staël Tode erschienenen *Considérations sur la révolution française* ein und vollendet damit ihr Lebensbild.

Wenn wir bei der Besprechung der beiden ersten Bände es für angezeigt hielten, die hauptsächlichsten Quellen und litterarischen Hilfsmittel der Verfasserin zusammenzustellen, so lag dies an dem Mangel eines Quellenverzeichnisses in jenen selbst. Das alphabetische Register im dritten Bande ersetzt allerdings diesen Mangel, indem es natürlich auch die zitierten Schriftsteller und Werke enthält. Indessen sind sie immer erst aus der Fülle der Namen herauszusuchen, und so wollen wir zur Ergänzung unserer früheren Zusammenstellungen auch hervorheben, was an weiterem Material für den dritten Band benutzt worden ist.

Allgemeine historische und litterargeschichtliche Werke: Treitschke, *Deutsche Geschichte im XIX. Jahrhundert*; Oncken, *Oesterreich und Preussen im Befreiungskriege*; Lecky, *History of European morals*; Rambau, *l'Allemagne sous Napoléon*; Häusser, *Geschichte der französischen Revolution*; Alison, *History of Europe*; Viel-Castel, *Histoire de la Restauration*; — Geltzer, *Die neuere deutsche National-Litteratur*; Scherer, *Geschichte der deutschen Litteratur*; Koch, *Kompendium der deutschen Litteraturgeschichte*; Barante, *Tableau de la littérature française au XVIIIe siècle*.

Monographien und biographische Werke: Pertz, *Das Leben Stein's*; Ranke, *Hardenberg und die Geschichte des preussischen Staats*; S. Wilberforce, *Life of W. Wilberforce*; — Düntzer, *Gœthe und Karl August*; derselbe, *Gœthe's Ansicht über das Wesen der Tragödie*; Vischer, *Kleine Beiträge zur Charakteristik Gœthe's*; H. Grimm, *Vorlesungen über Gœthe*; Hehn, *Gedanken über Gœthe*; Braun, *Gœthe im Urteil seiner Zeitgenossen*; Riemer, *Mitteilungen über Gœthe*; Keil, *Gœthe, Weimar und Jena*; Caumont, *Gœthe et la littérature française*; Haym, *Herder*; Palleske, *Charlotte*; Hillebrand, *la Société de Berlin*; Eggers, *Rauch*; Thiele, *Leben Thorwaldsens*; Kramer, *K. Ritter*; Haym, *W. von Humboldt*; Düntzer, *Zwei Bekehrte*; Schütz, *Zach. Werners Biographie und Charakteristik*; Fulda, *Chamisso und seine Zeit*; Küttner, *Charaktere deutscher Dichter und Prosaisten*; Fürst, *Henriette Herz*; die Schriften von Cantù, Jumbini, Vicchi, P. Heyse über Vincenzo Monti; Reumont, *Die Gräfin von Albany;* Hayward, *Selected Essays;* Cyrus Redding, *Past Celebrities;* Cousin d'Avallon, *Staëllliana;* Regnault de Warin (Regnault — Warin schreibt übrigens der *Moniteur des Dates*), *Esprit de Mme de Staël.* Dazu zahlreiche Aufsätze in der *Revue des Deux Mondes*, Sybel's *Ztschr.*, Oncken's *Historischem Taschenbuch.*

Denkwürdigkeiten und Ähnliches: Eckermann, *Gespräche mit Gœthe;* Böttiger, *Litt. Zustände und Zeitgenossen;* von Bernhardi, *Denkwürdigkeiten aus dem Leben des Grafen von Toll;* Gräfin Voss; Karoline Pichler; Luden; Daniel Stern (Gräfin d'Agoult); Zach. Werner; Niebuhr; Arndt *(Wanderungen und Wandlungen mit dem Freiherrn von Stein* und *Erinnerungen aus dem äusseren Leben);* Fürst von Ligne; Constant (das *Journal intime* und *Mémoires sur les Cent Jours);* Capponi; Guizot; Napoléon Ier *(Mémorial de Sainte-Hélène);* Rocca; Medwin *(Conversations with Lord Byron);* Graf Mollien; Villemain; Rogers *(Recollections);* Lavalette; Stanhope; Du Casse *(Mémoires du roi Joseph).*

Briefwechsel: Gœthe und Reinhard; Gœthe und Zelter; Wieland; Bürger; Hegel; Gentz und Adam Müller; Karoline Schelling; Dorothea von Schlegel; A. W. Schlegel mit Schelling, Stein, dem Herzog von Broglie; Alexander I. und Czartoryski; Talleyrand und Ludwig XVIII.; Katharina II. und M. Grimm; de Serre; Bernadotte mit Napoleon; Ugo Foscolo; Pictet de Rougemont; Miss Fanchawe (oder wohl eher Fanshawe, das als englischer Familienname bekannt); Benj. Constant; Frau von Staël mit Monti, B. Constant (in Strodtmann's *Dichterprofilen* II), Wilson und Galiffe (letztere Briefe in Galiffe, *D'un siècle à l'autre).*

Briefwechsel und Denkwürdigkeiten zugleich: Varnhagen von Ense, *Rahel;* Ludmilla Assing, *Aus Rahels Herzensleben:* Karoline von Wolzogen, *Litterärischer Nachlass;* Villari, *Sismondi* (in der *Revue historique);* Coulmann, *Réminiscences;* Mme Vigée-Lebrun, *Souvenirs;* Villèle, *Mémoires et Correspondance;* Croker, *Correspondence and Diaries.*

Es ist natürlich, dass unter dieser Litteratur das deutsche Element so stark vertreten ist. Hervorgehoben sei aber, dass die Verfasserin zahlreiche Züge ihres Bildes den neuesten Veröffentlichungen brieflichen Materials im *Gœthe-Jahrbuch* verdankt, wie andererseits der gleichfalls ganz neuen Veröffentlichung von Benj. Constant's *Journal intime* in der *Revue internationale* von 1887, und ferner, dass an ungedruckten Quellen für diesen Band besonders A. W. Schlegel's Briefwechsel (24 Bände im Besitze der Dresdener Bibliothek) in Betracht kommt; daneben für einige

Einzelheiten Benj. Constant's ungedruckte Briefe auf der Genfer
Bibliothek, ein Brieffragment von Miss Fanchawe (Fanshawe?),
Briefe der Staël an Wilson und an Lord Byron (beide im Besitz
des Britischen Museums), endlich Stanhope's *Notes of conversations
with the Duke of Wellington.*

Auch der letzte Band des Werkes samt dem Register ist
von mancherlei Flüchtigkeitsversehen in Namen und Daten nicht
frei. Ebenso zeigt sich die Verfasserin hier wieder nicht völlig
zuverlässig in der Wiedergabe fremder Worte.

So lesen wir S. 61: „Vergeblich ist das eitle Beginnen,"
schliesst das Kapitel über die Moral, „diese beiden Begriffe
als in eins verschmolzen darstellen zu wollen" ... Die Stelle
steht aber in der ersten Hälfte des Kapitels und nimmt sich
im französischen Texte auch etwas anders aus. — Nach S. 86
unterzeichnet Prinz Louis Ferdinand einen Bericht an die
Staël *le nommé Louis de Prusse,* der Brief beginnt aber mit
diesen Worten, wie sie in den *Dix Années d'exil* (1. Teil,
Kapitel XV im Anfang) erzählt. — S. 138 soll Oswald in *Corinne*
sagen: „Das Leben ist kein Hymnus, sondern ein Kampf," im
Text (der, wie Lady Bl. dies liebt, auch sonst mit einiger Freiheit
wiedergegeben ist) steht aber: *La vie religieuse est un combat
et non pas un hymne.* — S. 145 sind die Worte aus *Corinne*
„*sur le trône de l'Angleterre*" entstellend durch „auf einem Throne"
übersetzt, und vorher die Worte „mit Ihren Freunden zusammen
leben?" ein ganz willkürlicher Ersatz für „*et vous quittant au
dessert pour aller préparer le thé quand vous sortirez de table?*"
— Warum ist S. 172 „*mais il est peut-être vrai seulement que* ...",
wie Frau von Staël geschrieben hat, übersetzt mit: „Vielleicht
aber ist es nicht minder richtig zu sagen"? — Auf der
folgenden Seite steht statt „*où je vais passer l'été*" einfach
„wohin ich zurückkehre". — Für die Worte „Dieses, meine
theure Juliette ... sind meine Entschädigungen ..." (S. 210)
wird auf einen Brief der Staël an die Herzogin Louise verwiesen, während die Anrede auf die Récamier hindeutet. Das
Buch *Coppet et Weimar,* woraus das Zitat genommen ist, steht
dem Referenten leider nicht zur Verfügung. — Dagegen tritt der
Band II S. 195 zu „Marienholz" verstümmelte Name eines früheren
Gatten von B. Constant's Gemahlin (wir haben diesen Fehler
früher zu rügen versäumt) nun III. 222 in seiner richtigen Form
„Mahrenholtz" auf. — S. 231 ist das Zitat aus Sainte-Beuve
falsch: die betreffende Erzählung von Constant's Vergiftungsversuch
findet sich nicht *Nouveaux Lundis* I. 408, sondern ib. IX 155,
in dem Aufsatz *Réminiscences de M. Coulmann.* S. 239 ist nicht
ersichtlich, aus welchem der unter 1) genannten Werke das oben

deutsch übersetzte Zitat genommen sein soll.   In dem ersten
Aufsatz finden wir es nicht, der zweite „*Sur Adolphe de Benj.
Constant*“ XI 432 (d. h. *Nouveaux Lundis*) ist überhaupt nicht
vorhanden. Entschieden falsch ist ebenso S. 222 2) der Verweis
auf die *Causeries du Lundi* XI. 438—440, der auch für die
Nouveaux Lundis nicht stimmt. — S. 263 wird die Verbannung
auf fünfzig Meilen von Paris angesetzt, nachdem S. 161 richtig
die vierzig Meilen erwähnt worden sind. — S. 357 soll es in
der Fussnote jedenfalls „Schlegel's hinterlassene Briefe“ statt
„Schriften“ heissen. — S. 362 wird Stephen, *Life of Madame de Staël* statt Stevens zitiert. — Eine stärkere Entstellung des Sinnes findet sich S. 379, wenn Lady Bl. schreibt:
„Sie fand den deutschen Gelehrten besonders darauf vorbereitet,
mit selbstloser Hingebung der Wahrheit zu dienen“ und unmittelbar daran das Zitat aus *de l'Allemagne* reiht: „*Ils sont vraiment
le peuple de Dieu, ces hommes qui ne désespèrent pas encore de la
race humaine et veulent lui conserver l'empire de la pensée*;“
denn die genauere Betrachtung der Stelle im Zusammenhange
lehrt, dass Frau von Staël hier nicht, wie man nach Lady Bl.
wähnen sollte, von den Deutschen allein spricht, sondern von der
„*association de tous les hommes qui pensent, d'un bout de l'Europe
à l'autre*“, wenn sie hinter der oben zitierten Stelle auch fortfährt: „*Les Allemands méritent à cet égard une reconnaissance
particulière.*“ — Aus den Schlussworten des Werkes *de l'Allemagne*:
„*mais vous n'y laisseriez que la trace des torrens de sable, terribles comme les flots, arides comme le désert*“ wird in Lady Bl.'s
Übersetzung S. 382 „aber Du würdest nur eine unfruchtbare
Sandwüste zurücklassen, und Deine Kraft hätte sich in
Stürmen erschöpft“. Das heisst doch mehr als frei übersetzt!
— Das mehrfach benutzte und genannte Buch von Strodtmann
wird S. 425 ungenau „Dichterprofile und Charakterköpfe“ betitelt,
während der wirkliche Titel lautet: „Dichterprofile ... Zweiter
Band. Charakterköpfe der ausländischen Litteratur“. — Warum
endlich entstellt Lady Bl. den französischen Vornamen Prosper
immer zu Prospère (S. 182. 265. 274. 460)?
    Offenbare Druckfehler (beziehentlich Schreibfehler in dem
Original) liegen vor S. 19 Z. 15 v. u. in: „*les affaires qui me
tenait ici*“; S. 166 Z. 17 v. o. in: „ihre Auffassung der Rollen
von Palmyre“ statt „der Rolle“; S. 213 Z. 13 v. u. in: „wem“
statt „wen“ (wo übrigens in dem Wieland'schen Briefe „wen.
sollte sie beneiden“ steht, und es in dem Zitat [statt 128]
II. 129 heissen sollte); S. 427 Z. 13 v. u. in: „auf den Thron“
statt auf „dem Thron“; S. 435 Z. 4 v. u. in: „Louis XIV.“
statt „Louis XVI.“ u. a.

Dass unsere obigen Rügen, im Ganzen betrachtet, Kleinigkeiten betreffen, sei gern eingeräumt. Aber wir haben auch
bloss das verzeichnet, was uns gelegentlich aufgestossen ist,
und sind namentlich gar nicht in der Lage gewesen, alle Stellen
nachzuvergleichen, wo Lady Bl. fremde Worte in Übersetzung
anführt. Das Sündenregister würde sonst vermutlich länger ausgefallen sein. Wie schade, dass ein so schönes Werk nicht
auch in der Verlässlichkeit im Kleinen den strengen Anforderungen
der Wissenschaft genügt!

Wir haben oben das ausführliche Register gerühmt, einigen
Teil an der eben erwähnten Schwäche des Buches hat es aber
auch, wie schon aus einigen ganz zufälligen Wahrnehmungen
hervorgeht. Man lese S. 507 „Bonald“ statt „Bonal“; S. 549
fehlt trotz des Hinweises unter Staël S. 562 „vgl. Regnault de
Varin“ (im Buche Warin) dieser Name ganz, dessen richtigere
Form wir oben beigefügt haben; S. 555 werden unter „Schütz“
zwei Werke „Werner's Biographie“ und „Z. Werner“ getrennt
genannt, wiewohl es sich nur um ein und dasselbe Werk (so
auch die Zitate im Buche) handeln kann; für den III. 166 vorkommenden Namen „Palmyre“ wird auf „Voltaire“ verwiesen,
unter diesem Namen fehlt aber Palmyre, richtiger Palmire (Rolle
aus *Mahomet*) und bei „Mahomet“ der Verweis auf jene Stelle.

Wir heben noch hervor, dass S. 220 ein Märchen, das auch
bei Stevens Aufnahme gefunden hat, beseitigt ist: die Begegnung
zwischen Frau von Staël und Gœthe's Mutter, von der Bettina
von Arnim an Gœthe schreibt, hat lediglich in der Phantasie
des „Kindes“ stattgefunden. — Ferner verschmäht es im Unterschied von Stevens die Verfasserin unseres Buches, die verschiedenen Charaktere der *Corinne* auf wirkliche Personen zu deuten,
und begnügt sich mit der Erwähnung, dass in dem Prinzen Castel-
Forte sich A. W. Schlegel wiederfinden wollte.

Ein Wort noch über die stilistische Seite des Buches.
Mehr vielleicht als in den früheren Bänden verschwinden in dem
letzten neben den Vorzügen der Form die kleinen Flecken.

Selten schreibt Lady Bl. so geschraubt wie S. 86: „Weit
über dieses Ziel hinausgreifend eröffnete die That (die Hinrichtung des Herzogs von Enghien) die seit Nivôse noch immer über-
brückte Kluft zwischen Bonaparte und den ehrlichen Leuten“ oder
sündigt gegen die grammatische Übereinstimmung wie S. 146 in
den Worten „das Bild des jungen Mädchens..., das ihre Jugend
in einsamer Pflichterfüllung verbringt“ oder bildet ein Satzungetüm
wie S. 180 zweite Hälfte, oder lässt es an Deutlichkeit fehlen
wie S. 177—178. „Bei dieser Gelegenheit wiederholte sich die
alte Erfahrung, wie oft gerade Solche, die selbst wohlgeborgen

vom sicheren Ufer aus zusehen, wie Andere um der Überzeugung willen gegen den Strom ankämpfen, sich doch dem freiwilligen Opfer gegenüber das Vergnügen der Kritik nicht schmälern lassen", S. 195 „Belgier von Geburt, hatte er . . . als Militärschriftsteller in vielen Bänden eine Geschichte seiner Feldzüge und die An- regung zu manchen Neuerungen und Verbesserungen gegeben, die später von Anderen ausgeführt worden sind, insbesondere solche über Verproviantierung der Armeen und den Umbau von Wien", oder verfällt wieder in undeutsche Wendungen wie S. 181 mit dem Gebrauch von „Brillen" als plurale tantum, S. 197, 335, 393, 394, 400 mit der transitiven Konstruktion von „begegnen" (einer allerdings sich mehr und mehr verbreitenden Unart), S. 252 mit den Worten „Benjamin Constant, der ebenso schwer zu be- friedigen als schwer zu leben war", S. 284 mit der Über- setzung: „Durch Geist verstehe ich den Geist der religiösen und bürgerlichen Institutionen", S. 328 mit dem Satze: „Während . . . die grosse Armee die russischen Grenzen überzog . . ." oder S. 463, wenn sie schreibt: „Sie enthielt Artikel, die . . . allein sie zählte auch deren solche, die den despotischen Willen . . . . verrieten".

Überschauen wir das stattliche Werk noch einmal vom Anfang bis zum Ende, so nehmen wir keinen Anstand, es als eine wesent- liche Bereicherung unserer biographischen Litteratur und als einen bedeutenden Fortschritt für die Kenntnis des Lebens, der Werke, der Wirksamkeit und der Umgebung von Frau von Staël zu be- zeichnen. Mit bewundernswürdigem Fleisse hat die Verfasserin eine überreiche Fülle des litterarischen Materials bis auf das jüngst erschlossene herab verwertet und mit wirklicher Vertiefung in den gesamten Stoff ein Werk geschaffen, das den Stempel eines berufenen und vornehmen Geistes trägt. Wie schön wäre es, wenn das Buch auch in der Akribie die Probe bestünde, und sich hier nicht die Damenart verriete, und wenn andererseits der glän- zenden Darstellung nicht jene kleinen Flecken undeutschen Hauches anhafteten!   O. Knauer.

Fester, Rich. *Rousseau und die deutsche Geistesphilosophie.* G. J. Göschen'sche Verlagshandlung. Stuttgart, 1890. 340 + X S. 8⁰.

Die Litteratur über Jean-Jaques Rousseau ist eine sehr reichhaltige, aber es fehlte bisher ein Buch, welches den Einfluss des Genfer Philosophen auf die grossen Denker unseres Volkes eingehend erörtert. In diese Lücke tritt die obengenannte Schrift

ein. Sie bespricht, stets im Hinblick auf die Abhängigkeit von
den Ideen Rousseau's, die philosophischen Schriften Herder's,
Kant's, Schiller's, Fichte's, Schelling's, Fr. Schlegel's, Schopenhauer's, Herbart's, Krause's, Hegel's. Der Einfluss R's. wird, der
bisherigen Vorstellung gegenüber, bei Schiller erheblich eingeschränkt, dagegen bei Schopenhauer auch da angenommen, wo
mehr die Einwirkung Voltaire's, als die seines Antipoden ersichtlich ist. Ebenso war Lessing, trotz seiner Anerkennung der
Erstlingsschriften Rousseau's, mehr vom Geiste Voltaire's und dem
der eigentlichen Aufklärung durchdrungen, als von den besonderen
Lieblingsideen Rousseau's. Von den deutschen Idealphilosophen
scheint Fichte am meisten durch Rousseau beeinflusst worden
zu sein.

Ein Anhang des Werkes stellt die Weltfriedensgedanken
des Abbé Saint-Pierre, Kant's und Herder's in anziehender Weise
gegenüber, wobei natürlich auch des Auszuges gedacht wird,
den Rousseau aus dem umfassenden Werke des schwärmerischen
französischen Friedensapostels gemacht hat.

Die Beurteilung der deutschen Philosophen ist stets eine
sachliche und gerechte, nur können wir uns in dem Abschnitte
über Krause nicht mit der geringschätzigen Meinung von den
Verdiensten Hohlfeld's und Wünsche's um die Verbreitung der
Krause'schen Philosophie einverstanden erklären. Nebenbei bemerkt, geht Krause's Idee vom Menschheitsbunde auf allgemeine
Anschauungen der französischen, stark von freimaurerischen Idealen
beeinflussten Aufklärung, nicht auf Rousseau's Schriften zurück.

Über Voltaire finden sich einzelne Irrtümer. So ist es un-
richtig, dass die „scharfe Betonung der Unfreiheit des menschlichen
Willens" uns erst in Voltaire's *Philosophe ignorant* „begegne",
da der Philosoph schon etwa 20 Jahre früher sich in seiner
Korrespondenz zu dieser Annahme bekennt, oder dass V. in den
Pensées detachées de l'Abbé Pierre „seinem Hasse gegen die
Theologie unverblümteren Ausdruck gäbe", als in anderen Streit-
schriften. Auch behauptet Verfasser zu viel, wenn er sich das
Verdienst zuschreibt, zuerst Rousseau's unhistorische Denkungsart
in den Mittelpunkt der Betrachtung gestellt zu haben, denn andere
haben das längst vor ihm mit mehr oder weniger Geschick gethan.
Herr Fester sieht aber Voltaire zu sehr mit den Augen von
D. Strauss an und scheint von der Rousseau-Litteratur besonders
nur *Brockerhoff* beobachtet zu haben.

R. MAHRENHOLTZ.

Chatelain, Dr. *La Folie de J.-J. Rousseau.* Neuchâtel, 1890.
   Attinger Frères. 235 S. 8⁰.

Feinde wie Freunde des berühmten Genfer Philosophen
haben die Seltsamkeiten seines Charakters und seiner Handlungsweise, namentlich in den letzten 12 Lebensjahren, auf eine an-
geborene oder anererbte Geistesstöruug zurückführen wollen. Schon
einzelne seiner Zeitgenossen, Voltaire vor allen, haben daher
von dem „Narren Jean-Jacques" gesprochen, später ist dann
diese Auffassung von dem Pariser Arzte Morin und neuerdings
von dem Leipziger Nerven-Pathologen Moebius vertreten worden.
Mit ihnen begegnet sich der Verfasser dieser Schrift sowohl in
der Sympathie für Rousseau, wie in dem wohlwollenden Versuche, alles anscheinend Unentschuldbare, was dieser gethan hat,
durch die Annahme einer Geistesstörung entschuldigen zu wollen.
Aber er schränkt das Ziel seiner Beweisführung enger ein als
seine Vorgänger, indem er nur für die Existenz eines Verfolgungswahnes bei Rousseau plädiert. Die allmähliche Entwicklung
dieses Krankheitskeimes sucht er darzulegen, indem er in acht
Kapiteln den Gesundheitszustand, Charakter, die verschiedenen
Lebensperioden, die unbegreiflichen Handlungen und Vorstellungen,
sowie die Handschriften Rousseau's erörtert. Im neunten Kapitel
weist er noch einmal die Legende von einem Selbstmorde des
unglücklichen Mannes zurück, ohne, wie es scheint, zu wissen,
dass bereits A. Jansen die Streitfrage erschöpfend behandelt
hatte. — Manche medizinische Einzelheiten der Schrift zu beurteilen, sind wir natürlich ausser Stande, doch scheint es uns,
als ob Ch.'s Untersuchungen auch nach der litterarhistorischen
Seite hin befriedigend seien. Nur ist der Versuch, den Verfolgungswahn und geistigen Defect als ererbt nachzuweisen, unserer
Ansicht nach misslungen, denn was von sittlichen und geistigen
Unordnungen in R.'s Familie sich überzeugend beweisen lässt,
reicht zu einer solchen Schlussfolgerung nicht hin. Auch bricht der
Verfolgungswahn R.'s nicht erst während seines Aufenthaltes in
England grell hervor, schon während seines Exiles in Motiers
und sogar während der Einsamkeit der Ermitage zeigen sich
deutliche Spuren desselben. Der Beginn eines aus Geistesstörung
hervorgehenden, jedoch von lichten Augenblicken durchbrochenen
Handelns wäre also um ein Jahrzehnt früher anzusetzen.

Treffend wird von Ch. erörtert, wie an die Stelle des
heftigen, leidenschaftlichen Verfolgungswahnes und Menschen-
hasses, der sich in den *Dialogues* zeigt, gegen das Lebensende
R.'s eine milde und stille Resignation getreten sei, welche die
Rêveries wiederspiegeln. — Ist jener Verfolgungswahn, welcher

in einer übertriebenen Ausmalung der wirklich erduldeten Verfolgungen und in einer Missdeutung der so oft als falsch und
trügerisch erkannten Menschen besteht, eine Geisteskrankheit, so
hat allerdings J. J. Rosseau, mit ihm aber auch andere ver-
kannte und arg gemisshandelte grosse Männer, an einer solchen
Manie gelitten.
                                    R. MAHRENHOLTZ.

André le Breton. *Le Roman du XVIIème Siècle.* Paris, 1890.
    Hachette & Cie. 322 + X S. 8^0.

Die meist vergessenen französischen Romane des XVII. Jahrhunderts sind in neuerer Zeit so oft behandelt worden, dass sich
über sie kaum etwas Neues sagen lässt. Auch dem oben angeführten Werke ist dieser Vorzug nicht nachzurühmen, gleichwohl
enthält es mancherlei feine litterarhistorische und psychologische
Bemerkungen. Es ist mehr eine Art Chrestomathie mit kurzen
geschichtlichen Einleitungen, als eine zusammenhängende litterarhistorische oder kulturhistorische Darstellung. Die Hauptwerke
treten dafür um so schärfer vor den untergeordneten hervor, die
Einleitungen und Analysen sind trotz der knappen Kürze sehr
geeignet, uns in den Geist dieser beinahe abgestorbenen Epoche
der französischen Romanlitteratur einzuweihen.

Die übliche Trennung in einen realistischen und idealistischen
Roman, an welcher noch H. Kœrting in seinem trefflichen Werke
über diese Periode festgehalten hat, verwirft der Verfasser und,
wie es uns scheint, mit Recht. Denn auch Romanungeheuer, wie
die *Astrée*, der *Grand Cyrus*, die *Clélie*, sind im Grunde mehr
realistisch, als blosse Produkte einer ausschweifenden Phantasie;
sie schildern Personen und Dinge einer entschwundenen Wirklichkeit in romantischer Hülle. Selbst die Hauptbeziehungen zwischen
den Figuren der Dichtung und deren geschichtlichen Originalen
sind uns wenigstens für die beiden grossen Romane der Scudéry
hinlänglich bekannt. Sonach besteht zwischen den Schäferdichtungen
und den pseudoantiken Werken der Scudéry einerseits, sowie den
sogenannten realistischen Romanen eines Sorel, Furetière, Scarron
andererseits nur der Unterschied, dass die einen uns ihr Zeitalter
in fast unkenntlicher Verhüllung vorführen, die anderen dagegen
eine treue, deutlich erkennbare Lokalfärbung haben und nebenbei
die offene Verspottung oder durchsichtige Ironisierung ihrer romantischen Vorgänger bezwecken. Auch spielen die erstgenannten
Dichtungen mehr in der vornehmen Welt, die anderen wenden sich
der Schilderung des Bürgerstandes oder der unteren Schichten zu.

Herr A. de Breton hat nach einer kurzen Einleitung folgende Werke, stets scharf und präzis urteilend und anziehend

gruppierend, besprochen: 1) *Astrée*, 2) *Le Berger extravagant*, 3) *La vraie Hist. comique de Francion*, 4) *Le Roman comique*, 5) *Le Roman bourgeois*, 6) *Le Grand Cyrus*, 7) *Clélie*, 8) *Les Mémoires du duc de Grammont* (in welchen er mehr einen historischen Roman, als ein eigentliches Zeitgeschichtswerk erblickt), 9) *Le Traité de Huet et le Télémaque de Fénelon*, 10) *Zayde*, 11) *La Princesse de Clèves*. Die drei letzten Erzählungen bilden schon den Übergang zu der modernen Form des französischen Romans, welche erst durch die erfolgreichen Bestrebungen der Naturalisten zu einer antiquierten geworden ist. Von den Verfassern und Verfasserinnen der analysierten Werke gibt der Autor stets kurze Biographien und, soweit möglich, scharf umrissene Charakterzeichnungen. Besonders verdient sein Porträt Scarron's (S. 85—94) ungeteiltes Lob.

R. Mahrenholtz.

Hartmann, M. *Die militärischen Proklamationen und Ansprachen Napoleons I.*, chronol. geordnet. Oppeln 1890. G. Maske. VIII und 81 S. 8⁰.

Die Ansprachen und Aufrufe, welche Napoleon im Verlaufe seiner Thätigkeit als Feldherr an sein Heer oder an die Bewohner eroberter Länder richtete, gelten mit Recht als Meisterwerke einer zielbewussten und wirkungssicheren Beredsamkeit, wie sie seit dem Altertum nicht vorgekommen war und wol auch schwerlich wiederkehren wird. Es ist daher ein Verdienst Hartmann's, dass er aus den 32 Bänden der willkürlich zusammengestellten *Correspondance de Napoléon* 67 der bezeichnendsten Kundgebungen des Soldatenkaisers mit grossem Fleiss aussuchte und mit anderen, mühsam herbeigeschafften zu einem vollständigen Bilde zu gruppieren strebte (z. B. No. 11 aus *Bourrienne*, No. 14 u. a. m.).

Selbstverständlich können diese oratorischen Musterstücke nicht eine ununterbrochene Klassenlektüre bilden. Der Herausgeber hat sie als wirksame Illustration des Geschichtsunterrichts sich gedacht und vor allem die Verwendung seines Buches beim Unterricht künftiger Offiziere im Auge gehabt. In der That dürfte kaum ein geeigneterer und zum Nachdenken anregenderer Lesestoff für Kadettenschulen zu finden sein. Jede Rede ist ein Stück des gewaltigen Dramas, welches von 1796 bis 1815 Heere und Völker durcheinanderrüttelte. Den Anfang bildet die bekannte Proklamation vom 27. März 1796: *Soldats, vous êtes nus, mal nourris etc.* Als Schlussakkorde erklingen die kühleren und doch tiefergreifenden Ansprachen an Armee und Bürgerwehr, zuletzt die Proklamation vom 25. Juni 1815.

Alle Lehrer der neueren Geschichte sollten das sehr nützliche Buch kennen und zur Charakterisierung des Menschenkenners
Napoleon gelegentlich das eine oder das andere Stück beim Unterricht vorlesen. Es sind wertvolle und deutlich redende Urkunden.
Die Ausstattung entspricht dem inneren Wert der Sammlung.

JOSEPH SARRAZIN.

Pellissier, Georges. *Le mouvement littéraire au XIX* siècle.* —
     Paris 1889, Hachette et Cⁱᵉ. — 383 S. 8⁰. — Preis
     Frcs. 3,50 (= Mk. 2,80).

Der mit raschen Schritten herannahende Schluss unseres
ereignisreichen Jahrhunderts und der dermalige Stand der französischen Litteratur fordern den Kultur- und Litteraturhistoriker
zu einem Rückblick auf den zurückgelegten Weg und die einzelnen
Marksteine innerhalb desselben auf. Der schwierigen, für be-
fähigte Schriftsteller aber äusserst dankbaren Aufgabe hat sich
Georges Pellissier im vorliegenden Buche unterzogen.
Der Verfasser teilt den Stoff in drei Abschnitte ein:
1) Klassizismus, wozu Mᵐᵉ de Staël und Châteaubriand noch
gerechnet werden; 2) Romantizismus; 3) Realistische Evo-
lution. Das Schlusswort fasst die Grundzüge des vorher er-
örterten zusammen und wirft einen schüchternen Blick auf die
Décadents und das grassierende *mal du siècle:* „*Le réalisme laisse
les décadents se délecter dans les raffinements d'une curiosité sté-
rile, les néo-mystiques bercer leur sensualité énervée et dolente avec
les versets de l'Imitation. Ni les afféteries des uns ne corrompent
sa franchise, ni les vapeurs des autres ne troublent son équilibre.
Il est trop robuste pour se complaire dans des rêveries maladives
et il a trop le sentiment de sa force pour croire à une
décadence.*" Wie richtig dieses Urteil ist, beweist die in unseren
Tagen langsam, aber mit grosser Entschiedenheit sich vollziehende
Schwenkung des bisher objektiven Naturalismus zum subjektiven
Bourgetismus oder Maupassantismus.
Um die litterarischen Strömungen unseres Zeitalters genauer
charakterisieren zu können, geht der Verfasser auf das *grand
siècle* zurück mit seiner bedingungslosen Anbetung des Altertums
und der Autorität, des *bon ton* und der Grandezza, mit seiner
Geringschätzung aller nationalen Leistungen auf geistigem Gebiet,
vorab derjenigen des sechzehnten Jahrhunderts (S. 1—16). Im
achtzehnten Jahrhundert stört J. J. Rousseau die konventionelle
Gemessenheit: statt des höfisch bescheidenen *on* drängt sich das
selbstbewusste *je* in der poetischen Sprache vor, das verhaltene

Feuer der Leidenschaft ist zur vollen Glut entfacht. Neben
Rousseau sieht der Verfasser Diderot und André Chénier als
Vorkämpfer des neunzehnten Jahrhunderts an; der eine ist trotz
seines Optimismus der Stammvater des objektiven Realismus, der
andere der Schöpfer der echten schwungvollen Lyrik. Hier tritt
Voltaire gar zu sehr in den Hintergrund, namentlich wo es sich
um die Anfänge des bürgerlichen Dramas handelt.

Am lebendigsten spiegelt Mme de Staël den Einfluss Rousseau's
wieder (S. 42 ff.). Ihr „*Europeanismus*" und ihre Stillosigkeit bilden
die Folie zu Châteaubriand's lebhaftem Sinn für plastische Schönheit. Die zauberhafte Gewalt, tote Gegenstände zu beleben,
findet sich bei Hugo und — in ganz anderer Art bei Zola wieder.
Der Abschnitt über Staël und Châteaubriand ist vielleicht der
glanzvollste im ganzen Buche. Die folgenden Kapitel geben in
markigen Zügen und gewählter Sprache einen Rückblick auf alle
geistigen Strömungen und alle Hauptträger der französischen
Litteratur seit dem Aufkommen der Romantiker. Pellissier ist
nicht bloss ein durchaus selbständiger, sondern auch ein unbefangener und wirklich sachkundiger, aus dem vollen Born einer
gründlichen Litteraturkenntnis schöpfender Führer. Wir empfehlen
das vortreffliche Buch allen Lesern aufs wärmste. In künftigen
Auflagen fällt das Urteil des Verfassers über die Eigenart Zola's
und Daudet's vielleicht etwas liebevoller aus. Auf den Referenten
machte die mit pflichtschuldiger Gewissenhaftigkeit getriebene
Zolalektüre einen etwas anderen Eindruck als auf Pellissier, der
da S. 346 schreibt: *Tout cela n'empêche pas que ce style grossier,
épais, pesant, fasse à la longue une impression de puissance monotone et de brutale grandeur, en intime harmonie avec l'empire
de cette fatalité inexorable et sourde qui surplombe l'épopée des
Rougon-Macquart.*   Joseph Sarrazin.

Rambert, Eugène.[1]) *Etudes littéraires.* Lausanne (Rouge) 1890.
    2 vols. 424 u. 429 S. 8⁰. — I. *Calvin, Pascal, Sainte-
    Beuve et Port Royal, Béranger et M. Renan, Le scepticisme
    et la critique littéraire, Artistes juges et parties.*[2]) —
    II. *Lamartine, Mme Desbordes-Valmore, Paul et Virginie
    Van Hasselt, André Chénier, Leconte de Lisle, Victor Hugo.*

---

[1]) Wurde 1830 in Montreux geboren, studierte zuerst Theologie
und erhielt später die Professur für französische Litteraturgeschichte
an der Akademie von Lausanne. In derselben Eigenschaft erhielt er
1860 eine Stelle am Polytechnikum zu Zürich.
[2]) Die beiden letzten Aufsätze erschienen gelegentlich einiger
Publikationen P. Stapfer's aus den Jahren 1866, 1869 und 1872.

Es sind teils Vorträge, teils wieder abgedruckte Aufsätze, die uns hier als gesammelte Studien vorliegen, Aufsätze, welche in Journalen wie die *Bibliothèque universelle et Revue suisse* erschienen waren, Vorträge, die der Verfasser vor einem gemischten Publikum zu Genf, Lausanne und Zürich gehalten hatte. Hieraus folgt, dass die litterarischen Studien des Herrn Rambert in erster Linie keine wissenschaftlichen Arbeiten sind, vielmehr Charakteristiken allgemein verständlicher Art, die namentlich auf erschöpfende Vollständigkeit keinen Anspruch machen und auch nicht machen können. Da ihnen nun zwar wissenschaftlicher Wert abgestritten werden muss, so bleibt doch noch die Frage, ob es nicht geistvolle Gesichtspunkte, ob es nicht ein glänzender Stil, eine neue und originelle Auffassung ist, welche uns die vorliegenden Bände wertvoll erscheinen lassen. Ich folge also dem Verfasser nicht da, wo er allgemein Bekanntes wiedererzählt, nicht da, wo er mit Vielen *Leconte de Lisle* und *Victor Hugo* nur ein sehr bedingtes Lob spendet, ich folge ihm da, wo ich auf eine Äusserung, eine Anschauung stosse, die mir neu oder überraschend ist.

Das litterarische Verständnis des Verfassers und die ihm eigene künstlerische Auffassung geht am besten aus einigen Parallelen hervor, in denen er sich gefällt, und die, wie ich nicht leugnen kann, für mich etwas verblüffendes haben. Herr Rambert bespricht gelegentlich des herannahenden Weihnachtsfestes *Paul et Virginie*, ein Buch, das er als die passendste Lektüre für jenes kritische Alter bezeichnet, „wo das Auge schon nicht mehr sein erstes Lächeln besitzt, wo es mit dem Glanz eines inneren, verborgenen Feuers leuchtet, wo auf Wange und Lippe der erste Flaum sich zeigt" etc. Ich würde nun zwar diesem holden Alter alles Andere empfehlen, nur nicht *Paul et Virginie*, aber das ist eine Frage der Pädagogik, die hier nicht weiter erörtert zu werden braucht. Zudem ist es möglich, dass ich mich hierin täusche; aber täusche ich mich auch, wenn ich es höchst wunderlich finde, *Paul und Virginie* mit Adam und Eva zu vergleichen? Gibt es ausser Herrn Rambert noch jemanden, der sich unter dem ersten Menschenpaar zwei Kinder vorstellt?

Es ist nicht der einzige Vergleich, den der Verfasser macht. *Daphnis und Chloë, Aucassin und Nicolette, Britannicus und Junie, Xipharès und Monime,* ja *Hermann und Dorothea* werden mit dem jugendlichen Liebespaar verglichen, namentlich die Gœthe'sche Dichtung. Der grosse Unterschied zwischen der französischen und deutschen Dichtung, meint der Verfasser, ist der, dass die eine glücklich, die andere unglücklich endigt, im

übrigen stehe Gœthe's Werk durchaus nicht in allen Punkten
über demjenigen des Bernhardin de Saint-Pierre. Nachdem er
Gœthe eine etwas obligate Anerkennung gezollt hat, fährt er
fort: *Les beaux vers d'Hermann et Dorothée, cette habile composition, cette grace, ce goût, cet ensemble, ces proportions har-
monieuses, cette poésie de la réalité, ce bonheur relativement facile,
ces fiançailles, ce mariage: tout cela vaut-il la mort de Virginia
si simplement et si grandement racontée?*

Ich beabsichtige nicht, mich hier über den Wert des einen
oder anderen Werkes auszusprechen, ich will nur bemerken, dass
mir ein derartiger Vergleich überhaupt an den Haaren herbei-
gezogen scheint. Der Verfasser hätte doch, wenn er einmal
seine Belesenheit in der deutschen Litteratur zeigen wollte, zwei
sehr viel bessere Parallelen zur Verfügung gehabt: Gottfried
Keller's *Romeo und Julia auf dem Dorfe* oder Scheffel's *Audifax
und Hadumoth.*

Nicht an dieser Stelle allein findet es sich, dass er über
Gœthe ein schiefes Urteil spricht, dass er ihn geradezu missbraucht. In der Charakteristik André Chénier's geht Herr Rambert
sogar so weit, nicht nur etwa eine einzelne Dichtung, sondern
den ganzen *Chénier* mit *Gœthe* zu vergleichen, ein Vergleich, der,
wie man schon anders gar nicht erwarten kann, durchaus zu
Ungunsten des deutschen Dichters ausfällt. Hier heisst es wörtlich in Bezug auf Gœthe: *il est vrai qu'on sent encore le bourgeois sous ses airs olympiens. Il est plus magistral que fier, et
plus pénétrant que délicat. Disons tout: il lui reste quelques
traces de l'universelle vulgarité. Sa prose en est appesantie
et ses vers n'en sont pas toujours affranchis. En y regardant
de près, on en trouverait la preuve jusque dans Hermann et
Dorothée, et il faut se fermer les yeux pour ne pas voir que là
est le secret de l'espèce de répulsion qu'inspirent ses Affinités
électives, malgré tout ce qu'il y déploie de science des choses
humaines. Rien de semblable chez André Chénier, en dépit de ses
fougues de jeunesse et de la liberté des jeux de sa muse. Il
peut être licencieux, il n'est pas commun. Il a l'imagination
noble et se relève par le style. Sous l'épicurien on sent l'âme
fière, le héros amoureux de l'art — — — doch genug; ich
gehöre gar nicht zu denen, die einen Vergleich mit Gœthe an
sich schon als ein Sakrilegium ansehen, aber diese Parallele
zwischen unserem Dichter und Chénier finde ich bei aller Anerkennung, die ich für Chénier's Muse habe, lächerlich.

Es geht mir nicht besser, wenn Herr Rambert behauptet,
man werde bei Hugo's Versen an Mozart und Beethoven erinnert.
Aber warum sollte auch der Verfasser nicht auf die am meisten

genannten Komponisten verfallen, da er sich doch einmal darauf steift, seinen Dichter mit einem Maestro zu vergleichen.

Man sieht, was für wunderliche Sprünge unser Autor macht, wenn er sich einmal von jenem Weg entfernt, der durch den Tritt vieler breit und sicher geworden ist.

Die uns vorliegenden Studien geben in abgekürzter Darstellung das, was man anderwärts ausführlicher findet; wenn trotzdem die eine und andere unter diesen Studien eine Diskrepanz zwischen Gehalt und räumlicher Ausdehnung zeigt, so kommt dies ohne Zweifel mit auf Rechnung der Schreibweise, von der ich finde, dass bei ihr die *traces de l'universelle vulgarité* nicht eben selten sind.

F. HEUCKENKAMP.

Mager, Adolf. *Geschichte der französischen Litteratur von ihren Anfängen bis zur Gegenwart.* Ein Hilfsbuch für Schulen und zum Privatgebrauch. Wien 1890. Karl Graeser.

Man muss nicht gerade von der Überzeugung erfüllt sein, die französische Litteratur sei der der altklassischen Sprachen an Bildungswert äquivalent und kann ihr doch eine sehr hohe Bedeutung zuerkennen. Die Geschichte derselben für die Schule wird besonders auf jene springenden Punkte ihrer Entwickelung nachdrücklich hinweisen müssen, von denen aus sich eine Brücke schlagen lässt zu der geistigen Gesamtarbeit der Kulturvölker, auf jene hervorragenden Schriftsteller, die als Pfadfinder oder Wegweiser in dem gewaltet haben, was nach Gœthe's schönem Worte die ganze Menschheit angeht, auf jene Epochen, von denen die Bestrebungen späterer Zeiten wie in mannigfaltigen und abwechselnden Strahlen ausgehen. Die Litteraturgeschichte kann ferner zuvörderst nur den Zweck haben, dem, der die bedeutendsten Schriftwerke einer Nation in sich aufgenommen hat, in der zusammenfassenden inneren Verarbeitung derselben beizustehen und ihn zu neuen Gedanken anzuregen, die oft erst hervorspringen wie der Funke im Feuerstein: wenn der Stahl einer fremden Kraft sie berührt. Nimmermehr soll eine Litteraturgeschichte die Lektüre dieser Werke ersetzen wollen! Im letzteren Falle würde sie nur das oberflächliche Nachreden und die Unehrlichkeit, die mit dem grossthut, was sie nicht besitzt, aufzüchten. Wenn der Schüler (und für diesen scheint das uns vorliegende Büchlein zu allererst berechnet!) aus der Litteraturgeschichte nichts lernt als einige Namen und Zahlen und einige hergebrachte Urteile, als einige Schlagworte, bei deren Klang die Halbbildung das Herz des Jahrhunderts pulsieren zu hören meint, so ist dies die letzte der Wissenschaften und der Junge spricht nur leere Worte — bewegte Luft. Recht viel gute Litteratur, die man geniessend ohne zersplitterndes Urteil in sich aufnehme, und recht wenig Litteraturgeschichte! sollte die Losung des Lehrers in der Mittelschule sein. Denn, wer da meint, die Litteraturgeschichte könnte dem Anfänger die Litteratur ersetzen, der könnte ihn füglich auch, um ihn einen Baumschlag bewundern zu lassen, in einen Holzstall führen!

Diese allgemeinen Ideen tauchen in uns unwillkürlich auf, wenn wir in den meisten der in den Schulen üblichen Handbücher der fran-

6*

zösischen Litteratur herumblättern und auch das Mager'sche konnte
uns nicht auf andere Gedanken bringen. Denn auch in diesem erlahmt
jeder Versuch und schwache Anlauf, sich über das Herkömmliche zu
erheben, sofort wieder in die Schablone der Vordermänner. Auch hier
fehlt der feine Sinn, das lebendig Wirkliche von dem nur tot Interessanten zu unterscheiden, auch hier sind die schillernden Sprach-
floskeln des Handwerks mit allezeit nur zu wachem Ohre aufgefangen,
auch hier siedeln noch immer zu viele Zaunkönige, wo nur Adler der
Litteratur horsten sollten und wir sehen in demselben ein neues Marter-
instrument, das dem Lernenden die Freude an der französischen Litteratur zu verderben im stande wäre.

Wir sind es uns selbst (damit man uns nicht des Missbrauches
der litterarischen Amtsgewalt anklage) aber noch mehr dem Buche
schuldig, dieses Urteil näher zu begründen und man wird uns nicht
der Härte zeihen, nachdem wir in demselben auch manche grössere
Flüchtigkeit aufgewiesen haben werden.

Schon die Vorrede fordert (abgesehen von ihrem etwas wunderlichen Deutsch) zum Widerspruche heraus. Es heisst darin: „Die
wenigen Sprachproben, welche dieses Buch enthält, sollen ein anschauliches Bild von dem früheren Stande der französischen Sprache
geben, weshalb ich zum besseren Verständnisse neufranzösische Übersetzungen hinzugefügt habe." Wenn man nun findet, dass alles in
allem neben den Strassburger Eiden nur noch vier Verse aus dem
Eulalialied und die erste Strophe eines Schlachtenliedes von Bertran
de Born mitgeteilt sind, so wird man es mindestens sehr naiv finden,
dass diese Proben „ein anschauliches Bild von dem früheren
Stande" u. s. w. geben sollen. Auch die mit einigem Aplomb vorgebrachte Entschuldigung, dass die realistisch-naturalistische Richtung
nicht übergangen und die Marseillaise aufgenommen sei, wird man
bei der grössten Harmlosigkeit etwas komisch finden. — Der „grosse
Anteil" des Deutschen an der neuen romanischen Sprache (S. 1) gilt
höchstens für die Menge der entlehnten Wörter, der Satzbau blieb
aber beinahe ganz unbeeinflusst. Anbefohlen (S. 2) wurde der
Geistlichkeit der Gebrauch des Romanischen in der Predigt erst durch
das Konzil von Tours 812. — Die Kasseler und Reichenauer Glossen
müssen doch auch als Denkmale der französischen Sprache bezeichnet
werden und diese gehen doch auf eine viel ältere Zeit zurück als die
Strassburger Eide. — Den Todestag der hl. Eulalia in diesem Lehrbuche anzugeben, war um so überflüssiger (S. 3), als es ja wissenschaftlich gar nicht festgestellt ist, welche von den verschiedenen
Heiligen dieses Namens im Eulalialiede besungen wird. — Warum ist
der Name „Joglars" als der der Handlanger der provenzalischen Troubadours (S. 4) unterdrückt und nur bei den nordfranzösischen *Trouvères*
genannt (S. 8), eine Distinktion, die wir in nichts haben begründet
finden können! — Die *Sirventes* sind nicht bloss Rügelieder, sondern
zuweilen auch Loblieder (S. 5). — Bei der Definition der *Tensos* finden
wir nicht gesagt, dass zwei ihrem Inhalte nach dem Liebesleben entnommene und einander widersprechende Thesen den Gegenstand des
Streites der beiden Sänger bildeten. — Warum ist nicht erwähnt, dass
Bertran de Born um 1190 lebte, während biographische Details über
Tyrtäus und Dante in einer Fussnote höchst überflüssigerweise Platz
fanden? Wir hätten dem Verfasser dagegen das Datum „1071—1127"
bei Wilhelm von Poitou gerne erlassen und uns mit der Bemerkung,
er sei der älteste Troubadour gewesen und habe um 1100 gelebt, vollkommen zufrieden gestellt. Wozu auch Peire Vidal und Raimbaut de

Vaqueiras ihre Visitkarte abgeben, wenn eine andere Bekanntmachung nicht erfolgt, sehen wir nicht ein. — *Lis Isclo d'Or* von Mistral erschienen 1874. — Die nachhinkende Bemerkung, dass „die *Jeux floraux* im 17. Jahrhundert zur Akademie erhoben wurden", hätte sich nicht so breit machen sollen. — Der Zusammenhang zwischen den *Fableaux* und der komischen Bühne ist nicht so vereinzelt, als der Verfasser (S. 16) anzunehmen scheint. — Die chronologischen Daten bei Mager sind wirklich seltsam: Zu Rutebeuf schreibt er „(1230? bis 1375?)", wo er doch in einem Schulbuche ohne sein scientivisches Gewissen irgendwie zu belasten, ganz gut hätte „1255—1285" angeben können; Guillaume de Lorris lässt er um 1250 sterben, Jean de Meung 1260—1320 leben. Nun weiss man aber von dem Ersteren nur, dass er seinen Teil des Rosenromans um 1237 abfasste und von Letzterem nur, dass er um 1250 geboren wurde und dass er vor dem November des Jahres 1305 starb (vergl. G. Paris: *La litt. fr. au moyen âge*). Man sollte doch meinen, es sei nicht zu viel verlangt, dass die Kompilatoren bei Abfassung von Lehrbüchern es wie die Frauen machen und wenigstens die besten Kochbücher benützen, um danach zu arbeiten! — Auch an der Darstellung der dramatischen Dichtung finden wir manches auszusetzen. Wenn schon mit Namen so viel Verschwendung getrieben wurde, so hätte Adam de la Halle mindestens ebensosehr Erwähnung verdient als Jean Bodel. Dass die Farce sich aus der Moralité entwickelte, ist sehr anfechtbar, schon darum, weil in der Farce stets wirkliche Personen auftreten, während für die Moralité gerade die allegorischen Personen charakteristisch sind. Auch ging die Farce nicht daran unter, dass sie „die Politik in ihr lustiges Treiben zog" sondern dass ihre Darsteller, die Farceurs, allerhand Personen, auch hochgestellte, auf der Bühne karrikierten und dass sie — doch lassen wir Louis Goujon (1632) sprechen: *Quand aux farces d'autant que volontiers elles sont pleines de toutes impudicitez, vilenies et gourmandises, et gestes peu honnestes, enseignans au peuple comme on peut tromper la femme d'autruy et les serviteurs et servantes leurs maistres et autres semblables choses, sont reprouvées de gens sages et ne sont trouvées bonnes.* Mit Politik befasste sich die Farce nur selten und gerade dann war ihre Haltung meist eine würdige. — Wenn schon Villon, Antoine de la Salle und Pierre Blanchet als mutmassliche Verfasser des *Pathelin* genannt sind (S. 24), so war doch auch der sich auf P. Grognets und Jacques Thenant's Angaben gründenden Ansicht, der Verfasser habe selbst Pathelin geheissen, Raum zu geben! — Die Sottie entstand aus dem „Fatras" und war weniger ein Narrenspiel als ein Narrengespräch. Das chronologische Datum bei Pierre Gringore „(1470 bis 1524)" ist wieder einmal grundfalsch, denn Gringore lebte sicherlich noch 1544! Auch der 1224 geborene J. de Joinville starb am 11. Juli 1317 und nicht 1316! — Der zweite Absatz über Rabelais (S. 29) ist recht konfus und zum teil unrichtig, denn dass Rabelais Calvin in Maillezais kennen lernte, ist sehr unwahrscheinlich; er dürfte ihn (vgl. Birch-Hirschfeld *Gesch. d. fr. Litt. seit Anf. d. XVI. Jahrh.* S. 239) vielmehr später in Ferrara kennen gelernt haben. Dass sich Rabelais seiner Sicherheit wegen von Maillezais nach Montpellier begeben haben soll, ist ganz haltlos. In Rom war Rabelais mit du Bellay schon 1535 und im Frühjahr 1536 finden wir ihn schon wieder in Lyon. Dass Rabelais kein Gesinnungsgenosse Calvins gewesen sei, beweist nebst anderem die Stelle im IV. Buche seines Werkes, wo er die Antiphysis als die Erzeugerin der besessenen Calvine auftreten lässt. 1547 bis zum Tode Paul's III. war Rabelais abermals in Rom. Dass Rabelais „als

Pfarrer von Meudon" im Jahre 1553 sarb, ist abermals nicht richtig; vielmehr hatte er schon am 9. Januar 1553 seine Pfründe wieder abgetreten und er starb nach guten Nachrichten in der Vorstadt Saint-Antoine bei Paris am 9. April 1553. Die Stelle über die Abtei Thélème ist denn doch zu kläglich, als dass sie von der Herrlichkeit dieser Episode bei Rabelais auch nur eine Ahnung erwecken könnte. Wenn von Rabelais' Hauptwerke zweimal nacheinander (S. 31) gesagt ist, dass es „vor allem die Wahrheit an die Oberfläche bringen will", so wird man eine solche Bemerkung alles eher als zutreffend finden.

Doch genug! Man wird hoffentlich die Überzeugung gewonnen haben, dass das besprochene Werkchen nicht einmal der allerersten Forderung, der verlässlichen Korrektheit genügt. Wer bestätigt sehen will, dass auch seine Anlage, sein Stil, seine Auffassung sich nicht über die gewöhnliche Mittelmässigkeit erheben, muss sich der Mühe unterziehen, es selbst zu lesen, da wir den Lesern dieser *Zeitschrift* nicht zumuten dürfen, uns auf der weiten ermüdenden Wanderung, die die Erbringung dieses Beweises erfordern würde, weiter zu folgen.

JOSEF FRANK.

Dühr, Dr. *Zur Theorie der Stellung des französischen Adjektivs.* Programm des Gymnasiums zu Stendal 1890. 18 S. 4⁰.

Der von den Grammatikern in mehr oder minder ausgedehntem Masse behauptete Einfluss des Umfangs eines Adjektivs auf die Stellung desselben ist schon mehrfach bestritten worden. Die Beispiele für die Stellung eines längeren Adjektivs vor dem kürzeren Substantiv und umgekehrt eines kürzeren Adjektivs hinter dem längeren Substantiv sind so zahlreich, dass man sich wundert, dass nicht längst eine solche Annahme aus den Grammatiken entschwunden ist.

Breusing in einer Programmabhandlung der Realschule zu Krefeld 1873 geht aus von Beispielen wie *une fausse clef* und *une clef fausse* und kommt zu dem Ergebnis, dass das vorgestellte Adjektiv ein modales Verhältnis bezeichnet, einen neuen Begriff bildet, das nachgestellte ein prädikatives Verhältnis ausdrückt, die blosse Summe der Einzelbegriffe angibt.

Dühr geht aus von dem Gebrauche des Lateinischen, wo in der Prosa das Adjektiv zunächst nach dem Substantiv steht, und nur die Betonung einen Wechsel der Stellung begründen könne, wie er in der Poesie nicht selten ist. Er hält die Nachstellung des Adjektivs „für einen Zug der Reminiszenz der alten Sprachlogik" (S. 9). Das nachgestellte Adjektiv setzt er gleich einem „parenthetischen Relativsatz". Ich sehe darin kaum einen Unterschied von Breusing oder auch von dem was Mätzner ausdrückt (*Gr.*² S. 571), wenn er sagt, das Adjektiv bezeichne ein unterscheidendes Merkmal; auch andere Grammatiker drücken sich ähnlich aus. Ich habe meinerseits mich gewöhnt, beim Unterricht gerade den Ausdruck Mätzner's zu gebrauchen und habe gefunden, dass den Schülern hiermit am besten beizukommen ist; es lassen sich so alle in den Grammatiken aufmarschierenden Einzelfälle für nachgestelltes Adjektiv erklären.

Etwas schwieriger gestaltet sich die Sache für das vorgestellte Adjektiv, wenn man nicht rein negativ verfahren will. Mätzner sagt, das vorgestellte Adjektiv drücke eine dem Substantiv „inwohnende, in seiner Natur begründete oder an ihm vorausgesetzte nur ihm einverleibte Eigenschaft" aus. Damit allein kommt man allerdings nicht

ganz aus. Wie will man so *certains hommes*, oder auch *fausse clef* erklären, letzteres ginge freilich noch eben. Dühr denkt nun zunächst
an Beispiele wie *certains hommes*, die er mit *plusieurs hommes*, endlich
mit *deux hommes* und ähnliches zusammenbringt. Von hieraus kommt
er dann zu dem Ergebnis, dass aus dem Zahlwort, welches dem Substantiv vorangesetzt wird, sich in einer Begriffslinie Mass, Grad, gut
schlecht, Lob, Tadel entwickeln, dass aber wegen dieser virtuellen In-
dentität der Massbegriffe etc. mit dem Zahlwort, sich die Voraufsetzung
erklärt" (S. 18). Sehen wir uns eine Reihe der von dem Verfasser
(S. 7—8) gegebenen Beispiele näher an und versuchen, ob seine Erklärung passt. *Cette mystérieuse loi, les anciennes lois, les timides Grecs,
de stériles voeux, leur barbare dogme* u. s. w. Ich gestehe, ich komme
hier mit der Mass- und Grad-Theorie ebensowenig aus, wie bei *fausse
clef*, um dieses Beispiel nochmals zu nehmen; jedenfalls wäre die Erklärung eine gezwungene und praktisch im Unterricht unbrauchbare.
Viele Beispiele lassen sich freilich so gut erklären. Zudem muss Dühr
den Zusatz machen (S. 17), dass auch da, wo „die Qualität so durchsichtig ist, dass ein Zahl-, Mass- oder Gradbegriff erkennbar ist," die
Vorausstellung des Adjektivs nicht eintreten muss, sondern nur kann.

Nach der negativen Seite hin hat Dühr jedenfalls Recht, denn
die Länge kann nicht über die Stellung des Adjektivs entscheiden.
Nach der positiven Seite hin kommt er für das nachgestellte Adjektiv
zu demselben Ergebnis wie Mätzner und andere Grammatiker; für das
vorangestellte will es mir scheinen, ist mit einer so einfachen Regel
nicht auszukommen; Mätzner, Breusing und Dühr treffen nur einen
Teil der Fälle, Mätzner solche wie *riche capitaliste*, Breusing solche wie
fausse clef, Dühr solche wie *certains hommes* und etwa noch *la sainte
loi*. Sollte die Stellung des Adjektivs nicht auf dem allgemeinen Be-
tonungsgesetz des Französischen beruhen, oder vielmehr sollten sich
aus demselben nicht alle scheinbaren Eigentümlichkeiten erklären? Für
das nachgestellte Adjektiv käme man zu dem bekannten Ergebnis, das
ich, wie schon gesagt, am liebsten in der Fassung Mätzner's geben
möchte. Für das vorgestellte ergäbe sich im einzelnen, dass es ausdrückt 1. dem Substantiv an sich zukommende oder beizulegende
Eigenschaft (*riche capitaliste*), 2. Zahl- und Pronominalverhältnis (*certains
hommes, une nouvelle robe*), 3. modales Verhältnis — zu einem einzigen
Begriff zusammenfassend (*fausse clef, honnête homme*).

Möge die sehr lesenswerte und mit viel Scharfsinn geschriebene
Abhandlung Dühr's dazu anregen, der Frage noch von anderer Seite
näher zu treten und möge sie namentlich dazu beitragen, schiefer Auffassung und Ausdrucksweise, wie sie sich auch in Lehrbüchern neuesten
Datums noch findet, den Garaus zu machen.

F. TENDERING.

Franz, Gerhard. *Über den Bedeutungswandel lateinischer Wörter
im Französischen.* Programm des Wettiner Gymnasiums.
Dresden, 1890. 4⁰.

In einem seiner „Aufsätze über Unterrichtsziele" etc. nennt
Münch (S. 68) die Wortbedeutung das seelische Element in den
Wörtern, das ebensowenig wie das körperliche Element, die Form,
unverändert bleibt. Das Studium dieses seelischen Elements ist gewiss
nicht minder reizvoll als den Formveränderungen der Wörter nachzu-
gehen, als die Etymologie. Namentlich das Buch Darmesteter's bietet

in dieser Beziehung des Anregenden sehr viel und wir gehen wohl nicht fehl, wenn wir annehmen, dass dieses Buch auch dem Verfasser der vorliegenden Abhandlung zu derselben in gewissem Grade veranlasst hat.

Franz spürt der Bedeutungsentwicklung von über 500 Wörtern nach. Neben den historischen Gründen, welche eine Änderung in der Bedeutung eines Wortes veranlassen, hält er für für eine Ursache desselben „das der Sprache innewohnende Streben nach Veränderung". Etwas anders möchte ich die Sache auffassen. Es geht Wörtern wie allen anderen Dingen; sie nutzen sich allmählich ab; so entsteht namentlich eine Verengerung des durch sie bezeichneten Begriffs, oder auch eine Vergröberung desselben und andererseits Verschiebungen in der Bedeutung, die allerdings unter Umständen Modesache sind und einem Zufall verdankt werden; so wenn *testa*, das zunächst nur mehr im Scherz in dieser Bedeutung gebraucht wurde, allmählich *caput* ganz verdrängt. Ganz natürlich ist die Übertragung der Wörter aufeinander nahestehende Dinge, Franz nennt es „Umsprung der Bedeutung", wenn leblose Dinge nach lebenden Wesen benannt werden, wenn abstrakte Begriffe zu konkreten werden u. s. w.

Franz hat in recht sauberer Weise gesammelt und geordnet, nur möchte ich wünschen, er hätte alle *mots savants* fortgelassen, diese sind nach Form und Bedeutung auf gelehrte Weise in die Sprache gekommen und haben mit dem Leben der Sprache zunächst nichts zu thun. Mehr Nachdruck könnte andererseits zuweilen auf die Bedeutungsentwickelung innerhalb des Lateinischen selbst gelegt werden. In vielen Fällen erhalten wir hierüber genügende Auskunft, aber in manchen anderen lässt uns Franz im Stiche.

Am besten sind die Substantive behandelt, häufiger wie dort beschränkt sich der Verfasser bei Adjektiven darauf den Thatbestand anzugeben und so auf ein Gebiet hinüberzuschweifen, das sich allerdings mit dem seinigen nahe berührt, ihn aber hier doch nicht kümmern sollte, die Synonymik.

Alles in allem ist die vorliegende Arbeit sehr lesenswert: alle, welche das innere Leben der Wörter von nicht geringerer Bedeutung scheint als die Entwickelung ihrer äusseren Form, werden mit Interesse von ihr Kenntnis nehmen.   F. Tendering.

Mende, Dr. Adolf. *Die Aussprache des französischen unbetonten e im Wortauslaut.* Zürich, 1889. Meyer. 126 S.[1]

Der Verfasser hat bereits 1880 eine *Étude sur la Prononciation de l'E muet à Paris* bei Trübner in London erscheinen lassen. Diese Schrift war nicht ohne Verdienst, da sie zahlreiche Beobachtungen über die in gebildeten Kreisen übliche Behandlung des tonlosen *e* in der offenen Silbe bot und aus der Menge der Beispiele die Gesetze, denen jene Aussprache unterstellt ist, zu abstrahieren und fest zu bestimmen suchte.

Mende ist nun mit einigem Recht unzufrieden darüber, dass „in jüngster Zeit die Frage, wie das französische unbetonte *e* oder das sogenannte stumme *e* ausgesprochen werden müsse, wieder lebhaft diskutiert wird", ohne dass seiner „eingehenden Arbeit über den gleichen Gegenstand auch nur mit einem Wort Erwähnung gethan wird". Dazu kann wohl mancher ein Klagelied singen. Mende hat z. B. meine Untersuchungen über Corneille's metrische Technik nicht

---

[1] Vgl. auch diese *Ztschr.* XIII, 118—132.

benutzt. Dort spielt auch das „*e muet*" eine Rolle: und nachdem
ich sein Buch mehrmals aufmerksam durchstudiert habe, ist es mir
nicht zweifelhaft, dass er mit Vorteil mehrere Gedanken aus meiner
Schrift hätte benutzen können. — Da Mende „seit April 1880 weitere
Beobachtungen über die Aussprache des stummen *e* anstellte, auch
sprachhistorische Studien machte und sich nunmehr für befähigt hält,
die Lücken, die seine *Étude* noch enthielt, auszufüllen, wagt er seine
Ansichten, und zwar nun nicht nur über die moderne, sondern auch
über die frühere Aussprache dieses Lautes, aufs neue vorzutragen".
      Der Fleiss, den der Verfasser auf seine sprachhistorischen Studien,
auf die Untersuchung zahlreicher alt- und mittelfranzösischer Texte,
auf die Sichtung des französischen Materials verwandt hat, ist äusserst
anerkennenswert. Auch bezweifle ich nicht, dass mancher Lehrer des
Französischen, der nicht in Frankreich (bezw. in Paris) war oder auf
der Universität bei einem wirklich tüchtigen Phonetiker und feinen
Kenner der Aussprache ausreichende Belehrung über die hier behandelten Dinge fand, für seine eigene Sprachkenntnis wie für seinen
Unterricht Nutzen ziehen kann aus dem Buche Mende's. Insofern ist
wenigstens der praktische Wert des Werkchens unbestreitbar. Diejenigen indessen, welche, wie Mende, kürzere oder längere Zeit unter
Franzosen (in Paris) lebten — und ihre Zahl ist nicht mehr klein —
müssen, wenn sie nicht ein sehr schlechtes Ohr oder eine sehr mangelhafte
allgemeinsprachliche Vorbildung mitbrachten, selbst die Beobachtungen
gemacht haben, welche Mende uns mitteilt, Beobachtungen, deren Veröffentlichung gewiss wertvoll bleibt, denen er aber, wie mir scheint,
ähnlich wie Sonnenburg, deshalb eine übergrosse Bedeutung beimisst,
weil er mit einer ganz falschen pedantischen Schulaussprache nach
Paris kam und der Meinung war, diese seine Schulaussprache sei die
in Deutschland allgemein übliche. Nun will ich nicht bestreiten, dass
auch heute noch von Gumbinnen bis Eupen, von Zürich, Graz und Wien
bis Flensburg und Memel mehr schlechte als gute französische Aussprache gelehrt wird — aus diesem Grunde eben wünsche ich Mende's
Buch einen recht grossen Leserkreis —, aber gewiss ist auch dies,
dass der französische Unterricht an sehr vielen Orten nicht mehr „in
schroffem Widerspruch steht zu der modernen (Pariser) Aussprache".
Für eine Forderung wie die des „Herrn Prof. Baumgartner" in Zürich
— die Mende zitiert — „der Schüler darf sich im Verstummen (sic!!)
des dumpfen *e* üben, sobald er anfängt, einigermassen geläufig zu
lesen", würde ich (und gewiss noch viele andere) kein Papier zu ver-
schwenden wagen. Sie ist selbstverständlich: oder aber, sie geht nicht
weit genug. Es muss von vornherein das dumpfe *e* so ausgesprochen
und das stumme so stumm gelassen werden, wie es einerseits der normalen französischen Aussprache, andererseits dem Tempo entspricht,
in welchem Lehrer und Schüler beim Unterricht die ersten Sätzchen
in der fremden Sprache aussprechen.
      Der mit einem feinen Gehör begabte Lubarsch, welcher, wie
Mende mit Genugthuung ausführt, in seiner nachgelassenen Schrift
(über Deklamation und Rhythmus der französischen Verse) über die
Aussprache des *e* ähnliche Behauptungen aufstellt, wie jener sie 1880
aufgestellt hatte, war viele Jahre vor seiner letzten Reise durch Paris
ein so hervorragender Kenner des Französischen, dass ihm der Mende's
Gesetzen zugrundeliegende Pariser Sprachgebrauch längst bekannt
war. Was er in seiner Streitschrift über die Aussprache des tonlosen *e*
sagt, war demnach für ihn selbst nicht eigentlich eine neue Errungen-
schaft: es lag ihm nur daran, die ihm bekannten Fakta gegen ober-

flächliche Angriffe sicher zu stellen und durch die Zeugnisse anerkannt
tüchtiger französischer Dichter und Sprachkenner zu stützen.

Was nun die gesamte Darstellung Mende's betrifft, so sieht man
es deutlich, dass die Abhandlung aus der *Étude* durch eine mehr
oder weniger lose oft unkritische Hinzufügung „vieler Angaben über
die Geschichte des unbetonten oder stummen *e* im Wortauslaut" entstanden ist. Ich vermisse die einheitliche Ausgestaltung, die strenge
Beweisführung, die wissenschaftliche Schärfe und Folgerichtigkeit an
vielen Punkten. Oft frage ich mich: Was soll das hier? Gehört das
zum Thema? Gehört z. B. hierher das Kapitel von dem „Einfluss des
auslautenden *e* auf den Vokal in der vorhergehenden und auf den
Konsonanten in seiner eigenen Silbe", das übrigens fast in jeder Zeile
meinen Widerspruch herausfordert? z. B. S. 114: Das *e* übt aber auch
einen bedeutenden Einfluss auf die Aussprache des ihm vorhergehenden
Konsonanten. Das zeigt sich besonders deutlich bei der Femininbildung der Adjektiven. Erst durch die Anhäugung des *e* ist es möglich geworden, die weibliche Form des Adjektivs von der männlichen
zu unterscheiden [ist es wirklich erst durch „Anhängung" eines *e*
möglich geworden, das *p'tit* von *p'ti* zu unterscheiden?!] Dieses *e* hat
aber auch noch weitere Veränderungen der männlichen Form hervorgerufen. So macht es erst die Aussprache der sonst im Auslaut meist
stummen [Widerspruch!] Konsonanten *d, g (gu), n, r, s, t* möglich (sic!),
also *grand grande, lourd lourde, long longue, jardinier jardinière, entier
entière, Français Française, Louis Louise, tout toute, dit dite, content
contente, servant servante.* Das *e* erfordert (!) ferner, damit (!) dem
Vokal in der Paenultima die Quantität (!) und die Qualität (!), die
er in der männlichen Form hat, erhalten (!) bleibe: 1) die Verwandlung (!) des *f* in *v: veuf veuve, bref brève, neuf neuve*, 2) die Verwandlung des *c* in *ch* in *sec sèche, blanc blanche, franc, franche*, nach
dem uralten Gesetze, nach welchem *c* vor unbetontem (!) *e* aus lat. *a*
sich in *ch* verwandelt, 3) die Auflösung des *x* in seine Bestandteile
[schöne Bestandteile!!] *cs* oder *ss*, in *ce, ge, se: doux douce, roux
rouge, heureux, heureuse*, 4) die Verdopplung des *l, s, t* [warum sollte
das *e* dies erfordern?] in *bas basse, épais épaisse, fol folle, mol molle,
cruel cruelle, net nette, sot sotte*, 5) es hat die Verwandlung (!) eines
nasalen *n* (!) „zu" einem eigentlichen *n* (!) zur Folge (!), wie in *un
une, voisin voisine*, oder führt zum gleichem Zwecke (!) die Verdopplung
des *n* herbei (!): *bon bonne, tien tienne.*

Ähnliche Beweise dafür, dass Mende bisher die fachwissen-
schaftliche Grundlage, welche ihn zu einer tüchtigen Behandlung des
verwickelten Problems der Aussprache des französischen unbetonten *e*
im Wortauslaut befähigt hätte, sich leider noch nicht zu beschaffen
vermocht hat, kann ich aus fast jeder Seite des Buches in grösserer
oder kleinerer Zahl herausheben. Eine Vorführung und Begründung
meiner Ausstellungen möchte nun zwar wohl von einigem Werte für
die Wissenschaft sein, doch ist sie wegen des geringen Raumes, der
mir zur Verfügung steht, ganz unmöglich. Ich muss mich darauf beschränken, einfach festzustellen, dass ich den von ihm beabsichtigten
Beweis, wonach seine im Jahre 1880 aufgestellten Regeln über die
gegenwärtige Aussprache, welche Regeln er hier reproduziert, „im
Sinn und Geist der französischen Sprache liegen", nicht als geführt
anerkennen kann, dass die Schlüsse, welche er aus den mittelalterlichen Schreibungen der untersuchten Texte für die damalige Aussprache „des *e*" zieht, im einzelnen und ganzen auf sehr schwachen
Füssen stehen, dass er es unterlassen hat, auf dem Wege von dem ⸗

eu oder *ŏ* „ausgesprochenen stummen *e*" zu dem „wirklich stummen oder lautlosen *e*" einige Stationen festzulegen, die ihm gestattet hätten, die Unzahl von möglichen oder wirklich vorhandenen Nüancierungen annähernd zu bestimmen, dass er diese feinen Unterschiede der Aussprache und die historische Entwicklung trotz aller herangezogenen Texte zu wenig beachtet hat, dass seine einen grossen Teil der Abhandlung beherrschende Unterscheidung von „enklitischen" und „proklitischen" Wörtern willkürlich und unbrauchbar ist, dass endlich auch die Behauptungen, welche er über das Lesen der Verse, sowie über das Verhältnis zwischen der Unterhaltungs- und der Vortragssprache aufstellt, oft aus verkehrten Auffassungen sich erklären und darum als unrichtig angesehen werden müssen. Für meine eigenen Überzeugungen in dieser Sache, die durch die Lektüre Mende's nicht modifiziert worden sind, verweise ich auf meine Abhandlung über die „Entwicklung des *e sourd.* Ein Beitrag zur Beantwortung der Frage: Wie sind die französischen Verse zu lesen?" in dieser *Zeitschrift* XI, 238—255, sowie auf meine Rezension der Schrift Lubarsch's, ebenda XII, 21—29.

Wilhelm Ricken.

Phonetische Studien. *Zeitschrift für wissenschaftliche und praktische Phonetik,* herausgegeben von Wilhelm Vietor. Marburg, 1888 u. 1889.[1]) N. G. Elwert.

Drittes Heft: Paul Passy, *Kurze Darstellung des französischen Lautsystems. Dritter Teil. Proben.* Drei Stücke in phonetischer Umschrift, ein zwangloses Gespräch, ein höheres Prosastück und ein Gedicht. Ich stelle zusammen, was mir besonderer Beachtung wert erscheint.

1. Als Probe der Umgangs- (nicht Vulgär)sprache ist Sc. 12—14 aus *La Grammaire* von Labiche gewählt. Interessant sind die mannigfaltigen, zum Teil recht starken Zusammenziehungen und Verschleifungen: *Me voici* = *mɥasi*, ebenso *Le voici* = *lɥasi*, *avoir* = *aɥar*, *On voit bien* = *ɔ̃ɥabiĕ*, und auch alleinstehend *voici* = *ɥasi*, *voilà* = *ɥala*, hingegen *la voilà* = *lavla*, *voilà le blanc* = *vlalblä*, *voilà la brosse* = *vlalabrŏs*.

Me voici de retour = *drŏtŭr* oder *dortŭr* (letzteres wohl das gewöhnlichere, wie denn auch Passy sonst regelmässig hat: *ça me retarderait* = *samŏrtardrĕ*, *de regarder* = *dŏrgardé*, *je reviens* = *ȥŏrviĕ*, *je reconnais* = *ȥŏrkŏnĕ*).

Tu arrives = *tariv*, *Tu n'étais pas là* = *tɥĕtĕpàla* (*ę* der regelmässig wiederkehrende getrübte weite Laut für *é* oder *è* in unbetonter Silbe, wie *ǫ* derselbe für *ò*, vgl. hier X[2], 134 f.). Auslassung des *ne* auch in *qu'on ne m'accuse pas* = *kɔ̃makŭzpä*, *ce n'est pas la peine* = *(se)pàlapèn.*

Auslassung des *l* von *il*, *elle* in *elle vous gênera* = *è(l)vuȥenra*, *il se porte très bien* = *ispòrtrebiĕ*, *qu'il n'aille pas* = *kinaɪpà*, et *il vous dit* = *eɪvudi*, auch in *plaît-il* = *plĕti.*

Votre redingote = *votrŏdɛgŏt*, vgl. *sa redingote* = *sardɛgŏt.*

Pour reprendre la lettre = *purrŏpräd lalètr*, *il leur ouvre la paupière* = *ilŏruv lapópiĕr.*

(*C'est) une ruse* = *tŭnrŭz*, *Ça, c'est une entorse* = *sa(s) tŭnätòrs*, *l'animal était perdu* = *lanimal tĕperdŭ*, *Imbécile!* = *bésil*, *il est embêtant* = *iltäbbĕtä*, *Qui est-ce qui a cassé ça* = *kès k(i)akàsésa.*

---

[1]) Vgl. meine Besprechung der beiden ersten Hefte in dieser *Ztschr.* X[2] 137 ff. Wie schon dort, so gehe ich auch hier im allgemeinen nur auf die Aufsätze über **französische** Phonetik näher ein.

Fester Einsatz in alleinstehendem *Ah! Oh! Hein? Aïe!* auch in *Ah! je comprends!* — *Oh! je suis tranquille!* — *Ah! il est embêtant,* dagegen loser Einsatz in *Ah! mon Dieu!* — *Ah! mes enfants!* — *Ah! saprelotte!*

Angleichung stimmhafter Konsonanten an folgende stimmlose in *Ah! je comprends* = *'aš köprä, Oh! je suis tranquille* = *'öš sг̣i̯it̪r̪äkil,* *en bras de chemise* = *ābartšọmız, quand je pense* = *kāšpās, est dessus* = *etsü, je suis sauvé* = *šsг̣i̯isóvé.* Dagegen *td* gesondert in *les bêtes dans l'œil* = *lebètdälŏг̣, deux minutes de plus* = *dŏminat dọ plüs.* Vgl. hiermit *vient de tomber* = *vг̣ètŏbé.*

Unsilbig gewordene Vokale, die dann mit einem benachbarten einen Diphthong bilden, und zwar einen fallenden in *à ôter* = *aọté, que la jument est malade* = *kг̣ažümāg̣ malad, il a une . . .* = *ilaи̯n, Ah! il . . .* = *àг̣l,* einen steigenden in *tu étais* = *tг̣étè, mais ôtez donc* = *mẹŏtẹdŏ.*

Die Bindung ist unterlassen unter anderem auch in *pas encore* = *pā äkòr, mis à jour* = *miažur.*

Auffallend ist die Beibehaltung der Nasalität des Vokals auch bei Bindung des *n*[1]): *son affaire* = *sõnafẹr, un F* = *ŏnèf, un autre fragment* = *ŏnŏtfragmā.* Etwas anderes ist *on n'aurait pas* = *ŏnorẹpā.*

Doppelkonsonanz in *Allons, bon!* = *alŏbbŏ, embêtant* = *äbbẹtä, vraiment* = *vrèmmä, et dire* = *ẹddг̣r* soll wohl lange und sehr energische Artikulation des Konsonanten bedeuten, ist dafür aber eine phonetisch nicht gerechtfertigte Bezeichnung.

Als Nachdrucksilben sind bezeichnet: in *Ah! mon Dieu!* die erste, in *il a une manière* die Silbe *ma-,* in *abondammant* die zweite, in *l'animal était perdu* die Silbe *per-,* in *Va donc* das *Va,* in *Je veux bien, moi* das *bien,* in *Ah! sapristi!* die Silbe *sa-,* in *Maladroit!* die erste, in *(Im)bécile* die Silbe *bé-,* in *Tais-toi, animal, butor!* das *Tais.*

2. Als Beispiel des höheren Prosastils ist ein Brief von Gaston Paris an den Verfasser über die Reform der Orthographie umschrieben. Passy erwähnt, dass er wesentlich die Aussprache von Gaston Paris selbst wiedergebe, der ihm den Brief vorgelesen und dabei bemerkt habe, dass er bei solchem Lesen unwillkürlich sorgfältiger ausspreche als er es sonst thun würde. „In der That sind namentlich die ọ und die Bindungen häufiger als bei gewöhnlichem Lesen, es ist Vortragsstyl.“

Gerade die Behandlung der weiblichen Silben interessiert in erster Linie. Man beachte zunächst, auch für die Notation des *i,* das Wort *Monsieur,* dessen erste Silbe ja denen mit weiblichem *e* völlig gleich geworden ist, am Kopf des Briefes als *mọsг̣ŏ,* am Schluss (*Croyez monsieur, . . .*) als *mọsг̣ŏ,* in der Überschrift (*Lettre de monsieur G. P. à monsieur P. P.*) als *dọmsг̣ŏ* und *amsг̣ŏ,* während in dem Stück von Labiche sogar *mг̣sг̣ŏ* steht mit zwiefacher Devokalisierung. Deutliches ọ findet sich ferner in *quatrĕ-vingt-sept, d'autrĕ part* (hingegen *notr̆ notation*), *exigera dĕ ceux, surchargée dĕ caractères, dix pour cent au moins dĕ travail perdu,* (hingegen *proportion d'travail, beaucoup d'temps*) *la plus générale dĕ no sindustries, raisonnabléset clairs, proposĕriez, qui n'peuvent quĕ fausser; dogmes* = *dògm̥(ọ)* ist fakultativ behandelt. Für mehrere aufeinander folgende weibliche Silben sind beachtenswert die Beispiele dĕ m'dĕmander, et qu' jĕ souhaite, l'œuvrĕ d'la réforme, Membrĕ d'l'Institut.

Voller Nasalvokal vor der Bindung gilt hier natürlich erst recht: *mon adhésion* = *mŏnadézг̣ŏ, d'un emploi* = *dŏnäplг̣a.*

Avoir ist hier unverkürzt = *avг̣ar; multipliées* = *mаг̣tiplг̣ié, l'appropriation* = *laprọprг̣i̯asг̣ŏ.*

Als Nachdrucksilben sind bezeichnet die ersten in *Deux raisons*

---

1) Vgl. hier XI² 281, Anm.

m'empêchent, — Simplifier notre notation orthographique, — Conformer cette notation, ferner in *après l'avoir torturé* die Silbe *tor-*.

3. *Le Feu du Ciel* von Victor Hugo. Auffallend ist, dass auch hier die getrübten weiten ẹ- und ọ-Laute in den unbetonten Silben sich fast regelmässig finden, ersterer auch einmal (in *des baisers*) in der Nachdrucksilbe *bai-*, letzterer, der sonst nur für *ô* eintritt, in den beiden ersten Silben von *aujourd' hui* sogar für *ó* und *u!*

Für die Behandlung der weiblichen Silben sind von Interesse: *Tout dormait cẹpendant, quelquẹ pâl(ẹ) clarté, lamp' dẹ la débauché, dẹ grands anglẹs dẹ mur, pẹut-êtr', et lẹ vent, sous l(ẹ) frais sycomore, et qu' la voir, en flots d'soufre* (ohne Angleichung des *d* zu *t!*), *ô peupl' pervers* und *cẹ peupl' s'éveille* (aber auch *peuplẹs sourds*), *ses largẹs gueules* und *de largẹs toits, soufflẹnt leurs éclairs, par dẹssus, un fleuv' dẹ feu, ainsi qu' pour voir, atteindrẹ qui l'brav', rien nẹ resta d'bout dẹ c' peuple détruit.*

Vokaldehnungen sowie Nachdrucksilben sind hier, im Pathos der poetischen Deklamation, besonders zahlreich.

Ch. Levêque (d'Oisy), *Des Enclitiques en Français* (Schluss des im zweiten Heft, pp. 157—169 angefangenen Artikels). Der Verfasser dieser fleissigen und wertvollen Arbeit ist ein geborener Franzose, der seit Jahren in Deutschland, früher in Geisenheim a. R., jetzt in Frankfurt a. M., als Lehrer seiner Muttersprache thätig ist. Sein Urteil wird daher für uns von ganz besonderem Interesse sein müssen.

Den Ausdruck „Enklitika" pflege ich für das Französische in einem rein grammatischen Sinne zu verwenden, nämlich für alle jene tonlosen Wörter (*Pronoms conjoints* nebst *on* und *ce, en* und *y*, Artikel, adjektivische Pronomina und das Adverb *ne*), welche niemals selbständig auftreten können, sondern sich immer an ein anderes Wort, Verb oder Substantiv, anlehnen müssen. Ich habe gefunden, dass sich die Zusammenstellung aller dieser Wörtchen zu einer Gruppe beim Unterrichte empfiehlt, weil in ihrem enklitischen Gebrauch thatsächlich eine charakteristische grammatische Erscheinung vorliegt, welche dem Geiste der französischen Sprache so wesentlich ist, dass ein Verstoss gegen dieses Gesetz selbst dem ungebildetsten Franzosen, mag er sonst auch noch so viele Sprachfehler machen, eine bare Unmöglichkeit ist.

Levêque dagegen fasst den Begriff *Enclitiques* rein phonetisch. Er versteht darunter die einsilbigen Wörtchen auf *e: me, ne, que, je, te, se, de* und will nun an der Hand der Umschriften in Passy's *Français parlé* untersuchen, in welchen Fällen je nach ihrer Stellung im Satzgliede und je nach den umgebenden Konsonanten das *e* dabei stumm ist oder selbständigen Vokal- und Silbenwert hat. Richtiger hätte er meines Erachtens nicht bloss von diesen „enklitischen" Einsilbern gesprochen, sondern von der Behandlung der weiblichen Silben überhaupt[1]) und die Frage so gestellt: Welche Konsonantenverbindungen sind im Französischen, erstens anlautend und zweitens inlautend, verträglich und welche bedürfen eines vermittelnden ọ-Lautes? Aber auch von Levêque's Gesichtspunkt aus, der ja praktisch im grossen und ganzen auf dasselbe hinausläuft, ist die Zusammenstellung sehr verdienstlich und die Schlussergebnisse sind gerade für uns Ausländer sehr lehrreich.

Diese lauten nun folgendermassen (p. 275): „*L'enclitique en tête du groupe devant un mot commençant par une voyelle, s'élide, excepté si*

---

[1]) Levêque gibt dies am Schluss selbst zu, wenn er sagt (p. 276): „*Ce ne sont pas seulement les particules qui sont sujettes à cette double valeur; . . . les différentes syllabes des mots sont sujettes au même phénomène.*"

le mot suivant est logiquement si important qu'il doit rester séparé, comme les noms de nombre. En tête du groupe et devant une consonne, il devient indépendant. Après une voyelle, la particule devient enclitique par apocope devant un mot commençant par une consonne; elle reste indépendante, si au contraire un mot commence par deux consonnes dont la seconde n'est pas une liquide.

Après une consonne, la particule reste indépendante, si le mot suivant commence aussi par une consonne.

Après deux consonnes dont la dernière n'est pas une liquide, la particule reste indépendante, même devant un mot commençant par une consonne liquide.

Des deux particules consécutives, c'est la première qui, en général, s'élève à l'indépendance pour servir de support à la seconde.

Passy's Umschriften stimmen freilich mit diesen Gesetzen sehr oft nicht überein. In solchen Fällen ändert dann Levêque kurz entschlossen die Notation nach seinem Princip, indem er die Verschiedenheit seiner eigenen Auffassung in folgender beachtenswerten Weise begründet (p. 165): *Je trouve que M. Passy a, du moins pour les besoins des professeurs de français à l'étranger, placé l'échelon inférieur du langage familier un peu bas, ce qui l'amène à admettre d'une part des combinaisons un peu forcées qui ne sont familières qu' à certains districts linguistiques spéciale- ment préparés aux difficultés de prononciation, ou bien même à figurer des choses qui ne se trouvent pas dans la langue commune à tous les Français et qui ne se rencontrent que dans certains patois comme k a t pour k a t r, vot pour votre, not pour notr, ptèt pour pötètr, i-rkònè pour il-rọkònè, st-òm pour sät òm. La chose est ordinaire à Paris sans doute, et la pièce de comédie dans laquelle elle se rencontre se passe à Paris. C'est de la couleur locale par conséquent. Mais pouvons-nous aller jusque-là? C'est la réserve que je soumets à l'appréciation de l'auteur, au point de vue tout spécial d'un professeur à l'étranger.*

Manchem, besonders unter unseren Reformern vom äussersten linken Flügel, die in Sweet's *Elementarbuch des gesprochenen Englisch* das letzte Wort der neueren Sprachmethodik erblicken, wird Levêque's Standpunkt zu theoretisch, zu abstrakt schulmeisterlich erscheinen. Bei der Gefahr einseitiger Übertreibung indessen, der jene Richtung nur zu leicht an- heimfällt, thut es wohl, auch wieder einmal eine konservative Stimme zu hören, zumal wenn sie von einem Franzosen kommt und die *besoins des professeurs de français à l'étranger* betont.[1]

Übrigens halte ich die Akten über das weibliche *e* durch Levêque's Schlussgesetze noch lange nicht für geschlossen. Die Frage ist zu subtil, zu sehr dem subjektiven Gefühl unterworfen, als dass sie sich in ein paar solche Regeln zwängen und damit erledigen liesse. Immerhin ist es an- erkennens- und dankenswert, dass gerade auf diesen wichtigen Punkt die Aufmerksamkeit der Phonetiker von neuem gelenkt worden ist.

---

[1] Vergleiche *hier* XI² p. 230. Sweet's radikale Ansichten haben übrigens in manchen englischen Kreisen wahres Entsetzen hervorgerufen. M'Lintock, ein Nordengländer, sagt zum Schluss seiner Besprechung des Buches (*Phon. Stud.* II, 212 ff.): „*Mr. Sweet's 'spoken English' . . . ex- hibits a character so purely colloquial and provincial* (gemeint ist der Londoner Dialekt) *as to wholly unfit it for presentation to learners. For surely, the right principle to act upon in teaching a living and literary language is to thoroughly ground the pupil in that form which the native speakers of it recognize as the highest and best, so as to enable him to take a part in any proceedings, grave or gay, in which language is used.*

Zum Schluss kann ich es mir nicht versagen, ein paar Stellen zu zitieren, welche für den f r a n z ö s i s c h e n Verfasser bezeichnend sind, der es nun einmal nicht lassen kann, selbst in ernster wissenschaftlicher Abhandlung gelegentlich, des trockenen Tones satt, auch da, wo der Stoff am sprödesten scheint, dem Hange zu rhetorischer Ausschmückung nachzugeben. Levêque kommt zu der Regel, dass von zwei aufeinanderfolgenden Enklitiken das erste vollsilbig wird um dem zweiten als Stütze zu dienen und fährt dann fort (p. 166): *„On commence volontiers par un mot bien équilibré pour augmenter la force et la vitesse de la diction sur les suivants. Les exordes ex abrupto sont aussi une exception, les allegretto ne sont pas non plus la marche ordinaire d'une ouverture. L'oiseau, pour commencer à voler, ne frappe pas d'abord la terre de ses ailes, mais il saute en l'air pour se faire de l'espace et prendre bien son essor."*

An einer anderen Stelle sagt er, dass jene einsilbigen Wörtchen also phonetische *doublets* bilden: *mǫ-m,* wie es lexikalische *doublets* giebt: *porche-portique.* Und dann heisst es, mehr schwungvoll als richtig (p. 276): *„C'est là un reste précieux d'une époque antérieure de la langue où le français vivait encore au grand air des bois et des prairies, dans la bouche de gens chez lesquels la chambre était le séjour d'exception et la lecture ou l'écriture la science d'exception, mais où l'œil était exercé à la chasse et au combat, l'oreille et la langue au chant et à la poésie, où rien ne venait s'interposer entre la pensée exprimée et l'objet auquel s'adressait cette pensée, où il n'y avait pas encore les mille et un intermédiaires, j'allais dire parasites, de la division du travail de langage par l'écriture et l'imprimerie."* Ich will nicht kritteln, aber ich darf wohl konstatieren, dass man in einer d e u t s c h e n wissenschaftlichen Abhandlung dergleichen vergeblich suchen wird.

P. P a s s y über Eidam, *Phonetik in der Schule?* Einen Passus aus dieser kurzen Rezension kann ich nicht unterlassen, mehr der Kuriosität halber, etwas niedriger zu hängen. Passy tritt, gegen Eidam, sehr energisch für den Gebrauch einer Lautschrift ein, macht sich dann selber den Einwand: „Aber so haben wir ja bei zwei Schriftarten eine Überbürdung." und fährt dann fort (p. 293): „Freilich, eine Überbürdung ist vorhanden; sie liegt aber nicht in der Lautschrift, sondern in der Orthographie. Darum sage ich: F o r t a u s d e n E l e m e n t a r b ü c h e r n m i t d e r h e r - g e b r a c h t e n (französischen, englischen, deutschen) O r t h o g r a p h i e, diesem Überbleibsel mittelalterlicher Finsternis! Man lerne vermittelst des gesprochenen Worts und der Lautschrift die S p r a c h e selbst: kann man die, so ist es keine Kunst, auch die landläufige Schreibweise zu erlernen, wenn es übrigens der Mühe wert ist."

Z w e i t e r B a n d: W. R. E v a n s, *On the Bell vowel-system.* Eine einschneidende Kritik des Bell-Ellis-Sweet'schen Systems, die sehr beachtenswerte neue Gesichtspunkte enthält. Der wichtigste derselben ist folgender: Bisher hiess es immer (nicht bloss bei den englischen

---

If this be done, it may safely be left to practice and the force of circumstances to produce the lower and less formal modes of speech, which petrified into lessons to be learnt, will be reproduced with the almost inevitable stiffness of foreigners' speech drawing attention to and emphasizing their frequent want of correctness." Ähnlich Legouvé, wenn er sagt (*L'Art de la Lecture,* p. 181): *„Prêchez à vos enfants l'observance rigoureuse des lois de la prononciation; l'usage leur apprendra toujours assez vite à les violer: forcez-les à prononcer trop bien, ils apprendront toujours assez vite à prononcer assez mal."*

Phonetikern), dass das wesentliche Merkmal der Vokale (der „Mund-öffner", wie Techmer sagt) im Gegensatz zu den Konsonanten die völlige Öffnung des Mundkanals sei, mit gänzlich freischwebender Zunge. Dem gegenüber behauptet nun Evans — und ich glaube, man wird ihm schliesslich darin recht geben müssen —, dass vielmehr stets doppelseitige Berührung der Zunge mit dem Gaumen stattfindet und nur in der Mitte des Zungenrückens eine Öffnung entsteht. Er sagt zunächst (S. 14): „*I cannot conceive how the mobile tongue can maintain, even momentarily, a fixed or tense position, with voice or breath passing over it, unless it be well supported by firm contact with some stable part of the voice channel.*" Er weist dann für jeden einzelnen der Hauptvokale nach, dass seitliche linguo-palatale Berührung stattfindet.

Ferner: Was den Unterschied der einzelnen Vokale ausmacht, ist im Wesentlichen nur die Artikulationsstelle, d. h. die Stelle jener Be-rührung. Diese liegt beim *i* etwa zwei Zoll hinter den Zähnen, beim *e* („*as heard in English* let") einen Zoll weiter nach hinten, beim *a* schon bis zur Mitte der geschlossenen Uvula zurück, beim *o* und *u* endlich tief unten im Pharynx, so dass hier gar nicht mehr zwischen Zunge und Gaumen, sondern zwischen Zunge und Rachenwand Berührung eintritt. Alles übrige, so namentlich die Labialisierung, sind nur unterstützende, unwesentliche Begleiterscheinungen: „*Simple (or pure) vowel-sounds are differentiated in quality by varying the length of the resonance-chamber formed between an interior linguo-palatal aperture of emission and an exterior aperture of exit. The primary means of shortening or lengthening such resonance-chamber is by advancing or retracting the position of the linguo-palatal partial contact forming the inner aperture; but, instead of withdrawing the tongue to ex-treme back positions, the speaker instinctively puts forward the lips, to assist in producing the length of mouthtube required for the back vowels. This is merely an exemplification of the same co-operative tendency of the members that prompts the mouth to meet the feeding hand, or the lower limbs to stretch as the arm reaches upward* (S. 15)." Evans weist hin auf „*the significant and undoubted fact that any type of vowel-sound can possibly be produced through the mouth opening customarily used for any other type*" (S. 185) und auf „*the utter futility of taking the unstable tongue as a standard of position instead of the part of the stable mouth-tube against which any vowel-adjustment is made*" (S. 129). Es ist klar, dass hiermit die ganze Bell'sche Einteilung in *high-mid-low*, sowie die in *unrounded* und *round vowels*, überhaupt die ganze Aufstellung von 9 *pri-mary vowels*, die dann durch *rounding* und *widening* in 3 × 9 andere Vokale modifiziert werden können, endgültig in sich zusammenfällt.

Insbesondere hat Evans zweifellos recht, wenn er es für unmöglich erklärt, von *i* zu *ü*, von *e* zu *ö* überzugehen durch blosses Vorschieben der Lippen ohne Veränderung der Zungenlage (S. 122). Nicht ganz er-schöpfend aber scheint mir seine sehr eingehende Kritik der Unterscheidung zwischen *narrow* und *wide vowels* zu sein. Der negative Teil dieses Ab-schnittes freilich, der sich gegen die unklare physiologische Erklärung Bell's wendet, ist durchaus zutreffend. Das positive Ergebnis aber, zu dem Evans schliesslich gelangt, befriedigt nur unvollkommen. Er sagt (S. 122): „*Widening, therefore, consists in shifting tongue-adjustments from either end of the vowel range towards the centre, and this by degrees inter-mediate between those inadequately described as high-, mid- and low-front and back; while rounding consists in opposite movement in the back region, where widening is simply diminution of the degree of rounding*". Hier hält meines Erachtens auch Evans das nur Incidentelle für das Wesentliche, die Wirkung für die Ursache. Der charakteristische und so tief greifende Unterschied zwischen enger und weiter Artikulation muss seine besondere charakteristische Ursache haben. Ich glaube nach wie vor, dass diese in dem verschiedenen Grade der Artikulationsenergie, insbesondere der Zungen- (und Lippen-)spannung zu suchen ist. Allerdings bewirkt die schlaffere Artikulation dann notwendig auch eine Senkung der Zunge, sowie eine Verminderung der Lippenthätigkeit, aber beides ist eben erst die Folge davon, nicht das thatsächlich differenzierende Moment.

Besonderes Lob verdient übrigens das ruhige, bescheidene Auftreten und die rein sachliche Kritik des Londoner Phonetikers, der leider gerade über dieser Arbeit der Wissenschaft durch den Tod entrissen ist.

F. Franke, *Die Umgangssprache der Nieder-Lausitz in ihren Lauten* (aus seinem Nachlass mitgeteilt von O. Jespersen). Gibt (S. 42 und 43) auch eine ziemliche Anzahl französischer Beispiele für Assimilation stimmhafter Konsonanten an folgende stimmlose und stimmloser an folgende stimmhafte.

Otto Jespersen über Franz Beyer's *Französische Phonetik*. Enthält manche beachtenswerten Äusserungen: so über den unsilbigen Bestandteil diphthongischer Verbindungen, der je nach der lautlichen Umgebung verschieden sei (S. 90 f.): „Neben der normalen Mittelform des *j*, die z. B. in *bien, pied, payer, veiller* vorkommt und die mir ganz genau ein unsilbig fungierendes französisch *i* zu sein scheint — also ausgeprägt eng und sehr nach vorne gebildet — gibt es meiner Ansicht nach zwei extreme Formen; die eine in *filler, piller* u. dgl., wo das *j*, um von dem *i* überhaupt verschieden zu sein, höher gebildet wird, also mit entschiedener konsonantischer Friktion, aber dennoch nicht ganz gleich dem im Deutschen vorkommenden, mehr zurückgezogenen spirantischen *j* ist; — die andere, gesenkte, namentlich nach den beiden *a*-Lauten, wie in *travail, Versailles*. Das *w* vor *i*, wie in *oui*, scheint mir von dem *u* verschieden, sowohl durch grössere Lippennäherung als durch höhere Zungenstellung. Dagegen wird das *w* in anderer Stellung (in *louer, foi, soin* u. s. w.) mit mittelhoher Zungenstellung gebildet... Was endlich das *y* betrifft, so ändert sich auch hier die Zungenstellung je nach dem folgenden Vokal; während sie in *lui, nuit* entschieden *high-front* ist, wird sie in *nuée, tuait, tua* weiter und weiter nach hinten gebildet, um in *nuage* und noch mehr in *nuance* fast auf der Grenze der *back*-Artikulation zu stehen."

Über das *r* sagt Jespersen (S. 91), dass er „hier in Paris, im Alltagsleben gebildeter Kreise wie auf den Bühnen (in modernen Konversationsstücken) und auf der Rednertribüne der Deputiertenkammer weit öfter als wirkliches Rollen ungerolltes oder doch fast nicht gerolltes postpalatal-*r* gehört habe". Gewiss richtig beobachtet, was aber nicht hindert, dass wir wenigstens im ersten Unterricht auf ein möglichst kräftig gerolltes *r* halten müssen. Im Grunde kommt es freilich aufs Rollen weniger an, als auf die straffe, enge Artikulation. Wer diese vernachlässigt, dem wird bald ein franz. *faire* zu einem engl. *fair*.

Über das dumpfe *ǫ* sagt Jespersen ganz richtig (S. 91 f.), dass „die Anwendung dieses Vokals jetzt gar nicht mehr von einem *e* der Schrift und der älteren Sprache abhängt. In einigen Fällen, wie in *bretelle, crever* ist das *ǫ* fest, in anderen, namentlich im Auslaut, äusserst variabel, und das Vorkommen scheint wesentlich durch das Quantum Atem, das dem Sprechenden noch zur Verfügung steht, geregelt zu werden... Das auslautende *ǫ* wird offenbar ebensowenig als ein der Sprache zugehöriger Laut aufgefasst, wie der ähnliche Laut, den der

Deutsche oft einem *und* anhängt, wenn er nicht recht weiss, was er weiter sagen will."

Ferner (S. 92): „Für die Nasalvokale kann man zwei Tendenzen zu einer veränderten, natürlich noch nicht nachahmungswerten Aussprache beobachten. Die eine ist die das œ̃ zu entrunden; schon Legouvé hat darauf hingewiesen, dass viele Pariser *un* wie *in* sprechen. Die andere, die man besonders häufig bei Kindern und nicht selten bei Damen trifft, das ã zu runden und es fast oder ganz wie õ zu sprechen ... Wenn diese beiden Bewegungen nicht etwa getrennt werden, führen sie also zu einem Zustande, wo nur zwei Nasalvokale vorhanden sind, und zwar, der allgemeinen Tendenz der Sprache gemäss, ein ungerundeter vorderer und ein gerundeter hinterer." Mir hat es oft geschienen, als ob manche Franzosen auch ɛ̃ und ã, *enfin* und *enfant* fast gleich aussprechen. Ich möchte aber glauben, dass all das weniger „Tendenzen zu einer veränderten Aussprache" sind, die künftig durchdringen werden, als vielmehr individuelle Nachlässigkeiten einzelner. Die nasale Resonanz verwischt leicht die Grenzen zwischen den oralen Basen. So kann man im Unterrichte häufig beobachten, wie der eine dazu neigt ɛ̃ als ã zu sprechen, der andere als õ oder õ̃ oder œ̃.

Die „recht häufig und ... namentlich in kurzen bestimmten Sätzen vorkommende Erscheinung, dass die ganze letzte Silbe stimmlos gesprochen wird" (S. 92)[1] hat Jespersen auch bei anderen als den hohen Vokalen (i, ü, u), „für die es natürlich leichter eintritt, beobachtet, z. B. in „le baromètre est 'mon'té, tu ne l'au'ras' pas, je n'aime pas le tabac, il s'ennuyait beaucoup chez nous." (S. 92 f.)

Otto B a d k e über Koschwitz, *Neufranzösische Formenlehre*. Badke setzt zunächst des längeren seine Ansichten über die Verwendung der Phonetik im Unterrichte auseinander. Danach soll dieser beginnen mit einer allgemeinen Phonetik in 4—5 Stunden. Der ganze Unterricht in der Quinta soll nur mündlich betrieben werden „ohne Lesen, ohne Schreiben, ohne häusliche Aufgaben". „Nur auf diesem Wege halte ich es für möglich, eine gute Aussprache zu erreichen. Nur so wird man die Schüler gegen eine Vernichtung der ihnen geläufig gewordenen Laute und Lautverbindungen durch das Schriftbild feien." (S. 96.) Wirklich „nur so"? Ist die Aneignung einer guten Aussprache wirklich so schwierig, dass 1—2 Jahre (an einer anderen Stelle [S. 98] ist sogar von Quinta, Quarta und Untertertia die Rede!) ausschliesslich darauf verwendet werden müssen? Wohlgemerkt, Badke will von einer Lautschrift nichts wissen. Der Schüler bekommt also während der ersten 1½ Jahre überhaupt nichts zu sehen: „Nichts wird durch das Auge, alles durch das Ohr eingeprägt." Das heisst denn doch ein an und für sich richtiges Prinzip in unverantwortlich einseitiger Weise übertreiben und das Kind mit dem Bade ausschütten. Hat man früher die Übung des Ohres zu sehr vernachlässigt, so haben wir doch gottlob keine Blinden zu unterrichten und sollen froh sein, dass wir auf die so unendlich erleichternde Unterstützung des Ohres durch das Auge nicht zu verzichten brauchen.

A. G u n d l a c h über Gutersohn, *Gegenvorschläge zur Reform des neusprachlichen Unterrichts*. Gutersohn steht im entschiedensten Gegensatz zu Badke. Nach ihm soll der Sprachunterricht in alter Weise vom Buchstaben, nicht vom Laute ausgehen. Gundlach giebt ihm insofern recht, als „das Lautbild durch das Schriftbild gekräftigt werden muss" (p. 103),

---

[1] Vgl. hier XI² 232 f., wo ich dasselbe ausser, wie Beyer, für *i*, auch schon für *ü* und *u* und zwar selbst nach stimmhaften Konsonanten belegt habe.

folgert aber daraus seinerseits nur die Notwendigkeit einer phonetischen Umschrift.

Joh. Storm, *Romanische Quantität.* (pp. 138—177). Die Arbeit ist, abgesehen von wenigen unbedeutenden Zusätzen die einfache Übersetzung eines Vortrags, der auf der ersten nordischen Philologenversammlung in Kopenhagen am 21. Juli 1876 (!) gehalten wurde, „deutsch herausgegeben, um auch deutsche Leser darauf verweisen und meine Priorität in gewissen Punkten behaupten zu können" (p. 139[1]). Schade, dass es dem Verfasser „nicht möglich gewesen ist, diese Fragen zu erneuter Untersuchung wieder aufzunehmen und dabei auch die neuere einschlägige Litteratur zu berücksichtigen" (p. 177). Die Hoffnung, dass die „nunmehr alt gewordene Arbeit doch nicht zu alt erscheinen möge" (ib.) erfüllt sich daher nur teilweise. Gerade das, was das Französische angeht, ist zum grossen Teile schon durch Storm's *Englische Philologie* längst bekannt. Ausser dem Französischen wird das Italienische und das Spanische herangezogen und im engen Zusammenhange mit der Entwickelung der lateinischen und romanischen Quantität werden dann besonders auch die Betonungsverhältnisse und metrische Fragen erörtert.

Victor Ballu, *Observations sur les éléments musicaux de la langue française* (pp. 195—202, 303—310). Nach einigen allgemeinen Bemerkungen über Vokale, Konsonanten (bei denen drei Momente in Betracht kommen: die *arrivée,* die *tenue* und die *détente)* und Silbenbildung entwickelt der Verfasser zunächst die Prinzipien der französischen Prosodie. Er unterscheidet zwischen starken und schwachen (betonten und unbetonten), langen und kurzen Silben (p. 198): *„On appelle syllabe forte celle sur laquelle la voix appuie davantage, tandis que la longue est celle qui a une plus grande durée, souvent même elle est séparée de la syllabe suivante par un silence plus ou moins long; pour s'en convaincre, il suffit d'analyser ces vers:*

Il suivait tout pensif le chemin de Mycènes.
Ce vers a quatre fortes qui sont en même temps quatre longues.
Mêlait aux fleurs des bois des festons de verdure.
Le vers a également quatre fortes; mais dont trois seulement sont longues.
Sa main sur ses chevaux laissait flotter les rênes.
Quatre fortes, deux longues."

Interessant sind dann folgende Regeln (p. 198 f.): *„La longue, suivant les circonstances, vaut deux, trois, ou quatre brèves. Une longue est, on peut le dire, toujours forte: mais une forte est souvent brève comme une faible. Quand une forte est immédiatement suivie d'une autre forte, la première vaut quatre brèves:*

Pour lui, tout; pour toi, rien.

Si une faible est entre deux fortes, la forte vaut trois brèves:

Lui, t'attend.

Si les deux fortes sont séparées par deux faibles, la première forte vaut deux brèves:

Quoi, tu voudrais.

Si enfin les deux fortes sont séparées par trois faibles, la première forte ne vaut qu'une brève:

Prends ces deux bijoux.
Le roi Théodoros."

Vom Alexandriner heisst es dann (p. 200): *„Dans tout vers alexandrin, il y a toujours quatre fortes déterminant quatre temps égaux."* Die verschiedene Stellung der *syllabes fortes* bedingt die verschiedenen Rhyth-

men. Getadelt wird das Schema 5-1 (p. 200): *Les hémistiches qui ont
la forte à la cinquième syllabe sont généralement mauvais:*

> *En recommençant tout.*
> *Elle compatit seule.*"

Vom *Déplacement de l'accent* wird gesagt (p. 200 f.): „*Dans quelques cas fort rares, l'accent peut être placé sur la première syllabe du
mot: dans certains hémistiches qui n'auraient qu'une seule forte:*

> *C'est en vain qu'au Parnasse un téméraire auteur*
> *sans quoi il faudrait séparer l'adjectif de son substantif, ce qui est mauvais:*
> *Un téméraire auteur.*"

Wenn es dann weiter heisst (p. 201): „*Dans une énumération de
mots à deux syllabes, l'accent peut porter sur la première au lieu de la
dernière, surtout en prose:*

> *Chagrins, peines, douleurs — courant, sautant, dansant —
> boire, manger, dormir.*"

so ist darunter (abgesehen von *peines* und *boire*) natürlich nicht deutscher
Wortaccent zu verstehen, sondern nur rhetorischer Nachdruck auf der
ersten, welcher den Wortton auf der letzten darum nicht aufhebt.

Der zweite Teil des Aufsatzes *(Essai de ponctuation rationelle)* beschäftigt sich mit den rein musikalischen Intervallen der Rede und giebt
Beispiele von *ponctuation chiffrée* und von Bezeichnung durch Noten.

AUGUST LANGE.

Franke, Felix. *Die praktische Spracherlernung auf Grund der
Psychologie und der Physiologie der Sprache dargestellt.* Zweite
verbesserte Auflage bevorwortet von O. Jespersen. Leipzig,
O. R. Reisland 1890. V u. 37 S. kl. 8⁰. 60 Pf.

Des früh verstorbenen Verfassers Schriftchen hat entschieden in
der Geschichte der Reformbewegung im Sprachunterricht eine hervorragende Rolle gespielt, und wenn sein Erfolg auch zum einen Teil
darin seinen Grund hatte, dass die darin behandelten Fragen gewissermassen in der Luft lagen, so beruhte er doch zum andern, nicht
geringeren Teile auf der geistvollen und gewinnenden Darstellung,
die Franke denselben zu geben wusste.

Für diejenigen, die das Schriftchen schon vor Jahren, d. h. seit
1884 kennen, hat es begreiflicherweise etwas von dem, was man ge-
schichtliches Interesse nennt, doch ist es bekanntlich ein schlimmer
Missgriff, wenn man geschichtlich Gewordenes mit Abgethanem verwechselt. Das Schriftchen enthält Gedanken, zum grossen Theil die
anderer, doch auch eigene, die man nicht oft in so überzeugender
Form fruchtbar gemacht findet, und wenn man die Unmasse Einzelschriften, die die Reformbewegung ins Leben gerufen haben und noch
mehr derjenigen, die durch sie ins Leben gerufen wurden, überblickt,
wird es nicht viele geben, die nach Jahren noch soviel Anziehungskraft
besitzen und die man so gerne wieder liest, wie Frankes Büchlein.
Es wird daher eine Neuauflage sich wohl lohnen.

O. Jespersen, der bekanntlich das Schriftchen 1884 ins Dänische
übersetzte[1]), hat den „Abdruck des mit handschriftlichen verbessernden
Anmerkungen versehenen Exemplars der ersten Ausgabe", das ihm

---

[1]) Felix Franke. *Praktisk Tilegnelse af fremmede Sprog.* Dansk
Bearbejdelse ved O. Jespersen. Köbenhavn. Carl Larsen.

Franke für seine Übersetzung geschickt hatte, besorgt und ein kurzes Vorwort dazu geschrieben. Die Änderungen sind gering, der Umfang trotz ungleich schöneren Druckes und Papieres ungefähr gleich.

Das Schriftchen enthält demnach wie in erster Auflage wesentlich nur die eine Hälfte des auf dem Titel angekündigten Themas, nämlich die praktische Spracherlernung auf Grund der Psychologie; die sprachphysiologische Seite wird nicht eigentlich abgehandelt, was ich schon in meiner Besprechung der ersten Auflage im *Litbl. f. germ. u. rom. Phil.* 1884, Nr. 2 hervorgehoben habe. Zu S. 13. 1. Laut: wird eine Anmerkung hinzugefügt, und darin auf Vietors 1884 erscheinende *Elemente der Phon.*, Sweet's *Handbook of Phon.* und mein Büchlein *Über den Unterricht in der Aussprache des Englischen* (1884) verwiesen; dazu wären nun wohl noch eine Reihe von seither erschienenen Einzelarbeiten zu nennen, doch hier wie im übrigen that Jespersen wohl gut daran, nichts zu ergänzen, was Franke nicht selbst ergänzt hatte.

Man kann heute wohl sagen, der Schriften über praktische Spracherlernung gibt es so viele und darunter auch so viele gute, dass es jedenfalls anderswoirn liegen muss, wenn trotzdem noch vielfach nichts gelernt wird. Aber, wenn ich mich nicht sehr täusche, wird doch mehr und besser gelernt wie früher, und wenn man zurückdenkt, wieviele noch im Jahre 1884 nur Spott, Hohn und Achselzucken für Bestrebungen wie die Felix Frankes übrig hatten, die sich heute wohl hüten, dergleichen laut werden zu lassen, so danken wir diesen allmählichen Umschwung nicht zum geringsten Teile auch ihm, der der Wissenschaft und der Didaktik leider so früh entrissen wurde.

A. Schröer.

Roden, Albert von. *Inwiefern muss der Sprachunterricht umkehren.* Ein Versuch zur Verständigung über die Reform des neusprachlichen Unterrichts. Marburg 1890. N. G. Elwert. IV, 89 S. 8⁰.

Diese Schrift kann in der lebhaft produzierenden „Reformlitteratur" einen gewissen Ruhepunkt bezeichnen; viele sind des Streites müde geworden, die ungestümsten Stürmer haben sich gemässigt, die steifsten Konservativen haben wichtige Zugeständnisse gemacht: jetzt nehmen die Gemässigten das Wort. Zu ihnen gehört der Verfasser. Freilich lässt auch er noch einige didaktische Fragen, an welchen die Umstürzler achtlos vorbeigeeilt sind, unerledigt.

Zunächst macht derselbe keinen Unterschied zwischen der natürlichen, der direkten und der analytischen Methode; diese stehen aber gerade hinsichtlich der didaktischen Grundfragen auf sehr verschiedenen Standpunkten, und es ist denjenigen Reformern, welche diese Methode als gleichbedeutend ansehen, der Vorwurf nicht zu ersparen, dass sie die Dinge zu oberflächlich genommen haben. Dann schweigt er vollständig über die historische und vergleichende Behandlung der Grammatik. Dafür ist er entschuldigt durch die Erklärung, dass er „die Frage mit Rücksicht auf die Realanstalten, insbesondere die „lateinlosen", behandle; aber der Titel seiner Schrift schloss diese Seite der Methodik des neusprachlichen Unterrichts nicht aus, wenn uns auch die phonetische Reform daran gewöhnt hat, diesen für die Lateinschulen so wichtigen Punkt ganz zu vergessen. Am meisten scheidet sich der Verfasser von den Reformern hinsichtlich der Lehrziele. Das Sprechen des fremden Idioms scheint ihm nicht der Hauptzweck des Unterrichts zu sein; wichtiger sei das Schreiben, und das Übersetzen aus der Fremdsprache und in dieselbe biete eine treffliche Geistesübung, wenn nur im letzteren Fall die Schwierigkeiten nicht absichtlich gehäuft werden. Hier haben wir dem Verfasser einige Fragen vorzulegen. Wenn das Sprechen nicht Hauptzweck des Unterrichts ist, so kann es doch ein Mittel desselben werden. Welche Hilfen leistet es nun als solches? Ferner halten auch wir das Schreiben für wichtig, wenigstens neben dem Sprechen; aber es wäre noch zu untersuchen, wie es sich zum Sprechen verhält. Thatsächlich müssen schwere didaktische Fehler des üblichen Sprachunterrichts auf mangelnde Einsicht in das gegenseitige Verhältnis dieser zwei Unterrichtsmittel zurückgeführt werden. Der Verfasser stellt als Hauptzweck des fremdsprachlichen Unterrichts „die allgemeine Geistesbildung" auf. Dagegen wird kein Reformer etwas einzuwenden finden; aber wir bewegen uns hier auf dem Gebiete der speziellen Methodik, welche es bei so allgemeinen Forderungen nicht kann bewenden lassen. Auf diesem Gebiete verlangen eben auch die Fragen, welche wir dem Verfasser soeben vorgelegt haben, ihre Beantwortung.

Im folgenden wird zunächst die Methodik der Unterstufe und dann die der Mittel- und Oberstufe durchgesprochen. Wir behandeln die einzelnen methodischen Punkte gleich für den ganzen Unterrichtsbetrieb.

In Dingen der Aussprache steht der Verfasser fast ganz auf dem Standpunkte der phonetischen Reform. Doch ist es ein Irrtum, wenn er glaubt, „das Hauptgewicht werde auch von den Reformern auf unermüdliches, konsequentes richtiges Vorsprechen" gelegt. Diese Forderung wäre nichts Neues; eine verdienstliche Neuerung aber ist es, dass die Phonetik auch den stumpfsinnigsten Schüler zur richtigen Bildung der Laute anzuleiten weiss durch richtige Stellung seiner Organe. Indessen verlangt das der Verfasser selbst S. 20 ff. Nach den ersten Ausspracheübungen soll dann Zusammenhängendes gelesen, gesungen und im Chor gesprochen werden. Selbst der Lautschrift ist er nicht abgeneigt. Nur dass die Flexionen nach dem Lautstande gelehrt werden, nicht nach dem Schriftstande, billigt er nicht. Hier aber wäre eben ein Blick auf die historische Behandlung der Grammatik förderlich gewesen. Das hat der Verfasser wohl gemeint, als er (S. 30 f.) Veränderungen wie *achète — achetons, viens — venons* mit Hilfe der Lautlehre forderte.

In der Behandlung von Lektüre, Grammatik und Wortschatz will der Verfasser sich Walter und Kühn anschliessen. Er verwirft mit richtiger pädagogischer Begründung die Einzelsätze und verlangt, dass die ersten grammatischen Kenntnisse in langsam fortschreitender Abstraktion gewonnen werden. Auf den oberen Stufen will er freilich der Grammatik ihre selbständige Stellung wiedergeben. Auch ist er der Ansicht, dass Synonymisches wie ein grosser Teil des unentbehrlichen grammatischen Lehrstoffes sich gar nicht aus der Lektüre ziehen lasse. Das Bestreben, die Grammatik auf den kleinsten Raum zusammenzudrängen, erkennt er nicht an: in manchen Punkten bedürfen unsere Grammatiken sogar einer wesentlichen Erweiterung. Der Grundsatz, an Stelle der Regel das „Prinzip" zu setzen, scheint ihm nur Phrase. Glücklich ist ja der Ausdruck nicht; aber es ist doch klar, dass diejenigen, welche ihn brauchen, auf eine organische Auffassung der Spracherscheinungen hindrängen, der dasjenige, was wir Regel nennen, nicht ein beherrschendes Gesetz, sondern nur die Folge der speziellen (sprachpsychologischen) Anschauung eines Idioms ist. Wenn für diese Forderung bis jetzt in der französischen und englischen Schulgrammatik auch wenig geschehen ist, so möchten wir doch nicht wünschen, dass die treffende Mahnung verloren wäre. Der Inhalt der Lektüre soll so gewählt werden, dass er in das Geistesleben des fremden Volkes einführt.

Sprechübungen will der Verfasser von den ersten Klassen an betreiben, etwa in der durch Walter angegebenen Weise. In den Oberklassen muss denselben besonderer Stoff zugeführt werden ausser der ordentlichen Klassenlektüre.

Die Schreibübungen sollen auf der Unterstufe nur imitatorischer Art sein; später treten auch die bisher üblichen synthetischen Texte ein. Der Verfasser gestattet für die oberen Klassen selbst das Übungsbuch und empfiehlt das von gewissen Reformern schwer verurteilte Extemporale. Retroversionen sind zu sehr vom Zufall des Gedächnisses abhängig; dagegen ist das Diktat auch in den Oberklassen nicht ganz zu unterlassen. Dem freien Aufsatze kann schon in den mittleren Klassen vorgearbeitet werden; oben muss er in weitem Umfange gepflegt werden.

Schliesslich spricht der Verfasser sich dagegen aus, dass der fremdsprachliche Unterricht mit dem Englischen beginne; er geht aber wohl zu weit, wenn er in diesem Verlangen einen Widerspruch gegen „andere Bestrebungen der Reformer" erblickt.

E. v. SALLWÜRK.

Rethwisch, Conr. *Jahresberichte über das höhere Schulwesen.* III. Jahrgang 1888. Berlin, Gaertners Verlagsbuchhandlung. 1889. VI, 101 (A), 474 (B) S. gr. 8⁰. 12 Mk.

In seiner allgemeinen Abteilung (A: Schulgeschichte und Schulbetrieb) bietet dieser dritte Jahrgang der verdienstvollen Schulberichte von Rethwisch so gut als nichts, was für das Studium und den Unterricht der neueren Sprachen von Belang wäre. Das ist erklärlich, da fast die ganze Sorge, welche die Schulen diesem Unterricht zuwenden können, seit einer Reihe von Jahren durch die methodischen Fragen des elementaren Unterrichts in Anspruch genommen ist, worüber die besonderen Abschnitte über die einzelnen Sprachen zu berichten haben. Doch wäre zu erwarten gewesen, dass die zahllosen Schriften zur Schulreform ein neues Licht auf die Stellung der neueren Sprachen im Lehrplan der höheren Schulen geworfen hätten. Das kann etwa vom deutschen Unterricht gesagt werden, den viele mehr wohlmeinende als sachkundige Reformer zum Mittelpunkt des Unterrichts an allen deutschen Schulen glauben machen zu sollen. Der fremdsprachliche Unterricht hat aber aus den Reformdebatten kaum irgendwelchen rein pädagogischen Gewinn gezogen. Daraus erwächst uns der Vorwurf, dass wir immer noch vernachlässigen, den erzieherischen Wert des neusprachlichen Unterrichts gründlich zu untersuchen.

Reicher ist die Ausbeute des von H. Löschhorn (Berlin) bearbeiteten Abschnittes über das Französische (S. 117—146 B). Doch erhält der Leser den wohlthätigen Eindruck, dass die methodische Strömung allmählich wieder niederer geht, und doch ist uns nicht aufgefallen, dass der Berichterstatter irgendetwas Bedeutendes unerwähnt gelassen hätte. Immerhin findet er noch Gelegenheit genug, seinen Standpunkt zu bezeugen, der ihn in die Reihen der gemässigten Reformer stellt. Kühn, Walter (und Klinghardt) werden freudig

anerkannt, weil sie die Theorie durch eine bis auf die letzten Äusser-
lichkeiten genau geschilderte Praxis bewähren. Die Bemühungen der
Österreicher (Weitzenböck, Fetter u. a.) werden gebührend hervorgehoben. Die Lobredner der früheren Praxis (J. Koch, Gutersohn)
müssen sich den Vorwurf gefallen lassen, dass ihren Grundsätzen die
Klarheit und ihren Klagen die genaue Beobachtung mangle. Graf
Pfeil, der gegen die Phonetiker geschrieben hat, mag „mit den Forderungen derselben sich nicht hinlänglich bekannt gemacht haben“.
Wenn man nach diesem Bericht wohl annehmen darf, dass der Streit
schon im Jahre 1888 sich gemässigt und die Reform der Methode des
neusprachlichen Unterrichts (welche von einigen Konservativen immer
noch „Sprachreform“ benannt wird) auf den wichtigsten Angriffs-
punkten siegreich geblieben ist, so wäre es doch verfrüht, von einer
vollständigen Klärung der Streitpunkte zu reden. Viele finden immer
noch mit Völcker, dass man Lateinisch systematisch und konstruktiv,
Latein aber praktisch und induktiv lehren müsse. Diese Meinung entbehrt aber jeder pädagogischen Begründung. Eigentümlich unklar
spricht sich darüber ein Referat der Rheinländischen Direktorenkonferenz von 1887 aus: „Der französische Unterricht habe nicht ausschliesslich wissenschaftliche, wie etwa der im Lateinischen und
Griechischen, sondern in gewissem Masse wenigstens auch
praktische Ziele im Auge, doch solche, welche dem Bedürfnisse des
Lebens und des Verkehrs entgegenkommen“ (S. 127). Wer diese
These annimmt, wird gewiss dem Französischen einen bedeutenden
Einfluss auf die geistige Bildung der Schüler nicht zu sichern wissen.
Der Verfasser dieser Zeilen darf endlich mit Bezug auf S. 122 noch
bemerken, dass seine Äusserungen auf dem Neuphilologentage in
Dresden nur auf die von ihm an den badischen Gymnasien gemachten
Erfahrungen, aber nicht auf die sogenannte neue Methode des Sprach-
unterrichts im allgemeinen sich bezogen.

Auch die grammatische Litteratur hat im Berichtsjahr 1888
nichts wesentlich Neues gebracht. Die Neuerer stehen auch hier im
Vordergrunde; die bedeutsamste Leistung dürfte Beyer's Phonetik sein.
Koschwitz' *Neufranzösische Formenlehre* hat auch den Berichterstatter
zu einer Frage veranlasst.

In der Behandlung und Auswahl der Lektüre herrscht
noch grosse Unsicherheit. Man tritt im allgemeinen dem Satze bei,
dass die Lesestoffe des französischen Unterrichts Kenntnis von Land
und Leuten vermitteln müssen; aber man streitet noch, ob Voltaire's
Charles XII Schullektüre bleiben dürfe. Auch hier dürfte man sich
auf den alten Satz besinnen, dass das Beste für die Jugend gerade
gut genug sei. Zu diesem Besten gehört aber — wieder aus pädagogischen Gründen — das Neueste, das in unseren Tagen für die
Schulen allzusehr bevorzugt wird, nur ganz selten. Das Beste bedarf
aber auch selten jener übertrieben ängstlichen Auswahl, die immer
nur Stücke, nie etwas Ganzes glaubt geben zu dürfen. Unser Berichterstatter ist den zugeschnittenen Ausgaben und Auslesen allzu günstig.
Dagegen beklagt er die grosse Konkurrenz der Schulausgaben. Mindestens hat dieselbe soviel geleistet, dass wir jetzt eine reiche Auswahl an gut gedruckten Texten haben. Von den Schmager schen
Ausgaben insbesondere haben wir einen besseren Eindruck erhalten
als Löschhorn (S. 139). Auch die Abneigung des Berichterstatters
gegen die oratorische Prosa (S. 140) können wir nicht teilen.

Über „Stilübungen u. a.“ hatte der Berichterstatter wenig
zu sagen. Wir unsererseits möchten gegen ihn behaupten, dass alle

Vokabularien und Phraseologien im Unterricht wenig Nutzen stiften. Auf dem Gebiete der Lexikographie sind nur neue Ausgaben älterer bewährter Bücher zu nennen. Für die Litteraturgeschichte wird uns nur Sénéchaud empfohlen, den wir aber nicht gleichermassen empfehlen können.

Indem wir schliesslich die Sachlichkeit des ganzen Berichtes mit gebührendem Lobe anerkennen, danken wir dem Berichterstatter für seine nicht immer dankbare Mühewaltung.

E. v. SALLWÜRK.

Gutersohn. *Zur Methodik des fremdsprachlichen Unterrichts.* Vortrag, gehalten am IV. Neuphilologentage zu Stuttgart, Pfingsten 1890. Karlsruhe 1890. 29 S. 8⁰.

Der „leitende Gedanke", das „Hauptziel des Vortrags" ist am Schlusse in folgenden Worten niedergelegt: „Es ist unzweifelhaft, dass durch die Reformbewegung auf dem Gebiete des neusprachlichen Unterrichts eine Menge nützlicher und richtiger Anregungen in das Schulleben hineingetragen worden sind. Da aber die Ausgestaltung des Lehrverfahrens im einzelnen noch vielfach der Klärung und Erprobung unter verschiedenen Schulverhältnissen bedarf, so ist es wünschenswert, dass dem Lehrer die nötige Freiheit bezüglich Wahl der Methode und der Lehrmittel möglichst uneingeschränkt gewährt bleibe." Der Standpunkt des Verfassers wird hierdurch genügend gekennzeichnet. Wie Weissenfels in seinem neuesten Artikel „Die Reformbestrebungen auf dem Gebiete des fremdsprachlichen Unterrichts" (Zeitschrift für das Gymnasialwesen. September 1890) nicht umhin kann, auch als Gegner die Verdienste der sogenannten Reformer anzuerkennen, so ist auch Gutersohn geneigt, diese Verdienste anzuerkennen, ohne vorläufig sich voll und ganz der neuen Richtung zuzuwenden; er verharrt in einer zuwartenden Stellung zwischen beiden Parteien und verlangt für beide gleiche Rechte. Die Angst, dass irgend ein Schulrat diese Rechte nach irgend einer Seite schmälern würde, ist wohl unbegründet. Glücklicherweise lässt man überall den Kollegien die Freiheit, den Streit im Innern auszufechten. Die neue Methode passt noch gar nicht für alle Lehrer der neueren Sprachen; sie sind vielfach noch gar nicht reif dafür; sie beherrschen die Sprache nicht genügend. „Wenn ich Ihr Buch einführen wollte" sagten mir schon mehrere Direktoren, „dann müssten meine Lehrer (des Französischen) ja französisch können!" — eine unerhörte Zumutung. *„Indeed, the goodness of the method becomes in such a case a cause of failure,"* (Herbert Spencer, Education.) — Dass noch manches geklärt und erprobt werden muss in der neuen Methode, das wird jeder zugeben, der mitten in der Arbeit steht. Darin also hat Gutersohn vollkommen recht und seine Bemühungen, mit seinem Vortrage eine Verständigung anzubahnen zwischen beiden Parteien, verdienen Dank. Seine vorsichtig abgefassten „Leitsätze" werden in vielen Punkten von beiden Parteien unterschrieben werden. Es ist ein Vorzug seines Vortrags, dass jedes Kapitel darin in einem oder mehreren solcher Leitsätze ausgedrückt ist:

I. Kap. Aussprache, Lautlehre und Lautschrift.

„1. Die Bedeutung der Lautwissenschaft für den Lehrer, sowie diejenige einer genauen Unterscheidung zwischen Laut und Buchstaben, überhaupt die Wichtigkeit einer guten richtigen Schulaussprache mehr

zur Geltung gebracht zu haben, ist das unzweifelhafte Verdienst der
Reformbewegung."

2. „Über die Ausgestaltung des Unterrichtsverfahrens im einzelnen, bezüglich Verwertung der Lautlehre in der Schule, Verwendung
einer eigentlichen Lautschrift, Behandlung der Beziehungen zwischen
Aussprache und Orthographie sind teils allgemein giltige Entscheidungen
überhaupt nicht zu treffen, teils erst zahlreiche weitere Erfahrungen
zu sammeln und zu sichten."

Mit diesem Allem können sich im allgemeinen beide Parteien
wohl einverstanden erklären, alte und neue Schule. Im Einzelnen, ad 2,
aber bin ich, gegen Gutersohn, der Meinung, dass ganz gewiss auch
allgemeingiltige Entscheidungen getroffen werden können, wenn erst
zahlreiche weitere Erfahrungen gemacht und gesammelt sind.

Dass eine möglichst ausgiebige praktische Verwertung der Lautlehre in der Schule stattfinden muss, scheint mir ausgemacht, dass
aber abstrakte Phonetik nicht in die Schule gehört, geben u. a. selbst
Walter und Quiehl zu. Hier handelt es sich also darum, Erfahrungen
über die besten praktischen Winke zur möglichst raschen und sicheren
Erlernung der Aussprache zusammenzustellen. Diese Winke können
aber immer nur die Pausen des Vormachens ausfüllen, das stets die
Hauptsache ist und bleibt. Die Behandlung der Beziehungen zwischen
Aussprache und Orthographie scheint mir allerdings keiner weiteren
Ausführungen zu bedürfen; sie ist in der Vergleichung der akustischen
und optischen Eindrücke unmittelbar gegeben und hat dazu nur die
Übung treten zu lassen, um beides zu befestigen. Dass diese Befestigung
durch Einschiebung der phonetischen Transskription rascher und sicherer
geschieht, ist a priori nicht zu glauben, muss aber, da andere Erfahrungen behauptet werden, untersucht werden, und dazu bedarf es
zahlreicher Experimente mit annähernd gleichbegabten Klassen unter
Aufsicht eines Direktors, Schulrats, oder einer Kommission: und zwar
muss derselbe Stoff von annähernd gleichbefähigten Lehrern vor annähernd gleichbefähigten Schülern einmal mit, das andre mal ohne
Transskription eingeübt werden; dieses Experiment muss dann an
mehreren Schulen und mehrere Jahre hindurch wiederholt werden.
Nur so kann, meines Erachtens, der Wert der phonetischen Transskription wissenschaftlich festgestellt werden.

Wenn Walter verlangt, dass unter allen Umständen v o r dem
Anschauen und Einprägen der Schrift die Worte mündlich vielfach
geübt werden, so entgegnet ihm Gutersohn mit Recht, dass diese Auffassung eine subjektive sei, dass Laut und Zeichen zusammengehören,
und dies auch durch die neuesten physiologischen Untersuchungen gestützt werde, wonach erwiesen ist, „dass in der That eine Sinnes-
erregung auf die andre fördernd einwirkt, so dass man also besser höre,
wenn zugleich die Sehwerkzeuge gereizt werden." Ich kann diesen
Satz aus jahrelangen Erfahrungen nur bestätigen und glaube, jeder
Erwachsene hat an sich und anderen dieselben Erfahrungen gemacht.

Vortrefflich finde ich daher den Satz Gutersohns: „Die Hauptsache bei diesem Verfahren wäre also nicht, dass unter allen Umständen zuerst der Laut komme, dann die Schrift, sondern vielmehr,
dass die Lautvorstellung sich immer auch an eine bleibende (nicht
später zu verändernde) Schriftvorstellung anschliesse, dass der enge
Zusammenhang zwischen beiden gewahrt, zugleich aber auch die Beziehungen zwischen beiden von vornherein vollkommen klar und durchsichtig gemacht werden."

II. Kap. Bedeutung und Betrieb der Grammatik.

3. „Das in den amtlichen Lehrplänen aufgestellte Ziel der Sicherheit in der Formenlehre und den Hauptregeln der Syntax wird von allen Seiten festgehalten, wie auch die Forderung der möglichst induktiven Behandlung des grammatischen Stoffes, der richtigen Auswahl und Sichtung desselben allgemein Billigung findet." Einverstanden. Zugleich erfreut, dass hier den Reformern zugestanden wird, sie wollten die Grammatik keineswegs vernachlässigen, wie so vielfach gegen sie mit Unrecht behauptet wird. Er meint sogar, dass wir (Mangold-Coste) sowohl, wie Plattner und Ulbrich über das früher Gebotene hinausgingen. Jedenfalls kann den Genannten Niemand den Vorwurf machen, dass sie die Grammatik vernachlässigen wollen.

Mit dem folgenden vierten Leitsatz Gutersohns bin ich nicht ganz einverstanden:

4. „Die gutgewählten Einzelsätze bieten zwar alle Gewähr für einen naturgemässen, erfolgreichen methodischen Unterrichtsgang" — dies stimmt mit unseren jahrelangen Erfahrungen eben nicht überein; — „dennoch wird auch die Bedeutung des zusammenhängenden Lese- und Übungsstoffes immer allgemeiner anerkannt werden, je mehr die betreffenden Texte sich durch vielseitige Erfahrungen als wohlgeeignet und einfach genug erweisen."

In der Hauptsache ist also Gutersohn schon für die Anerkennung des Prinzips: Lektüre voran und von Anfang an! gewonnen. Nur meint er, es müssen noch mehr Erfahrungen gemacht und ganz einfache Stücke gegeben werden. In diesem Punkte bin ich nun nicht so ängstlich, und jahrelange Erfahrung hat mich in meiner Ansicht nur bestärkt. Man kann mit jedem stofflich geeigneten Stück beginnen, auch wenn zwanzig Nasenlaute und sechzig mouillierte l und 100 unregelmässige Zeitformen darin vorkommen. Vier oder acht Wochen später ist der Quintaner nicht im mindesten geschickter oder besser vorbereitet zur Aufnahme solcher Laute und Formen als am Anfang des Semesters. Und gegeben müssen sie werden, synthetisch natürlich, nicht wie Gutersohn den Reformern es zuzuschreiben scheint, analytisch („neue, d. h. analytische Methode"). Ich verstehe überhaupt nicht, wie man von einer analytischen Methode des Sprachunterrichts im allgemeinen reden kann; nur auf das Erlernen der Grammatik kann sich der Ausdruck „analytisch" beziehen. Andererseits kann ich die Logik der zweiten These der neusprachlichen Sektion der Züricher Philologen-Versammlung (1887) nicht anerkennen, wenn es da heisst, nachdem die Notwendigkeit eines anfangs wesentlich synthetischen Lehrverfahrens konstatiert ist: „somit" wäre der seitherige Weg der psychologisch begründete. Die zusammenhängenden Stücke sind nicht weniger synthetisch und besser psychologisch begründet als die Einzelsätze; und hier liegt der wesentliche Punkt der neuen Methode, den Gutersohn gar nicht einmal berührt. Im Zusammenhange eines Stückes werden die Sätze besser behalten, weil eine Ideen-Assoziation stattfinden kann, die den Einzelsätzen völlig fehlt, und infolgederen auch eine spätere Reproduktion besser von statten geht, als bei Einzelsätzen, die keine Ideenassoziation zulassen. Ich kann hier diesen Punkt nicht weiter ausführen. Ich kann nach zehnjährigem Unterricht mit Plötz und fünfjährigem mit unserem Buch nur versichern, dass der Unterschied in der Apperzeption und Reproduktion des Stoffes ein Unterschied wie Tag und Nacht, und der Erfolg geradezu überraschend ist. Wenn Steinbart die neue Lehrweise *méthode du perroquet* nennt, so ist er sehr ungerecht. Wenn wir unseren Jungen beibringen: „*Je*

voudrais avoir ton moulin; que veux-tu que j'en donne?", so ruhen
wir nicht eher, bis sie alle den Sinn jedes einzelnen Wortes und des
ganzen Satzes verstanden haben, und damit sind die Jungen über den
Papageienstandpunkt hinausgebracht.   Wenn Gutersohn von einem
„bedenklichen Eindrillen unverstandenen Stoffes" redet, so setzt er
einen höchst unverständigen Kollegen voraus. (Klinghardt kann mit
„rein akustischen Gebilden" unmöglich „Unverstandenes" meinen. Ich
kann die Stelle nicht finden ohne näheres Zitat.) Soviel muss man
doch von jedem Kollegen erwarten, dass er unter keinen Umständen
etwas lernen lässt, was nicht verstanden ist.   Dazu dient ein fortwährend es Hin- und Herübersetzen mündlich, bis das deutsche Wort
mit dem fremden durch vielfache Wiederholung ganz verwachsen ist;
und eine solche Verwachsung der gesprochenen und geschriebenen
Symbole der Vorstellungen und Begriffe findet eben besser im Satze
statt, der einen Gedanken ausdrückt, als an unzusammenhängenden
Vokabeln.   Wenn irgend etwas den Namen *„méthode du perroquet"*
verdient, so ist es die Vokabellernerei ohne Gedankenzusammenhang,
wie sie seither allgemein üblich war.

Ganz abgesehen von psychologischen Gründen, verlangt auch
das ästhetische Interesse den Beginn mit einem zusammenhängenden
Lesestück.   Endlich ist, nach meinen vieljährigen Erfahrungen, ein er-
träglich sinngemässes Lesen der Schüler nur bei reichlichen Übungen
im Lesen zusammenhängender Stücke zu erzielen.

Die „Gesetze der Logik und Psychologie" sagt Gutersohn, verlangen den „Gang vom Einfachen zum Zusammengesetzten, vom Leichten
zum Schweren, vom Bekannten zum Unbekannten, also vom Buchstaben
oder Laute zum Worte, dann zum Satze und zuletzt zum zusammenhängenden Lesestücke."   Genau so gehen auch wir vor, im wesentlichen wenigstens, und soweit Gutersohns Satz nicht notwendige Modi-
fikationen erleidet.   Wir gehen nicht vom einfachsten körperlichen,
sondern vom einfachsten geistigen Gebilde aus, und dies ist jedenfalls
das Wort und nicht der Buchstabe, noch der Laut. Erst wenn das
Wort ausgesprochen ist, werden die Laute einzeln betrachtet.   Und
ferner: *donnèrent* erscheint uns nicht einfacher als *fait, bataille* am
13. Oktober nicht schwieriger denn am 13. November: wir scheuen
vor keinem Laut und vor keiner Vokabel zurück, wenn sie anders das
Verständnis des Quintaners nicht übersteigt, und lassen die häufigsten
aller Verben, die unregelmässigen, auch von Anfang an recht häufig
vorkommen, wie es die natürliche Sprache mit sich bringt.   Das jahrelange Operieren ohne *je veux* und *je fais* und *je dis* ist uns durch
seine Unnatur verabscheuungswürdig; es kann nur unnatürliches Französisch erzeugen.

Nun aber der grosse Vorteil, der aus unserem neuen Verfahren
entspringt und von welchem Gutersohn gar nicht einmal eine Ahnung
zu haben scheint, wie er denn ja überhaupt mit dem neuen Verfahren
noch keine eignen Erfahrungen gemacht hat.   Die Konjugation und
insbesondere die unregelmässigen Verben sind durch den fortwährenden
Gebrauch von Anfang an so fest eingeprägt, dass sie bei der syste-
matischen Durchnahme in Quarta sozusagen ganz von selbst gelernt
sind.   Wir haben dann beispielsweise 30—40 Beispiele von *faire: fais,*
fait, faites, font, faisait, faisaient, fera, feraient, fait (P. p.) u. s. w.
sind alle dagewesen; die betreffenden Beispielsätze, wo sie vorkamen,
werden in gemeinsamer Arbeit von der Klasse gefunden mit Hilfe
des Lehrers, der sich ein Verzeichnis derselben angelegt hat, die
übrigen Formen, die etwa nicht dagewesen sein sollten, werden aus

der Grammatik ergänzt. In einer viertel bis halben Stunde ist diese Arbeit gethan und nun sitzt *faire* aber auch *cum grano salis* für alle Zeiten fest; denn es waren nicht wie früher lauter neue Formen, die neu durchgenommen wurden, sondern alte bekannte, die nur zusammengestellt zu werden brauchten.

Infolge aller dieser meiner Ausführungen bin ich insbesondere mit den Ausführungen Gutersohns auf p. 18 und 19 seines Vortrags nicht einverstanden. Er wird durch die neue Methode an den Mahnruf Pestalozzis von dem „vielseitigen, sittlichen, geistigen und physischen Verderben unserer Abrichtungskünste" erinnert. Ich erwidere: ohne eine gewisse mechanische Übung ist eine Sprache ebensowenig zu lernen, wie die Sprache der Töne, die Musik, Singen und Spielen. Gutersohn meint, man schreite bei zusammenhängenden Stücken langsamer vor, als bei Einzelsätzen, freilich, wenn jene stets etwas Neues diese stets altes wieder enthalten, aber dass die zusammenhängenden Stücke „unzweifelhaft für Schüler und Lehrer langweiliger und geisttötender sein müssen, als das rasche Vorschreiten bei gut gewählten Einzelsätzen": — das muss ich nach unseren Erfahrungen aufs Entschiedenste bestreiten. G. fehlt es eben an jeder Erfahrung mit der neuen Lehrweise.

Unbegreiflich ist die Behauptung G.'s von der „Willkür" des neuen Lehrverfahrens, „wobei der Schüler für die stille häusliche Vorbereitung fast gar keinen Anhaltspunkt hat (?)." G. kennt doch Plattner, Ulbrich, Mangold-Coste, die er zitiert. Da wissen doch die Schüler ganz genau, was sie zu lernen haben; wir wollen gar nicht ohne Lehrbuch unterrichten, wovon G. an einer Stelle redet.

Dass wir vom Lehrer mehr verlangen, wie früher, ist klar: dies thun wir aber in ganz bewusster Absicht. Wir wollen mit dazu beitragen, dass der neusprachliche Unterricht nur Lehrern anvertraut wird, die die fremde Sprache beherrschen. Diese in Deutschland noch lange nicht erfüllte Forderung muss über kurz oder lang erfüllt werden, wenn wir den wohlbegründetsten Forderungen des Publikums gerecht werden wollen: für einen mit der fremden Sprache völlig Vertrauten ist die Arbeit, die wir ihm zumuten, nämlich die Fähigkeit, ad libitum in der Stunde Sätze bilden zu können und sich französisch mit den Schülern über die Stücke zu unterhalten, keine „unerhörte Überanstrengung". Erfahrung gegen Erfahrung gesetzt, behaupte ich gegen Gutersohn, dass die Einwände gegen die Einzelsätze allerdings beweiskräftig sind, dass die Regeln bei der neuen Methode genau im Verhältnis zu ihrer Wichtigkeit oft oder weniger oft vorkommen, dass Einzelsätze nicht zu umfangreichen Sprechübungen verwendet werden können, wie wir sie treiben, dass Einzelsätze in der That höhere Ziele schädigen, und dass es eine völlige Unkenntnis verrät, wenn G. behauptet, „die wenigen Lesestücke, welche nach der neuen Methode im Anfangsunterricht bewältigt werden, können ja ganz gut nachgeholt werden." Wir erledigen im ersten Schuljahr 12½ Seiten französischen Textes. Welche Illusion, diese Menge nebenbei, in einigen Lehrstunden nachholen zu wollen! Namentlich wenn diese Stücke nach allen Richtungen hin durchgearbeitet werden, wie wir es thun, grammatisch, lexikalisch, sprechend, schreibend und übersetzend.

Mit dem III. Kapitel: Schriftliche Übungen bin ich fast völlig einverstanden; es wird zusammengefasst in den Leitsatz:

6. „Die schriftlichen Übungen der bisherigen Lehrweise sind pädagogisch wohl begründet, deshalb auch beim Klassenunterricht noch fast allgemein im Gebrauch; doch können dieselben durch gelegent-

liche Verwendung der freien Arbeit durch vielgestaltige Umwandlung des Lesestoffes und dergleichen mannigfaltiger gemacht werden."

Kap. IV. Lektüre und Sprechübungen.

7. „Zur Gewinnung eines wohlgewählten, geistig bildenden Lesestoffes, namentlich zu Einführung in Geographie, Geschichte und Volkskunde der fremden Länder, ist das gut angelegte Lesebuch (neben den Spezialausgaben von grösseren Originalwerken) unentbehrlich; die Reformbewegung hat nach dieser Richtung hin eine Reihe trefflicher Lehrmittel geschaffen." Für die untere Stufe wohl, aber nicht für die obere halte ich ein solches Lesebuch auch für wünschenswert.

8. „Die Forderung frühzeitiger und eingehender Pflege der Sprechübungen ist in hohem Masse berechtigt; soweit Zeit dafür vorhanden, werden dieselben sich vorzugsweise an einem leichten, einfachen Lesestoff fruchtbar und erfolgreich erweisen."

Nicht nur „soweit Zeit vorhanden", sondern vor allem Andern nachdem das Lesestück durchgenommen, sind solche Sprechübungen zu pflegen; wir beginnen sie etwa in der 20. Stunde mit Nachdruck; in kurzer Zeit sind die Hauptschwierigkeiten gehoben, ist ein für allemal wenigstens das Eis gebrochen, und nach einem halben Jahr geht uns der Stoff zu stundenlangen Sprechübungen nicht mehr aus.

W. MANGOLD.

The Teaching and Learning of foreign languages at home and in the countries where they are spoken, especially French and English, by a German advocate of utilitarian education. Stuttgart, 1890. Metzler. 40 S.

Wess Geistes Kind der Verfasser dieses Schriftchens ist, zeigt seine Ansicht vom Wesen der Grammatik: diese hält er nämlich für *the most useless and unimportant part of a foreign language* (S. 7). Dass der arme „overburdened scholar" diese höchst überflüssige Sache auf den Schulbänken pertraktieren muss, bedeutet nach des Verfassers Schätzung mehrere Millionen Pfund jährlichen Verlust an Nationalvermögen. „*I wonder, by the way*", ruft er pathetisch aus, „*how long the German nation will be able to afford this squandering of finances together with that in drinking* (?) *with such high military expenses.*" (S. 7.) Trotz dieser Ansicht vom Werte der Grammatik zur Erlernung einer Sprache will der Verfasser (S. 13 und öfter) den fremdsprachlichen Unterricht mit einem kurzen grammatischen Lehrgang beginnen, ehe das Lesebuch mit seinem etymologischen Vokabular zu seinem Rechte kommt. Vergeblich würde man in diesem Büchlein ruhige und wohlerwogene Ansichten suchen: durcheinandergeworfene Behauptungen und Übertreibungen, *voilà tout.* Der ungenannte „German advocate" muss ein sehr junger Herr ohne gründliche psychologische Schulung sein,[1]) oder ein sehr oberflächlicher Herr, welcher seine in flottem Englisch nicht ohne Fehler hingeworfene Stilübung durch Papier und Druckerschwärze verewigt zu sehen wünschte. Ausser anderen er-

---

[1]) In edler Bescheidenheit sagt er S. 28: „*Although there is in the preceding part more or less speculation which can be definitely accepted only after having been practically proved, I assume for the remainder of this essay some authority, having gained considerable experience.*" Worin diese vermeintliche *considerable experience* besteht, ist aus den folgenden Seiten des Büchleins zu ersehen.

staunlichen Thatsachen lehrt er uns z. B., dass der Deutsche eigentlich
gar kein Französisch braucht, weil er nicht in Frankreich bleiben kann,
ohne hinausgeworfen zu werden, und weil die Franzosen überhaupt
nicht reisen (S. 24). Das einzige nützliche an dem Büchlein ist die
Aufzählung der in London zu hörenden öffentlichen Vorlesungen (S. 32
und 33), das Schimpfen auf die englische Küche (S. 35) und allerlei
Winke über den Aufenthalt in England. In Frankreich hat der „German
advocate etc." wohl kaum hineingeschaut.

J. SARRAZIN.

Matzat, Heinrich. *Die Überfüllung der gelehrten Fächer und die
Schulreformfrage.* Mit einer Vorrede von Dr. H. Thiel, Geh.
Ober-Reg.- und vortragenden Rat im Ministerium für Land-
wirtschaft, Domänen und Forsten. Weidmann. Berlin, 1889.
VI und 80 S. 8°. Preis 1,20 Mk.

Der Verfasser beginnt mit einem „exakten" Nachweis, woher
die Überfüllung der „sogenannten gelehrten Fächer" rühre. Auf elf
Seiten voll mühsam errechneter Zahlentabellen und statistischer
Kurven gewinnt er das Ergebnis, dass, je mehr Gymnasien, desto mehr
Gymnasiasten da sind, und je mehr Gymnasiasten, desto mehr Gymnasialabiturienten; je mehr junge Leute aber die Berechtigung zum
Studium erlangen, desto mehr studieren, also ist die ausserordentliche
Vermehrung der Zahl der Gymnasien von 1867—1888 im wesentlichen
die Ursache für die Überfüllung der gelehrten Berufsarten. Auf
weiteren neun Seiten wird dann ebenso „exakt" bewiesen, wie übermässig gross die Anziehungskraft der Gymnasien ist; mit Hilfe des
Centralblatts und der statistischen Ergänzungshefte dazu wird ausgerechnet, dass von den in die höheren Schulen Preussens eintretenden
Schülern nur 17 Prozent eine Reifeprüfung bestehen, während man
doch von 100 Knaben, die in höhere Schulen gethan werden, 55 in
die VI eines Gymnasiums oder Progymnasiums schickt, jährlich 12 700
statt 2700! Welche Thorheit also, die jährlich von 10 000 Vätern oder
Müttern begangen wird!
Wenn es wahr ist, dass Zahlen beweisen, so kann man doch,
scheint es, nicht zwingender, ich möchte fast sagen, nicht über-
wältigender darthun, woher die so oft beklagte Überfüllung der gelehrten Fächer kommt. Aber es scheint nur so. Denn 1) ist Matzat's
Beweisführung doch nicht so völlig exakt, wie sie aussieht. Der
„Schülerabfall" (um ein Wort Treutlein's zu wiederholen) ist auf S. 20
für alle höheren Schüler zusammen berechnet, die Nutzanwendung
aber wird auf S. 21 nur auf die Gymnasien und Progymnasien bezogen,
während doch der Schülerabfall in den Realgymnasien und vollends
in den Oberrealschulen viel grösser ist, in den höheren Bürgerschulen
aber dem der Gymnasien annähernd gleicht. Auch ist es nicht richtig,
die unvollständigen Schulen mit den vollständigen einfach zusammen-
zuwerfen, da sie unter anderen Bedingungen arbeiten als diese. Ferner
ist doch das Gymnasium nicht an sich durch seine Lehrordnung an
der übermässigen Frequenz der Universitäten schuld, sondern insofern
es den Weg zur Hochschule eröffnet; das Realgymnasium nimmt also,
soweit es dies auch thut, an der Schuld des Gymnasiums teil. Wollte
also Matzat wirklich „exakt" verfahren, so musste er den Besuch eines
Realgymnasiums oder einer Oberrealschule noch entschiedener als
Thorheit bezeichnen wie den eines Gymnasiums, und sein Endergebnis

musste lauten: Der Hauptgrund für die Überfüllung der gelehrten
Fächer liegt in der übermässigen Vermehrung der zur Entlassung zur
Universität berechtigten Schulen. Das Ergebnis ist auch von der Regierung anerkannt und bildet einen der Gründe, weshalb der Kultusminister die Studienberechtigungen der Realgymnasien nicht noch vermehren will. Freilich ist es so selbstverständlich, dass ein weitläufiger
Zahlenbeweis dafür als Spiegelfechterei erscheint. Je mehr Schleusen
man öffnet, desto mehr Wasser strömt hindurch.

Zweitens ist Matzat's Beweis unvollständig, ja die beiden Haupt-
ergebnisse, die er gewonnen hat, heben sich auf. Denn die Thorheit
der Eltern führt wohl den Gymnasien viele Schüler zu und ermöglicht
so die Begründung von immer mehr gymnasialen Anstalten, aber der
„Schülerabfall" nimmt dieselben wieder hinweg, ehe sie das Reifezeugnis erreichen; der Hauptpunkt des Beweises ist also: wie kommt
es, dass trotz des Abfalls so vieler Schüler die Reifeprüfung doch noch
von übermässig vielen bestanden wird? Matzat gibt dafür S. 21—23
nur die landläufigen Gründe der Gegner des Gymnasiums. Das Gymnasium wird so viel besucht, weil es die „vornehmste" Schule ist, „die
angeblich für alle Laufbahnen vorbereitet"; an vielen Orten gibt es
überhaupt nur eine gymnasiale Anstalt; man schickt also die Kinder
hin, und wenn sie erst einmal darin sind, dann machen sie auch
invita Minerva durch und studieren. Die „Durchgeschleppten" also
sind es, welche die Überfüllung bewirken. Besonders schlimm aber ist
es, wenn die realistische Anstalt, welche neben dem Gymnasium steht,
die Einjährigenberechtigung nur durch eine Reifeprüfung gewähren
kann; daher kommt die geringe Zahl der lateinlosen höheren Bürgerschulen in Preussen, daher erklärt es sich, dass auch diese nicht von
dem Publikum besucht werden, für welches sie bestimmt sind (denn nur
23 Prozent ihrer Schüler erreichen die erste Klasse), daher ist die
Frequenz der Landwirtschaftsschulen gering, daher erwerben jährlich
nur je 261 junge Leute durch die Entlassungsprüfung der höheren
Bürgerschulen und Landwirtschaftsschulen den Einjährigenschein, während ihn jährlich etwa 11000 auf anderen höheren Schulen „einfach
ersitzen". So wird also nach Matzat durch die Art und Verteilung
der Berechtigungen die Anziehungskraft des Gymnasiums noch gewaltig
verstärkt.

Aber wenn wirklich, wie Matzat berechnet, nur 22 Prozent der
Gymnasialschüler zum Reifezeugnis gelangen, wie viele „Durchge-
schleppte" können denn darunter sein? Muss man nicht annehmen,
dass die ungeeigneten Elemente, welche den Gymnasien durch die
Thorheit der Eltern zugeführt werden, im wesentlichen in den 78
Prozent enthalten sind, welche vor der Reifeprüfung abgehen? Jedenfalls können die Durchgeschleppten allein die Überfüllung nicht erklären; auch sieht man nicht ein, warum die Thorheit der Eltern,
nachdem so viele Schüler das Ziel verfehlt haben, nicht endlich auf-
hört und der Besuch der Gymnasien nicht sinkt. Weshalb wirken
denn die Berechtigungen so stark? Weshalb gelten die Gymnasien
für so „vornehm"? Erst diese Fragen führen auf die tieferen Ursachen
der ganzen Erscheinung, aber Matzat scheint sie nicht zu kennen. Er
sagt nichts von dem grossen und berechtigten Ansehen unserer Gymnasien, welches auf der gesamten Geschichte unserer Bildung beruht,
und ebenso wenig von der hohen Ehre, welche der Staatsdienst bei
uns verleiht; er sagt nichts von der Gewalt eines echten Bildungs-
bedürfnisses, wie es jetzt z. B. die lateinlosen Schulen trotz ihres
Mangels an Berechtigungen so mächtig hebt, und berücksichtigt nicht

die grosse Achtung, in welcher geistige Bildung, zumal die gelehrte, bei uns von jeher gestanden hat; er sagt nichts von der grossen Umwälzung in der Gesellschaft, durch welche die Vorrechte der alten Geburtsstände aufgehoben und Beruf und Bildung zu Hauptmassstäben der gesellschaftlichen Stellung geworden sind, und von dem dadurch ermöglichten Streben aller Schichten der Bevölkerung, durch bessere Bildung ihre Kinder über ihren Stand zu erheben (und doch liegt gerade darin ein Hauptgrund, weshalb selbst die höheren Bürgerschulen von Schülern überfüllt werden, für die sie nicht bestimmt sind); er scheint nicht zu wissen, dass auch in den nicht gelehrten Berufsarten vielfach Überfüllung herrscht,[1] und beachtet nicht die gerade bei uns in Deutschland so weitverbreitete Neigung, ein knappes, aber sicheres Einkommen einem unsicheren, wenn auch vielleicht viel grösseren vorzuziehen; er berücksichtigt endlich nicht, dass die erweiterten Berechtigungen des Realgymnasiums in den ihm eröffneten Studienzweigen eine Hochflut erzeugt haben, deren Nachwirkungen noch nicht völlig überwunden sind. So bleibt denn Matzat's Erklärung der Überfüllung in den gelehrten Ständen an der Oberfläche haften, weil er 1) dem Gymnasium nicht völlig parteilos gegenübersteht, und 2) die exakte Methode missbraucht, indem er sie auf einen Gegenstand anwendet, dessen Tiefen dem Zahlenbeweise nun einmal unzugänglich sind. Wer sich durch lange Zahlenreihen und die scheinbare Exaktheit statistischer Darstellung blenden lässt, mag in gläubiges Staunen geraten: der denkende Leser wird nicht befriedigt.

Wenn aber Matzat die Ursachen des Gebrechens so mangelhaft aufdeckt, wird er geeignete Heilmittel vorschlagen können? Da er die Überfüllung der gelehrten Berufsarten nicht bis zu ihren Wurzeln verfolgt, welche sich weithin durch unsere gesamten Gesellschafts- und Bildungszustände ausbreiten, so bleibt er auch bei den äusserlichen Mitteln zur Abhilfe, gleichsam dem Notbehelf stehen: die Schüler sollen von der Fortsetzung des Gymnasialkursus in die Oberklassen zurückgehalten werden durch Einlegung eines Zwischenexamens nach der Untersekunda, in welchem die Berechtigung zum einjährigen Heeresdienst und die zum Eintritt in Obersekunda erworben werden können, letztere jedoch nur, wenn die Prüfung in allen Fächern mindestens genügend, in einigen gut bestanden ist.

Er beruft sich für diesen Vorschlag auf die Rede des Kultusministers von Gossler am 6. März 1889, aber mit Unrecht. Denn Herr von Gossler hat damals allerdings von der Einfügung einer Prüfung nach der Untersekunda behufs Erwerbung der Einjährigenberechtigung gesprochen, aber er hat sie nicht mit der Frage des Zudrangs zur Universität in Zusammenhang gebracht, sondern mit der Klage über die zahlreichen ungeeigneten Elemente, welche sich in den Klassen bis Untersekunda ansammeln, vornehmlich um den Einjährigenschein zu ersitzen.[2] Das sind ja aber gerade die, die nicht zum Studium gelangen. Ausserdem machte der Kultusminister gegen diesen Vorschlag noch das Bedenken geltend, dass die Schulen dadurch mit einer

---

[1] *Bad. Schulbl.* 1889, 12, S. 237: Von sämtlichen Kaufmannsgehilfen z. B. Deutschlands sind ständig 29 Prozent stellenlos. Von allen angestellten aber haben 27 Prozent ein Gehalt von „tief unter bis höchstens 100 Mark" im Monat.

[2] Von diesem Ersitzen hat Matzat einen seltsamen Begriff. S. 25 z. B. sagt er, wenn man die Einjährigenberechtigung mit dem Eintritt in die Prima verbände, würden immerhin zahlreiche Schüler

unerträglichen Prüfungslast beladen würden; denn jährlich seien etwa 27 Schüler zu prüfen. Matzat tritt dem mit nichtigen Gründen entgegen. S. 27 sagt er, das ergebe für jedes Semester 14 Schüler, und die liessen sich doch an einem Tage bequem prüfen. Aber wie sollen sich die Schüler auf die Halbjahre verteilen, da doch das Schuljahr im allgemeinen um Ostern beginnt? Und wie soll eine Prüfung in einem Tage erledigt werden, zu der nach S. 60 f. allein fünf schriftliche Arbeiten gehören? S. 62 schlägt Matzat ferner vor, zur Entlastung der Schulräte solle man den Vorsitz entweder Direktoren anderer Anstalten übergeben oder die Reifeprüfung in den Anfang des Halbjahres nach dem Abgange aus Oberprima legen; wenn die Abgegangenen dann zu spät auf die Universität kämen, so schade das nichts, „da ja das erste Semester doch nur zur Orientierung diene".

Durch solche Verlegenheitseinfälle wird niemand das Bedenken des Ministers beseitigt finden; noch schlimmer aber verfährt Matzat mit dem wichtigsten inneren Bedenken gegen die Zwischenprüfung, dass nämlich dadurch im Lehrgange der Schule an einer Stelle äusserlich ein Einschnitt gemacht würde, wo ein innerer Abschluss nicht besteht. Er fordert nämlich einfach, dass die Lehrpläne der neunklassigen Schulen danach geändert werden müssen. Allerdings fügt er hinzu, dies sei ohnehin nötig, weil sogar die Gymnasien nur von 34 Prozent ihrer Schüler über die Untersekunda hinaus besucht werden. Aber der starke Abfall gerade beim Übergang nach Obersekunda kommt hauptsächlich auf Rechnung der Berechtigung zum Einjährigendienst, Matzat verlangt also, dass um dieser dem Zweck der Schule fremden Einrichtung willen der ganze Lehrplan sich ändern soll, während man doch mit Recht fordern kann, dass solche Nebenzwecke der Schule nur dann aufgeladen werden, wenn ihr Hauptzweck dadurch nicht gefährdet wird. Wir würden es deshalb mit grosser Freude begrüssen, wenn der Gedanke, die Einjährigenberechtigung auch im Gymnasium mit der Reifeprüfung zu verbinden, der jetzt in Regierungskreisen erwogen zu werden scheint, in nicht zu ferner Zeit ausgeführt würde.

Matzat aber nimmt solche Rücksicht auf Zweck und Lehrgang der Schulen nicht, sondern freut sich, in diesem Zwischenexamen gleichsam den archimedischen Punkt gefunden zu haben, von dem aus er das ganze höhere Schulwesen aus den Angeln heben kann. Denn er fährt fort: ist die Prüfung eingeführt, so müssen sich die neunklassigen Schulen in ein sechsklassiges Untergymnasium und ein dreiklassiges Obergymnasium teilen, und entwirft nun zunächst für das erstere einen Lehrplan.

Er nennt es — im Gegensatz zu der „unmöglichen Einheitsschule" — eine „Gesamtschule" (S. 74), „welche allen Interessen gerecht zu werden vermag". Er will nämlich das „durch vierzehnjährige Erfahrung" erprobte Prinzip der Landwirtschaftsschulen, in welchen mittlere allgemeine Bildung mit landwirtschaftlicher Fachbildung verbunden sei, auf das gesamte Schulwesen ausdehnen, und zugleich — wofür freilich auch die Erfahrung der Landwirtschaftsschulen keinen Anhalt bietet — mittlere und höhere Allgemeinbildung vereinigen. Er will eine Schule schaffen, die zugleich Landwirtschafts-

---

es vorziehen, sie „in 7 Jahren zu ersitzen, statt sie in 6 Jahren durch eine Prüfung zu erwerben". Bisher nannte man „ersitzen" nur die Erwerbung des Einjährigenscheines durch überlanges Bleiben in der Schule ohne die rechte Befähigung, ihren Ansprüchen zu genügen, schule, Gewerbeschule, Handelsschule nebst den zugehörigen allgemeinen Vorbildungsschulen und Vorbereitungsschule für sämtliche höhere Studien ist.

Wer würde nicht schon durch diese Vielheit zum Teil widersprechender Aufgaben aufs höchste bedenklich gemacht? Wer wäre nicht begierig auf das Kunststück, einen Lehrplan für eine solche Schule zu entwerfen? Für Matzat ist dies leicht: seine „exakte" Methode hilft ihm auch hier. Theoretisch lässt sich kein Lehrplan machen, die Erfahrung muss entscheiden. Diese liegt in den Lehrplänen der bisherigen Schulen vor. Die abweichenden Ansätze derselben für die einzelnen Lehrfächer können aber für eine Gesamtschule, in der sich alle vereinigen sollen, natürlich nur den Wert von Maximis und Minimis haben; „dies ist der methodische Grundsatz, mit welchem wir in die Untersuchung eintreten müssen" (S. 36).

Diesem Grundsatz entsprechend werden nun nach einer auf S. 34 gegebenen, zum Teil unhaltbaren Gruppierung der Lehrfächer die Maximal- und Minimalzahlen für jede Gruppe festgestellt, doch geht Matzat mit dem vorzuschreibenden Gesamtmaximum für die Fächer der geistigen Bildung etwas unter das Ergebnis der Rechnung herab und nimmt an den Minimis der einzelnen Fächer einige „geringe und naheliegende Ausgleichungen" vor. Dass er hiemit seinen Grundsatz, der Erfahrung zu folgen, verlässt, kümmert ihn nicht; ebenso wenig beachtet er, dass die Erfahrung je nach den verschiedenen Stufen der allgemeinen Bildung für die einzelnen Lehrfächer sehr verschiedene Stundenzahlen festgestellt hat; er nimmt auch nicht, wie man für eine „Gesamtschule" vielleicht vermuten könnte, die Mittelwerte aus den Maximis und Minimis als Normalzahlen an, sondern er bezeichnet überall die Minima als obligatorisch und gewinnt so allerdings weiten Spielraum, um teils den Fachunterricht (von Obertertia an), teils das Lateinische (von IV an) in Freistunden daneben zu stellen, gibt aber jedes einzelne Unterrichtsfach der Gefahr der Verkümmerung preis. Am meisten trifft diese Gefahr die fremden Sprachen, für die er zunächst nur eine Gesamtstundenzahl gegeben hat. Um ihre Auswahl und Anordnung genauer zu bestimmen, entscheidet er sich für die Reihenfolge: Französisch, Lateinisch, Englisch (das Griechische bleibt dem Obergymnasium) und führt aus, dass eine fremde Sprache zu schreiben und zu lesen nicht zur allgemeinen Bildung gehöre — was man freilich für die neueren Sprachen nicht ohne weiteres zugeben wird —; vielmehr sei die Aufgabe nur, die fremden Sprachen zu lesen. Da nun gegenwärtig beides, Schreiben bzw. Sprechen und Lesen, geübt werde, so sei künftig nur halb so viel Zeit für jede Sprache nötig als bisher. Also auf der einen Seite unterwirft sich Matzat blind der Erfahrung und nimmt die bisherige Stundenverteilung für fremde Sprachen als unbedingt zweckentsprechend an, auf der anderen Seite setzt er ohne jede Erfahrungsgrundlage für die beiden Hauptaufgaben des Sprachunterrichts gleiche Zeit an, ohne zu bedenken, dass eine solche mechanische Teilung überhaupt unzulässig ist. Er wählt dann für jede Sprache den reichlichsten Stundenansatz, den die bestehenden Lehrpläne bieten — weshalb er nicht wie oben den niedrigsten vorzieht, sagt er nicht — und gibt danach dem Französischen 20, dem Lateinischen 26, dem Englischen 8 Stunden bis zum Eintritt in das Obergymnasium.

So hat er die Grundlage für einen Lehrplan des Untergymnasiums gewonnen, die Ausführung soll nun jede Schule innerhalb der Maximal- und Minimalzahlen ganz beliebig machen. Er gestattet zum Beispiel, dass das Lateinische bis Untersekunda auf $10 + 10 + 8 + 8 + 6 + 10$ Stunden gesetzt und selbst das Griechische mit $8 + 8 + 12 + 12$ Stunden in das Untergymnasium eingeführt werde, und so fort nach Belieben. Auch scheint er gegen seine eigenen Minimalzahlen doch Bedenken zu haben; denn der Stundenplan, den er selbst vorschlägt, geht — natürlich, ohne dass wir erführen, weshalb — im Deutschen, Französischen, den Naturwissenschaften, im Zeichnen und in der Mathematik darüber hinaus.

Also: Matzat's Prinzip ist die Prinziplosigkeit. Nicht bloss alle Schulgattungen sollen durcheinander gewürfelt werden, sondern auch alle subjektiven Wünsche der einzelnen Dirigenten oder Lehrerkollegien, ja selbst der Eltern und Schüler sollen freien Spielraum haben. Dabei muss natürlich, wie er sagt, die bisherige „Freizügigkeit" zwischen den höheren Lehranstalten aufhören. Für den Übergang von einer Schule auf die andere gebe es zwei Hauptgründe: die ursprünglich falsche Wahl der Schule und die Verstimmung der Nichtversetzten. Der erstere falle bei seinen Vorschlägen weg, der letztere verdiene keine Berücksichtigung; denn für die Launen der Eltern seien die Schulen nicht geschaffen. Söhne von Beamten, die oft versetzt würden, könnten in Anstalten wie Pforta untergebracht werden, im übrigen sei der Wechsel des Wohnortes der Eltern nicht der Rede wert. Ob sich die Väter unserer Schüler wohl solche geringschätzige Willkür gefallen liessen?

Die Hauptschwierigkeit aber, was denn das Obergymnasium mit so verschieden vorbereiteten Schülern beginnen soll, löst er dadurch, dass er diesem noch grössere Freiheiten gibt als dem Untergymnasium. Bei der Festsetzung des Lehrplanes geht er hier sogar teilweise unter das Minimum zurück und bezeichnet gar keine Fremdsprache als allgemein obligatorisch, für die künftigen Studierenden aber nur das Griechische als erforderlich. Während er nämlich das Lateinische in starker Übertreibung verurteilt (S. 67), hat er für das Griechische eine lebhafte Begeisterung, und was er S. 68 ff. darüber sagt, ist der einzige ansprechende Abschnitt seiner Schrift. Das hindert ihn freilich nicht, das Griechische im Lehrplan in derselben Weise zu misshandeln wie die anderen fremden Sprachen. Er gibt ihm je 8 Stunden in den drei Klassen des Obergymnasiums und fügt, weil dieses mit der nach der obigen Methode berechneten Stundenzahl nicht stimmt, noch vier fakultative Stunden für diejenigen Schüler hinzu, „welche sich für das Griechische besonders interessieren". Wer griechischen Unterricht kennt, wird nicht zweifeln, dass man bei solcher Einengung das Griechische lieber ganz aufgeben sollte.

Ich verzichte auf weitere Auszüge aus Matzat's Schrift, obwohl noch manches, zum Teil ergötzlich zu Lesendes, mitgeteilt werden könnte, z. B. über die Auswahl des Lesestoffes für die einzelnen Altersstufen — in Obertertia sollen unter anderm die *Apokalypse*, Schiller's *Wallenstein* und Lessing's *Nathan* gelesen werden —, oder über die überraschende Behauptung, dass ein Hauptvorteil seines Lehrplans des Untergymnasiums die Möglichkeit einer weitgehenden Konzentration des Unterrichts sei, oder über seine Um- und Weiterbildung der Kulturstufentheorie und die Art, wie er sie in seiner Lehrplanskizze (S. 50 f.) durchgeführt zu haben glaubt. Nur eines muss ich doch zum Schlusse noch andeuten, wie weit seine Schulreform die Vorteile wirklich gewähren kann, die er davon erwartet.

Über den Zudrang zu den gelehrten Fächern sagt er S. 74: Der allzu grossen Vermehrung der neunklassigen Schulen ist auf einfache

Weise dadurch vorzubeugen, dass der Staat vorzugsweise die sechs-klassigen und nicht die neunklassigen Schulen unterstützt, während er jetzt verkehrter Weise gerade das Entgegengesetzte thut. Also das Zwischenexamen, um deswillen Matzat das ganze Schulwesen aus den Angeln heben möchte, erfüllt nun doch den Zweck nicht, den er vorher damit zu erreichen meinte. Nun soll die Regierung doch noch ein Mittel anwenden, welches sie ebenso gut ohne Schulreform anwenden kann und nach wiederholten Erklärungen des Kultusministers auch anzuwenden entschlossen ist. Wir wünschen, dass sie diesen Entschluss mit allem Nachdruck ausführe; denn was unserer Meinung nach wirk-lich notwendig ist, beschränkt sich auf folgende Punkte: Verminderung der Gymnasien und Reform derselben, so dass sie wieder für alle höheren Studien eine gute Vorbereitung gewähren; Vermehrung der lateinlosen höheren Bürgerschulen, so dass sie in den kleineren Städten die Regel werden, und Herstellung einer Vermittlung zwischen ihnen und den Gymnasien durch Nebenkurse, welche auf die Gymnasialprima vorbereiten. Freilich können wir diese unsere Meinung hier nicht ein-gehender begründen.

S. 33 hatte Matzat ferner an der bestehenden Schuleinrichtung getadelt, dass nach den ersten drei Schuljahren (d. h. beim Eintritt in VI) entschieden werden müsse, ob ein Schüler noch für einen zwölf-jährigen Studienkursus (Gymnasium und Universität), oder für einen neunjährigen (Oberrealschule) oder für einen sechsjährigen (höhere Bürgerschule) oder für keinen von diesen passe. Wie ist es nun damit nach Matzat's eigenen Vorschlägen? Da das Latein für den Übergang ins Obergymnasium obligatorisch ist, muss die Hauptentscheidung — ob höhere Bürgerschule oder Studium bzw. neunklassige Schule — beim Eintritt in die Quarta getroffen werden. Er schiebt die Wahl der Berufsart also so wenig hinaus, dass auch hierfür seine Schulreform nur geringen Vorteil bietet.

Und wie sorgt er für die 66 Prozent der Gymnasialschüler, welche vor dem Eintritt in die Obersekunda „abfallen"? Er gewährt ihnen volle Freiheit, sich nach Gefallen so oder so zu bilden, aber er bringt dafür die Tiefe und Einheitlichkeit ihrer Bildung in die grösste Gefahr. Wir glauben, dass durch Vermehrung der lateinlosen höheren Bürgerschulen, die wir oben empfahlen, weit besser für diesen Teil unserer Jugend gesorgt wird, als durch eine Schule, die alles sein will und deshalb nichts recht sein kann.

So erfüllt also Matzat's Reformvorschlag seinen Zweck in keiner Richtung, er zerstört aber zugleich die Vorbildung für die Universitäts-studien, die viel zu schwierig und umfangreich ist, um ohne einen von vornherein auf sie angelegten Lehrplan, der auf neun Schuljahre be-rechnet ist, zum Ziele zu gelangen. Dass dagegen Matzat's Gesamt-schule andere wesentliche Vorzüge zum Ausgleich für diese Nachteile aufweisen könnte, wird u. E. kein ruhig denkender Mann behaupten. Daran vermag auch ein empfehlendes Vorwort von einem Geheimen Oberregierungsrat nichts zu ändern.   F. HORNEMANN.

Rauschenfels, Johannes. *Methodik des französischen Sprach-unterrichts in Mittel- und Bürgerschulen.* Leipzig, 1890. Brand-stetter. 68 S. 8⁰.

Die Reformbewegung des neusprachlichen Unterrichts hat bis jetzt fast ausschliesslich die Bedürfnisse der höheren Schulen berücksichtigt. Sie war dazu um so mehr berechtigt, da die Mittelschulen in dem Sinne, wie der Verfasser es meint, in Preussen wenigstens, nur sehr wenig zahlreich sind. Aber den Mittelschulen sind ziemlich gleichzustellen die zahllosen Rektorat-, Stadt- und ähnliche Schulen, welche bei Mushacke unter dem Strich stehen oder auch ganz fehlen. Für diese namentlich, an denen eigentliche Neusprachler vielfach gar nicht vorhanden sind, ist es sehr verdienstvoll, die Ergebnisse der Forschungen auf dem Gebiete der neusprachlichen Didaktik in der Anwendung auf solche Schulen zusammenzustellen.

Um den Lehrern an den Schulen genannter Art „ein Hilfsmittel in die Hand zu geben, durch welches sie sich schnell und bequem über die unterrichtliche Behandlung des französischen Sprachstoffs zu belehren vermögen", hat Rauschenfels „das, was er aus zum Teil umfangreichen Werken herausgehoben hat, und namentlich seine eigenen praktischen Erfahrungen gesammelt und zusammengestellt".

Der Verfasser will mit seiner Schrift einen Beitrag zur Reform des französischen Unterrichts liefern, er sagt, er huldige „besonnenen Reformbestrebungen", aber, wenn ich auch vieles an dem Schriftchen zu loben finde, als Reformer, auch als einen „besonnenen" kann ich den Verfasser nicht anerkennen.

Ich möchte eher behaupten, dass derselbe zeigt, wie auch nach älterer Methode der geistvolle Lehrer geistvoll unterrichten kann, dabei hat er sich einiges von den Ansichten der Reformer angeeignet, wenn man überhaupt sagen darf, dass die Forderung, dass nicht von der Regel, sondern von der Anschauung ausgegangen werde, eine eigentliche reformerische Forderung ist. Ich glaube, das haben auch schon vor der Hochflut der Reformschriften recht viele Lehrer gethan. Also Ausgehen von der Anschauung verlangt Rauschenfels, aber von der eigens zurechtgemachten Anschauung, vom Einzelsatz. Erst nachdem aus Einzelsätzen die Regel abgeleitet und in eine kurze und bestimmte Form gebracht ist, soll an zusammenhängendem französischem Material „die Anwendung der Regel aufgesucht und dadurch das Verständnis des grammatischen Gesetzes vertieft und seine freie Anwendung vorbereitet" werden. (S. 25.) Unter freier Anwendung versteht der Verfasser dann die Anwendung der Regel bei Übertragung deutscher Übungssätze.

Als Zweck der schriftlichen Arbeiten bezeichnet Rauschenfels die Übung in der Orthographie, in der Bildung der Formen und in der Anwendung der grammatischen Gesetze, während er andererseits dem Extemporale den Zweck der Übung zuweist und es nur ausnahmsweise dazu benutzen will, die Fertigkeit der Schüler in der Anwendung der grammatischen Regeln zu erkunden. Er meint freilich dabei, in den Oberklassen der Gymnasien und Realschulen solle das Extemporale Prüfstein sein.

Rauschenfels legt grossen Wert auf gute Aussprache, er will sie wesentlich durch Vor- und Nachsprechen erreichen. Ein Satz soll vom Lehrer vorgelesen und dann von den Schülern solange nachgesprochen werden, bis Richtigkeit erzielt ist. Die theoretischen Belehrungen, die er geben will, scheinen nicht lautphysiologischer Natur zu sein, sondern mehr „Ausspracheregeln" alter Art. Als geradezu verkehrt muss es bezeichnet werden, wenn Rauschenfels erst ein „mechanisches Lese-Können" erzielen und dann erst ein „verständnisvolles Lesen" einüben will.

Endlich sei noch mit einem Worte des Anfangsunterrichts gedacht, wie er sich in dem ersten der beigefügten „Unterrichtsbeispiele" darstellt. Der Grundsatz möglichster Mündlichkeit des Unterrichts scheint von dem Verfasser anerkannt zu werden. Er lässt wenigstens in der ersten Unterrichtstunde das Buch nicht öffnen. Aber dennoch wird das erste Französisch dem Schüler nicht durch das Ohr, sondern durch das Auge dargebracht, denn das Sätzchen: *le mur a une porte* muss es sich gefallen lassen, gleich im Beginn an die Wandtafel geschrieben zu werden. Warum denn eigentlich so?

Man kann sagen, der Verfasser ist auf dem besten Wege, man meint immer, man müsse ihm zurufen: komme noch weiter mit uns, nimm auch noch diesen Graben, aber dann stutzt er und bleibt im schönsten Anlauf stecken. *Ce n'est que le premier pas qui coûte,* so sehen wir denn vielleicht Rauschenfels noch einmal etwas weniger „besonnen" reformieren. Seine ganzen Darlegungen zeugen davon, dass er nicht in ausgetretenen Geleisen wandeln, kein Schablonenmensch sein will, aber ganz kann er sich noch nicht vom Alten frei machen.

F. Tendering.

---

1. **Dillmann, A.** *Die Anschauung im Bilde in ihrer Anwendung auf den fremdsprachlichen Unterricht, insbesondere auf die praktische Übung im mündlichen Ausdruck.* a) 12 lithographierte Bildertafeln, b) französischer Text. Wiesbaden, 1890. Gebr. Petmecky. b. 135 S. 8⁰.

2. **Strien, Dr. G.** *Elementarbuch der französischen Sprache.* Halle, 1890. Eugen Strien. 97 S. 8⁰.

3. **Kemnitz, Albin.** *Französisches Lesebuch für den Anfangsunterricht.* Leipzig, 1890. Neumann (Lucas). 71 S. 8⁰.

4. **Enkel, H., Klähr, Th.,** und **Steinert, H.** *Lehrbuch der französischen Sprache für Bürgerschulen.* Erster Teil. Dresden, 1890. Huhle (Adler's Buchhandlung). 113 S. 8⁰.

Das wichtigste seitherige Ergebnis der Reformbestrebungen auf dem Gebiete des neusprachlichen Unterrichts ist, dass eine mächtige Anregung auf die Masse der Vertreter dieses Unterrichts an den höheren Lehranstalten ausgeübt wurde zur Prüfung der seitherigen Methode, zur Erwägung über die Zweckmässigkeit des bislang von jedem Einzelnen geübten Verfahrens. Wie sehr diese Anregung thatsächlich gewirkt hat, zeigt sich in erster Linie auch in der grossen Anzahl von neuen Lehrbüchern für den französischen Unterricht, die meist mit dem Althergebrachten brechen und auf mehr oder minder eigenartigem Wege die Ziele desselben zu erreichen streben.

Zu den eigenartigsten Büchern gehört dasjenige von **Dillmann.** Zwölf lithographierte Bildertafeln in Folioformat führen uns Szenen aus dem Familien-, Gewerbe-, Verkehrs- und Landleben vor, und der dazu gehörige Text (der übrigens auch in englischer Sprache erschienen ist) gibt uns in zusammenhängender Darstellung zunächst eine Erklärung der einzelnen Bilder. Der Gedanke, beim fremdsprachlichen Unterricht von der Anschauung im Bilde auszugehen, ist ja freilich nicht mehr neu — ich erinnere z. B. an das Lehmann'sche Unterrichtswerk — aber die ganze Verarbeitung des Stoffes ist von dem früher Üblichen abweichend und die Bilder sind so ausgeführt, dass in der That aus ihnen etwas herausgelesen werden kann, und gegenüber den seither wohl gebrauchten Wandtafeln haben sie den Vorzug, dass sie in eigenem

Besitze des Schülers und auch bei der häuslichen Wiederholung ihm zur Hand sind. Dem Zwecke entsprechend musste in einem Bilde viel zusammengedrängt werden, aber dies ist mit möglichst viel Geschmack geschehen, so dass die Bilder einen durchaus angenehmen Eindruck auch auf das ästhetische Gefühl hervorbringen.

Die Bilder stellen dar: ein Zimmer, den Winter, die Feldarbeiten im Frühling, Werkstätten, einen Hausbau, ein Dorf, eine Schiffslände, die Ernte, einen Bauernhof, einen Bahnhof, eine Strasse, einen Wald. Man sieht, die Dinge des praktischen Lebens werden uns vorgeführt, das sonst eine so grosse Rolle spielende Schulzimmer fehlt. Da die Behandlung aller Bilder dieselbe ist, so nehmen wir eines derselben, das zehnte, heraus. Es behandelt die Eisenbahn. Als erster Abschnitt steht die erwähnte Beschreibung des Bildes in folgender Weise: *La gravure ... représente l'intérieur d'une gare de chemin de fer. Le bâtiment qui se trouve à gauche contient les bureaux d'administration et les divers locaux nécessaires à ses besoins ... La salle qui fait suite à cette première est le bureau du chef de gare, qui communique avec celui du sous-chef. Ces deux messieurs sont toujours là, afin de surveiller l'arrivée et le départ des trains; ils sont à la disposition des voyageurs pour tous les renseignements ... Les salles suivantes sont des salles d'attente, dans lesquelles les voyageurs attendent l'arrivée des trains qu'ils veulent prendre.* In dieser einfachen Weise geht es fort, bis uns alles, was auf dem Bahnhofe ist und geschieht, dargelegt ist. Mit diesem Stoffe lässt sich arbeiten, und der Verfasser hat denn auch der Versuchung nicht widerstehen können, denselben in einem zweiten Abschnitt in eine Anzahl von Fragen zu zerlegen. Als dritte Abteilung kommt dann eine kleine Erzählung, die sich an den behandelten Stoff anschliesst: *Mon premier voyage en chemin de fer* und dann ein kleines Gedicht: *Souvenirs d'enfance,* dessen Zusammenhang mit dem Ganzen hier wie in den meisten Fällen nicht recht erkennbar ist. Den Schluss jedes einzelnen Abschnitts bildet ein ausführliches Wörterverzeichnis, das die Vorbereitung aller Stücke so leicht macht, dass das Buch für jede Klasse zu gebrauchen ist. Der Verfasser will zunächst nicht einer bestimmten Methode dienen, obwohl, wie er richtig bemerkt, die beste Gelegenheit geboten ist, die Formen der französischen Sprache zu üben und, wie ich hinzufüge, auch sie abzuleiten. Das Buch soll den Stoff geben zu Sprechübungen und diesen gewährt es uns wirklich in geeigneter Form, während die meisten „Gesprächsbücher" oder „Konversationsbücher" sich entweder auf zusammenhanglose Vokabelreihen oder auf Fragen mit beigefügten Antworten beschränken, die eine mechanische Aneignung erfordern.

Es muss eine Freude sein eine beschränkte Zahl von Schülern nach Dillmann's Buch in die französische Konversation einzuführen, für den eigentlichen Schulunterricht indessen trage ich Bedenken es zu empfehlen, dazu ist es zu einseitig, denn so richtig die sprachlichen Einzelheiten sind, so wenig kann die Vorlage stilistisch als mustergültig bezeichnet werden. Hiermit soll kein Tadel gegen das Buch ausgesprochen werden, dem Zwecke, den dasselbe in erster Linie dienen will, entspricht es jedenfalls am besten so wie es ist.

Strien scheint der Lesestoff, den die Lehrbücher neuerer Art dem Schüler im Anfangsunterricht bieten, zu schwer. Er sucht diesem Mangel abzuhelfen, indem er an Bekanntes anknüpft und als bekannt betrachtet er Wörter wie *cousin, cousine, adieu, portemonnaie, billet, bureau, étage* u. s. w. Mit diesen arbeitet er daher nach Möglichkeit in den ersten Stunden. Es ist selbstverständlich, dass er zu diesen allerdings in ihrer Bedeutung ziemlich bekannten Wörtern gar bald auch andere hinzunehmen muss. Der Verfasser meint, der Schüler findet in dem ersten Satze seines Buches „*Ma cousine Louise est à Paris*" drei und wenn er Latein lerne vier bekannte Wörter, so dass er das ihm Vorgesprochene ohne Mühe verstehen und wiederholen werde. Verstehen, darin stimme ich bei, wird er es leicht, aber wiederholen? Ich befürchte, es wird ihm sehr schwer fallen, die von seiner gewohnten Aussprache der entsprechenden Fremdwörter abweichenden Laute hervorzubringen, weil eine falsche Gewöhnung bereits vorhanden ist.

Da dem Verfasser ein originaler Text, der seinen Zwecken entsprochen hätte, nicht zur Verfügung stand, so musste er die Lesestücke zum Teil selbständig verfassen, zum Teil wesentlich umarbeiten, um an grammatischen Thatsachen nur dasjenige zur Darstellung zu bringen, was er dem Kursus, für den sein Buch bestimmt, das erste Unterrichtsjahr, vorführen will. Es ist das wesentlich der Indikativ von *avoir*, *être* und der ersten Konjugation, sowie die sonstigen einfachsten Thatsachen der Formenlehre. Eine Zusammenstellung dieser grammatischen Dinge in einfachen Beispielen bildet den Schluss des Buches, während jeder einzelnen Lektion Beispiele zu den aus den Lesestücken zu entwickelnden „Regeln" gesondert beigegeben werden. Strien rühmt es als Vorzug seines Buches, dass es den Schüler allmählich in die französische Sprache einführe. Es ist das auch nicht zu bestreiten, doch befürchte ich, dass das Buch den geistigen Bedürfnissen eines Quintaners, der sich bereits ein Jahr lang an den lateinischen Konjugationen geplagt hat, nicht ganz genügen wird. Er wird den französischen Unterricht zu sehr als Spiel betrachten lernen. Für die Sexta einer lateinlosen Schule, der die ersten fremdsprachlichen Begriffe beigebracht werden sollen, glaube ich, wird es hingegen mit gutem Erfolg zu verwenden sein.

Auf das Übersetzen aus dem Deutschen verzichtet Strien nicht. Er hat die richtige Umbildung des im Französischen Gelesenen gewählt; den Schülern wird die Wiedergabe des Gelernten in dieser Form nützlich und zugleich angenehm sein.

Nicht dankbar kann ich dem Verfasser sein für die Abschnitte B und D der Lektionen, welche Fragen über den Inhalt des Gelesenen und Aufgaben zur mündlichen und schriftlichen Einübung der grammatischen Thatsachen enthalten durch Anweisungen wie: „Dekliniere *le jour, le livre, la dame* etc." Man überlasse solche Dinge dem Lehrer, und hat man kein Zutrauen zu ihm, so möge der Verfasser eines Lehrbuches in irgend einer anderen Weise, die Art der Behandlung seines Stoffes, wie er sie sich denkt, seinen Fachgenossen mitteilen. Ich glaube, auch Strien hätte in diesen Punkten dem Ermessen des Lehrers ebenso viel überlassen können, wie bezüglich der phonetischen Dinge, wo er sich auf eine Zusammenstellung einer Anzahl von Wörtern beschränkt.

Zum Schluss muss ich noch auf einen Germanismus im französischen Texte aufmerksam machen: *prier Dieu* für *beten* Lektion 7 ist nicht üblich, man sagt einfach *prier*.

Das Lesebuch von **Kemnitz** „soll den ersten Teil der französischen Schulgrammatik desselben Verfassers insofern ergänzen, als es für die ersten Schuljahre zusammenhängenden Lesestoff bietet". Auf die Art, wie der Verfasser sich die Verwendung und die Verteilung des gebotenen Lesestoffs denkt, werde ich an anderer Stelle dieser *Zeitschrift* zurückkommen.

Der Verfasser hat Lesestücke gewählt, welche den Schüler zumeist in die moderne Sprache des täglichen Umgangs einführen und die stofflich seinem Geiste Anregung bieten; etwas zu freigiebig ist er vielleicht mit poetischen Stücken, deren ich siebzehn unter siebenundvierzig im Ganzen zähle.

Jedem Stücke ist ein gesondertes Wörterverzeichnis beigegeben, was für den Anfangsunterricht nur gebilligt werden kann. Die Betrachtung dieser Wörterverzeichnisse gibt jedoch zu einem Bedenken Anlass. Der französische Text umfasst einunddreissig Seiten, das Wörterverzeichnis neununddreissig, das ist nach oberflächlicher Berechnung mindestens zwei und ein halbes Tausend einzelne Wörter. Das ist verhältnismässig so viel, dass auch der Umstand, dass der Verfasser das Buch für zwei Jahre für ausreichend hält, und die Versicherung, dass der Wortschatz im Wesentlichen der gleiche ist, wie in der Schulgrammatik des Verfassers, nicht ganz darüber zu beruhigen vermögen. Übrigens scheint mir der Lesestoff für zwei Jahre mit diesen einunddreissig Seiten doch etwas knapp bemessen, doch ist dabei zu bedenken, dass das Buch nach des Verfassers Absicht neben der Schulgrammatik hergehen soll; eine organische Verbindung beider Bücher liegt demselben fern. *(Zeitschrift IX² 41.)*

Auch **Enkel, Klähr** und **Steinert** erkennen im Vorwort die Berechtigung der wesentlichen Forderungen an, „welche die neuere Methodik an den französischen Sprachunterricht auf der Elementarstufe stellt. Vor allen Dingen wollen sie den Schüler in einen seinem Ideenkreise naheliegenden Wortschatz einführen und die Anschauung der Regel vorangehen lassen.

Dem ersteren Grundsatz entspricht die Durchführung durchaus, denn alles, was den Schüler in Schule und Haus, in Stadt und Dorf, in Feld und Wald umgibt, wird in dem Anschauungsstoffe behandelt. Bezüglich des zweiten Punktes muss bemerkt werden, dass die Anschauung in den ersten Lektionen nicht aus einem zusammenhängenden Lesestücke gewonnen wird, sondern aus einzelnen Vokabeln, aus denen der Lehrer Fragen bilden soll wie: *où est la classe?* Antwort: *voilà la classe* oder es soll der Lehrer befehlen: *montre le banc*, der Schüler antwortet: *je montre le banc.* Durch dieses Verfahren scheint mir eher Dressur als geistige Ausbildung erreicht zu werden. Auch dass der Anfang sehr einfach sein muss, da das Buch für lateinlose Schulen bestimmt ist, kann nicht zur Entschuldigung dienen, da gerade hier die formale Bildung durch den französischen Unterricht am allerwenigsten vernachlässigt werden darf.

Auch die Mannigfaltigkeit der Übungen, welche das Buch mit dem gebotenen Sprachstoff anstellen lässt, kann nicht zu den Vorzügen eines Schulbuches gerechnet werden. Wozu ist denn eigentlich der Lehrer vorhanden? Ist es desselben wirklich würdig immer nur abzulesen: Bilde den Imperatif der gelernten Verben, oder: Schreibe die Verben auf und setze einen Bindestrich zwischen Stamm und Endung, oder konjugiere *je ne tirais pas* u. s. w. Die Absicht der Verfasser ist gewiss gut, aber man ist versucht, den Himmel verzweiflungsvoll um Rettung vor solchen Freunden anzuflehen. Wir Lehrer wollen uns schon selbst die Fragen, die wir an den Sprachstoff anschliessen, zurecht machen, wir sind durchgehends wirklich nicht so träge, wie die Verfasser anzunehmen scheinen. Ich will damit, wie schon oben gesagt, dem Verfasser eines Schulbuches nicht verwehren, anzugeben, wie er sich die Behandlung desselben im Unterricht denkt, im Gegenteil das ist eine ganz verdienstliche Aufgabe, aber mir immer wieder vom Buche vorschreiben lassen: jetzt sage dies, jetzt frage das, jetzt lasse jene Formen bilden u. s. w., dafür danke ich in der That und mit mir die grösste Zahl der Kollegen. Für die Angabe eines Weges im allgemeinen sind wir dankbar, aber wohin wir nun unsere Füsse setzen sollen, das wissen wir wirklich selbst.

Ich will auch gern anerkennen, dass die Verfasser ihre Theorien sehr schön praktisch durchgeführt haben, aber zu unterrichten nach ihrem Buche möchte ich doch nur denjenigen Lehrern raten, welche ihre eigene Persönlichkeit aufzugeben bereit sind und diejenige ihrer Schüler.

Für die Art, wie die Verfasser die Regeln geben, füge ich zwei Beispiele bei: „Die *substantifs*, vor denen *la* steht, haben weibliches Geschlecht *(genre féminin)*. Im Französischen gibt es nur zwei bestimmte Geschlechtswörter (articles définis) nämlich *le* für das männliche und *la* für das weibliche Geschlecht." (S. 1.) „Der zweite Fall (génitif), der auf die Frage wessen? antwortet, wird im Französischen durch die préposition »de« gebildet." (S. 50.)

Jeder Lektion schliessen sich französische und deutsche Einzelsätze an, welche sich zum Teil an das Lesebuch anlehnen, so dass man über ihre inhaltliche Bedeutungslosigkeit hinwegsehen kann.

Die ganze Aussprachelehre nach Praxis und Theorie überlassen die Verfasser merkwürdigerweise vertrauensvoll dem Lehrer.

F. TENDERING.

Lindner, Dr. F. *Erläuterungen zu Plœtz' französischer Schulgrammatik.* Oppeln, 1890. E. Franek (G. Maske). 55 S. 8⁰.

In einem Aufsatze in den *Neuen Jahrbüchern für Philologie und Pädagogik* 1890 (II S. 65) tritt Lindner für eine Vertiefung des grammatischen Unterrichts durch Betonung der etymologischen und historischen Momente ein, da von einer dem lateinischen Unterricht gleichartigen Bildung durch das Französische nur die Rede sein könne bei einer derartigen Behandlung der Grammatik. Obwohl wir es hier nicht mit jenem Aufsatze zu thun haben, wollen wir doch erwähnen, dass für Lindner nicht Sprachbeherrschung Ziel des neusprachlichen Unterrichts ist, sondern dass er das einzige Heil für diesen Unterricht namentlich an Realgymnasien in der Übermittelung formaler Bildung sieht.

Von diesem Standpunkte aus gibt uns der Verfasser in der vorliegenden Schrift eine Reihe von Bemerkungen zu der Schulgrammatik von Plœtz. Ohne die methodischen Ansichten Lindner's zu teilen, erkenne ich den Wert einer historischen Begründung der Spracherscheinungen im Französischen vollkommen an, aber das Zurückgehen auf die historische Grammatik hat nur da Sinn, wo durch dasselbe das Verständnis für die Spracherscheinung geweckt oder gefördert wird. In erster Linie wird durch die Darlegung der historischen Entwickelung, oder bescheidener und richtiger ausgedrückt durch die Betrachtung der Formen nach ihrer Entstehung, die Formenlehre nicht mehr rein gedächtnismässig anzueignen sein, sondern zu einem Gebiete wirklicher geistiger Thätigkeit gemacht, obwohl nicht verkannt werden darf, dass gedächtnismässiger Aneignung immer manches überlassen bleiben muss. Das schadet aber auch im Vergleich mit dem Betriebe der lateinischen Formenlehre gar nichts, denn dort steht das Gedächtnismässige geradezu im Vordergrunde.

Bei der Syntax scheint mir das historische Moment von geringerer Wichtigkeit. Dort möchte ich eher einer logischen Begründung der

Sprachgesetze das Wort reden, ohne indessen im gegebenen Falle auf historische Begründung zu verzichten. Nicht als ob ich an den streng logischen Bau der französischen Sprache glaubte; unsere Muttersprache ist nicht minder logisch, und es müsste also bei einer Abweichung beider Sprachen, mit der es die Schulgrammatik meist zu thun hat, das Deutsche als unlogisch erscheinen. Aber es kann in der Mehrzahl der Fälle die logische Auffassung, welche den Franzosen zu seiner Darstellung des Gedankens führte, nachgewiesen werden, und dieser Nachweis soll nicht unterdrückt werden.

Ein Beispiel aus der Formenlehre und aus der Syntax möge das Gesagte erläutern.

Der Stamm von *valoir* ist *val*. Hieraus lässt man den Schüler die Formen bilden. Es ist ihm bereits bekannt, dass *l* vor Konsonant vokalisiert wird. So wird er vor den konsonantischen Endungen auf *vau* + Kons. kommen. Ebenso weiss er, dass nach *au* statt *s* — *x* geschrieben wird. Damit ist das Präsens gegeben. Das Futurum wird er zunächst *val-rai* bilden, man erinnert ihn an *tendre = tenerum* u. ä., so entsteht *valdrai* und daraus *vaudrai*.

Für die Syntax wähle ich den Infinitiv, weil Lindner demselben keine Bemerkungen widmet und meint, derselbe sei so wie er in der Grammatik stehe, zu lernen. Mit historischer Erklärung ist hier nichts zu machen, es kann nur auf den freieren Gebrauch in der älteren Sprache hingewiesen werden. Man gehe nicht von der äusseren Form aus, sondern von der logischen Beziehung des Infinitivs im Satze als Subjekt, Prädikat, Objekt, Genetiv (Präposition *de*), Dativ (Präposition *à*). Wie beim Substantiv werden Nominativ und Akkusativ hier ohne Hülfe von Präpositionen ausgedrückt, doch ist beim Nominativ in bestimmten Fällen, beim Akkusativ gewöhnlich die Präposition *de* eingetreten. Wo unserer Auffassung gemäss der Objekts-Infinitiv von *à* begleitet wird, wie bei *chercher, apprendre, aimer*, liegt im Französischen eine andere logische Auffassung — als Streben nach etwas — zu Grunde. Für Genetiv und Dativ, sowie das rein präpositionale Verhältnis treten auch beim Infinitiv die Präpositionen *de* und *à* ein.

Zum Glücke hält übrigens das Schriftchen Lindner's mehr als es verspricht, denn wir finden bei der Syntax manche recht gute logischen Begründungen. So möchte ich namentlich hinweisen auf die Erklärung des Artikels in *l'empereur de la Chine* (S. 29), auf die Erklärung des *des* in *J'ai lu un grand nombre des fables d'Esope* (S. 35), auf die Auseinandersetzung über die Stellung des Adjektivs (S. 38), auf die Erklärung von *c'est à qui* (S. 49). Bezüglich der Formenlehre möchte ich namentlich auf die Bildung der Adverbien *aveuglément* u. ä. aufmerksam machen.

Andererseits darf auch nicht verschwiegen werden, dass wir oft historische Erklärung von Formen finden, wo wir logische Erläuterungen erwarten, denn auf eine Erklärung der Formen gehen schliesslich auch die meisten der zur Syntax gegebenen historischen Bemerkungen hinaus, so beim Modus, Tempus, Pronomen; und da geht Lindner mir häufig zu weit, insofern er glaubt, alle möglichen, auch historisch nicht nachweisbaren Mittelformen hindrucken zu müssen, für die der Schüler kein Verständnis und kein Interesse hat. Namentlich geht er über den Rahmen hinaus, den er sich mit seinen Schlussbemerkungen über die historische Grammatik selbst vorschreibt.

Gerade diese Schlussbemerkungen geben mir noch zu Bedenken Anlass. Der Verfasser sagt dort, man thue gut, den Schülern, nachdem sie auf die Entwickelung des Französischen aus der lateinischen Volkssprache kurz hingewiesen seien, die wichtigsten Regeln betreffs des Übergangs lateinischer Wörter in's Französische in der dann weiter folgenden Fassung zu geben; und am Schluss erklärt er, mit diesen wenigen Regeln komme man zunächst aus. Nach Bedürfnis möchten sie bei der Formenlehre erweitert werden. Ich gestehe, dass ich da grundsätzlich sehr verschiedener Ansicht bin. Gegeben werden soll dem Schüler von diesen Regeln gar nichts, er soll sie selbst finden, und als Regeln mögen sie am Schlusse des gesamten französischen Unterrichts mit einigen Beispielen zusammengestellt werden. Lindner hat eben noch eine zu hohe Wertschätzung der Regel und des grammatischen Unterrichts überhaupt. Damit sind wir wieder bei dem Vorwort angekommen, wo der Verfasser, ebenso wie in dem oben erwähnten Aufsatze, nachzuweisen sucht, in dem vorliegenden Schriftchen praktisch, dort theoretisch „wie der neusprachliche Unterricht an Realgymnasien zu erteilen wäre, wenn deren Zöglinge eine Bildung erlangen sollen, welche derjenigen der Gymnasialabiturienten möglichst gleichkommt". Und da redet er an beiden Stellen nur von der Grammatik, als ob die allein selig machen könnte.

Die Grundlage der Gedanken des Verfassers über eine Verbesserung des neusprachlichen Unterrichts scheint die Mangelhaftigkeit der Schulgrammatik von Ploetz zu bilden, und diese Grundlage ist recht wohl zu verstehen, aber eine Änderung des Betriebes der Grammatik in der von Lindner vorgeschlagenen Weise kann uns allein nicht retten und die Realgymnasial-Abiturienten erst recht nicht. Bei aller Vortrefflichkeit vieler einzelnen Punkte in den Erläuterungen Lindner's können dieselben doch nicht als ausreichend bezeichnet werden, selbst nicht, wenn wir alle Mängel nur aus dem Gebrauche eines Lehrbuchs wie das erwähnte herleiten wollten. Was die Schrift bietet, das sei nochmals ausdrücklich hervorgehoben, ist meist richtig und verdient Anerkennung.

F. TENDERING.

Ploetz, Gustav. *Übungsbuch, Heft III (Syntax des Artikels, des Adjektivs und des Adverbs. Die Fürwörter.)* Berlin, 1890. Herbig.

Von allen Ploetz'schen Büchern halte ich das Übungsbuch zu dem „Kurzen Lehrgang", von welchem jetzt das III. Heft vorliegt, für das beste. Die französischen Stücke bieten zusammenhängenden Anschauungsstoff, aus welchem wirklich die Sprachgesetze gewonnen werden können. Die Auswahl der Stücke ist eine sehr geeignete, man bewundert die umfassenden Kenntnisse der französischen Litteratur, welche dem Verfasser sachlich passende Abschnitte an die Hand gab zu einer vorzüglichen Durcharbeitung in grammatischer Beziehung.

Als Mängel empfinde ich, dass die deutschen Stücke sich zu eng an einzelne Abschnitte der zugehörigen Grammatik anschliessen, es wird dadurch zu sehr die Nötigung auferlegt, alles oder doch das meiste Vorhandene zu übersetzen. Freilich hat der Verfasser zuweilen zwei einander entsprechende Stücke nebeneinander gestellt, aber es bleibt doch immer noch soviel Material vorhanden, das behandelt werden muss, dass es namentlich für Gymnasien zuviel wird.

Die deutschen Stücke stehen meist in Zusammenhang mit den französischen, aber doch nur, indem sie den Inhalt desselben fortsetzen, eine Umgestaltung bieten sie nicht.

Es soll diesem dritten Teile noch ein vierter folgen, welcher Übungen zur Wiederholung und Ergänzung des Gelernten enthält. Hoffentlich ist dieser Teil so eingerichtet, dass er Übersetzungsstücke bringt, welche ganze Kapitel der Grammatik zusammenfassen; damit würde eine Lücke der seither erschienenen Teile ausgefüllt sein.

F. TENDERING.

Ebener-Meyer. Gottfried Ebeners *Französisches Lesebuch.* Neu bearbeitet von Adolf Meyer. 3. Stufe; 9. der neuen Bearbeitung 2. Auflage. Hannover, 1890. Meyer (Prior). XI und 838 S. 8⁰.

Die vier Stufen umfassenden Ebener'schen Lesebücher sind von Meyer neu bearbeitet worden. Dabei haben schon in der ersten Auflage der Neubearbeitung die dritte und die vierte Stufe eine gänzliche Umarbeitung erfahren. Der wesentliche Unterschied der neuen Auflage gegenüber der vorigen beruht in der Vermehrung desjenigen Stoffes, welcher uns mit der Eigenart des französischen Volkes und Landes vertraut macht; namentlich sind die geschichtlichen Abschnitte jetzt alle der französischen Geschichte entnommen und in dem Abschnitt *d: Naturkunde, Länder- und Völkerkunde* sind die auf Frankreich und seine Bewohner bezüglichen Stücke vermehrt worden auf Kosten solcher allgemein naturkundlichen Inhalts und solcher, die andere Länder und Völker behandelten. Denselben Zwecken wie diese Umgestaltungen soll auch ein neu hinzugefügter Abschnitt dienen, welcher auf 82 Seiten einen Überblick über die Geschichte der französischen Litteratur zu geben sucht. Gegen diesen Abschnitt lassen sich manche Bedenken erheben, denn wenn auch, dem Verlangen des Verfassers entsprechend, noch so reichlich charakteristische Abschnitte aus den Originalwerken vorgelesen werden, so wird doch ein Überblick, wie er hier geboten wird, sich auf die Übermittelung einer Reihe von Namen und fertiger Urteile im wesentlichen beschränken müssen. Ein Verständnis für die Entwicklung der französischen Litteratur wird dadurch nicht gefördert. Ich bin weit entfernt davon zu fordern, dass der Schüler nur mit denjenigen Schriftstellern bekannt gemacht werde, deren Werke er zufällig liest, aber ausser diesen sollen ihm doch nur die wirklich hervorragenden Schriftsteller, deren Auftreten nach einer gewissen Richtung hin bahnbrechend war, vorgeführt werden, und dann handelt es sich bei diesen darum, dass ihre Stellung in der Entwickelung der Litteratur dargelegt werde, nicht darum, ihre Lebensumstände und die Titel ihrer Werke oder ein kurzes formelhaftes Urteil über dieselben zu geben. Es kommt für den in unserem Buche gegebenen Abschnitt hinzu, dass das Ganze keine Einheit bildet, sondern in eine grosse Reihe, den verschiedensten Litteraturhistorikern entnommene Einzelbilder zerfällt. Hierdurch wird freilich auch wieder erreicht, dass manches Einzelne vorzüglich ist, so *Caractère de la Littérature sous Louis XIV* aus Demogeot.

Die Auswahl der übrigen Stücke kann umsomehr gebilligt werden, da durchweg gutes, modernes Französisch geboten wird und durch den Inhalt den oben angedeuteten Aufgaben des Unterrichts Rechnung getragen wird.

Unter den Gedichten überwiegen Lafontaine und Béranger. Es dürfte sich das mehr Epische etwas breiter machen auf Kosten des Lyrischen, das jetzt zu sehr im Vordergrund steht.

F. TENDERING.

Bertram, W. *Exercices de Style Français. — Sammlung von Übungs-
aufgaben zum Übersetzen aus dem Deutschen in das Französische.* Bremen, 1890. Heinsius. 188 S. 8º.

Der durch seine Übungsbücher im Anschluss an die Schulgrammatik von Ploetz bekannte Verfasser bringt uns hier ein Übungsbuch,
das ausser einigen Dialogen nur zusammenhängende Stoffe enthält. Für
welche Stufe der Verfasser sein Buch bestimmt, giebt er nicht an, und
es ist schwer dahinter zu kommen, welche Stufe er im Auge hat, denn
einerseits wird überall Bekanntschaft mit den einfacheren syntaktischen
Verhältnissen vorausgesetzt, andererseits aber wird eine fast unheimliche
Menge von Vokabeln beigefügt. So finden wir in dem Stücke „der
französisch-deutsche Krieg" (S. 89) zu den ersten zwanzig Zeilen unter
dem Texte 28 Vokabeln und 6 Verweise auf Ploetz, im Texte ausserdem
6 Vokabeln und 4 deutsche Bemerkungen, in Summa also in zwanzig
Zeilen 44 Stützen. Mit allen diesen Krücken könnte auch jemand, der
eben erst angefangen hat, französisch zu lernen, das Stück übersetzen,
und doch wird bereits auf die Lektionen 56, 58, 64, 72 des Ploetz verwiesen. Wer aber mit den dort behandelten syntaktischen Erscheinungen
schon eine gewisse Bekanntschaft gemacht hat, dem sind auch Wörter
wie *idée, uni, fondation, prouver, gouvernement, agrandissement, bord,
rivalité, détrôner, influence, s'opposer, retirer* und hoffentlich auch noch
manche andere der von Bertram beigefügten nicht unbekannt.

Der Verfasser hat bei den ersten beiden Stücken die beizufügenden
Vokabeln und Bemerkungen unmittelbar unter das deutsche Wort gesetzt,
nach Art der Interlinearversion, bei den übrigen Stücken hat er sie teils
am Fusse der Seite, teils am Ende des Buches zusammengestellt. Warum
diese ungleichmässige Behandlung?

Die Auswahl der Stücke kann gebilligt werden. Dieselben halten
sich von Trivialem frei und sind geeignet, das Interesse des Schülers zu
fesseln. Bei den letzten Nummern scheint mir die Form nicht ganz
glücklich für nicht mehr ganz junge Schüler.

Das Deutsch ist im allgemeinen nicht schlecht, doch finden sich
immer noch Gallicismen, die leicht zu vermeiden wären. Hier hätte
lieber, wenn erforderlich, eine Stütze eintreten sollen, manche andere
konnte dafür wegbleiben. An Gallicismen möchte ich hier anführen
aus dem Stücke „Friedrich der Grosse": Er war von einer sanften Ge-
mütsart; sein Plan, mit einigen Freunden verabredet, wurde entdeckt;
In dem Augenblicke, wo Friedrich Wilhelm in das Fahrzeug eintrat
. . . und als er seinen Sohn bemerkte; (S. 77) die Ansprüche wieder
aufleben lassend; die Schlacht bei Sorr, gewonnen von achtzehntausend
Preussen; Leopold von Dessau, Sieger bei Kesselsdorf; (S. 79) seine Staaten
blühen machen (S. 80) u. s. w. Namentlich sind die Participia Praesentis
und die Nachstellung eines Adjektivs, von dem eine nähere Bestimmung
abhängt, sehr beliebt. — Aus Nr. 16 führe ich noch an: Ich werde
Ihnen nicht von dem Kummer sprechen, den ich gehabt habe, Sie zu
verlassen.

Was dem Buche also fehlt, ist, ich möchte sagen mehr Zutrauen
zum Unterricht; die Übersetzungsübungen sollen ja freilich nicht mit
möglichst vielen Fussangeln versehen sein, aber Überlegung soll dem
Schüler zugemutet werden, Überlegen soll er im Unterrichte gelernt
haben. Dass Bertram sein Buch auch für den Privatgebrauch bestimmt,
kann ihm nach dieser Richtung hin nicht zur Entschuldigung gereichen.

F. TENDERING.

Wolfermann, D. *Leitfaden für den ersten Unterricht in der fran-*
zösischen Sprache für Mittelschulen, höhere Töchterschulen
u. s. w. Preis 0,80 Mark. Dresden 1890. Verlag von Gerhard
Kühtmann. VIII. und 84 S. 8⁰.

> *„Öhn woa dang la natühr. La rohs' äh bähl, kahngd ähl ssuhwr*
> *puhr ressewoar la rosee dü matäng. La kangpanje äh bähl, lorsskähl*
> *mohntr a nohs jö ssong riesch tapi dö' werdühr u ssäh moassong*
> *doree. Bähl eh la wut sselest a werk ssähs innongbrahbl s' etoall.*
> *Bähl ssong tutt läs öhwr dö' Djö. La natühr äh bähl. Sch ehm a ang-*
> *tandr lö' wang ssufflee a trawehr lö' föjahech; il ssangbl nuh dier:*
> *angfang, ehkutee, Djö wuh parl.“*[1]

So beginnt das Buch, es ist hier der Anfang vom ersten der „Lesestücke zur Einübung der französischen Aussprache" wieder gegeben worden.
Das ganze ist immer in drei Zeilen gedruckt, die erste Zeile enthält den
französischen Text, in der zweiten Zeile steht die Umschrift, von der soeben eine Probe mitgeteilt worden ist, in der dritten Zeile wird eine
deutsche Interlinearversion geboten. Am Ende des Stückes wird dann
noch einmal die deutsche Übersetzung und auch der französische Text
im Zusammenhang abgedruckt. Und zwar ist auch das zweite kleine
Stück *les nids d'oiseaux* fortlaufend als Prosa gedruckt worden, obschon
es Verse sind. Nur die Zeile *de Dieu et des hommes tu seras bien aimé*
ist kein richtiger Alexandriner, doch das rührt wohl von der „kleinen
Veränderung" her, die W., wie er selbst sagt, an dem Gedichte von
L. Stappaerts vorgenommen hat.

Nachdem in dieser Weise an zwei Stücken die französische Aussprache eingeübt worden ist, beginnt auf S. 7 die grammatische Belehrung. In Lektion 1 werden zehn Substantiva gelernt. — Lektion 2
beginnt mit der Regel: Man bildet den *Pluriel* der Substantive durch
Anhängung eines *s* an den *Singulier.* Diese Regel scheint auf das erste
der darauf folgenden Beispiele nicht zu passen, sonst müsste es *les brass*
heissen. Die Wörter auf *al*, wird dann noch in derselben Lektion gelehrt, erhalten im Plural ein *aux.* Damit der Schüler den Sinn dieser
Regel auch richtig verstehe, werden neun Substantiva hinzugefügt, von
denen freilich nur die beiden ersten auf *al* ausgehen. — Lektion 3 enthält zehn Substantiva, die mit *h aspirée* und neun, die mit *h muette* an-
fangen. Dann lernt der Schüler in dieser Lektion noch, dass *huit ti* gesprochen wird, demnach soll das *t* also nie gehört werden, denn auch
an anderer Stelle des Buches wird nichts weiteres über die Aussprache
dieses Wortes gelehrt; *heure* klingt wie *öhr*, also doch wie das deutsche
Nadelöhr; *hauteur oteur* ist wohl nur Druckfehler, es soll *otöhr* heissen.
— In Lektion 4 werden wir mit der Regel über die Bindung bekannt
gemacht, also *nusawong* und *wusawee* müssen wir sprechen und nicht
nu awong, wu awee. Ausnahme bildet *et*, also nicht *koors- etahm*, aber
auch nicht *koors- e ahm*, wie W. lehrt. — Auch in den acht Zeilen der
Lektion 5 wird der Schüler einzig und allein darüber belehrt, wie er
nicht zu sprechen hat: nicht *le hiver*, sondern *l' hiver*; nicht *l' haie*
sondern *la haie* u. s. w. — Lektion 6 führt an zwölf Substantiven die
Accente der französischen Schrift vor, den „*ackssang graf*" und die
beiden anderen, in *circonflexe* fehlt aus Versehen das *e* am Ende. Von
den 12 Beispielen stimmen 10 mit den von Plötz in der entsprechenden
Lektion 8 seines Elementarbuchs gegebenen überein. Ganz wie Plötz in

---

[1] Diese Umschrift ist im Buche selbst durchweg in deutschen
Buchstaben gedruckt.

Lektion 8 giebt Wolfermann in seiner Lektion 6 auch einige Wörter auf *ier*, nämlich *papier, premier, dernier*; bei Plötz kommt noch als viertes *meunier* hinzu. Im Druckfehlerverzeichnis erfahren wir übrigens noch, dass wir *prömjee* und nicht *prömje* zu sprechen haben. Es soll mit dieser Vergleichung zwischen P. und W. kein Vorwurf gegen den letzteren ausgesprochen werden; W. sagt ja selbst in seinem Vorwort, dass er die Elementar- und Schulgrammatik von Plötz benutzt habe und fühlt sich gedrungen, für die dargebotene Hilfe seinen innigsten Dank auszusprechen. Sein Buch stellt sich also, wie so viele im letzten Jahrzehnt erschienene Schulbücher, die Aufgabe, zur Popularisierung des von Plötz ausgewählten Wortschatzes, der von ihm getroffenen Anordnung des Stoffes, der von ihm formulierten Regeln und endlich auch der von ihm mit bewunderungswürdigem Bienenfleisse aus französischen Schriftstellern zusammengetragenen Beispiele an seinem Teile beizutragen. — Lektion 7 behandelt die Aussprache von *c, z, s, ch, j, g*; auch hier wird in den Musterwörtern stets dem bewährten Alten vor unnötigen Neuerungen der Vorzug gegeben. — In Lektion 8 wird das *présent de l'indicatif* und *du subjonctif* von *avoir* gelernt und vier Konjunktionen, nach denen der *subj.* steht und zwar dieselben vier wie bei Plötz. Diese Lektion enthält auch die ersten Übungssätze, die wie im ganzen Buche ausschliesslich deutsch sind: Satz 12: damit der Mensch habe; Satz 24: obgleich die Schwestern haben.

Von den Lektionen, die nun folgen, soll nur immer einiges herausgegriffen werden. In Lektion 11 lernen die Schüler einige Adjektiva kennen, zehn die in beiden Geschlechtern gleichlauten, auch bei Plötz stehen genau eben so viel, doch statt der drei *prodigue, économe, avare* giebt P. *célèbre, brave, terrible*. Von Adjektiven, die im Mask. konsonantisch auslauten, giebt W. 12, P. 13; davon sind in beiden Büchern 11 dieselben. Ferner wird in dieser Lektion die Komparation gelehrt und zur Einübung derselben verlangt, dass in Satzbruchstücken wie „dass wir furchtsam seien" das Adjektiv in den Komparativ und in den Superlativ gesetzt werde. Dann wird die vollständige Konjugation von *avoir* und *être*, die Formen der Fürwörter, der Gebrauch von *de* und *à*, die Konjugation der regelmässigen und einiger unregelmässiger Zeitwörter u. s. w. ziemlich rasch erledigt. — In Lektion 37 endlich werden wieder genau in der Anordnung wie am Anfang des Buches drei zusammenhängende Texte gegeben: *Le pauvre mendiant, le singe et la noix, règles de la prudence*. Da lernt dann der Schüler z. B. wie er *trouvent* zu sprechen hat, nämlich *truf* und vieles andere. — In Lektion 38, der letzten des Buches, werden einige Ausdrücke, welche im alltäglichen Leben vorkommen, immer in der schon gekennzeichneten Umschreibung aufgeführt. Daran schliesst sich noch auf acht Seiten ein französisch-deutsches und ein deutsch-französisches Wörterverzeichnis.

In einer neuen Auflage des Buches müssten einige Druckfehler verbessert werden. So ist zu lesen S. 4 Z. 11 *oasoo*; S. 4 Z. 17 *pti*; S. 5 letzte Zeile *à*; S. 14 *mécontente*; S. 25 unten *j'eusse*; S. 51 Z. 8 von unten *février* ohne Artikel; S. 58 *il connaît*; S. 63 Z. 14 *ssürr*; S. 69 2 Z. *fardoh* oder *fardoo*; S. 71 Lektion 38, nicht 37; S. 72 Z. 13 *j'étais*.

E. WEBER.

Miszellen.

Un nouveau barbarisme.

La locution française **par en haut** est-elle un barbarisme?
M. J. Sarrazin (*Zeitsch. f. fr. Spr. u. Litt.* Bd. XII. Heft 4—6) écrit:
„M. Aymeric commet un léger barbarisme: on ne dit pas *par en haut*,
mais par le haut.“ Un barbarisme, d'après l'Académie, est une faute de
langage qui consiste à se servir de mots forgés ou altérés, comme, *Ils
réduirent* pour *Ils réduisirent*. Or, l'Académie elle-même, dans son
Dictionnaire (1878), dit au mot haut: *par en haut* = par le haut.
Littré écrit: *par en haut*, par le haut; passez *par en haut*. Sachs ne
donne que: *par en haut;* et dans le dictionnaire allemand-français p. 851,
il traduit oben hinaus *par en haut* ou par le haut. Quicherat (*dict. lat.
franç.)* écrit: superne lumen accipere, recevoir le jour *par en haut*. Il
faut donc avouer que si j'ai fait un barbarisme, je ne l'ai pas fait en
trop mauvaise compagnie. — Voici maintenant la phrase que j'avais
écrite: „La bassinoire est un instrument en cuivre, fermé *par en haut* ...“

AYMERIC.

Verein für das Studium der neueren Sprachen
zu Hamburg-Altona.

Bericht über die Thätigkeit des Vereines von Ostern 1890 bis dahin 1891:

Es fanden im verflossenen Jahre 35 Sitzungen statt, darunter 7 allgemeine, in denen Vorträge und Referate über wissenschaftliche Zeitschriften u. dgl. gehalten wurden, sofern die Abende nicht der Lektüre gewidmet waren. Den Gegenstand der Lektüre bildete im Sommersemester 1890 zunächst *Jnsta y Rufina* von Fernan Caballero und *La obligacion* und *La buenaventura* von D. Antonio de Trueba (Fesenmair's *Span. Bibl.*, 8. Bändchen), darauf Lope de Vega's *La esclava de su galan* in der *Bibl. span. Schriftsteller* ed. Kressner, Bd. VIII, 1. Im Wintersemester 1890/91 wurde gelesen: Edmondo de Amicis *Pagine sparse* (Milano, Alfredo Brigola), darauf Tasso's *La Gerusalemme liberata*, woraus einzelne Gesänge ausgewählt wurden. Bei dieser Lektüre erfreute sich der Verein der freundlichen Mitwirkung eines geborenen Italieners, des Herrn Galvagni. Die Tasso-Lektüre soll auch im Sommersemester 1891 fortgesetzt werden.

Vorträge wurden im verflossenen Jahre im ganzen acht gehalten und zwar im Sommersemester 1890:
1. Herr Professor Fels: *Über Lope de Vega.*
2. Herr Professor Rambeau: *Foth's Klagen in Bezug auf den franz. Unterricht im humanistischen Gymnasium und ihre relative Berechtigung.*

3. Herr Professor Wendt: *Dativ und Akkusativ im Englischen.*
4. Herr Professor Fels: *Über das neufranzösische Wörterbuch von Darmesteter und Hatzfeld.*
  Im Wintersemester 1890/91:
1. Herr Professor Wendt: *Über englisches Kirchenwesen.*
2. Herr Dr. Braunschweiger: *Altfranzösisch-hebräische Glossen und Glossarien.*
3. Herr Dr. Hahn: *Über Tasso und das befreite Jerusalem.*
4. Herr Schulvorsteher Krüger: *Der neufranzösische Unterricht an französischen Mittel- und Seminarschulen.*

Beim vierten deutschen Neuphilologentage, der in der Pfingstwoche 1890 in Stuttgart stattfand, war der Verein durch den Herrn Professor Fels vertreten, der über den Verlauf in der allgemeinen Sitzung am 4. Juni 1890 referierte.

Der Vorstand des Vereins bestand im Sommersemester 1890 (14. Semester) aus folgenden Herren:
1. Prof. Dr. Rambeau, Vorsitzender,
2. Dr. Scheiding, stellvertr. Vorsitzender,
3. Dr. Eichenberg, Schriftführer,
4. Dr. Schnell, Bücherwart,
5. Prof. Dr. Wendt, Schatzmeister;
  im Wintersemester 1890/91:
1. Prof. Dr. Wendt, Vorsitzender,
2. Dr. Scheiding, stellvertr. Vorsitzender,
3. Dr. Eichenberg, Schriftführer,
4. Dr. Schnell, Bücherwart,
5. Prof. Dr. Wendt, Schatzmeister.

In dem Lesezirkel des Vereines, dessen Inhalt möglichste Abwechselung bieten soll, befinden sich zahlreiche teils wissenschaftliche teils unterhaltende Zeitschriften.

Der Verein zählte im verflossenen Jahre 47 Mitglieder. Die Sitzungen finden jeden Mittwoch Abend in Kern's Restaurant (Grindelallee) statt.

Jahresbericht
der Dresdener Gesellschaft für neuere Philologie. 1890.

Die im Jahre 1878 gegründete *Dresdener Gesellschaft für neuere Philologie* bestand im Dezember 1890 aus 28 ordentlichen und 7 auswärtigen Mitgliedern; Ehrenmitglieder waren: Prof. Dr. Kade-Dresden (einer der Begründer), Prof. Dr. Gust. Körting-Münster und Prof. Dr. Heinr. Körting-Leipzig. — Nach ihrem Berufe gehören die meisten Vereinsmitglieder dem höheren Lehrerstande an, daneben zählt die Gesellschaft auch einige Mitglieder aus anderen Berufskreisen. Den Vorstand bildeten im Jahre 1890: Prof. Dr. Thiergen (Vorsitzender), Oberlehrer Dr. Franz (Stellvertreter), Oberlehrer Hercher (Kassenwart), Oberlehrer Dr. Lüder (Schriftführer) und Oberlehrer Fleischer (Schriftführer).

Die Gesellschaft hat im ganzen elf, meist sehr zahlreich besuchte Versammlungen abgehalten, im Februar und im November fanden je zwei Sitzungen statt, während in den Monaten Juli, August und September die übliche Sommerpause eintrat. Die gehaltenen Vorträge betrafen nur ausnahmsweise Fragen rein pädagogischer Art und blieben nicht auf das Gebiet der französischen und englischen Philologie beschränkt.

9*

In der ersten Sitzung am 10. Januar 1890 sprach Dr. Heinrich Zschalig über *Henrik Ibsen, seinen Lebensgang und seine Werke.*

Am 7. Februar (zweite Sitzung) behandelte der Vorsitzende, Dr. Thiergen, die Frage: „Wer hat die Shakespeare-Dramen geschrieben?" — In der dritten Sitzung (den 21. Februar) beschäftigt man sich mit einer Anzahl Thesen, die von dem Mitgliede Dr. Mahrenholtz über französische und englische Schulausgaben aufgestellt worden waren. Nach längerer Debatte wurden von der Gesellschaft folgende elf Thesen angenommen: 1. Die Schulausgaben haben in gleicher Weise das Bedürfnis der Schüler wie das der Lehrer zu berücksichtigen. 2. In der Auswahl der Schulschriftsteller müssen diejenigen Perioden der Litteratur, welche dem heutigen Sprachgebrauch am nächsten stehen (XIX. und XVIII. Jahrhundert), am meisten berücksichtigt werden. 3. Von einem Schulkanon ist abzusehen, vorbehaltlich der Verständigung innerhalb eines Lehrerkollegiums. 4. Die Chrestomathie oder der Auszug empfiehlt sich vor dem unverkürzten Lesestoff, mit Ausnahme der dramatischen Werke und lyrischen Gedichte; letztere sind stärker zu betonen als bisher. 5. Es ist irrig und unpraktisch, in den Kommentar nur das aufzunehmen, was im Schullexikon sich nicht findet. 6. Anhäufung sogenannter Realien in dem Kommentar geht über die Schulzwecke hinaus, es ist daher nur das zum Verständnis unbedingt Nötige aufzunehmen. Ebenso müssen in der metrischen Einleitung alle entbehrlichen Einzelheiten weggelassen werden. 7. Das Gelehrsamkeitsauskramen der Herausgeber ist nirgends weniger am Platze, als in einer Schulausgabe. 8. Sprachliche Erklärungen sind für besonders schwierige Stellen zu geben; die grammatische Begründung bleibt dem Lehrer überlassen. 9. Bei Bemerkungen über geschichtliche und antiquarische Verhältnisse müssen die Herausgeber den Stand der neueren Forschung sorgfältig berücksichtigen. Die Ausrede, Wissenschaft und Kritik gehörten nicht in die Schule, ist hinfällig. 10. Ein Abriss der französischen und englischen Litteratur (von Corneille bis 1870, bezw. von Shakespeare bis ebendahin) ist in geeigneter Form dem Unterricht einzureihen. 11. Auch die bildliche Darstellung ist in angemessenen Grenzen zur Erläuterung heranzuziehen.

In der vierten Sitzung (d. 4. März) gab Professor Dr. Scheffler einen Entwurf zu einem Molière-Bilder-Atlas.

In der fünften Sitzung (d. 25. April) hielt Baron von Locella einen Vortrag über die Satiren und Elegien des Ariost. In der Einleitung wurde der verschiedenen deutschen Übersetzungen des *Rasenden Roland* gedacht. Während die von Paul Heyse durchaus als minderwertig bezeichnet werden muss, zeichnet sich die von Gildemeister vorteilhaft aus. — Im Anfange des XVI. Jahrhunderts, in den Jahren schweren nationalen Unglückes, mitten in der allgemeinen Sittenverderbnis, erreichten in Italien Künste und Wissenschaften ihr goldenes Zeitalter. Allerdings war dieser Aufschwung ein zu künstlicher, um lange andauern zu können. Es folgte auf die Epoche der Genies die der Talente. Die um das Jahr 1500 eigentlich nationale Dichtung war die burlesk-satirische. Auch die Epik nahm diesen Charakter an. Ariost's *Rasender Roland* bezeichnet den Höhepunkt der poetischen Entwickelung der Italiener in jener Zeit. Doch nicht nur Epiker war Ariost, auch auf dem Gebiete der Lyrik hat er Vortreffliches geleistet. In seinen Sonetten und Elegien ist es die Leidenschaftlichkeit des Tones und die Tiefe der Empfindung, welche uns fesselt. Mehr noch als diese Dichtungen sind seine Satiren geeignet, uns ein Bild seines Innenlebens zu geben. Diese Satiren, von denen noch keine deutsche Übersetzung existiert, sind in Briefform an seine Freunde gerichtet. Ariost zeigt sich darin als ein vorzüglicher

Kenner des menschlichen Herzens. Indem er die verschiedensten Gegenstände im Plaudertone behandelt, versäumt er nicht, oft scharfe Kritik zu üben an den Schwächen seiner Zeit. Oft sind es auch ergreifende Töne, die Ariost in seinen Satiren anschlägt, vor Allem dann, wenn er von der Liebe zu seiner Mutter und seinen Geschwistern und vom Glücke des häuslichen Lebens spricht. — Nachdem der Vortragende eine Anzahl Proben in deutscher Prosaübertragung geboten hatte, schloss er seinen Vortrag durch eine kurze Kritik der Satiren Ariost's und durch den Hinweis, dass das Studium gerade dieser Dichtungen geeignet sei, das edle Bild eines vollendeten Dichters klar und deutlich hervortreten zu lassen.

In der sechsten Sitzung (d. 9. Mai) sprach Dr. Ziolecki über Provençalische Lyrik. An einen früher von ihm gehaltenen Vortrag über provençalische Streitgedichte anknüpfend, behandelte der Redner die südfranzösischen Hirten- und Tagelieder *(pastorales* und *albas)* des Mittelalters, für deren Studium die Hilfsmittel noch recht schwer zu beschaffen sind. Der Vortragende begründete seine Ausführungen mit vielen Beispielen und bot verschiedene eigene Übersetzungen in deutscher Sprache.

In der siebenten Sitzung (d. 13. Juni) hielt Dr. Sahr einen Vortrag über das erste englische Trauerspiel *Ferrex and Porrex* oder *Gorboduc.* Dem Überblick über den Gesamt-Inhalt des Stückes werden eine Anzahl Stellen in metrischer Übertragung eingeflochten.

Während der Monate Juli, August und September fanden keine Sitzungen statt.

Nach dieser längeren Unterbrechung nahm die Gesellschaft am 18. Oktober ihre Sitzungen wieder auf. Der Vorsitzende, Herr Professor Dr. Thiergen, begrüsste die zahlreiche Versammlung und erteilte Herrn Dr. Mahrenholtz das Wort zu einem längeren Nachrufe für den nach schweren Leiden am 19. Juli verstorbenen Universitätsprofessor Dr. Heinrich Körting, Ehrenmitglied des Vereins. Dr. Mahrenholtz besprach sodann die Schrift von Oberlehrer George Carel, *Voltaire und Gœthe als Dramatiker* (im Jahresbericht der Sophienschule zu Berlin, Ostern 1889). Die Abhandlung, vielfach gestützt auf die Forschungen des Vortragenden über Voltaire, beweist, dass Gœthe die französische Litteratur um so höher schätzte und ihrem Einflusse sich um so williger hingab, je älter er wurde. Carel stellt die Urteile Gœthe's über Voltaire zusammen, die zu dem Tiefsten und Besten gehören, was überhaupt über den Franzosen gesagt worden ist, und betont, dass schon Gœthe die verhältnismässig geringe Bedeutung Voltaire's für die Naturwissenschaft klar erkannt habe. Als irrig bezeichnet Mahrenholtz die Behauptung Carel's, dass Gœthe in einigen dramatischen Schöpfungen den Bühnendichter Voltaire geradezu nachgeahmt habe. Nur um der Bühne zu Weimar die gewünschte Abwechselung zu bieten, hat Gœthe Voltaire's *Mahomet* bearbeitet und am 30. Januar 1800 dort zum ersten Male aufführen lassen; und gerade die Änderungen, welche Gœthe's Meisterhand an dem Werke vornahm, beweisen seine Überlegenheit gegenüber Voltaire auf dramatischem Gebiete. Als wirklicher Nachahmer des Franzosen zeigt sich Gœthe auch nicht in seiner Übersetzung des *Tancred*, die am 31. Januar 1801 in Weimar zur Darstellung kam. — Ein zweiter Teil der wertvollen Abhandlung Carel's ist für das nächste Jahr 1891 in Aussicht gestellt.

Die neunte Sitzung fand am 7. November statt. Dr. Franz hielt einen Vortrag über die Reformbestrebungen auf dem Gebiete der französischen Rechtschreibung. Nachdem der Vortragende einen Überblick über die Bestrebungen der in Paris ins Leben getretenen Gesellschaft zur Vereinfachung der französischen Rechtschreibung, sowie der an die

Akademie eingereichten Petition gegeben, und nachdem er auch die
Meinungen der Gegner des Näheren beleuchtet hatte, gab er seiner eigenen
Ansicht Ausdruck, die in dem Wunsche und der Hoffnung gipfelte, dass
die Vorschläge zur Vereinfachung der französischen Orthographie von
der Akademie angenommen werden möchten.

In der zehnten Sitzung (d. 28. November) sprach Dr. Besser über
das Thema: *Gymnasium und Realgymnasium in Frankreich.* — Auch
bei unseren westlichen Nachbarn hat der Kampf um die höhere Schule
die Gemüter mächtig ergriffen.   Seit mehreren Jahren macht sich in
Frankreich das Streben geltend, an die Stelle der antik-klassischen Studien
in den Schulen die Elemente der naturwissenschaftlichen und neusprachlichen Bildung treten zu lassen, ein sogenanntes *enseignement classique
français* zu bilden.   Im Jahre 1872 wies Michel Bréal in seiner Schrift
Quelques mots sur l'instruction publique auf die Mängel des höheren französischen Schulwesens hin und forderte einen verstärkten Betrieb der
neueren Cultursprachen auch auf den staatlichen Gymnasien, den *lycées.*
Im November desselben Jahres wurde durch eine Verfügung des Unterrichtsministers Jules Simon das Gymnasium in diesem Sinne umgestaltet.   Durch
verbesserte Methoden beim gesamten sprachlichen Unterrichte sollte ein
wesentlicher Gewinn an Zeit erzielt werden, welche dem obligatorischen
Betriebe einer neueren Sprache (Deutsch oder Englisch) von Sexta an zu
Gute kommen würde.   Im Jahre 1880 ging der bekannte Politiker Jules
Ferry als Unterrichtsminister auf dem betretenen Wege weiter.   Der
Lateinunterricht fiel aus dem unseren Elementarklassen entsprechenden
Kursus fort und begann erst in Sexta, das Griechische in Quarta.   Daneben
wurde die für neuere Sprachen bestimmte Stundenzahl wesentlich erhöht.
1881 schritt man zur Reform der 1865 gegründeten *Ecole spéciale,* einer
Art Realschule.   In einem sechsjährigen Kursus sollten hier besonders
Mathematik und Naturwissenschaften in Verbindung mit der französischen
Sprache und Litteratur und neueren Sprachen betrieben werden.   Diese
Anstalt fand nicht viel Anhänger und hatte nur wenig Erfolg.   Neben
ihr war die *Ecole primaire supérieure* entstanden, eine Art Handels- und
Gewerbeschule, die in geringer Zahl von Jahreskursen ungefähr dasselbe
leistete und deshalb vielfach von den Eltern bevorzugt wurde. — Der
Unterrichtsminister Goblet begründete 1886 durch nochmalige Erweiterung
der *Ecole spéciale* um einen Jahreskursus eine moderne höhere Schule, in
welcher die neueren Kultursprachen den formalen Bildungsstoff bieten und
verschiedene praktische Fächer, wie Rechnungswesen und Buchführung,
gelehrt werden.   Diese Anstalt fand bei den Freunden der altklassischen Bildung viele Widersacher, zumal da sie mit denselben Berechtigungen ausgestattet wurde, wie das *lycée classique,* mit Ausnahme der Berechtigung
zum Studium der alten Sprachen, der Medizin und der Rechte.   Einer
der eifrigsten Gegner derselben ist Alfred Fouillé, über dessen Aufsatz
in der *Revue des deux Mondes* (vom 15. September 1890): *Les Projets
d'Enseignement classique français au point de vue national* der Vortragende
eingehend berichtete.   Fouillé sucht zuerst die Gründe derer zu widerlegen, welche auf dem Schulgebiete eingreifende Neuerungen herbeiführen
möchten.   Nach ihm kann es überhaupt nicht die Aufgabe des Gymnasiums
sein, den Schülern „nützliche" Kenntnisse aus allen möglichen Gebieten
zu verschaffen, vielmehr soll die höhere Schule beim Knaben lediglich
die Fähigkeit zum selbständigen Lernen ausbilden, und dafür ist das
Studium der klassischen Sprachen das beste Mittel.   Als ein nationales
Unglück würde es zu beklagen sein, wenn durch das Erblühen der modernen Schule nach Gobletschem Muster die altklassischen Studien dem Aussterben nahe gebracht würden. Das beste Mittel gegen die in Frankreich

besonders herrschende Überfüllung der Gymnasien ist nach Fouillé eine Verschärfung der Anforderungen an die Begabung und die selbständige Thätigkeit der Schüler. Die Bestrebungen der Neuerer würden eine höhere Geistesbildung nicht herbeiführen, da sie nur vom Nützlichkeits-prinzipe eingegeben schienen. Fouillé äussert sich sehr absprechend über den Wert des von den Reformern geforderten vertieften Studiums der deutschen und englischen Sprache. Die germanischen Litteraturen seien so sehr von krankhafter Phantasie überwuchert und dem französischen Nationalcharakter so widerstrebend, dass in ihnen unmöglich ein Ersatz für die Geistesschätze von Griechenland und Rom erblickt werden könne. Statt also die modernisierte Schule nach Gobletschem Muster beizubehalten, wünscht F. eine Neueinteilung des höheren Schulwesens in drei Gruppen: ein altklassisches Gymnasium, eine *Ecole spéciale* (Gewerbe- und Handels-.schule), eine *Ecole professionelle* (Fachschule für künftige Techniker). Der Besuch des Gymnasiums als des Vermittlers einer einheitlichen humanisti-schen Bildung soll künftig für Alle, die sich höheren Studien widmen wollen, Voraussetzung sein. Als obligatorische Unterrichtsfächer für jede der vier Unterarten dieser Anstalt sollen Französisch, Latein, Mathematik, Philosophie und Sittenlehre gelten. Daneben werden fakultativ die neueren Sprachen, die Naturwissenschaften und das Griechische betrieben, doch wird ein Elementarkursus in dem letzteren Fache für alle Schüler ge-fordert. Fouillé entwirft einen genauen Lehrplan dieses neuen Gymnasiums, dessen Besuch mit der Erwerbung der Baccalaureatswürde (der deutschen Reifeprüfung) abschliessen soll. — Im Gegensatze zu F. muss als be-geisterter Anhänger des *Enseignement classique français* Emile Raunié gelten (vgl. sein Buch: *La Réforme de l'instruction nationale et le sur menage intellectuel 1888),* der aber auch mit der Goblet'schen Schule un-zufrieden ist, weil sie ein Zwitter zwischen Fachschule und höherer Schule sei. — Nach Raunié's Entwurf sollen die höheren Schulen in zwei Gruppen zerfallen, die technischen und die klassischen. Während die ersteren (Bürgerschulen, Handels- und Gewerbeschulen) das praktische Ziel be-sonderer Berufsvorbildung verfolgen, geben die „klassischen" Schulen die Vorbildung für jedes wissenschaftliche Studium und zerfallen in eine alt-klassische und eine modern-humanistische Gruppe, welche dieselben Be-rechtigungen gewähren. (In beiden klassischen Anstalten sollen die mathematisch-naturwissenschaftlichen Fächer in gleichem Masse betrieben werden, die formale und litterarische Geistesbildung dagegen in der einen aus den altklassischen Sprachen, in den anderen aus zwei an deren Stelle tretenden neueren Sprachen (besonders Deutsch und Englisch gewonnen werden, und daneben in beiden der Unterricht in der Muttersprache gleich-mässige und ausgedehnte Berücksichtigung finden.) — Die geringen Er-folge, welche die französischen Schulen in den letzten Jahrzehnten auf altsprachlichem Gebiete erzielt haben, müssen zum grössten Teile auf methodische Mängel im Unterrichte und die eigenartige Einrichtung der französischen Gymnasien zurückgeführt werden.

In der elften (Schluss-) Sitzung hielt am 12. Dezember der Vor-sitzende, Herr Professor Dr. Thiergen, einen Vortrag über das Thema: *Ein Musterlehrer Alt-Englands.* Das Zeitalter der Königin Elisabeth fordert in verschiedenen Beziehungen zu einem Vergleiche mit unserer Zeit heraus. Auch damals trat das Bedürfnis einer Reform des Unterrichts in den Mittelpunkt des allgemeinen Interesses, und zwar gab die hoch-gebildete Königin selbst die Anregung zu der Frage, ob nicht in der Er-ziehung der Jugend an Stelle der bisher angewendeten eisernen Strenge eine mildere Behandlung treten könne. Ihr Lehrer Roger Ascham (1515—68) hat in seinen Werken Toxophilus und Scholemaster die Grund-

sätze niedergelegt, die auf Jahrhunderte hinaus in der englischen Erziehung massgebend geworden sind. Nachdem der Vortragende der wenigen
Ereignisse Erwähnung gethan, welche uns über den äusseren Lebensgang
Roger Aschams überliefert worden sind, unterwarf er dessen Hauptwerk
Scholemaster einer eingehenden Betrachtung. Es zerfällt in zwei Teile,
deren erster der Erziehung der Jugend gewidmet ist, während der zweite
den besten Weg zur Lateinlernung behandelt. Die Bedeutung Roger
Aschams ist eine doppelte: erstens haben in der That seine Reformvor-
schläge segensreiche Wirkung auf Erziehung und Unterricht ausgeübt,
zweitens bieten seine Werke gegenüber der damals üblichen, die fremd-
ländischen Elemente hereinziehenden Schreibweise, ein reines Englisch.

Gegenerklärung.

In der *Ztschr.* Bd. XII S. 73 veröffentlicht Herr Dr. R. Mahrenholtz in Dresden eine „Erklärung", in welcher er das „Gute, was er in
der *Ztschr.* Bd. IX S. 150 über Teil I und II meines französischen Lehrbuches gesagt hat, insbesondere die *a. a. O.* hervorgehobenen Vorzüge
gegenüber den Plötz'schen Lehrbüchern", zurücknimmt. Es zwinge
ihn dazu eine von Herrn Dr. G. Plötz in Görlitz verfasste „Antikritik"
meines französischen Lehrbuches. Da Herr Dr. Mahrenholtz den
Inhalt dieser gegen mich von Dr. G. Plötz losgelassenen Flugschrift
nicht mit einem Worte andeutet, so öffnet er durch seine Erklärung
den weitgehendsten Vermutungen Thor und Thür. Ich sehe mich
daher genötigt, Folgendes zu veröffentlichen.

Die genannte Schrift des Herrn Dr. G. Plötz behauptet, ich
hätte 26 Übungsstücke, teils wörtlich, teils mit geringen Änderungen
aus verschiedenen Büchern von Plötz entlehnt. Die 26 Stücke sind
kleine Erzählungen, Anekdoten u. s. w. von so geringem Umfange,
dass 6 derselben noch nicht eine viertel Seite, 7 weitere noch nicht
eine halbe Seite lang sind. Legt man die Plötz'sche Berechnung zu
Grunde und rechnet man die Seite zu 40 Zeilen, so nehmen jene 26
Stücke noch nicht den Raum von 15 Seiten ein. Diese 15 Seiten, welche
Herr Dr. G. Plötz als sein Eigentum reklamiert, verteilen sich auf
circa 800 Seiten meines Lehrbuches, und zwar kommen auf die beiden
ersten, von Herrn Dr. Mahrenholtz in der *Ztschr.* besprochenen
Teile, welche circa 400 Seiten stark sind, im ganzen 4 Seiten. Dazu
kommt, dass diese 15 Seiten zum grössten Teil freie Bearbeitungen
der Plötz'schen Übungsstücke sind; auch befinden sich unter jenen 26
Stücken solche, welche Dr. Karl Plötz anderswoher entlehnte. Überhaupt halte ich mich zu einer so mässigen Benutzung meiner Vorgänger, insbesondere von Plötz, für vollkommen berechtigt, zumal
Dr. Karl Plötz (woraus ich ihm nicht den geringsten Vorwurf mache),
seine Konkurrenten wie Borel, Géruzez u. a. ausgiebig verwertet
hat. Des Weiteren auf den zwischen Dr. G. Plötz und mir entstandenen Streit hier einzugehen, halte ich für überflüssig.

Diese Enthüllung des Dr. G. Plötz, dass von den 400 Seiten
der beiden ersten Teile meines Lehrbuches 4 Seiten ihm selbst erb-
und eigentümlich zugehörten, hat nun Herrn Dr. Mahrenholtz so
mächtig erschüttert, dass er in seiner „Erklärung" alle Vorzüge meines
Buches, welche er selbst als „unleugbare" bezeichnet, verleugnen zu
müssen glaubt. Da es methodische Vorzüge sind, — bessere Auswahl und Anordnung des grammatischen Lernstoffes, verständigere Behandlung der Aussprache u. s. w. — welche Herr Dr. Mahrenholtz

in seiner Besprechung aufzählt, so ist mir sein scharfer und mich schwer verletzender Widerruf vollkommen unverständlich. Auch die bessere Beschaffenheit des Übungsmaterials, welche jene Kritik hervorhebt, und die anerkennenden Worte am Schlusse der Besprechung: „Jedenfalls zeigt das Buch praktisches Geschick, reife Überlegung und sorgfältige Auswahl", werden, wie mir jeder zugeben muss, durch die von Dr. G. Plötz gegen mich erhobenen Vorwürfe nicht im mindesten berührt. Dresden, den 20. Dezember 1890.

Dr. RAHN.

Wir haben unserem Referenten vorstehende Gegenerklärung vorgelegt. Derselbe teilt uns mit, er habe keinen Anlass, seine nachträglich gewonnene ungünstige Meinung über das Rahn'sche Lehrbuch zu ändern und sich auf irgend eine Entgegnung einzulassen. D. R.

Wir veröffentlichen in Nachstehendem eine Erwiderung auf die Besprechung unseres *Lesebuches für den französischen Anfangsunterricht*, welche von Herrn Dr. Kühn in Wiesbaden in der *Ztschr. f. fr. Spr. u. Litterat.* XII, 2, erschienen ist.

Herr K. macht uns zum Vorwurfe, dass unser Buch, ohne seinen Namen zu nennen, zu grosse Ähnlichkeit mit dem seinigen trage und dass er daher „Grund zu vermuten habe", wir seien bei der Zusammenstellung unseres Lesebuches nicht auf die Originalquellen, sondern auf sein Buch zurückgegangen. Die Behauptung ist doch recht naiv, um nicht einen bezeichnenderen Ausdruck zu gebrauchen. Schon die zahlenmässigen Angaben, welche K. macht, sind unwahr. Es sollen sich demnach an gleichen Gedichten in beiden Büchern 21 finden, es sind bei genauem Vergleiche (selbstverständlich auf der ersten Auflage, da die zweite bei der Drucklegung unseres Buches noch nicht vorlag) deren 17.

Dass Herr K. sich gewissermassen als Alleinpächter der französischen Jugendlitteratur hinstellen will, nach dessem Buche keine ähnlichen erscheinen könnten, ohne auf Herrn Kühn zu fussen, ist doch etwas zu gewagt. Bücher, wie die von Henry Quayzin, *Premiers Essais*, Herding, *Petit à Petit*, Plattner, *Anthologie des Écoles* und andere enthalten zum grossen Teil dieselben und ähnliche Sachen wie sein Lesebuch, (ein Vergleich mit Plattner's Anthologie ergibt beispielsweise, dass er 11 Gedichte mit Kühn, 13 mit uns gemeinsam hat), ohne dass wir finden, dass diese Verfasser sich irgendwie auf Herrn K. beziehen, oder ihn erwähnen. Sie haben wie wir wohl die französischen Originalquellen zu Grunde gelegt und aus diesen geschöpft. Warum wir, wie Herr K. will, in der Vorrede den volkstümlichen Charakter einiger Gedichte betonen sollten (Herr K. will daraus etwas unlogischer Weise folgern, dass wir nicht aus französischen Quellen geschöpft) ist uns nicht ersichtlich; sie treten in unserem Buche den fünffach zahlreicheren anderen Gedichten gegenüber zurück.

Herr K. nimmt gewissermassen das Autorrecht für das Gedichtchen *à cheval* in Anspruch, weil er am Schlusse der 6 Zeilen den, wie er sagt, einem anderen Gedichte entlehnten, bedeutenden Zusatz *au pas, au trot, au galop* gemacht hat. Diesen Zusatz haben wir ebenfalls dem Gedichte angehängt, weil dasselbe in dieser Kühn'schen Fassung lange vor Erscheinen unseres Buches in unserem Unterrichte gebraucht wurde und den Schülern so im Gedächtnisse war. Herr K. geht natürlich verallgemeinernd vor und schliesst, wir könnten, weil wir diese Zeile hinzugesetzt, sämtliche gleichen Gedichte nur von ihm haben; mit welchem Rechte

ist mehr als unklar. Wenn er sich selbst dazu bekannt hätte, so würden
wir keinen Anstand genommen haben, ihn ebenfalls in die Reihe der
Autoren, die wir in der Einleitung anführen, aufzunehmen; die Zeile
au pas u. s. w. verdient es sicher. So sahen wir keinen Grund dazu.

Wir möchten uns hier nun die bescheidene Vermutung gestatten,
oder, um mit Herrn K. zu reden, wir vermuten mit einigem Grund, dass
uns bei der Ausarbeitung unseres Lesebuches mehr französische Originalquellen vorgelegen haben, als Herrn K., der zu glauben scheint, dass er
der alleinige Kenner derselben gewesen ist. Die grosse Zuvorkommenheit
unseres Verlegers hat weder Kosten noch Mühe gescheut, uns durch seine
Verbindungen in Paris alles, was irgendwie Bedeutendes und Zweckdien-
liches auf dem Gebiet der Jugendlitteratur in Frankreich während der
letzten Jahre erschien, zu verschaffen. Viele der Sachen haben wir für
unsere Schulbibliothek erworben, wo sie Herrn K., falls er den Wunsch
hegt, französische Originalquellen zu sehen, zur Verfügung stehen. Die
hauptsächlichsten derselben sind für den poetischen Teil: Marelle *Le
Petit Monde* (Berlin, Herbig), Jean Aicard *La chanson de l'enfant* und
Le livre des petits (Paris, Delagrave), Weckerlin *Chansons de France pour
les petits Français* (Plon, Nourrit), Ch. M. Widor, *Vieilles Chansons pour
les petits enfants* (ibid.), *Les Plus Jolies Chansons du Pays de France*
(ibid.), Ratisbonne *Les petits hommes*, Rilliet *A Bâtons Rompus* (Zürich,
Orell Fussli), Tournier *Les Premiers Chants* (Paris, Hachette), Janin
Chrestomatie des Ecoles (Lausanne, Bridel), *Mon Journal, Recueil Mensuel
pour les enfants de cinq à dix ans* (Paris, Hachette), *Le Journal de la
Jeunesse* (ibid.). Wir hätten unsere Sammlung aus solchen und anderen
reichhaltigen Quellen noch um ebensoviele, vor allem volkstümliche Gedichtchen vermehren können, wenn wir nicht gefürchtet hätten, hierin
des Guten zu viel zu thun. Es hätte uns auch dann wohl geschehen
können, dass wir noch ein oder das andere Gedichtchen mit K. gemeinsam gehabt hätten. Dass wir in unserem Buche 54 poetische Sachen
bringen, die K. nicht hat, wird verschwiegen; dass aber gerade die Gedichte, welche in beiden Büchern gemeinsam sind, sich zum grossen Teil
auch bei andern finden (Plattner, Quayzin) ergibt schon der oberflächlichste
Vergleich. Dass diese Herren aber auch nur K. gekannt hätten, wird
wohl Niemand glauben.

Herr K. hält uns vor, dass wir den in der Einleitung zu seinem
Buche ausgesprochenen Gedanken „hier und da darf sogar der Lehrstoff
hinter dem Alter des Lernenden zurückbleiben, denn der Umstand, dass
der Stoff im neuen Gewand einer fremden Sprache auftritt, verleiht ihm
besonderen Reiz", ebenfalls in ähnlicher Form in unserer Einleitung ausgesprochen haben. Wir möchten darauf bemerken, so gern wir Herrn
K. die Vaterschaft zugestehen, dass derselbe Gedanke seitdem mehrfach
variirt wiedergegeben ist. Man vergleiche die Einleitung zu dem Englischen Lesebuch von Vietor und Dörr.

Zum Schlusse sagt Herr K., dass unsere Lauttafel eine Kopie der
seinigen sei. Wir weisen kurz darauf hin, dass unsere Tabelle nach dem
Schema derjenigen aufgestellt ist, welche Ohlert in seinem von uns in
der Einleitung zu unserer kurz gefassten Grammatik angeführten Buche:
Die Lehre vom französischen Verb auf den letzten Seiten mit Vietor-
Kühn'schen Lautzeichen hinzugefügt hat. Herr K. scheint dieses Buch
nicht zu kennen; er möge sich die Mühe eines Vergleiches machen.

                                   JACOBS. BRINCKER. FICK.

Die Erwiderung der Herren Jacobs, Brincker und Fick enthält mehrere persönliche Ausfälle gegen mich, welche mit der Sache nur in sehr losem Zusammenhange stehen; hier und da klingt auch grossmütige Herablassung durch. Auf das rein persönliche Gebiet einzugehen, werde ich mich sehr hüten; es genügt mir darauf hinzuweisen, auf welche Weise die Herren ihren sachlichen Ausführungen mehr Nachdruck zu geben suchen; überdies bemerke ich, dass sie in Bezug auf mein Wissen oder Nichtwissen so ziemlich in allen Punkten im Irrtum sind.

Trotz der Behauptungen der Herren J. B. F. steht fest:

1) dass sie einen wesentlichen Grundsatz, der mich bei Abfassung meines *Lesebuchs* leitete, nicht nur ohne Quellenangabe mit etwas anderen Worten von mir übernommen, sondern auch danach verfahren haben. Der Hinweis auf Vietor und Dörr stimmt nicht, denn diese geben der Idee eine durchaus eigene Form, knüpfen weitere methodische Winke daran und verweisen zum Überfluss noch auf mich; dann handelt es sich bei diesen um ein englisches Lesebuch (vgl. deren *Engl. Lesebuch* Vorr. S. VI ff.);

2) dass die Lauttafel der Herren J. B. F. zwar in der von mir angegebenen Weise mit der meinigen übereinstimmt, von der Ohlert'schen dagegen in folgenden wesentlichen Punkten abweicht. Ohlert (*die Lehre vom franz. Verb.* p. 2, nicht auf den letzten Seiten, wie J. B. F. sagen) transscribiert e· (parler), o· (mot); e. (fer), a. (âme), o. (bord); ǫ (mon), ǫ (en) etc., dann ưa (moi), letzteres in seiner Schrift *die fremdsprachliche Reformbewegung* p. 37 so motiviert, dass dadurch der steigende Diphthong äusserlich gekennzeichnet wird. Bei Ohlert fehlt die Schriftform *ai* für geschlossenes *e*; J. B. F. haben dieselbe wie ich, und geben als Kennwörter: *j'ai, je donnai, gai* (bei mir entsprechend: *j'ai, je donnai, je donnerai*). Von den Kennwörtern (Beispielen) bei J. B. F. finden sich 29 bei Ohlert und 40 bei mir, darunter 18, die allen drei gemeinsam sind. Nach genauer Vergleichung halte ich mich zum Schlusse berechtigt, dass die Herren J. B. F. meine Lauttafel mit einigen Änderungen nach Ohlert adoptiert haben. Ohlert nennt in der Vorrede Vietor und mich als Quelle; J. B. F. schweigen über die Quelle oder Quellen, aus welchen sie schöpfen;

3) dass das kleine Gedicht *A Cheval* ohne Quellenangabe meinem *Lesebuch* entlehnt ist. Daraus schloss ich, dass auch die übrigen 14 volkstümlichen Stücke (13 Gedichte und 1 Prosastück), welche beiden Büchern gemeinsam sind, von mir entlehnt wären, ebenso wie man sonst einen einzigen auffälligen Druckfehler schon als Beweis des Plagiats ansieht und ebenso wie bei Quellenuntersuchungen häufig ein gemeinsamer Fehler als Beweis für die Abhängigkeit des einen von dem anderen gilt. In dieser Schlussfolgerung wurde ich durch den Umstand bestärkt, dass folgende 11 gemeinsame Nummern bei J. B. F. auf den ersten acht Seiten stehen; ich füge in Klammer die entsprechenden Seiten meines *Lesebuchs* (1. Aufl) bei: No. 1 (23), 2 (6), 3 (3), 4 (4), 5 (5), 7 (23), 10 (17), 14 (10), 16 (10), 20 (23), 22 (10); davon ist No. 3 von Marelle, alle anderen sind volkstümlich. Also finden sich je eine Nummer von p. 3, 4, 5, 6, drei Nummern von p. 10 und zwei Nummern von p. 23 meines *Lesebuchs* bei J. B. F. auf p. 1—8; p. 10 bei J. B. F. folgen zwei volkstümliche Rätsel, welche bei mir p. 143 (1. Aufl.) stehen. Jeder Unbefangene wird anerkennen, dass ich in diesem Umstand mehr als ein Spiel des Zufalls sehen durfte und noch sehen darf.

Bei J. B. F. zähle ich 68 Gedichte (die Verfasser zählen 71), von denen 17 (also ein Viertel) in der 1. Auflage meines *Lesebuchs* stehen; ausserdem haben J. B. F. drei Prosastücke mit mir gemeinsam, von denen ich eines (No. 1, ein volkstümliches Prosastück) irrtümlich als Gedicht

und wahrscheinlich später als Prosastück nochmals gezählt habe. Eine
Benutzung meiner 2. Auflage kann, wie ich zugebe, nicht wohl stattgefunden haben, daher können die No. 58 und 75 bei J. B. F., welche in
meiner 2. Auflage hinzugekommen sind, nicht in Betracht kommen. So
reduziert sich die Zahl der gemeinsamen Stücke auf 20.

Der Hinweis auf Plattner stimmt ebensowenig wie diejenigen auf
Vietor-Dörr und Ohlert; denn hier handelt es sich um ein nach ganz
neuen Grundsätzen bearbeitetes Lesebuch, nicht um eine Gedicht-
Sammlung. Quayzin's Namen muss auf einem Irrtum beruhen, da ich
bei ihm nur zwei volkstümliche Gedichte entdecken kann (*Premiers Essais*
p. 5 u. 10) und um diese handelt es sich hier in erster Linie. Dass den
Herren J. B. F. eine so reiche Auswahl Jugendlitteratur zur Verfügung
gestanden hat, ist ja recht erfreulich, wenn sie auch zwei wichtige
Sammlungen nicht nennen. Nachdem durch mein Buch einmal die neue
Bahn betreten war, konnte es nicht allzu schwer sein, noch Neues zu entdecken, besonders wenn sich gleich drei zu diesem Zweck verbanden. Gerade
in der reichlichen Aufnahme der Jugendlitteratur haben sie unzweifelhaft
meinen Plan adoptiert; speziell die volkstümlichen Gedichte bilden eine
so bedeutende Neuerung und sind zum Teile solche Perlen von Poesie,
dass ein Hinweis auf die Volkstümlichkeit geboten war. Auch sonst drängt
sich die Vermutung der Nachahmung auf, wovon sich jeder bei aufmerk-
samer Vergleichung meines *Lesebuchs* mit dem 1. und 2. Teil des Buches
der Herren J. B. F. überzeugen kann. Ein Fall aus dem 2. Teil J. B. F.,
der 1890 erschienen ist, darf wohl als unzweifelhaft angesehen werden,
nämlich der historische Abschnitt; in diesem bilden nach der Vorrede
den Mittelpunkt die Stoffe aus der französischen Geschichte des Mittelalters, „welche für die Jugend besonders anziehend sind" (in meiner
Vorrede zur 1. Auflage heisst es „[Gestalten], für welche die Jugend sich
gern begeistert"). Ausser der Schlacht bei Poitiers und Roland's Tod
sind alle mittelalterlichen Stoffe auch bei mir vorfindlich; es sind bei
J. B. F. die Einnahme Jerusalems, Ludwig der Heilige, Bertrand du
Guesclin, Jeanne Darc und Bayart (die beiden letzten je in 3 Nummern).

Die Erklärung der Herren J. B. F. ist gedruckt und mit dem
Datum „Hamburg, September 1890" an einzelne Fachgenossen geschickt
worden. Einen Passus dieser Erklärung aus einem Satz, der oben fehlt,
führe ich hier an, damit die Leser der *Zeitschrift* ein getreues Bild des
ganzen Falles bekommen; dieser Passus lautet: „ . . . um nicht die
Meinung aufkommen zu lassen, als könnte Herr K. in seinen etwas un-
überlegten Ausführungen, in denen wir ein gutes Teil kleinlichen Kon-
kurrenzneides erblicken, auch nur in einem Punkt Recht behalten." Wer
hat nun Recht?

K. KÜHN.

Novitätenverzeichnis.

Bengesco, Georges. Voltaire: bibliographie de ses œuvres. T. IV. Paris, Perrin et Cⁱᵉ. fr. 15.

Études romanes, dédiées à Gaston Paris, le 29 décembre 1890 (25ᵉ anniversaire de son doctorat ès lettres), par ses élèves français et ses élèves étrangers des pays de langue française. Grand in-8⁰, 558 p. Paris, Bouillon.

Picot, E. Catalogue du cabinet des livres de Chantilly. Spécimen. Paris, Damascène Morgand. 48 S. 8⁰.

Renn, E. Verzeichnis der Programme und Gelegenheitsschriften, welche an den Kgl. Bayer. Lyceen, humanistischen Gymnasien und Lateinschulen vom Schuljahre 1823/24 an erschienen sind. Ein Beitrag zur Schul- und Litteraturgeschichte Bayerns. IV. Die Schuljahre 1884/85 bis 1888/89. Pr. Landshut 1890. 62 S. 8⁰.

Verhandlungen des vierten allgemeinen deutschen Neuphilologentages am 27., 28. und 29. Mai 1890 zu Stuttgart. Herausgegeben von dem Vorstande der Versammlung. gr. 8⁰. (82 S.) Hannover, C. Meyer. Mk. 1,50.

Boissière, P. Dictionnaire analogique de la langue française. Répertoire complet des mots par les idées et des idées par les mots. Supplément. In-8⁰ à 2 col., 32 p. Paris, Larousse.

Clédat, L. L'Orthographe française, discours de réception à l'Académie des sciences, belles-lettres et arts de Lyon, lu dans la séance publique du 1ᵉʳ juillet 1890. Lyon, impr. Plan. 18 p. In-8⁰. [Extrait des Mémoires de l'Académie des sciences, belles-lettres et arts de Lyon. Vol. 27ᵉ de la classe des lettres.]

Dupuy, Th. La langue française, ses origines, ses éléments, sa formation, ses développements. Milan, Dumolard. 254 p. 16⁰.

Edgren, Hjalmar. French Grammar. Boston, Heath et Cⁱᵉ. XIV, LXVI, 293 S. 12⁰.

Espagnolle, J. L'Origine du français. T. 3. (2ᵉ fascicule.) In-8⁰, p. 101 à 236. Paris, Delagrave.

Étienne, E. La Langue française depuis les origines jusqu'à la fin du XIᵉ siècle. T. I. Phonétique. Déclinaison. Conjugaison. Paris, Bouillon. 376 p. 8⁰. fr. 10.

Friedwagner, M. Über die Sprache des altfranzösischen Heldengedichtes Huon de Bordeaux. Paderborn, F. Schöningh. Mk. 2,40.

Hofmann, Fritz. Avoir und estre in den umschreibenden Zeiten des altfranzösischen intransitiven Zeitworts. Inaugural-Dissertation. gr. 8⁰. (III, 65 S.) Berlin 1890, Mayer & Müller. Mk. 1,20.

Hœfer, Joh. Über den Gebrauch der Apposition im Altfranzösischen. Hallenser Dissertation. 49 S. 8⁰.

Hölscher, M. Die mit dem Suffix -acum, -iacum gebildeten französischen Ortsnamen. Strassburger Dissertation. 101 S. 8⁰.

Kalepky, Thdr. Von der Negation im Provenzalischen. gr. 4⁰. (26 S.) Berlin, Gærtner. Mk. 1.

Kassewitz, Jos. Die französischen Wörter im Mittelhochdeutschen. gr. 8⁰. (119 S.) Strassburg i/E. 1890. (Leipzig, Fock.) Mk. 2.

Larive et *Fleury*. Dictionnaire français illustré des mots et des choses, ou Dictionnaire encyclopédique des écoles, des métiers et de la vie pratique, orné de plus de 2,500 gravures et 120 cartes géographiques en deux teintes, dressées spécialement par un géographe, à l'usage des maîtres, des familles et des gens du monde. Livraisons 2 à 180. (Fin.) In-4⁰ à 3 col., p. 17 à 807. Paris, Chamerot. [L'ouvrage a paru en 180 livraisons à 50 cent.]

Michelin-Trouson du Coudray. Le Latin dans la langue française. Vocabulaire des mots latins francisés, des expressions et locutions latines admises dans la langue française, suivi d'un choix de citations les plus fréquemment usitées, avec leur traduction et leur application. In-12⁰, x-145 p. Paris, Delagrave.

Paris, G. Dictionnaire général de la langue française du commencement du XVIIᵉ siècle jusqu'à nos jours par MM. Adolphe Hatzfeld et Arsène Darmesteter. In-4⁰, 39 p. Paris, Imp. nationale. [Extrait du Journal des savants; octobre et novembre 1890.]

Petit de Julleville, L. Notions générales sur les origines et sur l'histoire de la langue française. Troisième édition, revue et corrigée. In-12⁰, VIII, 236 p. Paris, Delalain frères. fr. 2,50.

Pfister, Chr. La limite des langues française et allemande en Alsace Lorraine. Nancy, Berger-Levrault et Cⁱᵉ. 8⁰.

Plöger, Ernst. Die Partikeln im Altlothringischen. Inaugural-Dissertation. gr. 8⁰. (VIII, 88 S.) Halle 1890. (Leipzig, Fock.) Mk. 1,50.

Stork, M. A. Über französische Liquiden im Auslaute nach den Grammatikerzeugnissen des XVI. Jahrhunderts. Heidelberger Dissertation. 31 S. 8⁰.

Timmermans, A. Traité de l'Onomatopée ou clef étymologique pour les racines irréductibles. Paris, Bouillon. 8⁰. fr. 4.

Tobler, Ad. Vom Gebrauche des Imperfectum Futuri im Romanischen. Sitzungsberichte der Berliner Akademie 1891. V, 12 S. 8⁰.

Tourtoulon, C. de. Des dialectes, de leur classification et de leur délimitation géographique, communication faite au congrès de philologie romane de Montpellier, le 26 mai 1890, par Ch. de Tourtoulon. In-8⁰, 60 p. Montpellier, imprim. Hamelin frères. Paris, lib. Maisonneuve. [Extrait de la Revue des langues romanes.]

Uhlemann, E. Grammatische Eigentümlichkeiten in P. Corneille's Prosaschriften. Programm der Königl. Klosterschule zu Ilfeld. Nordhausen 1891. 46 S. 4⁰.

Wiechmann, E. Provenzalisches geschlossenes *e* nach den Grammatiken, Reimen der Dichter und neuprovenzalischen Mundarten. (Leipzig, Fock.)

Grass, K. Über Versmass und Reim des Anglonormannischen Adamsspieles und des Gedichtes von den Fünfzehn Zeichen des jüngsten Gerichts. Diss. Bonn. 21 S. 8⁰. [S.-A. aus Bd. VI d. Rom. Bibl.]

Langlois, E. De artibus rhetoricæ rhythmicale, sive de artibus poeticis in Francia ante litterarum renovationem editis, quibus versificationis nostræ leges explicantur. In-8⁰, 125 p. Paris, Bouillon (Thèse).

Naetebus, Ghold. Die nichtlyrischen Strophenformen des Altfranzösischen. Ein Verzeichnis, zusammengestellt und erläutert. gr. 8⁰. (X, 228 S. mit 1 Tab.) Leipzig, Hirzel. Mk. 5.

Petit Système métrique; par F. P. B. Cours moyen. Deuxième partie. Petit in-18, IV-72 p. avec figures. Tours, impr. et libr. Mame et fils. Paris, librairie Poussielgue.

Robert, P. La Poétique de Racine. Étude sur le système dramatique de Racine et la constitution de la tragédie française. In-8⁰, IX, 362 p. Paris, Hachette et Cⁱᵉ. fr. 7,50.

Abrégé de grammaire française, ou Extrait de la Grammaire française, approuvé par le conseil de l'instruction publique; par F. P. B. Petit in-18, 76 p. Paris, Poussielgue.

Aquenza, Prof. Giuseppe, nouveau dictionnaire de poche français-espagnol et espagnol-français, composé d'après les meilleurs dictionnaires modernes, à l'usage des voyageurs et des écoles. 2 vols. 24. Leipzig, Teubner. In Leinw. cart. à Mk. 1,20; in 1 Bd. geb. Mk. 3.

Banderet, P., et *Reinhard*, Ph. Grammaire et lectures françaises à l'usage des écoles allemandes. 1. partie. Déclination avoir-être-planter. 2. éd. gr. 8⁰. (IV, 96 S.) Bern, Schmid, Francke & Cⁱᵉ. geb. Mk. 0,75.

Bechtel, Prof. Adf. Französische Konversations-Grammatik für Schulen, sowie zum Selbstunterrichte. 3. Aufl. [Unveränd. Abdr. der 2., verb. Aufl.] gr. 8⁰. (XIV, 288 S.) Wien, Manz. geb. Mk. 2,40.

Breymann, Herm., und *Moeller*, Herm. Französisches Übungsbuch. 1 Tl.: Zur Einübung der Laut-, Buchstaben- und Wortlehre. Ausg. A. 2. Aufl. gr. 8⁰. (VI, 205 S. m. 2 Konjugationstaf.) München, Oldenbourg, Abtlg. f. Schulbücher. Mk. 2,20.

Ducotterd, X., u. *Mardner*, V., Lehrer. Lehrgang der französischen Sprache, auf Grund der Anschauung und mit besonderer Berücksichtigung des mündlichen und schriftlichen freien Gedankenausdrucks bearbeitet. 1. Tl. 1. Abteilung und 2. Tl. gr. 8⁰. Frankfurt a. M., Jügel's Verlag. I. 1. 3. verb. und mit einem Wörterverzeichnis versehene Aufl. (VIII, 91 S. mit 3 Bildern.) Mk. 1,30. II. 2. verb. Aufl. (VII. 348 S.) Mk. 3,00.

L'Examinateur. Französisches Unterrichtsblatt für Deutsche. Herausg. von Paul Heichen. 1. Jahrg. 1891. 24 Nummern. (¹/₂ B.) gr. 8⁰. Berlin, Heichen & Skopnik. Vierteljährlich Mk. 1.75; mit the Examiner zusammen Mk. 3.

Fetter, Dir. Joh Lehrgang der französischen Sprache. 1. und 2. Teil. 3. unveränd. Aufl. gr. 8⁰. (XII, 203 S.) Wien 1891, Bermann & Altmann. geb. Mk. 2,10.

Franzose, der geschickte, oder die Kunst, ohne Lehrer in zehn Lektionen französisch lesen, schreiben und sprechen zu lernen. Von einem praktischen Schulmanne. 15. Aufl. 16. (63 S.) Leipzig, E. H. Mayer. Mk. 0,50.

Herding, A. Petit à petit ou prémières leçons de Français. Pour les enfants de cinq à dix ans. Ouvrage illustré de 206 gravures, dessinées par Fedor Flinzer. 3. éd. gr. 8⁰. (VI. 134 S.) Breslau 1891, F. Hirt. cart. Mk. 2,50.

Lehrgang der französischen Sprache für die ersten Anfangsgründe des Unterrichts. In 3 Teilen. 1. Teil Lektionen. gr. 8⁰. (VI, 92 S.) Berlin, Mittler & Sohn. Mk. 0,60.

Ottens, J. Übersetzungsbuch zum Übersetzen ins Französische im Anschlusse an des Verfassers französische Schulgrammatik. gr. 8⁰. (VI, 139 S.) Zürich, Art. Institut Orell Füssli Verl. cart. Mk. 1.40.

Otto, Dr. Emil. Französische Konversations-Grammatik zum Schul- und Privatunterricht. Neu bearbeitet von H. Runge. 24. verb. Aufl. gr. 8⁰. (VIII, 448 S.) Heidelberg, J. Groos. geb. Mk. 3,60.

Ploetz-Kares. Kurzer Lehrgang der französischen Sprache. Elementarbuch. Verf. von Dr. Gust. Ploetz. gr. 8⁰. (XII, 195 S.) Berlin, Herbig. Mk. 1,40.

Plunjer, J. Lehr- und Lernbuch der französischen Sprache. 2., umgearb. Aufl. 1. Tl. gr. 8⁰. (XI, 112 S.) Hannover, E. Meyer. Mk. 1,20.

Rauber. Principes et Exercices de composition française adaptés à l'enseignement primaire supérieur. Quatre cent trente exercices. Notions usuelles de logique; Notions usuelles de rhétorique; Notions usuelles de littérature. In-12, 303 p. Paris, librairie Nathan.

Répétiteur, le. Journal instructif et amusant. Eine Zeitschrift für Jeden, der sich die gründliche Kenntnis der französischen Sprache durch unterhaltende Lektüre aneignen will. Red.: Charles Oudin. 8. Jahrg. 1891. 24 Nummern. (à ½—¾ B.) Lex.-8. Berlin, Rosenbaum & Hart in Comm. Vierteljährlich Mk. 1.

Schiewelbein, Karl. Die für die Schule wichtigen französischen Synonyma. 12. (IV, 49 S.) Bielefeld, Velhagen & Klasing. Mk. 0,50.

Schmitz-Aurbach, Th. v. Leitfaden der französischen Sprache. Nach der analyt. Methode bearbeitet 2. und 3. Teil. 2. Aufl. gr. 8⁰. Karlsruhe, J. Bielefeld's Verl.

Schneiller, F. H. Lehrgang der französischen Sprache für Kaufleute und Vorschule zur französischen Handelskorrespondenz [speziell zur Correspondance commerciale par P. Brée, 9. Aufl.]. gr. 8⁰. (VIII, 181 S.) Dresden, Kühtmann. Mk. 1.

Stier, Geo. Französische Sprechschule. Ein Hilfsbuch zur Einführung in die französische Konversation. Für den Schul- und Privatgebrauch herausgegeben. 3., durchgesehene und vermehrte Aufl. gr. 8⁰. (XV, 368 S.) Leipzig, Brockhaus. Mk. 2,40.

Strien, Dr. G. Lehrbuch der französischen Sprache. 1. Teil. gr. 8⁰. (VI, 148 S.) Halle a. S., Strien. geb. Mk. 1,40.

Ulrich, Wilh. Übungsstücke zum Übersetzen aus dem Deutschen ins Französische behufs Einübung der unregelmässigen Verben. Eine Beigabe zu französischen Schulgrammatiken. gr. 8⁰. (IV, 56 S.) Leipzig, A. Neumann's Verlag. Mk. 1.

— —. Übungsstücke zum Übersetzen aus dem Deutschen ins Französische behufs Einübung der Regeln des Konjunktivs und der Partizipien. Eine Beigabe zu französischen Schulgrammatiken. gr. 8⁰. (III, 40 S.) Leipzig, A. Neumann's Verlag. Mk. 0,90.

Zimmermann, Prof. Dr. Th. Französische Gespräche. Für den Schul- und Privatgebrauch bearbeitet und mit einem Anhang für höhere Mädchenschulen versehen. 2. Aufl. 12. (112 S.) Berlin, Frantz. Mk. 1.

Altenburg, O. Zur Lehrplan-Organisation für die Prima des humanistischen Gymnasiums. Progr. Wohlau. 22. S. 4⁰. (Leipzig, Fock.)

Völcker, G. I. Zum spätern Beginn des lateinischen Unterrichts. II. Der neueste Kampf um das Latein. Progr. C. Schönebeck 74 S. 8⁰. (Leipzig, Fock.)

Wort, ein, zur Schulreform von einem Philologen aus den Reichslanden. gr. 8⁰. (22 S.) Hamburg, O. Meissner's Verlag. Mk. 0,50.

Andrieu, J. Les Oubliés (***). Le Poète romantique Justin Maurice. In-8⁰, 49 p. Paris, Lechevalier.

Arvède Barine. Les Grands Ecrivains français. Bernardin de Saint-Pierre. In-16, 189 p. et portrait. Paris, Hachette et Cⁱᵉ. fr. 2.

Avenir (l') dramatique, revue hebdomadaire du théâtre et de la musique. 1ʳᵉ année. N°. 1. (27 décembre 1890.) In-f⁰ à 4 col, 4 p. Paris, imprimerie P. Dupont: 4, rue du Bouloi. Abonnement: Paris, un an, fr. 5; six mois, fr. 3; départements, un an, fr. 6; six mois, fr. 3,50. Un numéro, 10 cent.

Béraneck, J., Sénèque et Hardy. Leipziger Dissertation. 1890. 27 S. 8⁰.

Berthet, A. Nos faux moralistes, ou les Fameuses Maximes de La Rochefoucauld; par André Berthet. Ouvrage précédé d'une notice par Abel Jacquin. T. 1ᵉʳ. In-18 jésus, XXXVI-167 p. Paris, May et Motteroz. fr. 2,50.

Bertrand, J. Blaise Pascal. In-8⁰, XIV-405 p. Paris, Lévy. fr. 7,50.

Bizos, G. Ronsard. Ce volume comprend de nombreuses reproductions de la Bibliothèque nationale et du Musée de Versailles. In-8⁰, 240 p. Paris, Lecène, Oudin et Cⁱᵉ.

Blampignon, E. A. Masillon. Supplément à son histoire et à sa correspondance. In-12, IV-69 p. Paris, libr. Leday et Cⁱᵉ.

Blennerhasset, Lady, née comtesse de Leyden, Madame de Staël et son temps 1766—1817. Traduction française par Auguste Dietrich. Paris Westhauser. 3 forts volumes in-8⁰ avec portrait. fr. 7,50.

Caro, J. Richelieu und das französische Drama. Progr. Frankfurt. 1891. 25 S. 4⁰.

Delboulle, A. Les fables de Lafontaine. Additions à l'histoire des Fables. Comparaisons, rapprochements, notes littéraires et lexicographiques etc. Paris, Bouillon. fr. 2,50.

Doumic, R. Les Origines du théâtre contemporain, conférence faite au théâtre de l'Odéon, le 15 janvier 1890. In-8⁰, 13 p. Paris, imp. de Soye et fils. [Extrait du Correspondant.]

Erdic, J. Quelques mots sur Octave Feuillet. In-18 jésus, 23 p. Paris, Lemerre.

Faguet, E. Politiques et Moralistes du XIXᵉ siècle. 1ʳᵉ série. (Joseph de Maistre, de Bonald, Mᵐᵉ de Staël, Benjamin Constant, Royer-Collard, Guizot.) In-18 jésus, XX-374 p. Paris, librairie Lecène, Oudin et Cⁱᵉ.

Gautier, L. La Chevalerie. *Nouvelle édition*, accompagnée d'une table par ordre alphabétique des matières. In-4⁰, XV-850 p. avec gravures. Paris, Delagrave.

Gourcuff, O. de. Les Poètes des provinces de France (Poitou); par Olivier de Gourcuff. In-8⁰, 36 p. Paris, librairie Gautier. [Nouvelle bibliothèque populaire à 10 cent.]

Irmer, E. Die altfranz. Bearbeitung des Formula honestae vitae des Martin von Braga. 40 S. 8⁰. Hallenser Dissertation.

Koerting, weil. Prof. Dr. Heinr. Geschichte des französischen Romans im XVII. Jahrh. 2. durch ein Vorwort und einen kurzen Lebensabriss des verstorbenen Verf. verm. Ausg. 2 Bde. gr. 8⁰. (XXIV, 501 u. XIV, 285 S.) Oppeln, Franck. Mk. 10.

Langlois, E. Origines et Sources du Roman de la Rosa, thèse pour le doctorat. In-8⁰, VIII-209 p. Paris, Thorin.

Lanson, G. Bossuet. (L'Homme et l'Ecrivain; l'Orateur; l'Education du dauphin; les Idées politiques de Bossuet; Bossuet historien; Théologie et Controverse religieuses; Bossuet, évêque de Condom et de Meaux; Bossuet, directeur de conscience; la Philosophie de Bossuet.) In-18, XII-522 p. Paris, Lecène, Oudin et Cⁱᵉ. fr. 3,50.

Ledieu, Alc. Essai sur les paëans d'apryes les fabliaux. Paris, Picard.
    28 p. In-8⁰.

Levi, A. R. Les grands prosateurs de la France. Mailand, succ. Battez-
    zati. L. 3.

Mennung, Alb. Der Bel Inconnu des Renaut de Beaujeu in seinem Ver-
    hältnis zum Ly beaus Disconus, Carduino und Wigalois. Eine litterar.-
    histor. Studie. Dissertation. gr. 8⁰. (V, 11, 67 S.) Halle a. S. 1890.
    (Leipzig, Fock.) Mk. 1.50.

Mettlich, J. Bemerkungen zu dem anglo-normannischen Lied vom wackeren
    Ritter Horn. Progr. Münster. 1890. 24 S. 4⁰.

Mireur, F. Le Royaume de la basoche à Draguignan; par F. Mireur.
    In-8⁰, 11 p. Dôle-du-Jura, imp. Blind.

Mugnier, F. Madame de Warens et J. J. Rousseau. étude historique et
    critique. Avec un portrait de Mme de Warens, une vue des Charmettes
    et deux fac-similés. In-8⁰, VIII-447 p. Coulommiers, impr. Brodard.
    Paris, libr. C. Lévy. fr. 7.50.

Mussafia, A. Studien zu den mittelalterlichen Marienlegenden. IV.
    [Aus: Sitzungsber. d. k. Akad. d. Wiss."] Lex.-8⁰. (85 S.) Wien,
    Tempsky, in Comm. Mk. 1,70 (I—IV.: Mk. 5,50).

Needler, G. H. Richard Coeur de Lion in literature. Diss. Leipzig.
    1890. 75 S. 8⁰.

Ohle, R. Über die romanischen Vorläufer von Shakespeares Cymbeline.
    Diss. Leipzig. 60 S. 8⁰. (G. Fock, Leizig).

Pougin, A. L'Opéra-comique pendant la Révolution, de 1788 à 1801,
    d'après des documents inédits et les sources les plus authentiques.
    In-18 jésus, 337 p. Paris, Savine. fr. 3.50.

Prioleau, E. Histoire du vaudeville. Résumé des conférences faites à
    l'Athénée de Bordeaux (31 janvier, 14 mars 1890). Bordeaux Feret
    et fils. 19 S. 8⁰.

Rahstede, H. Geo. Wanderungen durch die französische Litteratur. 1 Bd.
    Vincent Voiture 1597—1648. 8⁰. (VII, 396 S.) Oppeln, Franck. Mk. 4,50.

Rauschen, Gerh. Die Legende Karls des Grossen im XI. und XII. Jahrh.
    Mit einem Anhange von Hugo Loersch. Leipzig, Duncker & Humblot.
    Mk. 4.80.

Rogez, P., et M. D. *Berlitz*, littérature française avec extraits et exercises.
    Ed. européenne. gr. 8⁰. (248 S.) Berlin, Cronbach. geb. Mk. 4.

Rossel, Virgile, histoire littéraire de la Suisse romande des origines à nos
    jours. Tome II. gr. 8⁰. (637 S.) Basel, Georg. Mk. 6.

Schauer, J. Textkritische Beiträge zu den Coutumes du Beauvaisis des
    Philippe de Beaumanoir. Hall. Diss. 52 S. 8⁰.

Schneegans, Ed. Die Quellen d. sogenannten Pseudo-Philomena und
    des Officiums v. Gerona zu Ehren Karls des Grossen als Beitrag zur
    Geschichte d. altfranzösischen Epos. Diss. gr. 8⁰. (85 S.) Strass-
    burg i. E., Heitz. Mk. 2,50.

Seele, W. Voltaire's Roman „Zadig ou la Destinée". Eine Quellen-
    forschung. Diss. Leipzig. 65 S. 8⁰. (Leipzig, Fock.)

Süpfle, Th. Geschichte des deutschen Kultureinflusses auf Frankreich mit
    besonderer Berücksichtigung der litterarischen Einwirkung. II, 2.
    Von der Regierungszeit Louis Philipp's bis zu unseren Tagen. X,
    166 S. 8⁰. Mk. 3,60. Compl. Mk. 14,60.

Unruh, Ferd. Das patriotische Drama in dem heutigen Frankreich.
    20 S. Progr. Königsberg.

Un chapitre de l'histoire du théâtre de Lille; par L. L. In-16, 95 p.
    Lille, imprim. Lefebvre-Ducrocq.

Chabaneau, C. La Prise de Jérusalem ou la Vengeance du Sauveur, texte prov. p. en entier d'après le ms. de la Bibl. Nat. Paris, Maisonneuve. 59 p. In-8⁰.

Gauthier d'Arras, Oeuvres de, publiées par E. Löseth. Tome II. Ille et Galeron. Paris, Bouillon. In-12. fr. 9.

Grands (les) Historiens du moyen âge. Notices et Extraits d'après les meilleurs textes, avec des notes grammaticales, historiques et explicatives et un glossaire détaillé, par L. Constans, professeur à la Faculté des lettres d'Aix. In-18 jésus, XXXVI-208 p. Paris, Delagrave.

Jacobs, C. Ein Fragment des Roman de Troie von Benoit de St. More auf der Stadtbibliothek zu Bordeaux. (Msc. No. 674.) Diss. Kiel. 48 S. 4⁰. (Leipzig, G. Fock.)

Otto, Rich., altlothringische geistliche Lieder. Abdruck nach einer Münchener Handschrift. (Aus: „Roman. Forschungen.") gr. 8⁰. (38 S.) Erlangen 1890, Junge.

Rolandslied, das. Ein altfranzösisches Epos. Übers. von Ernst Müller. 8⁰. (VIII, 164 S.) Hamburg, Verlagsanstalt & Druckerei, A.-G.

Marguerite, St. Spencer, La vie de sainte Marguerite. An anglo-norman version of the 13th century. Non first editet from the unique manuscript in the university library of Cambridge. Leipziger Dissertation.

Wahlund, Carl. Om riddaren med åmbaret. Fornfransk dikt (Le Dit du Chevalier aubarizel) öferzatt till svensk prosa of C. W. Upsala 1890. 47 S. 8⁰.

Wistasse le Moine, Altfranzösischer Abenteuerroman des XIII. Jahrhunderts. Nach der einzigen Pariser Hs. herausgegeben von W. Förster und Joh. Trost. Rom. Bibl. IV. Halle, Niemeyer.

Balzac, H. de. Œuvres complètes de H. de Balzac. Le Père Goriot. In-18 jésus, 350 p. — Eugénie Grandet. In-18 jésus, 251 p. — Le Lys dans la vallée. In-18 jésus, 377 p. Paris, C. Lévy. à 1 fr.

Bayle, Pierre. Choix de la correspondance inédite 1670—1706. Publié d'après les originaux conservés à la bibliothèque royale de Copenhague par E. Gigas. Copenhague, Gad. Paris, Firmin-Didot. XXIX, 781 p. 8⁰.

Baudelaire, C. Œuvres complètes de Charles Baudelaire. Histoires extraordinaires. (Traduit d'Edgar Poë.) Petit in-12, 485 p. Paris, Lemerre. 6 fr.

Bertaut. Les Œuvres poétiques de M. Bertaut, évesque de Sées, abbé d'Aunay, premier aumosnier de la royne, publiées d'après l'édition de 1620, avec introduction, notes et lexique, par Adolphe Chenevière, docteur ès lettres. In-18, LXIV-562 p. Paris, imp. et lib. Plon, Nourrit et Cⁱᵉ. 6 fr.

Boileau. Œuvres poétiques; édition nouvelle avec notice, commentaire et lexique par Georges Pellissier. Paris, Delagrave. In-12. fr. 2,50.

Bossuet. Œuvres oratoires. Edition critique complète par l'abbé J. Lebarq. 2 vol. Grand in-8⁰. T. 1ᵉʳ: 1648-1655, LXIII-596 p. et portrait: t. 2: 1655-1659, XVIII-594 p Lille, Desclée, de Brouwer et Cⁱᵉ. Paris, même maison.

— —. Deux lettres inédites et documents nouveaux pour servir à l'histoire de son épiscopat à Meaux. 1682—1704. p. p. A. Gasté. Caen, Delesques. 60 p. In-8⁰.

Branthôme. Œuvres complètes de Pierre de Bourdeilles, abbé et seigneur de Branthôme. Publiées pour la première fois selon le plan de l'auteur, augmentées de nombreuses variantes et de fragments inédits, suivies des œuvres d'André de Bourdeilles et d'une table générale, avec une

introduction et des notes par M. Prosper Mérimée, et M. Louis Lacour,
T. 10. In-16, 380 p. Paris, Plon, Nourrit et Cie. 6 fr.

Bourdaloue. Œuvres complètes de Bourdaloue. Nouvelle édition, revue
par une société d'ecclésiastique. 6 vol. In-8⁰. T. 1er, 528 p.; t. 2,
717 p.; t. 3, 676 p.; t. 4, 545 p; t. 5, 559 p.; t. 6, 671 p. Paris,
imp. Mersch. Paris et Lyon, lib. Delhomme et Briguet.

Corneille. Le Cid, tragédie. Publiée conformément au texte de l'édition
des Grands Ecrivains de la France, avec notices, analyse et notes
philologiques et littéraires, par L. Petit de Julleville. Pet. in-16,
251 p. Paris, Hachette et Cie. fr. 1.

Diderot. Le Neveu de Rameau, satyre; par Diderot. Publiée pour la
première fois sur le manuscrit original autographe, avec une introduction et des notes par Georges Monval, accompagnée d'une notice
sur les premières éditions de l'ouvrage et de la vie de Jean-François
Rameau par Er. Thoinan. In-16, XXXII-235 p. et 2 fac-similés. Paris,
imprim. et libr. Plon, Nourrit et Cie. 6 fr.

Du Bartas. Choix de poésies françaises et gasconnes p. p. Bénétrix,
P., et A. de Gourcuff. Auch, J. Capin. 66 S. In-8⁰.

Fénelon. Morceaux choisis de Fénelon. Extraits pour la plus grande
partie du recueil publié en 1841 par Ad. Regnier. Petit in-18, 213 p.
Paris, Hachette et Cie. 80 cent.

— —. Œuvres choisies de Fénelon. T. 2. In-16, 395 p. Paris, Hachette
et Cie. fr. 1,25.

Goncourt. Journal des Goncourt. Mémoires de la vie littéraire. 2e série.
2e volume. T. 5. 1872-1877. In-18 jésus, x-361 p. Paris, impr.
Chamerot; libr. Charpentier. fr. 3,50. (24 février.)

Hugo, V. Œuvres poétiques de Victor Hugo. Les Chants du crépuscule;
les Voix intérieures. Avec 2 dessins de H. Laurent-Desrousseaux, gravés
à l'eau forte par L. Muller. In-32, 380 p. Evreux, impr. Hérissey.
Paris, libr. Charpentier et Fasquelle. 4 fr.

— —. Œuvres complètes de Victor Hugo. Edition nationale. Illustrations.
d'après les dessins originaux de nos grands maîtres. Roman. (Les
Misérables. II: Cosette.) T. 6. Fascicule 5. Petit in-4⁰, p. 393 à
503. Paris, Testard. — Œuvres complètes de Victor Hugo. Edition
nationale. Roman. (Les Misérables. III: Marius.) T. 7. Fascicule
3, 4, 5. Paris, Testard.

Labbé, J. Choix de lettres du XVIIIe siècle; par M. J. Labbé. In-12,
493 p. Paris, Belin frères.

La Fontaine. Fables de La Fontaine. Edition classique, précédée d'une
notice littéraire par L. Feugère, professeur. In-18, XX-278 p. Paris,
Delalain frères. 1 fr.

Maistre, J. de. Obras completas del conde Javier de Maistre. Precedidas
de un estudio acerca del autor por Sainte-Beuve, de la Academia
francesa. Versión castellana por Arturo Vinardell Roig. In-18 jésus,
XXXIX-316 p. Paris, Garnier frères.

Molière. Œuvres de Molière. Illustrations par Maurice Leloir. Notices
par A. de Montaiglon. Mélicerte. Grand in-4⁰, VIII-73 p. Paris,
lib. Testard.

— —. Œuvres choisies de Molière. Illustrées de 22 vignettes par E.
Hillemacher. T. 2: M. de Pourceaugnac; le Bourgeois gentilhomme;
les Femmes savantes; le Malade imaginaire. In-18 jésus, 367 p. Paris,
Hachette et Cie. fr. 2,25.

— —. Le Bourgeois gentilhomme, comédie-ballet: par Molière. Texte
revu sur l'édition originale (1671), avec une introduction, les notes
les plus importantes des précédents commentateurs, et de nouvelles

notes historiques, grammaticales et littéraires par Armand Gasté. In-12⁰, 152 p. avec grav. Belin frères. Paris.

— —. Théâtre choisi de Molière. Première partie, comprenant le Misanthrope, l'Avare, les Femmes savantes, le Tartuffe. Édition classique, avec notes, analyses, appréciations et questionnaires, par le P. A. Sengler, de la Compagnie de Jésus. In-18 jésus VI-483 p. Lib. Lefort. Paris.

— —. Le Bourgeois gentilhomme, comédie; par Molière. In-18, IV-116 p. Paris, impr. et libr. Delalain frères. 75 cent.

Montesquieu, de. Deux opuscules de Montesquieu. Publiés par le baron de Montesquieu. (Eau-forte de M. Léo Drouyn.) In-4⁰ VII-83 p. avec plans. Bordeaux, Gounouilhou. Paris, Rouam et Cⁱᵉ.

— —. Considérations sur les causes de la grandeur des Romains et de leur décadence; par Montesquieu. Édition classique, précédée d'une notice littéraire par M. L. Feugère. In-18, XVI-176 p. Paris, Delalain frères. 80 cent.

Rousseau, J. J. Morceaux choisis de J. J. Rousseau. Avec notice biographique et critique et annotations par Louis Tarsot, et Albert Wissemans. In-12, XXIV-400 p. Paris. Delalain frères. fr. 2,50.

Sévigné, Mᵐᵉ de. Lettres de Mᵐᵉ de Sévigné, de sa famille et de ses amis. Réimprimées sur la nouvelle édition publiée par M. Monmerqué dans la collection des Grands Écrivains de la France. T. 2. In-18 jésus 468 p. Paris, Hachette et Cⁱᵉ. fr. 3,50.

— —. Lettres choisies de Mᵐᵉ de Sévigné. In-16, 276 p. Lagny, impr. Colin. Paris, lib. Marpon et Flammarion. 60 cent.

Staal, Mᵐᵉ de. Mémoires de Mᵐᵉ de Staal (Mˡˡᵉ Delaunay). Un portrait et 30 compositions de C. Delort, gravés à l'eau-forte par L. Boisson. Préface de R. Vallery-Radot. In-8⁰, XXVIII-395 p. Paris, Conquet.

Voltaire. Œuvres complètes de Voltaire. 4 vol. In-16. T. 35, 443 p.: t. 37. 447 p.; t. 38, 443 p.; t. 46, 249 p. Coulommiers, impr. Brodard. Paris, lib. Hachette et Cⁱᵉ. Chaque vol., fr. 1,25. (Œuvres des principaux écrivains français.)

— —. Œuvres choisies de Voltaire. Publiées avec préface, notes et variantes par Georges Bengesco. Histoire de Charles XII. T. 1ᵉʳ. In-16, XXX-286 p. Paris, Lib. des bibliophiles. 3 fr.

Auteurs français. Sammlung der besten Werke der französischen Unterhaltungslitteratur mit deutschen Anmerkungen, herausgegeben von Dr. Rich. Mollweide. 2. Bd. 8⁰. geb. Strassburg i. E., Strassburger Druckerei und Verlagsanstalt. — Inhalt: Rodolphe Toepffer, nouvelles genevoises. — Xavier de Maistre, le Lépreux de la Cité d'Aoste. (134 S.)

Bechtel, Adf. Französisches Sprech- und Lesebuch für Bürgerschulen. 1. und 2. Stufe. gr. 8⁰. Wien, Hölder. — 1. Für die 1. Klasse der Bürgerschule. (VIII, 70 S.) 1889. — 2. Für die 2. Klasse der Bürgerschule. Mit einer methodischen Anleitung. (VII, 72 S.) 1890.

Bretschneider, H., lectures et exercices français. Französisches Lese- und Übungsbuch für Real- und Handelslehr-Anstalten, sowie höhere Bürgerschulen. 2. T. gr. 8⁰. (VIII, 224 S. mit 1 Karte.) Berlin, Wiegandt & Schotte.

Bibliothèque française à l'usage des écoles. Nr. 5, 8. Berlin, Friedberg & Mode., Wörterbuch (20 S.). — Inhalt: Lettres de mon moulin par Daudet. Mit Einleitungen und Anmerkungen herausgegeben von Ad. Lundehn. 2. Aufl. (VII, 109 S.)

Bibliothèque française. Choix d'ouvrage de la littérature moderne, à l'usage de la jeunesse. Avec notes et questionnaires. 44—47., 51. und 52. Bd. 16. Dresden, Kühtmann. — Inhalt: 44—47. Sans famille par Hector Malot. Nach der 46. Ausgabe (Paris, E. Dentu, éditeur 1885). In Auszügen herausgegeben von Prof. Dr. C. Th. Lion. 2. Aufl. 2 vols. (III, 164; III, 177 und Wörterbuch 57 S.) — 51. Le petit chose par Alph. Daudet. Im Auszuge herausgegeben von Prof. Dr. C. Th. Lion. (IV, 180 und Wörterbuch 65 S) — 52. Perles de la prose française pour jeunes demoiselles, recueillies, pourvues d'un vocabulaire par Chrét. Guil. Damour. (III, 144 und Wörterbuch 44 S.)

Campan, Mme. Choix de mémoires et écrits des femmes françaises aux XVIIe, XVIIIe et XIXe siècles, avec leurs biographies; par Mme Carette née Bouvet. „Mémoires de Mme Campan." In-18 jésus, XXIV-330 p. Paris, Ollendorff. fr. 3,50. Collection pour les jeunes filles.

Feugère, L. et G. Morceaux choisis de prose et de vers des classiques français, à l'usage de la classe de sixième, recueillis et annotés. Nouvelle édition, revue et augmentée d'extraits des auteurs des XVIIIe et XIXe siècles. 2e édition. In-12. XI-245 p. Paris, imp. et lib. Delalain frères. fr. 1,30.

Hartmann's, Mart., Schulausgaben französischer Schriftsteller. Nr. 8—11. 8°, cart. Leipzig, E. A. Seemann. — Inhalt: 8. Beaumarchais, le barbier de Séville. Mit Einleitung und Anmerkungen herausgegeben von Dr. Wilh. Knörich. (XXX, 100 und 16 S.) 1890. — 9. Racine, Athalie. 1891. Mit Einleitung und Anmerkungen herausgegeben von K. A. Mart. Hartmann. (XX, 86 und 61 S.) 10. Augier et Sandeau, le gendre de Monsieur Poirier. Mit Einleitung und Anmerkungen herausgegeben von J. Maehly. (94 und 47 S.) 11. Émile Souvestre, au coin du feu. Auswahl. Mit Einleitung und Anmerkungen herausgegeben von C. Humbert. (92 und 39 S.)

Lectures courantes, faisant suite au premier livre de lecture, à l'usage des élèves du cours élémentaire; par F. P. B. In-12, 120 p. Paris, Poussielgue.

Loewe, Heinr., la France et les Français. Neues französisches Lesebuch für deutshe Schulen. Unterstufe. Mit Wörterverzeichnissen und vollständigem Wörterbuche herausgegeben. gr. 8°. (VIII, 224 S.) Dessau, Kahle's Verlag.

Merlet, G. Anthologie classique des poètes du XIXe siècle. Cours élémentaires et moyens. In-18 jésus, XII-468 p. Paris, Lemerre. fr. 3,50.

Poètes français. 5. Lfg. 12°, cart. Bielefeld, Velhagen & Klasing. Inhalt: François Coppée. Auswahl von 40 Gedichten. Mit Anmerkungen zum Schulgebrauch herausgegeben von Dr. Rose. (VIII, 88 und 28 S.)

Prosateurs français. Ausgabe A. mit Anmerkungen unter dem Text, Ausgabe B Text und Anmerkungen getrennt. 83. Lfg. 12°, cart. Bielefeld, Velhagen & Klasing. Inhalt: Histoire de France par Vict. Duruy. 2. Bd. [von 1515—1715]. (Von Franz I. bis zum Tode Ludwigs XIV.) In Auszügen mit Anmerkungen zum Schulgebrauch herausgegeben von Emil Grube. (XIII, 186 S. — 84. Lfg. Inhalt: Choix de nouvelles modernes. Erzählungen zeitgemässer französischer Schriftsteller. Ausgewählt und zum Schulgebrauch herausgegeben von J. Wychgram. I. Bd. Alphonse Daudet. Henri de Bornier. André Theuriet. Guy de Maupassant. Paul Arène. (VI, 73 und 16 S.)

Schulbibliothek, französische und englische, herausgegeben von Otto E. A. Dickmann. Serie A. Prosa. 53. Bd. 8°, geb. Leipzig, Renger. Inhalt: Guillaume le Conquérant (Aus: Histoire de la Conquête de

l'Angleterre par les Normands) von Augustin Thierry. Für den Schulgebrauch erklärt von Johs. Leitritz. (XII, 115 S. mit 1 Karte.)
Théâtre française. Nr. 3, 4, 7 et 115, gr. 16. Berlin, Friedberg & Mode. Inhalt: 3. L'avare. Comédie en 5 actes par J. B. Poquelin de Molière. Pourvue de notes et d'un petit vocabulaire par Charles Ansorg. 16. éd. (99 S.) — 4. Athalie. Tragédie en 5 actes. Par J. Racine. Pourvue de notes et d'un petit vocabulaire par Henri Guérin. 12. éd. (83 S.) — 7. Bertran et Raton ou l'art de conspirer. Comédie en 5 actes par E. Scribe. Pourvue de notes et d'un petit vocabulaire par Charles Ansorg. 6. éd. (132 S.) — 115. Le roman d'un jeune homme pauvre. Comédie en 5 actes et 7 tableaux. Par Octave Feuillet. Avec notes et vocabulaire par Dr. A. W. Kastan. 5. éd. (122 S.)
— —. Ausgabe A mit Anmerkungen unter dem Text, Ausgabe B Text und Anmerkungen getrennt. VIII. Folge. 10. Lfg., X. Folge. 2. Lfg., XII. Folge. 5. Lfg., XVI. Folge. 6. Lfg. 12⁰, cart. Bielefeld, Velhagen & Klasing. Inhalt: VIII, 10. Phèdre. Tragédie en 5 actes et en vers. Par J. Racine. Mit Anmerkungen zum Schulgebrauch herausgegeben von Chr. Rauch. Ausgabe B. (XXXIV, 67 und 20 S.) — X, 2. Le Cid. Tragédie en 5 actes et en vers par C. Corneille. Mit Anmerkungen zum Schulgebrauch herausgegeben von Alb. Benecke und G. Carel. Ausgabe A. (XXX, 106 S.) 1890. — XII, 5. Zaïre. Tragédie en 5 actes et en vers par Voltaire. Mit Anmerkungen zum Schulgebrauch herausgegeben von S. Waetzoldt. Ausgabe A. (103 und XX S.) 1890. — XVI, 6. Les enfants d'Édouard. Tragédie en 3 actes par Casimir Delavigne. Mit Anmerkungen zum Schulgebrauch herausgegeben von Alb. Benecke. Ausgabe A. (XLII, 146 S.) 1890.
Voltaire, le siècle de Louis XIV. Im Auszuge hrsgg. von Ad. Mager. Das Zeitalter Ludwigs XIV. bis zur Eroberung Hollands. 2 Tle. 8⁰. (IX, 117 u. 20 S.) Leipzig, A. Neumann's Verlag.

Dessaix, A. Origine d'une locution populaire expliquée par le patois de Thonon, communication faite au congrès des sociétés savantes de Chambéry (1890). In-8⁰, 7 p. Chambéry, Drivet.
Fournier, A. Sur la manière dont on a écrit les noms de lieux vosgiens depuis leur origine jusqu'à nos jours. In-8⁰, 22 p. Nancy, Berger-Levrault et Cⁱᵉ. (Extrait du Bulletin de la Société de géographie de l'Est.)
Jouancoux, J. B. et *Devauchelle.* Etudes pour servir à un glossaire étymologique du patois picard. Deuxième partie: G-M. In-4⁰ à 2 col., 228 p. Amiens, Jeunet. 7 fr.

André, M. Plòu e Souleio; par Marius André. In-18, 300 p. Avignon, libr. Roumanille.
Bigot, A. Li Bourgadieiro. Poésies patoises (dialecte de Nimes); par A. Bigot. 12ᵉ édition, augmentée de poésies et fables nouvelles. In-8⁰, 343 p. Nîmes, Michel et Gory. fr. 3,50.
Castela, J. Cent fablos imitados de La Founténo, amb' un pessuc de farinals; per J. Castela, moulinié, felibre majoural. In-16, X-261 p. Montauban, Bousquet. fr. 2,50.
Cheilan, P. Mi biasso (Pauro Françoi; la Tourre Eifèu; Un mounumen istouri en Avignoun; li Judas; la Meissoun, e autri pouèsio prouvençalo); par P. Cheilan, A-Z-Ais, laureat di jo flourau felibren de Paris. In-8⁰, p. Aix, Nicot.

Contes populaires de Belesta (Ariège) en dialecte local. In-8°, 28 p. Foix, Gadrat ainé.

Drumez, F. La Gaufre de Lille, „la Déesse", chanson en patois de Lille. In-8°, 2 p. Lille, Lefebvre-Ducrocq.

Duplay, P. Lou Pare Barounta à l'Expéusitioun. (P. Duplay.) Récit humoristique du voyage de l'auteur à l'Expositon universelle, augmenté du récit des aventures survenues au cours de ses pérégrinations. Grand in-8°, 153 p. Saint-Etienne, imprim. Balay. fr. 1,50. (1889.)

Escaich. Prouphetios sus la festo de Fouych 1890, dediados as coumissaris; per Escaich, serjant de recrutoment. In-16, 40 p. Foix, imp. et lib. Gadrat ainé.

Lou Peïroou, journalet deïs enfants doou Var, que paréi tonteïs leïs tres mes (en attenden miès). 1re année. No. 1. (15 décembre 1890.) In-4° à 3 col., 8 p. avec grav. Paris, imprim. Gaudois; 20, rue Lamartine. Abonnement annuel: quarento soous.

Matossi, R. Œuvres du poète patois Rémy Matossi (première partie du XIXe siècle). Rééditées avec une notice sur l'auteur par F. Pasquier, secrétaire de la Société ariégeoise des sciences, lettres et arts. In-8°, 23 p. Foix, Gadrat ainé. Extrait du Bulletin périodique de la Société ariégeoise des sciences, lettres et arts.

Mistral, F. Mireille, poème provençal; par Frédéric Mistral. Texte et traduction, avec 25 eaux-fortes, dont 21 sont reproduites par le procédé de MM. Lumière d'après les planches dessinées et gravées par Eugène Burnand, et 55 dessins du même artiste tirés dans le texte. In-4°, 382 p. Paris, lib. Hachette et Cie.

Noël (vers). Traduit du patois quercitain par L. A. In-32, 4 p. Foix, impr. Pomiès.

Ormogna potoué per l'an de gracio 1891. L'Omi daus poisans et daus auvriers. Grand in-16, 38 p. avec vignettes. Annonay (Ardèche), impr. Hervé; tous les libraires et débitants de tabac.

Pagès, P. A l'Universitat de Mount-Peliè. Lou 6e Centenari, oda à Mount-Peliè, emé traducioun francesa per Pepi Pagés (felibre rouman). In-8°, 15 p. Montpellier, imp. Hamelin frères.

Perbosc, A. Festos felibrencos et cigalieros de Mount-Alba en l'ounou d'Ingres. Brinde al Carci e a sous felibres, pourtat al banquet del 11 d'oet 1890; per A. Perbosc. In-8°, 15 p. Montauban, Forestié.

Peyret, A. Countes biarnés; par Alexis Peyret. Dusième edicion. In-18, XVI-56 p. Paris, imprim. Chamerot. Pau, enso dous principaus liberayres.

Poutet, G. Doueïs mots su leis omnibus; paroles de G. Poutet. In-8° à 2 col., 4 p. Marseille, imp. Achard et Cie.

Savié de Fourviero. Là Glèiso, oustau de Diéu e dou pople, predicanço facho a-z Ris, dins la paroqui dou Sant-Esperit, pèr la recoustrucioun de la gleiso de Gardano; per don Savié de Feurviero. In-16, 32 p. Avignon, Aubanel frères. 50 cent.

Berichtigung:

Auf Seite 74 Zeile 7 von unten lies statt *Geistesphilosophie* „*Geschichtsphilosophie.*"

Druck von Erdmann Raabe in Oppeln.

Zeitschrift

für

französische Sprache und Litteratur

unter besonderer Mitwirkung ihrer Begründer

Dr. G. Kœrting und Dr. E. Koschwitz

Professor a. d. Akademie zu Münster i. W.   Professor a. d. Universität zu Greifswald

herausgegeben

von

Dr. D. Behrens,

Professor an der Universität zu Giessen.

Band XIII, Heft 6 u. 8.

Der Referate und Rezensionen

drittes und viertes Heft.

Oppeln und Leipzig.

Eugen Franck's Buchhandlung

(Georg Maske).

1891.

Ausgegeben am 4. März 1892.

INHALT.

Referate und Rezensionen.

Clédat, Leon, *Rutebeuf.* Paris, 1891. Hachette et Cie. 8^0. 200 S. 2 fr.

Die neue Sammlung *Les grands écrivains français* der Hachette'schen Buchhandlung bringt als zehntes Bändchen eine Studie über den altfranzösischen Satiriker Rutebeuf. Schon der Umstand, dass in einer auf ein grösseres Publikum berechneten Serie von biographisch-litterarischen Einzeldarstellungen auch einem Vertreter des XIII. Jahrhunderts ein Platz eingeräumt wird, ist bedeutsam; beweist er doch die Fortschritte der romanischen Philologie in Frankreich und die dort stetig wachsende Erkenntnis, dass die Erzeugnisse der älteren Perioden der National-Litteratur, die man bislang verabscheuen zu müssen glaubte, gleichfalls Beachtung verdienen, mögen sie auch dem heutigen Geschmack hin und wieder recht wenig anmuten und mögen sie den Anforderungen an moderne Kunstwerke auch noch so unvollkommen genügen.

Die Aufgabe, heutigen Franzosen eine konkrete Vorstellung und richtiges Verständnis von den Werken eines altfranzösischen Trouvère zu verschaffen, ist keine ganz einfache. Noch weniger als bei uns ist man ja in Frankreich gewohnt, sich schnell in unbekannte veraltete Sprachformen hineinzufinden. Auf eine selbständige ergänzende Lektüre der Originalgedichte Rutebeuf's seitens seiner Leser konnte also Clédat nicht rechnen, er musste vielmehr in seine Darstellung eine modernisierte Wiedergabe derselben im Auszuge hinein verweben. Dem Romanisten vom Fache ist damit allerdings wenig gedient, denn er wird doch zu den alten Texten in Jubinal's und Kressner's Ausgaben, auf die sonderbarer Weise Clédat nirgends hinweist, greifen, und die „Renouvellements" werden die oft recht schwierige philologische Interpretation der Originale um so weniger wesentlich fördern, als

alle dunkelen Stellen prinzipiell weggelassen sind. Wohl aber
werden diejenigen, welche sich vorläufig und schnell über den
Dichter orientieren oder auch einen Einblick in die geistigen
Strömungen des XIII. Jahrhunderts verschaffen wollen, die klare
und in allen wesentlichen Punkten zutreffende Darstellung von
der dichterischen Thätigkeit dieses Villon des XIII. Jahrhunderts
mit grossem Nutzen lesen.

Die Schilderung des Verfassers wird durch ein einleitendes
Kapitel über das *siècle de Saint Louis* eröffnet, in welchem die
damalige grosse politische Macht Frankreichs, der mächtige
geistige Einfluss seiner Universitäten und seiner Litteratur auf
das ganze Abendland geschildert wird. Das folgende Kapitel stellt
die spärlichen Lebensnachrichten über den Dichter zusammen.
Er muss zeitlebens eine unstäte und meist recht trübselige
Existenz geführt haben, zeigte aber gleichwohl stets grossen
Freimut in seinen Ausfällen gegen die damals allmächtigen Mönchsorden, ja selbst gegen den König Ludwig IX. Das dritte Kapitel
berichtet kurz über die recht ausgebildete Verskunst Rutebeuf's.
Er bedient sich der verschiedensten Verse und strophischen
Gebilde. Das vierte Kapitel handelt von seinen Liedern, unter
denen sich indessen gar keine Liebeslieder finden, sondern nur
geistliche Cantiques und mehrere Totenklagen, während andere
trotz ihres strophischen Baues als politische Satiren aufzufassen
sind. Das fünfte und ausführlichste Kapitel (79 Seiten von im
ganzen 190) ist denn auch den zahlreichen Satiren des Dichters
gewidmet. In erster Reihe unter denselben stehen die gegen
die zahlreichen Mönchsorden, andere beziehen sich auf die damaligen Streitigkeiten an der Pariser Universität — in welchen
Guillaume de Saint-Amour eine hervorragende Rolle spielte, der
dabei in Rutebeuf einen unerschrockenen Verteidiger selbst gegen
Papst und König fand — auf die Kreuzzüge, auf allerhand Gegenstände oder auf persönliche Verhältnisse. Sonderbar bemerkt der Verfasser S. 67 zu dem oft wiederkehrenden Tadel des Dichters gegen die
Ordensgeistlichen:

> *Que des basses maisons ont fait si grands palais,*
> *Qu'un homme lance au poing y ferait un galop.*

*Il nous est difficile de nous associer à ce reproche ... c'est
au goût des ordres religieux pour les „grands palais" que nous
devons ces beaux cloîtres du moyen âge qui font encore l'admiration
de notre temps.* Dass Rutebeuf nicht gegen den Kunstsinn der
Mönche eifert, beweist z. B. folgende Strophe seiner Satire
Ordres de Paris, die ich in Clédat's Bearbeitung (S. 61) hersetze:

> *Point ne méprise Trinitaires:*
> *De ce qu'ils ont acquis et pris*

Envoient le tiers à mesure
Outre mer racheter captifs.
S'ils font ce que j'en ai appris,
C'est charité et nette et pure:
Je ne sais s'ils partagent bien.
Je vois, deçà, les pommeaus luire
Des manoirs qu'ils ont entrepris.
S'ils font, delà. même dépense,
Ils font comme veut l'Ecriture,
Et n'en doivent être repris.

Beachtenswert ist noch der deutliche Anklang eines Dante-
schen Sonnet-Anfanges (Vita Nuova, Son. 2) an den Eingang der
„Complainte de maître Guillaume de Saint-Amour". Ganz richtig
bemerkt Clédat hierzu (S. 85): *Il n'est pas invraisemblable que
Dante, qui vint à Paris au commencement du règne de Philippe
le Bel, se soit inspiré de Rutebeuf.* Wird es hiernach aber nicht
auch wahrscheinlich, dass Dante Rutebeuf's „Voie de Paradis"
gekannt und auch von diesem Gedichte beeinflusst wurde? Und
dass er seine Terzinenform unter Anlehnen an das heimische
Ritornell aus den gerade bei unserem Dichter zuerst auftretenden
Reimketten *aab bbc ccd... yyz zz* geformt habe, wird es dann
nicht erst recht glaublich? Ich kann nicht einsehen, dass letztere
Form gar zu weit von der Dante's abliegt, wie Schuchhardt
(Ritornell und Terzine S. 123) meinte, und hätte gewünscht, dass
Clédat seine obige Vermutung durch diese weiteren Berührungspunkte beider Dichter unterstützt hätte. — Das sechste Kapitel
erörtert kurz die allegorischen, das siebente ausführlicher die dramatischen Dichtungen. Das achte führt uns, nach nur flüchtiger Erwähnung der zwei poetischen Heiligenlegenden, die recht geschickten
Fabliaux Rutebeuf's vor Augen. Auch die allegorischen Gedichte
und die Fabliaux sind zum grössten Teil Satiren, selbst in dem
Monolog des Quacksalbers herrscht die satirische Tendenz vor
der dramatischen entschieden vor. Daher ist es auch nur erklärlich, dass, wie Clédat im Schlusskapitel (S. 186) bemerkt,
*les qualités maîtresses de Rutebeuf sont la verve, l'entrain, le trait
et, quand il y a lieu, la couleur.* Zutreffend ist auch das Urteil
(S. 187): *Avant lui, on peut rencontrer des traits d'esprit épars
dans les œuvres littéraires; on ne citerait pas une seule pièce
achevée, finement ingénieuse d'un bout à l'autre, comme le „dit de
Brichemer", celui des „Ribauds de Grève" ou celui „des Beguines"
... il avait une manière, un style à lui, ce qui est une nouveauté
dans notre littérature.* Als eine Überschätzung des Dichters muss
aber gelten, wenn Clédat S. 15 behauptet: *si l'on excepte le genre
épique, entré dans la période de décadence et qui ne produira
plus de grandes œuvres, on peut dire qu'il a abordé tous les*

genres. Pièces lyriques, pièces satiriques, poèmes allégoriques, poèmes
dramatiques, vies de saints, fableaux, son talent se prête aux sujets
les plus divers, et on doit le considérer comme le représentant le
plus complet de la littérature française au moyen âge. C'est à
ce titre, non moins que pour l'originalité de son talent, qu'il a
été choisi entre tant d'autres pour prendre place dans cette collection.
Dass das Epos zur Zeit Rutebeuf's noch recht beliebt war, beweisen die vielen Anspielungen darauf in seinen Dichtungen
z. B. „Complainte d'outremer" S. 114:

> *Assez de gens sont moult dolents*
> *De ce que l'on trahit Roland.*

Warum hat sich also Rutebeuf nicht ebenso darin versucht
wie Adenet le roi oder wenigstens wie Adam de la Hale? Hinsichtlich der „Pièces lyriques" bemerkt Clédat unmittelbar nach
obigem Absatz selbst: *Toutefois l'oeuvre de Rutebeuf ne peut*
donner qu'une idée incomplète du genre lyrique; car on n'y trouve
point trace de cette poésie amoureuse, d'un caractère si particulier,
dont le plus illustre représentant au XIIIe siècle est Thibaut IV
de Champagne, roi de Navarre. Die allegorischen Gedichte ferner
sind meist satirisch gefärbt und halten in der Behandlung der Alle-
gorie mit denen Raoul's de Houdenc oder Huon's de Mery
keinen Vergleich aus, wiewohl der Verfasser neben dem „Roman
de la Rose" mit keinem Worte erwähnt. Der Monolog des Quacksalbers („Dit de l'herberie") ist allerdings eine geschickte Parodie
derartiger Anpreisungen und als ältester Vertreter seiner Art von
Bedeutung, kann aber als eigentlicher Repräsentant des Dramas
doch nicht gelten. Das „Miracle de Théophile" vollends steht, was
die Dramatisierung des Stoffes anlangt, hinter den „Jeus" des genialen Adam de la Hale und auch hinter dem „Jeu de S. Nicolas"
des älteren Jehan de Bodel entschieden zurück. Dass unserem
Dichter überhaupt das Geschick für Handhabung des Dialogs ab-
ging, beweist sein hölzerner „Dispute du Croisé et du Décroisé".
Den geringen poetischen Wert der beiden „Vies de Saints" hat Clédat
selbst anerkannt. Sonach verbleiben ausser den Satiren nur die Fableaux als hervorragende Leistungen Rutebeuf's übrig, aber auch
sie zeigen fast durchweg eine deutlich satirische Tendenz. Jedenfalls scheint es unzulässig, unseren Dichter *comme le représen-*
tant le plus complet de la littérature française au moyen âge zu
bezeichnen, dazu ist die altfranzösische Litteratur doch zu vielge-
staltig und die Rolle der satirischen Poesie innerhalb derselben eine
zu untergeordnete. Den wahren *titre ... qu'il a été choisi ... pour*
prendre place dans cette collection hat Clédat an anderer Stelle
(S. 20) vollkommen zutreffend, wie folgt, angegeben: *Rutebeuf ...*
se rapproche le plus de l'esprit moderne et ... peut le mieux nous

donner cette sensation qu'à travers toute notre littérature, du moyen âge aux temps modernes, malgré la diversité des mœurs, des conceptions et des formes, circule un même souffle qui manifeste l'intime parenté de nos grands écrivains de tous les temps et de tous les genres.

E. STENGEL.

Montchrestien, *Les tragédies de. Nouvelle édition d'après l'édition de 1604 avec notice et commentaire,* par L. Petit de Julleville. E. Plon, Nourrit et Cie. Paris 1891. XLVII und 330 S.

Mit Freuden ging Referent an die Durchsicht des vorliegenden Werkes, greift es doch in eine Epoche der Entwickelung des französischen Theaters, zu deren richtiger Würdigung uns bis vor zwei Jahren — bis zum Erscheinen der Rigal'schen Monographie über Hardy — selbst die Grundlagen fehlten. Ohne die Kenntnis von Montchrestien's Werken sind die tiefer liegenden Gründe der Erfolge Hardy's nicht zu begreifen. Da aber Garnier's litterarischer Erbe vom ächt historischen Standpunkte bis jetzt nicht beurteilt werden konnte, war in der Entwicklungsgeschichte des französischen Theaters eine für den streng historischen Forscher recht fühlbare Lücke erst noch auszufüllen. Wir erwarteten von dem um die Wissenschaft hochverdienten Verfasser vorliegender Arbeit, dass er hier ergänzend eingreife und in seiner „Notice" die Gestalt Montchrestien's nicht isoliert hinstelle, sondern im Ahnensaale der Geschichte in richtige Beziehung zu seinen Vorgängern und Nachfolgern setze. Wir erwarteten von Julleville kein litterarisches Porträt, sondern ein Historienbild mit Montchrestien im Vordergrunde. Leider enttäuschte uns Julleville's Notice in dieser Hinsicht und wir haben hier nicht den Lösungsversuch jenes grossen Problems zu beurteilen, welches Montchrestien's und Hardy's Theatererfolge in ihren gegenseitigen Beziehungen bilden.

Mit denkbar grösster Unparteilichkeit schildert J. in einfacher, lichtvoller Weise das Leben M.'s, unterbricht aber seine Biographie durch einen längeren Exkurs über die ästhetische Bedeutung von M.'s Werken, ein in derlei Werken allerdings häufig vorkommender Umstand, der aber nicht dazu dient, das Bild des Menschen Montchrestien in seiner Gesamtwirkung hervortreten zu lassen. Dabei muss zur Entschuldigung J.'s bemerkt werden, dass auch ohne diesen Fehler in der Disposition der Notice der Charakter M.'s immer noch genug dunkle Punkte aufzuweisen hätte.

Ist doch selbst J. ausser Stande, etwas bemerkenswertes Neues
über das Leben seines Helden zu berichten, ja er kann nicht
einmal seine Konfession feststellen, was doch zu seiner Charakteristik in erster Linie nötig wäre.   M.'s Leben ist in seinen Anfängen dunkel und bleibt es auch bei J., der als ächter gründlicher Forscher nur Thatsächliches bringt und jedem Phantasie-
gebilde abhold ist.   Auch J. kommt nicht über die Angaben des
Mercure français hinaus, obwohl er diese Quelle als von vornherein verdächtig bezeichnen muss.

Zu A. 1 p. XXVII habe ich zu bemerken, dass ein rein
nationalökonomische Werke lesender Malherbe geradezu undenkbar, Malherbe also von dem Vorwurfe affektierter Gleichgültigkeit freizusprechen ist.

S. IX hätte nicht verschwiegen werden dürfen, dass es
damals wahrscheinlich schon Mode war, eine Dramensammlung
mit einer Pastorale abzuschliessen und den Inhalt letzterer als
wirklichen Erlebnissen des Dichters entsprungen hinzustellen.
Überhaupt ist J.'s Urteil über M.'s Bergerie einseitig.   So lang-
weilig letztere auch sein mag, J. hätte doch bedenken sollen,
dass die Pastorale die Dramengattung ist, in der sich M. am
innigsten mit den Italienern und mit Hardy berührt.   Hier hätte
die ästhetische Kritik der historischen Erkenntnis das Feld räu-
men müssen.   Mit Recht weist J. S. X und XXI darauf hin, dass
M.s Dramen nicht nur für die Bühne bestimmt, sondern auch
höchst wahrscheinlich wirklich aufgeführt worden.   Nur berührt
J. die so wichtige Frage nach dem Publikum dieser Aufführungen
nicht.   Die ästhetischen Urteile J.'s bewegen sich in der althergebrachten, in unserer Zeit doch etwas zopfig erscheinenden Form,
welche das Theater durch die Brille spiessbürgerlicher Moral und
Weltanschauung hie und da betrachtet. Sein abschliessendes Urteil
über M. als Dichter beginnt mit zwei Anthithesen (S. XVII),
deren letzte mehr blendend als klar ist, während der Schluss
dieses Abschnittes sich nicht immer mit den in den Analysen
der einzelnen Stücke von J. vertretenen Anschauungen in Einklang bringen lässt.   Die Parallele zwischen M. und Corneille
wird durch die Vergleichung M.'s mit Garnier zur blossen Phrase,
während die allgemeine Charakteristik der Garnier'schen Tragödie
(S. XX) als zutreffend bezeichnet werden kann. Was J. (S. XX)
über die Einheit des Ortes sagt, ist originell und berührt sich
mit den zu veröffentlichenden Ergebnissen der Studien des Ref.
in dieser Frage.

J.'s Bibliographie der Werke von und über M. zeichnet sich
rühmlichst durch Vollständigkeit aus. Nur hätte vielleicht auch noch
der Veröffentlichungen von Fries über M. gedacht werden können.

Was die Texte anbelangt, so könnten wir die Gründe, weswegen J. sich ausschliesslich an die Ausgabe von 1604 hielt, nur billigen, wenn dadurch nicht M.'s Bergerie unter den Tisch gefallen wäre. J. hätte dieses Drama der Ausgabe 1601 entnehmen und so dem modernen Forscher den Dramatiker M. vollständig zugänglich machen müssen. Die praktischen Bedürfnisse der Wissenschaft können denn doch ebensoviel Beachtung beanspruchen wie, — man verstatte mir den Ausdruck — die bibliographische Pietät. Von den Texten konnte ich nur den Fries'schen Text von M.'s Sophonisbe mit dem J.'s vergleichen und konstatieren, dass letzterer an Zuverlässigkeit nichts Nennenswertes zu wünschen übrig lässt. Ganz frappant schien mir der Unterschied des sprachlichen Ausdrucks in den drei von Fries veröffentlichten Sophonisbe-Versionen: Der Text von 1604 zeigt am wenigsten ronsardische Färbung, was von J. nicht hätte verschwiegen werden sollen.

Im Kommentar zu den einzelnen Stücken zeigt sich J. als höchst geistreichen Textkritiker, der fast immer das Richtige trifft. Nur erscheint es mir unnötig, *doit* für *void* (S. 293), *pansée* statt *passée* (S. 282), *dois-je* statt *veux-je* (S. 288) zu setzen. Der Infinitiv *à l'esprouver* (S. 293) scheint mir nicht substantivisch, sondern das Part. *venant* absolut gebraucht zu sein. Das von J. getadelte *rien moins que* (S. 309) dürfte zu M.'s Zeiten kaum Anstoss erregt haben.

J.'s Bemerkung über M.'s Verskunst scheinen mir nicht auf der Höhe der Aufgabe zu stehen.

J.'s Wörterbuch ist im ganzen sorgfältig gearbeitet. Bei den damit gemachten Stichproben habe ich mir Folgendes angemerkt, ohne natürlich den geringsten Anspruch auf Vollständigkeit machen zu wollen. Es fehlen: *abismer* (S. 2), *apprins* (S. 2), *noise* (S. 4), *dam* (Hinweis auf S. 8), *épandre* (S. 34) *admonestre* (S. 36), *loyer* (S. 50), der Hinweis auf *poingt* (S. 175), *attainte* im (S. 215) gebrauchten Sinne, *esjouir* (S. 266), *pensement* (S. 180), *nonchaloir* (S. 181), lauter Wörter, deren Auslassung mir nicht gerechtfertigt erscheint, umsoweniger als J.'s Wörterbuch mir etwas zu breit angelegt vorkommt und in anderen Fällen sogar da Rat erteilt, wo schon der gebildete Laie sich wohl selbst zu helfen wüsste, wie z. B. *brasser* (S. 72 und 110), *clin* (S. 262), *force* (S. 206), *relâcher* (S. 61) keinem Kenner des Neufranzösischen Schwierigkeiten bereiten. *Entier* (S. 45) ist das lateinische *integer* wohl eher im Sinne von „unparteiisch" als „unbeugsam".

Wir fassen unser Urteil dahin zusammen, dass vorliegendes Werk den Litterarhistoriker wohl befriedigen kann, besonders da es ihm wertvolles neues Quellenmaterial liefert.

E. DANNHEISSER.

Ravanal, Albert. *Séjour de Rabelais a Grenoble.* A. Ravanal,
     Grenoble 1891. 20 S. 8°.

Über den angeblichen Aufenthalt des grossen Satirikers in
Grenoble war bisher nichts Genaueres und Authentisches bekannt
geworden.   Der Verfasser dieser kleinen Schrift hat in einem
1680 zu Grenoble erschienenen Briefe von Guy Allard (geb. 1635)
die Notiz gefunden, dass sich Rabelais dort beim Präsidenten
Vachon als Flüchtling aufgehalten und seinen *Pantagruel* vollendet habe.   Nun ergeben Akten des Stadtarchives zu Lyon, dass
R. vor 14. Februar 1535 seine dortige Stelle als Hospitalarzt
im Stich gelassen hat und man am 5. März d. J. ihm einen Nachfolger geben musste.   Da R. von Lyon wahrscheinlich nach
Grenoble ging, so fällt sein erster Aufenthalt in dieser Stadt in
die ersten Monate des Jahres 1535.   Etliche Jahre später ist
er noch einmal daselbst gewesen, vermutlich zwischen 1540 und
1542, wo sein abenteuerlicher Freund Hubert Sussaneau dort als
Schulrektor angestellt war.   Grund der Flucht von Lyon scheint
ein Liebesverhältnis gewesen zu sein, aus dem ein frühgestorbener
Sohn Théodule hervorging, nicht die Furcht vor dem Zorne der
durch seine Satire erbitterten Geistlichkeit (vgl. über dieses Verhältnis A. Rathery, *Notice biographique sur Rabelais* in *Oeuvres
de R.* Paris, Didot 1872).   So der Inhalt des Büchleins. An der
Schrift ist alles scharfsinnig und gelehrt, aber die Hauptsache
doch problematisch.   Denn auf ein so spätes Zeugnis hin, wie das
Allards, lässt sich R.'s erster Aufenthalt in Grenoble überhaupt
nicht als s i c h e r e Thatsache annehmen, der zweite ist noch
weniger bewiesen.   Ebenso sind die Gründe von R.'s Flucht aus
Lyon auch durch Rathery's Entdeckung nicht hinreichend aufgeklärt.
Die Grenobler mögen sich also noch reiflich überlegen, ob sie
dem Vorschlage Ravanals, die Strasse, in der R. angeblich gewohnt haben soll, *(rue des Clercs)* nach dem Namen des berühmten
Satirikers umzutaufen, folgen sollen.

                                                 R. Mahrenholtz.

Konrad Meier, *über die Didotragödien des Jodelle, Hardy u. Scudéry.*
     Inaug.-Diss. d. philos. Fakultät zu Leipzig. 1891. 58 S. 8°.

Die Didolegende ist nach Vergils rührender Schilderung von
den französischen Dramatikern des XVI.—XVIII. Jahrhunderts fast
ein Dutzendmal bearbeitet worden, darunter zuerst von Jodelle
(1560), dann 1595 von Alex. Hardy und 1636 von Georges
Scudéry.   Verfasser der oben angeführten Abhandlung sucht die

Beziehungen dieser drei Stücke nachzuweisen und zugleich eine ästhetische und kulturhistorische Abschätzung derselben zu geben. Voran geht ein geschichtlicher Überblick der französischen Tragödie von der Renaissancezeit bis etwa zu Corneille, worin leider das über Hardy Bemerkte mehrfach irrig oder einseitig ist, da Verfasser die bahnbrechende Schrift E. Rigal's: *Alex. Hardy et le Théâtre français à la fin du XVIᵉ et au commencement du XVIIᵉ S.* nicht kennt (vergl. *Ztschr.* XII, 237—247). H. war z. B. nicht Theaterdichter der Maraistruppe, sondern des Hôtel de Bourgogne, auch ist er selbst in der Zeit der Romantik eher unter- als überschätzt worden. Ebensowenig kennt Verfasser R. Otto's Ausgabe von Mairets *Silvanire*, in deren trefflicher und eingehender Einleitung er Vollständigeres und Richtigeres über die Geschichte der drei Einheiten in Frankreich hätte finden können. Von diesen Mängeln abgesehen, sind der geschichtliche Überblick und der Abschnitt: „Die Einheiten" (S. 29 ff.) im Ganzen treffend und ausreichend, wenn schon nicht gerade etwas Neues bietend. In der vergleichenden Betrachtung der Dido-Tragödien stellt Herr M. fest, dass alle drei Dichter aus Vergils Aeneis Buch IV geschöpft, dass Hardy aber seinen Vorgänger Jodelle auch in manchen Einzelheiten benutzt und das antike Vorbild nicht umgestaltet, sondern meist wörtlich übersetzt habe. Nur Akt I sei frei erfunden, bei Jodelle seien dagegen zwei Drittel selbständige Arbeit. Jedenfalls ist aber Hardy, dem gelehrten Schuldichter Jodelle an dramatischer Kraft und an Technik überlegen. So hat er den Stoff erweitert und sich nicht bloss auf die Katastrophe beschränkt, er hat vier neue Rollen hinzugefügt, von denen zwei allerdings durch Vergil an die Hand gegeben, zwei untergeordneter Natur sind. Er hält sich nicht sklavisch an die drei Einheiten, sondern lässt den Ort wechseln, er hat eine bewegtere Handlung und schränkt die „langathmigen Reden und Erzählungen" Jodelles ein. Auch die Charakterzeichnung ist besser durchgeführt. Verfasser gibt das freilich nur teilweise und mit Widerstreben zu, da er noch an der vorurteilsvollen Geringschätzung Hardy's, welche erst Rigals Forschungen auf das rechte Mass zurückgeführt haben, leidet.

In Scudérys Drama sieht Verfasser überall den fördernden Einfluss einer geläuterteren Kunstperiode und feineren Welt, auch eine viel grössere Freiheit von der antik-klassischen Überlieferung, als sie Jodelle und selbst Hardy zugestanden werden darf. Von einer Nachahmung des Hardy'schen Stückes kann bei dem Zeitgenossen und Rivalen Corneilles nur in sehr eingeschränktem Masse gesprochen werden. Sein Styl und Versbau sind viel korrekter, als die seiner Vorgänger.

Bei manchen Mängeln und angreifbaren Behauptungen, hat
Herrn Meiers Schrift doch durch die genaue, sorgfältige und nach
allgemeinen Gesichtspunkten gruppierte Untersuchung der drei
noch nicht hinreichend gewürdigten Stücke wohlbegründeten Anspruch auf die Beachtung jedes Litteraturforschers.

R. MAHRENHOLTZ.

Gössgen, Carl, *Rousseau und Basedow.* A. Hopfer, Burg b. M.
1891. Strassburger Dissertation. 118 S. 8⁰. Preis: 2 Mk.

Zu Herrn Festers Schrift: *Rousseau u. die deutsche Geschichtsphilosophie,* die wir hier (XIII 74—75) besprochen haben, liegt
in dem obenangeführten Beitrage eine wesentliche Ergänzung vor.
Herr F. hatte den Einfluss Rousseaus auf Basedow nur gelegentlich erwähnt, andere haben ihn sogar bestritten. Diesen gegenüber weisst Herr Gössgen mit eingehenden, triftigen Gründen nach,
dass B. vor dem Jahre 1768 allerdings von R. garnicht oder doch
nur ganz unwesentlich beeinflusst worden sei, aber später seine
der Aufklärung entlehnten Gedanken über Religion, Ethik und
Pädagogik nach denen Rousseaus umgewandelt habe.

In der Einleitung erörtert der Herr Verfasser, dass die
eigentliche Aufklärung von der späteren Sturm- und Drangzeit,
die sich an Rousseau anschloss, keineswegs so grundverschieden
gewesen sei. Zwar hätten alle Aufklärer einseitig das Denken
betont, von dem geschichtlich Gegebenen nur das Vernunftgemässe
anerkannt, und den Verstand zum entscheidenden Richter über
die religiösen, moralischen und politischen Ansichten gemacht.
Doch hätten sie zugleich mit derselben Begeisterung, wie Rousseau
und seine Schüler sich gegen das Veraltete, Überlebte und Menschen-
unwürdige in den bestehenden Zuständen und Überlieferungen
gewandt. „Es steckt nämlich im Rationalismus und in dem Menschen des Aufklärungszeitalters auch ein gut Teil Sentimentalität,
ein Enthusiasmus nicht nur für menschliche Vollkommenheit, sondern auch für Glückseligkeit.“ Basedow schloss sich bis 1768,
in welchem Jahre er den „Emile“ R.'s erst gründlicher beachtete,
den Lieblingsideen der französischen Aufklärung an. Von der positiven Religion erkannte er nur das vor der subjektiven Vernunft
Standhaltende an, darunter aber auch die Gottessohnschaft Jesu,
die Erlösung, die Auferstehung und das Fortleben im Jenseits, ausserdem die „Autorität“, welche die Offenbarung vor der natürlichen
Religion voraus habe. Der Verstand soll nach ihm auch über das
Wollen und Fühlen entscheiden, die beiden letzteren Geisteskräfte
also keine selbständige und selbstthätige Bedeutung haben. Das Gute

fiel ihm in der Hauptsache mit dem der Gesamtheit der Menschen
„Nützlichen" zusammen, seine pädagogischen Neuerungen waren
hauptsächlich von dem englischen Philosophen Locke dirigiert.
Anders nach 1768! Da tritt in seinen philosophischen Äusserungen
das Fühlen und Wollen gleichbedeutend dem Denken zur Seite,
ein vom Gefühle eingegebener Pessimismus gegenüber den bestehenden Verhältnissen nimmt die Stelle des früheren weltver-
bessernden Optimismus ein, auch die Schwärmereien R.'s für
einen erträumten Naturzustand teilt er in ermässigter und er-
nüchterter Weise. Das Gute ist ihm, ganz abgesehen von der
Nützlichkeit, das leitende Prinzip der Moral. Die Anweisungen,
nach denen das von B. gegründete Dessauer Philanthropinum geleitet wurde, sind grossenteils aus R.'s „Emile" entlehnt. Aber
es besteht doch zwischen beiden ein „fundamentaler Unterschied."
R. wollte seinen Idealzögling ganz in der Einsamkeit, nur von
einem Hofmeister angeleitet und überwacht, erziehen lassen. Der
letztere sollte nur die natürlichen Anlagen des Zöglings zur Ent-
faltung bringen, ohne strengen Gehorsam zu fordern, ohne seine
Autorität geltend zu machen. B. will eine gemeinsame Erziehung,
unbedingten Gehorsam und Autoritätsgeltendmachung, er bequemt
sich den Anschauungen und selbst Vorurteilen der Gesellschaft
in seinem pädagogischen Systeme an. Er warnt jetzt, wie R.,
vor Vielwisserei und mechanischem Gedächtniskram, er betont,
wie dieser, das unmittelbar Nützliche und dem praktischen Leben
dienende, aber er hütet sich vor den unausführbaren Träumen
und Übertreibungen seines grossen Lehrmeisters. In dieser auf
Erfahrung und Menschenkenntnis gegründeten Umänderung und
Ermässigung der Ideen R.'s liegt Basedow's selbständige Bedeutung. — Die kleine Schrift verdient die Aufmerksamkeit jedes
Freundes der französischen und deutschen Philosophie.

R. MAHRENHOLTZ.

———————

Seele, Wilh., *Voltaire's Roman: Zadig ou la Destinée.* Leipziger
    Dissert. 1891. 65 S. 8⁰.

Für die Leser dieser *Ztschr.* hat die obenangeführte Abhandlung dadurch besonderes Interesse, dass sie von dem frühverstorbenen Professor Heinrich Koerting angeregt worden ist.
Sie bildet den ersten Teil einer Quellenuntersuchung der Romane
Voltaire's.

Die zum Teil wesentlich neuen Ergebnisse, zu denen Verfasser gelangt, sind folgende:

In Kapitel II: *Le nez,* ist Verfasser in der Hauptsache

von der Schrift des Père Duhalde: *Description de la Chine,*
Paris 1735, abhängig. Kapitel III: *Le chien et le cheval* folgt
dem Werke des Chevalier de Mailly: *Le voyage et les aventures
des trois princes de Sarendip, trad. du persan.* Kapitel VII:
Les disputes et les Audiences, ist teilweise Nachahmung von
Swift: *Gullivers Travels,* ch. IV. In Kapitel IX erinnert das
Abenteuer, welches Zadig mit dem wütenden Ägypter und der
von diesem misshandelten Frau hat, an Molière's: *Médecin malgré
lui* Szene II, doch ist die Ähnlichkeit eine sehr oberflächliche.
Ersichtlicher ist eine Nachahmung der *Contes et Fables indiennes
de Bidpai, trad. p. Galland,* Par. 1724 in Kapitel X: *L'esclavage.*
In Kapitel XII: *Le souper* sind Boccaccio's: *Decamerone* (Sage
von den drei Ringen), Swift's Erzählung von der Tonne und
Fontenelle's: *Hist. de Méro et d'Enegu* benutzt. In Kapitel XIII
(*Le rendez-vous*) ist die Erzählung von der schönen Aruja in
„Tausend und ein Tag" (s. *Petit de la Croix. Mille et un jour,*
Par. 1710—12) IV, 141 f. nachgeahmt. Kapitel XIV: *La danse*
zeigt die Nachbildung von Swift's: *Gullivers Travels,* Kapitel II.

In Kapitel XVIII: *Le basilic* ist „Tausend und eine Nacht"
Nacht, 12, benutzt, wahrscheinlich nach dem Gedächtnis. Kapitel
XIX (*Les combats*) ist aus *Ariostos Orlando furioso,* Kapitel
XX (*l'Ermite*) den Werken Thomas Parnell's, der 1717 als Archidiakonus von Clogher starb, entnommen. Kapitel XXI (*Les énig-
mes*) geht auf die Turandot-Sage zurück. Voltaire zeigt hier,
wie in allen seinen poetischen und prosaischen Schöpfungen,
eine reiche Belesenheit, die sich auch auf wenig gekannte
Werke erstreckt. Seine Nachahmung ist immer eine freie und
originelle, häufig eine umgestaltende und verbessernde. Gegen
den Vorwurf der Freibeuterei, wie er von dem Jesuitenzögling
Fréron mit grösster Frechheit gegen V. erhoben wurde, muss der
unbefangene Beurteiler entschieden protestieren.

Der Verfasser, welcher mit dieser Schrift zuerst vor die
litterarische Oeffentlichkeit tritt, hat jedenfalls sehr fleissig und
gründlich gearbeitet und sich der Beihilfe, welche ihm seine
Lehrer, die Professoren Wülker und H. Kœrting, erwiesen haben,
sehr würdig gezeigt. Eine gewisse Eintönigkeit wäre seiner
Darstellung erspart geblieben, wenn er die von ihm erwähnten,
englischen, französischen und italienischen Werke kurz in ihren
litterargeschichtlichen Beziehungen vorgeführt und auch Voltaire's
Roman selbst nach ähnlichen Gesichtspunkten gewürdigt hätte.
— Den nachfolgenden Untersuchungen darf mit begründeter Erwartung entgegengesehen werden.

R. MAHRENHOLTZ.

Montesquieu, Baron de. *Deux Opuscules de Montesquieu.*
Bordeaux, 1891. G. Gounouilhou. 81 S. 8⁰.

Der bekannte Verfasser des *Esprit des lois* hatte etwa
20 Jahre vor der Abfassung dieses Hauptwerkes eine kleine
Abhandlung: *Réflexions sur la Monarchie universelle* nur in wenigen
Abdrücken erscheinen lassen, von deren ursprünglicher Form noch
ein Exemplar mit Korrekturen Montesquieu's selbst sich erhalten
hat und zuletzt in dem Besitze des Buchhändlers Téchener in
Bordeaux gewesen ist. Bei Gelegenheit einer Auktion 1886 ist
es in die Hände eines Nachkommens des berühmten Schriftstellers
übergegangen, der es hier zuerst veröffentlicht. Die ungefähre
Abfassungszeit der Schrift scheint vor 1724 zu liegen, wenn anders eine Andeutung in Montesquieu's *Esprit des Lois* (XXI
Kapitel 22) chronologisch genau ist. Den Inhalt der kleinen
Abhandlung hat Montesquieu später mit dem *Esprit des lois*
verschmolzen. Wie überall, zeigt sich Montesquieu auch hier
als Gegner des Despotismus, welcher die Schranken der nationalen
Selbständigkeit aufhebt und zur Weltmonarchie strebt. Er zeigt
hier, stets an bekannte historische Thatsachen anknüpfend, dass
eine Weltmonarchie nur im Oriente möglich war, wo der Verlust
einer Schlacht oder die Einnahme der Hauptstadt über das
Schicksal der Völker und Königreiche entscheidet, dass sie aber
in den Kulturverhältnissen der mittelalterlichen und neueren
Zeit stets an der Schwierigkeit der Verwaltung und finanziellen
Ausnützung eines massenhaften Länderkomplexes, an dem Widerstande der Provinzialgewalten, an den zerstörenden und auf-
reibenden Wirkungen der fortwährenden Kriege scheiterte. Die
Furcht vor der Universalmonarchie habe zur Folge, dass die
bedrohten Einzelstaaten sich um einen kriegstüchtigen, unabhängigen Fürsten scharen, wie das zur Zeit Karls V. und Ludwigs XIV. geschehen sei. Übrigens behauptet Montesquieu keineswegs bestimmt, dass Ludwig XIV. nicht nach der Universal-
herrschaft gestrebt habe, er gibt vielmehr (S. 35) deutlich zu
verstehen, dass nur die Niederlagen des spanischen Erbfolge-
krieges Ludwigs ehrgeiziges Streben zum Glücke Europas gehindert hätten. Darum waren die Widerlegung des Herausgebers und die gelehrte Aufzählung von zeitgenössischen Schriften,
welche vor Ludwigs Streben nach Weltmonarchie warnen (Einl.
S. 6 ff.), so schätzenswert sie an sich sind, streng genommen,
nicht notwendig.

Montesquieu bekämpft auch den Militarismus, der durch
wechselseitige Kraftanstrengung alle Nationen zerrütte und gibt
hier eine Reihe sachlicher Bemerkungen, die ebensogut auf unsere

Zeit, wie anf die seinige passen. Die Einzelheiten der Abhandlung bedürfen übrigens umsoweniger einer Wiederaufzählung, als sie sich der Hauptsache nach in dem *Esprit des lois* finden.

Die zweite, neu publizierte Abhandlung führt den Titel: *De la Considération et de la Reputation* und wurde im Jahre 1725 von Montesquieu für die Akademie von Bordeaux geschrieben. Sie ist später von der Freundin des Verfassers, der Marquise de Lambert, umgestaltet und in deren Werke (Amsterdam 1758) mit aufgenommen worden. Der Herausgeber hat hinter dem ursprünglichen Texte auch die Bearbeitung der Marquise wieder abgedruckt. Der Inhalt der Abhandlung besteht in moralischen Allgemeinheiten, wie sie das XVIII. Jahrhundert liebte, und wendet sich gegen eine falsche Ruhmsucht, die der wahren Achtung der Menschen entbehre uud keine dauernde „Reputation" hervorbringe, zugleich aber mahnt sie auch zur Weltklugheit, zur Schickung in die Vorurteile der Zeiten. Im Anhange druckt der Herausgeber eine Abhandlung von R. Céleste über die Wohnungen Montesquieu's in Bordeaux und sonstige Begebenheiten seines Lebens ab. Auch hat er die beiden publizierten Schriften mit einer Anzahl historischer und textkritischer Anmerkungen versehen. Für den Spezialforscher ist diese Veröffentlichung von verhältnismässigem Werte. 21 andere ungedruckte Sachen Montesquieu's werden später von der Familie ediert werden.

R. MAHRENHOLTZ.

Caro, Joseph, *Richelieu und das französische Drama.* Wissenschaftliche Programmabhandlung der israelitischen Realschule zu Frankfurt a. M., 1891. 25 S. 4⁰.

In gewandter, fliessender Darstellung gibt Verfasser meist doch nur Bekanntes. Die Einwirkung Richelieu's anf die Entwickelung der französischen Dramatik ist nach Caro in der Hauptsache eine ungünstige gewesen, indem er durch die von ihm beeinflussten „Sentiments" der Akademie über den „Cid" den „drei Einheiten" allgemeine Gültigkeit verschaffte. Gegen seinen Willen habe er die Tragödie auf Kosten der ihm sympathischeren Tragikomödie gefeiert, da letztere, ihrer romantisch-verwickelten Stoffe halber, den Zwang des Dreieinheitsschemas nicht ertragen konnte. Übrigens sei durch Richelieu's Protektion der Dichterberuf gehoben worden. Für das Vorgehen des Kardinals gegen den „Cid" sollen nach des Verfassers Meinung in erster Linie persönliche Gründe, namentlich Neid auf Corneille's Dichterruhm bestimmend gewirkt haben. Wir glauben, Richelieu hasste den politischen Unabhängigkeitssinn, der in einzelnen Stellen des Dramas sich aussprach, und sah in Corneille nur den ihm abtrünnig gewordenen Dichter.

R. MAHRENHOLTZ.

***

Th. Süpfle, *Geschichte des deutschen Kultureinflusses auf Frankreich mit besonderer Berücksichtigung der litterarischen Einwirkung.* Zweiter Band. Zweite Abteilung. Von der Regierungszeit Louis Philippe's bis zu unseren Tagen. Verlag von E. F. Thienemanns Hofbuchhandlung. Gotha 1890. X, 166 S. 8⁰.

Ein letzter Halbband führt Süpfles Werk,[1]) das sich namentlich soweit es das XVIII. und XIX. Jahrhundert behandelt, gesteigerter Anerkennung zu erfreuen hat, zu glücklichem Ende und lässt uns die Geschicke des Deutschtums in Frankreich durch die letzten sechzig Jahrzehnte hindurch verfolgen. In diesen Geschicken aber spiegelt sich in besonderer Weise die Geschichte unseres Vaterlandes wieder: sein Ringen auf geistigem und politischem Gebiet, seine gewaltige staatliche Erhebung nach langer Ohnmacht, welche die Sympathien des Nachbarlandes für uns zwar stark gemindert, dem deutschen Einfluss jedoch in Sachen der Einrichtungen auf verschiedenen Gebieten, der Wissenschaft und der Spracherlernung nur zu grösserem Gewichte verholfen hat.
Im ersten Jahrzehnt des Julikönigtums, mit dem das erste Kapitel sich beschäftigt, nähren sich mit Guizot an der Spitze zahlreiche Schriftsteller wie Barante, Loève-Weimars, Gérard de Nerval, Marmier an deutschem Geistesleben und vermitteln unser Schrifttum den Franzosen auf die eine oder andere Weise; Deutschland zählt überhaupt unter der damaligen französischen Gelehrten-, Schriftsteller- und Künstlerwelt begeisterte Freunde und Lobredner; man sendet Missionen nach Deutschland zum Studium unseres Unterrichtswesens und richtet an allen Gymnasien drei deutsche Unterrichtskurse ein. Andererseits „liess Deutschland", so sagt der Verfasser S. 8, „in der eben geschilderten Periode, wie auch noch in späteren Zeiten, aus seinem Überschusse an produktiven Bevölkerungselementen an Frankreich, das hieran Mangel hatte, zahlreiche frische Kräfte zufliessen", und wie schon früher Wanderlust oder Wissenstrieb oder Erwerbssinn zahlreiche Deutsche nach Frankreich geführt hatte, darunter einige unserer berühmtesten

***

[1]) Vgl. *Zeitschrift* VIII, 218 und X, 136.

Männer (einen Herder, Gluck, Mozart, die Gebrüder Humboldt
und Schlegel z. B.), so zählte man jetzt in Paris allein 80 000
Deutsche, der Mehrzahl nach Arbeiter und Handwerker, von denen
viele ihre „natürliche Kraft durch Aufnahme der fremden Bildungselemente oder durch Wetteifer" verstärkten, vereinzelt aber auch
Männer der Wissenschaft wie K. B. Hase, J. von Mohl u. A.

Unter den deutschen litterarischen Berühmtheiten, die sich
in Paris niedergelassen hatten, nehmen Ludwig Börne und Heinrich Heine eine so hervorragende Stellung ein, dass ihnen der
Verfasser das ganze zweite Kapitel widmet. Hatte sie, wie
andere radikale Politiker, vor Allem die Stadt der Revolutionen
angezogen und das Verlangen, den revolutionären Geist in ihr
Heimatland überzuleiten, dahin gelockt, so wirkten sie doch auch
andererseits als Vermittler des geistigen Deutschland den Franzosen gegenüber, freilich mit mangelhaftem Erfolg, jeder aus
einem anderen Grunde: Börne anfänglich wegen seiner Verbitterung
gegen das Vaterland, später in Folge seiner Vereinsamung in der
Pariser Welt, die der Verbreitung auch seiner dem Deutschtum
günstigen, in französischer Sprache geschriebenen Aufsätze im
Wege stand; Heine, weil es ihm an sittlichem Ernste und an
wirklichem Willen für die Erfüllung seiner angeblichen Vermittler-
Aufgabe gebrach und er von Deutschland und deutschem Geistesleben nur Zerrbilder lieferte, wie besonders in seinem *De l'Allemagne*, das wenigstens auf das grosse Publikum verwirrend ein-
wirkte, oder vollends in seiner Dichtung: *Deutschland, ein Winter-
märchen*. So erscheint Süpfle's Urteil begründet: „In geistiger
wie sittlicher Hinsicht hat Heine das Verständnis unseres Wesens
und die Wertschätzung desselben nicht gefördert, sondern auf
längere Zeit hinaus geschädigt. Er war weniger der Offenbarer
als der Verhöhner Deutschlands. Von Deutschland wollte er nur
eines in Frankreich gelten lassen, nämlich seine eigene Person"
(S. 21).

Für den Inhalt des dritten Kapitels, dessen beide Teile
in loserer Verbindung mit einander stehen und dessen erster aus
dem Rahmen des Themas etwas heraustritt, hat der Verfasser
den Titel gewählt: *Wechselnde Stimmungen Deutschlands gegenüber Frankreich während des Julikönigtums*. Er gedenkt hier
einerseits der für Frankreich günstigen Stimmung, der französiren-
den Richtung in Politik und Litteratur (das Junge-Deutschland!),
welche die Julirevolution nach sich zog, samt dem späteren Rück-
schlag, der sich an die französischen Rheingelüste, Beckers
Rheinlied und Mussets Antwort darauf knüpfte, und der schliesslichen Fortdauer des politischen Einflusses Frankreichs bis zur
Revolution von 1848 — und verfolgt andererseits die Anlehnung

Frankreichs an unsere Philosophie, die sich in den Kantüber-
setzungen ausspricht und in Männern wie Cousin, Rémusat, Quinet,
Michelet, Comte mit dem Positivismus verkörpert, sowie die Bestrebungen Arnold Ruge's, seine jung-hegelsche Philosophie in
Frankreich heimisch zu machen und einen freigeistigen Bund
zwischen beiden Völkern herzustellen.

Es liegt nahe, die Frage aufzuwerfen, in wie weit auch in
dieser Zeit das Elsass als Vermittler deutscher Ideen Frankreich
gegenüber gewirkt haben mag, und so behandelt der Verfasser
dieselbe im vierten Kapitel. Waren uns auch die Elsasser
damals national durchaus entfremdet, wie er zugestehen muss, ein
Zustand, den das Zeitalter der Revolution und Napoleon's I. geschaffen hatte, so erfüllten sie doch noch die Aufgabe von Dol-
metschern unserer Litteratur, weniger unserer Dichtung, von der
dort kaum mehr als Pfeffel's Fabeln unter der Juliregierung und
sechs Schiller'sche Dramen nach 1848 in Versform übersetzt
wurden, als vielmehr unserer Wissenschaft. Diesem Zwecke
dienten die in Strassburg erscheinende *Nouvelle Revue germanique*,
die bei Treutte & Würtz herausgegebene und dem Plane des
Brockhaus'schen Konversationslexikons folgende *Encyclopédie des
gens du monde*. In Strassburg lernten klassische Philologen französischer Nationalität die deutsche Forschung auf ihrem Wissen-
schaftsgebiete auszunutzen, traten französische Schriftsteller wie
Quinet, Génin, Saint-René Taillandier deutschem Geistesleben
näher. Besonders aber schrieb hier Willm seine *Histoire de la
philosophie allemande depuis Kant jusqu'à nos jours* (1846—49),
während ein anderer Elsasser Jacques Matter (Studieninspektor in
Paris, der seiner Zeit in Göttingen studiert hatte) als Ergebnis
einer längeren Reise sein treffliches Werk *De l'état moral, politique et littéraire de l'Allemagne* in Paris (1846—47) herausgab,
ein Werk, das dem Gegenstande näher trat als Michiels *Etudes
sur l'Allemagne*, aber in Frankreich selbst leider nur wenig Aufmerksamkeit erregte.

In dem fünften Kapitel: *Die deutsche Dichtung von Uhland
bis Heine in Frankreich* wird festgestellt, dass sich in jener Zeit
nur unsere Lyrik, nicht mehr eigentlich unsere dramatische Dichtung, einer gewissen Beachtung seitens der Franzosen erfreute,
besonders das *Lied* und die Ballade. Daher fand bei ihnen vor
Allem Uhland kurz vor der Julirevolution schon durch einzelne
Übersetzungsproben Eingang und gelangte später durch zahlreiche
Übersetzungen und Nachbildungen, nicht nur in Prosa, sondern
vielfach auch in Versen, denen sich die sympathische Würdigung
des Dichters durch Blaze de Bury in seinen *Ecrivains et poètes
de l'Allemagne* (1846) zugesellte, zu ganz besonderer Beliebtheit,

ja übte auf französische Balladendichter wie Deschamps und
Crosnard erkennbaren Einfluss.

Neben Uhland wurden auch anderen Dichtern der schwä-
bischen Schule Besprechungen und vereinzelte Übersetzungen zu
Teil, besonders von dem genannten Blaze de Bury und von Nicolas
Martin, einem in Bonn erzogenen Neffen Karl Simrock's, in seinen
Poëtes contemporains de l'Allemagne (1846 und in neuer Serie 1860);
nicht minder Rückert und unseren Freiheitsdichtern, oder Wilhelm
Müller mit seinen *Griechenliedern,* oder Zedlitz mit seiner *Nächt-
liche Heerschau* und ähnlichen Gedichten, während man von Chamisso
mehr den *Peter Schlemihl* (der jetzt auch als Schullektüre dient)
als die Gedichte liebte, und Platen zwar bewundert, aber wenig
gekannt war.

Bei der Frage, wie es mit der Verbreitung Heine's in Frankreich stand, verweilt der Verfasser länger und zeigt, dass zunächst von Heine's Werken die von ihm bald selbst übersetzten
Reisebilder ein dort sehr beliebtes Buch wurden und seine Prosa
grossen Beifall fand. Der Einführung seiner Lyrik in die sprö-
dere französische Sprache standen grosse Hindernisse im Wege,
welche weder Nerval (1848) noch Saint-René Taillandier (1852)
mit ihren Würdigungen in der *Revue des Deux Mondes* und ihren
Prosaübertragungen überwanden, noch die mehr und mehr ver-
vollkommnete Kunst der Übersetzung in dichterischer Form, die
sich an Heine's *lyrischem Intermezzo,* an den *Traumbildern* und
manchem einzelnen Gedichte versuchte, ehe die zum Teil noch
von ihm selbst überwachte Gesamtübersetzung seiner Werke (1852 ff.)
erschien. Immerhin ist Heine, der auch so manchen französischen
Zug in sich aufgenommen hatte, für seine Zeit und noch für die
Gegenwart als einer der bei den Franzosen beliebtesten und bekanntesten deutschen Dichter anzusehen, und selbst Franzosen
wollen ihm einen gewissen Einfluss auf ihren Alfr. de Musset
einräumen.

Um den Einfluss der deutschen Tonkunst auf Frankreich
im Zusammenhang zu betrachten, greift das sechste Kapitel
auf das XVIII. Jahrhundert zurück, bevor es auf die Zeit des
Julikönigtums eingeht. Seit der Mitte des achtzehnten Jahrhunderts, wo die italienischen Einflüsse zurücktraten, floss auch für
Frankreich der Urquell der Musik in Deutschland. Von da kam
der Reformator der französischen Oper Gluck, dessen Übermacht
sich selbst die Italiener Spontini und Cherubini fügten, der in
Méhul einen französischen Schüler gewann und, ein halbes Jahrhundert in Frankreich herrschend, den Franzosen fast als einer
der ihrigen gelten durfte. Von unsern Meistern der lyrischen
und epischen Musik ward wenigstens Haydn zeitig in Frankreich

heimisch. Auch Mozart's Opern sind dort seit dem Anfange unseres Jahrhunderts eingebürgert und werden um die Wette gepflegt von dem italienischen Theater, der grossen Oper und zeitweilig von deutschen Operntruppen, wenn sich auch die französischen Bearbeitungen für die grosse Oper in Bezug auf Text wie auf Musik nichts weniger als getreu nennen lassen. Letzteres gilt auch von Weber's *Freischütz*, der übrigens bei den Franzosen selbst in solcher Form seine zauberische Wirkung nicht verfehlte, während desselben Komponisten andere Opern nur vereinzelt den Parisern durch eine deutsche Gesellschaft zu Ohr gebracht wurden.

Leichter zu erringen und sicherer waren die Erfolge unserer Instrumentalmusik, doch entschied erst der 9. März 1828 mit dem Vortrag der *Eroica* in der Société des Concerts du Conservatoire Beethoven's Einbürgerung in Frankreich, welche für die französische Auffassung der Musik eine neue Ära bedeutete. Mendelssohn, Hummel, Hiller, Thalberg und namentlich Liszt entzücken in dieser Zeit das Pariser musikalische Publikum durch ihre Vorträge, die deutschen Komponisten und Klaviervirtuosen strömen nach Paris, nur Deutsche werden dort mit Unterricht in der klassischen Tonkunst noch betraut, und nach deutschem Vorbild entstehen Musikvereine, die unsere deutschen Liedermelodien pflegen und dem Volke vermitteln.

An Beethoven schliesst sich Berlioz an, der persönlich musikalische Reisen in Deutschland unternahm. Wenn schon die Spielopern Boieldieu's und Aubers bei aller Eigenart deutschen Einfluss nicht verleugnen können, so findet vollends die grosse ernste Oper in dem Deutschen Meyerbeer ihren Hauptvertreter, der für sie der Vermittler der deutschen Romantik, zugleich aber der Begründer des realistisch-historischen Stils wird und in Halévy einen französischen Schüler und Nachahmer gewinnt. Der Hinweis auf die deutsche Anregung in der Theorie der Musik, auf den deutschen Einfluss in der Erfindung und Verbesserung von Instrumenten wie in der buchhändlerischen Verbreitung der Kompositionen schliesst das inhaltreiche Kapitel.

Ewas weniger einheitlich nimmt sich das siebente Kapitel aus, das der Aufnahme des deutschen Denkens iu Frankreich während des zweiten Kaiserreichs gewidmet ist. Von der Thatsache ausgehend, dass in dieser Zeit den germanischen Bestrebungen keine so wirksame amtliche Unterstützung wie unter dem Julikönigtum zu Teil wurde, spürt der Verfasser der Verknüpfung einzelner hervorragender Geister, wie Renans und der Strassburger Theologen, mit deutscher Wissenschaft nach und findet in der in Strassburg erscheinenden *Revue germanique*, die später zur *Revue germanique et française* wurde, und heute als

Revue moderne weiterlebt, die damalige Hauptvermittlerin der
deutschen Wissenschaft für Frankreich.   Dann aber geht er genauer auf die Einführung unserer Philosophie bei den Franzosen
ein und betrachtet besonders die verschiedenen, in jene Zeit
fallenden Versuche, Hegel den Franzosen zu erschliessen (durch
Bénard und durch Véra), und ihr begreifliches Widerstreben gegen
sein System und dessen Darstellung, das auch von kirchlicher
Seite her Unterstützung bekam, und dem nur vereinzelte Ausnahmen wie Renan, Scherer, Taine, Michelet gegenüberstanden.
Der Radikalismus der neuhegelschen Schule vollends, so wird
weiter ausgeführt, war schon vorher heftig bekämpft worden,
besonders durch den Grafen Montalembert, und angesichts der
Übersetzungen von David Strauss' Werken sowie der seinem Vorgang folgenden Renan'schen *Vie de Jésus* wollte man jetzt die
deutsche Philosophie und Exegese als Ausflüsse der Skepsis, ja
des Atheismus in den Bann erklären, wie man zugleich gegen
den Materialismus (Büchner) zu Felde zog. Nur unsere Ästhetik
erwarb sich dauernde Anerkennung.

Da das achte Kapitel hiernach den Einfluss Deutschlands auf Frankreich in den einzelnen Wissenschaftszweigen bis
in die gedachte Zeit hinein verfolgen soll, hat es die theoretische
Litteraturwissenschaft, die Weltgeschichte, die Sprachforschung,
die Pädagogik und das Unterrichtswesen, die Naturwissenschaften
besonders zu berücksichtigen, doch versagt es sich dabei auch
einen Seitenblick auf die Wissenschaft in ihrer mehr oder minder
rein praktischen Anwendung nicht, indem es der Landwirtschaft, der
Technik, ja des von deutschen Händen betriebenen Wagenbaus, der
Gartenbaukunst, der europäischen Gradmessung, des Eisenbahnbaus,
des Postwesens, der Vorschussvereine, der Rechtswissenschaft in fast
zu bunter Folge gedenkt und überall deutschen Einfluss nachweist.

Was die Litteraturwissenschaft betrifft, so war dem mächtigen
Einfluss der Arbeiten von A. W. Schlegel auch die französische
Kritik und Litteraturforschung nicht entgangen, wie der erweiterte
Gesichtskreis und die grössere Vertiefung schon bei Fauriel und
Ampère, später bei Villemain, G. Planche, Sainte-Beuve, Blaze
de Bury und Michiels deutlich beweisen. Besonderes Interesse
widmeten aber unserm Schrifttum und Geistesleben Männer wie
Philarète Chasles (*Etudes sur l'Allemagne*), Laboulaye (*Etudes
contemporaines sur l'Allemagne . . .*), Montégut (in der *Revue des
Deux-Mondes*) und endlich von der Mitte der sechziger Jahre an
die Herausgeber der *Revue critique* (Bréal, Monod, Morel, G. Paris,
Guyard, Havet, Chuquet, Joret mit und nach einander), die bekanntlich ausgesprochenermassen in deutschen Bahnen (denen des
Litt. Centralblatts) wandelt.

Auf dem Gebiete der Geschichte wurden besonders Ranke's *Geschichte Frankreichs im XVI. und XVII. Jahrhundert*, sowie die Werke von Gervinus, Sybel, Mommsen, Duncker durch Übersetzung eingeführt, und seit Mitte des Jahrhunderts vertritt die *Revue historique*, von deren Herausgebern der eben schon genannte Monod ein Schüler von Waitz ist, die deutsche wissenschaftliche Richtung in gediegenster Weise.

Vor allem aber wurde bekanntlich, wie unsere klassische Philologie seit Wolf, so die neu entstandene Wissenschaft der vergleichenden Sprachforschung und in Sonderheit die bei uns geborene romanische Sprachwissenschaft und Philologie auch für die Franzosen massgebend.

Auf pädagogischem Gebiete ist einerseits zu erwähnen: die Förderung des Unterrichts in der deutschen Sprache selbst durch Mehrung der Lehrbücher, obgleich derselbe für die oberen Klassen seinen obligatorischen Charakter einbüsste, und andererseits die Anlehnung an deutsche Muster, wie sie in der Gründung der Ecole des Hautes Etudes durch den Minister Duruy, in dem häufigen Hinweis auf den wissenschaftlichen Charakter unseres höheren Unterrichts und auf die bei uns herrschende Freiheit der Forschung, in dem Interesse an theoretischer Pädagogik, in der Begründung der französischen Unterrichtsliga, in der Einführung des Anschauungsunterrichts und der Fröbel'schen Kindergärten zu Tage trat.

Selbst in den Naturwissenschaften und der Medizin, wo Frankreich lange die Führung gehabt hatte, lernte es deutsche Fortschritte achten und anerkennen und sich vor deutschen Autoritäten beugen.

Freilich kamen gegenüber dem Niedergang der geistigen und sittlichen Kraft des Volkes unter dem zweiten Kaiserreich und der chauvinistischen Selbstgefälligkeit der grossen Masse Einsicht und Mahnungen einzelner scharfblickender und vorurteilsloser Geister, die sich namentlich seit dem Kriege von 1866 mehrten, nur unvollkommen zur Geltung.

Das neunte Kapitel wendet sich dem Einfluss der deutschen Litteratur in Frankreich unter dem zweiten Kaiserreich zu, vermag aber nur verhältnismässig geringe Spuren davon zu ermitteln, da namentlich für unsere Lyrik die Zeit der höchsten Gunst bei dem grösseren Publikum vorbei war. Dass sie noch einzelne Freunde zählte, die z. B. auf unsere religiöse Dichtung aufmerksam machten, oder die Übersetzungen lieferten wie X. Marmier, Maximin Buchon, Joseph Boulmier, de Châtelain, Tonnelé, ferner die Genfer Amiel und P. Gautier, — dass so manche Gedichte von Körner, Uhland, Heine, Herwegh, Bürger nochmals,

ferner von de la Motte-Fouqué, Hölderlin, Scheffel u. a., ja der
ganze Hebel den Franzosen in poetischer Form zugänglich gemacht wurden, oder dass einzelne Dichter wie Buchon, Louise
Ackermann, Thalès Bernard, Dupont den Spuren deutscher Muster,
namentlich des deutschen Volkslieds folgten, ist für die Nation
im ganzen von keiner erheblichen Bedeutung.

Fast gar keine Kenntnis mehr nahm man von unserer gesamten dramatischen Litteratur, es sei denn, dass vereinzelt auf
Kotzebue oder Iffland zurückgegriffen wurde, und ähnliches beinahe
gilt von dem Roman, dem es in den Augen der Franzosen an
realistischer Schilderung und spannender Darstellung gebrach.
Doch wurden immerhin sowohl Zschokke's Novellen, wie Hauff's
Lichtenstein und Novellen, Immermann's *Münchhausen*, wie Freytag's *Soll und Haben* oder Auerbach's *Auf der Höhe* in französisches Gewand gekleidet, während Saint-René Taillandier im
Jahre 1870 das Verständnis für den deutschen Roman der Neuzeit (Freytag, Auerbach, Gutzkow, Spielhagen, H. Grimm) seinen
Landsleuten durch eine längere Abhandlung zu erschliessen versuchte. Von der volkstümlichen Erzählungslitteratur dagegen
kamen Auerbach's *Schwarzwälder Dorfgeschichten* so in Gunst,
dass sie selbst dem Schulgebrauche dienstbar gemacht worden
und nicht ohne Einfluss auf das Schriftstellerpaar Erckmann-
Chatrian geblieben sind, das schon in früheren Werken einem
deutschem Vorbild, wenn auch anderer Art (Th. A. Hoffmann)
gefolgt war. Nicht minder fanden Hebel's Erzählungen des
rheinländischen Hausfreundes, Erzählungen und Reisebeschreibungen Gerstäcker's und Hackländer's *Soldatenleben im Frieden*
(so muss es natürlich S. 89 heissen) Eingang durch Übersetzung,
sowie von anderer Art die Grimm'schen Märchen und viele unserer
Jugendschriften.

Der beiläufige Hinweis auf das starke deutsche Element
in den französischen Schweizern Tœpffer, Alex. Vinet, Pictet
und V. Cherbuliez fügt sich nicht ganz in den Rahmen des
Buches.

Noch zwei Kapitel (das zehnte und das vierzehnte) beschäftigen sich fast ganz mit dem Einfluss unserer Tonkunst auf
Frankreich: im z e h n t e n zunächst wird die deutsche Kunst,
d. h. vorwiegend die Musik, unter dem zweiten Kaiserreich betrachtet. Neben den Triumphen, die unsere klassischen Opern
am Théâtre lyrique feierten, blühte an den Bouffes parisiens
das *genre Offenbach* auf, das freilich zu Deutschland nur dadurch
Beziehung hatte, dass sein Schöpfer zufällig in Köln geboren
war; wogegen man Wagner mit seinen Opern, wie früher schon,
ablehnte und besonders seinem *Tannhäuser* im Jahre 1861 einen

schmählichen Durchfall bereitete, ohne jedoch damit den Einfluss Wagner's auf französische Komponisten (Gounod, Saint-Saëns) ganz zu unterbinden. Dafür widmete sich ein neues Konzertunternehmen, Pasdeloups Concerts populaires, mit bestem Erfolge der Aufgabe, die gute deutsche Orchestermusik zu pflegen und dem grossen Publikum zu übermitteln. Unseren Leistungen auf anderen Gebieten der Kunst dagegen zollte Frankreich im ganzen wenig Anerkennung: Stimmen wie die Fortouls, der in *De l'art en Allemagne* begeisterter Verehrung Ausdruck gab, verhallten, und doch schöpften deutsche Maler in Paris nicht nur Anregung, sondern übten vereinzelt auch Einfluss aus (wie Knaus), und selbst der Humor unserer Karikaturenzeichner spann Fäden hinüber in das Nachbarland.

Das vierzehnte Kapitel, das sich mit dem Einfluss unserer Musik in den letzten zwei Jahrzehnten befasst, sei hier gleich angereiht. Es verfolgt zunächst die Äusserungen des durch sein Lustspiel *Eine Kapitulation* neu angefachten Hasses gegen Wagner als den Franzosenfeind, sodann die allmähliche Bildung einer kleinen Wagnergemeinde, die beifällige Aufnahme seiner Compositionen in den öffentlichen Konzerten (Concerts populaires und Nouveaux Concerts), um die sich neben Pasdeloup Lamoureux besondere Verdienste erwarb, und verzeichnet endlich die gleichfalls unter Lamoureux erfolgte Lohengrinaufführung im Edentheater am 3. Mai 1887 nach langen Kämpfen um das Bühnenrecht für Wagner's Musikdrama, sowie den neuesten Wagnerenthusiasmus, der selbst eine Revue Wagnérienne gezeitigt hat. Unerwähnt geblieben ist die Begeisterung, die in den seltsamen Veröffentlichungen des Grafen von Chambrun für die deutsche Musik, Wagner einschliesslich, zu Tage tritt, während der Schluss des Kapitels auf die Beliebtheit anderer deutscher Komponisten aus alter und neuerer Zeit und auf die deutschen Einflüsse hinweist, die sich wie in den Kompositionen von Saint-Saëns, so in denen von Reber und A. Blanc und in Charbrier's Oper *Gwendoline* aussprechen.

Minder erfreulich ist das Bild, das das elfte Kapitel von dem sonstigen Einfluss Deutschlands auf Frankreich seit 1870 entwirft; denn seinen Hintergrund bildet der glühende Hass, in den sich nach unseren Erfolgen im Kriege die wenigen Sympathien der grossen Masse für uns wandelten. In den Augen der Franzosen hatte sich der treuherzige Träumer, der uneigennützige Gelehrte, der weltbürgerlich gesinnte Idealist, wofür ihnen der Deutsche gegolten hatte, als Heuchler, Barbar und Räuber entpuppt, den zu verkleinern und in jeder Hinsicht herabzusetzen das eifrige Bemühen auch vieler Grössen der litterarischen

und wissenschaftlichen Welt wurde. Und von solchem Hinter-
grunde nur heben sich die instinktiven oder bewussten Bestrebungen ab, durch Reformen nach deutschem, beziehentlich
preussischem Muster Frankreich zu verjüngen und — rachefähig
zu machen, durch jene Reformen, besonders im Heerwesen (allgemeine Dienstpflicht, Einjährig-Freiwillige) und mehr noch im
Schulwesen, wo man vom Elementarunterricht bis zu den höchsten
Stufen unsere Einrichtungen und Methoden nachzuahmen beflissen ist und dem Unterricht im Deutschen selbst eine früher
ungeahnte Pflege angedeihen lässt. Im Einklang damit steht die
Beachtung, die man den deutschen Verwaltungseinrichtungen,
dem deutschen Genossenschaftswesen schenkt, und das immer
noch starke Hervortreten des deutschen, beziehentlich elsässischen
Elementes in einflussreichen Stellungen, auf den Gebieten der
Tageslitteratur, der Kunst und Wissenschaft, woneben die Gebiete des Handels und der Industrie Deutschland als immer
ernsteren Mitbewerber des Nachbarlandes zeigen.

Den Einfluss der deutschen Wissenschaft seit dem letzten
Kriege genauer betrachtend, weist das zwölfte Kapitel auf
die Chemie und die verschiedensten Zweige der Medizin hin,
in denen wir die Führung übernommen haben, findet ihn aber
besonders merklich auf dem Gebiete der Erdkunde, die auf einmal in den Mittelpunkt des Interesses tritt. Das Entstehen
zahlreicher geographischer Vereine nach deutschem Muster, die
gesteigerte Pflege des geographischen Unterrichts, der sich bis
vor kurzem deutscher Landkarten bediente, die ausgiebige Benutzung unserer Reisehandbücher sind hiervon die Beweise. Ein
besonderes Interesse auch hat in Frankreich die neueste Entwickelung unserer Philosophie erregt, von Schopenhauer bis
auf E. von Hartmann und bis auf die epochemachenden Werke
von Lotze, Wundt, Fechner, Zeller, von Hartsen, und besonders
die Schopenhauersche Weltanschauung hat sich auch in weiteren
Kreisen der Gesellschaft eingebürgert.

Desto geringer ist, wovon das dreizehnte Kapitel
handelt, die Einwirkung unserer Poesie seit dem Kriege gewesen.
Mit verschwindenden Ausnahmen fand weder unsere Lyrik und
Epik, noch vollends unsere dramatische Dichtung begreiflicher
Weise nennenswerte oder wohlwollende Beachtung, geschweige
denn, dass sie Gunst genossen und Wirkung geübt hätten; und
nur unsere Novellistik wurde einigermassen aufgenommen, wenn
auch nicht nachgeahmt, während allerdings gewissermassen die
letzten Wurzeln des entarteten französischen Naturalismus in
einer früheren Epoche unserer litterarischen Entwickelung, in
unserer Sturm- und Drangzeit zu suchen sind. Dem gegenüber

ist als ein erfreuliches Zeichen zu begrüssen, dass den gelehrten litterarischen Kreisen in Frankreich neuerdings hervorragende Gestalten unserer Litteratur aus neuerer wie älterer Zeit zum Gegenstande ernsten Studiums dienen, wie dies z. B. die Arbeiten von Lichtenberger, Joret, Antoine beweisen, eine Erscheinung, in welcher der Verfasser Ersatz findet für die zur litterarischen Vermittelung ungeeignete, vorwiegend spröde Haltung des Elsass gegen das Deutschtum (Spach eine rühmliche Ausnahme).

„Ein Blick nach rückwärts und ein Blick nach vorwärts" betitelt sich endlich das fünfzehnte und letzte Kapitel. Es zeichnet in scharfen Umrissen den Unterschied deutscher und französischer Geistesart, der im Wesen immer noch fortbesteht, wenn wir auch positiver, die Franzosen ernster geworden sind, — den Unterschied im Fühlen, Empfinden und Denken; es findet mit Recht die wahre Bedeutung unseres allerdings langsam nur wirkenden Einflusses auf Frankreich auf dem Gebiete der Idealität und betont nach einem Hinweis auf das Zurückgehen der deutschen Kolonie in Paris die Wichtigkeit der gegenseitigen Durchdringung der französischen und deutschen Kultur in hoffendem Hinblick auf eine (gewiss noch nicht nahe) versöhnungsvolle Zukunft.

Möge von dem reichen Inhalt auch dieser Abteilung des Buches, deren Material wohl zuweilen der vergeistigenden Verschmelzung zu einem künstlerischen Ganzen einigen Widerstand entgegengesetzt hat, unsere Skizze einen Begriff gegeben haben! Den richtigen Einblick in die Mühe des Forschens und der Arbeit aber gewähren auch hier erst wieder die begründenden Anmerkungen (S. 133—153), deren Quellen zu beschaffen dem Verfasser gewiss nicht immer leicht gewesen ist.

Nachdem wir oben die Verwechselung von Gerstäcker und Hackländer, die dem Verfasser S. 89 begegnet ist, erwähnt haben, fügen wir hier noch bei, dass etwas ähnliches S. 118 vorzuliegen scheint, wo ein Stück von Kotzebue *Die beiden Klinger* genannt wird, das es nicht gibt. Sollten *Die beiden Klingsberg* gemeint sein? Dazu würde nur der angeführte Titel der französischen Bearbeitung, die Referent nicht kennt, *Les deux Frères*, schlecht stimmen. An kleinen Versehen in den Anmerkungen und dem Register sind uns aufgefallen: S. 134, 11, „eine Unterredung mit Börne" statt „über Börne"; S. 135, 26 S. 30 statt 29 und der Verweis auf S. 204, der unrichtig ist; S. 159 bei Hoffmann der Verweis auf S. 188 statt S. 88.

Danken wir aber, anstatt nach ähnlichen Kleinigkeiten zu suchen, lieber dem Verfasser für den Abschluss eines Werkes, das des Neuen und Interessanten so viel bietet.

O. KNAUER.

Unruh, Friedr., *Das patriotische Drama in dem heutigen Frankreich.* (H. Babuckes Bericht über das Altstädtische
Gymnasium zu Königsberg.) 1891. 20 S. 4⁰.

Verfasser charakterisiert das französische Chauvinistendrama
und den Chauvinismus seit 1871, wobei er irrtümlich behauptet,
dass Napoleon I. zugleich mit seinem hochstaplerischen Neffen
(oder Sohne) Napoleon III. vergessen worden sei und einige
Beispiele von Chauvinismus aufzählt, die ihm während eines vier-
monatlichen Aufenthaltes in Paris begegnet sind. Auch H. Heine's
leichtgeschürzten Witz macht er sich zu nutze, bemerkt übrigens
richtig, dass in Paris der Deutschenhass im Abnehmen begriffen
sei. Dann bespricht er den von den Chauvinisten ausgebeuteten
Jeanne-Darc- (fälschlich schreibt er d'Arc und macht Johanna zu
einer Lothringerin) Kultus, wobei er nur geringe Bekanntschaft
mit der weitschichtigen Litteratur über die Heldin verrät.
Zeitungsartikel ersetzen ihm in der Hauptsache ein selbständiges,
wissenschaftliches Studium, was er sonst anführt, hat nur feuil-
letonistischen oder tendenziösen Charakter. Auch Puymaigre's
Schrift: *Jeanne d'Arc au théâtre*, die ihm für seine Abhandlung
sehr nützlich hätte sein können, ist ihm ebensowenig bekannt
wie die älteren Forschungen eines Quicherat, Vallet de Viriville
u. a. So kann er das Urteil eines Figaroskribenten: Joseph
Fabre sei der „gelehrteste" Ritter der Jeanne, ohne Bedenken
akzeptieren. Eine deutsche Johannalitteratur gibt es für ihn noch
weniger, als eine französische — nur Julian Schmidt's fehlerhafte
und oberflächliche *Geschichte der französischen Litteratur seit 1789*
und Schlüter's kleine Schrift: *Die französische Kriegs- und
Revanchedichtung* scheinen ihm des Zitierens wert. Von den seit
1871 gedichteten Jeanne Darc-Dramen kennt und bespricht er
Barbier's, von älteren Daniel Stern's (Marie v. Agoult) und
Soumet's Dichtereien, sie übrigens in gebührender Weise kriti-
sierend. Das erstere Stück lieferte der affektiert-frechen, von
der feilen Reklame zu einer Tragödin ersten Ranges empor-
gehobenen Sarah Bernhard bekanntlich eine Paraderolle.

Ziemlich kurz wird dann H. de Bornier's *La fille de Roland*,
eine Verherrlichung der Charlemagnelegende, etwas eingehender
das vorurteilsfreie kleine Lustspiel von Descaves und Darien:
Les chapons, welches am 13. Juni 1890 im Théâtre libre aufgeführt wurde, besprochen. Letzteres verspottet die alberne
Furcht vor den „Prussiens" und die feige Selbstsucht des französischen Philisters, macht jedoch auch der gallischen Eitelkeit
gelegentliche Verbeugungen. Eine wohlgemeinte Warnung an die

französischen Revancheschreier, die schwerlich an ihre Adresse
gelangen wird, macht den Schluss. Für den Forscher ist die
Abhandlung nicht geeignet.

R. MAHRENHOLTZ.

––––––––––

Kœrting, Gustav, *Lateinisch-romanisches Wörterbuch.* Paderborn,
1891. Schöningh. VI, 827 u. 172 S. 8⁰. 22 Mk.

Die Voranstellung der Stammworte in dem etymologischen
Wörterbuch einer Sprachfamilie ist die naturgemässe, wissenschaftlich erspriesslichste Form. Die Bedenken, welche Diez zu
einer anderen Anordnung seines *E. W.* veranlassten, waren
wenigstens bei seiner dritten Auflage schon nicht mehr berechtigt.
Als eine Konsequenz des natürlichen Systems musste sich von
vornherein die vollständige Darstellung des römischen Erbteils
ergeben. Die Masse von neuen Schlüssen, welche seit 1869 auf
die vom Altmeister der Romanisten gelegten Grundlagen gebaut
worden sind, können in sein Werk nicht mehr eingefügt werden,
ohne es wesentlich umzugestalten. Von Jahr zu Jahr wurde es,
zumal für den Jüngeren, immer schwieriger, sich über ein weithin
zerstreutes Material zu orientieren. So begegnet Kœrting's Unternehmen einem dringenden Bedürfnis; der buchhändlerische Erfolg
ist ihm von vornherein gesichert.

Der Verfasser hatte, nach dem Titel zu urteilen, angeregt
wohl durch Gröber's *Substrate,* zunächst nur die lateinische
Grundlage ins Auge gefasst. Schon die *Ankündigung* indessen
umfasste, neben den wichtigeren gelehrten und Lehnworten, auch
die nichtlateinischen Stammworte, welche lateinische ersetzt haben
oder ihre Synonyma geworden sind; in Ausführung und Vorwort
ist die letzte Beschränkung gefallen, da auch die nichtlateinischen
Worte hinzutreten, welche neue Begriffe bezeichnen. Ich kann
in dieser Erweiterung nur einen Vorteil erblicken; doch möchte
ich empfehlen, über die angewendeten diakritischen Zeichen
hinaus (sie mussten erklärt werden!) in einer Neuauflage die
ursprünglichen lateinischen Bestandteile noch durch besondere
Lettern herauszuheben. Nur die fremden Elemente des Rumänischen
sind ausdrücklich ausgeschlossen; stillschweigend zum Teil auch
der ähnliche Sonderbesitz des Spanischen, Portugiesischen, Rhätischen. Der Verfasser hat sein Werk in sehr kurzer Zeit zu
Ende geführt, während in anderer Hand wahrscheinlich das Bessere
der Feind des Nützlichen geworden wäre. Die bei dem Umfang
und der Schwierigkeit der Aufgabe unvermeidlichen Lücken und
Schwächen müssen nun freilich bei einem Buche, das dem An-

12*

fänger und Nachbarn ebenso wie dem Fachgelehrten dienen wird,
von der Kritik von vornherein aufs nachdrücklichste hervorgehoben
werden.

Absolute Vollständigkeit auch nur der Georges entnommenen
Grundworte war kaum zu beanspruchen; es fehlt von diesen
ziemlich viel, z. B. bei *Ta*: *tabernarius, tabulatum, talis, tam,
tangere*. In höherem Grade noch wird hier der Überblick dadurch
beeinträchtigt, dass die romanischen Ableitungen einer fiktiven
lateinischen Form unterstellt sind. An sich werden diese Gebilde,
die durch Stern und Klammer gekennzeichnet sind, zwar niemanden
irreleiten, und die Bequemlichkeit durfte hier entscheiden. Die
wissenschaftlich richtigere Unterordnung unter das lateinische
Stammwort hätte indessen, ohne Schädigung der Kompendiosität,
nicht nur grösseren Reichtum ermöglicht, es wäre damit auch
eines der wichtigsten Ziele, die Einsicht in das Fortleben des
Lateinischen, wesentlich gefördert worden. Jetzt wirken Bemerkungen wie die unter *capto*, „im Provenzalischen und Französischen
sei das Verbum nicht vorhanden“, für den klassischen Philologen
geradezu irreführend. Sollte der Verfasser noch ein Supplement
folgen lassen, so wäre die Sanirung dieses Übelstandes durch
einen lateinischen Index dringend zu empfehlen. Eine besondere
Klasse unter den ursprünglichen Bestandteilen bilden die mit
einem Sternchen bezeichneten „nicht überlieferten lateinischen
Worte, deren einstiges Vorhandensein mit Sicherheit sich erschliessen lässt“, wie die Ankündigung sagte, während das Vorwort ganz von ihnen schweigt. Es muss recht nachdrücklich
auf die Unsicherheit vieler dieser Konstruktionen hingewiesen
werden. Zu den allgemein angenommenen gehört z. B. **capu(m)*
(1636), neben welchem folgerichtig auch mit Meyer-Lübke *alim*
und nicht *alid* (389) anzusetzen war. Wie man sich diese entstanden denkt, hat noch niemand gesagt; es scheint, dass Analogie
wirksam gewesen sein soll, die aber bei der Erhaltung des *-t*
in den stärksten Kasus nur auf *caputis caputem* (o. *capitis*) geführt haben könnte, nicht zu solchen beispiellosen Neubildungen.
Im Frühfranzösischen stehen sich 1) die beiden Apellative mit
Abfall des *-t*, 2) die Verbalendung mit Erhaltung, und 3) die
Proklitika mit Erhaltung vor Vokal, Abfall vor Konsonant gegenüber. 1. und 3. stimmen überein, da der Auslaut sich stets
nach der vorkonsonantischen Stellung richtet; nicht die Appellative,
sondern die 3. Pers. des Verbums verlangen eine besondere
Erklärung, und diese ist gar nicht so schwer zu finden. Der
beginnende Schwund des auslautenden *t* lässt sich zuerst auf
pompejanischen Wandinschriften konstatieren, also ungefähr in
derselben Zeit, in welcher sich die Latinisierung Frankreichs

vollzieht.[1]) Als natürlichen Prozess dürfen wir voraussetzen
Schwund zuerst vor unverträglichem Konsonant, dann vor Konsonant und in Pausa, dann auch vor Vokal. Das Verbum,
welches in engere Verbindung mit dem folgenden Wort tritt als
das Substantiv, wird dabei wohl etwas länger auf der letzteren
Stufe stehen geblieben sein, man wird *amat ille, amat ipsum*
neben *ama patrem* noch gesagt haben, als *capu, ali,* schon allein
giltig waren. Man könnte nun einfach schliessen, dass Nordfrankreich *ama patre* auf *amat ipsu* angeglichen habe, während
die älteren Sprachgebiete auf dem eingeschlagenen Weg weiter
gingen: zur Rechtfertigung auch darauf hinweisen, dass dort die
Romanisierung wesentlich anders vor sich ging, als im übrigen
Reich. Ich halte indessen auch hier an dem Gesetze fest, dass
die Mehrzahl der Fälle (vorkons. Stellung überwiegt die
vorvokal. vierfach) entscheidet, scheinbare Ausnahmen durch
qualitativ besonders kräftige Einzelvorkommnisse bedingt sind.
Beachten wir die längere Erhaltung des Auslauts nach dem Ton,
die physiologisch wahrscheinlich und im Rhätischen belegt ist,
so ergibt sich, dass *sit, dat* u. s. w. zu *amat illu* hinzutraten,
und die Endung als charakteristisch erscheinen liessen. — Kann
nun auch dem Sammelnden kein Vorwurf daraus gemacht werden,
wenn er viel durchsichtigere Irrtümer, denen noch nicht ausdrücklich widersprochen wurde, wiedergegeben hat, so fällt ihm
doch auch so manches eigene Versehen zur Last. Man vgl. z. B.
3379 *Fōns* und **fŏns, fŏntem;* 4474 *Frōns, *frŏndem;* 4475
Frōns, frŏntem; 5391 *Mōns, mŏntem;* 6264 *Pōns, *pŏntem.* Ganz
abgesehen davon, dass *fŏns* entweder gar nicht, oder auch *frŏns*
etc. angesetzt werden musste, dass für das Romanische der
Nom. weder *fōns* noch *fŏs,* noch *fŏns,* sondern *fŏntis* u. s. w.
lautet, springt die ganz willkürliche Auffassung der lautlich gleichartigen Worte in die Augen. *Frŏntem* ist antilateinisch und antiromanisch, **pŏntem* (sp. *puente*) antiromanisch. **Frŏndem* wird
durch das spanische *fronde, fronda* nur scheinbar gerechtfertigt,
da dies Wort lediglich als Gongorismus existiert hat. Nur das
fehlende **mŏntem* (= *Archiv für latein. Litteratur* IV, 120) wäre
wegen sp. *monte,* friaul. *mont* verzeihlich gewesen, und hätte
Kœrting's Auffassungsweise entsprochen. Warum es falsch ist[1])

---

[1]) Es mag angemerkt sein, dass mir der von Gröber, *Arch.* I. u. VI.
aufgestellten Chronologie der lateinischen Dialekte unüberwindliche
geschichtliche und sprachliche Bedenken entgegenzustehen scheinen.

[1]) Eine Ortschaft hatte fast immer nur die Brücke, überwiegend
auch den Dorfbrunnen; der Berg schlechthin, an sich seltener, war
in der Regel die Burg. Die verschiedenen Erhöhungen in der Flur
aber mussten durch Zusätze auseinandergehalten werden, so dass *monte*

steht in *Gr. Grundriss* (I, 697), der aber durchweg nicht benutzt wurde. — Gewiss hat mancher, der zu romanischen Worten
eine besternte lateinische Form schrieb, dabei nur an „gleichsam
lateinisch" gedacht, wie Diez wiederholt sagt; heute ist das
freilich nicht mehr erlaubt, muss ausgesprochen werden, ob ein
zufällig unbelegtes vgl. Wort gemeint wird, oder eine nur durch
die Bequemlichkeit berechtigte Formel. Die Scheidung ist keineswegs leicht, und ich bin hier nach beiden Seiten hin sehr oft
anderer Meinung als Kœrting. So dürfte es gleich bei den ersten
Seiten mehr als zweifelhaft sein, ob das Präfix *ab* (soweit die angenommenen Composita berechtigt sind) romanisch noch fortlebte.
Die gelehrten Worte sind vielfach nicht als solche erkannt,
Entlehntes und Einheimisches wird in den einzelnen Artikeln
nicht auseinandergehalten. *Abacus* z. B. ist Schulwort, ital.-prov.
wie anderwärts, und die Geschichte der Mathematik gibt sogar
das Datum der Einführung. *Abissimus* (mlat. belegt, nicht *abismus*)
und *abỹsmus* werden erst nach german. *ĩ* zu *e* aus der Kirche
angenommen. *Absinthium* ist auch in das Spanische erst wieder
durch das Arabische gekommen. *Acacia* ist italienisch volkstümlich nur in der Form *gaggia* u. s. w. Bei den germanischen Bestandteilen konnte überlieferte Unklarheit in der Provenienzan-
gabe (got., ahd., ags. u. s. w.) hier nicht wohl beseitigt werden:
einigemale ist unvorsichtig „davon" statt „dazu" gesagt. Auch
die Kritik konstruierter germanischer Urformen ist mit Recht
künftigen Spezialisten überlassen. Nicht benutzt wurde, abgesehen von einzelnen Artikeln, Goldschmidt's Dissertation (Bonn,
1887); meine Kritik derselben ist kaum daran schuld. Ganz
nach Zufall sind einzelne Glieder des massenhaften rhätischen
Sonderbesitzes aufgenommen: meiner Auffassung nach wird er
besser dem Spezialwörterbuch überlassen. Ein Deutsches Wort-
verzeichnis am Schluss gewährt nicht etwa, wie man wohl erwarten könnte, Aufschluss über die im Text auf lateinisches
Schema gebrachten romanisch-germanischen Zusammensetzungen;
es ist dafür etwas neues, eine begriffliche deutsch-romanische
Konkordanz. Ich begrüsse die Neuanwendung einer seit dem
XVII. Jahrhundert fast vergessenen Methode auf das wärmste,
und enthalte mich jeder Kritik. Die Ausführung muss immer
eine unvollkommene bleiben, der Gedanke ist in hohem Grade
praktisch fruchtbar.

---

im thatsächlichen Gebrauch ganz überwiegend unbetont in fester Verbindung steht. Die natürliche Folge ist, dass hier die unbetonte Form
die herrschende wurde (cf. frz. *bon* u. ähnliche), während *fonte* nur
selten, *ponte* gar nicht für sich stehen, vielmehr hier die diphtongierten
Formen auch auf alte feste Verbindungen übertragen werden.

Ausführlich und doch sehr unvollkommen ist das Arabische
berücksichtigt. Was in der Spanischen Abteilung des *E. W.*
sich findet, wurde aufgenommen; dafür sind Engelmann, Dozy,
Eguilaz, im wesentlichen auch Devic einfach ignoriert. Da Kœrting
voraussetzt, dass man neben ihm Diez zur Hand habe, ist, was
da steht, ziemlich unnütz; und geradezu schädlich, weil der be-
nutzende die berechtigte Erwartung hegt, auf das Laufende gebracht zu werden. Eine eigene Kritik konnte der Verfasser
hier nicht üben, und um so mehr war es seine Pflicht, die fremden
Ansichten wenigstens einigermassen vollständig wiederzugeben.
Was zu den aus anderen Fremdsprachen entlehnten romanischen
Worten zu sagen wäre, würde sich in zahlreiche Einzelbemerkungen
zersplittern; die Aufnahme dieses Materials ist vollständig zu
billigen.

Vollständigkeit den gegebenen brauchbaren Etymologien
gegenüber wird niemand unbedingt erwarten, so erwünscht sie
wäre. Was in gelegentlichen Anmerkungen versteckt liegt, muss
heute, bei der Ausdehnung des Stoffes, leicht übersehen werden,
und K. hat offenbar seinen Plan rasch gefasst und rasch ausgeführt, nicht von langer Hand gesammelt. Nicht berücksichtigt
blieb aber auch so manche lautliche Einzeluntersuchung, deren
Gegenstand etymologischen Inhalt deutlich voraussetzen lässt;
Glossare zu Editionen, welche Worte direkt behandeln, oder,
wie Förster's *Altfr. Bibliothek*, auf eine Anmerkung verweisen;
die Referate der *Ztschr. f. rom. Phil.* und der *Revue des l. rom.*;
Rezensionen etymologischer Wörterbücher, wie die von Horning
über Scheler in dieser *Ztschr.* XI, 241. Auch der recht erhebliche etymologische Inhalt von Gröber's *Grundriss* I ist ganz
vernachlässigt. Der Nachtrag ergänzt nur einen Teil des Ver-
säumten. Zu billigen ist wohl die Aufführung so mancher Etymologie aus den letzten Jahrzehnten, die inzwischen allgemein
anerkannten Sprachgesetzen widerstreitet und von den Aufstellern
gewiss nicht mehr vertreten wird, da die einzelnen Artikel immerhin Material zur Sache enthalten; ziemlich überflüssig die Mitteilung auch solcher, die von ihren Autoren ausdrücklich des-
avouiert sind. Dass hier oft ein besonderer Artikel gegeben
wird, wo ein Rückweis genügt hätte, gereicht dem Aufbau zum
Nachteil; mehrfach erscheint auch das gleiche Wort ohne Rückweis an verschiedenen Stellen verschieden erklärt. Es ist daher
in jedem Fall der Index zu Rate zu ziehen. Die Wiedergabe
der ausgesprochenen Ansichten lässt nicht selten zu wünschen,
schlägt einigemal selbst in das Gegenteil um; man vergl. z. B.
3625 *gaudium*, 3815 *gustum*, 5512 *mustum* mit *Ztschr.* IX, 148
und *Grundr.* I, 740. Dass hier und da für eine Aufstellung

eine Autorität angeführt wird, die so gut wie Nichts gesagt hat,
eine andere fehlt, bei der sich das wichtigere findet, thut weniger
Schaden. Kritik und eigene Gedanken fordern vielfach Widerspruch heraus. Dem Referenten wird es gestattet sein, sich zur
Besprechung eine Wortreihe zu wählen, an deren Diskussion
er sich selbst beteiligt hat, die Ausdrücke der Falkenjagd.

     77 *[acceptor]* & 866 *(astur)*, volkst. **astor*. Bei dem ersten
Artikel konnten, da die Erörterung des Etymons thatsächlich erst
unter dem zweiten erfolgt, 5 Zeilen gespart werden. Die eckige
Klammer ohne Stern ist unerklärt und unverständlich, die runde,
auch nicht erklärte, wird mehrfach bei ausgefallenen lateinischen
Worten gebraucht. *Acceptor* lässt K. nur für das sp. *azor* gelten;
wenn ihn die von Tailhan *Rom.* VIII, 609 aus der iberischen
Halbinsel erbrachten zwei Belege von mlat. *acetor* überzeugten,
musste er auch den 6en aus Nordfrankreich glauben, die Ducange
aufführt (auf den übrigens zu verweisen war). Entscheidend ist
einzig das *Ztschr.* IX, 146 aufgestellte spanische Lautgesetz.
Eigentlich, wird gesagt, heisse *a.* Einnehmer (??), sei auf den
Jagdvogel übertragen, weil dieser die Vögel für seinen Herrn
gleichsam einkassiere! Die Erklärung ist neu und nicht gut;
es ist einfach Fänger zu übersetzen, wie in *auceps, ceptor* =
captor. Für die ital. prov. franz. Formen wird nach Gröber die
alte Herleitung aus *astur* gebilligt. Hier ist sehr verzeihlicher
Weise *Anz. f. d. A.* XIII, 301 übersehen, wo darauf hingewiesen
ist, dass gerade die einzige Stelle, durch welche wir das
Wort kennen, seine Deutung auf den Habicht unmöglich macht.[1])
Gegen *acceptor* machte Gröber die Unmöglichkeit einer Reduktion
von *-ccept* auf *-st-* geltend, dem Italienischen gegenüber ein gewiss
berechtigter Einwand. Weniger vorsichtig nennt K. die Annahme
unglaubhaft, dass provenz. und franz. *accept* einmal zu *akçt* geworden sei. Warum? Die Reduktion von *tt* (aus *pt*) zu *t* kann
nicht viel jünger sein als *t* zu *d*, das älter ist als der Ausfall
des tonlosen Vokals in der gegebenen Stellung. Die Möglichkeit
des Zusammentretens von *kç.t* in Abrede zu stellen, liegt gar
kein Grund vor; fraglich ist dagegen, ob in *kç* zu jener Zeit
der erste Bestandteil nicht schon dem zweiten assimiliert war.
Ich halte das letztere für wahrscheinlich und bezweifle die Regel

---

     [1]) Firmicus Maternus V, 7: *accipitres, falcones, astures;* die hand-
schriftliche Überlieferung verbietet an eine Glosse zu denken. Im
ganzen Mittelalter steht so in natürlicher Reihenfolge an dritter Stelle
der Sperber. Zusammenhang der Benennung mit Asturien ist sachlich
höchst fragwürdig; vgl. Stadt und Fluss *Astura* in Latium. Der *asturco*
ist nur missverständlich zum Vogel gemacht worden, *asturius* ein
Fehler Tailhans.

mässigkeit einer Entwickelung von *akç* zu *auç*. *Austor* für **astor*
möchte sich K. durch Anlehnung an *aussor* erklären, *ostour* für
*astour durch *ost*, Heer, „weil der Jagdvogel ein Raub- und
Kampfvogel ist". Meine Auffassung der Sachlage ist kurz die:
in Spanien und Portugal liegt *acceptor* vor, in der Provence
und Frankreich mischte sich *ave* ein, entweder wie in *ave
struthio, ave tarda, ave casta* = der Vogel Fänger, oder wahrscheinlicher wie in *auceps, aucupor* = der Vogelfänger, **auceptor*
überwog *acceptor*. In Italien muss, wie heute in England, infolge der Entwaldung, gerade der Habicht ziemlich selten sein,
dürfte daher vom Volk fast überall als *avvoltojo* bezeichnet
werden. So konnte für den Sportvogel, statt des zu erwartenden *accetore*, leicht eine prov.-franz. beeinflusste Form sich fest-
setzen. *A* im Anlaut begünstigte das seit dem XIII. Jahrhundert
von der Gelehrsamkeit aufgenommene *astur* (*austur* schreibt in
Sizilien Friedrich II.); übrigens sprach auch ein Teil der Provence
astour, wie aus Mistral und Azais hervorgeht, entsprechend dem
Cat. u. Span. — Die Bemerkung Gröber's, *autour* sei, weil frz. *ou*
zu *eu* wird, aus dem Provenzalischen entlehnt, ist weggelassen,
allerdings nicht unbedenklich, da *ostour* vor jenem Lautwandel
im Norden allgemein üblich war. Es mag, neben *autourserie,
autoursier*, der internationale Charakter des Sports die Aussprache
der Händler und Falkner beeinflusst haben. Dagegen wird in
der neufr. Schreibung *autour* eine Volksetymologie vermutet,
welcher Art, ist nicht gesagt. Sie ist entweder einfache Ditto-
graphie, oder durch mlat. *austur* beeinflusst, in beiden Fällen
eine Schulfuchserei, wie übrigens viele sogenannte Volksetymo-
logien. Über die Verwendung des Habichts zu Vogeljagd im
späteren Altertum soll Brandes und Dressel, *ALL* IV, 141 &
324 verglichen werden, wo irriger Weise die seit 300 Jahren
allgemein bekannte älteste Stelle zur Falkenjagd neu entdeckt
ist — eine wenig angebrachte Empfehlung.

3112) *falco*. K. verhält sich mit Recht ablehnend gegen
die von Kluge aufgenommene absurde Deutung aus dem Völker-
namen der *Volcae*, stellt aber zu Unrecht die Sache so dar, als
ob von jenem, der hier ohne persönliche Sachkenntnis nur Fremdes
reproduziert, die Ableitung von „*fahl*" herrühre: sie ist von Klein
zu Hessel's *Lex salica*, 409 gegeben, von Mackel S. 65 aufgenommen. Über meine Erklärung aus *fallan + k* (*Ztschr. f. d.
A.*, 27, 50) wird gesagt: G. Paris habe *R.* XII, 99 gut begründete
Bedenken dagegen ausgesprochen. Das ist unrichtig; Paris hat
seine Zweifel überhaupt nicht begründet, nur Belege für die
Art der Derivation (nun, z. B. *haban + k* = Habicht) ver-

langt.[1]) Hätte K. meinen Artikel gelesen — aus 3929 und 7095 erhellt, dass er es unterlassen hat — so würde er vielleicht auf die Abgabe eines persönlichen Urteils in der keineswegs so einfachen Frage verzichtet haben. Zur Sache konnte noch *Ztschr. f. r. Ph.* XII, 147 zitiert werden. Firmicus Maternus hat ungefähr 335 bis 50, nicht um 300 geschrieben.

3829) *gȳr[are]* + *falco*. Wie wenig das franz. *gerfaut* dem angesetzten Etymon entspricht, fällt in die Augen. Dass es völlig unhaltbar ist, hätte K. leicht *Ztschr. f. d. A.* XXVII, 59 sehen können, wohin ihn noch *Rom.* XII, 100 und Mackel, S. 65 weisen durften: die drei Stellen sind überschlagen. Was Mackel *l. c.* vorbringt, um die alte unpassende Erklärung als „beutegierige" aufzunehmen ist, beiläufig bemerkt, wenig überlegt, der Einfall, dass der nord. *geirfalki* ein anderer Vogel sein könne, mehr als unvorsichtig. Man hat unter dem *Gerfalk* nie etwas anderes

---

[1]) Seltsam wie Paris' Bemerkungen, welche auf die meinen nachdrücklich aufmerksam machen sollten, im entgegengesetzten Sinn verstanden worden sind. Er schrieb „*je doute que les germanistes acceptent un pareil procédé de dérivation, dont il faudrait citer d'autres exemples.*" Mackel, der dabei für etwas sehr ähnliches eintritt, macht daraus „Mit Recht wendet G. P. ein, dass eine solche Ableitung ohne alle Analogie sei." Werth endlich „Diese Etymologie ist unhaltbar, worauf schon G. P. aufmerksam machte." Meine Untersuchung über die ältesten Traditionen der Beize war ursprünglich für ein grösseres Publikum bestimmt, und vermied daher alle irgend entbehrlich scheinenden Zitate. Sonst würde ich wohl darauf hingewiesen haben, dass seit der 1. Ausgabe von Grimm's *Grammatik* die Existenz eines spezifisch germanischen *k*-Suffixes immer angenommen worden ist, so auch bei Kluge, und besonders in einer Anzahl Tiernamen: *Storch, Kranich,* got. *ahaks,* wahrscheinlich auch *Lerche, habuk* vom Verbum (der Vokal ist durch die Labiale bestimmt), *Belche, Schelch;* es mag angemerkt sein, dass *varch-porcus,* dessen gesetzwidriger Auslaut den Sprachvergleichern Verlegenheit bereitet hat, durch diese Analogie bestimmt wurde. Der Unterschied zwischen dem Fangen des Habichts, dem Sturz des Falken ist ein so frappanter, dass er auch ohne Existenz der Jagd zur Benennung veranlassen konnte; die Jagdbücher und alle Beobachter heben ihn regelmässig (vgl. z. B. Girald., Cambr., *It. Hib.* I, 12: *accipitres . . . praedas persequuntur . . . falcones . . . ab alto feruntur*) hervor. Zweifel an der Zulässigkeit einer Herleitung von *falco* aus *fallan* kann nur der Umstand hervorrufen, dass sie Übertritt in die schwache unter dem Einfluss von *aro, wiho* am Ausgangspunkt der Wortbildung voraussetzt. Für germanische Provenienz spricht auch die Verwendung als Eigenname im Ahd., Ags., Langob. und (*Esp. sagr.* 33, 468) Westgothischen. Es gibt nur ein Fremdwort, dem diese Ehre gemeingermanisch zu teil geworden wäre, *Kessel* (von Kluge übrigens als germanisch in Anspruch genommen): hier aber deuten die nordischen Zusammensetzungen mit *ás-, thor, hal-* (= Tempel), *ulf-* auf uralte sacrale Verwendung des Erzgefässes, auf eine Zeit, in der man es selbst noch nicht zu fertigen verstand. Gegen die Identifizierung mit dem lateinischen Schimpfwort wird vor allem immer wieder die Stelle Be-

verstanden als den *falco islandicus;* es genügt wohl, wenn ich
aus der Fülle der Belege nur *Girald. Cambr., Topog. Hiberniae*
I, 92 anführe: *Desunt et gyrofalcones, quos borealis arctoaque
regio gignit et mittit.* Dass wir mhd. den Namen des hier wenig
verwendeten ausländischen Vogels mechanisch nachgesprochen, gelehrt und auch volkstümlich umgedeutet finden werden, ist nur
natürlich; indessen scheint auch hier das richtig aufgefasste *gêrfalk*
das übliche gewesen zu sein. Die romanische Behandlung des
Anlauts beruht auf der Aussprache des niederrheinischen Falken-
markts.

4668) [*laniarius*]. Das Wort steht bei Papias (und Isidor?)
= *lanista.* Würgvogel von der gemeinten Falkenart kenne ich
nicht, Würger bei Diez ist gelehrte Übersetzung, richtig Blaufuss
oder Lanier (*Ztschr. f. d. A. XXVIII,* 61). Es ist übersehen,
dass G. Paris *Rom. XII,* 100 auf das Unzulässige von *nj* zu *n*
im frz. *lanier* (ital. *laniere* ist dort entnommen, ebenso sp. *lanera*)

---

denken erwecken, auf welcher sie beruht: *falcones dicuntur, quorum
digiti pollices in pedibus intro sunt curvati, a similitudine falcis* bei Verrius
Flaccus (Festus); darauf baut, ungefähr ein Jahrhundert nach Firm.
Maternus, Servius sein *quod hanc quidam Falco condidisset, cui pollices
pedum curvi fuerunt, quemadmodum falcones aves habent, quos viros
Tusci capyas vocarunt.* Warum, wenn Verrius den Vogelnamen kannte,
erklärt er nicht wie Servius? Man kann sich ja darüber hinweghelfen,
aber nicht gut. Auch die Erwägungen, welche ich gegen den Begriff
geltend machte, wiegen schwerer, als P. zulassen wollte; *falco* bezeichnet von Anfang an und überall die bestimmte Unterart, welche
nicht als Repräsentantin der Klasse gelten kann, und es ist daher
wahrscheinlich, dass der Name ein Charakteristikum angibt, nicht den
Raubvogel schlechthin meinte. Auf die Angabe, dass die Italer *capus*
sagten (Isidor) will ich kein zu grosses Gewicht legen; sie steht in
verdächtigem Zusammenhang mit Capua, und der Stelle des Servius.
Kern's Identifizierung von *falco* mit skr. *pâlanka* ist lautlich unzulässig; das wiederholt untersuchte arische Suffix kann nicht germ. *k*
ergeben. Ich bin unabhängig von jenem auf den Gedanken an „fahl“
geführt worden durch den naheliegenden Umstand, dass bair. *Falch*
vom blassgelben Pferd, Ochsen, gebracht wird, liess ihn aber bald wieder
fallen. Das Gefieder des Vogels geht nach Alter und Spielart von sehr
dunkeler zur weisslichen Färbung; es gibt fahle Falken, man kann
aber nicht sagen, dass der Falke fahl sei. Das bayrische Wort lautet
zugleich *Falb, Falw, Fal;* Schmeller's Erklärung des *h* aus *w* ist zwar
bedenklich, richtiger wohl dürfte, wie bei *Molch,* ahd. mhd. *mol,* an
Einwirkung jenes germ. Suffixes gedacht werden. — Die verba magistri,
welche Werth aus einem Kolleg über german. Gramm. *Ztschr. f. r. Ph.*
XII, 147 an mich richtet, hätte er an Kern und Mackel adressieren sollen.
Bei mehr persönlicher Kenntnis der Frage würde er das gerade hier
wichtige *varch* nicht übersehen haben. — Als ein neues Präjudiz zur
Herkunft der Falkenjagd muss noch Thurneysens (Kelto-Romanisches, 28)
Erklärung des irisch-kymrischen Habichtnamens aus dem germanischen
bezeichnet werden.

hingewiesen hat. Entsprechen würde nur *lanarius*, wobei aber der Begriff unklar bleibt.

4876) got. *lôfa*. Von den drei germanischen Worten, die Diez zu sp. *lua* nennt, ist gerade engl. *glove* weggelassen, das doch zunächst in Betracht kommt, und dessen Zusammenhang mit *lôfe* nichts weniger als sicher ist. Nicht beachtet ist Goldschmidt *l. c.* S. 26, dessen Bedenken übrigens nicht ganz begründet sind. Inl. *f* zu *v* (pg. *luva*) ist berechtigt, auch anl. *gl* zu *l*. Der Handschuh ist eine ursprünglich nordische Tracht; es lässt sich wohl denken, dass von zwei vorhandenen Bezeichnungen die dem fränkischen Eisenhandschuh zugehörige die andere zurückdrängte. Fraglich bleibt, ob es einen Weg gibt, um das vom Spanischen geforderte *u* mit ags. *glofa* in Einklang zu bringen.

4895) altgerm. *lôþr*. Die Formen ·von frz. *leurre* sind noch aicht vollständig aufgeklärt. Es war daher, neben *Rom.* XII, 100, noch auf den Einwand hinzuweisen, den Goldschmidt S. 26 gegen das Etymon erhebt. Zusammenhang zwischen dem deutschen und den romanischen Worten steht übrigens ausser Frage, und das erstere bietet die entschieden ursprünglichere Bedeutung.

5265) *merula*. Nach alter Gepflogenheit wird die von Diez aufgenommene Erklärung von *smeriglione* u. s. w. aus dem lateinischen Wort wiederholt, dabei fälschlich zwischen *smerlo* Lerchenfalk, *smeriglione* Schmierling [sic!] (ein Raubvogel) unterschieden, pr. *esmirle*, frz. *émérillon* weggelassen. Die Bildung wäre italienisch möglich, aber man weiss jetzt längst, dass es „Scheideformen" wie *merlo* Amsel, *smerlo* Schmerl, nicht gibt. Der Nachweis sachlicher Unzulässigkeit der Übertragung wäre *Ztschr. f. d. A.* XXVII, 60 leicht zu finden gewesen, ist *Rom.* XII, 100 ausdrücklich anerkannt. Schon dass bei Gröber *ALL* III, 530 *smerlo* ausfällt, hätte K. stutzig machen können. Man wird, wie man sich auch zur Frage nach der Herkunft der Falkenjagd stellen mag, dem Deutschen den Vorrang einräumen müssen, weil der Vogel nach dem grössten Teil der romanischen Gebiete nur im Zug kommt, das Wort spätahd. dreimal belegt ist und sich hier am kräftigsten zeigt: denn Zusammenhang zwischen den Namen des Schmerls und des Schmerle ist nicht wohl zu bezweifeln, welcher Art immer er sein mag.

5497) *musca*. Neben nfrz. *émouchet* (wegen *épervier*) steht nfrz. u. afrz. *mouchet*; beide bezeichnen nicht eine Art Sperber, sondern das Sperbermännchen. Über den Grund der Benennung siehe *Anz. f. d. A.* XIII, 302. Dass *moschetto, mousquet* ursprünglich nichts anderes ist, war bei Diez richtig gesagt, und zu wiederholen.

5604) **nidiax* und 5605) **nĭdĭcus*. Bei dem ersten der beiden

„vulgärlateinischen" Worte ist Diez missverstanden. Er hat gesagt, dass it. [bezw. florent.] *nidio* + [ital.] *ace* „(lat. *ax*)" *nidiace* ist. „Damit identisch [d. h. *nid* + *ais-ace]* ist frz. *niais.*" Die Bildung *nidiax* ist lateinisch unmöglich, und würde zudem weder das italienische, noch das französische Wort ergeben.[1]) *Nidicus* wäre (s. *Grundr.* 707) sp. etwa *nizgo, niego* ist asp. *nio* + *ego,* pg. *ninhego* pg. *ninho* + *ego.* All' das sind ursprüngliche Bezeichnungen des Nestfalken, was zu bemerken war.

7065) *sacer* und 1642) arab. *çaqr.* Beide Etyma für den Sakerfalken stehen hier noch als gleichwertig; das lateinische ist zu streichen. Cf. u. a. *Ztschr. f. d. A.* XXVI, 61, danach *Rom.* XII, 100.

7647) germ. *sparwâri.* Für *gavilan* (auch altsp.; *esparvel* dort nur als sehr seltene Lehnform, etwas eingebürgerter *esparavan* wird ein vulgärlat. **capillanus,* von **capillus,* von **capus* angesetzt. Das Sternchen bei *capus* ist ein Versehen, ob das spanische mit dem spätlateinischen Wort irgendwie zusammenhängt sehr fraglich, die abgeleitete Form unzulässig. *ll* wird spanisch nicht *l,* ebensowenig als umgekehrt (Nachtr. 1513) *l* zu *ll.* Die Übertragung des Sperbernamens auf eine Pferdekrankheit (Spath) wird als sehr fragwürdig bezeichnet. Aus Godefroy war leicht zu ersehen, dass afr., entsprechend engl. *spavin,* und wie im Ital., das *r* fehlte. Die Einschiebung beruht aber in der That auf dem Gedanken an den Vogel, der seine Beute auch zu Furz verfolgt.

Neben den Volksnamen, die romanisch eine übertragene Bedeutung annahmen, hat K. auch einige aufgenommen, welche ihren ursprünglichen Sinn behielten. Das ist nur richtig, und ich hätte hier gerne alle gesehen, die sich aus dem Lateinischen erhalten haben. Ich nehme sie durch und füge an, was mir beim Blättern einfällt, ohne sie weiter zu studieren.

337) *alamannus.* Warum ist sp. *Aleman* (a. d. Franz.) gross geschrieben, die anderen nicht? Mit *tedesco* war auch afr. *tiois* zu erwähnen.

339) *Alanus.* Von der bestrittenen Etymologie des Hundenamens ist gerade die Hauptsache nicht erwähnt, dass nämlich, nach Ménage, *Alanus* für *Albanus* gesagt wurde, und die wahrscheinliche Identität mit dem *molossus* auf Epirus hindeuten würde. Die Sache bleibt weiter zu untersuchen.

---

[1]) Auslautend *Voc.ce* ist frz. *iz;* die Ausnahme, welche Horning für *ace* und *ĕce* machen wollte, ist unberechtigt. Überwiegend *pais* neben *paiz* beruht auf dem täglichen *pax vobiscum, pax domini* der Kirche; überwiegend *dis* neben *diz* auf *decem et.* Eine kleine Bosheit zur Frage der französischen Worte auf *-ais:* Was ist *Austrasia?* cfr. mlat. *nidasius* = *niais.*

381) *Algozz.* Das Wort findet sich nicht nur in Portugal. Genaueres war aus Dozy, *Gloss.* s. v. zu entnehmen, das Altfranzösische hinzuzufügen.

1459) *Cadurci,* „eine gallische Völkerschaft in Aquitanien, davon prov. *caorcis* und *chaorcis,* Einwohner von Cahors, davon wieder *chaorcins*" ist ungenau ausgedrückt, es fehlt „davon *Cadurci* f. *Divona* als Stadtname"; *chaorcin* war als französisch zu bezeichnen. Auch dass man nur den „in Cahors ansässigen italienischen Kaufmann" darunter verstanden habe, ist sicher unrichtig, wenn auch Ducange so wollte.

3431) [*Frankiscus].* Das Wort ist *franciscus* zu schreiben und als vgl. Nebenform zu dem belegten *francicus* zu bezeichnen. Die vorliegende Behandlung des *c* ist auf allen romanischen Gebieten älter als die germanische Invasion; *marechaucie* u. *senechaucie,* die eine Ausnahme zu konstatieren scheinen, sind aus *marechaus* u. *senechaus* gewonnen. Man kannte eben das Volk seit der ersten Hälfte des III. Jahrhunderts.

3433) *Franko.* Das Adjektiv *franc* ist doch ziemlich sicher nicht der Volksname, sondern das diesem zu Grunde liegende Wort, entsprechend nord. *frackr.* Diez drückt sich richtiger aus.

3581) *Galli offa.* Die übernommene Etymologie ist sehr unwahrscheinlich.

4695) *latinus.* Auch afr. wird *latin* = Sprache.

7349) *segusius.* Warum wird *Segusia* als vgl. bezeichnet? Die Notiz *Ztschr.* XII, 265 ist mir versehentlich zugeschrieben; soll „Werth" heissen. Ich habe zu dem Wort nur darauf hingewiesen, dass für die pg.-span. Formen *sebusianus* bei Cicero zu beachten ist.

7275) [*sclavus* (altdeutsch *slavo*)]. K. stimmt Mackel bei, welcher *s[c]l* als organische Lautenwickelung im Romanischen überhaupt betrachtet, und erklärt im selben Satz *s[c]l-* als besondere italienische, durch die zahlreichen (?!) mit *excl-* anlautenden Worte bestimmte Erscheinung: ein Variante, die der von ihm abgewiesenen Auffassung viel näher steht, als der gebilligten. Mackel hatte in der That Nichts erwiesen, sondern aus dem Material, das er bei mir fand, herausgenommen, was für die von mir bestrittene Ansicht sprechen konnte, übergangen, was ihr widerstritt. Eine materielle Berichtigung wäre gerade bei *schiavo* möglich gewesen.

Nach der üblichen Auffassung, wie sie Diez bietet und Miklosich *Et. Wb.* (1886) gelten lässt, nahm ich an, mlat. *sclavus* in der übertragenen Bedeutung (als Volksname ja schon bei Prokop und Jornandes) sei von den Deutschen vermittelt worden. Schienen doch auch die Belege bei Ducange dem zu entsprechen,

sagt es doch ausdrücklich Makkari I, 92. Trotzdem ist es ein
historischer Irrtum. Die Deutschen nannten ihre östlichen Gegner
Wenden, und so steht auch im rechtlichen Sinn im Sachsenspiegel
gegenüber *sclavus* der lateinischen Redaktion. Σχλαβηνόι, *sclaveni,*
Slovenen (gegen die Ableitung von *slovo,* Rede und damit die
Auffassung als allgemeiner Volksname Miklosich *l. c.*) ist Name
des südslawischen Stammes, der als der erste der Rasse im
VI. Jahrhundert an der unteren Donau den Romaeern gegen-
übertrat; sie werden von dort durch die Avaren bald zum Haemus
und nach Illyrien vorgedrängt, kamen hier mit den Bayern in
Berührung, waren aber zugleich unmittelbare (nur durch die Adria
getrennte) Nachbarn Italiens. Als allgemeine Bezeichnung einer
bestimmten Klasse der Eigenen (aus gekauften Kindern[1]) gebildeter Truppen), erscheint die Benennung zuerst bei den spanischen
Arabern in der ersten Hälfte des X. Jahrhunderts, in einem Zusammenhang, der Wort und Sache als erheblich älter erkennen
lässt (s. Dozy, *Gesch. d. Mauren*, II, 38). Damit werden wir
ohne Frage auf Italien hingewiesen, im Mittelmeer zu jener Zeit
das Emporium des Menschenhandels, der Venedig zur grossen
Stadt machte, und die gefallene Roma ernähren half. Allerdings
haben auch die Byzantiner die Epenthese des *c* (vgl. dazu *Ztschr.
f. d. Ph.* VI, 430), und Jordanis könnte von ihnen abhängig sein,
aber gegenüber *ischia* u. s. w. werden wir nun allerdings zu dem
Ergebnis kommen, dass *scl* f. *sl* ital. (u. prov.)[2]) in allen bekannten Fällen steht, das Wort als slawisch-italienisch bezeichnen
dürfen, ohne uns allerdings die Kürzung der Endung erklären
zu können.

8847) ahd. *walah*, davon afr. *nois gauge.* Ich zweifle, dass
heute noch irgend jemand den Lautwandel wird gelten lassen.
Allem Anschein nach aber existiert nur *gaugue,* und dann ist *walh*
möglich. Ein Hinweis darauf, dass *galois* ags. *wealh, wal* ist,
hätte nicht geschadet.

Nachtr. 7227[a]) arab. *scharkiin*, mlat. *saracenus.* Das Etymon
ist richtig, war aber entweder mit *q* oder *šarḳī* (Pl. *šarḳīn*) zu

---

[1]) Das waren nicht nur Kriegsgefangene, auch hungernde Eltern
verkauften die Söhne.

[2]) Nicht aber französisch und spanisch. Französisch fehlt sie
in der ganzen Masse der Eigennamen, den bei Waltemath verzeichneten
wie in den von ihm nicht aufgenommenen Gregors und Tours,
der der merowingischen Geschichtschreiber Polyptisa Irminonis und
Remense, wie in den altfranzösischen Formen. Für Spanien nenne ich
neben den *l. c.* gegebenen Belegen noch die urkundlichen Ortsnamen
Exlonza (a. 905), Eslonza (1067), Muslera (1163), Zisla (1163), Villoslada
(Lib. Mont. ca. 1340), Casla (ib.), und Eslaba in Navarra, ferner die
Eigennamen Gislavara (1076), Erisla (1044).

schreiben, und mit östlich zu übersetzen. Es wurde indessen nicht erst zur Zeit des Mittellateinischen aufgenommen, das Wort steht schon bei Hieronymus.

Wenn ich noch ausdrücklich hinzufüge, dass auch die Benützung von Littré und Godefroy zu wünschen lässt, so ist wohl auf alle Klippen aufmerksam gemacht, die bei der Benutzung des Werkes zu vermeiden sind, darf ich von der ursprünglich beabsichtigten Einzelkritik weiterer Begriffsreihen absehen. Kürzer durfte ich mich bei der Bedeutung des Buches wohl nicht fassen. Für jeden, der mit den romanischen Sprachen zu thun hat, wird es, trotz so mancher Schwächen, ein unentbehrliches Hilfsmittel bilden.

G. BAIST.

Cohn, Georg. *Die Suffixwandlungen im Vulgärlatein und im vorlitterarischen Französisch nach ihren Spuren im Neufranzösischen.* Halle a. S. (Max Niemeyer) 1891, VII, 322 S. 8⁰.

Die Frage des Suffixwandels wird nach Rothenbergs Schrift (Gött. Diss. 1880) und den daran geübten Kritiken von Koschwitz und Willenberg von Cohn zum ersten Mal wieder im Zusammenhang aufgenommen in vorstehender Arbeit, deren erster Teil auch als Berliner Dissertation (1890) mit etwas anderem Titel erschienen ist. Wer die Dissertation von Rothenberg vorher durchblättert, wird erst recht würdigen können, welch einen Fortschritt an Methode, Kritik und Gewissenhaftigkeit die vorliegende Arbeit darstellt. Wenig Wichtiges, auf seinen Gegenstand bezügliches, ist dem Verfasser entgangen,[1] alle Ansichten werden sorgfältig und selbstständig geprüft, und die eigenen neuen Ansichten erscheinen als das Produkt gewissenhafter und gründlicher Erwägungen. So wird man nicht anstehen dem Urteil von G. Paris zuzustimmen und dieses Werk für eine der besten Untersuchungen zu erklären, welche in letzter Zeit auf dem Gebiet der französischen Philologie erschienen sind. Man wird es hierbei einer Erstlingsarbeit nicht verübeln, wenn Manches mit allzu grosser Breite dargestellt und widerlegt wird, und eine allzu behutsame Ausdrucksweise und weitschweifige Satzbildung die Lektüre oft sehr erschwert. Im Einzelnen freilich wird man bei aller Anerkennung manchmal anderer Meinung sein; wird es doch überhaupt schwer sein für

---

[1] Auf einen Beleg von vlt. *tabone* im *Archiv f. lat. Lex.* VI, 168, den C. übersehen hat, macht G. Paris (Rom. XX, p. 377) aufmerksam.

eine ganze Anzahl der hier behandelten Fragen schon jetzt eine
Einigung zu erzielen, wenn eine solche überhaupt je möglich
sein sollte.

Der Verfasser kommt infolge eingehender Kritik von Rothenbergs Arbeit und Willenbergs Bemerkungen zu derselben zu folgenden
drei Formen des *Suffixwandels:* I) *Suffixwechsel,* II) *Suffixveränderung* (infolge lautlicher Vorgänge), III) *Suffixzerstörung* (durch
volks-etymologische Umformung eines Suffixes). Der Suffixwechsel
kann wiederum ein e c h t e r oder nur ein s c h e i n b a r e r sein, wovon
letzterer meiner Ansicht nach überhaupt nicht mehr in das Kapitel
des Suffixwandels gehört. So ist ein Übergang von *vetulus* zu *veclus,*
wenn man darin einen lautlichen Vorgang sieht, bei der Lautlehre zu behandeln,[1]) und bei *sarracenu — sarracin* ist von der
Aussprache *sarracinu* auszugehen, falls man hier nicht Suffixvertauschung annimmt. Vielleicht soll auch dieser ganze Abschnitt vom scheinbaren Suffixwechsel nichts anderes sein als
eine grosse Anmerkung, in welcher alle früher unter Suffixwechsel
behandelten Fälle besprochen werden sollen.

Der (echte) S u f f i x w e c h s e l besteht wieder aus zwei
Arten, der Suffixvertauschung eines mit Bewusstsein und aus
einem bestimmten Antrieb heraus vorgenommenen Ersatzes eines
Suffixes durch ein anderes, wie z. B. eines unbetonten durch ein
betontes und Suffixverwechselung, bei welcher unbewusst ähnlich lautende oder auch nur ähnlich gebrauchte Suffixe für (oder
neben) einander gebraucht werden. Das Material hat der Verfasser dem neufranzösischen Sprachschatz entnommen (auf Grund
von Sachs), doch werden alle Worte (soweit sie nicht erst
später eingeführt sind) durch die altfranzösische Zeit hindurch
bis zum Vulgärlatein und klassischem Latein zurück verfolgt.
Von dem gesammelten Material kommen in dem vorliegenden
Werk nur die Suffixwandlungen zur Sprache, welche im Volkslatein oder im vorlitterarischen Französisch vor sich gegangen
sind. Hoffen wir, dass die Bearbeitung des übrigen gesammelten
Materials bald nachfolgen wird. Im Einzelnen mögen mir zu
folgenden Punkten einige Bemerkungen gestattet sein.

Wie ich in meiner *afr. Grammatik* gethan hatte, so nimmt
C. an, dass „der allein volkstümliche Vertreter von *-itia*“ im
Französischen *-ece* sei und die Annahme eines Suffixes *-icia* im
Volkslatein, wie sie Mussafia zur Erklärung von *-ece* gemacht
hatte, wird, wie mir scheint, überzeugend zurückgewiesen. Durch-
schlagend scheint mir dabei zu sein, dass man entsprechend der

---

[1]) Falls man *-clus* noch als Suffix ansehen sollte, was es aber
nicht mehr war, würde höchstens Suffixveränderung vorliegen.

Verdrängung von *-ĭcĭus* durch *-ĭcĭus* eine vlt. *-ĭcĭa* erwarten sollte,
womit natürlich nicht gedient ist. Auch versteht man bei Mussafia's
Darstellung nicht, warum ein *judĭcium* im Vlt. zu *judītium* wurde,
während umgekehrt *-ĭtĭa* zu *-ĭcĭa* geworden sein soll. Für *-ece*
gegenüber *-eise* wird nun geltend gemacht, dass die Erbwörter auf
-ece zahlreicher sind als die auf *-eise*, und besonders, dass sich
unter den Worten auf *-ece* solche finden, welche man bis ins
Lateinische (d. h. wohl klassische Latein) zurückverfolgen kann
(„besonders auf *paresse* sei aus bestimmtem Grunde hingewiesen"),
die beiden bekannten Substantiven auf *-eise* aber erst im Vulgärlatein erschaffen sind.

Das Suffix *-eise*, *-oise* hält C. mit Horning für „eine
aus *-ece* geschwächte Form", für „einen dialektischen Trieb";[1]
bemerkt aber dazu, dass sich diese Worte auf *-oise* nicht bloss
in einem Dialekt finden. Später heisst es dann, allerdings in
konditionaler Verklausulirung, dass „*-eise* nicht als eine nur mundartliche sondern als eine (gegenüber *-ece*) vielleicht schon
halbgelehrte,[2] aber früher als *-ise* vollzogene Wiedergabe des
lat. Suffixes aufzufassen sein möchte." Das wäre eine neue Erklärung, welche *-eise* sich nicht aus *-ece* ‚schwächen' lässt, sondern als allerdings dialektische, gelehrte Entlehnung aus *-ĭtĭa*
auffasst. Diese Entlehnung sei nun früher vollzogen, als die von
-ise, welches gleichfalls „eine halbgelehrte nicht bloss dialektisch
begrenzte Darstellung des latein. *-ĭtĭa*" sei.

Die Frage, nach dem Verhältnis von *-ece*, *-eise* (*-oise*) und
-ise, *-ice* muss noch einmal selbständig im Zusammenhang mit der
Frage nach der Entwickelung *-tja* in den einzelnen Dialekten
aufgenommen werden. Nach den von G. Paris (*Rom.* XVIII,
S. 551) angeführten Ortsnamen zu schliessen, scheint die Entwicklung von *-tja* zu *-ise* einem grossen Teil des französischen
Gebiets, besonders auch Isle de France, wenn nicht dem ganzen
Gebiet, eigentümlich zu sein. Ist das richtig, so müssen für
place-plattja, für *mace-mattja* als Etyma angenommen werden und
die Entwicklung von *-ętja* zu *-eise*, *-oise* ist die allein volkstüm-

---

[1] Als letzteres, d. h. als eine selbständige dialektische Entwickelung aus vlt. *etja* habe ich es früher auch angesehen.

[2] Statt ‚halbgelehrt' wäre hier besser gelehrt zu sagen; ‚halbgelehrt' könne hier doch höchstens besagen, dass das durch Gelehrte
(Gebildete) eingeführte Lehnwort noch an einer oder einigen volkstümlichen Lautentwickelungen teilgenommen habe. Das gilt aber von
allen Lehnwörtern (oder gelehrten Wörtern, ich kann zwischen beiden
keinen qualitativen, sondern höchstens einen Zeitunterschied sehen),
dass sie nach ihrem Eindringen in die Volkssprache an allen Laut-
veränderungen teilnehmen. Mit ‚halbgelehrt' bezeichnet man richtiger
nur Mischformen zwischen gelehrten und volkstümlichen Worten.

liche. Die anfänglich sehr bestechenden Gründe,[1] welche C. für -ece vorbringt, scheinen mir jetzt nach näherer Prüfung nicht stichhaltig zu sein. Dass -ece häufiger ist, als -ise, beweist nicht, dass es älter ist. Ebenso könnte man vom neufranzösischen Standpunkt aus schliessen, dass -ice älter sei als -ise, da es häufiger vorkommt; nach C.'s Meinung ist aber -ice in Worten wie justice, service etc. später. Überhaupt ist einzuwenden, dass solche Abstrakte, wie die meisten mit -itja gebildeten, welche Charaktereigenschaften oder Affekte bezeichnen in der Sprache des Volks wenig üblich sind, was eher gegen die häufigen Bildungen auf -ece bedenklich macht. Was den zweiten Grund anlangt, dass man die Substantiva auf -ece bis in das Schriftlatein zurückverfolgen könne, während die beiden Substantiva auf -ise erst im Vulgärlatein erschaffen seien, so beweist auch dies umgekehrt eher für die Volkstümlichkeit von -ise, denn die Lehnwörter lassen sich natürlich alle auf das Schriftlatein zurückführen, aber aus ausschliesslich volkslateinischen Bildungen, welche in der Schriftsprache nicht vorhanden waren, können nur Worte der Volkssprache geflossen sein. Und was speziell paresse anlangt, welches jedenfalls wegen der Entwicklung der ersten Silbe für besonders volkstümlich gehalten wird, so möchte ich jetzt glauben, dass diese gerade gegen die Volkstümlichkeit des Wortes spricht, denn aus peģreṭja hätte *peirece — *poirece werden sollen; das Wort ist erst eingeführt worden, als die ‚Vokalisirung' von Palatal vor Konsonant schon abgeschlossen war. Auch in den übrigen romanischen Sprachen scheint es nicht volkstümlich zu sein; im Italienischen sicher nicht des erhaltenen i wegen, für das Provenzalische gilt das Gleiche, wie für das Französische, das Spanische scheint aus dem Provenzalischen entlehnt zu sein. Wäre prigritia ein Wort der lateinischen Volkssprache gewesen, so sollte man auch das Adjunktiv piger im Romanischen erwarten, das fehlt aber und ist durch eine spätere Bildung vom Substantiv im Französischen, Provenzalischen und Spanischen ersetzt. Die Begriffe ‚fleissig' und ‚faul' scheinen der römischen Volkssprache überhaupt gefehlt zu haben. Und ebenso wie perece, scheinen auch die anderen Abstrakte auf -ece erst durch die Gelehrten eingeführt worden zu sein. Ein Teil, wie gentilece, sind ers französische Bildungen.[2]

---

[1] Welche nach einer flüchtigen Durchsicht seines Buches mich veranlassten in meiner Rezension von Kœrtings lat.-rom. Wtb. (Arch. f. d. Stud. d. neuer. Spr., Bd. LXXXVII, 103 ff.) ihm zuzustimmen.

[2] Diese Erwägung spricht auch gegen vlt. Bildungen, wie leteçja, welche Mussafia für ledece annahm; C. hat schon aus anderen, oben angeführten Gründen ihre Unmöglichkeit nachgewiesen.

Was nun die beiden einzigen Substantiva auf *-eise, -oise* betrifft, so scheint *richoise*, pikardisch *riquoise* gleichfalls eine erst französische Bildung zu sein, denn *kk* vor *ẹ* hätte im Pikardischen *tš* ergeben sollen (wie *ekkẹllu-chel*) und im Franzischen und den damit übereinstimmenden Dialekten *ts* (*icel*). Nun findet sich ein **riceise* nirgends und die pikardische Form scheint, wie angeführt, *riquoise* zu sein. Ausserdem hätte aber vlt. **rikketja* (welches übrigens frühestens Ende des V. Jahrhunderts von dem germanischen Adjunktiv *rikki* hätte gebildet werden können) nicht das Suffix *-eise* sondern das Suffix *-ise* entwickeln sollen, nach *merkẹde -merci*, wie ja auch Muret (*Rom.* XIX, 592) das Suffix *-ise* aus solchen Worten herleitet. Also *riquoise, richoise* ist von dem Femininum, pikardisch *rike*, französisch *riche* (*ricca*), mit dem Suffix *-eise* (*oise*) gebildet. Es bleibt daher nur noch *prŏeise, prŏoise*, gegen dessen Volkstümlichkeit allerdings keine lautlichen Kriteria sprechen. Sollte man diese Bildung als Abstraktum ursprünglich der gelehrten Sprache zuweisen wollen, so muss deren Aufnahme schon sehr früh erfolgt sein; denn man muss glauben, dass auch die Lehnwörter auf *-ece* sehr früh eingeführt worden sind, da sie sich im ältesten Französisch finden und den volkslateinischen Vokal *ẹ* für cl. *ī* zeigen, und da ein Wort, wie *grace*, welches den gleichen Wandel von *-tja* zeigt, wohl zu den ältesten kirchlichen Lehnwörtern gehört. Was nun *-ise* und *-ice* anlangt, so möchte man ersteres gern mit Muret seines *s* wegen für eine volkstümliche Bildung halten. Bei Muret's Erklärung liegt nur das eine Bedenken vor, dass die Worte, wie das allein von ihm angeführte *franchise*, oder *richise* im *Poema morale* (weitere sind bisher nicht genannt) der Entwicklung des Palatals wegen für französische Neubildungen gehalten werden müssen, da nach *merkede -merci* auch ein *franketja* altfr. **francise* ergeben sollte, abgesehen davon, dass auch dieses Wort erst Ende des V. Jahrhunderts gebildet sein könnte. Über *richise* aber vgl. oben! So bleibt kein Beleg für diese Entwicklung, deren Möglichkeit theoretisch feststeht. Soll man nun annehmen, dass ein verloren gegangenes älteres **francise* durch Anbildung an das Femininum *franche* zu *franchise* geworden sei (**ricise* zu *richise*, das aber nur im *Poema morale* belegt ist), oder dass diese Worte und die anderen mit einem Suffix *-ise* gebildet seien, dessen ursprüngliche Vertreter sämtlich verloren gegangen wären? Das scheint doch gewagt. Wer, wie Mussafia (*Ztschr. f. Realsch.* XlV, 73, Anm. ***), den Lautwandel von *kẹ* zu *ci* ganz in Zweifel zieht, wird an eine solche Herleitung von *-ise* überhaupt nicht glauben können. Dass andererseits parasitisches, aus *tj* entwickeltes *i* die Kraft gehabt habe, den Übergang des lateinischen *i* zu *ẹ* zu verhindern, was

C. als Tobler's Ansicht mitteilt, ist um desswillen unwahrscheinlich, weil der gemeinromanische Übergang von *ĭ* zu *ę* viel älter ist, als die Entwicklung eines parasitischen *i* aus *tj*, die nur dem Französischen eigen ist. Auch würde dann die Erklärung von *-eise, -oise* neue Schwierigkeiten bereiten. Das Ungerechtfertigte der Annahme eines Wechsels von *-ĭtja* mit *-ĭtja* weist C. überzeugend nach und so fallen die von Clœtta, Mussafia und mir darauf basierten Erklärungen.

So muss man darauf verzichten, das Suffix *-ise* für ein volkstümliches zu halten. Dazu kommt, dass dasselbe nicht bloss lt. *-ĭtia* als Quelle hat.

Wenn man die französischen Worte auf *-ise* betrachtet, so entsprechen dieselben 1) lt. *ĭcium*, wie *juise, sacrefise*, 2) lt. *ĭtium*, wie *servise*, 3) lt. *ĭtia*, wie *justise*; schliesslich sind es französische Neubildungen von Adjektiven, wie *coartise, manantise*. Alle drei Gruppen haben Nebenformen mit *-ice* und bei allen drei Gruppen macht die Erklärung des Tonvokals Schwierigkeiten, wozu bei der zweiten und ersten noch das nachtonige *e*, bei der ersten das *s* aus *kj* kommt. Die Nebenformen ohne nachtoniges *e* (*juis, servis*) lassen sich aber, wie C. richtig (S. 39, Anm.) ausführt, leichter aus den längeren Formen als durch die Reimnot der Dichter verursacht begreifen, als umgekehrt, wenn man sie überhaupt aus einander ableiten will. Bei einigen Worten, wie *sacrefise*, verrät schon die übrige Form den gelehrten Ursprung. Auch *juise* ist ein gelehrtes Wort und, wie die Bedeutung: ‚jüngstes Gericht' zeigt, der Sprache der Kirche entnommen. Gegen die Volkstümlichkeit von *justise* (welches auch *s* vor Konsonant erhalten hat), *franchise* u. dgl., spricht das oben bei *parece* Bemerkte und *servĭtium*, welches in den übrigen erwähnten Sprachen gleichfalls das nicht volkssprachliche *i* zeigt, dürfte wohl ebenfalls nicht der Volkssprache angehört haben. Sonst liesse sich hier annehmen, dass *servĭtium in Anlehnung an *servire* im vlt. zu *servĭtju geworden sei, woraus sich *servis* lautgesetzlich entwickeln konnte. Doch scheint *servis*, wie angeführt, erst die spätere Form zu sein (Rol. 140 6 steht *servise* und nicht *servis*). So halte ich alle diese Worte für Lehnworte. Da aber *-ece* wegen Erhaltung des vlt. *ę* jedenfalls älter ist, wie *-ise*, können die Worte auf *-ise* nicht schon zu einer Zeit eingeführt worden sein, als der Lautwandel *-tja = -ise* noch nicht abgeschlossen war. Andererseits ist daneben das gleichfalls gelehrte Suffix *-ice* zu erklären, das sich in denselben Worten findet. Die beiden gelehrten Suffixe können nun entweder auf dasselbe Suffix *-ĭtia* zurückgeführt werden, dann muss man *-ise* durch Contamination von *-ice* mit dem volkstümlichen früheren Suffix *-eise* (gespr. *-eise*)

erklären, welche sich bei den in die Volkssprache am frühesten
eingedrungenen Worten vollzogen hätte, oder es bleibt die Möglichkeit *-ise* und *-ice* aus verschiedenen Suffixen herzuleiten und das
erstere auf *-itia, -itium,* das letztere auf *-icium* zurückzuführen.

Mit der Fortbildung der französischen Laute wechselte auch
die Aussprache des Lateinischen von den ältesten Zeiten bis zur
Gegenwart. So muss entsprechend der jetzigen Aussprache auch
für die ältere Zeit eine verschiedene Aussprache von *ti* V und
ci V im Latein angenommen werden, ersteres stimmhaft wohl *dzi* V,
letzteres stimmlos wohl *tsi* V lautend. Aus *servidzium* wurde
daher *servise,* aus *juditsium — judice.* Später fand dann ein Ausgleich in beiden Richtungen statt. Bedenklich ist dabei allerdings, dass lat. *itia* zwischen der Aufnahme der Lehnwörter auf
-ece und derer auf *-ise* die Aussprache der Gruppe *ti* gewech-
selt habe.

Ein allseitig befriedigender Ausweg aus der Schwierigkeit
scheint mir noch nicht gefunden zu sein; dieselbe besteht, wenn
die gemeinaltfranzösische Entwicklung von *᾿tja* zu *ᴵise* bewiesen
sein sollte, allein in der Erklärung des *s* im Suffix *-ise.* Die
Formen auf *-ice,* denen pikardisch ganz regelrecht *-iche* (z. B.
serviche) entspricht, lassen sich leicht als die letzten gelehrten
Entlehnungen des Suffixes *-itia* oder auch *-icium* verstehen.

Der Verfasser spricht mehrfach von Suffixvertauschung, wo
im vlt. oder vorlitterarischem Französisch nur ein Schwanken
zwischen zwei Suffixen stattfand, wie wir das im litterarischen
Französisch z. B. bei den oben besprochenen Suffixen *-ece, -ice*
und *-ise* beobachten, wobei in dem einen Wort dies in dem anderen jenes Suffix das üblichere wurde. So bestanden jedenfalls
die Abkömmlinge von *-ēlis* und *-alis* im vorlitterarischen Französisch neben einander; in *crudelis* hat sich die Form auf *-el (-ale)*
früher festgesetzt, in *fẹdelis* dagegen ist die Form mit dem (ursprünglichen) Suffix *-eil* bis in die historische Zeit geblieben,
während daneben auch schon *fẹdalis* mit dem Suffix *-alis* bestand.
Dies scheint doch natürlicher, als die Annahme, dass *fe(d)eil*
bereits im Französischen lebte, als *crüel* „erstand". Im XI./XII. Jahrhundert erhalten dann diese Adjektiva noch eine dritte Form mit
dem gelehrten Suffix *-al,* welches von den Formen *lĕal, rĕal* etc.
abstrahiert wurde, welche neben die volkstümlichen Formen *reiel,*
leiel traten. Warum C. mit Nathan nicht den Einfluss der Adjektiva auf die erst im Französischen gebildeten Substantiva annehmen will, sieht man gleichfalls nicht ein. Er schwankt daher zwischen zwei Erklärungen, die ihn beide demnach nicht zu
befriedigen scheinen. Die ganze Schwierigkeit scheint für ihn
daher zu kommen, dass er sich den Suffixwechsel als eine plötz-

liche Neuuniformierung aller Worte vorstellt, während auch bei
dem nach seiner Ausicht bewussten Suffixwandel jedenfalls ein
langdauerndes Schwanken und Nebeneinandergehen beider Formen
bestanden hat, wie z. B. der Kampf zwischen -*ise* und -*ice* ja
heute noch nicht auf der ganzen Linie entschieden ist.

Verfehlt scheint mir die Erklärung von *gäin*, welches eines
Ursprungs mit dem afr. Verbalsubstantiv *gaanh, gaaing* sei, „aus
dem es hervorgegangen wäre, als sich *gaanh* wenigstens zu *gaainj*
entwickelt hätte". C. vergisst, dass in *ñ* die Mouillierung im Afr.
im Wortauslaut nicht schwindet. Wenn C. die Erklärung von Diez
nicht befriedigt, so liegt das daran, dass er Bildungen mit dem Suffix
-*imen* nur im vorgallofränkischen Volkslatein für möglich erklärt und
das von Diez zur Stütze herbeigezogene it. *guaime* des fehlenden *d*
wegen nicht für einspruchsfrei hält. Aber aus französischem *gäin*
lässt sich diese Form doch nicht ableiten; daraus hätte nur *gaïno
werden können. Es bleibt also doch nichts übrig, als hierin eine
dialektische Form zu sehen, was ja die Bedeutung des Wortes
auch sehr wahrscheinlich macht. Das Wort wird aus der Bauernsprache der Poebene, dem westlichen Lombardischen oder Emilia-
nischen entlehnt seien. Damit ist ein vlt. *guadimen gerechtfertigt, welches jedenfalls mit ahd. *weidôn* oder dem Substantiv
ahd. *weida* in Verbindung gebracht werden muss. Ursprünglich
bezeichnet das vlt. Substantiv wohl die Handlung des Futter-
machens, wie noch im Französischen; deshalb nahm man nicht
das deutsche Substantivum einfach herüber, da dieses den Gegenstand oder das Resultat der Handlung bezeichnet, sondern bildete
ein romanisches Verbalsubstantivum mit dem Suffix -*imen*, das die
Handlung und zugleich das Resultat derselben bezeichnen konnte.
Und dieses Suffix muss im Vulgärlatein beliebt gewesen sein, da
sagīna sein Suffix mit demselben vertauschte, wie C. selbst (S. 57)
annimmt. Aus *guadimen entwickelte sich dann durchaus den
Lautgesetzen entsprechend afr. *gäin* und lomb. *guaime*. Für *train*
scheint die Erklärung von C. durch it. *traino*, sp. *tragin* gestützt,
welches letztere sicher nicht aus afr. *traïn* abzuleiten ist. Andererseits kann jedoch ein *tragimen aus *tragina sehr wohl durch
die gleiche Suffixvertauschung wie bei *sagina* gerechtfertigt werden.

Die neue Erklärung des Wechsels von -*ore* mit -*ura*, welche
C. (S. 174) gibt, will mir nicht einleuchten. In Anlehnung an
Suchiers Ansicht, dass die Abstrakte auf -*tas*, -*tus* etc. den Geschlechtswandel der Abstrakta auf -*ore* veranlasst hätten, meint
C., dass das weiblich gewordene -*or* zur besseren Veranschaulichung
des Geschlechts und zur äusseren Unterscheidung von -*or* masc.
in den Ausgang -*oram*, -*ora* übergegangen wäre; die Suffixform -*ora*
hätte sich dann in -*ura* verändert. Dagegen spricht, dass nur

ein sehr kleiner Teil der Abstrakte auf *-or* vlt. Formen auf *-ura*
zeigt. Ich glaube, die Erklärung, welche C. S. 175 für *ardura*
als gleichfalls möglich hingestellt, ist die richtige. Von dem
Präsenzstamm *ard-* hatte man ein Substantivum *ardore*, von dem
Supinumstamm ein Subst. *arsura*, beide mit gleicher Bedeutung
und beide in den romanischen Sprachen meist nebeneinander erhalten. Es lag eine Contamination nahe, und so finden wir in denselben romanischen Sprachen eine dritte Bildung *ardura* neben
den beiden anderen. Danach konnte sich dann auch von *calere*
neben *calore* ein *calura* bilden und auch, ohne dass ein Verbum
vorhanden war, neben *pavore* ein *pavura*, veranlasst durch die
Tendenz, den Abstrakten weibliches Geschlecht zu geben.

In Fällen, wie *chandelle, querelle* will C. an Suffixvertauschung
nicht glauben, weil „die Bedingungen nicht vorhanden gewesen
seien, unter denen allein die so frühzeitig erfolgte Suffixverwandlung
einen Suffixwechsel hätte besagen können (S. 212)." Er fasst hier,
wie auch sonst, die Bedingungen für eine Suffixverwechselung zu
eng. Die lautliche Ähnlichkeit zweier Suffixe und die grössere
Häufigkeit des einen will er nicht als genügenden Grund gelten
lassen, weil durch „dessen Einführung ein schiefer Wortsinn entstanden wäre". Aber fühlte man wirklich einen Bedeutungs-
unterschied zwischen *-ēla* und *-ella* in einer so späten Zeit noch
heraus? Wenn C. dann bemerkt, dass bei der Annahme einer
Suffixvertauschung es „nicht natürlich" sei, „dass dem Suffix *-ēl*
gleichwohl nicht durchweg in der Vulgärsprache entsagt wurde",
so ist gerade das Gegenteil der Fall. Bei dem von ihm mit
Seelmann und Corssen angenommenen Lautwandel, der auf einer
ganz auffallenden „geschärften Aussprache des *l*" oder auf
einen „Kranken der Volksschichten an Labdacismen" beruhen
soll, würde man Konsequenz erwarten, während bei einer Suffixverwechselung, wie schon oben gegenüber C. hervorgehoben
wurde, ein Schwanken Jahrhunderte hindurch fortbestehen konnte.
So ist ein Schwanken in *ardore-ardura* durch das Französische
belegt, bei *-elis* und *-alis* bezeugt, und ein solches ist auch
zwischen dem selteneren *-ēla* und dem häufigeren *-ella* vorhanden
gewesen und in einigen Worten, wie *candela-candella*, bis in das
Französische geblieben. Um den Tonvokal *ę* des volkslateinischen
Wortes zu erklären, muss C. selbst schliesslich doch noch zur
Suffixverwechselung greifen; denn die „rein äusserliche Einwirkung des so oft gesprochenen und sich formlich jetzt nur noch
in der Beschaffenheit des *é* unterscheidenden Suffixes *-ēlla*" (das
dann wohl nicht mehr einen schiefen Wortsinn gab) ist doch im
Grunde nichts - anderes als Suffixverwechselung.

Entsprechend *-ella* aus *-ēla* wird auch die Suffixveränderung

von -*íǫlus* zu -*iólus* infolge „jener volksmässigen verschärften
Aussprache" des *l* erklärt, nachdem ein Zusammenhang zwischen
dieser Erscheinung und der Accentversetzung in *pariéte, muliére*
abgelehnt worden ist. Die Schwierigkeit besteht hier nur darin,
dass *ǫ* durch das „verschärfte" *l* nicht gedeckt wird, „wie sich
ja auch in -*ēla*, wenn es nicht zu -*ella* geworden war, das *ē* als
freies entwickelte". Der Umstand, dass man zwar -*ela* aber nicht
-(*i*)*olus* mit doppeltem *l* geschrieben überliefert findet, dürfte
dann so zu deuten sein, dass -*ela* früher den Einfluss des Suffixes -*ella* erfahren habe. Eine so komplizierte Erklärung, welche
solche Schwierigkeiten hervorruft, kann nicht befriedigen. Wie
schon für -*ela* ist diese Erklärung auch für -*iólus* abzuweisen.
Neumanns Erklärung, welche dieser jetzt *Zeitschr. f. rom. Phil.* XIV,
S. 547 wiederholt, dass *ío, éo, íe* zu Diphthongen geworden
seien und der Accent in denselben „auf den zweiten gemäss seiner
grösseren Schallfülle mehr zum Accenttragen befähigten Bestandteil verschoben" worden sei, wird von C.[1]) mit der Bemerkung
zurückgewiesen: „es fehlt jedoch allemal eine Begründung". Ich
muss wenigstens sagen, dass ich diese Begründung mit „dem Prinzip
der relativen Befähigung des Vokals Sonant und somit Accentträger zu sein", nicht verstehe. Nach der Anwendung, welche
Neumann von dem Prinzip macht, scheint es, als ob *i* und *e* diese
„Befähigung zum Sonant und Accentträger" nicht in dem Masse
hätten, wie *o* und *e*. Dabei ist es doch merkwürdig, dass der
ältere Diphthong *ói* (z. B. *reconǫissent: Rome, redǫtet* Alex. XL)
später zu *oé* (*Afr. Gr.* § 276,3), *ýi* zu *yí, éi — oi* zu *oé* wurden.
Für die Dialekte, welche *ie* unter gewissen Bedingungen zu *i*
vereinfachen, muss doch wohl eine Aussprache *íe* angenommen
werden, welche auch die des mhd. Diphthongen ist. Wie gesagt, ich verstehe nicht, worin dieses Prinzip seinen thatsächlichen
Grund hat. So scheint mir die Erklärung von Mirisch die einzig
befriedigende zu sein. Was C. dagegen geltend macht, scheint
mir nicht stichhaltig. Er meint, es wäre „natürlich gewesen,
wenn in Übereinstimmung mit *báttuere* zu *báttuo* sich dem Primi-
tivum *aránea* die Ableitung *aráneola*, dem Nominativ *páries* der
Genitiv *párietis* in der Volkssprache angelehnt hätte". Dabei vergisst er, dass einerseits *báttuo-báttuere* gebildet ist nach den überwiegend zahlreichen Verben, wie *vendo-vendere*, dass dagegen
bei *párjes — parjéte* dem Sprachgefühl ein Wechsel zwischen
Stammbetonung und Endungsbetonung vorschwebte, wie bei zahlreichen Substantiven der III. Deklination. Dasselbe gilt von

---

[1]) C. schreibt dieselbe nur Rossmann zu und führt sie in letzter
Instanz auf Diez zurück.

múljer — muljére und so erklärt sich auch der Wechsel in der
Betonung zwischen *putjus* und *putjólus* und die Verlegung des
Accents auf eine kurze Silbe, ähnlich wie in *muljére*, wobei ähn-
liche Bildungen, wie *juvencus — juvencellus* vorschwebten. Gerade
die betonten Suffixe waren ja, wie C. selbst zeigt (S. 17 ff.), an
Stelle von unbetonten Suffixen im Vlt. beliebt.   In allen diesen
Fällen haben wir nichts Anderes als Stammesausgleich, ein Vor-
gang, der so gut für die Nominalflexion und Nominalkomposition
Geltung hat, wie für die Verbalflexion.   Somit ist auch Neumanns
Bedenken gegen die Erklärung von Mirisch beseitigt, dass dieselbe nur für *filiólum*, nicht aber auch für *pariétem* etc. passe.

Zur Erklärung von *costume*, wird angenommen, dass die
Aufeinanderfolge der drei Dentalen in der Volkssprache als Härte
empfunden worden sei, welche man dadurch beseitigte, dass man
den mittleren Dental im Anschluss an gewohnte leichtere Laut-
folgen ersetzte. So durch *g* (nach *plantagine* etc.) oder durch *m*
(nach *hominem* etc.). Das wäre also Differenzierung, oder spon-
taner Lautwandel infolge von Versprechen. Ich kann dabei nicht
verstehen, warum nicht das Suffix *-ugine* des späteren Lateins
(vgl. S. 268) überall durchgedrungen sei, da die Lautfolge *g — n*
doch beliebt und *d* als oraler Konsonant durch Versprechen leichter
zu *g* als zu *m* werden konnte, wozu eine doppelte Verschiebung der
Artikulation nötig wäre. Auch ist ein Einfluss von *hominem, feminam*
auf *consuetudinem* doch wenig wahrscheinlich. Ich glaube noch immer,
dass in den spärlichen Substantiven auf *-udo, -udinis* eine Anbildung an die Substantiva auf *-umen, -um(i)nis* vorliegt, zu welcher
vielleicht die schwere Aussprechbarkeit von *-tud(i)nis* beitrug.

Die neue Erklärung des afr. Suffixes *-ier* aus *-iarius*, welches
infolge von Dissimilation *-iarus* ergeben hätte, kann nicht befriedigen, da sie, wie der Verfasser selbst bemerkt,[1]) das Provenzalische nicht in Betracht zieht; aber sie scheint mir auf einen
Weg hinzuweisen, auf welchem sich zu einer Lösung der Schwierigkeiten gelangen lässt.   Man wird jedenfalls verlangen müssen,
dass eine wirklich befriedigende Erklärung auch das Provenzalische
umfasse und nicht nur dieses sondern auch die übrigen romanischen Sprachen. Bei diesen scheint mir C. sich allzusehr durch
d'Ovidio (*Grundr.* I, 524) bestimmen zu lassen,[2]) welcher *-iero*
als gallische Lehnform ansieht. Von seinen „fünf Gründen" fällt

----

[1]) Der folgende Deutungsversuch des französischen *-ier* ist auf
das provenzalische nicht anwendbar; weil es bedenklich ist in dem
letzten eine französische Entlehnung zu erblicken, wird man ihn bean-
standen. S. 278, Anm. 1.

[2]) Wie auch W. Meyer-Lübke, *Ital. Gramm.* S. 486, 487, wo das
Suffix *-iero* ganz ignoriert ist.

der erste (*gennajo* und wie **genniero*) mit der Annahme, dass
im Vlt. die beiden Suffix -*arjus* und -*ęrjus* nebeneinander vorhanden waren, wie gerade das Italienische zeigt. Wenn 2) *ar-
ciere* und *cavaliere* wirklich französische Lehnwörter sind (letzteres
doch wohl provenzalisches Lehnwort), so folgt daraus höchstens,
dass -*iere* ein entlehntes Suffix sei, aber nicht auch -*iero*, welches
daneben besteht. Dasselbe gilt von dem Schwanken zwischen
den Suffixen -*iere* und -*iero* bei den gleichen Wörtern (No. 3).
Wenn viele der Wörter sich auf „Dinge beziehen, auf welche ein
von Frankreich ausgehender Einfluss sicher oder möglich ist",
so beweist diese allgemeine Möglichkeit doch nichts für die betreffenden Worte auf -*iero*, -*iera*, von denen doch auch nur ‚viele'
diesen Vorstellungskreisen angehören sollen. Unter den fünf angeführten können *lanciere, uccelliera* z. B. jedoch weder aus dem
Französischen, noch aus dem Provenzalischen entlehnt sein. Das
Sprachgefühl (No. 5) kann schliesslich für Vorgänge, die sich vor
mehr als einem Jahrtausend abgespielt haben, nicht mehr herangezogen werden. Wie wenig dasselbe einen sicheren Massstab
liefert, beweist D'Ovidio selbst, wenn er hinzufügt: „für *pensiero,
forestiera, straniero, preghiero, leggiero* wird man freilich nur un-
gern den fremden Ursprung zugeben". Meist scheint sein Sprachgefühl an -*iere* Anstoss zu nehmen, welches vielleicht eine Entlehnung aus dem Französischen oder Provenzalischen ist. Was
das Spanische und Portugiesische betrifft, so beweist die Gegen-
überstellung von *primero, caballero* und *cielo* doch nichts, da wir
im ersteren Falle nicht einfach ę sondern ę gefolgt von *j* haben;
dieses Letztere ergibt aber ebenfalls *e*.[1] So könnte das spanische
Suffix sowohl aus -*ariu* durch *-*airo*, *-*eiro*, wie aus -*ęrju* erklärt
werden; auffällig erscheint mir bei der ersten Erklärungsweise
nur, dass schon alle Zwischenstufen zwischen -*arju* und -*ero* vor
dem IX. Jahrhundert vor sich gegangen sind, da schon im IX. Jahrhundert das Suffix in seiner heutigen Gestalt in Spanien belegt
ist.[2] Was das Provenzalische betrifft, so verlangen -*ieir* und
-*ieira* neben -*ier* und -*iera* unbedingt eine vlt. Form -*ęrju, ęrja*.
Eine solche Form kann nun nicht durch eine frühe Epenthese
des *i* gewonnen werden, welche Ansicht Meyer-Lübke wieder in
seiner *Roman. Gram.* (§ 522) vertritt. Dagegen spricht doch
Vieles. Die entgegenstehenden Formen des Französischen, einerseits *vair* (und *pair?*), andrerseits -*iere* (da -*arja* über *arie* zu
-*aire* geworden ist), werden leicht durch Annahme von Neubildungen,

---

[1] Vgl. für das Spanische, Mugica, *Gram. del castellano antiguo*,
Berlin 1891, § 76.

[2] Vgl. Keller, *Altspan. Lesebuch*, S. 136.

die eine vom Femininum, die andere vom Maskulinum aus, beseitigt. Warum nun die eine Form nach dem Maskulinum, die
andere nach dem Femininum sich umbildete, wird dabei allerdings
nicht erklärt. Die Epenthese des *i* in *-rju* müsste sich nun
sehr ‚frühzeitig' (§ 235) vollzogen haben, die Diphthongierung
von freiem *ę* reicht in hohe Zeit hinauf und der Diphthong *ai*
muss doch auch Zeit gehabt haben sich zu *ei -ę* umzubilden.
Bei afr. *ai*, welches schon in den ältesten Texten als solches
erscheint, dauert das bis in das XII. Jahrhundert, gewiss wohl
vier Jahrhunderte. Es würde das jedenfalls der früheste Lautwandel sein müssen. Was nun die Behandlungsweise von altem
ai anlangt (Meyer bemerkt einfach: „worin das alte *ai* behandelt
wird wie *ę*“), so lässt die Behandlung der fränkischen Lehnwörter
vermuten, dass dem Vlt. im V./VI. Jahrhundert der Laut *ai* unbekannt war. Denn frk. *ai* wird durch vlt. *a* wiedergegeben.[1]) Auch
bleibt von Meyer-Lübke unerklärt, warum diese frühe Epenthese
des *i* nur bei *-arius* stattfand. Für das Provenzalische ist Meyer-
Lübkes Erklärung noch weniger klar, wie schon Horning (*Zeitschr.
f. rom. Ph.* XIV, 387) hervorhebt. Einerseits ist das „alte“ *ai*
in der Entwicklung nur bis zu *ęi* gediehen, woraus landschaftlich
iei und catal. *i* wurde, während ‚junges' *ai* allerdings noch heute
besteht; andererseits gibt es noch eine andere Entwicklung des
Suffix *-arius* zu *ia*, z. B. *cavalia*.

Wir haben im Provenzalischen wohl auch, wie schon im
Italienischen konstatiert wurde, die beiden Suffixe *-arius* und
-ęrius erhalten, das erstere allerdings verdrängt durch *-iarius*,
welches, wie man mit Cohn annehmen darf, infolge von Differenzierung zu *iaru* geworden ist, und das sich lautgesetzlich zu
iar, npr. *iá* entwickelt hätte. Prov. *-ieir* neben *-ier* lässt sich
nur aus *ęrju* herleiten, während afr. *-ier* sich allerdings auch
auf *-iaru* mit Cohn, dagegen nicht auf *iarium* mit G. Paris
und Horning (*l. c.*) zurückführen lässt. Horning will sogar *-iarium*
nur für das Ostfranzösische annehmen, „während sich möglicher-
weise im Provenzalischen, ja im Französischen die Schicksale
anders gestalteten.“

Gegen die Erklärung, dass *-arius* im Vlt. mit *-erius* ver-

---

[1]) Vgl. Mackel, *Die german. Elemente in der französischen und
prov. Sprache (Franz. Stud.* VI,1), Heilbronn 1887. Die Anzeige dieses
Buchs, welche ich für diese *Zeitschrift* übernommen hatte, ist aus äusserer
Veranlassung unterblieben. Ich will aber wenigstens nicht unterlassen,
bei dieser Gelegenheit die Leser dieser Zeitschrift auf das vortreffliche
Buch hinzuweisen, das zwar im Einzelnen zu manchen Ausstellungen
und Bedenken Anlass gibt, aber in seiner Gesamtheit grundlegend für
dieses wichtige Kapitel der französischen Sprachgeschichte geworden ist.

tauscht worden sei, macht Horning *(l. c.)* geltend, worauf ich schon in meiner *Afr. Gr.* (§ 36,1 mit der von C. S. 277 angezogenen Bemerkung) hinwies, dass die Palatale in den romanischen Sprachen eine Entwicklung zeigen wie vor *a* und nicht wie vor *ę*, z. B. in afr. *foiier*. Früher hatte er noch angeführt, dass *-ęrius* zu *-ir* hätte werden sollen, was auch Cohn nach Waldner anführt. Ich glaube das jetzt auch; allein, was C. zur Rechtfertigung für seine Erklärung geltend macht, würde auch hier und mit noch mehr Recht angeführt werden können. Denn ausser nach vorhergehendem *i* und allgemeinem Palatal entstand hier in allen Fällen eine Lautverbindung *-jęrju*, welche durch Differenzierung zu *-jęru* werden konnte, wie *jejunu* zu *jĕunu -jĕun*. Das letzte Bedenken von Cohn, dass wohl solche Wörter, welche im Schriftlatein *-ęrius, -a, -um* haben, im Franz. mit *-ir* vorkommen, während solche mit *-arius* etc. kein *-ir* zeigen, erledigt sich einfach damit, dass ja aus *-*iarius* eben so gut wie aus *-ęrius, -ir* hätte werden sollen, falls nicht Differenzierung eingetreten wäre, die dann aber auch in gewissen Gebieten für *-ierju* aus *-ęrju* vorausgesetzt werden kann, während in anderen *-ir* sich entwickelt hat. Das Vorkommen des *-ir* wird aber erst noch genauer zu untersuchen und festzustellen sein, wie weit dies nicht nur gelehrte Bildungen, wie *matire, empire* sind, und in welchen Dialekten sich die volkstümlichen Worte finden.[1]

Man sieht die Frage nach der Herkunft vom franz. *-ier* ist auch durch Cohn nicht gelöst. Wenn ich zum Schluss meine Ansicht ausführlicher als es mir in der im Druck befindlichen 2. Auflage meiner *Afr. Gr.* möglich war, darstellen darf, so scheint mir aus dem Italienischen und Provenzalischen hervorzugehen, dass im Vlt. die beiden Suffixe *-arjus* und *-ęrjus* neben einander und infolge ihrer gleichen Verwendung auch bei denselben Worten unterschiedlos vorkamen, wie das erstere zeigt; das Suffix *-arius* erscheint hierbei im Rückgang und beschränkte sich, wie das Italienische zu beweisen scheint, auf die Bildung von Substantiven (insbesondere Personenbezeichnungen), während *-ęrjus* sowohl zur Bildung von Substantiven wie von Adjektiven diente. Dazu scheint im Vlt. noch ein drittes Suffix getreten zu sein, das von C. aus Schuchardt belegte *-arus*, dessen frühes Vorkommen und dessen Belege wohl nicht auf ein Entstehen aus dem selteneren *-iarius* durch Differenzierung, sondern auf eine Kontamination der Suffixe *-arjus* und *-aris* hinzudeuten scheinen.

[1] Dialektisch scheint diese Differenzierung nicht eingetreten zu sein im Nordfranzösischen; so erklären sich die Formen *mesir, moustir* in diesen Gegenden.

Dieses Suffix ist auch in den italienischen Dialekten als *-aro*
erhalten. Dasselbe wird wohl *-arem* verdrängt haben und findet
seine Erklärung in der von Meyer-Lübke (§ 522, Anm.) erwähnten
Tendenz, doppelgeschlechtige Adjektiva an Stelle der einfach-
geschlechtigen zu setzen. Was nun das Französische anlangt, so
hätten sich aus den drei Suffixen drei verschiedene Suffixe entwickeln müssen, aus *-arju*, *-*air*, aus P + *arju* mit Dissimilation
-ier und ohne dieselbe (ausser im Osten, wo auch hier *-ier* entstehen musste) *-*ir*, aus *-aru* *-er* (z. B. *bacheler*) aus P + *aru*
-ier (*cullier*), aus dem, wie ausgeführt, häufigen *-erju* *-ier* und
(ohne Dissimilation) *-ir*, ebenso aus P + *-erju*. Der Ausgleich
dieser Formen wäre im vorlitterarischen Französisch in der Weise
vollzogen worden, dass das häufigere *-ier* das seltenere *-*air*
und *-*ir* verdrängt hätte, welche in gleicher Verwendung dafür
vorkamen. So würde es sich auch erklären, warum die Palatale
sich entwickelt haben wie Pal. vor *a*. Diese Erklärung steht der
von Cohn angenommenen nicht so sehr fern; auch er muss eine
solche Produktion von verschiedenen Suffixen gleicher Verwendung
und gleicher Bedeutung annehmen, da er die Suffixveränderung in
das vorlitterarische Französisch nach Wirkung des Bartschen
Gesetzes verlegt. Im Provenzalischen wäre nun *-arjus* (ausser
in einigen Dialekten) allgemein durch die Produkte von *-erjus*
(*-ier* und *-ieir*) verdrängt worden.

Auf kleinere Einzelheiten und Versehen einzugehen, ver-
sage ich mir, da diese Besprechung schon allzusehr angewachsen
ist. Möge der Verfasser aus derselben ersehen, wie wertvoll es
mir erschien, mich mit den von ihm entwickelten Ansichten auseinander zu setzen und möge er diese Berichtigungen als Dank
hinnehmen für die mannigfache Förderung und Belehrung.

Ed. Schwan.

Becker, Ph. Aug., *Über den Ursprung der romanischen Versmasse.* Habilitationsschrift. Strassburg, 1890. K. J. Trübner.
IV u. 54 S. 8⁰.

Becker's Untersuchung gliedert sich in drei Abschnitte,
welchen ein historischer Überblick über die lateinische Poesie, die
mutmassliche Quelle der romanischen Verskunst in der klassischen,
christlichen und karolingischen Periode voraufgeschickt ist und
ein Anhang über den Rythmus der französischen Eulaliasequenz,
sowie über den Prolog des Alexiuslebens folgt.

Der erste Abschnitt sucht die Entstehung und Entwickelung
der rythmischen lateinischen Poesie darzulegen. Nach Angabe

der Theoretiker hätten die lateinischen quantitierenden Verse zugleich auch einen gewissen Rythmus aufgewiesen und in der That seien sie infolge der Accentgesetze der Sprache, namentlich am Versschlusse einigermassen rythmisch bestimmt gewesen. So stelle sich also die strengere Scheidung zwischen trochäischem und jambischem Tonfall in der rythmischen Poesie der Kaiserzeit nur als eine Weiterentwickelung des bereits in der metrischen Dichtkunst vorhandenen Kontrastes dar und finde seine Erklärung in dem Verlust des prosodischen Gefühles und in dem Siege des Accentes. Auch die spätere strengere Durchführung des Rythmus weise in mancher Beziehung auf ältere metrische Vorbilder zurück.

Becker glaubt demnach an eine ganz allmähliche Entwickelung der lateinischen Verse von quantitierenden zu accentuierenden und bemerkt S. 12 unter Bezugnahme auf die gleiche Anschauung Thurneysen's in der *Ztschr. f. rom. Ph.* XI 306: „Als die Römer der Kaiserzeit das Gehör für die Dauer der Silben verloren, und der Intensitätsaccent zum Alleinherrscher sich aufschwang, musste dem Volke das Gefühl für die Prosodie abhanden gehen; da lauschte es dem Verse den innewohnenden Rythmus ab, wie er zwar durch die Quantität bedingt war, aber auch ohne sie dem Verse eine genügende Stütze bot." Aber war denn das Gefühl für Prosodie dem Volke je in Fleisch und Blut übergegangen? Der überwältigende Einfluss griechischer Verskunst auf die lateinische Kunstpoesie steht doch fest. In der Poesie der Griechen lässt sich aber von einer Rücksichtnahme auf den Wortaccent nichts verspüren. Dagegen konstatiert bereits im IV. Jahrhundert n. Chr. die „Ars Palaemonis de metr. instit." den rythmischen Bau der volkstümlichen lateinischen Verse — *veluti sunt cantica poetarum vulgarium.* Liegt es da nicht viel näher anzunehmen, dass die mehr und mehr hervortretende Rücksichtnahme der kunstmässigen Poesie auch auf den Wortton (besonders vor dem Versschluss und vor der Caesur) ein unwillkürliches Entgegenkommen an das natürliche rythmische Gefühl des Volkes bedeutet? Becker will zwar S. 8 den Zusammenfall der rythmischen Bewegung mit dem metrischen Schema im Ausgang der lateinischen Verse aus der Lage des lateinischen Accentes erklären. Aber es liessen sich doch, wenn die vorletzte Silbe lang war, einsilbige Wörter im Versausgang verwenden. Sie wurden eben erst verpönt, als man den trochäischen Tonfall zum Ausdruck bringen wollte oder vielmehr als der letzte Hauptiktus des Verses an eine betonte Silbe gebunden wurde. Die noch dazu erst in historischer Zeit fixierte Lage des lateinischen Accentes vermag also den in der Augusteischen Zeit eingetretenen Wandel im quantitierenden Versbau nicht zu erklären, höchstens mag es ihn begünstigt haben.

Hand in Hand mit der Hervorhebung des Hauptiktus im
Verse durch den Wortton ging die schärfere Regelung der Silbenzahl. Gerade die Verknüpfung beider Neuerungen liess dem Volke
die metrischen Verse als rythmische erscheinen, denn bei gerader
Silbenzahl vor der letzten betonten Silbe ergab sich ihm meist
von selbst ein trochäischer, bei ungerader ein jambischer Tonfall, auch dann, wenn im Inneren der Verse Wortton und Iktus
nicht oder nur teilweise zusammenfielen. Becker hat diesen Umstand nicht beachtet. Es gibt aber Verse mit betonter Haupt-
iktussilbe und ganz fester Silbenzahl bereits im I. Jahrhundert
und die späteren romanischen Verse sind nach demselben Prinzip
gebaut. Gleichwohl will Becker die letzteren erst aus den rythmischen Versen des dritten und vierten, ja der späteren Jahrhunderte herleiten. Die Verse eines Augustin sind aber nur
kunstmässige Nachbildungen volkstümlicher Verse, die wahren
vulgärlateinischen Vorbilder der romanischen Verskunst treten uns,
wie schon G. Paris *Romania* XVII, S. 318 betonte, weit deutlicher in den metrisch-rythmischen Versen des I. Jahrhunderts entgegen, wenn auch der metrische Bau derselben noch den Einfluss
der Kunstpoesie verrät. Nehmen wir an, dass die urlateinische
Volkspoesie accentuierend war — ich vermag trotz allem und
allen nicht anzuerkennen, dass diese Annahme mit triftigen Gründen
zurückgewiesen wäre —, während in der Kunstpoesie unter dem
Einfluss der griechischen Verskunst das dramatische Prinzip zur
Herrschaft kam, so musste bei der grossen indirekten Einwirkung
der Litteratur auch auf die breiten Massen des Volkes auch in
der vulgären Verskunst der Wortton an Bedeutung einbüssen.
Wie die spätere Kunstpoesie dem rythmischen Gefühl der Massen
mehr und mehr Konzessionen machte, so drang in älterer Zeit
der Geschmack der Gebildeten nach und nach in die unteren
Schichten und verdunkelte das Bewusstsein einer grundsätzlich
abweichenden Verskunst. Nur die letzte Tonsilbe behauptete sich,
weil sie den Hauptiktus des Verses zum Ausdruck brachte,
und gewann auch in der späteren Kunstpoesie wieder allgemeine
Geltung. Als notwendige Kompensation zur Markierung des
Rythmus stellte sich die feste Silbenzahl ein und auch sie verschaffte sich in der späteren Dichtung mehr und mehr Geltung,
wurde aber vor Allem auch den romanischen Versen vererbt.
So stelle ich mir den Hergang vor. Eine streng accentuierende
Dichtung konnte sich, darin stimme ich Becker vollkommen bei;
erst später und nur in kunstmässiger Weise wieder herausbilden,
die mittellateinische Poesie erhielt diese Gestalt wohl unter dem
doppelten Einfluss der Musik und der schulmässig nebenher noch
immer betriebenen metrischen Verskunst.

Neben der rythmischen Dichtungsweise bildete sich früh zeitig auch die Prosendichtung der Sequenzen heraus, die in ihrer jüngeren, strophisch fester geregelten Form nach Becker die weitere Ausbildung der romanischen Versmasse beeinflusst haben soll. Doch kann nur eine Einwirkung auf einzelne strophische Gebilde romanischer Kunstdichtungen zugegeben werden.

Was Becker im zweiten Abschnitt über die eingreifenden Wandlungen der metrischen Versschemen bei ihrer rythmischen Umdeutung vorbringt, mag für die Entwickelung der lateinischen rythmischen Poesie wichtig sein, für die Ausbildung der romanischen Verse ist es belanglos, wenn wir in ihnen, wie vorher geschehen, keine Umbildungen metrischer Verse erblicken.

Wertvoll dagegen und von Anschauungen, die ich selbst seit langem vertrete und denen auch G. Paris und Thurneysen huldigt, ausgehend ist der im dritten Abschnitt gemachte Versuch bei der Weiterbildung der lateinischen Verse zu romanischen die Sprachentwickelung mit in Rechnung zu ziehen. Direkte Belege für Verkürzung lateinischer Verse unter dem Einfluss der vulgären Aussprache fehlen allerdings. Die Parallele der modernen französischen Verse, deren Schema ja auf dem heutzutage wesentlich modifizierten Sprachzustand des XVI. Jahrhunderts beruht, scheint sogar einer solchen direkt zu widersprechen; denn die Gedichte, welche der volkstümlichen Aussprache Rechnung tragen, zeigen das alte Schema vollkommen intakt. Nur am Reihen- und Versschluss konnte — Becker hebt das nicht scharf genug hervor —, ohne die Versmelodie wesentlich zu ändern, eine Verkürzung eintreten und ist, trotz der künstlichen Scheidung männlicher und weiblicher Versausgänge, bei letzteren thatsächlich auch im heutigen französischen Verse eingetreten. Wie Becker S. 44 gleichwohl gegen die geistreiche Hypothese Thurneysen's, wonach der altfranzösische Vers *De vasselage chevalers puis avoir* die genaue Wiedergabe eines rythmischen daktylischen Hexameters *De vassalatico caballarios possum habere* sein sollte, an sich nichts einzuwenden findet, ist mir unklar. Hier rächt sich, dass Becker auf die feste Silbenzahl vor den letzten Reihen- und Verston kein entscheidendes Gewicht gelegt hat. Nur durch sie wird die Aufrechterhaltung der alten Versmelodie gewährleistet, an ihr durfte früher ebensowenig wie heute gerüttelt werden. Statt ferner auf die geschichtliche Entwickelung der Reihen- und Versschlüsse in den einzelnen romanischen Versarten einzugehen, sucht Becker überall An- und Umbildungen rythmisch gebauter antiker Kunstverse. Die Verwischung des Reihenschlusses im Italienischen ist aber doch eine ganz sekundäre Erscheinung, wie schon die Verse des Cielo'schen *Contrasto* und die Vergleichung mit der

prov.-franz. Behandlung erweisen. Der italienische Vers *La donna
è mobile qual piuma al vento* ist daher durchaus verschieden zu
beurteilen von dem französischen Vers mit Reihenschluss nach
der sechsten Silbe: *Comme la plume au vent Femme est volage,*
was einfach daraus hervorgeht, dass für den letzteren als voll-
berechtigte Variante eingesetzt werden dürfte: *Si comme au vent
la plume Femme est volage,* aber nicht ebenso im italienischen
Vostra donna fu mobile Qual piuma al vento.

Gerade die *sdrucciolo*-Ausgänge der italienisch spanischen
Verse musste Becker als die ältesten romanischen Formen be-
trachten und die *piano-* oder *tronco*-Versschlüsse als durch die
Sprachentwickelung, namentlich im romanischen Nordwesten be-
dingte Kürzungen. Ebenso muss natürlich von den weiblichen
Reihenschlüssen, wahrscheinlich sogar von den gleitenden, als den
ursprünglichen ausgegangen werden, soll der vulgär-lateinische
Quellentypus für die romanischen Langzeilen ermittelt werden.
Becker hebt selbst S. 41 mit Recht hervor: „Je geringer die
schulmässige Bildung und die litterarische Erziehung einer Epoche
eines Standes ist, desto weniger wird die Sprache von ihrer spon-
tanen, gesetzmässigen Entwickelung abgelenkt, desto unpersönlicher,
'nationaler' ist der Stil, desto einfacher und einheitlicher bildet
sich die Verskunst in ihrem Prinzip und ihren Formen aus, weil
ihre Handhabung und Überlieferung auf dem blosen Gefühl für
Rythmus und der natürlichen Nachahmungsgabe beruht" und bemerkt S. 45 anmerkungsweise: „Man merkt den romanischen
Versen überhaupt in manchen Stücken an, dass ihre Bildungszeit
in eine Periode der Barbarei fällt", und dennoch sollen die romanischen Verse nach ihm das Produkt zahlreicher Associationen
unter den ererbten Versmassen sein. War schon die Zahl der
rythmischen Verse gegenüber den metrischen erheblich eingeschränkt und stellte sich jeder einzelne rythmische Typus als
Resultante verschiedener, älterer und jüngerer Ausgleichungen
dar, so schrumpften nach B. in den romanischen Litteraturen
die Typen auf eine noch kleinere Zahl zusammen, noch mehr
Angleichungen fanden statt. Das wäre alles recht schön, wenn
nur die rythmischen lateinischen Verse der spätlateinischen Poesie
die direkte Quelle für die romanischen Verse bildeten. „Unsere
Kenntnisse der volkstümlichen Poesie und ihrer Entwickelung",
sagt Becker S. 42, „hat also eine Lücke, die ungefähr vom VI.
bis VII. Jahrhundert bis zum Auftreten der ältesten [romanischen!]
Sprachdenkmäler reicht." Leider aber ist die Lücke noch eine viel
grössere und geht, abgesehen von kümmerlichen Spuren volkstümlicher oder vielmehr Volkstümlichkeit anstrebender Poesie bis
in die Anfänge der lateinischen Litteratur zurück.

Nicht unwidersprochen möchte ich auch folgenden Ausspruch Becker's lassen: „So lange allerdings das Volk das Schriftlatein noch verstand und, wenn auch in korrumpierter Form zu sprechen vermochte, werden seine Dichter sich wohl der Schriftsprache beflissen haben, so gut es anging." Auf Kunstdichter, die in den Rhetorenschulen gebildet wurden, trifft das zu, aber nicht auf Poeten, welche in den breiten Massen des Volkes lebten und für sie dichteten. Dass dieser letzteren Verse gar nicht aufgezeichnet worden sein werden, spricht doch nicht gegen ihr Vorhandensein.

Der im Anhang mitgeteilten Ansicht Becker's über den Rythmus des französischen Eulalialiedes kann ich, soweit sie neu ist, gleichfalls nicht zustimmen. Die lateinische Vorlage soll nach ihm teils aus daktylischen Tetrametern (Abschn. 1. 2. 8. 13. 14) bestehen, teils aus drei Varianten eines zweiten Grundtypus (Abschn. 3. 6. [7.] 9. 12: $-\cup\cup\,\|\,-\cup\,|\,-\cup\cup\,|\,-\cup\cup$, 4. 10: $-\cup\cup\,|\,-\cup\cup\,\|\,-\cup\cup$, 5. 11: $\cup\,|\,-\cup\cup\,|\,-\cup\cup\,|\,-\cup\cup$). Hierin weicht er, und vielleicht nicht ganz mit Unrecht, von Suchier's Auffassung wesentlich ab. Wenn er dann aber hinsichtlich der französischen Nachbildung annimmt: „sie baut sich aus denselben Elementen auf, wiederholt sie aber in anderer Ordnung und mit gewissen Modifikationen", so ergibt schon die Zulassung fakultativer Auftakte und weiblicher Reihenschlüsse, zu welcher sich Becker genötigt sieht, und ebenso der Zwang zu einigen trotzdem noch erforderlichen Textänderungen (was soll *rovret* 11 b für eine Form sein?) diese ganze Auffassung als gezwungen und unwahrscheinlich. Ich habe in der für Gröber's *Grundriss* bereits seit nahezu fünf Jahren fertig gestellten Darstellung der romanischen Metrik folgendes Schema des französischen Liedes (unter Umstellung von Abschnitt 3 und 4 des überlieferten Textes) gegeben:

10. 10 ‖ 10. 11. 13. 12 | 10. 10 ‖ 10. 11. 13. 12 | 10. 10 ‖ 7

d. h. das Gedicht, abgesehen von der kurzen Abschlusszeile, in zwei völlig gleiche Strophen zerlegt, welchen nach Art der französischen *Balletes* eine zweizeilige *Ripresa* voraufgeschickt ist.

Gegen den Versuch, dem Prolog des Alexiuslebens eine richtige Sequenzform zu vindizieren, ist nur einzuwenden, dass derselbe eine beträchtliche Zahl von Textänderungen bedingt, welche dem Sinne nach unnötig sind. E. STENGEL.

Kassewitz, Joseph. *Die französischen Wörter im Mittelhochdeutschen.* Strassburger Dissertation. Strassburg 1890. 119 S. 8⁰.

Es ist eine der interessantesten und vielversprechendsten Aufgaben, die der Verfasser vorliegender Schrift sich zur Lösung

14*

gestellt hat, eine Darstellung des sprachlichen Einflusses des
Französischen auf das Mittelhochdeutsche, und eine solche Untersuchung würde, wenn auf sorgfältigster Ausnutzung des gesamten
sprachlichen Materials beruhend und mit allgemeinen historischen
und kulturgeschichtlichen Erwägungen durchsetzt, die bei dieser
in eminentem Sinne kulturgeschichtlichen Frage nach der Wechsel-
beziehung von Germanen und Romanen im Mittelalter unentbehrlich sind, eine fühlbare Lücke in unserer germanistischen Wissenschaft ausfüllen. Für die althochdeutsche Zeit besitzen wir die
gute Studie von Franz, *Die lateinisch-romanischen Elemente im
Althochdeutschen* Strassburg 1884 (vgl. auch Kluge in Gröbers
Grundr. 1,394); für das eigentliche Mittelhochdeutsch gab es nur
den schwachen Versuch von Steiner, *Die Fremdwörter in den bedeutendsten mittelhochdeutschen epischen Dichtwerken (Germ. Stud.
2,239)*, der jedoch in seinem Gebiete wenigstens auf Vollständigkeit
Anspruch machen kann; für das verwandte Niederländisch, das
auch Kassewitz zuweilen herbeizieht, haben wir jetzt die fördernden und belehrenden Zusammenstellungen von te Winkel in Pauls
Grundr. 1,706. Nach meiner Überzeugung ist die Arbeit von
Kassewitz nicht imstande die Lücke auszufüllen, die wir so lebhaft empfinden, da wir nicht nur wichtige und notwendige Dinge
in ihr leider vergeblich suchen, sondern auch in dem, was geboten wird, vieles Fehlerhafte oder nur ungenügend Verarbeitete
enthalten ist.

Der Verfasser hat sich auf eine rein statistische Aufzählung
der französischen Wörter und einige mehr oder weniger abgerissene Bemerkungen über ihre Lautform beschränkt: schon
in der Auseinanderreissung der Aufzählung des Materials und seiner
Behandlung, die sich in den übelgewählten Kapitelüberschriften
„Lautanalyse" und „Zur Lautanalyse" spiegelt, liegt meiner Ansicht nach ein schlimmer methodischer und Dispositionsfehler.
Weit instruktiver wäre es gewesen, die einzelnen Erscheinungen
gleich nach ihrer Aufzählung zunächst auch einzeln sprachgeschichtlich zu behandeln. Aber zu einer höheren Auffassung
der geschilderten Thatsachen, zu dem Versuch die leitenden Gesichtspunkte von der Sprach- und Kulturgeschichte aus zu gewinnen gelangt der Verfasser nie: denn der letzte allerkleinste
Teil seiner Arbeit, der die Überschrift trägt „Begriffliche Anordnung des Wortmaterials", ist nichts als ein alphabetischer
Index, eingeleitet durch einige recht kahle Bemerkungen über die
Vorstellungssphäre, der die französischen Lehnwörter entstammen.
Kein Versuch einer Chronologie der Übernahme, einer Feststellung,
wann Wörter zuerst, wann zuletzt auftreten, welche Wörter in
Gruppen etwa, welche isoliert entlehnt werden, welchen geschicht-

lichen und geographischen Gang die französische Strömung genommen haben wird — nichts der Art ist vom Verfasser auch
nur gestreift worden. Einzig nach dem lautlichen Schema geordnet häuft er das von den Wörterbüchern gegebene Material
ohne innere Ordnung vor uns auf, ohne nur mit einem Worte
die allernotwendigsten Teilungsprinzipien zu berühren, welche
Worte sind vollständig in die Umgangssprache des Volkes eingedrungen? welche nur in die der ritterlichen Kreise? welche
Worte sind halb gelehrt und vereinzelt in Denkmälern zu belegen? Es wird kein Unterschied gemacht zwischen Wendung
und Einzelwort, zwischen fremdwortlicher Entlehnung und ger-
manisierender Umbildung, zwischen französischen Zitaten ganzer
Sätze (wie sie Gottfried von Strassburg liebt: vgl. Steiner, *Germ.
Stud.* 2,252), die ein gewisses Kokettieren mit dem fremden Idiom
bedeuten, und einzelnen vollständig mit Bürgerrecht versehenen
Worten, denen vielleicht niemandes Sprachgefühl mehr den fremden Ursprung anmerkte.

Eine Arbeit wie die vom Verfasser unternommene erfordert
gleiche Bekanntschaft mit romanischer wie mit germanischer Philologie. Der schlimmste Vorwurf jedoch, den ich Kassewitz
machen muss, ist der, dass seine Kenntnis der germanischen
Sprachgeschichte höchst mangelhaft ist, ja dass er längst auf-
gegebene Behauptungen wiederholt, sich überhaupt lieber an ältere
als an neuere Gewährsmänner wendet, was in der germanischen
Grammatik bei den grossartigen Fortschritten, die dieselbe innerhalb der letzten Dezennien gemacht hat, niemand ungestraft thut.
Es sei mir gestattet einige Beweise für meine Behauptung anzuführen.

Von seinen 43 Quellenschriften, die der Verfasser S. 13—15
aufführt, sagt er S. 11, dass sie, „wie bekannt, fast ausnahmslos
französische Vorbilder benutzten.“ In Wirklichkeit sind von
diesen 43 Schriften 21, also fast die Hälfte, sicher nicht Nachbildungen französischer Originale. Überhaupt ist dies Quellen-
verzeichnis voller Fehler; bei 25 Dichtungen ist die Zeitangabe
ungenau oder falsch; Veldeke wird nach Ettmüller, Heinrichs
Tristan nach v. d. Hagen zitiert. Den mndl. Reinaert zitiert der
Verfasser immer „Reinh.“, verwechselt ihn also mit der mhd.
Dichtung Heinrichs des Glichesaere. — Für Athis und Prophilias,
Hansens Marienlieder, Herbort wird S. 13—14 behauptet, die
Sprache sei ein Gemisch von Hoch- und Niederdeutsch: dass die
germanische Grammatik mitteldeutsche Mundarten aufstellt und
dass diese nicht Mischungen von Hoch- und Niederdeutsch sind,
sondern natürliche Zwischenglieder zwischen beiden, weiss der
Verfasser nicht; eine solche Mischung soll nach S. 15 auch in
dem rein oberdeutschen, in Basel gedichteten Trojanerkrieg Kon-

rads von Würzburg vorhanden sein: wie der Verfasser zu dieser
Anschauung gekommen ist, ist mir nicht erfindlich. — S. 18 ist
von einem „im Mhd. und Mndl. üblichen epenthetischen *d*" die
Rede: wäre der Verfasser in der Grammatik des Mhd. bewan-
derter gewesen, so hätte er die von Weinhold (*Mhd. Gramm.*[2]
§ 189) aufgeführten Belege richtiger deuten können. — S. 23
Anm. ist sicher richtiger als das im Texte behauptete: mhd.
brief spiegel gehen auf ahd. *brief spiegal* zurück. — S. 27 Anm.
enthält eine nur mit unmöglichen Übergängen erklärbare Etymologie
des Namens Guferschurz. — S. 29. „Mnl. *oe* ist = *û* in der
Aussprache" ist falsch: vgl. Franck, *Mndl. Gramm.* § 6.   So
enthalten sehr viele Anmerkungen in dem Kapitel ‚Lautanalyse'
germanistisch unrichtige Behauptungen: vgl. noch S. 35, 37, 48, 52,
54, 56, 57. Die gegebenen Beispiele genügen, soweit das erste
Kapitel, die „Lautanalyse", in Betracht kommt. — S. 59 wird der
ahd. Übergang von *ai* > *ei* ins X. Jahrhundert, der bair. von *ei* > *ai*
ins Ende des XIII. gesetzt: nach Braune, *Ahd. Gramm.* § 44 fand
jener im VIII., dieser im XI. und XII. Jahrhundert statt. — S. 73.
Wolfram behauptet Willeh. 237,5 nicht, dass er so gut französisch
sprechen könne wie ein champagnischer Bauer, sondern dass dieser
es besser könne wie er. — S. 81 sind offenbar in den Wörtern,
die mit *ei* und *oi* erscheinen, zwei der Zeit nach getrennte
Schichten der Übernahme anzunehmen. — Für S. 87, wo auf
die verschiedenen Anlaute *b p, d t, g k* Wert gelegt wird, genügt
ein Hinweis auf Paul, *Gab es eine mhd. Schriftsprache* 25. — S. 94
können die Wolframreime *rht : rt* unmöglich mit dem Reim *fôreht : sleht*
auf eine Stufe gestellt werden: Neumanns Ansicht vom Wandel
des *s* > *h* scheint mir durchaus gesichert. — S. 98. *erkoveren*
< *recorrer* ist nicht metathesis, sondern Umdeutschung des Präfixes.

Auch nach Verbesserung der vom Verfasser im Buche selbst
und dann *Zeitschr. f. rom. Phil.* 14,587 angezeigten Druckfehler
bietet der Druck eine grosse Masse von Fehlern, die teilweise
sogar recht störend sind.

                                          ALBERT LEITZMANN.

Friedwagner, Mathias, *Über die Sprache des altfranzösischen
        Heldengedichtes Huon de Bordeaux.* Neuphilologische
        Studien. Herausgegeben von Dr. Gustav Kœrting etc.
        Paderborn, 1891. Schöningh. 113 S. 8⁰.

Den weitgehenden Anforderungen, die an die sprachliche
Untersuchung eines für die altfranzösische Dialektforschung so
wichtigen Denkmales, wie der *Huon de Bordeaux* nun einmal ist,

zu stellen sind, war von Hermann Bächt in seiner 1884 zu Erlangen erschienenen Dissertation in keiner Weise genügt worden,
und es ist nicht zu schroff geurteilt, wenn wir sagen, dass Friedwagner mit seiner hier zu besprechenden Abhandlung einer bisher ungelösten Aufgabe näher getreten ist. Das bei Friedwagner
überall bemerkbare Streben nach allseitiger Beleuchtung der einzelnen Erscheinungen, sein Bemühen, möglichst die gesamte einschlägige Litteratur in den Dienst seiner Untersuchungen zu
stellen, die von tüchtiger Schulung zeugende sachgemässe und
klare Anordnung des Stoffes, sowie endlich der gewissenhafte
Fleiss, mit dem er sich der Sache angenommen hat, alles dies
steht in erfreulichem Gegensatze zu der flüchtigen, nur selten
auf eigenes Wissen und selbständige Kritik sich gründenden zum
Teil recht verworrenen Arbeit seines Vorgängers. Der von Bächt
begangene methodische Fehler, die überlieferte Mundart von der
des Dichters ungeschieden zu lassen, ist von F. glücklich vermieden worden. Schwierige Fragen, wie die nach dem Wesen
von *ieu* und *iu*, nach dem Verhalten von *an* und *en* in den Asso-
nanzen, nach der Einschiebung von *d* zwischen *n* und *r*, die von
Bächt (S. 14, 9—10, 20) mit unverzeihlicher Kürze und Ober-
flächlichkeit, sowie ohne Rücksicht auf vorhandene Vorarbeiten
(z. B. H. Haase, *Das Verhalten der pikardischen und wallonischen
Denkmäler des Mittelalters in bezug auf* a *und* e *vor gedecktem* n,
Hallenser Dissertation 1883) abgehandelt werden, erfahren bei F.
die ihnen zukommende eingehende Untersuchung und Würdigung.
Der Fortschritt, den Verfasser in der Kenntnis der Mundart des
Huon angebahnt hat, ist somit unbedenklich anzuerkennen, wiewohl seine Ergebnisse, soweit dieselben sich auf Ort und Zeit der
Abfassung beziehen, sich nicht erheblich von den von anderer
Seite gegebenen Daten entfernen, in ihren Abweichungen auch
keineswegs immer durch ausreichende und einleuchtende Beweis-
mittel begründet sind.

Dass Artois die Heimat des Dichters gewesen sein wird,
ist schon früher ausgesprochen worden (S. Bächt S. 34); F. S. 107
deutet näher auf St. Omer hin. Der Beweis für des Verfassers
Behauptung (S. 111), dass der *Huon* nicht schon im ersten Jahrzehnt des XIII. Jahrhunderts gedichtet sei, scheint mir nicht erbracht; ebensowenig vermag ich der, übrigens übertrieben pein-
lichen Auffassung, dass das Gedicht „etwas" (!) nach Ablauf
des ersten Jahrzehntes, aber noch innerhalb des ersten Viertels
des XIII. Jahrhunderts abgefasst sei, rückhaltslos zuzustimmen,
denn auch die von F. so stark betonten Deklinations- und Kon-
jugationsverhältnisse schliessen das Ende des XII. oder den Anfang des XIII. Jahrhunderts keineswegs aus.

Zu den über Versbau, Laut- und Formenlehre sich erstreckenden Äusserungen des Verfassers habe ich im Einzelnen Folgendes zu bemerken:

S. 8. Darf man das Nebeneinander von *courciés* und *coureciés* mit den übrigens im *Huon* nicht nachgewiesenen Doppelbildungen *pliçon* und *peliçon*, *guerdonné* und *guerredoné* u. a. zusammenstellen, wie auch Meyer-Lübke *Gramm.* I S. 275 thut? Es bleibt die Möglichkeit bestehen, dass der fragliche Zwischenvokal im *coureciés* zunächst nur in den stammbetonten Formen berechtigt war, während er in denjenigen mit betonter Endung regelrecht schwand, sodass also ursprünglich *couréce* (vergl. *Molt le couréces et travailles*, Guill. d'Angl. S. 47; *corèce : adrèce*, Mont Fabl. I 206 u. s. w.) neben *courçons* (*Diex est, dist il, a moi courciés*, G. d'Angl. S. 75; *je sui courcée*, Mist. V. Test. 5582, 22630; *courcé*, eb. 25673; *Nostre Dieu ne se courcera*, eb. 25563 [*courroucera* C]) anzunehmen wäre. Erinnert man sich nun der eigenartigen Verwirrung, welche das Bedürfnis nach analogischer Angleichung in der Formenbildung von *mangier* und *aidier*, *araisnier* (über *parler* s. *Romania* 1884 S. 113—4, Behrens *Unorg. Lautvertr.* S. 62; über *aventrer* neben *aventurer*, Scheler *Jahrbuch* 1869 S. 247, Darmest. *Rom.* V 155, adj. *aventreus*, God. s. v. *aventuros;* und über noch andere, Behrens *a. a. O.;* vergl. ferner *arter* = *arrêter: sans plus arter a ceste place*, Gring. II S. 30; *n'artezplus cy*, eb. II 74, II 293; *arter*, Anc. Théat. I 214; *Regarder ou sommes artez*, Mist. V. Test. 6124; *artay*, G. Paris, *Chans. pop. du XVe siècle*, ch. CXVI) angerichtet hat, so gewinnt die Deutung von *coreçons, coreciez, corecier*, Mont. Fabl. I 325, part. *cor(r)eciez*, eb. I. 320 und G. d'Angl. S. 69, 107 aus Anlehnung an die stammbetonten Formen an Wahrscheinlichkeit, um so mehr, als auch diese letzteren, genau wie *aide, mange, parle* u. s. w. zuweilen ein Äusseres zeigen, zu welchem sie nur unter Einfluss der Formen mit betonter Endung gelangt sein können; vergl. *je m'en* *cource : bource*, Gring. II 147 (*courcé*, eb. II 10 neben *courrousser*, eb. II 185); *je me course* und *cource : bource*, Anc. Théat. II 152, 153; vergl. auch G. Paris, *Chans. pop. du XVe siècle* ch. CXVIII. Zu erörtern bleibt dann nur das Verhältnis der Formen mit *e* zu denen mit *o,ou*.

S. 10 durfte von Konjunktiven des Präsens und des Imperfektums auf *-ions, -iez* nicht gesprochen werden.

S. 10. Nach G. Paris, *Vie de S. Gilles* S. XXIII gehört zweisilbiges *diable* dem Kopisten an und ist zu emendieren, indem man in 5111 *ou* für *ne* setzt, in 6523 *cent* und in 7132 *cinc* streicht.

S. 10 zu dem Schicksal der Endung *-ianum*, sowie der Verbalendung *-iens* ist auch G. Paris, *Romania* VII S. 623—4 zu vergleichen.

S. 11. *vẽu, bẽu, kẽus* gehören nicht in diesen Zusammenhang, da in ihnen das vortonige *e* die erste Silbe des Wortes
bildet; s. Darmesteter *Rom.* V, S. 162, Anm. 2.

S. 11. Den Schwund des Vortonvokals in Wörtern wie
misme, benois, connustes, abie, age, poîr = potére hält Verfasser
für eine mundartliche Eigentümlichkeit des *Huon.* Ihm sind also,
wie oben bei *diable,* die Bemerkungen entgangen, die G. Paris, *Vie
de S. Gilles* S. XXII—XXIII diesen in unserem Gedichte stehenden Formen gewidmet hat. G. Paris sieht in *misme* nicht eine
sekundäre Bildung, sondern denkt an ein mögliches lat. *me ipsimo*
neben *metipsimo* (s. span. *mismo,* port. *mesmo*), oder er beseitigt
mismes durch Emendation: z. B. für *mismes li abes* setzt er *meis-
mes labes,* 10 327; *de celui mismes* ist nach ihm in *de cel meïsmes* zu ändern 3954; *benois* wird nach Streichung von *Et* und
Que am Anfange von 4338 und 4359 durch *beneois* ersetzt;
connustes erklärt er durch Analogie; *abie* ist ihm eine Neu-
bildung aus *abes;* die Zeile *Plus de set ans ot sun age passe*
erfährt die Änderung: *son eage ot passé,* 7595 und *Et de tel
poïr* 3437 wird bei ihm nach dem Vorbilde von 3349 zu: *Et
del pooir.*

S. 13. Auch Warnke hat in seiner Ausgabe der *Lais* der
Marie de France S. XXIV von den Fällen gesprochen, in denen
Nichtelision des auslautenden unbetonten *e* zulässig ist. Vergl.
auch Muncker in der Vorrede zum *Joufrois* S. 5.

S. 16. Die Notwendigkeit, die hin und wieder begegnenden Alexandriner auf textkritischem Wege zu beseitigen und
so die vielleicht vom Dichter gewollte Fassung wiederzugewinnen,
leuchtet nicht ohne weiteres ein, s. Tobler, *Versbau*[2] S. 11.

S. 22. Die Bildung *requerent* hätte eingehendere Behandlung verdient; vergl. dazu ausser Behrens, *Unorgan. Lautver-
tretung* S. 8, noch *requerent* Am. Yd. 3980; *querge,* Th. v. Kent,
P. Meyer, *Alex.* I S. 197, 47; *conquerge,* Ipom. 883; *querent,*
Galien 342, 35; sehr häufig bei G. Muis., z. B. *quert* I 15, 134,
151, II 36; *requers* I 89; *requert,* I 282, II 76, II 82, II 108;
acquert, I 16, I 254, I 260; *querent,* I 107, I 237, II 231, II
244; *querche* II 36; *querent,* Rose, ed. Amsterdam 1735, 19 768;
sämtlich im Inneren der Zeile; *querent: moerent,* G. Muis I 94;
acquerent : nyerent, Rose, ed. Amsterdam 1735, 19 770; *conquere*
von Vaugelas II 24 verworfen; *acquèrent,* Gram. d. Gram. ed.
1867, I 526; *requèrent* neben *ie* als Übersetzung von altfranz.
quierent bei P. Paris, Gar. Loh. I 130. Vorläufer von neufranz.
asseyent ist *seent,* Renart 15 195; *astent,* eb. 22 128; *seent : heent,*
Jub. Myst. II 26. Vergl. ferner *venent, tenent,* Chev. II Esp.
1937—8; *depecent* eb. 7976, 8825; ich denke weiter an *soullent,*

Mont. Rothschild Rec. d. Poés fr. X 172; *il Meuuent vel Mouuent*,
Rob. Stephanus, *Gram. Gall.* S. 55; *elles se mouvent*, S. Pal.
s. v. *temples; pouuent*, Palsgr. S. 632. Vergl. auch Behrens
a. a. O. s. vv.; *moudre* bei Rob. Stephanus *a. a. O.* S. 62 und
dergl. m.

S. 33. Dass schon in dem masc. *crueus* (hier nom.?) das
Suffix *-alis* mit *-osus* vertauscht sein soll, ist nicht sicher; Ver-
fasser befindet sich hier in Widerspruch mit dem von ihm selbst
S. 23 Gesagten.

S. 33, Anm. 4. Die Hand eines zweiten Schreibers vermute
ich auch in dem Abschnitte von v. 10 025 bis Schluss.

S. 36. Die Frage, ob die Infinitive *veïr, seïr, caïr* ihr *i*
einem rein lautlichen Vorgange verdanken oder durch Formen-
übertragung erhalten haben, ist keineswegs entschieden.

S. 64—65. Nachzutragen ist die Erhaltung des *l* in *angle*,
89, 175, *apostles*, 1532, 1981, 2059.

S. 65. *l* für *r* in *esquarteler* 3175 statt *esquarterer;* siehe
esquartierent : abatierent, Chron. D. Norm. 20 610; ebenso verhält sich *ensorceler* zu urspr. *ensorcerer*, Cygne 283; *ensorceré*,
Perc. 25 641; *ensorcera*, Atre pér. H. Arch. 42, S. 160, 119;
ferner *sommelier* zu *somerier*, s. Tobler *Rom.* II 244 und Schelers
Anhang zu Diez *E. W.* S. 730. Neben sehr seltenem *abres* steht
gewöhnlich *arbres*, z. B. 3174.

S. 66. Zu der Reduktion von *mn* zu *n(n)* bemerke ich
noch *onipotent* S. 89. *L* ist zu *n* geworden in *posterne* 8634,
8637 für *posterle*, welches z. B. Par. Duch. S. 5 steht.

S. 67. Ich mache darauf aufmerksam, dass die Denkmäler,
die, wie der *Huon*, die Einschiebung eines *d* zwischen *l + r*
und *n + r* verschmähen, das ursprüngliche *d* in den Präsensformen von *prendre* nicht fallen lassen, *prendes* 2590, *prendent*
4519 und so immer. Ähnlich verhalten sich z. B. der *Dit de
l'Emp. Coust. Rom.* VI, *Partonopeus, Rom. d'Alixandre, Guillaume
d'Angl., Chev. II Esp., Manekine, G. Muisis*, der *Prosa - Cliges*,
wenn auch mit mehr oder weniger erheblichen Störungen des
Ursprünglichen. Es liegt hier gewiss ein hervorragend dialek-
tischer Zug vor, der mich übrigens von neuem zu der öfter von
mir verfochtenen Vermutung (s. *Zs. R. Phil.* VII S. 65, *Herr.
Arch.* 83, S. 470 und jetzt meine *Studien zur Gesch. d. franz.
Konjug. auf -ir* S. 120 Anm. 2) führt, dass da, wo *prehendimus*
sein *d* verloren hat, diese Einbusse einer analogischen Einwirkung
seitens *venons tenons* zu danken sei, also in ursächlichem Zusammenhange mit der damit Hand in Hand gehenden Einschiebung
eines sekundären *d* in *vendrai, tendrai* (= *prendrai*) gedacht
werden muss. Die parallele Entwickelung der Perfektformen

von *venir, tenir* und *prendre (tensist, vensist* nach *prensist),* und
umgekehrt *print* nach *vint, tint, prenissiez, prenistes* (letzteres
bei Alain Chartier, Romvart 638, 27) nach *venistes, tenistes* ist
sprechend genug.

S. 68. Zu der Vertretung der dentalen Tenuis durch die
dentale Media nach *n* habe ich mir folgende Beispiele notiert:
Oriende : amende, R. d'Alix. 521, 13; Bat. d'Alesch. 5378; *gigan-
dine,* R. d'Alix., 529, 28; *Andioche,* Cygne 7300; *de pesandes…
persones = personarum gravium,* Dial. Greg. 210, 7; *pesande
destinee,* Froiss. Poès. II 367, 25; *tendes = tentes,* Clary S. 56;
les tendez de l'ost, H. Cap. S. 101 (doch s. Scheler zu *Baud.
Condé* 1 478); *nes marceande : de mande,* G. d'Angl. S. 135;
sa … sa mescheande vie, Prosaclige8 300, 38. Vergl. ferner
Neumann, *Laut- und Flexionsl.* S. 103; Fœrster, *Chev. Il Esp.*
LI, besonders aber Tobler, *Zs. f. R. Phil.* III 574—5. Man
vermisst diese gewiss wichtige dialektische Eigenttimlichkeit in
der S. 94 ff. gegebenen Übersicht über die überlieferte Mundart.

S. 69 Anm. 1. Lies *Köritz.*

S. 88. Mit welchem Rechte hält der Verfasser das präs.
je plevi von *plevir* für älter als *je plevis?* Ich fand *plevi : -i*
noch B. Chrest. 220, 41 (XII. Jahrhundert); Enf. Og. 6123 (neben
plevis, eb. 4698, 6479); Claris 24 693; Brun Mont. 625 (neben
plevis : afi, eb. 2845); Mir. N. D. XIV 576; Chr. d. Pisan, *Long
Est.* 1696. Das frühe und vereinzelte Vorkommen von *plevi*
scheint die Erklärung, die ich *Herr. Arch.* 79, 359 und *Studien*
S. 97 Anm. für Präsensformen wie *conoi, transi* u. s. w. gegeben
habe, auszuschliessen. Doch darf man in diesem Zusammenhange
vielleicht an folgende eigenartige zu Zeitwörtern inchoativer oder
reiner Flexion auf -*ir* gehörige Bildungen erinnern: d. 3 plur.
ind. präs.: *condient,* S. S. Bern. 61, 23 (= *condiunt,* Migne,
Patrol. 118, 6; *offrient : mendient,* G. Muis. I 279; *convertient*
(XV. Jahrhundert), God. VI S. 418 s. v. *procelle; rugient les
lions, hannissent, barrient les elephans,* Rab. Pant. liv. III ch. XIII;
d. 3. p. sing. ind.: *bondie : folie,* Bast. Buill. 831; *noircie : antie,*
eb. 3074; *atenrie,* eb. 4620; *beneïe* bei Scheler, Anm. zu Bast.
Buill. S. 252; *ferie,* God. III 755; *vestie* in -*i* Assonanz, Galien
311, 45; imperf. *emploient,* Chron. Loys Bourb. S. 140; conj.
präs. *que je atenrie,* Prosacliges 290, 32; *que je convertye,* Palsgr.
S. 91 wird von demselben Grammatiker 393 beseitigt und durch
convertisse ersetzt. Scheler *a. a. O.* widerruft seine frühere Annahme eines Infinitivs *rougier und stellt auch die Zulässigkeit
eines von Gachet wegen des präs. *esrabie* vermuteten *esrabier
in Abrede. Auch Louis Barrois stellt im Glossar zu seiner
Rabelaisausgabe den Inf. *barrier* auf. Man beachte auch *emplier*

= *emplir*, Vieille S. 19. Dem sei nun wie ihm wolle, es liegt
nahe, *plevi* zu den angeführten Bildungen in einem ähnlichen
Verhältnisse stehend sich zu denken, wie *otri* zu *otrie, otrient,
otrioie.*

A. RISOP.

Syntaktische Arbeiten.

Nicht der Abfassungszeit und des umfassenden Themas wegen,
sondern vielmehr ihrer Bedeutung nach ist an die Spitze der
eingegangenen Arbeiten eine Abhandlung zu stellen, welche eigentlich getrennt und viel ausführlicher besprochen werden müsste,
als das in diesen Zeilen geschehen kann, die lediglich den Zweck
haben, auf die neuen Erscheinungen hinzuweisen und dieselben
in aller Kürze zu beurteilen. In den *Französischen Studien*, VII,2
liefert **Vising**, *Die realen Tempora der Vergangenheit im Französischen und den übrigen romanischen Sprachen* (als Fortsetzung
zu VI,3 Lat., Portug., Span., Ital.) eine Studie, welche c. VI,
1—89 die Tempora im Französischen behandelt, dazu S. 89 ff.
die benutzte Litteratur anführt und c. VII, S. 93—112 Zusammenstellungen und Vergleiche sowie die Schlussfolgerung angibt. Wir
haben hier eine wirkliche Studie, eine streng wissenschaftliche
sprachhistorische Abhandlung vor uns, deren Untersuchungen
von der ältesten bis auf die allerneueste Zeit gehen, welche nicht
nur die alten, neuen und neuesten Grammatiker, sowie die Mono-
graphieen über die Tempora, sondern auch das, was hier und da
in syntaktischen Abhandlungen anderer Art über die Tempora
gesagt ist, berücksichtigt, die verschiedenen Bedeutungen der
Zeiten scharf und genau hervorhebt und die schwierige Aufgabe,
das Verhältnis zwischen dem einfachen Perf. und dem Impf. zu
bestimmen, die der Verfasser als das hauptsächlichste Ziel der
Abhandlung bezeichnet und welcher S. 1—71 gewidmet sind,
während S. 71—86 das zusammengesetzte Perf. und das Plusqpf.
behandeln, glänzend löst. Es sei auf diese ganz hervorragende
Leistung, an welcher Niemand ungestraft vorübergehen dürfte,
welcher sich mit dem Gegenstande beschäftigt, aufs Wärmste und
Nachdrücklichste hingewiesen.

    Ein beschränkteres Thema behandeln die anderen Arbeiten.
In das Altfranzösische führt uns **Schwieder**, *Le discours indirect
dans Crestien de Troyes*, Berlin 1890 (Programm). Nach einer
Einleitung über indirekte Rede im allgemeinen und die Wiedergabe derselben im Altfranzösischen, besonders im Vergleich mit
dem Lateinischen, das übrigens stets herangezogen ist, sind besprochen S. 5—19 der Modus, S. 19—26 die Tempora, S. 26—27

unvollständige Sätze in der indirekten Rede, S. 27—29 die Wortstellung. Der Fleiss und die Sorgfalt des Verfassers verdienen
Anerkennung. Wenngleich die Abhandlung nicht gerade Neues
bringt, ja auch hier und da bereits Dagewesenes unnötiger Weise
wiederholt, wo eine kurze Hinweisung genügt hätte, so zeigt sie
doch gründliche und verständige Arbeit.

Die Syntax Rabelais' hat wieder zwei Bearbeitungen erfahren.
Platen, *Syntaktische Untersuchungen zu Rabelais*, Leipzig 1890 (Diss.),
behandelt I. den bestimmten und den unbestimmten Artikel, II. das
Substantiv, III. das Adjektiv, IV. das Zahlwort. Der Verfasser
hat ganz Recht, wenn er das, was bisher über die Syntax dieser
Redeteile bei R. geschrieben ist, als nicht genügend bezeichnet,
und liefert eine gediegene Arbeit, welche unter Berücksichtigung
der gesamten einschlägigen Litteratur das Thema sprachhistorisch
und wissenschaftlich mit einer Gründlichkeit behandelt, die nichts
zu wünschen übrig lässt. Wenn man sieht, dass nicht nur die
Syntax der betreffenden Abschnitte erörtert ist, sondern auch
Alles, was eigentlich der Formenlehre angehört, wie Geschlecht
der Substantiva, die Formen der Adjektiva und des Zahlworts,
und beobachtet, wie auch in diesen Teilen der Arbeit mit pein-
licher Genauigkeit Alles herangezogen ist, was darüber geschrieben
ist, so wird man solchem Fleiss die Anerkennung und das Lob
nicht versagen, die demselben gebühren. Die Abhandlung kann
als ein das Thema erschöpfender Beitrag zur Syntax empfohlen
werden.

Nicht minder günstig wird man urteilen über Ernst, *Syntaktische Studien zu Rabelais*, Greifswald 1890 (Diss.), eine Arbeit,
welche die Kongruenz des Partiz. Präterit. und den Gebrauch
der Hülfsverba untersucht. Der Verfasser beschränkt sich, wie
er das in der Einleitung hervorhebt, auf ein enges Gebiet, um
„durch möglichste Vollständigkeit und wenigstens annähernd genaue
Statistik einen sicheren Beitrag für eine spätere zusammenfassende
Arbeit“ zu liefern. Und diesen Zweck hat er völlig erreicht.
Die Abhandlung ist sprachhistorisch gehalten und behandelt das
Thema wissenschaftlich und vollständig.

A. HAASE.

Caro, George, *Syntaktische Eigentümlichkeiten der französischen
Bauernsprache im roman champêtre.* Berliner Dissertation.
1891. 41 S. 8⁰.

Im Anschluss an Siede's treffliche Studie über die in Henri
Monnier's *Scènes populaires* hervortretenden syntaktischen Eigentüm-
lichkeiten der Umgangssprache weniger gebildeter Pariser (s. diese
Ztschr. XI², 25) untersucht Verfasser vorliegender Abhandlung „was

und wieviel der französische Dorfroman an syntaktischen Eigentümlichkeiten der Bauernsprache aufweist, was dem gebildeten Franzosen
in dieser Hinsicht als charakteristisch für das Landvolk erscheint".
Als Quellen dienten ihm Jules de Glouvet's *Marie Fougère, Le Berger*
und *Le Forestier*, Guy de Maupassant's *Toine*, George Sand's *François
le Champi, La Mare au diable, La Petite Fadette, Jeanne* und *Molière*;
Emile Pouvillon's *Césette*; Emile Souvestre's *Les derniers paysans*;
Zola's *Germinal* und *La Terre*. Was Verfasser hier an syntaktischen
Abweichungen von der heutigen Sprechweise der Gebildeten gefunden,
hat er in verständiger Weise dargelegt und meist ansprechend erklärt.
Siede's Arbeit wird fortwährend zum Vergleich herangezogen und konstatiert, dass in syntaktischer Hinsicht zwischen der Sprache der Landbevölkerung und der Sprache des Pariser Volkes eine weitgehende
Übereinstimmung besteht. Dass eine „eigentliche Dialekt-Studie" von
vornherein nicht beabsichtigt war, hebt C. in der Einleitung ausdrücklich hervor, und wir sind weit entfernt, ihm daraus einen Vorwurf
machen zu wollen. Weniger billigenswert will es mir erscheinen, dass
er die in den zahlreichen grammatischen und lexikalischen Arbeiten
über die Sprache der französischen Landbevölkerung enthaltenen Bemerkungen zur Syntax gänzlich ausser Acht gelassen und dieselben
nicht soweit wenigstens zum Vergleich heranzuziehen versucht hat,
als sie zur Erklärung und zum besseren Verständnis des von ihm Be-
obachteten sich verwerten lassen. So würde er, um nur diesen einen
Fall zu erwähnen, S. 11 wohl keinerlei Anstand genommen haben,
une chaud in *il fait une chaud à cuire la cervelle sous les coiffes* (J. de
Glouvet, *Le Berger* 146) für eine beabsichtigte Femininform zu halten,
wenn ihm Talbert's Bemerkung *Dialecte blaisois* S. 266 bekannt gewesen.
Dort heisst es: *Je ne connais point d'exemple dans l'ancienne langue
du genre féminin attribué aux substantifs argent, autel, chaud,
éclair, froid, hôtel; ils n'en ont jamais d'autres dans la bouche de
nos paysans.*

D. BEHRENS.

Kreutzberg, P., *Die Grammatik Malherbe's nach dem Commentaire
    sur Desportes.* Programm des Realgymnasiums zu Neisse.
    Ostern 1890. 8°. 32 S.

Die hier gebotene Abhandlung ist die unvollendete Skizze einer
beabsichtigten umfassenderen Studie.

In der Disposition hat sich Kreutzberg aus Zweckmässigkeits-
gründen an Haase's *Syntax des XVII Jahrhunderts* angeschlossen.
Seine Arbeit beginnt mit Aufzählung derjenigen Worte, die von M. als
veraltete, nicht gewählte oder dialektische angefochten werden. Leider
versäumte K., in der Aufzählung diese Gruppen festzuhalten oder sie
durch eine noch bessere Gruppierung zu ersetzen: gute alte Worte,
die aus der Mode kamen, unvolkstümliche Neubildungen und überflüssige gelehrte Lehnworte werden von ihm in alphabetischer Reihe
bunt durcheinander aufgezählt. In der Abteilung, wo die von M. an-
gefochtenen Komposita gebracht werden (S. 10 f.), werden die verab-
scheuten Kompositionssuffixe nicht nebeneinander gestellt, und wird auch
nicht versucht, M.'s Abneigung gegen sie zu rechtfertigen resp. als
unbegründet nachzuweisen. Ebenso fehlt S. 11 f. die Kritik in dem
Abschnitt „Schreibung": man sieht in ihm, wie alte und reformierende
Orthographie sich bekämpfen. S. 12 ist das *eux-même* (IV, 274) nicht

rein orthographisch aufzufassen; es handelt sich um eine phonetisch beeinflusste syntaktische Frage (s. *Zeitschrift* XII, S. 15). — Ebenda zu IV, 295 ist im Altfranzösischen nicht *i* von *si*, sondern *e* von *se* (= lat. *si)* elidiert worden. — Für S. 12 „Substantiv als unrichtig in bezug auf das Genus" sind bei der Weiterbearbeitung die Dissertation von Armbruster und die wertvolle Besprechung derselben von D. Behrens, *hier* XI, S. 155 ff. zu benutzen. — S. 13. Adjektivum, erster Absatz, ist richtiger zu sagen, dass Adjektive wie *fertile* manchmal kein *e* ansetzten *(fertil).* Vgl. m. *Gramm. d. nfrz. Schriftsprache* I, S. 34, 2, 9. — S. 14 zu IV, 416 dürfte sich M. im Irrtum befunden haben; Desportes sprach nicht *pie(ds) nu,* sondern *pie nüs.* Vgl. *hier,* XII S. 16. — S. 14 zu IV, 470 vgl. Knösel, *Das altfrz. Zahlwort.* Erlangen 1884, S. 41. — S. 15, Z. 4 ist Monnard's Zeugnis besser aus dem Spiele zu lassen. Es handelt sich um nebeneinander vorkommende inchoative und reine Formen von *hair.* Die auf S. 15 f. gegebenen Bemerkungen sind mit S. 6 ff. zusammenzubringen und ebenfalls entsprechend umzuordnen. Gelehrte Lehnworte wie *ulcère, planer,* Neubildungen wie *restive* und dergleichen gehören in verschiedene Kategorien. — S. 16 zu *s'attendere* hat M. vollkommen Recht, wenn er das Verb hier mit lat. *attendre* zusammenbringt. Es liegt ein unleugbarer Latinismus seitens Desportes vor. — S. 19 3) Z. 3 l. 16 f. 19. Jahrhundert. — S. 20 wird von den Grammatikern immer übersehen, dass *qui* häufig = *qu'i* mit *i* = *il,* dass also die phonetische Gleichstellung von *qui* = *qui* und *qui* = *qu'i* (d. i. *qu'il)* syntaktische Verwirrung erzeugte. Vgl. *Gramm. d. nfrz. Schriftsprache* I, S. 82. Die dort für das 17. Jahrhundert angegebene Verstummung des *l* von *il* bestand auch im 16. Jahrhundert und früher. Wir haben hier einen neuen Fall von syntaktischer Unbestimmtheit infolge eines lautlichen Vorgangs. — S. 21. Die Bemerkung zu *encommencer,* worin *en* = lat. *in (encommencer* analog zu *initiare* gebildet) gehört nicht hierher, sondern zu S. 10, Simplex für Kompositum. — S. 22 12) ist übersehen, dass in den aus Desportes zitierten Beispielen *soi* sich auf ein Wort bezieht, das nicht im selben Satze steht, während die Malherbe'schen Beispiele *soi* in Beziehung auf ein im selben Satz bezügliches Substantiv aufweisen. Malherbe „begeht also nicht denselben Fehler"; von Fehlern darf aber hier überhaupt nicht gesprochen werden. — S. 24 zu IV, 378 ist die Bemerkung „Beide Lesarten — darf" besser zu streichen. — S. 26 Z. 16 ff. sind die vom Verfasser verglichenen Fälle wiederum nicht gleichartig und ist M.'s Tadel berechtigt. Ein allgemein gebrauchtes *qui* = *si l'on* ist etwas anderes als ein *qui,* unter dem man notwendig ein Feminin zu denken hat. — Ebenda zu VI, 3) vgl. *hier* XII, 15. — S. 30, Z. 14 f. ist die Frage: Sollte sich aber der Relativsatz nicht auf ein zu ergänzendes *personne* beziehen? sicher verneinend zu beantworten. — Ebenda zu **3**, Bildung der zusammengesetzten Zeiten, vgl. Plattner, *Franz. Schulgramm.*[2] § 62.

E. KOSCHWITZ.

Venzke, Paul, *Zur Lehre vom französischen Konjunktiv.* Gymn.-Programm. Stargard 1890. 4°. 35 S.

Venzke definiert S. 6 den Konjunktiv als den Modus „der unselbständigen, d. h. nur mit einer andern zu einer ganzen verbundenen Vorstellung", eine Definition, die sich hören lässt, wenn man nur den gegenwärtigen Sprachstand ins Auge fasst und theoretisierend die neufranzösischen Verwendungen des Konjunktivs unter einem Gesichtspunkt zusammenbringen will. Dass dies durchführbar ist, legt der Verfasser in dem Hauptteil seiner Abhandlung dar. Zugleich geht er auf eine Kritik der Darstellungen des Konjunktivs bei Lücking, Plattner, Kühn und Mätzner ein und bemüht sich nicht ohne Erfolg, die Unzulänglichkeit von deren Scheidungen des Konjunktivs in den 1) des Wunsches (der Bitte, Aufforderung, des Befehls), 2) des Zugeständnisses, 3) der Annahme (Lücking und Kühn) oder nur in den 1) des Begehrens, 2) der Unwirklichkeit (Bischoff, Plattner) für den gegenwärtigen Sprachzustand nachzuweisen. Auch die ihm näher stehende Mätzner'sche Definition des Konj. als Form „der reflektierten Vorstellung" erweist sich ihm als ungenügend. Wenn wir aber auch dem Verfasser zugeben, dass sich seine sprachphilosophische Auffassung des gegenwärtigen französischen Konjunktivs, manchmal freilich nur sehr gezwungen, verteidigen lässt, so müssen wir ihm dagegen widersprechen, wenn er (S. 7) erklärt: „Das Bedürfnis, die dem Redenden nur als verbunden mit einer zweiten vorschwebende Vorstellung in dem Hörer nicht als eine selbständige, freischwebende Vorstellung zu erregen, sondern ihn zu zwingen, sie beide zusammen als eine einzige aufzufassen, veranlasst die Sprache zur Schaffung des Konjunktivs". Diese Annahme ist mit dem historischen Verhältnis unvereinbar. Das Latein hat in prähistorischer Zeit einen Optativ und einen Konjunktiv besessen; erst später, in dem uns überkommenen Latein, sind Optativ und Konjunktiv formal zusammengefallen. Mit dem formalen Zusammenfall gingen naturgemäss die ursprünglichen Grenzen der Gebrauchssphären beider Modi verloren; aber es ist unmöglich, den aus zwei verschiedenen Modi zusammengeschmolzenen lateinischen Konjunktiv aus einem Sprachbedürfnis heraus zu erklären.

Der historische Sprachforscher wird darum nach wie vor im lateinischen und französischen Konjunktivgebrauch die Fälle sondern, wo klare Optativ- und Konjunktivverhältnisse vorliegen. Aber er geht irre, wenn er sämtliche Gebrauchsweisen auf diese beiden syntaktischen Grundverwendungen zurückführen will. Es stellen sich zu ihnen Erscheinungen, die dadurch eintraten, dass die alte Trennung von Optativ und Konjunktiv sich wie lautlich so auch für das syntaktische Gefühl verloren hatte. Ausserdem ist stets das Augenmerk darauf zu richten, wie die auf älterem Sprachstande beruhenden Gebrauchsweisen analogisch einwirkten und oft rein formal, ohne irgend welche Rücksicht auf den Gedankengehalt, äusserlich verwandte Satzformen sich unterordneten und somit einen scheinbar irrationalen Teil der Konjunktivwendung erzeugten.

Legen wir diesen Massstab an die Arbeit des Herrn Venzke an, so versteht sich, dass wir seinen Erklärungsversuch aller nfz. Konjunktivverwendungen aus der von ihm behaupteten Grundbedeutung heraus für verfehlt halten müssen. Trotzdem verdient seine Abhandlung Beachtung, weil die in ihr vertretene Auffassung des Konjunktivs im Sprachgefühl vorhanden gewesen oder auch noch vorhanden sein mag, und sich manche Konjunktiverscheinungen aus ihr heraus erklären lassen. Zur Einführung in die Schulgrammatik können wir V.s Versuch nicht empfehlen, weil damit wissenschaftlich Unrichtiges in dieselbe gebracht werden würde, was freilich auch bei der traditionellen Konjunktiverklärung geschieht.

E. KOSCHWITZ.

Tobler, A., *Vom Gebrauche des Imperfektum*[1] *Futuri im Romanischen.* Sitzungsberichte der Königlich Preussischen Akademie der Wissenschaften zu Berlin. Sitzung der philosophisch-historischen Klasse vom 22. Januar 1891. 12 S.

Diese Abhandlung hat in ihrer grösseren Hälfte eine wichtige, bisher unerörterte Erscheinung des neufranzösischen Sprachgebrauches zum Gegenstande. Bekanntlich verwendet das Französische, hierin dem Deutschen nicht entsprechend, das Futurum auch dazu, etwas für den Erzähler in der Vergangenheit Liegendes als zukünftig darzustellen von einem noch weiter zurückliegenden Zeitpunkt der Vergangenheit aus. Dies geschieht natürlich so, dass der Erzähler den zeitlichen Standpunkt, von welchem aus gerechnet das erzählte Vergangene noch Zukunft war, zu seiner Gegenwart macht, dass er also gleichsam als vaticinator post eventum fungiert, z. B. *Le titre de conseiller d'État dont on le décore* (M. Mignet), *est ce que M. Cousin appellera plus tard un titre vain.* — Dieses Futurum dürfte sich, der soeben gegebenen Erklärung zufolge, strenggenommen nur an das Präsens historicum anschliessen; jedoch findet es sich ziemlich häufig in Verbindung mit Zeiten der Vergangenheit: *Le silence des autorités suprêmes de l'Eglise laissait aux défenseurs du théâtre une échappatoire dont ils useront;* was (nach Tobler) nur daraus erklärt werden kann, dass der Erzähler den zuerst eingenommenen Standpunkt (nämlich den seiner Gegenwart, von der aus er auf Vergangenes hinblickt) plötzlich aufgibt, um jene Vergangenheit für sich zur Gegenwart zu machen.

Soviel muss zum Verständnis des Problems, mit welchem sich diese Arbeit beschäftigt, vorausgeschickt werden. Die Frage ist nämlich die, ob das Französische statt dieses Futurums, in Verbindung mit Zeiten der Vergangenheit auch den Condicionalis verwendet, ob also in dem zuletztgegebenen Beispiel auch gesagt werden könnte: *. . . dont ils useraient.* Diese Frage wird man *a priori* leicht zu bejahen geneigt sein; der Beweis für das Vorkommen dieses Condicionalis ist jedoch schwer zu führen, da dieser Condicionalis äusserlich mit demjenigen zusammenfällt, der eine Handlung vom Standpunkt der Vergangenheit aus als eine in irgend welcher Weise für jemand zu erwartende kennzeichnet. Tobler führt nun auf Grundlage einer Fülle von Beispielen, die er mit äusserster Behutsamkeit auf ihre Zeugniskraft prüft, den Beweis, dass dieser Condicionalis thatsächlich vorkommt, was ihm von einem französischen Gelehrten, den er ungenannt lässt, bestritten worden ist. Ein besonders beweiskräftiges Beispiel ist folgendes, das er dem Werke der Genfer Schriftstellerin Berthe Vadier über Amiel entnimmt: *Il écrivait son journal, journal de faits, non de pensées; il notait la figure matérielle des choses, dont plus tard son fils noterait l'âme.* Da nämlich der Sohn, von dem die Rede ist, vorderhand noch gar nicht existiert, so ist die Möglichkeit ausgeschlossen, dass hier der Condicionalis den mit *noter l'âme* bezeichneten Vorgang als einen vom Standpunkte der Vergangenheit aus irgendwie zu erwartenden hinstellt; es ist vielmehr unzweifelhaft, dass jener Satz dasselbe besagt, als wenn die Verfasserin geschrieben hätte: *. . . dont plus tard son fils notera l'âme.*

---

[1] Nach einer Mitteilung des Verfassers ist diese Benennung, die er zuerst wegen ihrer grossen Verbreitung gewählt hatte, bei der Drucklegung der Arbeit seiner Absicht zuwider stehen geblieben, statt der richtigeren: Präteritum Futuri.

15

Nachdem Tobler das Vorkommen des Condicionalis in jenem
„historisch-prophetischen" Sinne evident gemacht hat, tritt er dem
Einwand entgegen, dass dieser Gebrauch nicht statthaft sei. Er weist
zur Rechtfertigung desselben darauf hin, dass die Mittel, welche für
diesen Condicionalis Ersatz bieten können, nämlich das Futurum, oder
die Umschreibung mit *devoir*, in ganz dem gleichen Masse der Mehrdeutigkeit unterliegen, und dass der Sprechende, wenn ihm daran
gelegen sei, diese Mehrdeutigkeit zu vermeiden, ein einfaches Mittel
dazu in der Einschiebung eines den Wert dieses Condicionalis kenn-
zeichnenden Sätzchens (in dem einen Falle *pensait-il* u. a., in dem
anderen *on l'a vu* u. dgl.) besitze.

Der letzte Teil des Aufsatzes handelt von einigen Besonderheiten
im Gebrauche des Condicionalis in den romanischen Sprachen des
Südens und zieht auch Erscheinungen der englischen Sprache zum
Vergleiche heran.

Das Studium dieser Abhandlung, die ein Zeugnis dafür ist, dass
es auf dem Gebiete der neufranzösischen Grammatik an schwierigen,
noch ungelösten Aufgaben nicht fehlt, sei allen denen empfohlen, die
nach tieferer Einsicht in die französische Sprache streben und Freude
an der unvergleichlichen Art und Weise haben, in der Tobler hinter
der unvollkommenen Hülle der Sprache die feinsten Züge des in
ihr sich bekundenden Gedankens zu entdecken weiss.

FELIX KALEPKY.

---

*Ouvrages de philologie romane et textes d'ancien français faisant
partie de la bibliothèque de* **M. C. Wahlund** *à Upsal.*
Upsal 1889. 8°. 243 S.

Ein Bücherverzeichnis, das in erster Linie den Besuchern des Romanischen Seminars der Universität Upsala von Nutzen sein soll, das aber
durch seine Anhänge und Verzeichnisse sowie durch seine praktischen Einrichtungen geeignet ist, auch in weiterem Umfange Dienste zu leisten.
In der Anordnung schliesst sich das Werk dem G. Paris'schen *Manuel
de littérature française au moyen age* an; die grammatische auf das
Altfranzösische bezügliche Litteratur wird nicht berücksichtigt. Von besonderem Werthe sind Appendix III: *Liste des glossaires contenus dans les
éditions* (S. 122—126); Appendix IV: 1) *Liste des principaux manuscrits
qui ont servi de base aux éditions cataloguées plus haut*; 2) *les n°° sous
lesquels les manuscrits sont classés actuellement*; 3) *manuscrits datés*;
4) *manuscrits dont on a donné le fac-similé dans les éditions* (S. 10—70).
Die sachlich angeordneten Verzeichnisse werden S. 171 ff. durch alpha-
bethische Aufzählungen der in den ersteren erwähnten Herausgeber und
Verfasser von litterarhistorischen etc. Abhandlungen, der Sammlungen
und anonymen Werke, sowie der mittelalterlichen Autoren ergänzt und so
noch bequemer nutzbar gemacht. Es ist zu bedauern, dass der Verfasser
nicht angestrebt hat, ein vollständiges Verzeichnis der einschlägigen Litteratur
tur in derselben Weise zu geben; er hätte daraus ein für jeden Romanisten
unentbehrliches Handbuch geschaffen. Indessen ist sein Werk auch in
der vorliegenden Gestalt von erheblichem Nutzen.

E. KOSCHWITZ.

Verhandlungen des vierten allgemeinen deutschen Neuphilologentages *zu Stuttgart,* herausgegeben vom Vorstande der Versammlung. Hannover, 1891. C. Meyer (G. Prior). 82 S.

Ein aufmerksames Studium dieser Schrift kann nur die aus Zeitungsreferaten und mündlichen Mitteilungen längst gewonnene günstige Meinung über den vierten Neuphilologen-Tag bestätigen. Die nur zweitägigen Verhandlungen (27.—28. Mai 1890) zeigen, dass die Wissenschaft hier mehr als in den früheren Versammlungen zu ihrem Rechte gekommen ist. Namentlich die sprachgeschichtliche Seite hat in den sieben dort gehaltenen Vorträgen volle Berücksichtigung gefunden.

Von denselben sind die ersten fünf der Geschichte der französischen und italienischen Sprachentwickelung oder des neusprachlichen Unterrichtes gewidmet, die bisher so dominierende Reformfrage ist nur einmal vertreten, auch die Phonetik nicht öfter zu Worte gekommen. Die Litteraturgeschichte hat ihre würdige Illustrierung in der reichen Ausstellung von Bildnissen, Handschriften, Briefen und seltenen Ausgaben schwäbischer Dichter erhalten, sie ist also im deutschen Vaterlande geblieben, statt in die Ferne zu schweifen. Gleiches Lob verdient auch die Ausführlichkeit der Berichterstattung. Die sieben Vorträge sind mit Ausnahme von drei bereits anderwärts veröffentlichten vollständig oder fast vollständig abgedruckt worden, somit ist jede Einseitigkeit und Irrtümlichkeit der Referate im Voraus unmöglich oder unschädlich gemacht. Gern hätten wir auch den Vortrag des Professor Erhart über die Geschichte des neusprachlichen Unterrichtes in Würtemberg hier seinem vollen Wortlaute nach wiedergefunden, denn das *Würtembergische Correspondenzblatt,* in welchem ein solcher Abdruck gegeben ist, dürfte manchem Neusprachler unzugänglich oder schwer zugänglich sein, indessen das 2½ Seiten lange Referat gibt wohl die Hauptpunkte wieder.

Dafür, dass neben dem Lichte der Schatten nicht fehle, sorgt S. 64 der finanzielle Bericht. Zwar sind für den nächsten Neuphilologen-Tag noch 34 Mk. 44 Pf. übermittelt worden, aber dieser scheinbare Überschuss verwandelt sich in einen unerwünschten Fehlbetrag, wenn wir weiter hören, dass dem Verleger der *Verhandlungen* noch 357 Mk. 10 Pf. geschuldet werden und zwar für Druck der *Verhandlungen* I und II, d. h. der Neuphilologentage von 1886 und 1887. Wenig erfreulich sind auch die bis in das Jahr 1889 zurückreichenden Restbeträge von 512 Mk., die trotz „wiederholter Mahnung" nicht eingegangen sind. Sollte in Zukunft nicht einmalige Zusendung von Postmandaten diesen „wiederholten Mahnungen" vorzuziehen sein, selbst auf die Gefahr, dass dadurch manche nur zählende, aber nicht zahlende Mitglieder zum Austritt veranlasst würden? An diesem Übelstande ist zwar § 3 der „Satzungen" mitschuldig, der verdienstvolle Vorstand des vierten Neuphilologen-Tages hat dagegen nur für die Sünden der Väter, die ja nach alttestamentlich-barbarischer Anschauung an den Kindern des vierten Gliedes heimgesucht werden, zu leiden. Ihm gebührt um so mehr die Anerkennung, dass er für die fortschreitende Verbesserung und Erweiterung des auf früheren „Tagen" Gebotenen erfolgreich thätig gewesen ist und späteren Geschlechtern ein nachahmenswertes Beispiel gegeben hat.

R. MAHRENHOLTZ.

Mangold, W., und **Coste, D.**, *Lehrbuch der französischen Sprache für höhere Lehranstalten.* Dritter Teil. *Übungsbuch zum Übersetzen ins Französische für die obere Stufe höherer Lehranstalten.* Berlin, 1890. J. Springer. Preis 1,40 Mk.

„Das vorliegende Buch soll dem Schüler Gelegenheit geben, aus der Muttersprache ins Französische grammatisch korrekt zu übersetzen und dabei sowohl die Verschiedenheit im Ausdrucke beider Sprachen kennen zu lernen, als auch in die französische Stilistik eingeführt zu werden.“ Mit diesen Worten äussern sich die Verfasser im Vorwort über den Zweck des Buches, ohne sich auf die Erörterung der wichtigen Frage einzulassen, ob denn massenhaftes Übersetzen in die fremde Sprache ein geeignetes Mittel zur Erreichung des aufgestellten Zieles ist und ob der Nutzen dieser Übung wirklich die offenkundig mit ihr verbundenen Nachteile überwiegt. Mit Recht vermisst man die gründliche Erörterung dieser Frage, und deshalb, weil in betreff ihrer die Ansichten gegenwärtig stark auseinander gehen, als auch, weil sich das Verfahren bei diesem Übersetzen und die Beschaffenheit des dabei zu verwendenden Materials aus grundsätzlichen Erwägungen zu ergeben haben. So viel scheint vielen und auch mir gewiss: die Verschiedenheit im Ausdruck beider Sprachen lernt der Schüler ebenso gründlich und mit grösserem Nutzen für die Entwickelung seiner geistigen Kräfte durch richtiges und geschmackvolles Übersetzen in die Muttersprache kennen, als durch das je nach Umständen bald mechanische, bald ziemlich mühevolle und mit dem entmutigenden Gefühle blinden Tappens verbundene Übersetzen eines deutschen Textes, der leider oft genug auf die auszeichnende Benennung „Muttersprache“ kein Recht hat. Ebenso thut für die Einführung in die französische Stilistik, wenn darunter (wie die Verfasser wollen) die Kenntnis der mannigfachen, nach Stoff und Form verschiedenen Gattungen ungebundener Rede verstanden wird, ein geeignetes französisches Lesebuch bessere Dienste, als eine nach dem angedeuteten Gesichtspunkt veranstaltete Sammlung von Materialien zur Rückübersetzung. Es bliebe also nur das grammatisch korrekte Übersetzen aus dem Deutschen ins Französische übrig, dessen Nutzen einerseits darin besteht, dass eine Menge Vokabeln im Zusammenhange eingeprägt werden; andererseits darin, dass der Schüler durch die Nötigung, sich fortwährend der in den Regeln der Grammatik niedergelegten gröbern Unterschiede der beiden Sprachen zu erinnern, eine gewisse Routine erlangt, diese Regeln rasch und zuletzt unwillkürlich bei der Zusammenfügung des Wortmaterials anzuwenden. Ein erheblicher geistiger Gewinn ist mit dieser Beschäftigung nicht verbunden; für die praktische Erlernung der fremden Sprache ist sie aber, wenn auch keineswegs unentbehrlich, so doch förderlich.

Hiermit und insoweit sei denn die Nützlichkeit solcher Übungsbücher, wie das vorliegende, anerkannt, so dass wir uns nun dem besonderen Charakter dieses Buches zuwenden können. Der Stoff desselben gliedert sich in sechs Abteilungen: 1) Sätze zur Einübung ausgewählter grammatischer Kapitel (S. 1—19), 2) Erzählungen (S. 19—32), 3) Beschreibungen (S. 32—44), 4) Lebensbilder (S. 44—65), 5) Aus der Geschichte des XIX. Jahrhunderts (S. 61—98), 6) Aus der französischen Litteraturgeschichte (97—133). Es ist zu loben, dass nur die erste, Einzelsätze enthaltende Abteilung den Stoff unter grammatische Gesichtspunkte ordnet, die zusammenhängenden Stücke dagegen nicht, wie in anderen Büchern dieser Gattung, auf bestimmte grammatische

Kapitel zugeschnitten sind. Was den Inhalt der Stücke betrifft, so
sind sie durchweg anziehend und wohl geeignet, das Interesse reiferer
Schüler zu erwecken, sowie den Kreis ihrer Kenntnisse angemessen zu
erweitern.

Sämtliche Stücke sind Übersetzungen aus dem Französischen.
Leider tragen manche unter ihnen diesen ihren Ursprung noch zu
deutlich an der Stirn. Ohne Zweifel war es keine leichte Aufgabe,
einen deutschen Text zu liefern, der einerseits berechtigten und wichtigen Forderungen hinsichtlich des deutschen Ausdruckes genügte,
andererseits jedoch auch der Rückübersetzung keine unüberwindlichen
Schwierigkeiten böte; eine Aufgabe, die mehr Zeit und mühevolle
Detailarbeit erforderte, als die Verfasser aus äusseren Gründen sich
wohl haben nehmen können. Dabei ist zu bemerken, dass sich hinsichtlich der Güte des Deutsch Verschiedenheiten wahrnehmen lassen.
So gibt der Text der zweiten Abteilung, der Erzählungen, nur zu
wenigen und geringfügigen Ausstellungen Anlass, während sich die
§§ 51—57 auffallend undeutsch lesen. Aus verschiedenen Teilen des
Buches ist mir die sprechwidrige Verwendung des deutschen Artikels
aufgefallen, die zur Folge hat, dass der Text wichtige Unterschiede
der beiden Sprachen in diesem Punkte verwischt. Wenn freilich die
Verfasser im Vorwort schreiben „um die Einförmigkeit zu vermeiden"
(ein determinierendes Satzglied folgt nicht) und dies für gut deutsch
halten, so darf ich kaum hoffen, sie von der Sprachwidrigkeit folgender
Fälle zu überzeugen: S. 13. Beim Schreiben muss man die schlechten
Konstruktionen vermeiden. S. 12 dieser Schriftsteller versteht nichts
von den Leidenschaften u. a. m. — Gegen den richtigen Gebrauch der
Zeiten verstösst der Satz: „Als ich das Schlachtfeld von Sedan verliess,
war ich nach Brüssel gefahren" (§ 156). — Andere sprachliche Unrichtigkeiten sind: § 143, M. ging herum (statt „umher"); § 10, A.
sagt, es befände (besser: befinde) sich nichts im Bewusstsein, was
nicht durch die Sinne vermittelt ist; § 44 ... an einem Orte, wohin
die menschliche Stimme eigentlich nicht hätte dringen sollen, und
wohin selbst Gottes Stimme erst am Tage des jüngsten Gerichtes
dringen sollte. (Dieses Präteritum ist völlig undeutsch, ihm entspricht
im Original ein merkwürdiger Conditionalis, über den kürzlich Tobler in
den Sitzungsberichten der Königl. preussischen Akademie der Wissenschaften zu Berlin 1891 V gehandelt hat. S. oben S. 225). — Miss-
verständnisse des französischen Textes scheinen selten vorzukommen,
fehlen aber nicht ganz. In § 146 muss es nach dem Zusammenhange
statt „das Zeichen der Rührung" heissen „das Zeichen zur Rührung"
(wenn nicht nur eine nachlässige Übersetzung vorliegt). — Unrichtig
ist auf S. 124 der französische Ausdruck: „C'est le pont aux ânes" mit
„das ist eine Eselsbrücke" übersetzt. Die französische und die deutsche
Redewendung decken sich dem Sinne nach nicht, wie sich aus der
Definition derselben im Dictionnaire de l'Académie und im Deutschen
Wörterbuch von *Heyne* ergibt. Es muss, nach dem Zusammenhange
heissen: „Das ist zu abgedroschen" oder ähnlich. — An der nämlichen
Stelle dürfte für „gewöhnliche Gedanken" richtiger „Gemeinplätze"
stehen. — So wie hier lassen sich sehr viele Stellen des Buches
treffender und deutscher Ausdrucksweise entsprechender wiedergeben.
Oft lag der richtige Ausdruck recht nahe; so in § 138, wo es heisst:
„Sie beschäftigt sich mit der Verwertung ihrer Güter" statt „Be-
wirtschaftung", wofür faire valoir das gewöhnliche Äquivalent ist.
Ebendaselbst heisst es: „Meist schreibt Frau von S. dem Laufe der
Feder folgend"; deutsch sagt man: „wie es ihr in die Feder kommt";

§ 135 sind: les goûts de Mme de S." nicht „ihre Kunstgenüsse", sondern ihre „Liebhabereien".

Es dürfte bei diesem und den ihm ähnlichen Büchern eine lohnende Übung sein, wenn der Lehrer, bevor zum Übersetzen geschritten wird, den vorzunehmenden Abschnitt in Gemeinschaft mit den Schülern genau auf die deutsche Ausdrucksweise nachprüfte und damit die Erörterung feinerer, von der Grammatik nicht berücksichtigter Unterschiede zwischen den beiden Sprachen verbände. Diesen kleinen Zeitverlust, wenn man es überhaupt einen Verlust nennen kann, ist der fremdsprachliche Unterricht der Muttersprache schuldig. Dass grosse Abschnitte des Buches ein recht fliessendes Deutsch aufweisen, dass die Verfasser zahlreiche schwierige Stellen geschickt und glücklich übertragen haben, darf gegenüber den gemachten Ausstellungen gerechterweise nicht verschwiegen werden. Hält man das Stück „Sonnenaufgang auf dem Rigi" mit dem Text des nämlichen Stückes in „Weil, Schwierige Übungsstücke" (Berlin, Langenscheidt) zusammen, so fällt dieser Vergleich sehr zu Gunsten des vorliegenden Buches aus.

Wenn die Verfasser den Schüler anleiten, deutsche Passivformen durch Aktivformen mit *on*, Verbalsubstantive durch Infinitive und a. m. wiederzugeben, so ist dies nur zu billigen. Aber sie könnten hierin meines Erachtens noch weiter gehen und beispielsweise dem Schüler wohl zumuten, dass er sich gewöhne, „mein Schmerz" mit „la douleur que j'éprouvais", „Cäsar soll" ... mit „On dit que César" ... wiederzugeben. Die wörtliche Übersetzung solcher Stellen verbirgt dem Schüler (wie das überhaupt von derartigen Texten gilt) wichtige Unterschiede des deutschen Sprachgebrauchs vom französischen. Gar zu leicht wird dem Schüler der oberen Stufen die Arbeit auch durch eine Textstelle wie diese gemacht: „Aber im Jahre 1820 gründete P. eine neue (davon)." (§ 55). zu tilgen.

Zu diesem Vorschlage gestatte ich mir noch einen anderen hinzuzufügen.

Schon in ihrem *Lese- und Lehrbuch der französischen Sprache* machen die Verfasser den Versuch, einen ganz leichten deutschen Originaltext für die Übersetzung ins Französische zu geben. Es würde sich gewiss empfehlen, auch diesem für die obere Stufe bestimmten Buche einige wenige, mässig schwierige Stücke dieser Art beizugeben. Denn wenn einmal die Schüler den Unterschied zwischen beiden Sprachen mittels des Übersetzens aus dem Deutschen kennen lernen sollen, so geschieht dies in weit zweckentsprechenderer Weise durch die Nötigung, einen wirklich deutschen Text in französisches Gewand zu kleiden. Bei einem aus dem Französischen gewonnenen Text findet der Schüler die Form des Satzgefüges, ja, die der einzelnen Glieder desselben, fast immer deutlich vorgezeichnet; er braucht sich nur um einen enge beschränkten Kreis der Abweichungen, welche eine Sprache von der anderen zeigt, zu kümmern. Bei diesem dagegen muss er sich Rechenschaft geben, welche Mittel der Gedankengestaltung das Französische überhaupt besitzt, welche es begünstigt, welche es mit dem Deutschen gemeinsam hat. Gerade diejenige Methode, deren Eigentümlichkeit und Vorzug es ist, den Schüler direkt in die fremde Sprache einzuführen und das Gefühl für ihre Ausdrucksweise so früh und so kräftig wie möglich zu entwickeln (eine Methode, um deren Verbreitung sich Mangold und Coste durch ihr schätzenswertes Elementarbuch so verdient gemacht haben), sollte den Schüler, eher als jede andere, soweit bringen, dass die vorgeschlagene Übung unter Aufsicht des Lehrers mit Erfolg vorgenommen werden könnte. Der vor langen Jahren von

Plœtz erhobene Einwand, dass zur Lösung dieser Aufgabe die meisten Lehrer selbst nicht befähigt wären, hat jetzt für höhere Lehranstalten keine Berechtigung mehr. Und selbst zugegeben, dass wir nicht alle das elegante Französisch geborener Franzosen schreiben können, so scheint mir doch soviel gewiss: die gemeinsame Bemühung des Lehrers und vorgerückter Schüler, einen nicht zu schwierigen deutschen Text — es braucht nicht immer Schiller's Dreissigjähriger Krieg zu sein — in korrektes und je nach den Kräften beider Teile mehr oder weniger elegantes Französisch zu bringen, ist nützlicher, als die Arbeit, welche darin besteht, einen pseudo-deutschen Text mit Unterstützung von runden Klammern, eckigen Klammern, wortgetreuen Fussnoten (wie „dieser junge Mann fühlt sein Kind von gutem Hause" § 18), ja vielleicht zuletzt doch nur mit Zuhilfenahme des Originals in die Form zu bringen, welche „schlank und leicht, wie aus dem Nichts entsprungen" der Feder des Franzosen entflossen ist. Zu was für wunderlichen Verirrungen das Bemühen, den Schüler zur Erzeugung des französischen Originals zu bringen, führen kann, zeigt die oben erwähnte, wörtliche Übersetzung jenes stilistisch so merkwürdigen, dem Schüler unerklärlichen „devrait" auf das schlagendste.

Das Wörterverzeichnis des Übungsbuches bietet dem Schüler in gar zu bequemer Weise für jedes deutsche Textwort das für die Stelle passende französische Äquivalent und enthebt ihn so der Mühe, sich um Bedeutungsunterschiede zu bekümmern. In dieser Hinsicht ist das Verfahren zu empfehlen, welches *Schmick* in seinen *„Hundert deutschen Texten zur Uebersetzung in's Englische"* (Köln, Du Mont-Schauberg) anwendet, welcher den Wörtern des Vokabulars ganz kurze, knappe, aber nichts desto weniger sehr nützliche Bemerkungen über ihren Bedeutungsumfang hinzufügt.

Die Verweisungen auf die Schulgrammatik derselben Verfasser sind in dem Übungsbuche verhältnismässig so selten, dass dasselbe auch neben jeder anderen Grammatik Verwendung finden kann. So möge es denn seiner angeführten Vorzüge wegen der Kenntnisnahme und Berücksichtigung der Fachgenossen empfohlen sein.

FELIX KALEPKY.

Weissenfels. *Die Reformbestrebungen auf dem Gebiete des fremdsprachlichen Unterrichts.* (Septemberheft 1890 der *Zeitschrift für Gymnasialwesen.*]

Die Thätigkeit der sogenannten Reformer auf dem Gebiete des Unterrichts in den neueren Fremdsprachen ist auch bei den Gegnern nicht fruchtlos geblieben. Selbst ein so schroffer Gegner wie Weissenfels muss einen Teil jener Forderungen anerkennen, wie z. B. die Pflicht des Lehrers, die lebende Sprache sich zu eigen zu machen, die frühzeitige Pflege der guten Aussprache und der Sprechfähigkeit durch Sprechübungen, die Benutzung der unbewussten geistigen Aneignungskraft, die freien Arbeiten, die in der wissenschaftlichen Pädagogik wohl begründete induktive Behandlung der Grammatik also alle wesentlichen Punkte der Reform. Als ein unleugbares Verdienst der Reformer bezeichnet Weissenfels vor allem auch das Aufrütteln „der in Pedanterie erstarrten Anhänger des Alten". Wir Reformer können uns also entschieden über diese Anerkennung unserer Erfolge freuen.

Leider aber entwirft Weissenfels andrerseits von den Reformbestrebungen ein Zerrbild, in dessen Vordergrund die *Bonnenplapperei* steht; und gegen solche Ausdrücke, wie gegen ein solches Zerrbild müssen wir im Interesse der ernsten Sache, die wir vertreten, Verwahrung einlegen.

Weissenfels selbst gibt uns die stärkste Waffe selbst in die Hand. Er gesteht: *J'avoue que, malgré mes efforts, je n'ai rien pu comprendre à cette nouvelle théorie.* Wenn er trotzdem es unternimmt, das „Nichtverstandene" lächerlich und verächtlich zu machen, so ist dies jedenfalls nicht *fair,* wie der Engländer sagt. Er hat sich den Unterricht nach der neuen Methode offenbar nirgends in der Praxis angesehen, obwohl er dazu genug Gelegenheit hatte; wir unsererseits standen ihm stets zu Diensten.

Infolgedessen hegt er wunderliche Irrtümer in Bezug auf die Tendenzen der Reformer, die er nicht gerade sehr höflich kritisiert. Er schiebt ihnen ausser der in mannigfachen Variationen wiederkehrenden „Bonnenmethode" unter: ein „widerlich tumultuarisches Sprachverhunzen" mit kindischen Sprechübungen, „Verachtung der Grammatik" als „toten Wissens", Auflehnen „gegen die Regel" („Tod den Regeln!"), „grundsätzliches Verzichten" auf „die Vermittelung der Muttersprache", sowie auf jedes Übersetzen, Halt- und Ziellosigkeit, „methodenlosen Naturalismus", Einbildung, „spielend" lehren zu wollen, Verachtung des Extemporales, Nichtachtung der höheren Ziele des Sprachunterrichts u. s. w.

Dagegen sei Folgendes bemerkt:

Wir wünschen, dass die Grammatik von vornherein aufs gründlichste betrieben wird, im ersten Halbjahr eklektisch-propädeutisch, dann aber systematisch-methodisch. Wir verzichten nicht nur nicht auf das Generalisieren und Abstrahieren der Regeln, sondern wir leiten im Gegenteil die Schüler dazu an; wir wollen also nicht nur unbewussten Besitz der Sprache, Sprachgefühl erzeugen, sondern erstreben auch den bewussten Besitz der Sprache, ersteren allerdings zeitlich vor letzterem. Aber W.s diesbezüglichen Vorwurf dürfen wir ablehnen und dafür, dass auch andere diesen Vorwurf ablehnen, gibt W. selbst Zitate von Kühn und Bierbaum. Ebenso wie wir verfahren ferner Ulbrich, Plattner, und Walter. Wir verstehen nicht, wie man „ohne Vermittelung der Muttersprache" in der Schule mit zehnjährigen Schülern eine fremde Sprache lehren will; wir halten von Anfang an auf mündliches Hin- und Herübersetzen, weil sonst ein Verständnis unmöglich ist. Es ist undenkbar, dass Französisch und Englisch in der Schule wie die Muttersprache gelernt wird. Dies würde ein Aufgeben der Benutzung der von dem zehnjährigen Schüler bereits errungenen Bildung bedeuten, mit welcher wir rechnen müssen. Von einer „plötzlichen Unterbindung der Muttersprache" kann also in unserem Unterricht nicht die Rede sein, noch weniger von einem „methodenlosen Naturalismus." Es fällt uns nicht ein, „grundsätzlich auf alle Vergleichung der fremden Sprache mit der Muttersprache zu verzichten"; im Gegenteil, wir verlangen schon auf der untersten Stufe eine Übersetzung in tadellosem Deutsch und üben Vokabeln und Ausdrücke durch gegenseitiges Übersetzen. Auch das Übersetzen aus dem Deutschen geben wir nicht auf, wie unser Lehrbuch zur Genüge beweist; wir sind auch keine Gegner des Extemporales und haben nie mit Hohn davon geredet; im Gegenteil, wir halten es, wie W., für ein vortreffliches Mittel zur sprachlichen Bildung und zur Zucht des jugendlichen Geistes. Nur wird durch unsere Behandlung der Lesestücke das Extemporale fruchtbarer gemacht, und wir verlangen ausserdem Diktate, später freie Übungen, die sich allmählich zum Aufsatz entwickeln können. Wir glauben auch nicht, dass wir „spielend" lehren und die Schüler „spielend" lernen lassen sollen, sondern nehmen den Geist allseitig in Zucht und Übung, nicht nur den Verstand, auch die Phantasie, nicht nur die bewusste, auch die unbewusste geistige Kraft. Uns gilt es durchaus nicht als „ausgemacht", wie W. den meisten Reformern unterstellt, dass man neuere Sprachen „unter allen Umständen nur lernt, um sie sprechend und schreibend gebrauchen zu können", sondern wir sind durchaus mit W. einverstanden, wenn er das Ziel höher steckt und sagt: „Vertraut zu werden mit dem Genius der Sprache, welcher zugleich auch der Genius des Volkes ist, das ist vielmehr das kulturhistorische Ziel des Sprachunterrichts, auch hinsichtlich der modernen Sprachen." Aber wir sind der Ansicht, dass dieses Ziel eben nur dann in den oberen Klassen erreicht werden kann, wenn neben dem Schreiben vor allem die Schüler von vornherein zum Sprechen und Hören angeleitet werden. Wir begnügen uns daher nicht mit gelegentlichen Sprechübungen, wie W. sie zulässt, sondern wir treiben sie methodisch von Anfang an. Die Bedeutung dieser methodischen Sprechübungen aber, deren Segen wir aus Erfahrung kennen, hat W. nicht verstanden, wenn er sie für „überflüssig" erklärt und verspottet.

Solche Übungen, wie sie Weissenfels S. 531 f. anführt, mögen ja in ihrer Vereinzelung dem Zuhörer recht kindlich erscheinen und sie sind es auch zum Teil; aber sie können nicht anders sein im Anfange des Unterrichts. Die Bedeutung dieser Übungen liegt nämlich darin, dass sie die Schüler gewöhnen, die vorher nötige Vermittelung der Muttersprache zu entbehren, indem unmittelbar auf die französische Frage die französische Antwort erfolgt, und somit ein Denken in der fremden Sprache ohne Hülfe der Muttersprache angebahnt wird. Im Anfange können diese Übungen nichts als eine wörtliche Wiedergabe des Auswendiggelernten oder Eingeprägten sein, aber schon nach kurzer Zeit erheben sie sich über den kindlichen Charakter, den W. belächelt. Oder kann W. etwas Vernünftiges einwenden, wenn wir im Anschluss an ein gelesenes Stück über Brahma unsere Schüler fragen: *Qui étaient les grandes divinités de l'Inde?* Und sie antworten: *Brahma, Vichnou et Siva étaient les grandes divinités de l'Inde. — Sous quelle figure étaient-ils quelquefois adorés? — Ils étaient quelquefois adorés sous une seule figure à trois têtes.* U.s.w. Redet in einem unserer Stücke Karl der Grosse die faulen jungen Adligen an: *Vous comptez sur les services de vos pères,* und wir verlangen und erhalten auf die Frage: *Sur quoi comptaient les jeunes nobles?* die Antwort: *Les jeunes nobles comptaient sur les services de leurs pères* — so heisst dies wahrhaftig von dem Quintaner nicht zu wenig gefordert, da er das *leurs* instinktiv nach früher dagewesenen finden muss. Er findet es aber, wenn man ihn nur richtig angeleitet hat. Ich glaube, an solchen Fragen und Antworten, durch welche wir unsere Schüler zum Sprechen und zur praktischen Einübung der Grammatik bringen, lässt sich nichts aussetzen. Da wir stets einen Text zu Grunde legen, der eingeübt ist, so entsteht auch keineswegs auf alle Fälle „ein widerlich tumultuarisches Sprachverhunzen" wie W. nicht grade sehr artig behauptet, sondern die Schüler antworten mit wenigen Ausnahmen, fliessend und in richtiger Satzform, wie sie es aus dem Buche und durch die mit dem Texte angestellten Übungen gelernt haben.

Überhaupt stellen wir die Bedeutung der Sprechfähigkeit auch als Ziel nicht so tief wie W. Wir glauben nicht, dass es „ein in der Masse verschwindend seltener Fall ist, wenn von den Zahllosen, welche auf der Schule Französisch und Englisch gelernt haben, später einer in die Lage kommt französisch oder englisch sprechen oder schreiben zu müssen".

Wenn das ein Grosskaufmann, der seinen Sohn aufs Gymnasium schickt, läse, würde er die Hände über dem Kopfe zusammenschlagen. Bei dem täglich wachsenden internationalen Verkehr wird fort und fort die Mehrzahl der Söhne unserer höheren Stände ganz entschieden in jene Lage kommen; keine Wissenschaft kann die Lektüre französischer und englischer Zeitschriften entbehren, und da handelt es sich darum, schnell zu lesen und aufzufassen, wie wir es nach unserer Methode üben. Ferner ist bei den wachsenden Beziehungen von Volk zu Volk auch für viele unserer Beamten hochnötig, dass sie gesprochenes Englisch und Französisch verstehen und sich leicht in die fremde Sprache finden. Selbst die Juristen fangen an, das jetzt einzusehen, und treiben nach der Schulzeit wenigstens eine moderne Sprache. Und wenn W. behauptet, „dass es auch unter den Lehrenden stets glänzende Ausnahmen sein werden, welche die fremde Sprache beherrschen, so sagen wir, dass das hoffentlich nicht so bleiben wird, sondern die Lehrer sich mehren, die mündlich und schriftlich die fremde Sprache mit Gewandtheit und Geschmack gebrauchen. Scheint es doch, als ob auch auf den Universitäten für die Handhabung der modernen Idiome mehr geschehen soll als bisher leider der Fall war.

Durch solche Kritik, wie sie Weissenfels übt, wird unserer Sache kaum geschadet; gegen die Methode dieser Kritik müssen wir ausdrücklich Verwahrung einlegen. Weissenfels urteilt auf Grund einiger unverstandenen Schlagwörter; er urteilt über eine Sache, die er, wie er selbst ausdrücklich sagt, nicht begriffen hat: damit hat er sich selbst ein massgebendes Urteil abgesprochen.

MANGOLD-COSTE.

Plœtz, Karl. *Kurzgefasste systematische Grammatik der französischen Sprache*. Vierte verbesserte Auflage. Berlin 1890. Herbig. VIII, 184 S. 1,50 Mk.

Das hier vorliegende Material an Formen und Beispielen ist tadellos, aber die Fassung der Regeln lässt, besonders in der Syntax an Klarheit, Korrektheit und Richtigkeit viel zu wünschen übrig, wie folgende Beispiele beweisen sollen:

S. 110, § 76,3 c. Es ist nicht richtig, dass die „zusammengesetzte oder absolute Fragekonstruktion" die „gebräuchlichere" sei, „wenn das Verb ohne Objekt in einer zusammengesetzten Zeit steht." Sätze wie *Comment s'est passé votre voyage?* sind ebenso gebräuchlich wie *Comment votre voyage s'est-il passé?*

S. 110, § 76,6. Diese Regel ist falsch. Sie lautet: „In Ausrufesätzen, in welchen der Konjunktiv (ohne die Konjunktion *que*) den Wunsch ausdrückt, steht das Subjekt nach dem Verb." Es kann ebensogut vor dem Verb stehen, wie viele Beispiele beweisen, u. a.: *Dieu soit loué. Dieu veuille. Dieu le veuille. Dieu vous bénisse!*

S. 111, § 77,1 b. Die Regel, dass das Subjekt in einem Bedingungssatze ohne *si* „nur als persönliches Fürwort" (nicht als Substantiv) nachstehen könne, erweckt den Schein, als ob Sätze wie der folgende, die gar nicht berücksichtigt sind, unmöglich wären: *La victoire, la proscription, la dictature, lui paraissaient-elles nécessaires, il les demandait aussitôt.* (Mignet.)

S. 111, § 77,3 c. Auch andere Umstände als der Zeit oder des

Orts können Inversion nach sich haben, z. B. *Autant en emporte le vent. Avec lui disparut . . .* Auch andere als „Verben, die eine eintretende Handlung, eine Folge bezeichnen", können dem Substantiv vorangehen, z. B.: *Doit Monsieur un tel à un tel . . . . Sont dispensées de la tutelle les personnes . . ,.*

S. 116, § 80,7. Hier fehlt das ebenso gebräuchliche *c'est eux* neben *ce sont eux.*

S. 117, § 81,4. Dass *ci-inclus* vor einem Substantiv ohne Artikel „unveränderlich" sei, ist nach der *Académie* nicht haltbar. Dort steht: *Vous trouverez ci-inclus* oder *incluse la copie . . .*

S. 118, § 82,2. Der Dativ der Person mit dem Infinitiv und einem Sachobjekt bei *faire* steht unbedingt, nicht, wie hier behauptet wird, „besonders wenn das Objekt der Person ein persönliches Fürwort ist." — Was über dieselbe Konstruktion bei *laisser, voir, entendre, ouïr* gesagt ist, ist auch nicht ganz richtig. Es kommt nur darauf an, ob das Objekt der Person vor oder hinter dem Sachobjekt steht; nur in letzterem Fall ist die Wahl nicht freigestellt; dann muss die Person im Dativ stehen. Vgl. meine *Grammatik.* § 193.

S. 118, § 82,3. Dass z. B. *gouverneur* in *nommer gouverneur* prädikativer Akkusativ, in *choisir pour gouverneur* aber kein prädikativer Akkusativ sei, ist eine äusserliche Auffassung.

Auch der folgende Absatz ist falsch: „Hat derselbe — d. i. der prädikative Kasus — eine attributive Bestimmung bei sich, so kann der Artikel stehen." Der Artikel kann eben nicht überall stehen, wie Plœtz' eigene Beispiele beweisen: . . . *nomma Mortier [le?!] gouverneur de Moscou; . . . fut élu [le?!] duc de Courlande* u. s. w. Der Gebrauch oder Nichtgebrauch des Artikels hängt in diesem Falle davon ab, ob das Substantiv individualisierend oder im allgemeinen Sinne gesetzt wird.

S. 119, § 82,4 b und c sind unlogisch geschieden. In beiden Fällen steht der Zeitakkusativ auf die Frage wann?

S. 121, § 83,3 b: „Mit Ausnahme dieser letzteren (nämlich Verben der Gefühls- und geistigen Thätigkeit und *être précédé, suivi, accompagné*) braucht man für von beim Passiv *par,* wenn das Verb eine äussere Handlung ausdrückt." Dies ist nicht richtig; es gibt noch eine Reihe anderer Verba mit *de,* z. B. *environné, entouré, assisté de* u. s. w.

In folgenden Fällen wird behauptet, dass in allen angeführten Fällen *de* durch *par* ersetzt werden könne. Auch dies ist unrichtig. Die Möglichkeit liegt nur bei den Verben geistiger Thätigkeit vor, wenn nicht eine dauernde Stimmung, sondern eine einzelne Handlung („äussere Handlung" wie Pl. oben sagt) vorliegt.

S. 122, § 83,6. Dass der Genetiv des Mittels und Werkzeugs auf bestimmte Redensarten beschränkt sei, ist unrichtig, wie zahlreiche Beispiele beweisen, die anzuführen nicht nötig ist.

S. 123, § 83,9. „Der possessive Genetiv ist im Französischen von noch ausgedehnterem Gebrauche als im Deutschen." Diese Regel ist nichtssagend und schwer kontrollierbar.

S. 124, § 83,13. Hier ist störend die Vereinigung von Fällen wie *une foule de* und *ceux des soldats,* welches getrennt werden müsste, wie überhaupt hier und anderwärts (§ 102 Nr. 9) *des amis* sowohl wie *d'amis* ohne Unterschied als „partitiver Genetiv" bezeichnet wird. Im folgenden Absatz wird sogar gesagt: „Man nennt diesen partitiven Genetiv häufig den partitiven oder Teilungsartikel", sodass hier sogar Substantiv und Artikel vermengt werden.

S. 136, § 91. Dass der Konjunktiv im Hauptsatze „jetzt so ziemlich auf folgende Formeln beschränkt" sei, ist gänzlich unrichtig, wie viele andere sehr gebräuchliche Formeln beweisen, z. B.: *Veuille Dieu Dieu soit loué. A Dieu ne plaise. Soit dit entre nous.* U. a. m.

Dass der Konjunktiv mit *que* die jetzt übliche, ohne *que* die zu Formeln erstarrte Form ist, wird nicht gesagt.

S. 137, § 91,2. *Que je sache* wird fälschlich als Hauptsatz aufgefasst. Die Auffassung, dass *que* Konjunktion, nicht Relativ sei, entstellt auch den § 115,1.

S. 137, § 92. In der sonst gut vorgetragenen Lehre vom Konjunktiv fehlen die Verba des affektvollen Urteils, welche nach Lücking's Vorgang wohl hätten zugefügt werden müssen.

S. 141, § 94. Die Überschrift „Zeitfolge des Konjunktivs" ist irreführend. Erst am Schlusse des § wird zugefügt: „Sämtliche Regeln über die Zeitfolge gelten auch für den Indikativ".

S. 143, § 95,2. Hier fehlt im Text „abweichend vom Deutschen", wie in der *Schulgrammatik* richtig steht; oder es müssten *devoir* und *pouvoir* noch zugefügt werden.

S. 144, § 95,5. Eine falsche Vorstellung wird hier erweckt durch die Gleichstellung von *par* beim Infinitiv (welches ja nur mit *finir* und *commencer* verbunden werden kann) mit *pour, sans, après,* welche einen allseitigen Gebrauch zulassen.

S. 146, § 97,1 zweiter Absatz. Dass wie nach *c'est* so auch nach *il est* ein Infinitiv mit *que de* in demselben Sinne stehen könne, halte ich für unmöglich. Plœtz gibt kein Beispiel zum Beweise dieser seiner Behauptung. Er fährt fort: „besonders wenn das Prädikat ebenfalls ein Infinitiv ist" und bleibt auch hier wie vorher das Beispiel schuldig. Nur komparatives *que* kann mit einem Infinitiv mit *de* auf ein voraufgehendes *il est ...* folgen z. B.: *Il est plus beau de pardonner que de punir.* Dieser Fall wird aber von Plœtz nirgends erwähnt.

S. 153, § 102. Den Regeln über den Artikel fehlt das Grundprinzip; infolgedessen ist Nr. 3 ebenso richtig wie das Gegenteil, wie Nr. 4 und 12 beweisen. Eine Einsicht in das Wesen des Artikels kann der Schüler hier nicht gewinnen.

Auch die apodiktische Fassung der Hauptregel über die Apposition, welche durch mehrere Ausnahmen wieder aufgehoben wird, führt irre. Was hier als Ausnahme behandelt wird, gehört in die Regel, in welcher der Unterschied zwischen Artikel und Nichtartikel ausgedrückt sein muss.

Wie auch der partitive Artikel verwirrt vorgetragen wird, ist oben bei § 83 schon erwähnt.

S. 165, § 109,2. „Nach relativen Fürwörtern fällt das Personale aus." Diese Regel ist ein völliges Unding (vgl. *Mon ami qui m'a dit. La ville que je vois* u. s. f.), wenn auch aus dem Beispiel hervorgeht, welcher einzelne Fall gemeint ist. Die besten Beispiele werden durch nachlässige Fassung der Regel beeinträchtigt.

S. 168, § 109 B. 10. Die Regel ist schief und unverständlich, wie auch die darunter stehenden Beispiele sämtlich nicht zu der Regel gehören, die von den Fällen spricht, in welchen *lui, elle, eux, elles* von Sachen gebraucht werden. — In dem Beispiel *Elle n'était plus dans sa chambre, elle était dehors* „und nicht *hors d'elle*" würde doch niemand auf *hors d'elle* kommen, wozu das Deutsche nicht einmal auffordert. Ungetrennt von nicht Dazugehörigem findet sich hier auch ein Beispiel für den reflexiven Gebrauch von *lui,* welcher sonst übersehen worden ist und gerade eine Regel zur Abgrenzung von *soi* verdient hätte.

Auf die Laut- und Formenlehre gehe ich nicht weiter ein. Ihre Vorzüge und Schwächen sind zur Genüge bekannt. Ich schliesse: Wenn auch die Beispiele dieser Grammatik sehr gut brauchbar und einige Kapitel im ganzen gut behandelt sind, wie das von den Kasus und Präpositionen, von Tempus- und Moduslehre, vom Infinitiv und Partizip, so sind doch zu viele Regeln nachlässig und inkorrekt gefasst, wodurch die aus den Beispielen gewonnene Klarheit zum Teil wieder aufgehoben und Irrtümer in Betreff des Sprachgebrauchs erzeugt werden.

W. MANGOLD.

———————

Abhandlungen zur Methodik des französischen Unterrichts.

1. **Stiehler, E. O.**, *Streifzüge auf dem Gebiete der neusprachlichen Reformbewegung.* Progr. Rg. Döbeln, 1890. 29 S. 4°.
2. **Stiehler, E. O.**, *Zur Methodik des neusprachlichen Unterrichts. Zugleich eine Einführung in das Studium unserer Reformschriften.* Marburg, 1891. Ellwert.
3. **Kemnitz, A.**, *Zur Lehrweise des Französischen an lateinlosen Realschulen.* Progr. Rg. Apolda, 1890. 12 S. 4°.
4. a) **Krüger, G.**, *Der lautliche Unterricht im Französischen.* b) **Lobedanz E.**, *Der Unterricht in Lektüre und Grammatik, besonders im Französischen.* Progr. Rg. Schwerin, 1890. 35 S. 4°.
5. **Baetgen, Ludwig**, *Schriftliche Arbeiten im neusprachlichen Unterricht.* Progr. Rg. Eisenach, 1890. 24 S. 4°.
6. **Schweppe, Karl**, *Die Lehrbücher der französischen Sprache an den höheren Lehranstalten mit besonderer Berücksichtigung des Gymnasiums.* Progr. Stadtgym. Stettin, 1890. 18 S. 4°.
7. **van Overshelde, Felix Franz**, *Ist im französischen Unterrichte die alte oder die neue Methode vorzuziehen?* Programm der Landes-Oberrealschule zu Krems. 1890.

1. **Stiehler** beschäftigt sich in seinen *Streifzügen* mit zwei Fragen der Methode: der Stellung und der Behandlung der Grammatik und der Bedeutung der Lautphysiologie in der Schule.

In der Forderung, dass die Grammatik aus dem Unterrichte verschwinde und dem Umstande, dass Reformer Grammatiken schreiben, erkennt der Verfasser einen Widerspruch. Aber wer erhebt denn wirklich diese Forderung? Die überwiegende Mehrheit derjenigen, welche in den alten Bahnen nicht weiter wandeln wollen, denkt gar nicht daran, die Grammatik ganz zu verbannen, sie will nur ihre Herrschaft vernichten, sie will ihr die ihr gebührende Stellung als Dienerin der Spracherlernung gerne lassen. Und wenn nun diese Methodiker verlangen, dass die Grammatik wissenschaftlich getrieben werde, so ist das nicht so zu verstehen, als ob nun die ganze phonetische und historische Weisheit der Universität in die Schule verpflanzt oder wohl gar „in jener akademischen Diktion" dort vorgetragen werden soll, sondern in der That so, wie Stiehler selbst es umschreibt, „dass der grammatische Unterricht erteilt werden müsse in sachlich richtiger, methodisch klar durchdachter, dem Schüler leicht verständlicher Fassung", dabei möchte ich auf das „sachlich richtig" einen ganz besonderen Nachdruck legen und hinzufügen: unter möglichster historischer und logischer Begründung der Spracherscheinungen.

Einen Kernpunkt in der Behandlung der Grammatik bildet die

Frage, ob die Regeln aus dem Anschauungsmaterial von dem Schüler oder richtiger ausgedrückt, im Unterricht abstrahiert werden sollen, oder ob das Ergebnis dieser Abstraktion dem Schüler fertig vorgelegt werden soll. Alle grammatischen Thatsachen, namentlich alle Formen aus dem Lesestoff zu abstrahieren halte ich für unmöglich; es wird vielfach eine Ergänzung durch Bildung bestimmter Beispiele oder durch weitere Ableitung aus dem Gegebenen eintreten müssen, aber dass diese Arbeit im Unterrichte geleistet von ganz anderem Werte für die gesamte Geistesentwickelung des Schülers ist, als die Aufnahme fertiger Regeln und ihre Anwendung auf eine beliebige Zahl von Fällen, scheint mir nicht zweifelhaft. Dass „dieses Selbstfinden von Regeln eben durch die unentbehrliche Beihilfe des Lehrers zu einer blossen „Farce" wird, leuchtet mir trotz der Autorität Tanger's nicht ein.

Kürze bezeichnet auch Stiehler als die notwendigste Eigenschaft der Grammatik, deren Durchnahme in methodischer Weise er verlangt; wie es scheint etwa in der Art wie sie von Plœtz vorgeschrieben wird. Er polemisiert hierbei namentlich gegen die von Münch und Ohlert vorgeschlagene Einrichtung, dass durch verschiedenen Druck, Wichtiges von Nebensächlichem u. a. m. geschieden werde, denn so meint er: „ist eine Anmerkung im Lehrbuche vorhanden, so wird sie auch durchgenommen" S. XI).

Ganz reformerisch hört sich dann an, was der Verfasser weiter sagt: „Die Feinheiten der Syntax sollten in Zukunft entschieden der Lektüre überlassen bleiben; sie werden sich dem Gedächtnisse auch viel besser am zusammenhängenden Texte als an den paar Beispielen einprägen, die der Regel doch nur auf den Leib geschrieben oder mit mehr oder weniger Gewalt aus einem Historiker herausgezerrt worden sind." Ja, warum denn nur die Feinheiten?

Seiner ganzen Tendenz nach kann ich so dem ersten Abschnitt der Stiehler'schen Arbeit nicht beistimmen, andererseits verkenne ich nicht, dass dieselbe manchen anregenden Gedanken enthält, der zu näherer Prüfung einladet; namentlich die Auseinandersetzung über Lehrbücher wie die französische Formenlehre von Koschwitz und die englische Formenlehre von Vietor ist sehr lesenswert, wenn auch für ersteres Buch insofern nicht zutreffend, als es überhaupt nicht für die Schule bestimmt ist.

Durchaus beipflichten muss ich dem zweiten Teile der vorliegenden Arbeit, welche darin gipfelt, dass zwar nicht Lautphysiologie in der Schule getrieben werden soll, dass aber der Lehrer eine gründliche lautliche Schulung nicht entbehren kann und die feststehenden Ergebnisse der Lautphysiologie insoweit für den Unterricht Beachtung verlangen, als dieselben dem praktischen Unterricht unmittelbar zu gute kommen, und dass also „die Grundbegriffe der Phonetik den Schülern nur ganz gelegentlich, gleichsam unabsichtlich, beizubringen sind und sich durchaus nur als kurze, allgemeinverständliche Erklärungen und Anweisungen darzustellen haben." (S. XV.)

Was Trautmann u. a. über die Zeit sagen, welche ihre mehr oder weniger eingehende lautphysiologischen Orientierungen in Anspruch nehmen, hält Stiehler mit Recht für schöne Theorie. Er verwirft den Gebrauch einer Lautschrift, ist jedoch bereit, Lauttafeln in den mittleren und oberen Klassen zuzulassen.

2. Nachdem Stiehler in seinen *Streifzügen* die Stellung und Behandlung der Grammatik und die Bedeutung der Lautphysiologie in der Schule besprochen hat, giebt er uns in seiner Abhandlung *Zur Methodik etc.* zunächst einen Überblick über die Entwickelung der

Reform des neusprachlichen Unterrichts und geht weiter auf einige andere Fragen ein, namentlich die der Übersetzungen aus dem Deutschen, der Lektüre und der Sprechübungen.

Die Schrift ist als „Einführung in das Studium unserer Reformschriften" ausgezeichnet, aber sie erfüllt nicht die Erwartung, welche wir nach den *Streifzügen* des Verfassers hegen durften, dass derselbe an dieser Stelle die verschiedenen Fragen des neusprachlichen Unterrichts in eingehenderer Weise behandeln würde. Stiehler giebt uns in knappem Rahmen eine Übersicht über die Ansichten der verschiedenen Reformer und präzisiert mit kurzen Worten seinen eigenen Standpunkt diesen Fragen gegenüber.

Nach dieser Veröffentlichung muss man Stiehler mit grosser Entschiedenheit unter die gemässigten Reformer rechnen. Auch er ist der Ansicht, „dass der jetzige grammatisierende Sprachbetrieb zuviel Zeit für sich in Anspruch nimmt und zu Gunsten der Lektüre eingeschränkt werden muss". Mit besonderer Freude begrüsse ich es, dass der Verfasser jetzt die ganze Syntax — nicht nur die Feinheiten derselben — möglichst aus der Lektüre selbst entwickeln und das grammatische Pensum auf das Allernotwendigste beschränken will. Diesen beiden Hauptforderungen gegenüber verhält sich Stiehler also zustimmend und wenn er gewissermassen im einzelnen noch manches zu retten sucht, was die meisten anderen Reformer zu opfern entschlossen sind, so ist er doch besonnen genug, nicht in Einzelheiten das Heil sehen zu wollen. Im ganzen erklärt sich der Verfasser z. B. gegen die Übertragung von Einzelsätzen, doch will er sie nicht unbedingt verbannen und möchte, dass auch da, wo nicht ein stilistisch zusammenhängendes Ganze geboten wird, doch ein gewisser logischer Zusammenhang zu erkennen sein soll.

Was Stiehler über die freien Umformungen gelesener Texte sagt, ist beachtenswert, wenn es auch manchen Widerspruch finden wird.

Ganz abweichender Ansicht bin ich, und ich wundere mich, dass Stiehler darin, obwohl er gegen ihn polemisiert, Bierbaum ein gewisses Zugeständnis macht, über die Übersetzungen aus der Fremdsprache in die Muttersprache. Dass zunächst „wörtlich" übersetzt werden müsse und erst bei der zweiten Übersetzung „ein einigermassen annehmbares Deutsch" von dem Schüler zu verlangen sei (S. 25), kann ich nicht zugeben. Es muss m. E. vielmehr stets ein möglichst vollkommenes Deutsch dem fremdsprachlichen Ausdruck gegenübergestellt werden. Freilich ist das nicht ohne weiteres „von dem Schüler zu verlangen", sondern es ist eben die Aufgabe des Unterrichts, den guten deutschen Ausdruck festzustellen, die Schüler sind hierzu allmählich zu erziehen. Von ihnen zu verlangen ist, dass sie den diesbezüglichen Forderungen nach Massgabe ihres Könnens gerecht zu werden streben. Stiehler selbst ist auch nicht ganz von der Richtigkeit seiner Ansicht überzeugt, denn auf der folgenden Seite sagt er: „Ja, wir meinen, es müsse eher noch strenger als bisher auf eine gute deutsche Wiedergabe gehalten werden."

Entschiedene Anerkennung verdient es, dass Stiehler Widerspruch erhebt gegen den Unfug, dass dem Altertum und namentlich der alten Geschichte ein so breiter Raum in unseren neusprachlichen Lehrbüchern eingeräumt wird. (S. 29.) Trotz aller Reformbestrebungen scheint man für diese Seite des französischen Unterrichts im allgemeinen wenig Interesse zu besitzen, ich begrüsse es deshalb mit Freuden, dass der Verfasser sich entschieden dagegen verwahrt, „dass dem Altertum und

namentlich der alten Geschichte ein so breiter Raum in unseren neusprachlichen Lehrbüchern eingeräumt werde. (Man vergleiche dazu
Zeitschr. XII[1]. S. 174.)

Auch Sprechübungen im Anschluss an das Gelesene nimmt
Stiehler in das Programm des französischen Unterrichts auf und zwar
von der untersten Stufe an. Wenn er aber dabei die gedruckten
Questionnaires für wertvoll hält, weil der Schüler in denselben korrekt
gestellte Fragen und Antworten durch das Schriftbild fixiert sehe, so
kann ich ihm nicht beistimmen. Legt der Lehrer besonderen Wert
hierauf, so hat er ja die Wandtafel zur Hand; es muss aber auch der
Schein vermieden werden, als ob der Lehrer eine Krücke nötig hätte.

3. **Kemnitz** geht in seiner Abhandlung über die Lehrweise
des Französischen an lateinlosen Realschulen von dem Grundsatze aus,
dass der Unterricht im Französischen an diesen Lehranstalten nicht
nur zum Können hinzuführen habe, sondern als erste Aufgabe betrachten müsse, das Lateinische der gymnasialen Lehranstalten zu
ersetzen und die Grundlage formaler Bildung zu legen. Ganz unrichtig
scheint mir das nicht zu sein, wenn man die lateinlose Schule
überhaupt als eine höhere Schule betrachtet, was ja leider heutzutage sogar von Freunden derselben nicht immer zugestanden wird.
Indessen möchte ich doch das Können nicht hinter dem Wissen zurück-
gesetzt sehen, namentlich scheint mir der Verfasser auch den Wert
der Lektüre für die allgemeine Geistesentwickelung viel zu gering anzuschlagen, denn von ihrer Bedeutung für dieselbe redet er gar nicht.
Wenn ferner Kemnitz den Sprechübungen wegen ihrer geistbildenden
Kraft so hohes Lob spendet, so kann man ihm darin nur beistimmen,
er sollte aber gerade für die Realschule erst recht nicht vergessen,
dass das sprechen **können** nicht zu unterschätzen ist, und es
erscheint mir unbegreiflich, dass der Verfasser sich gegen den
praktischen Betrieb der Sprechübungen so kühl verhält; er erklärt,
die Schule habe nicht die für solche mehr nebensächliche Dinge
nötige Zeit.

Sehr richtig bemerkt Kemnitz, dass die Lehrweise an den verschiedenartigen Lehranstalten eine verschiedene sein muss; das wird
meist noch viel zu wenig beachtet. Wenn er nun aber meint, dass
vermöge der Gesamtaufgabe des französischen Unterrichts an lateinlosen Schulen von Anfang an die Grammatik eine selbständige Stellung
einnehmen müsse, dass nicht von der Lektüre ausgegangen werden
dürfe, dass die „in der Muttersprache in ihre Bestandteile zerlegten
Formen", sowie die an französischem Material zur Anschauung gebrachten syntaktischen Gesetze durch Übertragung von Einzelsätzen
in der alten Weise zur Einübung gebracht werden müssen, so trenne
ich mich hier vollständig von ihm. Erst recht möchte ich für die
lateinlose Schule ein Ausgehen von der Lektüre vorschlagen, ja, ich
würde hier, wie die äussersten Reformer, vielleicht im Anfangsunterricht mich mit dem Gedanken befreunden können, zunächst nur ein
Lesebuch dem Unterrichte zu Grunde zu legen, so dass das erste Jahr
durchaus ein propädeutisches wird. Späterhin, darin stimme ich Kemnitz
bei, ist m. E. die Grammatik in systematischer Weise zu behandeln,
sodass durch die französische Grammatik an lateinlosen Schulen dasjenige geleistet wird, was man an Lateinschulen von der Beschäftigung
mit der lateinischen Grammatik erwartet. Das schliesst natürlich nicht
aus, dass, wie auch Kemnitz es will, die syntaktischen Gesetze zunächst
aus dem Lesestück abgeleitet werden.

Einer Lautschrift ist der Verfasser ganz abgeneigt, auch von den phonetischen Bestrebungen im allgemeinen will er nicht viel wissen, doch will er nicht ganz auf praktische Anweisungen zur Hervorbringung der Laute verzichten. Das Übersetzen aus dem Deutschen hält er für unbedingt notwendig.

4. Die dem Realgymnasium zu Schwerin beigegebene Abhandlung *Zur Reform des neusprachlichen Unterrichts* zerfällt in zwei Teile: der erste: *Der lautliche Unterricht im Französischen* von **G. Krüger,** der zweite: *Über den Unterricht in Lektüre und Grammatik* von **E. Lobedanz.** Beide Verfasser geben uns wohldurchdachte Arbeiten, die das Gute der Reformbestrebungen herauszufinden suchen. Namentlich den Ansichten Krüger's, der eine stramme lautliche Schulung für notwendig hält, aber ebenfalls phonetische Belehrung nur da eintreten lassen will, wo dieselbe zur Hervorbringung der richtigen Laute notwendig erscheint, kann ich fast durchgehends beipflichten. Lautschrift verwirft auch Krüger und was er zur Begründung dieser Ansicht sagt, trifft den Nagel auf den Kopf. Wenn ihm die Hauptsache scheint neben dem geschriebenen auch das gesprochene Wort zu seinem Rechte kommen zu lassen, so hat er ja auch Quiehl für sich, der der Frage ob Lautschrift oder nicht „keine so sehr hervorragende Bedeutung beilegen möchte". Krüger will nun die Laute an sich einüben, von den Lauten zum Wort, vom Wort zum Satz übergehen. Er geht mit dieser Auseinandersetzung auf das von seinem Kollegen Lobedanz näher zu behandelnde Gebiet über. Beide wollen den Einzelsatz wieder in seine Rechte einsetzen, und meinen, dass auch die Reformer strengerer Richtung, welche dem Anfangsunterricht ein zusammenhängendes Lesestück zu Grunde legen wollen, dieses Lesestück in einzelne Sätze zerreissen müssen. Bis zu einem gewissen Grade ist das ja auch richtig; aber das Lesestück soll im Anfang nicht grosse Perioden bringen, sondern kurze Sätze, die man immerhin als Einzelsätze nebeneinander stellen mag, doch mit der Massgabe, dass sie sich auf denselben Gegenstand beziehen, und möglichst sich inhaltlich an einander reihen, wie wir es ja auch bei einzelnen Lehrbüchern finden. Von diesem Standpunkte aus, glaube ich, braucht man auch dem zusammenhängenden Lesestück „keine so sehr hervorragende Bedeutung beizulegen".

Sehr richtig erklärt Lobedanz die instinktive Spracherlernung bei dem geringen Zeitmasse, das wir für den Sprachunterricht verwenden können, für unmöglich, so dass die Forderung, die fremde Sprache solle gelernt werden wie die Muttersprache, unerfüllbar ist; er will in ähnlicher Weise, wie ich es oben namentlich für lateinlose Schulen für wünschenswert erklärte, die praktische Spracherlernung auf der Unterstufe sehr energisch betont wissen, während auf der Oberstufe die Spracherlernung der allgemeinen Geistesbildung in erhöhtem Masse zu dienen habe, womit zugleich ja schon ausgesprochen ist, dass er der Grammatik ihre selbständige Stellung zum wenigsten in den mittleren und oberen Klassen gewahrt wissen will. Weiter kommt der Verfasser dann auch zu dem Ergebnis, dass bis zur Sekunda zum Übersetzen in das Französische Einzelsätze vorzulegen seien. Mir erscheint gerade die Umgestaltung des zusammenhängenden Lesestoffes in ein zusammenhängendes Übersetzungstück ein wertvolles Mittel zur Spracherlernung und darum auch einer der wichtigsten Gründe, um möglichst bald derartigen Lesestoff dem Schüler vorzulegen. Lobedanz geht nicht weit mit auf dem Wege zur Reform des französischen Unterrichts, aber wir können ihm die Anerkennung nicht versagen, dass er alles, was er von dem alten

Baue stehen lassen will, doch so zurechtzumachen strebt, dass er wohnlich bleibt oder vielmehr wieder wird.

5. Die schriftlichen Arbeiten allein nennt **Baetgen** auf dem Titel als Gegenstand seiner Abhandlung. Namentlich der erste Teil enthält insofern mehr, als bei der Betrachtung der Übersetzungsübungen, und so ist es ja auch ganz natürlich, dass das mündliche Übersetzen ebenso gut wie das schriftliche besprochen wird. Baetgen's Stellung gegenüber dem Übersetzen aus dem Deutschen in das Französische ist eine ganz und gar ablehnende. Wenn wir wirklich in der Schule die fremde Sprache so intensiv treiben könnten, dass wirklich „in unbewusster Gewöhnung an das sprachlich Richtige auf Grund reichlicher Sprachanschauung" das Sprachgefühl entwickelt würde, so wäre ich unter den ersten, die der Abschaffung aller Übersetzungsübungen beistimmten, aber dass dies erreichbar sei, halte ich für Theorie. Bei der Stundenzahl, welche unsere höheren Schulen dem fremdsprachlichen Unterricht widmen, kann im ganzen nur ein so bescheidenes Mass von Lektürestoff bewältigt werden, dass es verglichen mit demjenigen Sprachstoff, der etwa beim Aufenthalte im Auslande in einem halben Jahre an den Fremden herangebracht wird, geringfügig zu nennen ist. Also die unbewusste Gewöhnung allein thut es nicht; und darum muss der schulmässige Unterricht Mittel ersinnen, welche die Gewöhnung ersetzen oder vielmehr in ihrer Wirkung steigern. Ich gebe zu, dass das Übersetzen aus der Muttersprache, wie es vielfach getrieben wird, nämlich ausser dem Zusammenhang mit dem in dem wesentlichen Teile des Unterrichts, in der Lektüre, an den Schüler herangebrachten Sprachstoff, manche von den von Baetgen geschilderten Missständen hat, aber ich glaube, der Verfasser schüttet das Kind mit dem Bade aus. Zum Übersetzen in die Fremdsprache gehört vor allen Dingen die gehörige Anleitung. Auf unteren und mittleren Klassen häusliche Vorbereitung für diese Übersetzungsübungen zu verlangen, halte ich allerdings auch nicht für das Richtige, aber die gemeinsame Vorbereitung derselben in der Schule ist, wie ich glaube, ein ganz vorzügliches Mittel der Spracherlernung sowohl, wie der formalen Bildung, so wenig auch Baetgen von diesem vielfach missbrauchten Begriff wissen will. Dass diese Übersetzungsübungen zu mechanischem, gedankenlosem Arbeiten verführen, ist nicht notwendig und auch von Baetgen nicht erwiesen, denn der Hinweis auf die wenig genügenden Ergebnisse der häuslichen Präparationen auf die Lektüre genügt nicht, andere Leute könnten vielleicht ganz andere Schlüsse daraus ziehen.

Grundsätzlich durchaus zustimmen kann ich den Auseinandersetzungen des zweiten Teiles, welcher die freien Arbeiten behandelt. Der Verfasser schliesst sich in seinen Einzelvorschlägen über die schriftlichen Übungen im wesentlichen an Walter (S. 28—29) an. Nur dem Diktate misst er zu grosse Bedeutung bei, ich möchte es aus der Reihe der vorzunehmenden Übungen am liebsten ganz streichen. Für zu schwer für die unteren Klassen hält Baetgen das von Walter vorgeschlagene Nacherzählen eines durchgenommenen Lesestückes, er möchte die ebenfalls von Walter erwähnten Inhaltsangaben ganz dafür eintreten lassen. Ich gestehe, ich halte letztere für schwerer, sie fordern einen viel gereifteren Verstand, da wesentliches von unwesentlichem, wichtiges von nebensächlichem geschieden werden muss.

Daran ist wohl nicht zu zweifeln, dass die Ausführung der Vorschläge Baetgen's eine Propädeutik des Aufsatzes bilden, die auf diesem Gebiete zu befriedigenderen Ergebnissen führen muss, aber wenn man

das Eine thut, sollte man das Andere doch nicht ganz lassen, freilich
nur im Dienste der Grammatik sollen die Übersetzungen nicht stehen.

6. Der Titel der Abhandlung **Schweppe's** lässt eine eingehendere Besprechung der für Gymnasien geeigneten oder wirklich
auf denselben gebrauchten Lehrbücher des Französischen erwarten,
eingeleitet durch eine Darlegung der methodischen Grundsätze, von
denen bei dieser Besprechung ausgegangen wird. Allein nach einer
12 Seiten umfassenden Kritik der Bestrebungen der Reformer folgen
etwa 3 Seiten über 32 verschiedene Lehrbücher, die also nicht viel
mehr als eine Aufzählung enthalten und endlich wird auf einigen
Seiten die „kurzgefasste systematische Grammatik" und das „methodische Lese- und Übungsbuch" von Plœtz besprochen und empfohlen.

Von den sämtlichen Forderungen der Reformer erkennt Schweppe
nur die an, dass die Lektüre eine hervorragende Rolle im Unterricht
zu spielen habe, allein die Grammatik soll nicht aus derselben entwickelt werden, sondern von Anfang an ihre ausgesprochene Stellung neben
derselben haben. Das dürfte sich also fast gegenseitig aufheben.

Der Verfasser möchte denjenigen Lehrern des Französischen,
welche „sich die Frage nach einem Wechsel der Lehrbücher vorgelegt
haben" ratend zur Seite stehen, aber eine Orientierung kann man
leider bei ihm nicht holen.

Schliesslich muss noch dagegen Protest erhoben werden, dass
aus der Beibehaltung alter Lehrbücher auf Abneigung gegen die Bestrebungen für Reform des französischen Unterrichts geschlossen wird.
Da wirken viele Gründe ganz anderer Art zusammen, die jedem Lehrer
an einer preussischen Lehranstalt teilweise recht bekannt sind.

Interessant ist die Tabelle über die seither im Gebrauche befindlichen französischen Lehrbücher, für deren Genauigkeit der Verfasser
indessen nicht einstehen zu können erklärt, so dass sie die Zusammenstellung im *Zentralblatt der preussischen Unterrichtsverwaltung* nicht ersetzen kann.

7. Im engen Rahmen von elf Oktav-Seiten sucht **van Overschelde** die Frage nach der Methode des französischen Unterrichts
zu entscheiden. Die Frage stellt sich ihm so: ob der Lektüre und den
Sprechübungen der erste Platz gebührt, oder ob dem grammatischen
Betriebe mit den Übersetzungen aus dem Deutschen diese Ehre zukommt. Dieser so vagen Fassung der Frage entspricht auch die Beweisführung. Van Overschelde erkennt an, dass das Sprechen und Verstehen, sowie das Lesen durch die neue Methode entschiedener gefördert wird, aber bei aller Anerkennung ist ihm das alles nur etwas
Nebensächliches, das ausserdem nur bei einer weit höheren Stundenzahl als die österreichischen Oberrealschulen auf das Französische verwenden, erreicht werden könne, und das ja auch nicht für jeden wichtig
sei, weshalb er die Errichtung von Internaten mit französischer Unter-
richts- und Umgangssprache für alle diejenigen vorschlägt, welche
durch das Können der französischen Sprache „in Gewinn- und Ehren
bringende Stellungen gelangen, die sie sonst nicht bekommen hätten",
oder welche „in die sogenannte noble Gesellschaft Einlass finden, worauf gar mancher Mensch ausgeht" u. s. w.

Für die Hauptziele des französischen Unterrichts ist nach des
Verfassers Ansicht die grammatisierende Methode entschieden vorzuziehen. Was die Erreichung der weiteren praktischen Ziele anlangt,
dass nämlich der Schüler imstande sein muss: „das Französische innerhalb der Schulsphäre orthographisch und grammatisch richtig zu
schreiben", so kommt es ja natürlich wesentlich darauf an, wie man

16*

das auffasst. Wenn grammatisch richtig schon gleich Französisch ist, dann ist die Sache freilich sehr einfach. Van Overschelde schlägt die Macht des Sprachgefühls viel zu gering an. Wenn ich auch andererseits vor einer Überschätzung desselben warnen möchte, so glaube ich doch, dass eine praktische Beherrschung der Sprache auch nur in einer beschränkten Sphäre ohne einen gewissen Grad desselben undenkbar ist.   F. Tendering.

Caumont, A. *Cours de littérature française comprenant un recueil de morceaux choisis, un aperçu historique et un traité de versification.* Francfort s. M. Charles Jugel, libraire-éditeur (M. Abendroth) 1890. XII und 548 S., 8°. Preis 4 Mk.

Selbst Jemand, der keine besondere Vorliebe für Chrestomathieen und Anthologieen hegt, wird doch eine Auswahl, die mit Geschick und Geschmack zusammengestellt ist, wie die vorliegende gerne zur Hand nehmen und mit Vergnügen darin lesen. Von 61 französischen Schriftstellern, von Malherbe und Corneille an bis zu den Grössen unserer Tage werden uns hier Proben vorgesetzt. Manche wohlbekannte alte Stücke, die gleichsam den gemeinsamen eisernen Bestand aller Werke dieser Art ausmachen, sind mit Fug und Recht auch hier wieder abgedruckt worden, der bei weitem grössere Teil des Buches besteht aber aus solchen Stellen, die der Verfasser selbst bei ausgedehnter Lektüre für tauglich befunden hat.

Sehr einengende Schranken hat Caumont sich freilich dadurch gezogen, dass er sein Buch für Schüler, wenn auch für 16—18jährige Schüler, bestimmt hat. Gerade in ihren hervorragendsten Vertretern liefert die französische Litteratur nicht viel, was für die reifere Jugend — um diesen schnurrigen Komparativ zu gebrauchen — Eltern und Lehrern unbedenklich empfohlen werden könnte. Wenn nun auch kein Verständiger in einem solchen Buche Aussprüche zu finden erwartet, bei denen man gleichsam zu sehen glaubt, wie ein scheusslich Lächeln um die ausgemergelten Züge des greisen Voltaire spielt, noch solche Winkel, wo Zola allen Schmutz und Unrat einer modernen Weltstadt aufwühlt, so muss man dennoch sich wundern, dass für Schüler, die Schiller und Goethe, Shakespeare und die Bibel, Horaz und Tacitus lesen, auf ein so tiefes Niveau der Harmlosigkeit herabgestiegen wird, sobald es sich um die Litteratur der Franzosen handelt. Wie hoch auch der *Charles XII* und das *Siècle de Louis XIV* stehe, so würde Voltaire, auch wenn er jene beiden Bücher nicht geschrieben hätte, dieselbe Stellung in der französischen und in der Weltlitteratur einnehmen. Diese Gedanken, die sich nicht gegen dieses verständig gearbeitete Buch, sondern gegen den Charakter der ganzen Gattung richten, wurden durch die Beobachtung angeregt, dass das einzige, was von Voltaires Prosa hier vorgeführt wird, und überhaupt das längste Prosastück dieser Sammlung ein Kapitel aus dem *Siècle de Louis XIV* ist.

Der Sinn für unbefangene, kindliche Einfalt, der nicht mit jener kindischen, aufdringlichen Biedermaierei zu verwechseln ist, die sich nur zu oft in ausdrücklich für die Jugend bestimmten Schriften breit macht, kann darum doch als köstliches Gut auch späteren Jahren unverkümmert erhalten bleiben. Mit welch innigem Behagen liest man nicht die Briefe der George Sand an ihr Söhnchen, von denen Caumont fünf ausgewählt hat. Wer möchte da nicht mit den Worten des Dichters, der ihr einst so nahe gestanden hat, ausrufen: *O mon Dieu! dans si peu de chose Que de grâce et que de beauté!*

Das Buch ist sehr hübsch ausgestattet, besonders muss der grosse, angenehm zu lesende Druck gerühmt werden. Die Druckfehler, die bei französischen in Deutschland erschienenen Büchern so häufig zu sein pflegen, sind auf der kurzen Liste am Ende ziemlich vollständig verzeichnet. Doch sieht man nicht ein, weshalb in einigen Punkten von der Orthographie der Akademie abgewichen wird. So werden *rythme, rythmé, rythmique* stets mit *rh*, *complétement*, *pèlerines*, *collège*, *manège* und ähnliche Wörter immer mit *é* gedruckt.

E. WEBER.

Führer durch die französische und englische Schullektüre. Zusammengestellt von einem S c h u l m a n n. Wolfenbüttel, 1890. Julius Zwissler. XXII und 61 S. 8⁰.

Der *Führer* will eine Übersicht über die etwa seit 1872 bis 1890 in Deutschland erschienenen gangbarsten Schulausgaben gewähren. Das Verzeichnis ist alphabetisch geordnet, der Fundort der über die Ausgaben veröffentlichten Beurteilungen beigefügt und deren Inhalt in kurzen Worten zusammengefasst. Vor den einzelnen Werken bezeichnet der Verfasser die Schulklasse, für die sie ihm bestimmt erscheinen, mit I (Prima), OI (Oberprima), UI (Unterprima), II (Sekunda), III (Tertia); ein zugesetztes ? bedeutet, dass er das Werk zur Klassenlektüre nicht empfehlen möchte. — Bei der Reichhaltigkeit des Gegebenen kommt wenig darauf an, ob die eine oder andere Ausgabe, die noch hätte erwähnt werden können, fehlt, und der Verfasser wird schon in folgenden Auflagen für eine weitere Vervollständigung sorgen. Im ganzen erscheint mir seine Arbeit als eine recht erspriessliche; es liegt ja nun eine Fülle mehr oder minder trefflicher, auch unbrauchbarer Schulausgaben vor, und eine Anleitung für die Auswahl, wie sie hier geboten ist, war durchaus wünschenswert und kann nur willkommen geheissen werden: an der Hand dieses Führers lässt sich leicht ein Plan für die Lektüre in zwei oder mehr Schuljahren unter Rücksichtnahme auf vorhandene gute Ausgaben entwerfen. Zur Berichtigung erwähne ich, dass die Ausgaben von Baumgärtner's Buchhandlung (Leipzig) in den Verlag von Gerhard Kühtmann in Dresden übergegangen sind. Der Verfasser gesteht zu, dass seine Klassenbestimmungen und Fragezeichen auf subjektiver Anschauung beruhen, dass andere oft anderer Meinung sein würden. Das dürfte z. B. zutreffen auf S. 27: II (?) *Montesquieu, grandeur et décadence des Romains,* das wenigstens dem Inhalte nach wohl nur der Prima zuzuweisen ist und ferner ein Fragezeichen viel weniger verdient, als manches andere Werk, das ohne Fragezeichen geblieben ist. Übrigens scheint mir der Verfasser in Bezug auf die spärliche Anwendung der Fragezeichen das Richtige getroffen zu haben; mögen doch ein jeder Fachmann und die die zur Lektüre vorgeschlagenen Werke genehmigenden Schulbehörden selbst prüfen! Der Berichtigung bedarf noch S. 14: III *Ferry, Le coureur des bois.* Hg. H. Löwe. Koch (Leipzig), Nicht Koch (Leipzig), sondern G. Kühtmann (Dresden), früher Baumgärtner (Leipzig), wenn anders nicht vielleicht mit dem betreffenden Werk eine Ausnahme stattgefunden hat. Der Verfasser bemerkt im Vorwort, dass man aus den zusammenfassenden Beurteilungsnotizen nur dann erst wirklichen Vorteil haben werde, wenn man die betreffende Stelle nachlese und die daselbst gemachten Bemerkungen erwäge. Dieser von ihm gemachte Vorbehalt passt vor allem auf die zu dem letztgenannten Werke angeführte Besprechung in dieser

Zeitschrift Bd. V², S. 228, aus welcher er herausgelesen hat: „Brauchbar. Lion", während ich doch im Eingange das Werk als für keine Schulgattung geeignet bezeichnet und es nur als zur Privatlektüre passendes Weihnachts- oder Geburtstagsgeschenk sehr empfohlen hatte.

C. TH. LION.

Perle, Fr. *Sammlung geschichtlicher Quellenschriften.* Halle. M. Niemeyer.

Zu den mancherlei Sammlungen, welche für die neusprachliche Lektüre in der letzten Zeit erschienen sind, gesellt sich die von Dr. Friedrich Perle in Halle herausgegebene *Sammlung geschichtlicher Quellenschriften* als eine ebenso bedeutsame, wie eigenartige. Uns liegen drei Bändchen vor, welche sich gleichmässig auf die letzten drei Jahrhunderte verteilen: *Mémoires de La Rochefoucauld,* (1624—1649) *suivis du Portrait fait par lui-même.* Herausgegeben und erklärt von Dr. Franz Hummel. — *Briefe zur französischen Revolution* (Briefe Ludwig's XVI., Mirabeau's, La Fayette's u. a. m.). Herausgegeben und erklärt von Dr. Fr. Perle. — *Mémoires du Maréchal Marmont, Duc de Raguse* (1814—1815). *Précédés de sa note sur ses Rapports personnels avec Napoléon.* Herausgegeben und erklärt von Dr. H. Lambeck. Man könnte sich fragen, ob Quellenschriften überhaupt eine geeignete Lektüre für den Schulunterricht sind. Gewiss, wenn sie so behutsam, unter Berücksichtigung aller in Betracht kommenden Verhältnisse ausgewählt sind wie hier. Ganz im Sinne der preussischen Zirkular-Verfügung vom 31. März 1882 beschränkt sich die Sammlung, welche zunächst wenigstens nicht wesentlich ausgedehnt werden soll, auf Memoiren und Briefe, fasst die Bedürfnisse der obersten Klassen der Realgymnasien, welchen bisher „entsprechende historische Quellenlektüre fast ganz vorenthalten blieb", ins Auge, und sucht durch die genannte Lektüre auch zur Belebung und Vertiefung des geschichtlichen Unterrichtes beizutragen.

Besonders ansprechend erscheinen für die Jetztzeit die Briefe der französischen Revolution. Sie bieten eine solche Fülle anziehender Einzelheiten, dass sie zum Beispiel sehr gut auch neben *Duruy* und dessen Schilderung der grossen Ereignisse der Revolutionszeit, wenn auch vielleicht nur in Auswahl, gelesen werden könnten. Nicht minder interessant lesen sich die Memoiren des Marschall Marmont und des Herzog von La Rochefoucauld, Spiegelbilder zweier auch für die Schule hoch bedeutsamer Abschnitte französischer Geschichte Napoleon's I. und Louis' XIV. Eine anziehende Zugabe ist La Rochefoucauld's Selbstportrait; dasselbe dürfte sich auch als Muster für etwaige Aufsatzthemata eignen.

Die den Schriften beigegebenen Erläuterungen bestehen in Einleitungen, die das zum Verständnis der Schriftsteller Wesentliche hervorheben, und knappen Anmerkungen, welche besonders das Sachliche betonen, Grammatisches in der Hauptsache der Erklärung des Lehrers überlassend. Während die Anmerkungen der beiden ersten Bändchen als Fussnoten erscheinen, sind sie dem III. Bändchen als Anhang beigegeben. Im letzteren Falle würden wir die von Direktor Alb. Benecke vorbildlich getroffene Einrichtung, den Anhang als besonderes Heftchen zu drucken, losgelöst vom eigentlichen Texte, vorziehen. Dass die gewöhnlichen Hilfsmittel dieser sehr ins Einzelne gehenden Texte nicht immer ausreichten und daher manche Stelle unaufgehellt blieb oder nicht so aufgehellt werden konnte, wie der Herausgeber selbst es wünschte, liegt auf der Hand.

Bleibt die äussere Ausstattung. Hier befriedigt die Verlagsbuchhandlung Max Niemeyer, Halle a. S., auch weitgehende Ansprüche. Dass dem zweiten schmucken Bändchen eine Karte zur besseren Veranschaulichung der Tuilerien und der in ihrer Umgebung sich abspielenden Ereignisse beigegeben ist, wird dem Verlage in Augen dessen keinen Eintrag thun, der wie Unterzeichneter für Verknüpfung von Bild und Lektüre bei jeder passenden Gelegenheit auf das wärmste eintritt.
WILH. SCHEFFLER.

Hartmann, M. *Bonaparte en Égypte et en Syrie.* Mit Einleitung und Anmerkungen herausgegeben von K. A. M. Hartmann. Leipzig, 1890. E. A. Seemann. XVI + 88 + 78 S. — 1,20 Mk.

Seitdem Goebel den Bonaparte's ägyptische Expedition behandelnden Abschnitt aus Thiers' Geschichtswerk seiner Bibliothek gediegener und interessanter französischer Werke einverleibt hat, ist derselbe vielfach anderweitig für den Schulgebrauch bearbeitet worden. Ich meine nur diejenigen Ausgaben, welche ich besitze und kenne: von Dr. O. Jäger, Köln 1862 (2. Aufl. 1876), Roemke & Cie; von Koldewey, Berlin, Weidmann'sche Buchhandlung (3. Aufl. 1886); von Foth, Leipzig, Reuper'sche Buchhandlung, 1885; von Schaunsland Berlin, Friedberg & Mode, 1885; und wie der letzte Verlagsbericht von Velhagen & Klasing in Aussicht stellt, wird daselbst eine neue Ausgabe von Grube erscheinen.

Goebel hatte das grosse Verdienst die hervorragende Brauchbarkeit der ägyptischen Expedition für die französische Schullektüre erkannt zu haben; Koldewey lieferte dazu den ersten, auf wissenschaftlichen Vorarbeiten beruhenden Kommentar und hatte die Genugthuung, von einigen seiner Nachfolger als ergiebige Quelle benutzt zu werden; Hartmann ist es gelungen, dem Stoffe, welchen man hätte für abgebaut halten sollen, eine ganz neue Seite abzugewinnen und die Lesung des Werkchens auf eine höhere Stufe zu erheben. Während sich seine Vorgänger begnügten, mehr oder weniger zahlreiche Wort- und Sacherklärungen zu geben, welche letzteren sich meistens an Eigennamen anlehnten, hat Hartmann einen mehr kritischen Weg eingeschlagen. Er hat die Quellen seines Autors durchforscht, die gleichzeitigen Zeitungsberichte, Korrespondenzen, Reisebeschreibungen und Memoiren, wie: *Correspondence de Napoléon 1.;* Samini, *Voyage dans la Haute et Basse Égypte fait par ordre de l'ancien gouvernement;* baron de Tott, *Mémoires sur les Turcs et les Tartares;* Olivier, *Voyage dans l'Empire Ottoman, l'Égypte et la Perse fait par ordre du gouvernement;* Bourienne, *Mémoires;* Clot-Bey, *Aperçu général sur l'Égypte;* Desgenettes, *Histoire médicale de l'armee d'Orient;* Arnaut, *Souvenirs;* Wilson, *History of the British Expedition to Egypt;* Jomard, *Souvenirs sur G. Monge;* Richardot, *Nouv. Mémoires* u. s. w. Auf solche Weise hat sich der Herausgeber eine reiche Fülle anziehenden und belehrenden Stoffes zur Erklärung verschafft, so dass er viele Thatsachen und manche Handlungsweise heller und richtiger zu beleuchten im Stande ist als seine Vorgänger. Nicht blos Land und Leute Ägyptens werden uns anschaulicher, der Herausgeber vermag auch an der Darstellung seines Autors und dem Benehmen Bonaparte's, seiner Offiziere und Mannschaften eine genaue Kritik zu üben, die wahren

Triebfedern des Handelns anzugeben, Irrtümer, Ungenauigkeiten, beabsichtigte Täuschungen und Vertuschungen nachzuweisen, sogar den Text an mehreren Stellen auf dankenswerte Weise zu berichtigen. Dass der Herausgeber das Verständnis des Werks im allgemeinen wie im einzelnen gefördert und vertieft hat, ist klar; hervorheben möchte ich aber, dass er auch das Interesse für dasselbe erheblich gesteigert und die Lesung desselben für Primaner und Studenten nutzbringend gemacht hat, während die Schrift bisher meist in Sekunda gelesen zu werden pflegte.

Auf Anführung von Einzelheiten einzugehen, muss ich mir bei der grossen Fülle neuen Stoffes versagen. Die Erklärungen sind fast ausschliesslich sachlicher Natur, sprachliche Erläuterungen sind, wie es bei diesem Schriftsteller gerechtfertigt ist, fast ganz unterlassen. Der Text ist auf verständige Weise in 64 kleinere Abschnitte mit französischen Überschriften zerlegt worden, was für den Titelgebrauch recht erwünscht ist. Die biographische und die sachliche Einleitung entsprechen vollkommen ihrem Zweck und sind stilistisch gut. Ausstattung und Druck des Bändchens sind mustergültig.

Somit bin ich in der seltenen, aber desto erfreulicheren Lage, diese neue Ausgabe der Schrift Thiers' als eine vorzügliche, alle früheren Bearbeitungen weit übertreffende auf das wärmste empfehlen zu können und derselben die weiteste Verbreitung aufrichtig zu wünschen.

W. KNÖRICH.

Prosateurs français. 77. Lieferung. *Lettres persanes par Montesquieu.* Im Auszuge mit Anmerkungen zum Schulgebrauch herausgegeben von Otto Josupeit. Bielefeld und Leipzig, Velhagen & Klasing. VIII und 119 S. geb. 75 Pf. Wörterbuch dazu 44 S. geh. 20 Pf.

Als Schullektüre dürften sich die *Lettres persanes* schwerlich verwenden lassen, wenn ich sie auch in passender Auswahl nicht als ganz ungeeignet bezeichnen möchte, so entsteht doch bei der Wahl des Lesestoffs immer die Frage, ob nicht durch etwas leidlich Brauchbares dem Guten und durchaus Notwendigen Raum und Zeit entzogen wird, das Fragezeichen des „Führers" (s. o.) erscheint vollberechtigt, und die Gründe, warum die *Lettres persanes* als Schullektüre wenig geeignet sind, liegen so auf der Hand, dass es nicht nötig ist, hier darauf weiter einzugehen. Immerhin aber können die vorliegende Ausgabe wie die von Richard Mollweide (Berlin, Weidmann'sche Buchh. 1878, geh. 50 Pf.) der Privatlektüre empfohlen werden. Die Anmerkungen in Josupeit's Ausgabe bieten zu wesentlichen Ausstellungen keine Veranlassung, sie halten das richtige Mass ein und geben in anspruchloser Weise die nötigen Erklärungen, während die Anmerkungen Mollweide's mit allen möglichen unnötigen Zuthaten überladen sind. Der Plan der *Prosateurs* gestattete natürlich nur eine Auswahl, und die Absicht des Herausgebers, alles in sittlicher, politischer, religiöser Beziehung Anstössige wegzulassen, ist nur zu billigen. Es fragt sich nur, ob nicht der Briefwechsel zwischen Usbek und seinen Eunuchen deshalb besser weggeblieben wäre: Streichungen innerhalb der einzelnen Briefe könnten kenntlich gemacht werden. Was den Inhalt der Briefe anlangt, möchte ich der Auswahl Mollweide's den Vorzug geben, nur schade, dass dessen Ausgabe durch eine so bedeutende Anzahl Druckfehler entstellt ist (vgl. übrigens diese *Zeitschr.* Bd. I S. 264). Als Schulausgabe ist jedoch nur die Ausgabe Josupeit's brauchbar.

Prosateurs français. 78. Lieferung. *Thérèse ou la petite sœur de charité par A.-E. de Saintes.* Im Auszuge mit Anmerkungen zum Schulgebrauch herausgegeben von B. Klatt. IV und 103 S. geb. 50 Pf. Wörterbuch dazu 42 S. geb. 20 Pf.

Eine Probe aus der französischen Jugendlitteratur, in der That für Mädchenschulen wohl geeignet. Dass die betreffende Erzählung vielfachen Anklang gefunden hat, wird dadurch bestätigt, dass sie als erster Band der im Verlage von Gerhard Kühtmann in Dresden veröffentlichten *Bibliothèque française* unter dem Titel *Thérèse ou l'enfant volé. Avec notes allemandes et questionnaires par A. Brée* (119 S. geb. 60 Pf.) bereits die 11. Auflage erlebt hat. Über das Verhältnis der beiden Ausgaben zur Originalausgabe vermag ich kein Urteil abzugeben, da mir diese nicht vorliegt; es ist wohl anzunehmen, dass sie selbst im Laufe der Zeit manche Wandlungen durchgemacht hat, daher auch die verschiedenen Titel: die Titeländerung macht sich namentlich am Schlusse der Erzählung geltend, die in der letzt erwähnten Ausgabe der Hoffnung Raum lässt, dass sich das gestohlene Kind dermaleinst glücklich verheiraten werde, während der Stand und die Beschäftigung der *petite sœur de charité* es nicht einmal gestatten, dass sie bei der Hochzeit ihres Bruders zugegen ist. Ersteres will mir besser gefallen, weil es jedenfalls natürlicher ist, dass das Kind, das Mutter und Bruder nach langen Leiden glücklich wiedergefunden hat, sich seiner Familie wieder eng anschliesst. Der Herausgeber will durch die Anmerkungen, die sich hauptsächlich auf das Wortverständnis beziehen und grammatische Erläuterungen mit wenigen Ausnahmen der massgebenden Einsicht des Lehrenden überlassen, die Lektüre möglichst erleichtern und schnelles Übersetzen bewirken, damit viel Zeit zu Sprechübungen gewonnen werde. Durch die Übersetzung der Worte unter dem Text wird freilich die häusliche Arbeit der Schülerin verringert; hat sie jedoch die Worte in dem beigegebenen Spezialwörterbuch aufgesucht und aufgeschrieben, ist die Arbeit in der Schule dieselbe und für später, weil sich die Worte bei dem letzteren Verfahren besser einprägen, überhaupt geringer. In bewusster Absicht steuert auf Sprechübungen los die Ausgabe *l'enfant volé* durch die Beigabe der Fragen, die auf jedes Kapitel folgen. Vielen ist solche Beigabe willkommen, andere wollen sich darin nichts vorschreiben lassen und ärgern sich darüber: sie können ja darüber hinweg zur Tagesordnung übergehen. Beide Ausgaben haben somit meiner Ansicht nach ihre eigentümlichen Vorzüge, .ich will, um nicht missverstanden zu werden, noch hinzufügen, dass die Klatts mit Sorgfalt ausgeführt ist (S. 30 Z. 2 v. u. des Textes lies *précipitamment* statt *pécipitamment*) und sich durch grösseren Schriftsatz empfiehlt (eine folgende Auflage des *enfant volé* wird allerdings diesem Übelstande abhelfen).

— · — · — · —

Prosateurs français. 79. Lieferung. Ausgabe A mit Anmerkungen unter dem Text. *Expédition d'Egypte par Thiers.* Im Auszuge aus *Histoire de la révolution* und aus *Histoire du consulat et de l'empire.* Mit Anmerkungen zum Schulgebrauch herausgegeben von Emil Grube. Mit zwei Übersichtskarten. X u. 157 S. geb. 90 Pf.

Über andere Ausgaben, die denselben Gegenstand behandeln, vgl. diese *Zeitschrift* Bd. I, S. 269; Bd. 3, S. 486; Bd 8², S. 197 f. Grube's Ausgabe schliesst mit der Ermordung Kleber's ab. Die Anmerkungen sind im allgemeinen zweckentsprechend, nur hätten Worterklärungen sparsamer gegeben werden sollen und die elementaren Bemerkungen grammatischer Art, wie z. B. 2, 6: „*que vous n'avez fait* als ihr gethan habt: *ne* im Nebensatze des Vergleiches; wenn *autre, autrement* oder ein Komparativ im affirmativen Hauptsatze steht," eine Bemerkung, die in dieser Fassung durchaus unzureichend ist, mussten ganz unterbleiben; höchstens könnte der Schüler in diesem Falle durch eine Frage: warum *ne?* auf den Sprachgebrauch aufmerksam gemacht werden, und so ähnlich in anderen Fällen, z. B. 7, 1. Die Anmerkung 17, 4 über *aussi* am Anfange des Satzes gehörte schon zu S. 2, Z. 2. Es hätte dazu erwähnt werden müssen, dass die Wortstellung des Fragesatzes danach die gewöhnliche, aber nicht ausschliessliche ist. Der Herausgeber bemerkt S. IX: „In Berücksichtigung des Umstandes, dass das Sprechen des Französischen in den Lektürestunden von Kollegen (!) ins Auge gefasst wird, sind an geeigneten Stellen Erklärungen aus dem *Dictionnaire de l'Académie* in französischer Sprache zugefügt worden." Es mag immerhin passend erscheinen, da wo eine Erklärung, in dieser Weise gegeben, die Sache gut trifft, sie dorther zu übernehmen, der angeführte Beweggrund kann aber nicht dafür massgebend sein; überall sollten Sprechübungen an die Lektüre, nicht an die Grammatik angeknüpft werden, dafür brauchen aber nicht Worterklärungen aus dem Wörterbuche der *Ac.* ausgeschrieben zu werden.

Théâtre français. XIX. Folge. 6. Lieferung. *Marino Faliero par Casimir Delavigne.* Mit Anmerkungen zum Schulgebrauch herausgegeben von R. Holzapfel. Bielefeld und Leipzig, 1890. Velhagen & Klasing. XII und 139 S. geb. 75 Pf. Wörterbuch dazu 31 S. geb. 20 Pf.

Dem Inhalte nach dürfte die Tragödie manchem für Schullektüre etwas bedenklich erscheinen, Byron's gleichnamiges Stück würde in der Beziehung eher einwandfrei sein; ich freilich glaube, dass die Bedenken nicht derart ins Gewicht fallen, dass man das Stück als für Schullektüre unmöglich bezeichnen müsste, es fragt sich auch hier schliesslich nur, ob Zeit und Raum dafür übrig bleibt. Empfohlen wird die Ausgabe durch die durchweg geschickte und geschmackvolle Einkleidung der Anmerkungen sowie der Einleitung, die überall den alten erfahrenen Schulmann verraten. Nur weniges hätte ich anders gewünscht, z. B. S. 11, 157: „*croi* statt *crois*, als Reim auf *moi* . . . Zu den orthographischen Veränderungen, die im Verse vorkommen können, gehört die Abwerfung des *s* am Ende der ersten Person des Sing. Präs. Ind. sowie im Imperativ (*je sai, je croi* etc.)." Danach erscheint das als etwas mehr oder minder Willkürliches, der Grund der Möglichkeit, das *s* abzuwerfen, hätte kurz angedeutet werden müssen.

Poètes français. 4. Lieferung. *Anthologie des poètes français.* Sammlung französischer Gedichte. Mit Anmerkungen zum Schulgebrauch herausgegeben von Albert Benecke. Bielefeld und Leipzig, 1890. XII und 284 S. geb. 1 Mk. 50 Pf.

Der Schüler soll damit eine umfangreichere Gedichtsammlung erhalten, welche es dem Lehrer ermöglicht, ihm einen weiteren Blick auf die Eigenart der französischen Dichter zu eröffnen und eine eingehendere

Kenntnis der Einzeldichtungen zu übermitteln. Allbekannte Gedichte, die jeder in einer Gedichtsammlung suchen wird, sind auch hier aufgenommen. Es sind ferner aber auch Gedichte von hervorragenden Dichtern ausgesucht, welche sich anderswo nicht finden, aber sehr geeignet sind, den Schüler anzuregen und das Urteil über den Dichter vielseitiger als bisher zu gestalten. Ganz besondere Rücksicht hat der Herausgeber auf die zeitgenössischen Dichter genommen, dabei auch Dichter zweiten und dritten Ranges herangezogen, wie man ja wohl bei Dichtern dieser Art manches Gedicht finden mag, das allgemeiner Schätzung sicher sein kann; dabei ist er auch auf Mannigfaltigkeit des Inhalts bedacht gewesen. Man wird diesen Gesichtspunkten, nach denen er seine Auswahl getroffen hat, schwerlich seine Billigung versagen können, damit ist zugleich die Daseinsberechtigung der vorliegenden Gedichtsammlung neben den vielen bereits vorhandenen nachgewiesen. Ich kann nur bedauern, dass der Herausgeber die Gedichte nach den Namen der Dichter alphabetisch geordnet hat, so beginnen die von La Fontaine erst auf S. 168. Am einfachsten wäre die chronologische Anordnung gewesen, die nicht, wie eine nach dem Inhalt, es erfordert hätte, mehrere Gedichte desselben Verfassers von einander zu trennen. Über den Anhang zu der Anthologie, biographische, sachliche und sprachliche Anmerkungen enthaltend, der zusammen mit dem Spezialwörterbuche in einem besonderen Hefte erschienen ist, ein Urteil abzugeben, bin ich noch nicht im stande, da er mir von der Verlagshandlung bis jetzt nicht zugegangen ist.

Bibliothèque française. 50. Band. *Fleurs des champs. Nouvelles pour des jeunes filles.* Mit Anmerkungen zum Schulund Privatgebrauch herausgegeben von M. v. Metzsch. 244 S. Schillerformat. Wörterbuch dazu 50 S. geh. anliegend; mit Wörterbuch geb. 1 M. 40 Pf.

Ansprechende Erzählungen, die sich für Lektüre in Mädchenschulen gut verwenden lassen, auch bereits vielfach Eingang gefunden haben; wie die Notwendigkeit des Erscheinens der dritten, mir vorliegenden Auflage beweist. Die gegenwärtige Ausstattung der *Bibliothèque française,* von der soeben Band 44/45 und 46/47: *Sans famille par Hector Malot* in neuer Auflage erschienen ist, lässt nichts mehr zu wünschen übrig. Die Anmerkungen zu *Fleurs des champs* in Gestalt von Verdeutschung seltenerer Wörter und eigenartiger Wendungen sind meist zweckentsprechend, einzelne können auf das Wörterbuch übertragen und gestrichen werden, einzelne Ungenauigkeiten werden sich bei einer jedenfalls wohl später folgenden Auflage leicht beseitigen lassen, z. B. zu S. 209: *vint habiter[1] un de ces villages* wird bemerkt „1) liess sich nieder." Die Anm. muss lauten: „liess sich nieder in"; dergl. m.

C. Th. Lion.

Graeser's Sammlung französischer und englischer Schriftsteller für den Schulgebrauch. I. *Athalie* par Jean Racine. X u. 62 S. II. *Le Misanthrope* par Molière. VIII u. 65 S. 8°, geh. à 50 Pf. o. J. *Avec une notice biographique et des notes* par Joseph Adametz. Wien, Verlag von Carl Graeser.

Wieder eine neue Sammlung, für den Schulgebrauch bestimmt, deren Eigentümlichkeit darin besteht, dass die Sprache der Einleitung

sowie die der Anmerkungen bei den französischen Schriftstellern französisch ist; die Anmerkungen sind nach dem Text in der Ausgabe der
Athalie auf S. 53—62, in der des *Misanthrope* auf S. 53—65 gegeben.
Der Herausgeber sagt uns nicht, was ihn veranlasst hat, von dem jetzt
herrschenden Gebrauche, die Einleitung und die Anmerkungen für deutsche
Schüler in deutscher Sprache abzufassen, abzugehen. Einen Fortschritt
vermag ich darin nicht zu erkennen; um nicht an mir selbst einen Nachdruck zu begehen, verweise ich auf meine Bemerkungen darüber in Bd. 1
dieser *Ztschr.* S. 256—258, an denen ich im ganzen und grossen auch
jetzt noch festhalte, wenn ich auch nicht in Abrede stelle, dass der Gebrauch eines reinen Textes ohne Anmerkungen in der Schule als ein
wertvolles Erziehungsmittel zur Selbständigkeit seine besonderen Vorzüge
hat.   Es fehlt übrigens bekanntlich nicht an französischen in Deutschland
mit französischen Anmerkungen erschienenen Ausgaben, die insofern ganz
das Richtige treffen, als sie sich an die französischen Erklärer anlehnen
und daher in sprachlicher Beziehung keinen wesentlichen Anstoss bieten:
ich erinnere an *Chefs-d'œuvre des classiques français avec commentaires
choisis des meilleurs commentateurs augmentés de remarques par O. Fiebig
et St. Leportier, revus par A. Peschier. Dresde, Louis Ehlermann (Athalie*
und *Mis.* kart. à 90 Pf.) und *Elite des classiques français publiés par
R. Schwalb, Essen, G. D. Bädeker (Athalie* und *Mis.* à 75 Pf.); ausserdem
kann man ja, wenn man nun einmal eine unbesiegliche Vorliebe für derartige Ausgaben hegt, in Frankreich veröffentlichte Textausgaben mit
oder ohne Einleitung, mit oder ohne Anmerkungen wählen, die in reichlicher Menge für billigen Preis zu haben sind.   Betrachten wir nun nach
diesen Vorbemerkungen, die freilich, wenn nicht besondere, dem Herausgeber eigene Zuthaten sein Unternehmen rechtfertigen, dieses als ein
durchaus überflüssiges kennzeichnen dürften, die beiden Ausgaben im
einzelnen.

Dem Texte der *Athalie* wird S. V—X eine *Notice sur la vie et les
œuvres de Racine* vorausgeschickt, welche laut Anmerkung des Herausgebers der *notice biographique dans l'édition des œuvres de Racine par
Paul Mesnard* entnommen ist.   Eine das Verständnis der *Athalie* vor-
bereitende Einleitung wäre wohl mehr am Platze gewesen, als diese allgemein gehaltene, gegen die sonst, weil aus guter Quelle stammend,
nichts zu erinnern ist. An Druckfehlern fallen auf V, 7 *ou* statt *où*,
IX, *Louis XIV. depuis* statt *Louis XIV depuis*, X, 6 von unten
jausen-istes statt *jansenistes* und 21 von unten *sont peint* statt *sont
peints.* Von den 243 Anmerkungen geben nicht weniger als 112 die
construction an (die Zählung ist nur eine flüchtige gewesen, da es ja
auf einige mehr oder weniger nicht ankommt), so dass es scheint,
als habe Adametz sich die Molière- etc. Ausgaben Brunnemann's zum
Muster genommen: wenn er auf der einen Seite glaubt, dass die Schüler
die französisch gefassten Anmerkungen durcharbeiten werden und damit
einen grossen Eifer bei ihnen voraussetzt, so mutet er ihnen auf der
anderen Seite doch herzlich wenig zu: sollten seine Schüler wirklich
nicht im stande sein, einen in Gedanken und Sprache so schlichten und
glatten Dichter wie Racine ohne solche Konstruktionsbeihilfe zu verstehen?   Wäre nicht eine einzige Anmerkung über die freiere bei
Dichtern übliche Wortstellung vollkommen ausreichend gewesen? Die
übrigen Anmerkungen bieten kaum etwas Neues, man wird ihren Inhalt
in den Ausgaben der *Athalie* (vgl. Laun; Leipzig, B. G. Teubner 1876
und die oben genannten) ziemlich vollständig wiederfinden. 57. *et moins
je puis douter; l'emploi de la conjonction et devant moins n'est plus
usité.* Wenn auch das Asyndeton die Regel ist, so kommt doch die

Verbindung von *plus . . . plus, moins . . . moins, plus . . . moins, moins . . . plus* durch *et* auch heute noch mehrfach vor (vgl. Benecke, Fr. *Schulgr.* II, S. 157). Dass auch die sprachliche Fassung der Anmerkungen trotz der zu Gebote stehenden französischen Quellen nicht durchweg richtig ist, ersieht man aus dem unstatthaften Gebrauch der Präposition *devant*, für die *avant* eintreten muss. Druckfehler: 30. . . . *te on tel titre* lies *tel ou tel titre*. *1795 . . prendre* parti pour quelqu'un lies *prendre parti pour quelqu'un* etc.

Die *Notice sur la vie et les œuvres de Molière* S. V—VIII hat Adametz nach seiner Angabe *Michaud, Biographie universelle, Molière, œuvres complètes*, Paris 1873, Hachette, III. vol. entnommen. Auf S. VIII findet sich der nachweislich unrichtige Ausspruch: *L'Avare était aussi le premier exemple d'une comédie en prose:* der Herausgeber hätte sich für das Leben und die Werke Molière's an eine bessere Quelle halten sollen; übrigens finden sich derartige dürftige Lebensbeschreibungen Molière's überall und vielleicht besser in den Konversationswörterbüchern; es ist auch hier verabsäumt, eine für den *Misanthrope* besonders berechnete Einleitung zu geben, für die ja ein überreicher Stoff eine für eine Schulausgabe passende Auswahl gestattet. Auch hier finden sich in den *Notes*, wenn auch viel seltener, unnötige Konstruktionsgaben z. B. zu Vers 145 und sonst, und im übrigen sind die Anmerkungen fast sämtlich ohne Namensnennung früheren Herausgebern des Stückes entlehnt. So wird zu *il n'est point d'âme un peu bien située* Vers 53 angemerkt: *il n'y a point de cœur un peu bien placée* (Druckfehler für *placé*), *d'âme un peu haute, un peu fière*, womit man meine teilweise aus Génin, *lex. comp.* p. 377 übernommene Erklärung zu der Stelle vergleiche: es lässt sich daraus ein Schluss ziehen für die Art und Weise, wie der Herausgeber seine Aufgabe wahrgenommen hat. 100. *Ecole de maris* lies *Ecole des maris.* 102. „*incartades = extravagances.*" *incartades* hat an der Stelle wohl mehr die Bedeutung: mutwillige Beleidigung, Beschimpfung. 334. wird *empoisonneur au Diable!* durch *empoisonneur digne d'aller au Diable* erklärt; ich kann mich von der grammatischen Möglichkeit solcher Ergänzung nicht überzeugen und halte meine zu der Stelle gegebene Erklärung aufrecht. Zu Vers 376: *Franchement, il est bon à mettre au cabinet* hat sich Adametz ohne Angabe anderer Erklärungsversuche für die von W. Knörich in Bd. V² dieser *Zeitschrift* S. 124 an zweiter Stelle angeführte Deutung unter Benutzung der Worte Mesnard's entschieden. Es ist für mich über jeden Zweifel erhaben, dass die von Knörich (*a. a. O.* S. 125 f.) aus dem *Molièriste* beigebrachte und weiter begründete Erklärung wenn nicht die einzig richtige, so doch mindestens diejenige ist, die den Sinn der Stelle am besten trifft. Die Anmerkung zu Vers 515 ist Brunnemann's Ausgabe entlehnt, auch ich habe *que* durch „wie sehr" erklärt, mir scheint jedoch diese Erklärung nicht mehr ganz zweifellos: das nackte *que*, ohne Interpunktion von *si de vos mains je rattrape mon cœur* geschieden, kann schwerlich diese starke Betonung vertragen; es scheint mir einfacher, *que si* im Sinne des lateinischen *quod si* zu nehmen.

Anerkennenswert bleibt nach Vorstehendem an den Ausgaben nur der schöne grosse Druck des Textes auf gutem Papier, in der Beziehung dürfte aber z. B. die Ausgabe Scheffler's (Velhagen & Klasing, Bielefeld u. Leipzig, geb. 60 Pf. Doppelausgabe) in Ausgabe B vor der bloss geh efteten der Graeser'schen Sammlung doch noch den Vorzug verdienen, von anderen Vorzügen ganz zu geschweigen.

C. Th. Lion.

Ulrich, Wilhelm. *Praktische Vorbereitung für das französische Comptoir,* zum Selbstunterrichte, sowie für Handelsschulen und Comptoirs von Kaufleuten und Gewerbtreibenden. 4. Auflage. Halle 1890. G. Schwetschke'scher Verlag. XVI und 159 S. 8⁰, geh. 1 M. 60 Pf.

Enthält: 1) Anzeigen, 2) Rundschreiben, 3) Empfehlungsschreiben und Kreditbriefe, 4) Dienstanerbietungen, Erkundigungen und Aufschlüsse (besser wohl: Auskunftserteilungen), 5) Berichte über den Stand des Marktes, 6) Offerten und Aufträge und deren Ausführung, 7) Avis-Briefe, 8) Briefe über Assekuranz- und Havarieangelegenheiten, 9) Konto-Korrenten und das Bankgeschäft betreffende Briefe, 10) Mahnbriefe und Briefe über Fallissements, 11) Muster und Formulare, 12) Sammlung der wichtigsten Handelsausdrücke. Unter 2—10 folgt erst eine Anzahl französischer, dann deutscher Geschäftsbriefe, ein Umstand, der dem zweifellos praktischen Buche seine Verbreitung gesichert hat. Unzweckmässig ist, dass im ersten Teil des 12. Abschnittes grosse Anfangsbuchstaben gewählt sind, wie z. B. *l'Echantillon, m.* das Muster, die Probe; dass ferner manche Ausdrücke, die selbst gewiegten Kaufleuten unverständlich sein dürften (wie *les Frais de lottissement* das Cavelingsgeld) ohne jede Erläuterung geblieben sind. „*l'Accaparement, m.* der wucherliche Aufkauf" lies: der wucherische Aufkauf. S. 64 Z. 5 v. u. des Textes: lies *représentants* statt *represéntans.* S. 50, 90: „*Lyon, le 3. mai 1889*" lies *Lyon, le 3 mai 1889.* Ebenso findet sich noch der fehlerhafte Punkt in S. 125, 205: *Bruxelles, le 18. juillet 1889.*

C. Th. Lion.

Miszellen.

Zur Geschichte und Sprache der Hugenottenniederlassung Friedrichsdorf im Taunus.

Vorbemerkung. Als Lehrer an der Lehr- und Erziehungsanstalt Garnier hatte ich vielfach Gelegenheit, die Sprache von Friedrichsdorf kennen zu lernen, und die Eigentümlichkeiten derselben schienen mir der Aufzeichnung nicht unwert. Das Geschichtliche ist zum grösseren Teil einer nicht im Buchhandel erschienenen, französisch geschriebenen Chronik entnommen, welche 1887 zum 200 jährigen Jubiläum der Gründung Friedrichsdorfs gedruckt wurde. Das Sprachliche ist im Verkehr mündlich und schriftlich gesammelt worden.

1. Geschichte. Durch den Widerruf des Edikts von Nantes am 22. Oktober 1685 wurde bekanntlich eine bedeutende Anzahl Reformierter gezwungen, ihr Vaterland zu verlassen und sich anderswo eine Heimstätte zu suchen, um nicht ihres Glaubens wegen den grausamsten Verfolgungen ausgesetzt zu sein. Sie flüchteten nach England, Holland, der Schweiz und besonders auch nach Deutschland. Friedrich II., mit dem silbernen Bein, von Hessen-Homburg, nahm bereitwilligst einige waldenser und französische Familien auf und gewährte ihnen einen vorläufigen Wohnsitz in Homburg, wo sie die Hälfte der Neustadt, jetzt Luisenstrasse, bauten. Im folgenden Jahre öffnete Friedrich sein Land einer grösseren Anzahl jener Unglücklichen und verlieh ihnen bedeutende Privilegien, deren Hauptinhalt war: „die Flüchtlinge sollten dieselben Rechte geniessen wie die übrigen Unterthanen und 10 Jahre lang, vom 1. Januar 1688 ab, von Steuern befreit sein. Sie sollten Ländereien erhalten und, nach Ablauf von 10 steuerfreien Jahren, pro Acker nur einen Gulden Steuer zahlen. Das Vorrecht eigner Gemeindeverwaltung sowie eines Notariats, dessen Schriften in französischer Sprache aufzusetzen seien, wurde ihnen zugestanden, auch durften sie jede Art Industrie betreiben".

Diese überaus wichtigen Privilegien hatten zur Folge, dass noch im selben Jahre etwa dreissig Familien, nachdem sie lange hin und her gewandert waren, sich zusammenthaten, und in der Nähe von Homburg, am Taunus eine Niederlassung gründeten und dieselbe nach ihrem Beschützer „Friedrichsdorf" nannten, oder auch „das neue Dorf" wie es ursprünglich in den Akten heisst. Im Folgenden geben wir ein Verzeichnis der Provinzen, aus welchen die ersten Bewohner von Friedrichsdorf stammten, mit Angabe ihrer Namen und des Jahres, in welchem sie zum ersten Male in den Akten erwähnt werden. Die meisten Familien stammen aus der Picardie: Agombard 1698 — Bodmon 1689 — Veri 1696 —

L'abbé 1698 — Lebeau 1710 — Lefaux 1702 — Foucar 1698 — Boutemy 1687. Aus der Isle de France stammt die Familie Rousselet 1687. — Aus der Champagne: Chérigaut 1694 — Gauterin 1706 — Garnier 1702. — Aus der Provence: Pierre Fabre 1692. — Aus dem Languedoc: Denis Fabre 1700 — Privat 1700 — Desor 1712. — Aus der Dauphiné: Achard 1693. Die Familien Brunet 1688 und Pastre stammen aus dem Val Cluzon oder Pragela, welches 1685 noch zu Frankreich gehörte und 1708 mit Piemont vereinigt wurde. Der Nachfolger und Sohn Friedrich II., Friedrich Jacob, liess der Kolonie seinen Schutz in jeglicher Weise angedeihen. Er hielt sehr darauf, dass die französische Sprache so rein als möglich bewahrt blieb und erliess 1731 einen Befehl, wonach kein Deutscher in Friedrichsdorf sich niederlassen durfte. Dieser Befehl wurde so streng durchgeführt, dass einem Einwohner, welcher ein deutsches Mädchen heiraten wollte, der weitere Aufenthalt in Friedrichsdorf untersagt wurde.

In dem Zeitraum von 1737—87 siedelten sich 14 neue Familien an, unter ihnen nur zwei französische: Arrabin 1757 und Chevalier 1775.

Der fünfte Landgraf von Hessen, Friedrich Ludwig, bestätigte die 1687 gegebenen Privilegien und verlieh der Gemeinde die Vorrechte einer Stadt. 1737 war der erste Deutsche aufgenommen worden, weil er sich mit einer Ortseinwohnerin verheiratete. Zwischen 1787 und 1837 liessen sich 37 Familien nieder, unter ihnen 7 französische: Pierre Dufour 1799 — Louis Vallon 1804 — Louis Delchambre 1803 — de Beauclair 1809 — Baptiste Guénon 1823 — Jaques Huot ? — Henry Debus 1834 — Etienne Rivière 1835.

Das Städtchen zählt zur Zeit etwa 1200 Einwohner, worunter 500 Deutsche. In zwei tiefen Senkungen der Hochebene, mitten unter Gärten und Obstbäumen gelegen, bildet es in der Hauptsache nur eine einzige breite Strasse, geteilt in die Ober- und die Untergasse, deren Häuser mit dem Giebel nach der Strasse zustehen. Die ersten Ansiedler haben sich in der Untergasse niedergelassen, die späteren in der Obergasse in der Richtung nach Homburg zu. Diejenigen fünfzehn Familiennamen, welche noch heute vorhanden sind, lauten: Achard, Arrabin, Boutemy, Chevalier, Désor, Dufour, Foucar, Garnier, Gauterin, Guénon, Lebeau, Piston, Privat, Rousselet, Roux, Very. Von diesen fünfzehn Namen sind zehn unter den ersten Ansiedlern vertreten: Achard, Boutemy, Désor, Foucar, Garnier, Gauterin, Guénon, Lebeau, Privat, Rousselet, Very. Am zahlreichsten finden sich die Achard mit 14, Garnier und Privat mit je 13, Gauterin und Rousselet mit je 8 Familien.

2. Die Sprache. Die französische Sprache ist in Friedrichsdorf im Erlöschen begriffen, wenigstens wird sie nicht mehr so allgemein gesprochen, wie vor 35—25 Jahren. Auch das echte Friedrichsdörfer Französisch schwindet mehr und mehr; die alten Ausdrücke, welche sich bis jetzt erhalten hatten, werden verdrängt, und man hört fast stets ein tadelloses Neufranzösisch. Nur im engeren Familienverkehr wird die alte Sprache noch gepflegt. Diejenigen Personen, welche jetzt 50—60 Jahre alt sind, haben bis zu ihrem 12., ja 15. Jahre kein Wort Deutsch gesprochen. Jetzt, d. h. seit etwa 25 Jahren, hat sich darin vieles geändert. 1856 wurde der erste deutsche Lehrer angestellt und unter dessen Nachfolger findet sich in den Protokollen der Schulkommission bereits die wiederholte Klage, dass die Kinder auf der Strasse zuviel Deutsch sprächen. Der damalige Pfarrer Sauvin suchte durch strenge Beaufsichtigung und Ermahnung diesem Übel abzuhelfen, wofür ihm die Friedrichsdörfer noch heute grossen Dank wissen. 1876 wurden zwei französische Lehrer angestellt, deren Aufgabe es namentlich ist, die Kinder ein gutes Französisch zu lehren. Bis 1876 war der Unterricht in den Hauptfächern ganz

französisch. Auch der Gottesdienst ist französisch, erst seit 1885 wird alle 14 Tage ein Nachmittagsgottesdienst in deutscher Sprache gehalten. Die den Einwohnern mitzuteilenden Anordnungen des Ortsvorstandes werden durch den Gemeindediener in französischer und deutscher Sprache angesagt.

Die ersten Einwohner waren, wie bereits erwähnt, aus verschiedenen Provinzen Frankreichs gekommen; jeder hatte seinen besonderen Dialekt, welcher sich noch ziemlich lange in den einzelnen Familien erhalten hat. Nach und nach vermischten sich aber diese Dialekte und bildeten das Französisch, welches noch heute in Friedrichsdorf gesprochen wird. Eine Anzahl Wörter, welche die heutige französische Schriftsprache nicht oder nicht in derselben Lautform kennt, den Friedrichsdörfern aber geläufig sind, seien hier verzeichnet: *alenter* = ralentir, *amendison* = engrais, *avalon* = gorgée, *bers* = berceau, *bertonner* = murmurer, grogner, *brûlance* = brûlement, *cachoire* = fouet, *cense* = métairie, *chiffler* = siffler, *chifflot* = sifflement, *clichet* = cloquet, *corbin* = corbeau, *cufuma* = colin-maillard, *coûtances* = frais, *cumeriau* = cûlbute, *cuvelle* = cuveau, *demener* = conduire, *demeurance* = habitation, lieu, *deuiller* = porter le dueil, *dessirer* = déchirer, *devaler* = descendre, *dolence* = douleur, *écafillé* = éveillé, *enderver* = faire dépit, *enhausser* = exciter contre, *embarrassement* = embarras, *enfançon* = petit enfant, *émonter* = escalier, *épas* = seuil, *espointe* = piqûre, *fetard* = paresseux, *fiance* = confiance, *finer* = finir, *flambe* = flamme, *frumion* = fourmi, *nid de frumion* = fourmilière, *se gaber* = se moquer, *se gaudir* = se réjouir, *glacer* = glisser, *guerdon* = récompense, *guiler* = fermenter, *génoufré* = giroflée, *hober* = bouger, *languison* = maladie de langueur, *léchart* = avare, *lumer* = éclairer, *mandel* = corbeiller, *mandelier* = vannier, *marri* = affligé, *mercier* = remercier, *moie* = las, *naveau* = navet, *narreux* = dégoûté, *orne* = voie, *ouvrer* = façonner, *papelotier* = papetier, *passeron* = passereau, *pérot* = petit enfant, *pione* = pivoine, *poêle* = chambre à demeurer, *purgeron* = verrue, *raguiseur* = rémouleur, *racle-cheminées* = ramoneur, *recorder* = rappeler, *réquir* = requérir, *remarcier* = remercier, *rembuster* = brusquer, *regourer* = tromper, *séhu* = bois de sureau, *soulas* = consolation, *souiller* = remuer avec une cuiller, *tayon, ne* = aïeul, e, *ventillon* = contre-vent, *verdelet* = verdoyant, *surir* = devenir aigre. Andere Wörter werden in anderer Bedeutung gebraucht als in der modernen Schriftsprache, so: *amendement* = amélioration, *blanchard* = cerf-volant, *bouille* = bouleau, *cadeau* = fauteuil, *carrière* = ornière, *coffre* = secrétaire, *cornichon* = petite corne, *département* = départ, *envie* = regret, *fause* = bois de hêtre, *filerie* = filature, *moyen* = bien, *mouche à miel* = abeille, *rais du soleil* = rayons du soleil, *recueil* = accueil. Germanischem Einfluss sind zuzuschreiben Ausdrücke wie: *knoutchler* kneten, *ritcher* rutschen, *chinquer* schenken, *schmequer* schmecken, *déhangoner* aushängen, *rester henck* hängen bleiben.

Die Namen der umliegenden Ortschaften sind umgebildet worden: *Salbair* Seulberg, *Kitroufe* Kirdorf, *Vingins* Wehrheim.

Andrerseits deutsche Wörter unverändert in den Wortschatz aufgenommen: *le handkaes, la schnoupe, le kittel, schléchte, gescheidt.*

Aus der Lautlehre sei angemerkt, dass schriftfrz. *oi* stets *oé* entspricht: soire = *soére*, foire = *foére*.

À aspiré wird deutlich gehört in histoire = *'istoéro;* in août wird *a* gesprochen, in *tilleul l* nicht ausgesprochen.

Unechte Bindung [1]) findet sich sehr häufig, wie ich dies tagtäglich an Schülern aus dem Ort, wenn sie aus dem Deutschen ins Französische übersetzen, zu beobachten Gelegenheit hatte, so stets: *Tu z'es, il z'était, il z'était à peine arrivé z'à la maison.*

Noch ist zu bemerken, dass schriftfrz. *ai*, *ę* oft, besonders in *maison* *e* entspricht, dieses Wort auf der ersten Silbe betont ist und *de* oft *dę* lautet so in *le poêle dę delà*.

Syntaktische Eigenheiten. Das Geschlecht der Substantiva stimmt mit dem der französischen Schriftsprache überein, mit wenigen bemerkenswerten Ausnahmen: *un épitaphe, un erreur, un horloge, un horreur, un humeur, un image, un offre, un ombre, une reproche, une reste.* Die neufranzösisch nur substantivischen Formen des Possessivpronomens *le mien, le tien* u. s. w. finden sich adjektivisch, man sagt *le mien livre.*

Bei den Adverbien hat sich mancherlei Eigentümliches erhalten, so sagt man trois jours *devant* für trois jours *avant, moult* = beaucoup, *piéça* = il y a longtemps, *àtant* = alors, *tant grand* = si grand. Beachte noch *alors* de lą fête, il est *environ* deux heures, *derrière* l'un l'autre.

Unter den Konjunktionen findet sich *à ce que* im Sinne von afin que, *cependant que* = pendant que, *comme* = comment, *devant que* = avant que, *pour ce que* = parceque, nach *après que* setzt man stets das Plusqueparfait: *après que* nous *avions* fait le tour, *après que* nous nous *étions* un peu reposés.

Beim Verb findet sich manche vom modernen Sprachgebrauch abweichende Konstruktion: *j'obéis tes commandements; nous nous décidions de prendre le chemin de retour.*

In der fortlaufenden Erzählung wird, wie im Volksfranzösischen allgemein, Impf. oder Plusquepf. gesetzt — *nous partions d'içi à trois heures — nous étions à huit heures à Treisberg. — Le jour avant la foire je recevais une lettre — arrivé à W., je fesais la rencontre du vieux C.* Selten ist ein reflexives Verb mit *avoir* konjugiert: *je m'ai fait cuire un bon café.*

Die Wortstellung ist mit sehr geringfügigen Ausnahmen dieselbe wie in der französischen Schriftsprache. Betreffend die Stellung des pronominalen Objektes eines Infinitivs besteht bekanntlich die Regel, dass wenn vor dem Infinitiv eines der Verben *faire, laisser, entendre, voir, sentir* steht, so treten sämtliche Objektsformen vor dieses Verb, sonst stehen sie stets vor dem Infinitiv, hier findet sich *il m'a voulu parler.*

Im Fragesatz wird *est-ce que* gebraucht, auch wenn derselbe eingeleitet ist: *D'où ce que tu viens? comment ce que tu te portes?*

Ferner seien angemerkt: *j'appreuve* für j'approuve; *il chet;* vouloir hat *je veux* und *veut*. Von souvenir lautet das Prés. du subj. *que je souviegne,* für que j'aille sagt man noch oft *que je voise;* neben j'irai findet sich *j'airai.* Weiterhin ist bemerkenswert: *ils étions* für ils étaient, *nous ons* für nous avons, *vous ez* für vous avez, *a-vous?* für avez-vous? *ils avions* für ils avaient.

Gustav Schmidt.

Eine „Satyre" Vauquelin de la Fresnaye's in freier Nachbildung.

Die Epistel Vauquelins — denn eine Epistel ist das an d'Augennes gerichtete Gedicht — zeigt uns den Ausdruck des von Herzen kommenden Schmerzes des Patrioten über die Unsitten seiner Zeit. Claude d'Augennes, geb. 1538, war Bischof von Noyon, dann von Le Mans. Er starb 1601. Die Grundsätze, nach denen die folgende freie Bearbeitung verfasst ist, sind dieselben, über welche sich der Über-

setzer in der Einleitung (S. 12) zu seiner Nachbildung der Satiren
Boileaus (Leipzig 1890, 92 Seiten) ausgesprochen hat.

Würdiger Bischof, der Du erfüllt von göttlichem Geiste,
    Den der allmächtige Gott frühe zum Diener erwählt,
Der mit feuriger Rede die Macht der Bösen bekämpfet
    Und mit dem göttlichen Wort selber die Hölle besiegt,
Einstmals war ich Dir nah'; ich vernahm aus dem Munde des Weisen
    Hohe Worte vordem, welche den Jüngling entzückt.
Aber im Winter des Lebens der Unterweisung entbehrend,
    Sehn' ich den holden Lenz früherer Jahre zurück.
Würde Dein Beispiel befolgt, dann sähe man wahrlich in Frankreich
    Alle von Abscheu erfüllt gegen die Sünden der Welt.
Jetzo aber erscheint dem Menschen der Himmel verdunkelt;
    Tugend weichet zurück, während das Laster gebeut.
Glaube und Liebe, barmherzige Liebe, wo sind sie zu finden?
    Hass nur herrschet und Neid: das ist die heutige Zeit.
Mehr als einen Sejan erblickt man in unseren Tagen;
    Und ein Günstling stets wird von dem andern gehasst.
Väter sah ich, die Hände befleckt mit dem Blute der Kinder;
    Söhne, die mitleidslos wünschen dem Vater den Tod.
Heilige Scheu erfüllte vordem die Herzen der Frauen;
    Liebe zum Ehegemahl hielt sie in Ehre und Pflicht.
Jetzo sieht man den Buhlen geehrt und den Gatten verachtet;
    Was man mit Abscheu nennt wird schon zur Tugend gezählt.
Hass erfüllet die Brüder; sie neiden dem Bruder die Erbschaft;
    Gegen einander, wie oft! üben sie List und Verrat.
Giebt es Pylades noch und Orest? vorbei sind die Zeiten;
    Unsere Zeit hat das Band dauernder Liebe gelöst.
Und die Gelehrten der Welt, sie verehren nicht unseren Heiland;
    Jeder vertrauet auf sich, baut auf den eigenen Ruhm.
Dass wir Sünder vor Gott, dass Christi Blut uns gerettet,
    Dass uns der Heiland erlöst, hat es vergessen die Welt?
Angethan mit neuen Gewanden, wer sollte es glauben,
    Zeigt sich ein Simon uns, welcher den Himmel verkauft.
Was der Sohn des allmächtigen Gottes den Menschen verliehen,
    Siehst Du um eiteles Gold, Würdigster, heute verkauft.
Düstere Wolken bedecken den Himmel; die Sünden der Menschen
    Haben die silberne Flut unserer Bäche getrübt.
Gleichwie ein Wechslerhaus erscheinet die Kirche des Heilands
    Und wie ein Markt, wo das Volk emsig um Waaren gefeilscht.
Grausame Habsucht, hast du so ganz die Herzen der Grossen
    Eingenommen, so ganz Herzen und Sinne bethört,
Dass für das bittere Leid kein Arzt noch Heilung gefunden,
    Lindernden Balsam für uns, Rettung für unsere Not?
Wäre von Gottes Hand nicht dieser Tempel gegründet,
    Hätte der Habsucht Macht längst den geweihten zerstört.
Dazu seh' ich bereits viel blinde Eiferer kommen,
    Hör' ihr spottendes Wort, höre die Kirche geschmäht,
Und sie wollen zerstören des Höchsten unsterblichen Tempel
    Und an den heiligen Ort setzen den falschen Altar.
Unglückseliges Land, du gehst dem Verderben entgegen.
    Warum suchest du stets mitten im Frieden den Krieg?
Siehst du nicht, dass die Empörer der Zorn des Höchsten getroffen,
    Dass des Allmächtigen Hand unsere Fürsten beschützt?

Nicht zu schweigen vermag ich, wenn eitle Thoren ich sehe,
    Welche das Heimatland frevelen Sinnes geschmäht,
Und ich entbrenne von Zorn, wenn jene Verwegnen ich schaue,
    Die aus niedrigem Stand, Ehren und Würden erlangt.
Manch ein wackerer Mann, der wert ist höchster Verehrung,
    Dessen trefflichen Geist jegliche Tugend geschmückt,
Stehet verlassen, allein und wird von der Menge verachtet,
    Weil er, treu und gerecht, offene Rede gewagt.
Zu den Stellen im Staate erheben sich Männer des Handwerks;
    Wer einen Günstling kennt, schwingt sich zu Ämtern empor.
Täuschung regieret und Lüge und List, und die Besten der Männer
    Ernten als würdigen Lohn Hohn von der Menge und Spott.
Wahrlich, es muss die Wange von brennender Scham sich röten,
    Wenn man in edlem Geschlecht Mutter und Töchter erblickt,
Wie sie um Gold und Geschenke den Gatten, den Bräutigam täuschen,
    Gleichwie Venus vordem täuschte den schwarzen Vulkan.
Was verborgen gewesen, das bringt die Sonne ans Licht einst;
    Aber man kümmert sich nicht, ob es die Menge erfährt.
Kennst du Faustina, sie ist erfahren im Spiele des Amor,
    Und viel Lieblinge hat jene trotz ihres Gemahls.
Schlimmer noch ist Messalina; sie geht des Abends von Hause,
    Sucht Lupanarien auf, um ihren Buhlen zu sehn.
Was die Schminke bewirkt, davon auch hab' ich zu reden;
    Rosen und Lilien sind unseren Damen erwünscht.
Was die gütige Mutter Natur dem Menschen verliehen,
    Wird verachtet, und gern schafft man ein neues Gesicht.
Andere lassen Prälaten ins Haus in nächtlicher Stunde
    Oder den adligen Herrn, nennen es Ehre sogar,
Wenn sie der Schande verfallen, und suchen nichtigen Vorwand;
    Und der Gatte erlaubt, duldet die Schande der Frau.
Nicht die Jugend allein ist schändlichen Lüsten ergeben;
    Auch das Alter, o Schmach! duldet, ja fördert die Lust.
Was man im Sommer getrieben, versucht man im Winter des Lebens
    Siehe die Witwe dort an, wie sie so sittsam sich neigt.
Damen der besseren Welt empfängt sie in ihren Gemächern,
    Und der Erfahrenen ist Jugend vor allem erwünscht.
Aber indessen die Netze zu spannen versteht sie wie keine,
    Hat von den Nachbarfrau'n, glaub' es, so manche berückt.
Junge Frauen und Mädchen, zu Spiel und Scherzen versammelt,
    Locken den Adel an, der im geheimen erscheint.
Gerne bezahlen die Herren die Kosten des üppigen Mahles,
    Lassen im Prunkgemach Gold mit der Schande zurück.
Diamanten werden verschenkt, Rubinen und Perlen,
    Ketten, Kleider und Putz, welche die Wirtin empfängt.
Doch auch gemünztes Silber verschmäht nicht die trauernde·Witwe;
    Dürftig zuvor, ist jetzt besser das Haus ihr bestellt.
Wahrlich; es treibt Dich die Zeit, durch Weisheit Hülfe zu bringen;
    Bosheit weichet zurück, wenn Du die Stimme erhebst.
Du kannst schmelzen das Eisen im Herzen der sündigen Menschen,
    Die durch frevelndes Thun Tugend in Laster gewandt.
Unser König Heinrich vor allen, der treffliche Herrscher,
    Hat mit gnädigem Ohr Deinem Berichte gelauscht,
Und mit geneigtem Herzen vernimmt er die Rede des Weisen,
    Der in heiligem Zorn über die Menschen ergrimmt.
Wer mit bescheidenem Worte der Wahrheit Stimme geredet,

Wird von dem König stets gnädigen Sinnes gehört.
  Welcher die Klöster zu leiten den würdigen Vätern verliehen;
Der mit Gerechtigkeit all' seine Völker regiert,
  Der wie ein liebender Vater des Landes Söhne beherrschet
Und in mächtiger Hand wäget das Schicksal des Volks.
  Flehet den Schutz des Königs an, ihr Armen und Schwachen:
König Heinrich beschützt Arme, wenn Willkür Euch droht.
  Doch ich lenke das Schiff der Unterredung zurücke,
Kehre zum ruhigen Port heim aus der Wogen Gebraus.
  Wahrlich, mit Schmerzen erblick' ich des Vaterlandes Gebrechen,
Flehe um Rettung und Heil oft den Allmächtigen an.
  Gleichwie die Sonne die Blätter erwärmt der zartesten Kräuter,
Wie sie den Schatten des Walds selbst mit den Strahlen durchdringt,
  Also möge der Glanz, der Deine Tugend umstrahlet,
Hellen die Dunkelheit, lindern die Fehler der Zeit.
  Mögen die Seelen frohlocken, und neue Hoffnung sich regen,
Dass uns der Lorbeerzweig Galliens wiederum grünt,
  Dass vor allem die Lüge entflieht vor der siegenden Wahrheit,
Und dass die Redlichkeit herrschet im Königspalast.

E. WEYHE.

Zur Recension von R. Meyer in dieser *Zeitschrift* XII³ über
Receuil de lettres u. s. w. erlaube ich mir folgende Bemerkung: *cro-
cheter* ist in der französischen Schweiz allgemein üblich in der Bedeutung häkeln. Die sonst in Wörterbüchern angegebene Bedeutung:
mit einem Dietrich öffnen ist der dortigen Umgangssprache fremd.

BARBELET.

Novitätenverzeichnis.

Andrieu, J. Bibliographie générale de l'Agenais et des parties du Condomois et du Bazadais incorporées dans le département de Lot-et-Garonne. Répertoire alphabétique de tous les livres, brochures, journaux etc., dus à des auteurs de la région, imprimés dans ce pays ou l'intéressant directement, avec des notes littéraires et biographiques. T. 3. Supplément. Index méthodique. In-8⁰ à 2 col., VIII-365 p. Agen, Paris, lib. Picard.

Bibliographie théâtrale. (Année 1890.) In-8⁰ oblong, 125 p. Paris, imp. Morris. (Extrait de l'Annuaire 1890-1891 de la Société des auteurs et compositeurs dramatiques.)

Catalogue général de la librairie française. Continuation de l'ouvrage d'Otto Lorenz. Tome XII (période de 1886 à 1890). Premier fascicule (A. — Code), par D. Jordell. Grand in-8⁰ de 240 pages. 10 fr.

Catalogue général des manuscrits des bibliothèques publiques de France. Départements. T. 17: Cambrai; par Auguste Molinier, Paris, Plon, Nourrit et Cie. In-8⁰, XXIV-599 p.

Inventaire des manuscrits de la collection Moreau à la Bibliothèque nationale; par H. Omont. Grand in-8⁰, XIV-282 pages. Paris, Picard.

Meyer, P. Notice sur quelques manuscrits français de la bibliothèque Phillipps, à Cheltenham. In-4⁰, 114 p. Paris, Impr. nationale. [Tiré des Notices et Extraits des manuscrits de la Bibliothèque nationale et autres bibliothèques (t. 34).]

Claudin, A. Les Origines de l'imprimerie à Reims. Les Trois premiers Imprimeurs: Claude Chaudière, Nicolas Trumeau, Nicolas Bacquenois. In-8⁰, 24 p. Paris, Claudin. (Extrait du Bulletin du bibliophile.)

— —. Les Origines de l'imprimerie à Hesdin-en-Artois (1512-1518). In-8⁰, 16 p. Paris, librairie Claudin. (Extrait du Bulletin du bibliophile. Tiré à 100 exemplaires.)

Delalain, P. Etude sur le libraire parisien du XIIIᵉ au XVᵉ siècle, d'après les documents publiés dans le Cartulaire de l'Université de Paris. (1886 à 1889). In-8⁰, XLIII-77 p. Paris, Delalain frères. 5 frcs.

Études de grammaire et de littérature françaises. Réd. en chef: Ph. Plattner. 1. Jahrgang. Juli 1891—Juni 1892. 6 Nrn. (2 B.) Lex.-8⁰. Karlsruhe, J. Bielefeld's Verlag.

Andersson, H. Öfversigt af ordens pa *icus* fonetiska. 13 S. 8⁰. Aus
Sprakvetenskapliga sällskapets förhandlingar 1888—1891.

Badke, O. Beiträge zur Lehre von den französischen Fürwörtern. Progr.,
Stralsund. 25 S. 4⁰.

Bastin, J. Etude sur les principaux adverbes (affirmation, négation, manière).
In-8⁰, 69 p. Paris, Bouillon. 3 Frcs.

Besler, M. Die Ortsnamen des lothringischen Kreises Forbach. II. Pr.
Forbach. 49 S. 4⁰. (Leipzig, Fock.)

Binet, H. Le style de la lyrique courtoise en France aux XII⁰ et XIII⁰
siècles. In-8⁰.

Blumer, J., zum Geschlechtswandel der Lehn- und Fremdwörter im Hoch-
deutschen. 2 T. gr. 8⁰. (69 S.) Leitmeritz. (Leipzig, G. Fock.)

Bos, A. Glossaire de la langue d'oïl (XI⁰—XIV⁰ siècles). contenant les
mots vieux français hors d'usage, leur explication, leur étymologie et
leur concordance avec le provençal et l'italien, ouvrage à l'usage des
classes d'humanités et des étudiants. Grand in-8⁰ à 2 col., XX-466 p.
Paris, Maisonneuve. 16 frcs.

Cron, J. Die Stellung des attributiven Adjektivs im Altfranzösischen.
Strassburger Dissertation 1891. 87 S. 4⁰.

Doutrepont, G. Etude linguistique sur Jaques de Hemricourt et son époque.
(Extrait du tome XLVI des *Mémoires couronnés et autres Mémoires*
publiés par l'Académie royale de Belgique. 1891.)

Foertsch, R. Ein Beitrag zu der französischen Wiedergabe unserer Fremdwörter. Progr., Kassel. 23 S. 4⁰.

Ginzel, Fr. Artikel und Pronomina bei Robert Garnier. Progr., Reichen-
berg. 17 S. 8⁰.

Graf, J. Die germanischen Bestandteile des Patois Messin. Strassburger
Diss. 1890. 43 S. 8⁰.

Gugel, E. Über den Gebrauch der Präposition „de" in Scarrons Le roman
comique. Progr. Böhm.-Leipa. 31 S. 4⁰. (Leipzig, Fock.)

Gutheim, Ferd. Über Konsonanten-Assimilation im Französischen. gr. 8⁰.
(VII, 98 S.) Heidelberg, A. Siebert. [Dissertation.]

Heitmann. J. Die Pronomina in dem altfranzösischen Epos „Karls des
Grossen Reise nach Jerusalem und Konstantinopel." Progr., Crefeld.
22 S. 4⁰.

Hoefft, Carl Th. France, Franceis und Franc im Rolandliede. gr. 8⁰.
(74 S.) Strassburg i. E., K. J. Trübner.

Keiper, Ph. Französische Familiennamen in der Pfalz und Französisches
im Pfälzer Volksmund. 2. vermehrte und verbesserte Auflage. gr. 8⁰.
(82 S.) Kaiserslautern, A. Gotthold.

Leithaeuser, J. Gallicismen in niederrheinischen Mundarten. I. gr. 4⁰.
(32 S.) Barmen. (Leipzig, G. Fock.)

Littré, E. et Beaujean, A. Dictionnaire de la langue française. Abrégé
du Dictionnaire d'E. Littré, de l'Académie française: par A. Beaujean.
Nouvelle édition. entièrement refondue et conforme, pour l'orthographe,
à la dernière édition du Dictionnaire de l'Académie française. In-8⁰,
à 2 col., XI-1,296 p. Paris. Hachette et Cie. 13 fr.

Meder. F. Pas, mie, point im Altfranzösischen. Dissertation, Marburg.
37 S. 8⁰.

Rebouis, E. H. Des prénoms usités au moyen âge dans la région garon-
naise; Raymond VII et Castelsarrasin. In-8⁰, 18 p. Montauban, Forestié.
Extrait du Bulletin archéologique de Tarn-et-Garonne.

Redlich, A. Sprachliche Eigentümlichkeiten in den Fabeln Lafontaines.
Programm, Prossnitz. 28 S. 8⁰.

Risop, Alfr. Studien zur Geschichte der französischen Konjugation auf
  ir. gr. 8⁰. (IV, 132 S.) Halle a. S., M. Niemeyer. Mk. 2,80.
Schmid, Paul. Erklärung schwieriger Stellen in Corneille's Horace. gr. 4⁰.
  (8 S.) Leipzig, Renger in Komm.
Schmücking, O. Considérations sur l'emploi de l'Indicatif et du Subjonctif
  en Français. Programm, Schleusingen. 12 S. 4⁰.
Schnellbächer, K. Über den syntaktischen Gebrauch des Konjunktivs in
  den Chansons de geste: Huon de Bordeaux, Amis et Amiles, Jour-
  dains de Blaivies, Aliscans, Aiol et Mirabel und Garin le Loherain.
  Dissert., Giessen. 59 S. 8⁰. (Leipzig, Fock.)
Suchier, H. Le Français et le Provençal; par H. Suchier. Traduction
  par P. Monet. In-8⁰, XII-224 p. Paris, Bouillon.
Tobler, A. Kleine Beiträge zur französischen Grammatik (Donc, des cent
  ans; asyndetische Paarung von Gegensätzen; s'il faisait beau, je par-
  tirais). 14 S. 4⁰. Separatabdruck aus den philologischen Abhand-
  lungen für Heinrich Schweizer-Siedler.
Westphal, J. Englische Ortsnamen im Altfranzösischen. Strassburger
  Dissertation. 1891. 39 S. 8⁰.
Williams, C. A. Die französischen Ortsnamen keltischer Abkunft. Diss.,
  Strassburg. 87 S. 8⁰.
Zilch, G. Der Gebrauch des französischen Pronomens in der 2. Hälfte
  des XVI. Jahrhunderts, dargestellt vornehmlich auf Grund der Schriften
  Estienne Pasquier's. Diss., Giessen. 57 S. 8⁰. (Leipzig, Fock.)

Borinski, Karl. Grundzüge des Systems der artikulierten Phonetik zur
  Revision der Prinzipien der Sprachwissenschaft. gr. 8⁰. (XI, 66 S.)
  Stuttgart, G. J. Göschen. Mk. 1,50.
Dannheisser, Ernst und *Wimmer, Karl.* Laut- und Aussprache-Tafeln
  für den französischen Anfangsunterricht. gr. 8⁰. (8 S. m. 8 Tafeln.)
  Kempten, J. Kösel.
Faure, H. Quelques bizarreries de la langue française. Dialogue entre
  un instituteur et son élève sur les principales difficultés qu'offre la
  prononciation de notre langue. In-8⁰, 30 p. Moulins, Auclaire.
Koschwitz, E. La phonétique expérimentale et la philologie franco-
  provençale. [In: Compte rendu du Congrès sc. international des Catholiques tenu à Paris du 1ᵉʳ au 6 avril 1891. Paris, Picard.]
Passy, Paul. Étude sur les changements phonétiques et leurs caractères
  généraux. Paris, Firmin Didot. 270 S. 8⁰. (Thèse.)
Rousselot. La méthode graphique à la recherche des transformations
  inconscientes du langage. [In: Compte rendu du Congrès scientifique
  international des Catholiques tenu à Paris du 1ᵉʳ au 6 avril 1891.
  Paris, Picard.]
Soams, Laura. An introduction to phonetics. (English, French and
  German) with reading lessons and exercises. With a preface by Doro-
  thea Beale. London, Swan Sonnenschein & Co. New-York: Macmillan
  & Co. XIV, 164, 85 S. 8⁰.

Couture, L. Le Cursus ou rythme prosaïque dans la liturgie et dans la
  littérature de l'Eglise latine du IIIᵉ siècle à la Renaissance. In-8⁰, 7 p.
  Paris, lib. Picard. (Compte rendu du congrès scientifique international
  des catholiques tenu à Paris du 1ᵉʳ au 6 avril 1891.)
Galino, T. Musique et versification françaises au Moyen-Age. Diss., Leipzig.
  39 S. 8⁰. (Leipzig, Fock.)

Barreau, H. Cours élémentaire de grammaire française, rédigé conformément aux programmes officiels et renfermant deux cent cinquante-
trois exercices variés pour les élèves de la 1re année et deux cent
cinquante-trois autres exercices complètement distincts des premiers
et destinés aux élèves de la 2e année. Grand in-8⁰, 118 pages. Paris,
Guérin et Cie.

Bierbaum. Lehrbuch der französischen Sprache nach der analytisch-
direkten Methode für höhere Schulen. 3 T. Mit 2 (farb.) Plänen
von Paris u. Umgegend. gr. 8⁰. (VIII, 240 S.) Leipzig, Rossberg.
Geb. Mk. 2.75.

Blaschke, Paul. Grammatik der französischen Sprache für Verkehrsbeamte,
unter besond. Berücksicht. der Telegraphenbeamten, sowie der Post-
fachschulen bearb. gr. 8⁰. (VI, 237 S.) Berlin, F. Luckhardt. Mk. 3.

Bouilliez H., et *Lefebvre, D.* Cours préparatoire de langue française,
conforme au programme officiel du 27 juillet 1882, et contenant
deux cents grav., trois cent quatorze exercices d'observation, d'invention, de réflexion et d'orthographe, soixante-dix lectures et récitations,
cent trente-trois exercices d'élocution et de composition française.
In-12⁰. 204 p. Paris, libr. Gedalge jeune.

Bourgeois, Marcel Le. Deutsche und französische sprichwörtliche Redensarten. 8⁰. (III, 62 S.) Leipzig, W. Violet. Mk 0,75.

Box, H. Méthode pour l'enseignement comparatif de l'anglais et du
français, d'après les leçons faites à la Faculté des lettres de Montpellier; par H. Box. Première partie: Etude des mots ayant même
racine en anglais et en français. In-8, 144 pages. Paris, Dupont et Cie.

Breitinger, H. Die französischen Klassiker. Charakteristiken und Inhalts-
angaben. Mit Anmerkungen zum Übersetzen aus dem Deutschen ins
Französische. 5., durchgesehene Aufl. gr. 8⁰. (100 S.) Zürich 1892,
F. Schulthess. Mk. 1.20.

Breymann, Herm., und *Moeller, Herm.* Französisches Elementarbuch.
4. verb. u. bedeutend gekürzte Aufl. d. Elementar-Übungsbuches und
der Elementar-Grammatik. Ausg. B. gr. 8⁰. (VI, 119 S. m. 2 Konjugationstaf.) München, R. Oldenbourg.

— —. Französisches Übungsbuch. 1. T. Zur Einübung der Laut-,
Buchstaben- u. Wortlehre. Ausg. B. [Enth. zugleich die Grammatik I].
2. Aufl. gr. 8⁰. (VIII, 273 S. m. 2 Konjugationstaf.) München, R. Oldenbourg. Mk. 3.20.

Catois, C. L'Orthographe usuelle. In-18, I, 29 p. Mayenne, impr. et
libr. Poirier-Bealu.

Cours d'analyse grammaticale et logique: par F. P. B. „Livre de l'élève."
In-12, 48 p. Paris, Poussielgue frères.

Déapé, V. M. Le premier cours de grammaire. 8⁰. (154 S.) Strassburg i. E.
Strassburger Druckerei u. Verlagsanstalt. kart. Mk. 1.80.

Duplessis, A. Grammaire-Lexique de la langue française; Cours élémentaire In-16, 96 pages avec vign. et grav. en coul. Paris, Hachette
et Cie. 60 cent

Durand, A. Nouvelle orthographe française. Partie pratique. In-18,
38 pages. Paris. fr. 2.

Enkel, H., Klahr, Th., u. *Steinert, H.* Lehrbuch der französischen Sprache
für Bürgerschulen. 2. T. gr. 8⁰. (IV, 158 S.) Dresden, A. Huhle.
Mk. 1.40.

— —. Kleines französisches Lesebuch für Bürgerschulen. gr. 8⁰. (68 S.)
Ebd. kart. Mk. 0.60.

Exercices de français; par S. M. Livre de l'élève. No. 2. In-16, 316 p.
Paris, Delagrave.

Fetter, Joh. Französische Sprachschule für Bürgerschulen und verwandte Lehranstalten. 2. und 3. Tl. gr. 8⁰. Wien, Bermann und Altmann. Mk. 1.40.

Franke, Fel. Phrases de tous les jours. Ergänzungsheft. 3. Aufl. gr. 8⁰. (IV, 56 S.) Leipzig, O. R. Reisland. Mk. 0,80.

Huss, B. Leitfaden zur Erlernung der französischen Sprache, bearbeitet nach dem Prinzip der Anschauung. (Neue Ausg.) 2 Tle. gr. 8⁰. Strassburg i/E., Strassburger Druckerei u. Verlagsanstalt.

Kirchstein, L. Grammatisches Repetitorium der französischen Sprache für Obersekundaner, enthaltend deutsche Sätze und Übungsstücke mit nebenstehender französischer Übersetzung. (Consecutio temporum.) Progr. Wehlau. 31 S. 8⁰.

Lanson, G. Etudes pratiques de composition française. Sujets préparés et commentés, pour servir de complément aux Principes de composition et de style, etc., Conseils sur l'art d'écrire. In-16. XIV, 202 p. Paris. Hachette et Cⁱᵉ. fr. 2.

Larive et Fleury. Recueil de dictées correspondant à l'année préparatoire de grammaire. Cours élémentaire (sept à neuf ans); par MM. Larive et Fleury. Livre de l'élève. In-12, 134 pages. Paris. Colin et Cⁱᵉ.

Leçons de langue française; par F. I. C. Cours moyen. Livre de l'élève. In-18, 472 pages. Paris, Poussielgue.

— —; par F. I. C. Cours supérieur. Livre de l'élève. In-18, 346 pages. Paris, Poussielgue frères.

Muyden, G. van, u. Lang, E. B. Der Reisebegleiter. Winke für Reisende nach Frankreich. Abriss der französischen Grammatik, Sammlung praktischer Gespräche, deutsch-französisches Notwörterbuch französischer Hochschulen und Bibliotheken. 12. (63 S.) Berlin, E. Goldschmidt. kart. Mk. 0.80.

— —. Wörterbuch der französischen und deutschen Umgangssprache, enth. auch 1. Die gebräuchlichsten technischen, militär. u. Handelsausdrücke; 2. Die Eigennamen, deren Schreibung in beiden Sprachen abweicht; 3. Die genaue Angabe der Aussprache; 4. Deklinations- u. Konjugationstabellen, sowie die Angabe der hauptsächl. grammatikal. Schwierigkeiten; 5. Für die Bedürfnisse d. Reiseverkehrs berechnete Gespräche u. s. w. 2 Tle. u. Anh.: Der Reisebegleiter, Sammlg. praktischer Gespräche. 12. (XVI, 234; 320 u. 28 S.) Ebd. geb. in Etui. Mk. 4.50.

Offinger, H. Deutsch-englisch-französisch-italienisches technologisches Wörterbuch. 4. (Schluss-)Bd. Italienisch voran. gr. 16. (218 S.) Stuttgart, J. B. Metzler's Verl. geb. Mk. 2.70.

Otto, Emil. Französische Konversations-Grammatik. Schlüssel. Bearb. v. H. Runge. 2. durchgeseh. Aufl. gr. 8⁰. (III, 79 S.) Heidelberg. 1892, J. Groos. kart. Mk. 1.60.

Peters, J. B. Materialien zum Übersetzen aus dem Deutschen ins Französische. Für obere Klassen höherer Lehranstalten. 2. verb. u. verm. Aufl. gr. 8⁰. (VIII, 96 S.) Leipzig, 1892, A. Neumann's Verl. Mk. 1.20.

— —. Französische Verbalformen der erstarrten (unregelmässigen) Konjugation zur Übung des freien mündlichen und schriftlichen Ausdrucks. Leipzig, August Neumann's Verlag. IV, 71 S. 8⁰. Mk. 0.60.

Plattner, Ph. Lehrgang der französischen Sprache. 2. T. 2. Aufl. gr. 8⁰. (VIII, 400 S.) Karlsruhe, J. Bielefeld's Verl. Mk. 3.50; geb. Mk. 3.85.

Plœtz, Gust. Schlüssel zu der von G. Plœtz u. O. Kares bearb. Schulgrammatik in kurzer Fassung. 8⁰. (III, 152 S.) Berlin, F. A. Herbig. Wird nur an Lehrer direkt abgegeben. Mk. 2.

Präparationen nebst Übersetzung zu Plœtz Chrestomathie. Von einem Schulmann. 1., 2. u. 8. Sektion. [1., 2. u. 8. Heft.] 16. (74, 156 u. 87 S.) Düsseldorf, L. Schwann. Mk. 0.40.

Panjer, J. Lehr- u. Lernbuch der französischen Sprache. 2. umgearb. Aufl. 2. T. gr. 8⁰. (VII, 203 S.) Hannover, E. Meyer. Mk. 1.60.

Richard. Cours de composition française théorique et pratique: construction de petites phrases avec des éléments donnés, exercices d'observation ou descriptions d'après images, narrations très simples et lettres familières; Cours élémentaire et moyen. 2⁰ édition. Partie du maître. In-12, 183 pages. Lille, Robbe.

— —. Cours de composition française théorique et pratique: construction de petites phrases avec des éléments donnés, exercices d'observation ou descriptions d'après images, narrations très simples et lettres familières; Cours élémentaire et moyen. Partie de l'élève. In-12, 125 pages. Lille, Robbe.

— —. Cours de composition française théorique et pratique: construction des mots, des propositions, des phrases, descriptions, narrations, dissertations morales. Cours complet de style épistolaire, avec des modèles expliqués, à l'usage des candidats au certificat d'études primaires et des élèves du cours supérieur; Partie de l'élève. In-12. 156 pages. Lille, Robbe.

Ricken, Wilh. Elementarbuch der französischen Sprache. 2. u. 3. Jahr. 2., durchgängig verb. Aufl. gr. 8⁰. (VII, 138 S.) Berlin, W. Gronau. Mk. 1.80.

Rossmann. Phil., und *Schmidt, F.* Lehrbuch der französischen Sprache auf Grundlage der Anschauung. Bielefeld und Leipzig. Velhagen & Klasing. VII, 262 S. Mk. 2.

Schaefer, Curt. Elementarbuch für den französischen Unterricht. 2. neu bearb. Aufl. gr. 8⁰. (124 S.) Berlin, Winckelmann & Söhne. Mk. 1.

Schmitz, Bernh. Französisches Elementarbuch, nebst Vorbemerkungen über Methode u. Aussprache. 1. T.: Vorschule der französ. Sprache. 11. sorgfältig durchgesehene Aufl. gr. 8⁰. (XXXII, 100 S.) Berlin. F. Dümmler's Verl. Mk. 1.

Schwartz, M. Cours théorique et pratique de grammaire française. 1. partie. 12. (III, 100 S.) Strassburg i/E., Treuttel & Würtz. kart. Mk. 1.

Ulbrich, O. Elementarbuch der französischen Sprache für höhere Lehranstalten. 6. Aufl. gr. 8⁰. (VIII, 209 S.) Berlin. R. Gærtner. Mk. 1.60.

— —. Schulgrammatik der französischen Sprache für höhere Lehranstalten. 3. Aufl. gr. 8⁰. (VI, 220 S.) Ebd. Mk. 2.

— —. Übungsbuch zum Übersetzen aus dem Deutschen in das Französische für die mittleren und oberen Klassen höherer Lehranstalten. 3. Aufl. gr. 8⁰. (VI, 179 S.) Ebd. Mk. 1.50.

Bock, F. Wesentliche Merkmale der verbesserten Sprachunterrichtsmethode. Progr. Teschen. 17 S. 8⁰. (Leipzig, Fock.)

Carré, I. De la manière d'enseigner les premiers éléments du français aux indigènes dans nos colonies et dans les pays soumis à notre protectorat. In-8⁰, 32 pages. Paris, Colin et Cⁱᵉ. [Extrait de la Revue pédagogique du 15 avril 1891.]

Fetter, J. Französischer Reformunterricht. (4. Schuljahr.) Programm. Wien. 11 S. 8⁰.

Fleischner, Ludw. Bemerkungen zum französischen Sprachunterrichte. Lex.-8. (30 S.) Wien. (Leipzig, Litterarische Anstalt Aug. Schulze.) Mk. 1.60.

Görres, Jos. v. Vorträge über Encyklopädie u. Methodologie des akademischen Unterrichts [Allgemeine Encyklopädie der Wissenschaften], geh. an der königl. Ludwigs-Maximilians-Universität zu München vom 12. Novbr. 1841 bis 17. Februar 1842. gr. 8⁰. (273 S.) München, Litterar. Institut Dr. M. Huttler. Mk. 6.

Gutersohn, Jul. Schulreform und soziales Leben mit besonderer Berücksichtigung der Berliner Schulkonferenz u. der kaiserl. Reden. Vortrag, geh. auf der 29. allgem. deutschen Lehrerversammlg. zu Mannheim, Pfingsten 1891. gr. 8⁰. (30 S.) Karlsruhe, G. Braun. Mk. 0.60.

Haasterl, H. F. Die französische Synonymik auf den höheren Schulen. (Ein Beitrag zur Methode des französischen Unterrichts.) Pr. Hagen. 16 S. 4⁰.

Heinzig, Bernh. Die Schule Frankreichs in ihrer historischen Entwickelung besonders seit dem deutsch-französischen Kriege von 1870—71, nebst einer Übersetzung des neuesten französischen Primärschulgesetzes. gr. 8⁰. (V, 90 S.) Frankfurt a/M., Kesselring. Mk. 1.50.

Hornemann, F. Die Berliner Dezemberkonferenz und die Schulreform. Vom geschichtlichen Standpunkte aus beleuchtet. gr. 8⁰. (112 S.) Hannover, C. Meyer. Mk. 2.

Jäger. Über die Verwertung des sprachlichen Elementes in dem französischen Unterricht der lateinlosen Realschulen. Vortrag, geh. auf dem vierten deutschen Neuphilologentag in Stuttgart. Pfingsten 1890. [Aus: »Korrespondenzenbl. f. d. Gelehrten- u. Realschulen«.] gr. 8⁰. (25 S.) Tübingen, Fues. Mk. 0,60.

Ostendorf, A. Die Schulreform, ihre Gründe und ihre Ziele. Programm. Hadersleben. 7 S. 4⁰. (Leipzig, Fock.)

Radecke, R. Inwieweit kann der pädagogische Satz: „Aller Unterricht muss von der Anschauung ausgehen" auf den fremdsprachlichen Unterricht an höheren Schulen Anwendung finden. Progr. Simmern. 15 S. 4⁰.

Rühlemann, O. Zur Behandlung der Lektüre im Französischen. Programm, Halle. 20 S. 4⁰. (Leipzig, Fock.)

Volkmann, Ludw. Die Methodik des Schulunterrichts in den modernen fremden Sprachen, gegründet auf die Methodik des deutschen Unterrichts. Dargelegt am Deutschen und am Französischen. gr. 8⁰. (34 S.) Berlin, E. S. Mittler & Sohn. Mk. 0,70.

Wirth, Chr. 36 Gründe gegen das deutsch-fremdsprachliche Uebersetzen an humanistischen Gymnasien. gr. 8⁰. (54 S.) Berlin, Bibliograph. Bureau. Mk. 0,75.

Anspach, Alfr. Résumé de l'histoire de la littérature française. gr. 8⁰. (VIII, 392 S.) Heidelberg 1892, J. Groos. Mk. 3,60.

Biré, E. Victor Hugo après 1830: par Edmond Biré. T. 2. In-18 jésus, 259 p. Paris, Perrin et Co.

Brunot, F. La doctrine de Malherbe d'après son commentaire sur Desportes. XXI, 606 S. 8⁰. Paris, Masson. [A. I des Annales de d'Université de Lyon.] fr. 10.

Büttner, Herm. Studien zu dem Roman de Renart und dem Reinhart Fuchs. 2 Hefte, gr. 8⁰. Strassburg i. E., K. J. Trübner. Inhalt: 1. Die Überlieferung des Roman de Renart und die Handschrift O. (VI, 229 S.) Mk. 5,—. 2. Der Reinhart Fuchs und seine französische Quelle. (V, 123 S.) Mk. 2,50.

Chamborant de Périssat, de. Lamartine inconnu. Notes, Lettres et Documents inédits. Souvenirs de famille. In-8⁰, XI-393 pages et 2 facsimilés d'autographes. Paris, Plon, Nourrit et Co. fr. 7,50.

Claretie, L. Le Roman en France au début du XVIII° siècle. Lesage romancier, d'après de nouveaux documents. In-8°, VIII-447 p. Paris, Colin et Co. (1890.)

Clément-Simon, G. L'Exil de Voltaire à Tulle (1716). In-8°, 11 pages. Limoges, V° Ducourtieux.

Delaporte, P. V. Du merveilleux dans la littérature française sous le règne de Louis XIV (thèse). In-8°, 431 p. Paris, Retaux-Bray.

Delfour, L. C. La Bible dans Racine. In-8°, XXVI-267 p. Paris, Leroux.

Cours abrégé de littérature et d'histoire littéraire françaises. 3. éd., revue, corrigée et augmentée. gr.8°. (V, 300 S.) München. E.Stahl sen. Mk. 2,60.

Court, J. F. Les Troubadours dé l'escolo toulouséno (biographies en languedocien). Préfaço dé Auguste Fourès. 1. In-18,40 p. Toulouse, bureau de „le Gril". 50 cent.

Deltour, F. Les Ennemis de Racine au XVII° siècle. 5° édition, revue et corrigée. In-18 jésus, XIX-394 p. Paris, Hachette et Co. (Bibliothèque variée.) fr. 3,50.

Du Camp, M. Les Grands Ecrivains français. Théophile Gautier. In-18 jésus, 201 p. et portrait. Paris, Hachette et Co. 2 fr. (1890.)

Duesberg, E. Les Sociétés dramatiques en Belgique. In-18 jésus, 16 p. Paris, imp. Pelluard.

Dugit, E. Racine et la tragédie classique. In-8°, 25 p. Grenoble, Allier père et fils. (Extrait des Annales de l'enseignement supérieur de Grenoble (t. 3, no 1).

Eicke, Thdr. Zur neueren Literaturgeschichte der Rolandssage in Deutschland und Frankreich. Eine litterarhistorische Studie. gr. 8°. (56 S.) Leipzig, G. Fock. Mk. 2.

Faguet, E. Notes sur le théâtre contemporain. 3° série: 1890; par Emile Faguet. In-18 jésus, 475 pages. La Rochelle, imp. Siret. Paris, lib. Lecène et Oudin. fr. 3,50.

France, A. La Vie littéraire; par Anatole de France. (3° série.) In-18 jésus, XX-410 p. Paris, C. Lévy. (Bibliothèque contemporaine.) fr. 3,50.

Fricke, F. Über die Chanson de Godin. Diss. Marburg. 57 S. 8°.

Genelin, Placid. Unsere höfischen Epen und ihre Quellen. Lex.-8°. (115 S.) Innsbruck, Rauch. Mk. 1,50.

Gazier, A. Petite Histoire de la littérature française, principalement depuis la Renaissance. In-12, 626 p. avec portraits. Paris, Colin et Co.

Glöckner, H. Rodolphe Töpffer, sein Leben und seine Werke. Progr., Zerbst. 39 S. 4°.

Haase, B. Über die Gesandten in den altfranzösischen Chansons de Geste. Diss., Halle. 70 S. 8°. (Leipzig, Fock.)

Haussonville, d'. Les Grands Ecrivains français. Mme de la Fayette. In-16, 223 pages et portrait. Paris, Hachette et Co. fr. 2.

Heulhard, A. Rabelais, ses voyages en Italie, son exil à Metz. Ouvrage orné d'un portrait à l'eau-forte de Rabelais, de deux restitutions en couleurs de l'abbaye de Thélème, de 9 planches hors texte et de 75 grav. dans le texte, autographes etc. Grand in-8°, X-405 p. Paris, Allison et Co. fr. 40.

Janzé, de. Etude et Récits sur Alfred de Musset. In-18 jésus, 286 pages avec fac-similés de deux dessins d'Alfred de Musset. Paris, Plon, Nourrit et Co.

La Broise, R. de. Bossuet et la Bible, étude d'après les documents originaux. S. J. In-8°, LII-453 p. Paris, Retaux-Bray.

Lacroix, O. Quelques maîtres étrangers et français. Etudes littéraires. (Jean Boccace. Rabelais, Thomas Moore, Lope de Vega etc.) In-16, 401 p. Paris, Hachette et Co. (Bibliothèque variée.) fr. 3,50.

Lavollée. R. Essais de littérature et d'histoire. In-18 jésus. VIII-436 p. Paris, Hachette et Co.

Leclaire, C. Etude sur La Fontaine. Progr. Prag. 14 S. 3⁰. (Leipzig, Fock.)

Ledieu, A. Les Vilains dans les œuvres des trouvères. (Volume 8.) Petit in-18, 116 p. avec vignettes. Paris, Maisonneuve. (Collection internationale de la Tradition. fr. 3,50.

Mandrot, B. de. Quel est le véritable auteur de la Chronique anonyme de Louis XI dite la scandaleuse? In-8⁰, 5 p. Extrait de la Bibliothèque de l'Ecole des chartes (t. 52, 1891).

Morf, H. Drei Vorposten der französischen Aufklärung: St. Evremond — Bayle — Fontenelle. 15 S. 8⁰. (Separat-Abdruck aus der Wochenschrift „Die Nation“ 1891 No 41 und 42).

Mostratos, D. G. Die Pädagogik des Helvetius. Diss., Berlin. 57 S. 8⁰. Leipzig, Fock.)

Müller, Rud Untersuchung über den Verfasser der altfranzösischen Dichtung Wilhelm von England. gr. 8⁰. (118 S.) Bonn, Röhrscheid und Ebbecke. Mk. 2.

Mystères du moyen âge. Mystères liturgiques. In-18, 107 p. Paris, Petithenry. (Nouvelle Bibliothèque bleue.) 40 cent.

Nordfeld, A. Etudes sur la chanson des Enfances Vivien. Diss., Upsala. 39 S. 4⁰. (Leipzig, Fock.)

Petit de Julleville, L. Histoire littéraire. Leçons de littérature française; par L. Petit de Julleville, professeur à la Faculté des lettres. 8ᵉ édition, revue et augmentée. 2 vol. In-12. T. 1ᵉʳ: Des origines à Corneille, 272 p.; t. 2: De Corneille à nos jours, 288 p. Paris, G. Masson.

Petits poètes français du XVIIIᵉ siècle. In-8⁰, 36 p. Paris, Gautier. (Nouvelle bibliothèque populaire à 10 cent.)

Preussner, O. Robert Manyng of Brunne's Übersetzung von Pierre de Langtoft's Chronicle und ihr Verhältnis zum Originale. Diss., Breslau. 70 S. 8⁰. (Leipzig, Fock.)

Rech, J. Die Sentenzen und lehrhaften Stellen in den Tragödien des Rob. Garnier. Diss., Strassburg. 62 S. 8⁰.

Restori, A. Letteratura provençale. Milano, U. Hoepli, 1891. VIII, 220 S. 12⁰.

Rousse, E. Les Grands Ecrivains français. Mirabeau. In-18 jésus, 224 p. et portrait. Paris, Hachette et Co. fr. 2.

Satires et Portraits au XVIIᵉ siècle: Boileau, Racine, La Bruyère, avec notices; par Emile Faguet. Un volume orné de portraits (reproduction de la Bibliothèque nationale). In-8⁰, 144 p. Lecène, Oudin et Co. (Petite Bibliothèque des auteurs français publiée sous la direction de H. Lecène.)

Schäfer, H. Über die Pariser Hss. 1451 und 22555 der Huon de Bordeaux Sage. Beziehung der Hs. 1451 zur „chanson de Croissant“; die „chanson de Huon et Callisse“; die „chanson de Huon, roi de féerie“. Diss., Marburg. 48 S. 8⁰. (Leipzig, Fock.)

Schindler, Herm. Die Kreuzzüge in der altprovenzalischen und mittelhochdeutschen Lyrik. 4⁰. 49 S. (Leipzig, Fock.) Mk. 1.

Söderhjelm, W. Das Martinleben des Péan Gastineau. Bemerkungen über Quellen und Sprache. Helsingfors. 48 S. 8⁰. [Commentationes variae in memoriam actorum CCL annorum edidit Universitas Helsingforsiensis.]

Spitzer, R. Beiträge zur Geschichte des Spiels in Altfrankreich. Heidelberger Dissertation. 45 S. 8⁰.

Stecher, J. Jean Lemaire de Belges. Sa vie, ses œuvres. Paris, E. Bouillon. fr. 3.

Steffens, Geo. Rotrou-Studien. I. Jean de Rotrou als Nachahmer Lope de Vega's. gr. 8⁰. (V, 104 S.) Oppeln, E. Franck. Mk. 3.
Sündermann, A. Aus Molières Dichtung. Programm, Berlin. 24 S. 4⁰. (Leipzig, Fock.)
Thuriet, C. Deux causeries sur Lamartine. Visite au berceau et à la tombe; Lamartine et la Franche-Comté. In-8⁰, 47 pages. Baume-les-Dames, imp. Broihier.
Ulrich, Wilh. Tafeln der französischen Litteratur nach chronologischer Ordnung. Für höhere Schulen, sowie für gebildete deutsche Leser überhaupt. gr. 8⁰. (48 S.) Leipzig, Renger. Mk. 1.20.
Varnhagen, Herm. Zur Geschichte der Legende der Katharina von Alexandrien. Nebst latein. Texten nach Handschriften der Hof- und Staatsbibliothek in München u. der Universitätsbibliothek in Erlangen. Der roman. u. der neusprachl. Abteilg. d. XLI. Versammlg. deutscher Philologen u. Schulmänner in München überreicht. gr. 8⁰. (VI, 50 S.) Erlangen, F. Junge. Mk. 1.50.
— —. Zu Dick's Ausgabe der Innsbruck-Münchener Redaktion der »Gesta Romanorum« [Erlanger Beiträge zur engl. Philologie]. Eine Verteidigungsschrift gegen einen anonymen Rezensenten und den Hrsg. der »Mitteilungen«, Beiblatt zur »Anglia«. gr. 8⁰. (19 S.) Erlangen, F. Junge. Mk. 0.50.
— —. Wer ist der Verfasser der in den »Mitteilungen«, Beiblatt zur »Anglia«, erschienenen Rezension von W. Dick's Ausgabe der Innsbruck-Münchener Redaktion der »Gesta Romanorum«? Zugleich ein Beitrag zur Frage nach den Grenzen der Anonymität in der wissenschaftlichen Kritik. Erlangen 1891, Fr. Junge. 15 S. 3⁰.
Veuglin, V. E. Comédiens nomades du XVIIIᵉ siècle (mémoire présenté au congrès des sociétés savantes, à la Sorbonne, en 1890), suivis de: Un maître joueur de violon (Claude Chanoyne, bourgeois de Bernay), et les Gages d'un maître d'école en 1671. In-8⁰, 4 p. Bernay, impr. Veuclin.
Voigt, O. Das Ideal der Schönheit und Hässlichkeit in den altfranzösischen chansons de geste. Dissertation. Marburg. 61 S. 8⁰.
Voretzsch, C. Über die Sage von Ogier dem Dänen und die Entstehung der Cheavalerie Ogier. Ein Beitrag zur Entwickelung des altfranzösischen Heldenepos. Halle a/S. Max Niemeyer. 127 S. 8⁰.
Zinzow, A. Die erst sächsisch-fränkische, dann normannische Mirmannsage nach Inhalt, Deutung und Ursprung. Progr. Pyritz. 20 S. 4⁰.

Auberee. Altfranzösisches Fablel nach den bekannten Handschriften zum ersten Mal kritisch mit Einleitung und Anmerkungen herausgegeben von G. Ebeling. I. Einleitung. Diss. Berlin. 57 S. 8⁰. (Leipzig, Fock.)
Aucassin u. *Nicolete.* Ein altfranzös. Roman aus dem XIII. Jahrhundert. Übers. v. Fritz Gundlach. (63 S.) [Universalbibliothek No. 2848.]
Bibliothek, romanische. Herausg. von Wendelin Fœrster. No. 4—7. 8. Halle a/S., M. Niemeyer. — Inhalt: 4. Wistasse le Moine. Altfranzösischer Abenteuerroman d. XIII. Jahrh. Nach der einz. Pariser Handschrift v. Neuem hrsg. v. Wendelin Fœrster u. Joh. Trost. (XXXI, 88 S.) Mk. 3. — 5. Kristian v. Troyes, Yvain [Der Löwenritter]. Neue verb. Textausg. mit Einleitg. u. Glossar. Hrsg. v. W. Fœrster. (XXIV, 187 S.) Mk. 4. — 6. Das Adamsspiel. Anglonormannisches Gedicht d. XII. Jahrh., m. e. Anh.: Die 15 Zeichen des jüngsten Gerichts. Hrsg. v. Karl Grass. (VIII, 174 S.) Mk. 4. — 7. Ille u. Galeron. Altfranz. Abenteuerroman des XII. Jahrh. nach der einzigen Pariser Hs. hrsg. von Wendelin Fœrster.

Bibliothek, Altfranzösische. 12. Bd. 8. Leipzig, O. R. Reisland. — Inhalt: Floris et Liriope, altfranzösischer Roman d. Robert de Blois. Zum ersten Mal hrsg. von Wolfram von Zingerle. (XXX, 52 S.)

Bondurand, E. Nos textes romans, discours d'ouverture de la séance publique de l'Académie de Nîmes du 30 mai 1891. In-8⁰, 18 pages. Nîmes, Chastanier.

Chartier, A. La Dama sanza mercede, version italienne du poème d'Alain Chartier, »la Belle Dame sans mercy«. Publiée avec introduction et notes par Werner Sœderhjelm. In 8⁰, X-27 pages. Montpellier, Hamelin frères. [Extrait de la Revue des langues romanes.]

Christine de Pisan. Le dit de la rose, hrsg. von F. Heuckenkamp. Halle a/S. Buchdruckerei des Waisenhauses. VI, 19 S. 8⁰.

Chroniqueurs français (Villehardouin, Joinville, Froissart, Commines), Extraits des, publiés avec des notices, des notes, un appendice, un glossaire des termes techniques et une carte par MM. Gaston Paris, et A. Jeanroy. Petit in-16, III, 485 p. Paris, Hachette et Cⁱᵉ. fr. 2.

Chansons de *Conon de Béthune,* trouveur artésien de la fin du XIIᵉ siècle p. p. A. Wallensköld. Edition critique précédée de la biographie du poète. Dissertation. Helsingfors. IX, 292 S. 8⁰.

Deschamps, E. Œuvres complètes d'Eustache Deschamps. Publiées d'après le manuscrit de la Bibliothèque nationale par Gaston Raynand. VII. In-8⁰, 388 p. Paris, Firmin-Didot et Cⁱᵉ.

Mystère (le) de Saint-Eustache, joué en 1504 sous la direction de B. Chancel, chapelain de Puy-Saint-André, près Briançon (Hautes-Alpes), et publié par l'abbé Paul Guillaume. 2ᵉ édition, suivie d'une traduction française. In-8⁰. 163 p. Montpellier, Hamelin frères.

Roland. Extraits de la Chanson de. Publiés avec une introduction littéraire, des observations grammaticales, des notes et un glossaire complet par Gaston Paris. 3ᵉ édition, revue et corrigée. Petit in-16, XXXIV-166 p. Paris. Hachette et Cⁱᵉ. fr. 1.50. [Classiques français.]

Roland. Chanson (la) de. Traduction nouvelle, revue et annotée par H. Feuilleret. In-8⁰, 190 pages et gravures. Limoges, E. Ardant et Cⁱᵉ.

Tristan. Le roman en prose de, le roman de Palamède et la compilation de Rusticien de Pise analyse critique d'après les manuscrits de Paris p. E. Lœseth. Paris, Bouillon. XXVI, 542 p. in-8⁰.

Balzac, H. de. Œuvres complètes de H. de Balzac. La Femme de trente ans. Physiologie du mariage, ou Méditations de philosophie éclectique sur le bonheur et le malheur conjugal. Une fille d'Eve (Albert Savarus). 3 vol. Paris, libr. C. Lévy. [Nouvelle collection Michel Lévy.]

Bossuet. Oraisons funèbres de Bossuet. Nouvelle édition, revue sur celle de 1689, avec une introduction, des notes philologiques, historiques et littéraires et un choix de documents historiques, par P. Jacquinet. In-12, XXII-559, p. Paris, Belin frères.

Branthôme. Œuvres complètes de Pierre de Bourdeilles, abbé et seigneur de Branthôme. Publiées pour la première fois selon le plan de l'auteur, augmentées de nombreuses variantes et de fragments inédits, suivies des œuvres d'André de Bourdeilles et d'une table générale, avec une introduction et des notes par M. Prosper Mérimée et M. Louis Lacour. T. 8. In-16, 308 pages. Paris, Plon, Nourrit et Cⁱᵉ. fr. 6.

Corneille. Polyeuctes tragédie (1643); par Corneille. Nouvelle édition, revue sur celle de 1682, avec notes grammaticales, littéraires, historiques, et précédée d'une étude par P. Jacquinet. In-12, LVII-135 p. Paris, Belin, frères.

Ferrand, D. La Muse normande, de David Ferrand. Publiée d'après les livrets originaux (1625-1653) et l'inventaire général de 1655, avec introduction, notes et glossaire, par A. Héron. T. 1er. Petit in-4⁰. XXXVII-270 p. Rouen, Cagniard. [Publication de la Société rouennaise de bibliophiles.]

Hugo, V. Œuvres complètes de Victor Hugo. Edition définitive, d'après les manuscrits originaux. En voyage: le Rhin. T. 3. In-18 jésus, 251 p. Paris, Hetzel et Cie. fr. 2.

— —. Œuvres complètes de Victor Hugo. Edition nationale. Illustrations d'après les dessins originaux de nos grands maîtres. Roman. (Les Misérables. IV.: l'Idylle rue Plumet et l'Epopée rue Saint-Denis. T. 8. Fascicule 1. Petit in 4⁰, p. à 120. Paris, Testard.

— —. Œuvres inédites de Victor Hugo. Dieu. In-8⁰, 272 p. Paris, Hetzel et Cie. fr. 7,50.

— —. Œuvres inédites de Victor Hugo. En voyage. Alpes et Pyrénées. In-18 jésus, 322 p. Paris, Imprim. réunies; bibliothèque Charpentier. fr. 3,50.

La Fontaine. Fables choisies de La Fontaine. Nouvelle édition, revisée et augmentée, collationnée sur les meilleurs textes et renfermant un commentaire grammatical et littéraire, une histoire résumée de la fable depuis les origines jusqu'au XVII° siècle, une étude sur la composition et le style dans les fables de La Fontaine, et une vie de l'auteur, d'après les plus récents biographes, par M. Charles Aubertin. In-12, 476 p. Paris, Belin frères.

— —. Contes de La Fontaine. Avec illustrations de Fragonard. Réimpression de l'édition de Didot (1795), revue et augmentée d'une notice par Anatole de Montaiglon. 2 vol. In-4⁰. T. 1er, LXII-268 p.; t. 2, 366 p. Paris, Le Vasseur.

— —. Œuvres de J. de La Fontaine, d'après les textes originaux, suivies d'une notice sur sa vie et ses ouvrages, d'un essai bibliographique, de notes, de variantes et d'un lexique par Alphonse Pauly. T. 7 et dernier: Notice, bibliographie, notes et variantes, lexique. In-8⁰, C-361 p. Paris, Lemerre. fr. 10. [Collection Lemerre (classiques français).]

Lamartine, A. de. Œuvres d'A. de Lamartine. Le Manuscrit de ma mère. Avec commentaires, prologue et épilogue. In-18 jésus, XI-323 p. Paris, Hachette et Cie. fr. 3.50.

Molière. Les Œuvres de Molière, Avec notes et variantes par Alphonse Pauly. 2vol. Petit in-12. T. 4, 335 p.: t. 5, 432 p. Paris, Lemerre. fr.2.50.

— —. Œuvres de Molière. L'Imposteur. Illustrations par Maurice Leloir. Notices par A. de Montaiglon. Grand in-4⁰, LVI-147 p. Paris, Testard.

— —. Théâtre de Molière. Texte collationné sur les meilleures éditions. Eaux-fortes de Paul Avril. T. 2. In-32, 351 p. Paris, Arnould. [Petite Bibliothèque portative.]

— —. La Princesse d'Elide, comédie en cinq actes; par Molière. Avec une notice et des notes par Auguste Vitu. Dessin de L. Leloir, gravé à l'eau-forte par Champollion. In-16, IX-99 p. Paris, Librairie des bibliophiles. fr. 5.

Montesquieu. Œuvres complètes de Montesquieu. Avec les variantes des premières éditions, un choix des meilleurs commentaires et des notes nouvelles par Edouard Laboulaye, de l'Institut. T. 4: De l'esprit des lois (livres XI-XXI). in 8⁰, 490 pages. Paris, Garnier frères.

Musset, A. de. Œuvres complètes d'Alfred de Musset. Edition illustrée. Livraisons 10 à 330. (Fin.) Gr. in-8⁰, p. 73 à 2640. Charpentier. [330 livraisons à 10 cent.]

— —. Théâtre d'Alfred de Musset. Avec une introduction par Jules Lemaître. Dessins de Charles Delort, gravés par Boilvin. T. 4 et dernier. In-8⁰, 369 p. Paris, Lib. des bibliophiles. fr. 25.

— —. Le Dernier Abbé; par Paul de Musset. Illustré de 19 compositions d'Ad. Lalauze. Préface par Anatole France. In-8⁰, XVI-65 p. Paris, Ferroud.

Pascal. Provinciales; par Pascal. Lettres 1ʳᵉ, 4ᵉ et 13ᵉ, publiées avec une introduction, des notes et un appendice par Ferdinand Brunetière. Petit in 16, XXXI-169 p. Paris, Hachette et Cⁱᵉ. [Classiques français.]

Pièces relatives à la querelle du Cid. Introduction par A. Gasté. Paris (1637). (No. 53.) Petit in-4⁰, 82 p. Rouen, imp. Cagniard.

Racine, J. Les Plaideurs, comédie; par Jean Racine. Publiée conformément au texte de l'édition des Grands Ecrivains de la France, avec une analyse et des notes grammaticales, historiques et littéraires par R. Lavigne. Petit in-16, 100 pages. Paris, Hachette et Cⁱᵉ. cent 75. [Classiques français.]

Ronsard, P. de. Œuvres de P. de Ronsard, gentilhomme vandomois, Avec une notice biographique et des notes par Ch. Marty-Laveaux. T. 4. In-8⁰, 429 pages. Paris, Lemerre.

— —. Œuvres de P. de Ronsard. Nouvelle édition, collationnée sur celle de 1609, avec notice par Benjamin Pifteau. In-12, XII-260 pages. Paris, Delarue.

Roques, M. Choix de lettres du XVIII⁰ siècle, publiées avec une introduction, des notices et des notes. In-12, XIX-613 p. Paris, Garnier frères.

Rousseau, J. J. Extraits en prose de J. J. Rousseau, publiés avec une introduction et des notes par L. Bruhel. Petit in-16, LX-407 pages. Paris, Hachette et Cᵉ. (Classiques français.) fr. 2.

Sévigné, Mᵐᵉ de. Lettres choisies de Mᵐᵉ de Sévigné. Extraites de l'édition des Grands Ecrivains de la France, par Ad. Regnier. Petit in-16, XXXI-400 p. Paris, Hachette et Cᵉ. fr. 1,50. (Classiques français.)

— —. Lettres de Mᵐᵉ de Sévigné. Nouveau choix de ses lettres les plus remarquables sous le rapport du style et de la pensée, par E. de Corgnac. In-8⁰, 240 p. Limoges, E. Ardant et Cᵉ.

Voltaire. Œuvres complètes de Voltaire. T. 4 et 39. 2 vol. In-16. T. 4, 419 p.; t. 39, 455 p. Paris, Hachette et Cᵉ. Chaque tome. fr. 1,25. (Les Principaux Ecrivains françaix.)

Auteurs français. Sammlung der besten Werke der französischen Unterhaltungslitteratur mit deutschen Anmerkungen, herausgegeben von Rich. Mollweide. 3. Bändchen. 8⁰. Strassburg i. E., Strassburger Druckerei und Verlagsanstalt. Inhalt: Honoré de Balzac, la vendetta. Charles Nodier, Lidivine; Euloge Schneider; le song d'or. (140 S.) Mk. 1.

Besson, B. Anthologie scolaire des poètes français du XIX⁰ siècle. Avec une introduction par M. Emmanuel Des Essarts. A l'usage des classes élémentaires des lycées et collèges, des institutions de jeunes filles, des écoles normales primaires, et des écoles primaires élémentaires et supérieures. In-16, XXVI-216 pages. Paris, Delagrave.

Charpentier, A. Lectures françaises, ou Choix de lectures en prose et en vers à l'usage des écoles primaires des deux sexes. Cours moyen et supérieur. Livre de lecture et de récitation (programme officiel.) In-12, 262 p. avec nombreuses grav. Paris, Guérin et Co.

Chénier. André. Auswahl für die Prima der höheren Lehranstalten und zum Gebrauche in Universitätsseminaren herausgegeben von Oscar Schultz. 8°. (XII, 78 S.) Halle a. S., M. Niemeyer. Mk. 1.

Contes, nouveaux petits, pour les enfants. Par l'auteur des oeufs de paques. 7. éd. 12. (IV, 140 S.) Strassburg i. E., Strassburger Druckerei und Verlagsanstalt. Mk. 0,50.

Feuillet, Octave, le roman d'un jeune homme pauvre. Im Auszug für den Schulgebrauch, wie zum Selbstunterricht herausgegeben und mit Anmerkungen versehen von Mlle. Constance Courvoisier. 8°. (178 S.) Leipzig 1892, W. Gerhard. Mk. 1,50.

Gropp, Ernst und *Hausknecht, Emil.* Kommentar zur Auswahl französischer Gedichte. (Französische und englische Schulbibliothek. Serie B. 1. Bd.) Nebst einem Abriss der französischen Verslehre und einer Auswahl metr. Übersetzungen. gr. 8°. (VIII, 187 S.) Leipzig, Renger. Mk. 1,60.

Hartmann's, Mart. Schulausgaben französischer Schriftsteller. Nr. 12. 8°. Leipzig, E. A. Seemann. Inhalt: La Fontaine, ausgewählte Fabeln. Mit Einleitungen, Anmerkungen und einem Anhang herausgegeben von Max Frdr. Mann. (XXIII. 52 und 80 S.)

Jacobs-Brincker-Fick. Lesebuch für den französischen Unterricht. Anfangsstufe. 2. Aufl. Hamburg, Karsten, 1892, X, 144 S.

La Fontaine. Cent fables choisies de La Fontaine, à l'usage des écoles, avec des notes par M. Arth. Caron. In-18, 141 p. Paris, Belin frères.

Lebreton, G. Le Premier Livre de lecture courante des enfants. In-16, 104 p. avec vign., grav. et cartes en coul. Paris, Hachette et Co. (Petite Encyclopédie des connaissances enfantines.) fr. 1,20.

Lectures instructives et amusantes sur diverses inventions, découvertes etc.; par F. P. B. In-12, 124 p. Paris, Poussielgue.

Merlet, G. Extraits des poètes lyriques du XIXe siècle. Poésies domestiques; Poésies pittoresques; Poésies morales; Poésies militaires. In-18 jésus, XII-468 p. Paris, Colin et Co., Lemerre.

Sallmann, Caroline F., dialogues et poésies à l'usage de l'enfance. 13. éd. Revue et augmentée. 8°. (112 S.) Halle a. S., Buchh. des Waisenhauses. Mk. 0,90.

Schulbibliothek, französische und englische, herausgegeben von Otto E. A. Dickmann. Serie A. Prosa. 27., 41., 45. und 56—58. Band. gr. 8°. Leipzig, Renger. Mark 8,—. Inhalt: 27. Ausgewählte Erzählungen von Alph. Daudet. Erklärt von Ernst Gropp. 3. verb. Aufl. (XVI, 96 S.) Mk. 1,10. — 41. Napoléon à Moscou und Passage de la Bérézina aus: Histoire de Napoléon et de la grande armée pendant l'année 1812 par M. le général Comte de Ségur. Erklärt von Adf. Hemme. 2. Aufl. (XVI, 124 S. m. 4 Plänen.) Mk. 1,50. — 45. Biographies historiques (aus: „Récits et biographies historiques") von G. Dhombres und Gabriel Mond. Erklärt von H. Bretschneider. 2. verb. Aufl. (VIII, 81 S.) 1890. Mk. 1,—. — 56. Tartarin de Tarascon von Alph. Daudet. Bearb. und erklärt von Jos. Aymeric. (VIII, 92 S.) Mk. 1,—. — 57. Les origines de la France contemporaine. Par H. Taine, de l'académie française. Ausgewählt und erklärt von Otto Hoffmann. (VIII, 108 S.) Mk. 1,10. — 58. Histoire du protectorat de Cromwell v. Abel-François Villemain. Erklärt von A. Gundlach. (XII, 104 S.) Mk. 1,10.

— —. Dasselbe. Serie B: Poesie. 1. und 18. Bd. 8°. Ebd. Mk. 3,10. Inhalt: 1. Auswahl französischer Gedichte. Zusammengestellt v. Ernst Gropp und Emil Hausknecht. 4. Aufl. (XII, 228 S.) Mk. 1,80. — 18. Le joueur. Comédie par Jean-François Regnard. Erklärt von Otto Boerner. (XX, 100 S.) Mk. 1,30.

Souvestre, Emile, au coin du feu. Zum Schul- und Privatgebrauch hrsg.
v. J. Bauer und Th. Link. Mit Questionnaire und Wörterverzeichnis.
8⁰. (II, 123 S) München, J. Lindauer. Mk. 1,20.
— —. l'éclusier de l'ouest. Zum Schul- und Privatgebrauch hrsg. von
J. Bauer und Th. Link. Mit Questionnaire, Wörterverzeichnis und
Karte. 8⁰. (II, 99 S.) Ebd. Mk. 1,20.

Carnel, D. Le Dialecte flamand de France. Etude phonétique et
morphologique de ce dialecte, tel qu'il est parlé spécialement à Bailleul
et ses environs (Nord). Paris, Bouillon. 90 p. in 8⁰. Accompagné
d'une carte. fr. 2,50.
Dagnet, A. Le Patois manceau tel qu'il se parle entre le Mans et Laval.
Etude sur les sons, les articulations et les mots particuliers au Manceau,
et la phraséologie mancelle. „Houbilles et Birouilles", nouvelle en
patois manceau. In-8⁰, XIV-180 pages. Laval, imprimerie Vᵉ Bonnieux.
Dulac, J. Un dicton gascon dans Montaigne: Bouha prou bouha. Réponse aux solutions de l'abbé L. Couture: par l'abbé Joseph Dulac.
In-8⁰, 18 p. Tarbes, impr. Larrieu; l'auteur, 26, rue Massey.
Duplain, A. P. Patois de Bigorre. Langue primitive d'où toutes les
langues celtiques se sont formées. Vocabulaire de six langues com-
parées, à l'usage des étudiants et des philologues. Grand in-4⁰,
à 6 col., 129 p. Tarbes, Larrien. fr. 5.
Fleury, J. La Presqu'île de la Manche, ou supplément du Patois normand
de la Hague. Paris, Maisonneuve, 56 S. 8⁰. fr. 1,50.
Gauchat, L. Le patois de Dampierre. 70 S. 8⁰. Züricher Dissertation.
[Auch erschienen in der Zs. f. rom. Phil. XIV.]
Uchard, B. Les lamentations d'un pauvre laboureur de Bresse. Poème
en patois bressan du XVIIᵉ siècle. édité avec une introduction et un
glossaire par Ed. Philippon. Paris, H. Welter. 50 S. 8⁰.
Vierset. A. O-n dumant a maryatch, saynète wallonne; par A. Vierset,
professeur à l'école moyenne de Saint-Hubert, Transcrite dans une
graphie phonétique et commentée philologiquement par Paul Marchot,
étudiant en philologie romane. In-8⁰, 23 pages. Paris, Bouillon.
Vinols, de. Vocabulaires patois vellavien-français et français-patois vella-
vien, publiés par la Société d'agriculture, sciences, arts et commerce
du Puy, rédigés par le baron de Vinols, président de la Société et de
la commission de glossologie. In-8⁰, 211 p. Le Puy, imprimerie
Prades. Freydier.
Zanardelli, T. Langues et dialectes. Revue trimestrielle. Bruxelles, A.
de Nocée, Editeur. 1. — Mai 1891.
Zimmerli, J. Die deutsch-französische Sprachgrenze in der Schweiz. 1. T.
Die Sprachgrenze im Jura. gr. 8. (IX, 80 S. m. 16 Tab. und 1 Karte.
Basel, H. Georg. fr. 3.

Bondurand, E. Les Péages de Tarascon. Texte provençal. In-8⁰, 27 p.
Nîmes, impr. Chastanier. [Extrait des Mémoires de l'Académie de
Nîmes (1890).]
Bribeux (le), gazette in patois d' Monbeuche éié d' l'arrondissement
d'Avesnes, paraît tous les mois. 1ʳᵉ année. N° 1. 1ᵉʳ mars 1891.
In-4⁰ à 3 col., 4 p. Maubeuge, imprimerie de la Frontière. Abonnement anuel: fr. 1. Un numéro cent 5.
Carlavan, C. La Pastouralo Sant-Janenco, jougado me proun biais per
la jouinesso dou quartié de Sant-Jan de Vilofranco lou sero de la
miejo-nuè de Nouvé, lou bel an de Dieu 1890; par C. Garlavan, felibre mantenèire. In-8⁰, 27 p. Niço, estamparie dou patrounage Sant-Peire.

Chanson nouvelle en patois; par Un vrai Min s'in qu'ette. In-plano à 2 col., avec vign. Haubourdin, Hochardt-Depadt.

Cheilan, P. Istori vertadiero e galejarello de Bou; soun passat soun present, soun aveni. In-12, 14 p. Aix, Nicot.

Dardy, L. Anthologie populaire de l'Albre t(sudouest de l'Agenais ou Gascogne landaise). I: Poésies gasconnes. In-16, XXX-366 pages. Agen, Michel et Médan.

Decker, C. de. L'Homme sauvage, chanson en patois de Lille. In-plano à 2 col., avec vign. Lille, Wilmot-Courtecuisse.

Desrousseaux. Chansons et Pasquilles lilloises; par Desrousseaux. 4ᵉ édition, avec musique dans le texte, quelques pièces nouvelles, le portrait de l'auteur et celui du chansonnier Brûle-Maison. 1ᵉʳ volume. In-8⁰, XVI-240 p. Lille, Danel. fr. 2.50.

Doère. L' Bataille et Querriu, pièche militaire ein 2 actes épi einne apothéose, à l'usage ed tous chès joueus d' cabotans; par Tcho Doère. In-18, 32 pages. Amiens, Imprimerie générale. cent 50.

— —. Einn' partie d' pèque; par Tcho Doère. Petit in-12, 11 pages. Amiens, impr. Rousseau Leroy et Cⁱᵉ. (1890).

Emery, E. Brave Crilloun ta fougu récula (actualita prouveuçalo); paraoulos d'Estienne Emery (dit Favori). Musiquou d'un di nostri principaou compositours. In-4⁰, 1 p. Avignon, imp. Avias.

Florquin, D. Eul' hatteuse de cartes, chanson nouvelle en patois de Lille. In-plano à 2 col. avec vign. Lille, Liégois-Six.

— —. Eun' trifouillarde, chanson nouvelle en patois de Lille. In-plano à 2 col. avec vign. Lille, Liégeois-Six.

— —. Les Désagrémints d'un deuxièm' mariache, chanson nouvelle en patois de Lille. In-plano à 2 col. avec vign. Lille, Liégeois-Six.

Fourès, A. Les Cants del soulelh (les Chants du soleil) (poésies langue-dociennes); par Auguste Fourès. (Avec traduction française en regard.) Grand in-8⁰, 356 p. Paris, Savine. fr. 8.50; poul les souscripteurs fr. 6.

Grimaud. La Santo Crous de Mount-Ventour, discours prounouncia lou 28 de juliet 1891, au pelerinage beni pèr Mounsegne l'archevesque d'Avignoun. In-8⁰, 16 p. Avignon, Aubanel frères.

Imbert, E. Is Aliscamp. Courouno de pervenco. Petit in-18, 102 p. Avignon, impr. Seguin frères. Valréas (Vaucluse), l'auteur, aumônier des Ursulines.

Langlada, A. Souveni de la Pantacousta de 1891; per Alissandre Lang-lada, de Lansargues. (Em' una revirada en prosa francesa.) In-8⁰, 7 p. Montpellier, imp. Hamelin frères. [Extrait du Félibrige latin (1891).]

Madame L'Ognon, chanson nouvelle en patois. In-plano à 2 col. Lille, impr. Williot-Petit.

Nizier du Puitspelu. Fragments en patois du Lyonnais. 3ᵉ fascicule. In-8⁰, 9 p. Lyon, Mougin-Rusand. [Extrait de la Revue du Lyonnais.]

— —. Les Vieilleries lyonnaises de Nizier du Puitspelu. 2ᵉ édition, revue, corrigée et considérablement augmentée. Grand in-8⁰, III-403 pages. Lyon, Bernoux et Cumin.

René, L. Quell' dévein' (chanson patriotique sur le voyage de l'impératrice d'Allemagne à Paris). In-8⁰, 2 p. Montpellier, impr. Bœhm. cent 10.

Sartan (la), journaou populari su lou fué cade dissato. 1ʳᵉ année. N° 1. 16 mai 1891. Petit in-f° à 3 col., 4 p. Marseille, imprim. spéciale de la Sartan. Abonnement: un an, fr. 6; six mois, fr. 3.50. Un numéro, dous soou.

Tanche, H. Tout ch' qui brille n'est point d' l'or, chanson nouvelle en patois de Lille. In-plano à 2 col. avec vign. Lille, Wilmot-Courtecuisse.

Verkein, P. Eun' noce sans doupe, chanson nouvelle en patois de Lille. par Prosper Verkein. In-plano à 2 col. avec vign. Lille, Liégeois-Six.

Baron, A. Mina (poésie), légende vosgienne; par M. Arnauld Baron. In-8⁰, 32 p. Bourges, imp, Sire.

Bouvier, A. Les Chansons du peuple; par Alexis Bouvier. In-18 jésus, 339 p. avec portrait. Paris, Marpon et Flammarion. fr. 3.50

Drevet, L. Nouvelles et Légendes dauphinoises. La Guette de Saint-Maurice de Vienne. In-18 jésus, 108 p. avec grav. Grenoble, Drevet.

— —. Nouvelles et Légendes dauphinoises: le Prince-Dauphin et la Belle Vienne: Un geste de Charlemagne; le Songe du prince-évêque de Grenoble. In-18, 76 p. Grenoble, Drevet. [Publication du journal »le Dauphiné«.]

Fagot, P. Folklore du Lauraguais. Prèmiere partie: Chants spéciaux; Poésies pastorales; Pastourelles; Poésies religieuses; Noëls. In-8⁰, 48 p. Albi, Amalric.

Oudin, A. Chroniques, Légendes. La Basse-Bretagne conteuse et légendaire. In-8⁰, 25 p. Paris, Hennuyer.

Pineau, L. Les Contes populaires du Poitou; par Léon Pineau. Petit in-18, v. 321 p. Paris, Leroux. [Collection de contes et chansons populaires.]

Saint-Marc. Traditions, Proverbes et Dictons poitevins; par Saint-Marc. In-8⁰, 23 pages. Saint-Maixent, Reversé. [Extrait des Bulletins de la Soiété de statistique, sciences, lettres et arts du département des Deux-Sèvres (octobre-décembre 1890.)]

Druck von Erdmann Raabe in Oppeln.

Lightning Source UK Ltd.
Milton Keynes UK
UKHW030643120421
381850UK00009B/926

9 781279 761915